Dr. Thorsten Piehl / Dr. Gerhard Süselbeck

Abfall-Entsorgungs-Trainer

Grundlagen für die Schulung

14. Auflage

Storck
HAMBURG

Bibliografische Informationen der Deutschen Nationalbibliothek
Die Deutsche Nationalbibliothek verzeichnet diese Publikation in der Deutschen Nationalbibliografie; detaillierte bibliografische Daten sind im Internet über <http://dnb.de> abrufbar.

Bei der Herstellung des Werkes haben wir uns zukunftsbewusst für umweltverträgliche und wiederverwertbare Materialien entschieden. Der Inhalt ist auf elementar chlorfreiem Papier gedruckt.

Aus Gründen der besseren Lesbarkeit wird in diesem Werk die Sprachform des generischen Maskulinums angewendet. Es wird darauf hingewiesen, dass die ausschließliche Verwendung der männlichen Form geschlechtsunabhängig zu sehen ist.

ISBN 978-3-86897-503-1

E-Mail: kundenservice@ecomed-storck.de

Telefon: +49 89/2183-7922
Telefax: +49 89/2183-7620

www.ecomed-storck.de

Satz: Fotosatz Buck, Kumhausen
Druck: Westermann-Druck, Zwickau

Dr. Thorsten Piehl, Diplom-Chemiker

Chemiestudium in Göttingen; Fachrichtung Physikalische Chemie (Kinetik, Thermodynamik, Photophysik, Spektroskopie). Promotion Frühjahr 1992.

Zweijährige leitende Tätigkeit in der Entsorgungswirtschaft (Aufgabenbereiche: Abfall- und Gefahrgutmanagement, Umwelttechnik, Arbeitsschutz, EDV, Betriebsorganisation).

1994 Gründung von Piehl UmweltManagement mit Firmensitz in Ahrensbök und Tätigkeit als selbstständiger Umweltsachverständiger.

1998 Gründung der TÜO Dr. Piehl & Gerth GbR zur Zertifizierung von Entsorgungsfachbetrieben.

2001 Gründung der Dr. Piehl CERT, Sachverständigenorganisation nach WHG.

Tätigkeitsfelder (Auswahl): Umweltgutachter (seit März 2018), Zertifizierung von Entsorgungsfachbetrieben, Fach- und Sachkundelehrgänge (auch als Onlinekurse), Einführung und Aufrechterhaltung von Managementsystemen (EMAS, QM, UM), Entsorgungsorganisation, externer Abfall- und Gefahrgutbeauftragter, Abscheiderprüfungen, Gutachten, Softwareentwicklung, Konformitätsbewertungen zur Entwidmung von Abfällen (mehr unter: https://www.piehl.com).

Dr. Gerhard Süselbeck, Diplom-Biologe

Tätigkeit als Biologe bei einem Wasserwirtschaftsamt (Gewässergüte-Untersuchungen, ökologische Beurteilung von Kleinwasserkraftanlagen); danach freiberuflicher Gutachter (Stellungnahmen zu den ökologischen Auswirkungen von geplanten Kleinwasserkraftanlagen im Schwarzwald). Weiterbildung zum Umweltberater.

War ab 1. Februar 1992 bei der DEKRA Akademie (Stuttgart) im Produktmanagement tätig (Fachgebiete: Gefahrguttransport und Umweltschutz). Seit Ende 1996 Nebentätigkeiten als Fachautor.

Seit 2005 selbstständig als Fachautor und von 2006 bis 2021 als externer Gefahrgutbeauftragter tätig.

Vorwort

Die erste Auflage des Abfall-Entsorgungs-Trainers erschien 1997 und enthielt gut 400 Seiten. Inzwischen haben wir die 14. Auflage und einen Umfang von über 700 Seiten erreicht. Die Existenzberechtigung dieses Buches leitet sich zum einen aus der Verordnung über das Anzeige- und Erlaubnisverfahren für Sammler, Beförderer, Händler und Makler von Abfällen (Anzeige- und Erlaubnisverordnung – AbfAEV) ab. Im Abschnitt 2 dieser Verordnung finden sich Anforderungen an die Fachkunde von Anzeige- und Erlaubnispflichtigen und die Sachkunde des sonstigen Personals. Der andere Anlass für dieses Buch ergibt sich aus der Verordnung über Entsorgungsfachbetriebe, technische Überwachungsorganisationen und Entsorgergemeinschaften (Entsorgungsfachbetriebeverordnung – EfbV). Auch dort werden einschlägige Schulungserfordernisse definiert, die verantwortliche Personen zur Leitung und Beaufsichtigung eines Betriebes erfüllen müssen. Der AbfAEV und EfbV gesellte sich in der letzten Auflage die Verordnung über Betriebsbeauftragte für Abfall (Abfallbeauftragtenverordnung – AbfBeauftrV) zu. Die Fachkundeanforderungen der AbfBeauftrV werden dort mit entsprechenden Lehrgangsinhalten konkretisiert.

Der Abfall-Entsorgungs-Trainer ist also von Anfang an ein Kompendium der „amtlichen" Lehrgangsinhalte gewesen. Das ist auch bei der vorliegenden 14. Auflage der Fall.

Selbstverständlich basiert auch diese Auflage auf amtlichen, als solchen veröffentlichten Texten. Der Vorschriftenteil des Buches kann natürlich nichts anderes als eine Momentaufnahme („der Stand der Dinge") sein.

In der 11. Auflage hatte einer der beiden Autoren (Dr. Piehl) am Ende der jeweiligen Kapitel Kontrollfragen eingefügt. Sie finden sich durch ergänzte Kontrollfragen auch in der 14. Auflage. Bitte beachten Sie, dass es sich nicht um „amtliche" Kontrollfragen handelt, sondern um eine Lernzielkontrolle.

Autoren und Lektorat hoffen, nichts übersehen zu haben und Ihnen eine wertvolle Unterstützung für Ihre Fortbildung zu liefern.

Ahrensbök und Denzlingen, im Dezember 2023

Dr. Thorsten Piehl
Dr. Gerhard Süselbeck

Inhaltsverzeichnis

1 Abfallrecht und sonstige abfallrelevante Umweltschutzvorschriften

1.1 Abfallrecht: Kreislaufwirtschaftsgesetz

1.1.1 Zustandekommen und formale Struktur der rechtlichen Vorschriften

Die Bundesrepublik Deutschland ist ein föderal aufgebauter Rechtsstaat. Er besteht aus Bundesländern mit jeweils eigenen Länderparlamenten und Landesregierungen, deren Zugriff auf das jeweilige Bundesland beschränkt ist. Den Überbau bildet der Bundestag, aus dem heraus eine Bundesregierung gebildet wird. Da die Länderparlamente und der Bundestag über die Gesetzgebungskompetenz verfügen, sind Reibungen vorprogrammiert. Das Grundgesetz der Bundesrepublik Deutschland enthält deshalb eine grundsätzliche Regelung im Hinblick auf Gesetzgebungskompetenzen. Zwei Begriffe werden hier eingeführt:

- **Ausschließliche Gesetzgebung des Bundes:** betrifft z. B. auswärtige Angelegenheiten, Verteidigung, Währungsangelegenheiten und
- **Konkurrierende Gesetzgebung des Bundes:** Soweit der Bund von seinem Recht keinen Gebrauch gemacht hat, können die Länder Regelungen treffen.

Mit der Föderalismusreform wurde die Rahmengesetzgebung abgeschafft. Die bisher davon betroffenen Bereiche wurden auf den Bund und die Länder aufgeteilt. Danach bleiben Bereiche, die in die ausschließliche Gesetzgebung des Bundes oder in die konkurrierende Gesetzgebung überführt wurden, in der Form des Rahmenrechts als Bundesrecht bestehen. Das gilt auch für die Pflichten/Befugnisse, die sich aus dem Rahmenrecht für die Länder ergeben.

Die Regelungen des Kreislaufwirtschaftsgesetzes (KrWG) betreffen fast ausschließlich die Abfallwirtschaft. Nach Artikel 74 Absatz 1 Nummer 24 Grundgesetz (GG) unterfällt das Gebiet der Abfallwirtschaft der konkurrierenden Gesetzgebungszuständigkeit des Bundes. Nach Artikel 72 Absatz 1 GG haben die Länder im Bereich der konkurrierenden Gesetzgebung die Befugnis zur Gesetzgebung nur, soweit und solange der Bund nicht von seiner Gesetzgebungszuständigkeit Gebrauch macht.

Seit der Föderalismusreform I umfasst die grundgesetzliche Kompetenznorm des Artikels 74 Absatz 1 Nummer 24 GG nicht mehr nur den engen Begriff der „Abfallbeseitigung", sondern den weiten Begriff der „Abfallwirtschaft". Damit ist klargestellt, dass sich in diesem Sachbereich die konkurrierende Gesetzgebungskompetenz auf alle Phasen der Abfallentsorgung sowie auf alle damit im Zusammenhang stehenden Tätigkeiten und Maßnahmen bezieht. Neben der Abfallbeseitigung ist damit auch die Vermeidung und Verwertung von Abfällen erfasst. Die konkurrierende Gesetzgebungskompetenz des Bundes erstreckt sich auf den gesamten Anwendungsbereich des Kreislaufwirtschaftsgesetzes.

In die ausschließliche Gesetzgebungskompetenz des Bundes gehören nach der Föderalismusreform u. a. das Waffen- und Sprengstoffrecht und das Atom- und Strahlenschutzrecht.

Mit der Abschaffung der Rahmengesetzgebung wurden eine Reihe von Rechtsmaterien in die ausschließliche Zuständigkeit der Länder verlagert. Dazu gehören u. a. der Strafvollzug und die Flurbereinigung.

Gefahrgutrecht (Kapitel 2.3) sowie Seuchen- und Hygienerecht (Kapitel 1.3.4) sind dagegen Rechtsbereiche der konkurrierenden Gesetzgebung, die der Bund unter Duldung bzw. Mitwirkung der Länder gestaltet hat.

Die konkurrierende Gesetzgebung von Bund und Ländern war früher so gestaltet, dass Bundesrecht Landesrecht „bricht". Nun haben die Länder das Recht, von der Regelung des Bundes abweichende landesgesetzliche Regelungen zu treffen. Abweichungsrechte sind u. a. auf die folgenden Bereiche beschränkt:

- Naturschutz und Landschaftspflege (ausgenommen allgemeine Grundsätze, Artenschutz, Meeresnaturschutz),
- Bodenverteilung und Raumordnung,
- Wasserhaushalt (ausgenommen stoff- und anlagenbezogene Regelungen).

Erlässt ein Bundesland im Anschluss an die Verkündung eines Bundesgesetzes einschlägige Abweichungen, haben diese Anwendungsvorrang. Novelliert der Bund sein Gesetz, hat die Länderregelung zurückzutreten. Das Land kann darauf erneut mit Abweichungen vom Bundesgesetz reagieren und sich damit den Vorrang sichern. Somit kann sich im konkreten Fall die Notwendigkeit ergeben, Bundes- und Landesrecht auf einschlägige Regelungen hin zu überprüfen.

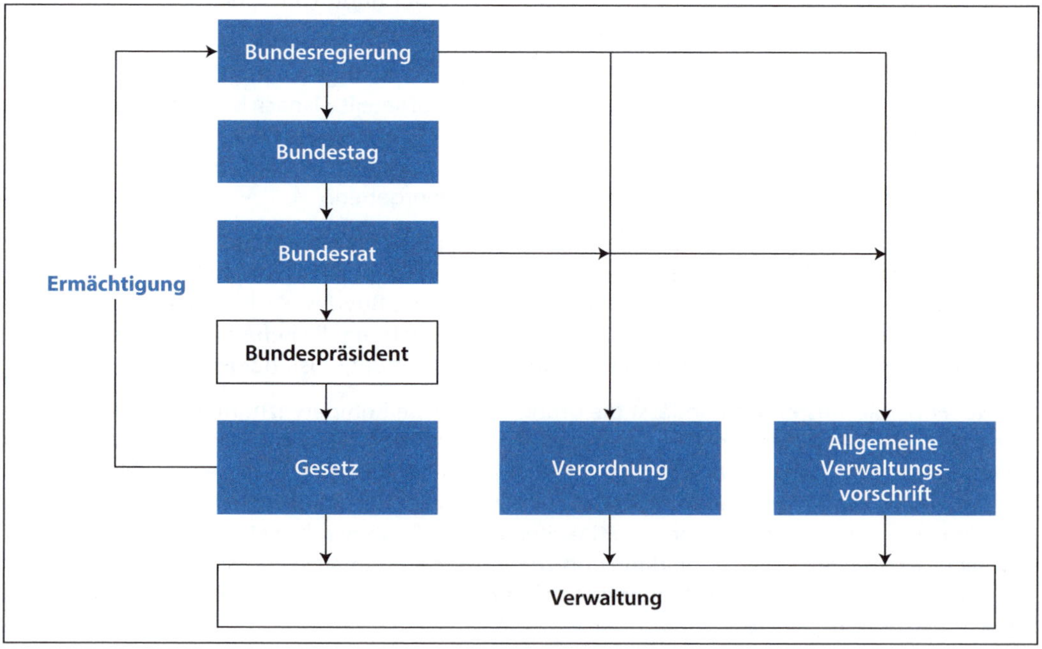

Abb. 1: Erlass von Gesetzen, Verordnungen und Allgemeinen Verwaltungsvorschriften

Im Bundesrat wirken die Länder bei der Gesetzgebung des Bundes mit (d. h. bei allen vom Bundestag beschlossenen Gesetzen). Vor den Bundesrat kommende Gesetzesvorlagen werden in Einspruchsgesetze und Zustimmungsgesetze unterschieden. Einsprüche des Bundesrats haben lediglich verzögernde Wirkung und können vom Bundestag mit Mehrheit zurückgewiesen werden. Zustimmungsgesetze sind Gesetze immer dann, wenn dies im Grundgesetz besonders angeordnet ist. Verweigert der Bundesrat seine Zustimmung, ist das Gesetz gescheitert (ein Ausweg aus dieser Lage ist die Anrufung des gemeinsamen Vermittlungsausschusses von Bundestag und Bundesrat).

Bundesdeutsches Recht gliedert sich in Gesetze, Verordnungen und Verwaltungsvorschriften. Verordnungen haben ihre Grundlage in Gesetzen. Dort werden vom Gesetzgeber „Ermächtigungen" ausgesprochen. Sie ermöglichen der Bundesregierung (eventuell mit zwingender Zustimmung des Bundesrats) die Regelung von Sachverhalten, die eher der verwaltungsmäßigen Umsetzung von Gesetzesinhalten zuzurechnen sind. Verordnungen haben den gleichen Stellenwert wie Gesetze und sind für die Länder bindend. Verwaltungsvorschriften sind keine Gesetze, sondern verwaltungsinterne Handlungsanweisungen. Sie stammen nicht von der gesetzgebenden, sondern von der „vollziehenden" Gewalt (Verwaltung). Die „Außenwirkung" von Verwaltungsvorschriften beruht auf der Tatsache, dass der Antragsteller und der von einer Überwachung Betroffene natürlich wissen müssen, welche Antragsunterlagen bzw. Betriebsaufzeichnungen die Behörde sehen möchte.

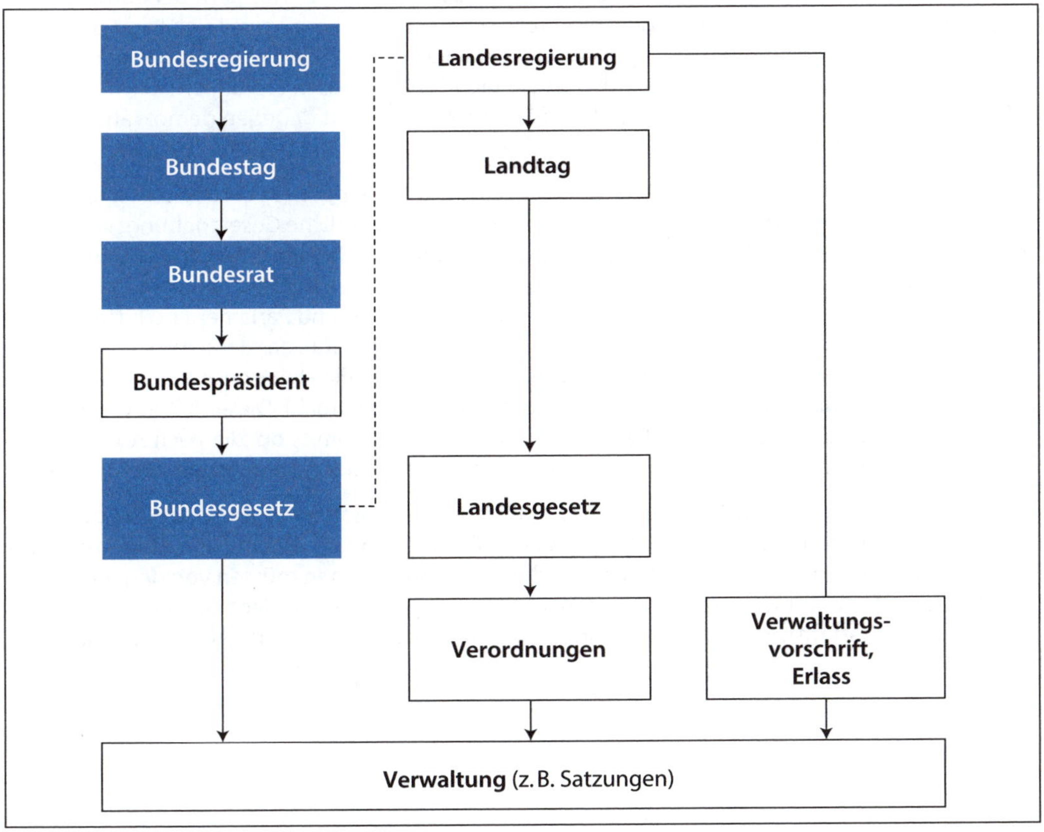

Abb. 2: Bundes- und Landesgesetzgebung

Auf Länderebene finden sich Gesetze, Verordnungen, Verwaltungsvorschriften und Erlasse. Letztere sind ebenfalls Handlungsanweisungen für die Verwaltung. Erlasse können auch als Instrument für die Regelung eines aktuellen Problems (... bis auf Weiteres keine Genehmigungen für ...) benutzt werden.

Die Bundesrepublik Deutschland ist Mitglied der Europäischen Gemeinschaften/Europäischen Union. Die Mitgliedschaft ist u. a. mit der Unterwerfung unter die Gesetzgebungskompetenz des Europäischen Rats verbunden.

Verordnungen der Europäischen Gemeinschaften/Europäischen Union sind „Gesetze", die unmittelbar im Mitgliedstaat gelten. Richtlinien der Europäischen Gemeinschaften/Europäischen Union müssen von den Mitgliedstaaten bis zu einem festgelegten Zeitpunkt in nationales Recht umgesetzt werden. Versäumt ein Mitgliedstaat dieses Datum, ist nationales Recht, das im Widerspruch zur Richtlinie steht, nichtig. Beispiele sind die Abfallrahmenrichtlinie, die Wasserrahmenrichtlinie und die „Verordnung (EG) Nr. 1907/2006 des Europäischen Parlaments und des Rates vom 18. Dezember 2006 zur Registrierung, Bewertung, Zulassung und Beschränkung chemischer Stoffe (REACH)..."

Das Recht der Europäischen Gemeinschaften/Europäischen Union entsteht im Zusammenwirken von Europäischer Kommission, Europäischem Parlament und Europäischem Rat. Im Europäischen Rat kommen die Staats- und Regierungschefs der EU-Länder und der Präsident der Europäischen Kommission zusammen. Die Staats- und Regierungschefs sind in ihrem jeweiligen Land demokratisch legitimiert. Sie bestimmen den Kommissionspräsidenten. Die Kommission kann als Exekutive des Rats bezeichnet werden. Als Exekutive ist sie nicht demokratisch legitimiert. Das ist auch in keinem Mitgliedstaat der EU der Fall. Das Europäische Parlament ist dagegen demokratisch legitimiert (d. h. gewählt).

Das Europäische Parlament teilt sich die Gesetzgebungsfunktion mit dem Europäischen Rat. Meist kommt hier seit dem Vertrag von Lissabon das sogenannte „ordentliche Gesetzgebungsverfahren" (Art. 294 AEU-Vertrag) zur Anwendung, bei dem Parlament und Rat gleichberechtigt sind und jeweils in zwei Lesungen Änderungen an einem von der Europäischen Kommission vorgeschlagenen Gesetzestext einbringen können. Bei Uneinigkeit müssen sich Rat und Parlament in dritter Lesung in einem Vermittlungsausschuss einigen; ein Gesetzgebungsverfahren, das der deutschen Prozedur (Bundestag, Bundesrat und Vermittlungsausschuss) sehr ähnelt. Allerdings besitzt das Europäische Parlament – anders als der Bundestag – kein unmittelbares Initiativrecht. Dieses Initiativrecht – Einbringung von „Gesetzesvorlagen" – hat nur die Europäische Kommission, die nach Art. 225 AEU-Vertrag allerdings vom Europäischen Parlament zu dessen Ausübung aufgefordert werden kann.

Das Recht der Europäischen Gemeinschaften/Europäischen Union kann als Sonderfall des internationalen Rechts betrachtet werden. Ein weiterer Fall internationalen Rechts sind Abkommen, die von einer Staatengemeinschaft vereinbart werden. Diese Abkommen müssen von den nationalen Gesetzgebern bestätigt („ratifiziert") werden. Die Staatengemeinschaft legt vorher fest, dass das Abkommen in Kraft tritt, wenn eine bestimmte Zahl von Unterzeichnern das Abkommen ratifiziert hat.

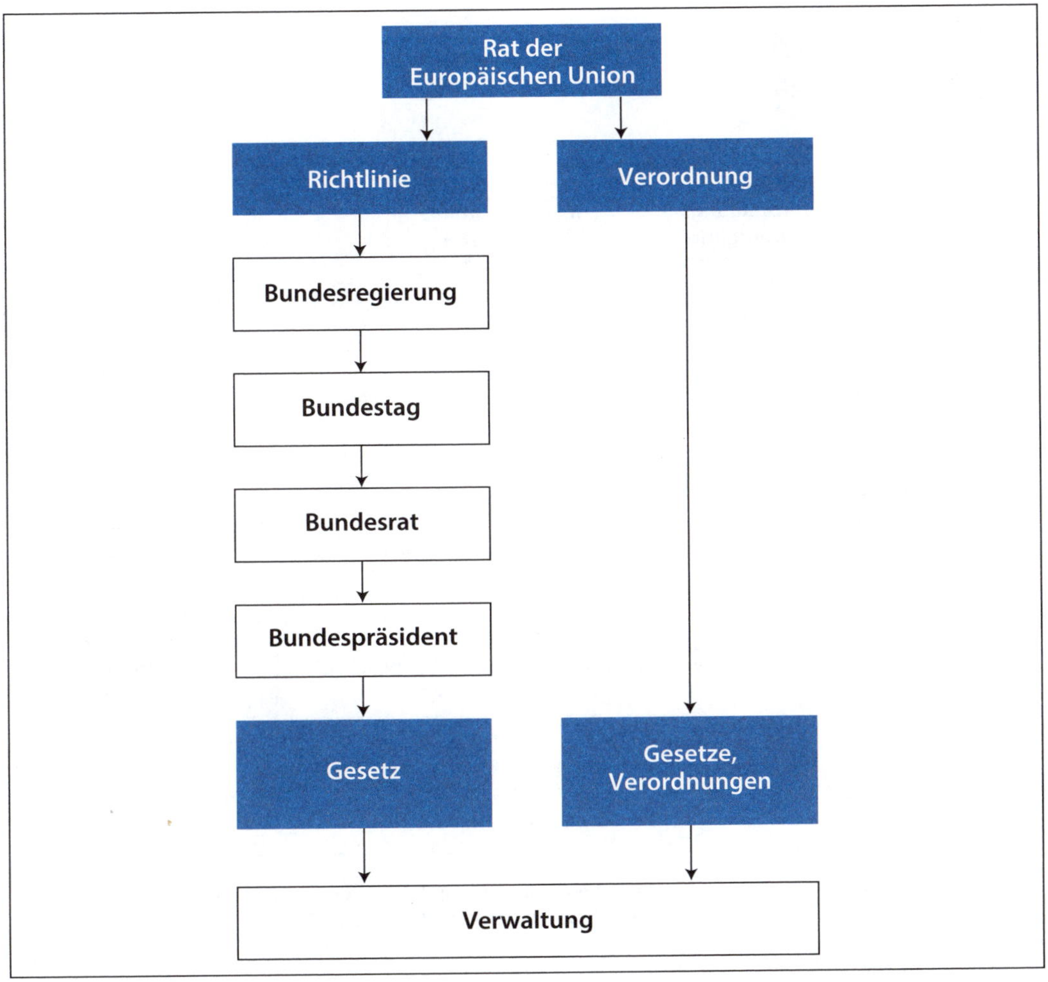

Abb. 3: Umsetzung von EG/EU-Recht in deutsches Recht

1.1.2 Abfallrecht (Übersicht)

Das nationale Abfallrecht wird inzwischen – nicht im Detail, wohl aber im Grundsätzlichen – durch das europäische Abfallrecht bestimmt. Die Grundlage des EU-Abfallrechts ist die Abfallrahmenrichtlinie, die bereits 1975 erlassen wurde (Richtlinie 75/442/EWG). Diese Richtlinie hat inzwischen eine Entwicklung hinter sich. Ein wesentlicher Grund dafür sind die Schwierigkeiten in der Umsetzung in nationales Recht. So gab es Schwierigkeiten bei der Auslegung zentraler Rechtsbegriffe, die vielfach erst durch den Europäischen Gerichtshof (EuGH) beseitigt werden konnten.

Die Rechtsunsicherheit bezüglich Reichweite und Grenzen des europäischen Abfallrechts beeinträchtigte die beabsichtigte abfallwirtschaftliche und umweltpolitische Steuerungswirkung.

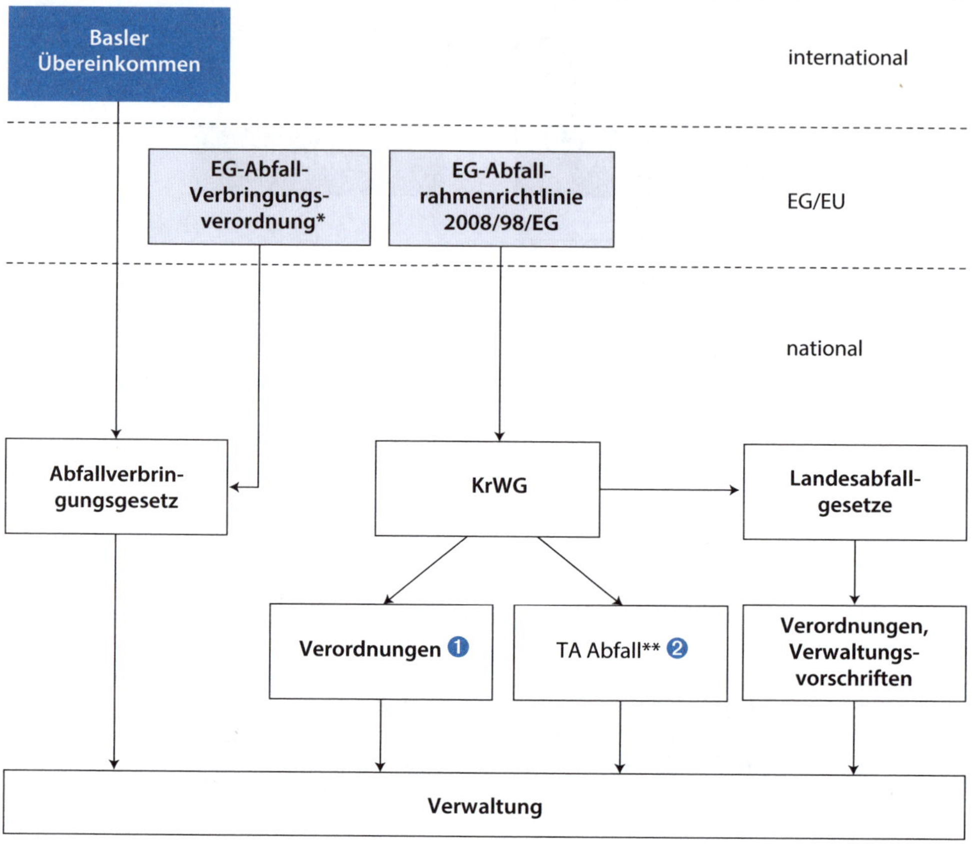

* Verordnung (EG) Nr. 1013/2006 des Europäischen Parlaments und des Rates über die Verbringung von Abfällen vom 14. Juni 2006 (ABl. L. 190, S. 1), zuletzt geändert durch Verordnung (EU) 2020/2174 vom 19. Oktober 2020 (ABl. L 433, S. 11)

** aufgehoben zum 16. September 2009

❶ und ❷ siehe Seiten 20 und 21

Abb. 4: Abfallrecht (Übersicht)

Die Abfallrahmenrichtlinie (Richtlinie 2008/98/EG) soll

- eine Erweiterung der Zielsetzung des Abfallrechts auf den Ressourcenschutz und eine Verbesserung der Effizienz der Ressourcennutzung bewirken;
- eine Präzisierung des Abfallbegriffs unter Ausschluss des Anwendungsbereichs des Abfallrechts auf bewegliche Sachen bringen;
- eine Verbesserung der Rechtssicherheit bei der Abgrenzung zwischen Abfall und Nebenprodukten sowie bei der Bestimmung des Endes der Abfalleigenschaft herbeiführen; hierdurch soll die Akzeptanz für Recyclingprodukte verbessert werden;
- eine Verstärkung der Vermeidung und der hochwertigen Verwertung, insbesondere des Recyclings, durch eine neue fünfstufige Abfallhierarchie bewirken; die Anwendung der Hierarchie ist flexibel gestaltet;

- eine Stärkung der Abfallvermeidung durch Schaffung eines neuen Grundsatzes der erweiterten Herstellerverantwortung bewirken; Abfallvermeidungsprogramme und weitere Instrumente für die Abfallvermeidung werden eingeführt;
- eine Verstärkung des Recyclings insbesondere durch spezifische Recyclingquoten für Mitgliedstaaten herbeiführen;
- eine Verbesserung des Umwelt- und Gesundheitsschutzes für alle Abfallbewirtschaftungsmaßnahmen durch klarere rechtliche Standards sowie präzisierte Anzeige- und Genehmigungspflichten bringen;
- Regelungen zur umweltverträglichen Verwertung durch Sonderregelungen zu Bioabfällen, gefährlichen Abfällen und Altöl initiieren;
- eine Präzisierung der Abgrenzung zwischen der Verwertung und der Beseitigung von Abfällen bringen; dazu gehört auch die Klarstellung eines Verwerterstatus für Müllverbrennungsanlagen, soweit die Anlagen über eine hohe Energieeffizienz verfügen;
- eine Absicherung der nationalen Entsorgungsstrukturen im Bereich der Hausmüllentsorgung gewährleisten.

Die Abfallrahmenrichtlinie war bis zum 12. Dezember 2010 in nationales Recht umzusetzen. Dieser Termin wurde in Deutschland nicht eingehalten: Das

Gesetz zur Förderung der Kreislaufwirtschaft und Sicherung der umweltverträglichen Bewirtschaftung von Abfällen (Kreislaufwirtschaftsgesetz – KrWG)

wurde am 24. Februar 2012 vom Bundestag mit Zustimmung des Bundesrates beschlossen. Es trat am 1. Juni 2012 in Kraft. Bis dahin galt das Kreislaufwirtschafts- und Abfallgesetz (KrW-/AbfG).

Im Juli 2018 sind vier europäische „Änderungsrichtlinien" in Kraft getreten:

- die Richtlinie (EU) 2018/851 diente der Änderung der Abfallrahmenrichtlinie;
- die Richtlinie (EU) 2018/852 diente der Änderung der Richtlinie 94/62/EG über Verpackungen und Verpackungsabfälle;
- mit der Richtlinie (EU) 2018/849 wurde die Änderung der Richtlinie 2000/53/EG über Altfahrzeuge, der Richtlinie 2006/66/EG über Batterien und Akkumulatoren sowie Altbatterien und Altakkumulatoren sowie der Richtlinie 2012/19/EU über Elektro- und Elektronik-Altgeräte bewirkt;
- die Richtlinie (EU) 2018/850 betrifft die Änderung der Richtlinie 1999/31/EG über Abfalldeponien.

Beachte: Für alle vier Richtlinien gilt „Die Mitgliedstaaten setzen die Rechts- und Verwaltungsvorschriften in Kraft, die erforderlich sind, um dieser Richtlinie bis zum 5. Juli 2020 nachzukommen."

Am 28. Oktober 2020 wurde das Gesetz zur Umsetzung der Abfallrahmenrichtlinie der Europäischen Union vom 23. Oktober 2020 veröffentlicht. Es enthält Änderungen des Kreislaufwirtschaftsgesetzes (Artikel 1), des Elektro- und Elektronikgerätegesetzes (Artikel 2), des Verpackungsgesetzes (Artikel 3) und des Chemikaliengesetzes (Artikel 4). Hinzu kommen Folgeänderungen (z. B. in der Gewerbeabfallverordnung und der Nachweisverordnung).

Zudem wurde am 9. November 2020 das Gesetz zur Änderung des Batteriegesetzes vom 3. November 2020 veröffentlicht, mit dem ebenfalls die Richtlinie (EU) 2018/851 in nationales Recht umgesetzt wurde.

Der hiermit skizzierte Prozess der Rechtsentwicklung und Rechtssetzung geht selbstverständlich weiter (siehe nachfolgende Seiten)!

❶ Zum Kreislaufwirtschafts- und Abfallgesetz (**KrW-/AbfG**) gehörte ein „Paket" von Verordnungen, das die Durchführung des Gesetzes ermöglichen sollte; dieses Paket wird – mit Änderungen – unter dem Kreislaufwirtschaftsgesetz (**KrWG**) weitergeführt:

- Verordnung über das Europäische Abfallverzeichnis (Abfallverzeichnis-Verordnung – **AVV**)
- Verordnung über Verwertungs- und Beseitigungsnachweise (Nachweisverordnung – **NachwV**)
- Verordnung über das Anzeige- und Erlaubnisverfahren für Sammler, Beförderer, Händler und Makler von Abfällen (Anzeige- und Erlaubnisverordnung – **AbfAEV**)
- Verordnung über Entsorgungsfachbetriebe, technische Überwachungsorganisationen und Entsorgergemeinschaften (Entsorgungsfachbetriebeverordnung – **EfbV**)
- Altölverordnung (**AltölV**)
- PCB/PCT-Abfallverordnung (**PCBAbfallV**)
- Verordnung über die Entsorgung gebrauchter halogenierter Lösemittel (**HKWAbfV**)
- Verordnung über die Getrenntsammlung und Überwachung von nicht gefährlichen Abfällen mit persistenten organischen Schadstoffen (POP-Abfall-Überwachungs-Verordnung (**POP-AbfallÜberwV**)
- Verordnung über die Überlassung, Rücknahme und umweltverträgliche Entsorgung von Altfahrzeugen (Altfahrzeug-Verordnung – **AltfahrzeugV**)
- Verordnung über die Bewirtschaftung von gewerblichen Siedlungsabfällen und von bestimmten Bau- und Abbruchabfällen (Gewerbeabfallverordnung – **GewAbfV**)
- Verordnung über Deponien und Langzeitlager (Deponieverordnung – **DepV**)
  Beachte auch die Richtlinie (EU) 2018/850 (siehe oben).
- Verordnung über den Versatz von Abfällen unter Tage (Versatzverordnung – **VersatzV**)
- Verordnung über die Bewirtschaftung von Abfällen aus der mineralgewinnenden Industrie (Gewinnungsabfallverordnung – **GewinnungsAbfV**)
- Verordnung über die Verwertung von Bioabfällen auf landwirtschaftlich, forstwirtschaftlich und gärtnerisch genutzten Böden (Bioabfallverordnung – **BioAbfV**)
- Verordnung über Anforderungen an die Verwertung und Beseitigung von Altholz (Altholzverordnung – **AltholzV**)
- Klärschlammverordnung (**AbfKlärV)**
- Verordnung über Betriebsbeauftragte für Abfall (Abfallbeauftragtenverordung – **AbfBeauftrV**)
- Verordnung über die Getrenntsammlung und Überwachung von nicht gefährlichen Abfällen mit persistenten organischen Schadstoffen (POP-Abfall-Überwachungs-Verordnung – **POP-Abfall-ÜberwV**)

Diese Übersicht wird erst mit der Aufzählung einschlägiger Gesetze komplett:

- Gesetz über das Inverkehrbringen, die Rücknahme und die hochwertige Verwertung von Verpackungen (Verpackungsgesetz – **VerpackG**)
  Beachte auch die Richtlinie (EU) 2018/852 (siehe oben).
- Gesetz über das Inverkehrbringen, die Rücknahme und die umweltverträgliche Entsorgung von Elektro- und Elektronikgeräten (Elektro- und Elektronikgerätegesetz – **ElektroG**)
  Beachte hierzu auch die Richtlinie 2011/65/EU des Europäischen Parlaments und des Rates zur Beschränkung der Verwendung bestimmter gefährlicher Stoffe in Elektro- und Elektronikgeräten vom 8. Juni 2011 (ABl. L 174, S. 88) und ihre Änderungsrichtlinien sowie die Richtlinie (EU) 2018/849 und Artikel 2 des Gesetzes zur Umsetzung der Abfallrahmenrichtlinie der Europäischen Union (siehe oben).

- Gesetz über das Inverkehrbringen, die Rücknahme und die umweltverträgliche Entsorgung von Batterien und Akkumulatoren (Batteriegesetz – **BattG**)
  Beachte auch die Richtlinie (EU) 2018/849 (siehe oben).
  Dazu gehörte eine Verordnung zur Durchführung des Batteriegesetzes – **BattGDV**.
  Beachte: Die BattGDV trat mit Wirkung zum 1. Januar 2021 außer Kraft.

Außerdem müssen an dieser Stelle die

- Verordnung über Stoffe, die die Ozonschicht schädigen (Chemikalien-Ozonschichtverordnung – **ChemOzonSchichtV**) und die
- Verordnung zum Schutz des Klimas vor Veränderungen durch den Eintrag bestimmter fluorierter Treibhausgase (Chemikalien-Klimaschutzverordnung – **ChemKlimaschutzV**)

genannt werden. Der relevante Paragraf der ChemOzonSchichtV ist § 3 „Rückgewinnung und Rücknahme verwendeter Stoffe"; bei der ChemKlimaschutzV ist es der gleichnamige § 4.

❷ Die Technische Anleitung Abfall (**TA Abfall**) umfasste

- die 1. Allgemeine Verwaltungsvorschrift über Anforderungen zum Schutz des Grundwassers bei der Lagerung und Ablagerung von Abfällen,
- die 2. Allgemeine Verwaltungsvorschrift zum AbfG (umgangssprachlich: „**TA Abfall**"),
- die 3. Allgemeine Verwaltungsvorschrift zum AbfG zur Verwertung, Behandlung und sonstigen Entsorgung von Siedlungsabfällen (umgangssprachlich: „**TA Siedlungsabfall**").

Diese Verwaltungsvorschriften sind auf der Basis des AbfG ergangen und galten bis zu einer Anpassung an das KrW-/AbfG weiter.
Alle drei Verwaltungsvorschriften sind aufgehoben worden!

Die **EG-Abfallrahmenrichtlinie** 75/442/EWG vom 15. Juli 1975 stellte den Ausgangspunkt des europäischen Abfallrechts (und damit auch des nationalen Rechts der Mitgliedstaaten der EU) dar.

Richtlinie 75/442/EWG (später Richtlinie 2006/12/EG) wurde durch die

RICHTLINIE 2008/98/EG DES EUROPÄISCHEN PARLAMENTS UND DES RATES vom 19. November 2008 über Abfälle und zur Aufhebung bestimmter Richtlinien

abgelöst. Mit dieser Richtlinie werden Maßnahmen zum Schutz der Umwelt und der menschlichen Gesundheit festgelegt, indem die schädlichen Auswirkungen der Erzeugung und Bewirtschaftung von Abfällen vermieden oder verringert, die Gesamtauswirkungen der Ressourcennutzung reduziert und die Effizienz der Ressourcennutzung verbessert werden. Mit der Richtlinie (EU) 2018/851 ist der aktuelle Stand der Abfallrahmenrichtlinie das Jahr 2018. Seitdem sind keine weiteren Änderungen und Berichtigungen erfolgt.

Die **Richtlinie 91/689/EWG** nahm sich gesondert der „**gefährlichen Abfälle**" an.

Die Entscheidung des Rates 2000/532/EG über ein Verzeichnis gefährlicher Abfälle im Sinne von Artikel 1 Absatz 4 der Richtlinie 91/689/EWG über gefährliche Abfälle enthält einen Katalog, der mit der Abfallverzeichnis-Verordnung (AVV) seine nationale Umsetzung erfahren hat („**Europäischer Abfallkatalog**").

Beachte: „Entscheidungen" des Rates der Europäischen Gemeinschaften/Europäischen Union sind Einzelfallregelungen, die für die Adressaten (Mitgliedstaaten) verbindlich sind. Sie müssen von den Mitgliedstaaten bis zum Ablauf der festgelegten Frist umgesetzt werden.

Die Richtlinie 91/689/EWG wurde mit Wirkung vom 12. Dezember 2010 aufgehoben (Artikel 41 Richtlinie 2008/98/EG) und wesentliche Inhalte ihrer Regelungen in die Abfallrahmenrichtlinie integriert.

EG/EU-Recht findet sich auch auf der inhaltlichen Ebene der Verordnungen zum Bundes-Immissionsschutzgesetz (BImSchG):

Die **Richtlinie 2000/76/EG** des Europäischen Parlaments und des Rates über die **Verbrennung von Abfällen** bezweckte eine Vermeidung oder zumindest Begrenzung von Belastungen der Umwelt, insbesondere der Verunreinigung durch Emissionen in die Luft, den Boden und das Oberflächen- und Grundwasser. Dieses Ziel sollte mit der Festlegung von Betriebsbedingungen und Emissionsgrenzwerten für Abfallverbrennungs- und Abfallmitverbrennungsanlagen erreicht werden. Die Richtlinie befasste sich mit der Anlieferung und der Annahme des Abfalls und den Rückständen aus dem Verbrennungsprozess. Der Verbrennungsprozess sollte so gestaltet und gesteuert werden, dass die Rückstände bestimmten inhaltlichen Anforderungen genügten. Anhang V der Richtlinie gab Emissionsgrenzwerte für die Abgase vor. Das Thema „Ableitung von Wasser aus der Abgasreinigung" wurde behandelt; Anhang IV legte hierzu Grenzwerte fest. Eine Kontrolle und Überwachung des Verbrennungsprozesses und der resultierenden Emissionen wurde gefordert. Es folgten detaillierte Messanforderungen.

Der Ort für die Umsetzung in deutsches Recht waren die Verordnungen zum BImSchG.

Die Richtlinie 2000/76/EG wurde mit Wirkung vom 7. Januar 2014 aufgehoben (Artikel 81 der Richtlinie 2010/75/EU des Europäischen Parlaments und des Rates über Industrieemissionen (**Integrierte Vermeidung und Verminderung der Umweltverschmutzung – „IED/IE-Richtlinie"**) vom 24. November 2010 (ABl. L 334, S. 17, ber. ABl. 2012 L 158, S. 25).

Richtlinie 1999/31/EG des Rates befasst sich mit **Abfalldeponien**. Die deutschen Verordnungen über die umweltverträgliche Ablagerung von Siedlungsabfällen (AbfAblV) und über biologische Abfallbehandlungsanlagen (30. BImSchV) knüpften hier an. Die Deponieverordnung (DepV) und die Deponieverwertungsverordnung (DepVerwV) gehörten ebenfalls in diesen Zusammenhang. Beachte, dass davon nur eine erneuerte **Deponieverordnung** und die **30. BImSchV** weiterhin Bestand haben.

1.1.3 Rechtsgrundlagen für die Erzeugung und Bewirtschaftung von Abfällen und die Kreislaufwirtschaft

Die Einsammlung und Beförderung von Abfällen als Teilaspekte der Abfallbewirtschaftung können zum einen „innerstaatlich" (hier: innerhalb der Bundesrepublik Deutschland), zum anderen „grenzüberschreitend" (z. B. zwischen der BRD und einem angrenzenden Mitgliedstaat der Europäischen Gemeinschaften/Europäischen Union) erfolgen. Die rechtlichen Bezugspunkte sind zum einen das Kreislaufwirtschaftsgesetz (KrWG), zum anderen das Abfallverbringungsgesetz (AbfVerbrG). Diese deutschen Rechtsvorschriften haben natürlich eine europäische Grundlage (Abfallrahmenrichtlinie bzw. EG-Abfallverbringungsverordnung).

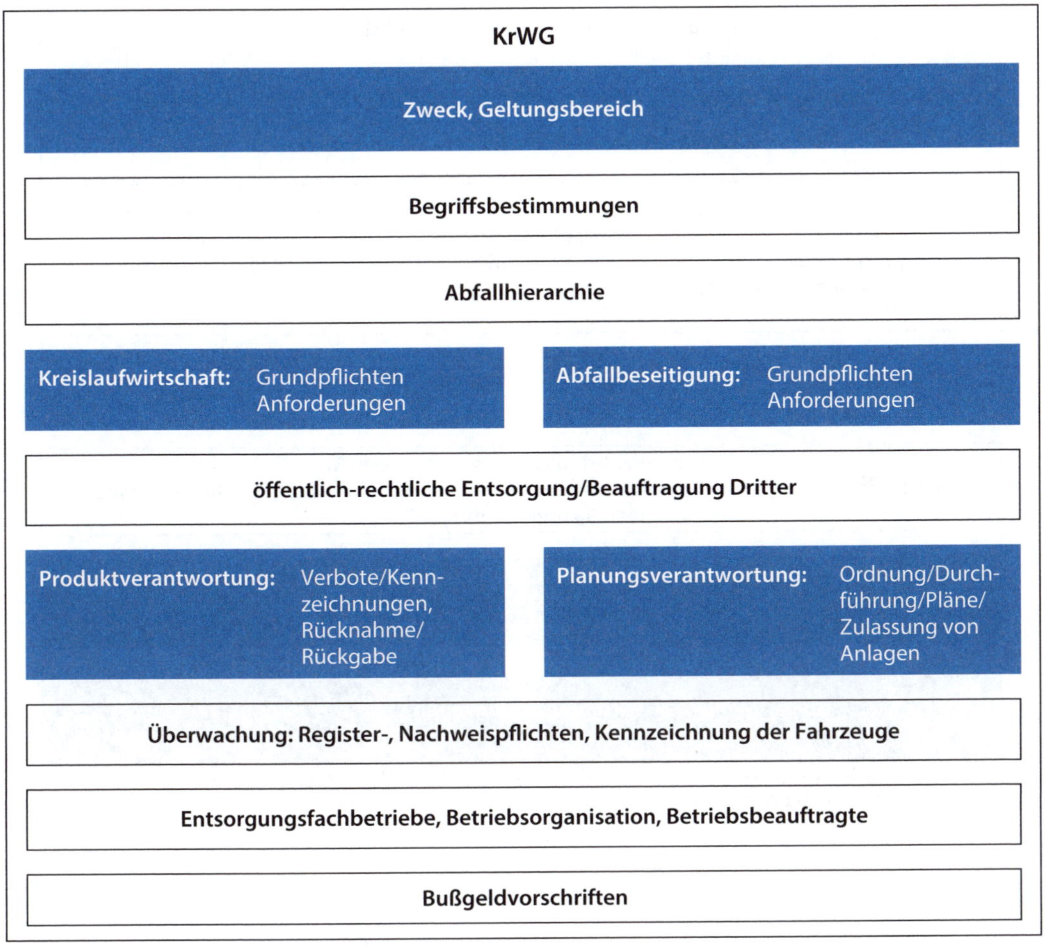

Abb. 5: Zusammensetzung des KrWG

EG-Abfallverbringungsverordnung
(VO (EG) Nr. 1013/2006)

Begriffsbestimmungen

AbfVerbrG: Geltungsbereich

Vorrang der Beseitigung im Inland (§ 2 AbfVerbrG)

Verfahrensvorschriften (§§ 3 bis 5 AbfVerbrG)

Rücknahme-verpflichtungen (§ 8 AbfVerbrG)	Sicherheitsleistung (§ 3 AbfVerbrG)	Zollstellen (§ 17 AbfVerbrG)

Kennzeichnung der Fahrzeuge (§ 10 AbfVerbrG)

Ordnungswidrigkeiten (§ 18 AbfVerbrG)
Strafvorschriften im Fall illegaler Verbringungen gefährlicher / nicht gefährlicher Abfälle (§§ 18a und b AbfVerbrG)

Gebühren und Auslagen
(Abfallverbringungsgebührenverordnung – AbfVerbrGebV; am 18.7.2016 mit Wirkung zum 1.10.2021 aufgehoben)

Ordnungswidrigkeiten
(Abfallverbringungsbußgeldverordnung – AbfVerbrBußV)

Abb. 6: Recht der Abfallverbringung

1.1.4 Kreislaufwirtschaftsgesetz (KrWG)

1.1.4.1 KrWG: Zweck und Geltungsbereich

§ 1 KrWG

(1) Zweck des Gesetzes ist es, die Kreislaufwirtschaft zur Schonung der natürlichen Ressourcen zu fördern und den Schutz von Mensch und Umwelt bei der Erzeugung und Bewirtschaftung von Abfällen sicherzustellen.

(2) Mit diesem Gesetz soll außerdem das Erreichen der europarechtlichen Zielvorgaben der Richtlinie 2008/98/EG … gefördert werden.

Kreislaufwirtschaft im Sinne des KrWG vom 24. Februar 2012 (BGBl. I S. 212), zuletzt geändert am 9. März 2023 (BGBl. I S. 2023 Nr. 56), ist die Vermeidung und Verwertung von Abfällen (§ 3 Absatz 19 KrWG). Kreislaufwirtschaft zur Schonung der natürlichen Ressourcen ist mit einem haushälterischen Umgang mit Rohstoffen erreichbar (siehe den Begriff der „Bewirtschaftung" in der aufgehobenen EG-Abfallrahmenrichtlinie 75/442/EWG). Derart verstandene Kreislaufwirtschaft beginnt bei der abfallarmen Produktherstellung und endet bei einem hochwertigen Recycling von Produkten zu neuen Rohstoffen (Sekundärrohstoffen). Kreislaufwirtschaft ist mehr als Verwertung: Sie umfasst auch die Verantwortung des Herstellers für seine Produkte. Das Verhalten des Verbrauchers gehört ebenfalls dazu (Rückgabe von gebrauchten Produkten, Verpackungen etc.).

Die „Sicherung der umweltverträglichen Beseitigung von Abfällen" (siehe § 1 des aufgehobenen KrW-/AbfG) wird zugunsten einer umfassenderen Formulierung aufgegeben (und zu einem Bestandteil der Abfallbewirtschaftung).

Die „**Erzeugung**" von Abfällen ist etwas missverständlich: Es geht nicht um das bewusste Herstellen von Abfällen, sondern um die Entstehung von Abfällen im Rahmen wirtschaftlicher und privater Tätigkeit.

„**Abfallbewirtschaftung**" ist die Bereitstellung, die Überlassung, die Sammlung, die Beförderung sowie die Verwertung und die Beseitigung von Abfällen; die beiden letztgenannten Verfahren schließen die Sortierung der Abfälle ein. Zur Abfallbewirtschaftung zählen auch die Überwachung der Tätigkeiten und Verfahren im Sinne des Satzes 1, die Nachsorge von Beseitigungsanlagen und die Tätigkeiten, die von Händlern und Maklern durchgeführt werden (§ 3 Absatz 14 KrWG).

Die Formulierung „**Schutz von Mensch und Umwelt**" bei der Erzeugung und Bewirtschaftung von Abfällen eröffnet ein weites Feld, das vom Arbeitsschutz (der Betriebsbeauftragte für Abfall ist verpflichtet, die Betriebsangehörigen aufzuklären; § 60 Absatz 1 KrWG) bis zur Anlagensicherheit (Zulassung von Entsorgungsanlagen; § 34 ff. KrWG) reicht.

§ 2 KrWG

Die Vorschriften dieses Gesetzes gelten für

1. ***die Vermeidung von Abfällen sowie***
2. ***die Verwertung von Abfällen,***
3. ***die Beseitigung von Abfällen und***
4. ***die sonstigen Maßnahmen der Abfallbewirtschaftung.***

Punkt 4 ist ein „Auffangtatbestand" für sonstige Maßnahmen (vgl. dazu oben die Definition der Abfallbewirtschaftung).

Die Vorschriften des KrWG gelten nicht (§ 2 Absatz 2 KrWG) für

1. Stoffe, die zu entsorgen sind
   a) nach dem Lebensmittel- und Futtermittelgesetzbuch, soweit es für Lebensmittel, Lebensmittel-Zusatzstoffe, kosmetische Mittel, Bedarfsgegenstände und mit Lebensmitteln verwechselbare Produkte gilt,
   b) nach dem Tabakerzeugnisgesetz,
   c) nach dem Milch- und Margarinegesetz,
   d) nach dem Tiergesundheitsgesetz,
   e) nach dem Pflanzenschutzgesetz sowie
   f) nach den aufgrund der in den Buchstaben a bis e genannten Gesetze erlassenen Rechtsverordnungen,
2. tierische Nebenprodukte, soweit diese nach der Verordnung (EG) Nr. 1069/2009 des Europäischen Parlaments und des Rates vom 21. Oktober 2009 mit Hygienevorschriften für nicht für den menschlichen Verzehr bestimmte tierische Nebenprodukte und zur Aufhebung der Verordnung (EG) Nr. 1774/2002 (Verordnung über tierische Nebenprodukte) (ABl. L 300 vom 14.11.2009, S. 1) in der jeweils geltenden Fassung, nach den zu ihrer Durchführung ergangenen Rechtsakten der Europäischen Union, nach dem Tierische Nebenprodukte-Beseitigungsgesetz vom 25. Januar 2004 (BGBl. I S. 82), das zuletzt durch Artikel 279 der Verordnung vom 19. Juni 2020 (BGBl. I S. 1328) geändert worden ist, in der jeweils geltenden Fassung, oder nach den auf Grund des Tierische Nebenprodukte-Beseitigungsgesetzes erlassenen Rechtsverordnungen **abzuholen, zu sammeln, zu befördern, zu lagern, zu behandeln, zu verarbeiten, zu verwenden, zu beseitigen oder in Verkehr zu bringen sind, mit Ausnahme derjenigen tierischen Nebenprodukte, die zur Verbrennung, Lagerung auf einer Deponie oder Verwendung in einer Biogas- oder Kompostieranlage bestimmt sind,**
3. Stoffe, die bestimmt sind für die Verwendung als Einzelfuttermittel gemäß der Verordnung (EG) Nr. 767/2009 über das Inverkehrbringen und die Verwendung von Futtermitteln, und weder aus tierischen Nebenprodukten bestehen noch solche enthalten,
4. Körper von Tieren, die nicht durch Schlachtung zu Tode gekommen sind (verendete Tiere, z. B. aus Kollisionen mit Fahrzeugen), einschließlich von solchen Tieren, die zur Tilgung von Tierseuchen getötet wurden, soweit diese Tierkörper nach den unter Nummer 2 genannten Rechtsvorschriften zu beseitigen oder zu verarbeiten sind,
5. Fäkalien, soweit sie nicht durch Nummer 2 erfasst werden, Stroh und andere natürliche nicht gefährliche land- oder forstwirtschaftliche Materialien, die in der Land- oder Forstwirtschaft oder zur Energieerzeugung aus einer solchen Biomasse durch Verfahren oder Methoden verwendet werden, die die Umwelt nicht schädigen oder die menschliche Gesundheit nicht gefährden,
6. Kernbrennstoffe und sonstige radioaktive Stoffe im Sinne des Atomgesetzes oder des Strahlenschutzgesetzes,
7. Abfälle, die unmittelbar beim Aufsuchen, Gewinnen und Aufbereiten sowie bei der damit zusammenhängenden Lagerung von Bodenschätzen in Betrieben anfallen, die der Bergaufsicht unterstehen und die nach dem Bundesberggesetz vom 13. August 1980 (BGBl. I S. 1310), das zuletzt durch Artikel 237 der Verordnung vom 19. Juni 2020 (BGBl. I S. 1328) geändert worden ist, in der jeweils geltenden Fassung und den auf Grund des Bundesberggesetzes erlassenen Rechtsverordnungen unter Bergaufsicht entsorgt werden,

8. gasförmige Stoffe, die nicht in Behältern gefasst sind,
9. Stoffe, sobald sie in Gewässer oder Abwasseranlagen eingeleitet oder eingebracht werden,
10. Böden am Ursprungsort (Böden in situ), einschließlich nicht ausgehobener, kontaminierter Böden und Bauwerke, die dauerhaft mit dem Boden verbunden sind,
    Beachte: Abfälle im Sinne des KrWG sind alle Stoffe oder Gegenstände, deren sich ihr Besitzer entledigt, entledigen will oder entledigen muss (§ 3 Absatz 1 KrWG). Abfälle zur Verwertung sind Abfälle, die verwertet werden; Abfälle, die nicht verwertet werden, sind Abfälle zur Beseitigung. Eine Beschränkung auf „bewegliche Sachen" gibt es nicht. Mit dem oben angeführten Ausnahmetatbestand wird eine solche Beschränkung wieder eingeführt.
11. nicht kontaminiertes Bodenmaterial und andere natürlich vorkommende Materialien, die bei Bauarbeiten ausgehoben wurden, sofern sichergestellt ist, dass die Materialien in ihrem natürlichen Zustand an dem Ort, an dem sie ausgehoben wurden, für Bauzwecke verwendet werden,
12. Sedimente, die zum Zweck der Bewirtschaftung von Gewässern, insbesondere auch der Unterhaltung oder des Ausbaus von Wasserstraßen, sowie der Vorbeugung gegen Überschwemmungen oder der Abschwächung der Auswirkungen von Überschwemmungen und Dürren oder zur Landgewinnung ***innerhalb von Oberflächengewässern umgelagert werden, sofern die Sedimente nachweislich nicht gefährlich sind,***
13. Schiffsabfälle von Binnen- oder Seeschiffen, soweit deren Erfassung und Übergabe in den Binnen- oder Seehäfen aufgrund internationaler oder supranationaler Übereinkommen durch Bundes- oder Landesrecht geregelt wird,
14. das Aufsuchen, Bergen, Befördern, Lagern, Behandeln und Vernichten von Kampfmitteln,
15. Kohlendioxid, das für den Zweck der dauerhaften Speicherung abgeschieden, transportiert und in Kohlendioxidspeichern gespeichert wird.

1.1.4.2 KrWG: Begriffsbestimmungen

Das KrWG verfährt hier nach dem Schema, das auf der Folgeseite abgebildet ist.

§ 3 Absatz 1 KrWG

Abfälle im Sinne dieses Gesetzes sind alle Stoffe oder Gegenstände, derer sich ihr Besitzer entledigt, entledigen will oder entledigen muss.

Abfälle zur Verwertung sind Abfälle, die verwertet werden; Abfälle, die nicht verwertet werden, sind Abfälle zur Beseitigung.

Eine **Entledigung** ist anzunehmen, wenn der Besitzer Stoffe oder Gegenstände einer Verwertung im Sinne der Anlage 2 KrWG (Verwertungsverfahren) oder einer Beseitigung im Sinne der Anlage 1 KrWG (Beseitigungsverfahren) zuführt oder die tatsächliche Sachherrschaft über sie unter Wegfall jeder weiteren Zweckbestimmung aufgibt. Diese Festlegung wird als „Vermutungsregelung" bezeichnet: Sie ist nicht abschließend in dem Sinne, dass alle Fälle damit erfasst wären. Die Vermutung ist widerlegbar (eine „Aufbringung von Stoffen auf den Boden zum Nutzen der Landwirtschaft" (R 10 der Anlage 2 des KrWG) ist nicht automatisch eine Abfallverwertung).

Der **Entledigungswille** ist ebenfalls erst einmal eine Vermutung: Der Wille zur Entledigung ist hinsichtlich solcher Stoffe oder Gegenstände anzunehmen,

1. die bei der Energieumwandlung, Herstellung, Behandlung oder Nutzung von Stoffen oder Erzeugnissen oder bei Dienstleistungen anfallen, ohne dass der Zweck der jeweiligen Handlung hierauf gerichtet ist (vgl. den Begriff der „Erzeugung" in § 1 KrWG) oder
2. deren ursprüngliche Zweckbestimmung entfällt oder aufgegeben wird, ohne dass ein neuer Verwendungszweck unmittelbar an deren Stelle tritt.

Für die Beurteilung der Zweckbestimmung ist die Auffassung des Erzeugers oder Besitzers unter Berücksichtigung der Verkehrsanschauung zugrunde zu legen.

Erzeuger von Abfällen ist jede natürliche oder juristische Person, durch deren Tätigkeit Abfälle anfallen (Ersterzeuger) oder die Vorbehandlungen, Mischungen oder sonstige Behandlungen vornimmt, die eine Veränderung der Natur oder der Zusammensetzung dieser Abfälle bewirken (Zweiterzeuger).

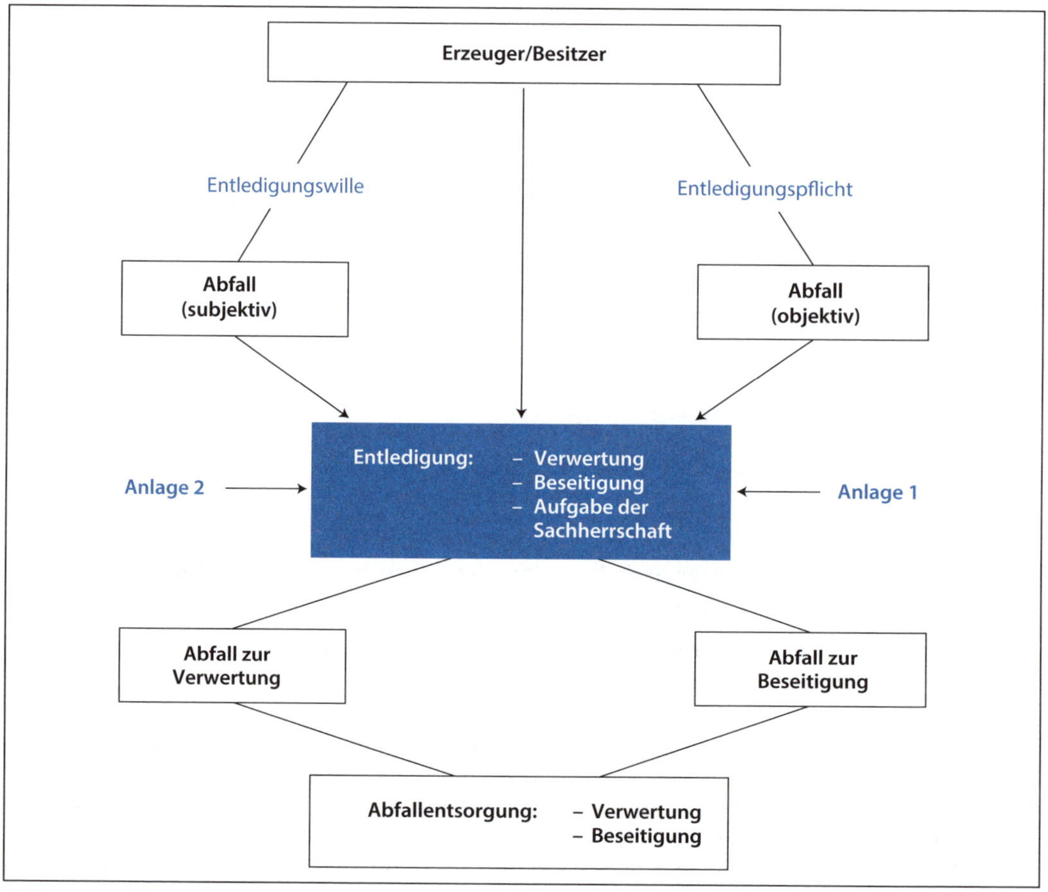

Abb. 7: KrWG: Begriffsbestimmungen

Besitzer von Abfällen ist jede natürliche oder juristische Person, die die tatsächliche Sachherrschaft über Abfälle hat (der Eigentumsbegriff spielt hier keine Rolle).

Die **Entledigungspflicht** wird in § 3 Absatz 4 KrWG konkretisiert:

Der Besitzer muss sich Stoffen oder Gegenständen entledigen,

- wenn diese nicht mehr entsprechend ihrer ursprünglichen Zweckbestimmung verwendet werden,
- aufgrund ihres konkreten Zustandes geeignet sind, gegenwärtig oder künftig das Wohl der Allgemeinheit, insbesondere die Umwelt, zu gefährden und
- deren Gefährdungspotenzial nur durch eine ordnungsgemäße und schadlose Verwertung oder gemeinwohlverträgliche Beseitigung nach den Vorschriften dieses Gesetzes und der aufgrund dieses Gesetzes erlassenen Rechtsverordnungen ausgeschlossen werden kann.

Nebenprodukte (§ 4 KrWG)

Fällt ein Stoff oder Gegenstand bei einem Herstellungsverfahren an, dessen hauptsächlicher Zweck nicht auf die Herstellung dieses Stoffes oder Gegenstandes gerichtet ist, ist er als Nebenprodukt und nicht als Abfall anzusehen, wenn

1. sichergestellt ist, dass der Stoff oder Gegenstand weiter verwendet wird,
2. eine weitere, über ein normales industrielles Verfahren hinausgehende Vorbehandlung hierfür nicht erforderlich ist,
3. der Stoff oder Gegenstand als integraler Bestandteil eines Herstellungsprozesses erzeugt wird und
4. die weitere Verwendung rechtmäßig ist; dies ist der Fall, wenn der Stoff oder Gegenstand alle für seine jeweilige Verwendung anzuwendenden Produkt-, Umwelt- und Gesundheitsschutzanforderungen erfüllt und insgesamt nicht zu schädlichen Auswirkungen auf Mensch und Umwelt führt.

Punkt 4 stellt die wohl wichtigste Anforderung dar. Die Bundesregierung wird ermächtigt, nach Anhörung der beteiligten Kreise (§ 68 KrWG) durch Rechtsverordnung mit Zustimmung des Bundesrates Kriterien zu bestimmen, nach denen bestimmte Stoffe oder Gegenstände als Nebenprodukt anzusehen sind, und Anforderungen zum Schutz von Mensch und Umwelt festzulegen.

Die Begriffsbestimmung für Abfälle bezieht sich auf Stoffe und Gegenstände und den Besitzer dieser Sachen, der sich ihrer entledigen will, entledigt oder entledigen muss. Der Bezug auf Verwertungs- und Beseitigungsverfahren (Anlagen 1 und 2 des KrWG) bringt eine Konkretisierung. Auf die Eigenschaften der Abfälle wird mit der Begriffsbestimmung nicht abgehoben. Es gibt aber drei Begriffe im KrWG, die dies tun: gefährliche Abfälle, Inertabfälle, Bioabfälle.

Gefährlich im Sinne des KrWG sind die Abfälle, die durch Rechtsverordnung nach § 48 Satz 2 KrWG oder aufgrund einer solchen Rechtsverordnung bestimmt worden sind. Nicht gefährlich sind alle übrigen Abfälle.

Inertabfälle (§ 3 Absatz 6 KrWG) sind mineralische Abfälle,

1. die keinen wesentlichen physikalischen, chemischen oder biologischen Veränderungen unterliegen,
2. die sich nicht auflösen, nicht brennen und nicht in anderer Weise physikalisch oder chemisch reagieren,
3. die sich nicht biologisch abbauen und
4. die andere Materialien, mit denen sie in Kontakt kommen, nicht in einer Weise beeinträchtigen, die zu nachteiligen Auswirkungen auf Mensch und Umwelt führen könnte.

Die gesamte Auslaugbarkeit und der Schadstoffgehalt der Abfälle sowie die Ökotoxizität des Sickerwassers müssen unerheblich sein und dürfen insbesondere nicht die Qualität von Oberflächen- oder Grundwasser gefährden.

Siedlungsabfälle (§ 3 Absatz 5a KrWG) sind gemischt und getrennt gesammelte Abfälle

1. aus privaten Haushaltungen, insbesondere Papier und Pappe, Glas, Metall, Kunststoff, Bioabfälle, Holz, Textilien, Verpackungen, Elektro- und Elektronik-Altgeräte, Altbatterien und Altakkumulatoren sowie Sperrmüll, einschließlich Matratzen und Möbel, und
2. aus anderen Herkunftsbereichen, wenn diese Abfälle auf Grund ihrer Beschaffenheit und Zusammensetzung mit Abfällen aus privaten Haushaltungen vergleichbar sind.

Keine Siedlungsabfälle sind Abfälle aus der Produktion, aus Land- und Forstwirtschaft, Fischerei, Abwasseranlagen. Bau- und Abbruchabfälle (beachte die Definition in § 3 Absatz 6a KrWG) und Altfahrzeuge gelten hier ebenfalls nicht als Siedlungsabfälle.

Bioabfälle (§ 3 Absatz 7 KrWG) sind biologisch abbaubare pflanzliche, tierische oder aus Pilzmaterialien bestehende

1. Garten- und Parkabfälle,
2. Landschaftspflegeabfälle,
3. Nahrungsmittel- und Küchenabfälle aus privaten Haushaltungen, aus dem Gaststätten-, Kantinen- und Cateringgewerbe, aus Büros und aus dem Groß- und Einzelhandel sowie mit den genannten Abfällen vergleichbare Abfälle aus Nahrungsmittelverarbeitungsbetrieben und
4. Abfälle aus sonstigen Herkunftsbereichen, die den in Nummer 1 bis 3 genannten Abfällen vergleichbar sind.

§ 3 KrWG wurde mit der Änderung vom 23. Oktober 2020 u. a. um die folgenden Begriffe erweitert: Siedlungsabfälle (§ 3 Abs. 5a KrWG), Bau- und Abbruchabfälle (§ 3 Abs. 6a KrWG), Lebensmittelabfälle (§ 3 Abs. 7a KrWG) sowie Rezyklate als sekundäre Rohstoffe aus der Verwertung oder Beseitigung, die für die Herstellung von Erzeugnissen geeignet sind (§ 3 Abs. 7b KrWG).

Ende der Abfalleigenschaft (§ 5 KrWG)

Die Abfalleigenschaft eines Stoffes oder Gegenstandes endet, wenn dieser ein Recycling oder ein anderes Verwertungsverfahren durchlaufen hat und so beschaffen ist, dass

1. er üblicherweise für bestimmte Zwecke verwendet werden kann,
2. ein Markt für ihn oder eine Nachfrage nach ihm besteht,
3. er alle für seine jeweilige Zweckbestimmung geltenden technischen Anforderungen sowie alle Rechtsvorschriften und anwendbaren Normen für Erzeugnisse erfüllt (vgl. hierzu oben die Definition„Nebenprodukte") sowie
4. seine Verwendung insgesamt nicht zu schädlichen Auswirkungen auf Mensch oder Umwelt führt.

Die Bundesregierung wird ermächtigt, nach Anhörung der beteiligten Kreise (§ 68 KrWG) durch Rechtsverordnung die Bedingungen näher zu bestimmen, unter denen für bestimmte Stoffe und Gegenstände die Abfalleigenschaft endet. Diese Bedingungen müssen ein hohes Maß an Schutz für Mensch und Umwelt sicherstellen und die umsichtige, sparsame und effiziente Verwendung der natürlichen Ressourcen ermöglichen. In der Rechtsverordnung ist insbesondere zu bestimmen:

1. welche Abfälle der Verwertung zugeführt werden dürfen,
2. welche Behandlungsverfahren und -methoden zulässig sind,
3. die Qualitätskriterien, soweit erforderlich auch Schadstoffgrenzwerte, für Stoffe und Gegenstände im Sinne des Absatzes 1; die Qualitätskriterien müssen im Einklang mit den geltenden technischen Anforderungen, Rechtsvorschriften oder Normen für Erzeugnisse stehen,
4. die Anforderungen an Managementsysteme, mit denen die Einhaltung der Kriterien für das Ende der Abfalleigenschaft nachgewiesen wird, einschließlich der Anforderungen an die Qualitätskontrolle und die Eigenüberwachung, an eine Akkreditierung oder sonstige Form der Fremdüberwachung der Managementsysteme, soweit dies erforderlich ist, sowie das Erfordernis und die Inhalte einer Konformitätserklärung.

Die beiden Bestandteile der **Kreislaufwirtschaft** – Vermeidung und Verwertung – sind wie folgt definiert:

Vermeidung ist jede Maßnahme, die ergriffen wird, bevor ein Stoff, Material oder Erzeugnis zu Abfall geworden ist, und dazu dient, die Abfallmenge, die schädlichen Auswirkungen des Abfalls auf Mensch und Umwelt oder den Gehalt an schädlichen Stoffen in Materialien und Erzeugnissen zu verringern (§ 3 Absatz 20 KrWG).

Hierzu zählen insbesondere die anlageninterne Kreislaufführung von Stoffen, die abfallarme Produktgestaltung, die Wiederverwendung von Erzeugnissen oder die Verlängerung ihrer Lebensdauer sowie ein Konsumverhalten, das auf den Erwerb von abfall- und schadstoffarmen Produkten sowie die Nutzung von Mehrwegverpackungen gerichtet ist.

Der Begriff „**Wiederverwendung**" beschreibt Maßnahmen, die in einer Phase stattfinden, bei der das Erzeugnis oder dessen Bestandteile noch kein Abfall (insofern findet eine Abfallvermeidung statt) beziehungsweise nach Beendigung der Verwertung kein Abfall mehr sind. Entscheidend für die Abgrenzung der Wiederverwendung eines Erzeugnisses gegen andere Verwendungsmöglichkeiten ist das Merkmal desselben Verwendungszwecks. Stimmen ursprünglicher Verwendungszweck und Verwendungszweck nach Durchführung des Verwertungsverfahrens überein, ist das Merkmal der Wiederverwendung gegeben.

Das der Wiederverwendung vorangehende Verwertungsverfahren wird als „**Vorbereitung zur Wiederverwendung**" bezeichnet:

Vorbereitung zur Wiederverwendung ist jedes Verwertungsverfahren der Prüfung, Reinigung oder Reparatur, bei dem Erzeugnisse oder Bestandteile von Erzeugnissen, die zu Abfällen geworden sind, so vorbereitet werden, dass sie ohne weitere Vorbehandlung wieder für denselben Zweck verwendet werden können, für den sie ursprünglich bestimmt waren.

Verwertung im Sinne des KrWG ist jedes Verfahren, als dessen Hauptergebnis die Abfälle innerhalb der Anlage oder in der weiteren Wirtschaft einem sinnvollen Zweck zugeführt werden, indem sie entweder andere Materialien ersetzen, die sonst zur Erfüllung einer bestimmten Funktion verwendet worden wären, oder indem die Abfälle so vorbereitet werden, dass sie diese Funktion erfüllen. Anlage 2 KrWG enthält eine nicht abschließende(!) Liste von Verwertungsverfahren.

Stoffliche Verwertung im Sinne des KrWG ist jedes Verwertungsverfahren mit Ausnahme der energetischen Verwertung und der Aufbereitung zu Materialien, die für die Verwendung als Brennstoff oder als anderes Mittel der Energieerzeugung bestimmt sind. Zur stofflichen Verwertung zählen insbesondere die Vorbereitung zur Wiederverwendung, das Recycling und die Verfüllung.

Verfüllung ist jedes Verwertungsverfahren, bei dem geeignete, nicht gefährliche Abfälle zur Rekultivierung von Abgrabungen oder zu bautechnischen Zwecken bei der Landschaftsgestaltung verwendet werden. Abfälle im Sinne des Satzes sind solche, die Materialien ersetzen, die keine Abfälle sind, die für die vorstehend genannten Zwecke geeignet sind und auf die für die Erfüllung dieser Zwecke unbedingt erforderlichen Mengen beschränkt werden.

Beseitigung ist jedes Verfahren, das keine Verwertung ist, auch wenn das Verfahren zur Nebenfolge hat, dass Stoffe oder Energie zurückgewonnen werden. Anlage 1 KrWG enthält eine nicht abschließende(!) Liste von Beseitigungsverfahren.

Verwertungs- und Beseitigungsverfahren, einschließlich der Vorbereitung vor der Verwertung oder Beseitigung, sind Bestandteil der **Abfallentsorgung** (§ 3 Absatz 22 KrWG).

1.1.4.3 Festlegung von Abfällen: Abfallverzeichnis-Verordnung

Das KrWG definiert Abfälle und stellt Anforderungen an den Umgang mit diesen Abfällen. Die Abfalldefinitionen bleiben allerdings relativ allgemein:

Abfälle im Sinne dieses Gesetzes sind alle Stoffe oder Gegenstände, deren sich ihr Besitzer entledigt, entledigen will oder entledigen muss. Abfälle zur Verwertung sind Abfälle, die verwertet werden; Abfälle, die nicht verwertet werden, sind Abfälle zur Beseitigung.

§ 3 Absatz 5 KrWG

Gefährlich im Sinne dieses Gesetzes sind die Abfälle, die durch Rechtsverordnung nach § 48 Satz 2 KrWG oder aufgrund einer solchen Rechtsverordnung bestimmt worden sind. Nicht gefährlich im Sinne dieses Gesetzes sind alle übrigen Abfälle.

Das in den Rechtsverordnungen verwendete Instrument sind Kataloge, die eine ausschließende („was nicht drin steht, ist auch nicht betroffen"), aber nicht erschöpfende Aufzählung darstellen (die Kataloge können auf dem Gesetzgebungsweg geändert werden).

Verordnung über das Europäische Abfallverzeichnis (Abfallverzeichnis-Verordnung – AVV): Abfallverzeichnis

Diese Verordnung vom 10. Dezember 2001 (BGBl. I S. 3379), zuletzt geändert am 30. Juni 2020 (BGBl. I S. 3005), dient der Umsetzung diverser Entscheidungen der Europäischen Kommission und des Europäischen Rates.

Die AVV ist auf zwei grundlegende formale Tätigkeiten im Zusammenhang mit der Entsorgung von Abfällen anzuwenden:

- die Bezeichnung der Abfälle und
- die Einstufung von Abfällen nach ihrer Gefährlichkeit.

Das Abfallverzeichnis ist in Kapitel gegliedert. Mit jedem Kapitel wird eine Kategorie von Abfällen erfasst. Es kann sich dabei zum einen um Abfälle aus bestimmten Tätigkeiten oder Prozessen handeln (z. B. Abfälle aus der Erdölraffination oder Abfälle aus organisch-chemischen Prozessen). Zum anderen werden nach ihrer Art und Zusammensetzung zusammengehörige Abfälle in einem Kapitel vereinigt (z. B. Ölabfälle und Abfälle aus flüssigen Brennstoffen).

Die Kapitelnummer ergibt die ersten zwei Ziffern des sechsstelligen **Abfallschlüssels.**

AVV	
Abfallschlüssel	**Abfallbezeichnung** (Abfallart einschließlich Eigenschaften und Inhaltsstoffe)
01 01 01 01 01 01	Kapitel Gruppe Abfallart
01 01 99	Abfallart a.n.g.

a.n.g. = anders nicht genannt (Auffangposition!)

AVV	
Abfallschlüssel	**Abfallbezeichnung**
04 xx xx	**branchenspezifisch:** Abfälle aus der Leder-, Pelz- und Textilindustrie
06 xx xx	**prozessbezogen:** Abfälle aus anorganisch-chemischen Prozessen
14 xx xx	**stoffbezogen:** Abfälle aus organischen Lösemitteln, Kühlmitteln und Treibgasen (außer 07 und 08)
16 xx xx	**Auffanggruppe:** Abfälle, die nicht anderswo im Verzeichnis aufgeführt sind

Die Obergruppen (= Kapitel) des Abfallverzeichnisses lauten wie folgt:

01	Abfälle, die beim Aufsuchen, Ausbeuten und Gewinnen sowie bei der physikalischen und chemischen Behandlung von Bodenschätzen entstehen
02	Abfälle aus Landwirtschaft, Gartenbau, Teichwirtschaft, Forstwirtschaft, Jagd und Fischerei sowie der Herstellung und Verarbeitung von Nahrungsmitteln
03	Abfälle aus der Holzbearbeitung und der Herstellung von Platten, Möbeln, Zellstoffen, Papier und Pappe
04	Abfälle aus der Leder-, Pelz- und Textilindustrie
05	Abfälle aus der Erdölraffination, Erdgasreinigung und Kohlepyrolyse
06	Abfälle aus anorganisch-chemischen Prozessen
07	Abfälle aus organisch-chemischen Prozessen

08	Abfälle aus Herstellung, Zubereitung, Vertrieb und Anwendung (HZVA) von Beschichtungen (Farben, Lacken, Email), Klebstoffen, Dichtmassen und Druckfarben
09	Abfälle aus der fotografischen Industrie
10	Abfälle aus thermischen Prozessen
11	Abfälle aus der chemischen Oberflächenbearbeitung und Beschichtung von Metallen und anderen Werkstoffen; Nichteisenhydrometallurgie
12	Abfälle aus Prozessen der mechanischen Formgebung sowie der physikalischen und mechanischen Oberflächenbearbeitung von Metallen und Kunststoffen
13	Ölabfälle und Abfälle aus flüssigen Brennstoffen (außer Speiseöle und Ölabfälle, die unter Kapitel 05, 12 oder 19 fallen)
14	Abfälle aus organischen Lösemitteln, Kühlmitteln und Treibgasen (außer Abfälle, die unter Kapitel 07 oder 08 fallen)
15	Verpackungsabfall, Aufsaugmassen, Wischtücher, Filtermaterialien und Schutzkleidung (a.n.g.)
16	Abfälle, die nicht anderswo im Verzeichnis aufgeführt sind
17	Bau- und Abbruchabfälle (einschließlich Aushub von verunreinigten Standorten)
18	Abfälle aus der humanmedizinischen oder tierärztlichen Versorgung und Forschung (ohne Küchen- und Restaurantabfälle, die nicht aus der unmittelbaren Krankenpflege stammen)
19	Abfälle aus Abfallbehandlungsanlagen, öffentlichen Abwasserbehandlungsanlagen sowie der Aufbereitung von Wasser für den menschlichen Gebrauch und Wasser für industrielle Zwecke
20	Siedlungsabfälle (Haushaltsabfälle und ähnliche gewerbliche und industrielle Abfälle sowie Abfälle aus Einrichtungen), einschließlich getrennt gesammelter Fraktionen

Die Bestimmung der korrekten Abfallbezeichnung hat sich an einen vorgeschriebenen Weg zu halten:

1. Bestimmung der Herkunft der Abfälle in den Kapiteln 01 bis 12 bzw. 17 bis 20 und des entsprechenden sechsstelligen Abfallschlüssels (ohne die auf 99 endenden Abfallschlüssel dieser Kapitel). Eine bestimmte Anlage muss ihre Abfälle je nach der Tätigkeit gegebenenfalls auf mehrere Kapitel aufteilen.
   Anmerkung: Getrennt gesammelte Verpackungsabfälle (einschließlich Mischverpackungen aus unterschiedlichen Materialien) werden nicht in 20 01, sondern in 15 01 eingestuft.
2. Lässt sich in den Kapiteln 01 bis 12 und 17 bis 20 kein passender Abfallschlüssel finden, dann müssen zur Bestimmung des Abfalls die Kapitel 13, 14 und 15 geprüft werden.
3. Trifft keiner dieser Abfallschlüssel zu, dann ist der Abfall gemäß Kapitel 16 zu bestimmen.
4. Fällt der Abfall auch nicht unter Kapitel 16, dann ist der auf 99 endende Schlüssel (Abfälle a.n.g.) in dem Teil des Verzeichnisses zu verwenden, der der in Schritt 1 bestimmten abfallerzeugenden Tätigkeit entspricht.

Es gibt unter www.bmu.de „Hinweise zur Anwendung der Abfallverzeichnis-Verordnung – AVV". Sie enthalten dort eine Anleitung für die Zuordnung von Abfällen.

Durch den Beschluss der Kommission vom 18. Dezember 2014 (ABl. L 370, S. 44) wurde der Europäische Abfallkatalog an die Terminologie der CLP-Verordnung (siehe Seite 375) angepasst. Die Umsetzung in nationales Recht erfolgte mit der Änderungsverordnung zur AVV, der Verordnung zur Umsetzung der novellierten abfallrechtlichen Gefährlichkeitskriterien vom 4. März 2016.

Verordnung über das Europäische Abfallverzeichnis (Abfallverzeichnis-Verordnung – AVV): Gefährlichkeit

§ 3 Absatz 5 KrWG führt den Begriff „gefährlicher Abfall" ein. Das Gesetz schreibt schlicht fest, dass alle Abfälle, die in einer bestimmten Rechtsverordnung erfasst sind, „gefährlich" sind. Die AVV nimmt den Begriff auf (§ 3 AVV):

Die in der AVV mit einem Sternchen versehenen Abfallarten sind „gefährlich" im Sinne des § 48 KrWG.

Von als gefährlich eingestuften Abfällen wird angenommen, dass sie eine oder mehrere der Eigenschaften aufweisen, die in Anhang III der Abfallrahmenrichtlinie in der jeweils geltenden Fassung aufgeführt sind.

Diese Feststellung ist auch auf von den öffentlich-rechtlichen Entsorgungsträgern nach § 20 KrWG gesammelte Abfälle anzuwenden.

§ 48 KrWG

An die Entsorgung sowie die Überwachung gefährlicher Abfälle sind nach Maßgabe dieses Gesetzes besondere Anforderungen zu stellen. Zur Umsetzung von Rechtsakten der Europäischen Union wird die Bundesregierung ermächtigt, nach Anhörung der beteiligten Kreise (§ 68) durch Rechtsverordnung mit Zustimmung des Bundesrates die Bezeichnung von Abfällen sowie gefährliche Abfälle zu bestimmen und die Bestimmung gefährlicher Abfälle durch die zuständige Behörde im Einzelfall zuzulassen.

Entsorgung umfasst die Verwertung und die Beseitigung von Abfällen! In beiden Fällen kann es sich um gefährliche Abfälle handeln. Sie unterliegen laut KrWG der Überwachung (d. h. den Nachweispflichten).

1.1.5 Kreislaufwirtschaft: Grundsätze, Grundpflichten, Anforderungen

1.1.5.1 Grundsätze der Kreislaufwirtschaft

In Teil 2 des Kreislaufwirtschaftsgesetzes ist dem Abschnitt 2 „Kreislaufwirtschaft" ein Abschnitt 1 vorangestellt, der „Grundsätze der Abfallvermeidung und Abfallbewirtschaftung" enthält. Der dort in § 6 verwendete (missverständliche) Begriff der Abfallhierarchie geht auf Artikel 4 der Abfallrahmenrichtlinie zurück:

§ 6 Absatz 1 KrWG Abfallhierarchie

Maßnahmen der Vermeidung und der Abfallbewirtschaftung stehen in folgender Rangfolge

1. ***Vermeidung,***
2. ***Vorbereitung zur Wiederverwendung,***
3. ***Recycling,***
4. ***sonstige Verwertung, insbesondere energetische Verwertung und Verfüllung,***
5. ***Beseitigung.***

Recycling ist jedes Verwertungsverfahren, durch das Abfälle zu Erzeugnissen, Materialien oder Stoffen entweder für den ursprünglichen Zweck oder für andere Zwecke aufbereitet werden; es schließt die Aufbereitung organischer Materialien ein, nicht aber die energetische Verwertung und die Aufbereitung zu Materialien, die für die Verwendung als Brennstoff oder zur Verfüllung bestimmt sind.

Ausgehend von der Rangfolge nach § 6 Absatz 1 soll nach Maßgabe der §§ 7 und 8 KrWG (siehe unten) diejenige Maßnahme Vorrang haben, die den Schutz von Mensch und Umwelt bei der Erzeugung und Bewirtschaftung von Abfällen unter Berücksichtigung des Vorsorge- und Nachhaltigkeitsprinzips am besten gewährleistet (§ 6 Absatz 2 KrWG).

Bei der Betrachtung der Auswirkungen auf Mensch und Umwelt ist der gesamte Lebenszyklus des Abfalls zu berücksichtigen. Insbesondere ist auf

1. die zu erwartenden Emissionen,
2. das Maß der Schonung der natürlichen Ressourcen,
3. die einzusetzende oder zu gewinnende Energie sowie
4. die Anreicherung von Schadstoffen in Erzeugnissen, Abfällen zur Verwertung oder daraus gewonnenen Erzeugnissen

zu achten. Die technischen Möglichkeiten, die wirtschaftliche Zumutbarkeit und die sozialen Folgen der Maßnahme sind zu beachten. Damit ist der Rahmen für die notwendige Abwägung abgesteckt.

§ 6 Absatz 3 KrWG verweist auf Anlage 5 des Gesetzes, die eine nicht abschließende Liste von Beispielen für Maßnahmen und wirtschaftliche Instrumente zur Schaffung von Anreizen für die Anwendung der Abfallhierarchie von Verwertungsverfahren enthält.

§ 7 KrWG enthält die Grundpflichten der Kreislaufwirtschaft. § 8 KrWG befasst sich mit der Rangfolge und Hochwertigkeit der Verwertungsmaßnahmen.

Beachte: § 7a KrWG (siehe unten); damit ist dieser „Ausgang" rechtlich abgesichert!

1.1.5.2 Grundpflichten der Kreislaufwirtschaft

Die Pflichten zur Abfallvermeidung richten sich nach § 13 KrWG sowie den Rechtsverordnungen, die gemäß §§ 24 und 25 KrWG erlassen worden sind (§ 7 Absatz 1 KrWG).

Anders ausgedrückt: Es gibt **anlagenbezogene** und **produktbezogene** Pflichten:

Pflichten der Anlagenbetreiber (§ 13 KrWG)

Die Pflichten der Betreiber von genehmigungsbedürftigen und nicht genehmigungsbedürftigen Anlagen nach dem Bundes-Immissionsschutzgesetz, diese so zu errichten und zu betreiben, dass Abfälle vermieden, verwertet oder beseitigt werden, richten sich nach den Vorschriften des Bundes-Immissionsschutzgesetzes. Somit wird der ganze Sachverhalt in den Rechtsbereich verwiesen, der sich mit dem wesentlichen Sachverhalt des Umgangs mit Abfall – den Emissionen und daraus resultierenden Immissionen – befasst. Siehe auch § 35 KrWG.

Die §§ 23 bis 27 KrWG können unter die Überschrift „**Produktverantwortung**" gestellt werden.

In § 23 KrWG „Produktverantwortung" ist festgelegt:

§ 23 Absatz 1 KrWG

Wer Erzeugnisse entwickelt, herstellt, be- oder verarbeitet oder vertreibt, trägt zur Erfüllung der Ziele der Kreislaufwirtschaft die Produktverantwortung. Erzeugnisse sind möglichst so zu gestalten, dass bei ihrer Herstellung und ihrem Gebrauch das Entstehen von Abfällen vermindert wird und sichergestellt ist, dass die nach ihrem Gebrauch entstandenen Abfälle umweltverträglich verwertet oder beseitigt werden. Beim Vertrieb der Erzeugnisse ist dafür zu sorgen, dass deren Gebrauchstauglichkeit erhalten bleibt und diese nicht zu Abfall werden.

Es folgt eine nicht abgeschlossene Auflistung dessen, was **Produktverantwortung** umfasst:

1. die Entwicklung, die Herstellung und das Inverkehrbringen von Erzeugnissen, die ressourceneffizient, mehrfach verwendbar, technisch langlebig, reparierbar und nach Gebrauch zur ordnungsgemäßen, schadlosen und hochwertigen Verwertung sowie zur umweltverträglichen Beseitigung geeignet sind,
2. den vorrangigen Einsatz von verwertbaren Abfällen oder sekundären Rohstoffen, insbesondere Rezyklaten, bei der Herstellung von Erzeugnissen,
3. den sparsamen Einsatz von kritischen Rohstoffen und die Kennzeichnung der in den Erzeugnissen enthaltenen kritischen Rohstoffe, um zu verhindern, dass diese Erzeugnisse zu Abfall werden sowie sicherzustellen, dass die kritischen Rohstoffe aus den Erzeugnissen oder den nach Gebrauch der Erzeugnisse entstandenen Abfällen zurückgewonnen werden können,
4. die Stärkung der Wiederverwendung von Erzeugnissen, insbesondere die Unterstützung von Systemen zur Wiederverwendung und Reparatur,
5. die Senkung des Gehalts an gefährlichen Stoffen sowie die Kennzeichnung von schadstoffhaltigen Erzeugnissen, um sicherzustellen, dass die nach Gebrauch der Erzeugnisse entstandenen Abfälle umweltverträglich verwertet oder beseitigt werden,
6. den Hinweis auf Rückgabe-, Wiederverwendungs-, Verwertungs- und Beseitigungsmöglichkeiten oder -pflichten und Pfandregelungen durch Kennzeichnung der Erzeugnisse,
7. die Rücknahme der Erzeugnisse und der nach Gebrauch der Erzeugnisse entstandenen Abfälle sowie deren nachfolgende umweltverträgliche Verwertung oder Beseitigung,
8. die Übernahme der finanziellen oder der finanziellen und organisatorischen Verantwortung für die Bewirtschaftung der nach Gebrauch der Erzeugnisse entstandenen Abfälle,
9. die Information und Beratung der Öffentlichkeit über Möglichkeiten der Vermeidung, Verwertung und Beseitigung von Abfällen, insbesondere über Anforderungen an die Getrenntsammlung sowie Maßnahmen zur Verhinderung der Vermüllung der Umwelt,

10. die Beteiligung an Kosten, die den öffentlich-rechtlichen Entsorgungsträgern und sonstigen juristischen Personen des öffentlichen Rechts für die Reinigung der Umwelt und die anschließende umweltverträgliche Verwertung und Beseitigung der nach Gebrauch der aus den von einem Hersteller oder Vertreiber in Verkehr gebrachten Erzeugnissen entstandenen Abfälle entstehen sowie
11. eine Obhutspflicht hinsichtlich der vertriebenen Erzeugnisse, insbesondere die Pflicht, beim Vertrieb der Erzeugnisse, auch im Zusammenhang mit deren Rücknahme oder Rückgabe, dafür zu sorgen, dass die Gebrauchstauglichkeit der Erzeugnisse erhalten bleibt und diese nicht zu Abfall werden.

Im Absatz 3 wird auf die Verhältnismäßigkeit der Anforderungen hingewiesen. Absatz 4 enthält die Ermächtigung zum Erlass einschlägiger Rechtsverordnungen.

Mit § 7a wird die Brücke zum Chemikalien- und Produktrecht geschlagen:

§ 7a KrWG

(1) Natürliche oder juristische Personen, die Stoffe und Gegenstände, deren Abfalleigenschaft beendet ist, erstmals verwenden oder erstmals in Verkehr bringen, haben dafür zu sorgen, dass diese Stoffe oder Gegenstände den geltenden Anforderungen des Chemikalien- und Produktrechts genügen.

(2) Bevor für Stoffe und Gegenstände die in Absatz 1 genannten Rechtsvorschriften zur Anwendung kommen, muss ihre Abfalleigenschaft gemäß den Anforderungen nach § 5 Absatz 1 beendet sein.

In den §§ 24 bis 27 KrWG wird der Katalog der Produktverantwortung konkretisiert und damit der Rahmen für den Erlass von einschlägigen Rechtsverordnungen geschaffen.

Verbote, Beschränkungen, Kennzeichnungen, Beratung, Information und Obhutspflicht (§ 24 KrWG)

§ 24 KrWG lautet wie folgt:

Zur Festlegung von Anforderungen nach § 23 KrWG wird die Bundesregierung ermächtigt, nach Anhörung der beteiligten Kreise (§ 68 KrWG) durch Rechtsverordnung mit Zustimmung des Bundesrates zu bestimmen, dass

1. bestimmte Erzeugnisse nur ressourceneffizient, insbesondere in einer Form, die die mehrfache Verwendung, die technische Langlebigkeit und die Reparierbarkeit erleichtert, sowie in bestimmter, die Abfallbewirtschaftung spürbar entlastender Weise in Verkehr gebracht werden dürfen,
2. bestimmte Erzeugnisse nur in bestimmter Beschaffenheit oder Form oder für bestimmte Verwendungen in Verkehr gebracht werden dürfen, bei denen eine umweltverträgliche Verwertung oder Beseitigung der nach Gebrauch der Erzeugnisse entstandenen Abfälle gewährleistet werden kann,
3. bestimmte Erzeugnisse nur in bestimmter, die Abfallentsorgung spürbar entlastender Weise in Verkehr gebracht werden dürfen, insbesondere in einer Form, die die mehrfache Verwendung oder die Verwertung erleichtert,
4. bestimmte Erzeugnisse nicht in Verkehr gebracht werden dürfen, wenn

   a) bei der Verwertung oder Beseitigung der nach Gebrauch der Erzeugnisse entstehenden Abfälle die Freisetzung von Schadstoffen nicht oder nur mit unverhältnismäßig hohem Aufwand verhindert werden könnte und die umweltverträgliche Verwertung oder Beseitigung nicht auf andere Weise sichergestellt werden kann,
   b) ihre Verwendung in erheblichem Umfang zur Vermüllung der Umwelt beiträgt und dies nicht oder nur mit unverhältnismäßig hohem Aufwand verhindert werden kann,
5. bestimmte Erzeugnisse in bestimmter Weise zu kennzeichnen sind, um insbesondere die Erfüllung der Pflichten nach § 7 Absatz 2 und 3, § 8 Absatz 1 oder § 9 Absatz 1 und 3 KrWG im Anschluss an die Rücknahme zu sichern oder zu fördern,
6. bestimmte Erzeugnisse wegen der im Erzeugnis enthaltenen kritischen Rohstoffe, sonstiger Materialien oder des Schadstoffgehalts der nach Gebrauch der Erzeugnisse entstehenden Abfälle nur mit einer Kennzeichnung in Verkehr gebracht werden dürfen, die insbesondere auf die Notwendigkeit einer Rückgabe an die Hersteller, Vertreiber oder bestimmte Dritte hinweist,
7. für bestimmte Erzeugnisse an der Abgabestelle oder der Stelle des Inverkehrbringens Hinweise zu geben oder die Erzeugnisse zu kennzeichnen sind im Hinblick auf
   a) die Vermeidung der nach Gebrauch der Erzeugnisse entstandenen Abfälle und die Wiederverwendbarkeit der Erzeugnisse,
   b) die Vermeidung der Vermüllung der Umwelt durch die nach Gebrauch der Erzeugnisse entstandenen Abfälle,
   c) den Einsatz von sekundären Rohstoffen, insbesondere Rezyklaten, sowie die Recyclingfähigkeit der nach Gebrauch der Erzeugnisse entstandenen Abfälle,
   d) die umweltverträgliche Verwertung und Beseitigung der nach Gebrauch der Erzeugnisse entstandenen Abfälle und
   e) die Rückgabemöglichkeit im Falle einer verordneten Rücknahme- oder Rückgabepflicht nach § 25 KrWG,
8. bestimmte Erzeugnisse, für die die Erhebung eines Pfandes nach § 25 KrWG verordnet wurde, entsprechend zu kennzeichnen sind, gegebenenfalls mit Angabe der Höhe des Pfandes,
9. für bestimmte Erzeugnisse, insbesondere solche, deren Verwendung in erheblichem Umfang zur Vermüllung der Umwelt beiträgt, die Öffentlichkeit über die Auswirkungen der Vermüllung der Umwelt, die Möglichkeiten der Vermeidung und der Bewirtschaftung der nach Gebrauch der Erzeugnisse entstehenden Abfälle zu beraten und zu informieren ist,
10. beim Vertrieb bestimmter Erzeugnisse, auch im Zusammenhang mit deren Rücknahme oder Rückgabe, dafür zu sorgen ist, dass die Gebrauchstauglichkeit der Erzeugnisse erhalten bleibt und diese nicht zu Abfall werden.

■ Rücknahme- und Rückgabepflichten, Wiederverwendung, Verwertung und Beseitigung der nach Gebrauch der Erzeugnisse entstandenen Abfälle, Kostenbeteiligungen für die Reinigung der Umwelt; Obhutspflicht (§ 25 KrWG)

Der geänderte § 25 ist in zwei Absätze gegliedert:

(1) Zur Festlegung von Anforderungen nach § 23 KrWG wird die Bundesregierung ermächtigt, nach Anhörung der beteiligten Kreise (§ 68 KrWG) durch Rechtsverordnung mit Zustimmung des Bundesrates zu bestimmen, dass **Hersteller oder Vertreiber**

1. bestimmte Erzeugnisse nur bei Eröffnung einer für den jeweiligen Bereich flächendeckenden Rückgabemöglichkeit sowie Sicherstellung der umweltverträglichen Verwertung oder Beseitigung abgeben oder in Verkehr bringen dürfen,

2. bestimmte Erzeugnisse zurückzunehmen und die Rückgabe sowie die umweltverträgliche Verwertung und Beseitigung durch geeignete Maßnahmen sicherzustellen haben, insbesondere durch die Einrichtung von Rücknahmesystemen, die Beteiligung an Rücknahmesystemen, die Erhebung eines Pfandes oder die Gewährung anderer wirtschaftlicher Anreize,
3. bestimmte Erzeugnisse an der Abgabe- oder Anfallstelle oder einer anderen vorgeschriebenen Stelle zurückzunehmen haben,
4. sich an Kosten zu beteiligen haben, die den öffentlich-rechtlichen Entsorgungsträgern und sonstigen juristischen Personen des öffentlichen Rechts für die Reinigung der Umwelt und die anschließende umweltverträgliche Verwertung und Beseitigung der nach Gebrauch der von einem Hersteller oder Vertreiber in Verkehr gebrachten Erzeugnisse gemäß Teil E des Anhangs zu der Richtlinie (EU) 2019/904 vom 5. Juni 2019 über die Verringerung der Auswirkungen bestimmter Kunststoffprodukte auf die Umwelt entstehen,
5. bestimmte Erzeugnisse nur bei Bestellung eines Bevollmächtigten in Verkehr bringen dürfen, der im Geltungsbereich des KrWG niedergelassen ist und für die mit der Produktverantwortung verbundenen Pflichten verantwortlich ist, die sich aus den auf Grund der §§ 24 und 25 KrWG erlassenen Rechtsverordnungen ergeben, wenn der Hersteller oder Vertreiber in einem anderen Mitgliedstaat niedergelassen ist,
6. bestimmter Erzeugnisse Systeme zur Förderung der Wiederverwendung und Reparatur zu unterstützen haben,
7. einen Nachweis zu führen haben
   a) über die in Verkehr gebrachten Erzeugnisse, deren Eigenschaften und Mengen,
   b) über die Rücknahme von Abfällen und die Beteiligung an Rücknahmesystemen sowie
   c) über Art, Menge und Bewirtschaftung der zurückgenommenen Erzeugnisse oder der nach Gebrauch der Erzeugnisse entstehenden Abfälle,
8. Belege nach Nummer 7 beizubringen, einzubehalten, aufzubewahren oder auf Verlangen vorzuzeigen haben sowie
9. zur Gewährleistung einer angemessenen Transparenz für bestimmte, unter die Obhutspflicht fallende Erzeugnisse einen Bericht zu erstellen haben, der die Verwendung der Erzeugnisse, insbesondere deren Art, Menge, Verbleib und Entsorgung, sowie die getroffenen und geplanten Maßnahmen zur Umsetzung der Obhutspflicht zum Inhalt hat; es kann auch bestimmt werden, ob und in welcher Weise der Bericht durch Dritte zu überprüfen, der zuständigen Behörde vorzulegen oder in geeigneter Weise zu veröffentlichen ist; die gültige Umwelterklärung einer in das EMAS-Register eingetragenen Organisation erfüllt die Anforderungen an den Bericht, soweit sie die erforderlichen Obhutspflichten adressiert.

(2) Durch Rechtsverordnung kann zur Festlegung von Anforderungen nach § 23 KrWG sowie zur ergänzenden Festlegung von Pflichten sowohl der Erzeuger und Besitzer von Abfällen als auch der öffentlich-rechtlichen Entsorgungsträger im Rahmen der Kreislaufwirtschaft weiter bestimmt werden,

1. wer die Kosten für die Sammlung, Rücknahme, Verwertung und Beseitigung, die Kennzeichnung, die Datenerhebung und -übermittlung sowie die Beratung und Information nach § 24 Nummer 9 KrWG zu tragen hat,
2. wie die Kosten festgelegt werden, insbesondere, dass bei der Festlegung der Kosten der Lebenszyklus der Erzeugnisse zu berücksichtigen ist,
3. dass derjenige, der die Kosten zu tragen hat, einen Nachweis darüber zu erbringen hat, dass er über die erforderlichen finanziellen oder finanziellen und organisatorischen Mittel verfügt, um

den Verpflichtungen im Rahmen der Produktverantwortung nachzukommen, insbesondere durch Leisten einer Sicherheit oder Bilden betrieblicher Rücklagen,

4. dass derjenige, der die Kosten zu tragen hat, eine geeignete Eigenkontrolle einzurichten und durchzuführen hat zur Prüfung und Bewertung
   a) seiner Finanzen, einschließlich der Kostenverteilung, und
   b) der Qualität der Daten, für die eine Nachweisführung nach Absatz 1 Nummer 7 verordnet wurde,
5. dass derjenige, der die Kosten zu tragen hat, eine Prüfung der Eigenkontrolle nach Nummer 4 durch einen von der zuständigen Behörde bekannt gegebenen Sachverständigen, eine von dieser Behörde bekannt gegebene Stelle oder eine sonstige Person, die über die erforderliche Fach- und Sachkunde verfügt, durchführen zu lassen hat,
6. dass die Besitzer von Abfällen diese den nach Absatz 1 verpflichteten Herstellern, Vertreibern oder nach Absatz 1 Nummer 2 eingerichteten Rücknahmesystemen zu überlassen haben,
7. auf welche Art und Weise die Abfälle überlassen werden, einschließlich der Maßnahmen zum Bereitstellen, Sammeln und Befördern und des jeweils gebotenen Umfangs sowie der Bringpflichten der in Nummer 6 genannten Besitzer von Abfällen,
8. dass die öffentlich-rechtlichen Entsorgungsträger im Sinne des § 20 KrWG durch Erfassung der Abfälle als ihnen übertragene Aufgabe bei der Rücknahme mitzuwirken und die erfassten Abfälle den nach Absatz 1 Verpflichteten zu überlassen haben,
9. welche Form, welchen Inhalt und welches Verfahren die Bestellung eines Bevollmächtigten nach Absatz 1 Nummer 5 oder eines freiwillig Bevollmächtigten einzuhalten hat,
10. welche Anforderungen an die Verwertung eingehalten werden müssen, insbesondere durch Festlegen abfallwirtschaftlicher Ziele, und
11. dass Daten über die Einhaltung der abfallwirtschaftlichen Ziele nach Nummer 10 sowie weitere Daten über die Organisation und Struktur der Rücknahmesysteme zu erheben und in geeigneter Weise zu veröffentlichen sind.

■ Freiwillige Rücknahme, Wahrnehmung der Produktverantwortung, Freistellung von Nachweispflichten (§§ 26 und 26a KrWG)

Zielfestlegung (§ 26 Absatz 1): Das Bundesministerium für Umwelt, Naturschutz und nukleare Sicherheit wird ermächtigt, nach Anhörung der beteiligten Kreise (§ 68 KrWG) durch Rechtsverordnung ohne Zustimmung des Bundesrates Ziele für die freiwillige Rücknahme von Erzeugnissen und den nach Gebrauch der Erzeugnisse entstandenen Abfällen festzulegen, die innerhalb einer angemessenen Frist zu erreichen sind.

Anzeige (§ 26 Absatz 2): Hersteller und Vertreiber, die Erzeugnisse und die nach Gebrauch der Erzeugnisse entstandenen Abfälle in eigenen Anlagen oder Einrichtungen oder in Anlagen oder Einrichtungen der von ihnen beauftragten Dritten freiwillig zurücknehmen, haben dies der zuständigen Behörde vor Beginn der Rücknahme anzuzeigen.

Feststellung der Wahrnehmung der Produktverantwortung (§ 26 Absatz 3 Satz 1): Die zuständige Behörde stellt auf Antrag des Herstellers oder Vertreibers fest, dass die angezeigte Rücknahme von Abfällen in Wahrnehmung der Produktverantwortung nach § 23 KrWG erfolgt, wenn

1. die Abfälle, die vom Hersteller oder Vertreiber zurückgenommen werden, von Erzeugnissen stammen, die vom Hersteller oder Vertreiber selbst hergestellt oder vertrieben wurden,

2. durch die freiwillige Rücknahme die Ziele der Produktverantwortung nach § 23 KrWG umgesetzt werden,
3. die umweltverträgliche Verwertung oder Beseitigung der Abfälle gewährleistet bleibt und
4. durch die Rücknahme die Kreislaufwirtschaft gefördert wird.

Eine **Förderung der Kreislaufwirtschaft** (§ 26 Absatz 3 Satz 2) ist anzunehmen, wenn die geplante Rücknahme und Verwertung der Abfälle insgesamt mindestens so hochwertig erfolgen wie die Rücknahme und Verwertung, die von dem zuständigen öffentlich-rechtlichen Entsorgungsträger, den von ihm beauftragten Dritten oder einer gemeinnützigen oder gewerblichen Sammlung im Entsorgungsgebiet angeboten wird. § 26a Absatz 3 KrWG gilt entsprechend.

Produktverantwortung auch für nicht gefährliche Abfälle von Erzeugnissen (§ 26 Absatz 4): Auf Antrag des Herstellers oder Vertreibers wird die Feststellung der Wahrnehmung der Produktverantwortung auch auf nicht gefährliche Abfälle von Erzeugnissen erstreckt, die nicht von dem Hersteller oder Vertreiber selbst hergestellt oder vertrieben wurden, wenn

1. die Voraussetzungen des Absatzes 3 Satz 1 Nummer 2 bis 4 KrWG erfüllt sind,
2. die Erzeugnisse derselben Gattung oder Produktart angehören wie die vom Hersteller oder Vertreiber selbst hergestellten oder vertriebenen Erzeugnisse,
3. die Rücknahme in einem engen Zusammenhang mit der wirtschaftlichen Tätigkeit des Herstellers oder Vertreibers steht,
4. die Menge der zurückgenommenen Abfälle in einem angemessenen Verhältnis zur Menge der vom Hersteller oder Vertreiber hergestellten und vertriebenen Erzeugnisse steht und
5. sichergestellt ist, dass die Rücknahme und die Verwertung mindestens für einen Zeitraum von drei Jahren durchgeführt werden.

Freistellung von Nachweispflichten bei freiwilliger Rücknahme gefährlicher Abfälle (§ 26a KrWG): Soweit vom Hersteller oder Vertreiber in Wahrnehmung der Produktverantwortung die nach Gebrauch seiner Erzeugnisse verbleibenden **gefährlichen Abfälle** in eigenen Anlagen oder Einrichtungen oder in Anlagen oder Einrichtungen der von ihm beauftragten Dritten freiwillig zurückgenommen werden, soll die zuständige Behörde den Hersteller oder Vertreiber auf Antrag von der Nachweispflicht nach § 50 KrWG bis zum Abschluss der Rücknahme der Abfälle freistellen. Als abgeschlossen gilt die Rücknahme mit der Annahme der Abfälle an einer Anlage zur weiteren Entsorgung, ausgenommen Anlagen zur Zwischenlagerung der Abfälle, wenn im Freistellungsbescheid kein früherer Zeitpunkt bestimmt wird.

In § 26a Absatz 2 KrWG wird für das formale Prozedere auf § 26 Absätze 2 bis 4 KrWG Bezug genommen.

§ 26a Absatz 3 KrWG betrifft den geographischen Rahmen: Die Freistellung nach den Absätzen 1 und 2 und die Feststellung der Wahrnehmung der Produktverantwortung nach § 26 Absatz 3 und 4 gelten für die Bundesrepublik Deutschland, soweit keine beschränkte Geltung beantragt oder angeordnet wird. Die jeweils für die Freistellung oder Feststellung zuständige Behörde übersendet je eine Kopie des Freistellungs- und des Feststellungsbescheides an die zuständigen Behörden der Länder, in denen die Abfälle zurückgenommen werden.

Erzeuger, Besitzer, Beförderer oder Entsorger gefährlicher Abfälle, die diese Abfälle an einen Hersteller oder Vertreiber zurückgeben oder in dessen Auftrag entsorgen, sind bis zum Abschluss der Rücknahme von der Nachweispflicht nach § 50 KrWG für diese Abfälle befreit, soweit der Hersteller oder Vertreiber von der Pflicht zur Nachweisführung für solche Abfälle freigestellt ist.

Die zuständige Behörde kann die Rückgabe oder Entsorgung von Bedingungen abhängig machen, sie zeitlich befristen oder Auflagen für sie vorsehen, soweit dies erforderlich ist, um die umweltverträgliche Verwertung und Beseitigung sicherzustellen (26a Absatz 4 KrWG).

Zur formalen Definition von Erzeuger, Besitzer und Beförderer siehe § 3 KrWG „Begriffsbestimmungen". Entsorger, Hersteller und Vertreiber sind im KrWG nicht definiert. „Gefährlich" sind die Abfälle, die durch Rechtsverordnung nach § 48 Satz 2 KrWG oder auf Grund einer solchen Rechtsverordnung bestimmt worden sind. Nicht gefährlich im Sinne dieses Gesetzes sind alle übrigen Abfälle.

Grundpflichten der Kreislaufwirtschaft: Verwertung (§ 7 KrWG)

Während sich Absatz 1 des § 7 KrWG auf die Abfallvermeidung bezieht, gehen die restlichen drei Absätze auf die Verwertung ein:

- Vorrang der Verwertung
- Wann ist eine Verwertung ordnungsgemäß und schadlos?
- Voraussetzungen für die Erfüllung der Pflicht zur Verwertung

Die Erzeuger oder Besitzer von Abfällen sind zur Verwertung ihrer Abfälle verpflichtet. Die Verwertung von Abfällen hat Vorrang vor deren Beseitigung (§ 7 Absatz 2 KrWG).

Der Vorrang entfällt, wenn die Beseitigung der Abfälle den Schutz von Mensch und Umwelt nach Maßgabe des § 6 Absatz 2 Satz 2 und 3 KrWG am besten gewährleistet.

Die Verwertung von Abfällen, insbesondere durch ihre Einbindung in Erzeugnisse, hat ordnungsgemäß und schadlos zu erfolgen (§ 7 Absatz 3 KrWG).

Die Verwertung ist ordnungsgemäß, wenn sie im Einklang mit dem KrWG und anderen öffentlich-rechtlichen Vorschriften erfolgt. Sie erfolgt schadlos, wenn nach der Beschaffenheit der Abfälle, dem Ausmaß der Verunreinigungen und der Art der Verwertung Beeinträchtigungen des Wohls der Allgemeinheit nicht zu erwarten sind, insbesondere keine Schadstoffanreicherung im Wertstoffkreislauf erfolgt.

Der Begriff des „Wertstoffs" wird im KrWG nicht definiert. Im § 10 Absatz 1 Nummer 3 und im § 17 Absatz 2 Nummer 1 findet sich aber der Verweis auf die einheitliche Wertstofftonne oder die einheitliche Wertstofferfassung.

Die Pflicht zur Verwertung von Abfällen ist zu erfüllen, soweit dies technisch möglich und wirtschaftlich zumutbar ist, insbesondere für einen gewonnenen Stoff oder gewonnene Energie ein Markt vorhanden ist oder geschaffen werden kann (§ 7 Absatz 4 KrWG).

Die Verwertung von Abfällen ist auch dann technisch möglich, wenn hierzu eine Vorbehandlung erforderlich ist.

Die wirtschaftliche Zumutbarkeit ist gegeben, wenn die mit der Verwertung verbundenen Kosten nicht außer Verhältnis zu den Kosten stehen, die für eine Abfallbeseitigung zu tragen wären.

Die Differenzierung zwischen Verwertung und Beseitigung ergibt sich aus dem KrWG wie folgt:

Entscheidung zwischen Verwertung und Beseitigung

- **Abfälle zur Verwertung sind Abfälle, die verwertet werden. Abfälle, die nicht verwertet werden, sind Abfälle zur Beseitigung.**
- Verwertung ist jedes Verfahren, dessen „Hauptergebnis" eine sinnvolle Verwendung der Abfälle innerhalb der Anlage oder in der weiteren Wirtschaft ist (unmittelbarer Ersatz für andere Materialien oder entsprechende Aufbereitung für diese Verwendung).
- **Die stoffliche Verwertung wird als nicht-energetische Verwertung abgegrenzt.** Stoffliche Verwertung umfasst insbesondere die Vorbereitung zur Wiederverwendung, das Recycling und die Verfüllung.
- Die energetische Verwertung ist demnach die unmittelbare Nutzung zur Energiegewinnung durch Verbrennung und die Aufbereitung von Abfällen als Brennstoff oder Mittel der Energieerzeugung.
- In der **Abfallhierarchie** stehen die Vorbereitung zur Wiederverwendung, das Recycling und die sonstige Verwertung (insbesondere energetisch oder zur Verfüllung) vor der Beseitigung.
- Diese Hierarchie wird mit einer Betrachtung der Auswirkungen auf Mensch und Umwelt verknüpft: Wie sehen die zu erwartenden Emissionen aus? Wie sieht die Energiebilanz aus? Kommt es zur Anreicherung von Schadstoffen?
- Diese Abfallhierarchie wird darüber hinaus mit Fragen nach den technischen Möglichkeiten, nach der wirtschaftlichen Zumutbarkeit und eventuellen sozialen Folgen der Tätigkeit verbunden.
- Daraus folgen zwei Kernsätze: **Die Verwertung von Abfällen hat ordnungsgemäß und schadlos zu erfolgen. Die Pflicht zur Verwertung ist zu erfüllen, soweit dies technisch möglich und wirtschaftlich zumutbar ist.** Hier wird das Stichwort „Markt" eingeführt.
- § 8 KrWG enthält Vorgaben zur Rangfolge und Hochwertigkeit der Verwertungsmaßnahmen. Höherwertig ist z. B. eine Maßnahme, die im Vergleich eine bessere Umweltbilanz aufweist.
- Somit bleiben Abfälle übrig, die nicht verwertet werden. Sie müssen, soweit nichts anderes bestimmt ist, beseitigt werden.
- **Für die Beseitigung gelten drei Prinzipien: Mit der Behandlung der Abfälle sollen Menge und Schädlichkeit vermindert werden. Dabei anfallende Abfälle bzw. Energie sollen hochwertig genutzt werden. Eine Beeinträchtigung des Wohls der Allgemeinheit soll vermieden werden.**

Rangfolge und Hochwertigkeit der Verwertungsmaßnahmen (§ 8 KrWG)

Bei der Erfüllung der Verwertungspflicht nach § 7 Absatz 2 KrWG hat die in § 6 Absatz 1 Satz 1 Nummer 2 bis 4 KrWG genannte Verwertungsmaßnahme Vorrang, die den **Schutz von Mensch und Umwelt** nach der Art und Beschaffenheit des Abfalls unter Berücksichtigung der in § 6 Absatz 2 Satz 2 und 3 KrWG festgelegten Kriterien am besten gewährleistet.

Zwischen mehreren gleichrangigen Verwertungsarten besteht ein Wahlrecht des Erzeugers oder Besitzers von Abfällen.

Bei der Ausgestaltung der jeweiligen Verwertungsmaßnahme ist eine den Schutz von Mensch und Umwelt am besten gewährleistende, **hochwertige** Verwertung anzustreben. § 7 Absatz 4 KrWG [... technisch möglich, wirtschaftlich zumutbar ...] gilt entsprechend.

Die Bundesregierung wird ermächtigt, nach Anhörung der beteiligten Kreise (§ 68 KrWG) durch Rechtsverordnung mit Zustimmung des Bundesrates für bestimmte Abfallarten aufgrund der in § 6 Absatz 2 Satz 2 und 3 KrWG festgelegten Kriterien den Vorrang oder Gleichrang einer Verwertungsmaßnahme zu bestimmen und Anforderungen an die Hochwertigkeit der Verwertung festzulegen (§ 8 Absatz 2 KrWG).

Getrennte Sammlung und Behandlung von Abfällen, Vermischungsverbot (§§ 9 und 9a KrWG)

Mit der Änderung des KrWG vom 23. Oktober 2020 wird eine inhaltliche Aufteilung vorgenommen:

- § 9 Getrennte Sammlung und Behandlung von Abfällen zur Verwertung
- § 9a Vermischungsverbot und Behandlung gefährlicher Abfälle

§ 9 Absatz 1 KrWG enthält eine die §§ 7 und 8 KrWG ergänzende Bestimmung:

Soweit dies zur Erfüllung der Anforderungen nach den §§ 7 und 8 erforderlich ist, sind Abfälle getrennt zu sammeln und zu behandeln.

§ 9 Absatz 2 KrWG wird auf den folgenden Satz reduziert:

> ***§ 9 Absatz 2 KrWG***
>
> ***Im Rahmen der Behandlung sind unter den in Absatz 1 genannten Voraussetzungen gefährliche Stoffe, Gemische oder Bestandteile aus den Abfällen zu entfernen und nach den Anforderungen dieses Gesetzes zu verwerten oder zu beseitigen.***

Mit dem neuen Absatz 3 erfolgt folgende Klarstellung:

Eine getrennte Sammlung von Abfällen ist <u>nicht</u> erforderlich, wenn

1. die gemeinsame Sammlung der Abfälle deren Potential zur Vorbereitung zur Wiederverwendung, zum Recycling oder zu sonstigen Verwertungsverfahren unter Beachtung der Vorgaben des § 8 Absatz 1 KrWG nicht beeinträchtigt und wenn in diesen Verfahren mit einer gemeinsamen Sammlung verschiedener Abfallarten ein Abfallstrom erreicht wird, dessen Qualität mit dem Abfallstrom vergleichbar ist, der mit einer getrennten Sammlung erreicht wird,
2. die getrennte Sammlung der Abfälle unter Berücksichtigung der von ihrer Bewirtschaftung ausgehenden Umweltauswirkungen den Schutz von Mensch und Umwelt nicht am besten gewährleistet,
3. die getrennte Sammlung unter Berücksichtigung guter Praxis der Abfallsammlung technisch nicht möglich ist oder
4. die getrennte Sammlung im Vergleich zur gemeinsamen Sammlung für den Verpflichteten unverhältnismäßig hohe Kosten verursachen würde; dabei sind zu berücksichtigen:
   a) die Kosten nachteiliger Auswirkungen auf Mensch und Umwelt, die mit einer gemeinsamen Sammlung und der nachfolgenden Behandlung der Abfälle verbunden sind,
   b) die Möglichkeit von Effizienzsteigerungen bei der Abfallsammlung und -behandlung und
   c) die Möglichkeit, aus der Vermarktung der getrennt gesammelten Abfälle Erlöse zu erzielen.

Der neue Absatz 4 bezieht sich explizit auf die energetische Verwertung:

Soweit Abfälle zur Vorbereitung zur Wiederverwendung oder zum Recycling getrennt gesammelt worden sind, ist eine energetische Verwertung nur zulässig für die Abfallfraktionen, die bei der nachgelagerten Behandlung der getrennt gesammelten Abfälle angefallen sind, und nur soweit die energetische Verwertung dieser Abfallfraktionen den Schutz von Mensch und Umwelt unter Berücksichtigung der in § 6 Absatz 2 Satz 2 und 3 KrWG festgelegten Kriterien am besten oder in gleichwertiger Weise wie die Vorbereitung zur Wiederverwendung oder das Recycling gewährleistet. § 7 Absatz 4 KrWG gilt entsprechend.

Im neuen § 9a Vermischungsverbot und Behandlung gefährlicher Abfälle heißt es:

§ 9a KrWG

(1) Die Vermischung, einschließlich der Verdünnung, gefährlicher Abfälle mit anderen Kategorien von gefährlichen Abfällen oder mit anderen Abfällen, Stoffen oder Materialien ist unzulässig.

(2) Abweichend von Absatz 1 ist eine Vermischung ausnahmsweise zulässig, wenn
1. ***sie in einer nach diesem Gesetz oder nach dem Bundes-Immissionsschutzgesetz hierfür zugelassenen Anlage erfolgt,***
2. ***die Anforderungen an eine ordnungsgemäße und schadlose Verwertung nach § 7 Absatz 3 eingehalten werden und schädliche Auswirkungen der Abfallbewirtschaftung auf Mensch und Umwelt durch die Vermischung nicht verstärkt werden und***
3. ***das Vermischungsverfahren dem Stand der Technik entspricht.***

(3) Sind gefährliche Abfälle in unzulässiger Weise vermischt worden, sind die Erzeuger und Besitzer der Abfälle verpflichtet, diese unverzüglich zu trennen, soweit die Trennung zur ordnungsgemäßen und schadlosen Verwertung der Abfälle nach § 7 Absatz 3 erforderlich ist. Ist eine Trennung zum Zweck der ordnungsgemäßen und schadlosen Verwertung nicht erforderlich oder zwar erforderlich, aber technisch nicht möglich oder wirtschaftlich nicht zumutbar, sind die Erzeuger und Besitzer der gemischten Abfälle verpflichtet, diese unverzüglich in einer Anlage zu behandeln, die nach diesem Gesetz oder nach dem Bundes-Immissionsschutzgesetz hierfür zugelassen ist.

■ Überlassungspflicht (§ 17)

Abweichend von § 7 Absatz 2 KrWG (Kreislaufwirtschaft) und § 15 Absatz 1 KrWG (Abfallbeseitigung) sind Erzeuger oder Besitzer von Abfällen aus privaten Haushaltungen verpflichtet, diese Abfälle den nach Landesrecht zur Entsorgung verpflichteten juristischen Personen (öffentlich-rechtliche Entsorgungsträger) zu überlassen, soweit sie zu einer Verwertung auf den von ihnen im Rahmen ihrer privaten Lebensführung genutzten Grundstücken nicht in der Lage sind oder diese nicht beabsichtigen (§ 17 Absatz 1 KrWG).

Diese Regelung gilt auch für Erzeuger und Besitzer von Abfällen zur Beseitigung aus anderen Herkunftsbereichen, soweit sie diese nicht in eigenen Anlagen beseitigen. Die Befugnis zur Beseitigung der Abfälle in eigenen Anlagen besteht nicht, soweit die Überlassung der Abfälle an den öffentlich-rechtlichen Entsorgungsträger aufgrund überwiegender öffentlicher Interessen erforderlich ist (dafür müssen die Kreise, Städte und Gemeinden eine Rechtsgrundlage – Satzung – schaffen).

Die Überlassungspflicht besteht **nicht** für Abfälle,

1. die einer Rücknahme- oder Rückgabepflicht aufgrund einer Rechtsverordnung nach § 25 KrWG unterliegen, soweit nicht die öffentlich-rechtlichen Entsorgungsträger aufgrund einer Bestimmung nach § 25 Absatz 2 Nummer 8 KrWG an der Rücknahme mitwirken (Wertstofferfassung),
2. die in Wahrnehmung der Produktverantwortung nach § 26 KrWG freiwillig zurückgenommen werden, soweit dem zurücknehmenden Hersteller oder Vertreiber ein Feststellungs- oder Freistellungsbescheid nach § 26 Absatz 3 oder § 26a Absatz 1 Satz 1 KrWG erteilt worden ist,
3. die durch gemeinnützige Sammlung einer ordnungsgemäßen und schadlosen Verwertung zugeführt werden,
4. die durch gewerbliche Sammlung einer ordnungsgemäßen und schadlosen Verwertung zugeführt werden, soweit überwiegende öffentliche Interessen (siehe S. 100) dieser Sammlung nicht entgegenstehen.

Die Bundesländer können zur Sicherstellung der umweltverträglichen Beseitigung Andienungs- und Überlassungspflichten für gefährliche Abfälle zur Beseitigung bestimmen; Abfälle zur Verwertung sollen somit nicht von länderspezifischen Andienungs- und Überlassungspflichten erfasst werden. Andienungspflichten für gefährliche Abfälle zur Verwertung, die die Länder bis zum 7. Oktober 1996 bestimmt haben, bleiben unberührt (§ 17 Absatz 4 KrWG).

1.1.5.3 Anforderungen an die Kreislaufwirtschaft

§ 7 KrW-/AbfG enthielt eine detaillierte Ermächtigung zum Erlass von Rechtsverordnungen, die sich auf den Umgang mit Abfällen bezogen (Anforderungen an Produkte: § 23 KrW-/AbfG).

Das KrWG verlegt die Formulierung von Anforderungen ebenfalls in einschlägige Rechtsverordnungen (§ 10 KrWG):

Die Bundesregierung wird ermächtigt, nach Anhörung der beteiligten Kreise (§ 68 KrWG) durch Rechtsverordnung mit Zustimmung des Bundesrates, soweit es zur Erfüllung der Pflichten nach § 7 Absatz 2 bis 4, § 8 Absatz 1, der §§ 9 und 9a KrWG, insbesondere zur Sicherung der schadlosen Verwertung, erforderlich ist,

1. die Einbindung oder den Verbleib bestimmter Abfälle in Erzeugnissen nach Art, Beschaffenheit oder Inhaltsstoffen zu beschränken oder zu verbieten;
2. Anforderungen an die getrennte Sammlung, die Behandlung, die Zulässigkeit der Vermischung sowie die Beförderung und Lagerung von Abfällen festzulegen;
3. Anforderungen an das Bereitstellen, Überlassen, Sammeln und Einsammeln von Abfällen durch Hol- und Bringsysteme, jeweils auch in einer einheitlichen **Wertstofftonne** (Wertstofferfassung) gemeinsam mit gleichartigen Erzeugnissen oder mit auf dem gleichen Wege zu verwertenden Erzeugnissen, die einer verordneten Rücknahme nach § 25 KrWG unterliegen, festzulegen;
   Beachte: Anforderungen an die gemeinsame Erfassung und Logistik von Abfällen und rücknahmepflichtigen Erzeugnissen (einheitliche Wertstofftonne), soweit diese gleichartig sind oder den gleichen Verwertungsweg haben! Die Ermächtigung korrespondiert mit der Ermächtigung des § 25 Absatz 2 Nummer 3 KrWG, nach der ebenfalls Anforderungen an die gemeinsame Erfassung und Logistik von rücknahmepflichtigen Erzeugnissen und Abfällen in einer einheitlichen Wertstofftonne bestimmt werden können.
4. für bestimmte Abfälle, deren Verwertung aufgrund ihrer Art, Beschaffenheit oder Menge in besonderer Weise geeignet ist, Beeinträchtigungen des Wohls der Allgemeinheit, vor allem der

in § 15 Absatz 2 Satz 2 KrWG genannten Schutzgüter, herbeizuführen, nach Herkunftsbereich, Anfallstelle oder Ausgangsprodukt festzulegen,
a) dass diese nur in bestimmter Menge oder Beschaffenheit oder nur für bestimmte Zwecke in Verkehr gebracht oder verwertet werden dürfen,
b) dass diese mit bestimmter Beschaffenheit nicht in Verkehr gebracht werden dürfen.

Eine Beeinträchtigung des Wohls der Allgemeinheit liegt nach § 15 Absatz 2 KrWG insbesondere dann vor, wenn
1. die Gesundheit der Menschen beeinträchtigt wird,
2. Tiere oder Pflanzen gefährdet werden,
3. Gewässer oder Boden schädlich beeinflusst werden,
4. schädliche Umwelteinwirkungen durch Luftverunreinigungen oder Lärm herbeigeführt werden,
5. die Ziele oder Grundsätze und sonstigen Erfordernisse der Raumordnung nicht beachtet oder die Belange des Naturschutzes, der Landschaftspflege sowie des Städtebaus nicht berücksichtigt werden oder
6. die öffentliche Sicherheit oder Ordnung in sonstiger Weise gefährdet oder gestört wird.

5. Anforderungen an die Verwertung von mineralischen Abfällen in technischen Bauwerken festzulegen.

Der oben zitierte § 10 Absatz 1 KrWG wird im zweiten Absatz dahin gehend erweitert, dass auch Rechtsverordnungen erlassen werden können, die Verfahren detaillieren, mit denen die Einhaltung der Anforderungen aus Absatz 1 überprüft werden kann:

Durch Rechtsverordnung nach Absatz 1 können auch Verfahren zur Überprüfung der dort festgelegten Anforderungen bestimmt werden, insbesondere

1. dass Nachweise oder Register zu führen und vorzulegen sind
   a) auch ohne eine Anordnung nach § 51 KrWG oder
   b) abweichend von bestimmten Anforderungen nach den §§ 49 und 50 KrWG oder einer Rechtsverordnung nach § 52 KrWG,
2. dass die Entsorger von Abfällen diese bei Annahme oder Weitergabe in bestimmter Art und Weise zu überprüfen und das Ergebnis dieser Prüfung in den Nachweisen oder Registern zu verzeichnen haben,
3. dass die Beförderer und Entsorger von Abfällen ein Betriebstagebuch zu führen haben, in dem bestimmte Angaben zu den Betriebsabläufen zu verzeichnen sind, die nicht schon in die Register aufgenommen werden,
4. dass die Erzeuger, Besitzer oder Entsorger von Abfällen bei Annahme oder Weitergabe der Abfälle auf die Anforderungen, die sich aus der Rechtsverordnung ergeben, hinzuweisen oder die Abfälle oder die für deren Beförderung vorgesehenen Behältnisse in bestimmter Weise zu kennzeichnen haben,
5. die Entnahme von Proben, der Verbleib und die Aufbewahrung von Rückstellproben und die hierfür anzuwendenden Verfahren,
6. die Analyseverfahren, die zur Bestimmung von einzelnen Stoffen oder Stoffgruppen erforderlich sind,
7. dass der Verpflichtete mit der Durchführung der Probenahme und der Analysen nach den Nummern 5 und 6 einen von der zuständigen Landesbehörde bekannt gegebenen Sachverständigen, eine von dieser Behörde bekannt gegebene Stelle oder eine sonstige Person, die über die erforderliche Sach- und Fachkunde verfügt, zu beauftragen hat,

8. welche Anforderungen an die Sach- und Fachkunde der Probenehmer nach Nummer 7 zu stellen sind,
9. dass Nachweise, Register und Betriebstagebücher nach den Nummern 1 bis 3 elektronisch zu führen und Dokumente in elektronischer Form gemäß § 3a Absatz 2 Satz 2 und 3 des Verwaltungsverfahrensgesetzes vorzulegen sind.

§ 10 Absatz 4 KrWG wendet sich an denjenigen, der bestimmte Abfälle, an deren schadlose Verwertung nach Maßgabe der § 7 Absatz 2 und 3, § 8 Absatz 1 und der §§ 9 und 9a KrWG aufgrund ihrer Art, Beschaffenheit oder Menge besondere Anforderungen zu stellen sind, in Verkehr bringt oder verwertet. Ihm kann mit einer Rechtsverordnung vorgeschrieben werden, dass er

1. dies anzuzeigen hat,
2. dazu einer Erlaubnis bedarf,
3. bestimmten Anforderungen an seine Zuverlässigkeit genügen muss oder
4. seine notwendige Sach- oder Fachkunde in einem näher festzulegenden Verfahren nachzuweisen hat.

Die §§ 11 und 12 KrWG befassen sich mit Bioabfällen und Klärschlämmen (siehe dort).

■ Förderung des Recyclings und der stofflichen Verwertung (§ 14 KrWG)

Die Vorschrift enthält die Umsetzung von Artikel 11 der Abfallrahmenrichtlinie (Wiederverwendung und Recycling). Ziel der Regelung ist eine Förderung des Recyclings bzw. der stofflichen Verwertung bestimmter Abfälle.

Siedlungsabfälle: Die Vorbereitung zur Wiederverwendung und das Recycling von Siedlungsabfällen sollen betragen:

1. spätestens ab dem 1. Januar 2020 insgesamt mindestens 50 Gewichtsprozent,
2. spätestens ab dem 1. Januar 2025 insgesamt mindestens 55 Gewichtsprozent,
3. spätestens ab dem 1. Januar 2030 insgesamt mindestens 60 Gewichtsprozent,
4. spätestens ab dem 1. Januar 2035 insgesamt mindestens 65 Gewichtsprozent.

Nicht gefährliche Bau- und Abbruchabfälle: Die Vorbereitung zur Wiederverwendung, das Recycling und die sonstige stoffliche Verwertung von nicht gefährlichen Bau- und Abbruchabfällen mit Ausnahme von in der Natur vorkommenden Materialien, die in der Anlage zur Abfallverzeichnis-Verordnung mit dem Abfallschlüssel 17 05 04 gekennzeichnet sind, sollen seit dem 1. Januar 2020 mindestens 70 Gewichtsprozent betragen.

1.1.5.4 Anforderungen an die Kreislaufwirtschaft: Verordnungen und Gesetze

■ Gesetz über das Inverkehrbringen, die Rücknahme und die umweltverträgliche Entsorgung von Elektro- und Elektronikgeräten (Elektro- und Elektronikgerätegesetz – ElektroG) vom 20. Oktober 2015 (BGBl. I S. 1739), zuletzt geändert am 3. November 2020 (BGBl. I S. 2280)

Mit dem ersten ElektroG wurde die Richtlinie 2002/96/EG des Europäischen Parlaments und des Rates vom 27. Januar 2003 über Elektro- und Elektronik-Altgeräte umgesetzt. Diese Richtlinie wurde mit Wirkung zum 15. Februar 2014 durch die Richtlinie 2012/19/EU des Europäischen Parlaments und des Rates vom 4. Juli 2012 über Elektro- und Elektronik-Altgeräte aufgehoben und ersetzt. Richtlinie 2012/19/EU wurde durch das ElektroG vom 20. Oktober 2015 in nationales Recht umgesetzt.

Anhang I der **Richtlinie 2012/19/EU** nennt 10 Gerätekategorien:

- Haushaltsgroßgeräte („Weiße Ware")
- Haushaltskleingeräte (z. B. Staubsauger, Toaster)
- IT- und Telekommunikationsgeräte (z. B. PCs, Laptops, Telefone)
- Geräte der Unterhaltungselektronik (z. B. Radios, Fernseher, Videorekorder) und Photovoltaikmodule
- Beleuchtungskörper (z. B. Leuchtstofflampen)
- Elektrische und elektronische Werkzeuge (Ausnahme: industrielle Großwerkzeuge)
- Spielzeug sowie Sport- und Freizeitgeräte (z. B. Videospielkonsolen)
- Medizinische Geräte (Ausnahme: implantierte und infektiöse Produkte)
- Überwachungs- und Kontrollinstrumente (z. B. Thermostate, Rauchmelder)
- Ausgabeautomaten (z. B. Geldautomaten)

Anhang II listet die Produkte auf, die unter diese Kategorien fallen.

Aus der **Richtlinie 2012/19/EU** ergeben sich folgende Anforderungen:

- **Getrennte Sammlung**: Die Mitgliedstaaten erlassen geeignete Maßnahmen, um die Entsorgung von Elektro- und Elektronik-Altgeräten in der Form von unsortiertem Siedlungsabfall möglichst gering zu halten, die ordnungsgemäße Behandlung sämtlicher gesammelter Elektro- und Elektronik-Altgeräte sicherzustellen und eine hohe Quote getrennt gesammelter Elektro- und Elektronik-Altgeräte, besonders und in erster Linie Wärmeüberträger, die Ozon abbauende Stoffe und fluorierte Treibhausgase enthalten, Leuchtstofflampen, die Quecksilber enthalten, Photovoltaikmodule und kleine Geräte im Sinne der Kategorien 5 und 6 des Anhangs III der Richtlinie, zu erreichen (Artikel 5 Absatz 1 der Richtlinie).
  Bei Elektro- und Elektronik-Altgeräten aus privaten Haushalten stellen die Mitgliedstaaten sicher, dass Systeme eingerichtet sind, die es den Endnutzern und den Vertreibern ermöglichen, diese Altgeräte zumindest kostenlos zurückzugeben.
  Die Vertreiber sind bei der Abgabe eines neuen Produkts dafür verantwortlich, sicherzustellen, dass die Altgeräte Zug um Zug an den Vertreiber zumindest kostenlos zurückgegeben werden können, sofern das zurückgegebene Gerät gleichwertiger Art ist und dieselben Funktionen wie das abgegebene Gerät erfüllt hat.
  Die Mitgliedstaaten stellen sicher, dass die Sammlung und Beförderung von getrennt gesammelten Elektro- und Elektronik-Altgeräten so ausgeführt werden, dass die Vorbereitung zur Wiederverwendung, das Recycling und die Rückhaltung gefährlicher Stoffe unter optimalen Bedingungen erfolgen können.
- **Sammelquote**: Jeder Mitgliedstaat folgt dem Grundsatz der Herstellerverantwortung und stellt auf dieser Grundlage sicher, dass jährlich eine Mindestsammelquote erreicht wird.
  Seit 2019 beträgt die jährlich zu erreichende Mindestsammelquote 65 % des Durchschnittsgewichts der Elektro- und Elektronikgeräte, die in den drei Vorjahren im betreffenden Mitgliedstaat in Verkehr gebracht wurden, oder alternativ dazu 85 % der auf dem Hoheitsgebiet dieses Mitgliedstaats anfallenden Elektro- und Elektronik-Altgeräten.
- **Ordnungsgemäße Behandlung**: Die Mitgliedstaaten stellen sicher, dass alle getrennt gesammelten Elektro- und Elektronik-Altgeräte ordnungsgemäß behandelt werden. Die ordnungsge-

mäße Behandlung, abgesehen von der Vorbereitung zur Wiederverwendung, und Verwertungs- oder Recyclingmaßnahmen umfassen mindestens die Entfernung aller Flüssigkeiten und eine selektive Behandlung gemäß Anhang VII der Richtlinie.
Die Mitgliedstaaten stellen sicher, dass die Hersteller oder in ihrem Namen tätige Dritte Systeme für die Verwertung von Elektro- und Elektronik-Altgeräten einrichten und hierbei die besten verfügbaren Techniken einsetzen. Die Systeme können von den Herstellern individuell oder kollektiv eingerichtet werden. Die Mitgliedstaaten stellen sicher, dass Anlagen oder Betriebe, die Elektro- und Elektronik-Altgeräte sammeln oder behandeln, dabei die technischen Anforderungen des Anhangs VIII der Richtlinie beachten.

- **Genehmigungen**: Die Mitgliedstaaten stellen sicher, dass alle Anlagen oder Betriebe, die Behandlungstätigkeiten durchführen, in Übereinstimmung mit Artikel 23 der Abfallrahmenrichtlinie von den zuständigen Behörden eine Genehmigung einholen. Ausnahmen von der Genehmigungspflicht, Bedingungen für Ausnahmen und Registrierung müssen in Übereinstimmung mit den Artikeln 24, 25 und 26 der Abfallrahmenrichtlinie erfolgen.
- **Zielvorgaben für die Verwertung**: In Bezug auf alle gemäß Artikel 5 getrennt gesammelten und gemäß den Artikeln 8, 9 und 10 der Behandlung zugeführten Elektro- und Elektronik-Altgeräte stellen die Mitgliedstaaten sicher, dass die Hersteller mindestens die in Anhang V der Richtlinie genannten Zielvorgaben erfüllen.
- **Finanzierung in Bezug auf Elektro- und Elektronik-Altgeräte aus privaten Haushalten**: Die Mitgliedstaaten stellen sicher, dass die Hersteller mindestens die Sammlung, Behandlung, Verwertung und umweltgerechte Beseitigung von den bei den Rücknahmestellen abgegebenen Elektro- und Elektronik-Altgeräten aus privaten Haushalten finanzieren (Artikel 12 Absatz 1 der Richtlinie). Die Mitgliedstaaten können die Hersteller gegebenenfalls auffordern, auch die Kosten zu tragen, die durch die Sammlung von Elektro- und Elektronik-Altgeräten aus privaten Haushalten bei den Rücknahmestellen entstehen.
  Bei Produkten, die später als 13. August 2005 in Verkehr gebracht werden, ist jeder Hersteller für die Finanzierung der obengenannten Tätigkeiten in Bezug auf den durch seine eigenen Produkte anfallenden Abfall verantwortlich. Der Hersteller kann diese Verpflichtung wahlweise individuell oder durch die Beteiligung an einem kollektiven System erfüllen.

Das **Elektro- und Elektronikgerätegesetz** vom 20. Oktober 2015 (BGBl. I S. 1739), zuletzt geändert am 8. Dezember 2022 (BGBl. I S. 2240) ist das deutsche Instrument zur Umsetzung der Richtlinie. Dieses Gesetz legt Anforderungen an die Produktverantwortung nach § 23 KrWG für Elektro- und Elektronikgeräte fest.

Die Festlegung des Anwendungsbereichs (§ 2 ElektroG) entspricht nicht der Auflistung in Anhang I der Richtlinie 2012/19/EU:

§ 2 Absatz 1 Satz 1 ElektroG

Dieses Gesetz gilt für sämtliche Elektro- und Elektronikgeräte. Sie sind in die folgenden Kategorien unterteilt:

1. ***Wärmeüberträger,***
2. ***Bildschirme, Monitore und Geräte, die Bildschirme mit einer Oberfläche von mehr als 100 Quadratzentimetern enthalten,***
3. ***Lampen,***
4. ***Geräte, bei denen mindestens eine der äußeren Abmessungen mehr als 50 Zentimeter beträgt (Großgeräte),***

> ***5. Geräte, bei denen keine der äußeren Abmessungen mehr als 50 Zentimeter beträgt (Kleingeräte), und***
> ***6. kleine Geräte der Informations- und Telekommunikationstechnik, bei denen keine der äußeren Abmessungen mehr als 50 Zentimeter beträgt.***
>
> ***Elektro- und Elektronikgeräte im Sinne des Satzes 1 sind insbesondere die in Anlage 1 aufgeführten Geräte.***

Absatz 2 enthält die Elektro- und Elektronikgeräte, die nicht in den Anwendungsbereich fallen sollen. Absatz 3 legt die Anwendung des KrWG und der darauf beruhenden Verordnungen fest.

Aus abfallrechtlicher Sicht sind die folgenden Begriffsbestimmungen interessant:

- **Altgeräte:** Elektro- und Elektronikgeräte, die Abfall im Sinne des § 3 Absatz 1 Satz 1 KrWG sind, einschließlich aller Bauteile, Unterbaugruppen und Verbrauchsmaterialien, die zum Zeitpunkt des Eintritts der Abfalleigenschaft Teil des Altgerätes sind; eine Untergruppe bilden die Altgeräte aus privaten Haushalten (§ 3 Nr. 5 ElektroG);
- die **Hersteller** und **Vertreiber** werden im Hinblick auf Elektro- und Elektronikgeräte definiert;
- **Erfassung:** die Sammlung sowie die Rücknahme von Altgeräten.
- **Behandlung:** Tätigkeiten, die nach der Übergabe von Altgeräten an eine Anlage zur Entfrachtung von Schadstoffen, zur Demontage, zum Schreddern, zur Verwertung oder zur Vorbereitung der Beseitigung durchgeführt werden, sowie sonstige Tätigkeiten, die der Verwertung oder Beseitigung der Altgeräte dienen.

Abschnitt 2 des ElektroG definiert die „Pflichten beim **Inverkehrbringen** von Elektro- und Elektronikgeräten". Der Grundsatz findet sich gleich zu Anfang in § 4:

> ***§ 4 Absatz 1 ElektroG***
>
> ***Hersteller haben ihre Elektro- und Elektronikgeräte möglichst so zu gestalten, dass insbesondere die Wiederverwendung, die Demontage und die Verwertung von Altgeräten, ihren Bauteilen und Werkstoffen berücksichtigt und erleichtert werden.***

Das Thema „Batterien bzw. Akkus in Geräten" wird wie folgt angegangen:

Elektro- und Elektronikgeräte, die vollständig oder teilweise mit Batterien oder Akkumulatoren betrieben werden können, sind möglichst so zu gestalten, dass Altbatterien und Altakkumulatoren durch Endnutzer problemlos und zerstörungsfrei entnommen werden können. Sind Altbatterien oder Altakkumulatoren nicht problemlos durch den Endnutzer entnehmbar, sind die Geräte so zu gestalten, dass die Altbatterien und Altakkumulatoren problemlos und zerstörungsfrei und mit handelsüblichem Werkzeug durch vom Hersteller unabhängiges Fachpersonal entnommen werden können. Siehe auch Batteriegesetz – BattG.

In § 9 wird eine Kennzeichnung der Geräte vorgeschrieben. Das Symbol für die getrennte Erfassung von Elektro- und Elektronikgeräten stellt eine durchgestrichene Abfalltonne auf Rädern dar. Eine eindeutige Identifizierung des Herstellers des Geräts muss möglich sein (§ 9 Absatz 1 ElektroG).

Abschnitt 3 des ElektroG regelt die **Sammlung** und **Rücknahme:**

- Besitzer von Altgeräten haben diese einer vom unsortierten Siedlungsabfall getrennten Erfassung zuzuführen. Sie haben Altbatterien und Altakkumulatoren, die nicht vom Altgerät umschlossen sind, sowie Lampen, die zerstörungsfrei aus dem Altgerät entnommen werden können, vor der Abgabe an einer Erfassungsstelle vom Altgerät zerstörungsfrei zu trennen (§ 10 Absatz 1 ElektroG).
- Seit dem 1. Januar 2019 soll das Gesamtgewicht der erfassten Altgeräte in jedem Kalenderjahr mindestens 65 Prozent des Durchschnittsgewichts der Elektro- und Elektronikgeräte, die in den drei Kalendervorjahren in Verkehr gebracht wurden, betragen.

Es folgen zwei Unterabschnitte: 1: Sammlung und Rücknahme von Altgeräten aus privaten Haushalten und 2: Rücknahme von Altgeräten anderer Nutzer als privater Haushalte.

Die **Erfassung von Altgeräten aus privaten Haushalten** darf nur von öffentlich-rechtlichen Entsorgungsträgern, Vertreibern, Herstellern oder im Fall der Bevollmächtigung nach § 8 ElektroG deren Bevollmächtigten sowie von Betreibern von nach § 21 ElektroG zertifizierten Erstbehandlungsanlagen vorgenommen werden. Die zur Erfassung Berechtigten dürfen für die Sammlung und Rücknahme auch Dritte beauftragen. Die Berechtigten haben gegenüber den Endnutzern ihre Sammel- und Rücknahmestellen durch die von der Gemeinsamen Stelle gemäß § 31 Absatz 1 Satz 5 ElektroG entworfene einheitliche Kennzeichnung kenntlich zu machen. (§ 12 ElektroG)

Die öffentlich-rechtlichen Entsorgungsträger richten im Rahmen ihrer Pflichten nach § 20 KrWG **Sammelstellen** ein, an denen Altgeräte aus privaten Haushalten ihres Gebietes angeliefert werden können (**Bringsystem**). Altgeräte aus privaten Haushalten, die von Gewerbetreibenden oder Vertreibern angeliefert werden, gelten als Altgeräte aus privaten Haushalten des Gebietes des öffentlich-rechtlichen Entsorgungsträgers, in dem der Gewerbetreibende oder Vertreiber seine Niederlassung hat. (§ 13 Absatz 1 ElektroG)

Eine Annahmebeschränkung ist unter bestimmten Voraussetzungen möglich (§ 13 Absatz 2 ElektroG). Die öffentlich-rechtlichen Entsorgungsträger können die Altgeräte auch bei den privaten Haushalten abholen (**Holsystem**) (§ 13 Absatz 3 ElektroG). Bei der Anlieferung von Altgeräten darf kein Entgelt erhoben werden (§ 13 Absatz 4 ElektroG).

Die öffentlich-rechtlichen Entsorgungsträger können die kostenlose Annahme von Altgeräten ablehnen, die auf Grund einer Verunreinigung eine Gefahr für die Gesundheit und Sicherheit von Menschen darstellen (Stichwort: asbesthaltige Nachtspeichergeräte) (§ 13 Absatz 5 ElektroG).

§ 14 ElektroG regelt das **Bereitstellen der abzuholenden Altgeräte durch die öffentlich-rechtlichen Entsorgungsträger**. Das Gesetz gibt eine Einteilung in Gerätegruppen vor. In der Gruppe 4 sind Nachtspeicherheizgeräte, die Asbest oder sechswertiges Chrom enthalten, und in den Gruppen 2, 4 und 5 batteriebetriebene Altgeräte getrennt von den anderen Altgeräten in einem eigenen Behältnis zu sammeln.

Die Behältnisse müssen so befüllt werden, dass ein Zerbrechen der Altgeräte, eine Freisetzung von Schadstoffen und die Entstehung von Brandrisiken vermieden werden. Die Altgeräte dürfen in den Behältnissen nicht mechanisch verdichtet werden. Die Einsortierung der Altgeräte, insbesondere der batteriebetriebenen Altgeräte, in die Behältnisse hat an den eingerichteten Übergabestellen durch den öffentlich-rechtlichen Entsorgungsträger oder unter seiner Aufsicht zu erfolgen. An der Sammelstelle sind eine Separierung von Altgeräten, eine nachträgliche Entnahme aus den Behältnissen sowie die Entfernung von Bauteilen aus oder von den Altgeräten unzulässig (§ 14 Absatz 4 ElektroG).

Die öffentlich-rechtlichen Entsorgungsträger melden der **Gemeinsamen Stelle** die zur Abholung bereitgestellten Behältnisse, wenn bestimmte Abholmengen erreicht sind.

Die Hersteller oder im Fall der Bevollmächtigung nach § 8 ElektroG deren Bevollmächtigte müssen die Behältnisse nach § 14 ElektroG unentgeltlich aufstellen und abdecken. Die öffentlich-rechtlichen Entsorgungsträger können das Aufstellen nicht abdeckbarer Behältnisse ablehnen und melden die Ablehnung der zuständigen Behörde. In diesem Fall gilt das Behältnis als nicht aufgestellt.

Die Behältnisse, außer denen für die Gruppen 3 und 6, müssen für die Aufnahme durch herkömmliche Abholfahrzeuge geeignet sein. Die Behältnisse müssen so beschaffen sein, dass die dort enthaltenen Altgeräte bruchsicher gesammelt werden können.

Die zuständige Behörde trifft die im Einzelfall erforderlichen Anordnungen, um sicherzustellen, dass den öffentlich-rechtlichen Entsorgungsträgern die erforderliche Menge an Behältnissen zur Verfügung steht; hierbei berücksichtigt sie die von ihr geprüften Berechnungen der Gemeinsamen Stelle nach § 31 Absatz 8 ElektroG. Hierzu melden die öffentlich-rechtlichen Entsorgungsträger der Gemeinsamen Stelle die erforderliche Anzahl der aufzustellenden Behältnisse. Erfolgt die Aufstellung nicht bis zur von der zuständigen Behörde festgesetzten Frist, gilt eine Nachfrist.

§ 16 ElektroG **Rücknahmepflicht der Hersteller**:

Der Hersteller oder im Fall der Bevollmächtigung nach § 8 ElektroG dessen Bevollmächtigter ist verpflichtet, die abgeholten Altgeräte oder deren Bauteile zur Wiederverwendung vorzubereiten oder nach § 20 Absatz 2 bis 4 und § 22 Absatz 1 ElektroG zu behandeln und zu verwerten. Der Hersteller oder dessen Bevollmächtigter ist verpflichtet, die Kosten der Abholung, der Entsorgung und des Aufstellens leerer Behältnisse zu tragen. Die Hersteller oder deren Bevollmächtigte können freiwillig individuelle oder kollektive Rücknahmesysteme für die unentgeltliche Rückgabe von Altgeräten aus privaten Haushalten einrichten und betreiben.

§ 17 ElektroG **Rücknahmepflicht der Vertreiber**:

Vertreiber mit einer Verkaufsfläche für Elektro- und Elektronikgeräte von mindestens 400 Quadratmetern sowie Vertreiber von Lebensmitteln(!) mit einer Gesamtverkaufsfläche von mindestens 800 Quadratmetern, die mehrmals im Kalenderjahr oder dauerhaft Elektro- und Elektronikgeräte anbieten und auf dem Markt bereitstellen, sind verpflichtet,

1. bei der Abgabe eines neuen Elektro- oder Elektronikgerätes an einen Endnutzer ein Altgerät des Endnutzers der gleichen Geräteart, das im Wesentlichen die gleichen Funktionen wie das neue Gerät erfüllt, am Ort der Abgabe oder in unmittelbarer Nähe hierzu unentgeltlich zurückzunehmen und
2. auf Verlangen des Endnutzers Altgeräte, die in keiner äußeren Abmessung größer als 25 Zentimeter sind, im Einzelhandelsgeschäft oder in unmittelbarer Nähe hierzu unentgeltlich zurückzunehmen; die Rücknahme darf nicht an den Kauf eines Elektro- oder Elektronikgerätes geknüpft werden und ist auf drei Altgeräte pro Geräteart beschränkt.

Ort der Abgabe im Sinne von Nummer 1 ist auch der private Haushalt, sofern dort durch Auslieferung die Abgabe erfolgt; in diesem Fall ist die Abholung des Altgerätes für den Endnutzer unentgeltlich auszugestalten. Der Vertreiber hat beim Abschluss des Kaufvertrages für das neue Elektro-

oder Elektronikgerät den Endnutzer entsprechend zu informieren. Vertrieb unter Verwendung von Fernkommunikationsmitteln wird hier eingeschlossen.

§ 17a ElektroG reguliert die Rücknahme durch zertifizierte Erstbehandlungsanlagen. Die Erstbehandlung ist die erste Behandlung von Altgeräten, bei der die Altgeräte zur Wiederverwendung vorbereitet oder von Schadstoffen entfrachtet und Wertstoffe aus den Altgeräten separiert werden, einschließlich hierauf bezogener Vorbereitungshandlungen; die Erstbehandlung umfasst auch die Verwertungsverfahren R 12 und R 13 nach Anlage 2 zum KrWG.

Öffentlich-rechtliche Entsorgungsträger und Betreiber von Erstbehandlungsanlagen, die nach § 21 Absatz 2 und 4 ElektroG für die Vorbereitung zur Wiederverwendung zertifiziert sind, können zum Zweck der Vorbereitung zur Wiederverwendung von Altgeräten eine Kooperation vereinbaren (§ 17b ElektroG).

§ 18 ElektroG **Informationspflichten gegenüber den privaten Haushalten**:

Die öffentlich-rechtlichen Entsorgungsträger informieren die privaten Haushalte über Abfallvermeidungsmaßnahmen sowie die Pflicht nach § 10 Absatz 1 ElektroG. Sie informieren die privaten Haushalte darüber hinaus über die im Gebiet des öffentlich-rechtlichen Entsorgungsträgers durch diesen eingerichteten und zur Verfügung stehenden Möglichkeiten der Rückgabe oder Sammlung von Altgeräten sowie über die Möglichkeiten der Abgabe von Geräten zum Zwecke der Wiederverwendung. Die privaten Haushalte werden auch – u. a. – über die Pflicht der Vertreiber zur unentgeltlichen Rücknahme von Altgeräten nach § 17 Absatz 1 und 2 ElektroG unterrichtet. § 18 Absatz 2 ElektroG nimmt den öffentlich-rechtlichen Entsorgungsträger, den Vertreiber und damit auch den privaten Haushalt/Endnutzer in die Pflicht. Zwei Beispiele:

Die öffentlich-rechtlichen Entsorgungsträger haben die privaten Haushalte an der Sammelstelle über die Entnahmepflicht für Altbatterien und Altakkumulatoren sowie für Lampen nach § 10 Absatz 1 Satz 2 ElektroG und die getrennte Erfassung von batteriebetriebenen Altgeräten nach § 14 Absatz 1 Satz 2 ElektroG zu informieren.

Der Vertreiber hat über die Eigenverantwortung der Endnutzer im Hinblick auf das Löschen der personenbezogenen Daten auf den zu entsorgenden Altgeräten zu informieren.

Unterabschnitt 2 vervollständigt das Thema „Sammlung und Rückgabe“: Rücknahme von Altgeräten anderer Nutzer als privater Haushalte. § 19 ElektroG regelt die Rücknahme durch den Hersteller. § 19a ElektroG legt die Informationspflichten des Herstellers fest. Inhaltlich wird hier nach dem oben dargestellten Muster verfahren.

Abschließend zur Erläuterung: der bereits mehrmals erwähnte „Bevollmächtigte“ wird als jede im Geltungsbereich des ElektroG niedergelassene natürliche oder juristische Person oder Personengesellschaft definiert, die ein Hersteller ohne Niederlassung im Geltungsbereich dieses Gesetzes beauftragt hat, in eigenem Namen sämtliche Aufgaben wahrzunehmen, um die Herstellerpflichten nach diesem Gesetz zu erfüllen.

§ 20 ElektroG **Behandlung und Beseitigung**

Altgeräte sind vor der Durchführung weiterer Verwertungs- oder Beseitigungsmaßnahmen einer **Erstbehandlung** zuzuführen. Vor der Erstbehandlung ist zu prüfen, ob das Altgerät oder einzelne Bauteile einer Vorbereitung zur Wiederverwendung zugeführt werden können. Diese Prüfung ist durchzuführen, soweit sie technisch möglich und wirtschaftlich zumutbar ist.

Die Erstbehandlung und weitere Behandlungstätigkeiten haben nach dem Stand der Technik im Sinne des § 3 Absatz 28 KrWG zu erfolgen. Bei der Erstbehandlung sind im Rahmen der Schadstoffentfrachtung und Wertstoffseparierung die durch Rechtsverordnung nach § 24 Nummer 2 ElektroG festgelegten Anforderungen an die Behandlung von Altgeräten zu erfüllen (siehe ElektroStoffV).

Standorte für die Lagerung und Behandlung von Altgeräten müssen mindestens die technischen Anforderungen nach Anlage 4 ElektroG erfüllen.

Die Behandlung von Altgeräten kann auch außerhalb Deutschlands oder außerhalb der Europäischen Union durchgeführt werden. Die Voraussetzung hierfür ist eine ordnungsgemäße Ausfuhr.

§ 21 ElektroG befasst sich mit der **Zertifizierung von Erstbehandlungsanlagen**. Dabei wird nach dem bekannten Schema vorgegangen:

- jährliche Zertifizierung durch einen anerkannten Sachverständigen,
- Voraussetzungen für die Erteilung des Zertifikats bezüglich Schadstoffentfrachtung und Wertstoffseparierung,
- Voraussetzungen für die Erteilung des Zertifikats bezüglich Vorbereitung zur Wiederverwendung,
- Gültigkeitsdauer des Zertifikats,
- Fristsetzung zur Beseitigung von Beanstandungen,
- Berücksichtigung von einschlägigen Prüfungsergebnissen auf Grund anderer rechtlicher Erfordernisse (z. B. Umweltmanagement/Umweltbetriebsprüfung, Umgang mit wassergefährdenden Stoffen),
- Stellenwert der Zertifizierung als Entsorgungsfachbetrieb.

§ 22 ElektroG enthält Vorgaben zur **Verwertung**. In Absatz 2 werden gerätespezifische Quoten festgelegt. Die Absätze 3 und 4 beschreiben die Dokumentationspflichten des Betreibers der Erstbehandlungsanlage. Dabei geht es um die Masse der Altgeräte, ihrer Bauteile, Werkstoffe und Stoffe. Absatz 4 geht weiter ins Detail.

Der Betreiber einer Erstbehandlungsanlage ist verpflichtet, die von ihm erfassten Daten den öffentlich-rechtlichen Entsorgungsträgern, Herstellern, im Fall der Bevollmächtigung nach § 8 ElektroG deren Bevollmächtigten und den Vertreibern mitzuteilen, soweit sie zur Ermittlung von Mengenströmen diese Daten für die Erfüllung ihrer Pflichten nach den §§ 26, 27 und 29 ElektroG benötigen.

§ 23 regelt die **Verbringung**: Gebrauchte Elektro- und Elektronikgeräte, bei denen es sich möglicherweise um Altgeräte handelt, dürfen nur nach Maßgabe der Anlage 6 ElektroG in den, aus dem und durch den Geltungsbereich dieses Gesetzes verbracht werden. Hier kommt natürlich das Abfallverbringungsgesetz ins Spiel.

§ 24 ElektroG enthält eine mit vier Punkten genauer spezifizierte Verordnungsermächtigung.

Abschnitt 5 legt **Anzeige-, Mitteilungs- und Informationspflichten** fest. Angesprochen werden

- in §§ 25 bis 29 ElektroG: öffentlich-rechtliche Entsorgungsträger, Hersteller sowie deren Bevollmächtigte, Vertreiber und Betreiber von Erstbehandlungsanlagen sowie
- in § 30 ElektroG: Betreiber von Erstbehandlungsanlagen

Adressat ist die „zuständige Behörde“:

- Jeder öffentlich-rechtliche Entsorgungsträger hat die von ihm eingerichteten Übergabestellen der zuständigen Behörde anzuzeigen. Änderungen sind unverzüglich anzuzeigen.

- Betreiber einer Erstbehandlungsanlage haben der zuständigen Behörde für jeden zertifizierten Standort die Behandlungstätigkeit anzuzeigen, bevor sie diese aufnehmen. Die Aufgabe der Behandlungstätigkeit ist der zuständigen Behörde unverzüglich mitzuteilen.
- Jeder öffentlich-rechtliche Entsorgungsträger hat der Gemeinsamen Stelle im Fall der Optierung nach § 14 Absatz 5 Satz 1 ElektroG spezifische Angaben zu machen.
- Jeder Hersteller – oder im Fall der Bevollmächtigung nach § 8 ElektroG dessen Bevollmächtigter – hat der Gemeinsamen Stelle zu bestimmten Zeitpunkten unter Angabe seiner Registrierungsnummer und des Berichtszeitraumes spezifische Angaben (Zeitraum, Gerätekategorie, Gewicht) zu machen.
- Jeder Hersteller hat den Wiederverwendungseinrichtungen und den Behandlungsanlagen Informationen über die Wiederverwendung, die Vorbereitung zur Wiederverwendung und die Behandlung für jeden in Verkehr gebrachten Typ neuer Elektro- und Elektronikgeräte kostenlos zur Verfügung zu stellen.
- Jeder Vertreiber hat der Gemeinsamen Stelle im Fall des § 17 Absatz 5 ElektroG bis zum 30. April des folgenden Kalenderjahres spezifische Angaben zu machen (z. B. Gewicht der je Kategorie zurückgenommenen Altgeräte).
- Jeder Betreiber einer Erstbehandlungsanlage hat im Fall der Rücknahme nach § 17a, der Übernahme nach § 17b und der Entsorgung im Auftrag von Endnutzern nach § 19 Absatz 2 Satz 2 ElektroG der Gemeinsamen Stelle bis zum Ablauf des 30. April des folgenden Kalenderjahres spezifische Daten zu übermitteln (z. B. Gewicht der im Kalenderjahr angenommenen Altgeräte).

§ 5 Absatz 1 ElektroG ist die Rechtsgrundlage der bereits wiederholt genannten „**Gemeinsamen Stelle**“: Die Hersteller oder im Fall der Bevollmächtigung nach § 8 deren Bevollmächtigte sind verpflichtet, eine Gemeinsame Stelle einzurichten. Dazu muss eine verbindliche Rechtsform gewählt werden. Die Ausgestaltung der Gemeinsamen Stelle (Aufgaben, Mitteilungspflichten, Befugnisse, Organisation) findet sich in Abschnitt 6 (§§ 31 bis 35) des ElektroG. Zu den Adressaten der Gemeinsamen Stelle gehören die zuständigen Behörden, die laut ElektroG Beteiligten, aber auch der Endnutzer. Zu den Aufgaben gehört auch Folgendes:

Sie veröffentlicht die registrierten Hersteller und die registrierten Bevollmächtigten mit den von diesen vertretenen Herstellern mit der Marke, Geräteart und Registrierungsnummer einschließlich des Registrierungsdatums sowie das Bundesland und die Postleitzahl vom Sitz des Herstellers oder im Fall der Bevollmächtigung nach § 8 des Bevollmächtigten *im Internet*.

Die Gemeinsame Stelle ist berechtigt, die Zuordnung der Geräte zu den Gerätearten festzulegen.

Anlage 1 ElektroG in der am 01.01.2022 geltenden Fassung enthält eine „**Nicht abschließende Liste mit Elektro- und Elektronikgeräten, die unter die Kategorien des § 2 Absatz 1 ElektroG**“ fallen. Anlage 3 enthält das **Symbol zur Kennzeichnung von Elektro- und Elektronikgeräten** (durchgestrichene Abfalltonne auf Rädern). Dieses Symbol ist sichtbar, erkennbar und dauerhaft anzubringen. Die Anlagen 5 und 5a ElektroG betreffen den Betreiber einer Erstbehandlungsanlage. Es wird ein Behandlungskonzept und die Führung eines Betriebstagebuchs gefordert.

In § 7 ElektroG wird das Thema „Finanzierung“ aus der Richtlinie 2012/19/EU mit einer Garantieforderung versehen: Jeder Hersteller oder dessen Bevollmächtigter ist verpflichtet, der zuständigen Behörde kalenderjährlich eine insolvenzsichere Garantie für die Finanzierung der Rücknahme und Entsorgung der Elektro- und Elektronikgeräte nachzuweisen, die der Hersteller nach dem 13. August 2005 im Geltungsbereich dieses Gesetzes in Verkehr bringt oder gebracht hat und die in privaten Haushalten genutzt werden können.

Zu erwähnen ist hier auch die **Verordnung zur Beschränkung der Verwendung gefährlicher Stoffe in Elektro- und Elektronikgeräten (Elektro- und Elektronikgeräte-Stoff-Verordnung – ElektroStoffV)** vom 19. April 2013 (BGBl. I S. 1111), zuletzt geändert am 26.05.2022 (BGBl. I S. 1087).

Schließlich muss noch die **Verordnung über Anforderungen an die Behandlung von Elektro- und Elektronik-Altgeräten (Elektro- und Elektronik-Altgeräte-Behandlungsverordnung – EAG-BehandV)** abgehandelt werden. Sie stammt vom 21.06.2021 (BGBl. I S. 1841 (Nr. 34)) und gilt seit Anfang 2022.

Diese Verordnung regelt die Anforderungen an die Behandlung von Altgeräten im Sinne des § 3 Nummer 3 des ElektroG. Sie gilt für die folgenden Tätigkeiten nach der Übergabe von Altgeräten an eine Erstbehandlungsanlage: Entfrachtung von Schadstoffen, Separierung von Wertstoffen, Demontage, Zerkleinern, Recycling, sonstige Verwertung und Vorbereitung zur Beseitigung. Sie gilt nicht für die Tätigkeit der Vorbereitung zur Wiederverwendung ganzer Altgeräte.

Abschnitt 2 Unterabschnitt 1 der EAG-BehandV enthält allgemeine Behandlungsanforderungen: Schadstoffentfrachtung, Wertstoffseparierung, weitere Behandlung von entfernten Stoffen, Gemischen und Bauteilen. Abschnitt 2 Unterabschnitt 2 geht dann auf bestimmte Stoffe und Gegenstände ein (z. B. Kunststoffe und Leiterplatten).

Abschließend wird für Erstbehandlungsanlagen das Instrument der Eigenüberwachung installiert: Erstellung eines Kontrollplans, fortlaufende Überprüfung der Einhaltung des Kontrollplans und seiner Wirksamkeit, Betriebstagebuch.

Ziel dieser Verordnung ist es, den Schadstoffgehalt in Elektro- und Elektronikgeräten zu reduzieren, um hierdurch einen Beitrag zum Schutz der menschlichen Gesundheit und der Umwelt sowie der umweltgerechten Verwertung und Beseitigung von Elektro- und Elektronik-Altgeräten zu leisten.

Die ElektroStoffV enthält folgende **Stoffbeschränkungen**:

Elektro- und Elektronikgeräte einschließlich Kabeln und Ersatzteilen dürfen nur in Verkehr gebracht werden, wenn die zulässigen Höchstkonzentrationen folgender Stoffe nicht überschritten werden:

- Blei, Quecksilber, sechswertiges Chrom, polybromiertes Biphenyl (PBB), polybromierte Diphenylether (PBDE), Di(2-ethylhexyl)phthalat (DEHP), Butylbenzylphthalat (BBP), Dibutylphthalat (DBP) oder Diisobutylphthalat (DIBP): 0,1 Gewichtsprozent je homogenen Werkstoff,
- Cadmium: 0,01 Gewichtsprozent Cadmium je homogenen Werkstoff.

Diese Stoffbeschränkungen gelten nach einer Übergangsfrist ausdrücklich auch für Kabel und Ersatzteile für die Reparatur, die Wiederverwendung, die Aktualisierung von Funktionen oder die Erweiterung des Leistungsvermögens (vgl. § 15 ElektroStoffV „Übergangsvorschriften").

Beachte: Die **Zertifizierung einer Erstbehandlungsanlage** nach § 21 Absatz 8 ElektroG **als Entsorgungsfachbetrieb** erfordert auch die Erfüllung der Voraussetzungen nach § 21 Absatz 2 Satz 2 ElektroG (§ 19 Absatz 4 EfbV).

Gesetz über das Inverkehrbringen, die Rücknahme und die umweltverträgliche Entsorgung von Batterien und Akkumulatoren (Batteriegesetz – BattG) vom 25. Juni 2009 (BGBl. I S. 1582), zuletzt geändert am 3. November 2020 (BGBl. I S. 2280)

§ 3 Verkehrsverbote
§ 4 Registrierung der Hersteller

§ 5 Rücknahmepflichten der Hersteller
§ 6 (weggefallen) (Gemeinsames Rücknahmesystem für Geräte-Altbatterien)
§ 7 Rücknahmesysteme für Geräte-Altbatterien
§ 7a Ökologische Gestaltung der Beiträge
§ 8 Rücknahme von Fahrzeug- und Industrie-Altbatterien
§ 9 Pflichten der Vertreiber
§ 10 Pfandpflicht für Fahrzeugbatterien
§ 11 Pflichten des Endnutzers
§ 12 Überlassungs- und Verwertungspflichten Dritter
§ 13 Mitwirkung der öffentlich-rechtlichen Entsorgungsträger
§ 13a Mitwirkung von freiwilligen Rücknahmestellen
§ 14 Verwertung und Beseitigung
§ 15 Erfolgskontrolle
§ 16 Sammelziel
§ 17 Kennzeichnung
§ 18 Hinweis- und Informationspflichten

Das BattG gilt für alle Arten von Batterien, unabhängig von Form, Größe, Masse, stofflicher Zusammensetzung oder Verwendung. Es gilt auch für Batterien, die in andere Produkte eingebaut oder anderen Produkten beigefügt sind.

„Vertreiber“ ist, wer, unabhängig von der Vertriebsmethode, im Geltungsbereich des BattG Batterien gewerbsmäßig für den Endnutzer anbietet. **„Hersteller“** ist jeder, der, unabhängig von der Vertriebsmethode, gewerbsmäßig Batterien im Geltungsbereich des BattG erstmals in Verkehr bringt. **„Inverkehrbringen“** ist die entgeltliche oder unentgeltliche Abgabe an Dritte mit dem Ziel des Vertriebs, des Verbrauchs oder der Verwendung. Die gewerbsmäßige Einfuhr in den Geltungsbereich des BattG gilt als Inverkehrbringen.

„Freiwillige Rücknahmestelle“ sind gemeinnützige Unternehmen, gewerbliche oder sonstige wirtschaftliche Unternehmen oder öffentliche Einrichtungen, die an der Rücknahme von Geräte-Altbatterien mitwirken, indem sie die bei sich anfallenden Geräte-Altbatterien oder Geräte-Altbatterien anderer Endnutzer zurücknehmen, ohne hierzu verpflichtet zu sein.

„Gewerbliche Altbatterieentsorger“ sind für den Umgang mit Altbatterien zertifizierte Entsorgungsfachbetriebe im Sinne des § 56 des Kreislaufwirtschaftsgesetzes, deren Geschäftsbetrieb die getrennte Erfassung, Behandlung, Verwertung oder Beseitigung von Altbatterien umfasst.

Das Inverkehrbringen von Batterien, die mehr als 0,0005 Gewichtsprozent Quecksilber enthalten, ist verboten. Das Inverkehrbringen von Gerätebatterien, die mehr als 0,002 Gewichtsprozent Cadmium enthalten, ist verboten. Von dem Verbot ausgenommen sind Gerätebatterien, die für Not- oder Alarmsysteme einschließlich Notbeleuchtung und für medizinische Ausrüstung bestimmt sind.

Hersteller dürfen Batterien im Geltungsbereich dieses Gesetzes nur in Verkehr bringen, wenn sie oder deren Bevollmächtigte nach § 4 Absatz 1 Satz 1 BattG bei der zuständigen Behörde ordnungsgemäß registriert sind und durch Erfüllung der ihnen jeweils obliegenden Rücknahmepflichten sicherstellen, dass Altbatterien nach Maßgabe dieses Gesetzes zurückgegeben werden können.

Vertreiber dürfen Batterien für den Endnutzer nur anbieten, wenn sie durch Erfüllung der ihnen obliegenden Rücknahmepflichten sicherstellen, dass der Endnutzer Altbatterien nach Maßgabe des BattG zurückgeben kann.

Bevor ein Hersteller Batterien im Geltungsbereich des BattG in Verkehr bringt, ist er oder im Fall der Bevollmächtigung sein Bevollmächtigter verpflichtet, sich bei der zuständigen Behörde mit der Marke und der jeweiligen Batterieart nach § 2 Absätze 4 bis 6 BattG registrieren zu lassen.

Die Hersteller oder im Fall der Bevollmächtigung deren Bevollmächtigte sind verpflichtet, die von den Vertreibern zurückgenommenen Altbatterien sowie die von öffentlich-rechtlichen Entsorgungsträgern erfassten und die von den freiwilligen Rücknahmestellen zurückgenommenen Geräte-Altbatterien unentgeltlich zurückzunehmen und nach § 14 BattG zu behandeln und zu verwerten. Nicht verwertbare Altbatterien sind nach § 14 BattG zu beseitigen.

Jeder Hersteller von Gerätebatterien oder dessen Bevollmächtigter hat zur Erfüllung seiner Rücknahmepflichten ein eigenes Rücknahmesystem für Geräte-Altbatterien einzurichten und zu betreiben. Die Errichtung und der Betrieb des Rücknahmesystems bedürfen der Genehmigung durch die zuständige Behörde. Ein Rücknahmesystem darf nur genehmigt werden, wenn nachgewiesen ist, dass das in § 16 BattG vorgeschriebene Sammelziel erreicht wird.

Die Rücknahmesysteme sind verpflichtet, im Rahmen der Bemessung der Beiträge der Hersteller oder der Bevollmächtigten Anreize dafür zu schaffen, dass bei der Herstellung von Gerätebatterien die Verwendung von gefährlichen Stoffen minimiert wird. Bei der Bemessung der Beiträge sind auch die Langlebigkeit, die Wiederverwendbarkeit und die Recyclingfähigkeit der Gerätebatterien zu berücksichtigen.

Die Hersteller von Fahrzeug- und Industriebatterien oder deren Bevollmächtigte stellen die Erfüllung ihrer Pflichten dadurch sicher, dass sie den Vertreibern für die von diesen zurückgenommenen Fahrzeug- und Industrie-Altbatterien und den Behandlungseinrichtungen für die dort anfallenden Fahrzeug- und Industrie-Altbatterien eine zumutbare und kostenfreie Möglichkeit der Rückgabe anbieten und die zurückgenommenen Altbatterien nach § 14 BattG verwerten.

Jeder Vertreiber ist verpflichtet, vom Endnutzer Altbatterien an oder in unmittelbarer Nähe des Handelsgeschäfts zurückzunehmen. Die Vertreiber sind verpflichtet, zurückgenommene Geräte-Altbatterien einem Rücknahmesystem zu überlassen. Die Bindung an ein Rücknahmesystem erfolgt für mindestens zwölf Monate.

Vertreiber, die Fahrzeugbatterien an Endnutzer abgeben, sind verpflichtet, je Fahrzeugbatterie ein Pfand in Höhe von 7,50 Euro einschließlich Umsatzsteuer zu erheben, wenn der Endnutzer zum Zeitpunkt des Kaufs einer neuen Fahrzeugbatterie keine Fahrzeug-Altbatterie zurückgibt. Der Vertreiber, der das Pfand erhoben hat, ist bei Rückgabe einer Fahrzeug-Altbatterie zur Erstattung des Pfandes verpflichtet.

Besitzer von Altbatterien haben diese einer vom unsortierten Siedlungsabfall getrennten Erfassung zuzuführen. Dies gilt nicht für Altbatterien, die in andere Produkte eingebaut sind; das Elektro- und Elektronikgerätegesetz und die Altfahrzeug-Verordnung bleiben unberührt.

Geräte-Altbatterien werden ausschließlich über Rücknahmestellen, die den Rücknahmesystemen nach § 7 Absatz 1 Satz 1 BattG angeschlossen sind, erfasst. Fahrzeug-Altbatterien werden ausschließlich über die Vertreiber, die öffentlich-rechtlichen Entsorgungsträger und über die Behandlungseinrichtungen nach § 12 Absatz 2 BattG erfasst. Abweichend können Endnutzer, die gewerbliche oder sonstige wirtschaftliche Unternehmen oder öffentliche Einrichtungen sind, die bei ihnen anfallenden Fahrzeug-Altbatterien unmittelbar den Herstellern oder gewerblichen Altbatterieentsorgern überlassen. Industrie-Altbatterien werden ausschließlich über die Vertreiber, die Behandlungseinrichtungen nach § 12 Absatz 2 BattG und über gewerbliche Altbatterieentsorger erfasst.

Die Betreiber von Behandlungseinrichtungen für Altgeräte nach dem Elektro- und Elektronikgerätegesetz sind verpflichtet, bei der Behandlung anfallende Geräte-Altbatterien einem Rücknahmesystem zu überlassen. Die Betreiber von Behandlungseinrichtungen für Altfahrzeuge nach der Altfahrzeug-Verordnung sind in gleicher Weise verpflichtet.

Die öffentlich-rechtlichen Entsorgungsträger sind verpflichtet, Geräte-Altbatterien, die gemäß § 10 Absatz 1 Satz 2 des Elektro- und Elektronikgerätegesetzes durch den Endnutzer vom Elektro- oder Elektronikgerät zu trennen sind, unentgeltlich zurückzunehmen. Diese Geräte-Altbatterien sind einem Rücknahmesystem zu überlassen.

Alle gesammelten und identifizierbaren Altbatterien sind nach dem Stand der Technik zu behandeln und stofflich zu verwerten. Die Behandlung muss mindestens die Entfernung aller Flüssigkeiten und Säuren umfassen. Es sind die folgenden Recyclingeffizienzen zu erreichen:

1. 65 % der durchschnittlichen Masse von Blei-Säure-Altbatterien beim höchsten Maß an stofflicher Verwertung des Bleigehalts, das wirtschaftlich zumutbar und technisch erreichbar ist,
2. 75 % der durchschnittlichen Masse von Nickel-Cadmium-Altbatterien beim höchsten Maß an stofflicher Verwertung des Cadmiumgehalts, das wirtschaftlich zumutbar und technisch erreichbar ist,
3. 50 % der durchschnittlichen Masse sonstiger Altbatterien.

Die Rücknahmesysteme müssen jeweils im eigenen System für Geräte-Altbatterien eine Sammelquote von mindestens 50 % erreichen und dauerhaft sicherstellen. Zur Berechnung der Sammelquote ist die Masse der Geräte-Altbatterien, die im Geltungsbereich dieses Gesetzes in einem Kalenderjahr zurückgenommen wurde, ins Verhältnis zu setzen zu der Masse an Gerätebatterien, die im Durchschnitt des betreffenden und der beiden vorangegangenen Kalenderjahre im Geltungsbereich des BattG erstmals in Verkehr gebracht worden ist und dort für eine getrennte Erfassung zur Verfügung steht.

Der Hersteller ist verpflichtet, Batterien vor dem erstmaligen Inverkehrbringen mit dem Symbol nach der Anlage des BattG zu kennzeichnen:

Vertreiber haben ihre Kunden durch gut sicht- und lesbare, im unmittelbaren Sichtbereich des Hauptkundenstroms platzierte Schrift- oder Bildtafeln darauf hinzuweisen, dass Batterien nach Gebrauch im Handelsgeschäft unentgeltlich zurückgegeben werden können, dass der Endnutzer zur Rückgabe von Altbatterien gesetzlich verpflichtet ist und welche Bedeutung das Symbol nach § 17 Absatz 1 BattG hat. Die Hersteller und die Rücknahmesysteme sind gegenüber dem Endnutzer ebenfalls in der Hinweis- und Informationspflicht.

Die zuständige Behörde für die Registrierung und deren Widerruf, für die Genehmigung und deren Rücknahme sowie für die Information der Öffentlichkeit, ist nach § 21 BattG das Umweltbundesamt.

Das Bundesministerium für Umwelt, Naturschutz und nukleare Sicherheit wird ermächtigt, durch Rechtsverordnung, die nicht der Zustimmung des Bundesrates bedarf,

1. Mindestanforderungen für die Behandlung und Verwertung von Altbatterien festzulegen,
2. Vorschriften zur Umsetzung von Durchführungsbestimmungen gemäß Artikel 15 Absatz 3 der Richtlinie 2006/66/EG zu erlassen,
3. Vorgaben für die Bestimmung der Kapazität von Fahrzeug- und Gerätebatterien sowie für die Gestaltung der Kapazitätsangabe festzulegen und
4. Ausnahmen von der Kennzeichnung nach § 17 BattG zuzulassen.

Die Durchführungsverordnung BattGDV regelte die Anzeige der Marktteilnahme des Herstellers und Details der Behandlung und Verwertung. Sie wurde mit der Neufassung des BattG mit Wirkung zum 1. Januar 2021 außer Kraft gesetzt.

Hinweis: Auf die Beförderung von Batterien ist grundsätzlich das einschlägige Gefahrgutrecht anzuwenden. Dies setzt voraus, dass der Hersteller eine Gefahrgutklassifizierung durchgeführt hat. Sie ist Bestandteil des Sicherheitsdatenblatts.

■ Verordnung (EU) 2023/1542 vom 12. Juli 2023 über Batterien und Altbatterien, zur Änderung der Richtlinie 2008/98/EG und der Verordnung (EU) 2019/1020 und zur Aufhebung der Richtlinie 2006/66/EG

Zur Erläuterung: Die Richtlinie 2008/98/EG ist die „Abfallrahmenrichtlinie". Die Verordnung (EU) 2019/1020 betrifft die Marktüberwachung und Konformität von Produkten. Die Richtlinie 2006/66/EG über Batterien und Akkumulatoren sowie Altbatterien und Altakkumulatoren wird mit der Verordnung aufgehoben. Beachte in diesem Zusammenhang, dass die RL 2006/66/EG im Batteriegesetz erwähnt wird (siehe oben); Folgen muss das allerdings nicht haben. Die im Folgenden als „Batterieverordnung" bezeichnete Verordnung (EU) bedarf keiner nationalen Umsetzung; sie gilt in den Mitgliedsstaaten unmittelbar: Inkrafttreten am 17. August 2023; ab 18. Februar 2024 allgemeine Gültigkeit in allen Mitgliedsstaaten. Mittelfristig wird eine Revision (Harmonisierung) des BattG nötig sein.

Eine Vorbemerkung: Beachte Artikel 3 „Begriffsbestimmungen"!

Worum geht es und wer ist betroffen?

Die Batterieverordnung enthält Anforderungen an die Nachhaltigkeit, Sicherheit, Kennzeichnung und Information, die das Inverkehrbringen und die Inbetriebnahme von Batterien in der Union ermöglichen.

Darüber hinaus enthält sie die Mindestvorschriften für die erweiterte Herstellerverantwortung, die **Sammlung und Behandlung von Altbatterien** und für die Berichterstattung. Mit dieser Verordnung werden den Wirtschaftsakteuren, die Batterien in Verkehr bringen oder in Betrieb nehmen, für Batterien geltende Sorgfaltspflichten auferlegt (Artikel 1, Absätze 1 und 2).

Hier eine (verkürzte) Inhaltsübersicht:

- Neue Batteriedefinitionen (z. B. LMT-Batterien – Batterien für „leichte Verkehrsmittel"; dazu kommen vor allem Gerätebatterien und Autobatterien)
- CO_2-Fußabdruck (Erklärung des Herstellers entsprechend den Vorgaben)

- Mindestanforderungen an Haltbarkeit und Leistungsfähigkeit (ab dem 18. August 2024 muss den Batterien ein Dokument mit Werten für Leistungs- und Haltbarkeitsparameter beiliegen)
- Verbot nicht aufladbarer Allzweckbatterien
- Mindestrezyklatgehalte
- **Sammelquotenerhöhungen**
- Entnehmbarkeit und Austauschbarkeit von Batterien
- **Informationspflichten**
- Konformität von Batterien
- Konformitätspflichten der Wirtschaftsakteure (z. B. Hersteller, Importeure, Vertreiber)
- Sorgfaltspflichten der Wirtschaftsakteure (ab dem 18. August 2025 müssen Wirtschaftsakteure ihre Sorgfaltspflichten erfüllen, indem sie ein Managementsystem einführen, einen Risikomanagementplan aufstellen sowie relevante Informationen zur Erfüllung der Sorgfaltspflicht offenlegen)
- Herstellerverantwortung (Registrierungspflicht für Hersteller)
- **Bewirtschaftung von Altbatterien**
- Digitaler Batteriepass (betrifft u. a. LMT-Batterien)

Zu den hervorgehobenen Punkten:

Die neuen **Sammelziele** für Gerätealtbatterien müssen bis zum 31. Dezember 2023 bzw. 31. Dezember 2027 bzw. 31. Dezember 2030 nach dem Inkrafttreten der Verordnung erreicht werden. Die Sammelziele für LMT-Altbatterien gelten ab dem 31. Dezember 2028 bzw. 31. Dezember 2031. Die Pflichten zur Sicherstellung der Sammlung sowie die Anforderungen für die Sammlung von LMT-Altbatterien für Hersteller gelten ab dem Inkrafttreten der Verordnung.

Für **Geräte-Altbatterien** heißt das:

- 45 % bis 31. Dezember 2023 (vergl. aktuelles BattG: Sammelquote von 50 %),
- 63 % bis 31. Dezember 2027,
- 73 % bis 31. Dezember 2030.

Grundlage für die Berechnung der Sammelquote soll wie bisher der durchschnittliche Jahresabsatz eines Jahres und der beiden Vorjahre sein, um die Verhältnismäßigkeit zu wahren. Dazu wird von der Batterieverordnung eine neue Berechnungsmethode installiert. Der Jahresabsatz soll nach Gewicht berechnet werden. Die Einhaltung der Quoten soll wie bisher in den Mitgliedsstaaten überwacht werden.

Bezüglich **LMT-Batterien** wird der Hersteller detailliert in die Pflicht genommen. Das heißt z. B. (siehe Artikel 48):

Hersteller müssen die Sammelstellen mit einer geeigneten Sammelinfrastruktur für die getrennte Sammlung ausstatten und die notwendigen Kosten decken, die den Sammelstellen im Zusammenhang mit den Rücknahmetätigkeiten entstehen. Sie müssen sicherstellen, dass die Behälter für die Sammlung und vorübergehende Lagerung dieser Altbatterien für die Menge und die Gefährlichkeit der LMT-Altbatterien geeignet sind. Die Hersteller müssen LMT-Altbatterien an den Sammelstellen mit einer Häufigkeit einsammeln, die der Lagerkapazität, Menge und Gefährlichkeit der Altbatterien angemessen ist. LMT-Altbatterien, die von Endnutzern und den Sammelstellen gesammelt werden, sind an entsprechende Einrichtungen zur Behandlung abzugeben.

Endnutzer, die LMT-Altbatterien an den genannten Sammelstellen abgeben, sind nicht zum Kauf einer neuen Batterie verpflichtet.

Zur **Bewirtschaftung von Altbatterien**:

Die freiwilligen Sammelstellen für LMT-Batterien übergeben die gesammelten LMT-Altbatterien an deren Hersteller, Bevollmächtigten oder an die Abfallbewirtschaftungsunternehmen, damit sie behandelt werden (Artikel 54 Absatz 2).

Die Möglichkeit der Abgabe gesammelter Geräte- und LMT-Altbatterien an Hersteller, Bevollmächtigte oder Abfallbewirtschaftungsunternehmen durch Vertreiber, Betreiber von Abfallbehandlungsanlagen, öffentliche Abfallbewirtschaftungsbehörden und freiwillige Sammelstellen kann durch die Mitgliedstaaten eingeschränkt werden. Die Effektivität der Sammel- und Recyclingsysteme darf darunter nicht leiden.

Gesammelte Altbatterien dürfen weder beseitigt noch einer energetischen Verwertung zugeführt werden (Artikel 56 Absatz 1). Werden Batterien gesammelt, während sie noch in einem Altfahrzeug, in einem leichten Altfahrzeug (LMT-Batterien!), in einem Altgerät, in einem leichten Altfahrzeug oder in einem Altfahrzeug eingebaut sind, müssen sie herausgenommen werden.

Zur Verbringung von Altbatterien: Exporteure müssen der zuständigen Behörde genehmigte Unterlagen als Nachweis vorlegen, dass die Behandlung der Altbatterien unter Bedingungen erfolgt ist, die den Anforderungen der Batterieverordnung und den Anforderungen an den Schutz der menschlichen Gesundheit und der Umwelt entsprechen.

Maßgeblich ist das Inkrafttreten der Verordnung!

Informationen über die Abfallvermeidung und Bewirtschaftung von Altbatterien müssen den Endnutzern vom Hersteller zu den folgenden Punkten gegeben werden:

- die Rolle der Endnutzer bei der Abfallvermeidung,
- die Rolle der Endnutzer bei der getrennten Sammlung von Altbatterien,
- die getrennte Sammlung, die Rücknahme- und Sammelstellen, die Vorbereitung zur Wiederverwendung, die Vorbereitung zur Wiederverwertung und die für Altbatterien verfügbaren Recyclingverfahren,
- die erforderlichen Sicherheitshinweise für den Umgang mit Altbatterien, auch in Bezug auf die mit lithiumhaltigen Batterien verbundenen Risiken und deren Handhabung,
- die Bedeutung der Etiketten und Symbole,
- die Auswirkungen von Gefahrstoffen auf die Umwelt und auf die menschliche Gesundheit oder die Sicherheit von Personen, einschließlich der Auswirkungen durch unsachgemäße Entsorgung von Altbatterien.

Hersteller müssen den Abfallbewirtschaftungsunternehmen, die auf die Vorbereitung zur Wiederverwendung, der Vorbereitung zur Umnutzung und die Behandlung von Altbatterien spezialisiert sind, ab dem Zeitpunkt der Lieferung einer Batterie Informationen über die ordnungsgemäße und umweltverträgliche Behandlung zur Verfügung stellen (Verfahren zur Demontage, Arbeitssicherheit, Lagerung, Transport und Behandlung).

Die Informationspflicht von Herstellern für Abfallbewirtschaftungsunternehmen gilt ab dem Inkrafttreten der Verordnung.

Altölverordnung (AltölV) vom 16. April 2002 (BGBl. I S. 1368), zuletzt geändert am 5. Oktober 2020 (BGBl. I S. 2091)

Die **Altölverordnung** dient der Umsetzung der EG-Altöl-Richtlinie 75/439/EWG. Sie wendet sich an

1. Erzeuger, Besitzer, Sammler und Beförderer von Altöl,
2. Betreiber von Altölentsorgungsanlagen und
3. öffentlich-rechtliche Entsorgungsträger.

Die AltölV betrifft die stoffliche Verwertung, die energetische Verwertung und die Beseitigung von Altöl.

Altöle im Sinne dieser Verordnung sind Öle, die als Abfall anfallen und die ganz oder teilweise aus Mineralöl, synthetischem oder biogenem Öl bestehen. Aufbereitung ist jedes Verfahren, bei dem Basisöle (z. B. Motorenöle, Getriebeöle) durch Raffinationsverfahren aus Altölen erzeugt werden und bei denen insbesondere die Abtrennung der Schadstoffe, der Oxidationsprodukte und der Zusätze in diesen Ölen erfolgt.

Die stoffliche Verwertung von Altölen hat Vorrang vor der energetischen Verwertung und der Beseitigung, soweit dies technisch möglich und wirtschaftlich zumutbar ist. Im Rahmen der stofflichen Verwertung hat die Aufbereitung Vorrang vor alternativ in Frage kommenden Recyclingverfahren nach Maßgabe von § 6 Absatz 2 KrWG.

Altöle dürfen nicht stofflich verwertet werden, wenn sie mehr als 20 mg PCB/kg oder mehr als 2 g Gesamthalogen/kg enthalten. Dies gilt nicht, wenn diese Schadstoffe durch stoffliche Verwertung zerstört werden oder zumindest die Konzentration dieser Schadstoffe in den Produkten der stofflichen Verwertung unterhalb der genannten Grenzwerte liegt.

Der Vorrang der stofflichen Verwertung von Altölen wird von einem Vermischungsverbot und dem Gebot der getrennten Entsorgung unterstützt.

Altöle werden in Sammelkategorien eingeteilt (Anlage 1 der AltölV):

- Sammelkategorie 1: z. B.
  13 01 10* nicht chlorierte Hydrauliköle auf Mineralölbasis
- Sammelkategorie 2: z. B.
  13 01 11* synthetische Hydrauliköle
- Sammelkategorie 3: z. B.
  13 01 01* Hydrauliköle, die PCB enthalten, mit einem PCB-Gehalt von nicht mehr als 50 mg/kg
- Sammelkategorie 4: z. B.
  13 01 12* biologisch leicht abbaubare Hydrauliköle
  13 05 06 Öle aus Öl-/Wasserabscheidern
  13 07 01* Heizöl und Diesel

Unternehmen der Altölsammlung haben bei der Übernahme von Altölen der Sammelkategorien 1 und 2 eine Probe zu entnehmen. Je eine Teilmenge dieser Probe (Rückstellprobe) ist von der Anfallstelle und vom Unternehmen der Altölsammlung aufzubewahren, bis die vorgeschriebene Untersuchung (PCB, Gesamthalogen) durchgeführt worden ist und feststeht, dass die Altöle ordnungsgemäß entsorgt werden können.

Eine Rückstellprobe ist von den Untersuchungspflichtigen drei Jahre aufzubewahren. Die Entnahme, Untersuchung und Aufbewahrung von Proben zur Überwachung der in § 3 festgesetzten Grenzwerte erfolgt nach dem in Anlage 2 der AltölV beschriebenen Verfahren.

Ergibt die Untersuchung, dass die Grenzwerte nach § 3 überschritten sind, hat der Untersuchungspflichtige die für das Unternehmen des Altölsammlers zuständige Behörde unverzüglich zu unterrichten. Die zur Aufbewahrung von Rückstellproben Verpflichteten haben die Rückstellproben der zuständigen Behörde auf Verlangen zu überlassen.

Das Überwachungsinstrument „Rückstellprobe" wird mit einer Dokumentation **(Erklärung über die Entsorgung von Altölen)** vervollständigt:

Wer Altöle als Altölsammler zum Zwecke der stofflichen oder energetischen Verwertung abgibt oder gewerbsmäßig im Rahmen wirtschaftlicher Unternehmen oder als öffentliche Einrichtung an Unternehmen der Altölsammlung zum Zwecke der stofflichen oder energetischen Verwertung abgibt, hat gleichzeitig mit der Abgabe oder vor der Verbringung eine Erklärung nach dem in Anlage 3 der AltölV enthaltenen Muster abzugeben (siehe Folgeseite). Beide Beteiligten – Abgeber und Übernehmer – haben eine Aufbewahrungsfrist von drei Jahren einzuhalten.

Passer für die EDV

Formblatt: Erklärung über die Entsorgung von Altöl **AÖ**

Zutreffendes bitte ausfüllen!

Begleitschein-Nr.

Hier ist die Nummer des Begleitscheins einzutragen, soweit der Erklärungspflichtige nach § 50 Abs. 1 des Kreislaufwirtschaftsgesetzes in Verbindung mit der Nachweisverordnung Begleitscheine auszufüllen hat.

Erklärung über die Entsorgung von Altölen

Die Erklärung über die Entsorgung von Altölen ist vom Erklärungspflichtigen (§ 6 Abs. 1 der Altölverordnung) und gegebenenfalls vom Untersuchungspflichtigen (§ 5 Abs. 2 Satz 1, § 6 Abs. 2 der Altölverordnung) nach Maßgabe der nachstehenden Felder abzugeben.

Altölart Bitte die entsprechende Abfallbezeichnung bzw. den Abfallschlüssel nach der AVV eintragen.

Abfallschlüssel

Angaben zur Altölmenge in t oder m^3 eintragen

Menge in t ,

Menge in m^3 ,

Für interne Vermerke der Behörde

1 **Angaben zum Erklärungspflichtigen**

Hier die zutreffende Ziffer in den Kasten eintragen:
1 = Tankstelle; 2 = sonstiger Gewerbe- oder Industriebetrieb / öffentliche Einrichtung;
3 = Kaufhaus / Ladengeschäft; 4 = Hersteller / Großhandel; 5 = Altölsammler

Wenn handschriftlich ausgefüllt wird, neben Ziffern bitte nur Großbuchstaben verwenden!

Firma / Körperschaft (max. 35 Zeichen je Zeile beschriften)

1.1

Straße | Hausnummer

1.2

Postleitzahl | Ort

1.3

1.4 Dem Altöl wurden im Betrieb weder Fremdstoffe, wie synthetische Öle auf der Basis von PCB oder deren Ersatzprodukte, beigefügt noch Abfälle, die dazu führen, dass Altöle nicht mehr stofflich verwertet werden können.

Ort | Datum Tag Monat Jahr | Rechtsverbindliche Unterschrift / Firmenstempel

1.5

2 **Angaben zum Untersuchungspflichtigen**

2.1 Die folgenden Angaben sind vom Untersuchungspflichtigen (§ 5 Abs. 2 Satz 1, § 6 Abs. 2 der Altölverordnung) zu machen (Altölbesitzer, welche die Altöle aufbereiten oder energetisch verwerten). Die Angaben sind auch zu machen, soweit die Untersuchungen auf PCB und Gesamthalogen durch Dritte im Auftrag des Untersuchungspflichtigen oder durch eine von der zuständigen Behörde bestimmten Untersuchungsstelle erfolgen.

Untersuchungsstelle (max. 35 Zeichen je Zeile beschriften)

2.2

Straße | Hausnummer

2.3

Postleitzahl | Ort

2.4

2.5 Das Altöl enthält ____ mg/kg PCB ____ g/kg Gesamthalogen

nach dem Analyseergebnis vom (Tag Monat Jahr) ____ der Untersuchungsstelle.

Ort | Datum Tag Monat Jahr | Rechtsverbindliche Unterschrift des Untersuchungspflichtigen

2.6

Abb. 8: Erklärung über die Entsorgung von Altölen

PCB/PCT-Abfallverordnung (PCBAbfallV) vom 26. Juni 2000 (BGBl. I S. 932), zuletzt geändert am 24. Februar 2012 (BGBl. I S. 212)

Die Verordnung über die Entsorgung polychlorierter Biphenyle, polychlorierter Terphenyle und halogenierter Monomethyldiphenylmethane gilt für „PCB", die als Abfälle entsorgt werden oder entsorgt werden müssen.

Zur Gewährleistung einer ordnungsgemäßen und schadlosen Verwertung sowie zur gemeinwohlverträglichen Abfallbeseitigung ist beim Entstehen von Abfällen, die bei Bautätigkeiten anfallen, bereits vor einer Sortierung sicherzustellen, dass die Fraktionen, die einschlägige Stoffe enthalten, zu entfernen, getrennt zu halten und getrennt zu beseitigen sind, soweit dies technisch möglich und wirtschaftlich zumutbar ist.

Die Entsorgung von PCB darf nur in einer hierfür nach § 4 des Bundes-Immissionsschutzgesetzes oder § 35 Absatz 2 des KrWG zugelassenen Anlage erfolgen. Die Beseitigung von PCB darf nur mit den Verfahren D 8, D 9 oder D 15, dem sich die Verfahren D 10 oder D 12 entsprechend Anlage 1 des KrWG anschließen, sowie D 10 oder D 12 erfolgen.

Unternehmen und Betreiber von Beseitigungsanlagen, die eines der genannten Verfahren zur Beseitigung von PCB durchführen (PCB-Beseitigungsunternehmen), haben über Menge, Herkunft, Art des Abfalls und PCB-Gehalt von angelieferten PCB-Abfällen ein Register zu führen. Sie teilen diese Angaben der zuständigen Behörde vierteljährlich mit. Sie stellen den Erzeugern oder Besitzern, deren PCB-Abfälle angeliefert werden, eine Bescheinigung aus, in der Art und Menge des PCB angegeben werden.

Soweit nach § 50 oder 51 KrWG in Verbindung mit Teil 2 oder Teil 3 der Nachweisverordnung Nachweise oder Register über die Beseitigung von PCB zu führen sind, können die speziellen Register sowie die zu erteilenden Bescheinigungen durch die Begleitscheine, Übernahmescheine und Register nach der Nachweisverordnung ersetzt werden. In diesem Fall sind beim Ausfüllen der Begleitscheine außer der Menge des Abfalls, Herkunft, Art und PCB-Gehalt im Feld „Frei für Vermerke" vom PCB-Beseitigungsunternehmen einzutragen. Erfolgt die Nachweisführung durch Sammelentsorgungsnachweis nach § 9 der Nachweisverordnung, sind diese Eintragungen auf den Übernahmescheinen vorzunehmen, die dem jeweiligen Erzeuger oder Besitzer der PCB-Abfälle zu übergeben sind.

Verordnung über die Entsorgung gebrauchter halogenierter Lösemittel (HKWAbfV) vom 23. Oktober 1989 (BGBl. I S. 1918), geändert am 20. Oktober 2006 (BGBl. I S. 2298)

Die HKWAbfV verwendet das folgende Instrumentarium:

- Rücknahmeverpflichtung des Vertreibers nach Art und Menge des abgegebenen Lösemittels
- Kennzeichnung der Produkte (Hinweis auf Rückgabe)
- getrennte Sammlung verschiedener Lösemittel (Vermischungsverbot)

Die HKWAbfV verlangt bei der Rückgabe an den Vertreiber vom Endverbraucher eine Erklärung über die Art und Verwendung der Lösemittel.

Beachte den Zusammenhang mit der **Verordnung über Stoffe, die die Ozonschicht schädigen (Chemikalien-Ozonschichtverordnung – ChemOzonSchichtV)** bzw. der **Verordnung zum Schutz des Klimas vor Veränderungen durch den Eintrag bestimmter fluorierter Treibhausgase (Chemikalien-Klimaschutzverordnung – ChemKlimaschutzV)**:

- **Rückgewinnung und Rücknahme verwendeter Stoffe gemäß ChemOzonSchichtV:** Hersteller und Vertreiber der in § 3 Absatz 1 ChemOzonSchichtV genannten Stoffe sind verpflichtet, diese nach Gebrauch zurückzunehmen oder die Rücknahme durch einen von ihnen bestimmten Dritten sicherzustellen. Dies gilt nicht, soweit die Vorschriften der HKWAbfV anzuwenden sind. Wer Stoffe zurücknimmt oder als Betreiber einer Entsorgungsanlage in § 3 Absatz 1 ChemOzonSchichtV genannte Stoffe entsorgt, hat über Art und Menge der zurückgenommenen oder entsorgten Stoffe sowie über deren Verbleib Aufzeichnungen zu führen. Die Aufzeichnungen sind nach ihrer Erstellung mindestens drei Jahre lang aufzubewahren. § 5 ChemOzonSchichtV legt für die Beteiligten „Persönliche Voraussetzungen" fest.
- **Rückgewinnung und Rücknahme verwendeter Stoffe gemäß ChemKlimaschutzV:** Die Hersteller und Vertreiber von fluorierten Treibhausgasen sind verpflichtet, diese nach Gebrauch zurückzunehmen oder die Rücknahme durch einen von ihnen bestimmten Dritten sicherzustellen. Dies gilt nicht, soweit die Vorschriften der HKWAbfV anzuwenden sind. Wer fluorierte Treibhausgase zurücknimmt oder als Betreiber einer Entsorgungsanlage fluorierte Treibhausgase entsorgt, hat über Art und Menge der zurückgenommenen oder entsorgten Stoffe und Zubereitungen sowie über deren Verbleib Aufzeichnungen zu führen. Die Aufzeichnungen sind nach ihrer Erstellung mindestens fünf Jahre lang aufzubewahren. § 5 ChemKlimaschutzV legt für die Beteiligten „Persönliche Voraussetzungen" fest.

■ Altfahrzeug-Verordnung (AltfahrzeugV) vom 21. Juni 2002 (BGBl. I S. 2214), zuletzt geändert am 18. November 2020 (BGBl. I S. 2451)

Die Verordnung über die Überlassung, Rücknahme und umweltverträgliche Entsorgung von Altfahrzeugen (AltfahrzeugV) gilt für Fahrzeuge und Altfahrzeuge einschließlich ihrer Bauteile und Werkstoffe. Den Vorschriften dieser Verordnung unterliegen die Wirtschaftsbeteiligten (Hersteller sowie Betreiber von Rücknahmestellen, Annahmestellen, Demontagebetrieben, Schredderanlagen, sonstigen Anlagen, sonstigen Anlagen zur weiteren Behandlung, Verwertungsbetrieben und sonstigen Betrieben zur Behandlung von Altfahrzeugen einschließlich ihrer Bauteile und Werkstoffe sowie Kfz-Versicherungsgesellschaften) sowie die Besitzer, Eigentümer und Letzthalter von Altfahrzeugen.

Dem Hersteller wird die Möglichkeit der Bevollmächtigung eingeräumt: „Bevollmächtigter" ist jede im Geltungsbereich der AltfahrzeugV niedergelassene natürliche oder juristische Person oder Personengesellschaft, die ein Hersteller ohne entsprechende Niederlassung beauftragt hat, in eigenem Namen sämtliche Aufgaben wahrzunehmen, um die Herstellerpflichten nach dieser Verordnung zu erfüllen. Wird in der AltfahrzeugV der Hersteller angesprochen, ist die eventuell von ihm bevollmächtigte „Person" mit eingeschlossen.

Was sind „Altfahrzeuge"? Die Begriffsbestimmungen beziehen sich hier auf kraftfahrzeugtechnische Vorschriften (Richtlinie 70/156/EWG) und die Definition des Abfalls nach § 3 Absatz 1 KrWG. Ein Personenkraftwagen gemäß kraftfahrzeugtechnischer Vorschriften, der Abfall darstellt, ist ein Altfahrzeug.

Hersteller von Fahrzeugen sind verpflichtet, alle Altfahrzeuge ihrer Marke vom Letzthalter zurückzunehmen. Die Hersteller von Fahrzeugen oder im Fall der Bevollmächtigung die Bevollmächtigten müssen die Altfahrzeuge ab Überlassung an eine anerkannte Rücknahmestelle oder an einen anerkannten Demontagebetrieb, der vom Hersteller oder im Fall der Bevollmächtigung vom Bevollmächtigten zur Rücknahme bestimmt worden ist, unentgeltlich zurücknehmen.

Die Hersteller von Fahrzeugen oder deren Bevollmächtigte sind verpflichtet, die Letzthalter über ihre Verpflichtung zur Entsorgung von Altfahrzeugen, über die Erfassung der Altfahrzeuge durch anerkannte Annahmestellen, anerkannte Rücknahmestellen oder anerkannte Demontagebetriebe und über die Bedeutung des Verwertungsnachweises zu informieren.

Dem Letzthalter gleichgestellt sind die öffentlich-rechtlichen Entsorgungsträger in den Fällen, in denen der Halter oder Eigentümer widerrechtlich abgestellter, nicht zugelassener Kraftfahrzeuge nicht festgestellt werden konnte (vgl. § 20 Absatz 3 KrWG).

Die Hersteller von Fahrzeugen sind verpflichtet, einzeln oder gemeinsam, selbst oder durch Beauftragung Dritter flächendeckend Rückgabemöglichkeiten durch anerkannte Rücknahmestellen oder von ihnen hierzu bestimmte anerkannte Demontagebetriebe zu schaffen.

Die Rücknahmestellen müssen für den Letzthalter in zumutbarer Entfernung erreichbar sein. Die Flächendeckung ist dann ausreichend, wenn die Entfernung zwischen Wohnsitz des Letzthalters und Rücknahmestelle oder von einem Hersteller hierzu bestimmten anerkannten Demontagebetrieb nicht mehr als 50 Kilometer beträgt.

Der Rücknahmepflicht stehen Überlassungspflichten gegenüber: Wer sich eines Fahrzeugs entledigt, entledigen will oder entledigen muss, ist verpflichtet, dieses nur einer anerkannten Annahmestelle, einer anerkannten Rücknahmestelle oder einem anerkannten Demontagebetrieb zu überlassen.

Betreiber von Demontagebetrieben sind verpflichtet, die Überlassung unverzüglich durch einen Verwertungsnachweis zu bescheinigen. Hierzu ist das Muster in Anlage 8 der Fahrzeug-Zulassungsverordnung zu verwenden. Verwertungsnachweise dürfen nur von Betreibern anerkannter Demontagebetriebe ausgestellt werden. Betreiber von Demontagebetrieben dürfen nur anerkannte Annahmestellen oder anerkannte Rücknahmestellen beauftragen, den Verwertungsnachweis auszuhändigen.

Mit Ausstellung oder Aushändigung des Verwertungsnachweises dürfen Altfahrzeuge nur einer ordnungsgemäßen Verwertung nach den Vorschriften dieser Verordnung zugeführt werden. Dieses wird mit der Ausstellung oder Aushändigung des Verwertungsnachweises versichert.

Das System aus Rücknahme- und Überlassungspflichten soll eine festgesetzte Leistung erbringen (§ 5 AltfahrzeugV): Die Wirtschaftsbeteiligten stellen sicher, dass bezogen auf das durchschnittliche Fahrzeugleergewicht aller pro Jahr überlassenen Altfahrzeuge spätestens ab 1. Januar 2015 folgende Zielvorgaben erreicht werden:

a) Wiederverwendung und Verwertung mindestens 95 Masseprozent,
b) Wiederverwendung und stoffliche Verwertung mindestens 85 Masseprozent.

Annahmestellen, Rücknahmestellen, Demontagebetriebe, Schredderanlagen und sonstige Anlagen zur weiteren Behandlung sind im Sinne der AltfahrzeugV dann anerkannt, wenn der Betrieb über die erforderliche Bescheinigung nach § 5 Absatz 3 der Verordnung verfügt oder der Betrieb Entsorgungsfachbetrieb ist und die Einhaltung der Anforderungen der Verordnung geprüft und dies im Überwachungszertifikat ausgewiesen ist.

Die genannte Bescheinigung wird von den entsprechend § 6 AltfahrzeugV qualifizierten Sachverständigen ausgestellt. Die Bescheinigung ist maximal 18 Monate gültig. Bei Annahmestellen und Rücknahmestellen, die Kfz-Werkstätten sind, erfolgt die Bescheinigung durch die jeweils zuständige Kraftfahrzeug-Innung.

Bei der Überprüfung der Anforderungen sind sachlich relevante Ergebnisse von Prüfungen zu berücksichtigen, die

1. durch einen unabhängigen Umweltgutachter oder eine Umweltgutachterorganisation gemäß Artikel 4 Absatz 3 der Verordnung (EWG) Nr. 1836/93 über die freiwillige Beteiligung gewerblicher Unternehmen an einem Gemeinschaftssystem für das Umweltmanagement und die Umweltbetriebsprüfung (ABl. EG L 168 vom 10. Juli 1993, S. 1) oder gemäß Artikel 3 Absatz 2 Buchstabe d und Absatz 3 Buchstabe a der Verordnung (EG) Nr. 761/2001 über die freiwillige Beteiligung von Organisationen an einem Gemeinschaftssystem für das Umweltmanagement und die Umweltbetriebsprüfung,
2. durch eine nach DIN EN 45012 akkreditierte Stelle im Rahmen der Zertifizierung eines Qualitätsmanagements nach DIN EN ISO 9001 oder 9004 oder
3. aufgrund wasserrechtlicher Vorschriften durch Sachverständige im Rahmen der Überprüfung von Anlagen im Sinne von § 62 Absatz 1 des Wasserhaushaltsgesetzes

vorgenommen worden sind.

Die Anforderungen an Annahme-/Rücknahmestellen und Demontagebetriebe umfassen u. a.

- die Erfüllung bau-, umwelt- und arbeitsschutzrechtlicher Genehmigungserfordernisse,
- die bauliche Ausführung der Betriebsflächen (z. B. Gewässerschutz),
- den Umgang mit angelieferten Altautos (z. B. keine Beschädigung flüssigkeitshaltiger Bauteile bei der Bereitstellung und Lagerung!),
- die Sammlung und Entsorgung von Batterien, Airbags und Flüssigkeiten,
- den Ausbau von wiederverwertbaren Teilen,
- die Vorsorge für Unfälle und den Brandschutz,
- die Führung eines Betriebstagebuchs („Dokumentationspflichten"), zu dem auch die lückenlose Sammlung von Nachweisen gehört.

Die Betreiber von Annahmestellen, Rücknahmestellen, Demontagebetrieben, Schredderanlagen und sonstigen Anlagen zur weiteren Behandlung haben die jeweils gültige Bescheinigung nach § 5 Absatz 3 AltfahrzeugV einschließlich des Prüfberichts oder das jeweils gültige Überwachungszertifikat einer technischen Überwachungsorganisation oder einer Entsorgergemeinschaft einschließlich des Prüfberichts sowie die gemäß § 28 der Nachweisverordnung erteilte Nummer der für die Überwachung des jeweiligen Betriebs zuständigen Behörde unverzüglich vorzulegen. Sind Annahmestellen oder Rücknahmestellen Kraftfahrzeugwerkstätten, legt die jeweils zuständige Kraftfahrzeug-Innung die Bescheinigung einschließlich des Prüfberichts der für die Überwachung des Betriebs zuständigen Behörde vor.

§ 8 AltfahrzeugV wendet sich – im Sinne der Produktverantwortung – an die Hersteller von Fahrzeugen. Zur Förderung der Abfallvermeidung sind

1. die Verwendung gefährlicher Stoffe in Fahrzeugen zu begrenzen und bereits ab der Konzeptentwicklung von Fahrzeugen so weit wie möglich zu reduzieren, insbesondere um ihrer Freisetzung in die Umwelt vorzubeugen, die stoffliche Verwertung zu erleichtern und die Notwendigkeit der Beseitigung gefährlicher Abfälle zu vermeiden,
2. bei der Konstruktion und Produktion von neuen Fahrzeugen der Demontage, Wiederverwendung und Verwertung, insbesondere der stofflichen Verwertung von Altfahrzeugen, ihren Bauteilen und Werkstoffen umfassend Rechnung zu tragen,
3. bei der Herstellung von Fahrzeugen und anderen Produkten verstärkt Recyclingmaterial zu verwenden.

Seit dem 1. Juli 2003 dürfen Fahrzeuge sowie Werkstoffe und Bauteile für diese Fahrzeuge nur in Verkehr gebracht werden, wenn sie kein Blei, Quecksilber, Cadmium oder sechswertiges Chrom enthalten.

Passer für EDV — Seite 1 von 2 — Verwertungsnachweis (VN)

Verwertungsnachweis

Auszufüllen vom Demontagebetrieb

Datum — lfd. Nr.

Betriebsnummer [1)] — Kfz-Kennzeichen

Blatt 1:
Diese Ausfertigung (rosa) ist für den Fahrzeughalter/-eigentümer bestimmt.

Zutreffendes bitte ankreuzen ☒ oder ausfüllen!

1 Angaben zum Fahrzeughalter/-eigentümer — Auszufüllen v. Annahme-/Rücknahmestelle bzw. Demontagebetrieb

1.1 Name, Vorname, Geburtsdatum / Firma / Körperschaft

1.2 Straße — Hausnr.

1.3 PLZ — Ort

1.4 Staatsangehörigkeit

1.5 Angaben zum Fahrzeughalter/-eigentümer ganz oder teilweise nicht verfügbar ☐

2 Angaben zum Fahrzeug — Auszufüllen v. Annahme-/Rücknahmestelle bzw. Demontagebetrieb

2.1 Fahrzeugklasse — Fahrzeugmarke — Fahrzeugmodell

2.2 Fahrzeug-Ident.-Nr. — letztes amtliches Kennzeichen

2.3 Tag der ersten Zulassung — Fahrzeugleergewicht gemäß § 2 Abs. 1 Nr. 23 AltfahrzeugV — Unterscheidungszeichen

2.4 Angaben zum Fahrzeug ganz oder teilweise nicht verfügbar ☐

3 Angaben zur Annahme-/Rücknahmestelle — Angaben entfallen, wenn das Fahrzeug unmittelbar bei einem Demontagebetrieb abgegeben wird. — Auszufüllen v. Annahme-/Rücknahmestelle

3.1 Name

3.2 Straße — Hausnr.

3.3 PLZ — Ort

3.4 Telefon — Fax

3.5 Anerkannt von: Name

3.6 Straße — Hausnr.

3.7 PLZ — Ort

3.8 Telefon — Fax

3.9 Datum der letztmaligen Bescheinigung — Ablaufdatum der Bescheinigung

3.10 Zeigt die Annahme-/Rücknahmestelle der Zulassungsbehörde an, dass das Fahrzeug endgültig aus dem Verkehr gezogen wird?

☐ ja ☐ nein

Erfolgt die Anzeige durch die Annahme-/Rücknahmestelle, verpflichtet sich der Unterzeichner, dies innerhalb einer Woche durchzuführen und den Verwertungsnachweis danach unverzüglich dem Fahrzeughalter/-eigentümer zu übersenden.

Ort, Datum — Stempel, Unterschrift

[1)] von der zuständigen Behörde erteilte Nummer gemäß § 28 der Nachweisverordnung

Wenn handschriftlich ausgefüllt wird, neben Ziffern bitte nur Großbuchstaben verwenden!

BARCODEFELD 75 x 15 mm

Abb. 9: Verwertungsnachweis, Seite 1

☐ Passer für EDV — Seite ② von ② — Verwertungsnachweis (VN)

Verwertungsnachweis

Auszufüllen vom Demontagebetrieb

Datum — lfd. Nr.

Betriebsnummer [1)] — Kfz-Kennzeichen

Blatt 1:
Diese Ausfertigung (rosa) ist für den Fahrzeughalter/-eigentümer bestimmt.

Zutreffendes bitte ankreuzen ☒ oder ausfüllen!

4 Angaben zum Demontagebetrieb — Auszufüllen vom Demontagebetrieb

4.1 Name

4.2 Straße — Hausnr.

4.3 Land [2)] — PLZ — Ort

4.4 Telefon — Fax

4.5 Anerkannt durch Sachverständigen: Name

4.6 Straße — Hausnr.

4.7 Land [2)] — PLZ — Ort

4.8 Telefon — Fax

4.9 Datum der letztmaligen Bescheinigung — Ablaufdatum der Bescheinigung

4.10 Für den Demontagebetrieb zuständige Genehmigungsbehörde

4.11 Straße — Hausnr.

4.12 PLZ — Ort

4.13 Zeigt der Demontagebetrieb der Zulassungsbehörde an, dass das Fahrzeug endgültig aus dem Verkehr gezogen wird?

☐ ja ☐ nein

Erfolgt die Anzeige durch den Demontagebetrieb, verpflichtet sich der Unterzeichner, dies innerhalb einer Woche durchzuführen und den Verwertungsnachweis danach unverzüglich dem Fahrzeughalter/-eigentümer zu übersenden.

Ort, Datum — Stempel, Unterschrift

5 Angaben zum Verbleib des Fahrzeugs — Auszufüllen vom Letzthalter

Ich bestätige, das Kraftfahrzeug dem o. a. Betrieb nach § 4 Abs. 1 AltfahrzeugV überlassen zu haben.

Ort, Datum — Stempel, Unterschrift

6 Vorlage des Verwertungsnachweises — Auszufüllen von Zulassungsbehörde

6.1 Der Nachweis wurde vorgelegt vom/von:
☐ Fahrzeughalter ☐ Fahrzeugeigentümer ☐ Annahme-/Rücknahmestelle ☐ Demontagebetrieb

6.2 Die Angaben zum Fahrzeug und Fahrzeughalter/-eigentümer treffen zu/treffen nicht zu.

Ort, Datum — Stempel, Unterschrift

[1)] von der zuständigen Behörde erteilte Nummer gemäß § 28 der Nachweisverordnung

[2)] Unterscheidungszeichen im internationalen Kfz-Verkehr, z.B. NL, F, B, A

Wenn handschriftlich ausgefüllt wird, neben Ziffern bitte nur Großbuchstaben verwenden!

BARCODEFELD 75 x 15 mm

Abb. 9: Verwertungsnachweis, Seite 2

Verwertungsnachweis

Hier ist das Muster in Abschnitt 2 der Anlage 8 der Fahrzeug-Zulassungsverordnung – FZV zu verwenden. Ist ein Fahrzeug der Klasse M1 oder der Klasse N1 (vgl. § 2 Absatz 1 Nummer 1 AltfahrzeugV) einer anerkannten Stelle nach § 4 Absatz 1 der Altfahrzeug-Verordnung zur Verwertung überlassen worden, hat der Halter oder Eigentümer dieses Fahrzeug unter Vorlage eines Verwertungsnachweises nach dem Muster in Anlage 8 FZV bei der Zulassungsbehörde außer Betrieb setzen zu lassen (§ 15 Absatz 1 FZV).

Gesetz über das Inverkehrbringen, die Rücknahme und die hochwertige Verwertung von Verpackungen (Verpackungsgesetz – VerpackG) vom 5. Juli 2017 (BGBl. I S. 2234), zuletzt geändert am 16. Mai 2023 (BGBl. I S. 124)

Mit dem VerpackG werden **abfallwirtschaftliche Ziele** (§ 1 VerpackG) verfolgt:

- Es bezweckt, die Auswirkungen von Verpackungsabfällen auf die Umwelt zu vermeiden oder zu verringern. Um dieses Ziel zu erreichen, soll das Gesetz das Verhalten der Verpflichteten so regeln, dass Verpackungsabfälle vorrangig vermieden und darüber hinaus einer Vorbereitung zur Wiederverwendung oder dem Recycling zugeführt werden. Das Stichwort heißt „Produktverantwortung" (siehe § 23 KrWG).
- Durch eine gemeinsame haushaltsnahe Sammlung von Verpackungsabfällen und weiteren stoffgleichen Haushaltsabfällen sollen zusätzliche Wertstoffe für ein hochwertiges Recycling gewonnen werden.
- Der Anteil der in Mehrweggetränkeverpackungen abgefüllten Getränke soll mit dem Ziel der Abfallvermeidung gestärkt und das Recycling von Getränkeverpackungen in geschlossenen Kreisläufen gefördert werden. § 1 Absatz 3 VerpackG enthält einschlägige Quoten.
- Außerdem soll das Erreichen der europarechtlichen Zielvorgaben der Richtlinie 94/62/EG über Verpackungen und Verpackungsabfälle sichergestellt werden. § 1 Absatz 4 VerpackG enthält Recyclingquoten.

Das an erster Stelle genannte Ziel wird in § 4 VerpackG „Allgemeine Anforderungen an Verpackungen" wieder aufgenommen. Die Anforderungen betreffen das Entwickeln, Herstellen und Vertreiben und richten sich an die Hersteller und Vertreiber von Verpackungen: u. a.

- sollen das Verpackungsvolumen und die Verpackungsmasse auf das Mindestmaß begrenzt werden, das zur Gewährleistung der erforderlichen Sicherheit und Hygiene der zu verpackenden Ware und zu deren Akzeptanz durch den Verbraucher angemessen ist;
- sollen die Umweltauswirkungen bei der Wiederverwendung, der Vorbereitung zur Wiederverwendung, dem Recycling, der sonstigen Verwertung oder der Beseitigung der Verpackungsabfälle auf ein Mindestmaß beschränkt bleiben;
- sollen bei der Beseitigung von Verpackungen oder Verpackungsbestandteilen auftretende schädliche und gefährliche Stoffe und Materialien in Emissionen, Asche oder Sickerwasser auf ein Mindestmaß beschränkt bleiben;
- soll die Wiederverwendbarkeit von Verpackungen und der Anteil von sekundären Rohstoffen an der Verpackungsmasse auf ein möglichst hohes Maß gesteigert werden.

Das Inverkehrbringen von Verpackungen oder Verpackungsbestandteilen, bei denen die Konzentration von Blei, Cadmium, Quecksilber und Chrom(VI) kumulativ den Wert von 100 Milligramm je Kilogramm überschreitet, ist verboten. Diese Stoffe sind somit bei Recycling, Verwertung und Beseitigung kein Thema.

An die Herstellung von Verpackungen schließt sich das **Inverkehrbringen** an. Zur Definition von Verpackungen dient § 3 Absatz 1 VerpackG:

Verpackungen sind aus beliebigen Materialien hergestellte Erzeugnisse zur Aufnahme, zum Schutz, zur Handhabung, zur Lieferung oder zur Darbietung von Waren, die vom Rohstoff bis zum Verarbeitungserzeugnis reichen können, vom Hersteller an den Vertreiber oder Endverbraucher weitergegeben werden.

Die Begriffsbestimmung für Verpackungen wird durch die in der Anlage 1 VerpackG genannten Kriterien ergänzt; die dort aufgeführten Gegenstände sind Beispiele für die Anwendung dieser Kriterien.

Schadstoffhaltige Füllgüter im Sinne von § 3 Absatz 7 VerpackG sind:

1. Stoffe und Gemische, die bei einem Vertrieb im Einzelhandel dem Selbstbedienungsverbot nach § 8 Absatz 4 der Chemikalien-Verbotsverordnung unterliegen würden,
   Anmerkung: In der aktuellen Chemikalien-Verbotsverordnung vom 20. Januar 2017 ist das Selbstbedienungsverbot in § 8 Absatz 4 geregelt.
2. Pflanzenschutzmittel, die nur für die Anwendung durch berufliche Anwender nach dem Pflanzenschutzgesetz vom 6. Februar 2012 geändert worden ist, zugelassen sind,
3. Gemische von Diphenylmethan-4,4'-diisocyanat (MDI), soweit diese nach der Verordnung (EG) Nr. 1272/2008 über die Einstufung, Kennzeichnung und Verpackung von Stoffen und Gemischen als atemwegssensibilisierend der Kategorie 1 (Resp. Sens. 1) einzustufen sowie mit dem H-Satz H334 zu kennzeichnen sind und in Druckgaspackungen in Verkehr gebracht werden, sowie
4. Öle, flüssige Brennstoffe und sonstige ölbürtige Produkte, die als Abfall unter die Abfallschlüssel 12 01 06, 12 01 07, 12 01 10, 16 01 13 oder 16 01 14 oder unter Kapitel 13 der Anlage zur Abfallverzeichnis-Verordnung fallen würden.

Endverbraucher ist derjenige, der die Ware in der an ihn gelieferten Form nicht mehr gewerbsmäßig in Verkehr bringt. Private Endverbraucher sind private Haushaltungen und diesen nach der Art der dort typischerweise anfallenden Verpackungsabfälle vergleichbare Anfallstellen (Hotel- und Gaststättengewerbe, Kantinen, Krankenhäuser etc.). Typische Anfallstellen im Kultur- und Freizeitbereich werden aufgeführt. Vergleichbare Anfallstellen sind außerdem landwirtschaftliche Betriebe und Handwerksbetriebe, deren Verpackungsabfälle mittels haushaltsüblicher Sammelgefäße sowohl für Papier, Pappe und Karton als auch für Kunststoff-, Metall- und Verbundverpackungen, jedoch maximal mit einem 1.100-Liter-Umleerbehälter je Sammelgruppe, im haushaltsüblichen Abfuhrrhythmus entsorgt werden können. **Vertreiber** ist jeder, der, unabhängig von der Vertriebsmethode oder Handelsstufe, Verpackungen gewerbsmäßig in Verkehr bringt.

Der Gesetzgeber definiert hier „systembeteiligungspflichtige" Verpackungen. **Systembeteiligungspflichtige Verpackungen** sind mit Ware befüllte Verkaufs- und Umverpackungen (zur Definition dieser Begriffe vgl. § 3 Absatz 1 VerpackG), die nach Gebrauch typischerweise beim privaten Endverbraucher als Abfall anfallen. Hier stellt sich natürlich sofort die Frage: Was ist dieses „System"?

System ist eine privatrechtlich organisierte juristische Person oder Personengesellschaft, die in Wahrnehmung der Produktverantwortung der beteiligten Hersteller die in ihrem Einzugsgebiet beim privaten Endverbraucher als Abfall anfallenden restentleerten Verpackungen flächendeckend erfasst und einer Verwertung zuführt. Einzugsgebiet ist jeweils das gesamte Gebiet eines Landes, in dem systembeteiligungspflichtige Verpackungen eines beteiligten Herstellers in Verkehr gebracht werden (§ 3 Absatz 16 VerpackG; siehe auch unten Abschnitt 4 des VerpackG).

Hersteller von systembeteiligungspflichtigen Verpackungen haben sich mit diesen Verpackungen zur Gewährleistung der flächendeckenden Rücknahme an einem oder mehreren Systemen zu beteiligen (§ 7 Absatz 1 VerpackG). Dabei haben sie Materialart und Masse der zu beteiligenden Verpackungen sowie die Registrierungsnummer anzugeben.

Die **Systeme** haben den Herstellern eine erfolgte Beteiligung unter Angabe von Materialart und Masse der beteiligten Verpackungen unverzüglich schriftlich oder elektronisch zu bestätigen; dies gilt auch, wenn die Beteiligung durch einen beauftragten Dritten vermittelt wurde.

Laut § 9 VerpackG „**Registrierung**" sind Hersteller von systembeteiligungspflichtigen Verpackungen verpflichtet, sich vor dem Inverkehrbringen dieser Verpackungen bei der Zentralen Stelle registrieren zu lassen. Wir haben hier einen weiteren Begriff oder, besser gesagt, eine weitere Institution:

Zentrale Stelle ist die nach § 24 VerpackG zu errichtende Stiftung (§ 3 Absatz 18 VerpackG). Die Hersteller und Vertreiber (oder deren Interessenverbände) legen die Stiftungssatzung im Einvernehmen mit dem Bundesministerium für Umwelt, Naturschutz und nukleare Sicherheit fest. Die Stiftungssatzung muss u. a.

1. die in § 26 VerpackG genannten, von der Zentralen Stelle zu erfüllenden Aufgaben verbindlich festschreiben;
2. die Organisation und Ausstattung der Zentralen Stelle so ausgestalten, dass eine ordnungsgemäße Erfüllung der in § 26 VerpackG genannten Aufgaben sichergestellt ist;
3. sicherstellen, dass die Neutralität der Zentralen Stelle gegenüber allen Marktteilnehmern stets gewahrt bleibt.

Die Systeme (und Betreiber von Branchenlösungen; siehe § 8 VerpackG) sind verpflichtet, sich gemäß ihrem jeweiligen Marktanteil an der Finanzierung der Zentralen Stelle einschließlich der erforderlichen Errichtungskosten zu beteiligen.

§ 26 VerpackG enthält einen umfangreichen Aufgabenkatalog für die Zentrale Stelle. Formalrechtlich ist die Zentrale Stelle eine nicht-staatliche, „beliehene" Einrichtung, die hoheitliche Aufgaben gemäß gesetzlich festgelegtem Auftrag wahrnimmt. Mit anderen Worten: die Zentrale Stelle ist eine Quasi-Behörde, getragen von einer Stiftung, die die „Kunden" der Zentralen Stelle finanzieren.

Die Zentrale Stelle „nimmt vor", „prüft", „erteilt", „ordnet an", „entwickelt", „veröffentlicht", „berechnet", „informiert", „entscheidet", „übermittelt" und „errichtet" und „betreibt" die erforderlichen elektronischen Datenverarbeitungssysteme.

Hersteller von systembeteiligungspflichtigen Verpackungen sind verpflichtet, jährlich bis zum 15. Mai eine Erklärung über sämtliche von ihnen im vorangegangenen Kalenderjahr erstmals in Verkehr gebrachten Verkaufs- und Umverpackungen zu hinterlegen (**Vollständigkeitserklärung**; § 11 Absatz 1 VerpackG). Die Vollständigkeitserklärung bedarf der Prüfung und Bestätigung durch einen registrierten Sachverständigen oder durch einen nach VerpackG registrierten Wirtschaftsprüfer, Steuerberater oder vereidigten Buchprüfer. In beiden Fällen ist die Zentrale Stelle involviert.

Beachte: Die Vorschriften dieses Abschnitts (§§ 7 bis 11 VerpackG) gelten nicht für Mehrwegverpackungen; Einweggetränkeverpackungen, die nach § 31 der Pfandpflicht unterliegen; systembeteiligungspflichtige Verpackungen, die nachweislich nicht im Geltungsbereich des VerpackG an den Endverbraucher abgegeben werden und nicht für Verkaufsverpackungen schadstoffhaltiger Füllgüter.

Abschnitt 3 des VerpackG (§§ 13 bis 17) enthält Regelungen zu **Sammlung, Rücknahme und Verwertung.** In § 13 wird etwas Grundsätzliches niedergeschrieben:

Beim privaten Endverbraucher als Abfall anfallende restentleerte Verpackungen sind, unbeschadet der Vorgaben nach der Gewerbeabfallverordnung, einer vom gemischten Siedlungsabfall getrennten Sammlung gemäß den nachfolgenden Vorschriften zuzuführen.

Entsprechend werden in § 14 VerpackG die Systeme in die Pflicht genommen:

- Die Systeme sind verpflichtet, im Einzugsgebiet der beteiligten Hersteller eine vom gemischten Siedlungsabfall getrennte, flächendeckende Sammlung aller restentleerten Verpackungen bei den privaten Endverbrauchern (Holsystem) oder in deren Nähe (Bringsystem) oder durch eine Kombination beider Varianten in ausreichender Weise und für den privaten Endverbraucher unentgeltlich sicherzustellen. Die Sammelsysteme müssen geeignet sein, alle bei den privaten Endverbrauchern anfallenden restentleerten Verpackungen bei einer regelmäßigen Leerung aufzunehmen. Die Sammlung ist auf Abfälle privater Endverbraucher zu beschränken.
- Die von den Systemen erfassten Abfälle sind einer Verwertung gemäß den Anforderungen des VerpackG zuzuführen.
- Die Systeme sind verpflichtet, die privaten Endverbraucher in angemessenem Umfang über Sinn und Zweck der getrennten Sammlung von Verpackungsabfällen, die hierzu eingerichteten Sammelsysteme und die erzielten Verwertungsergebnisse zu informieren.

In § 15 geht es um die Pflichten der Hersteller und Vertreiber im Rahmen der Rücknahme und Verwertung. Der Grundsatz lautet:

Hersteller und in der Lieferkette nachfolgende Vertreiber von

1. Transportverpackungen,
2. Verkaufs- und Umverpackungen, die nach Gebrauch typischerweise nicht bei privaten Endverbrauchern als Abfall anfallen,
3. Verkaufs- und Umverpackungen, für die wegen Systemunverträglichkeit eine Systembeteiligung nicht möglich ist,
4. Verkaufsverpackungen schadstoffhaltiger Füllgüter und
5. Mehrwegverpackungen

sind verpflichtet, gebrauchte, restentleerte Verpackungen der gleichen Art, Form und Größe wie die von ihnen in Verkehr gebrachten am Ort der tatsächlichen Übergabe oder in dessen unmittelbarer Nähe unentgeltlich zurückzunehmen. Hersteller und in der Lieferkette nachfolgende Vertreiber sind verpflichtet, diese einer Wiederverwendung oder einer Verwertung gemäß den Anforderungen des § 16 Absatz 5 VerpackG zuzuführen.

Der zentrale Bestandteil von § 16 VerpackG sind Quoten:

Die Systeme sind verpflichtet, im Jahresmittel u. a. mindestens folgende Anteile der bei ihnen beteiligten Verpackungen der Vorbereitung zur Wiederverwendung oder dem Recycling zuzuführen:

- 80 Masseprozent bei Glas; ab dem 1. Januar 2022 90 Masseprozent,
- 85 Masseprozent bei Papier, Pappe und Karton; ab dem 1. Januar 2022 90 Masseprozent,
- 80 Masseprozent bei Eisenmetallen; ab dem 1. Januar 2022 90 Masseprozent,
- 80 Masseprozent bei Aluminium; ab dem 1. Januar 2022 90 Masseprozent,
- 75 Masseprozent bei Getränkekartonverpackungen; ab dem 1. Januar 2022 80 Masseprozent,

- 55 Masseprozent bei sonstigen Verbundverpackungen (ohne Getränkekartonverpackungen); ab dem 1. Januar 2022 70 Masseprozent,
- Kunststoffe sind zu mindestens 90 Masseprozent einer Verwertung zuzuführen. Dabei sind mindestens 65 Prozent und ab dem 1. Januar 2022 70 Prozent dieser Verwertungsquote durch werkstoffliche Verwertung sicherzustellen.

§ 17 VerpackG enthält Nachweispflichten. Adressat sind die Systeme. Das Instrument ist der **„Mengenstromnachweis"**. Der Mengenstromnachweis ist durch einen registrierten Sachverständigen zu prüfen und zu bestätigen. Die Systeme haben den Mengenstromnachweis spätestens bis zum 1. Juni des auf den Berichtszeitraum folgenden Kalenderjahres elektronisch bei der Zentralen Stelle zu hinterlegen.

Abschnitt 4 des VerpackG (§§ 18 bis 23) ist den **Systemen** gewidmet. Der Betrieb eines Systems bedarf der Genehmigung durch die zuständige Landesbehörde. Die **Genehmigung** wird auf Antrag erteilt, wenn ein System

1. in dem betreffenden (Bundes-)Land flächendeckend eingerichtet ist, insbesondere die notwendigen Sammelstrukturen vorhanden sind,
2. mit allen öffentlich-rechtlichen Entsorgungsträgern in dem betreffenden (Bundes-)Land Abstimmungsvereinbarungen abgeschlossen hat oder sich bestehenden Abstimmungsvereinbarungen unterworfen hat,
3. über die notwendigen Sortier- und Verwertungskapazitäten verfügt und
4. finanziell leistungsfähig ist (siehe § 18 Absatz 1a VerpackG) und mit der Zentralen Stelle eine Finanzierungsvereinbarung abgeschlossen hat.

Die Systeme haben sich an einer **Gemeinsamen Stelle** zu beteiligen. Die Genehmigung nach § 18 VerpackG wird unwirksam, wenn ein System sich nicht innerhalb von drei Monaten nach Erteilung der Genehmigung an der Gemeinsamen Stelle beteiligt. Die Gemeinsame Stelle hat u. a. die folgenden Aufgaben:

1. Aufteilung der Entsorgungskosten auf der Grundlage der von der Zentralen Stelle festgestellten Marktanteile; mit den Nebenentgelten (§ 22 Absatz 9 VerpackG) soll genau so verfahren werden; **Beachte:** die Gemeinsame Stelle ist somit nicht Teil der Zentralen Stelle!
2. Gestaltung der Ausschreibungen nach § 23 VerpackG;
3. Benennung der Systemprüfer gemäß § 20 Absatz 4 VerpackG.

In § 20 VerpackG werden für die Systeme Meldepflichten aufgestellt (Zwischenmeldung, Jahresmeldung). Der Empfänger ist die Zentrale Stelle. In die Erstellung der Meldungen sollen „Systemprüfer" involviert werden. Die Systeme benennen einvernehmlich für einen Zeitraum von höchstens fünf Jahren vier Systemprüfer (beachte die Formulierung dieser Forderung!). Einigen sich die Systeme nicht innerhalb von sechs Monaten nach Ablauf des Benennungszeitraums eines Systemprüfers auf die Benennung eines Nachfolgers, entscheidet die Zentrale Stelle über die Benennung des Systemprüfers.

Die Systeme haben die zu erbringenden Sammelleistungen unter Beachtung der Abstimmungsvereinbarungen und der Rahmenvorgaben im Wettbewerb mittels transparenter und diskriminierungsfreier **Ausschreibungsverfahren** über eine elektronische Ausschreibungsplattform zu vergeben (§ 23 VerpackG).

Die Systeme beauftragen ein einzelnes System mit der eigenverantwortlichen Durchführung des Ausschreibungsverfahrens für ein bestimmtes Sammelgebiet (Ausschreibungsführer). Dabei soll der Ausschreibungsführer in diesem Gebiet die Hauptkostenverantwortung für die Sammlung übernehmen. Die Auftragnehmer werden in einem offenen Ausschreibungsverfahren ermittelt. Der Zuschlag für die einzelnen Vertragsgebiete wird jeweils auf das preislich günstigste Angebot von geeigneten Unternehmen erteilt.

Nach der Zuschlagsentscheidung hat der Betreiber der elektronischen Ausschreibungsplattform die Bieter, deren Angebote nicht berücksichtigt werden sollen, unverzüglich über den Namen des Unternehmens, dessen Angebot angenommen werden soll, über die Gründe der vorgesehenen Nichtberücksichtigung ihres Angebots und über den frühesten Zeitpunkt des Vertragsschlusses zu informieren. Jedes Unternehmen, das ein Interesse an dem Sammelauftrag hat und eine Verletzung in seinen Rechten durch Nichtbeachtung der Bestimmungen über das Ausschreibungsverfahren geltend macht, kann die Ausschreibung und die Zuschlagsentscheidung durch ein Schiedsgericht prüfen lassen.

Beachte in diesem Zusammenhang auch § 35 VerpackG: Beauftragung Dritter. Die diesbezüglichen Regelungen in § 22 Satz 2 und 3 KrWG gelten entsprechend. § 35 Absatz 2 VerpackG eröffnet bestimmten Herstellern die Möglichkeit einer Bevollmächtigung.

Abschnitt 6 des VerpackG ist den **Getränkeverpackungen** gewidmet. Hier die Grundsätze:

- § 30a VerpackG regelt den Mindestrezyklatanteil bei bestimmten Einwegkunststoffgetränkeflaschen.
- Hersteller von mit Getränken befüllten Einweggetränkeverpackungen sind verpflichtet, von ihren Abnehmern ein Pfand in Höhe von mindestens 0,25 Euro einschließlich Umsatzsteuer je Verpackung zu erheben. Die Hersteller sind verpflichtet, sich an einem bundesweit tätigen, einheitlichen Pfandsystem zu beteiligen, das den Teilnehmern die Abwicklung von Pfanderstattungsansprüchen untereinander ermöglicht.
- Vertreiber von mit Getränken befüllten Einweggetränkeverpackungen sind verpflichtet, restentleerte Einweggetränkeverpackungen am Ort der tatsächlichen Übergabe oder in dessen unmittelbarer Nähe zu den geschäftsüblichen Öffnungszeiten unentgeltlich zurückzunehmen und das Pfand zu erstatten.
- Die zurückgenommenen Einweggetränkeverpackungen sind durch den Zurücknehmenden einer Verwertung entsprechend den Anforderungen des § 16 Absatz 5 VerpackG zuzuführen (vorrangig einer Vorbereitung zur Wiederverwendung oder dem Recycling).

§ 31 Absatz 4 VerpackG enthält eine Liste von Ausnahmen, für die diese Anforderungen nicht gelten!

§ 32 VerpackG enthält Hinweispflichten (gegenüber dem Endverbraucher) für den Letztvertreiber.

Beachte im Zusammenhang mit dem VerpackG die **Verordnung über das Verbot des Inverkehrbringens von bestimmten Einwegkunststoffprodukten und von Produkten aus oxo-abbaubarem Kunststoff (Einwegkunststoffverbotsverordnung – EWKVerbotsV).**

■ Altholzverordnung (AltholzV) vom 5. August 2002 (BGBl. I S. 3302), zuletzt geändert am 19. Juni 2020 (BGBl. I S. 1328)

Die Verordnung über Anforderungen an die Verwertung und Beseitigung von Altholz (Altholzverordnung) regelt die stoffliche bzw. energetische Verwertung oder Beseitigung von Altholz. Da Altholz nicht gleich Altholz ist, ist eine Zuordnung zu Kategorien notwendig. Diese Kategorien berücksichtigen die Behandlung des Holzes mit Schutzmitteln:

A I: unbehandelt („naturbelassen")
A II: verleimt, gestrichen, beschichtet oder lackiert unter Ausschluss von halogenorganischen Verbindungen; ohne Holzschutzmittel
A III: halogenorganische Verbindungen in der Beschichtung; ohne Holzschutzmittel mit biozider Wirkung
A IV: mit Holzschutzmitteln behandelt (z. B. Leitungsmasten, Bahnschwellen, Rebpfähle u. Ä.) (PCB-haltiges Altholz wird separat behandelt)

Umfangreiche Anhänge behandeln

- die Verfahren für die stoffliche Verwertung der Altholzkategorien,
- Grenzwerte für Holzhackschnitzel und Holzspäne zur Herstellung von Holzwerkstoffen,
- die Zuordnung (Kategorie, Abfallschlüssel) gängiger Altholzsortimente,
- die Analytik für Holzhackschnitzel und Holzspäne und
- die Untersuchung von Altholz zur energetischen Verwertung.

§ 11 Absatz 1 AltholzV schreibt einen Anlieferungsschein vor, der dem Betreiber der Altholzbehandlungsanlage bei Übergabe des Altholzes auszuhändigen ist (Muster: Anhang VI der AltholzV). Beachte die Kleinmengenregelung von bis zu 100 Kilogramm.

Der Betreiber einer genehmigungsbedürftigen Altholzbehandlungsanlage hat ein umfassendes Betriebstagebuch zu führen (§ 12 AltholzV). Die Anlieferungsscheine sind Bestandteil des Betriebstagebuchs.

Gewerbeabfallverordnung (GewAbfV) vom 18. April 2017 (BGBl. I S. 896), zuletzt geändert am 28. April 2022 (BGBl. I S. 700)

Diese Verordnung gilt für die Bewirtschaftung, insbesondere die Erfassung, die Vorbehandlung, die Vorbereitung zur Wiederverwendung, das Recycling und die sonstige Verwertung von gewerblichen Siedlungsabfällen und von bestimmten Bau- und Abbruchabfällen. Adressaten sind die Erzeuger und Besitzer der genannten Abfälle und die Betreiber von Vorbehandlungs- und Aufbereitungsanlagen.

Abfälle, die dem ElektroG bzw. dem BattG unterliegen, sind nicht Gegenstand der GewAbfV. Das Gleiche gilt für Abfälle, die einem öffentlich-rechtlichen Entsorgungsträger im Rahmen der Überlassungspflicht nach § 17 Absatz 1 Satz 2 und 3 KrWG des Kreislaufwirtschaftsgesetzes überlassen wurden. Die AltholzV bleibt unberührt.

Was sind „gewerbliche Siedlungsabfälle"? Und was sind „Bau- und Abbruchabfälle"?

- **Gewerbliche Siedlungsabfälle:** Siedlungsabfälle aus anderen Herkunftsbereichen als privaten Haushaltungen, die in Kapitel 20 der Anlage der Abfallverzeichnis-Verordnung (AVV) aufgeführt sind; dazu kommen weitere nicht in Kapitel 20 der AVV aufgeführte gewerbliche und industrielle Abfälle, die nach Art, Zusammensetzung, Schadstoffgehalt und Reaktionsverhalten Abfällen aus privaten Haushaltungen vergleichbar sind;
- **Bau- und Abbruchabfälle:** bei Bau- und Abbrucharbeiten anfallende mineralische und weitere nicht mineralische Abfälle, die in Kapitel 17 der Anlage der AVV aufgeführt sind, mit Ausnahme der Abfälle der Abfallgruppe 17 05.

Vorbehandlung (vor der Verwertung) umfasst insbesondere Sortierung, Zerkleinerung, Siebung, Sichtung, Verdichtung und Pelletierung. **Aufbereitung** (betrifft mineralische Bau- und Abbruchabfälle) besteht insbesondere in der Sortierung, Zerkleinerung und Klassierung.

Abschnitt 2 (§§ 3 bis 7) der GewAbfV betrifft die gewerblichen Siedlungsabfälle, Abschnitt 3 (§§ 8 und 9) die Bau- und Abbruchabfälle. In beiden Abschnitten geht es um die getrennte Sammlung, Vorbereitung zur Wiederverwendung und das Recycling.

Gewerbliche Siedlungsabfälle:

Erzeuger und Besitzer von gewerblichen Siedlungsabfällen haben die folgenden Abfallfraktionen jeweils getrennt zu sammeln und zu befördern sowie vorrangig der Vorbereitung zur Wiederverwendung oder dem Recycling zuzuführen (§ 3 Absatz 1 GewAbfV):

1. Papier, Pappe und Karton mit Ausnahme von Hygienepapier,
2. Glas,
3. Kunststoffe,
4. Metalle,
5. Holz,
6. Textilien,
7. Bioabfälle nach § 3 Absatz 7 KrWG, unterteilt nach verpackten Bioabfällen, insbesondere verpackten Lebensmittelabfällen, und verpackten Bioabfällen, und
8. weitere Abfallfraktionen, die in den in § 2 Nummer 1 Buchstabe b GewAbfV genannten Abfällen enthalten sind (nicht in Kapitel 20 der AVV aufgeführte Abfälle; siehe oben).

Diese Pflichten entfallen, soweit die getrennte Sammlung der jeweiligen Abfallfraktion technisch nicht möglich oder wirtschaftlich nicht zumutbar ist (§ 3 Absatz 2 GewAbfV).

Technisch nicht möglich ist die getrennte Sammlung insbesondere dann, wenn für eine Aufstellung der Abfallbehälter zur getrennten Sammlung nicht genug Platz zur Verfügung steht oder die Abfallbehälter an öffentlich zugänglichen Anfallstellen von einer Vielzahl von Erzeugern befüllt werden und die getrennte Sammlung aus diesem Grund durch den Besitzer nicht gewährleistet werden kann. Die getrennte Sammlung ist dann wirtschaftlich nicht zumutbar, wenn die Kosten für die getrennte Sammlung, insbesondere aufgrund einer sehr geringen Menge der jeweiligen Abfallfraktion, außer Verhältnis zu den Kosten für eine gemischte Sammlung und eine anschließende Vorbehandlung stehen.

Erzeuger und Besitzer haben die Erfüllung dieser Pflichten oder, im Fall der Abweichung von diesen Pflichten, das Vorliegen der Voraussetzungen dafür zu dokumentieren. Die Dokumentation ist wie folgt vorzunehmen:

1. für die getrennte Sammlung durch Lagepläne, Lichtbilder und Praxisbelege, wie Liefer- oder Wiegescheine oder ähnliche Dokumente,
2. für die Zuführung der getrennt gesammelten Abfälle zur Verwertung durch eine Erklärung desjenigen, der die Abfälle übernimmt, wobei die Erklärung dessen Namen und Anschrift sowie die Masse, die Verwertungsart und den beabsichtigten Verbleib des Abfalls zu enthalten hat, und
3. für das Abweichen von der Pflicht zur getrennten Sammlung durch eine Darlegung der technischen Unmöglichkeit oder der wirtschaftlichen Unzumutbarkeit.

Vorbehandlung: Entfallen die Pflichten der Getrenntsammlung nach § 3 Absatz 1 GewAbfV, weil nicht zumutbar, sind Erzeuger und Besitzer der nicht getrennt gehaltenen Abfälle verpflichtet, diese unverzüglich einer Vorbehandlungsanlage zuzuführen (§ 4 Absatz 1 GewAbfV). Diese Anforderung wird obsolet, wenn die Behandlung der Gemische in einer Vorbehandlungsanlage technisch nicht möglich oder wirtschaftlich nicht zumutbar ist. Die Behandlung ist dann wirtschaftlich nicht zumutbar, wenn die Kosten für die Behandlung der Gemische und die anschließende Verwertung der Abfälle außer Verhältnis zu den Kosten für eine Verwertung stehen, die keine Vorbehandlung erfordert. Erzeuger und Besitzer haben in diesem Fall die Gemische von anderen Abfällen getrennt zu halten und unverzüglich vorrangig einer ordnungsgemäßen, schadlosen und hochwertigen sonstigen, insbesondere energetischen Verwertung zuzuführen (§ 4 Absatz 4 GewAbfV).

§ 4 Absatz 5 GewAbfV konfrontiert Erzeuger und Besitzer mit einschlägigen Dokumentationspflichten. Zur Dokumentation der Getrenntsammlungsquote nach § 3 Absatz 3 Satz 3 hat der Erzeuger bis zum 31. März des Folgejahres einen durch einen zugelassenen Sachverständigen geprüften Nachweis zu erstellen. Was ein zugelassener Sachverständiger ist, ergibt sich aus § 4 Absatz 6 GewAbfV.

§ 6 GewAbfV stellt umfangreiche Anforderungen an Vorbehandlungsanlagen (siehe auch unten: §§ 10 bis 12 GewAbfV). § 6 Absatz 2 GewAbfV verlangt pauschal vom Betreiber, die Getrennthaltung durch geeignete bauliche, technische oder organisatorische Maßnahmen sicherzustellen.

Kleinmengen: Erzeuger und Besitzer von gewerblichen Siedlungsabfällen können diese gemeinsam mit den auf dem jeweiligen Grundstück anfallenden Abfällen aus privaten Haushaltungen in den dafür vorgesehenen Abfallbehältern erfassen und im Rahmen der für die privaten Haushaltungen vorgesehenen Entsorgungswege einer Verwertung oder einer Beseitigung zuführen, wenn ihnen aufgrund der geringen Menge der angefallenen gewerblichen Siedlungsabfälle eine Erfüllung der Pflichten nach den §§ 3 und 4 wirtschaftlich nicht zumutbar ist (§ 5 GewAbfV). Eine Mengengrenze wird nicht vorgegeben.

Erzeuger und Besitzer von gewerblichen Siedlungsabfällen, die nicht verwertet werden, haben diese dem zuständigen öffentlich-rechtlichen Entsorgungsträger nach Maßgabe des § 17 Absatz 1 Satz 2 KrWG zu überlassen. Erzeuger und Besitzer haben für die Überlassung Abfallbehälter des öffentlich-rechtlichen Entsorgungsträgers oder eines von ihm beauftragten Dritten in angemessenem Umfang nach den näheren Festlegungen des öffentlich-rechtlichen Entsorgungsträgers, mindestens aber einen Behälter, zu nutzen (§ 7 GewAbfV).

Beachte hierzu auch den § 9 Absatz 6 GewAbfV:

Erzeuger und Besitzer haben die Erfüllung der Pflicht nach § 9 Absatz 1 Satz 1 oder Absatz 3 Satz 1 oder, im Fall der Abweichung von dieser Pflicht, das Vorliegen der Voraussetzungen nach § 9 Absatz 4 und die Einhaltung der Pflicht nach § 9 Absatz 5 zu dokumentieren. Die Dokumentation kann insbesondere durch Lagepläne oder Lichtbilder, Praxisbelege, wie Liefer- oder Wiegescheine, Entsorgungsverträge oder Nachweise desjenigen, der die zuzuführenden Abfälle übernimmt, erfolgen. Die Dokumentation ist auf Verlangen der zuständigen Behörde vorzulegen; die Vorlage hat auf Verlangen der zuständigen Behörde elektronisch zu erfolgen.

Die Pflichten gelten nicht für Bau- und Abbruchmaßnahmen, bei denen das Volumen der insgesamt anfallenden Abfälle 10 Kubikmeter nicht überschreitet.

Beachte, dass zum 1. August 2023 die **Verordnung über Anforderungen an den Einbau von mineralischen Ersatzbaustoffen in technische Bauwerke (Ersatzbaustoffverordnung – ErsatzbaustoffV)** Geltung erlangt hat.

Die Vorschriften dieser Verordnung regeln im Hinblick auf mineralische Ersatzbaustoffe die Anforderungen an die Herstellung dieser mineralischen Ersatzbaustoffe in mobilen und stationären Anlagen und an das Inverkehrbringen von mineralischen Ersatzbaustoffen, und die Voraussetzungen, unter denen die Verwendung dieser mineralischen Ersatzbaustoffe insgesamt nicht zu schädlichen Auswirkungen auf Mensch und Umwelt im Sinne des § 4 Absatz 1 Nummer 4 letzter Halbsatz KrWG oder des § 5 Absatz 1 Nummer 4 KrWG führt.

Anforderungen an den Einbau dieser mineralischen Ersatzbaustoffe in technische Bauwerke sowie Anforderungen an die getrennte Sammlung von mineralischen Abfällen aus technischen Bauwerken sind ebenfalls Gegenstand der Verordnung.

Die Vorschriften dieser Verordnung gelten nicht für die Verwendung mineralischer Ersatzbaustoffe als Deponieersatzbaustoffe nach Teil 3 der Deponieverordnung, und in bergbaulichen Hohlräumen gemäß der Versatzverordnung.

Beachte die folgenden Teile der ErsatzbaustoffV: Annahme von mineralischen Abfällen, Herstellen von mineralischen Ersatzbaustoffen, Güteüberwachung, Einbau von mineralischen Ersatzbaustoffen, Getrennte Sammlung von mineralischen Abfällen.

Bau- und Abbruchabfälle:

Erzeuger und Besitzer von Bau- und Abbruchabfällen haben die folgenden Abfallfraktionen jeweils getrennt zu sammeln, zu befördern und nach Maßgabe des § 8 Absatz 1 und des § 9 Absatz 4 KrWG vorrangig der Vorbereitung zur Wiederverwendung oder dem Recycling zuzuführen:

1. Glas (Abfallschlüssel 17 02 02),
2. Kunststoff (Abfallschlüssel 17 02 03),
3. Metalle, einschließlich Legierungen (Abfallschlüssel 17 04 01 bis 17 04 07 und 17 04 11),
4. Holz (Abfallschlüssel 17 02 01),
5. Dämmmaterial (Abfallschlüssel 17 06 04),
6. Bitumengemische (Abfallschlüssel 17 03 02),
7. Baustoffe auf Gipsbasis (Abfallschlüssel 17 08 02),
8. Beton (Abfallschlüssel 17 01 01),
9. Ziegel (Abfallschlüssel 17 01 02) und
10. Fliesen und Keramik (Abfallschlüssel 17 01 03).

Ausgehend von diesem Grundsatz folgt die im Prinzip gleiche Argumentation, die auch auf die gewerblichen Siedlungsabfälle angewendet wird, d. h. die Berücksichtigung von technisch Möglichem und wirtschaftlich Zumutbarem (§ 8 Absatz 2 GewAbfV). § 9 GewAbfV enthält die entsprechenden Handlungsanweisungen, beginnend mit:

Entfallen die Pflichten zur Getrenntsammlung nach § 8 Absatz 1 GewAbfV, weil nicht zumutbar, sind Erzeuger und Besitzer der nicht getrennt gehaltenen Abfälle verpflichtet,

1. Gemische, die überwiegend Kunststoffe, Metalle, einschließlich Legierungen, oder Holz enthalten, unverzüglich einer Vorbehandlungsanlage zuzuführen und
2. Gemische, die überwiegend Beton, Ziegel, Fliesen oder Keramik enthalten, unverzüglich einer Aufbereitungsanlage zuzuführen.

Erzeuger und Besitzer von gemischten Bau- und Abbruchabfällen (Abfallschlüssel 17 09 04) haben diese unverzüglich entweder einer Vorbehandlungs- oder einer Aufbereitungsanlage zuzuführen (§ 9 Absatz 3 GewAbfV).

Wenn sonst nichts geht, haben Erzeuger und Besitzer die Gemische von anderen Abfällen getrennt zu halten und unverzüglich vorrangig einer ordnungsgemäßen, schadlosen und hochwertigen sonstigen Verwertung zuzuführen (§ 9 Absatz 5 GewAbfV).

Beachte die spezifische Nachweispflicht in § 9 Absatz 2 GewAbfV. Involviert sind Erzeuger/Besitzer, der Betreiber der Aufbereitungsanlage und eventuell der beauftragte Beförderer.

Eigen- und Fremdkontrolle bei Vorbehandlungsanlagen (§§ 10 und 11 GewAbfV)

Betreiber von Vorbehandlungsanlagen haben bei jeder Abfallanlieferung unverzüglich eine **Annahmekontrolle** durchzuführen und deren Ergebnis zu dokumentieren. Die Annahmekontrolle umfasst eine Sichtkontrolle sowie die Feststellung des Namens und der Anschrift des Sammlers oder Beförderers, der Masse und des Herkunftsbereiches des angelieferten Abfalls und des Abfallschlüssels gemäß der Anlage der AVV. Die Abfallauslieferung ist mit einer entsprechenden **Ausgangskontrolle** (einschließlich Dokumentation) zu verbinden.

Verbleibskontrolle: Betreiber von Vorbehandlungsanlagen haben sich die weitere Entsorgung der ausgelieferten Abfälle innerhalb von 30 Kalendertagen nach Auslieferung von den jeweiligen Betreibern derjenigen Anlagen in Textform bestätigen zu lassen, in denen die ausgelieferten Abfälle behandelt, verwertet oder beseitigt und nicht ausschließlich gelagert werden (§ 10 Absatz 3 GewAbfV).

Fremdkontrolle: Betreiber von Vorbehandlungsanlagen haben für jedes Kalenderjahr innerhalb von zwei Monaten nach Jahresende eine Fremdkontrolle durch eine von der zuständigen Behörde bekannt gegebene Stelle (siehe hierzu § 11 Absätze 4 bis 6 GewAbfV) durchführen zu lassen. Die Fremdkontrolle, die insbesondere durch die Kontrolle der vorzuhaltenden Dokumentationen erfolgen kann, umfasst die Überprüfung, ob die Anforderungen nach den §§ 6 (Anforderungen an die Anlage) und 10 (Eigenkontrolle) eingehalten werden.

Betreiber von Vorbehandlungsanlagen haben sicherzustellen, dass ihnen die Ergebnisse der Fremdkontrolle unverzüglich nach ihrer Erstellung mitgeteilt werden, und die Ergebnisse der Fremdkontrolle unverzüglich der zuständigen Behörde zu übermitteln.

Für Entsorgungsfachbetriebe und für nach dem Gemeinschaftssystem für das freiwillige Umweltmanagement und die Umweltbetriebsprüfung zertifizierte Betriebe, die für die Vorbehandlung oder Aufbereitung der jeweiligen Gemische zertifiziert sind, entfällt die Pflicht, eine Fremdkontrolle durchführen zu lassen (§ 11 Absatz 2 GewAbfV).

Das **Betriebstagebuch** ist ein klassisches Instrument der Eigenkontrolle, auf das bei der Fremdkontrolle auf jeden Fall zugegriffen wird (§ 12 GewAbfV). Die in der GewAbfV stehenden Vorschriften folgen dem geläufigen Muster, bis hin zur regelmäßigen, zu dokumentierenden Überprüfung auf Richtigkeit und Vollständigkeit durch das Leitungs-/Beaufsichtigungspersonal (§ 12 Absatz 4 GewAbfV).

1.1.5.5 Anforderungen an die Kreislaufwirtschaft: Bioabfälle und Klärschlämme

§ 11 Absatz 2 und 3 KrWG enthalten drei Ermächtigungen zum Erlass von Rechtsverordnungen:

- Die Bundesregierung wird ermächtigt, nach Anhörung der beteiligten Kreise (§ 68 KrWG) durch Rechtsverordnung mit Zustimmung des Bundesrates zur Förderung der Verwertung von **Bioabfällen** und **Klärschlämmen**, soweit es zur Erfüllung der Pflichten nach § 20 Absatz 2 Nummer 1, § 7 Absatz 2 bis 4 sowie § 8 Absatz 1 KrWG erforderlich ist, insbesondere festzulegen,
  1. welche Abfälle als Bioabfälle oder Klärschlämme gelten,
  2. welche Anforderungen an die getrennte Sammlung von Bioabfällen zu stellen sind,
  3. ob und auf welche Weise Bioabfälle und Klärschlämme zu behandeln, welche Verfahren hierbei anzuwenden und welche anderen Maßnahmen hierbei zu treffen sind,
  4. welche Anforderungen an die Art und Beschaffenheit der unbehandelten, der zu behandelnden und der behandelten Bioabfälle und Klärschlämme zu stellen sind sowie
  5. dass bestimmte Arten von Bioabfällen und Klärschlämmen nach Ausgangsstoff, Art, Beschaffenheit, Herkunft, Menge, Art oder Zeit der Aufbringung auf den Boden, Beschaffenheit des Bodens, Standortverhältnissen und Nutzungsart nicht, nur in bestimmten Mengen, nur in einer bestimmten Beschaffenheit oder nur für bestimmte Zwecke in Verkehr gebracht oder verwertet werden dürfen.
- Durch Rechtsverordnung können auch Anforderungen für die gemeinsame Verwertung von Bioabfällen und Klärschlämmen mit anderen Abfällen, Stoffen oder Materialien festgelegt werden.
- Durch Rechtsverordnung können auch Verfahren zur Überprüfung der Anforderungen an die Verwertung von Bioabfällen und Klärschlämmen bestimmt werden, insbesondere
  1. Untersuchungspflichten hinsichtlich der Wirksamkeit der Behandlung, der Beschaffenheit der unbehandelten und behandelten Bioabfälle und Klärschlämme, der anzuwendenden Verfahren oder der anderen Maßnahmen,
  2. die zur Überprüfung der Maßnahmen nach Nummer 1 erforderlichen Untersuchungsmethoden,
  3. Untersuchungen des Bodens sowie
  4. Verfahren zur Überprüfung der Anforderungen entsprechend § 10 Absatz 2 und 3 KrWG.

Qualitätssicherung im Bereich der Bioabfälle und Klärschlämme (§ 12 KrWG)

Zur Förderung der Kreislaufwirtschaft und zur Sicherstellung des Schutzes von Mensch und Umwelt bei der Erzeugung und Bewirtschaftung von Bioabfällen und Klärschlämmen können die **Träger der Qualitätssicherung** und die **Qualitätszeichennehmer** eine regelmäßige **Qualitätssicherung** einrichten.

Qualitätszeichennehmer ist eine natürliche oder juristische Person, die

1. gewerbsmäßig, im Rahmen wirtschaftlicher Unternehmen oder öffentlicher Einrichtungen Bioabfälle oder Klärschlämme erzeugt, behandelt oder verwertet und
2. in Bezug auf erzeugte, behandelte oder verwertete Bioabfälle oder Klärschlämme, auch in Mischungen mit anderen Abfällen, Stoffen oder Materialien, über ein Qualitätszeichen eines Trägers der Qualitätssicherung verfügt.

Das **Qualitätszeichen** darf nur erteilt werden, wenn der Qualitätszeichennehmer

1. die für die Sicherung der Qualität der Bioabfälle oder Klärschlämme erforderlichen Anforderungen an die Organisation, die personelle, gerätetechnische und sonstige Ausstattung sowie an die Zuverlässigkeit und Fach- und Sachkunde seines Personals erfüllt,
2. die Anforderungen an die Qualitätssicherung, insbesondere zur Minderung von Schadstoffen, zur Gewährleistung der seuchen- und phytohygienischen Unbedenklichkeit erfüllt und
3. sich verpflichtet, die Erfüllung der Anforderungen nach den Nummern 1 und 2 im Rahmen einer fortlaufenden Überwachung gegenüber dem Träger der Qualitätssicherung darzulegen.

Ein **Träger der Qualitätssicherung** ist ein rechtsfähiger Zusammenschluss von Erzeugern oder Bewirtschaftern von Bioabfällen oder Klärschlämmen, Fachverbänden sowie von fachkundigen Einrichtungen, Institutionen oder Personen. Der Träger der Qualitätssicherung bedarf der Anerkennung der zuständigen Behörde.

Die Erteilung des Qualitätszeichens erfolgt auf der Grundlage einer Satzung, eines Überwachungsvertrags oder einer sonstigen für den Qualitätszeichennehmer verbindlichen Regelung, die insbesondere die Anforderungen an die Qualitätszeichennehmer, an die von diesen erzeugten, behandelten oder verwerteten Bioabfälle oder Klärschlämme und an deren Überwachung festlegt.

Der Träger der Qualitätssicherung hat sich für die Überprüfung der Qualitätszeichennehmer Sachverständiger zu bedienen, die die für die Durchführung der Überwachung erforderliche Zuverlässigkeit, Unabhängigkeit sowie Fach- und Sachkunde besitzen.

Die Bundesregierung wird ermächtigt, nach Anhörung der beteiligten Kreise (§ 68 KrWG) durch Rechtsverordnung mit Zustimmung des Bundesrates Anforderungen an die Qualitätssicherung von Bioabfällen und Klärschlämmen vorzuschreiben. Der inhaltliche Umfang der Ermächtigung ergibt sich aus den Inhalten des § 12 KrWG (siehe oben).

In der Rechtsverordnung können für die erforderlichen Erklärungen, Nachweise, Benachrichtigungen oder sonstigen Daten die elektronische Führung und die Vorlage von Dokumenten in elektronischer Form gemäß § 3a Absatz 2 Satz 2 und 3 des Verwaltungsverfahrensgesetzes angeordnet werden.

Bioabfallverordnung (BioAbfV) vom 4. April 2013 (BGBl. I S. 658), zuletzt geändert am 28. April 2022 (BGBl. I S. 700)

Die **Verordnung über die Verwertung von Bioabfällen auf Böden** gilt für unbehandelte und behandelte Bioabfälle und Gemische, die zur Verwertung auf Böden aufgebracht, in Böden eingebracht oder zu einem dieser Zwecke abgegeben werden, sowie die Vorbehandlung, Behandlung und Untersuchung solcher Bioabfälle und Gemische.

Sie gilt nicht für Haus-, Nutz- und Kleingärten. Sie gilt auch nicht für die Eigenverwertung von Bioabfällen pflanzlicher Herkunft, mit Ausnahme der Aufbringung auf forstwirtschaftliche Flächen, wenn die Verwertung nach Maßgabe der §§ 6 bis 8 BioAbfV auf selbst bewirtschafteten Betriebsflächen gewährleistet ist. Muss die Klärschlammverordnung angewendet werden, tritt die BioAbfV zurück. Bei tierischen Nebenprodukten ist die Anwendung einschlägiger Rechtsvorschriften zu prüfen.

Die Adressaten der BioAbfV sind

1. öffentlich-rechtliche Entsorgungsträger und Dritte, Verbände oder Selbstverwaltungskörperschaften der Wirtschaft, denen nach Kreislaufwirtschaftsgesetz Pflichten zur Verwertung von Bioabfällen übertragen worden sind (Entsorgungsträger),
2. Erzeuger oder Besitzer von Bioabfällen oder Gemischen, soweit sie diese Abfälle nicht einem Entsorgungsträger überlassen,
3. diejenigen, die Bioabfälle einsammeln und transportieren (Einsammler); hinzu kommen diejenigen, die Bioabfälle für die Behandlung oder für die Gemischherstellung aufbereiten (Aufbereiter), und diejenigen, die Bioabfälle hygienisierend oder biologisch stabilisierend behandeln (Bioabfallbehandler).
4. Hersteller von Gemischen unter Verwendung von Bioabfällen (Gemischhersteller), und diejenigen, die Bioabfälle oder Gemische zur Aufbringung annehmen und diese ohne weitere Veränderung abgeben (Zwischenabnehmer),
5. Bewirtschafter von Böden, auf oder in denen unbehandelte oder behandelte Bioabfälle oder Gemische auf- oder eingebracht werden sollen oder auf- oder eingebracht werden.

Bioabfälle sind Abfälle tierischer oder pflanzlicher Herkunft zur Verwertung, die durch Mikroorganismen, bodenbewohnende Lebewesen oder Enzyme abgebaut werden können (siehe auch Anhang 1 der BioAbfV).

Lebensmittelabfälle erscheinen in der BioAbfV in zweierlei Form: unverpackt und verpackt. In § 1 Absatz 3 Nr. 3a werden tierische Nebenprodukte erwähnt, die als verpackte Bioabfälle tierischer Herkunft oder verpackte Materialien tierischer Herkunft, insbesondere als **verpackte Lebensmittelabfälle**, zur Verwendung in einer Vergärungs- oder Kompostierungsanlage, einschließlich einer Aufbereitung, bestimmt sind. In Anhang 1 der BioAbfV ist die Rede von **unverpackten Lebensmittelabfällen.** Hier ein Beispiel: Für Verzehr oder Verarbeitung ungeeignete Stoffe (02 02 03) – Lebensmittelabfälle, ohne Verpackung, aus Produktion, Distribution und Lagerung.

An dieser Stelle kann ein seit 1. Mai 2023 relevanter Paragraf aus der GewAbfV angesiedelt werden: § 4a Umgang mit verpackten Bioabfällen.

Verpackte Bioabfälle, insbesondere verpackte Lebensmittelabfälle, sind vor dem Recycling oder einer sonstigen stofflichen Verwertung einer gesonderten **Verpackungsentfrachtung** zuzuführen oder für eine bodenbezogene Verwertung einer Behandlung gemäß der Bioabfallverordnung zuzuführen.

Erzeuger und Besitzer haben sich bei der erstmaligen Übergabe der verpackten Bioabfälle durch denjenigen, der die Abfälle übernimmt, in Textform bestätigen zu lassen, dass diese Anforderungen erfüllt werden. Beauftragt ein Erzeuger oder Besitzer einen Dritten mit der Beförderung der verpackten Bioabfälle, so ist dieser verpflichtet, die Bestätigung einzuholen. Der Beförderer teilt dem Erzeuger oder Besitzer unverzüglich nach dem Erhalt der Bestätigung mit, ob die Anforderungen erfüllt werden.

Die Verordnung enthält Anforderungen an die hygienisierende und biologisch stabilisierende Behandlung der Bioabfälle (siehe auch Anhang 2 der BioAbfV. In § 3c BioAbfV wird eine Hinwirkungspflicht bezüglich Schadstoff- und Fremdstoffminimierung festgelegt. „Plastik“ ist hier ein relevantes Stichwort. § 4 BioAbfV statuiert Anforderungen hinsichtlich der Schadstoffe und weiterer Parameter. Die logische Fortsetzung sind Beschränkungen und Verbote der Aufbringung (§ 6 BioAbfV), verbunden mit begleitenden Bodenuntersuchungen (§ 9 BioAbfV). Seuchen- und pflanzenhygienische Unbedenklichkeit muss herbeigeführt werden. Die Unbedenklichkeit muss mithilfe regelmäßiger

Prüfungen durch externe Institute überwacht werden. Teil der Unbedenklichkeit ist die Einhaltung bestimmter Grenzwerte der Schwermetallkontamination. Anhang 1 enthält eine Liste der für eine Verwertung auf Flächen grundsätzlich geeigneten Bioabfälle. Anhang 2 befasst sich mit der seuchen- und pflanzenhygienischen Unbedenklichkeit der auf den Boden aufzubringenden Produkte.

§ 11 BioAbfV legt Nachweispflichten fest. Der **Bioabfallbehandler** hat die bei der Behandlung verwendeten Materialien nach Art, Bezugsquelle, -menge und Anfallstelle von der ursprünglichen Anfallstelle bis zum letzten Besitzer sowie aufgeteilt nach Chargen behandelten Bioabfalls aufzulisten. Jede Charge ist mit einer fortlaufenden Chargennummer zu versehen, die mindestens das Jahr und den Monat der Behandlung sowie eine für das Behandlungsjahr fortlaufende Nummerierung enthalten muss. Handelt es sich um eine Behandlungsanlage mit einer kontinuierlichen Zuführung und Entnahme des behandelten Materials, legt die zuständige Behörde eine bestimmte Zeitspanne fest, in der der Bioabfallbehandler Chargen zu bestimmen hat.

Die Nachweispflicht gilt für den Einsammler entsprechend mit der Maßgabe, dass dieser die eingesammelten Materialien mit den Angaben sowie aufgeteilt nach Lieferungen an den Aufbereiter oder Bioabfallbehandler aufzulisten und dem Aufbereiter oder Bioabfallbehandler nach Art und Menge anzugeben hat. Die Nachweispflicht gilt auch für den Aufbereiter entsprechend mit der Maßgabe, dass dieser die bei der Aufbereitung verwendeten Materialien mit den Angaben sowie aufgeteilt nach Lieferungen an den Bioabfallbehandler aufzulisten und dem Bioabfallbehandler nach Art und Menge anzugeben hat. Der Gemischhersteller hat die bei den Mischvorgängen verwendeten Materialien aufgeteilt nach Chargen hergestellten Gemisches aufzulisten.

Die oben genannten Verpflichteten haben den Listen die bei der Übernahme der Materialien erhaltenen Lieferscheine, Handelspapiere oder sonstige geeignete Unterlagen sowie die Kopie der vollständigen Formblätter nach § 9a Absatz 3 BioAbfV beizufügen. Sie haben die Listen und die beizufügenden Unterlagen ab dem Zeitpunkt der Erstellung der Listen zehn Jahre lang aufzubewahren. Auf Verlangen sind diese Listen und Unterlagen der zuständigen Behörde vorzulegen.

Bioabfallbehandler und Gemischhersteller haben bei jeder Abgabe von Bioabfällen oder Gemischen zur Aufbringung auf Flächen einen Lieferschein gemäß Anhang 4 BioAbfV auszustellen und dem Bewirtschafter der Aufbringungsfläche oder einem Zwischenabnehmer auszuhändigen.

■ Klärschlammverordnung (AbfKlärV)

§ 11 KrWG ist der formalrechtliche Ausgangspunkt der Kreislaufwirtschaft für Bioabfälle und Klärschlämme. Inhaltlich geht es um die Ermächtigung zum Erlass von einschlägigen Rechtsverordnungen. Das Ergebnis ist die **Verordnung über die Verwertung von Klärschlamm, Klärschlammgemisch und Klärschlammkompost (Klärschlammverordnung – AbfKlärV)** vom 27. September 2017 (BGBl. I S. 3465), zuletzt geändert am 19. Juni 2020 (BGBl. I S. 1328).

Diese Verordnung regelt

1. das Auf- oder Einbringen von Klärschlamm, Klärschlammgemisch und Klärschlammkompost zur Verwertung als Stoff nach § 2 Nummer 1 und 6 bis 8 des Düngegesetzes vom 9. Januar 2009 (BGBl. I S. 54, 136), in der jeweils geltenden Fassung, auf oder in einen Boden mit landwirtschaftlicher Nutzung, bei Maßnahmen des Landschaftsbaus, mit einer Nutzung zu forstwirtschaftlichen Zwecken und mit einer Nutzung als Haus-, Nutz- oder Kleingarten;
2. die Abgabe von Klärschlamm zur Herstellung eines Klärschlammgemischs oder eines Klärschlammkomposts;

3. die Abgabe von Klärschlamm, Klärschlammgemisch und Klärschlammkompost zu den in Nummer 1 genannten Zwecken;
4. die Behandlung und Untersuchung solchen Klärschlamms, Klärschlammgemischs und Klärschlammkomposts sowie
5. die Untersuchung des Bodens, auf oder in den Klärschlamm, Klärschlammgemisch und Klärschlammkompost auf- oder eingebracht werden sollen.

Die Verordnung betrifft die Tätigkeit der Klärschlammerzeuger, Gemischhersteller, Komposthersteller, Klärschlammnutzer, Träger der Qualitätssicherung im Sinne des § 12 Absatz 5 KrWG, Qualitätszeichennehmer im Sinne des § 12 Absatz 2 KrWG und Beförderer (vgl. zu den Genannten § 2 AbfKlärV „Begriffsbestimmungen").

Klärschlamm ist ein Abfall aus der abgeschlossenen Behandlung von Abwasser in Abwasserbehandlungsanlagen, der aus Wasser sowie aus organischen und mineralischen Stoffen, ausgenommen Rechen-, Sieb- und Sandfangrückständen, besteht, auch wenn der Abfall entwässert oder getrocknet sowie in Pflanzenbeeten oder in sonstiger Form behandelt worden ist.

§ 3 AbfKlärV enthält die **kreislaufwirtschaftlichen Grundsätze:**

Der Klärschlammerzeuger hat den in seiner Abwasserbehandlungsanlage anfallenden Klärschlamm möglichst hochwertig zu verwerten, soweit dies technisch möglich und wirtschaftlich zumutbar ist. Hierbei sind eine Rückgewinnung von Phosphor und eine Rückführung des gewonnenen Phosphors oder der phosphorhaltigen Klärschlammverbrennungsasche in den Wirtschaftskreislauf anzustreben.

Ein Klärschlammerzeuger, Gemischhersteller oder Komposthersteller, der Klärschlamm, Klärschlammgemisch oder Klärschlammkompost auf oder in einem Boden verwertet, hat die Verwertung nach Maßgabe der Anforderungen der AbfKlärV vorzunehmen (siehe Teil 2 der AbfKlärV).

In Teil 2 der AbfKlärV werden Anforderungen an die Verwertung von Klärschlamm, Klärschlammgemisch und Klärschlammkompost auf und in Böden festgelegt. Es beginnt mit auf den Klärschlamm und die vorgesehenen Böden gerichteten Untersuchungspflichten (§§ 4 bis 6 AbfKlärV). Logischerweise folgen dann boden- und klärschlammbezogene Grenzwerte (§§ 7 und 8 AbfKlärV). Es geht um bestimmte Metalle und organische Stoffe. Beachte Anlage 2 AbfKlärV: Probenuntersuchung.

Die zuständige Behörde kann den Klärschlammerzeuger, den Gemischhersteller und den Komposthersteller verpflichten, zur Überwachung der in § 8 Absatz 1 genannten Grenzwerte eine Rückstellprobe aus dem für eine Abgabe oder Auf- oder Einbringung vorgesehenen Klärschlamm, Klärschlammgemisch oder Klärschlammkompost zu entnehmen (§ 9 AbfKlärV).

Die Abgabe und die Auf- oder Einbringung eines Klärschlamms, Klärschlammgemischs oder Klärschlammkomposts auf oder in den Boden sind nur zulässig, wenn dieses den Anforderungen an die Seuchen- und die Phytohygiene nach § 5 Absatz 1 bis 3 der Düngemittelverordnung in der jeweils geltenden Fassung entspricht (§ 11 AbfKlärV).

Die §§ 12 und 13 AbfKlärV betreffen die Abgabe und Bereitstellung von Klärschlamm. Die Abgabegrundsätze lauten:

- Der Klärschlammerzeuger hat den Klärschlamm unmittelbar an einen Klärschlammnutzer abzugeben.
- Der Klärschlammerzeuger hat den Klärschlamm in Abstimmung mit dem Klärschlammnutzer auf- oder einzubringen.

Die Bereitstellung hat wie folgt zu erfolgen:

Der Klärschlammerzeuger, Gemischhersteller oder Komposthersteller, der die Auf- oder Einbringung eines Klärschlamms, eines Klärschlammgemischs oder eines Klärschlammkomposts auf oder in einen Boden beabsichtigt, darf dieses nur auf dem für die Auf- oder Einbringung vorgesehenen Boden oder auf einer angrenzenden Ackerfläche, nur in der für die Auf- oder Einbringung auf oder in den Boden benötigten Menge und längstens für einen Zeitraum von einer Woche vor der Auf- oder Einbringung bereitstellen.

Für die Auf- oder Einbringmenge gilt: innerhalb von drei Kalenderjahren dürfen nicht mehr als 5 Tonnen Klärschlamm-Trockenmasse je Hektar auf oder in einen Boden auf- oder eingebracht werden (§ 14 Absatz 1 AbfKlärV). Beachte § 15 AbfKlärV: Beschränkung der Klärschlammverwertung.

Der Umgang mit Klärschlamm unterliegt einem **Anzeige- und Lieferscheinverfahren** (§§ 16 bis 18 AbfKlärV):

- Der Klärschlammnutzer hat dem Klärschlammerzeuger die genaue Bezeichnung der für eine Auf- oder Einbringung von Klärschlamm vorgesehenen Auf- oder Einbringungsfläche nach Lage und Größe in Hektar sowie die derzeitige und nächste beabsichtigte Bodennutzung mitzuteilen.
- Der Klärschlammerzeuger hat spätestens drei Wochen vor Auf- oder Einbringung des Klärschlamms der für die Auf- oder Einbringungsfläche zuständigen Behörde, im Fall der Auf- oder Einbringung auf oder in landwirtschaftlich genutzten Boden auch der landwirtschaftlichen Fachbehörde, die beabsichtigte Auf- oder Einbringung anzuzeigen.
- Der Klärschlammerzeuger hat vor der Abgabe des Klärschlamms einen Lieferschein zu verwenden oder zu erstellen. Dies gilt für das Lieferscheinverfahren bei bodenbezogener Klärschlammverwertung. Der Lieferschein wird zu einem Begleitpapier, dessen Handhabung an die des Abfallbegleitscheins erinnert.
- Lieferscheinverfahren bei bodenbezogener Verwertung von Klärschlammgemisch und Klärschlammkompost: Der Gemischhersteller oder der Komposthersteller hat vor der Abgabe eines mit Klärschlamm hergestellten Klärschlammgemischs oder Klärschlammkomposts einen Lieferschein zu verwenden oder zu erstellen. Auch hier wird der Lieferschein zu einem Begleitpapier.

Beachte Anlage 3 AbfKlärV: Vorlagen für Anzeigen, Lieferscheine und Bestätigungen.

Der Klärschlammerzeuger hat für das jeweilige Kalenderjahr ein Register zu führen, das folgende Angaben zu enthalten hat (§ 34 AbfKlärV):

1. die Ergebnisse der durchgeführten Bodenuntersuchungen, mit genauer Bezeichnung der Böden, auf oder in die Klärschlamm, Klärschlammgemisch oder Klärschlammkompost auf- oder eingebracht wurde;
2. die insgesamt in einer Abwasserbehandlungsanlage erzeugte Klärschlammmenge in Tonnen Trockenmasse;
3. die Klärschlammmenge in Tonnen Trockenmasse, die zur Verwertung auf oder in landwirtschaftlich genutzten Böden auf- oder eingebracht wurde;
4. Klärschlammmenge in Tonnen Trockenmasse, die zur Verwertung auf oder in Böden bei Maßnahmen des Landschaftsbaus auf- oder eingebracht wurde;
5. Klärschlammmenge in Tonnen Trockenmasse, die einer Qualitätssicherung unterzogen wurde;
6. Eigenschaften der Klärschlämme nach § 5 Absatz 1 und 2 AbfKlärV (u. a. Gehalt an Metallen und organischen Schadstoffen);

7. Art der Behandlung der zur Verwertung auf oder in landwirtschaftlich genutzten Böden und auf oder in Böden bei Maßnahmen des Landschaftsbaus auf- oder eingebrachten Klärschlämme, Klärschlammgemische oder Klärschlammkomposte in Tonnen Trockenmasse;
8. Namen und Anschriften der Klärschlammnutzer, der Gemischhersteller und der Komposthersteller.

Teil 3 der AbfKlärV enthält **Anforderungen an die regelmäßige Qualitätssicherung.** Dieser Teil der Verordnung geht auf § 12 KrWG zurück:

Zur Förderung der Kreislaufwirtschaft und zur Sicherstellung des Schutzes von Mensch und Umwelt bei der Erzeugung und Bewirtschaftung von Bioabfällen und Klärschlämmen nach Maßgabe der hierfür geltenden Rechtsvorschriften können die Träger der Qualitätssicherung und die Qualitätszeichennehmer eine regelmäßige Qualitätssicherung einrichten.

Zur Darstellung des Sachverhalts sei hier nur § 12 Absatz 5 KrWG zitiert:

§ 12 Absatz 5 KrWG

Ein Träger der Qualitätssicherung ist ein rechtsfähiger Zusammenschluss von Erzeugern oder Bewirtschaftern von Bioabfällen oder Klärschlämmen, Fachverbänden sowie von fachkundigen Einrichtungen, Institutionen oder Personen. Der Träger der Qualitätssicherung bedarf der Anerkennung der zuständigen Behörde [siehe § 20 AbfKlärV].

§ 21 AbfKlärV enthält die Pflichten des Trägers der Qualitätssicherung. Dieser nutzt die Expertise von einschlägigen Sachverständigen (§ 12 Absatz 6 KrWG; zu diesen Sachverständigen siehe § 22 AbfKlärV).

Beim Träger der Qualitätssicherung wird ein „Unabhängiger Ausschuss" installiert (§ 23 AbfKlärV). Dieser Ausschuss hat den Antrag auf Erteilung des Qualitätszeichens nach § 27 Absatz 1 AbfKlärV sowie die Ergebnisse der im Verfahren zur Erteilung des Qualitätszeichens durchgeführten Überwachungsmaßnahmen nach § 28 AbfKlärV zu bewerten. Hinzu kommt die Bewertung der Ergebnisse der Eigen- und Fremdüberwachung nach den Bestimmungen des § 30 AbfKlärV.

Die Behörde, die für die Anerkennung eines Trägers der Qualitätssicherung zuständig ist, überprüft in Abständen von längstens fünf Jahren, ob der anerkannte Träger der Qualitätssicherung die Anerkennungsvoraussetzungen weiterhin erfüllt (§ 24 AbfKlärV). Der Träger der Qualitätssicherung hat der zuständigen Behörde für jedes Kalenderjahr bis zum 31. März eines jeden Folgejahres unaufgefordert über die im Kalenderjahr erfolgte Überwachung der Qualitätszeichennehmer sowie über die Erteilung und den Entzug von Qualitätszeichen zu berichten.

Die Erteilung des **Qualitätszeichens** erfolgt auf der Grundlage einer Satzung, eines Überwachungsvertrages oder einer sonstigen für den **Qualitätszeichennehmer** verbindlichen Regelung, die insbesondere die Anforderungen an die Qualitätszeichennehmer, an die von diesen erzeugten, behandelten oder verwerteten Bioabfälle oder Klärschlämme und an deren Überwachung festlegt.

Beachte: In der Verordnung zur Neuordnung der Klärschlammverwertung (AbfKlärVNOV vom 27. September 2017 wird in Artikel 6 großer Wert auf die Phosphorrückgewinnung gelegt. Artikel 6 wird zu Anfang 2032 in Kraft treten. Phosphor ist ein äußerst wertvoller Hauptpflanzennährstoff. Die Rückgewinnung ist eine große verfahrenstechnische (und finanzielle) Herausforderung für die Kläranlagenbetreiber.

1.1.5.6 „Beschaffungswesen“ und Abfallberatung

Die Behörden des Bundes sowie die der Aufsicht des Bundes unterstehenden juristischen Personen des öffentlichen Rechts, Sondervermögen und sonstigen Stellen sind verpflichtet, durch ihr Verhalten zur Erfüllung des Zweckes des § 1 KrWG beizutragen.

Die Verpflichteten (siehe oben) haben bei der Gestaltung von Arbeitsabläufen, bei der Beschaffung oder Verwendung von Material und Gebrauchsgütern, bei Bauvorhaben und sonstigen Aufträgen Erzeugnissen den Vorzug zu geben, die

1. in rohstoffschonenden, energiesparenden, wassersparenden, schadstoffarmen oder abfallarmen Produktionsverfahren hergestellt worden sind,
2. durch Vorbereitung zur Wiederverwendung oder durch Recycling von Abfällen, insbesondere unter Einsatz von Rezyklaten, oder aus nachwachsenden Rohstoffen hergestellt worden sind,
3. sich durch Langlebigkeit, Reparaturfreundlichkeit, Wiederverwendbarkeit und Recyclingfähigkeit auszeichnen oder
4. im Vergleich zu anderen Erzeugnissen zu weniger oder schadstoffärmeren Abfällen führen oder sich besser zur umweltverträglichen Abfallbewirtschaftung eignen.

Natürlich muss hier eine Abwägung erfolgen: Die Pflicht gilt, soweit die Erzeugnisse für den vorgesehenen Verwendungszweck geeignet sind, durch ihre Beschaffung oder Verwendung keine unzumutbaren Mehrkosten entstehen, ein ausreichender Wettbewerb gewährleistet wird und keine anderen Rechtsvorschriften (z. B. vergaberechtliche Bestimmungen) entgegenstehen.

Die Verpflichteten (siehe oben) wirken im Rahmen ihrer Möglichkeiten darauf hin, dass die Gesellschaften des privaten Rechts, an denen sie beteiligt sind, die Verpflichtungen beachten. Die öffentliche Hand hat im Rahmen ihrer Pflichten Regelungen für die Verwendung von Erzeugnissen oder Materialien sowie zum Schutz von Mensch und Umwelt nach anderen Rechtsvorschriften zu berücksichtigen.

Die öffentlich-rechtlichen Entsorgungsträger im Sinne des § 20 KrWG sind im Rahmen der ihnen übertragenen Aufgaben in Selbstverwaltung zur **Information und Beratung über Möglichkeiten der Vermeidung, Verwertung und Beseitigung von Abfällen** verpflichtet (§ 46 KrWG). Zur Beratung verpflichtet sind auch die Industrie- und Handelskammern, Handwerkskammern und Landwirtschaftskammern.

Für die Beratung über Möglichkeiten der Abfallvermeidung sind insbesondere die in § 33 Absatz 3 Nummer 2 KrWG genannten Vermeidungsmaßnahmen und die Festlegungen des geltenden Abfallvermeidungsprogramms des Bundes und des jeweiligen Landes zugrunde zu legen. Bei der Beratung ist insbesondere auf die Einrichtungen des öffentlich-rechtlichen Entsorgungsträgers und, soweit möglich, auf die Einrichtungen sonstiger natürlicher oder juristischer Personen, durch die Erzeugnisse, die kein Abfall sind, erfasst und einer Wiederverwendung zugeführt werden, und die Verfügbarkeit von Mehrwegprodukten, insbesondere als Alternative zu den Einwegkunststoffprodukten, hinzuweisen.

Im Rahmen der Beratung über die Abfallverwertung ist insbesondere auf die Pflicht zur getrennten Sammlung von Abfällen und die Rücknahmepflichten hinzuweisen.

Die zuständige Behörde hat den nach KrWG zur Beseitigung Verpflichteten Auskunft über geeignete Abfallbeseitigungsanlagen zu erteilen.

1.1.6 Abfallbeseitigung: Grundpflichten, Anforderungen

1.1.6.1 Grundpflichten der Abfallbeseitigung

§ 15 Absatz 1 KrWG

Die Erzeuger oder Besitzer von Abfällen, die nicht verwertet werden, sind verpflichtet, diese zu beseitigen, soweit in § 17 nichts anderes bestimmt ist. Durch die Behandlung von Abfällen ist deren Menge und Schädlichkeit zu vermindern. Energie oder Abfälle, die bei der Beseitigung anfallen, sind hochwertig zu nutzen; § 8 Absatz 1 Satz 3 [Rangfolge und Hochwertigkeit der Verwertungsmaßnahmen] gilt entsprechend.

§ 17 KrWG bestimmt Überlassungspflichten; § 8 KrWG enthält Vorgaben zu Rangfolge und Hochwertigkeit von Verwertungsmaßnahmen.

§ 15 Absatz 2 KrWG

Abfälle sind so zu beseitigen, dass das Wohl der Allgemeinheit nicht beeinträchtigt wird.

Eine Beeinträchtigung des Wohls der Allgemeinheit liegt insbesondere dann vor, wenn

1. die Gesundheit der Menschen beeinträchtigt wird,
2. Tiere oder Pflanzen gefährdet werden,
3. Gewässer oder Boden schädlich beeinflusst werden,
4. schädliche Umwelteinwirkungen durch Luftverunreinigungen oder Lärm herbeigeführt werden,
5. die Ziele der Raumordnung nicht beachtet, die Grundsätze und sonstigen Erfordernisse der Raumordnung nicht berücksichtigt, die Belange des Naturschutzes und der Landschaftspflege sowie des Städtebaus nicht gewahrt werden oder
6. die öffentliche Sicherheit oder Ordnung in sonstiger Weise gefährdet oder gestört wird.

§ 15 Absatz 3 KrWG

Soweit dies zur Erfüllung der Anforderungen nach den Absätzen 1 und 2 erforderlich ist, sind Abfälle zur Beseitigung getrennt zu sammeln und zu behandeln. § 9 Absatz 2 und 3 und § 9a gelten entsprechend.

§ 9a KrWG konkretisiert das Vermischungsverbot für gefährliche Abfälle.

Die Ablagerung von Siedlungsabfällen auf Deponien darf spätestens ab dem 1. Januar 2035 höchstens 10 Gewichtsprozent des gesamten Siedlungsabfallaufkommens betragen (§ 15 Absatz 4 KrWG).

1.1.6.2 Anforderungen an die Abfallbeseitigung

Analog zu den Anforderungen an die Kreislaufwirtschaft findet sich hier im KrWG nur eine **Ermächtigungsgrundlage zum Erlass von Rechtsverordnungen** (§ 16 KrWG):

Die Bundesregierung wird ermächtigt, nach Anhörung der beteiligten Kreise (§ 68 KrWG) durch Rechtsverordnung mit Zustimmung des Bundesrates zur Erfüllung der Pflichten nach § 15 KrWG entsprechend dem **Stand der Technik** Anforderungen an die Beseitigung von Abfällen nach Herkunftsbereich, Anfallstelle sowie nach Art, Menge und Beschaffenheit festzulegen, insbesondere

1. Anforderungen an die getrennte Sammlung und die Behandlung von Abfällen,
2. Anforderungen an das Bereitstellen, Überlassen, Sammeln und Einsammeln, die Beförderung, Lagerung und Ablagerung von Abfällen sowie
3. Verfahren zur Überprüfung der Anforderungen entsprechend § 10 Absatz 2 und 3 KrWG (die ebenfalls Ermächtigungsgrundlagen zum Erlass von Rechtsverordnungen enthalten).

Aus dem vorhandenen Verordnungspaket müssen hier genannt werden:

- Deponieverordnung
- Gewinnungsabfallverordnung
- Versatzverordnung
- Nachweisverordnung
- EMAS-Privilegierungsverordnung
- Entsorgungsfachbetriebeverordnung
- Anzeige- und Erlaubnisverordnung

Stand der Technik ist der Entwicklungsstand fortschrittlicher Verfahren, Einrichtungen oder Betriebsweisen, der die praktische Eignung einer Maßnahme zur Begrenzung von Emissionen in Luft, Wasser und Boden, zur Gewährleistung der Anlagensicherheit, zur Gewährleistung einer umweltverträglichen Abfallentsorgung oder sonst zur Vermeidung oder Verminderung von Auswirkungen auf die Umwelt zur Erreichung eines allgemein hohen Schutzniveaus für die Umwelt insgesamt gesichert erscheinen lässt (§ 3 Absatz 28 KrWG).

Bei der Bestimmung des Standes der Technik sind insbesondere die in Anlage 3 KrWG aufgeführten Kriterien zu berücksichtigen.

1.1.7 Öffentlich-rechtliche Entsorgung und Beauftragung Dritter

Das KrWG kennt drei Arten von Entsorgungsträgern:

- den Abfallerzeuger/-besitzer, der in eigenen Anlagen entsorgt;
- öffentlich-rechtliche Entsorgungsträger (z. B. Landkreise, kreisfreie Städte);
- von den zur Verwertung/Beseitigung Verpflichteten beauftragte Dritte nach § 22 KrWG.

Das KrW-/AbfG – das Vorgängergesetz – kannte den Abfallerzeuger/-besitzer, der in eigenen Anlagen entsorgt, die öffentlich-rechtlichen Entsorgungsträger und **private Entsorgungsträger** (nach § 17 bzw. 18 KrW-/AbfG).

Private Entsorgungsträger nach § 17 KrW-/AbfG waren sogenannte Verbände. Sie konnten von Abfallerzeugern/Abfallbesitzern aus gewerblichen sowie sonstigen wirtschaftlichen Unternehmen und dem öffentlichen Sektor gebildet werden (z. B. als GmbH). Der Verband trat als Erfüllungsgehilfe für die Abfallerzeuger/Abfallbesitzer auf. Die Verantwortung für eine ordnungsgemäße Entsorgung blieb in letzter Konsequenz aber beim Abfallerzeuger/Abfallbesitzer. Verbände konnten unter bestimmten Umständen mit hoheitlichen Aufgaben analog einem öffentlich-rechtlichen Entsorgungsträger betraut werden. Gegenüber dem Verband bestanden dann Überlassungspflichten der Abfallerzeuger/Abfallbesitzer. Für den Verband ergab sich bei der Übernahme hoheitlicher

Aufgaben die Pflicht, auch Nicht-Verbandsmitglieder zu bedienen (sofern die zulassende Behörde dies für geboten hielt; siehe § 17 Absatz 4 KrW-/AbfG).

Das Stichwort „Verbände" ist aus dem Abfallrecht nicht verschwunden. Beachte z. B. den § 8 LAbfG NRW: Abfallentsorgungsverbände als Körperschaften des öffentlichen Rechts können nach Maßgabe des Absatzes 3 und des § 5 Absatz 7 LAbfG NRW auch durch Zusammenschluss öffentlich-rechtlicher Entsorgungsträger gebildet werden. Mit Entstehung der neuen Körperschaft ist diese zur Abfallentsorgung verpflichtet. Der Abfallentsorgungsverband legt der zuständigen Behörde für sein Verbandsgebiet ein im Benehmen mit den betroffenen Kreisen und kreisfreien Städten erarbeitetes Abfallwirtschaftskonzept vor.

Es handelt sich hier um „Verwaltungsverbände", wie sie z. B. Gemeinden für ein gemeinsam betriebenes Schulzentrum oder eine gemeinsam durchgeführte Wasserversorgung bilden.

Private Entsorgungsträger nach § 18 KrW-/AbfG waren Entsorgungseinrichtungen der Selbstverwaltungskörperschaften der Wirtschaft (z. B. Industrie- und Handelskammern, Handwerkskammern). Sie nahmen Aufgaben analog den Verbänden wahr. Die Beziehung zwischen ihnen und den Abfallerzeugern/Abfallbesitzern (aus der Mitgliedschaft der Kammern) entsprach der zwischen Abfallerzeuger/Abfallbesitzer und Verband. Entsorgungseinrichtungen der Selbstverwaltungskörperschaften der Wirtschaft konnten ebenfalls mit hoheitlichen Aufgaben betraut werden (mit Rechten und Pflichten analog gleichartig betrauten Verbänden; hierzu gehörte auch die Erhebung von Gebühren).

„Eigenentsorger" sind Erzeuger/Besitzer von Abfällen zur Beseitigung aus anderen Herkunftsbereichen als privaten Haushaltungen, die diese in eigenen Anlagen beseitigen. Andernfalls besteht Überlassungspflicht gegenüber dem öffentlich-rechtlichen Entsorgungsträger (§ 17 Absatz 1 KrWG).

Öffentlich-rechtliche Entsorgungsträger sind nach Landesrecht zur Entsorgung verpflichtete juristische Personen (§ 17 Absatz 1 KrWG).

Die öffentlich-rechtlichen Entsorgungsträger haben **Abfallwirtschaftskonzepte** und **Abfallbilanzen** über die Verwertung, insbesondere die Vorbereitung zur Wiederverwendung und das Recycling, und die Beseitigung der in ihrem Gebiet anfallenden und ihnen zu überlassenden Abfälle zu erstellen. Dabei werden die betriebenen und geplanten Systeme zur Getrenntsammlung, insbesondere der in § 20 Absatz 2 KrWG genannten Abfallarten, gesondert dargestellt. In den Abfallwirtschaftskonzepten und Abfallbilanzen sind zudem die getroffenen Maßnahmen zur Abfallvermeidung darzustellen. Bei der Fortentwicklung von Abfallvermeidungsmaßnahmen sind die Maßnahmen des Abfallvermeidungsprogramms nach § 33 KrWG zu berücksichtigen. Die Anforderungen an Abfallwirtschaftskonzepte und Abfallbilanzen richten sich nach Landesrecht (§ 21 KrWG).

Hinweis: Bei den in § 20 Absatz 2 KrwG genannten Abfallarten handelt es sich um Bioabfälle, Kunststoffabfälle, Metallabfälle, Papierabfälle, Glas, Textilabfälle, Sperrmüll und gefährliche Abfälle.

Als Beispiel aus dem Landesrecht sei das **Abfallgesetz für das Land Nordrhein-Westfalen** (LAbfG NRW; Stand 10. Juni 2023) zitiert:

Abfallwirtschaftskonzepte (§ 6 LAbfG NRW): Die Kreise und kreisfreien Städte stellen in ihrem Gebiet in Abfallwirtschaftskonzepten unter Beachtung der Ziele des § 1 LAbfG NRW die beabsichtigten Maßnahmen zur Vermeidung, zur Vorbereitung zur Wiederverwendung, zum Recycling, zur sonstigen Verwertung und zur Beseitigung der in ihrem Gebiet anfallenden und ihnen zu überlassenen Abfälle dar. Die Festlegungen des Abfallwirtschaftsplans sind zu beachten. Das Abfallwirtschaftskonzept gibt eine Übersicht über den Stand der öffentlichen Abfallentsorgung. Es enthält mindestens

1. Angaben über Art, Menge und Verbleib der in dem Entsorgungsgebiet anfallenden Abfälle und der dem öffentlich-rechtlichen Entsorgungsträger zu überlassenden Abfälle, wobei das Aufkommen bzw. die Entsorgung von Hausmüll, Sperrmüll und gewerblichen Siedlungsabfällen jeweils getrennt darzustellen sind,
2. Darstellungen der getroffenen und geplanten Maßnahmen zur Vermeidung, Vorbereitung zur Wiederverwendung, zum Recycling, zur sonstigen Verwertung und zur Beseitigung der dem öffentlich-rechtlichen Entsorgungsträger zu überlassenden Abfälle insbesondere für flächendeckende Angebote zur getrennten Erfassung und Verwertung von Bioabfälle im Sinne von § 3 Absatz 7 KrWG, sowie von Papier-, Metall-, Kunststoff- und Glasabfällen,
3. die mit einer Begründung versehene Festlegung der Abfälle, die durch Satzung von der Entsorgungspflicht ausgeschlossen sind,
4. den Nachweis einer zehnjährigen Entsorgungssicherheit,
5. Angaben über die zeitliche Abfolge und die geschätzten Bau- und Betriebskosten der zur Entsorgung des Gebietes notwendigen Abfallentsorgungsanlagen,
6. die Darstellung der über das eigene Gebiet hinaus notwendigen Zusammenarbeit mit anderen öffentlich-rechtlichen Entsorgungsträgern und der dazu notwendigen Maßnahmen sowie ihrer zeitlichen Abfolge (Kooperationen),
7. eine Zusammenfassung der Angaben, Darstellungen und Festlegungen nach Nummer 1 bis 6.

Das kommunale Abfallwirtschaftskonzept ist in geeigneter Weise der Öffentlichkeit zugänglich zu machen. Jeder Bürger hat das Recht, in das Abfallwirtschaftskonzept Einsicht zu nehmen.

Abfallbilanzen (§ 7 LAbfG NRW): Die öffentlich-rechtlichen Entsorgungsträger erstellen bis zum 31. März jeweils für das abgelaufene Jahr eine Bilanz über Art, Menge und Verbleib der entsorgten Abfälle einschließlich deren Verwertung. Soweit Abfälle nicht verwertet wurden, ist dies zu begründen.

In den Abfallbilanzen sind zumindest das Aufkommen bzw. die Entsorgung von Hausmüll, Sperrmüll und gewerblichen Siedlungsabfällen sowie Bio-, Papier-, Metall-, Kunststoff- und Glasabfällen getrennt darzustellen.

Die Abfallbilanz ist jährlich in geeigneter Weise der Öffentlichkeit zugänglich zu machen und auf Verlangen den zuständigen Behörden vorzulegen.

Öffentlich-rechtliche Entsorgungsträger

Sie erhalten Abfälle aufgrund von **„Überlassungspflichten"**:

- Erzeuger oder Besitzer von Abfällen aus privaten Haushaltungen sind verpflichtet, diese Abfälle den nach Landesrecht zur Entsorgung verpflichteten juristischen Personen (öffentlich-rechtliche Entsorgungsträger) zu überlassen, soweit sie zu einer Verwertung auf den von ihnen im Rahmen ihrer privaten Lebensführung genutzten Grundstücken nicht in der Lage sind oder diese nicht beabsichtigen (§ 17 Absatz 1 KrWG).
- Erzeuger und Besitzer von Abfällen zur Beseitigung aus anderen Herkunftsbereichen, soweit sie diese nicht in eigenen Anlagen beseitigen, sind in analoger Weise zur Überlassung verpflichtet (§ 17 Absatz 1 KrWG).

Darüber hinaus können die Bundesländer zur Sicherstellung der umweltverträglichen Beseitigung Andienungs- und Überlassungspflichten für gefährliche Abfälle zur Beseitigung bestimmen (§ 17 Absatz 4 KrWG).

Landesabfallgesetze und Verordnungen der Länder enthalten einschlägige Vorschriften (Beispiel: Sonderabfallverordnung – SAbfVO Baden-Württemberg; Stand 1. Januar 2021):

§ 2 SAbfVO Bad.-Württ. Andienungspflicht

(1) Die Erzeuger und Besitzer von gefährlichen Abfällen zur Beseitigung, die in Baden-Württemberg angefallen sind oder dort behandelt, gelagert oder abgelagert werden sollen, sind verpflichtet, diese der Sonderabfallagentur Baden-Württemberg GmbH (SAA) anzudienen, bevor sie in eine Abfallentsorgungsanlage gebracht oder einem Dritten überlassen werden.

…

Von der Andienungspflicht nach § 2 Absatz 1 Satz 1 SAbfVO ausgenommen sind:

1. private Haushaltungen,
2. Erzeuger und Besitzer, soweit bei ihnen je Kalenderjahr nicht mehr als insgesamt zwei Tonnen Abfälle im Sinne von § 2 Absatz 1 Satz 1 SAbfVO anfallen und sie diese Abfälle im Rahmen ordnungsgemäßer Nachweisführung nach § 16 NachwV einem Entsorger überlassen, der insoweit der Andienungspflicht nach § 2 Absatz 1 SAbfVO unterliegt,
3. Erzeuger, soweit sie Abfälle im Sinne von § 2 Absatz 1 Satz 1 SAbfVO im Rahmen ordnungsgemäßer Sammelentsorgung nach § 9 NachwV einem Sammler überlassen, der für diese Abfälle über eine Zuweisung der Sonderabfallagentur nach § 5 SAbfVO verfügt, oder sie ihre Abfälle in einer betriebseigenen Anlage in Baden-Württemberg entsorgen, die für die betreffende Entsorgung zugelassen ist und am 1. Januar 1996 bereits betrieben wurde, und
4. Besitzer, soweit derselbe Abfall bereits vom Erzeuger oder Sammler angedient wurde.

In den Bundesländern existieren/existierten Einrichtungen oder Gesellschaften, die die Sonderabfallentsorgung auf der Grundlage der Andienungspflichten organisieren und z. T. auch selber durchführen (siehe Arbeitsgemeinschaft AGS der Sonderabfall-Entsorgungs-Gesellschaften der Länder):

- SAA Sonderabfallagentur Baden-Württemberg GmbH (Fellbach), HIM GmbH (Stuttgart), UEV Umwelt, Entsorgung und Verwertung GmbH (Heilbronn)
- GSB Sonderabfall-Entsorgung Bayern GmbH (Baar-Ebenhausen)
- SBB Sonderabfallgesellschaft Brandenburg/Berlin mbH (Potsdam)
- MEAB Märkische Entsorgungsanlagen-Betriebsgesellschaft mbH (Potsdam)
- HIM GmbH (Biebesheim)
- NGS Niedersächsische Gesellschaft zur Endablagerung von Sonderabfall mbH (Hannover)
- SAM Sonderabfall-Management Gesellschaft Rheinland-Pfalz mbH (Mainz)
- IAG Ihlenberger Abfallentsorgungsgesellschaft mbH (Selmsdorf)
- GBS Gesellschaft zur Beseitigung von Sonderabfällen mbH (Kiel)
- GOES Gesellschaft für die Organisation der Entsorgung von Sonderabfällen mbH (Neumünster)

Beispiel Hamburg: In Hamburg kommt eine Verordnung zur Andienung von gefährlichen Abfällen zur Beseitigung (Stand Oktober 2017) zur Anwendung:

Die Vorschriften dieser Verordnung finden Anwendung auf

1. gefährliche Abfälle zur Beseitigung im Sinne von § 48 KrWG und
2. Abfälle zur Beseitigung im Sinne von § 3 Absatz 1 KrWG, die in Krankenhäusern und sonstigen Einrichtungen des Gesundheitsdienstes anfallen.

Die Entsorgungspflichtigen haben die genannten Abfälle den für die Beseitigung zugelassenen Deponien und Behandlungsanlagen im Gebiet der Freien und Hansestadt Hamburg, der Freien Hansestadt Bremen sowie in den Bundesländern Mecklenburg-Vorpommern, Niedersachsen und Schleswig-Holstein anzudienen.

Die Andienungspflicht gilt nicht für Abfälle aus Einrichtungen des Gesundheitsdienstes, die in betriebseigenen Anlagen desinfiziert werden, sofern die Verfahren entsprechend anerkannt sind.

Sachsen verfügt seit Februar 2019 über ein Gesetz über die Kreislaufwirtschaft und den Bodenschutz im Freistaat Sachsen (Sächsisches Kreislaufwirtschafts- und Bodenschutzgesetz – SächsKrWBodSchG):

§ 2 SächsKrWBodSchG Öffentlich-rechtliche Entsorgungsträger *(zu § 17 KrWG)*

(1) Öffentlich-rechtliche Entsorgungsträger im Sinne von § 17 Absatz 1 Satz 1 des KrWG sind die Landkreise und Kreisfreien Städte sowie die nach § 3 Absatz 1 SächsKrWBodSchG gebildeten Abfallverbände jeweils im Rahmen ihrer Aufgaben.

(2) Die öffentlich-rechtlichen Entsorgungsträger regeln durch Satzung, wie Abfälle bereitzustellen sind. In der Satzung ist festzulegen, welche verwertbaren Abfälle den öffentlich-rechtlichen Entsorgungsträgern getrennt von anderen Abfällen zu überlassen sind. Dies gilt auch für Abfälle, die wegen ihrer Gefährlichkeit oder ihrer sonstigen Eigenschaften einer getrennten Erfassung bedürfen.

(3) Die öffentlich-rechtlichen Entsorgungsträger können durch Vereinbarung Gemeinden auf deren Antrag die Einsammlung und Beförderung von Abfällen sowie die Kompostierung von Garten- und Parkabfällen übertragen.

In **Nordrhein-Westfalen** gilt (Stand 10. Juni 2023):

Die öffentlich-rechtlichen Entsorgungsträger regeln die Abfallentsorgung durch Satzung. Abfälle, für die nach dem örtlichen Satzungsrecht Überlassungspflichten im Sinne des § 17 KrWG gelten, sind auf Verlangen des öffentlich-rechtlichen Entsorgungsträgers getrennt zu halten und zu bestimmten Behandlungsanlagen zu bringen, wenn dadurch bestimmte Abfallarten verwertet oder für sie vorgesehene Entsorgungswege genutzt werden können (§ 5 Absatz 4 LAbfG NRW). Abfälle, für die nach dem örtlichen Satzungsrecht Überlassungspflichten im Sinne des § 17 KrWG gelten, sind auf Verlangen des öffentlich-rechtlichen Entsorgungsträgers getrennt zu halten und zu bestimmten Behandlungsanlagen zu bringen, wenn dadurch bestimmte Abfallarten verwertet oder für sie vorgesehene Entsorgungswege genutzt werden können (§ 5 Absatz 4 LAbfG NRW).

Pflichten der öffentlich-rechtlichen Entsorgungsträger: Die öffentlich-rechtlichen Entsorgungsträger haben die in ihrem Gebiet angefallenen und überlassenen Abfälle aus privaten Haushaltungen und Abfälle zur Beseitigung aus anderen Herkunftsbereichen nach Maßgabe der §§ 6 bis 11 KrWG zu verwerten oder nach Maßgabe der §§ 15 und 16 KrWG zu beseitigen (§ 20 Absatz 1 KrWG).

Diese Pflichten gelten auch für Kraftfahrzeuge oder Anhänger ohne gültige amtliche Kennzeichen, wenn diese auf öffentlichen Flächen oder außerhalb im Zusammenhang bebauter Ortsteile abgestellt sind, keine Anhaltspunkte für deren Entwendung oder bestimmungsgemäße Nutzung bestehen und sie nicht innerhalb eines Monats nach einer am Fahrzeug angebrachten, deutlich sichtbaren Aufforderung entfernt worden sind (§ 20 Absatz 4 KrWG).

Pflicht zur getrennten Sammlung (§ 20 Absatz 2 KrWG): Die öffentlich-rechtlichen Entsorgungsträger sind verpflichtet, folgende in ihrem Gebiet in privaten Haushaltungen angefallenen und überlassenen Abfälle getrennt zu sammeln (beachte bei den Nummern 1 bis 6 jeweils § 9 KrWG in der geänderten Fassung):

1. Bioabfälle,
2. Kunststoffabfälle,
3. Metallabfälle,
4. Papierabfälle,
5. Glas,
6. Textilabfälle; die Verpflichtung zur getrennten Sammlung von Textilabfällen gilt ab dem 1. Januar 2025;
7. Sperrmüll; die öffentlich-rechtlichen Entsorgungsträger sammeln Sperrmüll in einer Weise, welche die Vorbereitung zur Wiederverwendung und das Recycling der einzelnen Bestandteile ermöglicht, und
8. gefährliche Abfälle; die öffentlich-rechtlichen Entsorgungsträger stellen sicher, dass sich die gefährlichen Abfälle bei der Sammlung nicht mit anderen Abfällen vermischen.

„Ausschlussabfälle:“ Die öffentlich-rechtlichen Entsorgungsträger können mit Zustimmung der zuständigen Behörde Abfälle von der Entsorgung ausschließen, soweit diese der Rücknahmepflicht aufgrund einer nach § 25 KrWG erlassenen Rechtsverordnung oder aufgrund eines Gesetzes unterliegen und entsprechende Rücknahmeeinrichtungen tatsächlich zur Verfügung stehen (§ 20 Absatz 3 KrWG).

Der Ausschluss von der Entsorgung ist auch bei Abfällen zur Beseitigung aus anderen Herkunftsbereichen als privaten Haushaltungen möglich, soweit diese nach Art, Menge oder Beschaffenheit nicht mit den in Haushaltungen anfallenden Abfällen beseitigt werden können oder die Sicherheit der umweltverträglichen Beseitigung im Einklang mit den Abfallwirtschaftsplänen der Länder durch einen anderen öffentlich-rechtlichen Entsorgungsträger oder Dritten gewährleistet ist (§ 20 Absatz 3 KrWG).

Beauftragung Dritter (§ 22 KrWG)

- **Die zur Verwertung und Beseitigung Verpflichteten können Dritte mit der Erfüllung ihrer Pflichten beauftragen.**
- **Ihre Verantwortlichkeit für die Erfüllung der Pflichten bleibt hiervon unberührt und so lange bestehen, bis die Entsorgung endgültig und ordnungsgemäß abgeschlossen ist.**
- **Die beauftragten Dritten müssen über die erforderliche Zuverlässigkeit verfügen.**

Der vom öffentlich-rechtlichen Entsorgungsträger beauftragte Dritte unterliegt voll den Anzeige- und Erlaubnispflichten der §§ 53 und 54 KrWG. Die Ausnahme von der Erlaubnispflicht nach § 54 Absatz 3 Nummer 1 KrWG gilt nicht für Dritte! Eine Erlaubnis gemäß AbfAEV ist – falls die Randbedingungen gegeben sind – ebenso erforderlich wie die Kennzeichnung der Fahrzeuge mit dem

A-Schild (Vollzugshinweise Anzeige- und Erlaubnisverfahren nach §§ 53 und 54 KrWG und AbfAEV; Stand 29. Januar 2014; Quelle: BMUV).

Das KrW-/AbfG kannte sogenannte „Private Entsorgungsträger" (siehe oben). Diese privaten Entsorgungsträger können nach dem KrWG als „Dritte" von den zur Entsorgung Verpflichteten entsprechend beauftragt werden. Den besonderen Status entsprechend §§ 17, 18 KrW-/AbfG gibt es nicht mehr!

1.1.8 Sammlungen

§ 17 Absatz 2 KrWG enthält die Begriffe „gemeinnützige Sammlung" und „gewerbliche Sammlung".

Sammlung im Sinne des KrWG ist das Einsammeln von Abfällen, einschließlich deren vorläufiger Sortierung und vorläufiger Lagerung zum Zwecke des Transports zu einer Abfallbehandlungsanlage.

Sammler von Abfällen ist jede natürliche oder juristische Person, die gewerbsmäßig oder im Rahmen wirtschaftlicher Unternehmen Abfälle sammelt (vgl. den „Einsammler" gemäß KrW-/AbfG).

Eine **gemeinnützige Sammlung** von Abfällen ist eine Sammlung, die durch eine nach § 5 Absatz 1 Nummer 9 des Körperschaftsteuergesetzes, in der jeweils geltenden Fassung steuerbefreite Körperschaft, Personenvereinigung oder Vermögensmasse getragen wird und der Beschaffung von Mitteln zur Verwirklichung ihrer gemeinnützigen, mildtätigen oder kirchlichen Zwecke im Sinne der §§ 52 bis 54 der Abgabenordnung dient.

Um eine gemeinnützige Sammlung von Abfällen handelt es sich auch dann, wenn die Körperschaft, Personenvereinigung oder Vermögensmasse einen gewerblichen Sammler mit der Sammlung beauftragt und dieser den Veräußerungserlös nach Abzug seiner Kosten und eines angemessenen Gewinns vollständig an die Körperschaft, Personenvereinigung oder Vermögensmasse auszahlt.

Eine **gewerbliche Sammlung** von Abfällen ist eine Sammlung, die zum Zweck der Einnahmeerzielung erfolgt. Eine gewerbliche Sammlung ist auch dann anzunehmen, wenn sie auf Grundlage vertraglicher Bindungen zwischen dem Sammler und dem privaten Haushalt in dauerhaften Strukturen abgewickelt wird.

Für Abfälle, die durch gemeinnützige bzw. gewerbliche Sammlung einer ordnungsgemäßen und schadlosen Verwertung zugeführt werden, besteht keine Überlassungspflicht (§ 17 Absatz 2 KrWG). Das gilt allerdings nicht für gemischte Abfälle aus privaten Haushaltungen und nicht für „gefährliche Abfälle"!

Die gewerbliche Sammlung kann untersagt werden, wenn ihr „überwiegende öffentliche Interessen" entgegenstehen. In § 17 Absatz 3 KrWG wird dazu ausgeführt:

Überwiegende öffentliche Interessen stehen einer gewerblichen Sammlung entgegen, wenn die Sammlung in ihrer konkreten Ausgestaltung, auch im Zusammenwirken mit anderen Sammlungen, die Funktionsfähigkeit des öffentlich-rechtlichen Entsorgungsträgers, des von diesem beauftragten Dritten oder des aufgrund einer Rechtsverordnung nach § 25 KrWG eingerichteten Rücknahmesystems gefährdet.

Eine Gefährdung der Funktionsfähigkeit des öffentlich-rechtlichen Entsorgungsträgers oder des von diesem beauftragten Dritten ist anzunehmen, wenn die Erfüllung der nach § 20 KrWG bestehenden Entsorgungspflichten zu wirtschaftlich ausgewogenen Bedingungen verhindert oder die Planungssicherheit und Organisationsverantwortung wesentlich beeinträchtigt werden.

Das gilt nicht, wenn der öffentlich-rechtliche Entsorgungsträger offensichtlich nicht in der Lage ist, die von der gewerblichen Sammlung angebotenen Sammel- und Verwertungsleistungen in gleicher Qualität, Effizienz und Dauer selbst oder unter Beauftragung Dritter zu erbringen.

Anzeigeverfahren für Sammlungen (§ 18 KrWG)

Eine gemeinnützige oder gewerbliche Sammlung ist spätestens drei Monate vor ihrer beabsichtigten Aufnahme der zuständigen Behörde anzuzeigen.

Ein behördlicher Interessenkonflikt muss dabei organisatorisch ausgeschlossen werden!

Der **Anzeige einer gewerblichen Sammlung** sind beizufügen:

1. Angaben über die Größe und Organisation des Sammlungsunternehmens,
2. Angaben über Art, Ausmaß und Dauer der Sammlung,
3. Angaben über Art, Menge und Verbleib der zu verwertenden Abfälle,
4. eine Darlegung der innerhalb des angezeigten Zeitraums vorgesehenen Verwertungswege einschließlich der erforderlichen Maßnahmen zur Sicherstellung ihrer Kapazitäten sowie
5. eine Darlegung über die Gewährleistung der ordnungsgemäßen und schadlosen Verwertung der gesammelten Abfälle im Rahmen der Verwertungswege nach Nummer 4.

Gegenstand der Beurteilung durch die Behörde ist die Frage, ob der gewerblichen Sammlung überwiegende öffentliche Interessen entgegenstehen.

§ 18 Absatz 8 KrWG

Der von der gewerblichen Sammlung betroffene öffentlich-rechtliche Entsorgungsträger hat einen Anspruch darauf, dass die für gewerbliche Sammlungen geltenden Bestimmungen des Anzeigeverfahrens eingehalten werden.

Der **Anzeige der gemeinnützigen Sammlung** sind beizufügen:

1. Angaben über die Größe und Organisation des Trägers der gemeinnützigen Sammlung sowie gegebenenfalls des Dritten, der mit der Sammlung beauftragt wird,
2. Angaben über Art, Ausmaß und Dauer der Sammlung.

Die Behörde kann verlangen, dass der Anzeige der gemeinnützigen Sammlung Unterlagen entsprechend Nummer 3 bis 5 für die gewerbliche Sammlung (siehe oben) beizufügen sind.

Die zuständige Behörde fordert den von der gewerblichen oder gemeinnützigen Sammlung betroffenen öffentlich-rechtlichen Entsorgungsträger auf, für seinen Zuständigkeitsbereich eine Stellungnahme innerhalb einer Frist von zwei Monaten abzugeben. Hat der öffentlich-rechtliche Entsorgungsträger bis zum Ablauf dieser Frist keine Stellungnahme abgegeben, ist davon auszugehen, dass sich dieser nicht äußern will (d. h. keinen Einfluss nehmen will).

§ 18 Absatz 5 KrWG normiert die behördliche Reaktion auf die erfolgte Anzeige einer Sammlung:

Die zuständige Behörde kann die angezeigte Sammlung von Bedingungen abhängig machen, sie zeitlich befristen oder Auflagen für sie vorsehen, soweit dies erforderlich ist, um die Erfüllung der

Voraussetzungen nach § 17 Absatz 2 Satz 1 Nummer 3 oder 4 KrWG (d. h. ordnungsgemäße und schadlose Verwertung) sicherzustellen.

Die zuständige Behörde hat die Durchführung der angezeigten Sammlung zu untersagen, wenn Bedenken gegen die Zuverlässigkeit des Anzeigepflichtigen oder der für die Leitung und Beaufsichtigung der Sammlung verantwortlichen Personen bestehen oder die Einhaltung der in § 17 Absatz 2 Satz 1 Nummer 3 oder 4 KrWG genannten Voraussetzungen anders nicht zu gewährleisten ist.

1.1.9 Ordnung und Durchführung der Beseitigung

§ 28 Absatz 1 KrWG

Abfälle dürfen zum Zweck der Beseitigung nur in den dafür zugelassenen Anlagen oder Einrichtungen (Abfallbeseitigungsanlagen) behandelt, gelagert oder abgelagert werden.

Dieser Grundsatz wird seit langem als „Anlagenzwang" bezeichnet.

Beachte: Den Vorrang der Beseitigung im Inland (§ 10 Absatz 3 KrW-/AbfG) gibt es im KrWG nicht mehr!

Die zuständige Behörde hat den nach dem KrWG zur Beseitigung Verpflichteten Auskunft über geeignete Abfallbeseitigungsanlagen zu erteilen (§ 46 Absatz 4 KrWG).

Ordnung der Beseitigung: Anlagenzwang (§ 28 Absatz 1 KrWG)

- **Abfälle dürfen zum Zweck der Beseitigung nur in den dafür zugelassenen Anlagen oder Einrichtungen (Abfallbeseitigungsanlagen) behandelt, gelagert oder abgelagert werden.** Diese unmissverständliche Forderung wird in den Folgesätzen von § 28 Absatz 1 KrWG eingeschränkt.
- Die Behandlung von Abfällen zur Beseitigung ist auch in Anlagen zulässig, die überwiegend einem anderen Zweck als der Abfallbeseitigung dienen. Hier handelt es sich um nach § 4 BImSchG genehmigungsbedürftige Anlagen.
- Die Lagerung oder Behandlung von Abfällen zur Beseitigung ist auch in Anlagen erlaubt, die laut Immissionsschutzrecht als unbedeutend und damit nicht genehmigungsbedürftig eingestuft sind. Die Grundpflichten des Anlagenbetreibers bleiben natürlich relevant.
- Flüssige Abfälle (die kein Abwasser sind!) können, wenn sie die Voraussetzungen des einschlägigen Wasserrechts erfüllen, mit Abwasser beseitigt werden.

Der Umkehrschluss, andere als Abfallbeseitigungsanlagen, die im Besitz einer immissionsschutzrechtlichen Genehmigung sind, wären automatisch berechtigt, Abfälle zur Beseitigung zu behandeln, ist falsch. Vielmehr ist zu beachten, dass mit dem Vorhaben, zusätzlich zum eigentlichen Zweck der Anlage auch Abfälle zu behandeln, die inhaltliche Substanz der immissionsschutzrechtlichen Genehmigung berührt wird!

Der Abschnitt „Zulassung von Anlagen, in denen Abfälle entsorgt werden" des KrWG geht auf das Genehmigungserfordernis näher ein (siehe unten).

Die **Lagerung oder Behandlung von Abfällen zur Beseitigung** in den diesen Zwecken dienenden Abfallbeseitigungsanlagen ist auch zulässig, soweit diese nach dem Bundes-Immissionsschutzgesetz aufgrund ihres geringen Beeinträchtigungspotenzials keiner Genehmigung bedürfen und in einer Rechtsverordnung nach § 23 des Bundes-Immissionsschutzgesetzes oder in einer Rechtsverordnung nach § 16 KrWG nichts anderes bestimmt ist.

Beim so ausgestalteten Anlagenzwang spielt es keine Rolle, ob es sich um eigene Anlagen des Abfallerzeugers oder -besitzers handelt oder nicht.

Die zuständige Behörde kann im Einzelfall unter dem Vorbehalt des Widerrufs **Ausnahmen vom Anlagenzwang** gemäß § 28 Absatz 1 KrWG zulassen, wenn dadurch das Wohl der Allgemeinheit nicht beeinträchtigt wird.

Die Landesregierungen können durch Rechtsverordnung die Beseitigung bestimmter Abfälle oder bestimmter Mengen dieser Abfälle außerhalb von Anlagen im Sinne des § 28 Absatz 1 Satz 1 KrWG zulassen, soweit hierfür ein Bedürfnis besteht und eine Beeinträchtigung des Wohls der Allgemeinheit nicht zu besorgen ist. Sie können in diesem Fall auch die Voraussetzungen und die Art und Weise der Beseitigung durch Rechtsverordnung bestimmen (§ 28 Absatz 3 KrWG).

Die **Beseitigung pflanzlicher Abfälle** aus Gartenbau, Land- und Forstwirtschaft ist auf dieser Basis geregelt:

- Baden-Württemberg: Verordnung der Landesregierung über die Beseitigung pflanzlicher Abfälle außerhalb von Abfallbeseitigungsanlagen
- Bayern: Verordnung über die Beseitigung von pflanzlichen Abfällen außerhalb zugelassener Beseitigungsanlagen
- Brandenburg: Verordnung über die Entsorgung von kompostierbaren Abfällen und pflanzlichen Abfällen außerhalb von zugelassenen Abfallentsorgungsanlagen
- Hessen: Verordnung über die Beseitigung von pflanzlichen Abfällen außerhalb von Abfallbeseitigungsanlagen
- Mecklenburg-Vorpommern: Landesverordnung über die Entsorgung pflanzlicher Abfälle außerhalb von Abfallentsorgungsanlagen
- Niedersachsen: Verordnung über die Beseitigung von pflanzlichen Abfällen und Treibsel außerhalb von Abfallbeseitigungsanlagen
- Rheinland-Pfalz: Landesverordnung über die Verbrennung pflanzlicher Abfälle außerhalb von Abfallbeseitigungsanlagen
- Saarland: Verordnung über die Entsorgung von pflanzlichen Abfällen außerhalb von Abfallentsorgungsanlagen
- Thüringen: Verordnung über die Beseitigung von pflanzlichen Abfällen
- **Beachte:** Sachsen-Anhalt pflegt dagegen ein Durcheinander auf kommunaler Ebene.

Durchführung der Abfallbeseitigung (§ 29 KrWG)

Dieser Paragraf enthält Vorgaben zur Durchführung der Beseitigung von Abfällen und legt insbesondere

- die Bedingungen für die Benutzung von Beseitigungsanlagen,
- die Übertragung von Beseitigungsaufgaben sowie
- Duldungspflichten betroffener Betriebs- oder Grundstückseigentümer

fest.

Die zuständige Behörde kann den **Betreiber einer Abfallbeseitigungsanlage** verpflichten, einem Beseitigungspflichtigen nach § 15 KrWG (Erzeuger oder Besitzer von Abfällen, die nicht verwertet werden) sowie den öffentlich-rechtlichen Entsorgungsträgern im Sinne des § 20 KrWG die Mitbenutzung der Abfallbeseitigungsanlage gegen angemessenes Entgelt zu gestatten, soweit dieser auf eine andere Weise den Abfall nicht zweckmäßig oder nur mit erheblichen Mehrkosten beseitigen kann und die Mitbenutzung für den Betreiber zumutbar ist (§ 29 Absatz 1 KrWG).

Kommt eine Einigung über das Entgelt nicht zustande, wird es auf Antrag durch die zuständige Behörde festgesetzt.

Die zuständige Behörde hat von demjenigen Beseitigungspflichtigen, der durch die Gestattung begünstigt werden soll (d. h. Erzeuger oder Besitzer von Abfällen, öffentlich-rechtlicher Entsorgungsträger), die Vorlage eines Abfallwirtschaftskonzepts zu verlangen und dieses ihrer Entscheidung zugrunde zu legen.

§ 29 Absatz 2 KrWG geht von der entgegengesetzten Konstellation aus: Ein Anlagenbetreiber ist daran interessiert, bestimmte Abfälle in seiner Anlage zu beseitigen. Die zuständige Behörde kann dem **Betreiber einer Abfallbeseitigungsanlage**, der Abfälle wirtschaftlicher als die öffentlich-rechtlichen Entsorgungsträger beseitigen kann, auf seinen Antrag die Beseitigung dieser Abfälle übertragen.

Die Übertragung kann insbesondere mit der Auflage verbunden werden, dass der Antragsteller alle Abfälle, die in dem von den öffentlich-rechtlichen Entsorgungsträgern erfassten Gebiet angefallen sind, gegen Erstattung der Kosten beseitigt, wenn die öffentlich-rechtlichen Entsorgungsträger die verbleibenden Abfälle nicht oder nur mit unverhältnismäßigem Aufwand beseitigen können; dies gilt nicht, wenn der Antragsteller darlegt, dass es unzumutbar ist, die Beseitigung auch dieser verbleibenden Abfälle zu übernehmen.

Beachte: Das Wort „insbesondere" signalisiert, dass weitere Nebenbestimmungen (Auflagen, Bedingungen, Widerrufsvorbehalte, Befristungen) möglich und zulässig sind.

Die zuständige Behörde kann den **Abbauberechtigten oder den Unternehmer eines Mineralgewinnungsbetriebes sowie den Eigentümer, Besitzer oder in sonstiger Weise Verfügungsberechtigten eines zur Mineralgewinnung genutzten Grundstücks** verpflichten, die Beseitigung von Abfällen in freigelegten Bauen in seiner Anlage oder innerhalb seines Grundstücks zu dulden, den Zugang zu ermöglichen und dabei, soweit dies unumgänglich ist, vorhandene Betriebsanlagen oder Einrichtungen oder Teile derselben zur Verfügung zu stellen (§ 29 Absatz 3 KrWG).

Die dem so Verpflichteten entstehenden Kosten hat der Beseitigungspflichtige zu erstatten. Kommt eine Einigung über die Erstattung der Kosten nicht zustande, werden sie auf Antrag durch die zuständige Behörde festgesetzt.

Der Vorrang der Mineralgewinnung gegenüber der Abfallbeseitigung darf nicht beeinträchtigt werden. Insofern handelt es sich um die Abfallbeseitigung in einer Anlage, die überwiegend einem anderen Zweck als der Abfallbeseitigung dient und auf diesen Zweck betreffenden Rechtsgrundlagen beruht.

Für die aus der Abfallbeseitigung entstehenden Schäden haftet der Duldungspflichtige nicht.

Das

- **Einbringen von Abfällen in die Hohe See** sowie die
- **Verbrennung von Abfällen auf Hoher See**

ist nach Maßgabe des Hohe-See-Einbringungsgesetzes (HoheSeeEinbrG) vom 25. August 1998 (BGBl. I S. 2455) verboten!

Siehe auch Verordnung zur Durchführung des Gesetzes zu den Übereinkommen vom 15. Februar 1972 und 29. Dezember 1972 zur Verhütung der Meeresverschmutzung durch das Einbringen von Abfällen durch Schiffe und Luftfahrzeuge (Hohe-See-Einbringungsverordnung – HohSeeEinbrV).

1.1.10 Abfallwirtschaftspläne und Abfallvermeidungsprogramme

1.1.10.1 Abfallwirtschaftspläne

Die §§ 30 bis 32 KrWG sind an die Bundesländer gerichtet (Abfallvermeidungsprogramme erstellen Bund und Länder gemeinsam oder auch unabhängig voneinander):

Die Länder stellen für ihr Gebiet **Abfallwirtschaftspläne** nach überörtlichen Gesichtspunkten auf (§ 30 Absatz 1 KrWG). Die Abfallwirtschaftspläne sollen zum einen Bestandsaufnahme, zum anderen „Plan" sein. Der „**Plan**" soll enthalten:

1. die Ziele der Abfallvermeidung, der Abfallverwertung, insbesondere der Vorbereitung zur Wiederverwendung, und der Abfallbeseitigung,
2. die getroffenen Maßnahmen zur Abfallvermeidung und die bestehende Situation der Abfallbewirtschaftung,
3. die erforderlichen Maßnahmen zur Verbesserung der Abfallverwertung und Abfallbeseitigung einschließlich einer Bewertung ihrer Eignung zur Zielerreichung sowie
4. die Abfallentsorgungsanlagen, die zur Sicherung der Beseitigung von Abfällen sowie der Verwertung von gemischten Abfällen aus privaten Haushaltungen einschließlich solcher, die dabei auch in anderen Herkunftsbereichen eingesammelt werden, im Inland erforderlich sind. Bei der Darstellung des Bedarfs sind künftige, innerhalb eines Zeitraums von mindestens zehn Jahren zu erwartende Entwicklungen zu berücksichtigen. Soweit dies zur Darstellung des Bedarfs erforderlich ist, sind Abfallwirtschaftskonzepte und Abfallbilanzen auszuwerten.

Die **Bestandsaufnahme** soll enthalten:

1. die zugelassenen Abfallbeseitigungsanlagen sowie
2. die Flächen, die für Deponien, für sonstige Abfallbeseitigungsanlagen sowie für Abfallentsorgungsanlagen im Sinne des § 30 Absatz 1 Satz 2 Nummer 4 KrWG geeignet sind. **Beachte:** Diese Flächenausweisung ist keine Voraussetzung für die Planfeststellung oder Genehmigung der in § 35 KrWG aufgeführten Abfallbeseitigungsanlagen (Deponien, öffentlich zugängliche Abfallbeseitigungsanlagen) (§ 30 Absatz 3 Satz 2 KrWG).

Die Abfallwirtschaftspläne können ferner bestimmen, welcher Entsorgungsträger vorgesehen ist und welcher Abfallentsorgungsanlage sich die Entsorgungspflichtigen zu bedienen haben. Die Ausweisungen können für die Entsorgungspflichtigen für verbindlich erklärt werden (§ 30 Absatz 4 KrWG).

§ 30 Absatz 6 KrWG enthält weitere konkretisierende Vorgaben für die inhaltliche Ausgestaltung der Abfallwirtschaftspläne; folgende Angaben sind zwingend aufzunehmen (… enthalten mindestens …):

1. Angaben über Art, Menge und Herkunft der im Gebiet erzeugten Abfälle und der Abfälle, die voraussichtlich aus dem oder in das deutsche Hoheitsgebiet verbracht werden, sowie eine Abschätzung der künftigen Entwicklung der Abfallströme,
2. Angaben über
   a) bestehende Abfallsammelsysteme und bedeutende Beseitigungs- und Verwertungsanlagen, einschließlich spezieller Vorkehrungen für Altöl, für gefährliche Abfälle und für Abfälle, die erhebliche Mengen kritischer Rohstoffe enthalten, oder
   b) Abfallströme, für die besondere Bestimmungen nach dem KrWG oder aufgrund dieses Gesetzes erlassenen Rechtsverordnungen gelten,
   c) Abfallströme, für die besondere Gesetze über das Inverkehrbringen und die Rücknahme bestimmter Abfallströme oder aufgrund dieser Gesetze erlassener Rechtsverordnungen gelten,
3. eine Beurteilung der Notwendigkeit der Stilllegung bestehender oder der Errichtung zusätzlicher Abfallentsorgungsanlagen nach § 30 Absatz 1 Satz 3 Nummer 1 KrWG; die Länder stellen sicher, dass die Investitionen und andere Finanzmittel, auch für die zuständigen Behörden, bewertet werden, die für die ermittelten notwendigen Maßnahmen benötigt werden; die Bewertung wird in die entsprechenden Abfallwirtschaftspläne oder andere für das jeweilige Land geltende strategische Dokumente aufgenommen,
4. Informationen über die Maßnahmen zur Erreichung der Zielvorgaben entsprechend Artikel 5 Absatz 3a der Richtlinie 1999/31/EG über Abfalldeponien oder die in anderen für das jeweilige Land geltenden strategischen Dokumenten festgelegt sind,
5. eine Beurteilung
   a) der bestehenden Abfallsammelsysteme, einschließlich der Abfälle, die getrennt gesammelt werden, der geografischen Gebiete, in denen die getrennte Sammlung erfolgt, und der Maßnahmen zur Verbesserung der getrennten Sammlung,
   b) der Darlegung der Voraussetzungen nach § 9 Absatz 3 KrWG, sofern keine getrennte Sammlung erfolgt, und
   c) der Notwendigkeit neuer Sammelsysteme,
6. ausreichende Informationen über die Ansiedlungskriterien zur Standortbestimmung und über die Kapazität künftiger Beseitigungsanlagen oder bedeutender Verwertungsanlagen,
7. allgemeine Abfallbewirtschaftungsstrategien, einschließlich geplanter Abfallbewirtschaftungstechnologien und -verfahren, oder Strategien für Abfälle, die besondere Bewirtschaftungsprobleme aufwerfen,
8. Maßnahmen zur Bekämpfung und Verhinderung jeglicher Form von Vermüllung sowie zur Reinigung der Umwelt von Abfällen jeder Art,
9. geeignete qualitative und quantitative Indikatoren und Zielvorgaben, auch in Bezug auf
   a) die Menge des anfallenden Abfalls und seine Behandlung und
   b) die Siedlungsabfälle, die energetisch verwertet oder beseitigt werden.

§ 30 Absatz 7 KrWG enthält weitere Vorgaben für die inhaltliche Ausgestaltung der Abfallwirtschaftspläne; die Angaben können in die Abfallwirtschaftspläne aufgenommen werden:

1. Angaben über organisatorische Aspekte der Abfallbewirtschaftung, einschließlich einer Beschreibung der Aufteilung der Verantwortlichkeiten zwischen öffentlichen und privaten Akteuren, die die Abfallbewirtschaftung durchführen,
2. eine Bewertung von Nutzen und Eignung des Einsatzes wirtschaftlicher und anderer Instrumente zur Bewältigung verschiedener Abfallprobleme unter Berücksichtigung der Notwendigkeit, ein reibungsloses Funktionieren des Binnenmarkts aufrechtzuerhalten,

3. den Einsatz von Sensibilisierungskampagnen sowie Informationen für die Öffentlichkeit oder eine bestimmte Verbrauchergruppe,
4. Angaben über geschlossene kontaminierte Abfallbeseitigungsstandorte und Maßnahmen für deren Sanierung.

Die Bundesländer sollen ihre Abfallwirtschaftsplanungen aufeinander und untereinander abstimmen. Ist eine die Grenze eines Landes überschreitende Planung erforderlich, sollen die betroffenen Länder bei der Aufstellung der Abfallwirtschaftspläne die Erfordernisse und Maßnahmen in gegenseitigem Benehmen miteinander festlegen (§ 31 Absatz 1 KrWG).

Bei der Aufstellung der Abfallwirtschaftspläne sind die Gemeinden oder deren Zusammenschlüsse und die öffentlich-rechtlichen Entsorgungsträger zu beteiligen. Die öffentlich-rechtlichen Entsorgungsträger haben die von ihnen zu erstellenden und fortzuschreibenden Abfallwirtschaftskonzepte und Abfallbilanzen auf Verlangen der zuständigen Behörde zur Auswertung für die Abfallwirtschaftsplanung vorzulegen.

Die Länder regeln das Verfahren zur Aufstellung der Pläne und zu deren Verbindlicherklärung. Als Beispiel sei hier das LKreiWiG Baden-Württemberg (Stand 11. Februar 2023) angeführt (§ 15 LKreiWiG Bad.-Württ.):

(1) Die Abfallwirtschaftspläne (§ 30 KrWG) werden von der obersten Abfallrechtsbehörde aufgestellt. Dabei sind die Ziele und Erfordernisse der Raumordnung und Landesplanung zu berücksichtigen.

(2) Bei der Aufstellung der Abfallwirtschaftspläne sind neben der Öffentlichkeit gemäß § 32 KrWG zu beteiligen
   1. die öffentlich-rechtlichen Entsorgungsträger im Sinne von § 20 KrWG sowie die Träger der zentralen Einrichtungen im Sinne des § 13 Absatz 2 LKreiWiG Bad.-Württ.,
   2. die Gemeinden und die Landkreise,
   3. die Träger der Regionalplanung,
   4. die fachlich berührten Behörden einschließlich der Sonderabfallagentur,
   5. die Verbände der produzierenden Wirtschaft und der Entsorgungswirtschaft,
   6. die vom Land gemäß § 3 des Umwelt-Rechtsbehelfsgesetzes anerkannten Naturschutzvereinigungen, die nach ihrer Satzung landesweit tätig sind und
   7. die benachbarten Länder und Nachbarstaaten nach den Grundsätzen von Gegenseitigkeit und Gleichwertigkeit.

   Beachte: Das Umwelt-Rechtsbehelfsgesetz – UmwRG dient der Umsetzung von Artikel 11 der Richtlinie 2011/92/EU vom 13. Dezember 2011 über die Umweltverträglichkeitsprüfung bei bestimmten öffentlichen und privaten Projekten.

(3) Die Abfallwirtschaftspläne können durch Rechtsverordnung der obersten Abfallrechtsbehörde nach Maßgabe des § 29 Absatz 4 KrW-/AbfG für verbindlich erklärt werden. Die Verbindlicherklärung kann auf einzelne Ausweisungen und Bestimmungen eines Plans beschränkt werden.

(4) Soweit ein Abfallwirtschaftsplan verbindlich bestimmt, welcher Entsorgungsträger vorgesehen ist und welcher Abfallbeseitigungsanlage sich die Beseitigungspflichtigen zu bedienen haben, kann die oberste Abfallrechtsbehörde hiervon Ausnahmen zulassen.

Die Pläne sind alle sechs Jahre auszuwerten und bei Bedarf fortzuschreiben (§ 31 Absatz 5 KrWG). In der Abfallrahmenrichtlinie (Artikel 30 „Bewertung und Überarbeitung der Pläne und Programme“) heißt es dazu:

Die Mitgliedstaaten gewährleisten, dass die Abfallwirtschaftspläne und Abfallvermeidungsprogramme mindestens alle sechs Jahre bewertet und gegebenenfalls – soweit erforderlich, gemäß den Artikeln 9 und 11 Abfallrahmenrichtlinie – überarbeitet werden.

Beteiligung der Öffentlichkeit bei der Aufstellung von Abfallwirtschaftsplänen (§ 32 KrWG)

Bei der Aufstellung oder Änderung von Abfallwirtschaftsplänen, einschließlich besonderer Kapitel oder gesonderter Teilpläne, insbesondere über die Entsorgung von gefährlichen Abfällen, Altbatterien und Akkumulatoren oder Verpackungen und Verpackungsabfällen, ist die Öffentlichkeit durch die zuständige Behörde zu beteiligen.

Die Öffentlichkeitsbeteiligung orientiert sich an dem im Verwaltungsrecht üblichen Verfahren:

- Die Aufstellung oder Änderung eines Abfallwirtschaftsplans sowie Informationen über das Beteiligungsverfahren sind in einem amtlichen Veröffentlichungsblatt und auf andere geeignete Weise bekannt zu machen.
- Der Entwurf des neuen oder geänderten Abfallwirtschaftsplans sowie die Gründe und Erwägungen, auf denen der Entwurf beruht, sind einen Monat zur Einsicht auszulegen.
- Bis zwei Wochen nach Ablauf der Auslegungsfrist kann gegenüber der zuständigen Behörde schriftlich Stellung genommen werden. Der Zeitpunkt des Fristablaufs ist bei der Bekanntmachung nach § 32 Absatz 1 Satz 2 KrWG mitzuteilen.
- Fristgemäß eingegangene Stellungnahmen werden von der zuständigen Behörde bei der Entscheidung über die Annahme des Plans angemessen berücksichtigt.
- Die Annahme des Plans ist von der zuständigen Behörde in einem amtlichen Veröffentlichungsblatt und auf einer öffentlich zugänglichen Webseite öffentlich bekannt zu machen; dabei ist in zusammengefasster Form über den Ablauf des Beteiligungsverfahrens und über die Gründe und Erwägungen, auf denen die getroffene Entscheidung beruht, zu unterrichten.
- Der angenommene Plan ist zur Einsicht für die Öffentlichkeit auszulegen; hierauf ist in der öffentlichen Bekanntmachung hinzuweisen.

Diese Vorgaben finden keine Anwendung, wenn es sich bei dem Abfallwirtschaftsplan um einen Plan handelt, für den nach dem Gesetz über die Umweltverträglichkeitsprüfung eine Strategische Umweltprüfung durchzuführen ist.

Unbeschadet der Beteiligung der Öffentlichkeit unterrichten die Länder die Öffentlichkeit über den Stand der Abfallwirtschaftsplanung. Die Unterrichtung enthält unter Beachtung der bestehenden Geheimhaltungsvorschriften eine zusammenfassende Darstellung und Bewertung der Abfallwirtschaftspläne, einen Vergleich zum vorangegangenen sowie eine Prognose für den folgenden Unterrichtungszeitraum (§ 32 Absatz 5 KrWG).

1.1.10.2 Abfallvermeidungsprogramme

§ 33 KrWG befasst sich mit einem Instrument, das auf die Artikel 29 bis 31 der Abfallrahmenrichtlinie zurückgeht und nicht Gegenstand des Vorgängergesetzes (KrW-/AbfG) war. Das **Abfallvermeidungsprogramm**

1. legt die Abfallvermeidungsziele fest; die Ziele sind darauf gerichtet, das Wirtschaftswachstum und die mit der Abfallerzeugung verbundenen Auswirkungen auf Mensch und Umwelt zu entkoppeln,
2. sieht mindestens die folgenden Abfallvermeidungsmaßnahmen vor:
   a) die Förderung und Unterstützung nachhaltiger Produktions- und Konsummodelle,
   b) die Förderung der Entwicklung, der Herstellung und der Verwendung von Produkten, die ressourceneffizient und auch in Bezug auf ihre Lebensdauer und den Ausschluss geplanter Obsoleszenz langlebig, reparierbar sowie wiederverwendbar oder aktualisierbar sind,
   c) die gezielte Identifizierung von Produkten, die kritische Rohstoffe enthalten, um zu verhindern, dass diese Materialien zu Abfall werden,
   d) die Unterstützung der Wiederverwendung von Produkten und der Schaffung von Systemen zur Förderung von Tätigkeiten zur Reparatur und Wiederverwendung, insbesondere von Elektro- und Elektronikgeräten, Textilien, Möbeln, Verpackungen sowie Baumaterialien und -produkten,
   e) unbeschadet der Rechte des geistigen Eigentums die Förderung der Verfügbarkeit von Ersatzteilen, Bedienungsanleitungen, technischen Informationen oder anderen Mitteln und Geräten sowie Software, die es ermöglichen, Produkte ohne Beeinträchtigung ihrer Qualität und Sicherheit zu reparieren und wiederzuverwenden,
   f) die Verringerung der Abfallerzeugung bei Prozessen im Zusammenhang mit der industriellen Produktion, bei der Gewinnung von Mineralien, bei der Herstellung, bei Bau- und Abbruchtätigkeiten, jeweils unter Berücksichtigung der besten verfügbaren Techniken,
   g) die Verringerung der Verschwendung von Lebensmitteln in der Primärerzeugung, Verarbeitung und Herstellung, im Einzelhandel und bei anderen Formen des Vertriebs von Lebensmitteln, in Gaststätten und bei Verpflegungsdienstleistungen sowie in privaten Haushaltungen, um zu dem Ziel der Vereinten Nationen für nachhaltige Entwicklung beizutragen, bis 2030 die weltweit im Einzelhandel und bei den Verbrauchern pro Kopf anfallenden Lebensmittelabfälle zu halbieren und die Verluste von Lebensmitteln entlang der Produktions- und Lieferkette einschließlich Nachernteverlusten zu reduzieren,
   h) die Förderung von Lebensmittelspenden und anderen Formen der Umverteilung von Lebensmitteln für den menschlichen Verzehr, damit der Verzehr durch den Menschen Vorrang gegenüber dem Einsatz als Tierfutter und der Verarbeitung zu sonstigen Erzeugnissen hat, sowie die Förderung von Sachspenden,
   i) die Förderung der Senkung des Gehalts an gefährlichen Stoffen in Materialien und Produkten,
   j) die Reduzierung der Entstehung von Abfällen, insbesondere von Abfällen, die sich nicht für die Vorbereitung zur Wiederverwendung oder für das Recycling eignen,
   k) die Ermittlung von Produkten, die Hauptquellen der Vermüllung insbesondere der Natur und der Meeresumwelt sind, und die Durchführung geeigneter Maßnahmen zur Vermeidung und Reduzierung des durch diese Produkte verursachten Müllaufkommens,
   l) die Vermeidung und deutliche Reduzierung von Meeresmüll als Beitrag zu dem Ziel der Vereinten Nationen für nachhaltige Entwicklung, jegliche Formen der Meeresverschmutzung zu vermeiden und deutlich zu reduzieren sowie
   m) die Entwicklung und Unterstützung von Informationskampagnen, in deren Rahmen für Abfallvermeidung und Vermüllung sensibilisiert wird,
   n) Maßnahmen, die zur Umsetzung der Artikel 4 bis 10 der Richtlinie (EU) 2019/904 (Verringerung der Auswirkungen bestimmter Kunststoffprodukte auf die Umwelt) getroffen wurden,

3. legt, soweit erforderlich, weitere Abfallvermeidungsmaßnahmen fest und
4. gibt zweckmäßige, spezifische, qualitative oder quantitative Maßstäbe für festgelegte Abfallvermeidungsmaßnahmen vor, anhand derer die bei den Maßnahmen erzielten Fortschritte überwacht und bewertet werden; als Maßstab können Indikatoren oder andere geeignete spezifische qualitative oder quantitative Ziele herangezogen werden.

Bei der Erstellung des Abfallvermeidungsprogramms sind die bestehenden Abfallvermeidungsmaßnahmen und ihr Beitrag zur Abfallvermeidung zu beschreiben, ist die Zweckmäßigkeit der in der Anlage 4 KrWG angegebenen oder anderer geeigneter Abfallvermeidungsmaßnahmen zu bewerten und ist, soweit relevant, der Beitrag zu beschreiben, den die in der Anlage 5 KrWG aufgeführten Instrumente und Maßnahmen zur Abfallvermeidung leisten. Die neue Anlage 5 KrWG trägt den Titel „Beispiele für wirtschaftliche Instrumente und andere Maßnahmen zur Schaffung von Anreizen für die Anwendung der Abfallhierarchie".

Der Bund erstellt ein Abfallvermeidungsprogramm. Die Länder können sich an der Erstellung des Abfallvermeidungsprogramms beteiligen. In diesem Fall leisten sie für ihren jeweiligen Zuständigkeitsbereich eigenverantwortliche Beiträge; diese Beiträge werden in das Abfallvermeidungsprogramm des Bundes aufgenommen.

Soweit die Länder sich nicht an einem Abfallvermeidungsprogramm des Bundes beteiligen, erstellen sie eigene Abfallvermeidungsprogramme. Die Länder können ihre Beiträge zu einem Bundesprogramm oder die eigenen Abfallvermeidungsprogramme in ihre Abfallwirtschaftspläne integrieren.

Bestehende Abfallvermeidungsprogramme sind bis zum Ablauf des 12. Dezember 2025 an die Anforderungen nach § 33 Absatz 3 Nummer 2 und den Absätzen 4 und 5 anzupassen, alle sechs Jahre auszuwerten und bei Bedarf fortzuschreiben.

Bei der Aufstellung oder Änderung von Abfallvermeidungsprogrammen ist die Öffentlichkeit von der zuständigen Behörde entsprechend § 32 KrWG (siehe oben) zu beteiligen.

Zuständig für die Erstellung des Abfallvermeidungsprogramms des Bundes ist das Bundesministerium für Umwelt, Naturschutz und nukleare Sicherheit oder eine von ihr zu bestimmende Behörde.

1.1.11 Zulassung von Anlagen, in denen Abfälle entsorgt werden

§ 35 Absatz 1 KrWG enthält einen „Rechtsgrundverweis":

Die Errichtung und der Betrieb von Anlagen, in denen eine Entsorgung von Abfällen durchgeführt wird, sowie die wesentliche Änderung einer solchen Anlage oder ihres Betriebes bedürfen der Genehmigung nach den Vorschriften des Bundes-Immissionsschutzgesetzes; einer weiteren Zulassung nach diesem Gesetz [d. h. dem KrWG] bedarf es nicht.

Somit bleiben noch die **Deponien**:

Deponien im Sinne des KrWG sind Beseitigungsanlagen zur Ablagerung von Abfällen oberhalb der Erdoberfläche (oberirdische Deponien) oder unterhalb der Erdoberfläche (Untertagedeponien). Zu den Deponien zählen auch betriebsinterne Abfallbeseitigungsanlagen für die Ablagerung von Abfällen, in denen ein Erzeuger von Abfällen die Abfallbeseitigung am Erzeugungsort vornimmt.

Siehe hierzu auch die Beseitigungsverfahren D 1, D 5 und D 12 der Anlage 1 des KrWG.

Die Errichtung und der Betrieb von Deponien sowie die wesentliche Änderung einer solchen Anlage oder ihres Betriebes bedürfen der Planfeststellung durch die zuständige Behörde (§ 35 Absatz 2 KrWG).

In dem Planfeststellungsverfahren ist eine **Umweltverträglichkeitsprüfung** nach den Vorschriften des Gesetzes über die Umweltverträglichkeitsprüfung durchzuführen.

1.1.11.1 Errichtung und Betrieb von Anlagen, in denen eine Entsorgung von Abfällen durchgeführt wird

- **Bundes-Immissionsschutzgesetz vom 17. Mai 2013 (BGBl. I S. 1274), zuletzt geändert am 19. Oktober 2022 (BGBl. I S. 1792)**

Die Errichtung und der Betrieb von Anlagen, in denen eine Entsorgung von Abfällen durchgeführt wird, sowie die wesentliche Änderung einer solchen Anlage oder ihres Betriebes bedürfen der Genehmigung nach den Vorschriften des **Bundes-Immissionsschutzgesetzes** (§ 35 Absatz 1 KrWG).

> ***§ 4 BImSchG***
>
> ***Die Errichtung und der Betrieb von Anlagen, die aufgrund ihrer Beschaffenheit oder ihres Betriebes in besonderem Maße geeignet sind, schädliche Umwelteinwirkungen hervorzurufen, oder in anderer Weise die Allgemeinheit oder die Nachbarschaft zu gefährden, erheblich zu benachteiligen oder erheblich zu belästigen, sowie von ortsfesten Abfallentsorgungsanlagen zur Lagerung oder Behandlung von Abfällen bedürfen einer Genehmigung.***

§ 4 BImSchG enthält auf jeden Fall ein Genehmigungserfordernis für ortsfeste Abfallentsorgungsanlagen zur Lagerung oder Behandlung von Abfällen.

Gegenüber dem bisherigen § 31 Absatz 1 KrW-/AbfG, der sich allein auf ortsfeste Abfallbeseitigungsanlagen zur Lagerung oder Behandlung von Abfällen bezogen hat, wird in den Rechtsgrundverweis nach § 35 Absatz 1 KrWG ein wesentlich weiterer Kreis von entsorgungsrelevanten Anlagen einbezogen. Dem steht der § 4 BImSchG als zwingende Genehmigungsgrundlage gegenüber. Von dieser Grundlage ausgehend muss dann ein Weg gefunden werden …

§ 4 BImSchG enthält eine Ermächtigung zum Erlass einer Verordnung mit einer Liste der genehmigungsbedürftigen Anlagen (siehe 4. BImSchV):

Die Bundesregierung bestimmt nach Anhörung der beteiligten Kreise (§ 51 BImSchG) durch Rechtsverordnung mit Zustimmung des Bundesrates die Anlagen, die einer Genehmigung bedürfen (genehmigungsbedürftige Anlagen); in der Rechtsverordnung kann auch vorgesehen werden, dass eine Genehmigung nicht erforderlich ist, wenn eine Anlage insgesamt oder in ihren in der Rechtsverordnung bezeichneten wesentlichen Teilen der Bauart nach zugelassen ist und in Übereinstimmung mit der Bauartzulassung errichtet und betrieben wird.

Die immissionsschutzrechtliche Genehmigung ist eine „Kontrollerlaubnis", d. h. ein präventives Verbot mit Erlaubnisvorbehalt: Einschlägige Vorhaben sind grundsätzlich verboten. Die Behörden müssen aber in einem Genehmigungsverfahren prüfen, ob das geplante Vorhaben den Anforderungen der zutreffenden Rechtsvorschriften genügt (in diesen Rechtsvorschriften hat der Gesetzgeber Kriterien festgelegt, deren Erfüllung das Vorhaben nach seiner Ansicht genehmigungsfähig machen). Der Nachweis der Erfüllung der gesetzlichen Anforderungen obliegt dem Antragsteller.

Die Behörde überprüft die Übereinstimmung mit den gesetzlich festgelegten Kriterien. Besteht Übereinstimmung, besteht ein **Rechtsanspruch auf Erteilung der Genehmigung**. Die Genehmigung kann allerdings unter Bedingungen erteilt und mit Auflagen, einer Befristung und einem Widerrufsvorbehalt versehen werden (§ 12 BImSchG).

4. BImSchV Genehmigungsbedürftige Anlagen vom 31. Mai 2017 (BGBl. I S. 1440), zuletzt geändert am 12. Oktober 2022 (BGBl. I S. 1799)

Die Errichtung und der Betrieb der im Anhang 1 der 4. BImSchV genannten Anlagen bedürfen einer Genehmigung, soweit den Umständen nach zu erwarten ist, dass sie länger als während der zwölf Monate, die auf die Inbetriebnahme folgen, an demselben Ort betrieben werden (§ 1 Absatz 1 der 4. BImSchV).

Für die in Nummer 8 des Anhangs 1 genannten Anlagen, ausgenommen Anlagen zur Behandlung am Entstehungsort, gilt dieser Satz auch, soweit sie weniger als während der zwölf Monate, die auf die Inbetriebnahme folgen, an demselben Ort betrieben werden sollen.

Beachte, dass die Begriffe „ortsfest“ und „ortsbeweglich“ in der 4. BImSchV nicht verwendet werden!

Beim **Genehmigungsverfahren** wird unterschieden zwischen dem Genehmigungsverfahren (G) nach § 10 BImSchG mit Öffentlichkeitsbeteiligung und dem Vereinfachten Verfahren (V) nach § 19 BImSchG ohne Öffentlichkeitsbeteiligung (§ 2 der 4. BImSchV).

§ 10 BImSchG ist anzuwenden bei:

a) Anlagen, die in der 4. BImSchV in Spalte c des Anhangs 1 mit dem Buchstaben G gekennzeichnet sind,
b) Anlagen, die sich aus in Spalte c des Anhangs 1 mit dem Buchstaben G und dem Buchstaben V gekennzeichneten Anlagen zusammensetzen,
c) Anlagen, die in Spalte c des Anhangs 1 mit dem Buchstaben V gekennzeichnet sind und zu deren Genehmigung nach den §§ 3a bis 3f des Gesetzes über die Umweltverträglichkeitsprüfung eine Umweltverträglichkeitsprüfung durchzuführen ist.

§ 19 BImSchG gilt für Anlagen, die in der 4. BImSchV in Spalte c des Anhangs 1 mit dem Buchstaben V gekennzeichnet sind.

Anlagen nach Artikel 10 in Verbindung mit Anhang I der Richtlinie 2010/75/EU (IED/IE-Richtlinie; siehe weiter unten) sind Anlagen, die in der 4. BImschV in Spalte d des Anhangs 1 mit dem Buchstaben E gekennzeichnet sind.

Im Anhang 1 der 4. BImSchV finden sich Mengengrenzen. Damit entstehen „unbedeutende“ Anlagen, die keiner Genehmigung bedürfen. Diese „nicht genehmigungsbedürftigen Anlagen“ stehen aber keineswegs im rechtsfreien Raum, sondern unterliegen den §§ 22 und 23 BImSchG (Betreiberpflichten, Anforderungen an Errichtung, Beschaffenheit und Betrieb).

Die Behörde hat die Möglichkeit, nicht genehmigungsbedürftige Anlagen im Einzelfall mit nachträglichen Anordnungen zu belegen (§ 24 BImSchG). Kommt der Betreiber der Anlage einer behördlichen Anordnung nicht nach, kann die Behörde den Betrieb bis zur Erfüllung der Anordnung teilweise oder vollständig untersagen (§ 25 BImSchG).

Nr.	Anlagenbeschreibung	Verfahrens-art	Anlage gemäß Art. 10 der RL 2010/75/EU
a	b	c	d
8.	**Verwertung und Beseitigung von Abfällen und sonstigen Stoffen**		
8.4	Anlagen, in denen Stoffe aus in Haushaltungen anfallenden oder aus hausmüllähnlichen Abfällen durch Sortieren für den Wirtschaftskreislauf zurückgewonnen werden, mit einer Durchsatzkapazität von 10 Tonnen Einsatzstoffen oder mehr je Tag;	V	
8.5	Anlagen zur Erzeugung von Kompost aus organischen Abfällen mit einer Durchsatzkapazität an Einsatzstoffen von		
8.5.1	75 Tonnen oder mehr je Tag,	G	E
8.5.2	10 Tonnen bis weniger als 75 Tonnen je Tag;	V	
8.6	Anlagen zur biologischen Behandlung, soweit nicht durch Nummer 8.5 oder 8.7 erfasst, von		
8.6.1	gefährlichen Abfällen mit einer Durchsatzkapazität an Einsatzstoffen von		
8.6.1.1	10 Tonnen oder mehr je Tag,	G	E
8.6.1.2	1 Tonne bis weniger als 10 Tonnen je Tag,	V	
8.6.2	nicht gefährlichen Abfällen, soweit nicht durch Nummer 8.6.3 erfasst, mit einer Durchsatzkapazität an Einsatzstoffen von		
8.6.2.1	50 Tonnen oder mehr je Tag,	G	E
8.6.2.2	10 Tonnen bis weniger als 50 Tonnen je Tag,	V	
8.6.3	Gülle, soweit die Behandlung ausschließlich zur Verwertung durch anaerobe Vergärung (Biogaserzeugung) erfolgt, mit einer Durchsatzkapazität von		
8.6.3.1	100 Tonnen oder mehr je Tag,	G	E

Nr.	Anlagenbeschreibung	Verfahrensart	Anlage gemäß Art. 10 der RL 2010/75/EU
a	b	c	d
8.6.3.2	weniger als 100 Tonnen je Tag, soweit die Produktionskapazität von Rohgas 1,2 Mio. Normkubikmeter je Jahr oder mehr beträgt;	V	
8.8	Anlagen zur chemischen Behandlung, insbesondere zur chemischen Emulsionsspaltung, Fällung, Flockung, Kalzinierung, Neutralisation oder Oxidation, von		
8.8.1	gefährlichen Abfällen mit einer Durchsatzkapazität an Einsatzstoffen von		
8.8.1.1	10 Tonnen oder mehr je Tag,	G	E
8.8.1.2	weniger als 10 Tonnen je Tag,	G	
8.8.2	nicht gefährlichen Abfällen mit einer Durchsatzkapazität an Einsatzstoffen von		
8.8.2.1	50 Tonnen oder mehr je Tag,	G	E
8.8.2.2	10 Tonnen bis weniger als 50 Tonnen je Tag;	V	
8.9	Anlagen zur Behandlung von		
8.9.1	nicht gefährlichen metallischen Abfällen in Schredderanlagen mit einer Durchsatzkapazität an Einsatzstoffen von		
8.9.1.1	50 Tonnen oder mehr je Tag,	G	E
8.9.1.2	10 Tonnen bis weniger als 50 Tonnen je Tag;	V	
8.9.2	Altfahrzeugen, sonstigen Nutzfahrzeugen, Bussen oder Sonderfahrzeugen (einschließlich der Trockenlegung) mit einer Durchsatzkapazität je Woche von 5 oder mehr Altfahrzeugen, sonstigen Nutzfahrzeugen, Bussen oder Sonderfahrzeugen;	V	

Nr.	Anlagenbeschreibung	Verfahrensart	Anlage gemäß Art. 10 der RL 2010/75/EU
a	b	c	d
8.15	Anlagen zum Umschlagen von Abfällen, ausgenommen Anlagen zum Umschlagen von Erdaushub oder von Gestein, das bei der Gewinnung oder Aufbereitung von Bodenschätzen anfällt, soweit nicht von Nummer 8.12 oder 8.14 erfasst, mit einer Kapazität von		
8.15.1	10 Tonnen oder mehr gefährlichen Abfällen je Tag,	G	
8.15.2	1 Tonne bis weniger als 10 Tonnen gefährlichen Abfällen je Tag,	V	
8.15.3	100 Tonnen oder mehr nicht gefährlichen Abfällen je Tag;	V	

Pflichten der Betreiber genehmigungsbedürftiger Anlagen

§ 5 BImSchG

Genehmigungsbedürftige Anlagen sind so zu errichten und zu betreiben, dass zur Gewährleistung eines hohen Schutzniveaus für die Umwelt insgesamt

1. ***schädliche Umwelteinwirkungen und sonstige Gefahren, erhebliche Nachteile und erhebliche Belästigungen für die Allgemeinheit und die Nachbarschaft nicht hervorgerufen werden können;***
2. ***Vorsorge gegen schädliche Umwelteinwirkungen und sonstige Gefahren, erhebliche Nachteile und erhebliche Belästigungen getroffen wird, insbesondere durch die dem Stand der Technik entsprechenden Maßnahmen;***
3. ***Abfälle vermieden, nicht zu vermeidende Abfälle verwertet und nicht zu verwertende Abfälle ohne Beeinträchtigung des Wohls der Allgemeinheit beseitigt werden; Abfälle sind nicht zu vermeiden, soweit die Vermeidung technisch nicht möglich oder nicht zumutbar ist; die Vermeidung ist unzulässig, soweit sie zu nachteiligeren Umweltauswirkungen führt als die Verwertung; die Verwertung und Beseitigung von Abfällen erfolgt nach den Vorschriften des Kreislaufwirtschaftsgesetzes und den sonstigen für die Abfälle geltenden Vorschriften;***
4. ***Energie sparsam und effizient verwendet wird.***

Die Betreiberpflichten umfassen somit

- eine Schutz- und Gefahrenabwehrpflicht,
- eine Vorsorgepflicht,
- eine Abfallvermeidungspflicht und
- eine Abwärmenutzungspflicht.

Abfallvermeidungs- und Abwärmenutzungspflicht sind an die technische Machbarkeit und wirtschaftliche Zumutbarkeit gebunden. Für die Abfallvermeidung gilt die Rangfolge „Vermeiden – Verwerten – Beseitigen".

Zur Abwärmenutzungspflicht existiert eine weitergehende Feststellung in § 13 („Wärmenutzung") der 17. BImSchV (Verbrennungs- und Mitverbrennungsanlagen). Ist die Abgabe der Abwärme an Dritte nicht möglich, ist eine Eigennutzung anzustreben (soweit technisch möglich und zumutbar). Ist aus der nicht abgegebenen oder eigengenutzten Abwärme eine elektrische Klemmenleistung von mehr als 0,5 Megawatt erzeugbar, ist elektrische Energie zu erzeugen.

Der Betreiber einer genehmigungsbedürftigen Anlage im Sinne von § 4 Bundes-Immissionsschutzgesetz oder im Rahmen ihrer Geschäftsführungsbefugnis die nach § 58 Absatz 1 Satz 1 KrWG anzuzeigende Person hat der zuständigen Behörde mitzuteilen, auf welche Weise sichergestellt ist, dass die Vorschriften und Anordnungen, die der Vermeidung, Verwertung und umweltverträglichen Beseitigung von Abfällen dienen, beim Betrieb beachtet werden (§ 58 Absatz 2 KrWG).

Besteht bei Kapitalgesellschaften das vertretungsberechtigte Organ aus mehreren Mitgliedern oder sind bei Personengesellschaften mehrere vertretungsberechtigte Gesellschafter vorhanden, ist der zuständigen Behörde anzuzeigen, wer von ihnen nach den Bestimmungen über die Geschäftsführungsbefugnis für die Gesellschaft die Pflichten des Betreibers einer genehmigungsbedürftigen Anlage im Sinne des § 4 des Bundes-Immissionsschutzgesetzes wahrnimmt (§ 58 Absatz 1 KrWG).

Zu den Betreiberpflichten gehört des Weiteren eine **Nachsorgepflicht** (§ 5 Absatz 3 BImSchG): Der Betreiber hat sicherzustellen, dass nach einer Betriebseinstellung

1. von der Anlage oder dem Anlagengrundstück keine schädlichen Umwelteinwirkungen und sonstige Gefahren, erhebliche Nachteile und erhebliche Belästigungen für die Allgemeinheit und die Nachbarschaft hervorgerufen werden können (dieser Gesichtspunkt soll schon bei Errichtung und Betrieb berücksichtigt werden),
2. vorhandene Abfälle ordnungsgemäß und schadlos verwertet oder ohne Beeinträchtigung des Wohls der Allgemeinheit beseitigt werden (vgl. Punkt 1) und
3. die Wiederherstellung eines ordnungsgemäßen Zustandes des Betriebsgeländes gewährleistet ist.

Die Absicht der Betriebseinstellung ist der Behörde anzuzeigen (§ 15 Absatz 3 BImSchG). Der Anzeige sind Unterlagen über die Umsetzung der Nachsorgepflicht beizufügen.

Die Betreiberpflichten nach § 5 BImSchG sind Dauerpflichten. Sie gelten für die Errichtungsphase, den gesamten Betriebszeitraum (einschließlich Betriebseinstellungen) und die Zeit nach der Betriebsstilllegung. Die inhaltliche Ausfüllung der Betreiberpflichten unterliegt dem rechtlichen und technischen Wandel. Der Umsetzung der sich wandelnden Anforderungen sind allerdings Grenzen gesetzt:

- Die Behörde hat die Maßnahme zu treffen, die den Betreiber am wenigsten beeinträchtigt;
- die Maßnahme muss zweckmäßig und in einem vernünftigen Verhältnis zum angestrebten Erfolg stehen (Verhältnismäßigkeitsgrundsatz).

Genehmigungsvoraussetzungen/Anforderungen an genehmigungsbedürftige Anlagen

Der Rechtsanspruch auf Erteilung der Genehmigung (… ist zu erteilen …) tritt ein (§ 6 BImSchG), wenn

- sichergestellt ist, dass die Anforderungen an die Anlage (siehe Verordnungen zum BImSchG) erfüllt werden;
- sichergestellt ist, dass die Betreiberpflichten erfüllt werden;
- andere öffentlich-rechtliche Vorschriften (z. B. Raumplanung) und Belange des Arbeitsschutzes der Errichtung und dem Betrieb der Anlage nicht entgegenstehen.

Das BImSchG enthält einen allgemeinen Anforderungskatalog (§ 7 Absatz 1 BImSchG); dessen Umsetzung erfolgt mit Rechtsverordnungen zur Durchführung des BImSchG (sogenannte BImSchV).

Der Anforderungskatalog umfasst

- die Erfüllung der technischen Anforderungen,
- die Einhaltung von Emissionsgrenzwerten,
- die Einhaltung von Anforderungen an den Energieeinsatz,
- die Vornahme von Messungen (Emissionen/Immissionen),
- die Vornahme von sicherheitstechnischen Prüfungen während der Errichtung, nach Inbetriebnahme und nach einer wesentlichen Änderung, in regelmäßigen Abständen während des Betriebs der Anlage und nach einer Betriebseinstellung.

Mögliche Verlagerungen von nachteiligen Auswirkungen von einem Schutzgut auf ein anderes sind zu berücksichtigen; ein hohes Schutzniveau für die Umwelt insgesamt ist zu gewährleisten.

17. BImSchV Verbrennung und Mitverbrennung von Abfällen vom 2. Mai 2013 (BGBl. I S. 1021, ber. S. 3754), zuletzt geändert am 6. Juli 2021 (BGBl I S. 2514)

Inhalte der 17. BImSchV	
Definition der „Abfallverbrennungsanlage“	Eine Feuerungsanlage, deren Hauptzweck darin besteht, thermische Verfahren zur Behandlung von Abfällen oder Stoffen zu verwenden. Diese Verfahren umfassen die Verbrennung durch Oxidation der oben genannten Stoffe und andere vergleichbare thermische Verfahren wie Pyrolyse, Vergasung oder Plasmaverfahren, soweit die bei den vorgenannten thermischen Verfahren aus Abfällen entstehenden festen, flüssigen oder gasförmigen Stoffe verbrannt werden.
Definition der „Abfallmitverbrennungsanlage“	Eine Feuerungsanlage, deren Hauptzweck in der Energiebereitstellung oder der Produktion stofflicher Erzeugnisse besteht und in der Abfälle oder Stoffe, bei gemischten Siedlungsabfällen nur soweit es sich um aufbereitete gemischte Siedlungsabfälle handelt, als regelmäßige oder zusätzliche Brennstoffe verwendet werden oder mit dem Ziel der Beseitigung thermisch behandelt werden.

Inhalte der 17. BImSchV *(Forts.)*	
Emissionsbezogene Anforderungen an Anlieferung, Annahme und Zwischenlagerung der Einsatzstoffe	z. B. Bunker mit Unterdruckhaltung und Einrichtungen zur automatischen Brandüberwachung, Luftabsaugung bei offenen Übergabestellen für flüssige Einsatzstoffe, Löschwasserrückhaltung; bei gefährlichen Abfällen Ermittlung der Abfalleigenschaften, Abgleich mit den Genehmigungsbedingungen für die Anlage, Prüfung einschlägiger Dokumente, Entnahme und Untersuchung repräsentativer Proben.
Betriebsbedingungen	weitgehender Ausbrand der Abfälle; in der Schlacke und in der Rostasche ein Gehalt an organisch gebundenem Gesamtkohlenstoff von weniger als 3 % oder ein Glühverlust von weniger als 5 % des Trockengewichtes; soweit erforderlich, sind die Abfälle vorzubehandeln; die Vorbehandlung erfolgt in der Regel durch Zerkleinern oder Mischen; infektiöse krankenhausspezifische Abfälle sollen in die Feuerung gebracht werden, ohne vorher mit anderen Abfallarten vermischt oder anderweitig vorbehandelt worden zu sein. Flugascheablagerungen sind möglichst gering zu halten, insbesondere durch geeignete Abgasführung sowie häufige Reinigung von Kesseln, Heizflächen, Kesselspeisewasser-Vorwärmern und Abgaszügen.
Verbrennungsbedingungen für Abfallverbrennungsanlagen	Abfallverbrennungsanlagen sind so zu errichten und zu betreiben, dass für die Verbrennungsgase, die bei der Verbrennung von Abfällen … entstehen, nach der letzten Verbrennungsluftzuführung eine Mindesttemperatur von 850 °C eingehalten wird.
Verbrennungsbedingungen für Abfallmitverbrennungsanlagen	… dass für die Verbrennungsgase, die bei der Abfallmitverbrennung entstehen, eine Mindesttemperatur von 850 °C eingehalten wird.
Emissionsgrenzwerte	z. B. Einhaltung von Tagesmittelwerten und Halbstundenmittelwerten bzgl. Gesamtstaub, gasförmige anorganische Chlor- und Fluorverbindungen, Schwefel- und Stickstoffdioxid; Einhaltung von Grenzwerten bzgl. Schwermetallen (inklusive Quecksilber), Kohlenmonoxid und Ammoniak (§ 8 17. BImSchV; für Abfallmitverbrennungsanlagen siehe § 9 17. BImSchV).

Inhalte der 17. BImSchV *(Forts.)*	
Ableitbedingungen für Abgase	Die Abgase sind in kontrollierter Weise so abzuleiten, dass ein ungestörter Abtransport mit der freien Luftströmung ermöglicht wird. Zur Ermittlung der Ableitungshöhen sind die Anforderungen der Technischen Anleitung zur Reinhaltung der Luft (TA Luft) zu berücksichtigen.
Behandlung der bei der Verbrennung und Mitverbrennung entstehenden Abfälle	z. B. Vermeidung – Verwertung – Beseitigung von Schlacken, Filter- und Kesselstäuben
Wärmenutzung	Eigennutzung (falls nicht Abgabe an Dritte) und (unter bestimmten Voraussetzungen) Erzeugung elektrischer Energie
Messung und Überwachung: z. B. • **Messplätze** • **Messverfahren und Messeinrichtungen** • **kontinuierliche Messungen** • **Auswertung und Beurteilung** • **Einzelmessungen: Bericht, Beurteilung** • **Reaktion auf Abweichungen von den Anforderungen**	z. B. Einhaltung des Standes der Messtechnik, Kalibrierung und Überprüfung der Messeinrichtungen durch autorisierte Stellen, jährliche Prüfung der Funktionsfähigkeit, Vorgaben für die Auswertung der kontinuierlichen Messungen (z. B. Halbstundenmittelwerte), Erstellung eines jährlichen Messberichts und Vorlage bei der Behörde, Mitteilung von gemessenen Abweichungen von den Anforderungen an die Behörde und Ergreifung der Maßnahmen zur Wiederherstellung eines ordnungsgemäßen Betriebs. Beachte § 17 Absatz 6 17. BImSchV: Die Emissionsgrenzwerte sind eingehalten, wenn …
Unterrichtung der Öffentlichkeit	Der Betreiber einer Abfallverbrennungs- oder -mitverbrennungsanlage hat nach erstmaliger Kalibrierung der Messeinrichtungen und danach einmal jährlich Folgendes zu veröffentlichen: 1. die Ergebnisse der Emissionsmessungen, 2. einen Vergleich der Ergebnisse der Emissionsmessungen mit den Emissionsgrenzwerten und 3. eine Beurteilung der Verbrennungsbedingungen. Dies gilt nicht für solche Angaben, aus denen Rückschlüsse auf Betriebs- oder Geschäftsgeheimnisse gezogen werden können. Die zuständige Behörde legt Art und Form der Veröffentlichung fest.

13. BImSchV Großfeuerungs-, Gasturbinen- und Verbrennungsmotoranlagen vom 6. Juli 2021 (BGBl. S. 2514)

Diese Verordnung gilt für die Errichtung, die Beschaffenheit und den Betrieb von Feuerungsanlagen, einschließlich Gasturbinenanlagen und Verbrennungsmotoranlagen sowie Gasturbinenanlagen und Verbrennungsmotoranlagen zum Antrieb von Arbeitsmaschinen, mit einer Feuerungswärmeleistung von mindestens 50 Megawatt (MW), unabhängig davon, welche Brennstoffe oder welche Arten von Brennstoffen eingesetzt werden.

„Gasturbinenanlage" ist eine Feuerungsanlage mit einer rotierenden Maschine, die thermische Energie in mechanische Arbeit umwandelt und im Wesentlichen aus einem Verdichter, aus einer Brennkammer, in der Brennstoff zur Erhitzung des Arbeitsmediums oxidiert wird, und aus einer Turbine besteht. „Verbrennungsmotoranlage" ist eine Feuerungsanlage in Form einer Dieselmotoranlage oder einer Gasmotoranlage. „Großfeuerungsanlage" im Sinne dieser Verordnung ist eine Feuerungsanlage, die keine Gasturbinenanlage oder Verbrennungsmotoranlage ist!

Unterabschnitt 2 der 13. BImSchV (§§ 5 bis 12) enthält „Gemeinsame Anforderungen an die Errichtung und den Betrieb". Die folgenden Themen werden abgehandelt:

- Anforderungen an und im Jahresmittel einzuhaltende Emissionsgrenzwerte zur Absicherung von Umweltqualitätszielen
- Emissionsgrenzwerte bei Betrieb mit mehreren Brennstoffen
- Kraft-Wärme-Kopplung und Kopplung von Gas- und Dampfturbinen
- Wesentliche Änderung einer Feuerungsanlage
- Anlagen zur Abscheidung und Kompression von Kohlendioxid
- Begrenzung der Emissionen bei Lagerungs- und Transportvorgängen
- Ableitbedingungen für Abgase
- Abgasreinigungseinrichtungen

§ 10 13. BImSchV erfasst die Emissionen bei Lagerungs- und Transportvorgängen:

Bei der Lagerung und beim Transport von Stoffen sind nach näherer Bestimmung der zuständigen Behörde Maßnahmen zur Begrenzung der Emissionen nach den Anforderungen der Technischen Anleitung zur Reinhaltung der Luft (TA Luft) zu treffen. Für staubförmige Verbrennungsrückstände sind geschlossene Transporteinrichtungen und geschlossene Zwischenlager zu verwenden.

Unterabschnitt 3 der 13. BImSchV (§§ 13 bis 22) legt „Gemeinsame Vorschriften zur Messung, Überwachung und Berichterstattung" fest. Die Stichworte sind geläufig: Brennstoff- und Energieeffizienzkontrolle; Messplätze, Messverfahren und Messeinrichtungen; Kontinuierliche Messungen und deren Auswertung und Beurteilung; Periodische Messungen und deren Beurteilung; jährliche Berichte über Emissionen.

An diesen, den Erwartungen an eine BImSchV entsprechenden Vorschriftenteil folgt etwas Besonderes:

Vorschriften für Feuerungsanlagen im Anwendungsbereich des Durchführungsbeschlusses (EU) 2017/1442 der Kommission vom 31. Juli 2017 zu den besten verfügbaren Techniken (BVT) **für Großfeuerungsanlagen**

Der Hintergrund lässt sich mit zwei Stichworten abdecken: IED/IE-Richtlinie (siehe S. 138) und BVT-Merkblätter (siehe S. 263).

Mit den Begriffsbestimmungen in § 26 13. BImSchV wird klarer, wer hier angesprochen wird:

Altanlage ist eine bestehende Anlage,

1. die nach § 67 Absatz 2 oder § 67a Absatz 1 BImSchG oder vor Inkrafttreten des BImSchG *(d. h. vor dem 15. März 1974)* nach § 16 Absatz 4 der Gewerbeordnung anzuzeigen war,
2. für die die erste Genehmigung zur Errichtung und zum Betrieb nach § 4 oder § 16 BImSchG vor dem 7. Januar 2013 erteilt worden ist und die vor dem 7. Januar 2014 in Betrieb gegangen ist, oder
3. für die der Betreiber vor dem 7. Januar 2013 einen vollständigen Genehmigungsantrag zur Errichtung und zum Betrieb nach § 4 oder § 16 BImSchG gestellt hat und die vor dem 7. Januar 2014 in Betrieb gegangen ist.

Bestehende Anlage ist eine Anlage,

1. die nach § 67 Absatz 2 oder § 67a Absatz 1 des BImSchG oder vor Inkrafttreten des BImSchG nach § 16 Absatz 4 der Gewerbeordnung anzuzeigen war, oder
2. für die die erste Genehmigung zur Errichtung und zum Betrieb nach § 4 oder § 16 des BImSchG vor dem 18. August 2017 erteilt worden ist und die vor dem 18. August 2021 in Betrieb gegangen ist.

In analoger Weise wird noch eine **„2003-Altanlage"** definiert.

Es folgen detaillierte Anforderungen an Emissionsgrenzwerte. Hier wird entsprechend der Art der eingesetzten Brennstoffe (fest, flüssig, gasförmig) differenziert. Auch das Thema „Messungen und Überwachung" wird abgehandelt.

Genehmigungsverfahren I

Das BImSchG kennt zwei Genehmigungsverfahren, die auf bestimmte Anlagen bzw. Anlagengrößen anzuwenden sind:

- **Genehmigungsverfahren mit öffentlicher Bekanntmachung des Vorhabens sowie der Auslegung des Antrags und der Unterlagen (§ 10 BImSchG)**
- Vereinfachtes Genehmigungsverfahren ohne Öffentlichkeitsbeteiligung (§ 19 BImSchG)

Der Anlagenbezug ergibt sich aus der 4. BImSchV. Die Verfahrensbestandteile und -abläufe sind über die genannten Paragrafen hinaus in der 9. BImSchV (Genehmigungsverfahren) niedergelegt.

Genehmigungsverfahren mit Öffentlichkeitsbeteiligung	Vereinfachtes Verfahren
• Bekanntmachung des Vorhabens bei der Genehmigungsbehörde (siehe § 2 Absatz 1 der 9. BImSchV); • Unterrichtung über Antragsinhalte und Verfahrensablauf (§ 2 Absatz 2 der 9. BImSchV) • Antragstellung (schriftlich oder elektronisch) (§ 10 Absatz 1 BImSchG und § 2 Absatz 1 der 9. BImSchV: beachte auch die §§ 3 und 4a bis 4d der 9. BImschV) • Unterrichtung über den Untersuchungsrahmen bei UVP-pflichtigen Vorhaben (§ 2a der 9. BImSchV) • Eingangsbestätigung (§ 6 der 9. BImSchV) • Prüfung der Vollständigkeit (eventuell Nachbesserung; § 10 Absatz 1 BImSchG und § 7 der 9. BImSchV) • Öffentliche Bekanntmachung (§ 10 Absatz 3 BImSchG und §§ 8 und 9 der 9. BImSchV) • Öffentliche Auslegung; Frist für Einwendungen (§ 10 Absatz 3 BImSchG und §§ 10 und 10a der 9. BImSchV) • Behördenbeteiligung (§ 10 Absatz 5 BImSchG und §§ 11 und 11a der 9. BImSchV) • Erörterungstermin mit Niederschrift (§ 10 Absatz 6 BImSchG und Abschnitt 3 der 9. BImSchV) • Entscheidung (§ 10 Absatz 6a BImSchG und § 20 der 9. BImSchV) • Genehmigungsbescheid (§ 10 Absatz 7 BImSchG und § 21 der 9. BImSchV) • Zustellung (Antragsteller, Einwender); bei vorheriger Öffentlichkeitsbeteiligung: öffentliche Bekanntmachung (§ 10 Absatz 8 BImSchG und § 21a der 9. BImSchV)	• Antragstellung • Behördenbeteiligung • Entscheidung • Genehmigungsbescheid • Zustellung (Antragsteller) (vgl. § 19 Absatz 2 BImSchG)

Das förmliche immissionsschutzrechtliche Genehmigungsverfahren entspricht im Grundsatz dem Planfeststellungsverfahren. Ein wesentlicher Unterschied liegt aber darin, dass eine umweltrelevante Nutzung auf ihre Zulassungsfähigkeit geprüft werden soll. Bei Zulassungsfähigkeit besteht ein Rechtsanspruch auf Zulassung (§ 6 BImSchG).

Beim Planfeststellungsverfahren (für Deponien) geht es um den Ausgleich von Interessen, wobei der zuständigen Behörde ein Planungsermessen zukommt. Ein Anspruch auf Feststellung des vorgelegten Planes bei Vorliegen der gesetzlichen Voraussetzungen besteht nicht.

Dem schriftlichen Genehmigungsantrag soll eine Beratung des Antragstellers durch die Genehmigungsbehörde vorausgehen (§ 2 Absatz 2 der 9. BImSchV). Diese Beratung muss unverbindlich bleiben (verbindliche Vorklärungen sind nur über Vorbescheide und Teilgenehmigungen möglich; siehe unten).

Dem Antrag sind die Unterlagen beizufügen, die zur Prüfung der Genehmigungsvoraussetzungen erforderlich sind (§ 4 Absatz 1 der 9. BlmschV). Soweit die Zulässigkeit oder die Ausführung des Vorhabens nach Vorschriften über Naturschutz und Landschaftspflege zu prüfen ist, sind die hierfür erforderlichen Unterlagen beizufügen. Die §§ 4a, 4b der 9. BlmSchV detaillieren die notwendigen Angaben zur Anlage, zum Anlagenbetrieb (z. B. Immissionsprognose, Energieeffizienz) und zu den Schutzmaßnahmen. Letztere können eine Sicherheitsanalyse nach der 12. BlmSchV (Störfall-Verordnung) einschließen. § 4c der 9. BlmSchV behandelt den Plan zur Vermeidung/Verwertung/Beseitigung von Abfällen. § 4d der 9. BlmSchV fordert Unterlagen zum Thema Energieeffizienz". Bei UVP-pflichtigen Vorhaben ist den Unterlagen eine Beschreibung der Umwelt sowie der zu erwartenden erheblichen Auswirkungen des Vorhabens auf die Schutzgüter (Boden, Wasser, Luft, Menschen, Tiere, Pflanzen etc.) erforderlich (§ 4e der 9. BlmSchV).

Ist der Antrag nach Ansicht der Behörde ergänzungsbedürftig, hat sie dies dem Antragsteller unverzüglich mitzuteilen und ihm eine angemessene Frist zur Ergänzung zu setzen (§ 10 Absatz 1 BlmSchG). Sobald die Antragsunterlagen vollständig sind, ist das Vorhaben öffentlich bekannt zu machen.

Die Genehmigungsbehörde unterrichtet zu diesem Zeitpunkt alle Behörden, deren Aufgabenbereich durch das Vorhaben berührt wird. Nimmt eine dieser Behörden die Frist zur Stellungnahme nicht wahr, „so ist davon auszugehen, dass die beteiligte Behörde sich nicht äußern will" (§ 11 der 9. BlmSchV). Die Genehmigungsbehörde holt Sachverständigengutachten ein, soweit dies für die Prüfung der Genehmigungsvoraussetzungen notwendig ist (§ 13 der 9. BlmSchV).

Zur öffentlichen Auslegung müssen alle die Unterlagen kommen, die für eine Beurteilung des Vorhabens relevant sind (Betriebs- und Geschäftsgeheimnisse sind so zu behandeln, dass es Einwendern möglich ist, die Auswirkungen der Anlage ohne Preisgabe des Geheimnisses zu beurteilen).

Die Öffentlichkeitsbeteiligung ist beim immissionsschutzrechtlichen Genehmigungsverfahren eine „Jedermann"-Beteiligung: Nicht nur diejenigen, deren Belange durch das Vorhaben berührt werden (z. B. Grundstücksbesitzer und Geschäftsleute in der Nachbarschaft des geplanten Standorts), sondern jedermann kann Einwände erheben. Einwände sind schriftlich abzugeben. Der Antragsteller wird über den Inhalt der Einwendungen unterrichtet. Nach Ablauf der Frist sind keine weiteren Einwendungen möglich. Ein Widerspruch oder eine verwaltungsgerichtliche Klage gegen die erteilte Genehmigung darf sich nicht auf Umstände stützen, die bereits während der Einwendungsfrist bekannt waren (sogenannte Verwirkungspräklusion). Einwender, die mittelbar über privatrechtliche Titel wie Verträge und Grunddienstbarkeiten betroffen sind, werden auf den Rechtsweg vor den ordentlichen Gerichten verwiesen; für sie gilt die Verwirkungspräklusion nicht (§ 10 Absatz 3 BlmSchG).

Das Thema „Erörterungstermin" wird in den §§ 14 bis 19 der 9. BlmSchV geregelt. Der Erörterungstermin dient dazu, die rechtzeitig erhobenen Einwendungen zu erörtern, soweit dies für die Prüfung der Genehmigungsvoraussetzungen von Bedeutung sein kann. Er soll denjenigen, die Einwendungen erhoben haben, Gelegenheit geben, ihre Einwendungen zu erläutern. Die Veranstaltung ist öffentlich. Der Verhandlungsleiter hat bestimmte Rechte (z. B. Entzug des Worts, wenn von Einwendern Ausführungen gemacht werden, die nicht den konkreten Erörterungsgegenstand betreffen). Über die Veranstaltung wird eine inhaltlich orientierte Niederschrift angefertigt, die dem Antragsteller zugeht und Einwendern auf Anforderung zur Verfügung steht.

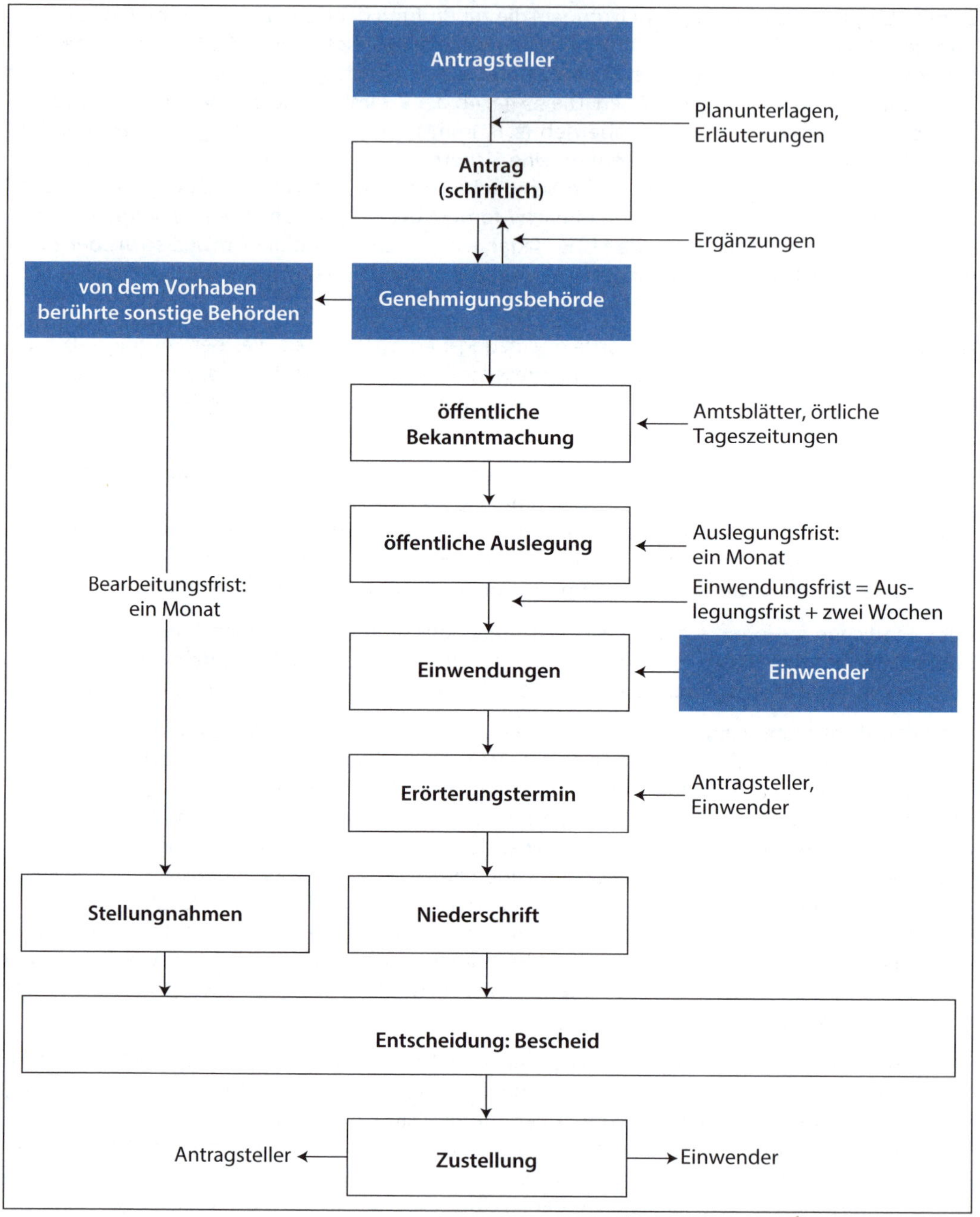

Abb. 10: Immissionsschutzrechtliches Genehmigungsverfahren

Nach Abschluss der Öffentlichkeits- und Behördenbeteiligung stehen der Genehmigungsbehörde die Antragsunterlagen, die Stellungnahmen der berührten Behörden, eventuelle Sachverständigengutachten, die Einwendungen und die Niederschrift des Erörterungstermins zur Entscheidung zur Verfügung. Die Entscheidung (§ 20 der 9. BImSchV) muss innerhalb von sieben Monaten nach Antragseingang fallen (§ 10 Absatz 6a BImSchG).

Eine Verlängerung um jeweils drei Monate ist möglich, muss aber gegenüber dem Antragsteller begründet werden (§ 10 Absatz 6a BImSchG). Die Entscheidung ist in schriftlicher Form dem Antragsteller und den Einwendern zuzustellen. Unbeschadet dieser Festlegung im BImSchG ist die Entscheidung über den Antrag öffentlich bekannt zu machen, wenn das Verfahren mit Öffentlichkeitsbeteiligung durchgeführt wurde oder der Träger des Vorhabens dies beantragt (§ 21a der 9. BImSchV). In der öffentlichen Bekanntmachung ist anzugeben, wo und wann der Bescheid und seine Begründung eingesehen werden können.

Der **Genehmigungsbescheid** muss enthalten (§ 21 Absatz 1 der 9. BImSchV):

1. die Angabe des Namens und des Wohnsitzes oder des Sitzes des Antragstellers,
2. die Angabe, dass eine Genehmigung, eine Teilgenehmigung oder eine Änderungsgenehmigung erteilt wird, und die Angabe der Rechtsgrundlage,
3. die genaue Bezeichnung des Gegenstandes der Genehmigung einschließlich des Standortes der Anlage sowie den Bericht über den Ausgangszustand,

3a. die Festlegung der erforderlichen Emissionsbegrenzungen einschließlich der Begründung für die Festlegung weniger strenger Emissionsbegrenzungen,

4. die Nebenbestimmungen zur Genehmigung,
5. die Begründung, aus der die wesentlichen tatsächlichen und rechtlichen Gründe, die die Behörde zu ihrer Entscheidung bewogen haben, und die Behandlung der Einwendungen hervorgehen sollen,
6. Angaben über das Verfahren zur Beteiligung der Öffentlichkeit,
7. eine Rechtsbehelfsbelehrung.

Der Genehmigungsbescheid für UVP-pflichtige Anlagen muss neben den oben genannten Angaben zumindest noch folgende Angaben enthalten: eine Beschreibung der vorgesehenen Überwachungsmaßnahmen und eine ergänzende Begründung, in der die zusammenfassende Darstellung nach § 20 Absatz 1a der 9. BImSchV, die begründete Bewertung nach § 20 Absatz 1b der 9. BImSchV und deren Zustandekommen enthalten sind (§ 21 Absatz 1a der 9. BImSchV).

Bei Anlagen nach der Industrieemissions-Richtlinie 2010/75/EU sind folgende Unterlagen im Internet öffentlich bekannt zu machen (§ 10 Absatz 8a BImSchG):

1. der Genehmigungsbescheid mit Ausnahme in Bezug genommener Antragsunterlagen und des Berichts über den Ausgangszustand sowie
2. die Bezeichnung des für die betreffende Anlage maßgeblichen BVT-Merkblatts[1].

Soweit der Genehmigungsbescheid Geschäfts- oder Betriebsgeheimnisse enthält, sind die entsprechenden Stellen unkenntlich zu machen.

---

[1] Dokument, das für bestimmte Tätigkeiten erstellt wird und insbesondere die angewandten Techniken, die derzeitigen Emissions- und Verbrauchswerte, die für die Festlegung der besten verfügbaren Techniken sowie der BVT-Schlussfolgerungen berücksichtigten Techniken sowie alle Zukunftstechniken beschreibt; BVT = Beste Verfügbare Techniken.

Gesetz über die Umweltverträglichkeitsprüfung (Umweltverträglichkeitsprüfung – UVPG) vom 24. Februar 2010 (BGBl. I S. 94), zuletzt geändert am 22. März 2023 (BGBl. I Nr. 88)

Die Umweltverträglichkeitsprüfung ist ein unselbstständiger Teil verwaltungsbehördlicher Verfahren, die der Entscheidung über die Zulässigkeit von Vorhaben (d. h. Bewilligung, Erlaubnis, Genehmigung, Planfeststellungsbeschluss) dienen. Sie wird unter Beteiligung der Öffentlichkeit durchgeführt.

Die Umweltverträglichkeitsprüfung umfasst die Ermittlung, Beschreibung und Bewertung der erheblichen, unmittelbaren und mittelbaren Auswirkungen eines Vorhabens auf

1. Menschen, einschließlich der menschlichen Gesundheit, Tiere, Pflanzen und die biologische Vielfalt,
2. Boden, Wasser, Luft, Klima und Landschaft,
3. Kulturgüter und sonstige Sachgüter sowie
4. die Wechselwirkung zwischen den genannten Schutzgütern.

Was ist ein „Vorhaben" und wann ist es „UVP-pflichtig"?

Ein „Vorhaben" ist

1. nach Maßgabe der Anlage 1 UVPG (siehe unten) die Errichtung und der Betrieb einer technischen Anlage, der Bau einer sonstigen Anlage und die Durchführung einer sonstigen in Natur und Landschaft eingreifenden Maßnahme;
2. die Änderung – einschließlich der Erweiterung – der Lage, der Beschaffenheit oder des Betriebs einer technischen Anlage, der Lage oder der Beschaffenheit einer sonstigen Anlage und der Durchführung einer sonstigen in Natur und Landschaft eingreifenden Maßnahme.

Das UVPG gilt für die in der Anlage 1 UVPG aufgeführten Vorhaben. Wer sich hier nicht wiederfindet, ist freigestellt.

Feststellung der UVP-Pflicht (§ 5 UVPG): Die zuständige Behörde stellt auf der Grundlage geeigneter Angaben des Vorhabenträgers sowie eigener Informationen unverzüglich fest, dass nach den §§ 6 bis 14b UVPG für das Vorhaben eine Pflicht zur Durchführung einer Umweltverträglichkeitsprüfung (UVP-Pflicht) besteht oder nicht.

Diese Feststellung trifft die Behörde auf Antrag des Vorhabenträgers oder bei einem Antrag nach § 15 UVPG (Antrag des Vorhabenträgers auf Unterrichtung über den Untersuchungsrahmen) oder von Amts wegen nach Beginn des Verfahrens, das der Zulassungsentscheidung dient.

Sofern eine Vorprüfung vorgenommen worden ist (siehe unten: § 7 UVPG zur Vorprüfung bei Neuvorhaben), gibt die zuständige Behörde die Feststellung der Öffentlichkeit bekannt. Dabei gibt sie die wesentlichen Gründe für das Bestehen oder Nichtbestehen der UVP-Pflicht unter Hinweis auf die jeweils einschlägigen Kriterien nach Anlage 3 UVPG an.

Für ein Neuvorhaben, das in Anlage 1 Spalte 1 UVPG mit dem Buchstaben „X" gekennzeichnet ist, besteht die UVP-Pflicht, wenn die zur Bestimmung der Art des Vorhabens genannten Merkmale vorliegen. Sofern Größen- oder Leistungswerte angegeben sind, besteht die UVP-Pflicht, wenn die Werte erreicht oder überschritten werden (§ 6 UVPG).

Vorprüfung bei Neuvorhaben (§ 7 UVPG): Bei einem Neuvorhaben, das in Anlage 1 Spalte 2 UVPG mit dem Buchstaben „A" gekennzeichnet ist, führt die zuständige Behörde eine allgemeine Vorprüfung zur Feststellung der UVP-Pflicht durch. Die allgemeine Vorprüfung wird als überschlägige Prüfung unter Berücksichtigung der in Anlage 3 UVPG aufgeführten Kriterien durchgeführt. Die UVP-Pflicht besteht, wenn das Neuvorhaben nach Einschätzung der zuständigen Behörde erhebliche nachteilige Umweltauswirkungen haben kann, die nach § 25 Absatz 2 UVPG bei der Zulassungsentscheidung zu berücksichtigen wären.

Bei einem Neuvorhaben, das in Anlage 1 Spalte 2 UVPG mit dem Buchstaben „S" gekennzeichnet ist, führt die zuständige Behörde eine standortbezogene Vorprüfung zur Feststellung der UVP-Pflicht durch.

UVP-Pflicht bei Änderungsvorhaben (§ 9 UVPG)**:** Wird ein Vorhaben geändert, für das eine Umweltverträglichkeitsprüfung durchgeführt worden ist, besteht für das Änderungsvorhaben die UVP-Pflicht, wenn allein die Änderung die Größen- oder Leistungswerte für eine unbedingte UVP-Pflicht gemäß § 6 UVPG erreicht oder überschreitet, oder die allgemeine Vorprüfung ergibt, dass die Änderung zusätzliche erhebliche nachteilige oder andere erhebliche nachteilige Umweltauswirkungen hervorrufen kann.

Anlage 1 UVPG: Liste „UVP-pflichtige Vorhaben" (Auszug)

Nummer 8 Verwertung und Beseitigung von Abfällen und sonstigen Stoffen

X in Spalte 1 = Vorhaben ist UVP-pflichtig
A in Spalte 2 = allgemeine Vorprüfung des Einzelfalls: siehe § 7 Absatz 1 Satz 1 UVPG
S in Spalte 2 = standortbezogene Vorprüfung des Einzelfalls: siehe § 7 Absatz 2 UVPG

Nr.	Vorhaben	Sp. 1	Sp. 2
8.1	Errichtung und Betrieb einer Anlage zur Beseitigung oder Verwertung fester, flüssiger oder in Behältern gefasster gasförmiger Abfälle, Deponiegas oder anderer gasförmiger Stoffe mit brennbaren Bestandteilen durch		
8.1.1	thermische Verfahren, insbesondere Entgasung, Plasmaverfahren, Pyrolyse, Vergasung, Verbrennung oder eine Kombination dieser Verfahren – bei gefährlichen Abfällen, – bei nicht gefährlichen Abfällen mit einer Durchsatzkapazität von 3 t Abfällen oder mehr je Stunde, – bei nicht gefährlichen Abfällen mit einer Durchsatzkapazität von weniger als 3 t Abfällen je Stunde,	 X X	 A
8.1.2	Verbrennen von Altöl oder Deponiegas in einer Verbrennungsmotoranlage mit einer Feuerungswärmeleistung von – 50 MW oder mehr, – 1 MW bis weniger als 50 MW, – weniger als 1 MW,		 A A S

Nr.	Vorhaben	Sp. 1	Sp. 2
8.1.3	Abfackeln von Deponiegas oder anderen gasförmigen Stoffen, ausgenommen über Notfackeln, die für den nicht bestimmungsgemäßen Betrieb erforderlich sind;		S
8.2	Errichtung und Betrieb einer Anlage zur Erzeugung von Strom, Dampf, Warmwasser, Prozesswärme oder erhitztem Abgas in einer Verbrennungseinrichtung (wie Kraftwerk, Heizkraftwerk, Heizwerk, sonstige Feuerungsanlage), einschließlich zugehöriger Dampfkessel, durch den Einsatz von – gestrichenem, lackiertem oder beschichtetem Holz oder – Sperrholz, Spanplatten, Faserplatten oder sonst verleimtem Holz sowie daraus anfallenden Resten, soweit keine Holzschutzmittel aufgetragen oder infolge einer Behandlung enthalten sind oder Beschichtungen keine halogenorganischen Verbindungen oder Schwermetalle enthalten, mit einer Feuerungswärmeleistung von – 50 MW oder mehr, – 1 MW bis weniger als 50 MW;	 X	 S
8.3	Errichtung und Betrieb einer Anlage zur biologischen Behandlung von gefährlichen Abfällen mit einer Durchsatzkapazität an Einsatzstoffen von – 10 t oder mehr je Tag, – 1 t bis weniger als 10 t je Tag;	 X	 S
8.4	Errichtung und Betrieb einer Anlage zur biologischen Behandlung von		
8.4.1	nicht gefährlichen Abfällen, soweit nicht durch Nummer 8.4.2 erfasst, mit einer Durchsatzkapazität an Einsatzstoffen von – 50 t oder mehr je Tag, – 10 t bis weniger als 50 t je Tag,		 A S
8.4.2	Gülle, soweit die Behandlung ausschließlich durch anaerobe Vergärung (Biogaserzeugung) erfolgt, mit einer Durchsatzkapazität von – 50 t oder mehr je Tag, – weniger als 50 t je Tag, soweit die Produktionskapazität von Rohgas 1,2 Mio. Normkubikmeter je Jahr oder mehr beträgt;		 A S
8.5	Errichtung und Betrieb einer Anlage zur chemischen Behandlung, insbesondere zur chemischen Emulsionsspaltung, Fällung, Flockung, Neutralisation oder Oxidation, von gefährlichen Abfällen;	X	

Nr.	Vorhaben	Sp. 1	Sp. 2
8.6	Errichtung und Betrieb einer Anlage zur chemischen Behandlung, insbesondere zur chemischen Emulsionsspaltung, Fällung, Flockung, Neutralisation oder Oxidation, von nicht gefährlichen Abfällen mit einer Durchsatzkapazität an Einsatzstoffen von – 100 t oder mehr je Tag, – 50 t bis weniger als 100 t je Tag, – 10 t bis weniger als 50 t je Tag;	 X	 A S
8.7	Errichtung und Betrieb einer Anlage zur zeitweiligen Lagerung von Abfällen, ausgenommen die zeitweilige Lagerung bis zum Einsammeln auf dem Gelände der Entstehung der Abfälle, bei		
8.7.1	Eisen- oder Nichteisenschrotten, einschließlich Autowracks, mit einer Gesamtlagerkapazität von – 1 500 t oder mehr, – 100 t bis weniger als 1 500 t,		 A S
8.7.2	gefährlichen Schlämmen mit einer Gesamtlagerkapazität von – 50 t oder mehr, – 30 t bis weniger als 50 t;		 A S
8.8	(weggefallen)		
8.9	Errichtung und Betrieb einer Anlage zur Lagerung von Abfällen über einen Zeitraum von jeweils mehr als einem Jahr, bei		
8.9.1	gefährlichen Abfällen mit – einer Aufnahmekapazität von 10 t je Tag oder mehr oder einer Gesamtlagerkapazität von 150 t oder mehr, – geringeren Kapazitäten als in Nummer 8.9.1.1 angegeben,	 X	 A
8.9.2	nicht gefährlichen Abfällen mit – einer Aufnahmekapazität von 10 t je Tag oder mehr oder einer Gesamtlagerkapazität von 150 t oder mehr, – geringeren Kapazitäten als in Nummer 8.9.2.1 angegeben;		 A S

Auf Antrag des Vorhabenträgers oder wenn die zuständige Behörde es für zweckmäßig hält, unterrichtet und berät die zuständige Behörde den Vorhabenträger frühzeitig über Inhalt, Umfang und Detailtiefe der Angaben, die der Vorhabenträger voraussichtlich in den **UVP-Bericht** aufnehmen muss („Untersuchungsrahmen"). Die Unterrichtung und Beratung kann sich auch auf weitere Gesichtspunkte des Verfahrens, insbesondere auf dessen zeitlichen Ablauf, auf die zu beteiligenden Behörden oder auf die Einholung von Sachverständigengutachten erstrecken (§ 15 Absatz 1 UVPG).

Der Vorhabenträger hat der zuständigen Behörde geeignete Unterlagen zu den Merkmalen des Vorhabens, einschließlich seiner Größe oder Leistung, und des Standorts sowie zu den möglichen Umweltauswirkungen vorzulegen (§ 15 Absatz 2 UVPG).

Der UVP-Bericht soll zumindest folgende Angaben enthalten:

1. eine Beschreibung des Vorhabens mit Angaben zum Standort, zur Art, zum Umfang und zur Ausgestaltung, zur Größe und zu anderen wesentlichen Merkmalen des Vorhabens,
2. eine Beschreibung der Umwelt und ihrer Bestandteile im Einwirkungsbereich des Vorhabens,
3. eine Beschreibung der Merkmale des Vorhabens und des Standorts, mit denen das Auftreten erheblicher nachteiliger Umweltauswirkungen des Vorhabens ausgeschlossen, vermindert oder ausgeglichen werden soll,
4. eine Beschreibung der geplanten Maßnahmen, mit denen das Auftreten erheblicher nachteiliger Umweltauswirkungen des Vorhabens ausgeschlossen, vermindert oder ausgeglichen werden soll, sowie eine Beschreibung geplanter Ersatzmaßnahmen,
5. eine Beschreibung der zu erwartenden erheblichen Umweltauswirkungen des Vorhabens,
6. eine Beschreibung der vernünftigen Alternativen, die für das Vorhaben und seine spezifischen Merkmale relevant und vom Vorhabenträger geprüft worden sind, und die Angabe der wesentlichen Gründe für die getroffene Wahl unter Berücksichtigung der jeweiligen Umweltauswirkungen sowie
7. eine allgemein verständliche, nichttechnische Zusammenfassung des UVP-Berichts (§ 16 UVPG).

Die zuständige Behörde unterrichtet die Behörden, deren umweltbezogener Aufgabenbereich durch das Vorhaben berührt wird und übermittelt ihnen den UVP-Bericht. Sie holt die Stellungnahmen der unterrichteten Behörden ein (§ 17 UVPG).

Die zuständige Behörde beteiligt die Öffentlichkeit (§ 18 Absatz 1 UVPG). Der betroffenen Öffentlichkeit wird im Rahmen der Beteiligung Gelegenheit zur Äußerung gegeben. In § 19 Absatz 2 werden Informationen aufgelistet, die die zuständige Behörde der Öffentlichkeit zum Verfahren geben muss. Im Rahmen des Beteiligungsverfahrens legt die zuständige Behörde zumindest den UVP-Bericht und die das Vorhaben betreffenden entscheidungserheblichen Berichte und Empfehlungen, die der zuständigen Behörde zum Zeitpunkt des Beginns des Beteiligungsverfahrens vorgelegen haben, zur öffentlichen Einsicht aus.

Die betroffene Öffentlichkeit kann sich im Rahmen der Beteiligung schriftlich oder zur Niederschrift bei der zuständigen Behörde äußern. Die Äußerungsfrist endet einen Monat nach Ablauf der Frist für die Auslegung der Unterlagen. Mit Ablauf der Äußerungsfrist sind für das Verfahren über die Zulässigkeit des Vorhabens alle Äußerungen, die nicht auf besonderen privatrechtlichen Titeln beruhen, ausgeschlossen (§ 21 UVPG).

Die zuständige Behörde erarbeitet eine **zusammenfassende Darstellung** des Vorhabens. Die Erarbeitung erfolgt auf der Grundlage des UVP-Berichts, der behördlichen Stellungnahmen sowie der Äußerungen der betroffenen Öffentlichkeit (§ 24 UVPG). Die zusammenfassende Darstellung soll möglichst innerhalb eines Monats nach dem Abschluss der Erörterung im Beteiligungsverfahren erarbeitet werden.

Auf der Grundlage der zusammenfassenden Darstellung bewertet die zuständige Behörde die Umweltauswirkungen des Vorhabens im Hinblick auf eine wirksame Umweltvorsorge. Die Bewertung muss begründet werden (§ 25 Absatz 1 UVPG). Das Ergebnis ist der „Bescheid" (§ 26 UVPG). Die zuständige Behörde hat in entsprechender Anwendung des § 74 Absatz 5 Satz 2 des Verwaltungsverfahrensgesetzes die Entscheidung zur Zulassung oder Ablehnung des Vorhabens öffentlich bekannt zu machen sowie in entsprechender Anwendung des § 74 Absatz 4 Satz 2 des Verwaltungsverfahrensgesetzes den Bescheid zur Einsicht auszulegen (§ 27 Absatz 1 UVPG).

Die UVP ist ein „unselbstständiger Teil" von Zulassungsverfahren. Ihr Ergebnis (die abschließende „Gesamtbewertung") ist bei der Zulassungsentscheidung zu „berücksichtigen". Eine negative Gesamtbewertung bedeutet formal **noch nicht das Aus für das beantragte Vorhaben!**

Die **Strategische Umweltprüfung (SUP)** (§ 33 bis 46 UVPG) ist ein unselbstständiger Teil von behördlichen Verfahren zur Aufstellung oder Änderung von Plänen und Programmen, die von einer Behörde, einer Regierung oder im Wege eines Gesetzgebungsverfahrens angenommen werden. Pläne und Programme sind bundesrechtlich vorgesehene Pläne und Programme, zu deren Ausarbeitung, Annahme oder Änderung eine Behörde durch Rechts- oder Verwaltungsvorschriften verpflichtet ist.

Die Liste „SUP-pflichtiger Pläne und Programme" in Anlage 5 UVPG enthält u. a. die folgenden Einträge:

- Lärmaktionspläne nach § 47d BImSchG,
- Luftreinhaltepläne nach § 47 Absatz 1 BImSchG,
- Abfallwirtschaftskonzepte nach § 21 des Kreislaufwirtschaftsgesetzes,
- Fortschreibung der Abfallwirtschaftskonzepte nach § 16 Absatz 3 Satz 4, 2. Alternative des Kreislaufwirtschafts- und Abfallgesetzes vom 27. September 1994 (BGBl. I S. 2705), das zuletzt durch Artikel 5 des Gesetzes vom 6. Oktober 2011 (BGBl. I S. 1986) geändert worden ist,
- Abfallwirtschaftspläne nach § 30 des Kreislaufwirtschaftsgesetzes, einschließlich besonderer Kapitel oder gesonderter Teilpläne über die Entsorgung von gefährlichen Abfällen, Altbatterien und Akkumulatoren oder Verpackungen und Verpackungsabfällen und
- Abfallvermeidungsprogramme nach § 33 KrWG.

Gesetz über ergänzende Vorschriften zu Rechtsbehelfen in Umweltangelegenheiten nach der EG-Richtlinie 2003/35/EG (Umwelt-Rechtsbehelfsgesetz – UmwRG)

Dieses Gesetz ist anzuwenden auf Rechtsbehelfe gegen behördliche Entscheidungen. Darunter versteht man jedes von der Rechtsordnung in einem Verfahren zugelassene Gesuch, mit dem eine behördliche Entscheidung angefochten werden kann. Siehe „Rechtsbehelfsbelehrung", in der über zulässige „Rechtsmittel" informiert wird.

Zum Kreis der Entscheidungen gehören auch Zulassungsentscheidungen im Sinne von § 2 Absatz 6 UVPG über die Zulässigkeit von Vorhaben, für die nach dem Gesetz über die Umweltverträglichkeitsprüfung eine Pflicht zur Durchführung einer Umweltverträglichkeitsprüfung (UVP) bestehen kann.

Den Knackpunkt dieses Gesetzes stellt die Zulassung von nach § 3 UmwRG anerkannten inländischen oder ausländischen Vereinigungen dar. Sie können, ohne eine Verletzung in eigenen Rechten geltend machen zu müssen, Rechtsbehelfe nach Maßgabe der Verwaltungsgerichtsordnung gegen eine Entscheidung oder deren Unterlassen einlegen. Diese pauschale Feststellung wird im UmwRG entsprechend differenziert. Diese Vereinigungen benötigen eine auf Antrag und nach Erfüllung der Voraussetzungen erteilte Anerkennung.

Genehmigungsverfahren II

- Genehmigungsverfahren mit öffentlicher Bekanntmachung des Vorhabens sowie der Auslegung des Antrags und der Unterlagen (§ 10 BImSchG)
- **Vereinfachtes Genehmigungsverfahren ohne Öffentlichkeitsbeteiligung (§ 19 BImSchG)**

Die Möglichkeit eines reduzierten immissionsschutzrechtlichen Genehmigungsverfahrens (§ 19 BImSchG) ergibt sich aus einem Blick in die 4. BImSchV: In der Tabelle zum Anhang werden zwei Verfahrensarten zugeordnet (G: Genehmigungsverfahren gemäß § 10 BImSchG; V: Vereinfachtes Verfahren gemäß § 19 BImSchG). Das relevante Unterscheidungsmerkmal ist die Öffentlichkeitsbeteiligung. Der Wegfall der Öffentlichkeitsbeteiligung bedeutet:

- keine öffentliche Bekanntmachung des Vorhabens,
- keine öffentliche Auslegung des Antrags und der begleitenden Unterlagen; somit auch keine Einwendungsmöglichkeit,
- keine Einwendungen und somit auch kein Erörterungstermin,
- da keine Einwender, auch keine öffentliche Bekanntmachung des Genehmigungsbescheids.

Die umfassende Behördenbeteiligung bleibt bestehen.

Genehmigungsverfahren nach § 10 BImSchG und nach 19 BImSchG sind Verfahren, bei denen die **Zuständigkeit** bei einer Behörde konzentriert wird. Die Genehmigung schließt andere, die Anlage betreffende behördliche Entscheidungen ein (§ 13 BImSchG). Es findet nur ein Verfahren statt; die Genehmigung entfaltet Konzentrationswirkung. Die immissionsschutzrechtliche Genehmigung schließt insbesondere öffentlich-rechtliche Genehmigungen, Zulassungen, Erlaubnisse und Bewilligungen ein; typische Beispiele sind Baugenehmigungen und Zulassungen von Eingriffen nach Naturschutzrecht. Nicht unter die Entscheidungskonzentration fallen z. B. Planfeststellungen und wasserrechtliche Erlaubnisse und Bewilligungen; das bauplanungsrechtliche Einvernehmen der betroffenen Gemeinde(n) ist ebenfalls separat zu behandeln.

§ 12 BImSchG erlaubt die Ausstattung der Genehmigung mit **Nebenbestimmungen**:

- Bedingungen („wenn …, dann …"),
- Auflagen,
- Befristungen,
- Widerrufsvorbehalt (nur bei Erprobungsanlagen; § 12 Absatz 2 BImSchG),
- Vorbehalt nachträglicher Auflagen (nur mit Einverständnis des Antragstellers; § 12 Absatz 2a BImSchG).

Zur Erfüllung der sich aus dem BImSchG und den resultierenden Rechtsverordnungen ergebenden Pflichten können nach Erteilung der Genehmigung sowie nach einer nach § 15 Absatz 1 BImSchG angezeigten Änderung **Anordnungen** getroffen werden. Wird nach Erteilung der Genehmigung festgestellt, dass die Allgemeinheit oder die Nachbarschaft nicht ausreichend vor schädlichen Umwelteinwirkungen oder sonstigen Gefahren, erheblichen Nachteilen oder erheblichen Belästigungen geschützt ist, soll die zuständige Behörde nachträgliche Anordnungen treffen (§ 17 Abs. 1 BImSchG).

Beachte: Die zuständige Behörde darf eine nachträgliche Anordnung nicht treffen, wenn sie unverhältnismäßig ist (§ 17 Absatz 2 BImSchG).

Das Gesetz zur Sicherstellung der Nachsorgepflichten bei Abfalllagern vom 13. Juli 2001 hat in § 12 BImSchG die Möglichkeit eröffnet, bei Abfallentsorgungsanlagen eine **Sicherheitsleistung** zu verlangen (§ 12 Absatz 1 BImSchG). Damit wurde eine Handhabe geschaffen, um die Entsorgung von Abfällen, die nach der Betriebseinstellung zurückgeblieben sind, zu erzwingen.

§ 18 BImSchG legt fest, wann eine Genehmigung erlischt:

- Wenn innerhalb der von der Genehmigungsbehörde gesetzten Frist nicht mit der Errichtung oder dem Betrieb der Anlage begonnen wurde;
- wenn eine Anlage während eines Zeitraums von mehr als drei Jahren nicht mehr betrieben wurde;
- wenn das Genehmigungserfordernis nicht mehr besteht.

Eine Fristverlängerung ist auf Antrag möglich (Ermessensentscheidung der Behörde).

Das Genehmigungsverfahren nach BImSchG erlaubt im Vorfeld der Genehmigungserteilung drei „Zugeständnisse" an den Antragsteller:

1. **Vorbescheid (§ 9 BImSchG)**
   Ein Vorbescheid ergeht nur auf Antrag. Er bezieht sich auf einzelne Genehmigungsvoraussetzungen wie den Standort der geplanten Anlage oder verfahrenstechnische Grundsatzentscheidungen. Voraussetzungen für einen Vorbescheid sind eine ausreichende Beurteilungslage hinsichtlich der Auswirkungen der Anlage und ein berechtigtes Interesse des Antragstellers. Die Beurteilungslage muss so sein, dass der Behörde ein verbindliches „vorläufiges positives Gesamturteil" möglich ist. Dem berechtigten Interesse des Antragstellers liegt vor allem bei größeren Vorhaben das Bedürfnis nach Planungs- und Investitionssicherheit zugrunde. Ein isoliert beantragter Vorbescheid wird unwirksam, wenn nicht innerhalb von zwei Jahren (auf Antrag Verlängerung um max. 2 Jahre) nach Eintritt der Unanfechtbarkeit der Genehmigungsantrag nachgereicht wird (§ 9 Absatz 2 BImSchG).
2. **Teilgenehmigung (§ 8 BImSchG)**
   Für die Errichtung einer Anlage oder für Errichtung und Betrieb eines Anlagenteils kann eine Teilgenehmigung (Errichtungsgenehmigung bzw. Abschnittsgenehmigung) beantragt werden. Die Erteilung ist an die Voraussetzungen geknüpft, dass
   a. beim Antragsteller ein berechtigtes Interesse besteht,
   b. die Genehmigungsvoraussetzungen für die Teilgenehmigung erfüllt sind,
   c. ein „vorläufiges positives Gesamturteil" über die Anlage möglich ist.
   Die „Vorläufigkeit" des positiven Gesamturteils kann relevant werden, wenn eine Änderung der Rechts- oder Sachlage oder Einzelprüfungen im Rahmen späterer Teilgenehmigungen zu einem abweichenden Urteil führen. Die Verbindlichkeit entfällt unter diesen Umständen.
3. **Zulassung vorzeitigen Beginns (§ 8a BImSchG)**
   Die Genehmigungsbehörde kann auf Antrag zulassen, dass bereits vor Erteilung der Genehmigung mit der Errichtung der Anlage oder eines Anlagenteils begonnen wird; die Zulassung vorzeitigen Beginns schließt die Prüfung der Anlage auf Funktion und Sicherheit ein, nicht aber den eigentlichen Betrieb. Die Zulassung vorzeitigen Beginns ist an drei Voraussetzungen geknüpft:
   a. eine endgültige Entscheidung zugunsten des Antragstellers ist absehbar;
   b. es besteht ein öffentliches Interesse oder ein berechtigtes Interesse des Antragstellers an einem vorzeitigen Beginn;
   c. der Antragsteller garantiert bei Ablehnung der endgültigen Genehmigung die Wiederherstellung des ursprünglichen Zustands und den Ersatz eventueller Schäden.

Der Zulassung vorläufigen Beginns liegt (wie bei dem Vorbescheid und der Teilgenehmigung) eine Ermessensentscheidung der Behörde zugrunde (der korrekte Ermessensgebrauch ist einklagbar, nicht aber der Vorbescheid, die Teilgenehmigung und die Zulassung vorzeitigen Beginns). Die Zulassung kann jederzeit widerrufen werden. Zu den Auflagen kann auch ein Auflagenvorbehalt (Offenhalten der Möglichkeit, nachträglich Auflagen zu erteilen) gehören. Dem mit der Zulassung des vorzeitigen Beginns Begünstigten kann eine angemessene Sicherheitsleistung abverlangt werden.

Wesentliche Änderung

§ 16 BImSchG Wesentliche Änderung

Die Änderung der Lage, der Beschaffenheit oder des Betriebs einer genehmigungsbedürftigen Anlage bedarf der Genehmigung, wenn durch die Änderung nachteilige Auswirkungen hervorgerufen werden können und diese für die Prüfung nach § 6 Absatz 1 Nummer 1 [Erfüllung der Betreiberpflichten, Erfüllung der Anforderungen aus Rechtsverordnungen zum BImSchG] erheblich sein können (wesentliche Änderung).

Eine Genehmigung ist stets erforderlich, wenn die Änderung oder Erweiterung des Betriebs einer genehmigungsbedürftigen Anlage für sich genommen die Leistungsgrenzen oder Anlagengrößen des Anhangs zur Verordnung über genehmigungsbedürftige Anlagen erreichen.

Eine Genehmigung ist nicht erforderlich, wenn durch die Änderung hervorgerufene nachteilige Auswirkungen offensichtlich gering sind und die Erfüllung der sich aus § 6 Absatz 1 Nummer 1 ergebenden Anforderungen sichergestellt ist.

Das Genehmigungsverfahren kann auf Antrag ohne Öffentlichkeitsbeteiligung durchgeführt werden, wenn aus den auszulegenden Unterlagen ersichtlich ist, dass keine Umstände vorliegen, die nachteilige Auswirkungen für die Schutzgüter Mensch, Tier, Pflanze, Boden etc. besorgen lassen (§ 16 Absatz 2 BImSchG).

Der Gesetzgeber setzt den Genehmigungsbehörden Bearbeitungsfristen (§ 16 Absatz 3 BImSchG):

- Verfahren mit Öffentlichkeitsbeteiligung: Entscheidung über die Genehmigung innerhalb von sechs Monaten (vgl. § 10 Absatz 6a BImSchG: sieben Monate);
- Vereinfachtes Verfahren ohne Öffentlichkeitsbeteiligung: Entscheidung über die Genehmigung innerhalb von drei Monaten (vgl. § 10 Absatz 6a BImSchG: drei Monate).

Eine Verlängerung der Fristen um jeweils drei Monate ist zulässig, wenn schwierige inhaltliche Fragen zu klären sind oder der Antragsteller Verzögerungen herbeiführt.

Das Genehmigungsverfahren bei einer wesentlichen Änderung erlaubt im Vorfeld der Genehmigungserteilung ebenfalls ein „Zugeständnis" an den Antragsteller: die **Zulassung vorzeitigen Beginns** (§ 8a Absatz 3 BImSchG). Dabei muss ersichtlich sein, dass die Änderung der Erfüllung einer sich aus dem BImSchG oder den BImSchV ergebenden Pflicht dient.

Dem Genehmigungsverfahren bei der **Änderung genehmigungsbedürftiger Anlagen** liegen die folgenden Abläufe zugrunde (§ 15 BImSchG):

Die Änderung der Lage, der Beschaffenheit oder des Betriebs einer genehmigungsbedürftigen Anlage ist, sofern eine Genehmigung **nicht** beantragt wird, der zuständigen Behörde mindestens einen Monat, bevor mit der Änderung begonnen werden soll, schriftlich oder elektronisch anzuzeigen, wenn sich die Änderung auf die Schutzgüter auswirken kann.

Der Anzeige sind Unterlagen beizufügen, soweit diese für die Prüfung erforderlich sein können, ob das Vorhaben genehmigungsbedürftig ist.

Die zuständige Behörde hat dem Träger des Vorhabens den Eingang der Anzeige und der beigefügten Unterlagen unverzüglich schriftlich oder elektronisch zu bestätigen.

Die zuständige Behörde hat unverzüglich, spätestens innerhalb eines Monats nach Eingang der Anzeige und der erforderlichen Unterlagen, zu prüfen, ob die Änderung einer Genehmigung bedarf.

Der Träger des Vorhabens darf die Änderung vornehmen, sobald die zuständige Behörde ihm mitteilt, dass die Änderung keiner Genehmigung bedarf, oder sich innerhalb der Frist nicht geäußert hat.

Stilllegung

Die Absicht, den Betrieb einer genehmigungsbedürftigen Anlage einzustellen, muss der Genehmigungsbehörde unverzüglich mitgeteilt werden (§ 15 Absatz 3 BImSchG). Der Anzeige sind Unterlagen beizufügen, aus denen die Maßnahmen zur Erfüllung der Pflichten nach § 5 Absätze 3 und 4 BImSchG ersichtlich sind (der Betreiber hat sicherzustellen, dass auch nach einer Betriebseinstellung von der Anlage oder dem Anlagengrundstück keine schädlichen Umwelteinwirkungen und sonstige Gefahren, erhebliche Nachteile und erhebliche Belästigungen für die Allgemeinheit und die Nachbarschaft hervorgerufen werden können …).

Nach der Einstellung des gesamten Betriebes können Anordnungen zur Erfüllung der Pflichten des Betreibers genehmigungsbedürftiger Anlagen nur noch während eines Zeitraumes von einem Jahr getroffen werden (§ 17 Absatz 4a BImSchG). Die Anordnung einer Sicherheitsleistung ist möglich.

Nachträgliche Maßnahmen

Hierzu zählen

- **nachträgliche Anordnungen** (§ 17 BImSchG),
- **Untersagung, Stilllegung, Beseitigung** (§ 20 BImSchG),
- **Widerruf der Genehmigung** (§ 21 BImSchG).

Nachträgliche Anordnung	
Vorsorgeanordnung	**Schutzanordnung**
Der Betreiber kommt einer ihm nach dem BImSchG und den angeschlossenen Verordnungen obliegenden Pflicht nicht nach.	Der Schutz der Allgemeinheit oder der Nachbarschaft vor schädlichen Umwelteinwirkungen oder sonstigen Gefahren, erheblichen Nachteilen oder erheblichen Belästigungen reicht nicht aus.
Kann-Vorschrift	**Soll-Vorschrift**

Die nachträgliche Anordnung hat den Bestandsschutz für den Anlagenbetreiber zu berücksichtigen:

- Aufwand und Anordnungsziel müssen in einem vernünftigen Verhältnis zueinander stehen (Verhältnismäßigkeitsgebot; § 17 Absatz 2 BImSchG);
- das Anordnungsziel darf nicht über den Anforderungen der Verordnungen zum BImSchG liegen (Übermaßverbot; § 17 Absatz 3 BImSchG).

Im Einzelfall kann es zu einer Diskrepanz zwischen dem allgemeinen Anerkennungserfordernis und der Verhältnismäßigkeit der Mittel kommen. In diesem Fall ist die Genehmigung ganz oder teilweise zu widerrufen (§ 17 Absatz 2 BImSchG). Der damit unterlaufene Vertrauensschutz verlangt nach einer Entschädigung (§ 21 Absatz 4 BImSchG).

Untersagung des Betriebs	Stilllegung der Anlage	Beseitigung der Anlage
Der Betreiber kommt einer Auflage, Anordnung oder Pflicht, die die Beschaffenheit oder den Betrieb der Anlage betrifft, nicht nach.	Die Anlage wird ohne die erforderliche Genehmigung errichtet, betrieben oder wesentlich geändert.	
Unzuverlässigkeit des Betreibers bzw. des Leitungspersonals; Beeinträchtigung des Wohls der Allgemeinheit (z. B. unzureichende Maßnahmen zur Begrenzung der Auswirkungen schwerer Unfälle)		Der Schutz der Allgemeinheit und der Nachbarschaft ist nicht anders zu erreichen.

Widerruf der Genehmigung	
Voraussetzungen	**Entschädigung**
Die Genehmigung enthält einen Widerrufsvorbehalt.	
Eine in der Genehmigung enthaltene Auflage wird nicht oder nicht innerhalb der gesetzten Frist erfüllt.	
Nachträglich eingetretene Tatsachen würden eine Genehmigungserteilung ausschließen; die bestehende Genehmigung gefährdet das öffentliche Interesse.	Auf Antrag Entschädigung für den erlittenen Vermögensnachteil (Antragsfrist: ein Jahr)
Geänderte Rechtsvorschriften würden zur Verweigerung der Genehmigung führen; der Betreiber hat aber von seiner Genehmigung noch keinen Gebrauch gemacht; die bestehende Genehmigung gefährdet öffentliches Interesse.	Auf Antrag Entschädigung für den erlittenen Vermögensnachteil (Antragsfrist: ein Jahr)
Das Gemeinwohl erleidet aus der Genehmigungserteilung schwere Nachteile.	Auf Antrag Entschädigung für den erlittenen Vermögensnachteil (Antragsfrist: ein Jahr)

Erhält die Genehmigungsbehörde von Tatsachen Kenntnis, welche den Widerruf einer Genehmigung rechtfertigen, so ist der Widerruf nur innerhalb eines Jahres seit dem Zeitpunkt der Kenntnisnahme zulässig (§ 21 Absatz 2 BImSchG).

Die zuständige Behörde muss die Inbetriebnahme oder Weiterführung einer genehmigungsbedürftigen Anlage, die Betriebsbereich oder Teil eines Betriebsbereichs ist und gewerblichen Zwecken dient oder im Rahmen wirtschaftlicher Unternehmungen Verwendung findet, ganz oder teilweise untersagen, solange und soweit die von dem Betreiber getroffenen Maßnahmen zur Verhütung schwerer Unfälle im Sinne des Artikels 3 Nummer 13 der Richtlinie 2012/18/EU oder zur Begrenzung der Auswirkungen derartiger Unfälle eindeutig unzureichend sind (§ 20 Absatz 1a BImSchG).

Die zuständige Behörde kann die Inbetriebnahme oder Weiterführung einer solchen Anlage ganz oder teilweise untersagen, wenn der Betreiber die in einer zur Umsetzung der Richtlinie 2012/18/EU erlassenen Rechtsverordnung vorgeschriebenen Mitteilungen, Berichte oder sonstigen Informationen nicht fristgerecht übermittelt.

Richtlinie 2012/18/EU des Europäischen Parlaments und des Rates zur Beherrschung der Gefahren schwerer Unfälle mit gefährlichen Stoffen

Die Richtlinie **2012/18/EU** bezieht sich auf „Betriebe", d. h. den gesamten unter der Aufsicht eines Betreibers stehenden Bereich, in dem gefährliche Stoffe in einer oder in mehreren Anlagen, einschließlich gemeinsamer oder verbundener Infrastrukturen oder Tätigkeiten, vorhanden sind. Die Betriebe sind entweder Betriebe der unteren Klasse oder Betriebe der oberen Klasse. In welche Kategorie ein Betrieb gehört, ergibt sich aus einem Blick in die Anhänge der Richtlinie. Maßgeblich ist, welche gefährlichen Stoffe in welchen Mengen vorhanden sind.

In Anhang 1 werden die Stoffe entsprechend ihrer gefährlichen Eigenschaften klassifiziert. Die Spalten 2 und 3 enthalten die Mengenschwellen. Daraus ergibt sich die Zuordnung zu einem Betrieb unterer oder oberer Klasse. Der Anhang ist natürlich offen für Änderungen, wie die Aufnahme weiterer gefährlicher Stoffe oder eine Absenkung einer Mengenschwelle.

Fällt ein Betrieb – durch die nationale Umsetzung in der Störfall-Verordnung vom 15. März 2017 – in den Regelungsbereich der Richtlinie **2012/18/EU**, ergeben sich **Betreiberpflichten**:

- Der Betreiber wird verpflichtet, alle notwendigen Maßnahmen zu ergreifen, um schwere Unfälle zu verhüten und deren Folgen für die menschliche Gesundheit und die Umwelt zu begrenzen.
- Der Betreiber wird verpflichtet, der zuständigen Behörde jederzeit, insbesondere im Hinblick auf Inspektionen und Kontrollen, nachzuweisen, dass er alle erforderlichen Maßnahmen im Sinne dieser Richtlinie getroffen hat.
- Der Betreiber wird verpflichtet, der zuständigen Behörde eine detaillierte Mitteilung zu machen (Wer? Welche Stoffe? Welche Tätigkeiten?).
- Der Betreiber wird verpflichtet, ein schriftliches Konzept zur Verhütung schwerer Unfälle auszuarbeiten und dessen ordnungsgemäße Umsetzung sicherzustellen.
- Der Betreiber überprüft das Konzept in regelmäßigen Abständen – mindestens alle fünf Jahre – und bringt es erforderlichenfalls auf den neuesten Stand.
- Das Konzept wird durch angemessene Mittel und Strukturen und mittels eines Sicherheitsmanagementsystems gemäß Anhang III entsprechend den Gefahren schwerer Unfälle und der Komplexität der Organisation oder der Tätigkeiten des Betriebs umgesetzt. In Bezug auf Betriebe der unteren Klasse kann die Verpflichtung, das Konzept umzusetzen, durch andere angemessene Mittel, Strukturen und Managementsysteme erfüllt werden, wenn den in Anhang III festgelegten Grundsätzen Rechnung getragen wird.
- Der Betreiber eines Betriebs der oberen Klasse wird verpflichtet, einen Sicherheitsbericht zu erstellen, alle fünf Jahre zu überprüfen und gegebenenfalls zu aktualisieren.

- Bei allen Betrieben der oberen Klasse erstellt der Betreiber einen internen Notfallplan für Maßnahmen innerhalb des Betriebs. Der Betreiber übermittelt der zuständigen Behörde die für die Erstellung externer Notfallpläne erforderlichen Informationen.
- Anhang V der Richtlinie enthält Vorgaben für die Unterrichtung der Öffentlichkeit. Für Betriebe der oberen Klasse gelten weitergehende Anforderungen.
- Der Betreiber wird verpflichtet, so bald wie möglich nach einem schweren Unfall in der am besten geeigneten Weise
  a) die zuständige Behörde zu unterrichten;
  b) der zuständigen Behörde nachstehende Informationen mitzuteilen, sobald sie ihm bekannt sind:
     i) die Umstände des Unfalls;
     ii) die beteiligten gefährlichen Stoffe;
     iii) die zur Beurteilung der Auswirkungen des Unfalls für die menschliche Gesundheit, die Umwelt und Sachwerte verfügbaren Daten;
     iv) die eingeleiteten Notfallmaßnahmen;
  c) die zuständige Behörde über die Schritte zu unterrichten, die vorgesehen sind, um die mittelfristigen und langfristigen Auswirkungen des Unfalls zu mildern, und um eine Wiederholung eines solchen Unfalls zu vermeiden;
  d) die bereitgestellten Informationen zu aktualisieren, wenn sich bei weiteren Untersuchungen zusätzliche Fakten ergeben, die eine Änderung dieser Informationen oder der daraus gezogenen Folgerungen erfordern.

  Die von der zuständigen Behörde nach einem schweren Unfall zu ergreifenden Maßnahmen werden ebenfalls spezifiziert.
- Die zuständigen Behörden richten ein Inspektionssystem ein.

Richtlinie 2010/75/EU des Europäischen Parlaments und des Rates über Industrieemissionen (Integrierte Vermeidung und Verminderung der Umweltverschmutzung – IED/IE-Richtlinie)

Die IED/IE-Richtlinie regelt die integrierte Vermeidung und Verminderung der Umweltverschmutzung infolge industrieller Tätigkeiten. Sie sieht auch Vorschriften zur Vermeidung und, sofern dies nicht möglich ist, zur Verminderung von Emissionen in Luft, Wasser und Boden und zur Abfallvermeidung vor. Art und Umfang der industriellen Tätigkeiten ergeben sich aus den Kapiteln II bis VI der Richtlinie.

„Umweltverschmutzung" ist die durch menschliche Tätigkeiten direkt oder indirekt bewirkte Freisetzung von Stoffen, Erschütterungen, Wärme oder Lärm in Luft, Wasser oder Boden, die der menschlichen Gesundheit oder der Umweltqualität schaden oder zu einer Schädigung von Sachwerten bzw. zu einer Beeinträchtigung oder Störung von Annehmlichkeiten und anderen legitimen Nutzungen der Umwelt führen können. Als Bezugseinheit dient die „Anlage", d. h. eine ortsfeste technische Einheit, in der eine oder mehrere der in der Richtlinie in Anhang I oder Anhang VII Teil 1 genannten Tätigkeiten sowie andere unmittelbar damit verbundene Tätigkeiten am selben Standort durchgeführt werden, die mit den in den genannten Anhängen aufgeführten Tätigkeiten in einem technischen Zusammenhang stehen und die Auswirkungen auf die Emissionen und die Umweltverschmutzung haben können.

Anhang I der Richtlinie 2010/75/EU **„Kategorien von Tätigkeiten"** enthält auch Ausführungen zur **Abfallbehandlung:**

5.1. Beseitigung oder Verwertung von gefährlichen Abfällen mit einer Kapazität von über 10 t pro Tag im Rahmen einer oder mehrerer der folgenden Tätigkeiten:
   a) biologische Behandlung;
   b) physikalisch-chemische Behandlung;
   c) Vermengung oder Vermischung vor der Durchführung einer der anderen in den Nummern 5.1 und 5.2 genannten Tätigkeiten;
   d) Neuverpacken vor der Durchführung einer der anderen in den Nummern 5.1 und 5.2 genannten Tätigkeiten;
   e) Rückgewinnung/Regenerierung von Lösungsmitteln;
   f) Verwertung/Rückgewinnung von anderen anorganischen Stoffen als Metallen und Metallverbindungen;
   g) Regenerierung von Säuren oder Basen;
   h) Wiedergewinnung von Bestandteilen, die der Bekämpfung von Verunreinigungen dienen;
   i) Wiedergewinnung von Katalysatorenbestandteilen;
   j) Erneute Ölraffination oder andere Wiederverwendungsmöglichkeiten von Öl;
   k) Oberflächenaufbringung.

5.2. Beseitigung oder Verwertung von Abfällen in Abfallverbrennungsanlagen oder in Abfallmitverbrennungsanlagen
   a) für die Verbrennung nicht gefährlicher Abfälle mit einer Kapazität von über 3 t pro Stunde;
   b) für gefährliche Abfälle mit einer Kapazität von über 10 t pro Tag.

5.3. a) Beseitigung nicht gefährlicher Abfälle mit einer Kapazität von über 50 t pro Tag im Rahmen einer oder mehrerer der folgenden Tätigkeiten:
      i) biologische Behandlung;
      ii) physikalisch-chemische Behandlung;
      iii) Abfallvorbehandlung für die Verbrennung oder Mitverbrennung;
      iv) Behandlung von Schlacken und Asche;
      v) Behandlung von metallischen Abfällen – unter Einschluss von Elektro- und Elektronik-Altgeräten sowie von Altfahrzeugen und ihren Bestandteilen – in Schredderanlagen.
   b) Verwertung – oder eine Kombination aus Verwertung und Beseitigung – von nichtgefährlichen Abfällen mit einer Kapazität von mehr als 75 t pro Tag im Rahmen einer der folgenden Tätigkeiten:
      i) biologische Behandlung;
      ii) Abfallvorbehandlung für die Verbrennung oder Mitverbrennung;
      iii) Behandlung von Schlacken und Asche;
      iv) Behandlung von metallischen Abfällen – unter Einschluss von Elektro- und Elektronik-Altgeräten sowie von Altfahrzeugen und ihren Bestandteilen – in Schredderanlagen.

   Besteht die einzige Abfallbehandlungstätigkeit in der anaeroben Vergärung, so gilt für diese Tätigkeit ein Kapazitätsschwellenwert von 100 t pro Tag.

5.4. Deponien im Sinne des Artikels 2 Buchstabe g der Richtlinie 1999/31/EG des Rates vom 26. April 1999 über Abfalldeponien mit einer Aufnahmekapazität von über 10 t Abfall pro Tag oder einer Gesamtkapazität von über 25 000 t, mit Ausnahme der Deponien für Inertabfälle.

5.5. Zeitweilige Lagerung von gefährlichen Abfällen, die nicht unter Nummer 5.4 fallen, bis zur Durchführung einer der in den Nummern 5.1, 5.2, 5.4 und 5.6 aufgeführten Tätigkeiten mit einer Gesamtkapazität von über 50 t, mit Ausnahme der zeitweiligen Lagerung – bis zur Sammlung – auf dem Gelände, auf dem die Abfälle erzeugt worden sind.

5.6. Unterirdische Lagerung gefährlicher Abfälle mit einer Gesamtkapazität von über 50 t.

Ein zentraler Begriff in der IED/IE-Richtlinie sind die **„besten verfügbaren Techniken"**: Sie stellen den effizientesten und fortschrittlichsten Entwicklungsstand der Tätigkeiten und entsprechenden Betriebsmethoden dar, der spezielle Techniken als praktisch geeignet erscheinen lässt, grundsätzlich als Grundlage für die Emissionsgrenzwerte zu dienen, um Emissionen in und Auswirkungen auf die gesamte Umwelt allgemein zu vermeiden oder, wenn dies nicht möglich ist, zu vermindern:

a) „Techniken": sowohl die angewandte Technologie als auch die Art und Weise, wie die Anlage geplant, gebaut, gewartet, betrieben und stillgelegt wird;
b) „verfügbar" sind die Techniken, die in einem Maßstab entwickelt sind, der unter Berücksichtigung des Kosten-Nutzen-Verhältnisses die Anwendung unter in dem betreffenden industriellen Sektor wirtschaftlich und technisch vertretbaren Verhältnissen ermöglicht, ganz gleich, ob diese Techniken innerhalb des betreffenden Mitgliedstaats verwendet oder hergestellt werden, sofern sie zu vertretbaren Bedingungen für den Betreiber zugänglich sind;
c) die „besten" Techniken sind die, die am wirksamsten zur Erreichung eines allgemein hohen Schutzniveaus für die Umwelt insgesamt geeignet sind.

Bei der Festlegung der besten verfügbaren Techniken sind die in Anhang III der Richtlinie 2010/75/EU aufgeführten Punkte besonders zu berücksichtigen.

Es gibt **„BVT-Merkblätter"**, wie sie z. B. in § 54 Absatz 3 Wasserhaushaltsgesetz im Abschnitt „Abwasserbeseitigung" angeführt werden. Eine Informationsquelle für BVT-Merkblätter ist folgende Adresse: https://www.umweltbundesamt.de/themen/wirtschaft-konsum/beste-verfuegbare-techniken/sevilla-prozess/bvt-merkblaetter-durchfuehrungsbeschluesse. **„BVT-Schlussfolgerungen"** sind ein nach Artikel 13 Absatz 5 der Richtlinie 2010/75/EU von der Europäischen Kommission erlassenes Dokument, das die Teile eines BVT-Merkblatts mit den Schlussfolgerungen in Bezug auf Folgendes enthält: die besten verfügbaren Techniken; ihre Beschreibung und Informationen zur Bewertung ihrer Anwendbarkeit; die mit den besten verfügbaren Techniken assoziierten Emissionswerte; die zugehörigen Überwachungsmaßnahmen; die zugehörigen Verbrauchswerte sowie die gegebenenfalls einschlägigen Standortsanierungsmaßnahmen.

Die Mitgliedstaaten treffen die erforderlichen Maßnahmen, damit die Anlage nach folgenden Prinzipien betrieben wird:

a) es werden alle geeigneten Vorsorgemaßnahmen gegen Umweltverschmutzungen getroffen;
b) die besten verfügbaren Techniken werden angewandt;
c) es werden keine erheblichen Umweltverschmutzungen verursacht;
d) die Erzeugung von Abfällen wird gemäß der Richtlinie 2008/98/EG vermieden;
e) falls Abfälle erzeugt werden, werden sie entsprechend der Prioritätenfolge und im Einklang mit der Richtlinie 2008/98/EG zur Wiederverwendung vorbereitet, recycelt, verwertet oder, falls dies aus technischen oder wirtschaftlichen Gründen nicht möglich ist, beseitigt, wobei Auswirkungen auf die Umwelt vermieden oder vermindert werden;
f) Energie wird effizient verwendet;

g) es werden die notwendigen Maßnahmen ergriffen, um Unfälle zu verhindern und deren Folgen zu begrenzen;
h) bei einer endgültigen Stilllegung werden die erforderlichen Maßnahmen getroffen, um jegliche Gefahr einer Umweltverschmutzung zu vermeiden und den in Artikel 22 der Richtlinie 2010/75/EU beschriebenen zufriedenstellenden Zustand des Betriebsgeländes wiederherzustellen.

Die IED/IE-Richtlinie enthält ein Kapitel mit Sondervorschriften für Abfallverbrennungsanlagen und Abfallmitverbrennungsanlagen. Anhang VI der Richtlinie enthält technische Vorgaben für Abfallverbrennungs- und Abfallmitverbrennungsanlagen.

Für die Einhaltung der Vorschriften reicht es aus, wenn die Mitgliedstaaten sicherstellen, dass die zuständigen Behörden bei der Festlegung der Genehmigungsauflagen die oben angeführten allgemeinen Prinzipien berücksichtigen. Damit ist klar, welchen Weg der Umsetzung der deutsche Gesetzgeber eingeschlagen hat.

Nicht genehmigungsbedürftige Anlagen (§§ 22 bis 25 BImSchG)

Nicht genehmigungsbedürftige Anlagen können – ebenso wie genehmigungsbedürftige Anlagen – sein:

1. Betriebsstätten und sonstige ortsfeste Einrichtungen,
2. Maschinen, Geräte und sonstige ortsveränderliche technische Einrichtungen sowie Fahrzeuge, und
3. Grundstücke, auf denen Stoffe gelagert oder abgelagert oder Arbeiten durchgeführt werden, die Emissionen verursachen können.

Nicht genehmigungsbedürftige Anlagen unterliegen aber nicht dem § 4 BImSchG. Die auf diesem Paragrafen beruhende 4. BImSchV zählt die genehmigungsbedürftigen Anlagen auf. Aufgrund der Mengengrenzen in Spalte 2 ergeben sich im Ausschlussverfahren Anlagen (Anlagengrößen), die nicht genehmigungsbedürftig sind.

Das fehlende Genehmigungserfordernis entbindet den Betreiber einer Anlage nicht von der Beachtung der **Grundpflichten** (§ 22 BImSchG):

- Verhinderung schädlicher Umwelteinwirkungen, soweit nach dem Stand der Technik möglich,
- größtmögliche Beschränkung der nach dem Stand der Technik unvermeidbaren schädlichen Umwelteinwirkungen,
- ordnungsgemäße Beseitigung der beim Betrieb der Anlage entstehenden Abfälle.

Über diese Grundpflichten hinaus ist § 23 BImSchG zu beachten. Er enthält eine Ermächtigung zum Erlass von Rechtsverordnungen betreffend Errichtung, Beschaffenheit und Betrieb nicht genehmigungsbedürftiger Anlagen. Die Rechtsverordnungen können bestimmen:

- technische Anforderungen an die Anlagen,
- die Einhaltung von Emissionsgrenzwerten,
- die Durchführung von Emissions- und Immissionsmessungen durch den Anlagenbetreiber,
- die Anzeige der Inbetriebnahme oder wesentlichen Änderung bei der zuständigen Behörde,
- die Bescheinigung eines Sachverständigen über die Erfüllung der Anforderungen aus den Rechtsverordnungen als Voraussetzung für den Betrieb der Anlage.

Beispiele derartiger Verordnungen sind

- die Verordnung über kleine und mittlere Feuerungsanlagen (1. BImSchV),
- die Verordnung zur Emissionsbegrenzung von leichtflüchtigen halogenierten organischen Verbindungen (2. BImSchV),
- die Verordnung zur Begrenzung der Emissionen flüchtiger organischer Verbindungen beim Umfüllen und Lagern von Ottokraftstoffen, Kraftstoffgemischen oder Rohbenzin (20. BImSchV),
- die Verordnung zur Begrenzung der Kohlenwasserstoffemissionen bei der Betankung von Kraftfahrzeugen (21. BImSchV),
- die Verordnung über Anlagen zur Feuerbestattung (27. BImSchV),
- die Verordnung über Anlagen zur biologischen Behandlung von Abfällen (30. BImSchV).
- Verordnung zur Begrenzung der Emissionen flüchtiger organischer Verbindungen bei der Verwendung organischer Lösemittel in bestimmten Anlagen (31. BImSchV)

Die Statuierung von **Grundpflichten** und **technischen Anforderungen** bleibt belanglos, wenn keine Mittel zur Durchsetzung vorhanden sind. Da eine Vorabkontrolle in Form einer Kontrollerlaubnis (Genehmigung) ausgeschlossen wurde, bleiben nur die Mittel der nachträglichen Anordnung (§ 24 BImSchG) und der Untersagung des Betriebs der Anlage (§ 25 BImSchG).

Die zuständige Behörde hat die Inbetriebnahme oder Weiterführung einer nicht genehmigungsbedürftigen Anlage, die Betriebsbereich oder Bestandteil eines Betriebsbereichs ist und gewerblichen Zwecken dient oder im Rahmen wirtschaftlicher Unternehmungen Verwendung findet, ganz oder teilweise zu untersagen, solange und soweit die von dem Betreiber getroffenen Maßnahmen zur Verhütung schwerer Unfälle im Sinne des Artikels 3 Nummer 13 der Richtlinie 2012/18/EU oder zur Begrenzung der Auswirkungen derartiger Unfälle eindeutig unzureichend sind (zur Richtlinie 2012/18/EU siehe Seite 137).

Die zuständige Behörde kann außerdem die Inbetriebnahme oder Weiterführung einer solchen Anlage ganz oder teilweise untersagen, wenn der Betreiber die in einer zur Umsetzung der Richtlinie 2012/18/EU erlassenen Rechtsverordnung vorgeschriebenen Mitteilungen, Berichte oder sonstige Informationen nicht fristgerecht übermittelt oder eine nach § 23a BImSchG erforderliche Anzeige nicht macht oder die Anlage ohne die nach § 23b BImSchG erforderliche Genehmigung störfallrelevant errichtet, betreibt oder störfallrelevant ändert.

§ 25a BImSchG regelt die Stilllegung und Beseitigung nicht genehmigungsbedürftiger Anlagen, die Betriebsbereich oder Bestandteil eines Betriebsbereichs sind.

Verordnung über Anlagen zur biologischen Behandlung von Abfällen (30. BImSchV) vom 20. Februar 2001 (BGBl. I S. 305), zuletzt geändert am 12. Oktober 2022 (BGBl I S. 1800)

Der Gesetzgeber folgt auch hier dem Ansatz, der in § 31 Absatz 1 KrW-/AbfG niedergelegt und ins KrWG übernommen wurde: Die Errichtung und der Betrieb von ortsfesten Abfallbeseitigungsanlagen zur Lagerung oder Behandlung von Abfällen zur Beseitigung sowie die wesentliche Änderung einer solchen Anlage oder ihres Betriebes bedürfen der Genehmigung nach den Vorschriften des Bundes-Immissionsschutzgesetzes; einer weiteren Zulassung nach diesem Gesetz bedarf es nicht.

Als „**biologische Abfallbehandlungsanlage**" wird eine Abfallbehandlungsanlage definiert, in der Siedlungsabfälle oder andere Abfälle mit biologisch abbaubaren Anteilen mit biologischen oder einer Kombination von biologischen mit physikalischen Verfahren behandelt werden, soweit biologisch stabilisierte Abfälle, heizwertreiche Fraktionen, Ersatzbrennstoffe oder Biogase erzeugt werden. Zur biologischen Abfallbehandlungsanlage gehören insbesondere

- die Einrichtungen zur biologischen Behandlung der Einsatzstoffe oder der anfallenden Abfälle unter aeroben Bedingungen (Verrottung) oder unter anaeroben Bedingungen (Vergärung) mit ihren Austrags-, Eintrags-, Luft- und Abgasführungs- und Umsetzsystemen,
- die Einrichtungen zur mechanischen Aufbereitung oder zur physikalischen Trennung der Einsatzstoffe oder der anfallenden Abfälle als Vorbehandlungs- und Nachbehandlungseinrichtungen vor und nach der biologischen Behandlung (wie zum Abscheiden oder Aussortieren von Metallen, Folien oder anderen Stör- oder Wertstoffen, zum Entwässern, zum Homogenisieren oder Mischen, zum Klassieren oder Sortieren durch Sieben, Windsichten oder hydraulisches Trennen, zum Pelletieren, zum Trocknen, zum Verpressen oder zum Zerkleinern),
- die Einrichtungen zur Anlieferung, Eingangskontrolle und Entladung der Einsatzstoffe, zur Lagerung der Einsatzstoffe und der anfallenden Abfälle sowie zu ihrem Transport, ihrem Umschlag und ihrer Dosierung,
- die Einrichtungen für die Abgaserfassung,
- die Einrichtungen für die Abgasreinigung und für die Behandlung von Prozesswässern und Brüdenkondensaten,
- die Einrichtungen für die Abgasableitungen in die Atmosphäre,
- die Einrichtungen zur Betriebskontrolle der Behandlungsvorgänge und der Zwischenlagerung sowie zur Überwachung der Behandlungs- und Lagerungsbedingungen und
- die Einrichtungen zur Überwachung der Emissionen.

§ 6 der 30. BImSchV legt Emissionsgrenzwerte fest, denen Paragrafen zum Thema „Messung und „Überwachung" folgen. Zum Thema „Abwasser" ist auf die Verordnung über Anforderungen an das Einleiten von Abwasser in Gewässer (Abwasserverordnung – AbwV) zurückzugreifen.

1.1.11.2 Errichtung und Betrieb von Deponien

Die Errichtung und der Betrieb von Deponien sowie die wesentliche Änderung einer solchen Anlage oder ihres Betriebes bedürfen der Planfeststellung durch die zuständige Behörde. In dem Planfeststellungsverfahren ist eine Umweltverträglichkeitsprüfung nach den Vorschriften des Gesetzes über die Umweltverträglichkeitsprüfung durchzuführen (§ 35 Absatz 2 KrWG).

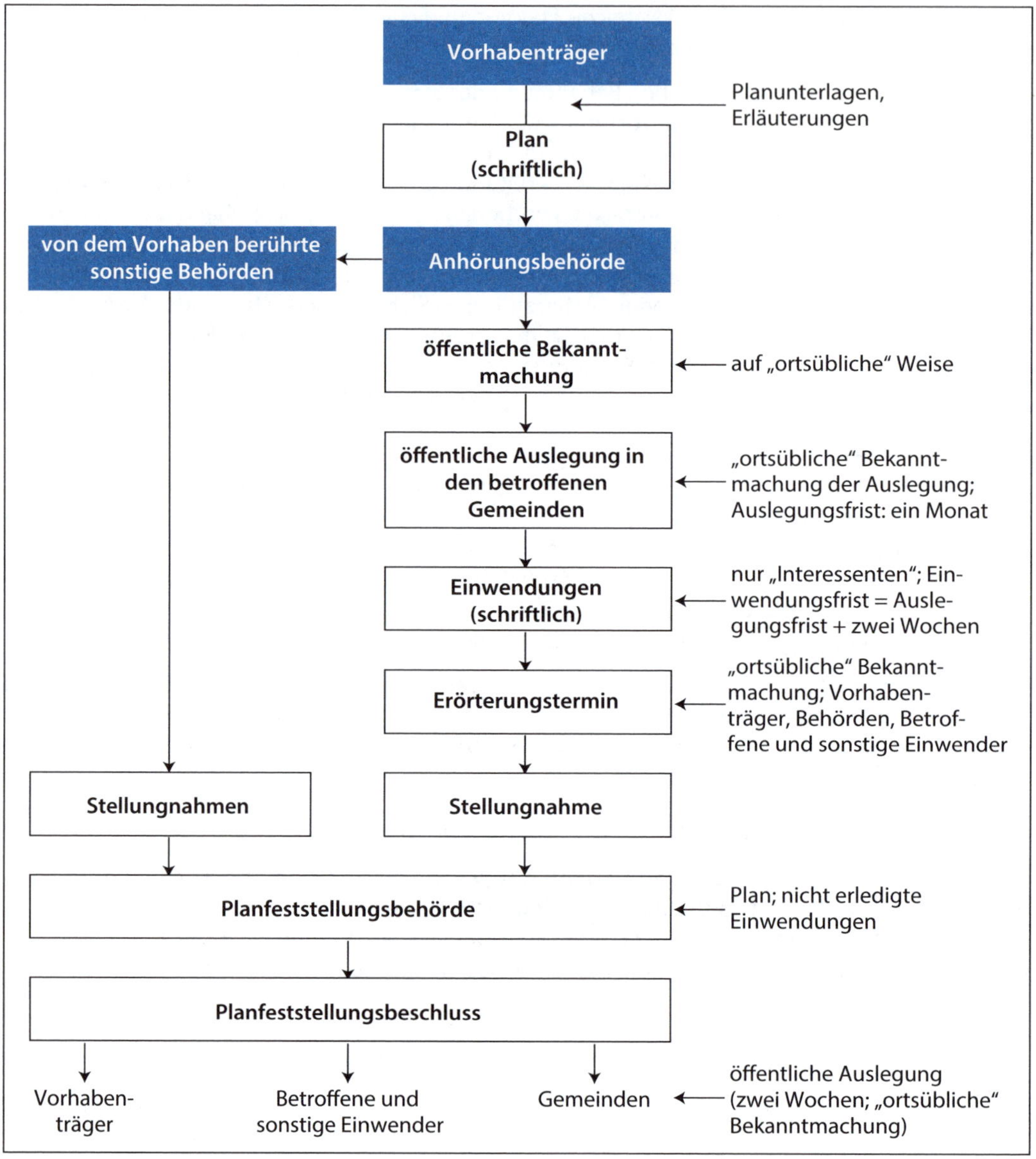

Abb. 11: Planfeststellungsverfahren

Planfeststellung (§ 35 Absatz 2 KrWG)

Die Planfeststellung ist keine Kontrollerlaubnis („wenn bestimmte Anforderungen erfüllt sind, besteht ein Rechtsanspruch auf Genehmigung des Vorhabens"). Die Planfeststellung dient vielmehr der Einordnung von (meist umweltbelastenden Infrastruktur-)Vorhaben in den größeren räumlichen Zusammenhang (Raumordnung). Im Planfeststellungsverfahren soll versucht werden, einen Interessenausgleich herbeizuführen, der im Ergebnis eine weitestgehende Verwirklichung des Vorhabens bei größtmöglicher Reduzierung der negativen Auswirkungen darstellt. Der Planfeststellungsbehörde kommt dabei ein Planungsermessen zu; sie hat die Abwägung vorzunehmen, in der über Ablehnung/Zustimmung und Gestaltung des Vorhabens entschieden wird.

Inhalt und Ablauf des Planfeststellungsverfahrens werden in den §§ 72 bis 78 des Verwaltungsverfahrensgesetzes (VwVfG) detailliert.

Mit der Planfeststellung wird die Zulässigkeit des Vorhabens im Hinblick auf alle von ihm berührten öffentlichen Belange festgestellt („Gestattung"). Die Planfeststellung entfaltet ebenfalls Konzentrationswirkung.

Andere behördliche Entscheidungen wie öffentlich-rechtliche Genehmigungen, Erlaubnisse, Bewilligungen, Zustimmungen und andere Planfeststellungen sind nicht erforderlich. Eine Konzentration der Zuständigkeiten und der Verfahren findet ebenfalls statt (nur ein von der Planfeststellungsbehörde durchgeführtes Verfahren!).

Plangenehmigung (§ 35 Absatz 3 KrWG)

Die zuständige Behörde kann anstelle eines Planfeststellungsbeschlusses auf Antrag oder von Amts wegen eine Plangenehmigung erteilen, wenn

1. die **Errichtung und der Betrieb einer unbedeutenden Deponie** beantragt wird, soweit die Errichtung und der Betrieb keine erheblichen nachteiligen Auswirkungen auf ein Schutzgut (Menschen, Tiere, Pflanzen und die biologische Vielfalt, Boden, Wasser, Luft, Klima und Landschaft, Kulturgüter und sonstige Sachgüter), das in § 2 Absatz 1 des UVPG genannt ist, haben kann, oder
2. die **wesentliche Änderung einer Deponie oder ihres Betriebes** beantragt wird, soweit die Änderung keine erheblichen nachteiligen Auswirkungen auf ein solches Schutzgut haben kann.

Die zuständige Behörde soll ein Genehmigungsverfahren durchführen, wenn die Änderung keine erheblichen nachteiligen Auswirkungen auf ein solches Schutzgut hat und den Zweck verfolgt, eine wesentliche Verbesserung für diese Schutzgüter herbeizuführen.

Eine Plangenehmigung kann nicht erteilt werden

1. für Anlagen zur Ablagerung von gefährlichen Abfällen,
2. für Deponien zur Ablagerung von nicht gefährlichen Abfällen mit einer Aufnahmekapazität von zehn Tonnen oder mehr pro Tag oder mit einer Gesamtkapazität von 25 000 Tonnen oder mehr; dies gilt nicht für Deponien für Inertabfälle.

§ 35 Absatz 4 KrWG verweist auf den § 15 Absatz 1 und 2 des BImSchG. Dort wird das Verfahren für die Änderung genehmigungsbedürftiger Anlagen beschrieben. Bemerkenswert ist insbesondere Absatz 2:

§ 15 Absatz 2 BImSchG

Die zuständige Behörde hat unverzüglich, spätestens innerhalb eines Monats nach Eingang der Anzeige und der nach Absatz 1 Satz 2 erforderlichen Unterlagen, zu prüfen, ob die Änderung einer Genehmigung bedarf. Der Träger des Vorhabens darf die Änderung vornehmen, sobald die zuständige Behörde ihm mitteilt, dass die Änderung keiner Genehmigung bedarf, oder sich innerhalb der in Satz 1 bestimmten Frist nicht geäußert hat.

Das Verwaltungsverfahrensgesetz führt in § 74 Absatz 6 zur Plangenehmigung aus:

Anstelle eines Planfeststellungsbeschlusses kann eine Plangenehmigung erteilt werden, wenn

1. Rechte anderer nicht beeinträchtigt werden oder die Betroffenen sich mit der Inanspruchnahme ihres Eigentums oder eines anderen Rechts schriftlich einverstanden erklärt haben und
2. mit den Trägern öffentlicher Belange, deren Aufgabenbereich berührt wird, das Benehmen hergestellt worden ist.

Die Plangenehmigung hat die Rechtswirkungen der Planfeststellung mit Ausnahme der enteignungsrechtlichen Vorwirkung; auf ihre Erteilung finden die Vorschriften über das Planfeststellungsverfahren keine Anwendung.

Der Planfeststellungsbeschluss nach § 35 Absatz 2 KrWG **darf nur erlassen oder die Plangenehmigung** nach § 35 Absatz 3 KrWG **darf nur erteilt werden, wenn**

1. sichergestellt ist, dass das Wohl der Allgemeinheit nicht beeinträchtigt wird, insbesondere
   a) Gefahren für die in § 15 Absatz 2 KrWG genannten Schutzgüter nicht hervorgerufen werden können,
   b) Vorsorge gegen die Beeinträchtigungen der Schutzgüter, in erster Linie durch bauliche, betriebliche oder organisatorische Maßnahmen entsprechend dem Stand der Technik, getroffen wird und
   c) Energie sparsam und effizient verwendet wird,
2. keine Tatsachen vorliegen, aus denen sich Bedenken gegen die Zuverlässigkeit des Betreibers oder der für die Errichtung, Leitung oder Beaufsichtigung des Betriebes oder für die Nachsorge der Deponie verantwortlichen Personen ergeben,
3. die Personen im Sinne der Nummer 2 und das sonstige Personal die für ihre Tätigkeit erforderliche Fach- und Sachkunde besitzen,
4. keine nachteiligen Wirkungen auf das Recht eines anderen zu erwarten sind und
5. die für verbindlich erklärten Feststellungen eines Abfallwirtschaftsplans dem Vorhaben nicht entgegenstehen.

Die zuständige Behörde soll verlangen, dass der Betreiber einer Deponie für die Rekultivierung sowie zur Verhinderung oder Beseitigung von Beeinträchtigungen des Wohles der Allgemeinheit nach Stilllegung der Anlage Sicherheit leistet (§ 36 Absatz 3 KrWG).

Der Planfeststellungsbeschluss und die Genehmigung können unter Bedingungen erteilt, mit Auflagen verbunden und befristet werden, soweit dies zur Wahrung des Wohles der Allgemeinheit erforderlich ist. Die zuständige Behörde überprüft regelmäßig sowie aus besonderem Anlass, ob der Planfeststellungsbeschluss und die Genehmigung dem neuesten Stand der Anforderungen entsprechen. Die Aufnahme, Änderung oder Ergänzung von Auflagen über Anforderungen an die Deponie oder ihren Betrieb ist auch nach dem Ergehen des Planfeststellungsbeschlusses oder nach der Erteilung der Genehmigung zulässig (§ 36 Absatz 4 KrWG).

In einem Planfeststellungs- oder Genehmigungsverfahren kann die für die Feststellung des Planes oder Erteilung der Genehmigung zuständige Behörde unter dem Vorbehalt des Widerrufes für einen Zeitraum von sechs Monaten zulassen, dass bereits vor Feststellung des Planes oder der Erteilung der Genehmigung mit der Errichtung einschließlich der Maßnahmen, die zur Prüfung der Betriebstüchtigkeit der Deponie erforderlich sind, begonnen wird, wenn

1. mit einer Entscheidung zugunsten des Trägers des Vorhabens gerechnet werden kann,
2. an dem vorzeitigen Beginn ein öffentliches Interesse besteht und
3. der Träger des Vorhabens sich verpflichtet, alle bis zur Entscheidung durch die Ausführung verursachten Schäden zu ersetzen und, falls das Vorhaben nicht planfestgestellt oder plangenehmigt wird, den früheren Zustand wiederherzustellen.

Die Frist kann auf Antrag um weitere sechs Monate verlängert werden (§ 37 KrWG).

§ 44 KrWG (**Kosten der Ablagerung von Abfällen**) legt die Verpflichtung von Deponiebetreibern fest, bei Entgelten, die für die Ablagerung von Abfällen in Rechnung gestellt werden, insbesondere alle errichtungs-, betriebs-, stilllegungs- und nachsorgerelevanten Kosten zugrunde zu legen.

Der Inhaber einer Deponie hat ihre beabsichtigte **Stilllegung** der zuständigen Behörde unverzüglich anzuzeigen. Der Anzeige sind Unterlagen über Art, Umfang und Betriebsweise sowie die beabsichtigte Rekultivierung und sonstige Vorkehrungen zum Schutz des Wohles der Allgemeinheit beizufügen (§ 40 Absatz 1 KrWG).

Soweit entsprechende Regelungen noch nicht in dem Planfeststellungsbeschluss oder der Plangenehmigung enthalten sind, hat die zuständige Behörde den Inhaber der Deponie zu verpflichten,

1. auf seine Kosten das Gelände, das für die Deponie verwendet worden ist, zu rekultivieren,
2. auf seine Kosten alle sonstigen erforderlichen Vorkehrungen, einschließlich der Überwachungs- und Kontrollmaßnahmen während der Nachsorgephase, zu treffen, um die in § 36 Absatz 1 bis 3 KrWG genannten Anforderungen auch nach der Stilllegung zu erfüllen, und
3. der zuständigen Behörde alle Überwachungsergebnisse zu melden, aus denen sich Anhaltspunkte für erhebliche nachteilige Auswirkungen auf Mensch und Umwelt ergeben.

Die Bundesregierung wird ermächtigt (§ 43 KrWG), nach Anhörung der beteiligten Kreise (§ 68 KrWG) durch Rechtsverordnung mit Zustimmung des Bundesrates vorzuschreiben, dass die Errichtung, die Beschaffenheit, der Betrieb, der Zustand nach Stilllegung und die betreibereigene Überwachung von Deponien bestimmten Anforderungen genügen müssen, insbesondere dass

1. die Standorte bestimmten Anforderungen entsprechen müssen,
2. die Deponien bestimmten betrieblichen, organisatorischen und technischen Anforderungen entsprechen müssen,
3. die in Deponien zur Ablagerung gelangenden Abfälle bestimmten Anforderungen entsprechen müssen; dabei kann insbesondere bestimmt werden, dass Abfälle mit bestimmten Metallgehalten nicht abgelagert werden dürfen und welche Abfälle als Inertabfälle gelten,
4. die von Deponien ausgehenden Emissionen bestimmte Grenzwerte nicht überschreiten dürfen,
5. die Betreiber während des Betriebs und in der Nachsorgephase bestimmte Mess- und Überwachungsmaßnahmen vorzunehmen haben oder vornehmen lassen müssen,
6. die Betreiber durch einen Sachverständigen bestimmte Prüfungen vornehmen lassen müssen
   a) während der Errichtung oder sonst vor der Inbetriebnahme der Deponie,
   b) nach Inbetriebnahme der Deponie oder einer Änderung im Sinne des § 35 Absatz 2 oder Absatz 5 KrWG,

   c) in regelmäßigen Abständen oder
   d) bei oder nach der Stilllegung,
7. es den Betreibern erst nach einer Abnahme durch die zuständige Behörde gestattet ist
   a) die Deponie in Betrieb zu nehmen,
   b) eine wesentliche Änderung in Betrieb zu nehmen oder
   c) die Stilllegung abzuschließen,
8. die Betreiber bei bestimmten Ereignissen innerhalb bestimmter Fristen die zuständige Behörde unterrichten müssen, die erforderlichen Maßnahmen zur Begrenzung und Vermeidung von Beeinträchtigungen des Wohls der Allgemeinheit ergreifen müssen oder die zuständige Behörde den Betreiber zu solchen Maßnahmen verpflichten muss,
9. die Betreiber der zuständigen Behörde während des Betriebs und in der Nachsorgephase unverzüglich alle Überwachungsergebnisse, aus denen sich Anhaltspunkte für erhebliche nachteilige Umweltauswirkungen ergeben, sowie bestimmte Ereignisse, die solche Auswirkungen haben können, zu melden und der zuständigen Behörde regelmäßig einen Bericht über die Ergebnisse der in der Rechtsverordnung vorgeschriebenen Mess- und Überwachungsmaßnahmen vorzulegen haben.
   Anmerkung: nach Gesetz zur Umsetzung der Richtlinie über Industrieemissionen vom 8. April 2013 bedeuten „bestimmte Ereignisse" Unfälle und Zwischenfälle.

Verordnung über Deponien und Langzeitlager (Deponieverordnung – DepV) vom 27. April 2009 (BGBl. I S. 900), zuletzt geändert am 9. Juli 2021 (BGBl I S. 2598)

Diese Verordnung gilt für

1. die Errichtung, den Betrieb, die Stilllegung und die Nachsorge von Deponien,
2. die Behandlung von Abfällen zum Zwecke der Ablagerung auf Deponien und des Einsatzes als Deponieersatzbaustoff,
3. die Ablagerung von Abfällen auf Deponien,
4. den Einsatz von Abfällen als und zur Herstellung von Deponieersatzbaustoff,
5. die Errichtung, den Betrieb, die Stilllegung und die Nachsorge von Langzeitlagern sowie
6. die Lagerung von Abfällen in Langzeitlagern.

Langzeitlager sind zum einen Oberirdische Langzeitlager für Inertabfälle, für nicht gefährliche sowie für gefährliche Abfälle, zum anderen Untertägige Langzeitlager für gefährliche Abfälle in einem Bergwerk mit eigenständigem Lagerbereich, der von einer Mineralgewinnung getrennt angelegt ist (§ 2 DepV).

Die Adressaten der DepV sind die

1. Träger eines Deponievorhabens,
2. Betreiber und Inhaber von Deponien (Deponiebetreiber),
3. Betreiber von Langzeitlagern,
4. Erzeuger und Besitzer von Abfällen sowie
5. Betreiber von Anlagen zur Behandlung von Abfällen zur Ablagerung auf Deponien und zur Herstellung von Deponieersatzbaustoffen.

Die DepV gilt nicht für die ausschließliche Lagerung oder Ablagerung von Abfällen, die unmittelbar und üblicherweise beim Aufsuchen, Gewinnen, Aufbereiten und Weiterverarbeiten sowie bei der damit zusammenhängenden Lagerung von Bodenschätzen anfallen (siehe Gewinnungsabfallverordnung, Seite 258).

Deponien werden in **Klassen** eingeteilt (§ 2 DepV):

- Deponie der Klasse 0 (Deponieklasse 0, DK 0): Oberirdische Deponie für Inertabfälle, die die Zuordnungskriterien nach Anhang 3 Nummer 2 für die Deponieklasse 0 einhalten;
- Deponie der Klasse I (Deponieklasse I, DK I): Oberirdische Deponie für Abfälle, die die Zuordnungskriterien nach Anhang 3 Nummer 2 für die Deponieklasse I einhalten;
- Deponie der Klasse II (Deponieklasse II, DK II): Oberirdische Deponie für Abfälle, die die Zuordnungskriterien nach Anhang 3 Nummer 2 für die Deponieklasse II einhalten;
- Deponie der Klasse III (Deponieklasse III, DK III): Oberirdische Deponie für nicht gefährliche Abfälle und gefährliche Abfälle, die die Zuordnungskriterien nach Anhang 3 Nummer 2 für die Deponieklasse III einhalten;
- Deponie der Klasse IV (Deponieklasse IV, DK IV): Untertagedeponie, in der Abfälle
  a) in einem Bergwerk mit eigenständigem Ablagerungsbereich, der getrennt von einer Mineralgewinnung angelegt ist, oder
  b) in einer Kaverne, vollständig im Gestein eingeschlossen,

abgelagert werden.

Anhang 3 der DepV enthält Zulässigkeits- und Zuordnungskriterien. Zum Beispiel gilt für Inertabfälle, die die Zuordnungskriterien nach Anhang 3 Nummer 2 für die Deponieklasse 0 einhalten, ein Grenzwert für den Gehalt an Mineralölkohlenwasserstoffen von 500 mg/kg Trockenmasse.

Bei den Langzeitlagern wird analog verfahren.

- Deponien oder Deponieabschnitte der Klasse 0, I, II oder III sind so zu errichten, dass die Anforderungen an den Standort, die geologische Barriere und das Basisabdichtungssystem eingehalten werden.
  Anhang 1 der DepV enthält die Anforderungen an den Standort, die geologische Barriere, Basis- und Oberflächenabdichtungssysteme von Deponien der Klasse 0, I, II und III.
- Deponien der Klasse IV sind nur im Salzgestein und so zu errichten, dass die Anforderungen an Standort und geologische Barriere sowie zur standortbezogenen Sicherheitsbeurteilung eingehalten werden.
  Anhang 2 der DepV enthält die Anforderungen an den Standort, geologische Barriere, Langzeitsicherheitsnachweis und Stilllegungsmaßnahmen von Deponien der Klasse IV im Salzgestein.
- Der Deponiebetreiber hat auf der Deponie außer einem Ablagerungsbereich mindestens einen Eingangsbereich einzurichten. Er hat die Deponie so zu sichern, dass ein unbefugter Zugang zu der Anlage verhindert wird.
- Der Deponiebetreiber hat die Organisation einer Deponie so auszugestalten, dass
  1. jederzeit ausreichend Personal, das über die für seine jeweilige Tätigkeit erforderliche Fach- und Sachkunde verfügt, für die wahrzunehmenden Aufgaben vorhanden ist,
  2. die für die Leitung verantwortlichen Personen mindestens alle zwei Jahre an Lehrgängen teilnehmen,
  3. das Personal durch geeignete Fortbildung über den für die Tätigkeit erforderlichen aktuellen Wissensstand verfügt,
  4. die erforderliche Überwachung und Kontrolle der durchgeführten abfallwirtschaftlichen Tätigkeiten sichergestellt ist sowie
  5. Unfälle vermieden und eventuelle Unfallfolgen begrenzt werden.

Beachte: Seit 1. August 2023 ist die ErsatzbaustoffVEV in Kraft (siehe S. 82). § 6 DepV „Voraussetzungen für die Ablagerung" nimmt damit die folgende Form an:

- Abfälle dürfen auf Deponien oder Deponieabschnitten nur abgelagert werden, wenn die jeweiligen Annahmekriterien nach den Absätzen 3 bis 5, bei vollständig stabilisierten Abfällen (Abfallschlüssel 19 03 05 der Anlage zur Abfallverzeichnis-Verordnung) zusätzlich die Anforderungen nach Absatz 2, bereits bei der Anlieferung eingehalten werden. Die Annahmekriterien sind im einzelnen Abfall, ohne Vermischung mit anderen Stoffen oder Abfällen, einzuhalten. Soweit es zur Einhaltung der Annahmekriterien erforderlich ist, sind Abfälle vor der Ablagerung zu behandeln. (§ 6 Absatz 1 DepV)
- Folgende **mineralische Ersatzbaustoffe** im Sinne von § 2 Nummer 1 der ErsatzbaustoffVEV, die als Abfall anfallen und die nach Abschnitt 3 Unterabschnitt 1 der ErsatzbaustoffVEV güteüberwacht und klassifiziert sind oder nicht aufbereitetes Bodenmaterial und nicht aufbereitetes Baggergut, das nach Abschnitt 3 Unterabschnitt 2 der ErsatzbaustoffVEV untersucht und klassifiziert ist, gelten ohne Beprobung nach Anhang 4 bei Anlieferung zur Deponie als nicht gefährliche Abfälle bzw. als Inertabfälle, die die Zuordnungskriterien des Anhangs 3 Nummer 2 für die Deponieklasse 0 einhalten. (§ 6 Absatz 1a DepV)
- Für **vollständig stabilisierte Abfälle** (Abfallschlüssel 19 03 05 der Anlage zur Abfallverzeichnis-Verordnung) gilt, dass nach der Stabilisierung ... (§ 6 Absatz 2 DepV).
- **Gefährliche Abfälle** dürfen nur abgelagert werden auf Deponien oder Deponieabschnitten, die alle Anforderungen für die Deponieklasse III erfüllen und wenn die Zuordnungskriterien des Anhangs 3 Nummer 2 für die Deponieklasse III eingehalten werden, oder auf Deponien, die alle Anforderungen für die Deponieklasse IV erfüllen. (§ 6 Absatz 3 DepV)
- **Nicht gefährliche Abfälle** dürfen nur abgelagert werden auf Deponien oder Deponieabschnitten, die mindestens alle Anforderungen für die Deponieklasse I erfüllen und wenn die Zuordnungskriterien des Anhangs 3 Nummer 2 für die Deponieklasse I eingehalten werden, oder mindestens alle Anforderungen für die Deponieklasse II erfüllen und wenn die Zuordnungskriterien des Anhangs 3 Nummer 2 für die Deponieklasse II eingehalten werden, oder mindestens alle Anforderungen für die Deponieklasse III erfüllen und wenn die Zuordnungskriterien des Anhangs 3 Nummer 2 für die Deponieklasse III eingehalten werden, oder alle Anforderungen für die Deponieklasse IV erfüllen. (§ 6 Absatz 4 DepV)
- **Inertabfälle** dürfen nur abgelagert werden auf Deponien oder Deponieabschnitten, die mindestens alle Anforderungen für die Deponieklasse 0 erfüllen und wenn die Zuordnungskriterien des Anhangs 3 Nummer 2 für die Deponieklasse 0 eingehalten werden, oder auf Deponien, die alle Anforderungen für die Deponieklasse IV erfüllen (§ 6 Absatz 5 DepV).
- Mit Zustimmung der zuständigen Behörde dürfen auch bei Überschreitung einzelner Zuordnungswerte, insbesondere des TOC und des Glühverlustes, ... [gefährliche und nicht gefährliche Abfälle aus Schadensfällen (z. B. Brände, Naturkatastrophen)] ... abgelagert werden ... (§ 6 Absatz 6 DepV).

§ 7 DepV legt fest, welche Abfälle nicht zugelassen sind. Zum Beispiel dürfen folgende Abfälle nicht auf einer Deponie der Klasse 0, I, II oder III abgelagert werden:

1. flüssige Abfälle,
2. Abfälle, die nach Anhang III der Richtlinie 2008/98/EG als explosiv, brandfördernd, entzündbar oder ätzend eingestuft werden,

3. infektiöse Abfälle (Abfallschlüssel 18 01 03 und 18 02 02 der Anlage zur Abfallverzeichnis-Verordnung), Körperteile und Organe (Abfallschlüssel 18 01 02 der Anlage zur Abfallverzeichnis-Verordnung),
4. nicht identifizierte oder neue chemische Abfälle aus Forschungs-, Entwicklungs- und Ausbildungstätigkeiten, deren Auswirkungen auf den Menschen und die Umwelt nicht bekannt sind,
5. ganze oder zerteilte Altreifen,
6. Abfälle, die zu erheblichen Geruchsbelästigungen für die auf der Deponie Beschäftigten und für die Nachbarschaft führen.
7. Abfälle nach Anhang V Teil 2 der Verordnung (EU) 2019/1021 über persistente organische Schadstoffe, bei denen die Konzentrationsgrenzen der in Anhang IV derselben Verordnung aufgelisteten Stoffe überschritten sind, sowie andere Abfälle, bei denen aufgrund der Herkunft oder Beschaffenheit durch die Ablagerung wegen ihres Gehaltes an langlebigen oder bioakkumulierbaren toxischen Stoffen eine Beeinträchtigung des Wohles der Allgemeinheit zu besorgen ist.

- Der Abfallerzeuger, bei Sammelentsorgung der Einsammler, hat dem Deponiebetreiber rechtzeitig vor der ersten Anlieferung die grundlegende Charakterisierung des Abfalls vorzulegen (zu den Einzelheiten siehe § 8 Absatz 1 DepV).
- Der Abfallerzeuger, bei Sammelentsorgung der Einsammler, hat die Abfälle, die abgelagert werden sollen, stichprobenhaft je angefangene 1 000 Megagramm (1 Megagramm = 10^6 Gramm = 1 Tonne), mindestens aber jährlich, zu beproben und die Schlüsselparameter auf Einhaltung der Zuordnungskriterien des Anhangs 3 Nummer 2 für die jeweilige Deponieklasse zu überprüfen (§ 8 Absatz 3 DepV).
- Der Deponiebetreiber hat bei jeder Abfallanlieferung unverzüglich eine Annahmekontrolle durchzuführen (§ 8 Absatz 4 DepV).
- Der Deponiebetreiber hat – entsprechend den in § 8 Absatz 5 DepV dargelegten Umständen – Kontrolluntersuchungen durchzuführen.
- Wird nach Maßgabe des § 8 Absatz 5 DepV eine Kontrolluntersuchung durchgeführt, hat der Deponiebetreiber bei der Abfallanlieferung von dem angelieferten Abfall eine Rückstellprobe zu nehmen und mindestens einen Monat aufzubewahren (§ 8 Absatz 7 DepV).
- Der Deponiebetreiber hat für jede Abfallanlieferung eine Eingangsbestätigung unter Angabe der festgestellten Masse und des sechsstelligen Abfallschlüssels gemäß der Anlage zur Abfallverzeichnis-Verordnung auszustellen. Wird die Übergabe der Abfälle mittels Begleitschein oder Übernahmeschein nach der Nachweisverordnung bestätigt, ersetzen diese Nachweise die Eingangsbestätigung (§ 8 Absatz 9 DepV).
- Der Deponiebetreiber hat die zuständige Behörde unverzüglich über angelieferte, zur Ablagerung auf der Deponie nicht zugelassene Abfälle zu informieren.
- In der **Stilllegungsphase** (§ 10 DepV) hat der Betreiber
  1. einer Deponie der Klasse 0, I, II oder III unverzüglich alle erforderlichen Maßnahmen zur Errichtung des Oberflächenabdichtungssystems nach Anhang 1 Nummer 2,
  2. einer Deponie der Klasse IV unverzüglich alle erforderlichen Maßnahmen nach Anhang 2 Nummer 3 durchzuführen, um eine Beeinträchtigung des Wohles der Allgemeinheit zu verhindern [„Im Zuge der Stilllegung einer Deponie der Klasse IV sind Abschlussmaßnahmen durchzuführen, die gewährleisten, dass die abgelagerten Abfälle der Biosphäre zuverlässig entzogen sind. Hierzu sind …"].

- Der Deponiebetreiber hat in der **Nachsorgephase** alle Maßnahmen, insbesondere die Kontroll- und Überwachungsmaßnahmen, nach § 12 DepV durchzuführen, die zur Verhinderung von Beeinträchtigungen des Wohles der Allgemeinheit erforderlich sind (§ 11 DepV).
- Der Betreiber einer Deponie der Klasse 0, I, II oder III hat vor Beginn der Ablagerungsphase Grundwasser-Messstellen nach § 12 Absatz 1 DepV sowie sonstige Messeinrichtungen nach Anhang 5 Nummer 3.1 der Verordnung zu schaffen. Er hat die Grundwasser-Messstellen sowie sonstigen Messeinrichtungen bis zum Ende der Nachsorgephase zu erhalten.

§ 13 DepV nennt die Instrumente der betrieblichen **Dokumentation**:

1. Betriebsordnung
2. Betriebshandbuch
3. Abfallkataster
4. Betriebstagebuch
5. Jahresbericht
6. Bestandsplan

Der Deponiebetreiber hat vor Beginn der Ablagerungsphase der zuständigen Behörde die Sicherheit für die Erfüllung von Inhaltsbestimmungen, Auflagen und Bedingungen zu leisten, die mit dem Planfeststellungsbeschluss oder der Plangenehmigung für die Ablagerungs-, Stilllegungs- oder Nachsorgephase zur Verhinderung oder Beseitigung von Beeinträchtigungen des Wohles der Allgemeinheit angeordnet wird.

1.1.12 Überwachung

1.1.12.1 KrWG: Teil 6 „Überwachung"

§ 47 Absatz 1 KrWG Allgemeine Überwachung

Die Vermeidung nach Maßgabe der aufgrund der §§ 24 [Anforderungen an Verbote, Beschränkungen, Kennzeichnungen, Beratung, Information und Obhutspflicht] und 25 [Anforderungen an Rücknahme- und Rückgabepflichten, die Wiederverwendung, die Verwertung und die Beseitigung der nach Gebrauch der Erzeugnisse entstandenen Abfälle, Kostenbeteiligungen für die Reinigung der Umwelt; Obhutspflicht] erlassenen Rechtsverordnungen und die Abfallbewirtschaftung unterliegen der Überwachung durch die zuständige Behörde.

Zur Erinnerung: Abfallbewirtschaftung im Sinne des KrWG ist die Bereitstellung, die Überlassung, die Sammlung, die Beförderung, die Verwertung und die Beseitigung von Abfällen, einschließlich der Überwachung dieser Verfahren, der Nachsorge von Beseitigungsanlagen sowie der Tätigkeiten, die von Händlern und Maklern vorgenommen werden.

Die zuständige Behörde überprüft in regelmäßigen Abständen und in angemessenem Umfang Erzeuger von gefährlichen Abfällen, Anlagen und Unternehmen, die Abfälle entsorgen, sowie Sammler, Beförderer, Händler und Makler von Abfällen. Die Überprüfung der Tätigkeiten der Sammler und Beförderer von Abfällen erstreckt sich auch auf den Ursprung, die Art, die Menge und den Bestimmungsort der gesammelten und beförderten Abfälle (§ 47 Absatz 2 KrWG).

- **Sammler von Abfällen** ist jede natürliche oder juristische Person, die gewerbsmäßig oder im Rahmen wirtschaftlicher Unternehmen Abfälle sammelt.
- **Beförderer von Abfällen** ist jede natürliche oder juristische Person, die gewerbsmäßig oder im Rahmen wirtschaftlicher Unternehmen Abfälle befördert.
- **Händler von Abfällen** ist jede natürliche oder juristische Person, die gewerbsmäßig oder im Rahmen wirtschaftlicher Unternehmen oder öffentlicher Einrichtungen in eigener Verantwortung Abfälle erwirbt und weiter veräußert; die Erlangung der tatsächlichen Sachherrschaft über die Abfälle ist hierfür nicht erforderlich.
- **Makler von Abfällen** ist jede natürliche oder juristische Person, die gewerbsmäßig oder im Rahmen wirtschaftlicher Unternehmen oder öffentlicher Einrichtungen für die Verwertung oder die Beseitigung von Abfällen für Dritte sorgt; die Erlangung der tatsächlichen Sachherrschaft über die Abfälle ist hierfür nicht erforderlich.

§ 47 Absatz 3 KrWG

Auskunft über Betrieb, Anlagen, Einrichtungen und sonstige der Überwachung unterliegende Gegenstände haben den Beauftragten der Überwachungsbehörde auf Verlangen zu erteilen:

1. ***Erzeuger oder Besitzer von Abfällen,***
2. ***zur Abfallentsorgung Verpflichtete,***
3. ***Betreiber sowie frühere Betreiber von Unternehmen oder Anlagen, die Abfälle entsorgen oder entsorgt haben, auch wenn diese Anlagen stillgelegt sind, sowie***
4. ***Sammler, Beförderer, Händler und Makler von Abfällen.***

Die nach Satz 1 zur Auskunft verpflichteten Personen haben den Bediensteten und Beauftragten der zuständigen Behörde zur Prüfung der Einhaltung ihrer Verpflichtungen nach den §§ 7 und 15 das Betreten der Grundstücke, Geschäfts- und Betriebsräume, die Einsicht in Unterlagen und die Vornahme von technischen Ermittlungen und Prüfungen zu gestatten. Die nach Satz 1 zur Auskunft verpflichteten Personen sind ferner verpflichtet, zu diesen Zwecken das Betreten der Wohnräume zu gestatten, wenn dies zur Verhütung einer dringenden Gefahr für die öffentliche Sicherheit oder Ordnung erforderlich ist. Das Grundrecht auf Unverletzlichkeit der Wohnung (Artikel 13 Absatz 1 des Grundgesetzes) wird insoweit eingeschränkt.

Den Rechten der Behörden sind im Rahmen der Überwachung natürlich Grenzen gezogen. Der Auskunftspflichtige hat das Recht, die Auskunft zu verweigern, wenn er sich mit der Auskunft einem ordnungswidrigkeits- oder strafrechtlichen Verfahren aussetzen würde (§ 47 Absatz 5 KrWG: Hinweis auf Strafprozessordnung). Die Behörde muss sich bei der Überwachung auf ihren sachlichen Kompetenzbereich (Vermeidung, Verwertung, Beseitigung von Abfällen) beschränken. Das Betriebs- und Geschäftsgeheimnis muss gewahrt werden. Personenbezogene Daten unterliegen dem Datenschutz.

Der Auskunftspflicht werden **Unterstützungs- und Mitwirkungspflichten** zur Seite gestellt:

Betreiber von Verwertungs- und Abfallbeseitigungsanlagen oder von Anlagen, in denen Abfälle mitverwertet oder mitbeseitigt werden, haben diese den Bediensteten oder Beauftragten der zuständigen Behörde zugänglich zu machen, die zur Überwachung erforderlichen Arbeitskräfte, Werkzeuge und Unterlagen zur Verfügung zu stellen und nach Anordnung der zuständigen Behörde Zustand und Betrieb der Anlage auf eigene Kosten prüfen zu lassen (§ 47 Absatz 4 KrWG).

An die Entsorgung sowie die Überwachung gefährlicher Abfälle sind nach Maßgabe des KrWG besondere Anforderungen zu stellen (§ 48 KrWG).

Die Bundesregierung wird ermächtigt, nach Anhörung der beteiligten Kreise (§ 68 KrWG) durch Rechtsverordnung mit Zustimmung des Bundesrates die Bezeichnung von Abfällen sowie gefährliche Abfälle zu bestimmen und die Bestimmung gefährlicher Abfälle durch die zuständige Behörde im Einzelfall zuzulassen.

Die Festlegung gefährlicher Abfälle erfolgt mit der AVV: mit * markierte Abfälle sind gefährliche Abfälle (§ 3 Absatz 1 AVV). Alle übrigen Abfälle sind nicht gefährlich.

§ 50 Absatz 1 KrWG Nachweispflichten

Die Erzeuger, Besitzer, Sammler, Beförderer und Entsorger von gefährlichen Abfällen haben sowohl der zuständigen Behörde gegenüber als auch untereinander die ordnungsgemäße Entsorgung gefährlicher Abfälle nachzuweisen. Der Nachweis wird geführt

1. ***vor Beginn der Entsorgung in Form einer Erklärung des Erzeugers, Besitzers, Sammlers oder Beförderers von Abfällen zur vorgesehenen Entsorgung, einer Annahmeerklärung des Abfallentsorgers sowie der Bestätigung der Zulässigkeit der vorgesehenen Entsorgung durch die zuständige Behörde und***
2. ***über die durchgeführte Entsorgung oder Teilabschnitte der Entsorgung in Form von Erklärungen der nach Satz 1 Verpflichteten über den Verbleib der entsorgten Abfälle.***

Punkt 1 stellt eine Vorabkontrolle der Zulässigkeit der vorgesehenen Entsorgung dar. In Punkt 2 wird eine Dokumentation der Durchführung einer zulässigen Entsorgung verlangt.

- Diese Nachweispflichten gelten nicht für gefährliche Abfälle, welche die Erzeuger oder Besitzer in eigenen Abfallentsorgungsanlagen entsorgen, wenn diese Entsorgungsanlagen in einem engen räumlichen und betrieblichen Zusammenhang mit den Anlagen oder Stellen stehen, in denen die zu entsorgenden Abfälle angefallen sind (die Registerpflichten (siehe unten) bleiben davon unberührt) (§ 50 Absatz 2 KrWG).
- Die aufgeführten Nachweispflichten gelten nicht bis zum Abschluss der Rücknahme oder Rückgabe von Erzeugnissen oder der nach Gebrauch der Erzeugnisse verbleibenden gefährlichen Abfälle, die einer verordneten Rücknahme oder Rückgabe (§ 25 KrWG) unterliegen. Eine Rücknahme oder Rückgabe von Erzeugnissen und der nach Gebrauch der Erzeugnisse verbleibenden Abfälle gilt spätestens mit der Annahme an einer Anlage zur weiteren Entsorgung, ausgenommen Anlagen zur Zwischenlagerung der Abfälle, als abgeschlossen (§ 50 Absatz 3 KrWG).
- Die Nachweispflichten gelten nicht für private Haushaltungen (§ 50 Absatz 4 KrWG).

§ 49 Absatz 1 KrWG Registerpflichten

Die Betreiber von Anlagen oder Unternehmen, die Abfälle in einem Verfahren nach Anlage 1 oder 2 entsorgen (Entsorger von Abfällen), haben ein Register zu führen, in dem hinsichtlich der Vorgänge nach den Anlagen 1 oder 2 folgende Angaben verzeichnet sind:

1. ***die Menge, die Art und der Ursprung sowie***
2. ***der Bestimmungsort, die Häufigkeit der Sammlung, die Beförderungsart sowie die Art der Verwertung oder Beseitigung, einschließlich der Vorbereitung vor der Verwertung oder Be-***

seitigung, soweit diese Angaben zur Gewährleistung einer ordnungsgemäßen Abfallbewirtschaftung von Bedeutung sind.

Entsorger, die Abfälle behandeln oder lagern, haben die nach § 49 Absatz 1 KrWG erforderlichen Angaben, insbesondere die Bestimmung der behandelten oder gelagerten Abfälle, auch für die weitere Entsorgung zu verzeichnen, soweit dies erforderlich ist, um auf Grund der Zweckbestimmung der Abfallentsorgungsanlage eine ordnungsgemäße Entsorgung zu gewährleisten. Dies gilt entsprechend für die weitere Verwendung von Erzeugnissen, Materialien und Stoffen, die aus der Vorbereitung zur Wiederverwendung, aus dem Recycling oder einem sonstigen Verwertungsverfahren hervorgegangen sind (§ 49 Absatz 2 KrWG).

Die Pflichten zur Führung von Registern gelten auch für die ***Erzeuger, Besitzer, Sammler, Beförderer, Händler und Makler von gefährlichen Abfällen*** (§ 49 Absatz 3 KrWG).

Auf Verlangen der zuständigen Behörde sind die Register vorzulegen oder Angaben aus diesen Registern mitzuteilen.

In ein Register eingetragene Angaben oder eingestellte Belege über gefährliche Abfälle haben die Erzeuger, Besitzer, Händler, Makler und Entsorger von Abfällen mindestens drei Jahre, die Beförderer von Abfällen mindestens zwölf Monate jeweils ab dem Zeitpunkt der Eintragung oder Einstellung in das Register gerechnet aufzubewahren, soweit eine Rechtsverordnung nach § 52 keine längere Frist vorschreibt (§ 49 Absatz 5 KrWG).

§ 52 KrWG bietet die Rechtsgrundlage für die **Verordnung über die Nachweisführung bei der Entsorgung von Abfällen (Nachweisverordnung – NachwV)** (siehe Seite 156 ff.).

Die Registerpflichten gelten nicht für private Haushaltungen (§ 49 Absatz 6 KrWG).

Fakultative Überwachung der Abfallentsorgung (Überwachung im Einzelfall – § 51 KrWG)

Die zuständige Behörde kann anordnen, dass die Erzeuger, Besitzer, Sammler, Beförderer, Händler, Makler oder Entsorger von Abfällen, jedoch ausgenommen private Haushaltungen,

- Register oder Nachweise zu führen und vorzulegen oder Angaben aus den Registern mitzuteilen haben, soweit Pflichten nach den §§ 49 und 50 KrWG nicht bestehen, oder
- bestimmten Anforderungen an die Kreislaufwirtschaft entsprechend § 10 Absatz 2 KrWG nachzukommen haben.

Durch Anordnung kann auch bestimmt werden, dass Nachweise und Register elektronisch geführt und Dokumente in elektronischer Form vorzulegen sind.

Ist der Erzeuger, Besitzer, Sammler, Beförderer, Händler, Makler oder Entsorger von Abfällen Entsorgungsfachbetrieb im Sinne des § 56 KrWG oder auditierter Unternehmensstandort im Sinne des § 61 KrWG, hat die zuständige Behörde dies bei Anordnungen, insbesondere auch im Hinblick auf mögliche Beschränkungen des Umfangs oder des Inhalts der Nachweispflicht, zu berücksichtigen. Dies umfasst vor allem die Berücksichtigung der vom Umweltgutachter geprüften und im Rahmen der Teilnahme an dem Gemeinschaftssystem für das Umweltmanagement und die Umweltbetriebsprüfung (EMAS) erstellten Unterlagen (§ 51 Absatz 2 KrWG).

Anforderungen an Nachweise und Register (§ 52 KrWG)

Die Bundesregierung wird ermächtigt, nach Anhörung der beteiligten Kreise (§ 68 KrWG) durch Rechtsverordnung mit Zustimmung des Bundesrates zur Erfüllung der sich aus den §§ 49 bis 51 KrWG ergebenden Pflichten die näheren Anforderungen an die Form, den Inhalt sowie das Verfahren zur Führung und Vorlage der Nachweise, Register und der Mitteilung bestimmter Angaben aus den Registern festzulegen **sowie die nach § 49 Absatz 2 KrWG verpflichteten Anlagen oder Unternehmen zu bestimmen.**

Darüber hinaus kann in der Rechtsverordnung auch bestimmt werden, dass

1. der Nachweis nach § 50 Absatz 1 Satz 2 Nummer 1 KrWG (Zulässigkeit der Entsorgung) nach Ablauf einer bestimmten Frist als bestätigt gilt oder eine Bestätigung entfällt, soweit jeweils die ordnungsgemäße Entsorgung gewährleistet bleibt,
2. auf Verlangen der zuständigen Behörde oder eines früheren Besitzers Belege über die Durchführung der Entsorgung der Behörde oder dem früheren Besitzer vorzulegen sind,
3. für bestimmte Kleinmengen, die nach Art und Beschaffenheit der Abfälle auch unterschiedlich festgelegt werden können, oder für einzelne Abfallbewirtschaftungsmaßnahmen, Abfallarten oder Abfallgruppen bestimmte Anforderungen nicht oder abweichende Anforderungen gelten, soweit jeweils die ordnungsgemäße Entsorgung gewährleistet bleibt,
4. die zuständige Behörde unter dem Vorbehalt des Widerrufs auf Antrag oder von Amts wegen Verpflichtete ganz oder teilweise von der Führung von Nachweisen oder Registern freistellen kann, soweit die ordnungsgemäße Entsorgung gewährleistet bleibt,
5. die Register in Form einer sachlich und zeitlich geordneten Sammlung der vorgeschriebenen Nachweise oder der Belege, die in der Entsorgungspraxis gängig sind, geführt werden,
6. die Nachweise und Register bis zum Ablauf bestimmter Fristen aufzubewahren sind sowie
7. bei der Beförderung von Abfällen geeignete Angaben zum Zweck der Überwachung mitzuführen sind.

In der Rechtsverordnung kann auch angeordnet werden, dass

1. Nachweise und Register in elektronischer Form oder elektronisch geführt werden (und in dieser Form vorzulegen sind) (siehe § 3a Verwaltungsverfahrensgesetz – VwVfG),
2. die zur Erfüllung der unter Nummer 1 genannten Pflichten erforderlichen Voraussetzungen geschaffen und vorgehalten werden sowie
3. den zuständigen Behörden oder den beteiligten Nachweispflichtigen bestimmte Angaben zu den technischen Voraussetzungen nach Nummer 2, insbesondere die erforderlichen Empfangszugänge sowie Störungen der für die Kommunikation erforderlichen Einrichtungen mitgeteilt werden.

1.1.12.2 Nachweisverordnung (NachwV)

Die Nachweisverordnung vom 20. Oktober 2006 (BGBl. I S. 2298), zuletzt geändert am 28. April 2022 (BGBl I S. 700), gilt für die

Führung von Nachweisen und Registern

über die

Entsorgung von gefährlichen und nicht gefährlichen Abfällen

elektronisch oder unter Verwendung von Formblättern. Adressaten der NachwV sind

1. Abfallerzeuger: Erzeuger oder Besitzer von Abfällen,
2. Abfallbeförderer: Einsammler (KrWG: Sammler) oder Beförderer von Abfällen,
3. Abfallentsorger: Betreiber von Anlagen oder Unternehmen, welche Abfälle in einem Verfahren nach Anlage 1 oder Anlage 2 des KrWG entsorgen,
4. Händler und Makler.

Private Haushaltungen sind nicht angesprochen; landesrechtliche Andienungs- und Überlassungspflichten bleiben unberührt. Die grenzüberschreitende Verbringung von Abfällen ist kein Thema der NachwV.

Die Nachweisführung über die Entsorgung von Abfällen erfolgt in zwei Schritten:

- **Nachweis der Zulässigkeit der vorgesehenen Entsorgung,**
- **Nachweis der durchgeführten Entsorgung.**

Zur Nachweisführung verpflichtet sind Abfallerzeuger, Abfallbeförderer und Abfallentsorger, soweit eine Pflicht zur Führung von Nachweisen nach

- § 50 Absatz 1 des Kreislaufwirtschaftsgesetzes über die Entsorgung **gefährlicher Abfälle** oder
- § 51 Absatz 1 Satz 1 Nummer 1 des Kreislaufwirtschaftsgesetzes über die Entsorgung **nicht gefährlicher Abfälle** auf Anordnung der zuständigen Behörde

besteht (§ 2 Absatz 1 NachwV).

Von der Nachweispflicht ausgenommen sind Abfallerzeuger, wenn bei ihnen nicht mehr als insgesamt zwei Tonnen gefährlicher Abfälle (**Kleinmengen**) jährlich anfallen. Die Pflichten zur Führung der Übernahmescheine nach § 12 sowie nach § 16 NachwV bleiben davon unberührt (§ 2 Absatz 2 NachwV).

§ 14 Absatz 1 NachwV

Soweit Erzeuger- und Besitzerpflichten gemäß § 16 Absatz 2, § 17 Absatz 3 oder § 18 Absatz 2 des Kreislaufwirtschafts- und Abfallgesetzes vom 27. September 1994 (BGBl. I S. 2705), das zuletzt durch Artikel 5 des Gesetzes vom 6. Oktober 2011 (BGBl. I S. 1986) geändert worden ist, auf Dritte, Verbände oder Selbstverwaltungskörperschaften der Wirtschaft übertragen worden sind, kann die zuständige Behörde auf Antrag für diese Entsorgungsträger die Nachweisführung in entsprechender Anwendung der §§ 9 [Sammelentsorgungsnachweis], 12 [Übernahmeschein bei Sammelentsorgung] und 13 [Handhabung des Begleitscheins bei Sammelentsorgung] zulassen. Satz 1 findet entsprechende Anwendung, soweit die Entsorgung durch öffentlich-rechtliche Entsorgungsträger erfolgt.

Beachte, dass das KrWG – im Gegensatz zum Vorgängergesetz KrW-/AbfG – keine Verbände und Selbstverwaltungskörperschaften der Wirtschaft mehr definiert. Es gibt nur noch „Dritte"!

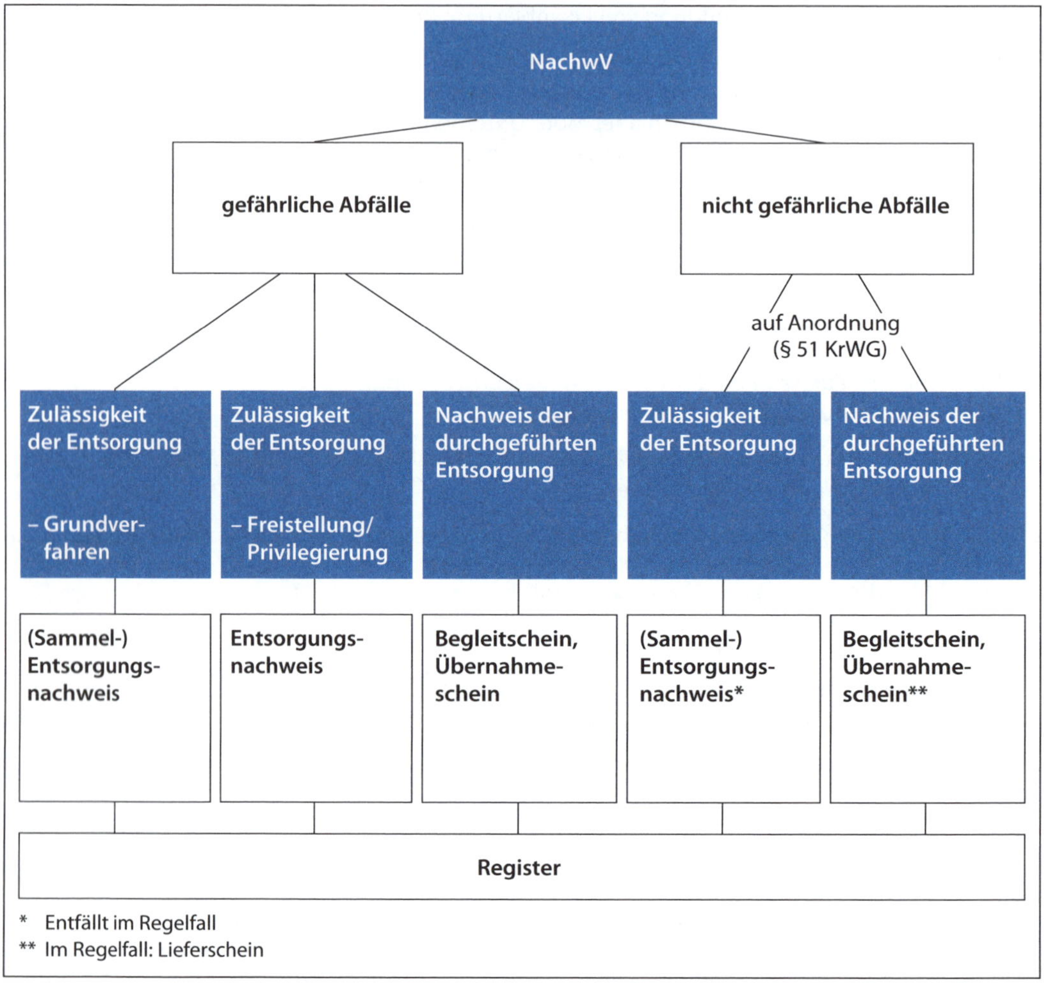

Abb. 12: Nachweisführung (Übersicht)

1.1.12.3 Nachweis der Zulässigkeit der vorgesehenen Entsorgung

§ 3 Absatz 1 NachwV

Wer nachweispflichtige Abfälle zur Entsorgung in eine Abfallentsorgungsanlage bringen oder solche Abfälle dort annehmen will, hat vor Beginn der Abfallentsorgung die Zulässigkeit der vorgesehenen Entsorgung durch einen Entsorgungsnachweis unter Verwendung der hierfür vorgesehenen Formblätter der Anlage 1 zu belegen.

Der **Entsorgungsnachweis** (siehe Abbildungen der Formblätter auf den Folgeseiten) besteht aus mehreren Teilen:

1. Deckblatt,
2. Verantwortliche Erklärung des Abfallerzeugers,
3. Deklarationsanalyse,
4. Annahmeerklärung des Abfallentsorgers,
5. Bestätigung der für die zur Entsorgung vorgesehenen Anlage zuständigen Behörde.

Punkt 5 kann wegfallen, wenn eine Freistellung von der Pflicht zur Einholung einer Bestätigung gemäß § 7 NachwV vorliegt. Das ist u. a. dann der Fall, wenn die Abfallentsorgungsanlage in eine Zertifizierung als Entsorgungsfachbetrieb einbezogen wurde. Ist die Abfallentsorgungsanlage in ein System für das Umweltmanagement und die Umweltbetriebsprüfung (EMAS) integriert, ist ebenfalls eine Freistellung möglich. In beiden Fällen bleibt der Sachverhalt der Zertifizierung der zuständigen Behörde natürlich nicht verborgen.

Der **Abfallerzeuger** füllt die ersten drei Teile des Entsorgungsnachweises aus und schickt sie an den Abfallentsorger. Die Deklarationsanalyse kann vereinfacht werden, wenn sich aus der Angabe des Abfalls bereits eindeutig ergibt, von welcher Beschaffenheit (Konsistenz, Inhaltsstoffe und ihre Konzentration) der Abfall ist. Ein allseits bekannter, in quasi standardisierter Form vorliegender Abfall muss nicht detailliert deklariert werden (§ 3 Absatz 2 NachwV).

Der **Abfallentsorger** füllt die Annahmeerklärung aus. Eine Kopie dieser Annahmeerklärung leitet er dem Abfallerzeuger zu. Die Formblätter 1 bis 5 des Entsorgungsnachweises gehen im Original an die für die Anlage des Entsorgers zuständige Behörde.

Diese **zuständige Behörde** gibt dem Abfallentsorger (und dem mit ihm geschäftlich verbundenen Abfallerzeuger) innerhalb von zwölf Kalendertagen nach Eingang eine Bestätigung (entfällt, wenn sie innerhalb dieser Frist die Zulässigkeit der Entsorgung bestätigt (§ 4 NachwV)). Ergibt sich bei der „unverzüglich" durchzuführenden Prüfung der eingegangenen Unterlagen Berichtigungs- oder Ergänzungsbedarf, muss die Behörde den Abfallerzeuger und den Abfallentsorger „unverzüglich" auffordern, innerhalb einer angemessenen Frist nachzuliefern.

Die **Entscheidung über die Zulässigkeit der beantragten Entsorgung** muss innerhalb von 30 Kalendertagen gefällt und mitgeteilt werden (§ 5 Absatz 1 NachwV). Ergeht innerhalb dieser Frist kein Bescheid, gilt die Bestätigung der Zulässigkeit der vorgesehenen Entsorgung als erteilt (§ 5 Absatz 5 NachwV)! Berichtigungs- oder Ergänzungsbedarf führt zu einer Unterbrechung; mit dem Eingang der Nachlieferung beginnt dann eine neue 30-Tage-Frist (§ 5 Absatz 1 NachwV).

Für die Entscheidung werden drei Kriterien vorgegeben (§ 5 Absatz 1 NachwV):

1. Die Abfälle werden in der vorgesehenen Entsorgungsanlage behandelt, stofflich oder energetisch verwertet, gelagert oder abgelagert.
2. Die Ordnungsgemäßheit und Schadlosigkeit der Verwertung oder die Gemeinwohlverträglichkeit der Beseitigung der Abfälle ist gewährleistet.
3. Im Falle einer Lagerung der Abfälle ist die weitere Entsorgung durch entsprechende Entsorgungsnachweise bereits festgelegt.

Beachte die Wortwahl in § 5 Absatz 1 NachwV: Die für die Entsorgungsanlage zuständige Behörde bestätigt … die Zulässigkeit der vorgesehenen Entsorgung, wenn …

Genehmigungen, Planfeststellungen, Zulassungen und Entscheidungen, die die vorgesehene Entsorgungsanlage betreffen, sollen bei der Entscheidung über die Zulässigkeit entsprechend gewürdigt werden (§ 5 Absatz 2 NachwV). Eine Umwelterklärung auf der Basis der Verordnung (EG) Nr. 761/2001 (Öko-Audit-Verordnung) ist zu berücksichtigen.

Die Bestätigung des Entsorgungsnachweises gilt längstens fünf Jahre. Nebenbestimmungen wie Bedingungen und Auflagen sind zulässig, wenn damit der Einhaltung der oben angeführten Kriterien gedient wird. Ein kürzerer Geltungszeitraum ist – unter Hinweis auf die Entscheidungskriterien – möglich (§ 5 Absatz 4 NachwV).

Der bestätigte Entsorgungsnachweis wird von der zuständigen Behörde im Original dem Abfallerzeuger und in Kopie dem Abfallentsorger zugeleitet. Der Abfallerzeuger ist verpflichtet, spätestens vor Beginn der tatsächlichen Entsorgung eine Kopie *der für ihn zuständigen Behörde* zu schicken (§ 6 Absatz 1 NachwV).

Ist die Bestätigung der Zulässigkeit der Entsorgung auf dem Wege der Fristüberschreitung (§ 5 Absatz 5 NachwV) zustande gekommen, vermerkt der Abfallerzeuger diesen Sachverhalt auf der Kopie der Nachweiserklärungen, die er vom Abfallentsorger erhalten hat (§ 6 Absatz 2 NachwV). Anschließend – spätestens vor Beginn der Entsorgung – übersendet er eine Kopie der Nachweiserklärungen an die für ihn zuständige Behörde. Die Eingangsbestätigung, die er von der für den Abfallentsorger zuständigen Behörde erhalten hat, legt er bei.

Der zwischengeschaltete **Abfallbeförderer** bekommt vom Abfallerzeuger entweder eine Kopie des bestätigten Entsorgungsnachweises oder eine Kopie der Nachweiserklärungen (plus Eingangsbestätigung), wenn die Bestätigung der Zulässigkeit der Entsorgung per Fristüberschreitung erfolgt ist (§ 6 Absatz 3 NachwV). Beides sind obligatorische Begleitpapiere für den Abfalltransport.

Bei dieser Gelegenheit sei darauf hingewiesen, dass die Beförderungserlaubnis gemäß Anzeige- und Erlaubnisverordnung oder das – diese ersetzende – Zertifikat des Entsorgungsfachbetriebs ebenfalls Begleitpapiere sind, die auf Verlangen bei einer Verkehrskontrolle den zur Kontrolle Befugten vorzulegen sind.

Im Fall der Ablehnung der Zulässigkeit der vorgesehenen Entsorgung gehen die Originalunterlagen (die Ablehnung befindet sich auf Formblatt 5) zurück an den Abfallerzeuger. Jeweils eine Kopie geht an die für den Abfallerzeuger zuständige Behörde und an den Abfallentsorger. Die für die Entsorgungsanlage zuständige Behörde fertigt für sich ebenfalls eine Kopie an (§ 6 Absatz 5 NachwV).

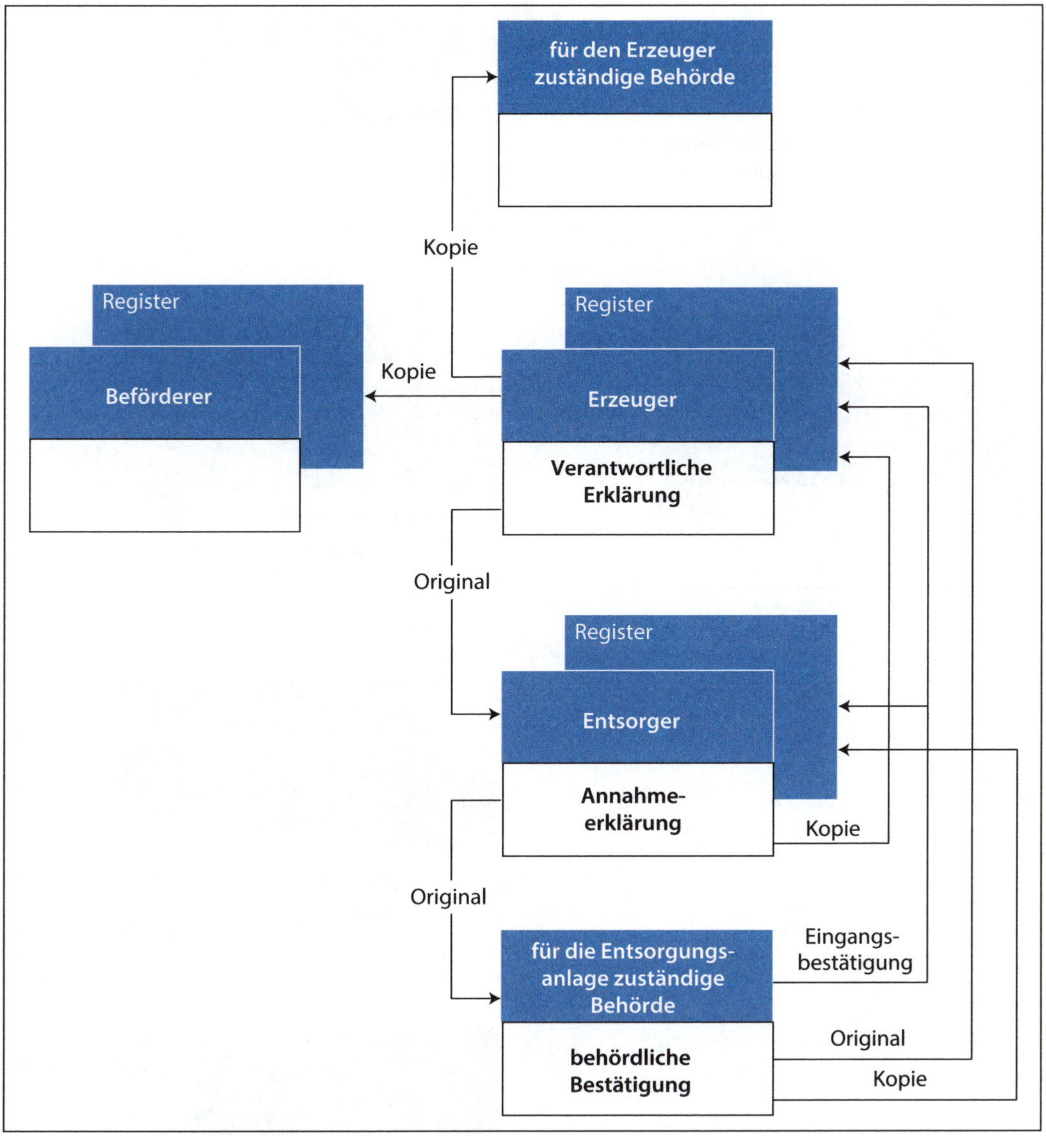

Abb. 13: Bestätigung der Zulässigkeit innerhalb von 30 Tagen nach Eingang bei der für die Entsorgungsanlage zuständigen Behörde

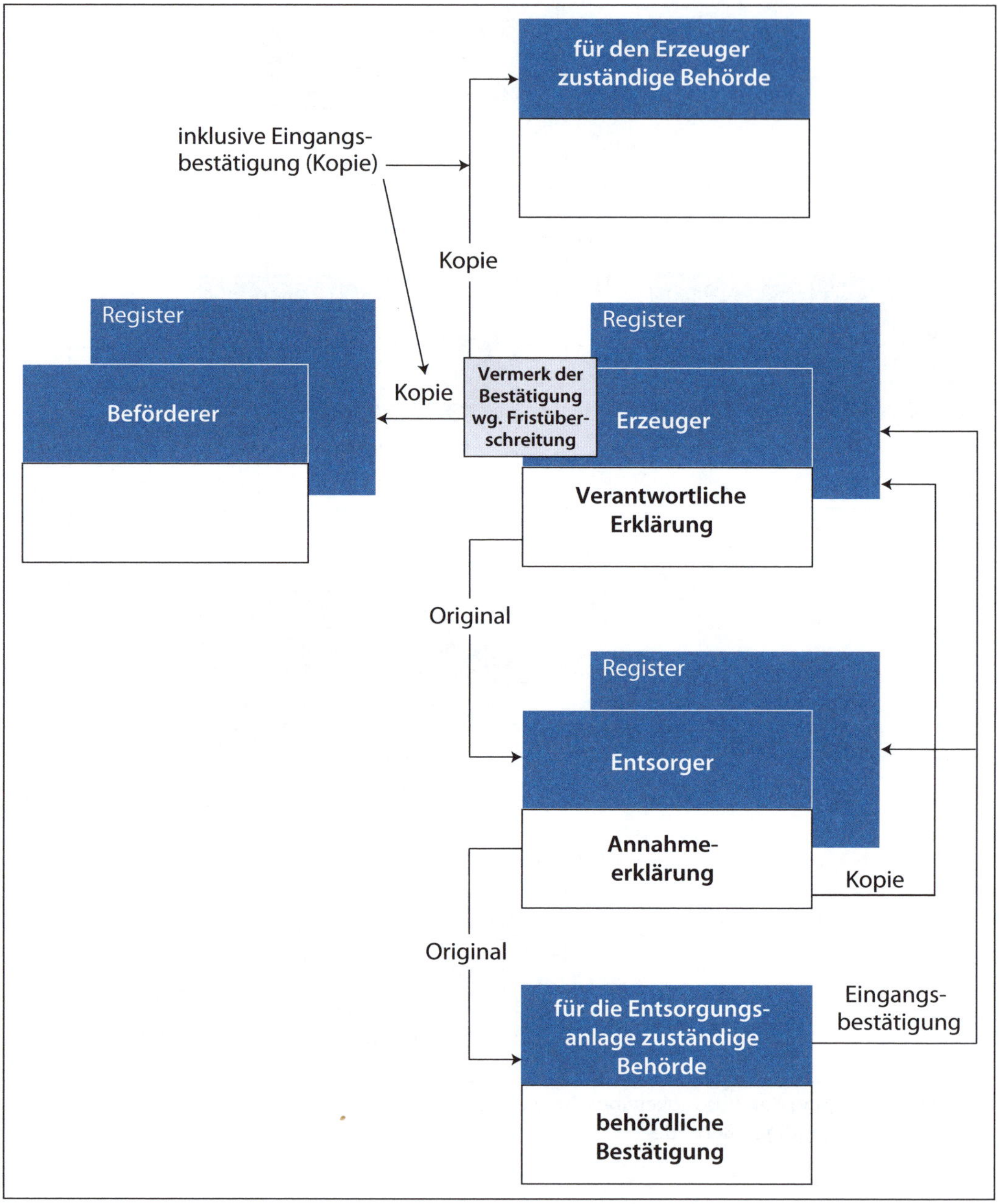

Abb. 14: Einleitung der Entsorgung nach Überschreitung der 30-Tage-Frist durch die für die Entsorgungsanlage zuständige Behörde

Deckblatt Entsorgungsnachweise **DEN**

Zutreffendes bitte ankreuzen bzw. ausfüllen!
Auszufüllen durch den Abfallerzeuger / Bevollmächtigten

Nr. / PZ*)
(nicht vom Antragsteller auszufüllen)

Entsorgungsnachweis/Sammelentsorgungsnachweis/EN/SN

EN ☐ **Entsorgungsnachweis für nachweispflichtige Abfälle**

SN ☐ **Sammelentsorgungsnachweis für nachweispflichtige Abfälle**

☐ mit Behördenbestätigung ☐ ohne Behördenbestätigung (§ 7 NachwV) ☐ zur Verwertung ☐ zur Beseitigung

Nur bei Verwendung als Registerdeckblatt

Für interne Vermerke der Behörde

Nach Abfallverzeichnis-Verordnung (AVV)
Abfallschlüssel

Abfallbezeichnung

Wenn handschriftlich ausgefüllt wird, neben Ziffern bitte nur Großbuchstaben verwenden!

1 Angaben zum Abfallerzeuger

1.1 Firma / Körperschaft

1.2 Straße / Hausnummer

1.3 Postleitzahl / Ort

1.4 Ansprechpartner

1.5 Telefon / Telefax

1.6 E-Mail-Adresse

2 Angaben zum Bevollmächtigten

2.1 Firma / Körperschaft

2.2 Straße / Hausnummer

2.3 Postleitzahl / Ort

2.4 Ansprechpartner

2.5 Telefon / Telefax

2.6 E-Mail-Adresse

Für Vermerke des Abfallerzeugers (für Entsorgungsnachweis / Sammelentsorgungsnachweis ausfüllen)

Durch die Behörde bestätigtes Eingangsdatum
Tag Monat Jahr

☐ Unterlagen vollständig

Ablauf der Frist nach § 5 Abs. 5
Datum
Tag Monat Jahr

Verantwortliche Erklärung und Annahmeerklärung und Bestätigung der Behörde (soweit aufgrund NachwV erforderlich) gingen in Kopie an die zuständige Behörde am ▶

Datum
Tag Monat Jahr

*) Prüfziffer

Abb. 15: Deckblatt Entsorgungsnachweis/Sammelentsorgungsnachweis

Formblatt: Verantwortliche Erklärung VE
Seite 1

Für jede Anfallstelle und für jeden Abfallschlüssel gesondert ausfüllen.
Zutreffendes bitte ankreuzen bzw. ausfüllen!

Nr. / PZ*)
(nicht vom Antragsteller auszufüllen)

Verantwortliche Erklärung

Wenn handschriftlich ausgefüllt wird, neben Ziffern bitte nur Großbuchstaben verwenden!

Für interne Vermerke der Behörde

1 Abfallherkunft (nicht ausfüllen bei Sammelentsorgung)

1.1 Erzeugernummer / PZ*)

1.2 Betriebsstätte, sonstige ortsfeste Einrichtung, bauliche Anlage, Grundstück oder davon betrieblich unabhängige ortsveränderliche technische Einrichtung

1.3 Straße oder Koordinaten

1.4 Postleitzahl Ort

1.5 Ansprechpartner

1.6 Telefon Telefax

1.7 E-Mail-Adresse

1.8 Bezeichnung der Anfallstelle

1.9 Anlage ist nach BImSchG, Nr. ______ Spalte ___ des Anhangs zur 4. BImSchV, genehmigt.

2 Abfallherkunft (nur ausfüllen bei Sammelentsorgung)

2.1 Bundesland / Bundesländer in dem / denen der Abfall eingesammelt wird

2.2 Beförderernummer / PZ*)

2.3 Name

2.4 Straße oder Koordinaten

2.5 Postleitzahl Ort

2.6 Ansprechpartner

2.7 Telefon Telefax

2.8 E-Mail-Adresse

*) Prüfziffer

Abb. 16: Verantwortliche Erklärung, Seite 1

Formblatt: Verantwortliche Erklärung **VE**

Seite 2

Nr. / PZ*)
(nicht vom Antragsteller auszufüllen)

Wenn handschriftlich ausgefüllt wird, neben Ziffern bitte nur Großbuchstaben verwenden !

Für interne Vermerke der Behörde

3 Abfallbeschreibung

3.1 Betriebsinterne Bezeichnung

Nach Abfallverzeichnis-Verordnung (AVV)

▼ Abfallschlüssel ▼ Abfallbezeichnung

3.2 Abfall wurde vorbehandelt (§ 3 Abs. 2 NachwV): ☐ Ja ☐ Nein

Art der Vorbehandlung

3.3 Konsistenz: ☐ fest ☐ stichfest ☐ pastös/schlammig/breiig ☐ staubförmig ☐ flüssig

3.4 Deklarationsanalyse(n) ist/sind beigefügt ☐ Ja ☐ Nein

4 Anfall des Abfalls

4.1 Menge des Abfalls
bezogen auf die Laufzeit des Entsorgungsnachweises

t

5 Beantragte Laufzeit

5.1 von Datum Tag Monat Jahr bis Datum Tag Monat Jahr

6 Verantwortliche Erklärung

6.1 Wir versichern, dass die in dieser Verantwortlichen Erklärung gemachten Angaben zutreffen. Wir werden nur Abfälle zur Entsorgung bereitstellen, die den Angaben in der Verantwortlichen Erklärung entsprechen.

Rechtsverbindliche Unterschrift des Abfallerzeugers

6.2 Ort — Datum Tag Monat Jahr — Rechtsverbindliche Unterschrift des Bevollmächtigten

*) Prüfziffer

Abb. 16: Verantwortliche Erklärung, Seite 2

Formblatt: Deklarationsanalyse **DA**

Auszufüllen durch den Abfallerzeuger / -einsammler in Abstimmung mit dem Abfallentsorger.

Nr. / PZ*)
(nicht vom Antragsteller auszufüllen)

Deklarationsanalyse zum Entsorgungsnachweis / SN
zu den Nachweiserklärungen

☐ **Ersterstellung** ☐ **Änderung/Ergänzung**

Wenn handschriftlich ausgefüllt wird, neben Ziffern bitte nur Großbuchstaben verwenden !

Weitere Angaben

Anzugeben sind die den Abfall bestimmenden Parameter und Konzentrationswerte, die Art der Probenahme, Probenahme-Protokolle und Analyseverfahren, soweit diese für den Nachweis der ordnungsgemäßen Entsorgung erforderlich sind.

*) Prüfziffer

Abb. 17: Deklarationsanalyse

Formblatt: Annahmeerklärung **AE**

Auszufüllen durch den Abfallentsorger

Zutreffendes bitte ankreuzen bzw. ausfüllen!

Nr. / PZ*)
(nicht vom Antragsteller auszufüllen)

Annahmeerklärung

Nur bei Verwendung als Registerdeckblatt

Für interne Vermerke der Behörde

Nach Abfallverzeichnis-Verordnung (AVV)

Abfallschlüssel

Abfallbezeichnung

1 Angaben zum Abfallentsorger

Firma / Körperschaft

1.1

Straße — Hausnummer

1.2

Postleitzahl — Ort

1.3

2 Entsorgungsanlage

2.1 ☐ **Chemisch-/physikalische Behandlung** ☐ **Thermische Behandlung** ☐ **oberirdische Deponie** ☐ **Untertage-deponie** ☐ **sonstige Entsorgungs-verfahren**

2.2 Entsorgungsverfahren (Verfahrensangabe nach Anlage 1 oder Anlage 2 des KrWG) R ___ oder D ___

Bezeichnung der Entsorgungsanlage — Entsorgernummer / PZ*)

2.3

Straße — Hausnummer

2.4

Postleitzahl — Ort

2.5

Ansprechpartner

2.6

Telefon — Telefax

2.7

E-Mail-Adresse

2.8

2.9 Die Anlage ist gemäß § 7 NachwV freigestellt: ☐ Ja

Freistellungsnummer / PZ*)

Wenn handschriftlich ausgefüllt wird, neben Ziffern bitte nur Großbuchstaben verwenden!

3 Laufzeit der Annahmeerklärung

3.1 von Datum (Tag Monat Jahr) bis Datum (Tag Monat Jahr)

4 Wir versichern, dass die Angaben zutreffen.
Die Anlage ist für die Entsorgung der deklarierten Abfälle zugelassen. Wir versichern, dass die Abfälle in unserer Anlage ordnungsgemäß gelagert, schadlos verwertet oder gemeinwohlverträglich beseitigt werden. Wir sind bereit, den deklarierten Abfall anzunehmen.

Ort — Datum (Tag Monat Jahr) — Rechtsverbindliche Unterschrift des Abfallentsorgers

*) Prüfziffer

Abb. 18: Annahmeerklärung

Freistellung und Privilegierung (§§ 7, 8 NachwV)

Die Pflicht zur Einholung einer Bestätigung des beantragten Entsorgungsnachweises kann unter Umständen entfallen (§ 7 Absatz 1 NachwV):

- Wenn der Abfallentsorger für die von ihm betriebene Abfallentsorgungsanlage und die dort durchzuführende Behandlung, stoffliche oder energetische Verwertung, Lagerung oder Ablagerung als Entsorgungsfachbetrieb zertifiziert ist, ist keine Bestätigung nötig. Das Zertifikat muss der Behörde natürlich vorliegen.
- Wenn der Abfallentsorger für die von ihm betriebene Abfallentsorgungsanlage und die dort durchzuführende Behandlung, stoffliche oder energetische Verwertung, Lagerung oder Ablagerung von der zuständigen Behörde auf Antrag freigestellt wurde, ist ebenfalls keine Bestätigung nötig.
- Wenn die betriebene Abfallentsorgungsanlage zu einem nach der Verordnung (EG) Nr. 761/2001 über die freiwillige Beteiligung von Organisationen an einem Gemeinschaftssystem für das Umweltmanagement und die Umweltbetriebsprüfung (EMAS) und nach dem Umweltauditgesetz in das EMAS-Register eingetragenen Standort eines Unternehmens gehört, ist das ebenfalls ein Freistellungsgrund. Die Eintragung muss der Behörde selbstverständlich mitgeteilt werden.

§ 7 Absatz 3 NachwV gibt dem Abfallentsorger ein Recht auf Erteilung der Freistellung, wenn er die Kriterien erfüllt (d. h. Gewährleistung der Voraussetzungen wie Ordnungsgemäßheit, Schadlosigkeit und Gemeinwohlverträglichkeit (siehe § 5 NachwV), Zuverlässigkeit).

Mit der Freistellung von der Bestätigung des Entsorgungsnachweises entfällt auch die Eingangsbestätigung.

Soweit die Bestätigungspflicht nach § 7 Absatz 1 NachwV entfällt, übersendet der Abfallentsorger die nach § 3 Absatz 2 und 3 NachwV zu erbringenden Nachweiserklärungen vor Beginn der vorgesehenen Entsorgung an die für die Entsorgungsanlage zuständige Behörde. Der Abfallerzeuger übersendet vor Beginn der Entsorgung eine Ablichtung der vollständigen Nachweiserklärungen an die für ihn zuständige Behörde. Die Nachweiserklärungen gelten längstens fünf Jahre, und zwar ab dem Datum der Annahmeerklärung des Abfallentsorgers (§ 7 Absatz 4 NachwV).

Der Abfallentsorger hat dem Abfallerzeuger unverzüglich mitzuteilen, wenn die erteilte Freistellung unwirksam wird, die Voraussetzungen der Freistellung entfallen sind oder gegenüber dem Abfallentsorger eine Anordnung oder ein Widerruf nach § 8 NachwV ergangen ist. Die Behörde muss unterrichtet werden, wenn die Voraussetzungen für die Freistellung entfallen sind.

§ 8 NachwV legt die Möglichkeit und die Kriterien fest, behördliche Anordnungen zu treffen (und damit die Freistellung einzuschränken) oder die auf Antrag erteilte Freistellung zu widerrufen. Als Gründe kommen Pflichtverletzungen und die Gefährdung des Allgemeinwohls in Betracht. Sind die Voraussetzungen für eine Freistellung auf der Basis einer der beiden oben genannten Zertifizierungen nicht mehr gegeben, hat das natürlich ebenfalls entsprechende Folgen.

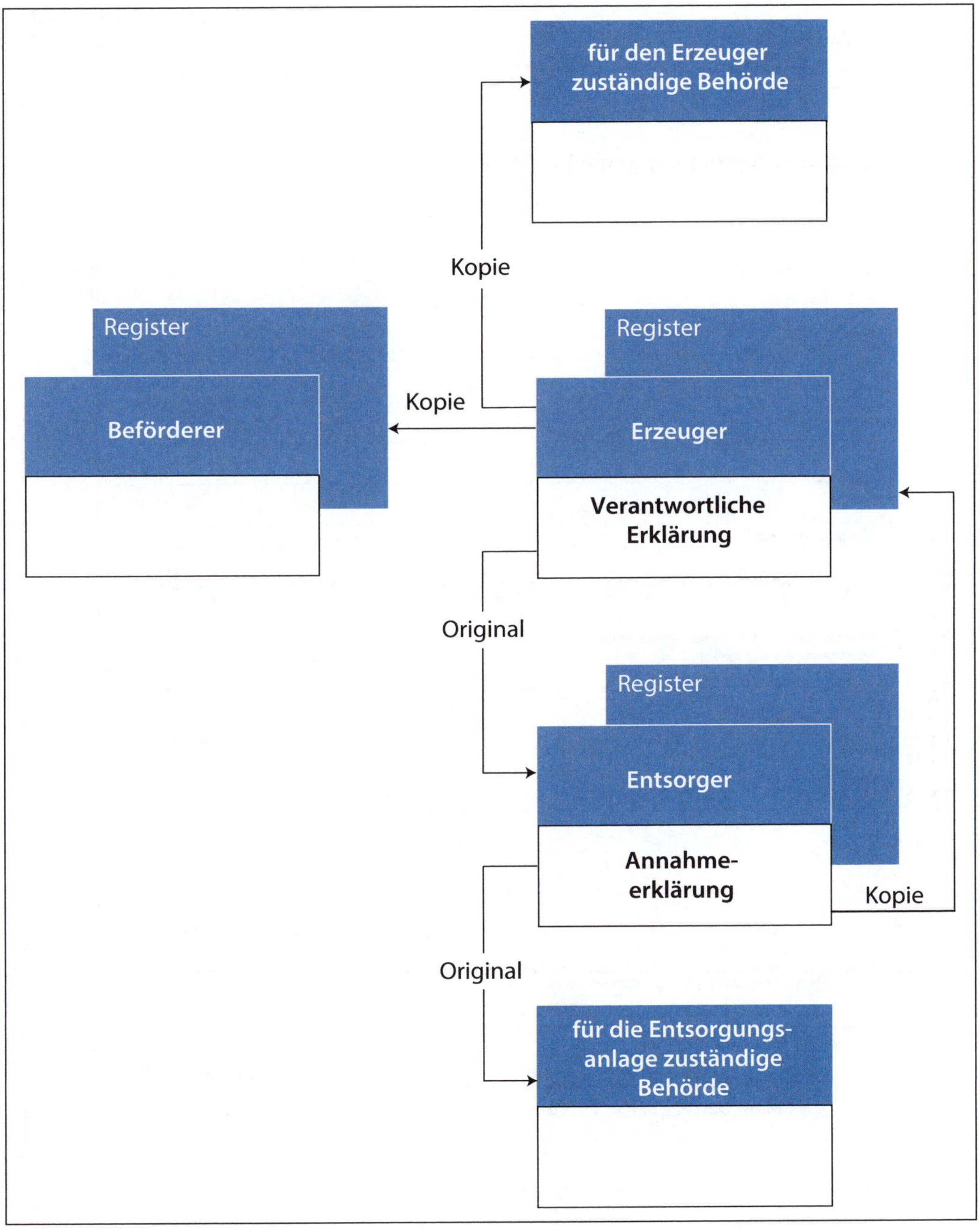

Abb. 19: Verfahren bei Wegfall der Einholung einer Bestätigung des Entsorgungsnachweises (Freistellung)

Formblatt: Deckblatt Antrag **DAN**

Zutreffendes bitte ausfüllen!

Nr. / PZ*)
(nicht vom Antragsteller auszufüllen)

Antrag auf Freistellung gemäß § 7 NachwV

Für interne Vermerke der Behörde

Wenn handschriftlich ausgefüllt wird, neben Ziffern bitte nur Großbuchstaben verwenden!

1 Angaben zum Abfallentsorger

1.1 Firma / Körperschaft

1.2 Straße | Hausnummer

1.3 Postleitzahl | Ort

2 Entsorgungsanlage

2.1 ☐ Chemisch-/physikalische Behandlung ☐ Thermische Behandlung ☐ oberirdische Deponie ☐ Untertage-deponie ☐ sonstige Entsorgungs-verfahren

2.2 Entsorgungsverfahren (Verfahrensangabe nach Anlage 1 oder Anlage 2 des KrWG) R ___ oder D ___

2.3 Bezeichnung der Entsorgungsanlage | Entsorgernummer / PZ*)

2.4 Straße | Hausnummer

2.5 Postleitzahl | Ort

2.6 Ansprechpartner

2.7 Telefon | Telefax

2.8 E-Mail-Adresse

2.9 Auflistung und Beschreibung der Abfälle nach Art, Beschaffenheit und Menge bei Anträgen nach § 7 NachwV auf gesondertem Blatt nach Maßgabe der zuständigen Behörde.

3 Antrag

3.1 Wir beantragen, die beschriebene Anlage von der Pflicht, nachweispflichtige Abfälle nur nach vorhergehender Bestätigung des Entsorgungsnachweises im Sinne des § 5 NachwV anzunehmen, freizustellen.

Auf einem gesonderten Blatt sind die der Anlage zugeordneten Abfallschlüssel aufgeführt.

3.2 Ort | Datum (Tag Monat Jahr) | Rechtsverbindliche Unterschrift des Abfallentsorgers

*) Prüfziffer

Abb. 20: Antrag auf Freistellung

Sammelentsorgungsnachweis (§ 9 NachwV)

Bei der Sammelentsorgung tritt der Sammler/Beförderer (KrWG) bzw. der Einsammler/Beförderer (NachwV) an die Stelle der mehr oder weniger zahlreichen Abfallerzeuger.

Die Verantwortliche Erklärung stammt bei der Sammelentsorgung vom Einsammler (§ 9 Absatz 3 NachwV) (unabhängig davon, ob die Abfallerzeuger die Kleinmengenregelung in Anspruch nehmen oder nicht; § 9 Absatz 5 NachwV).

Die Sammelentsorgung ist an vier Voraussetzungen gebunden (§ 9 Absatz 1 NachwV):

1. Die einzusammelnden Abfälle fallen alle unter denselben Abfallschlüssel (gemeint ist der sechsstellige Schlüssel für die Abfallart!). **Beachte:** Für Altöle und Althölzer bestehen ebenfalls Einschränkungen (§ 9 Absatz 2 NachwV).
2. Die einzusammelnden Abfälle nehmen den gleichen Entsorgungsweg.
3. Die einzusammelnden Abfälle entsprechen in ihrer Zusammensetzung den im Sammelentsorgungsnachweis genannten Maßgaben für die Sammelcharge.
4. Die bei dem einzelnen Erzeuger eingesammelte Abfallmenge beträgt nicht mehr als 20 Tonnen je Abfallschlüssel und Kalenderjahr (Altöle und Althölzer: 20 Tonnen je Sammelkategorie bzw. Altholzkategorie und Kalenderjahr; § 9 Absatz 2 NachwV).

Eine Sammelentsorgung bietet sich an, wenn in einem überschaubaren Gebiet regelmäßig bei einer größeren Zahl von Erzeugern gleichartige Abfälle in relativ geringen Mengen anfallen. Diese Kriterien treffen auch auf Erzeuger von Kleinmengen nach § 2 Absatz 2 NachwV zu (die Mengengrenze liegt bei 2 000 kg gefährlicher Abfälle pro Jahr).

Überschreitet der Einsammlungsbereich die Grenzen des Bundeslandes, in dem die für den vorgesehenen Entsorger zuständige Behörde ihren Sitz hat, hat der Einsammler die zuständigen Behörden des anderen Bundeslandes oder der anderen Bundesländer mit einer Kopie des Sammelentsorgungsnachweises zu informieren (§ 9 Absatz 4 NachwV).

Das als (Einzel-)Entsorgungsnachweis vorgeschriebene Formular ist auch als Sammelentsorgungsnachweis zu benutzen.

Aus der Konstruktion der Sammelentsorgung ergibt sich natürlich die Frage der Dokumentation der Abgabe des Abfalls durch die mehr oder weniger zahlreichen Erzeuger an den Einsammler (siehe § 12 NachwV „Übernahmeschein bei Sammelentsorgung").

Werden Altöle oder Althölzer eingesammelt, kann der Nachweis der Zulässigkeit der Entsorgung durch den die Altölsammelkategorie oder die Altholzkategorie prägenden Abfallschlüssel geführt werden (§ 9 Absatz 2 NachwV). Siehe auch „Übernahmeschein bei Sammelentsorgung" (§ 12 Absatz 3 NachwV).

Formblatt: Behördenbestätigung **BB**

Auszufüllen durch die für die Entsorgungsanlage zuständige Behörde. **Nr. / PZ*)**
Zutreffendes bitte ankreuzen bzw. ausfüllen! (nicht vom Antragsteller auszufüllen)

☐ **Behördliche Bestätigung der Zulässigkeit der Entsorgung**

☐ **Behördliche Freistellung nach § 7 NachwV**

1 Bestätigung der Zulässigkeit der Entsorgung / Freistellung nach § 7 NachwV

Für interne Vermerke der Behörde

1.1 Die Zulässigkeit der vorgesehenen Entsorgung des in der Verantwortlichen Erklärung beschriebenen Abfalls

in der in der Annahmeerklärung beschriebenen Entsorgungsanlage wird bestätigt: ☐ Ja ☐ Nein

1.2 Die im Antrag auf Freistellung gemäß § 7 NachwV beschriebene Entsorgungsanlage wird für die Annahme der im Beiblatt zum Antrag genannten Abfälle (Abfallschlüssel) von der Pflicht, nachweispflichtige Abfälle nur nach vorhergehender Bestätigung des Entsorgungsnachweises im Sinne des § 5 NachwV anzunehmen, freigestellt.

☐ Die Freistellung wird unter dem Vorbehalt des Widerrufs erteilt.

1.3 Die Bestätigung / Freistellung ergeht mit folgender/n Nebenbestimmung(en):

1.4 Der Entsorgungsnachweis / Die Freistellung ist gültig

Datum Tag Monat Jahr

von

Datum Tag Monat Jahr

bis

1.5 Begründung, wenn nicht bestätigt, unter 5 Jahre befristet, unter Vorbehalt des Widerrufs erteilt oder mit Nebenbestimmungen ergangen:

1.6 ☐ Diese Bestätigung ist an den in der Verantwortlichen Erklärung (VE) genannten Abfallerzeuger gerichtet

☐ Diese Bestätigung ist an den in der Annahmeerklärung (AE) genannten Abfallentsorger gerichtet

1.7 Dieser Bescheid ist gebührenpflichtig. Es ergeht ein gesonderter Gebührenbescheid.

1.8 Die beigefügte Rechtsbehelfsbelehrung ist Bestandteil dieses Bescheides.

Aktenzeichen

1.9

Ort | Datum Tag Monat Jahr | Unterschrift

1.10

*) Prüfziffer

Wenn handschriftlich ausgefüllt wird, neben Ziffern bitte nur Großbuchstaben verwenden !

Abb. 21: Behördliche Bestätigung

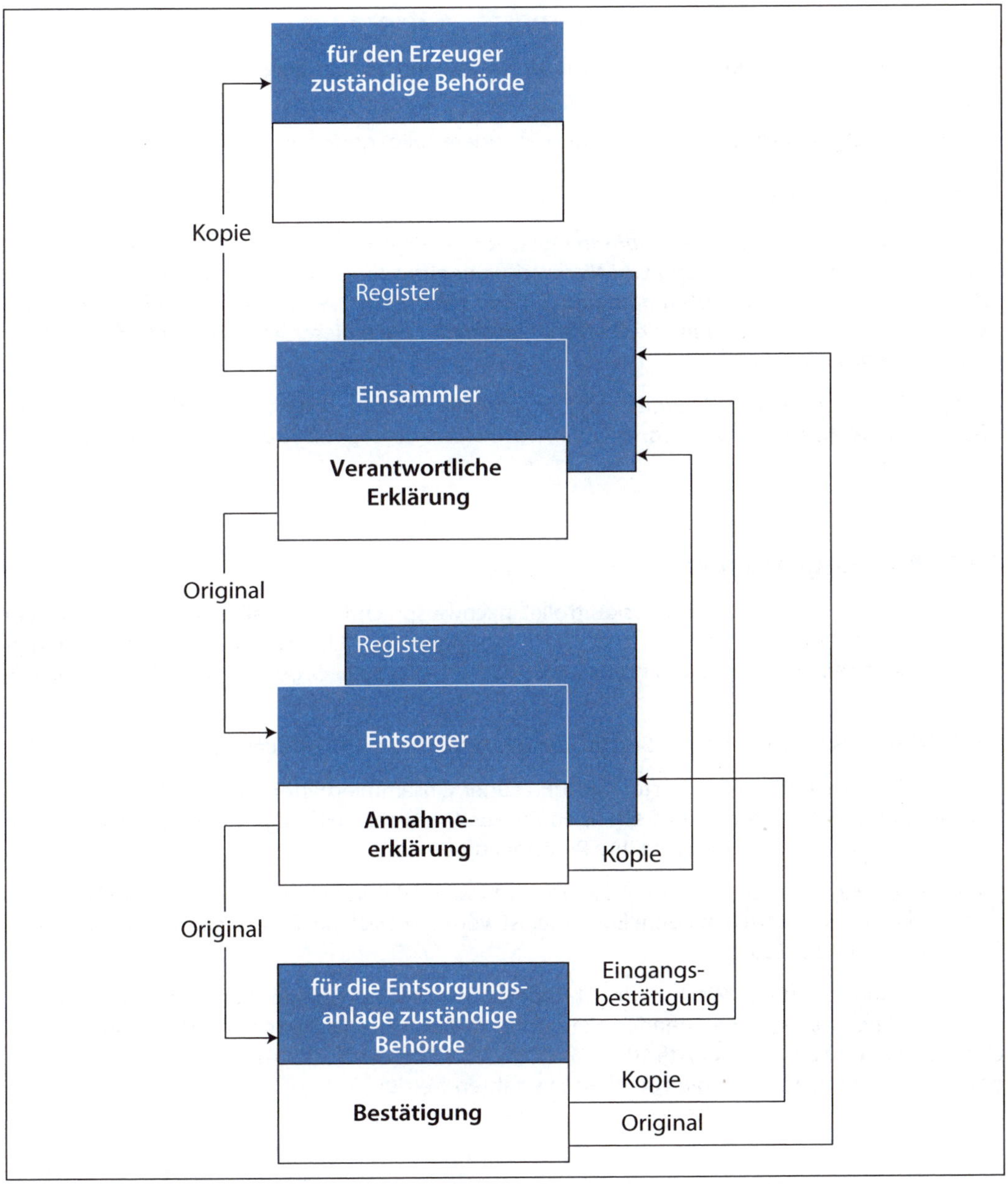

Abb. 22: Nachweis der Zulässigkeit bei Sammelentsorgung

1.1.12.4 Nachweis der durchgeführten Entsorgung

Die Nachweisführung über die durchgeführte Entsorgung wird in den §§ 10 bis 13 der NachwV abgehandelt.

In § 27 der NachwV wird eine Regelung für „besondere Fälle" getroffen:

§ 27 Absatz 1 NachwV

Wer Abfälle, für die er Nachweise führen muss, von einem anderen übernimmt, der hinsichtlich dieser Abfälle nicht zur Führung von Nachweisen verpflichtet ist, hat auch dessen Namen und Anschrift auf den für ihn bestimmten und auf den von ihm weiter zu übermittelnden oder weiter zu gebenden Ausfertigungen oder Dokumenten der nach dieser Verordnung zu führenden Nachweise anzugeben.

Wer Abfälle einem anderen übergibt, der insoweit nicht zur Führung von Nachweisen verpflichtet ist, hat dessen Namen und Anschrift in den nach dieser Verordnung zu führenden Nachweisen anzugeben.

1.1.12.4.1 Begleitschein

Das Grundinstrument der „Verbleibskontrolle" nachweispflichtiger Abfälle ist der Begleitschein (genauer: ein Satz von sechs identischen Ausfertigungen, die sich farblich unterscheiden und in einer vorgegebenen Reihenfolge angeordnet sind: rosa – 2, blau – 3, gelb – 4, altgold – 5, grün – 6, weiß – 1).

Pro Abfallschlüsselnummer ist ein Satz zu verwenden (§ 10 Absatz 2 NachwV).

Der Begleitschein erfüllt Quittungsfunktion: Erzeuger, Einsammler/Beförderer und Entsorger füllen bei der Abfallannahme den sie betreffenden Teil aus. Die sechs Ausfertigungen werden als Belege auf die Beteiligten verteilt, die sie in ihre Register aufnehmen.

Wenn der Erzeuger identisch mit dem Beförderer bzw. der Beförderer identisch mit dem Entsorger bzw. der Erzeuger identisch mit dem Entsorger ist, verringert sich die Zahl der auszufüllenden Ausfertigungen (siehe unten).

Bei einem eingeschalteten Wechsel des Beförderers ist die Übergabe der Abfälle dem übergebenden Beförderer vom übernehmenden Beförderer mittels Übernahmeschein oder in anderer geeigneter Weise zu bescheinigen (§ 10 Absatz 2 NachwV). Bei einer kurzfristigen Zwischenlagerung oder einem Umschlag soll in gleicher Weise verfahren werden.

Passer für EDV

Begleitschein

Blatt (1) **Nr.** / PZ[1]) 1 9 9 9 9 9 9 9 9 9 9 9 9 9 7

Beleg zum Nachweis der Entsorgung von Abfällen

Diese Ausfertigung (weiß) ist mit der Unterschrift des Beförderers in das Register des Erzeugers einzustellen.

Abfallbezeichnung[2])

Abfallschlüssel[2]) **Entsorgungsnachweis-Nummer** **Menge in t**

Erzeugernummer

Datum der Übergabe (Tag, Monat, Jahr)

Firmenname, Anschrift

Unterschrift (als Versicherung der richtigen Deklaration)

Beförderernummer

Datum der Übernahme (Tag, Monat, Jahr)

Kfz-Kennzeichen[3])

Firmenname, Anschrift

Unterschrift (als Versicherung der ordnungsgemäßen Beförderung)

Entsorgernummer

Datum der Annahme (Tag, Monat, Jahr)

Firmenname, Anschrift

Unterschrift (als Versicherung der Annahme zur ordnungsgemäßen Entsorgung)

Wenn handschriftlich ausgefüllt wird, neben Ziffern bitte nur Großbuchstaben verwenden!

Frei für Vermerke / Übernahmeschein-Nummern bei Nutzung eines Sammelentsorgungsnachweises

Weitere an der Beförderung beteiligte Firmen:

Beförderernummer (1. Transportwechsel)

Datum der Übernahme (Tag, Monat, Jahr)

Kfz-Kennzeichen[3])

Beförderer (nur Firmenname, Anschrift)

Unterschrift (als Versicherung der ordnungsgemäßen weiteren Beförderung)

Beförderernummer (2. Transportwechsel)

Datum der Übernahme (Tag, Monat, Jahr)

Kfz-Kennzeichen[3])

Beförderer (nur Firmenname, Anschrift)

Unterschrift (als Versicherung der ordnungsgemäßen weiteren Beförderung)

Kurzfristige Lagerung / Umschlag

Datum der Übernahme (Tag, Monat, Jahr)

Firmenname, Anschrift

Datum der Übergabe (Tag, Monat, Jahr)

Unterschrift (als Versicherung der ordnungsgemäßen Lagerung)

1) Prüfziffer
2) Nach Abfallverzeichnis-Verordnung (AVV)
3) Entfällt bei anderer Beförderung als mit Kfz

Abb. 23: Begleitschein

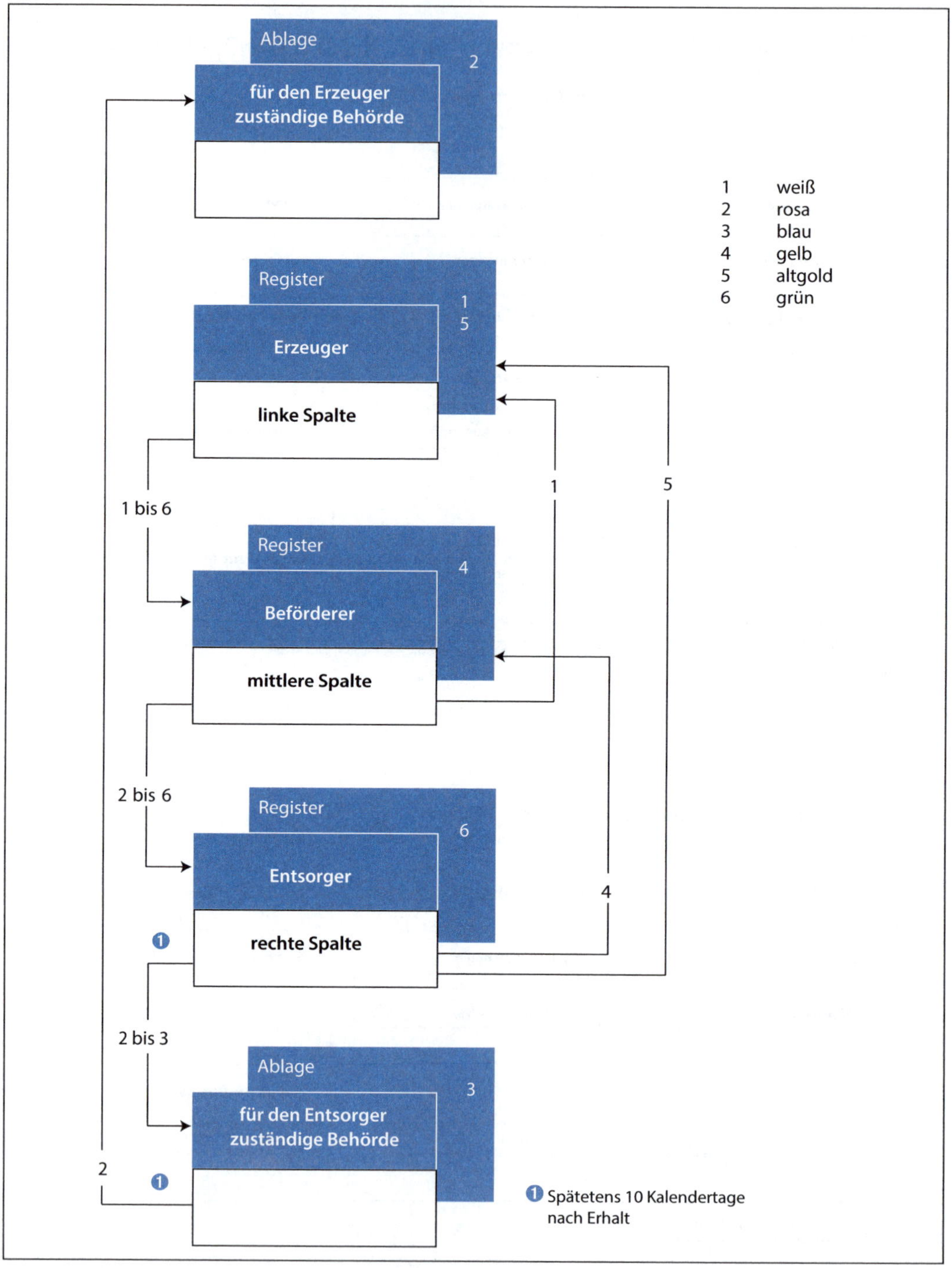

Abb. 24: Nachweis der durchgeführten Entsorgung mithilfe von Begleitscheinen

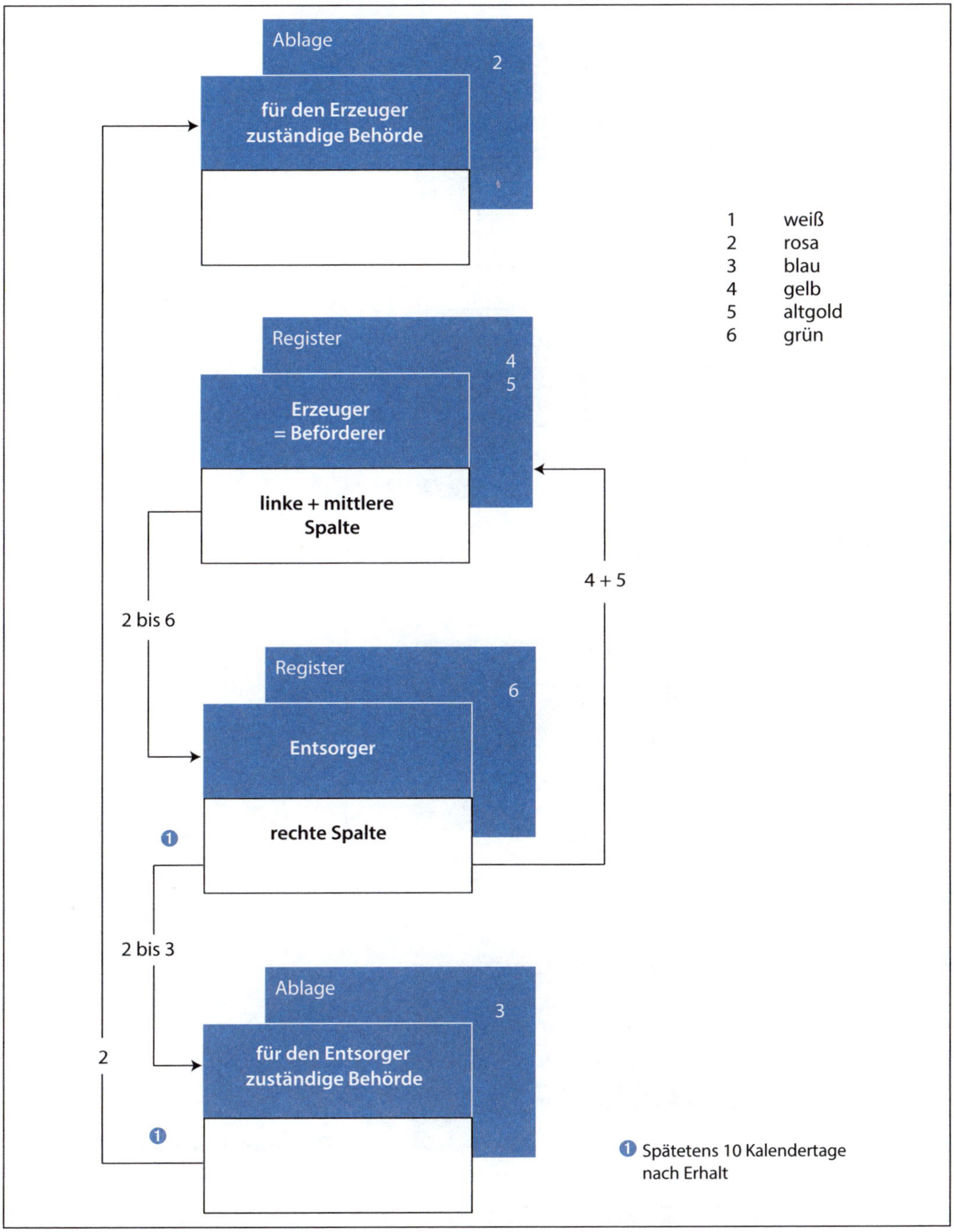

Abb. 25: Nachweis der durchgeführten Entsorgung mithilfe von Begleitscheinen
Abfallerzeuger = Abfallbeförderer

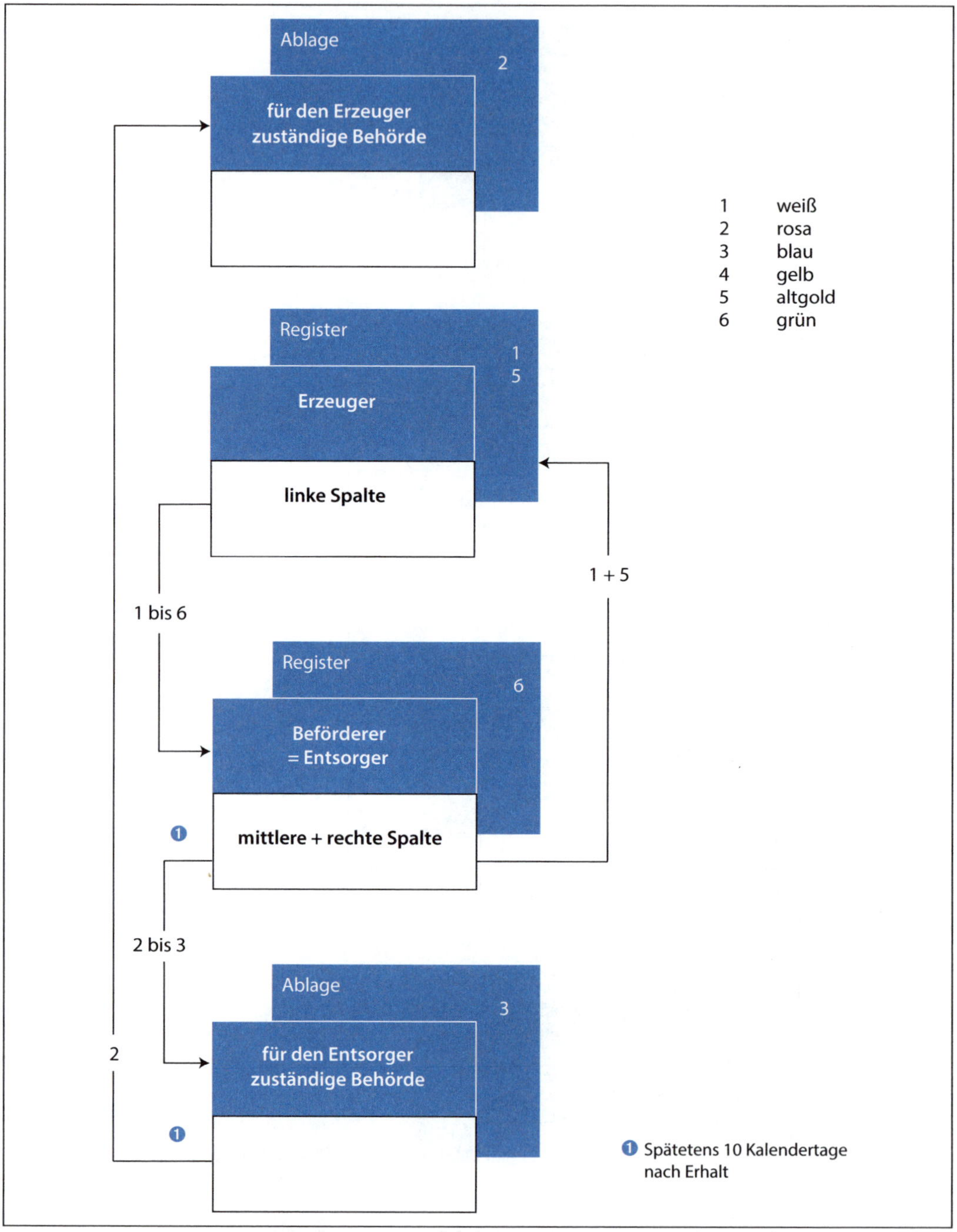

Abb. 26: Nachweis der durchgeführten Entsorgung mithilfe von Begleitscheinen
Abfallbeförderer = Abfallentsorger

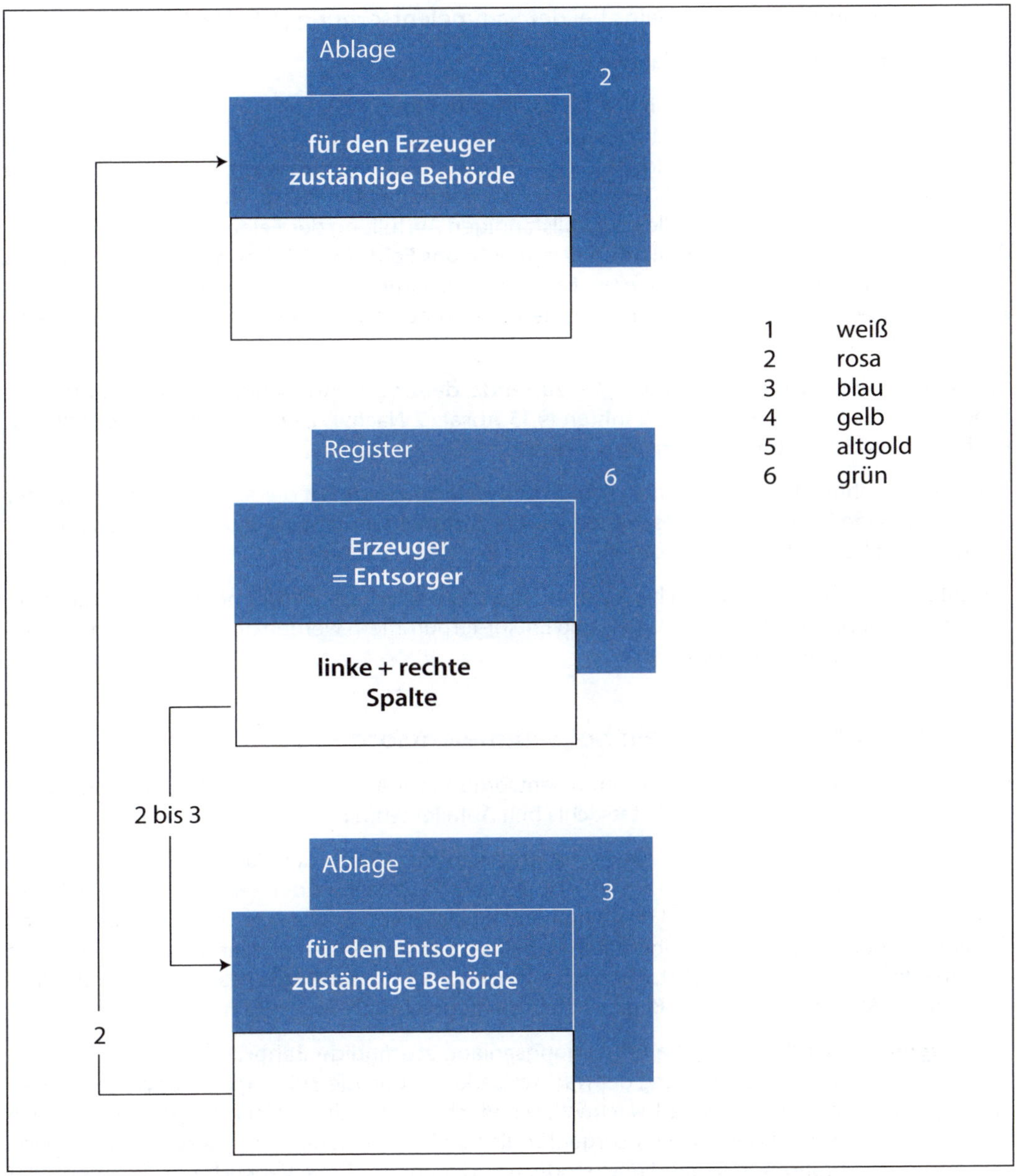

Abb. 27: Nachweis der durchgeführten Entsorgung mithilfe von Begleitscheinen Abfallerzeuger = Abfallentsorger

Handhabung des Begleitscheins bei der Sammelentsorgung (§ 13 NachwV)

Der Einsammler soll wie folgt verfahren:

1. Ausfüllen der Begleitscheine mit Beginn der Einsammlung.
2. Der Einsammler trägt sich als Abfallbeförderer ein.
3. Der Einsammler trägt im Erzeugerfeld eine fiktive Erzeugernummer ein: Ein Buchstabe (siehe § 29 Absatz 6 NachwV) dient als Kennung für das Bundesland (z. B. C für Niedersachsen), gefolgt von einem großen „S" und Nullen zur vollständigen Auffüllung des Feldes.
4. **Vor der Übergabe der Sammelladung trägt er in das Feld „Frei für Vermerke" die Nummern der Übernahmescheine ein, die er während der Einsammlung ausgegeben hat.**
5. Das weitere Verfahren richtet sich nach den Bestimmungen für Begleitscheine bei Einzelentsorgung.

Kommt die Sammelladung auf einem Weg zustande, der zwei Bundesländer berührt, ist für jedes Land ein separater Begleitschein zu führen (§ 13 Absatz 2 NachwV). Beachte, dass jeweils die zutreffende Landeskennung eingetragen wird!

Nach der Annahme der Sammelladung durch den Abfallentsorger ist die Ausfertigung 2 (rosa) der für das jeweilige Land, in dem gesammelt wurde, zuständigen Behörde zuzusenden (analog der Handhabung bei der Einzelentsorgung).

Beachte: Die zur Führung von Nachweisen und Registern erforderlichen Identifikations-, Erzeuger-, Beförderer-, Sammler-, Händler-, Makler- und Entsorgernummern werden durch die zuständige Behörde erteilt (§ 28 Absatz 1 NachwV).

1.1.12.4.2 Übernahmeschein bei Sammelentsorgung

Übernahmescheine kommen bei der Sammelentsorgung zur Anwendung (§ 12 NachwV). Sie haben zwischen dem Einsammler und den tatsächlichen Abfallerzeugern Quittungsfunktion.

Bei der Verwendung eines Sammelentsorgungsnachweises oder der Nachweiserklärungen bei Entfallen der Bestätigungspflicht nach § 9 Abs. 3 Satz 2 NachwV wird der Nachweis über die durchgeführte Entsorgung mit Hilfe der Übernahmescheine unter Verwendung der hierfür vorgesehenen Formblätter der Anlage 1, die als Übernahmescheinsatz zu verwenden sind, und der Begleitscheine im Sinne des § 10 NachwV geführt. Auf den Übernahmeschein finden die Bestimmungen des § 10 Abs. 2 NachwV [Handhabung der Begleitscheine] entsprechende Anwendung.

„Bestätigungspflicht": Die für die Entsorgungsanlage zuständige Behörde bestätigt innerhalb von 30 Kalendertagen nach Eingang der Nachweiserklärungen die Zulässigkeit der vorgesehenen Entsorgung, wenn … (§ 5 Absatz 1 NachwV). Die Pflicht zur Erteilung einer Bestätigung nach § 5 NachwV entfällt, soweit der Abfallentsorger für die von ihm betriebene Abfallentsorgungsanlage und dort durchzuführende Behandlung, stoffliche oder energetische Verwertung, Lagerung oder Ablagerung … (§ 7 Absatz 1 NachwV). Siehe auch Anlage 2 „Verzeichnis der Abfälle nach § 9 Abs. 3 Satz 2 NachwV".

Der Übernahmeschein besteht aus zwei Ausfertigungen:

- 1 als Beleg für das Register des Abfallerzeugers
- 2 als Beleg für das Register des Einsammlers

Wenn ein Sammelentsorgungsnachweis für die Entsorgung von Altölen oder Althölzern mit mehr als einem Abfallschlüssel eingesetzt wird, haben der Einsammler und die Abfallerzeuger Folgendes zu tun (§ 12 Absatz 3 NachwV):

- Eintrag des „prägenden" Abfallschlüssels im Abfallschlüsselfeld des Übernahmescheins
- Eintrag der Abfallschlüssel der tatsächlich eingesammelten Abfälle im Mehrzweckfeld „Frei für Vermerke"

Siehe auch „Sammelentsorgungsnachweis" (§ 9 Absatz 2 NachwV).

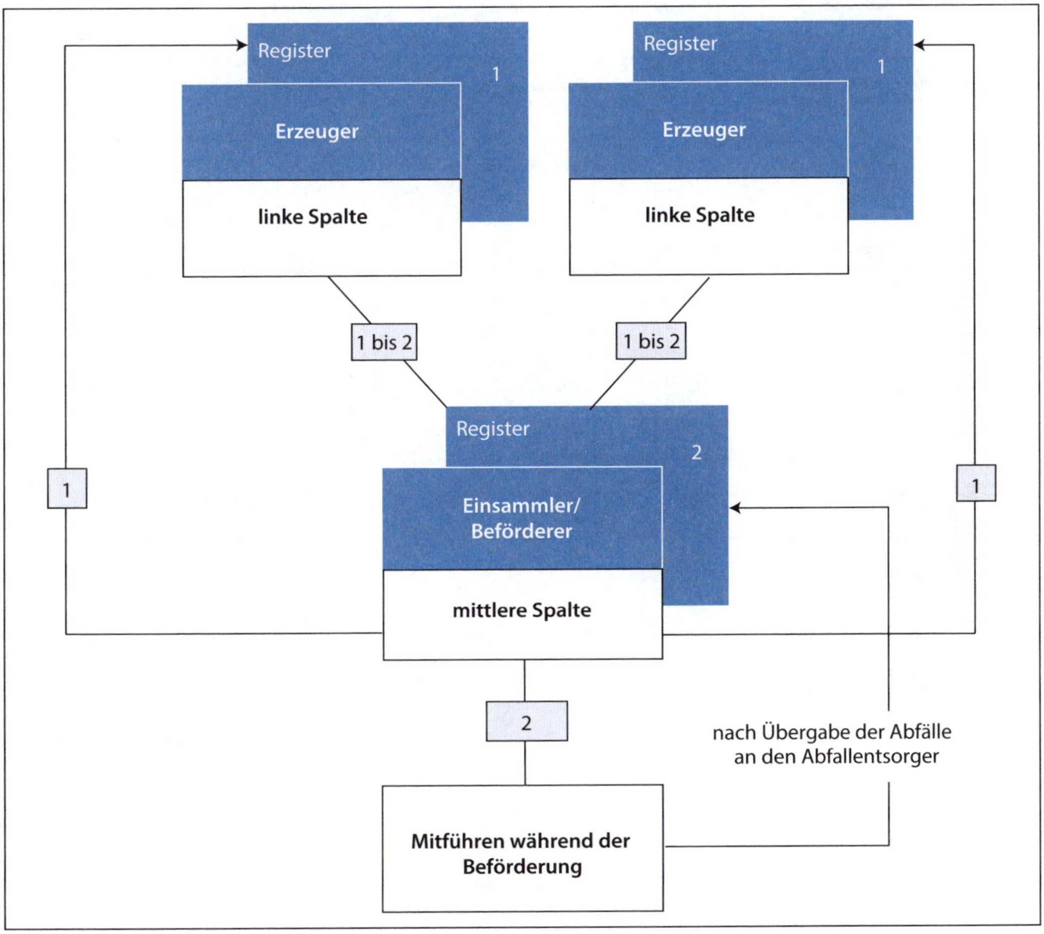

Abb. 28: Nachweis der durchgeführten Entsorgung mithilfe von Übernahmescheinen

Bei der Übernahme der Abfälle übergibt der Einsammler dem Abfallerzeuger die Ausfertigung 1 des Übernahmescheins als Beleg für dessen Register. Die Ausfertigung 2 hat der Einsammler während des Beförderungsvorganges mitzuführen, auf Verlangen den zur Überwachung und Kontrolle Befugten vorzulegen und nach Übergabe der Abfälle an den Abfallentsorger zusammen mit den Ausfertigungen 4 des Begleitscheins in sein Register einzustellen (§ 12 Absatz 4 NachwV).

Passer für EDV

Übernahmeschein Blatt ① **Nr.** / PZ[1]) 2 9 9 9 9 9 9 9 9 9 9 9 9 9 7

zum Nachweis der Übernahme von Abfällen

Ausfertigung (weiß)

Abfallbezeichnung[2])

Abfallschlüssel[2]) **Entsorgungsnachweis-Nummer** **Menge in t**

Erzeugernummer (außer Erzeuger von Kleinmengen)

Beförderernummer (Übernahme vom Erzeuger)

Entsorgernummer[3])

Datum der Übergabe (Tag, Monat, Jahr)

Datum der Übernahme (Tag, Monat, Jahr)

Datum der Annahme (Tag, Monat, Jahr)

Abfallerzeuger oder Beförderer bei Befördererwechsel (Firmenname, Anschrift)

Beförderer (Firmenname, Anschrift)

Abfallentsorger (Firmenname, Anschrift)

Unterschrift (als Versicherung der richtigen Deklaration)

Unterschrift (als Versicherung der ordnungsgemäßen Beförderung)

Unterschrift (als Versicherung der Annahme zur ordnungsgemäßen Entsorgung)

Wenn handschriftlich ausgefüllt wird, neben Ziffern bitte nur Großbuchstaben verwenden !

Frei für Vermerke

1) Prüfziffer
2) Nach Abfallverzeichnis-Verordnung (AVV)
3) Nur ausfüllen im Fall § 16 Abs. 1 NachwV (Direktanlieferung von Kleinmengen beim Entsorger)

Abb. 29: Übernahmeschein

Beachte, dass im Übernahmeschein noch die Farbsystematik enthalten ist.

Kleinmengen (§§ 2, 16 NachwV)

Wenn bei einem Abfallerzeuger im Jahr nicht mehr als 2 000 kg **gefährlicher Abfälle** anfallen, wird von Kleinmengen im Sinne des § 2 Absatz 2 NachwV gesprochen.

Die Pflicht zur Führung von Nachweisen reduziert sich in diesem Fall auf die Dokumentation der tatsächlichen Entsorgung. Der Abfallerzeuger kann die Abfälle an einen Beförderer oder Entsorger abgeben, wenn er als Nachweis Übernahmescheine einsetzt (§ 2 Absatz 2 NachwV).

Das Verfahren entspricht dem Ablauf bei Sammelentsorgung (siehe § 12 NachwV).

Bei der **Beförderung nicht nachweispflichtiger gefährlicher Abfälle** hat der Abfallbeförderer Unterlagen mit folgenden Angaben mitzuführen und auf Verlangen den zur Überwachung und Kontrolle Befugten vorzulegen (§ 16b NachwV):

1. Menge des beförderten Abfalls in Tonnen,
2. Bezeichnung des Abfalls und der Abfallschlüssel laut Abfallverzeichnis-Verordnung,
3. Angaben zum Beförderer, insbesondere Name und Anschrift sowie die Beförderernummer, sofern vorhanden,
4. Datum der Übernahme der Abfälle zur Beförderung,
5. Angaben zum Abfallerzeuger oder Abfallbesitzer, von dem die Abfälle zur Beförderung übernommen wurden, insbesondere Name und Anschrift sowie die Erzeugernummer, sofern vorhanden, und
6. Angaben zur Entsorgungsanlage oder zum Gelände zur kurzfristigen Lagerung oder zum Umschlag, zu der oder zu dem die Abfälle befördert werden, insbesondere Anschrift und Inhaber sowie dessen Entsorgernummer, sofern vorhanden.

1.1.12.5 Elektronische Nachweisführung

Anlage 1 der NachwV enthält die Formblätter (Formulare) zur Führung des Entsorgungsnachweises (mit und ohne behördliche Bestätigung) und des Sammelentsorgungsnachweises. Begleitschein und Übernahmeschein werden ebenfalls in Anlage 1 dargestellt.

Die Darstellung der Nachweisführung (§§ 3 bis 13 NachwV) geht von der Verwendung dieser Formulare aus. In § 17 NachwV wird der Schritt ins (angeblich) papierlose Büro getan (**„elektronisches Abfallnachweisverfahren – eANV):**

§ 17 Absatz 1 NachwV

Abweichend von den Bestimmungen der Abschnitte 1 bis 3 [§§ 3 bis 16b NachwV] haben die zur Führung von Nachweisen über die Entsorgung gefährlicher Abfälle Verpflichteten sowie die zuständigen Behörden in den dort bestimmten Fällen die zur Nachweisführung erforderlichen Erklärungen, Vermerke zum Fristablauf, Bestätigungen und Entscheidungen, Ablichtungen, Anträge und Freistellungen entsprechend nach Maßgabe dieses Abschnitts elektronisch zu übermitteln, mit einer qualifizierten elektronischen Signatur zu versehen sowie die für den Empfang erforderlichen Zugänge zu eröffnen und zu unterhalten, soweit nicht nach den Bestimmungen dieses Abschnitts oder einer aufgrund des § 26 ergangenen Entscheidung der zuständigen Behörde eine andere Form der Übermittlung unter Verwendung von Formblättern ausdrücklich zugelassen wird.

Die zur Führung von Nachweisen über die Entsorgung gefährlicher Abfälle Verpflichteten sind der Abfallerzeuger, der Abfallbeförderer und der Abfallentsorger.

Ordnet die zuständige Behörde eine Nachweispflicht für nicht gefährliche Abfälle an, kann eine elektronische Nachweisführung zugelassen oder sogar gefordert werden (§ 17 Absatz 2 NachwV).

§ 26 NachwV gibt der zuständigen Behörde die Möglichkeit, Nachweispflichtige ganz oder teilweise von den einschlägigen Pflichten freizustellen. Das erfolgt natürlich mit Widerrufsvorbehalt. Eine Beeinträchtigung des Wohls der Allgemeinheit darf nicht zu befürchten sein.

§ 18 Absatz 1 NachwV enthält grundlegende Festlegungen zur elektronischen Kommunikation und verweist auf Anlage 3 der NachwV. Dort finden sich programmtechnische Vorgaben zu den elektronischen Formularen und ihrer Verwendung.

Beispielsweise wird erläutert, wie der Vorgabe des § 11 Absatz 1 NachwV, den Begleitscheinsatz im Durchschreibeverfahren zu verwenden, auf elektronischem Wege entsprochen werden soll. Das hat natürlich Auswirkungen auf die Begleitpapiere während des Beförderungsvorgangs. Deshalb wird in § 18 Absatz 2 NachwV bestimmt:

§ 18 Absatz 2 NachwV

Der Abfallbeförderer hat zu gewährleisten, dass die Angaben aus dem Begleitschein und Übernahmeschein, einschließlich der Angabe des Firmennamens und der Anschrift des Abfallentsorgers, während des Beförderungsvorganges mitgeführt und jederzeit dem zur Überwachung und Kontrolle Befugten entsprechend den Bestimmungen des § 11 Absatz 2 Satz 2 und § 12 Absatz 4 Satz 2 vorgelegt werden können. Weiterer Begleitpapiere bedarf es nach dieser Verordnung nicht. Die Pflicht nach Satz 1 wird auch dann erfüllt, wenn der Abfallbeförderer den zur Überwachung und Kontrolle Befugten die geforderten Angaben mittels der elektronisch zu führenden Nachweise zur Verfügung stellt.

§ 19 Absatz 2 und 3 NachwV gehen im Zusammenhang mit der elektronischen Nachweisführung auf Abweichungen vom zeitlichen Ablauf, wie er in den §§ 6, 7, 11 und 12 NachwV dargestellt ist, ein.

§ 22 NachwV ist der Versuch, bei einer „Störung des Kommunikationssystems" die Ordnung aufrechtzuerhalten und Rechtssicherheit zu gewährleisten:

Soweit eine Störung des Kommunikationssystems wiederholt oder nicht nur kurzfristig eintritt und Tatsachen die Annahme rechtfertigen, dass die Störung aus dem Verantwortungsbereich eines bestimmten Nachweispflichtigen herrührt, kann die zuständige Behörde anordnen, dass der Nachweispflichtige

1. einen von der zuständigen Landesbehörde bekannt gegebenen Sachverständigen mit der Prüfung von Nachweisvorgängen beauftragt, an welchen der Nachweispflichtige beteiligt ist,
2. einen von der zuständigen Landesbehörde bekannt gegebenen Sachverständigen mit der Prüfung der Einrichtung und des Betriebes seines betrieblichen Kommunikationssystems beauftragt, soweit dieses System mittelbar oder unmittelbar der Führung von Nachweisen und Registern dient,
3. neben der elektronischen Führung von Nachweisen und Registern zusätzlich Nachweise und Register unter Verwendung der hierfür vorgesehenen Formblätter zu führen hat, wenn anders eine ordnungsgemäße Nachweisführung nicht zu gewährleisten ist.

Spätestens zehn Kalendertage, nachdem die Störung des Kommunikationssystems behoben worden ist oder die sonstigen Hinderungsgründe weggefallen sind, haben die Nachweispflichtigen

1. die mittels Formblättern oder Quittungsbelegen übermittelten Nachweisdaten nochmals im Verfahren nach den Abschnitten 1 bis 4 elektronisch zu übermitteln oder
2. für den Fall, dass bei Eintritt der Störung oder bei Feststellung der sonstigen Hinderungsgründe bereits mit der elektronischen Nachweisführung begonnen worden war, das Verfahren ordnungsgemäß fortzuführen.

Ordnungswidrigkeiten (§ 29 NachwV)

Der kurze Ordnungswidrigkeitenkatalog der NachwV enthält Sachverhalte, die speziell auf die elektronische Nachweis- und Registerführung abzielen.

Ordnungswidrig im Sinne des § 69 Absatz 2 Nummer 15 des Kreislaufwirtschaftsgesetzes handelt, wer vorsätzlich oder fahrlässig

1. einer vollziehbaren Auflage nach § 5 Abs. 4 Satz 2, auch in Verbindung mit § 9 Abs. 3 Satz 1 oder § 15 Nr. 1, zuwiderhandelt,
2. entgegen § 6 Abs. 3 Satz 2, auch in Verbindung mit § 9 Abs. 3 Satz 1, § 11 Abs. 2 Satz 2, § 12 Abs. 4 Satz 2 oder § 16b Satz 1 eine dort genannte Unterlage nicht mitführt oder nicht oder nicht rechtzeitig vorlegt,
3. einer vollziehbaren Anordnung nach § 8 Abs. 1 Satz 1 oder Abs. 2 Nr. 1, auch in Verbindung mit § 9 Abs. 3 Satz 2, oder § 22 Abs. 2, auch in Verbindung mit Abs. 3, zuwiderhandelt,
4. entgegen § 17 Absatz 1 einen dort genannten Zugang (für die elektronische Nachweisführung) nicht unterhält,
5. entgegen § 18 Abs. 1 Satz 1 eine Nachricht ohne Angabe des eröffneten Empfangszugangs übermittelt,
6. entgegen § 18 Abs. 2 Satz 1 nicht gewährleistet, dass eine dort genannte Angabe vorgelegt oder mitgeteilt werden kann,
7. (weggefallen)
8. entgegen § 22 Abs. 1 Satz 5 eine Meldung nicht, nicht richtig, nicht vollständig oder nicht rechtzeitig macht oder
9. (weggefallen)
10. entgegen § 28 Abs. 5 Satz 2 eine Nummer (Identifikations-, Erzeuger-, Beförderer-, Sammler-, Händler-, Makler- und Entsorgernummern) verwendet.

1.1.12.6 Registerpflichten

§ 49 Absatz 1 KrWG Registerpflichten

Die Betreiber von Anlagen oder Unternehmen, welche Abfälle in einem Verfahren nach Anlage 1 oder 2 entsorgen (Entsorger von Abfällen), haben ein Register zu führen, in dem hinsichtlich der Vorgänge nach Anlage 1 oder Anlage 2 folgende Angaben verzeichnet sind:

1. ***die Menge, die Art und der Ursprung sowie***
2. ***die Bestimmung, die Häufigkeit der Sammlung, die Beförderungsart sowie die Art der Verwertung oder Beseitigung, einschließlich der Vorbereitung vor der Verwertung oder Beseitigung, soweit diese Angaben zur Gewährleistung einer ordnungsgemäßen Abfallbewirtschaftung von Bedeutung sind.***

§ 49 Absatz 2 KrWG Registerpflichten

Entsorger, die Abfälle behandeln oder lagern, haben die nach Absatz 1 erforderlichen Angaben, insbesondere die Bestimmung der behandelten oder gelagerten Abfälle, auch für die weitere Entsorgung zu verzeichnen, soweit dies erforderlich ist, um auf Grund der Zweckbestimmung der Abfallentsorgungsanlage eine ordnungsgemäße Entsorgung zu gewährleisten. Satz 1 gilt entsprechend für die weitere Verwendung von Erzeugnissen, Materialien und Stoffen, die aus der Vorbereitung zur Wiederverwendung, aus dem Recycling oder einem sonstigen Verwertungsverfahren hervorgegangen sind. Entsorger nach Satz 1 werden durch Rechtsverordnung nach § 52 Absatz 1 Satz 1 bestimmt.

Die Pflicht nach § 49 Absatz 1 KrWG, ein Register zu führen, gilt auch für die

- Erzeuger,
- Besitzer,
- Sammler,
- Beförderer,
- Händler und
- Makler

von **gefährlichen Abfällen** (§ 49 Absatz 3 KrWG).

Auf Verlangen der zuständigen Behörde sind die Register vorzulegen oder Angaben aus diesen Registern mitzuteilen.

Registerpflichten gelten nicht für private Haushaltungen (§ 49 Absatz 6 KrWG).

§ 49 Absatz 5 KrWG legt Aufbewahrungsfristen fest:

- ein Beleg über die Entsorgung gefährlicher Abfälle ist ab Einstellung ins Register mindestens drei Jahre aufzubewahren; betrifft Erzeuger, Besitzer, Händler, Makler und Entsorger;
- ein Beleg über die Beförderung gefährlicher Abfälle ist ab Einstellung ins Register mindestens ein Jahr aufzubewahren; betrifft den Beförderer.

Beachte: § 25 Absatz 1 NachwV (siehe Seite 188).

Führung der Register (§ 24 NachwV)

Das Register soll eine sachlich und zeitlich geordnete Darstellung der registerpflichtigen Entsorgungsvorgänge sein:

➲ **Abfallerzeuger, Einsammler** (KrWG: Sammler) **und Abfallentsorger** (§ 24 Absatz 2 Nummer 1 NachwV) ordnen die für sie bestimmten Ausfertigungen der Begleitscheine spätestens innerhalb von zehn Kalendertagen nach Erhalt den jeweiligen Entsorgungsnachweisen und Sammelentsorgungsnachweisen in zeitlicher Reihenfolge zu.

➲ **Einsammler** (KrWG: Sammler) (§ 24 Absatz 2 Nummer 2 NachwV) ordnen darüber hinaus die für sie bestimmten Ausfertigungen der Übernahmescheine spätestens zehn Kalendertage nach Erhalt den jeweiligen für sie bestimmten Ausfertigungen der Begleitscheine in zeitlicher Reihenfolge zu.

➲ **Abfallbeförderer** (§ 24 Absatz 2 Nummer 3 NachwV) ordnen die für sie bestimmten Ausfertigungen der Begleitscheine spätestens zehn Kalendertage nach Erhalt und nach Abfallarten getrennt und in zeitlicher Reihenfolge.

Ist der Abfallerzeuger zugleich Abfallbeförderer, hat er die Ausfertigungen 4 und 5 (gelb und altgold) des Begleitscheins, ist er zugleich Abfallentsorger, hat er nur die Ausfertigung 6 (grün) entsprechend Satz 1 abzuheften und in sein Register einzustellen. Entsorgt der Abfallbeförderer die Abfälle selbst, hat er die Ausfertigung 6 (grün) entsprechend abzuheften und in sein Register einzustellen. Vergleiche § 11 NachwV.

- **Erzeuger von Kleinmengen gefährlicher Abfälle,**
- **Abfallerzeuger, die gefährliche Abfälle einem Einsammler** (KrWG: Sammler) **übergeben, sowie**
- **Abfallentsorger, welche Kleinmengen gefährlicher Abfälle annehmen,**

führen die Register (§ 24 Absatz 3 NachwV), indem sie die für sie bestimmten Ausfertigungen der Übernahmescheine spätestens zehn Kalendertage nach Erhalt nach Abfallarten getrennt und in zeitlicher Reihenfolge geordnet abheften und in die Register einstellen. Dies gilt entsprechend, soweit die zuständige Behörde die Pflicht zur Führung von Übernahmescheinen nach § 51 Absatz 1 Satz 1 Nummer 1 KrWG angeordnet hat.

Abfallentsorger, die zur Führung von Nachweisen nicht verpflichtet sind (§ 24 Absatz 4 NachwV), registrieren die Anlieferungen von Abfällen, indem sie für jede Abfallart und jede Entsorgungsanlage ein eigenes Verzeichnis erstellen, in welchem sie

1. als Überschrift den Abfallschlüssel dieser Abfallart laut Abfallverzeichnis-Verordnung (AVV), den Firmennamen und die Anschrift, die Bezeichnung und Anschrift der Entsorgungsanlage und (soweit vorhanden) die Entsorgernummer angeben und
2. unterhalb dieser Angaben fortlaufend für jede angenommene Abfallcharge spätestens zehn Kalendertage nach ihrer Annahme ihre Menge und das Datum ihrer Annahme angeben und diese Angaben unterschreiben.

Abfallentsorger, die Abfälle behandeln und lagern und zur Führung von Nachweisen nicht verpflichtet sind (§ 24 Absatz 5 NachwV), registrieren zusätzlich jede Abgabe von behandelten und gelagerten Abfällen (§ 49 KrWG). Die Registrierungspflichten gelten nicht für Abfallentsorger, welche

1. die behandelten oder gelagerten Abfälle in eigenen, in einem engen räumlichen Zusammenhang mit der Behandlung oder Lagerung stehenden Entsorgungsanlagen verwerten oder beseitigen oder
2. infolge des Einsatzes von Abfällen in Produktionsprozessen lediglich nicht gefährliche Abfälle in mengenmäßig unbedeutendem Umfang erzeugen.

Abfallerzeuger, die zur Führung von Nachweisen nicht verpflichtet sind (§ 24 Absatz 6 NachwV), registrieren jede Abgabe von Abfällen, indem sie für jede Abfallart und jede Anfallstelle des Abfalls ein eigenes Verzeichnis erstellen, in welchem sie

1. als Überschrift den Abfallschlüssel dieser Abfallart laut AVV, den Firmennamen und die Anschrift, die Bezeichnung und Anschrift der Anfallstelle des Abfalls und (soweit vorhanden) die Erzeugernummer angeben und

2. unterhalb dieser Angaben fortlaufend für jede abgegebene Abfallcharge spätestens zehn Kalendertage nach ihrer Abgabe ihre Menge, das Datum ihrer Abgabe und die die Abfallcharge übernehmende Person angeben und die Angaben unterschreiben.

Abfallbeförderer, die zur Führung von Nachweisen nicht verpflichtet sind (§ 24 Absatz 7 NachwV), registrieren jede Beförderung von Abfällen, indem sie für jede Abfallart ein eigenes Verzeichnis erstellen, in welchem sie

1. als Überschrift den Abfallschlüssel dieser Abfallart laut AVV, den Firmennamen und die Anschrift und (soweit vorhanden) die Beförderernummer angeben und
2. unterhalb dieser Angaben fortlaufend spätestens zehn Kalendertage nach Abschluss der Beförderung für jede übergebene Abfallcharge ihre Menge und das Datum ihrer Übergabe angeben und diese Angaben unterschreiben.

Abfallentsorger, die Abfälle behandeln, registrieren**, unabhängig davon, ob sie zur Nachweisführung verpflichtet sind oder nicht (§ 25 Absatz 8 NachwV)**, zusätzlich die Menge an Erzeugnissen, Materialien und Stoffen, die aus der Vorbereitung zur Wiederverwendung, aus dem Recycling oder aus einem sonstigen Verwertungsverfahren hervorgehen, indem sie für jedes Erzeugnis, Material und jede Stoffart ein eigenes Verzeichnis erstellen, in welchem sie

1. als Überschrift die Erzeugnis-, Material- oder Stoffart angeben, und
2. unterhalb dieser Angaben fortlaufend für jede aus der Behandlung hervorgegangene Erzeugnis-, Material- oder Stoffcharge spätestens zehn Kalendertage nach Abschluss der Behandlung das Datum, an dem das Ende der Abfalleigenschaft erreicht wurde, angeben und diese Angaben unterschreiben

§ 24 NachwV gibt jeweils Hinweise, welche Formblätter zu welchem Zweck verwendet werden können.

§ 25 Absatz 2 NachwV führt die **elektronische Registerführung** ein:

§ 25 Absatz 2 NachwV

Die Register über nachweispflichtige Abfälle sind elektronisch zu führen, soweit für die in die Register einzustellenden Nachweise die elektronische Nachweisführung zwingend bestimmt ist. Im Übrigen können die Register elektronisch geführt werden. Werden die Register elektronisch geführt, so sind jeweils die aktuellen Versionen der Belege oder Angaben in entsprechender Anwendung des Absatzes 1 und des § 24 dauerhaft und geordnet zu speichern. Soweit die zuständige Behörde gemäß § 49 Absatz 4 des Kreislaufwirtschaftsgesetzes die elektronische Vorlage des Registers oder einzelner Angaben aus dem Register anordnet, finden auf die Erfüllung dieser Anordnung die §§ 17 bis 20 sowie § 22 entsprechende Anwendung.

Aufbewahrungsfrist (§ 25 Absatz 1 NachwV)

Die zur Einrichtung und Führung der Register Verpflichteten haben die nach § 24 Absätze 2 bis 4, Absatz 5 Satz 1, Absatz 6 oder 7 NachwV in die Register einzustellenden Belege oder Angaben drei Jahre, jeweils vom Datum ihrer Einstellung in das Register an gerechnet, in dem Register aufzubewahren oder zu belassen.

Kennnummern (§ 28 NachwV)

Die zur Führung von Nachweisen und Registern erforderlichen Identifikations-, Erzeuger-, Beförderer- und Entsorgernummern werden von der zuständigen Behörde festgelegt. Bei elektronischer Führung von Nachweisen wird die Vergabe der Kennnummern nach § 28 Absatz 2 gemäß § 20 NachwV von den Bundesländern sichergestellt.

Die **Registerführung durch Händler und Makler** ist separat in § 25a NachwV geregelt (siehe Kap. 1.1.16).

1.1.13 Anzeige- und Erlaubnisverfahren für Sammler, Beförderer, Händler und Makler von Abfällen

1.1.13.1 Grundlage: Anzeige und Erlaubnis gemäß KrWG

§ 53 Absatz 1 KrWG

Sammler, Beförderer, Händler und Makler von Abfällen haben die Tätigkeit ihres Betriebes vor Aufnahme der Tätigkeit der zuständigen Behörde anzuzeigen, es sei denn, der Betrieb verfügt über eine Erlaubnis nach § 54 Absatz 1 [Sammler, Beförderer, Händler und Makler von gefährlichen Abfällen bedürfen der Erlaubnis.].

Die zuständige Behörde bestätigt dem Anzeigenden unverzüglich schriftlich den Eingang der Anzeige. Zuständig ist die Behörde des Landes, in dem der Anzeigende seinen Hauptsitz hat.

Auf eine Anzeige wird behördlicherseits nicht mit einer schlichten Kenntnisnahme reagiert. Vielmehr wird geprüft:

- Der Inhaber eines Betriebes sowie die für die Leitung und Beaufsichtigung des Betriebes verantwortlichen Personen müssen zuverlässig sein. Der Inhaber, soweit er für die Leitung des Betriebes verantwortlich ist, die für die Leitung und Beaufsichtigung des Betriebes verantwortlichen Personen und das sonstige Personal müssen über die für ihre Tätigkeit notwendige Fach- und Sachkunde verfügen. Fehlt ein akzeptabler Nachweis, folgt die Untersagung der angezeigten Tätigkeit.
- Die zuständige Behörde kann die angezeigte Tätigkeit von Bedingungen abhängig machen, sie zeitlich befristen oder Auflagen für sie vorsehen, soweit dies zur Wahrung des Wohls der Allgemeinheit erforderlich ist. Nebenbestimmungen sind die Konsequenz aus grundsätzlichen und ganz konkreten Bedenken.
- Die zuständige Behörde hat die angezeigte Tätigkeit zu untersagen, wenn Tatsachen bekannt sind, aus denen sich Bedenken gegen die Zuverlässigkeit des Inhabers oder der für die Leitung und Beaufsichtigung des Betriebes verantwortlichen Personen ergeben.

Die Bundesregierung wird ermächtigt (§ 53 Absatz 6 KrWG), nach Anhörung der beteiligten Kreise (§ 68 KrWG) durch Rechtsverordnung mit Zustimmung des Bundesrates für die Anzeige und Tätigkeit der Sammler, Beförderer, Händler und Makler von Abfällen, für Sammler und Beförderer von Abfällen insbesondere unter Berücksichtigung der Besonderheiten der jeweiligen Verkehrsträger, Verkehrswege oder der jeweiligen Beförderungsart,

1. Vorschriften zu erlassen über die Form, den Inhalt und das Verfahren zur Erstattung der Anzeige, über Anforderungen an die Zuverlässigkeit, die Fach- und Sachkunde und deren Nachweis,
2. anzuordnen, dass das Verfahren zur Erstattung der Anzeige elektronisch zu führen ist und Dokumente in elektronischer Form gemäß § 3a Absatz 2 Satz 2 und 3 Verwaltungsverfahrensgesetz vorzulegen sind,
3. bestimmte Tätigkeiten von der Anzeigepflicht auszunehmen, soweit eine Anzeige aus Gründen des Wohls der Allgemeinheit nicht erforderlich ist, sowie
4. Anforderungen an die Anzeigepflichtigen und deren Tätigkeit zu bestimmen, die sich aus Rechtsvorschriften der Europäischen Union ergeben.

Das Ergebnis ist die Anzeige- und Erlaubnisverordnung.

Verordnung über das Anzeige- und Erlaubnisverfahren für Sammler, Beförderer, Händler und Makler von Abfällen (Anzeige- und Erlaubnisverordnung – AbfAEV) vom 5. Dezember 2013 (BGBl. I S. 4043), zuletzt geändert am 28. April 2022 (BGBl. I S. 700)

Beachte § 12 AbfAEV:

Ungeachtet des § 54 Absatz 3 des KrWG, des § 2 Absatz 2 Satz 1 des VerpackG, des § 2 Absatz 3 Satz 1 des ElektroG und des § 1 Absatz 3 Satz 1 des BattG sind von der Erlaubnispflicht nach § 54 Absatz 1 Satz 1 des KrWG auch ausgenommen:

1. Sammler, Beförderer, Händler und Makler von gefährlichen Abfällen, die im Rahmen wirtschaftlicher Unternehmen tätig sind,
2. Sammler, Beförderer, Händler und Makler von gefährlichen Abfällen, die solche Abfälle sammeln, befördern, mit diesen handeln oder diese makeln, die von einem Hersteller oder Vertreiber freiwillig oder auf Grund einer Rechtsverordnung zurückgenommen werden,
3. Sammler, Beförderer, Händler und Makler von gefährlichen Abfällen, die Altfahrzeuge im Rahmen ihrer Überlassung nach § 4 Absatz 1 bis 3 der Altfahrzeug-Verordnung sammeln, befördern, mit diesen handeln oder diese makeln,
4. Sammler, Beförderer, Händler und Makler von gefährlichen Abfällen, die einen EMAS-Standort betreiben und bei denen der EMAS-registrierte Tätigkeitsbereich in Klasse 38.12 (Sammlung gefährlicher Abfälle), Klasse 38.22 (Behandlung und Beseitigung gefährlicher Abfälle) oder Klasse 46.77 (Großhandel mit Altmaterialien und Reststoffen) des Anhangs I der Verordnung (EG) Nr. 1893/2006 eingeordnet ist, wobei die Ausnahme jeweils nur für den Tätigkeitsbereich gilt, für den die EMAS-Registrierung vorliegt,
5. Sammler und Beförderer von gefährlichen Abfällen, die Abfälle mit Seeschiffen sammeln oder befördern, sowie
6. Sammler und Beförderer von gefährlichen Abfällen, die Abfälle im Rahmen von Paket-, Express- und Kurierdiensten sammeln oder befördern, soweit diese in ihren Beförderungsbedingungen Rechtsvorschriften berücksichtigen, die aus Gründen der Sicherheit im Zusammenhang mit der Beförderung gefährlicher Güter erlassen sind.

Soweit es zur Wahrung des Wohls der Allgemeinheit erforderlich ist, kann die zuständige Behörde abweichend die Durchführung eines Erlaubnisverfahrens nach § 54 KrWG anordnen.

Zu den §§ 53 und 54 KrWG und der angeschlossenen AbfAEV gibt es eine Vollzugshilfe des zuständigen Bundesministeriums: Anzeige- und Erlaubnisverfahren nach §§ 53 und 54 KrWG und AbfAEV (Stand 29. Januar 2014).

1.1.13.2 Ausführung: Anzeige- und Erlaubnisverordnung (AbfAEV)

Der Bezug zum KrWG ist klar und eindeutig (§ 1 Absatz 2 AbfAEV). Es geht um

1. Anzeigen der Aufnahme der betrieblichen Tätigkeit durch Sammler, Beförderer, Händler und Makler von Abfällen nach § 53 Absatz 1 Satz 1 KrWG und
2. Erlaubnisse für Sammler, Beförderer, Händler und Makler von **gefährlichen Abfällen** nach § 54 Absatz 1 Satz 1 KrWG.

Die Art der benötigten Legitimation ergibt sich somit aus der Einstufung des Abfalls.

Beachte: Die AbfAEV gilt auch für anzeige- und erlaubnispflichtige Tätigkeiten, die auf dem Gebiet der Bundesrepublik Deutschland durchgeführt werden, und zwar im Rahmen einer Verbringung von Abfällen im Sinne der Verordnung (EG) Nr. 1013/2006 vom 14. Juni 2006 über die Verbringung von Abfällen. Die AbfAEV ist als deutsche Verordnung selbstverständlich auf deutsches Hoheitsgebiet beschränkt!

Die AbfAEV trifft eine in vielen Rechtsbereichen gebräuchliche Unterscheidung (§ 2 AbfAEV):

Inhaber ist diejenige natürliche oder juristische Person oder Personenvereinigung, die den die Sammler-, Beförderer-, Händler- oder Maklertätigkeit ausübenden Betrieb betreibt. Zu einer juristischen Person gehören natürlich ebenfalls natürliche Personen wie Geschäftsführer und Vorstände.

Für die Leitung und Beaufsichtigung des Betriebes verantwortliche Personen sind diejenigen natürlichen Personen, die vom Inhaber mit der fachlichen Leitung, Überwachung und Kontrolle der vom Betrieb durchgeführten Tätigkeiten insbesondere im Hinblick auf die Beachtung der hierfür geltenden Vorschriften und Anordnungen beauftragt worden sind. Diese Leute haben innerbetriebliche Weisungsbefugnis.

Sonstiges Personal sind diejenigen Arbeitnehmerinnen und Arbeitnehmer und andere im Betrieb des Sammlers, Beförderers, Händlers oder Maklers von Abfällen beschäftigte Personen, die bei der Ausübung dieser betrieblichen Tätigkeiten mitwirken. Sie haben keine Weisungsbefugnis.

Wenn es um Anforderungen an diese Personengruppen geht, wird ebenfalls der Tradition gefolgt:

- Die erforderliche **Zuverlässigkeit** (§ 3 AbfAEV) ist gegeben, wenn der Inhaber des Betriebes und die für die Leitung und Beaufsichtigung des Betriebes verantwortlichen Personen aufgrund ihrer persönlichen Eigenschaften, ihres Verhaltens und ihrer Fähigkeiten zur ordnungsgemäßen Erfüllung der ihnen obliegenden Aufgaben geeignet sind.
  Die erforderliche Zuverlässigkeit ist in der Regel nicht gegeben, wenn eine der genannten Personen wegen Verletzung von Vorschriften innerhalb der letzten fünf Jahre vor Anzeige der Aufnahme der betrieblichen Tätigkeit oder der Beantragung der Erlaubnis mit einer Geldbuße in Höhe von mehr als zweitausendfünfhundert Euro belegt oder zu einer Strafe verurteilt worden ist, oder wiederholt oder grob pflichtwidrig gegen Vorschriften verstoßen hat. Zu den Vorschriften gehören u. a. Abfall-, Wasser-, Immissionsschutz-, Naturschutz- und Chemikalienrecht; Gewerbe-, Arbeitsschutz-, Transport- und Gefahrgutrecht.
- Die **Fachkunde** (§§ 4 und 5 AbfAEV) besteht traditionellerweise aus zwei Komponenten: einer geeigneten Berufsausbildung und Berufspraxis, und einer speziellen, tätigkeitsorientierten Schulung. Hier muss allerdings der jeweilige Gesetzestext sehr genau studiert werden!

<table>
<tr><th>Fachkunde von Anzeigepflichtigen</th><th>Fachkunde von Erlaubnispflichtigen</th></tr>
<tr><td colspan="2">Fachkunde des Inhabers, soweit er für die Leitung des Betriebes verantwortlich ist, und der für die Leitung und Beaufsichtigung des Betriebes verantwortlichen Personen</td></tr>
<tr><td>Während einer zweijährigen praktischen Tätigkeit erworbene Kenntnisse über die vom Betrieb angezeigte Tätigkeit. Abweichend reichen während einer einjährigen praktischen Tätigkeit erworbene Kenntnisse über die vom Betrieb angezeigte Tätigkeit aus, wenn die betroffene Person auf einem Fachgebiet, dem der Betrieb hinsichtlich seiner Betriebsvorgänge zuzuordnen ist,
1. ein Hochschul- oder Fachhochschulstudium abgeschlossen hat,
2. eine kaufmännische oder technische Fachschul- oder Berufsausbildung besitzt oder
3. eine Qualifikation als Meister vorweisen kann.</td><td>Betr.: gefährliche Abfälle
Die notwendige Fachkunde setzt Folgendes voraus:
1. während einer zweijährigen praktischen Tätigkeit erworbene Kenntnisse über die Tätigkeit, für die der Betrieb die Erlaubnis beantragt, sowie
2. die Teilnahme an einem oder mehreren von der zuständigen Behörde anerkannten Lehrgängen, in denen Kenntnisse entsprechend der Anlage 1 AbfAEV vermittelt werden.</td></tr>
<tr><td>Alternative:
Die Voraussetzung ist auch erfüllt, wenn sich im Falle der Anzeige einer gewerbsmäßigen Tätigkeit die erworbenen Kenntnisse des Betroffenen nicht auf die angezeigte, sondern auf die jeweils andere Tätigkeit beziehen.
• Sammeln vs. Befördern von Abfällen
• Handeln mit Abfällen vs. Sammeln oder Befördern
• Makeln von Abfällen vs. Sammeln, Befördern oder Handeln</td><td>Alternative: betr. gefährliche Abfälle
Abweichend reichen während einer einjährigen praktischen Tätigkeit erworbene Kenntnisse über die vom Betrieb beantragte Tätigkeit aus, sofern die betroffene Person auf einem Fachgebiet, dem der Betrieb hinsichtlich seiner Betriebsvorgänge zuzuordnen ist,
1. ein Hochschul- oder Fachhochschulstudium abgeschlossen hat,
2. eine kaufmännische oder technische Fachschul- oder Berufsausbildung besitzt oder
3. eine Qualifikation als Meister vorweisen kann.</td></tr>
</table>

Fachkunde von Anzeigepflichtigen	Fachkunde von Erlaubnispflichtigen
Alternative: Liegen die Voraussetzungen (siehe oben) nicht vor, kann die notwendige Fachkunde auch durch den Besuch eines Lehrgangs, in dem Kenntnisse entsprechend der Anlage 1 AbfAEV vermittelt werden, erworben werden. Der Lehrgang muss vor Aufnahme der Tätigkeit abgeschlossen sein.	**Alternative:** betr. gefährliche Abfälle Die Voraussetzung ist auch erfüllt, wenn sich im Falle der Beantragung einer Erlaubnis die erworbenen Kenntnisse des Betroffenen nicht auf die beantragte, sondern auf die jeweils andere Tätigkeit beziehen. • Sammeln vs. Befördern von Abfällen • Handeln mit Abfällen vs. Sammeln oder Befördern • Makeln von Abfällen vs. Sammeln, Befördern oder Handeln
Fortbildung: Soweit es zur Wahrung des Wohls der Allgemeinheit erforderlich ist, kann die zuständige Behörde zusätzlich die Teilnahme an einem von der zuständigen Behörde anerkannten Lehrgang, in dem Kenntnisse entsprechend der Anlage 1 AbfAEV vermittelt werden, und eine regelmäßige entsprechende Fortbildung anordnen.	**Fortbildung:** Der Inhaber, soweit er für die Leitung des Betriebes verantwortlich ist, und die für die Leitung und Beaufsichtigung des Betriebes verantwortlichen Personen müssen durch geeignete Fortbildung über den für ihre Tätigkeit notwendigen aktuellen Wissensstand verfügen. Dazu haben sie regelmäßig, mindestens alle drei Jahre, an von der zuständigen Behörde anerkannten Lehrgängen, in denen Kenntnisse entsprechend der Anlage 1 AbfAEV vermittelt werden, teilzunehmen und dies der zuständigen Behörde unaufgefordert nachzuweisen.

Die oben genannten Lehrgänge sollen Grundkenntnisse über folgende Bereiche vermitteln (Anlage 1 AbfAEV):

1. das Kreislaufwirtschaftsgesetz, insbesondere Anwendungsbereich, Begriffsbestimmungen, Abfallhierarchie, Grundpflichten (Vermeiden, Verwerten, Beseitigen), Getrennthaltungspflichten und Vermischungsverbote, Verhältnis des Abfallrechts zum Immissionsschutzrecht und zum Chemikalienrecht, Überlassungspflichten, Anzeigeverfahren für gemeinnützige und gewerbliche Sammlungen, Beauftragung Dritter, Register- und Nachweispflichten, Anzeige- und Erlaubnisverfahren für Sammler, Beförderer, Händler und Makler von Abfällen, Kennzeichnung von Fahrzeugen und Bußgeldvorschriften,
2. die aufgrund des Kreislaufwirtschaftsgesetzes ergangenen Rechtsverordnungen,
3. das Recht der Abfallverbringung,
4. Art und Beschaffenheit von gefährlichen Abfällen,
5. schädliche Umwelteinwirkungen und sonstige Gefahren, erhebliche Nachteile und erhebliche Belästigungen, die von Abfällen ausgehen können, und Maßnahmen zu ihrer Verhinderung oder Beseitigung,

6. sonstige Vorschriften des Umweltrechts, die im Zusammenhang mit der Sammlung, der Beförderung, dem Handeln oder dem Makeln von Abfällen von Bedeutung sind,
7. Bezüge zum Güterkraftverkehrs- und Gefahrgutrecht sowie
8. Vorschriften der betrieblichen Haftung.

Die **Sachkunde des sonstigen Personals** (§ 6 AbfAEV) beruht auf der Erstellung und Umsetzung eines „Einarbeitungsplans". Das sonstige Personal soll betrieblich eingearbeitet werden und über den für die jeweilige Tätigkeit notwendigen aktuellen Wissensstand verfügen.

Den Fortbildungsbedarf des sonstigen Personals ermitteln der Inhaber, soweit er für die Leitung des Betriebes verantwortlich ist, oder die für die Leitung und Beaufsichtigung des Betriebes verantwortlichen Personen.

Soweit es zur Wahrung des Wohls der Allgemeinheit erforderlich ist, kann die zuständige Behörde anordnen, dass der Einarbeitungsplan schriftlich erstellt und ihr vorgelegt wird.

Abschnitt 3 der AbfAEV regelt das Anzeigeverfahren, Abschnitt 4 das Erlaubnisverfahren:

Anzeige durch Sammler, Beförderer, Händler und Makler von Abfällen (§ 53 KrWG)

Die Anzeige der Aufnahme der betrieblichen Tätigkeit durch Sammler, Beförderer, Händler und Makler von Abfällen ist bei der zuständigen Behörde zu erstatten. Hierfür ist das Formular aus Anlage 2 der AbfAEV zu verwenden (§ 7 Absatz 1 AbfAEV).

☐ Passer für EDV

Seite ① von ④

Formblatt Anzeige nach § 53 KrWG

Anzeige von Sammlern, Beförderern, Händlern und Maklern von Abfällen

Zutreffendes bitte ankreuzen ☒ oder ausfüllen.

☐ Erstmalige Anzeige

☐ Änderungsanzeige — Vorgangsnummer (sofern von der Behörde erteilt) ☐

1 Anzeigender (Hauptsitz des Betriebes)

1.1 Firma / Körperschaft

1.2 Straße — Hausnr.

1.3 Bundesland (2-stellig) — PLZ — Ort

1.4 Staat (2-stellig)

1.5 Für Anzeigende, die keinen Hauptsitz im Inland haben: Ort der erstmaligen Sammler-, Beförderer-, Händler- oder Maklertätigkeit.
Bundesland (2-stellig) — PLZ — Ort

1.6 Telefon — Telefax — USt-Identnr.

1.7 Mobiltelefon — E-Mail

1.8 Gewerbeanmeldung — Datum der Anmeldung — zuständige Behörde — Aktenzeichen (sofern bekannt)

1.9 Eintrag in das Handels-, Vereins- oder Genossenschaftsregister (sofern ein Eintrag erfolgt ist) — Registernummer (HRA, HRB etc.) — Registergericht

Bitte verwenden Sie diese Schreibweise:
A B C D E F G H I J K L M N O P Q R
S T U V W X Y Z 1 2 3 4 5 6 7 8 9 Ø

2 Folgende abfallwirtschaftliche Tätigkeiten werden angezeigt:

2.1 ☐ Sammeln. Sammler- oder Beförderernummer nach § 28 NachwV (sofern bereits erteilt)

2.2 ☐ Befördern. Beförderernummer nach § 28 NachwV (sofern bereits erteilt)

2.3 ☐ Handeln. Händlernummer nach § 28 NachwV (sofern bereits erteilt)

2.4 ☐ Makeln. Maklernummer nach § 28 NachwV (sofern bereits erteilt)

3 Art der Tätigkeit

3.1 ☐ Gewerbsmäßig.
Unternehmenszweck ist ganz oder teilweise das entgeltliche Sammeln, Befördern, Handeln oder Makeln von Abfällen für Dritte.

3.2 ☐ Im Rahmen wirtschaftlicher Unternehmen.
Unternehmenszweck ist eine anderweitige gewerbliche oder wirtschaftliche Tätigkeit, die nicht auf das Sammeln, Befördern, Handeln oder Makeln von Abfällen gerichtet ist.

4 Befreiung von der Erlaubnispflicht

4.1 ☐ Nur nicht gefährliche Abfälle (dann weiter unter 5)

☐ Auch gefährliche Abfälle (dann weiter unter 4.2)

BARCODEFELD 75x15mm

Fortsetzung: 4 Befreiung von der Erlaubnispflicht - Seite 2

Abb. 30: AbfAEV, Anlage 2: Vordruck für die Anzeige, Seite 1

☐ Passer für EDV

Seite ② von ④ Formblatt Anzeige nach § 53 KrWG

4 Fortsetzung von Seite 1: Befreiung von der Erlaubnispflicht

4.2 Das Sammeln, Befördern, Handeln und Makeln von gefährlichen Abfällen ist nach § 54 Absatz 1 Satz 1 KrWG grundsätzlich erlaubnispflichtig. Der Betrieb ist auf Grund einer oder mehrerer der genannten Tatbestände aber von der Erlaubnispflicht befreit und daher nach § 53 Absatz 1 Satz 1 KrWG nur anzeigepflichtig:

4.2.1 ☐ auf Grund der Eigenschaft als öffentlich-rechtlicher Entsorgungsträger (§ 54 Absatz 3 Nummer 1 KrWG),

4.2.2 ☐ auf Grund der Eigenschaft als für die angezeigte Tätigkeit zertifizierter Entsorgungsfachbetrieb (§ 54 Absatz 3 Nummer 2 KrWG),

4.2.2.1 ☐ Zertifikat ist beigefügt

4.2.3 ☐ auf Grund der Eigenschaft als Sammler, Beförderer, Händler und Makler von Elektro- und Elektronikaltgeräten im Rahmen der Durchführung des Elektro- und Elektronikgerätegesetzes (§ 2 Absatz 3 Satz 1 ElektroG),

4.2.4 ☐ auf Grund der Eigenschaft als Sammler, Beförderer, Händler und Makler von Altbatterien im Rahmen der Durchführung des Batteriegesetzes (§ 1 Absatz 3 Satz 1 BattG),

4.2.5 ☐ auf Grund der Eigenschaft als Sammler, Beförderer, Händler und Makler von gefährlichen Abfällen, der im Rahmen wirtschaftlicher Unternehmen tätig ist (§ 12 Absatz 1 Nummer 1 AbfAEV),

4.2.6 ☐ auf Grund der Eigenschaft als Sammler, Beförderer, Händler und Makler von gefährlichen Abfällen, der solche Abfälle sammelt, befördert, mit diesen handelt oder diese makelt, die von einem Hersteller oder Vertreiber freiwillig oder auf Grund einer Rechtsverordnung zurückgenommen werden (§ 12 Absatz 1 Nummer 2 AbfAEV),

4.2.7 ☐ auf Grund der Eigenschaft als Sammler, Beförderer, Händler und Makler von Altfahrzeugen im Rahmen ihrer Überlassung nach § 4 Absatz 1 bis 3 der Altfahrzeug-Verordnung (§ 12 Absatz 1 Nummer 3 AbfAEV),

4.2.8 ☐ auf Grund der Eigenschaft als für die angezeigte Tätigkeit zertifizierter EMAS-Betrieb (§ 12 Absatz 1 Nummer 4 AbfAEV),

4.2.8.1 ☐ Registrierungsurkunde ist beigefügt

4.2.9 ☐ auf Grund der Eigenschaft als Sammler und Beförderer von gefährlichen Abfällen, der die Abfälle mittels Seeschiffen sammelt oder befördert (§ 12 Absatz 1 Nummer 5 AbfAEV),

4.2.10 ☐ auf Grund der Eigenschaft als Sammler und Beförderer von gefährlichen Abfällen, der im Rahmen von Paket-, Express- und Kurierdiensten Abfälle sammelt oder befördert (§ 12 Absatz 1 Nummer 6 AbfAEV).

Bitte verwenden Sie diese Schreibweise: A B C D E F G H I J K L M N O P Q R S T U V W X Y Z 1 2 3 4 5 6 7 8 9 0

5 Betriebsinhaber

5.1 Name | Vorname

5.2 Geburtsdatum | Geburtsort

Weiterer Betriebsinhaber (sofern vorhanden)

5.3 Name | Vorname

5.4 Geburtsdatum | Geburtsort

Für weitere Personen verwenden Sie bitte ein separates Beiblatt.

BARCODEFELD 75x15mm

6 Für die Leitung und Beaufsichtigung des Betriebes verantwortliche Person (sofern nicht mit dem Betriebsinhaber identisch)

6.1 Name | Vorname

6.2 Geburtsdatum | Geburtsort

Weitere für die Leitung und Beaufsichtigung des Betriebes verantwortliche Person (sofern vorhanden)

6.3 Name | Vorname

6.4 Geburtsdatum | Geburtsort

Für weitere Personen verwenden Sie bitte ein separates Beiblatt.

Abb. 30: AbfAEV, Anlage 2: Vordruck für die Anzeige, Seite 2

☐ Passer für EDV

Seite ③ von ④

Formblatt Anzeige nach § 53 KrWG

7 Frei für Vermerke des Anzeigenden (Angaben freiwillig)

7.1

8 Versicherung und Unterschrift

8.1 Es wird versichert, dass
- die Anzeige nach bestem Wissen ausgefüllt und unter dem unten genannten Datum an die zuständige Behörde übersandt wurde,
- bei der Tätigkeit des Sammelns, Beförderns, Handelns oder Makelns von Abfällen alle einschlägigen Vorschriften, insbesondere die Vorgaben des Kreislaufwirtschaftsgesetzes und der auf Grund dieses Gesetzes ergangenen Rechtsverordnungen, eingehalten werden,
- die Anforderungen an Sammler, Beförderer, Händler und Makler von Abfällen nach Abschnitt 2 der Anzeige- und Erlaubnisverordnung eingehalten werden.

8.2 Ort

Unterschrift

8.3 Datum (TT.MM.JJJJ)

Bitte verwenden Sie diese Schreibweise:

A	B	C	D	E	F	G	H	I	J	K	L	M	N	O	P	Q	R
S	T	U	V	W	X	Y	Z	1	2	3	4	5	6	7	8	9	Ø

BARCODEFELD 75x15mm

Abb. 30: AbfAEV, Anlage 2: Vordruck für die Anzeige, Seite 3

☐ Passer für EDV

Seite ④ von ④ — Formblatt Anzeige nach § 53 KrWG

9 Bestätigung des Eingangs der vollständigen Anzeige (von der Behörde auszufüllen)

Anzeigender

Bestätigende Behörde

Vorgangsnummer:

9.1 Hiermit wird der Eingang der vollständigen Anzeige bestätigt.

9.2 Es wird folgende Sammlernummer nach § 28 NachwV erteilt:

9.3 Es wird folgende Beförderernummer nach § 28 NachwV erteilt:

9.4 Es wird folgende Händlernummer nach § 28 NachwV erteilt:

9.5 Es wird folgende Maklernummer nach § 28 NachwV erteilt:

9.6 Frei für Vermerke der Behörde

9.7 Ort

Unterschrift

9.8 Datum (TT.MM.JJJJ)

Bitte verwenden Sie diese Schreibweise:
A B C D E F G H I J K L M N O P Q R
S T U V W X Y Z 1 2 3 4 5 6 7 8 9 Ø

BARCODEFELD 75x15mm

10 Hinweise

10.1 Je nach Landesrecht ist die behördliche Bestätigung des Eingangs der vollständigen Anzeige gebührenpflichtig. Ist dies der Fall, ergeht ein gesonderter Gebührenbescheid.

10.2 Sammler und Beförderer von Abfällen haben bei Ausübung ihrer Tätigkeit eine Kopie oder einen Ausdruck dieser von der Behörde bestätigten Anzeige mitzuführen, soweit sie nicht von der Mitführungspflicht befreit sind. Sofern die Behörde die Anzeige noch nicht bestätigt hat, ist dies von dem Anzeigenden auf der Kopie oder dem Ausdruck der Anzeige zu vermerken. In diesem Fall ist die mit dem Vermerk versehene Kopie oder der mit dem Vermerk versehene Ausdruck der Anzeige mitzuführen. Entsorgungsfachbetriebe haben zusätzlich eine Kopie des jeweils gültigen Zertifikats mitzuführen. EMAS-Betriebe haben zusätzlich eine Kopie der jeweils gültigen Registrierungsurkunde mitzuführen.

10.3 Ändern sich wesentliche Angaben, so ist die Anzeige erneut zu erstatten. Wesentliche Angaben sind die Felder 1.1 bis 1.4 und 2 bis 6.

Abb. 30: AbfAEV, Anlage 2: Vordruck für die Anzeige, Seite 4

Entsorgungsfachbetriebe, die nach § 54 Absatz 3 Nummer 2 KrWG von der Erlaubnispflicht ausgenommen sind, haben der Anzeige das aktuell gültige Zertifikat beizufügen (siehe Kap. 1.1.17 Entsorgungsfachbetriebe).

Sammler, Beförderer, Händler und Makler von gefährlichen Abfällen, die einen Standort des Gemeinschaftssystems für das Umweltmanagement und die Umweltbetriebsprüfung (EMAS) betreiben, haben der Anzeige die aktuell gültige Registrierungsurkunde beizufügen. Folgezertifikate und Folgeregistrierungsurkunden sind der zuständigen Behörde unaufgefordert vorzulegen (§ 7 Absatz 1 AbfAEV).

Nach Eingang der Anzeige überprüft die zuständige Behörde deren Vollständigkeit. Die Behörde vergibt eine Kennnummer entsprechend § 28 NachwV. Sofern die Anzeige unvollständig ist, fordert die Behörde den Anzeigenden unverzüglich nach Eingang der Anzeige auf, die Angaben zu ergänzen.

Die Bestätigung des Eingangs der vollständigen Anzeige erfolgt durch Übersendung des ausgefüllten und unterschriebenen Anzeigevordrucks nach Anlage 2 AbfAEV an den Anzeigenden.

Ändern sich wesentliche Angaben, ist die Anzeige vom Anzeigepflichtigen unaufgefordert erneut zu erstatten.

Soweit Hersteller oder Vertreiber aufgrund einer Rechtsverordnung nach § 25 KrWG nicht gefährliche Abfälle als im Rahmen wirtschaftlicher Unternehmen tätige Sammler, Beförderer, Händler und Makler von Abfällen zurücknehmen, sind sie von der Anzeigepflicht ausgenommen. Das gilt auch für Sammler und Beförderer, die Abfälle im Rahmen wirtschaftlicher Unternehmen, aber nicht gewöhnlich und nicht regelmäßig, sammeln oder befördern.

Das Sammeln oder Befördern erfolgt „gewöhnlich" und „regelmäßig", wenn die Summe der während eines Kalenderjahres gesammelten oder beförderten Abfallmengen bei nicht gefährlichen Abfällen 20 Tonnen oder bei gefährlichen Abfällen zwei Tonnen übersteigt (§ 7 Absatz 9 AbfAEV).

§ 8 AbfAEV enthält Vorgaben zum elektronischen Anzeigeverfahren.

Erlaubnis für Sammler, Beförderer, Händler und Makler von gefährlichen Abfällen (§ 54 KrWG)

Eine Erlaubnis muss beantragt werden. Der Antrag auf Erteilung einer Erlaubnis zum Sammeln, Befördern, Handeln und Makeln von gefährlichen Abfällen ist schriftlich bei der zuständigen Behörde zu stellen. Anlage 3 der AbfAEV enthält den Vordruck:

☐ Passer für EDV

Seite ① von ③

Formblatt Antrag Erlaubnis nach § 54 KrWG

Antrag auf Erteilung einer Erlaubnis für Sammler, Beförderer, Händler und Makler von gefährlichen Abfällen

Zutreffendes bitte ankreuzen ☒ oder ausfüllen.

☐ Erstmaliger Antrag

☐ Änderungsantrag Vorgangsnummer (sofern von der Behörde erteilt) ______

1 Antragsteller (Hauptsitz des Betriebes)

1.1 Firma / Körperschaft

1.2 Straße Hausnr.

1.3 Bundesland (2-stellig) PLZ Ort

1.4 Staat (2-stellig)

1.5 Für Antragsteller, die keinen Hauptsitz im Inland haben: Ort der erstmaligen Sammler-, Beförderer-, Händler- oder Maklertätigkeit.
Bundesland (2-stellig) PLZ Ort

1.6 Telefon Telefax USt-Identnr.

1.7 Mobiltelefon E-Mail

2 Folgende abfallwirtschaftliche Tätigkeiten werden beantragt:

2.1 ☐ Sammeln. Sammler- oder Beförderernummer nach § 28 NachwV (sofern bereits erteilt)

2.2 ☐ Befördern. Beförderernummer nach § 28 NachwV (sofern bereits erteilt)

2.3 ☐ Handeln. Händlernummer nach § 28 NachwV (sofern bereits erteilt)

2.4 ☐ Makeln. Maklernummer nach § 28 NachwV (sofern bereits erteilt)

3 Folgende Unterlagen sind dem Antrag beigefügt bzw. bei der zuständigen Stelle angefordert:

3.1 ☐ die Gewerbeanmeldung,

3.2 ☐ ein Auszug aus dem Handels-, Vereins- oder Genossenschaftsregister, sofern eine Eintragung erfolgt ist,

3.3 ☐ eine firmenbezogene Auskunft aus dem Gewerbezentralregister (Belegart 9), sofern es sich bei dem Unternehmen um eine juristische Person oder Personenvereinigung handelt,

3.4 ☐ der Nachweis einer Betriebshaftpflichtversicherung und einer auf die jeweilige Tätigkeit bezogenen Umwelthaftpflichtversicherung, sofern solche Versicherungen vorhanden sind,

3.5 ☐ der Nachweis der Kraftfahrzeug-Haftpflichtversicherung bei Sammlern und Beförderern von Abfällen, die gefährliche Abfälle auf öffentlichen Straßen befördern.

Bitte verwenden Sie diese Schreibweise:
A B C D E F G H I J K L M N O P Q R
S T U V W X Y Z 1 2 3 4 5 6 7 8 9 Ø

BARCODEFELD 75x15mm

Abb. 31: AbfAEV, Anlage 3: Vordruck für den Antrag auf Erlaubnis, Seite 1

☐ Passer für EDV

Seite ② von ③

Formblatt Antrag Erlaubnis nach § 54 KrWG

4 Betriebsinhaber

4.1 Name / Vorname

4.2 Geburtsdatum / Geburtsort

4.3 Führungszeugnis (Belegart OG) Beantragt am: ☐ Wird unmittelbar an die Behörde übersandt.

4.4 Personenbezogene Auskunft aus dem Gewerbezentralregister (Belegart 9) Beantragt am: ☐ Wird unmittelbar an die Behörde übersandt.

4.5 Ein Nachweis der Fachkunde ist beigefügt (sofern der Betriebsinhaber selbst die Leitung und Beaufsichtigung des Betriebes wahrnimmt). ☐

Weiterer Betriebsinhaber (sofern vorhanden)

4.6 Name / Vorname

4.7 Geburtsdatum / Geburtsort

4.8 Führungszeugnis (Belegart OG) Beantragt am: ☐ Wird unmittelbar an die Behörde übersandt.

4.9 Personenbezogene Auskunft aus dem Gewerbezentralregister (Belegart 9) Beantragt am: ☐ Wird unmittelbar an die Behörde übersandt.

4.10 Ein Nachweis der Fachkunde ist beigefügt (sofern der Betriebsinhaber selbst die Leitung und Beaufsichtigung des Betriebes wahrnimmt). ☐

Für weitere Personen verwenden Sie bitte ein separates Beiblatt.

Bitte verwenden Sie diese Schreibweise: A B C D E F G H I J K L M N O P Q R S T U V W X Y Z 1 2 3 4 5 6 7 8 9 0

5 Für die Leitung und Beaufsichtigung des Betriebes verantwortliche Person (sofern nicht mit dem Betriebsinhaber identisch)

5.1 Name / Vorname

5.2 Geburtsdatum / Geburtsort

5.3 Führungszeugnis (Belegart OG) Beantragt am: ☐ Wird unmittelbar an die Behörde übersandt.

5.4 Personenbezogene Auskunft aus dem Gewerbezentralregister (Belegart 9) Beantragt am: ☐ Wird unmittelbar an die Behörde übersandt.

5.5 Ein Nachweis der Fachkunde ist beigefügt. ☐

Weitere für die Leitung und Beaufsichtigung des Betriebes verantwortliche Person (sofern vorhanden)

5.6 Name / Vorname

5.7 Geburtsdatum / Geburtsort

5.8 Führungszeugnis (Belegart OG) Beantragt am: ☐ Wird unmittelbar an die Behörde übersandt.

5.9 Personenbezogene Auskunft aus dem Gewerbezentralregister (Belegart 9) Beantragt am: ☐ Wird unmittelbar an die Behörde übersandt.

5.10 Ein Nachweis der Fachkunde ist beigefügt. ☐

Für weitere Personen verwenden Sie bitte ein separates Beiblatt.

BARCODEFELD 75x15mm

Abb. 31: AbfAEV, Anlage 3: Vordruck für den Antrag auf Erlaubnis, Seite 2

☐ Passer für EDV

Seite ③ von ③ **Formblatt Antrag Erlaubnis nach § 54 KrWG**

6 Frei für Vermerke des Anzeigenden (Angaben freiwillig)

6.1

Für weitere Vermerke verwenden Sie bitte ein separates Beiblatt.

7 Versicherung und Unterschrift

7.1 Es wird versichert, dass

- der Antrag nach bestem Wissen ausgefüllt wurde,
- bei der Tätigkeit des Sammelns, Beförderns, Handelns oder Makelns von Abfällen alle einschlägigen Vorschriften, insbesondere die Vorgaben des Kreislaufwirtschaftsgesetzes und der auf Grund dieses Gesetzes ergangenen Rechtsverordnungen, eingehalten werden.

7.2 Ort

Unterschrift

7.3 Datum (TT.MM.JJJJ)

Bitte verwenden Sie diese Schreibweise:

A	B	C	D	E	F	G	H	I	J	K	L	M	N	O	P	Q	R
S	T	U	V	W	X	Y	Z	1	2	3	4	5	6	7	8	9	Ø

BARCODEFELD 75x15mm

Abb. 31: AbfAEV, Anlage 3: Vordruck für den Antrag auf Erlaubnis, Seite 3

Dem Antrag sind folgende Unterlagen beizufügen (§ 9 Absatz 3 AbfAEV):

1. die Gewerbeanmeldung,
2. ein Auszug aus dem Handels-, Vereins- oder Genossenschaftsregister, sofern eine Eintragung erfolgt ist,
3. eine firmenbezogene Auskunft, Belegart 9, aus dem Gewerbezentralregister, sofern es sich bei dem Unternehmen um eine juristische Person oder Personenvereinigung handelt,
4. eine personenbezogene Auskunft, Belegart 9, aus dem Gewerbezentralregister für den Inhaber und die für die Leitung und Beaufsichtigung des Betriebes verantwortlichen Personen, sofern solche vorhanden sind,
5. ein Führungszeugnis, Belegart OG, des Inhabers und der für die Leitung und Beaufsichtigung des Betriebes verantwortlichen Personen, sofern solche vorhanden sind,
6. ein Nachweis über die Fachkunde des Inhabers, soweit er für Leitung des Betriebes verantwortlich ist, und der für die Leitung und Beaufsichtigung des Betriebes verantwortlichen Personen, sofern solche vorhanden sind,
7. der Nachweis einer Betriebshaftpflichtversicherung und einer auf die jeweilige Tätigkeit bezogenen Umwelthaftpflichtversicherung, sofern solche Versicherungen vorhanden sind, sowie
8. der Nachweis der Kraftfahrzeug-Haftpflichtversicherung bei Sammlern und Beförderern von Abfällen, die gefährliche Abfälle auf öffentlichen Straßen befördern.

Die Behörde überprüft die Vollständigkeit des Antrages. Sie stellt dem Antragsteller im Falle der Vollständigkeit unverzüglich eine Empfangsbestätigung aus (bei Unvollständigkeit erfolgt erst einmal eine entsprechende Mitteilung). Die Empfangsbestätigung hat folgende Angaben zu enthalten (§ 10 Absatz 1 AbfAEV):

1. das Datum des Eingangs des vollständigen Antrages,
2. einen Hinweis auf die Genehmigungsfiktion nach § 54 Absatz 6 Satz 2 KrWG in Verbindung mit § 42a Verwaltungsverfahrensgesetz (VwVfG),
3. das Datum des Beginns und des Endes der Frist für die Genehmigungsfiktion sowie
4. einen Hinweis auf mögliche Rechtsbehelfe im Zusammenhang mit der Erlaubnis.

§ 42a VwVfG findet Anwendung, sofern der Antragsteller Staatsangehöriger eines Mitgliedstaates der Europäischen Union oder eines anderen Vertragsstaates des Abkommens über den Europäischen Wirtschaftsraum ist oder als juristische Person in einem dieser Staaten seinen Sitz hat.

Die Erlaubnis wird schriftlich unter Verwendung des Vordrucks nach Anlage 4 AbfAEV und unter Vergabe einer Kennnummer entsprechend § 28 NachwV erteilt. Die Vergabe der Kennnummern ist Ländersache.

Passer für EDV

Seite ① von ②

Formblatt Erlaubnis nach § 54 KrWG

Erlaubnis für Sammler, Beförderer, Händler und Makler von gefährlichen Abfällen

Zutreffendes bitte ankreuzen ☒ oder ausfüllen.

Erlaubnisinhaber

Erlaubnis erteilende Behörde

Vorgangsnummer:

1. Erlaubniserteilung

Auf Grund des Antrags vom ______ (TT.MM.JJJJ) wird Ihnen gemäß § 54 Absatz 1 Satz 1 KrWG die Erlaubnis erteilt zum

1.1 Sammeln. ☐ Es wird folgende Sammlernummer nach § 28 NachwV erteilt:

1.2 Befördern. ☐ Es wird folgende Beförderernummer nach § 28 NachwV erteilt:

1.3 Handeln. ☐ Es wird folgende Händlernummer nach § 28 NachwV erteilt:

1.4 Makeln. ☐ Es wird folgende Maklernummer nach § 28 NachwV erteilt:

2. Beschränkungen und Nebenbestimmungen

3. Kostenentscheidung

Bitte verwenden Sie diese Schreibweise:

A B C D E F G H I J K L M N O P Q R
S T U V W X Y Z 1 2 3 4 5 6 7 8 9 Ø

BARCODEFELD 75x15mm

Abb. 32: AbfAEV, Anlage 4: Vordruck für die Erlaubnis, Seite 1

□ Passer für EDV

Seite ② von ②

Formblatt Erlaubnis nach § 54 KrWG

4. Rechtsbehelfsbelehrung

5. Hinweise

5.1 Sammler und Beförderer von gefährlichen Abfällen haben bei Ausübung ihrer Tätigkeit eine Kopie oder einen Ausdruck dieser Erlaubnis mitzuführen.

5.2 Ändern sich wesentliche Angaben, so ist die Erlaubnis erneut zu beantragen.
Wesentliche Angaben sind die Felder 1.1 bis 1.4, 2, 4.1, 4.2, 4.6 und 4.7.

5.3 Ändern sich die im Antrag in Feld 5 angegebenen für die Leitung und Beaufsichtigung des Betriebes verantwortlichen Personen, ist dies der Behörde unverzüglich anzuzeigen.

5.4 Frei für Hinweise der Behörde

Bitte verwenden Sie diese Schreibweise:

A	B	C	D	E	F	G	H	I	J	K	L	M	N	O	P	Q	R
S	T	U	V	W	X	Y	Z	1	2	3	4	5	6	7	8	9	Ø

Ort

Unterschrift

Datum (TT.MM.JJJJ)

BARCODEFELD 75x15mm

Abb. 32: AbfAEV, Anlage 4: Vordruck für die Erlaubnis, Seite 2

Ändern sich wesentliche Umstände, die der Erlaubnis zugrunde liegen, ist eine neue Erlaubnis erforderlich (§ 10 Absatz 6 AbfAEV).

Ändern sich die im Antrag angegebenen, mit der Leitung und Beaufsichtigung des Betriebes beauftragten Personen, ist dies der Behörde unaufgefordert anzuzeigen (§ 10 Absatz 6 AbfAEV).

Zur elektronischen Stellung des Erlaubnisantrages stellen die Länder ein bundesweit einheitliches informationstechnisches System bereit, in dem der Vordruck nach Anlage 3 in elektronischer Form vorgehalten wird und für den Antragsteller die Möglichkeit geschaffen wird, die Unterlagen nach § 9 Absatz 3 Satz 1 AbfAEV beizufügen (§ 11 Absatz 1 AbfAEV). Der Erlaubnisantrag hat den Vorgaben an die elektronische Form nach § 3a Absatz 2 des Verwaltungsverfahrensgesetzes zu entsprechen.

Mitführungspflicht (§ 13 AbfAEV in der ab 1. Mai 2024 gültigen Form)

- Soweit die Tätigkeit anzeigepflichtig ist, haben Sammler und Beförderer von Abfällen bei Ausübung ihrer Tätigkeit eine Kopie und im Falle einer elektronischen Anzeige einen Ausdruck der von der Behörde bestätigten **Anzeige** mitzuführen.
- Als Entsorgungsfachbetriebe zertifizierte Sammler und Beförderer von gefährlichen Abfällen, die nach § 54 Absatz 3 Nummer 2 KrWG von der Erlaubnispflicht nach § 54 Absatz 1 Satz 1 KrWG ausgenommen sind, haben das aktuell gültige Zertifikat nach § 56 Absatz 3 KrWG elektronisch oder als Ausdruck mitzuführen.
- Sammler und Beförderer von gefährlichen Abfällen, die einen EMAS-Standort betreiben und von der Erlaubnispflicht ausgenommen sind, haben eine Kopie der aktuell gültigen Registrierungsurkunde mitzuführen.
- Soweit die Tätigkeit erlaubnispflichtig ist, haben Sammler und Beförderer von gefährlichen Abfällen eine Kopie oder einen Ausdruck der **Erlaubnis** mitzuführen. Die Mitführungspflicht gilt auch bei der Beförderung von nicht gefährlichen Abfällen.

1.1.14 Kennzeichnung der Fahrzeuge

§ 55 KrWG

Sammler und Beförderer haben Fahrzeuge, mit denen sie Abfälle in Ausübung ihrer Tätigkeit auf öffentlichen Straßen befördern, vor Antritt der Fahrt mit zwei rückstrahlenden weißen Warntafeln gemäß Satz 3 zu versehen (A-Schilder). Satz 1 gilt nicht für Sammler und Beförderer, die im Rahmen wirtschaftlicher Unternehmen Abfälle sammeln oder befördern. Hinsichtlich der Anforderungen an die Kennzeichnung der Fahrzeuge gilt § 10 des Abfallverbringungsgesetzes vom 19. Juli 2007 (BGBl. I S. 1462) in der jeweils geltenden Fassung entsprechend.

Rechtsvorschriften, die aus Gründen der Sicherheit im Zusammenhang mit der Beförderung gefährlicher Güter erlassen sind, bleiben unberührt.

- Mit „Abfällen" sind sowohl „gefährliche" Abfälle, als auch solche, die nicht als „gefährlich" ausgewiesen sind, gemeint.
- „Gewerbsmäßige" Abfalleinsammler und Abfallbeförderer sind Unternehmen, deren Unternehmenszweck ganz oder teilweise im entgeltlichen Sammeln oder Befördern von Abfällen für Dritte besteht. Das gewerbsmäßige Sammeln oder Befördern von Abfällen für Dritte setzt eine auf Dauer angelegte selbstständige Tätigkeit voraus, die auf die Erzielung von Gewinn durch Sammeln und Befördern gerichtet ist.

- Wer im Rahmen einer wirtschaftlichen Tätigkeit – die **nicht** die Erzielung von Gewinn aus dem Sammeln und Befördern von Abfall einschließt – Abfälle einsammelt und befördert, unterliegt nicht der Kennzeichnungspflicht (siehe auch § 10 Absatz 2 AbfVerbrG). Das typische Beispiel ist der Handwerksbetrieb, der vor Ort ausgebautes Material und angefallene Abfälle wie Bruch, leere ungereinigte Verpackungen u. a. zur späteren Entsorgung abfährt.
- Handelt es sich bei dem zu befördernden Gut um einen gefährlichen Abfall, der sich – nach Anwendung der Klassifizierungsvorschriften des Gefahrgutrechts für den Straßentransport (ADR) – als Gefahrgut erweist, ist das Fahrzeug mit den A-Schildern **und** den orangefarbenen Warntafeln gemäß ADR zu versehen. Beide Rechtsbereiche – Abfallrecht und Gefahrgutrecht – müssen unabhängig voneinander angewendet werden!
- Da die A-Schildpflicht nach § 55 Abs. 1 Satz 1 KrWG an die Sammler- bzw. Beförderereigenschaft gebunden ist, sind öffentlich-rechtliche Entsorgungsträger nicht verpflichtet, ihre Fahrzeuge entsprechend zu kennzeichnen; für die vom öffentlich-rechtlichen Entsorgungsträger beauftragten Dritten gilt die Kennzeichnungspflicht uneingeschränkt. (Vollzugshinweise des Bundesumweltministeriums zu den §§ 53 bis 55 des neuen Kreislaufwirtschaftsgesetzes (KrWG) vom 18. Mai 2012)
- Da die A-Schild-Pflicht nicht an die Beförderungserlaubnis gebunden ist, ist die bisherige Ausnahme für Entsorgungsfachbetriebe (vgl. § 51 Abs. 1 KrW-/AbfG) weggefallen. Soweit Entsorgungsfachbetriebe Abfälle auf öffentlichen Straßen befördern, müssen deren Fahrzeuge seit dem 1. Juni 2012 eine entsprechende Beschilderung (A-Schild) aufweisen (Vollzugshinweise des Bundesumweltministeriums zu den §§ 53 bis 55 des neuen Kreislaufwirtschaftsgesetzes (KrWG) vom 18. Mai 2012).

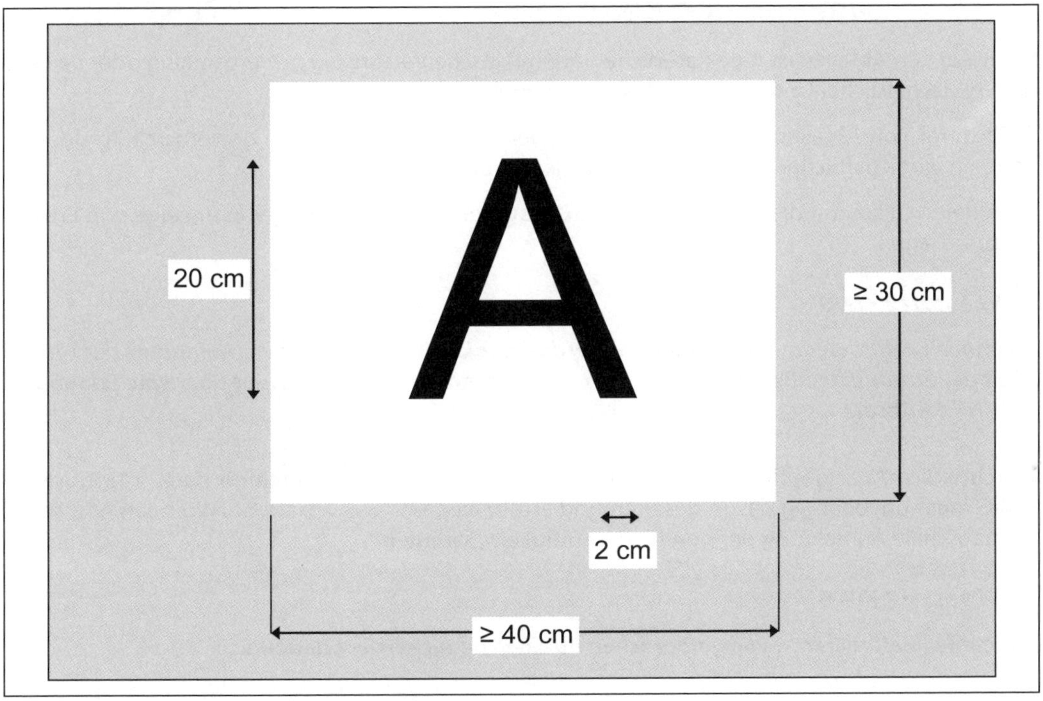

Abb. 33: Kennzeichnung von Fahrzeugen nach Abfallrecht

- Die Bundesregierung wird in § 55 KrWG ermächtigt, in einer Rechtsverordnung nach § 53 Absatz 6 oder § 54 Absatz 7 KrWG Ausnahmen von der Kennzeichnungspflicht nach Absatz 1 Satz 1 vorzusehen. Dies ist in § 13a AbfAEV gemacht worden (siehe auch § 10 AbfVerbrG):
  Die zuständige Behörde kann Sammler und Beförderer von der Pflicht nach § 55 Absatz 1 KrWG und § 10 Absatz 1 AbfVerbrG, Fahrzeuge vor Antritt der Fahrt mit Warntafeln zu versehen, ganz oder teilweise freistellen, wenn
  1. eine Anbringung der Warntafeln technisch nicht möglich ist oder
  2. eine Kennzeichnung aus Gründen des Wohls der Allgemeinheit nicht erforderlich ist.

  Die zuständige Behörde kann eine andere geeignete Kennzeichnung der Fahrzeuge verlangen.

§ 10 AbfVerbrG liefert die Details:

- Beförderer und den Transport unmittelbar durchführende Personen (Fahrzeugführer) haben Fahrzeuge, mit denen sie Abfälle auf öffentlichen Straßen befördern, vor Antritt der Fahrt mit zwei rechteckigen, rückstrahlenden, weißen Warntafeln von mindestens 40 Zentimetern Breite und mindestens 30 Zentimetern Höhe zu versehen.
- Die Warntafeln müssen in schwarzer Farbe die Aufschrift „A" (Buchstabenhöhe 20 Zentimeter, Schriftstärke 2 Zentimeter) tragen.
- Die Warntafeln müssen während der Beförderung außen am Fahrzeug deutlich sichtbar angebracht sein, und zwar vorn und hinten. Bei Zügen muss die hintere Tafel an der Rückseite des Anhängers angebracht sein. (Beachte hierzu den im Gefahrgutrecht bzgl. der orangefarbenen Warntafeln benutzten Begriff „Beförderungseinheit".)

1.1.15 Sammler und Beförderer

Sammler von Abfällen ist jede natürliche oder juristische Person, die gewerbsmäßig oder im Rahmen wirtschaftlicher Unternehmen Abfälle sammelt.

Beförderer von Abfällen ist jede natürliche oder juristische Person, die gewerbsmäßig oder im Rahmen wirtschaftlicher Unternehmen Abfälle befördert.

Im Folgenden kommt die mit der **AbfAEV** ausgestaltete Unterscheidung von Anzeige und Erlaubnis zum Tragen:

§ 53 Absatz 1 KrWG

Sammler, Beförderer ... von Abfällen haben die Tätigkeit ihres Betriebes vor Aufnahme der Tätigkeit der zuständigen Behörde anzuzeigen, es sei denn, der Betrieb verfügt über eine Erlaubnis nach § 54 Absatz 1.

Beachte: Die Anzeigepflicht vor Aufnahme einer gewerblichen Sammlung nach § 18 Absatz 1 KrWG muss unabhängig davon gesehen und erfüllt werden. § 53 Absatz 1 KrWG bestimmt somit die pauschale Anmeldung der beruflichen Tätigkeit „Sammeln".

§ 54 Absatz 1 KrWG

Sammler, Beförderer ... von gefährlichen Abfällen bedürfen der Erlaubnis.

Somit besteht für das Sammeln und Befördern gefährlicher Abfälle die Notwendigkeit, einen Antrag auf eine einschlägige Erlaubnis zu stellen. Daran schließt sich das in der AbfAEV ausgearbeitete Prozedere an.

Bei allen anderen Abfällen **kann** dieses Prozedere als Folge der unvermeidlichen Anzeige notwendig werden (per behördlicher Anordnung), muss es aber nicht.

Von der Erlaubnispflicht ausgenommen sind

1. öffentlich-rechtliche Entsorgungsträger sowie
2. Entsorgungsfachbetriebe im Sinne von § 56 KrWG, soweit sie für die erlaubnispflichtige Tätigkeit zertifiziert sind.

Beachte § 13 AbfAEV: Mitführungspflichten für einschlägige Dokumente. Die Ermächtigung, dies in einer Rechtsverordnung festzuschreiben, findet sich in § 53 Absatz 6 Nr. 5 KrWG.

1.1.16 Händler und Makler

Das KrW-/AbfG verwendete den Begriff „Vermittlungsgeschäfte“: die gewerbsmäßige Vermittlung von Abfallverbringungen für Dritte, ohne selbst im Besitz der Abfälle zu sein.

Das **KrWG** unterscheidet dagegen „Makler“ und „Händler“:

Händler von Abfällen ist jede natürliche oder juristische Person, die gewerbsmäßig oder im Rahmen wirtschaftlicher Unternehmen, das heißt, aus Anlass einer anderweitigen gewerblichen oder wirtschaftlichen Tätigkeit, die nicht auf das Handeln mit Abfällen gerichtet ist, oder öffentlicher Einrichtungen in eigener Verantwortung Abfälle erwirbt und weiterveräußert; die Erlangung der tatsächlichen Sachherrschaft über die Abfälle ist hierfür nicht erforderlich (§ 3 Absatz 12 KrWG).

Für die Händlerdefinition ist entscheidend, dass der Händler die Abfälle ohne Änderung ihrer Natur weitergibt, also nicht zum Zweiterzeuger von Abfällen im Sinne des § 3 Absatz 8 Nummer 2 KrWG wird. Folglich kann der Betreiber einer Vorbehandlungsanlage, der außer der Vorbehandlung der Abfälle auch die weitere Entsorgung der Abfälle nach Abschluss der Vorbehandlung eigenverantwortlich übernimmt, kein Händler von Abfällen sein. Beförderer sind zugleich auch Händler von Abfällen, wenn sie die Abfälle nicht nur befördern, sondern in eigener Verantwortung weiterveräußern (Vollzugshinweise des Bundesumweltministeriums zu den §§ 53 bis 55 des neuen Kreislaufwirtschaftsgesetzes (KrWG) vom 18. Mai 2012; siehe auch Vollzugshilfe vom 29. Januar 2014).

Makler von Abfällen ist jede natürliche oder juristische Person, die gewerbsmäßig oder im Rahmen wirtschaftlicher Unternehmen, das heißt, aus Anlass einer anderweitigen gewerblichen oder wirtschaftlichen Tätigkeit, die nicht auf das Makeln von Abfällen gerichtet ist, oder öffentlicher Einrichtungen für die Bewirtschaftung von Abfällen für Dritte sorgt; die Erlangung der tatsächlichen Sachherrschaft über die Abfälle ist hierfür nicht erforderlich (§ 3 Absatz 13 KrWG).

Der Begriff **„sorgen für“** im Sinne der Legaldefinition des § 3 Absatz 13 KrWG ist gleichbedeutend mit dem Begriff **„vermitteln“** des bisherigen § 50 Absatz 1 Satz 1 KrW-/AbfG und bringt zum Ausdruck, dass durch die Tätigkeit des Maklers für Dritte die jeweiligen Abfallbewirtschaftungsmaßnahmen ermöglicht und gefördert werden. Makler ist derjenige, der Nachfrager und Anbieter von Abfallbewirtschaftungsmaßnahmen zu einem nur zwischen diesen Personen abgeschlossenen Vertrag zusammenführt (Vollzugshinweise des Bundesumweltministeriums zu den §§ 53 bis 55 des neuen Kreislaufwirtschaftsgesetzes (KrWG) vom 18. Mai 2012; siehe auch Vollzugshilfe vom 29. Januar 2014).

Die **Registerführung durch Händler und Makler** ist in § 25a NachwV gesondert geregelt:

Die **Händler** registrieren die von ihnen erworbenen Abfälle, indem sie für jede Abfallart ein eigenes Verzeichnis erstellen, in welchem sie

1. als Überschrift den Abfallschlüssel dieser Abfallart laut Abfallverzeichnis-Verordnung, den Firmennamen und die Anschrift und (soweit vorhanden) die Händlernummer angeben und
2. unterhalb dieser Angaben fortlaufend für jede erworbene Abfallcharge spätestens zehn Kalendertage nach ihrem Erwerb ihre Menge, das Datum ihres Erwerbs und den Namen und die Anschrift der Person, von der die Abfälle erworben wurden, angeben und diese Angaben unterschreiben.

Die **Händler** registrieren ferner die von ihnen veräußerten Abfälle, indem sie für jede Abfallart ein eigenes Verzeichnis erstellen, in welchem sie

1. als Überschrift die in Satz 1 Nummer 1 aufgeführten Angaben angeben und
2. unterhalb dieser Angaben fortlaufend für jede Abfallcharge spätestens zehn Kalendertage nach ihrer Veräußerung ihre Menge, das Datum ihrer Veräußerung und den Namen und die Anschrift der Person, an die die Abfälle veräußert wurden, angeben und diese Angaben unterschreiben.

Die **Makler** von Abfällen registrieren in zeitlicher Reihenfolge jeden vermittelten Vertragsabschluss über die Bewirtschaftung von Abfällen und geben dabei das Datum des Vertragsabschlusses an. Spätestens zehn Kalendertage nach Abschluss verzeichnen sie zu jedem registrierten Vertrag:

1. die Vertragsparteien mit Namen und Anschrift,
2. die Art, den Umfang und die voraussichtliche Dauer der vermittelten Bewirtschaftungstätigkeit sowie
3. die Art und die Beschaffenheit der Abfälle unter Angabe des Abfallschlüssels, auf die sich die vermittelte Bewirtschaftungstätigkeit bezieht.

Die Richtigkeit der in das Register eingestellten Angaben hat der Makler durch Unterschrift zu bestätigen.

Die Verpflichteten haben die in das Register eingestellten Angaben drei Jahre, jeweils vom Datum der Einstellung in das Register an gerechnet, in dem Register zu belassen. Anschließend sind die Daten unverzüglich beziehungsweise im Falle der Speicherung in elektronischer Form automatisiert zu löschen.

1.1.17 Entsorgungsfachbetriebe

Das KrWG enthält zum Thema die folgenden Ausführungen:

Entsorgungsfachbetrieb (siehe § 56 Absatz 2 KrWG) ist ein Betrieb, der

1. gewerbsmäßig oder im Rahmen wirtschaftlicher Unternehmen oder öffentlicher Einrichtungen Abfälle sammelt, befördert, lagert, behandelt, verwertet, beseitigt, mit diesen handelt oder makelt und

2. in Bezug auf eine oder mehrere der oben genannten Tätigkeiten durch eine Technische Überwachungsorganisation oder eine Entsorgergemeinschaft als Entsorgungsfachbetrieb zertifiziert ist.

Eine **Technische Überwachungsorganisation** (siehe § 56 Absatz 5 KrWG) ist ein rechtsfähiger Zusammenschluss mehrerer Sachverständiger, deren Sachverständigentätigkeit auf dauernde Zusammenarbeit angelegt ist. Eine **Entsorgergemeinschaft** (siehe § 56 Absatz 6 KrWG) ist ein rechtsfähiger Zusammenschluss von Entsorgungsfachbetrieben im Sinne des § 56 Absatz 2 KrWG.

§ 56 Absatz 1 KrWG

Entsorgungsfachbetriebe wirken an der Förderung der Kreislaufwirtschaft und der Sicherstellung des Schutzes von Mensch und Umwelt bei der Erzeugung und Bewirtschaftung von Abfällen nach Maßgabe der hierfür geltenden Rechtsvorschriften mit.

An den Entsorgungsfachbetrieb werden **Qualifikationsanforderungen** gestellt (§ 56 Absatz 3 KrWG, Ausführung dazu siehe Seite 212 ff.). Die Erfüllung dieser Anforderungen ist die Voraussetzung der Gewährung von **Erleichterungen** (Privilegien):

- Ist der Erzeuger, Besitzer, Sammler, Beförderer, Händler, Makler oder Entsorger von Abfällen Entsorgungsfachbetrieb im Sinne des § 56 KrWG oder auditierter Unternehmensstandort im Sinne des § 61 KrWG, hat die zuständige Behörde dies bei Anordnungen nach § 51 Absatz 1 KrWG, insbesondere auch im Hinblick auf mögliche Beschränkungen des Umfangs oder des Inhalts der Nachweispflicht, zu berücksichtigen. Dies umfasst vor allem die Berücksichtigung der vom Umweltgutachter geprüften und im Rahmen der Teilnahme an dem Gemeinschaftssystem für das Umweltmanagement und die Umweltbetriebsprüfung (EMAS) erstellten Unterlagen (§ 51 Absatz 2 KrWG).
- Entsorgungsfachbetriebe sind von der Erlaubnispflicht nach § 54 Absatz 1 Satz 1 ausgenommen, soweit sie für die erlaubnispflichtige Tätigkeit zertifiziert sind (§ 54 Absatz 3 KrWG).
- Durch Rechtsverordnung nach § 61 Absatz 1 KrWG können unter den dort genannten Voraussetzungen Erleichterungen im Genehmigungsverfahren sowie überwachungsrechtliche Erleichterungen für Entsorgungsfachbetriebe gewährt werden:

§ 61 Absatz 1 KrWG

Die Bundesregierung wird ermächtigt, zur Förderung der privaten Eigenverantwortung für Standorte des Gemeinschaftssystems für das Umweltmanagement und die Umweltbetriebsprüfung (EMAS) durch Rechtsverordnung mit Zustimmung des Bundesrates Erleichterungen zum Inhalt der Antragsunterlagen in abfallrechtlichen Verfahren sowie überwachungsrechtliche Erleichterungen vorzusehen, soweit die entsprechenden Anforderungen der Verordnung (EG) Nr. 1221/2009 des Europäischen Parlaments und des Rates vom 25. November 2009 über die freiwillige Teilnahme von Organisationen an einem Gemeinschaftssystem für Umweltmanagement und Umweltbetriebsprüfung und zur Aufhebung der Verordnung (EG) Nr. 761/2001 sowie der Beschlüsse der Kommission 2001/681/EG und 2006/193/EG (ABl. L 342 vom 22.12.2009, S. 1) gleichwertig mit den Anforderungen sind, die zur Überwachung und zu den Antragsunterlagen nach diesem Gesetz oder den auf Grund dieses Gesetzes erlassenen Rechtsverordnungen vorgesehen sind oder soweit die Gleichwertigkeit durch die Rechtsverordnung nach dieser Vorschrift sichergestellt wird.

Die Erwähnung der „freiwilligen Teilnahme von Organisationen an einem Gemeinschaftssystem für Umweltmanagement und Umweltbetriebsprüfung" (EMAS) (siehe oben und EMASPrivilegV) führt zur Frage: Was haben Entsorgungsfachbetriebe an Anforderungen zu erfüllen und Voraussetzungen nachzuweisen?

Entsorgungsfachbetriebe haben (§ 56 Absatz 3 KrWG)

1. die für die Sicherstellung ihrer Aufgaben erforderlichen Anforderungen an ihre Organisation, ihre personelle, gerätetechnische und sonstige Ausstattung, ihre Tätigkeit sowie die Zuverlässigkeit und Fach- und Sachkunde ihres Personals zu erfüllen und
2. die Erfüllung dieser Anforderungen gegenüber einer technischen Überwachungsorganisation oder einer Entsorgergemeinschaft auf der Grundlage einer mindestens jährlichen Überprüfung nachzuweisen.

§ 57 KrWG enthält eine detaillierte Ermächtigung zum Erlass einer einschlägigen Rechtsverordnung.

Die Erteilung des **Zertifikats** als Voraussetzung für die Aufnahme einschlägiger Tätigkeiten – das Zertifikat gilt nur für die jeweils zertifizierte Tätigkeit! – ist wie folgt geregelt (§ 56 Absatz 5 und 6 KrWG):

- Die Erteilung des Zertifikats (und der Berechtigung zum Führen des Überwachungszeichens) durch die Technische Überwachungsorganisation erfolgt auf der Grundlage eines Überwachungsvertrags, der insbesondere die Anforderungen an den Betrieb und seine Überwachung sowie an die Erteilung und den Entzug des Zertifikats (und der Berechtigung zum Führen des Überwachungszeichens) festlegt. Der Überwachungsvertrag bedarf der Zustimmung der zuständigen Behörde.
- Die Erteilung des Zertifikats (und der Berechtigung zum Führen des Überwachungszeichens) durch die Entsorgergemeinschaft erfolgt auf der Grundlage einer Satzung oder sonstigen Regelung, die insbesondere die Anforderungen an die zu zertifizierenden Betriebe und ihre Überwachung sowie an die Erteilung und den Entzug des Zertifikats (und der Berechtigung zum Führen des Überwachungszeichens) festlegt.

Die Entsorgergemeinschaft – ein rechtsfähiger Zusammenschluss von Entsorgungsfachbetrieben – **bedarf der Anerkennung der für die Abfallwirtschaft zuständigen Behörde** (§ 56 Absatz 6 KrWG).

Soweit das KrWG zum Thema „Entsorgungsfachbetriebe". Zur weiteren Rechtsfindung muss die nachgeordnete einschlägige Verordnung herangezogen werden.

Verordnung über Entsorgungsfachbetriebe, technische Überwachungsorganisationen und Entsorgergemeinschaften (Entsorgungsfachbetriebeverordnung – EfbV) vom 2. Dezember 2016 (BGBl. I S. 2770), geändert am 8. Dezember 2022 (BGBl. I S. 2240)

Diese Verordnung regelt

- die Anforderungen an Entsorgungsfachbetriebe nach § 56 Absatz 2 KrWG und
- die Überwachung und Zertifizierung von Entsorgungsfachbetrieben durch Technische Überwachungsorganisationen nach § 56 Absatz 5 KrWG und durch Entsorgergemeinschaften nach § 56 Absatz 6 KrWG.

Die Anforderungen werden wie folgt differenziert:

- **Anforderungen an die Organisation, die Ausstattung und die Tätigkeit (Abschnitt 2 EfbV)**
  - Betriebsorganisation,
  - personelle, gerätetechnische und sonstige Ausstattung,
  - Betriebstagebuch,
  - Versicherungsschutz,
  - Durchführung der abfallwirtschaftlichen Tätigkeit.
- **Anforderungen an den Inhaber und die im Entsorgungsfachbetrieb beschäftigten Personen (Abschnitt 3 EfbV)**
  - Zuverlässigkeit des Inhabers und der für die Leitung und Beaufsichtigung des Betriebes verantwortlichen Personen,
  - Fachkunde des Inhabers und der für die Leitung und Beaufsichtigung des Betriebes verantwortlichen Personen,
  - Zuverlässigkeit und Sachkunde des sonstigen Personals.

Die in Abschnitt 3 genannten Personenkreise werden in § 2 EfbV definiert:

Inhaber ist diejenige natürliche oder juristische Person oder Personenvereinigung, die den Entsorgungsfachbetrieb betreibt. Sofern es sich bei dem Inhaber um eine juristische Person oder Personenvereinigung handelt, kommt es für die Erfüllung der personenbezogenen Anforderungen dieser Verordnung an den Inhaber auf die nach Gesetz, Satzung oder Gesellschaftsvertrag zur Vertretung oder Geschäftsführung des Betriebes berechtigten Personen an.

Für die Leitung und Beaufsichtigung des Betriebes verantwortliche Personen sind diejenigen natürlichen Personen, die vom Inhaber mit der fachlichen Leitung, Überwachung und Kontrolle der vom Betrieb durchgeführten abfallwirtschaftlichen Tätigkeiten, insbesondere im Hinblick auf die Beachtung der hierfür geltenden Vorschriften und Anordnungen, beauftragt worden sind. Die Beauftragung setzt die Übertragung der für die in Satz 1 beschriebenen Aufgaben erforderlichen Entscheidungs- und Mitwirkungsbefugnisse voraus. Somit handelt es sich um Personen mit innerbetrieblicher Weisungsbefugnis.

Sonstiges Personal sind diejenigen Arbeitnehmerinnen und Arbeitnehmer und andere im Betrieb beschäftigten Personen, die bei der Ausführung der abfallwirtschaftlichen Tätigkeiten mitwirken. Sie haben in der Regel keinerlei Weisungsbefugnis.

Betriebsorganisation (§ 3 EfbV)

Es läuft auf die Forderung hinaus, eine den Abfällen und einschlägigen Tätigkeiten adäquate Betriebsorganisation zu schaffen, die festgeschrieben (d. h. dokumentiert) und somit nachvollziehbar ist. Sie muss so transparent sein, dass die erforderliche Überwachung und Kontrolle der abfallwirtschaftlichen Tätigkeiten (auch für Außenstehende) möglich sind. Für die im Betrieb durchgeführten abfallwirtschaftlichen Tätigkeiten sind die Verantwortung sowie die Entscheidungs- und Mitwirkungsbefugnisse eindeutig nachvollziehbar festzulegen. Hier sind auch die eventuell erforderlichen Betriebsbeauftragten gemäß einschlägigen Umwelt- und Gefahrgutvorschriften zu berücksichtigen. Und schließlich: Die Arbeitsabläufe für die im Betrieb durchgeführten abfallwirtschaftlichen Tätigkeiten sind schriftlich, elektronisch oder in gleich geeigneter Weise durch Arbeitsanweisungen festzulegen.

Die Betriebsorganisation muss natürlich flexibel bleiben. Änderungen müssen aber nachvollziehbar dokumentiert werden!

Personelle, gerätetechnische und sonstige Ausstattung (§ 4 EfbV)

Der Entsorgungsfachbetrieb hat für jeden zu zertifizierenden Standort mindestens eine für die Leitung und Beaufsichtigung des Betriebes verantwortliche Person zu bestellen, soweit der Inhaber nicht selbst für die Leitung und Beaufsichtigung des Betriebes verantwortlich ist.

Hat ein Entsorgungsfachbetrieb mehrere Standorte oder sind mehrere Entsorgungsfachbetriebe Teile des gleichen Betriebes, kann abweichend für diese eine gemeinsame für die Leitung und Beaufsichtigung verantwortliche Person bestellt werden, wenn hierdurch die sachgemäße Erfüllung der ihr obliegenden Aufgaben nicht beeinträchtigt wird. Dieses Prinzip ist auch auf die eventuell notwendige Bestellung eines Abfall- und Gefahrgutbeauftragten anwendbar.

Der Nachweis der ausreichenden Personalstärke erfolgt auf der Grundlage eines Einsatzplanes, der schriftlich, elektronisch oder in gleich geeigneter Weise zu erstellen ist. Bei der Erstellung des Einsatzplanes sind übliche Ausfälle einzelner Personen durch Urlaub, Krankheit und Fortbildungsmaßnahmen zu berücksichtigen.

Die personelle Ausstattung gehört im Grunde zur Planung und Aufrechterhaltung der Betriebsorganisation.

Der Entsorgungsfachbetrieb hat an jedem zu zertifizierenden Standort und für jede zu zertifizierende Tätigkeit über die gerätetechnische Ausstattung und über die sonstigen Betriebsmittel zu verfügen, die zur fach- und sachgerechten Ausführung der abfallwirtschaftlichen Tätigkeit notwendig sind. Diese Anforderung wird – mit guten Gründen – nicht weiter detailliert.

Das **Betriebstagebuch** ist das Instrument zur Dokumentation des tatsächlichen Geschehens von Tag zu Tag (§ 5 EfbV):

Zum Nachweis einer fach- und sachgerechten Durchführung der abfallwirtschaftlichen Tätigkeiten hat der Entsorgungsfachbetrieb für jeden zu zertifizierenden Standort ein Betriebstagebuch zu führen. Das Betriebstagebuch hat alle Informationen zu enthalten, die für den Nachweis einer ordnungsgemäßen Bewirtschaftung der Abfälle wesentlich sind, insbesondere

1. Angaben über Art, Menge, Herkunft und Verbleib der gesammelten, beförderten, gelagerten, behandelten, verwerteten, beseitigten, gehandelten oder gemakelten Abfälle einschließlich einer Dokumentation der erbrachten Leistungen,
2. besondere Vorkommnisse, insbesondere Betriebsstörungen, die Auswirkungen auf die ordnungsgemäße Abfallbewirtschaftung haben können, einschließlich der möglichen Ursachen und der zur Abhilfe getroffenen Maßnahmen,
3. die Dokumentation einer fehlenden Übereinstimmung des gesammelten, beförderten, gelagerten, behandelten, verwerteten, beseitigten, gehandelten oder gemakelten Abfalls mit den Angaben des Abfallbesitzers oder -erzeugers sowie die Angabe der getroffenen Maßnahmen,
4. die Angabe der mit dem Vorgang des Sammelns, Beförderns, Lagerns, Behandelns, Verwertens, Beseitigens, Handelns oder Makelns beauftragten Person sowie im Fall der Beauftragung eines nicht zertifizierten Betriebes gemäß § 7 Absatz 3 EfbV die Angabe des jeweiligen Umfangs der Beauftragung und
5. bei Anlagen die Ergebnisse von anlagen- und stoffbezogenen Kontrolluntersuchungen einschließlich Funktionskontrollen im Rahmen der Eigen- und Fremdkontrollen.

Angesichts der genannten Anforderungen ist offensichtlich, dass es sich hier um eine aus Betreiber- und Behördensicht sehr bedeutsame fortlaufende **Dokumentation** handelt. Das Betriebstagebuch kann in Papierform oder elektronisch geführt werden, ist dokumentensicher anzulegen und vor unbefugtem Zugriff zu schützen. Es muss jederzeit an dem betroffenen Standort einsehbar sein. Die im Betriebstagebuch enthaltenen Informationen sind nach ihrem Eintrag fünf Jahre lang aufzubewahren.

Das Betriebstagebuch muss vom Inhaber, soweit er für die Leitung und Beaufsichtigung des Betriebes verantwortlich ist, oder von der für die Leitung und Beaufsichtigung des Betriebes verantwortlichen Person regelmäßig auf Richtigkeit und Vollständigkeit überprüft werden (diese Tätigkeit muss dokumentiert werden). Für die zuständige Behörde ist das Betriebstagebuch ein Instrument der „betrieblichen Eigenkontrolle", das jederzeit einer amtlichen Plausibilitätskontrolle unterzogen werden kann.

Versicherungsschutz (§ 6 EfbV)

Der Versicherungsschutz muss entsprechend den abfallwirtschaftlichen Tätigkeiten adäquat und ausreichend sein (hier wird lediglich auf eine von Betreiber und Versicherer durchzuführende „Risikoabschätzung" verwiesen). Es werden mehrere Versicherungsarten genannt:

1. bei Betrieben, die Abfälle lagern, behandeln, verwerten oder beseitigen, mit Abfällen handeln oder diese makeln, mindestens eine **Betriebshaftpflichtversicherung** und, sofern mit der Tätigkeit auch der Besitz dieser Abfälle verbunden ist, eine **Umwelthaftpflichtversicherung** sowie eine **Umweltschadenversicherung**,
2. bei Betrieben, die Abfälle sammeln oder befördern, mindestens eine **Kraftfahrzeug-Haftpflichtversicherung** einschließlich einer auf den Sammlungs- und Beförderungsvorgang bezogenen **Umwelthaftpflichtversicherung** sowie eine **Umweltschadenversicherung**.

Durchführung der abfallwirtschaftlichen Tätigkeit (§ 7 EfbV)

In Absatz 1 wird wieder ein mit der Betriebsorganisation verbundenes Thema angesprochen: die für die abfallwirtschaftliche Tätigkeit des Entsorgungsfachbetriebes erforderlichen behördlichen Entscheidungen, insbesondere Planfeststellungen, Genehmigungen, Zulassungen, Erlaubnisse und Bewilligungen, müssen vorliegen. Die Erfüllung der eventuell damit verbundenen Auflagen und sonstigen Anordnungen der zuständigen Behörden muss nachweisbar sein.

Eine besondere Problematik ist immer die **Beauftragung von „Dritten"**. Sie wird nicht ausgeschlossen oder eingeschränkt. Es darf aber nicht vergessen werden: Die einschlägige Qualifikation des Dritten ist hier der Knackpunkt, ebenso wie die Frage der Verantwortung (für was eigentlich?).

- Der Entsorgungsfachbetrieb darf im Rahmen der zertifizierten Tätigkeit einen Dritten nur beauftragen, wenn dieser hinsichtlich der übernommenen Tätigkeit ebenfalls als Entsorgungsfachbetrieb zertifiziert ist. Das muss der Beauftragende prüfen! Die Verantwortlichkeit des beauftragenden (!) Entsorgungsfachbetriebes für die ordnungsgemäße Durchführung der Tätigkeiten bleibt hiervon unberührt (§ 7 Absatz 2 EfbV).
- Der Entsorgungsfachbetrieb darf Dritte, die hinsichtlich ihrer jeweiligen Tätigkeiten nicht als Entsorgungsfachbetrieb zertifiziert sind, nur in einem insgesamt unerheblichen Umfang mit der Durchführung von zertifizierten Tätigkeiten beauftragen (§ 7 Absatz 3 EfbV).

Für den zweiten Fall wird im Absatz 3 eine „Checkliste" für den beauftragenden Entsorgungsfachbetrieb präsentiert:

- Der Dritte verfügt über die nötigen Genehmigungen etc. und garantiert die Einhaltung einschlägiger Vorschriften.
- Die Überwachung und Kontrolle der durchzuführenden Tätigkeit sind sichergestellt.
- Das eingesetzte Personal ist zuverlässig und sach- und fachkundig.
- Der Versicherungsschutz ist geklärt.
- Es ist vertraglich oder in anderer Weise verbindlich festgelegt, in welcher Weise die jeweilige Tätigkeit ausgeführt werden soll und wo die Abfälle verbleiben sollen.
- Der Beauftragende ist gegenüber dem Dritten vertraglich zu Weisungen hinsichtlich der Art und Weise der ordnungsgemäßen Durchführung der jeweiligen Tätigkeit berechtigt.
- Dem Beauftragenden werden vertraglich die Befugnisse zur Kontrolle der fach- und sachgerechten Durchführung der übertragenen Tätigkeiten eingeräumt.
- Der Dritte verpflichtet sich, Nachweise zu führen, die den in § 5 EfbV (Betriebstagebuch) vorgeschriebenen Nachweisen entsprechen, und dem Beauftragenden unaufgefordert eine Kopie dieser Nachweise zu überlassen.

Zuverlässigkeit (§ 8 EfbV)

Hier werden der Inhaber und die für die Leitung und Beaufsichtigung des Betriebes verantwortlichen Personen angesprochen:

Die erforderliche Zuverlässigkeit ist gegeben, wenn die betroffene Person auf Grund ihrer persönlichen Eigenschaften, ihres Verhaltens und ihrer Fähigkeiten zur ordnungsgemäßen Erfüllung der ihr obliegenden Aufgaben geeignet ist (§ 8 Absatz 1 EfbV).

Das ist schön formuliert, aber nicht handfest. Im folgenden Absatz 2 wird es besser:

Die erforderliche Zuverlässigkeit ist in der Regel nicht gegeben, wenn die betroffene Person wegen Verletzung von Vorschriften aus dem Strafrecht, dem Immissionsschutz-, Abfall-, Wasser-, Natur- und Landschaftsschutz-, Chemikalien-, Gentechnik- oder Atom- und Strahlenschutzrecht, dem Lebensmittel-, Arzneimittel-, Pflanzenschutz- oder Infektionsschutzrecht, dem Gewerbe-, Arbeitsschutz-, Transport- oder Gefahrgutrecht oder dem Betäubungsmittel-, Waffen- oder Sprengstoffrecht innerhalb der letzten fünf Jahre mit einer Geldbuße in Höhe von mehr als 2 500 Euro belegt oder zu einer Strafe verurteilt worden ist oder wiederholt oder grob pflichtwidrig gegen die genannten Vorschriften verstoßen hat. Diese Sachverhalte sind dokumentiert und amtlicherseits belegbar. In Absatz 3 wird dazu ausgeführt:

Zum Nachweis der Zuverlässigkeit sind der technischen Überwachungsorganisation oder der Entsorgergemeinschaft folgende Unterlagen vorzulegen:

Bei der erstmaligen und im Übrigen bei jeder dritten jährlichen Überprüfung nach § 56 Absatz 3 Satz 5 KrWG sowie bei einem Personalwechsel ein Führungszeugnis (Belegart N), eine personenbezogene Auskunft aus dem Gewerbezentralregister (Belegart 1) und eine firmenbezogene Auskunft aus dem Gewerbezentralregister (Belegart 1) sowie bei den jährlichen Überprüfungen (anders als oben genannt) nach § 56 Absatz 3 Satz 5 KrWG eine schriftliche Zuverlässigkeitserklärung.

Die Nachweise dürfen zum Zeitpunkt der Überprüfung durch die Technische Überwachungsorganisation oder die Entsorgergemeinschaft nicht älter als sechs Monate sein.

Das Problem „Nachweise aus einem anderen Mitgliedstaat der Europäischen Union oder einem anderen Vertragsstaat des Abkommens über den Europäischen Wirtschaftsraum" wird in § 8 Absatz 4 EfbV gelöst.

Was ist mit der Zuverlässigkeit des sonstigen Personals? Sie wurde nicht vergessen (§ 10 Absatz 1 EfbV): Das sonstige Personal muss zuverlässig sein. § 8 Absatz 1 Satz 2 EfbV („Die erforderliche Zuverlässigkeit ist gegeben, wenn die betroffene Person auf Grund ihrer … geeignet ist.") ist entsprechend anzuwenden.

Fach- und Sachkunde (§§ 9 und 10 EfbV)

„Erstausbildung"	
Leitungs-/Beaufsichtigungspersonal	**Sonstiges Personal**
Fachkunde (§ 9 EfbV)	**Sachkunde (§ 10 EfbV)**
Die Fachkunde besteht aus 3 Elementen: 1. abgeschlossenes Hochschul- oder Fachhochschulstudium mit fachlichem Bezug zu den Betriebsvorgängen **oder** einschlägige kaufmännische oder technische Fachschul- oder Berufsausbildung **oder** einschlägige Meisterqualifikation 2. zweijährige praktische Tätigkeit (einschlägige abfallwirtschaftliche Aufgaben!) 3. Teilnahme an einem oder mehreren von der zuständigen Behörde anerkannten Lehrgängen (zum Inhalt siehe Ausführungen unten)	Die erforderliche Sachkunde ist gegeben, wenn die betroffene Person auf der Grundlage eines schriftlich oder elektronisch erstellten Einarbeitungsplanes betrieblich eingearbeitet worden ist und über den für die jeweilige Tätigkeit notwendigen aktuellen Wissensstand verfügt.
Die in Nummer 1 und 2 genannten Anforderungen an die Fachkunde sind erfüllt, wenn die betroffene Person 1. vor dem 1. Juni 2017 als für die Leitung und Beaufsichtigung des Betriebes verantwortliche Person tätig war, und 2. die Voraussetzungen des § 9 Absatz 2 bis 5 der bis zum 1. Juni 2017 geltenden Entsorgungsfachbetriebeverordnung erfüllt. Das Lehrgangsgebot bleibt für diesen Personenkreis bestehen.	

Fortbildung	
Leitungs-/Beaufsichtigungspersonal	**Sonstiges Personal**
Fachkunde (§ 9 EfbV)	**Sachkunde (§ 10 EfbV)**
Der Inhaber, soweit er für die Leitung und Beaufsichtigung des Betriebes verantwortlich ist, und die für die Leitung und Beaufsichtigung des Betriebes verantwortlichen Personen müssen durch geeignete Fortbildung über den für ihre Tätigkeit notwendigen aktuellen Wissensstand verfügen. **Dazu haben sie regelmäßig, mindestens alle zwei Jahre, an von der zuständigen Behörde anerkannten Lehrgängen teilzunehmen, in denen Kenntnisse entsprechend der Anlage 1 der EfbV vermittelt werden.**	Den Fortbildungsbedarf des sonstigen Personals ermitteln der Inhaber, soweit er für die Leitung und Beaufsichtigung des Betriebes verantwortlich ist, oder die für die Leitung und Beaufsichtigung des Betriebes verantwortlichen Personen.

Zum Nachweis der Fachkunde sind der Technischen Überwachungsorganisation oder der Entsorgergemeinschaft bei der erstmaligen Überprüfung und bei einem Personalwechsel (betrifft Leitungs-/Beaufsichtigungspersonal) einschlägige Nachweise vorzulegen (siehe § 9 Absatz 4 EfbV). Das Problem „Nachweise aus einem anderen Mitgliedstaat der Europäischen Union oder einem anderen Vertragsstaat des Abkommens über den Europäischen Wirtschaftsraum" wird hier nicht vergessen: siehe § 9 Absatz 5 EfbV.

Lehrgänge gemäß § 9 Absatz 1 Nummer 3 EfbV

Die EfbV gibt in Anlage 1 einen Katalog von Inhalten vor. Hier die Gliederung des Lehrgangsinhalts (z. T. wird mit Unterpunkten detailliert):

1. Kreislaufwirtschaftsgesetz (KrWG),
2. auf der Basis des KrWG ergangene Rechtsverordnungen,
3. weitere abfallrechtliche Gesetze (insbesondere das ElektroG, das BattG, das VerpackG),
4. Abfallverbringung,
5. abfallwirtschaftlich einschlägige EU-rechtliche Grundlagen,
6. abfallwirtschaftlich einschlägige inter- und supranationale Übereinkommen,
7. abfallwirtschaftlich einschlägige landesrechtliche (Bundesländer) Grundlagen,
8. abfallwirtschaftlich einschlägiges kommunales Satzungsrecht,
9. abfallwirtschaftlich einschlägige Verwaltungsvorschriften, Vollzugshilfen, technische Anleitungen, Merkblätter und Regeln,
10. Verhältnis Abfallrecht zu anderen Rechtsbereichen: Bau, Immissionsschutz, Chemikalien, Wasser (Abwasser), Bodenschutz, Seuchen und Hygiene,
11. Art und Beschaffenheit von gefährlichen Abfällen,
12. schädliche Umwelteinwirkungen und sonstige Gefahren, erhebliche Nachteile und erhebliche Belästigungen, die von Abfällen ausgehen können, und Maßnahmen zu ihrer Verhinderung oder Beseitigung,
13. betriebliche Haftung,

14. Arbeitsschutz,
15. betriebliche Risiken und einschlägige Versicherungen,
16. Güterkraftverkehrs- und Gefahrgutrecht.

Dieser Katalog ist die inhaltliche Richtschnur für das vorliegende Buch, das somit in den Lehrgängen zum Einsatz kommen kann.

Die EfbV betont die Notwendigkeit der Anerkennung dieser Lehrgänge durch die zuständigen Behörden. Anders ausgedrückt: Veranstalter von einschlägigen Lehrgängen benötigen eine Anerkennung der zuständigen Behörde. Dieser Anerkennung liegt eine Prüfung der Lehr- und Stundenpläne, der Schulungsunterlagen und der Qualifikation der Referenten zugrunde.

Lehrgangsveranstalter mussten sich bisher nach der **LAGA-Vollzugshilfe** „Anerkennung von Fachkundelehrgängen" richten. Derzeit – Stand November 2020; siehe www.laga-online.de – ist das immer noch die Vollzugshilfe für die Anerkennung von Lehrgängen zum Fachkundenachweis nach § 9 Abs. 2 Nr. 3 und zur Fortbildung nach § 11 der Entsorgungsfachbetriebeverordnung (EfbV) vom 10.09.1996 (BGBl. I S. 1421) und zum Fachkundenachweis nach § 3 Abs. 1 Nr. 2 und zur Fortbildung nach § 6 der Transportgenehmigungsverordnung (TgV) vom 10.09.1996 (BGBl. I S. 1411) (überarbeitete Fassung vom 03.07.2007). Formale Regelungen dieser Vollzugshilfe sind sicher weiterhin anwendbar; inhaltlich (Lehrpläne) besteht aber Anpassungsbedarf.

Wie wird ein Betrieb zum „Entsorgungsfachbetrieb"? Aus den oben gemachten Ausführungen sind sicher drei Stichworte hängen geblieben: Überwachungsvertrag, Entsorgergemeinschaft und Technische Überwachungsorganisation.

In § 56 Absatz 2 KrWG wird der Entsorgungsfachbetrieb als – durch eine Technische Überwachungsorganisation (TÜ) oder eine Entsorgergemeinschaft – einschlägig zertifizierter Betrieb definiert. Beachte, dass hier die TÜ und die Entsorgergemeinschaft offensichtlich funktionsgleich eingesetzt werden. Im Folgenden wird der Weg über einen Überwachungsvertrag mit einer TÜ beschrieben. Daran schließt sich der Weg über eine Mitgliedschaft in einer Entsorgergemeinschaft an.

Mit Erteilung des **Zertifikats** (zu Form und Inhalt siehe Anlage 3 der EfbV) erhält der Betrieb das Recht, ein **„Überwachungszeichen"** zu führen, das die Bezeichnung „Entsorgungsfachbetrieb" in Verbindung mit dem Hinweis auf die zertifizierte Tätigkeit und die das Überwachungszeichen erteilende Technische Überwachungsorganisation oder Entsorgergemeinschaft aufweist. Ist das Zertifikat erloschen, geht auch dieses Recht verloren.

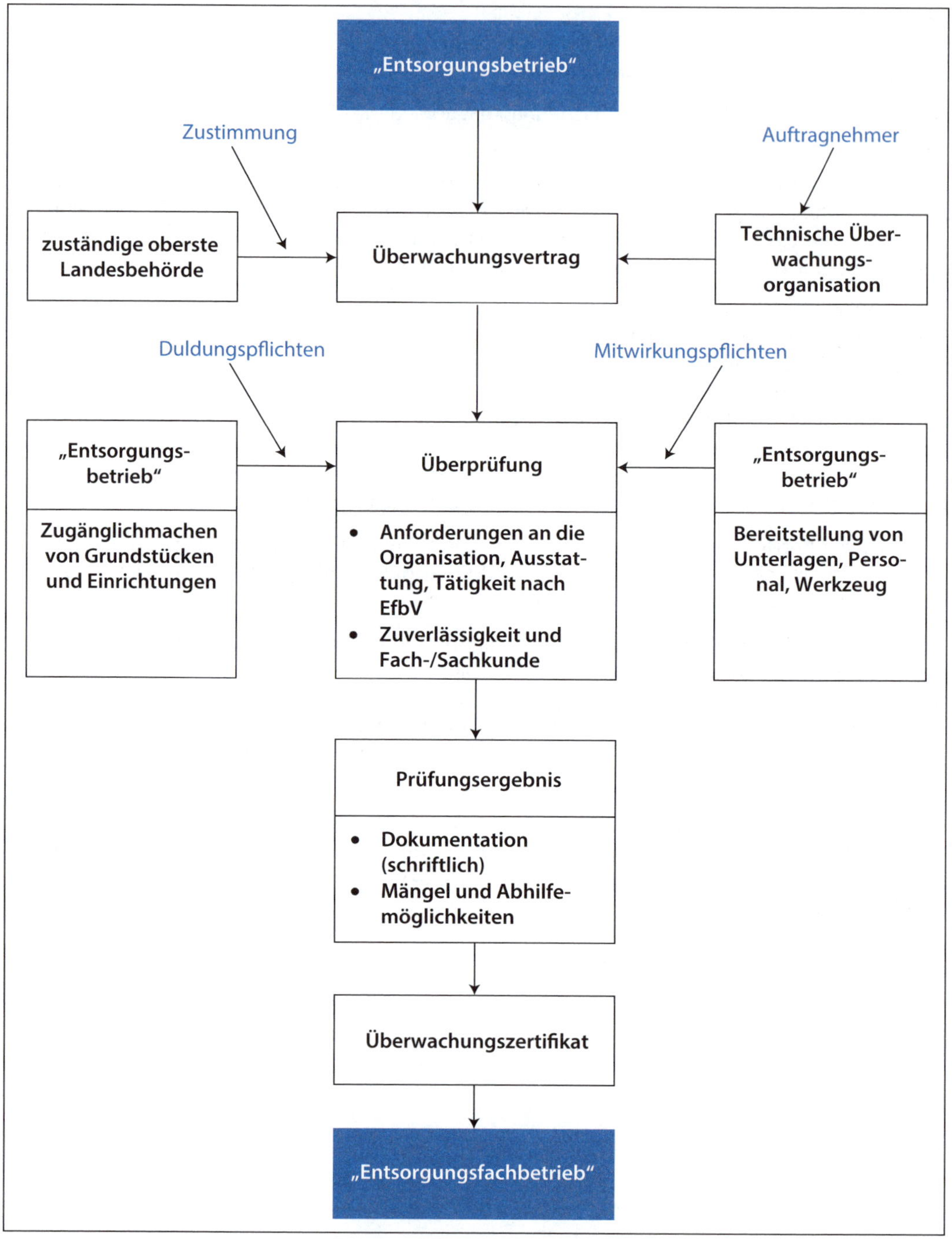

Abb. 34: Verfahren zur Anerkennung als Entsorgungsfachbetrieb

Das Instrument **„Überwachungsvertrag"** ist der Technischen Überwachungsorganisation zugeordnet (§§ 11 und 12 EfbV). Es muss ein schriftlicher Vertrag sein. Die in den §§ 3 bis 10 der EfbV detaillierten Anforderungen an Entsorgungsfachbetriebe sind Gegenstand des Vertrags. Beide Vertragsparteien übernehmen mit dem Abschluss des Vertrags Pflichten. Das sind zum einen die in § 11 Absatz 2 (Technische Überwachungsorganisation) und § 11 Absatz 3 (Betrieb) festgelegten Pflichten; zum anderen können die Vertragsparteien weitergehende oder ergänzende Vereinbarungen treffen, soweit diese den Anforderungen des § 56 KrWG und der EfbV nicht widersprechen (§ 11 Absatz 4 EfbV).

Die **Technische Überwachungsorganisation** muss sich im Überwachungsvertrag verpflichten,

1. den Betrieb hinsichtlich seiner zu zertifizierenden Tätigkeit nach § 56 Absatz 2 Nummer 1 KrWG einzustufen; zu der Einstufung gehört eine Beschreibung der abfallwirtschaftlichen Tätigkeit, insbesondere die Bezeichnung der verwendeten Anlagentechnik; bei der Tätigkeit des Verwertens gehört zu der Einstufung die Festlegung, welche Verwertungsmaßnahme nach § 6 Absatz 1 Nummer 2 bis 4 KrWG vorliegt sowie ob es sich um ein vorbereitendes oder abschließendes Verfahren handelt;
2. die dort festgelegten Anforderungen an Entsorgungsfachbetriebe vor der Erstzertifizierung, nach wesentlichen Änderungen des Betriebes und im Übrigen mindestens jährlich zu überprüfen;
3. bei der Überprüfung nach Nummer 2 auch die hierzu ergangenen amtlich veröffentlichten Verwaltungsvorschriften des Bundes und der Länder zu berücksichtigen;
4. den Verlauf und das Ergebnis der Überprüfung nach Nummer 2 gegenüber dem Betrieb schriftlich in einem Überwachungsbericht zu dokumentieren;
5. soweit auf Grund der Überprüfung nach Nummer 2 festgestellt wird, dass die in der EfbV genannten Anforderungen nicht erfüllt sind, dem Betrieb gegenüber die festgestellten Mängel konkret zu bezeichnen und
6. alle (wirklich alle!) Unterlagen und Informationen vertraulich zu behandeln und Dritten nicht zugänglich zu machen; öffentlich-rechtliche Mitteilungs- und Auskunftspflichten bleiben hiervon unberührt.

Der **Betrieb** muss sich im Überwachungsvertrag verpflichten,

1. den von der Technischen Überwachungsorganisation beauftragten Sachverständigen alle Informationen, Unterlagen und Nachweise zur Verfügung zu stellen, die für die Überprüfung der in der EfbV genannten Anforderungen benötigt werden;
2. den von der Technischen Überwachungsorganisation beauftragten Sachverständigen, soweit es zur Überprüfung der im Überwachungsvertrag festgelegten Anforderungen erforderlich ist, das Betreten des Grundstücks, der Geschäfts- und Betriebsräume, die Einsicht in Unterlagen und die Vornahme von technischen Ermittlungen und Überprüfungen zu gestatten sowie Arbeitskräfte und Werkzeuge zur Verfügung zu stellen und
3. der Technischen Überwachungsorganisation alle Änderungen im Betrieb, die für die Erfüllung der in der EfbV genannten Anforderungen an Entsorgungsfachbetriebe erheblich sind, unverzüglich anzuzeigen.

Beachte, dass der erstmalige Abschluss eines Überwachungsvertrags – mit einem noch nicht zertifizierten Betrieb – laut § 11 Absatz 5 EfbV eine erfolgreiche **Vorprüfung** voraussetzt. Es soll dabei um die folgenden Punkte gehen:

- Betriebsorganisation (§ 3 Absatz 1 EfbV);

- Durchführung der abfallwirtschaftlichen Tätigkeit nach § 7 Absatz 1 Satz 2 EfbV (Genehmigungen im weiteren Sinn);
- Zuverlässigkeit des Inhabers und der für die Leitung und Beaufsichtigung des Betriebes verantwortlichen Personen nach § 8 Absatz 1 und 2 EfbV;
- Fachkunde des Inhabers und der für die Leitung und Beaufsichtigung des Betriebes verantwortlichen Personen nach § 9 Absatz 1 Satz 1 und 2 Nummer 1 und 2 sowie Absatz 2 EfbV.

Zustimmung zum Überwachungsvertrag und Widerruf des Überwachungsvertrags (§ 12 EfbV)

Der Überwachungsvertrag bedarf der Zustimmung der zuständigen Behörde („Zustimmungsbehörde"; § 56 Absatz 5 KrWG). Welche das ist, ergibt sich aus dem Hauptsitz der Technischen Überwachungsorganisation. Darüber hinaus gibt es natürlich die für die Überwachung des Betriebs verantwortliche „Überwachungsbehörde" (auch hier erfolgt eine räumliche Zuordnung je nach Betriebsstandort).

§ 12 Absatz 1 regelt das „Benehmen" zwischen den beiden Behörden: Die Zustimmungsbehörde trifft ihre Entscheidung im Benehmen mit der Überwachungsbehörde. Dazu übersendet die Zustimmungsbehörde der Überwachungsbehörde die Dokumentation über die Ergebnisse der Vorprüfung. Die Überwachungsbehörde hat sich innerhalb einer Frist von vier Wochen nach der Aufforderung zur Erteilung des Benehmens gegenüber der Zustimmungsbehörde zu äußern.

Aus § 12 Absatz 2 EfbV ergibt sich ein Rechtsanspruch auf Zustimmung zum Überwachungsvertrag, wenn folgende Voraussetzungen erfüllt sind:

- der Überwachungsvertrag entspricht den in § 11 Absatz 1 bis 4 EfbV genannten Anforderungen;
- die Vorprüfung der Technischen Überwachungsorganisation nach § 11 Absatz 5 Satz 1 und 2 EfbV hat ergeben, dass der Betrieb die Gewähr dafür bietet, die in der EfbV festgelegten Anforderungen an Entsorgungsfachbetriebe zu erfüllen;
- die von der Technischen Überwachungsorganisation mit der Durchführung des Überwachungsauftrages beauftragten Sachverständigen erfüllen die in den §§ 17 bis 20 EfbV genannten Anforderungen.

Die Zustimmung kann behördlicherseits mit Nebenbestimmungen versehen werden.

Beachte: Auch Nebenbestimmungen müssen formale Anforderungen erfüllen und einer Überprüfung standhalten!

Der **Widerruf eines Überwachungsvertrags** (§ 12 Absatz 4 EfbV) kann erfolgen,

1. wenn mit der Zustimmung eine Auflage verbunden ist und die Vertragspartei, der die Auflage erteilt worden ist, sie nicht oder nicht innerhalb einer gesetzten Frist erfüllt hat;
2. wenn die Zustimmungsbehörde auf Grund nachträglich eingetretener Tatsachen berechtigt gewesen wäre, die Zustimmung nicht zu erteilen;
3. wenn die Technische Überwachungsorganisation ihre Pflichten aus dem Überwachungsvertrag nicht ordnungsgemäß wahrnimmt;
4. wenn die Technische Überwachungsorganisation ihre Pflichten bei einem notwendigen Entzug des Zertifikats nach § 56 Absatz 8 Satz 1 KrWG in Verbindung mit § 26 Absatz 1 Satz 1 EfbV nicht erfüllt oder
5. um schwere Nachteile für das Wohl der Allgemeinheit zu verhindern oder zu beseitigen.

Mitgliedschaft in einer Entsorgergemeinschaft (§§ 13 bis 16 EfbV)

Die Entsorgergemeinschaft ist ein „Verein" mit einer Satzung (§ 13 EfbV). Es gibt dafür eine inhaltliche Vorgabe: Sie muss die in § 11 Absatz 1 Satz 2 und Absatz 2 und 3 EfbV festgelegten Inhalte (Stichwort: Überwachungsvertrag) entsprechend regeln.

Die Entsorgergemeinschaft bedarf der Anerkennung durch die zuständige Behörde (§ 56 Absatz 6 KrWG).

Auf diese Anerkennung besteht ein Rechtsanspruch,

- wenn die Satzung den in § 13 EfbV genannten Anforderungen entspricht;
- ein Überwachungsausschuss nach § 14 EfbV eingerichtet ist;
- die zum Anerkennungszeitpunkt in der Entsorgergemeinschaft vereinigten Betriebe die Anforderung des § 15 Absatz 1 Satz 1 und 2 EfbV erfüllen;
- die von der Entsorgergemeinschaft mit der Überprüfung der Mitgliedsbetriebe beauftragten Sachverständigen die Anforderungen nach den §§ 17 bis 20 EfbV erfüllen.

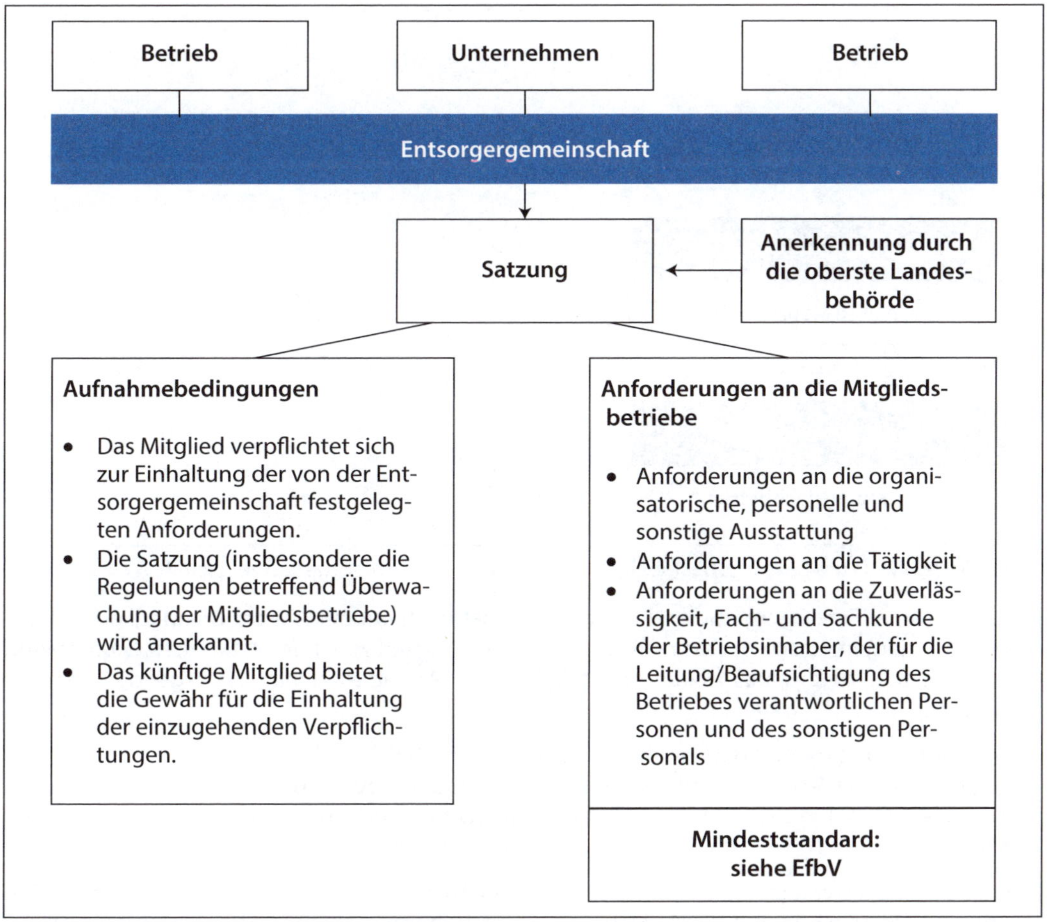

Abb. 35: Struktur der Entsorgergemeinschaft

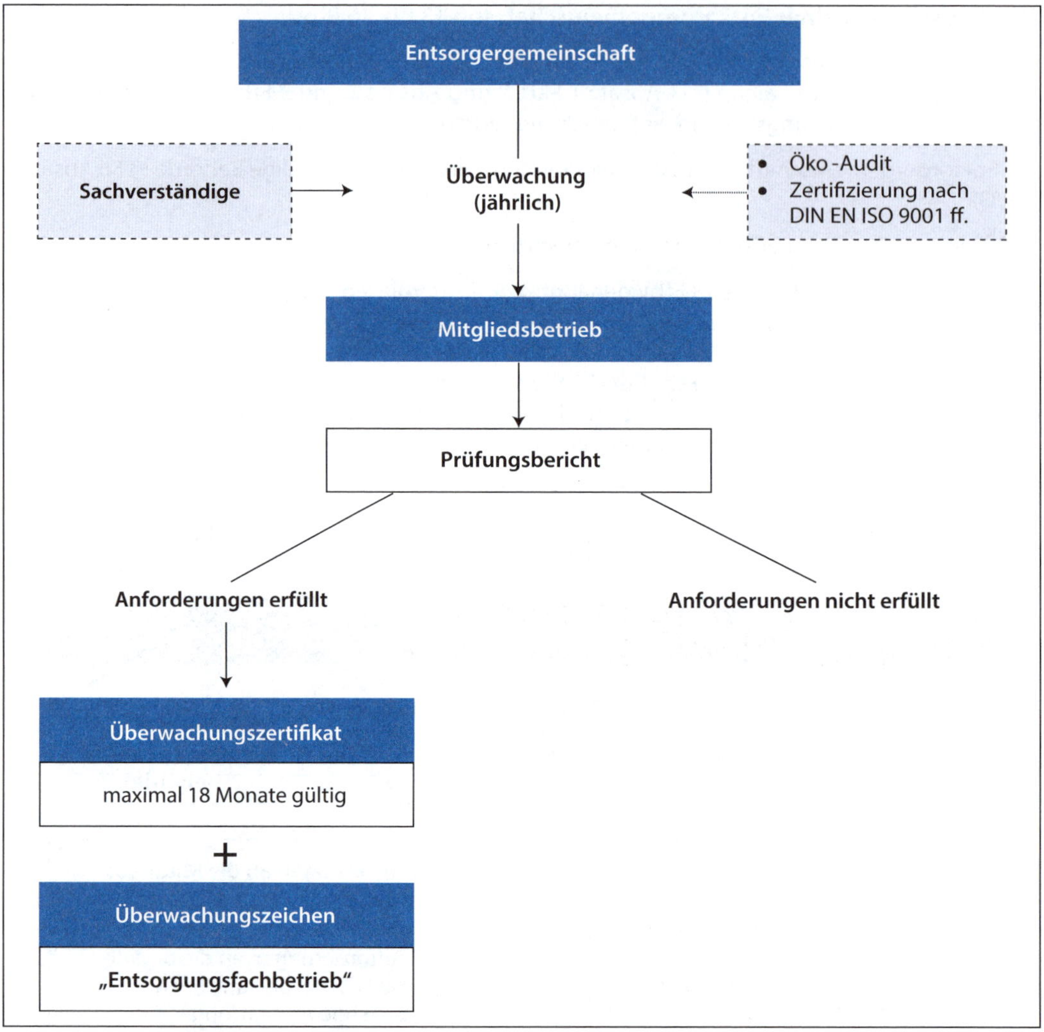

Abb. 36: Der Weg zum Entsorgungsfachbetrieb innerhalb einer Entsorgergemeinschaft

Mitglied in einer Entsorgergemeinschaft wird man natürlich nur auf Antrag. Die Mitgliedschaft in einer Entsorgergemeinschaft darf nicht von der Zugehörigkeit zu einer bestimmten Organisation abhängig gemacht werden (§ 15 Absatz 2 EfbV)! Mit dem Antrag setzt man das folgende Prozedere in Gang:

Die Entsorgergemeinschaft darf einen Betrieb nur als Mitglied aufnehmen, wenn eine **Vorprüfung** ergibt, dass der Betrieb die Gewähr dafür bietet, die in der EfbV festgelegten Anforderungen an Entsorgungsfachbetriebe zu erfüllen. Mit anderen Worten: die Vorprüfung ist die alles entscheidende Prüfung!

Das maßgebliche „vereinsinterne" Gremium ist der **Überwachungsausschuss** (§ 14 EfbV). Der Überwachungsausschuss hat die Aufgabe, die Überwachung von Mitgliedsbetrieben zu sichern.

Er entscheidet insbesondere über die (Erst-)Erteilung und den Entzug von Zertifikaten und der Berechtigung zum Führen von Überwachungszeichen auf der Grundlage von Gutachten der mit der Überwachung beauftragten Sachverständigen. Er ahndet Verstöße gegen die Bestimmungen über das Überwachungsverfahren und über das Führen von Überwachungszeichen. Hier noch ein paar interessante, eigentlich selbstverständliche Details zu diesem Ausschuss:

- Die Mitglieder müssen entweder Inhaber eines der in der Entsorgergemeinschaft vereinigten Entsorgungsfachbetriebe sein, die die Leitung und Beaufsichtigung des Betriebes selbst wahrnehmen, oder sie müssen für die Leitung und Beaufsichtigung eines solchen Betriebes verantwortliche Personen sein. Die Mitglieder müssen die erforderliche Zuverlässigkeit und Fachkunde besitzen.
- Die Mitglieder des Überwachungsausschusses sind hinsichtlich der Entscheidungen im Ausschuss nicht an Weisungen gebunden.
- Die für die Anerkennung der Entsorgergemeinschaft zuständige Behörde (Anerkennungsbehörde) ist berechtigt, an den Sitzungen des Überwachungsausschusses und der Unterausschüsse teilzunehmen. Sie muss deshalb über die Tätigkeit des Ausschusses informiert werden.

Sachverständige (§§ 17 bis 21 EfbV)

Beachte, dass die Beauftragung von einschlägig versierten Sachverständigen bei der Tätigkeit der Entsorgergemeinschaft sowie der Technischen Überwachungsorganisation eine große Rolle spielt. Die Bedeutung dieser Tätigkeit findet ihren Niederschlag in den folgenden Paragraphen:

- § 17 EfbV **Zuverlässigkeit** von Sachverständigen: hier wird die – allerdings strenger formulierte – Regelung angewendet, die auch für Inhaber und für die Leitung beauftragte Personen von Entsorgungsfachbetrieben gilt.
- § 18 EfbV **Unabhängigkeit** von Sachverständigen: Die erforderliche Unabhängigkeit ist gegeben, wenn der Sachverständige keinem wirtschaftlichen, finanziellen oder sonstigen Druck unterliegt, der sein Urteil beeinflussen oder das Vertrauen in die unparteiische Aufgabenwahrnehmung in Frage stellen kann.
- Die nach § 56 Absatz 7 KrWG erforderliche Fach- und Sachkunde ist gegeben, wenn der Sachverständige auf Grund seiner Ausbildung, beruflichen Bildung und praktischen Erfahrung zur ordnungsgemäßen Erfüllung der ihm obliegenden Aufgaben geeignet ist. Konkret heißt das (vergl. S. 217 ff.):
  1. den Abschluss eines einschlägigen Hochschul- oder Fachhochschulstudiums, insbesondere auf den Gebieten der Wirtschafts- oder Verwaltungswissenschaften, Naturwissenschaften oder Biowissenschaften oder der Technik,
  2. ausreichende Fachkenntnisse über die Überwachung, Begutachtung und Zertifizierung von Entsorgungsfachbetrieben; Kenntnis der einschlägigen Rechtsvorschriften und einschlägigen amtlich veröffentlichten Verwaltungsvorschriften (siehe Anlage 1 der EfbV), und
  3. während einer dreijährigen eigenverantwortlichen hauptberuflichen praktischen Tätigkeit im Bereich Überwachung und Begutachtung erworbene Kenntnisse über die Zertifizierung von Betrieben im Rahmen der EfbV oder eines Qualitätsmanagements/Umweltmanagements (z. B. nach DIN EN ISO 9001 oder DIN EN ISO 14001, EMAS).

  Von der Pflicht zur Erfüllung der Anforderung eines abgeschlossenen Hochschul- oder Fachhochschulstudiums kann abgesehen werden, wenn die betroffene Person auf einem Fachgebiet, dem die zu begutachtenden Betriebe hinsichtlich ihrer Betriebsvorgänge zuzuordnen sind, eine kaufmännische oder technische Fachschul- oder Berufsausbildung besitzt oder eine Qualifikation als Meister vorweisen kann und mindestens fünf Jahre Inhaber eines Entsorgungs-

fachbetriebes war oder als für die Leitung und Beaufsichtigung des Betriebes verantwortliche Person in einem Entsorgungsfachbetrieb tätig war.
Der Sachverständige muss durch geeignete Fortbildung über den für seine Tätigkeit notwendigen aktuellen Wissensstand verfügen.

Die in den §§ 17 bis 19 genannten Anforderungen gelten auch als erfüllt, wenn

- der Sachverständige eine Zulassung als Umweltgutachter nach § 9 des Umweltauditgesetzes oder
- die Technische Überwachungsorganisation oder die Entsorgergemeinschaft eine Zulassung als Umweltgutachterorganisation nach § 10 des Umweltauditgesetzes

für den Unternehmensbereich der Abteilung 38 (Sammlung, Behandlung und Beseitigung von Abfällen; Rückgewinnung) oder der Abteilung 39 (Beseitigung von Umweltverschmutzungen und sonstige Entsorgung) besitzt (§ 20 EfbV).

Die Kontrolle der Sachverständigen (§ 21 EfbV) obliegt der Technischen Überwachungsorganisation und der Entsorgergemeinschaft. Interessant ist die Einführung einer gewissen „Eigenkontrolle“: *„... haben sicherzustellen, dass jeder von ihnen beauftragte Sachverständige mindestens alle drei Jahre bei einem Vor-Ort-Termin durch einen weiteren Sachverständigen oder durch einen geeigneten Mitarbeiter der Technischen Überwachungsorganisation oder der Entsorgergemeinschaft begleitet wird.“*

Anforderungen an die Überwachung (erstmalige und jährliche Überprüfung gemäß § 22 EfbV)

Die Überprüfung erfolgt auf der Grundlage eines von der Technischen Überwachungsorganisation oder der Entsorgergemeinschaft schriftlich oder elektronisch festgelegten **Überwachungsplanes**, der die Besonderheiten des jeweiligen Betriebes zu berücksichtigen hat. Die erstmalige und die jährliche Überprüfung umfassen mindestens einen Vor-Ort-Termin des beauftragten Sachverständigen an jedem zu zertifizierenden Standort, bei dem dieser die tatsächlichen Gegebenheiten im Betrieb begutachtet. Sofern es erforderlich ist, hat der beauftragte Sachverständige weitere Vor-Ort-Termine durchzuführen. Die Technischen Überwachungsorganisationen und die Entsorgergemeinschaften entwickeln ein System zusätzlicher unangekündigter Vor-Ort-Termine und führen die Vor-Ort-Termine entsprechend dem System durch. Die Zustimmungsbehörde (Zustimmung zum Überwachungsvertrag) ist berechtigt, die beauftragten Sachverständigen bei Vor-Ort-Terminen zu begleiten.

Bei der Überprüfung hat der Sachverständige die Ergebnisse von Prüfungen zu berücksichtigen, die

- durch einen nach dem Umweltauditgesetz zugelassenen Umweltgutachter oder eine nach dem Umweltauditgesetz zugelassene Umweltgutachterorganisation im Rahmen der EMAS-Validierung oder
- durch eine nach DIN EN ISO 17021 akkreditierte Stelle im Rahmen der Zertifizierung eines Qualitätsmanagementsystems nach DIN EN ISO 9001 oder eines Umweltmanagementsystems nach DIN EN ISO 14001

erarbeitet worden sind.

Der Sachverständige dokumentiert den Verlauf und das Ergebnis der Überprüfung gegenüber dem Betrieb schriftlich in einem **Überwachungsbericht**. Der Mindestinhalt des Überwachungsberichts ergibt sich aus Anlage 2 der EfbV!

Abschließend muss natürlich der **Entzug des Zertifikats und des Überwachungszeichens** geregelt werden (§ 26 EfbV). Ausgangspunkt ist der § 56 Absatz 8 KrWG:

> ***§ 56 Absatz 8 KrWG***
>
> ***Entfallen die Voraussetzungen für die Erteilung des Zertifikats, hat die Technische Überwachungsorganisation oder die Entsorgergemeinschaft dem Betrieb das von ihr erteilte Zertifikat und die Berechtigung zum Führen des Überwachungszeichens zu entziehen sowie den Betrieb aufzufordern, das Zertifikat zurückzugeben und das Überwachungszeichen nicht weiterzuführen. Kommt der Betrieb dieser Aufforderung innerhalb einer von der technischen Überwachungsorganisation oder Entsorgergemeinschaft gesetzten Frist nicht nach, kann die zuständige Behörde dem Betrieb das erteilte Zertifikat und die Berechtigung zum Führen des Überwachungszeichens entziehen sowie die sonstige weitere Verwendung der Bezeichnung „Entsorgungsfachbetrieb" untersagen.***

§ 26 Absatz 1 EfbV macht dazu weitere Angaben.

Angesicht der oben dargestellten Sachverhalte ist auch Folgendes denkbar:

- Wird der Überwachungsvertrag unwirksam oder wird die Zustimmung zum Überwachungsvertrag widerrufen, verliert der Entsorgungsfachbetrieb die Berechtigung, das Zertifikat und das Überwachungszeichen zu führen.
- Entsprechendes gilt, wenn die Entsorgergemeinschaft erlischt, die Mitgliedschaft in der Entsorgergemeinschaft endet oder wenn die Anerkennung der Entsorgergemeinschaft widerrufen wird.
- Der ultimative Grund ist natürlich dieser: *„... verliert der Entsorgungsfachbetrieb die Berechtigung, das Zertifikat und das Überwachungszeichen zu führen, wenn er die zertifizierte Tätigkeit auf Dauer einstellt"* (§ 26 Absatz 3 EfbV).

Unter welchen Umständen besteht eine **Pflicht zur Kündigung des Überwachungsvertrags bzw. der Mitgliedschaft in einer Entsorgergemeinschaft**? Sie besteht, wenn

1. nicht innerhalb von zwei Jahren nach der Zustimmung der Behörde zum Überwachungsvertrag oder nach der Aufnahme in die Entsorgergemeinschaft ein Zertifikat erteilt wird,
2. ein erteiltes Zertifikat nicht innerhalb von drei Monaten nach Ablauf seiner Gültigkeit neu erteilt worden ist oder vor Ablauf seiner Gültigkeit entzogen worden ist oder
3. der Betrieb die zertifizierte Tätigkeit auf Dauer eingestellt hat.

Es gibt eine überarbeitete **Mitteilung der Bund/Länder-Arbeitsgemeinschaft Abfall (LAGA) 36 – Vollzugshilfe „Entsorgungsfachbetriebe"** vom 31. Dezember 2018. Die Themen der Vollzugshilfe sind u. a.

- Anforderungen an die Organisation, die Ausstattung und die Tätigkeit eines Entsorgungsfachbetriebs,
- Anforderungen an den Inhaber und die im Entsorgungsfachbetrieb beschäftigten Personen (Zuverlässigkeit, Fach- bzw. Sachkunde),
- Abschluss eines Überwachungsvertrags mit einer Technischen Überwachungsorganisation,
- Mitgliedschaft in einer Entsorgergemeinschaft,
- Anforderungen an Sachverständige und Kontrolle,
- Anforderungen an die Überwachung,

- Umfang der Zertifizierung und Gestaltung des Zertifikats,
- Entzug des Zertifikats und des Überwachungszeichens,
- Unwirksamkeit des Überwachungsvertrags,
- Erlöschen der Mitgliedschaft in der Entsorgergemeinschaft,
- Entsorgungsfachbetrieberegister.

§ 28 EfbV **Entsorgungsfachbetrieberegister** ist zum 1. Juni 2018 in Kraft getreten. Der Inhalt ist folgender:

Die Technische Überwachungsorganisation hat der Zustimmungsbehörde und die Entsorgergemeinschaft hat der Anerkennungsbehörde elektronisch unverzüglich nach der Erteilung das jeweilige Zertifikat und den jeweiligen Überwachungsbericht zu übermitteln sowie unverzüglich nach dem Entzug eines Zertifikats mitzuteilen, dass und aus welchen Gründen der jeweilige Betrieb die Entsorgungsfachbetriebseigenschaft verloren hat. Die Zustimmungs- oder Anerkennungsbehörde teilt die ihr übermittelten oder mitgeteilten Informationen unverzüglich der Überwachungsbehörde mit.

Für die elektronische Übermittlung und Mitteilung richten die Bundesländer ein bundesweit einheitliches informationstechnisches System ein.

Die Bundesländer führen ein bundesweit einheitliches elektronisches Register über die zertifizierten Entsorgungsfachbetriebe. Sie nutzen hierzu die übermittelten Zertifikate. Das Register ist ständig zu aktualisieren und in geeigneter Weise der Öffentlichkeit zugänglich zu machen.

1.1.18 LAGA-Mitteilungen/LAI-Mitteilungen

Die seit 60 Jahren bestehende **Bund/Länder-Arbeitsgemeinschaft Abfall (LAGA)** (www.laga-online.de) ist eine freiwillige Arbeitsgemeinschaft der obersten Abfallwirtschaftsbehörden, d. h. der Umweltministerien der Länder (somit Teil der „Umweltministerkonferenz (UMK)", zu der das BMU als Bundesvertretung hinzukommt).

Zu den Aufgaben und Aktivitäten der LAGA gehört

- der Austausch von Informationen und Erfahrungen im Interesse eines gleichartigen Vollzugs in den Ländern,
- die Koordination von Forschungs- und Entwicklungsvorhaben,
- die Beratung des Bundesumweltministeriums,
- die Bearbeitung eigener Themenvorschläge,
- die Erarbeitung von Musterverwaltungsvorschriften für den Vollzug des Abfallrechts,
- der Kontakt zu Verbänden und verschiedenen Interessengruppen und
- die Abstimmung gemeinsamer Aktivitäten mit anderen auf dem Gebiet des Umweltschutzes zuständigen Organisationen.

Der LAGA gehören Vertreter des Bundesumweltministeriums (nur beratend) und des Umweltbundesamtes (ebenfalls nur beratend) an. Die Geschäftsführung der LAGA wechselt alle zwei Jahre in alphabetischer Reihenfolge innerhalb der Bundesländer. Unterhalb der Ebene der Geschäftsleitung schließen sich drei Ausschüsse an, die sich mit den Themen Produktverantwortung, Recht und Technik befassen.

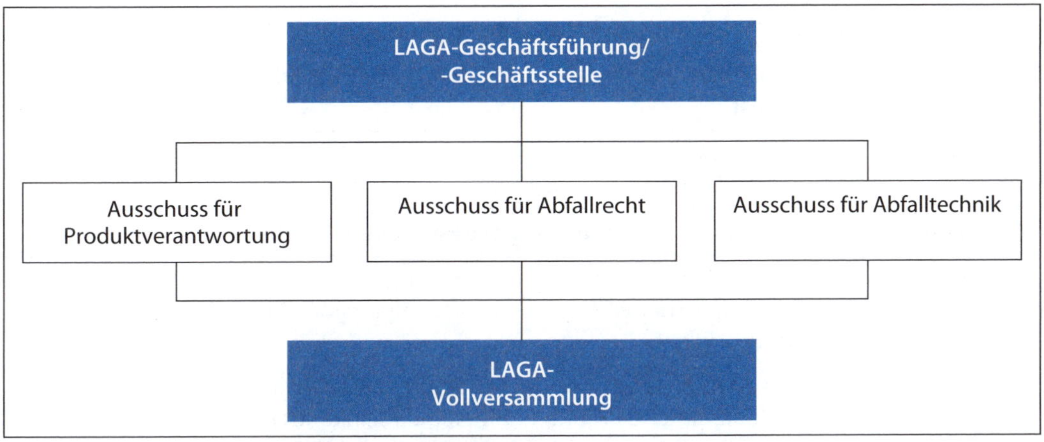

Abb. 37: LAGA-Organisationsaufbau

Die LAGA kommt in der Regel jährlich zu zwei ordentlichen Sitzungen zusammen. Die Beschlüsse der LAGA sind nicht rechtsverbindlich. Sie dienen dem Bund und den Ländern als Empfehlung. Die LAGA gibt von Fall zu Fall Mitteilungen in Form von Richtlinien, Merkblättern oder Informationsschriften heraus.

Mitteilungen der Länderarbeitsgemeinschaft Abfall (LAGA) (die aktuell gültigen Mitteilungen sind fett gedruckt; Stand Mai 2023)	
Mitteilung 9	Richtlinien für das Vorgehen bei physikalischen und chemischen Untersuchungen im Zusammenhang mit der Beseitigung von Abfällen
Mitteilung 10	LAGA-Informationsschrift Sickerwasser aus Hausmüll- und Schlackendeponien
Mitteilung 11	Energiegewinnung aus Abfällen. Technische und rechtliche Probleme der Verwertung von Reststoffen durch Verbrennen
Mitteilung 12	Richtlinien für das Vorgehen bei physikalischen und chemischen Untersuchungen im Zusammenhang mit der Beseitigung von Abfällen
Mitteilung 15	LAGA-Informationsschrift Altablagerungen und Altlasten
Mitteilung 17	Alternativen zur Klärschlammentsorgung
Mitteilung 18	**Vollzugshilfe zur Entsorgung von Abfällen aus Einrichtungen des Gesundheitsdienstes**
Mitteilung 19	**Merkblatt über die Entsorgung von Abfällen aus Verbrennungsanlagen für Siedlungsabfälle**
Mitteilung 20	**Anforderungen an die stoffliche Verwertung von mineralischen Reststoffen/Abfällen – Technische Regeln –**

Mitteilungen der Länderarbeitsgemeinschaft Abfall (LAGA) *(Forts.)*	
Mitteilung 21	Merkblatt M 10 über Qualitätskriterien und Anwendungsempfehlungen für Kompost
Mitteilung 22	Merkblatt M 09 über die Errichtung und den Betrieb von Anlagen zur Lagerung und Behandlung von Altkraftfahrzeugen
Mitteilung 23	**Vollzugshilfe zur Entsorgung asbesthaltiger Abfälle**
Mitteilung 24	Teil 1 – Merkblatt Reinigung und Entsorgung von Transformatoren mit PCB-haltiger oder PCB-kontaminierter mineralölhaltiger oder synthetischer Isolierflüssigkeit Teil 2 – Merkblatt Entsorgung von PCB-haltigen Reststoffen und Abfällen und Merkblatt Entsorgung PCB-haltiger Kleinkondensatoren
Mitteilung 25	**Vollzugshilfe zur Verordnung (EG) Nr. 1013/2006 des Europäischen Parlaments und des Rates vom 14. Juni 2006 über die Verbringung von Abfällen (VVA) und zum Abfallverbringungsgesetz vom 19. Juli 2007 (AbfVerbrG) – Vollzugshilfe zur Abfallverbringung**
Mitteilung 26	Zuordnung LAGA-Abfallschlüssel zum Europäischen Abfallkatalog (LAGA-Umsteigekatalog)
Mitteilung 27	**Vollzugshilfe zu den Vorschriften des Kreislaufwirtschafts- und Abfallgesetzes und der Nachweisverordnung zur Führung von Nachweisen und Registern bei der Entsorgung von Abfällen – Vollzugshilfe zum abfallrechtlichen Nachweisverfahren**
Mitteilung 28	**Technische Regeln für die Überwachung von Grund-, Sicker- und Oberflächenwasser sowie oberirdische Gewässer bei Deponien**
Mitteilung 29	Definition einer Bundeseinheitlichen Schnittstelle für den Datenaustausch im Bereich Nachweisverfahren – BUDAN (alt)
Mitteilung 30	Gebührenentwicklung in der kommunalen Abfallentsorgung für den Bereich der Siedlungsabfälle. Stand der Gebührenentwicklung und mögliche Maßnahmen zur Dämpfung von Gebührensteigerungen. Bericht an die 51. Umweltministerkonferenz (UMK) Oktober 1998
Mitteilung 31A	**Umsetzung des Elektro- und Elektronikgerätegesetzes – Anforderungen an die Entsorgung von Elektro- und Elektronikaltgeräten**
Mitteilung 31B	**Umsetzung des Elektro- und Elektronikgerätegesetzes – Technische Anforderungen an die Behandlung und Verwertung von Elektro- und Elektronikaltgeräten**

Mitteilungen der Länderarbeitsgemeinschaft Abfall (LAGA) *(Forts.)*	
Mitteilung 32	**PN 98 – Richtlinie für das Vorgehen bei physikalischen, chemischen und biologischen Untersuchungen im Zusammenhang mit der Verwertung/Beseitigung von Abfällen**
Mitteilung 33	**EW 98 – Richtlinie für das Vorgehen bei physikalischen und chemischen Untersuchungen von Abfällen, verunreinigten Böden und Materialien aus dem Altlastenbereich**
Mitteilung 34	**Vollzugshinweise zur Gewerbeabfallverordnung**
Mitteilung 35	**Bestimmung des Gehaltes an Kohlenwasserstoffen in Abfällen – Untersuchungs- und Analysenstrategie**
Mitteilung 36	**Vollzugshilfe „Entsorgungsfachbetriebe" inklusive** Anlage 1 und Anlage 2
Mitteilung 37	Umsetzung der Verpackungsverordnung – „Anforderungen an die Hersteller und Vertreiber, an Betreiber von Systemen und Branchenlösungen sowie an beauftragte Dritte, Sachverständige, Wirtschaftsprüfer, Steuerberater und vereidigte Buchprüfer" nach den §§ 6, 10 und Anh. I der Verpackungsverordnung
Mitteilung 38	**Vollzugshinweise für die Anwendung der R1-Formel für die energetische Verwertung von Abfällen in Siedlungsabfallverbrennungsanlagen gemäß der EU-Abfallrahmenrichtlinie**
Mitteilung 39	**Vollzugshinweise zur Umsetzung der Klärschlammverordnung**
Mitteilung 40	**Vollzugshilfe zur Vermeidung sowie zur Erfassung, Sortierung und Verwertung von Alttextilien**

Bem.: Die gültigen Mitteilungen können als pdf-Dateien von der LAGA-Website heruntergeladen werden.

Beachte auch die folgenden „Vollzugshilfen" (und deren Stand!):

- Vollzugshilfe „Anerkennung von Lehrgängen für Leitungspersonal von Deponien zur Erfüllung der Weiterbildungspflicht § 4 Nr. 2 DepV (LPW-Lehrgänge)" (Stand 03.02.2021)
- Vollzugshilfe für die Anerkennung von Lehrgängen zum Fachkundenachweis nach § 9 Abs. 2 Nr. 3 und zur Fortbildung nach § 11 der Entsorgungsfachbetriebeverordnung (EfbV) vom 10.09.1996 (BGBl. I S. 1421) und zum Fachkundenachweis nach § 3 Abs. 1 Nr. 2 und zur Fortbildung nach § 6 der Transportgenehmigungsverordnung (TgV) vom 10.09.1996 (BGBl. I S. 1411) (Stand 03.07.2007)

Beachte: Nachdem bei der Entsorgung verpackter Lebensmittelabfälle bundesweit mehrere Schadensfälle aufgetreten waren, bei denen es zu Kunststoffeinträgen in die Umwelt gekommen ist, hat die LAGA ein Konzept zur Verwertung von **verpackten Lebensmittelabfällen** erarbeitet. Dieses Konzept wurde von der 113. LAGA-Vollversammlung beschlossen und als neuer Stand der Technik bezeichnet. Stand: Januar 2023.

An dieser Stelle soll auch **die Bund/Länder-Arbeitsgemeinschaft Immissionsschutz (LAI)** (www.lai-immissionsschutz.de) erwähnt werden, die ähnliche Aufgaben wie die LAGA wahrnimmt. Ihr

„Metier" ist die Luftreinhaltung und der Lärmschutz. Von der Schriftenreihe des LAI ist nur noch Band 4 „Hinweise zur Messung und Beurteilung von Lichtimmissionen (Licht-Leitlinie)" aus dem Jahr 2001 erhältlich. Die LAI-Website selbst bietet keinen unmittelbaren Zugang zu dieser Schriftenreihe.

Zur Vermeidung und Verwertung von Abfällen nach § 5 Absatz 1 Nummer 3 BImSchG existiert eine Musterverwaltungsvorschrift des LAI: Allgemeine Musterverwaltungsvorschrift des LAI zur Vermeidung, Verwertung und Beseitigung von Abfällen nach § 5 Absatz 1 Nummer 3 BImSchG (Stand 28.9.2005).

1.1.19 Übergangsvorschriften des KrWG

1. **Pflichtenübertragungen** nach § 16 Absatz 2, § 17 Absatz 3 oder § 18 Absatz 2 des Kreislaufwirtschafts- und Abfallgesetzes vom 27. September 1994 (BGBl. I S. 2705), das zuletzt durch Artikel 5 des Gesetzes vom 6. Oktober 2011 (BGBl. I S. 1986) geändert worden ist, gelten fort. Die zuständige Behörde kann bestehende Pflichtenübertragungen nach Maßgabe des § 13 Absatz 2 und der §§ 16 bis 18 des Kreislaufwirtschafts- und Abfallgesetzes verlängern.
2. Für Verfahren zur **Aufstellung von Abfallwirtschaftsplänen**, die bis zum Ablauf des 5. Juli 2020 eingeleitet worden sind, ist § 30 KrWG vom 24. Februar 2012 (BGBl. I S. 212) in der bis zum 28. Oktober 2020 geltenden Fassung anzuwenden. Für Verfahren zur Aufstellung von Abfallwirtschaftsplänen, die bis zum Ablauf des 3. Juli 2021 eingeleitet worden sind, ist § 30 KrWG 24. Februar 2012 (BGBl. I S. 212) in der bis zum Ablauf des 3. Juli 2021 geltenden Fassung anzuwenden.
3. Eine **Transportgenehmigung** nach § 49 Absatz 1 des Kreislaufwirtschafts- und Abfallgesetzes vom 27. September 1994 (BGBl. I S. 2705), das zuletzt durch Artikel 5 des Gesetzes vom 6. Oktober 2011 (BGBl. I S. 1986) geändert worden ist, auch in Verbindung mit § 1 der Transportgenehmigungsverordnung vom 10. September 1996 (BGBl. I S. 1411; 1997 I S. 2861), die zuletzt durch Artikel 5 des Gesetzes vom 19. Juli 2007 (BGBl. I S. 1462) geändert worden ist, gilt bis zum Ende ihrer Befristung als Erlaubnis nach § 54 Absatz 1 KrWG fort.
4. Eine Genehmigung für **Vermittlungsgeschäfte** nach § 50 Absatz 1 des Kreislaufwirtschafts- und Abfallgesetzes vom 27. September 1994 (BGBl. I S. 2705), das zuletzt durch Artikel 5 des Gesetzes vom 6. Oktober 2011 (BGBl. I S. 1986) geändert worden ist, gilt bis zum Ende ihrer Befristung als Erlaubnis nach § 54 Absatz 1 KrWG fort.

1.1.20 Zuständigkeiten

§ 63 KrW-/AbfG legte fest, dass die Landesregierungen oder die von ihnen bestimmten Stellen die für die Ausführung dieses Gesetzes zuständigen Behörden bestimmen, soweit die Regelung nicht durch Landesgesetz erfolgt. Das KrWG enthält keine vergleichbare Regelung. Der Begriff **„zuständige Behörde"** wird insgesamt 56 mal verwendet, aber nicht definiert oder inhaltlich ausgefüllt. Es wird davon ausgegangen, dass es sich – wie in Deutschland üblich – um Landesbehörden handelt. Ein Blick in einschlägige Gesetze einiger Bundesländer ergibt Folgendes:

- Das **Landes-Kreislaufwirtschaftsgesetz – LKreiWiG Baden-Württemberg** (vom 17. Dezember 2020, zuletzt geändert und in Kraft getreten am 11. Februar 2023) bestimmt in § 23 die „Abfallrechtsbehörden":

Abfallrechtsbehörden sind

1. das Umweltministerium als oberste Abfallrechtsbehörde,
2. die Regierungspräsidien als höhere Abfallrechtsbehörden,
3. die unteren Verwaltungsbehörden als untere Abfallrechtsbehörden.

Die **untere Abfallrechtsbehörde** (z. B. das Landratsamt) ist sachlich zuständig, soweit nichts anderes bestimmt ist. Ihre Aufgaben werden von der höheren Abfallrechtsbehörde wahrgenommen, wenn die Gebietskörperschaft, für deren Bezirk die untere Abfallrechtsbehörde zuständig ist, oder eine juristische Person des Privatrechts oder ein Abfallverband, an denen sie mit mehr als 50 Prozent beteiligt ist, Antragsteller oder Adressat einer Anordnung oder sonstigen Maßnahmen ist.

Der **höheren Abfallrechtsbehörde** verbleiben übergeordnete Aufgaben im Rahmen der Ordnung der Abfallentsorgung (z. B. die Zustimmung nach § 20 Absatz 3 KrWG; die Feststellungen nach § 26 Absatz 3 KrWG, sofern ausschließlich nicht gefährliche Abfälle betroffen sind; die Verpflichtung nach § 29 Absatz 1 KrWG und die Übertragung der Abfallbeseitigung nach § 29 Absatz 2 KrWG; die Planfeststellung nach § 35 Absatz 2 KrWG als Anhörungs- und Planfeststellungsbehörde).

Bestimmten Regierungspräsidien werden landesweit zu erfüllende Pflichten (Zuständigkeiten) zugeordnet. Darüber hinaus gibt es eine Sonderabfallagentur (siehe in Kap. 1.1.7 Andienungspflicht für gefährliche Abfälle). Die Landesanstalt für Umwelt, Messungen und Naturschutz wird eingebunden, wenn es um Prüflaboratorien und Messstellen geht.

Die **oberste Abfallrechtsbehörde** ist sachlich zuständig für Regelungen im Zusammenhang mit dem VerpackG (z. B. Genehmigung des Betriebs eines dualen Systems nach § 18 Absatz 1 des VerpackG).

➡ Das **Kreislaufwirtschaftsgesetz für das Land Nordrhein-Westfalen (Landeskreislaufwirtschaftsgesetz – LKrWG)** mit Stand vom 10. Juni 2023 geht in seinem achten Teil „Vollzug des Abfallrechts" auf die Zuständigkeiten ein:

Oberste Abfallwirtschaftsbehörde ist das für Umweltschutz zuständige Ministerium, obere Abfallwirtschaftsbehörde die Bezirksregierung, untere Abfallwirtschaftsbehörde der Kreis und die kreisfreie Stadt. Die Aufsicht über die unteren Abfallwirtschaftsbehörden führt die obere Abfallwirtschaftsbehörde. Die oberste Aufsicht wird von der obersten Abfallwirtschaftsbehörde geführt.

Der Bezirksregierung Düsseldorf werden als „Zentraler Stelle" Sonderaufgaben zugewiesen. Das Landesamt für Natur, Umwelt und Verbraucherschutz kann von den oberen Abfallwirtschaftsbehörden zur Unterstützung herangezogen werden.

➡ Das **Landesabfallwirtschaftsgesetz Schleswig-Holstein** (LAbfWG S-H) (zuletzt geändert am 6. Dezember 2022) behandelt das Thema wie folgt:

Die Durchführung von Rechtsakten der Europäischen Union im Bereich der Abfallwirtschaft, des Abfallverbringungsgesetzes, des Kreislaufwirtschaftsgesetzes, des Elektro- und Elektronikgerätegesetzes, des Batteriegesetzes, des Verpackungsgesetzes, des LAbfWG S-H selbst und der aufgrund dieser Gesetze erlassenen Verordnungen ist Aufgabe der Abfallentsorgungsbehörden, soweit durch Rechtsvorschrift nicht etwas anderes bestimmt ist (§ 25 LAbfWG S-H). Abfallentsorgungsbehörden sind

1. das zuständige Ministerium als oberste Abfallentsorgungsbehörde,
2. das Landesamt für Umwelt als obere Abfallentsorgungsbehörde,
3. die Landrätinnen und Landräte der Kreise und die Bürgermeisterinnen und Bürgermeister der kreisfreien Städte als untere Abfallentsorgungsbehörde.

Die Landesregierung wird ermächtigt, die Zuständigkeiten für die Durchführung der in § 25 genannten Vorschriften durch Rechtsverordnung zu bestimmen. Sie kann diese Befugnis durch Verordnung auf die oberste Abfallentsorgungsbehörde übertragen (§ 26 LAbfWG S-H).

Die Landesabfallgesetze treffen in der Regel eine grundsätzliche Festlegung der Zuständigkeiten und eine mehr oder weniger pauschale Zuweisung von Aufgaben. Die Details werden in zu erlassende Rechtsverordnungen – **Zuständigkeitsverordnungen** – verwiesen.

➡ Die **Abfall-Zuständigkeitsverordnung von Mecklenburg-Vorpommern** (zuletzt geändert im September 2019) nennt die folgenden Beteiligten (§§ 1 bis 6 AbfZustVO M-V):

- für die Abfallwirtschaft zuständiges Ministerium
- Landesamt für Umwelt, Naturschutz und Geologie
- staatliche Ämter für Landwirtschaft und Umwelt
- Landräte und die Oberbürgermeister der kreisfreien Städte
- Oberbürgermeister der kreisfreien und großen kreisangehörigen Städte, die Amtsvorsteher der Ämter und die Bürgermeister der amtsfreien Gemeinden
- LMS Agrarberatung GmbH (Anerkennung von Trägern der Qualitätssicherung im Bereich von Bioabfällen und Klärschlämmen).

Hier ein Auszug mit einer ebenso zentralen wie pauschalen Regelung:

Mecklenburg-Vorpommern: Verordnung über die Zuständigkeit der Abfallbehörden (Abfall-Zuständigkeitsverordnung – AbfZustVO M-V) Stand Juli 2022
§ 3 **Zuständigkeiten der Staatlichen Ämter für Landwirtschaft und Umwelt**
1. **die Durchführung des Abfallrechts des Landes, des Bundes und der Europäischen Gemeinschaften, soweit durch Rechtsvorschrift nichts anderes bestimmt ist,**
2. die Entgegennahme, Überprüfung und Weiterleitung von Informationen nach § 3 Absatz 1 und die Erteilung einer Fristverlängerung nach § 3 Absatz 2 sowie die Aufgaben nach § 5 Absatz 3 bis 5 des Gesetzes zur Ausführung des Protokolls über Schadstofffreisetzungs- und -verbringungsregister vom 21. Mai 2003 sowie zur Durchführung der Verordnung (EG) Nr. 166/2006 für Tätigkeiten nach Nummer 5d des Anhangs I der Verordnung (EG) Nr. 166/2006, die der Berichtspflicht nach Artikel 5 der Verordnung (EG) Nr. 166/2006 unterliegen.

In Niedersachsen spielen die Staatlichen Gewerbeaufsichtsämter die zentrale Rolle:

Niedersachsen: Verordnung über Zuständigkeiten auf den Gebieten der Kreislaufwirtschaft, des Abfallrechts und des Bodenschutzrechts (ZustVO-Abfall) Stand Juli 2022
Oberste Abfallbehörde (Umweltministerium)
Zentrale Stelle für Sonderabfälle
Staatliche Gewerbeaufsichtsämter Braunschweig, Celle, Cuxhaven, Emden, Göttingen, Hannover, Hildesheim, Lüneburg, Oldenburg, Osnabrück
Landesamt für Bergbau, Energie und Geologie

Auf dieser Verwaltungsebene werden auch landesweite Zuständigkeiten einzelnen Gewerbeaufsichtsämtern zugeordnet.

Abschließend eine Übersicht der Rechtsquellen für die Zuständigkeiten auf Länderebene:

Regelung der Zuständigkeiten auf Länderebene	
Baden-Württemberg	§ 23 Landes-Kreislaufwirtschaftsgesetz (LKreiWiG) „Abfallbehörden"
Bayern	Verordnung zur Übertragung von Zuständigkeiten im Bereich der Abfallentsorgung (Abfallzuständigkeitsverordnung (AbfZustV) vom 17. Mai 2022)
Brandenburg	Verordnung zur Regelung der Zuständigkeiten auf dem Gebiet des Abfall- und Bodenschutzrechts (Abfall- und Bodenschutz-Zuständigkeitsverordnung (AbfBodZV), zuletzt geändert durch Verordnung vom 17. Mai 2023
Bremen	Die Verordnung über die Zuständigkeit des Vollzugs abfallrechtlicher Vorschriften ist außer Kraft. Die Rechtsgrundlage war und ist weiterhin § 20 Bremisches Ausführungsgesetz zum Kreislaufwirtschafts- und Abfallgesetz (Ermächtigungsgrundlage zum Erlass einschlägiger Rechtsverordnungen).
Hamburg	Die Behörde für Umwelt, Klima, Energie und Agrarwirtschaft (BUKEA) enthält auch ein Amt I für Immissionsschutz und Abfallwirtschaft
Hessen	Hessisches Ausführungsgesetz zum KrWG – HAKrWG: Dritter Teil „Zuständigkeiten"

Regelung der Zuständigkeiten auf Länderebene *(Forts.)*	
Mecklenburg-Vorpommern	Verordnung über die Zuständigkeit der Abfallbehörden (Abfall-Zuständigkeitsverordnung – AbfZustVO M-V)
Niedersachsen	Verordnung über Zuständigkeiten auf den Gebieten der Kreislaufwirtschaft, des Abfallrechts und des Bodenschutzrechts (ZustVO-Abfall)
Nordrhein-Westfalen	Kreislaufwirtschaftsgesetz für das Land Nordrhein-Westfalen (Landeskreislaufwirtschaftsgesetz – LKrWG): §§ 17, 18, 20, 21
Rheinland-Pfalz	Landeskreislaufwirtschaftsgesetz (LKrWG): § 17 Zuständigkeiten (plus § 19 Mitwirkende Behörden)
Saarland	Saarländisches Abfallwirtschaftsgesetz (SAWG): Teil 5 Behörden (§ 34 SAWG), Zuständigkeiten und Ordnungswidrigkeiten
Sachsen	Verordnung des Sächsischen Staatsministeriums für Umwelt und Landwirtschaft über Zuständigkeiten bei der Durchführung von Vorschriften des Kreislaufwirtschafts- und Bodenschutzrechts (SächsKrWBodSchZuVO)
Sachsen-Anhalt	Zuständigkeitsverordnung für das Abfallrecht (AbfZustVO)
Schleswig-Holstein	Landesabfallwirtschaftsgesetz (LAbfWG): Siebter Teil „Behörden, Zuständigkeiten“
Thüringen	Thüringer Ausführungsgesetz zum Kreislaufwirtschaftsgesetz (ThürAGKrWG): Abschnitt 5 „Zuständigkeiten“

Abfallverbringung (siehe Kapitel 1.2)

Für Maßnahmen im Zusammenhang mit der **Verbringung von Abfällen in das Bundesgebiet** und der damit verbundenen Verwertung oder Beseitigung, einschließlich der Pflichten, die für die zuständige Behörde am Bestimmungsort gemäß Verordnung (EG) Nr. 1013/2006 (EG-AbfVerbrV) gelten, ist die Behörde des Landes zuständig, in dem die Abfälle erstmals verwertet oder beseitigt werden sollen oder werden (§ 14 Absatz 1 AbfVerbrG).

Für Maßnahmen im Zusammenhang mit der **Verbringung von Abfällen aus dem Bundesgebiet** und der damit verbundenen Verwertung oder Beseitigung, einschließlich der Pflichten, die für die zuständige Behörde am Versandort gemäß Verordnung (EG) Nr. 1013/2006 gelten, ist die Behörde des Landes zuständig, in dem die Verbringung der Abfälle beginnen soll oder beginnt (§ 14 Absatz 1 AbfVerbrG).

Abweichend von diesen Regelungen ist beim Transit von Abfällen das Umweltbundesamt (eine „Fachbehörde“ auf Bundesebene) zuständig (§ 14 Absatz 4 AbfVerbrG).

Die in Deutschland zuständigen Behörden sind wieder Landesbehörden. In Baden-Württemberg beispielsweise übernimmt die Sonderabfallagentur des Landes entsprechende Aufgaben (§ 24 Absatz 1 Nr. 4 LKreiWiG Bad.-Württ.):

a) die Maßnahmen im Zusammenhang mit der Verbringung von Abfällen in das und aus dem Bundesgebiet und der damit verbundenen Verwertung oder Beseitigung, einschließlich der Pflichten, die für die zuständige Behörde am Bestimmungsort und am Versandort nach der Verordnung (EG) Nr. 1013/2006 gelten, nach § 14 Absatz 1 des Abfallverbringungsgesetzes (AbfVerbrG) in der jeweils geltenden Fassung,
b) die Aufgaben der jeweils für das betreffende Gebiet zuständigen Behörde und der jeweils zuständigen Behörde im Staat der Zollstelle nach § 14 Absatz 3 AbfVerbrG sowie die Aufgaben der Behörde, die für das Gebiet zuständig ist, in dem die Kontrolle durchgeführt wurde, nach § 11 Absatz 3 und 4 AbfVerbrG,
c) die Befugnis zu Kontrollen von Verbringungen nach § 14 Absatz 1 und 2 Satz 1 AbfVerbrG in Verbindung mit § 11 Absatz 2 AbfVerbrG,
d) die Übermittlung von Informationen an das Umweltbundesamt nach § 16 Absatz 1 Satz 2 und Absatz 2 Satz 2 AbfVerbrG,
e) die Aufgaben der gemeinsamen Einrichtung im Sinne von § 8 Absatz 1 Satz 4 AbfVerbrG in Verbindung mit dem Gesetz zu dem Staatsvertrag über die Bildung einer gemeinsamen Einrichtung nach § 6 Absatz 1 Satz 7 des Abfallverbringungsgesetzes vom 10. Oktober 2000 (GBl. S. 646).

■ Ordnungswidrigkeiten

Die Ahndung von Ordnungswidrigkeiten ist in aller Regel Ländersache. Die Zuständigkeit für Bußgeldverfahren liegt in der Regel bei den unteren Landesbehörden. Die grenzüberschreitende Abfallverbringung erforderte für den Fall, dass ein Firmen- oder Wohnsitz in der Bundesrepublik nicht existiert, eine Ansiedlung der Zuständigkeit auf Bundesebene (hier: Bundesamt für Güterverkehr; seit Januar 2023 heißt die Behörde „Bundesamt für Logistik und Mobilität"):

Verwaltungsbehörde im Sinne des § 36 Abs. 1 Nr. 1 des Gesetzes über Ordnungswidrigkeiten ist das Bundesamt für Logistik und Mobilität bei Transporten von Abfällen auf der Straße, soweit die Zuwiderhandlung in einem Unternehmen begangen wird, das im Inland weder seinen Sitz noch eine geschäftliche Niederlassung hat, und soweit die betroffene Person im Inland keinen Wohnsitz hat (§ 18 Absatz 5 AbfVerbrG).

Beachte, dass das Bundesamt für Logistik und Mobilität laut § 11 Absatz 2 Nr. 3 Buchstabe j Güterkraftverkehrsgesetz (GüKG) darüber zu wachen hat, dass die Vorschriften über die Beförderung von Abfall mit Fahrzeugen zur Straßengüterbeförderung eingehalten werden (bezieht sich auf Straßenkontrollen; § 12 Absatz 1 GüKG).

1.2 Abfallverbringung

Abfallverbringung ist die grenzüberschreitende Beförderung von Abfällen. Die Vorschriftengrundlage dazu findet sich im Recht der Europäischen Gemeinschaften:

Verordnung (EG) Nr. 1013/2006 des Europäischen Parlaments und des Rates über die Verbringung von Abfällen vom 14. Juni 2006 (ABl. L 190 S. 1), zuletzt geändert durch Verordnung (EU) 2020/2174 vom 19. Oktber 2020 (ABl. L 433, S. 11)

Diese Verordnung (im Folgenden mit **EG-AbfVerbrV** abgekürzt) ist in allen Teilen verbindlich und gilt unmittelbar in jedem Mitgliedstaat der Europäischen Gemeinschaften (vergl. S. 18).

Die EG-AbfVerbrV regelt u. a. folgende Sachverhalte (Artikel 1 Absatz 2):

- **Verbringung von Abfällen zwischen Mitgliedstaaten innerhalb der Gemeinschaft oder mit Durchfuhr durch Drittstaaten;**
- Verbringung von Abfällen aus Drittstaaten in die Gemeinschaft;
- Verbringung von Abfällen aus der Gemeinschaft in Drittstaaten;
- Durchfuhr von Abfällen durch die Gemeinschaft von und nach Drittstaaten.

„Verbringung" bezieht sich auf den Transport von zur Verwertung oder Beseitigung bestimmten Abfällen, unter Berücksichtigung der geografischen Randbedingungen. Wer sich für die Definition einer „illegalen Verbringung" interessiert, findet diese in Artikel 2 Nr. 35 der EG-AbfVerbrV.

1.2.1 Stellung der EG-AbfVerbrV im internationalen und nationalen Abfallrecht

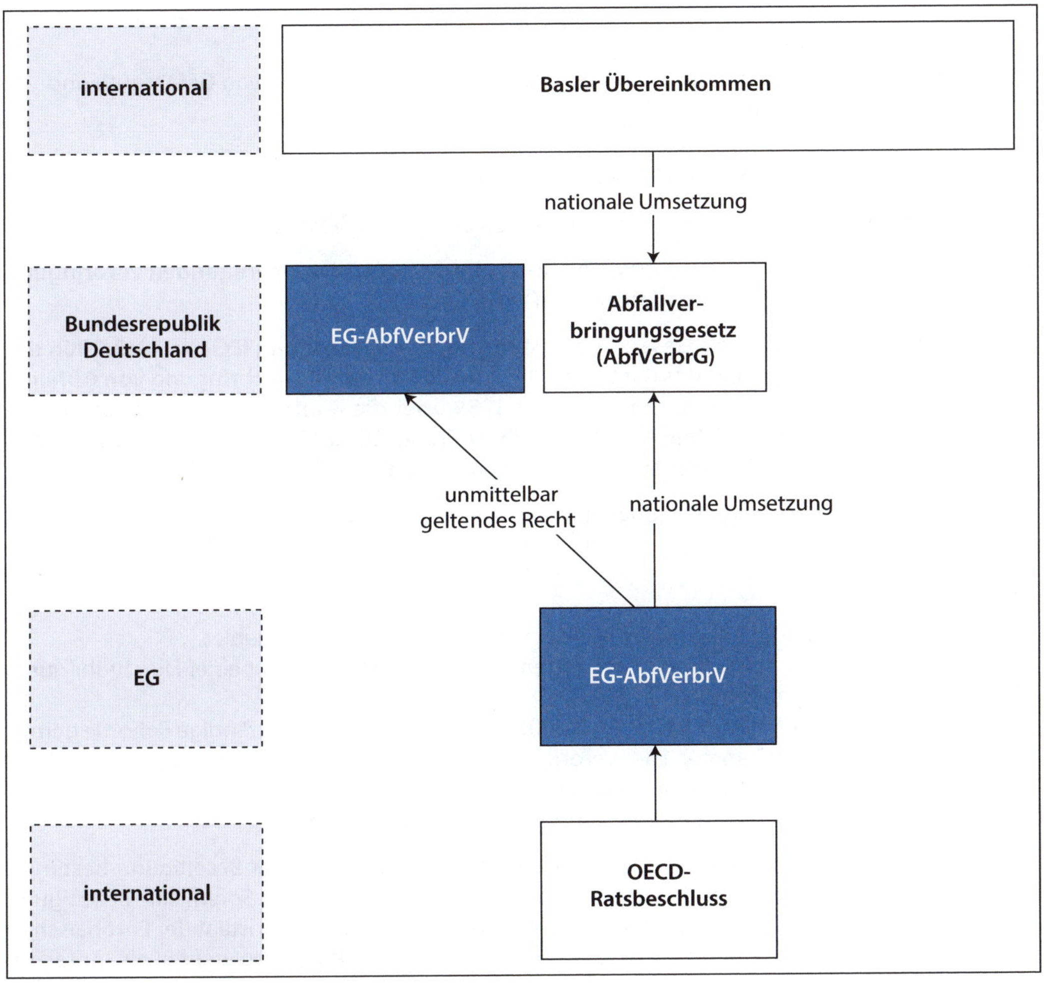

Abb. 38: Übersicht: Recht der Abfallverbringung

Basler Übereinkommen vom 22. März 1989 über die Kontrolle der grenzüberschreitenden Verbringung von gefährlichen Abfällen und ihrer Entsorgung

Der Gegenstand dieses internationalen Übereinkommens ist die Kontrolle der grenzüberschreitenden Verbringung gefährlicher Abfälle und ihrer Entsorgung. Zu diesem Zweck sind im Basler Übereinkommen festgelegt:

- Verfahren bei der grenzüberschreitenden Verbringung zwischen Vertragsparteien,
- Verfahren bei der Durchfuhr durch Nichtvertragsstaaten,
- eine Wiedereinfuhrpflicht bei nicht zustande gekommenem Abschluss der Verbringung.

Um Einheitlichkeit bei der Abgrenzung von Abfällen und Entsorgungsverfahren zu erreichen, sind vier Aufstellungen angefügt:

- Gruppen der zu kontrollierenden Abfälle (Annex I),
- Gruppen von Abfällen, die besonderer Prüfung bedürfen (Haushaltsabfälle und Rückstände aus der Verbrennung von Haushaltsabfällen) (Annex II),
- Liste der gefährlichen Eigenschaften (Annex III) (vergleiche Einteilung von Gefahrgut!) und
- Liste der Entsorgungsverfahren (Annex IV).

Ausführungsgesetz zum Basler Übereinkommen

Das Ausführungsgesetz zum Basler Übereinkommen besteht im Wesentlichen aus

Artikel 1 Gesetz über die Überwachung und Kontrolle der grenzüberschreitenden Verbringung von Abfällen (Abfallverbringungsgesetz – AbfVerbrG)

Die aktuelle Fassung firmiert als **Gesetz zur Ausführung der Verordnung (EG) Nr. 1013/2006 des Europäischen Parlaments und des Rates vom 14. Juni 2006 über die Verbringung von Abfällen und des Basler Übereinkommens vom 22. März 1989 über die Kontrolle der grenzüberschreitenden Verbringung gefährlicher Abfälle und ihrer Entsorgung (Abfallverbringungsgesetz – AbfVerbrG)** vom 19. Juli 2007 (BGBl. I S. 1462), zuletzt geändert am 2. März 2023 (BGBl. 2023 I Nr. 56).

Die nationale Umsetzung des Basler Übereinkommens wurde mit der Umsetzung der EG-AbfVerbrV kombiniert.

Das AbfVerbrG gilt für:

1. die Verbringung von Abfällen in das, aus dem oder durch das Bundesgebiet,
2. die Verbringung von Abfällen zwischen Orten im Bundesgebiet, die mit einer Durchfuhr durch andere Staaten verbunden ist,
3. die Verbringung von Abfällen, bei deren Notifizierung eine deutsche zuständige Behörde gemäß Artikel 15 Buchstabe f Nummer ii der Verordnung (EG) Nr. 1013/2006 als ursprüngliche zuständige Behörde im ursprünglichen Versandstaat zu beteiligen ist, sowie
4. die mit der Verbringung verbundene Verwertung oder Beseitigung.

Bei Abfällen, die aus dem Bundesgebiet verbracht werden sollen und zur Beseitigung bestimmt sind, hat die Beseitigung im Inland Vorrang vor der Beseitigung im Ausland. Sofern eine Beseitigung von Abfällen im Ausland zulässig ist, hat die Beseitigung in einem Mitgliedstaat der Europäischen Union Vorrang vor der Beseitigung in einem anderen Staat. Diese Prinzipien werden als „Autarkiegrundsatz" (§ 2 AbfVerbrG) bezeichnet.

Das AbfVerbrG bezieht sich – insbesondere im Hinblick auf das Verwaltungsverfahren – in weiten Teilen auf die EG-AbfVerbrV. § 3 AbfVerbrG enthält Ausführungen zur Sicherheitsleistung. Die Paragrafen 4 „Pflichten der übrigen Beteiligten im Verfahren der vorherigen schriftlichen Notifizierung und Zustimmung" und 5 „Pflichten im Rahmen der allgemeinen Informationspflichten" enthalten – unter Bezug auf die EG-Abfallverbringungsverordnung – Anweisungen zum Verfahrensablauf. Paragraf 8 enthält ergänzende Bestimmungen zu den Rücknahmeverpflichtungen, wie sie in der EG-Abfallverbringungsverordnung festgelegt sind.

§ 9 AbfVerbrG regelt die Datenerhebung und ihre Verwendung: Für welche Aufgaben dürfen personenbezogene Daten erhoben werden? Welche Behörden dürfen welche Daten erheben? Ist die Mitwirkung der betroffenen Personen obligatorisch?

§ 10 AbfVerbrG bestimmt die **Kennzeichnung der Fahrzeuge** mit dem „Abfall-A" (vgl. § 55 KrWG).

§ 11 AbfVerbrG weist die Kontrolle der Verbringung und damit die Kontrolle von Einrichtungen, Unternehmen, Maklern und Händlern den zuständigen Landesbehörden zu. § 11 AbfVerbrG legt auch das mögliche Prozedere im Anschluss an Kontrollen fest.

Beförderer und den Transport unmittelbar durchführende Personen haben Fahrzeuge, mit denen sie Abfälle auf öffentlichen Straßen befördern, vor Antritt der Fahrt mit zwei rechteckigen, rückstrahlenden, weißen Warntafeln von mindestens 40 Zentimetern Breite und mindestens 30 Zentimetern Höhe zu versehen. Die Warntafeln müssen in schwarzer Farbe die Aufschrift „A" (Buchstabenhöhe 20 Zentimeter, Schriftstärke 2 Zentimeter) tragen. Die Warntafeln müssen während der Beförderung außen am Fahrzeug deutlich sichtbar angebracht sein, und zwar vorn und hinten. Bei Zügen muss die hintere Tafel an der Rückseite des Anhängers angebracht sein (vgl. hierzu den Begriff der „Beförderungseinheit" im Gefahrgutrecht).

Dies gilt nicht für Fahrzeuge, mit denen Abfälle im Rahmen wirtschaftlicher Unternehmen, das heißt, aus Anlass einer anderweitigen gewerblichen oder wirtschaftlichen Tätigkeit, die nicht auf die Beförderung von Abfällen gerichtet ist, befördert werden.

- **OECD-Ratsbeschluss** C(2001)107/ENDGÜLTIG vom 22. Mai 2001 zur Änderung des Beschlusses C(92)38/ENDGÜLTIG über die Kontrolle von grenzüberschreitenden Verbringungen von Abfällen, zuletzt geändert am 26. Oktober 2005 mit Beschluss C(2005)141
  Der Beschluss des Rats der Organisation für wirtschaftliche Zusammenarbeit und Entwicklung besteht aus Verfahrensvorschriften, die sich auf beigefügte Listen von Abfällen beziehen:
- **Grüne Liste:** Liste von Abfällen, die dem Grünen Kontrollverfahren unterliegen (Anhang 3)
- **Gelbe Liste:** Liste von Abfällen, die dem Gelben Kontrollverfahren unterliegen (Anhang 4)

Diese Listen finden in der EG-AbfVerbrV Verwendung:

- Grüne Abfallliste (Anhang III): Liste der Abfälle, die den Allgemeinen Informationspflichten nach Artikel 18 EG-AbfVerbrV unterliegen
- Gelbe Abfallliste (Anhang IV): Liste von Abfällen, die dem Verfahren der vorherigen schriftlichen Notifizierung und Zustimmung unterliegen

Diese Listen finden in der EG-AbfVerbrV Verwendung (Stand 19. Oktober 2020):

1.2.2 EG-Abfallverbringungsverordnung: Verfahrensvorschriften

Das Verfahren zur Erlangung der Genehmigung zur Abfallverbringung wird als Notifizierung bezeichnet (notifizieren = anzeigen, benachrichtigen). Im Mittelpunkt steht der sogenannte „Notifizierende": Die (natürliche oder juristische) Person, die beabsichtigt, Abfälle zu verbringen oder verbringen zu lassen. Die notifizierende Person kann der Abfallerzeuger, der Einsammler, Händler oder Abfallmakler oder der Abfallbesitzer sein. Die Verfahren können in die **Vorabkontrolle** (Zulässigkeit der Entsorgung einschließlich Verbringung) und die **Verbleibskontrolle** (Nachweis der durchgeführten Entsorgung nach Verbringung) unterteilt werden.

Verfahren bei der Verbringung von Abfällen zwischen Mitgliedstaaten der Europäischen Gemeinschaft

Betroffen sind alle Abfälle zur Beseitigung (Artikel 3 Absatz 1 EG-AbfVerbrV). Abfälle zur Verwertung bedürfen einer vorherigen schriftlichen Notifizierung, sofern sie in bestimmten Anhängen der EG-AbfVerbrV aufgeführt sind. Die Verbringung von gemischten Siedlungsabfällen (Abfallschlüssel 20 03 01), die in privaten Haushaltungen eingesammelt worden sind, zu Verwertungs- oder Beseitigungsanlagen unterliegt den gleichen Bestimmungen wie die Verbringung von Abfällen zur Beseitigung.

Die Notifizierung der beabsichtigten Verbringung erfolgt bei der am Versandort zuständigen Behörde (Artikel 4 EG-AbfVerbrV). Dazu dient das **Notifizierungsformular** gemäß Anhang IA und das **Begleitformular** gemäß Anhang IB. Die anzugebenden Informationen und beizufügenden Unterlagen gehen aus Anhang II Teile 1 und 2 der EG-AbfVerbrV hervor. Anhang II Teil 3 enthält eine Auflistung zusätzlicher Informationen und Unterlagen, die von der Behörde angefordert werden können.

Anhang II Teil 1 EG-AbfVerbrV: im Notifizierungsformular anzugebende oder diesem beizufügende Informationen (Auszug)

1. Fortlaufende Nummer oder andere anerkannte Identifizierung des Notifizierungsformulars und vorgesehene Gesamtzahl der Verbringungen;
2. Name, Anschrift, Telefonnummer, Faxnummer, E-Mail-Adresse, Registriernummer und Kontaktperson des Notifizierenden;
3. wenn der Notifizierende nicht der Erzeuger ist: Name, Anschrift, Telefonnummer, Faxnummer, E-Mail-Adresse und Kontaktperson des Erzeugers;
4. Name, Anschrift, Telefonnummer, Faxnummer, E-Mail-Adresse und Kontaktperson des Händlers oder Maklers, falls dieser vom Notifizierenden gemäß Artikel 2 Nummer 15 ermächtigt wurde;
5. Name, Anschrift, Telefonnummer, Faxnummer, E-Mail-Adresse, Registriernummer, Kontaktperson, angewandte Technologien und gegebenenfalls Vorab-Zustimmung gemäß Artikel 14 ...;
6. Name, Anschrift, Telefonnummer, Faxnummer, E-Mail-Adresse, Registriernummer und Kontaktperson des Empfängers;
7. Name, Anschrift, Telefonnummer, Faxnummer, E-Mail-Adresse, Registriernummer und Kontaktperson des bzw. der vorgesehenen Transportunternehmen und/oder von dessen/deren Beauftragten;
8. Versandstaat und betroffene zuständige Behörde;
9. Durchfuhrstaaten und betroffene zuständige Behörden;
10. Empfängerstaat und betroffene zuständige Behörde;
11. Einzelnotifizierung oder Sammelnotifizierung ...;
12. Vorgesehene(r) Zeitpunkt(e) für den Beginn der Verbringung(en);
13. Vorgesehene Transportart;
14. Vorgesehene Beförderung (Ein- und Ausgangsorte aller betroffenen Staaten, einschließlich der Eingangszollstelle und/oder Ausgangszollstelle und/oder Ausfuhrzollstelle der Gemeinschaft) sowie vorgesehener Transportweg (Transportweg zwischen den Ein- und Ausgangsorten), einschließlich möglicher Alternativen, auch für den Fall unvorhergesehener Umstände;
15. Nachweis der Registrierung des bzw. der Transportunternehmen(s) für Abfalltransporte (z. B. Erklärung, mit der deren Bestehen bestätigt wird).

Anhang II Teil 2 EG-AbfVerbrV: im Begleitformular anzugebende Informationen

1. fortlaufende Nummer und Gesamtzahl der Verbringungen;
2. Datum des Beginns der Verbringung;
3. Transportart;
4. Name, Anschrift, Telefonnummer, Faxnummer, E-Mail-Adresse des bzw. der Transportunternehmen;
5. Beförderung (Ein- und Ausgangsorte aller betroffenen Staaten, einschließlich der Eingangszollstelle und/oder Ausgangszollstelle und/oder Ausfuhrzollstelle der Gemeinschaft) sowie Transportweg (Transportweg zwischen den Ein- und Ausgangsorten), einschließlich möglicher Alternativen, auch für den Fall unvorhergesehener Umstände;
6. Mengen;
7. Verpackungsart;
8. sämtliche von dem bzw. den Transportunternehmen zu treffenden besonderen Vorsichtsmaßnahmen;
9. Erklärung des Notifizierenden, dass alle erforderlichen Zustimmungen von den zuständigen Behörden der betroffenen Staaten erhalten wurden; diese Erklärung muss vom Notifizierenden unterzeichnet werden;
10. entsprechende Unterschriften für jede Abfallübergabe.

- Der Notifizierende schließt mit dem Empfänger einen **Vertrag** über die Verwertung oder Beseitigung der notifizierten Abfälle (siehe auch Artikel 5 EG-AbfVerbrV). Den beteiligten zuständigen Behörden ist bei der Notifizierung der Nachweis über den Abschluss dieses Vertrags oder eine Erklärung zur Bestätigung seines Bestehens vorzulegen. Der Vertrag muss für die Dauer der Verbringung abgeschlossen werden. Eine Rücknahmeverpflichtung muss enthalten sein, für den Fall, dass die vorgesehene Entsorgung nicht abgeschlossen werden konnte.
- Der nächste Schritt ist die Hinterlegung von **Sicherheitsleistungen** (siehe auch Artikel 6 EG-AbfVerbrV) oder der Abschluss entsprechender Versicherungen: Der Notifizierende gibt zu diesem Zweck im Notifizierungsformular nach Anhang IA eine entsprechende Erklärung ab. Die Sicherheitsleistungen oder entsprechenden Versicherungen (oder sofern die zuständige Behörde dies gestattet, der Nachweis über diese Sicherheitsleistungen oder entsprechenden Versicherungen oder eine Erklärung zur Bestätigung ihres Bestehens) sind bei der Notifizierung als Teil des Notifizierungsformulars vorzulegen. Die Sicherheitsleistung soll die Transportkosten, die Kosten der Verwertung oder Beseitigung und die Lagerkosten für 90 Tage abdecken.
- Ist die Notifizierung ordnungsgemäß ausgeführt worden, behält die zuständige Behörde am Versandort eine Kopie der Notifizierung und übermittelt die Notifizierung der zuständigen Behörde am Bestimmungsort mit Kopien an die für die Durchfuhr zuständige Behörde und setzt den Notifizierenden hiervon in Kenntnis (Artikel 7 Absatz 1 EG-AbfVerbrV). Dies muss innerhalb von drei Werktagen nach Eingang der Notifizierung erfolgen.
  Ist die Notifizierung nicht ordnungsgemäß ausgeführt, muss die zuständige Behörde am Versandort den Notifizierenden um weitere Informationen und Unterlagen ersuchen (Artikel 7 Absatz 2 EG-AbfVerbrV). Dies muss ebenfalls innerhalb von drei Werktagen nach Eingang der Notifizierung erfolgen.

Ist die Notifizierung ordnungsgemäß ausgeführt worden, kann die zuständige Behörde am Versandort innerhalb von drei Werktagen beschließen, **nicht mit der Notifizierung fortzufahren**, falls sie Einwände gegen die Verbringung hat. Sie unterrichtet den Notifizierenden unverzüglich von dieser Entscheidung und ihren Einwänden.

- Ist die zuständige Behörde am Bestimmungsort der Auffassung, dass die Notifizierung ordnungsgemäß abgeschlossen wurde, übermittelt sie dem Notifizierenden eine **Empfangsbestätigung** und den anderen betroffenen zuständigen Behörden Kopien davon. Dies muss innerhalb von drei Werktagen nach Eingang der ordnungsgemäß abgeschlossenen Notifizierung erfolgen.
- Die zuständigen Behörden am Bestimmungsort und am Versandort sowie die für die Durchfuhr zuständigen Behörden verfügen nach der Übermittlung der Empfangsbestätigung durch die zuständige Behörde am Bestimmungsort über eine Frist von 30 Tagen, um in Bezug auf die notifizierte Verbringung schriftlich eine **Entscheidung** zu treffen (Artikel 9 Absatz 1 EG-AbfVerbrV):
  a) Zustimmung ohne Auflagen;
  b) mit Auflagen verbundene Zustimmung oder
  c) Erhebung von Einwänden.
  Werden innerhalb der genannten Frist von 30 Tagen keine Einwände erhoben, gilt eine stillschweigende Genehmigung der für die **Durchfuhr** zuständigen Behörde als erteilt.
- Die zuständigen Behörden am Bestimmungsort und am Versandort sowie gegebenenfalls die für die Durchfuhr zuständigen Behörden übermitteln dem Notifizierenden innerhalb der Frist von 30 Tagen schriftlich ihre Entscheidung und die Gründe dafür; Kopien der Schreiben werden den anderen betroffenen zuständigen Behörden übersandt (Artikel 9 Absatz 2 EG-AbfVerbrV).
- Die zuständigen Behörden am Bestimmungsort und am Versandort sowie gegebenenfalls die für die Durchfuhr zuständigen Behörden erteilen ihre schriftliche Zustimmung durch entsprechendes Abstempeln, Unterzeichnen und Datieren des Notifizierungsformulars oder der ihnen übermittelten Kopien dieses Formulars.

Die Verwertung oder Beseitigung von Abfällen im Zusammenhang mit einer geplanten Verbringung muss spätestens ein Kalenderjahr nach Erhalt der Abfälle durch die Anlage abgeschlossen sein, sofern von den betroffenen zuständigen Behörden kein kürzerer Zeitraum angegeben wird.

Die zuständigen Behörden widerrufen ihre Zustimmung (Artikel 9 Absatz 8 EG-VerbrV), wenn sie davon Kenntnis erlangen, dass
a) die Zusammensetzung der Abfälle nicht der Notifizierung entspricht oder
b) die mit der Verbringung verbundenen Auflagen nicht erfüllt werden oder
c) die Abfälle nicht entsprechend der Genehmigung für die Anlage, in der das betreffende Verfahren durchgeführt wird, verwertet oder beseitigt werden oder
d) die Abfälle in einer Weise verbracht, verwertet oder beseitigt werden oder wurden, die nicht den Informationen entspricht, die im Notifizierungsformular und im Begleitformular angegeben oder diesen beigefügt sind.

Der Notifizierende kann eine **Sammelnotifizierung**, die mehrere Verbringungen abdeckt, einreichen (Artikel 13 EG-AbfVerbrV), falls jede Verbringung den folgenden Kriterien genügt:
a) die Abfälle weisen im Wesentlichen ähnliche physikalische und chemische Eigenschaften auf und
b) die Abfälle werden zum gleichen Empfänger und zur gleichen Anlage verbracht und
c) der im Notifizierungsformular angegebene Transportweg ist der gleiche.

- **Nach der Zustimmung zu einer notifizierten Verbringung** füllen alle beteiligten Unternehmen das Begleitformular oder im Falle einer Sammelnotifizierung die Begleitformulare an den entsprechenden Stellen aus, unterzeichnen es bzw. sie und behalten selbst eine Kopie bzw. Kopien davon.
- Sobald der Notifizierende die Zustimmung der zuständigen Behörden am Versandort und am Bestimmungsort sowie der für die Durchfuhr zuständigen Behörden erhalten hat bzw. die stillschweigende Zustimmung der Letzteren voraussetzen kann, trägt er das tatsächliche Datum der Verbringung in das Begleitformular ein und füllt dieses ansonsten soweit wie möglich aus.
- Der Notifizierende übermittelt den betroffenen zuständigen Behörden und dem Empfänger mindestens drei Werktage vor Beginn der Verbringung unterzeichnete Kopien des ausgefüllten Begleitformulars.
- Der Notifizierende behält eine Kopie des Begleitformulars. Bei jedem Transport sind das Begleitformular sowie Kopien des Notifizierungsformulars, die die von den betroffenen zuständigen Behörden erteilten schriftlichen Zustimmungen sowie die entsprechenden Auflagen enthalten, mitzuführen.
- Das Begleitformular wird von der Anlage, die die Abfälle erhält, aufbewahrt.
- Die Anlage bestätigt die Entgegennahme der Abfälle schriftlich innerhalb von drei Tagen nach deren Erhalt. Diese Bestätigung ist im Begleitformular anzugeben oder diesem beizufügen. Die Anlage übermittelt dem Notifizierenden und den betroffenen zuständigen Behörden unterzeichnete Kopien des um diese Bestätigung ergänzten Begleitformulars.
- Die Anlage, die die „nicht vorläufige" Verwertung oder Beseitigung vornimmt, bescheinigt unter ihrer Verantwortung so bald wie möglich, spätestens jedoch 30 Tage nach Abschluss der nicht vorläufigen Verwertung oder Beseitigung und nicht später als ein Kalenderjahr nach Erhalt der Abfälle den Abschluss der „nicht vorläufigen" Verwertung oder Beseitigung der Abfälle. Diese Bescheinigung ist im Begleitformular anzugeben oder diesem beizufügen. Die Anlage übermittelt dem Notifizierenden und den betroffenen zuständigen Behörden unterzeichnete Kopien des um diese Bescheinigung ergänzten Begleitformulars (Artikel 16 EG-AbfVerbrV).

Damit ist die Abfallentsorgung mit vorheriger Verbringung abgeschlossen.

> Alle in Bezug auf eine notifizierte Verbringung an die zuständigen Behörden gerichteten oder von diesen verschickten Unterlagen sind von den zuständigen Behörden, vom Notifizierenden, vom Empfänger und von der Anlage, die die Abfälle erhält, mindestens drei Jahre lang, gerechnet ab Beginn der Verbringung innerhalb der Gemeinschaft, aufzubewahren.

- **„vorläufige Beseitigung"** ist die Anwendung der Beseitigungsverfahren D 13 bis D 15 gemäß Anhang IIA der Richtlinie 2006/12/EG (ältere Fassung der Abfallrahmenrichtlinie; siehe auch Richtlinie 2008/98/EG);
- **„vorläufige Verwertung"** ist die Anwendung der Verwertungsverfahren R 12 und R 13 gemäß Anhang IIB der Richtlinie 2006/12/EG.

Vermengung oder Vermischung vor Anwendung eines der unter D 1 bis D 12 aufgeführten Verfahren, Neuverpacken vor Anwendung eines der unter D 1 bis D 13 aufgeführten Verfahren oder Lagerung bis zur Anwendung eines der unter D 1 bis D 14 aufgeführten Verfahren stellen eine „vorläufige Beseitigung" dar.

Notifizierungsformular für grenzüberschreitende Verbringungen von Abfällen EU

1. Exporteur — Notifizierender Registriernummer: Name: Anschrift: Kontaktperson: Tel.: Fax: E-Mail:	**3. Notifizierung Nr.:** **Notifizierung betreffend** A. i) Einmalige Verbringung: ☐ ii) Mehrmalige Verbringungen: ☐ B. i) Beseitigung (1): ☐ ii) Verwertung: ☐ C. Verwertungsanlage mit Vorabzustimmung (2)(3) Ja ☐ Nein ☐
2. Importeur — Empfänger Registriernummer: Name: Anschrift: Kontaktperson: Tel.: Fax: E-Mail:	**4. Vorgesehene Gesamtzahl der Verbringungen:** **5. Vorgesehene Gesamtmenge** (kg/l) (4): **6. Vorgesehener Zeitraum für die Verbringung(en)** (4): Erster Beginn: Letzter Beginn: **7. Verpackungsart(en)** (5): **Besondere Handhabungsvorschriften** (6): Ja ☐ Nein ☐
8. Vorgesehene(s) Transportunternehmen Registriernummer: Name (7): Anschrift: Kontaktperson: Tel.: Fax: E-Mail: Transportart (5):	**11. Beseitigungs-/Verwertungsverfahren** (2) D-Code / R-Code (5): Angewandte Technologie (6): Grund für die Ausfuhr (1)(6):
9. Abfallerzeuger (1)(7)(8) Registriernummer: Name: Anschrift: Kontaktperson: Tel.: Fax: E-Mail: Ort und Art der Abfallerzeugung (6):	**12. Bezeichnung und Zusammensetzung des Abfalls** (6): **13. Physikalische Eigenschaften** (5):
10. Beseitigungsanlage (2): ☐ **oder Verwertungsanlage** (2): ☐ Registriernummer: Name: Anschrift: Kontaktperson: Tel.: Fax: E-Mail: Ort der tatsächlichen Beseitigung/Verwertung:	**14. Abfallidentifizierung** (einschlägige Codes angeben) i) Basler Übereinkommen — Anlage VIII (oder IX, falls anwendbar): ii) OECD-Code (falls abweichend von i): iii) EU-Abfallverzeichnis: iv) Nationaler Code im Ausfuhrland: v) Nationaler Code im Einfuhrland: vi) Sonstige (bitte angeben): vii) Y-Code: viii) H-Code (5): ix) UN-Klasse (5): x) UN-Kennnummer: xi) UN-Versandname: xii) Zollnummer(n) (HS):

Abb. 39: Notifizierungsformular für grenzüberschreitende Verbringungen

15. Betroffene Staaten (a), Codenummern der zuständigen Behörden, sofern zutreffend (b), Ein- und Ausfuhrorte (c)				
Ausfuhrstaat/Versandstaat	Durchfuhrstaaten (Ein- und Ausgang)			Einfuhrstaat/Empfängerstaat
a)				
b)				
c)				

16. Eingangs- und/oder Ausgangs- und/oder Ausfuhrzollstellen: **(Europäische Gemeinschaft)**

Eingang: Ausgang: Ausfuhr:

17. Erklärung des Exporteurs — Notifizierenden/Erzeugers (1):

Ich erkläre hiermit, dass die obigen Informationen nach meinem besten Wissen vollständig sind und der Wahrheit entsprechen. Ich erkläre ferner, dass rechtlich durchsetzbare vertragliche Verpflichtungen schriftlich eingegangen wurden und alle für die grenzüberschreitende Verbringung erforderlichen Versicherungen oder sonstigen Sicherheitsleistungen abgeschlossen bzw. hinterlegt wurden oder werden.

Name des Exporteurs/Notifizierenden: Unterschrift: Datum

Name des Erzeugers: Unterschrift: Datum

18. Anzahl der beigefügten Anhänge

VON DEN ZUSTÄNDIGEN BEHÖRDEN AUSZUFÜLLEN

19. Bestätigung der zuständigen Behörde des Einfuhrstaats — Empfängerstaats/ Durchfuhrstaats (1)**/Ausfuhrstaats — Versandstaats** (9):

Land:

Eingang der Notifizierung am:

Eingang bestätigt am:

Name der zuständigen Behörde:

Stempel und/oder Unterschrift:

20. Schriftliche Zustimmung (1)(8) **der Verbringung durch die zuständige Behörde von** (Land):

Zustimmung erteilt am:

Zustimmung gültig vom: bis:

Besondere Auflagen: Nein: ☐ Falls Ja, siehe Nr. 21 (6): ☐

Name der zuständigen Behörde:

Stempel und/oder Unterschrift:

21. BESONDERE AUFLAGEN FÜR DIE ZUSTIMMUNG ZU DER VERBRINGUNG ODER GRÜNDE FÜR DIE EINWANDSERHEBUNG

(1) Gemäß dem Basler Übereinkommen erforderlich.
(2) Bei R12/R13- oder D13-D15-Verfahren auch einschlägige Informationen zu den nachfolgenden R1-R11- bzw. D1-D12-Anlagen beifügen, sofern erforderlich.
(3) Bei Verbringungen innerhalb der OECD auszufüllen, falls B.ii) anwendbar.
(4) Bei mehrmaligen Verbringungen detaillierte Liste beifügen
(5) Siehe Liste der Abkürzungen und Codes auf der folgenden Seite.
(6) Erforderlichenfalls Einzelheiten angeben.
(7) Liste beifügen, falls mehr als ein Transportunternehmen bzw. Erzeuger.
(8) Wenn aufgrund nationaler Rechtsvorschriften erforderlich.
(9) Falls gemäß dem OECD-Beschluss erforderlich.

Abb. 39: Notifizierungsformular für grenzüberschreitende Verbringungen *(Forts.)*

Artikel 15 EG-AbfVerbrV enthält „Zusätzliche Bestimmungen zur vorläufigen Verwertung und Beseitigung", wie z. B.:

Ist eine Verbringung von Abfällen zur vorläufigen Verwertung oder Beseitigung bestimmt, so müssen alle Anlagen, in denen die nachfolgende vorläufige und nicht vorläufige Verwertung oder Beseitigung vorgesehen ist, zusätzlich zu der ersten vorläufigen Verwertung oder Beseitigung ebenfalls im Notifizierungsformular angegeben werden.

Begleitformular für grenzüberschreitende Verbringungen von Abfällen EU

1. Entspricht der Notifizierung Nr.:	**2. Fortlaufende Nummer/Gesamtzahl der Verbringungen:** /
3. Exporteur — Notifizierender Registriernummer: Name: Anschrift: Kontaktperson: Tel.: Fax: E-Mail:	**4. Importeur — Empfänger** Registriernummer: Name: Anschrift: Kontaktperson: Tel.: Fax: E-Mail:
5. Tatsächliche Menge: kg: Liter:	**6. Tatsächliches Datum der Verbringung:**
7. Verpackung Art(en) *(1)*: Anzahl der Frachtstücke:: **Besondere Handhabungsvorschriften** *(2)* Ja ☐ Nein: ☐	

8 a) 1. Transportunternehmen *(3)*: Registriernummer: Name: Anschrift: Tel.: Fax: E-Mail:	**8 b) 2. Transportunternehmen:** Registriernummer: Name: Anschrift: Tel.: Fax: E-Mail:	**8 c) Letztes Transportunternehmen:** Registriernummer: Name: Anschrift: Tel.: Fax: E-Mail:
------- Vom Beauftragten des Transportunternehmens auszufüllen -------		*Mehr als 3 Transportunternehmen (2)*
Transportart *(1)*: Versanddatum: Unterschrift:	Transportart *(1)*: Versanddatum: Unterschrift:	Transportart *(1)*: Versanddatum: Unterschrift:

9. Abfallerzeuger *(4)(5)(6)*: Registriernummer: Name: Anschrift: Kontaktperson: Tel.: Fax: E-Mail: Ort der Abfallerzeugung *(2)*:	**12. Bezeichnung und Zusammensetzung des Abfalls** *(2)*: **13. Physikalische Eigenschaften** *(1)*: **14.** Abfallidentifizierung (einschlägige Codes angeben) i) Basler Übereinkommen — Anlage VIII (oder IX, falls anwendbar):
10. Beseitigungsanlage ☐ **oder Verwertungsanlage** ☐ Registriernummer: Name: Anschrift: Kontaktperson: Tel.: Fax: E-Mail: Ort der tatsächlichen Beseitigung/Verwertung *(2)*:	ii) OECD-Code (falls abweichend von i): iii) EU-Abfallverzeichnis: iv) Nationaler Code im Ausfuhrland: v) Nationaler Code im Einfuhrland: vi) Overige (specificeren): vii) Y-Code: viii) H-Code *(1)*: ix) UN-Klasse *(1)* x) UN-Kennnummer:
11. Beseitigungs-/Verwertungsverfahren D-Code / R-Code *(1)*:	xi) UN-Versandname: xii) Zollnummer(n) (HS):

Abb. 40: Begleitformular für grenzüberschreitende Verbringungen

15. Erklärung des Exporteurs — Notifizierenden/Erzeugers (4):

Ich erkläre hiermit, dass die obigen Informationen nach meinem besten Wissen vollständig sind und der Wahrheit entsprechen. Ich erkläre ferner, dass rechtlich durchsetzbare vertragliche Verpflichtungen schriftlich eingegangen wurden, alle für die grenzüberschreitende Verbringung erforderlichen Versicherungen oder sonstigen Sicherheitsleistungen abgeschlossen bzw. hinterlegt wurden und alle erforderlichen Zustimmungen der zuständigen Behörden der betreffenden Staaten vorliegen

Name: Unterschrift:

Datum:

16. Von sonstigen an der grenzüberschreitenden Verbringung beteiligten Personen auszufüllen, falls zusätzliche Informationen verlangt werden:

VON DER BESEITIGUNGS-/VERWERTUNGSANLAGE AUSZUFÜLLEN

17. Eingang bei der Beseitigungsanlage ☐ **oder Verwertungsanlage** ☐

Eingangsdatum: In Empfang genommen: ☐ Empfang verweigert*: ☐

In Empfang genommene Menge: kg: Liter:

* zuständige Behörden unverzüglich informieren

Ungefähres Datum der Beseitigung/Verwertung:

Beseitigungs-/Verwertungsverfahren (1):

Datum:

Name:

Unterschrift:

18. Ich bescheinige hiermit, dass die oben beschriebenen Abfälle beseitigt/verwertet worden sind.

Datum:

Name:

Unterschrift und Stempel:

(1) Siehe Liste der Abkürzungen und Codes auf der folgenden Seite.
(2) Erforderlichenfalls Einzelheiten angeben.
(3) Bei mehr als 3 Transportunternehmen sind die unter Nr. 8 (a, b, c) verlangten Informationen beizufügen.
(4) Gemäß dem Basler Übereinkommen erforderlich.
(5) Liste beifügen, falls mehr als ein Abfallerzeuger.
(6) Wenn aufgrund nationaler Rechtsvorschriften erforderlich.

VON DER ZOLLSTELLE AUSZUFÜLLEN (gemäß nationalen Rechtsvorschriften)

19. AUSFUHRSTAAT/VERSANDSTAAT ODER AUSGANGSZOLLSTELLE	20. EINFUHRSTAAT/EMPFÄNGERSTAAT ODER EINGANGSZOLLSTELLE
Die in diesem Begleitformular beschriebenen Abfälle wurden aus dem Land ausgeführt am:	Die in diesem Begleitformular beschriebenen Abfälle wurden in das Land eingeführt am:
Unterschrift:	Unterschrift:
Stempel:	Stempel:

21. STEMPEL DER ZOLLSTELLEN DER DURCHFUHRSTAATEN

Name des Staates:		Name des Staates:	
Eingang:	Ausgang:	Eingang:	Ausgang:
Name des Staates:		Name des Staates:	
Eingang:	Ausgang:	Eingang:	Ausgang:

Abb. 40: Begleitformular für grenzüberschreitende Verbringungen *(Forts.)*

Verzeichnis der im Begleitformular verwendeten Abkürzungen und Codes

BESEITIGUNGSVERFAHREN (Nr. 11)		VERWERTUNGSVERFAHREN (Nr. 11)	
D1	Ablagerungen in oder auf dem Boden (d. h. Deponien usw.)	R1	Verwendung als Brennstoff (außer bei Direktverbrennung) oder andere Mittel der Energieerzeugung/ Hauptverwendung als Brennstoff oder andere Mittel der Energieerzeugung
D2	Behandlung im Boden (z. B. biologischer Abbau von flüssigen oder schlammigen Abfällen im Erdreich usw.)	R2	Rückgewinnung/Regenerierung von Lösemitteln
D3	Verpressung (z. B. Verpressung pumpfähiger Abfälle in Bohrlöcher, Salzdome oder natürliche Hohlräume usw.)	R3	Verwertung/Rückgewinnung organischer Stoffe, die nicht als Lösemittel verwendet werden
D4	Oberflächenaufbringung (z. B. Ableitung flüssiger oder schlammiger Abfälle in Gruben, Teiche oder Lagunen usw.)	R4	Verwertung/Rückgewinnung von Metallen und Metallverbindungen
D5	Speziell angelegte Deponien (z. B. Ablagerung in abgedichteten, getrennten Räumen, die verschlossen und gegeneinander und gegen die Umwelt isoliert werden)	R5	Verwertung/Rückgewinnung von anderen organischen Stoffen
D6	Einleitung in ein Gewässer mit Ausnahme von Meeren/Ozeanen	R6	Regenerierung von Säuren und Basen
D7	Einleitung in Meere/Ozeane, einschließlich Einbringung in den Meeresboden	R7	Wiedergewinnung von Bestandteilen, die der Bekämpfung der Verunreinigung dienen
D8	Biologische Behandlung, die nicht an anderer Stelle in dieser Liste beschrieben ist und durch die Endverbindungen oder Gemische entstehen, die mit einem der in D1 bis D12 aufgeführten Verfahren entsorgt werden	R8	Wiedergewinnung von Katalysatorbestandteilen
D9	Chemisch-physikalische Behandlung, die nicht an anderer Stelle in dieser Liste beschrieben ist und durch die Endverbindungen oder Gemische entstehen, die mit einem der in der in dieser Liste aufgeführten Verfahren entsorgt werden (z. B. Verdampfen, Trocknen, Kalzinieren)	R9	Altölraffination oder andere Wiederverwendungsmöglich keiten von Altöl
D10	Verbrennung an Land	R10	Aufbringung auf den Boden zum Nutzen der Landwirtschaft oder der Ökologie
D11	Verbrennung auf See	R11	Verwendung von Rückständen, die bei einem der unter R1 bis R10 aufgeführten Verfahren gewonnen werden
D12	Dauerlagerung (z. B. Lagerung von Behältern in einem Bergwerk usw.)	R12	Austausch von Abfällen, um sie einem der unter R1 bis R11 aufgeführten Verfahren zu unterziehen
D13	Vermengung oder Vermischung vor Anwendung eines der in D1 bis D12 aufgeführten Verfahren.	R13	Ansammlung von Stoffen, die für eines der in dieser Liste aufgeführten Verfahren vorgesehen sind.
D14	Rekonditionierung vor Anwendung eines der in D1 bis D12 aufgeführten Verfahren		
D15	Lagerung bis zur Anwendung eines der in D1 bis D12 aufgeführten Verfahren		

VERPACKUNGSARTEN (Nr. 7)

1. Trommel/Fass
2. Holzfass
3. Kanister
4. Kiste/Kasten
5. Sack/Beutel
6. Verbundverpackung
7. Druckbehälter
8. Schüttgut
9. Sonstige (bitte angeben)

TRANSPORTART (Nr. 8)

St = Straße	Lu = Luftweg
Sc = Schiene	Bw = Binnenwasserstraßen
Se = Seeweg	

PHYSIKALISCHE EIGENSCHAFTEN (Nr. 13)

1. Staub- oder pulverförmig
2. Fest
3. Pastös/breiig
4. Schlammig
5. Flüssig
6. Gasförmig
7. Andere Erscheinungsform (bitte angeben)

H-CODE UND UN-KLASSE (Nr. 14)

VN-klasse	H-Code	Eigenschaften
1	H1	Explosivstoffe
3	H3	Entzündbare Flüssigkeiten
4.1	H4.1	Entzündbare Feststoffe
4.2	H4.2	Selbstentzündbare Stoffe oder Abfälle
4.3	H4.3	Stoffe oder Abfälle, die bei Berührung mit Wasser entzündbare Gase entwickeln
5.1	H5.1	Oxidierende Stoffe
5.2	H5.2	Organische Peroxide
6.1	H6.1	Giftige Stoffe (mit akuter Wirkung)
6.2	H6.2	Infektiöse Stoffe
8	H8	Ätzende Stoffe
9	H10	Freisetzung toxischer Gase bei Kontakt mit Luft oder Wasser
9	H11	Toxische Stoffe (mit verzögerter oder chronischer Wirkung)
9	H12	Ökotoxische Stoffe
9	H13	Stoffe, die auf irgendeine Weise nach der Entsorgung andere Substanzen erzeugenkönnen, wie etwa Sickerstoffe, die eine der vorstehend aufgeführten Eigenschaften besitzen

Weitere Informationen — insbesondere zur Abfallidentifizierung (Nr. 14), d. h. den Codes der Anlagen VIII und IX des Basler Übereinkommens, den OECD-Codes und den Y-Codes — können den Handbüchern entnommen werden, die bei der OECD und dem Sekretariat des Basler Übereinkommens erhältlich sind.

Abb. 40: Begleitformular für grenzüberschreitende Verbringungen *(Forts.)*

1.2.3 AbfVerbrG/EG-Abfallverbringungsverordnung: Gemeinsame Vorschriften

1. Artikel 26 EG-AbfVerbrV behandelt die Form der Benachrichtigungen. Das zielt nicht auf die Formulare, sondern auf den Übermittlungsweg. Die Unterlagen und Informationen (siehe Artikel 26 Absatz 1 EG-AbfVerbrV) können grundsätzlich per Post versandt werden. Mit Zustimmung der betroffenen zuständigen Behörden sind andere Übermittlungswege möglich: die schlichte elektronische Übermittlung per Fax oder E-Mail (Absatz 2), aber auch der elektronische Datenaustausch mit elektronischer Signatur oder Authentifizierung (Absatz 4).
2. Der Schriftverkehr erfordert eine Sprache, die für die zuständigen Behörden am Versand- und Bestimmungsort „annehmbar" ist. Innerhalb der EU stehen hier die offiziellen Amtssprachen zur Verfügung; im Notfall hilft Englisch weiter. Auf Verlangen der betroffenen zuständigen Behörden können beglaubigte Übersetzungen nötig werden (Artikel 27 EG-AbfVerbrV).
3. Die Kosten für die Notifizierung und weitere Überwachung der Verbringung (d. h. die Verwaltungskosten im weiteren Sinn) trägt die notifizierende Person (Artikel 27 EG-AbfVerbrV).
4. Die im Basler Übereinkommen stehende Wiedereinfuhrpflicht greift bei nicht zustande gekommenem Abschluss der Verbringung (z. B. Beseitigung vor Ort trotz Genehmigung aus betrieblichen Gründen nicht möglich). Derjenige, der notifiziert hat, hat die Abfälle auch wieder zurückzubringen. Die Kosten gehen zu seinen Lasten (Artikel 23 EG-AbfVerbrV).

Bei illegaler Verbringung (ohne Notifizierung oder Genehmigung; Verbringung unter Vortäuschung falscher Tatsachen oder abweichend von den Angaben im Begleitschein) trifft die Rücknahmepflicht den illegalen Verbringer. Das kann der Notifizierende sein, aber auch der Empfänger der Abfälle. Artikel 25 EG-AbfVerbrV regelt die Kostenübernahme bei illegaler Verbringung (Rücknahme bzw. Beseitigung/Verwertung).

Vergleiche hierzu die Ausführungen in Artikel 5 der EG-AbfVerbrV: Vertrag.

5. Die Zuständigkeiten in der Bundesrepublik Deutschland sind wie folgt geregelt (§ 14 AbfVerbrG):
   - bei Einfuhr in die BRD ist die Behörde des Bundeslandes zuständig, in dem die Abfälle erstmals verwertet oder beseitigt werden sollen;
   - bei Ausfuhr aus der BRD ist die Behörde des Bundeslandes, in dem die Verbringung der Abfälle beginnen soll oder beginnt, zuständig.
6. Abfallverbringungen in die, aus der oder durch die BRD dürfen nur über bestimmte Zollstellen abgewickelt werden. Die Rechtsgrundlage bieten Artikel 55 der EG-AbfVerbrV (beachte auch die Artikel 47 und 48; sie betreffen die Durchfuhr) und § 4 Absatz 3 und § 17 AbfVerbrG.
7. Die Kennzeichnung der Fahrzeuge ist in § 10 AbfVerbrG geregelt. Die Vorschriften entsprechen den Festlegungen in § 55 KrWG. Sie gelten nur in der Bundesrepublik Deutschland!
8. Der Notifizierende hat sicherzustellen, dass das Begleitformular sowie Kopien des Notifizierungsformulars, die die von den betroffenen Behörden erteilten schriftlichen Zustimmungen sowie die entsprechenden Auflagen enthalten, mitgeführt werden. Artikel 16 Buchstabe c) EG-AbfVerbrV bestimmt bei jedem Transport mitzuführende Unterlagen:
   - Begleitformular (Begleitschein)
   - Notifizierungsformular
9. Der deutsche Gesetzgeber hat eine Anlaufstelle bestimmt, deren Aufgabe die Information und Beratung im Zusammenhang mit der Abfallverbringung ist (§ 15 AbfVerbrG; vgl. Artikel 54 der EG-AbfVerbrV). Diese Anlaufstelle ist das Umweltbundesamt.

Durchsetzung der Vorschriften in den Mitgliedstaaten

Die Mitgliedstaaten legen Vorschriften für Sanktionen fest, die bei einem Verstoß gegen die EG-AbfVerbrV zu verhängen sind, und treffen alle erforderlichen Maßnahmen zur Sicherstellung ihrer Anwendung.

Die Mitgliedstaaten sehen im Zuge der Maßnahmen zur Durchsetzung der EG-AbfVerbrV unter anderem Kontrollen von Einrichtungen, Unternehmen, Maklern und Händlern gemäß Artikel 34 der Richtlinie 2008/98/EG und Kontrollen von Verbringungen von Abfällen und der damit verbundenen Verwertung oder Beseitigung vor.

Bis zum 1. Januar 2017 hatten die Mitgliedstaaten Zeit, sicherzustellen, dass für ihr gesamtes geografisches Gebiet ein oder mehrere Pläne für durchzuführende Kontrollen erstellt werden („Kontrollpläne") (Artikel 50 Absatz 2a EG-AbfVerbrV).

Die Absätze 4a bis 4d des Artikels 50 der EG-AbfVerbrV geben eine Art Leitfaden für die an der Kontrolle beteiligten Behörden („Um festzustellen, ob …").

Änderung der Anhänge: Die Europäische Kommission erhält in Artikel 58 EG-AbfVerbrV spezifische Befugnisse zur Änderung der Anhänge.

Beachte: Die Befugnisübertragung gemäß Artikel 58 kann vom Europäischen Parlament oder vom Rat jederzeit widerrufen werden (Artikel 58a Absatz 3 EG-AbfVerbrV).

Abfallverbringungsgebührenverordnung – AbfVerbrGebV

Diese Verordnung gilt für Amtshandlungen des Umweltbundesamtes als zuständige Behörde für die Entscheidung über die notifizierungsbedürftige Verbringung von Abfällen durch die Bundesrepublik Deutschland. Sie ***wurde*** mit Wirkung zum 1. Oktober 2021 aufgehoben!

Somit ist zum Thema „Gebühren" derzeit nur § 7 AbfVerbrG – eine „Ermächtigung" – maßgeblich: Durch Besondere Gebührenverordnung des Bundesministeriums für Umwelt, Naturschutz und nukleare Sicherheit nach § 22 Absatz 4 des Bundesgebührengesetzes kann für den Bereich der Bundesverwaltung die Gebührenschuldnerschaft abweichend von den Vorschriften des Bundesgebührengesetzes geregelt werden. Bleiben noch die kostenrechtlichen Regelungen der Bundesländer!

Nationale Ausführungsregelungen

- Vollzugshilfe zur Verordnung (EG) Nr. 1013/2006 des Europäischen Parlaments und des Rates vom 14. Juni 2006 über die Verbringung von Abfällen (VVA) und zum Abfallverbringungsgesetz vom 19. Juli 2007 (AbfVerbrG) – Vollzugshilfe zur Abfallverbringung – (LAGA-Mitteilung 25; Stand Mai 2017)
- Bundesministerium für Umwelt, Naturschutz und nukleare Sicherheit und Verbraucherschutz: Bekanntmachung der Zollstellen, über die Abfälle beim Eingang oder beim Verlassen der Europäischen Gemeinschaft verbracht werden dürfen (Stand 6. Oktober 2022). Die Rechtsgrundlage findet sich in § 17 AbfVerbrG. Diese Bekanntmachung kann aus dem Internet abgerufen werden (https://www.bmuv.de/fileadmin/Daten_BMU/Download_PDF/Abfallwirtschaft/zollstellen_liste_2022_bf.pdf).

Abschließend sei auf die Verordnung zur Durchsetzung von Vorschriften in Rechtsakten der Europäischen Gemeinschaft über die Verbringung von Abfällen (Abfallverbringungsbußgeldverordnung – AbfVerbrBußV) hingewiesen (Stand 9. Mai 2022 (BGBl I S. 741)). Wer allerdings wissen will, was der Verstoß kostet, muss woanders suchen (AbfVerbrG!).

1.2.4 Grüne und Gelbe Abfallliste

Die Darstellung der Verfahrensanweisungen für die Abfallverbringung bleibt unvollständig ohne eine nähere Bestimmung der Abfälle, die den Anordnungen zu unterwerfen sind. Soweit die Verbringung innerhalb der Gemeinschaft mit oder ohne Durchfuhr durch Drittstaaten vorgesehen ist, trifft die EG-AbfVerbrV in Artikel 3 eine Unterscheidung:

1. Die Verbringung folgender Abfälle unterliegt dem Verfahren der vorherigen **schriftlichen Notifizierung und Zustimmung** (Artikel 3 Absatz 1 EG-AbfverbrV):
   a) falls zur Beseitigung bestimmt: alle Abfälle;
   b) falls zur Verwertung bestimmt:
      i) in Anhang IV aufgeführte Abfälle, einschließlich u. a. der in den Anhängen II und VIII des Basler Übereinkommens aufgeführten Abfälle;
      ii) in Anhang IVA aufgeführte Abfälle;
      iii) nicht als Einzeleintrag in Anhang III, IIIB, IV oder IVA eingestufte Abfälle;
      iv) nicht als Einzeleintrag in Anhang III, IIIB, IV oder IVA eingestufte Abfallgemische, sofern sie nicht in Anhang IIIA aufgeführt sind.
2. Die Verbringung folgender zur Verwertung(!) bestimmter Abfälle unterliegt den **allgemeinen Informationspflichten gemäß Artikel 18**, sofern die verbrachte Abfallmenge mehr als 20 kg beträgt (Artikel 3 Absatz 2 EG-AbfverbrV):
   a) in Anhang III oder IIIB aufgeführte Abfälle;
   b) nicht als Einzeleintrag in Anhang III eingestufte Gemische aus zwei oder mehr in Anhang III aufgeführten Abfällen, sofern die Zusammensetzung dieser Gemische ihre umweltgerechte Verwertung nicht erschwert und solche Gemische gemäß Artikel 58 in Anhang IIIA aufgeführt sind.

   Die Informationspflicht bezieht sich auf ein in Anhang VII der EG-AbfVerbrV vorgegebenes Formular mit **Versandinformationen**. Es ist von der Person, die die Verbringung veranlasst, vor Beginn derselben zu unterzeichnen und von der Verwertungsanlage bei der Übergabe der Abfälle abzuzeichnen. Zur Grundlage der Verbringung gehört ein Vertrag zwischen dem Veranlasser der Verbringung und dem Empfänger, der Eventualitäten wie die Rückfuhr regelt (Artikel 18 Absatz 2 EG-AbfVerbrV).

Zu 1.: Anhang IV der EG-AbfVerbrV enthält eine Liste von Abfällen, die dem Verfahren der vorherigen schriftlichen Notifizierung und Zustimmung unterliegen. Im Untertitel wird ihre Herkunft genannt: **Gelbe Abfallliste** aus dem OECD-Beschluss.

Zu 2.: Anhang III der EG-AbfVerbrV enthält eine Liste der Abfälle, die den allgemeinen Informationspflichten nach Artikel 18 unterliegen. Im Untertitel wird auf die **Grüne Abfallliste** aus dem OECD-Beschluss verwiesen.

Anhang V spezifiziert Abfälle, für die das **Ausfuhrverbot** des Artikels 36 EG-AbfVerbrV gilt. Hier werden Anlagen des Basler Übereinkommens verwendet. Aufgeführt wird auch eine Liste, wie sie der Abfallverzeichnis-Verordnung zugrunde liegt (mit „gefährlichen" und „nicht gefährlichen" Abfällen).

1.3 Sonstige abfallrelevante Umweltschutzvorschriften

1.3.1 Bergrecht

Der Bergbau wird im Abfallrecht an mehreren Stellen berührt:

- § 2 Absatz 2 Nr. 7 KrWG Geltungsbereich
- § 6 Absatz 1 KrWG Abfallhierarchie (Verfüllung)
- § 10 Absatz 1 KrWG Anforderungen an die Kreislaufwirtschaft (Verwertung von mineralischen Abfällen)
- § 28 Absatz 3 KrWG Durchführung der Beseitigung (Beseitigung außerhalb von Abfallbeseitigungsanlagen)
- Anlage 1 KrWG Beseitigungsverfahren (Dauerlagerung; z. B. in einem Bergwerk)

§ 2 Absatz 2 KrWG legt fest, für welche Bereiche die Vorschriften des KrWG nicht gelten.

VERSANDINFORMATIONEN (1)

1. Person, die die Verbringung veranlasst: Name: …… Anschrift: …… Kontaktperson: …… Tel.: …… Fax: …… E-Mail: ……	**2. Importeur / Empfänger:** Name: …… Anschrift: …… Kontaktperson: …… Tel.: …… Fax: …… E-Mail: ……
3. Tatsächliche Menge: Tonnen (Mg): …… m³: ……	**4. Tatsächliches Datum der Verbringung:** ……

5.(a) 1. Transportunternehmen *(2)*: Name: …… Anschrift: …… Kontaktperson: …… Tel.: …… Fax: …… E-Mail: …… Transportart: …… Übergabedatum: …… Unterschrift: ……	**5.(b): 2. Transportunternehmen:** Name: …… Anschrift: …… Kontaktperson: …… Tel.: …… Fax: …… E-Mail: …… Transportart: …… Übergabedatum: …… Unterschrift: ……	**5.(c): 3. Transportunternehmen:** Name: …… Anschrift: …… Kontaktperson: …… Tel.: …… Fax: …… E-Mail: …… Transportart: …… Übergabedatum: …… Unterschrift: ……

6. Abfallerzeuger *(3)* **Ersterzeuger, Neuerzeuger oder Einsammler:** Name: …… Anschrift: …… Kontaktperson: …… Tel.: …… Fax: …… E-Mail: ……	**8. Verwertungsverfahren (oder gegebenenfalls Beseitigungsverfahren bei in Artikel 3 Absatz 4 genannten Abfällen):** R-Code / D-Code : …… **9. Übliche Bezeichnung der Abfälle:** …… ……
7. Verwertungsanlage ☐ **Labor** ☐ Name: …… Anschrift: …… Kontaktperson: …… Tel.: …… Fax: …… E-Mail: ……	**10. Abfallidentifizierung** *(einschlägige Codes angeben)*: i) Basel Anlage IX : …… ii) OECD (falls abweichend von i)): …… iii) Anhang IIIA *(4)*: iv) Anhang IIIB *(5)*: v) EU-Abfallverzeichnis: …… vi) Nationaler Code: …… vii) Sonstiges (bitte angeben):

11. Betroffene Staaten:

Ausfuhrstaat / Versandstaat	Durchfuhrstaat(en)			Einfuhrstaat / Empfängerstaat
……	……	……	……	……

12. Erklärung der die Verbringung veranlassenden Person: Ich erkläre hiermit, dass die obigen Informationen nach meinem besten Wissen vollständig sind und der Wahrheit entsprechen. Ich erkläre ferner, dass mit dem Empfänger wirksame vertragliche Verpflichtungen schriftlich eingegangen wurden *(ist bei den in Artikel 3 Absatz 4 genannten Abfällen nicht erforderlich)*:

Name: …… Datum: …… Unterschrift: ……

13. Unterschrift des Empfängers bei Entgegennahme der Abfälle:

Name: …… Datum: …… Unterschrift: ……

VON DER VERWERTUNGSANLAGE ODER VOM LABOR AUSZUFÜLLEN:

14. Eingang bei der Verwertungsanlage: ☐ In Empfang genommene Menge: Tonnen (Mg): ……
oder beim Labor: ☐ m³: ……

Name: …… Datum: …… Unterschrift: ……

(1) Mitzuführende Informationen bei der Verbringung der in der grünen Liste aufgeführten Abfälle, die zur Verwertung bestimmt sin d, oder von Abfällen, die für eine Laboranalyse bestimmt sind, gemäß der Verordnung (EG) Nr. 1013/2006. Beim Ausfüllen dieses Formulars sind auch die spezifischen Anweisungen im Anhang IC der Verordnung (EG) Nr. 1013/2006 zu berücksichtigen.
(2) Bei mehr als 3 Transportunternehmen sind die unter Nummer 5 a), b), c) verlangten Informationen beizufügen.
(3) Wenn es sich bei der Person, die die Verbringung veranlasst, nicht um den Erzeuger oder Einsammler handelt, sind auch Informationen zum Erzeuger oder Einsammler anzugeben.
(4) Der/die entsprechende(n) Code(s) gemäß Anhang IIIA der Verordnung (EG) Nr. 1013/2006 ist/sind – gegebenenfalls hintereinander – anzugeben. Bestimmte Einträge des Basler Übereinkommens wie B1100, B3010 oder B3020 sind, wie im Anhang IIIA angegeben, auf bestimmte Abfallströme beschränkt.
(5) Es sind die im Anhang IIIB der Verordnung (EG) Nr. 1013/2006 aufgeführten BEU-Codes zu verwenden.

Abb. 41: Versandinformationen

§ 2 Absatz 2 Nummer 7 KrWG

... Abfälle, die unmittelbar beim Aufsuchen, Gewinnen und Aufbereiten sowie bei der damit zusammenhängenden Lagerung von Bodenschätzen in Betrieben anfallen, die der Bergaufsicht unterstehen und die nach dem Bundesberggesetz vom 13. August 1980 (BGBl. I S. 1310), das zuletzt durch Artikel 237 der Verordnung vom 19. Juni 2020 (BGBl. I S. 1328) geändert worden ist, in der jeweils geltenden Fassung und den auf Grund des Bundesberggesetzes erlassenen Rechtsverordnungen unter Bergaufsicht entsorgt werden, ...

Typische Abfälle dieser Art sind der Abraum, der beseitigt werden muss, um an die Bodenschätze heranzukommen, und das „Nebengestein", das nach der Extraktion der gesuchten Stoffe aus dem abgebauten Material zurückbleibt. Dabei kann es sich durchaus um bedenkliche (z. B. stark schwermetallhaltige) Abfälle handeln. Der Katalog der Abfallverzeichnis-Verordnung (AVV) führt Abfälle, die beim Aufsuchen, Ausbeuten und Gewinnen sowie bei der physikalischen und chemischen Behandlung von Bodenschätzen entstehen, auf:

- Abfälle aus dem Abbau von Bodenschätzen (01 01),
- Abfälle aus der physikalischen und chemischen Verarbeitung von metallhaltigen Bodenschätzen (01 03),
- Abfälle aus der physikalischen und chemischen Weiterverarbeitung von nicht metallhaltigen Bodenschätzen (01 04),
- Bohrschlämme und andere Bohrabfälle (01 05).

Die Freistellung vom Abfallrecht ergibt sich auch aus dem nach Bundesberggesetz (BBergG) vorgeschriebenen Betriebsplan, in dem Umfang, technische Durchführung und Dauer des bergrechtlich relevanten Vorhabens darzustellen sind, so z. B. die ordnungsgemäße Beseitigung der anfallenden Abfälle (Zulassung siehe § 55 Absatz 1 Nr. 6 BBergG).

Verbrauchte Betriebsmittel, die auf die eingesetzten Maschinen zurückgehen und nicht bergbauspezifische Abfälle darstellen, fallen dagegen unter das KrWG und seine angeschlossenen Verordnungen.

Kraftwerksabfälle, Gips aus Rauchgasentschwefelungsanlagen und sonstige Abfälle können zur Auffüllung von stillgelegten Bergwerksstollen eingesetzt werden, Anforderungen an diese Abfälle können sich zum Beispiel auf den Grad der Bindung von Schadstoffen in der Schlacke beziehen.

Der **Bergeversatz** (d. h. die zur Verhinderung von Bergsenkungen notwendige Auffüllung ausgebeuteter Stollen) wird rechtlich als Verwertung eingestuft. Steht dagegen die Ablagerung von Abfällen (insbesondere von gefährlichen Abfällen) im Vordergrund, handelt es sich um eine Beseitigung (siehe Anlage 1 des KrWG: D 12 Dauerlagerung (z. B. Lagerung von Behältern in einem Bergwerk usw.)).

Die bergrechtliche Behandlung des Bergeversatzes erfolgt mit dem Instrument des Betriebsplanes, der nicht allein auf die Ausbeutung der gesuchten Mineralien und Gesteine beschränkt ist, sondern auch die Arbeiten nach Einstellung der Ausbeutung einbezieht. Technisch notwendiger Bergeversatz und die Wiederherstellung von Oberflächen (Auffüllung und Rekultivierung; Zulassung siehe § 55 Absatz 2 Nr. 2 BBergG) können Bestandteile eines „Abschlussbetriebsplanes" sein (§ 53 BBergG).

§ 29 Absatz 3 KrWG gibt der zuständigen Behörde die Möglichkeit, den Inhaber eines Bergbaubetriebs zu verpflichten, die Beseitigung von Abfällen auf frei gewordenen Flächen bzw. in frei gewordenen Räumen zu dulden. Einerseits darf der eigentliche Zweck des Bergbaubetriebs dadurch nicht behindert werden. Andererseits wurde mit der Abbaugenehmigung ein erheblicher Eingriff in Natur und Umwelt sanktioniert, der die oben genannte Verpflichtung nicht unverhältnismäßig erscheinen lässt. Die vorgesehene Abfallbeseitigung wird deshalb nur für stillgelegte Betriebsteile infrage kommen. Die dem Betrieb oder Unternehmen entstehenden Kosten (nicht Entgelt!) sind vom Beseitigungspflichtigen zu erstatten. Für die eventuell aus der Abfallbeseitigung entstandenen Schäden haftet der Bergbaubetrieb nicht.

■ Verordnung über den Versatz von Abfällen unter Tage (VersatzV) vom 24. Juli 2002 (BGBl. I S. 2833), zuletzt geändert am 24. Februar 2012 (BGBl. I S. 212)

Diese Verordnung gilt für die **Verwertung von Abfällen**, die in den unter Bergaufsicht stehenden untertägigen Grubenbauen **als Versatzmaterial** eingesetzt werden. Sie gilt nicht für Anlagen zur untertägigen Endlagerung von radioaktiven Abfällen.

Die Versatzverordnung wendet sich an Erzeuger und Besitzer von Abfällen, Betreiber von der Bergaufsicht unterliegenden Grubenbetrieben und Betreiber von Anlagen zur Herstellung von Versatzmaterial. Der Kern der VersatzV ist der § 4 **„Stoffliche Anforderungen an die Abfälle"**:

Der Einsatz von Abfällen zur Herstellung von Versatzmaterial sowie unmittelbar als Versatzmaterial ist nur zulässig, wenn die in Anlage 2 Tabelle 1 und Tabelle 1a aufgeführten Feststoffgrenz- und Zuordnungswerte im jeweiligen verwendeten unvermischten Abfall nicht überschritten werden und bei dem Einsatz des Versatzmaterials keine schädliche Verunreinigung des Grundwassers oder von oberirdischen Gewässern oder eine sonstige nachteilige Veränderung der Eigenschaften der Gewässer zu besorgen ist. Hierfür darf das Versatzmaterial die in Anlage 2 Tabelle 2 aufgeführten Grenzwerte im Eluat nicht überschreiten.

Abgesehen von den Zuordnungswerten der Anlage 2 Tabelle 1a gelten die Grenzwerte der Anlage 2 nicht bei einer Verwendung des Versatzmaterials in Betrieben im Salzgestein, wenn ein **Langzeitsicherheitsnachweis** gegenüber der zuständigen Behörde geführt wurde. Dabei sind die in Anlage 4 aufgeführten Hinweise zur Durchführung des Langzeitsicherheitsnachweises zu beachten.

Die Einhaltung der in den Anlagen 1 und 2 aufgeführten Grenz- und Zuordnungswerte ist von der zuständigen Behörde zu überwachen. Dabei sind die in Anlage 3 aufgeführten Vorschriften über die Probenahme und Analytik zu beachten. Die zuständige Behörde kann den Abfallerzeuger oder -besitzer verpflichten, entsprechende Probenahmen und Analysen durchzuführen oder durchführen zu lassen.

Die Anlagen der VersatzV setzen sich wie folgt zusammen:

Anlage 1: Grenzwertkonzentration (g/kg) für Metalle (Zink, Blei, Kupfer, Zinn, Chrom, Nickel, Eisen) im Abfall
Anlage 2: Grenzwerte für Feststoffe, Zuordnungswerte für Feststoffe und Grenzwerte für Eluat (z. B. Cyanide, organischer Anteil des Trockenrückstands, PCB)
Anlage 3: Probenahme und Analytik
Anlage 4: Hinweise zur Durchführung des Langzeitsicherheitsnachweises im Rahmen der standortbezogenen Sicherheitsbeurteilung für Bergwerke im Salzgestein, die Abfälle verwerten: z. B. Bewertung der natürlichen und technischen Barrieren, Bewertung von möglichen Ereignissen, die den vollständigen Einschluss der Abfälle gefährden und eine Schadstoffmobilisierung bewirken können

Verordnung zur Umsetzung der Richtlinie 2006/21/EG [Bergbauabfallrichtlinie] des Europäischen Parlaments und des Rates vom 15. März 2006 über die Bewirtschaftung von Abfällen aus der mineralgewinnenden Industrie und zur Änderung der Richtlinie 2004/35/EG (Gewinnungsabfallverordnung – GewinnungsAbfV) vom 27. April 2009 (BGBl. I S. 900), zuletzt geändert am 24. Februar 2012 (BGBl. I S. 212)

Diese Verordnung gilt für

1. die Errichtung, den Betrieb, die Stilllegung und die Nachsorge einer Beseitigungsanlage für **Gewinnungsabfälle** in nicht der Bergaufsicht unterstehenden Betrieben,
2. die Lagerung und Ablagerung von **Gewinnungsabfällen** zu Beseitigungszwecken sowie
3. die Verwertung von **Gewinnungsabfällen** zu Bau- und Sanierungszwecken im Abgrabungsbetrieb.

Gewinnungsabfälle sind Abfälle, die unmittelbar beim Aufsuchen, Gewinnen und Aufbereiten sowie bei der damit zusammenhängenden Lagerung von Bodenschätzen anfallen.

Die GewinnungsAbfV wendet sich an den Erzeuger von Gewinnungsabfällen und den Betreiber einer Beseitigungsanlage für Gewinnungsabfälle.

Eine **Beseitigungsanlage für Gewinnungsabfälle** ist eine Anlage zur zeitweiligen Lagerung oder dauerhaften Ablagerung, in der ausschließlich Gewinnungsabfälle mit dem Ziel der Beseitigung gelagert oder abgelagert werden.

Eine Beseitigungsanlage für Gewinnungsabfälle ist so zu errichten, zu betreiben, stillzulegen und nachzusorgen, dass das Wohl der Allgemeinheit nicht beeinträchtigt wird. Dies ist durch eine geeignete Standortwahl und geeignete Maßnahmen zum Schutz des Bodens und des Grundwassers, die dem Stand der Technik entsprechen, zu gewährleisten. Hierzu können, in Abhängigkeit von Gefährdungspotenzial und Art der Anlage, die Kriterien nach Anhang 1 der Deponieverordnung herangezogen werden.

Der Erzeuger von Gewinnungsabfällen hat einen Abfallbewirtschaftungsplan (siehe Anhang der GewinnungsAbfV) für die Entsorgung von Gewinnungsabfällen aufzustellen und diesen durch Vorlage bei der zuständigen Behörde rechtzeitig, spätestens zwei Wochen vor Aufnahme der Tätigkeiten, anzuzeigen. Er hat den Abfallbewirtschaftungsplan alle fünf Jahre zu überprüfen und anzupassen, soweit sich der Betrieb der Anlage, das Ablagerungsverfahren oder der Gewinnungsabfall wesentlich verändert haben. Alle Anpassungen des Abfallbewirtschaftungsplans sind der zuständigen Behörde anzuzeigen.

1.3.2 Wasserrecht (Gewässerschutzrecht)

Das Gesetz zur Ordnung des Wasserhaushalts (Wasserhaushaltsgesetz – WHG) vom 31. Juli 2009 (BGBl. I S. 2585), zuletzt geändert am 4. Januar 2023 (BGBl. I Nr. 5), behandelt u. a. vier im weiteren Sinne abfallrelevante Punkte:

- **Abwasserbeseitigung**
- **Umgang mit wassergefährdenden Stoffen**
- **Gewässerschutzbeauftragte**
- **Haftung für Gewässerveränderungen**

Die ersten beiden Punkte sollen hier erörtert werden (Gewässerschutzbeauftragte siehe Kapitel 1.4, Haftung siehe Kapitel 3).

Das WHG dient u. a. der Umsetzung der

- Richtlinie 91/271/EWG des Rates vom 21. Mai 1991 über die Behandlung von kommunalem Abwasser (ABl. L 135 vom 30.5.1991, S. 40), die zuletzt durch die Verordnung (EG) Nr. 1137/2008 (ABl. L 311 vom 21.11.2008, S. 1) geändert worden ist,
- Richtlinie 2000/60/EG des Europäischen Parlaments und des Rates vom 23. Oktober 2000 zur Schaffung eines Ordnungsrahmens für Maßnahmen der Gemeinschaft im Bereich der Wasserpolitik („Wasserrahmenrichtlinie") (ABl. L 327 vom 22.12.2000, S. 1), die zuletzt durch die Richtlinie 2008/105/EG (ABl. L 348 vom 24.12.2008, S. 84) geändert worden ist,
- Richtlinie 2004/35/EG des Europäischen Parlaments und des Rates vom 21. April 2004 über Umwelthaftung zur Vermeidung und Sanierung von Umweltschäden (ABl. L 143 vom 30.4.2004, S. 56), die durch die Richtlinie 2006/21/EG (ABl. L 102 vom 11.4.2006, S. 15) geändert worden ist,
- Richtlinie 2006/118/EG des Europäischen Parlaments und des Rates vom 12. Dezember 2006 zum Schutz des Grundwassers vor Verschmutzung und Verschlechterung (ABl. L 372 vom 27.12.2006, S. 19, L 53 vom 22.2.2007, S. 30, L 139 vom 31.5.2007, S. 39),
- Richtlinie 2007/60/EG des Europäischen Parlaments und des Rates vom 23. Oktober 2007 über die Bewertung und das Management von Hochwasserrisiken (ABl. L 288 vom 6.11.2007, S. 27).

1.3.2.1 Abwasser

Abwasser ist das durch häuslichen, gewerblichen, landwirtschaftlichen oder sonstigen Gebrauch in seinen Eigenschaften veränderte Wasser und das bei Trockenwetter damit zusammen abfließende Wasser (Schmutzwasser) sowie das von Niederschlägen aus dem Bereich von bebauten oder befestigten Flächen gesammelt abfließende Wasser (Niederschlagswasser) (§ 54 Absatz 1 WHG).

Als Schmutzwasser gelten auch die aus Anlagen zum Behandeln, Lagern und Ablagern von Abfällen austretenden und gesammelten Flüssigkeiten (§ 54 Absatz 1 WHG).

Abwasserbeseitigung umfasst das Sammeln, Fortleiten, Behandeln, Einleiten, Versickern, Verregnen und Verrieseln von Abwasser sowie das Entwässern von Klärschlamm im Zusammenhang mit der Abwasserbeseitigung (§ 54 Absatz 2 WHG). Zur Abwasserbeseitigung gehört auch die Beseitigung des in Kleinkläranlagen anfallenden Schlamms.

§ 55 Absatz 1 WHG

Abwasser ist so zu beseitigen, dass das Wohl der Allgemeinheit nicht beeinträchtigt wird … Niederschlagswasser soll ortsnah versickert, verrieselt oder direkt oder über eine Kanalisation ohne Vermischung mit Schmutzwasser in ein Gewässer eingeleitet werden, soweit dem weder wasserrechtliche noch sonstige öffentlich-rechtliche Vorschriften noch wasserwirtschaftliche Belange entgegenstehen.

Das Wasserhaushaltsgesetz ist ein Rahmengesetz, das den Bundesländern bestimmte Kompetenzen zuweist bzw. belässt. Die Landeswassergesetze müssen diesem Sachverhalt Rechnung tragen. Mit der Föderalismusreform 2006 haben die Länder die Möglichkeit erhalten, im Rahmen einer konkurrierenden Gesetzgebung „Abweichungsrechte" wahrzunehmen. Sie betreffen auch den Wasserhaushalt (ausgenommen stoff- und anlagenbezogene Regelungen).

Die Länder regeln, welche Körperschaften des öffentlichen Rechts (z. B. Kreise, Städte, Gemeinden) zur Abwasserbeseitigung verpflichtet sind.

Diese Körperschaften können sich Dritter bedienen (Eigenbetriebe sind keine „Dritten", außer sie werden als „juristische Person" installiert). § 56 WHG gibt hierzu den Ländern die Möglichkeit, Voraussetzungen für die Übertragung der Abwasserbeseitigungspflicht zu formulieren (Fachkunde, Zuverlässigkeit, keine entgegenstehenden öffentlichen Interessen, garantierte Pflichterfüllung auf der Basis ausreichender rechtlicher, technischer, personeller und finanzieller Ausstattung).

Die Abwasserbeseitigungspflicht wird primär nicht dem Verursacher (Abwassererzeuger) aufgebürdet! Der Freistaat Bayern beispielsweise bestimmt in seinem Wassergesetz Folgendes (Artikel 34 Absätze 1 und 2 BayWG):

Zur Abwasserbeseitigung sind die Gemeinden verpflichtet, soweit sich nach Absatz 3 und 5 nichts anderes ergibt. Sie wird von den Gemeinden im eigenen Wirkungskreis wahrgenommen.

Durch Satzung können Gemeinden oder Zweckverbände bestimmen, dass die Übernahme des Abwassers abgelehnt werden darf,

1. *wenn das Abwasser wegen seiner Art oder Menge besser von demjenigen behandelt wird, bei dem es anfällt,*
2. *wenn eine gesonderte Behandlung des Abwassers wegen der Siedlungsstruktur das Wohl der Allgemeinheit nicht beeinträchtigt oder*
3. *solange eine Übernahme des Abwassers technisch oder wegen des unverhältnismäßig hohen Aufwands nicht möglich ist.*

Hat eine Gemeinde oder ein Zweckverband die Übernahme des Abwassers abgelehnt, hat derjenige diese Pflicht zu erfüllen, der befugt ist, das Abwasser in ein Gewässer einzuleiten, oder derjenige, bei dem das Abwasser anfällt. Diese Rechtskonstruktion findet sich auch im Abfallrecht („Ausschlussabfälle").

Ein Flächenstaat wie Baden-Württemberg hat in seinem Wassergesetz (BWWG; zuletzt geändert am 7. Februar 2023) folgende Regelung erlassen:

§ 46 BWWG Verpflichtung zur Abwasserbeseitigung

Die Abwasserbeseitigung obliegt der Gemeinde. Das Abwasser ist von demjenigen, bei dem es anfällt, dem Beseitigungspflichtigen zu überlassen.

Die Pflicht der Gemeinde nach Absatz 1 entfällt für

1. ***Straßenoberflächenwasser, das auf Bundes-, Landes- und Kreisstraßen außerhalb der Ortsdurchfahrten anfällt,***
2. ***Niederschlagswasser, welches dezentral beseitigt wird, es sei denn die Gemeinde hat den Anschluss an Anlagen der dezentralen Beseitigung oder der öffentlichen Abwasserbeseitigung für nach dem Inkrafttreten dieses Gesetzes bebaute Grundstücke angeordnet,***
3. ***das in vor dem Inkrafttreten dieses Gesetzes bestehenden landwirtschaftlichen Betrieben anfallende Abwasser,***
4. ***Abwasser, welches nach Absatz 4 von der Beseitigung ausgeschlossen oder für das eine Ausnahme von der Überlassungspflicht zugelassen wurde.***

Soweit die Gemeinde nicht zur Beseitigung verpflichtet ist, hat derjenige das Abwasser zu beseitigen, bei dem es anfällt.

Die Festlegung von Abwasserbeseitigungspflichtigen ist hier mit einer **Überlassungspflicht** für die Abwassererzeuger verbunden. Damit wird erst einmal jede Abwasserbeseitigung, die sich anderer Mittel und Wege bedient, ungesetzlich. Der Gesetzgeber kann aber Ausnahmen von der Überlassungspflicht festlegen.

Die Pflicht der Gemeinde nach § 46 Absatz 1 BWWG entfällt für Straßenoberflächenwasser, das auf Bundes-, Landes- und Kreisstraßen außerhalb der Ortsdurchfahrten anfällt. Niederschlagswasser, welches dezentral beseitigt wird, es sei denn die Gemeinde hat den Anschluss an Anlagen der dezentralen Beseitigung oder der öffentlichen Abwasserbeseitigung für nach dem Inkrafttreten dieses Gesetzes bebaute Grundstücke angeordnet, fällt ebenfalls heraus. Abwasser, welches nach § 46 Absatz 4 BWWG von der Beseitigung ausgeschlossen oder für das eine Ausnahme von der Überlassungspflicht zugelassen wurde, wird ebenfalls ausgeschlossen.

Die Gemeinde regelt durch **Satzung** [Abwassersatzung, Entwässerungssatzung], unter welchen Voraussetzungen Abwasser als angefallen gilt und in welcher Weise und Zusammensetzung ihr das Abwasser zu überlassen ist. Sie kann die Vorbehandlung des Abwassers vor der Einleitung in die öffentliche Kanalisation vorschreiben sowie Abwasser, das nach den allgemein anerkannten Regeln der Abwassertechnik nicht mit häuslichen Abwässern gesammelt, fortgeleitet oder behandelt werden kann, oder dessen Sammlung, Fortleitung oder Behandlung im Hinblick auf den Anfallort, die Art oder Menge des Abwassers unverhältnismäßig hohen Aufwand verursachen würde, mit Zustimmung der Wasserbehörde allgemein oder in Einzelfällen von der Beseitigung ausschließen (analog den „Ausschlussabfällen"). Die Gemeinde kann in Einzelfällen Ausnahmen von der Überlassungspflicht zulassen, wenn dies wasserwirtschaftlich unbedenklich ist.

Beachte: Die Rechtsgrundlage zum Erlass von Satzungen findet sich in den Gemeindeordnungen. Satzungen sind Rechtsvorschriften und damit „Gesetz". Sie unterliegen der gerichtlichen „Normenkontrolle". Im Einzelfall bedarf die Satzung der Genehmigung durch die Aufsichtsbehörde.

Die Gemeinde hat darüber zu wachen, dass die satzungsrechtlichen Vorschriften eingehalten und die auferlegten Verpflichtungen erfüllt werden. Die Gemeinde trifft zur Wahrnehmung dieser Aufgaben diejenigen Anordnungen, die ihr nach pflichtgemäßem Ermessen erforderlich erscheinen. Die §§ 100 und 101 WHG „Aufgaben und Befugnisse der Gewässeraufsicht" gelten hier entsprechend.

Die wissenschaftliche „Hydrobiologie" denkt heute in räumlichen Kategorien, die vom einzelnen Stein in einem Bergbach bis zum Gesamteinzugsgebiet eines ins Meer mündenden Flusses reichen. Das einschlägige Recht folgt inzwischen dieser Betrachtungsweise:

Für jede „Flussgebietseinheit" ist nach Maßgabe der Absätze 2 bis 6 des § 82 WHG ein **Maßnahmenprogramm** aufzustellen, um die Bewirtschaftungsziele nach Maßgabe der §§ 27 bis 31, 44 und 47 WHG zu erreichen. Darüber hinaus ist für jede Flussgebietseinheit nach Maßgabe der Absätze 2 bis 4 des § 83 WHG ein **Bewirtschaftungsplan** aufzustellen. Eine Flussgebietseinheit ist z. B. das Einzugsgebiet der Elbe. Bezugspunkt ist dabei die Elbmündung; das Elbeästuar und das anschließende Küstengebiet zählen ebenfalls zu dieser Flussgebietseinheit. Das Einzugsgebiet ist die Fläche, aus der das am Bezugspunkt durchfließende Wasser stammt; das Flussbett mit dem Wasser darin ist nicht mehr als ein Teil des „Ökosystems"; „Land" gehört ebenfalls zum Einzugsgebiet!

Der Bewirtschaftungsplan muss die in Artikel 13 Absatz 4 in Verbindung mit Anhang VII der Wasserrahmenrichtlinie 2000/60/EG genannten Informationen enthalten. Dazu gehören u. a.

- Zusammenfassung der signifikanten Belastungen und anthropogenen Einwirkungen auf den Zustand von Oberflächengewässer und Grundwasser, einschließlich
  - Einschätzung der Verschmutzung durch Punktquellen;
  - Einschätzung der Verschmutzung durch diffuse Quellen, einschließlich einer zusammenfassenden Darstellung der Landnutzung;
  - Einschätzung der Belastung für den mengenmäßigen Zustand des Wassers, einschließlich Entnahmen;
  - Analyse sonstiger anthropogener Einwirkungen auf den Zustand des Wassers.
- Zusammenfassung der Begrenzungen für Einleitungen über Punktquellen und sonstige Tätigkeiten mit Auswirkungen auf den Zustand des Grundwassers gemäß Artikel 11 Absatz 3 Buchstabe g und i der Richtlinie 2000/60/EG.

Die Länder erstellen großräumig angelegte **Bewirtschaftungspläne** (z. B. § 66 BWWG, Artikel 51 BayWG), die u. a. Abwasserbehandlungsanlagen und ihre Einzugsgebiete, Grundzüge für die Abwasserbehandlung sowie die Maßnahmenträger und geeignete Vorfluter (Gewässer zur Aufnahme behandelten Abwassers) enthalten.

„Abwasserbeseitigungspläne" müssen – nach dem Erlass der Wasserrahmenrichtlinie 2000/60/EG und deren nationaler Umsetzung im Wasserhaushaltsgesetz, gefolgt von Anpassungen der einschlägigen Gesetze der Bundesländer – im größeren Zusammenhang der Maßnahmenprogramme für die Flussgebiete Deutschlands gesehen werden (siehe Artikel 11 der Wasserrahmenrichtlinie und § 82 WHG).

Gewässer (oberirdische Gewässer, Küstengewässer, Grundwasser) unterliegen dem **Bewirtschaftungsgrundsatz** des § 1 WHG:

Zweck dieses Gesetzes ist es, durch eine nachhaltige Gewässerbewirtschaftung die Gewässer als Bestandteil des Naturhaushalts, als Lebensgrundlage des Menschen, als Lebensraum für Tiere und Pflanzen ***sowie als nutzbares Gut*** *zu schützen.* (Wasserrahmenrichtlinie: ... Förderung einer nachhaltigen Wassernutzung auf der Grundlage eines langfristigen Schutzes der vorhandenen Ressourcen ...)

§ 27 WHG formuliert dazu aber ein Bewirtschaftungsziel für oberirdische Gewässer:

Oberirdische Gewässer sind, soweit sie nicht nach § 28 WHG als künstlich oder erheblich verändert eingestuft werden, so zu bewirtschaften, dass eine Verschlechterung ihres ökologischen und ihres chemischen Zustands vermieden wird und ein guter ökologischer und ein guter chemischer Zustand erhalten oder erreicht werden.

Ein guter ökologischer und ein guter chemischer Zustand der oberirdischen Gewässer sowie ein gutes ökologisches Potenzial und ein guter chemischer Zustand der künstlichen und erheblich veränderten Gewässer waren bis zum 22. Dezember 2015 zu erreichen (§ 29 Absatz 1 WHG).

Die Nutzung von Fließgewässern als Vorfluter für behandeltes Abwasser ist damit auf jeden Fall betroffen.

Abwasseranlagen (Abwasserbehandlungsanlagen sind Teil einer Abwasseranlage) sind so zu errichten, zu betreiben und zu unterhalten, dass die Anforderungen an die Abwasserbeseitigung eingehalten werden (§ 60 Absatz 1 WHG). Daran schließt sich natürlich die Frage an: Wo stehen diese Anforderungen? Siehe unten!

Im Übrigen müssen Abwasserbehandlungsanlagen im Sinne von § 60 Absatz 3 Satz 1 Nummer 2 WHG nach dem Stand der Technik, andere Abwasseranlagen nach den allgemein anerkannten Regeln der Technik errichtet, betrieben und unterhalten werden. Hier wird für Abwasserbehandlungsanlagen eine Aufteilung vorgenommen, der unterschiedliche technische Standards zugrunde gelegt werden.

„Stand der Technik" ist der Entwicklungsstand fortschrittlicher Verfahren, Einrichtungen oder Betriebsweisen, der die praktische Eignung einer Maßnahme zur Begrenzung von Emissionen in Luft, Wasser und Boden, zur Gewährleistung der Anlagensicherheit, zur Gewährleistung einer umweltverträglichen Abfallentsorgung oder sonst zur Vermeidung oder Verminderung von Auswirkungen auf die Umwelt zur Erreichung eines allgemein hohen Schutzniveaus für die Umwelt insgesamt gesichert erscheinen lässt; bei der Bestimmung des Standes der Technik sind insbesondere die in der Anlage 1 des WHG aufgeführten Kriterien zu berücksichtigen (§ 3 Nr. 11 WHG).

Die „allgemein anerkannten Regeln der Technik" werden im WHG nicht definiert. Das Gleiche gilt z. B. für das baden-württembergische Wassergesetz (hier: § 28 Absatz 4 BWWG): Anlagen in, an, über und unter oberirdischen Gewässern sind nach den allgemein anerkannten Regeln der Technik zu errichten, zu betreiben und zu unterhalten. Nach allgemeinem Verständnis sind die „a.a.R.T." ein Mindeststandard, der vom Stand der Technik deutlich übertroffen wird.

An dieser Stelle ist ein Hinweis auf § 54 Absatz 3 WHG angebracht (siehe auch Seite 140):

BVT-Merkblatt ist ein Dokument, das aufgrund des Informationsaustausches nach Artikel 13 der Richtlinie 2010/75/EU vom 24. November 2010 über Industrieemissionen (integrierte Vermeidung und Verminderung der Umweltverschmutzung – IED/IE-Richtlinie) für bestimmte Tätigkeiten erstellt wird und insbesondere die angewandten Techniken, die derzeitigen Emissions- und Verbrauchswerte sowie die Techniken beschreibt, die für die Festlegung der **besten verfügbaren Techniken** sowie der BVT-Schlussfolgerungen berücksichtigt wurden.

Beachte, dass mit dem Gesetz zur Umsetzung der Richtlinie über Industrieemissionen für bestimmte Anlagen der „Stand der Technik" relevant wurde (siehe IED/IE-Richtlinie in Kapitel 1.1.11.1, Seite 138 ff.). Bei Abwasserbehandlungsanlagen im Sinne von § 60 Absatz 3 Satz 1 Nummer 2 WHG bewegen wir uns im von der 4. BImSchV vorgegebenen Anlagenrahmen, benötigen aber eine separate „Genehmigung" für die Behandlung des anfallenden Abwassers.

Die abwasserseitig angelegte Messlatte besteht aus Anforderungen an das in die öffentliche Abwasseranlage eingeleitete Abwasser bzw. Anforderungen an das in Gewässer eingeleitete „geklärte" Abwasser.

§ 57 WHG äußert sich zu den **Anforderungen an das Einleiten von Abwasser in Gewässer (Oberirdische Gewässer, Küstengewässer, Grundwasser)**:

Eine **Erlaubnis** (d. h. eine widerrufliche Befugnis, ein Gewässer zu einem bestimmten Zweck zu benutzen) für das Einleiten von Abwasser in Gewässer (Direkteinleitung) darf nur erteilt werden, wenn

1. die Menge und Schädlichkeit des Abwassers so gering gehalten wird, wie dies bei Einhaltung der jeweils in Betracht kommenden Verfahren nach dem Stand der Technik möglich ist,
2. die Einleitung mit den Anforderungen an die Gewässereigenschaften und sonstigen rechtlichen Anforderungen vereinbar ist und
3. Abwasseranlagen oder sonstige Einrichtungen errichtet und betrieben werden, die erforderlich sind, um die Einhaltung der Anforderungen sicherzustellen.

Die Bundesregierung wird ermächtigt, hierzu Rechtsverordnungen zu erlassen (siehe Abwasserverordnung).

Auf die Erteilung einer wasserrechtlichen Erlaubnis besteht kein Rechtsanspruch (vergleiche mit dem BImSchG!); die Erfüllung der Anforderungen nach § 57 WHG begründet keinen Anspruch auf Erteilung der Erlaubnis, ist aber notwendige Voraussetzung; „passt" eine Abwassereinleitung nicht in die wasserwirtschaftliche Planung, ist eine Ablehnung des Antrags möglich.

Die **Abwasserverordnung (AbwV)** vom 17. Juni 2004 (BGBl. I S. 1108, ber. S. 2625), zuletzt geändert am 20. Januar 2022 (BGBl. I S. 87), bestimmt die Anforderungen an das Einleiten von Abwässern aus bestimmten Herkunftsbereichen in Gewässer. Mit ihr wird eine Reihe von EU-Richtlinien umgesetzt. Die Abwasserverordnung behandelt in ihren Anhängen u. a. die Themen

- Anhang 1: Häusliches und kommunales Abwasser
- Anhang 9: Herstellung von Beschichtungsstoffen und Lackharzen
- Anhang 13: Herstellung von Holzspanplatten, Holzfaserplatten oder Holzfasermatten
- Anhang 16: Steinkohlenaufbereitung
- Anhang 17: Herstellung keramischer Erzeugnisse
- Anhang 19: Zellstofferzeugung
- Anhang 22: Chemische Industrie
- Anhang 23: **Anlagen zur biologischen Behandlung von Abfällen**
- Anhang 27: **Behandlung von Abfällen durch chemische und physikalische Verfahren (CP-Anlagen) sowie Altölaufarbeitung**
- Anhang 28: Herstellung von Papier, Karton oder Pappe
- Anhang 33: Wäsche von Abgasen aus der Verbrennung von Abfällen
- Anhang 35: Chipherstellung
- Anhang 36: Herstellung von Kohlenwasserstoffen
- Anhang 39: Nichteisenmetallerzeugung
- Anhang 40: Metallbearbeitung, Metallverarbeitung
- Anhang 45: Erdölverarbeitung
- Anhang 47: Feuerungsanlagen
- Anhang 48: Verwendung bestimmter gefährlicher Stoffe
- Anhang 49: Mineralölhaltiges Abwasser
- Anhang 51: **Oberirdische Ablagerung von Abfällen**
- Anhang 52: Chemischreinigung
- Anhang 53: Fotografische Prozesse
- Anhang 54: Herstellung von Wafern und Solarzellen
- Anhang 55: Wäschereien
- Anhang 56: Herstellung von Druckformen, Druckerzeugnissen und grafischen Erzeugnissen

Die Lebensmittelindustrie ist mit einer Reihe von Themen vertreten (Milch, Fette/Öle, Obst/Gemüse, Getränke, Fisch/Fleisch, Brauereierzeugnisse, Kartoffeln, Zucker/Malz).

Indirekteinleiter

Indirekteinleiter leiten ihr Abwasser nicht unmittelbar in den aufnehmenden Vorfluter (Fließgewässer), sondern in öffentliche Abwasseranlagen (vgl. § 58 Absatz 1 WHG). An die Qualität dieser indirekten Einleitung werden zum Schutz der Funktionsfähigkeit der öffentlichen Kläranlagen Anforderungen gestellt. Eine Genehmigung für eine Indirekteinleitung darf nur erteilt werden, wenn die nach der Abwasserverordnung in ihrer jeweils geltenden Fassung für die Einleitung maßgebenden Anforderungen einschließlich der allgemeinen Anforderungen eingehalten werden (§ 58 Absatz 2 WHG).

§ 58 Absatz 1 WHG bestimmt, dass das Einleiten von Abwasser in öffentliche Abwasseranlagen (Indirekteinleitung) der Genehmigung durch die zuständige Behörde bedarf, soweit an das Abwasser in der Abwasserverordnung in ihrer jeweils geltenden Fassung Anforderungen für den Ort des Anfalls des Abwassers oder vor seiner Vermischung festgelegt sind. Die Bundesländer erhalten die Aufgabe, die Anforderungen der Abwasserverordnung in ihren Hoheitsgebieten umzusetzen.

Die Länder haben die Problematik z. T. mit sogenannten **Indirekteinleiterverordnungen** geregelt. So gilt beispielsweise in Baden-Württemberg die Verordnung des Umweltministeriums über das Einleiten von Abwasser in öffentliche Abwasseranlagen (Indirekteinleiterverordnung – IndVO) vom 19. April 1999 (GBl. S. 181), zuletzt geändert am 3. Dezember 2013 (GBl. Nr. 17 S. 389).

Die IndVO Ba-Wü gilt für das Einleiten von Abwasser, soweit an das Abwasser in einer Rechtsverordnung nach § 23 Absatz 1 Nummer 3 in Verbindung mit § 57 Absatz 2 WHG Anforderungen für den Ort des Anfalls des Abwassers oder vor seiner Vermischung festgelegt sind, ausgenommen häusliches Abwasser, in öffentliche Abwasseranlagen (Indirekteinleitung). Die angesprochene Rechtsverordnung ist die Abwasserverordnung.

Anstelle einer Genehmigung nach § 58 Absatz 1 Satz 1 WHG bedarf die Einleitung nur der Anzeige, wenn das Abwasser vor seiner Einleitung in die öffentliche Abwasseranlage

1. in einer nach § 48 Absatz 1 Satz 2 BWWG genehmigungsfreien, aber nach anderen Vorschriften zugelassenen Anlage behandelt wird und nach dieser Zulassung die Anforderungen nach § 58 Absatz 2 WHG auf Grund der Behandlung als eingehalten gelten, oder
2. die im Anhang der IndVO Ba-Wü für die Stoffe und Stoffgruppen genannten Konzentrationen oder Frachten unterschreiten und die Anforderungen nach § 58 Absatz 2 WHG auf Grund der Behandlung als eingehalten gelten.

Die Anzeige ist spätestens einen Monat vor der Einleitung der zuständigen Wasserbehörde anzuzeigen.

Die Indirekteinleitergenehmigung wird widerruflich und befristet erteilt; ein Rechtsanspruch auf Genehmigung besteht nicht. Kommunales Satzungsrecht muss vom Indirekteinleiter unabhängig von der Genehmigung berücksichtigt werden.

Eigenkontrolle

Ausgangspunkt ist der § 61 WHG:

- Wer Abwasser in ein Gewässer oder in eine Abwasseranlage einleitet, ist verpflichtet, das Abwasser nach Maßgabe einer Rechtsverordnung oder der die Abwassereinleitung zulassenden behördlichen Entscheidung durch fachkundiges Personal zu untersuchen oder durch eine geeignete Stelle untersuchen zu lassen (**Selbstüberwachung**) (§ 61 Absatz 1).
- Wer eine Abwasseranlage betreibt, ist verpflichtet, ihren Zustand, ihre Funktionsfähigkeit, ihre Unterhaltung und ihren Betrieb sowie Art und Menge des Abwassers und der Abwasserinhaltsstoffe selbst zu überwachen. Er hat nach Maßgabe einer Rechtsverordnung hierüber Aufzeichnungen anzufertigen, aufzubewahren und auf Verlangen der zuständigen Behörde vorzulegen (§ 61 Absatz 2).

- Durch Rechtsverordnung können insbesondere Regelungen über die Ermittlung der Abwassermenge, die Häufigkeit und die Durchführung von Probenahmen, Messungen und Analysen einschließlich der Qualitätssicherung, Aufzeichnungs- und Aufbewahrungspflichten getroffen werden (§ 61 Absatz 3 WHG).

Um in dieser Sache weiterzukommen, muss man den § 23 Absatz 3 WHG „entdecken“:

Solange und soweit die Bundesregierung von der Ermächtigung zum Erlass von Rechtsverordnungen nach … § 61 Absatz 3 [WHG] … keinen Gebrauch gemacht hat, sind die Landesregierungen ermächtigt, durch Rechtsverordnung entsprechende Vorschriften zu erlassen.

Ein konkreter Ausdruck der „konkurrierenden Gesetzgebung“! Die Bundesländer nutzen diese Ermächtigung mit Eigenkontroll- und Eigenüberwachungsverordnungen. Hier zwei Beispiele:

Baden-Württemberg: Verordnung des Umweltministeriums über die Eigenkontrolle von Abwasseranlagen (Eigenkontrollverordnung – EKVO) vom 20. Februar 2001 (GBl. S. 309), zuletzt geändert am 3. Dezember 2013 (GBl. Nr. 17, S. 389).

Die Eigenkontrolle von Abwasseranlagen und des von Einleitungen aus Abwasseranlagen beeinflussten Gewässers hat gemäß dieser Verordnung zu erfolgen. Ausgenommen sind Abwasserbehandlungsanlagen für häusliches Abwasser, bei denen der Abwasseranfall 8 m^3 täglich nicht übersteigt, Hausanschlüsse an öffentliche Kanalisationen, und Leichtstoffabscheider, die für einen Abwasserdurchfluss unter 10 l/s ausgelegt sind.

Wer Abwasseranlagen betreibt, hat mindestens die in den Anhängen 1 und 2 der EKVO bezeichneten Prüfungen, Untersuchungen, Messungen und Auswertungen durchzuführen und die hierzu erforderlichen Kontrolleinrichtungen und Geräte zu verwenden. Der Betreiber einer Abwasseranlage kann sich zur Erfüllung seiner Pflichten Dritter bedienen.

Mit der Eigenkontrolle wird die Einhaltung der die Abwasseranlage und die Einleitung betreffenden wasserrechtlichen Vorschriften und Verpflichtungen nachgewiesen. Die Wasserbehörden haben darüber zu wachen, dass die Eigenkontrolle den Bestimmungen dieser Verordnung entspricht. Die zuständige Behörde beschränkt sich auf eine Plausibilitätskontrolle der dokumentierten Daten und eigene Stichproben (und zieht daraus – falls notwendig – ihre Konsequenzen).

Bayern: Verordnung zur Eigenüberwachung von Wasserversorgungs- und Abwasseranlagen (Eigenüberwachungsverordnung – EÜV) vom 20. September 1995 (GVBl. S. 769), zuletzt geändert am 25. Februar 2010 (GVBl. S. 66)

Die EÜV gilt u. a. für

- Abwasseranlagen, aus denen Abwasser erlaubnispflichtig in Gewässer oder nach Art. 41c BayWG genehmigungspflichtig in Sammelkanalisationen eingeleitet wird,
- Sammelkanalisationen einschließlich zugehöriger Sonderbauwerke und
- für das von Abwassereinleitungen beeinflusste Gewässer.

Wer entsprechende Anlagen betreibt (d. h. die eigenüberwachungspflichtige Person ist), hat eine Überwachung durchzuführen, die mindestens den Anforderungen dieser Verordnung genügt. Eigenüberwachungspflichtige können sich zur Erfüllung ihrer Pflichten Dritter bedienen.

Die Eigenüberwachung umfasst insbesondere Betriebs- und Funktionskontrollen, Messungen und Untersuchungen, Aufzeichnung der Ergebnisse der Messungen und Untersuchungen sowie der wesentlichen Betriebsänderungen und -vorkommnisse, Auswertung und Vorlage der Aufzeichnungen an die Gewässeraufsichtsbehörden und Aufbewahrung der Aufzeichnungen und Auswertungen.

Als Dokumentationsmittel werden ein Betriebstagebuch und Jahresberichte eingeführt (in der EKVO Ba-Wü tauchen diese Stichworte nicht auf).

Abwasserabgabengesetz (AbwAG) vom 18. Januar 2005 (BGBl. I S. 114), zuletzt geändert am 22. August 2018 (BGBl. I S. 1327)

Für das Einleiten von Abwasser in ein Gewässer („Direkteinleitung"; § 2 Absatz 2 AbwAG) ist eine Abgabe zu entrichten. Die Durchführung dieser Bestimmung obliegt den Bundesländern. Die Abwasserabgabe richtet sich nach der Schädlichkeit des Abwassers. Zur Bestimmung werden herangezogen:

- Gehalt an oxidierbaren Stoffen
- Gehalt an Phosphor und Stickstoff
- Gehalt an organischen Halogenen
- Gehalt an Schwermetallen (Quecksilber, Cadmium, Chrom, Nickel, Blei, Kupfer)
- Giftigkeit gegenüber Fischeiern

Die Grundlage der Berechnung der Abwasserabgabe bildet der Bescheid über die genehmigte Abwassereinleitung (dort sind Schadstoffe, Konzentrationen und die Jahresschmutzwassermenge aufgeführt, aus denen sich die Schadstofffracht errechnen lässt). Die Einhaltung des Bescheids wird amtlich überwacht; der Nachweis einer Überschreitung führt zu einer Erhöhung bei der Abgabenberechnung.

Der Einleiter hat die Möglichkeit, gegenüber der Behörde eine Erklärung über die von ihm eingeleitete Schadstofffracht abzugeben (§ 4 Absatz 5 AbwAG); diese Erklärung wird der Abgabenberechnung zugrunde gelegt, muss aber anschließend in einem Messprogramm verifiziert werden. Eine Abweichung nach oben führt zu einer Neuberechnung der Abwasserabgabe.

Veranlagungszeitraum ist das Kalenderjahr (§ 11 AbwAG).

Der Abgabesatz beträgt für jede Schadeinheit seit 1. Januar 2002 35,79 Euro im Jahr (§ 9 Absatz 4 AbwAG). Eine Schadeinheit ist beispielsweise die Menge an Abwasser, für die 50 kg Sauerstoff benötigt werden, um die enthaltenen oxidierbaren Stoffe tatsächlich zu oxidieren; mit anderen Worten: die Menge Abwasser, die einen Chemischen Sauerstoffbedarf (CSB) von 50 kg hat (Anlage zu § 3 AbwAG). Auf den Phosphor bezogen ist eine Schadeinheit die Menge Abwasser, die insgesamt 3 kg Phosphor enthält.

Für die Einleitung von verschmutztem Niederschlagswasser ist eine Pauschalierung der Abwasserabgabe vorgesehen (§ 7 AbwAG). Die Länder können auch von der Abgabe befreien.

Die Abwasserabgabe ist von den Ländern zweckgebunden zu verwenden (z. B. Bau von Abwasserbehandlungsanlagen, Regenrückhaltebecken, Sammelkanalisationen) (§ 13 AbwAG). Ziel ist die Erhaltung oder Verbesserung der Gewässergüte (ein Begriff, der im WHG und in der Wasserrahmenrichtlinie nicht definiert wird; in der Angewandten Hydrobiologie steht der Begriff für ein seit Jahrzehnten bestehendes und sich immer noch weiter entwickelndes Arbeitsfeld).

1.3.2.2 Wassergefährdende Stoffe

Wassergefährdende Stoffe im Sinne des § 62 WHG sind feste, flüssige und gasförmige Stoffe, die geeignet sind, dauernd oder in einem nicht nur unerheblichen Ausmaß nachteilige Veränderungen der Wasserbeschaffenheit herbeizuführen.

§ 62 Absatz 4 WHG ermächtigt zum Erlass von „Regelungen“, in denen die wassergefährdenden Stoffe näher bestimmt und entsprechend ihrer Gefährlichkeit eingestuft werden sollen. Dies geschieht in der **Verordnung über Anlagen zum Umgang mit wassergefährdenden Stoffen (AwSV)** (ausführliche Darstellung der Verordnung siehe ab Seite 271).

„Wassergefährdende Stoffe“ werden wie im WHG definiert, allerdings mit dem Zusatz *„... und die nach Maßgabe von Kapitel 2 AwSV als wassergefährdend eingestuft sind oder als wassergefährdend gelten.“*

Dieses Kapitel 2 der AwSV ist der Einstufung von Stoffen und Gemischen gewidmet. Nach Maßgabe der Bestimmungen dieses Kapitels werden Stoffe und Gemische, mit denen in Anlagen umgegangen wird, entsprechend ihrer Gefährlichkeit als nicht wassergefährdend oder in eine der folgenden Wassergefährdungsklassen eingestuft:

Wassergefährdungsklasse 1: schwach wassergefährdend,
Wassergefährdungsklasse 2: deutlich wassergefährdend,
Wassergefährdungsklasse 3: stark wassergefährdend.

Zudem gibt es die Zuordnung „allgemein wassergefährdend“:

§ 3 Absatz 2 AwSV

Folgende Stoffe und Gemische gelten als allgemein wassergefährdend und werden nicht in Wassergefährdungsklassen eingestuft:

1. ***Wirtschaftsdünger, insbesondere Gülle oder Festmist, im Sinne des § 2 Satz 1 Nummer 2 bis 4 des Düngegesetzes,***
2. ***Jauche im Sinne des § 2 Satz 1 Nummer 5 des Düngegesetzes,***
3. ***tierische Ausscheidungen nicht landwirtschaftlicher Herkunft, auch in Mischung mit Einstreu oder in verarbeiteter Form,***
4. ***Silagesickersaft,***
5. ***Silage oder Siliergut, bei denen Silagesickersaft anfallen kann,***
6. ***Gärsubstrate landwirtschaftlicher Herkunft zur Gewinnung von Biogas sowie die bei der Vergärung anfallenden flüssigen und festen Gärreste,***
7. ***aufschwimmende flüssige Stoffe, die nach Anlage 1 Nummer 3.2 vom Umweltbundesamt im Bundesanzeiger veröffentlicht worden sind, und Gemische, die nur aus derartigen Stoffen bestehen, sowie***
8. ***feste Gemische, vorbehaltlich einer abweichenden Einstufung gemäß § 10.***

Beim Bundesministerium für Umwelt, Naturschutz und nukleare Sicherheit ist als Beirat eine Kommission zur Bewertung wassergefährdender Stoffe eingerichtet. Diese berät das Bundesministerium in Fragen, die die Einstufung betreffen (§ 12 AwSV).

Das Thema „Einstufung wassergefährdender Stoffe" ist mit der jeweils geltenden Fassung der AwSV nicht „abschließend" geregelt! Siehe hierzu auch Anlage 1 der AwSV: Einstufung von Stoffen und Gemischen als nicht wassergefährdend und in Wassergefährdungsklassen (WGK).

Die AwSV enthält keinen „Katalog der wassergefährdenden Stoffe"! Sie führt lediglich zu einer Einstufung.

Stoffe, Stoffgruppen und Gemische, die am 1. August 2017 bereits durch die oder aufgrund der Verwaltungsvorschrift wassergefährdende Stoffe (VwVwS) vom 17. Mai 1999 [und mit Wirkung vom 2. August 2017 aufgehoben] eingestuft worden sind, gelten nach Maßgabe dieser Einstufung als eingestuft im Sinne von Kapitel 2 der AwSV; diese Einstufungen werden jeweils vom Umweltbundesamt im Bundesanzeiger veröffentlicht. Das Umweltbundesamt stellt zudem im Internet eine Suchfunktion bereit, mit der die bestehenden Einstufungen wassergefährdender Stoffe, Stoffgruppen und Gemische ermittelt werden können.

Der nächste Schritt ist die Beschäftigung mit **Anlagen zum Umgang mit wassergefährdenden Stoffen**. Das WHG enthält allerdings keine Definition der „Anlage" (das gilt auch für die „Abwasseranlage"). Anlagen zum Umgang mit Abwasser sind keine Anlagen im Sinne des § 62 WHG (siehe § 62 Absatz 6 WHG; zur Definition von „Abwasser" siehe Abwasserabgabengesetz – AbwAG). Zur Ausfüllung des Begriffs „Umgang" siehe:

§ 62 Absatz 1 WHG

Anlagen zum Lagern, Abfüllen, Herstellen und Behandeln wassergefährdender Stoffe sowie Anlagen zum Verwenden wassergefährdender Stoffe im Bereich der gewerblichen Wirtschaft und im Bereich öffentlicher Einrichtungen müssen so beschaffen sein und so errichtet, unterhalten, betrieben und stillgelegt werden, dass eine nachteilige Veränderung der Eigenschaften von Gewässern nicht zu besorgen ist. …

Für Anlagen zum Umschlagen wassergefährdender Stoffe … gilt Satz 1 entsprechend mit der Maßgabe, dass der bestmögliche Schutz der Gewässer vor nachteiligen Veränderungen ihrer Eigenschaften erreicht wird.

(„Besorgnisgrundsatz")

Was ist eine „**nachteilige Veränderung der Eigenschaften von Gewässern**"? In § 3 Nr. 10 WHG werden „Schädliche Gewässerveränderungen" definiert: Veränderungen von Gewässereigenschaften, die das Wohl der Allgemeinheit, insbesondere die öffentliche Wasserversorgung, beeinträchtigen oder die nicht den Anforderungen entsprechen, die sich aus diesem Gesetz und sonstigen wasserrechtlichen Vorschriften ergeben. Nimmt man § 1 WHG dazu, ist das offensichtlich nicht alles: Zweck des WHG ist es, durch eine nachhaltige Gewässerbewirtschaftung die Gewässer als Bestandteil des Naturhaushalts, als Lebensgrundlage des Menschen, als Lebensraum für Tiere und Pflanzen sowie als nutzbares Gut zu schützen. Die Angewandte Hydrobiologie hat hier eine Menge an wissenschaftlich fundierter Substanz anzubieten.

Der Anlagenbetreiber hat soweit Vorsorge zu treiben, dass ein Schadenseintritt nach menschlichem Ermessen unwahrscheinlich ist. Als Mindeststandard für Einbau, Aufstellung, Unterhaltung, Betrieb und Stilllegung gelten die **allgemein anerkannten Regeln der Technik** (a. a. R. d. T) (§ 62 Absatz 2 WHG).

Das aktuelle WHG verweist die detaillierte Festlegung von Betreiberpflichten in eine Rechtsverordnung (§ 62 Absatz 4 WHG Nr. 5).

Eignungsfeststellung (§ 63 WHG)

Dieses Erfordernis betrifft Anlagen zum Lagern, Abfüllen und Umschlagen (§ 63 Absatz 1 WHG); Herstellung und Verwendung wird in einem anderen Zusammenhang gesehen.

§ 63 WHG Absatz 1 Eignungsfeststellung

Anlagen zum Lagern, Abfüllen oder Umschlagen wassergefährdender Stoffe dürfen nur errichtet, betrieben und wesentlich geändert werden, wenn ihre Eignung von der zuständigen Behörde festgestellt worden ist. § 13 Absatz 1 [Inhalts- und Nebenbestimmungen sind auch nachträglich sowie auch zu dem Zweck zulässig, nachteilige Wirkungen für andere zu vermeiden oder auszugleichen] und § 17 [Zulassung vorzeitigen Beginns] gelten entsprechend.

Wenn wassergefährdende Stoffe kurzzeitig in Verbindung mit dem Transport bereitgestellt oder aufbewahrt werden und die Behälter oder Verpackungen den Vorschriften und Anforderungen für den Transport im öffentlichen Verkehr genügen, muss keine Eignungsfeststellung erfolgen. Sind wassergefährdende Stoffe gleichzeitig „Gefahrgut", müssen rigide Bau- und Prüfvorschriften für Behälter und Verpackungen von deren Herstellern berücksichtigt werden (siehe Kapitel 2.3 Gefahrgut).

Die Bereitstellung von für die unmittelbare Verwendung vorgesehenen Mengen wassergefährdender Stoffe in Laboratorien unterliegt ebenfalls nicht dem § 63 WHG. Aufbewahrung und Umgang im Labor unterliegen natürlich dem Arbeitsschutz und den zutreffenden Vorschriften für die Lagerung.

Weiterhin entfällt die Eignungsfeststellung, wenn für die Anlage eine Baugenehmigung erteilt worden ist und die Baugenehmigung die Einhaltung der wasserrechtlichen Anforderungen voraussetzt.

Folgende Anlagenteile gelten als geeignet:

1. Bauprodukte im Sinne von Artikel 2 Nummer 1 und 2 der Verordnung (EU) Nr. 305/2011 zur Festlegung harmonisierter Bedingungen für die Vermarktung von Bauprodukten, wenn
   a) die Bauprodukte von einer harmonisierten Norm im Sinne von Artikel 2 Nummer 11 der Verordnung (EU) Nr. 305/2011 erfasst sind oder einer Europäischen Technischen Bewertung im Sinne von Artikel 2 Nummer 13 der Verordnung (EU) Nr. 305/2011 entsprechen und die CE-Kennzeichnung angebracht wurde und
   b) die erklärten Leistungen alle wesentlichen Merkmale der harmonisierten Norm oder der Europäischen Technischen Bewertung umfassen, die dem Gewässerschutz dienen,
2. serienmäßig hergestellte Bauprodukte, die nicht unter Nummer 1 fallen und für die nach bauordnungsrechtlichen Vorschriften ein Verwendbarkeitsnachweis erteilt wurde, der die Einhaltung der wasserrechtlichen Anforderungen gewährleistet;
3. Anlagenteile, die aus Bauprodukten zusammengefügt werden, sofern hierfür nach bauordnungsrechtlichen Vorschriften eine Bauartgenehmigung oder eine allgemeine bauaufsichtliche Zulassung erteilt wurde, die jeweils die Einhaltung der wasserrechtlichen Anforderungen gewährleistet;
4. Druckgeräte im Sinne von § 2 Satz 1 Nummer 3 der Druckgeräteverordnung vom 13. Mai 2015 und Baugruppen im Sinne von § 2 Satz 1 Nummer 1 dieser Verordnung, sofern die CE-Kennzeichnung angebracht wurde und die Druckgeräte und Baugruppen in Übereinstimmung mit

der Betriebsanleitung und den Sicherheitsinformationen nach § 6 Absatz 3 dieser Verordnung in Betrieb genommen werden;

5. Maschinen im Sinne von § 2 Nummer 1 bis 4 der Maschinenverordnung vom 12. Mai 1993, sofern die CE-Kennzeichnung angebracht wurde und die Maschinen in Übereinstimmung mit der Betriebsanleitung und den Sicherheitsanforderungen nach § 3 Absatz 2 Nummer 1 dieser Verordnung in Betrieb genommen werden.

Entsprechen bei Bauprodukten nach obiger Nummer 1 die erklärten Leistungen nicht den wasserrechtlichen Anforderungen an die jeweilige Verwendung, muss die Anlage insgesamt so beschaffen sein, dass die wasserrechtlichen Anforderungen erfüllt werden. Bei Anlagenteilen nach den obigen Nummern 4 und 5 bleiben die wasserrechtlichen Anforderungen an die Rückhaltung wassergefährdender Stoffe unberührt. Druckgeräte und Baugruppen nach obiger Nummer 4, für die eine Betreiberprüfstelle eine EU-Konformitätserklärung nach § 2 Satz 1 Nummer 10 der Druckgeräteverordnung erteilt hat, bedürfen keiner CE-Kennzeichnung.

Die genannten Ausnahmen von der Eignungsfeststellung befreien nicht von den Anforderungen des § 62 WHG (Besorgnisgrundsatz; § 62 Absatz 4 WHG: Betreiberpflichten!).

Verordnung über Anlagen zum Umgang mit wassergefährdenden Stoffen (AwSV) vom 18. April 2017 (BGBl. I S. 905), geändert am 19. Juni 2020 (BGBl. I S. 1328)

Kapitel 3 der AwSV enthält technische und organisatorische Anforderungen an Anlagen zum Umgang mit wassergefährdenden Stoffen. Für den Begriff „Anlagen" gibt es eine Definition (§ 2 Absatz 9 AwSV):

Anlagen zum Umgang mit wassergefährdenden Stoffen sind selbstständige und ortsfeste oder ortsfest benutzte Einheiten, in denen wassergefährdende Stoffe gelagert, abgefüllt, umgeschlagen, hergestellt, behandelt oder im Bereich der gewerblichen Wirtschaft oder im Bereich öffentlicher Einrichtungen verwendet werden…

Als ortsfest oder ortsfest benutzt gelten Einheiten, wenn sie länger als ein halbes Jahr an einem Ort zu einem bestimmten betrieblichen Zweck betrieben werden.

Wie sind die in der Definition genannten Tätigkeiten definiert? § 2 AwSV hilft hier weiter:

- „**Lagern**" ist das Vorhalten von wassergefährdenden Stoffen zur weiteren Nutzung, Abgabe oder Entsorgung;
- „**Abfüllen**" ist das Befüllen von Behältern oder Verpackungen mit wassergefährdenden Stoffen;
- „**Umschlagen**" ist das Laden und Löschen von Schiffen, soweit es unverpackte wassergefährdende Stoffe betrifft, sowie das Umladen von wassergefährdenden Stoffen in Behältern oder Verpackungen von einem Transportmittel auf ein anderes;
- „**Herstellen**" ist das Erzeugen und Gewinnen von wassergefährdenden Stoffen;
- „**Behandeln**" ist das Einwirken auf wassergefährdende Stoffe, um deren Eigenschaften zu verändern;
- „**Verwenden**" ist das Anwenden, Gebrauchen und Verbrauchen von wassergefährdenden Stoffen unter Ausnutzung ihrer Eigenschaften im Bereich der gewerblichen Wirtschaft und im Bereich öffentlicher Einrichtungen.

§ 17 AwSV Grundsatzanforderungen

Anlagen müssen so geplant und errichtet werden, beschaffen sein und betrieben werden, dass

1. wassergefährdende Stoffe nicht austreten können,
2. Undichtheiten aller Anlagenteile, die mit wassergefährdenden Stoffen in Berührung stehen, schnell und zuverlässig erkennbar sind,
3. austretende wassergefährdende Stoffe schnell und zuverlässig erkannt und zurückgehalten sowie ordnungsgemäß entsorgt werden; dies gilt auch für betriebsbedingt auftretende Spritz- und Tropfverluste, und
4. bei einer Störung des bestimmungsgemäßen Betriebs der Anlage (Betriebsstörung) anfallende Gemische, die ausgetretene wassergefährdende Stoffe enthalten können, zurückgehalten und ordnungsgemäß als Abfall entsorgt oder als Abwasser beseitigt werden.

Anlagen müssen flüssigkeitsundurchlässig, standsicher und gegenüber den zu erwartenden mechanischen, thermischen und chemischen Einflüssen hinreichend widerstandsfähig sein.

Beachte: die „Allgemein anerkannten Regeln der Technik" werden in der Verordnung erwähnt; den „Stand der Technik" sucht man in der AwSV vergebens.

An die Grundsatzanforderungen werden spezifischere Anforderungen an die Anlagen angeschlossen (§§ 18 bis 24 AwSV):

§ 18 AwSV Anforderungen an die Rückhaltung wassergefährdender Stoffe

Anlagen müssen ausgetretene wassergefährdende Stoffe auf geeignete Weise zurückhalten. Rückhalteeinrichtungen müssen flüssigkeitsundurchlässig sein und dürfen keine Abläufe haben. Rückhalteeinrichtungen müssen je nach Tätigkeit für ein bestimmtes Volumen ausgelegt sein (§ 18 Absatz 3 AwSV).

Abschnitt 3 (§§ 25 bis 38) des Kapitels 3 enthält „Besondere Anforderungen an die Rückhaltung bei bestimmten Anlagen".

§ 19 AwSV Anforderungen an die Entwässerung

Das Problem heißt Niederschlagswasser: Mit wassergefährdenden Stoffen verunreinigtes Niederschlagswasser ist ordnungsgemäß als Abwasser zu beseitigen oder als Abfall zu entsorgen.

§ 20 AwSV Rückhaltung bei Brandereignissen

Anlagen müssen so geplant, errichtet und betrieben werden, dass die bei Brandereignissen austretenden wassergefährdenden Stoffe, Lösch-, Berieselungs- und Kühlwasser sowie die entstehenden Verbrennungsprodukte mit wassergefährdenden Eigenschaften nach den allgemein anerkannten Regeln der Technik zurückgehalten werden.

§ 21 AwSV Besondere Anforderungen an die Rückhaltung bei Rohrleitungen

§ 22 AwSV Anforderungen bei der Nutzung von Abwasseranlagen als Auffangvorrichtung

Wassergefährdende Stoffe, deren Austreten aus einer Anlage im bestimmungsgemäßen Betrieb unvermeidbar ist und die aus betriebstechnischen Gründen nicht schnell und zuverlässig erkannt, zurückgehalten und ordnungsgemäß entsorgt werden können, dürfen in die betriebliche Kanalisation eingeleitet werden, wenn es sich um unerhebliche Mengen handelt, die betriebliche Abwasserbehandlungsanlage dafür geeignet ist und die Einleitung den wasserrechtlichen Anforderungen und örtlichen Einleitungsbedingungen entspricht.

Können bei Leckagen oder Betriebsstörungen austretende wassergefährdende Stoffe oder mit diesen Stoffen verunreinigte andere Stoffe oder Gemische aus betriebstechnischen Gründen nicht in der Anlage selbst zurückgehalten werden, dürfen sie in einer geeigneten Auffangvorrichtung der betrieblichen Kanalisation zurückgehalten werden, wenn sie von dort aus schadlos als Abfall entsorgt oder als Abwasser beseitigt werden können.

§ 23 AwSV Anforderungen an das Befüllen und Entleeren

Wer eine Anlage befüllt oder entleert, hat diesen Vorgang zu überwachen und sich vor Beginn der Arbeiten von dem ordnungsgemäßen Zustand der dafür erforderlichen Sicherheitseinrichtungen zu überzeugen.

Die zulässigen Belastungsgrenzen der Anlage und der Sicherheitseinrichtungen sind beim Befüllen oder Entleeren einzuhalten. Behälter in Anlagen zum Umgang mit flüssigen wassergefährdenden Stoffen dürfen nur mit festen Leitungsanschlüssen unter Verwendung einer Überfüllsicherung befüllt werden.

Behälter in Anlagen zum Lagern von … Dieselkraftstoffen, Ottokraftstoffen oder Kraftstoffen, die aus Biomasse hergestellte Stoffe unabhängig von ihrem Anteil enthalten, dürfen aus Straßentankwagen, Aufsetztanks und ortsbeweglichen Tanks nur unter Verwendung einer selbsttätig schließenden Abfüllsicherung befüllt werden.

§ 24 AwSV Pflichten bei Betriebsstörungen

Wer eine Anlage betreibt, befüllt, entleert, ausbaut, stilllegt, instand hält, instand setzt, reinigt, überwacht oder überprüft, hat das Austreten wassergefährdender Stoffe in einer nicht nur unerheblichen Menge unverzüglich der zuständigen Behörde oder einer Polizeidienststelle anzuzeigen. Die Verpflichtung besteht auch bei dem Verdacht, dass wassergefährdende Stoffe in einer nicht nur unerheblichen Menge bereits ausgetreten sind, wenn eine Gefährdung eines Gewässers oder von Abwasseranlagen nicht auszuschließen ist.

Beachte, dass die §§ 23 und 24 AwSV für die Beförderung von wassergefährdenden Gefahrgütern relevant sind!

§ 39 AwSV Anforderungen an Anlagen in Abhängigkeit von ihren Gefährdungsstufen

In Abschnitt 4 des Kapitels 3 wird eine andere Sicht eingenommen: Betreiber haben Anlagen nach Maßgabe der nachstehenden Tabelle einer Gefährdungsstufe zuzuordnen.

Ermittlung der Gefährdungsstufen	Wassergefährdungsklasse (WGK)		
Volumen in Kubikmetern (m^3) oder Masse in Tonnen (t)	**1**	**2**	**3**
≤ 0,22 m^3 oder 0,2 t	Stufe A	Stufe A	Stufe A
> 0,22 m^3 oder 0,2 t ≤ 1	Stufe A	Stufe A	Stufe B
> 1 ≤ 10	Stufe A	Stufe B	Stufe C
> 10 ≤ 100	Stufe A	Stufe C	Stufe D
> 100 ≤ 1 000	Stufe B	Stufe D	Stufe D
> 1 000	Stufe C	Stufe D	Stufe D

Was folgt aus dieser Einstufung? Mit den folgenden Paragraphen werden formale Pflichten eingeführt:

§ 40 AwSV Anzeigepflicht

Wer eine nach § 46 Absatz 2 oder Absatz 3 AwSV (siehe unten) prüfpflichtige Anlage errichten oder wesentlich ändern will oder an dieser Anlage Maßnahmen ergreifen will, die zu einer Änderung der Gefährdungsstufe nach § 39 Absatz 1 AwSV führen, hat dies der zuständigen Behörde mindestens sechs Wochen im Voraus schriftlich anzuzeigen.

§ 41 AwSV Ausnahmen vom Erfordernis der Eignungsfeststellung

Diese Ausnahme gilt u. a. für Anlagen zum Lagern, Abfüllen oder Umschlagen gasförmiger wassergefährdender Stoffe sowie Anlagen zum Lagern, Abfüllen oder Umschlagen flüssiger oder fester wassergefährdender Stoffe der Gefährdungsstufe A.

§ 42 AwSV Antragsunterlagen für die Eignungsfeststellung

§ 43 AwSV Anlagendokumentation

Der Betreiber hat eine Anlagendokumentation zu führen, in der die wesentlichen Informationen über die Anlage enthalten sind. Hierzu zählen insbesondere Angaben zum Aufbau und zur Abgrenzung der Anlage, zu den eingesetzten Stoffen, zur Bauart und zu den Werkstoffen der einzelnen Anlagenteile, zu Sicherheitseinrichtungen und Schutzvorkehrungen, zur Löschwasserrückhaltung und zur Standsicherheit.

§ 44 AwSV Betriebsanweisung; Merkblatt

Für die Betriebsanweisung gelten die üblichen Anforderungen an den Inhalt, die Information der und Abstimmung mit den Betroffenen und die Zugänglichkeit. Das „Merkblatt" kommt in den Fällen zum Einsatz, in denen auf die Betriebsanweisung verzichtet werden darf (§ 44 Absatz 4 AwSV).

§ 45 AwSV Fachbetriebspflicht; Ausnahmen

Der Paragraph enthält eine Liste von Anlagen, die, einschließlich der zu ihnen gehörenden Anlagenteile, nur von Fachbetrieben nach § 62 AwSV errichtet, von innen gereinigt, instand gesetzt und stillgelegt werden dürfen.

§ 46 AwSV Überwachungs- und Prüfpflichten des Betreibers

Der Betreiber hat die Dichtheit der Anlage und die Funktionsfähigkeit der Sicherheitseinrichtungen regelmäßig zu kontrollieren. Die zuständige Behörde kann im Einzelfall anordnen, dass der Betreiber einen Überwachungsvertrag mit einem Fachbetrieb abschließt, wenn er selbst nicht die erforderliche Sachkunde besitzt und auch nicht über sachkundiges Personal verfügt. Betreiber haben Anlagen, bei denen nach § 47 Absatz 2 AwSV ein erheblicher oder ein gefährlicher Mangel festgestellt worden ist, nach Beseitigung des Mangels nach § 48 Absatz 1 AwSV erneut prüfen zu lassen (siehe unten).

§ 47 AwSV Prüfung durch Sachverständige

Der Sachverständige hat der zuständigen Behörde über das Ergebnis jeder von ihm durchgeführten Prüfung nach § 46 AwSV innerhalb von vier Wochen nach Durchführung der Prüfung einen Prüfbericht vorzulegen. Über einen gefährlichen Mangel hat er die zuständige Behörde unverzüglich zu unterrichten.

§ 48 AwSV Beseitigung von Mängeln

Werden bei Prüfungen nach § 46 AwSV durch einen Sachverständigen geringfügige Mängel festgestellt, hat der Betreiber diese Mängel innerhalb von sechs Monaten und, soweit nach § 45 AwSV erforderlich, durch einen Fachbetrieb zu beseitigen. Erhebliche und gefährliche Mängel sind dagegen unverzüglich zu beseitigen.

Hat der Sachverständige bei seiner Prüfung einen gefährlichen Mangel im Sinne von § 47 Absatz 2 Nummer 4 AwSV festgestellt, hat der Betreiber die Anlage unverzüglich außer Betrieb zu nehmen und, soweit dies nach Feststellung des Sachverständigen erforderlich ist, zu entleeren. Die Anlage darf erst wieder in Betrieb genommen werden, wenn der zuständigen Behörde eine Bestätigung des Sachverständigen über die erfolgreiche Beseitigung der festgestellten Mängel vorliegt.

§ 65 AwSV enthält 34 spezifische, aus der AwSV abgeleitete **Ordnungswidrigkeiten**. Als Bezug wird § 103 Absatz 1 Satz 1 Nr. 3a WHG genannt. Die Geldbuße kann bis zu 50.000 Euro betragen (§ 103 Absatz 2 WHG).

Beachte in diesem Zusammenhang auch die Betriebssicherheitsverordnung und die zugehörige TRBS 1201 Teil 1 (Kapitel 2.1.1.4, Seite 355).

1.3.3 Immissionsschutzrecht

<table>
<tr><th colspan="12">Bundes-Immissionsschutzgesetz (BImSchG)</th></tr>
<tr><th colspan="12">Allgemeine Vorschriften</th></tr>
<tr><td colspan="4">Zweck
§ 1</td><td colspan="4">Geltungsbereich
§ 2</td><td colspan="4">Begriffsbestimmungen
§ 3</td></tr>
<tr><th colspan="12">Errichtung und Betrieb von Anlagen</th></tr>
<tr><td colspan="4">Genehmigungsbedürftige Anlagen
§§ 4 bis 21</td><td colspan="4">Nicht genehmigungsbedürftige Anlagen
§§ 22 bis 25a</td><td colspan="4">Ermittlung von Emissionen und Immissionen; sicherheitstechnische Prüfungen
§§ 26 bis 31</td></tr>
<tr><th colspan="12">Beschaffenheit von Anlagen, Stoffen, Erzeugnissen, Brennstoffen, Treibstoffen und Schmierstoffen</th></tr>
<tr><td colspan="4">Beschaffenheit von Anlagen
§ 32</td><td colspan="4">Bauartzulassung
§ 33</td><td colspan="4">Beschaffenheit von Brennstoffen, Treibstoffen und Schmierstoffen
§ 34</td></tr>
<tr><th colspan="12">Beschaffenheit und Betrieb von Fahrzeugen; Bau und Änderung von Straßen und Schienenwegen</th></tr>
<tr><td colspan="4">Beschaffenheit und Betrieb von Fahrzeugen
§ 38</td><td colspan="4">Verkehrsbeschränkungen
§ 40</td><td colspan="4">Entschädigung für Schallschutzmaßnahmen
§ 42</td></tr>
<tr><th colspan="12">Überwachung und Verbesserung der Luftqualität, Luftreinhalte-, Lärmminderungsplanung</th></tr>
<tr><td colspan="3">Überwachung und Verbesserung der Luftqualität
§§ 44, 45</td><td colspan="3">Emissionskataster
§ 46</td><td colspan="3">Unterrichtung der Öffentlichkeit
§ 46a</td><td colspan="3">Luftreinhaltepläne/ Aktionspläne
§ 47</td></tr>
<tr><td colspan="3">Lärmminderungsplanung: Begriffsbestimmungen
§ 47b</td><td colspan="3">Lärmminderungsplanung: Lärmkarten
§ 47c</td><td colspan="3">Lärmminderungsplanung: Lärmaktionspläne
§ 47d</td><td colspan="3">Lärmminderungsplanung: Zuständige Behörden
§ 47e</td></tr>
</table>

Bundes-Immissionsschutzgesetz (BImSchG) *(Forts.)*			
Gemeinsame Vorschriften			
Rechtsverordnungen über Emissionswerte und Immissionswerte § 48a	Schutz bestimmter Gebiete § 49	Überwachung § 52	Mitteilungspflichten zur Betriebsorganisation § 52b
Betriebsbeauftragter für Immissionsschutz § 53	Störfallbeauftragter § 58a	Erleichterungen für auditierte Unternehmensstandorte § 58e	Ordnungswidrigkeiten § 62
Zweck			
Zweck dieses Gesetzes ist es, Menschen, Tiere und Pflanzen, den Boden, das Wasser, die Atmosphäre sowie Kultur- und sonstige Sachgüter vor schädlichen Umwelteinwirkungen zu schützen und dem Entstehen schädlicher Umwelteinwirkungen vorzubeugen. Soweit es sich um genehmigungsbedürftige Anlagen handelt, dient dieses Gesetz auch • der integrierten Vermeidung und Verminderung schädlicher Umwelteinwirkungen durch Emissionen in Luft, Wasser und Boden unter Einbeziehung der Abfallwirtschaft, um ein hohes Schutzniveau für die Umwelt insgesamt zu erreichen, sowie • dem Schutz und der Vorsorge gegen Gefahren, erhebliche Nachteile und erhebliche Belästigungen, die auf andere Weise herbeigeführt werden.			
Geltungsbereich			
Die Vorschriften dieses Gesetzes gelten für 1. die Errichtung und den Betrieb von Anlagen, 2. das Herstellen, Inverkehrbringen und Einführen von Anlagen, Brennstoffen und Treibstoffen, Stoffen und Erzeugnissen aus Stoffen, 3. die Beschaffenheit, die Ausrüstung, den Betrieb und die Prüfung von Kraftfahrzeugen und 4. den Bau öffentlicher Straßen sowie von Eisenbahnen, Magnetschwebebahnen und Straßenbahnen.			
Begriffsbestimmungen			
Emissionen sind die von einer Anlage ausgehenden Luftverunreinigungen, Geräusche, Erschütterungen, Licht, Wärme, Strahlen und ähnliche Erscheinungen.		**Immissionen** sind auf Menschen, Tiere und Pflanzen, den Boden, das Wasser, die Atmosphäre sowie Kultur- und sonstige Sachgüter einwirkende Luftverunreinigungen, Geräusche, Erschütterungen, Licht, Wärme, Strahlen und ähnliche Umwelteinwirkungen.	

Bundes-Immissionsschutzgesetz (BImSchG) *(Forts.)*	
Schädliche Umwelteinwirkungen sind Immissionen, die nach Art, Ausmaß oder Dauer geeignet sind, Gefahren, erhebliche Nachteile oder erhebliche Belästigungen für die Allgemeinheit oder die Nachbarschaft herbeizuführen.	
Luftverunreinigungen sind Veränderungen der natürlichen Zusammensetzung der Luft, insbesondere durch Rauch, Ruß, Staub, Gase, Aerosole, Dämpfe oder Geruchsstoffe.	
Anlagen sind 1. Betriebsstätten und sonstige ortsfeste Einrichtungen, 2. Maschinen, Geräte und sonstige ortsveränderliche technische Einrichtungen sowie Fahrzeuge und 3. Grundstücke, auf denen Stoffe gelagert oder abgelagert oder Arbeiten durchgeführt werden, die Emissionen verursachen können, ausgenommen öffentliche Verkehrswege.	**Stand der Technik** ist der Entwicklungsstand fortschrittlicher Verfahren, Einrichtungen oder Betriebsweisen, der die praktische Eignung einer Maßnahme zur Begrenzung von Emissionen in Luft, Wasser und Boden, zur Gewährleistung der Anlagensicherheit, zur Gewährleistung einer umweltverträglichen Abfallentsorgung oder sonst zur Vermeidung oder Verminderung von Auswirkungen auf die Umwelt zur Erreichung eines allgemein hohen Schutzniveaus für die Umwelt insgesamt gesichert erscheinen lässt (siehe Anlage).

- **Errichtung und Betrieb von Anlagen**
  siehe Kapitel 1.1.11 „Zulassung von Anlagen, in denen Abfälle entsorgt werden"
- **Überwachung**

<table>
<tr><th colspan="2">Überwachung</th></tr>
<tr><th>Behördliche Überwachung</th><th>Eigenüberwachung</th></tr>
<tr><td>§ 52 Absatz 1 BImSchG

Die zuständigen Behörden haben die Durchführung dieses Gesetzes und der auf dieses Gesetz gestützten Rechtsverordnungen zu überwachen. Sie haben Genehmigungen regelmäßig zu überprüfen und, soweit erforderlich, durch nachträgliche Anordnungen auf den neuesten Stand zu bringen.</td><td>§ 53 BImSchG

Bestellung eines Betriebsbeauftragten für Immissionsschutz

§§ 54 bis 58 BImSchG

Aufgaben des Immissionsschutzbeauftragten sowie Rechte und Pflichten des Betreibers gegenüber diesem</td></tr>
<tr><td>§ 52 Absatz 2 BImSchG

Mitwirkung des Eigentümers/Betreibers einer Anlage
• Gestattung des Betretens von Grundstücken/Anlagen
• Gestattung der Vornahme von Prüfungen
• Erteilung von Auskünften
• Vorlage von Unterlagen
• Bereitstellung von Hilfspersonal und Hilfsmitteln</td><td>§ 58a BImSchG

Bestellung eines Störfallbeauftragten

§§ 58b bis 58d BImSchG

Aufgaben des Störfallbeauftragten sowie Rechte und Pflichten des Betreibers gegenüber diesem</td></tr>
<tr><td>§ 52b BImSchG

Mitteilungspflichten zur Betriebsorganisation
• Anzeige der Wahrnehmung der Betreiberpflichten bei juristischen Personen (Kapital-, Personengesellschaften)
• Art und Weise der Umsetzung der Betreiberpflichten</td><td>§ 58e BImSchG

Erleichterungen für auditierte Unternehmensstandorte</td></tr>
<tr><td colspan="2">Die zuständige Behörde kann anordnen …
• Messungen aus besonderem Anlass (§ 26 BImSchG)
• erstmalige und wiederkehrende Messungen (§ 28 BImSchG)
• kontinuierliche Messungen (§ 29 BImSchG)
• sicherheitstechnische Prüfungen (§ 29a BImSchG)</td></tr>
<tr><td colspan="2">§ 30 BImSchG

Kostenübernahme für Messungen und sicherheitstechnische Überprüfungen durch den Betreiber

§ 31 BImSchG

Auskunft über aufgrund einer Anordnung ermittelte Emissionen/Immissionen; Aufbewahrungspflicht für Messprotokolle; Information der Öffentlichkeit</td></tr>
</table>

Betriebsbeauftragte

Die Betriebsbeauftragten sind betriebsinterne Überwachungsinstrumente, deren Bestellung von der zuständigen Behörde bestätigt und deren Tätigkeit der Überprüfung durch die zuständige Behörde zugänglich ist (vgl. Kapitel 1.4 „Beauftragtenwesen").

Das BImSchG stellt die Rechtsgrundlage für den **Immissionsschutzbeauftragten** und den Störfallbeauftragten dar. Die formale Ausgestaltung der beiden Überwachungselemente ist identisch (siehe 5. BImSchV: Verordnung über Immissionsschutz- und Störfallbeauftragte; vgl. Kapitel 1.4 „Beauftragtenwesen").

Der **Störfallbeauftragte** ist von Betreibern genehmigungsbedürftiger Anlagen zu bestellen, wenn dies im Hinblick auf die Art und Größe der Anlage wegen der bei einer Störung des bestimmungsgemäßen Betriebs auftretenden Gefahren für die Allgemeinheit und Nachbarschaft erforderlich ist (§ 58a BImSchG).

Ein **Störfall** ist ein Ereignis, das unmittelbar oder später innerhalb oder außerhalb des Betriebsbereichs zu einer ernsten Gefahr oder zu Sachschäden nach Anhang VI Teil 1 Ziffer I Nummer 4 der 12. BImSchV führt (die „ernste Gefahr" wird ebenfalls definiert!).

Die Störfallrelevanz bei Errichtung, Betrieb und Änderung ergibt sich laut BImSchG aus der Möglichkeit erheblicher Auswirkungen auf die Gefahren schwerer Unfälle.

Die **Zwölfte Verordnung zur Durchführung des Bundes-Immissionsschutzgesetzes (Störfall-Verordnung – 12. BImSchV)** vom 15. März 2017 (BGBl. I S. 483), zuletzt geändert am 19. Juni 2020 (BGBl. I S. 1328) enthält im zweiten Teil Vorschriften für „Betriebsbereiche".

Zu den „Grundpflichten" (§§ 3 bis 8a der 12. BImSchV) gehören Allgemeine Betreiberpflichten, Anforderungen zur Verhinderung von Störfällen, Anforderungen zur Begrenzung von Störfallauswirkungen, die Anzeige und die Entwicklung eines Konzepts zur Verhinderung von Störfällen. § 8a fordert die Information der Öffentlichkeit.

Die „Erweiterte Pflichten" (§§ 9 bis 12 der 12. BImSchV) umfassen die Erstellung eines Sicherheitsberichts, die Erstellung von Alarm- und Gefahrenabwehrplänen und eine weitergehende Information der Öffentlichkeit.

Der Störfallbeauftragte ist nicht Gegenstand der 12. BImSchV!

Anhang I der 12. BImSchV dient der Bestimmung, welche Stoffe oder Gemische als gefährliche Stoffe im Sinne von § 2 Nummer 4 der 12. BImSchV in Betracht kommen, und legt die Mengenschwellen zur Ermittlung von Betriebsbereichen fest. Mit Hilfe dieses Anhangs ergibt sich im konkreten Fall die Relevanz der Bestimmungen in der 12. BImSchV. In Anhang II werden Mindestangaben für den Sicherheitsbericht vorgeschrieben.

Emissionserklärung

Die Emissionserklärung (§ 27 BImSchG) kann als weiteres Instrument der Eigenüberwachung (hier: Datenerhebung, -auswertung und -dokumentation durch den Anlagenbetreiber und anschließende Plausibilitätskontrolle durch die zuständige Behörde) angesehen werden. Der Betreiber einer genehmigungsbedürftigen Anlage muss in der Emissionserklärung Angaben über Art, Menge, räumliche und zeitliche Verteilung der Luftverunreinigungen, die von der Anlage in einem bestimmten Zeitraum ausgegangen sind, sowie über die Austrittsbedingungen machen.

Die Emissionserklärung wird in der 11. BImSchV detaillierter dargestellt. Die 11. BImSchV vom 5. März 2007 (BGBl. I S. 289), zuletzt geändert am 9. Januar 2017 (BGBl. I S. 42) enthält Angaben zu

- Erklärungszeitraum: der erste Erklärungszeitraum war das Jahr 2008; seitdem ist für jedes vierte Kalenderjahr eine Emissionserklärung abzugeben
- Zeitpunkt der Erklärung (bis zum 31. Mai des Folgejahres)
- Kreis der Erklärungspflichtigen (Betreiber einer Anlage)
- Inhalt (Anhang der 11. BImSchV)
- Form (… in der Regel in elektronischer Form …)
- Ermittlung der Emissionen (Messungen, Berechnungen, Schätzungen)
- von der Erklärungsfrist befreite Anlagen (Ausnahmen)

Verordnungen zur Durchführung des BImSchG: BImSchV (Auswahl; nicht alle Positionen sind derzeit (Stand Juni 2023) besetzt)

1	Verordnung über kleine und mittlere Feuerungsanlagen
2	Verordnung zur Emissionsbegrenzung von leichtflüchtigen halogenierten organischen Verbindungen
4	**Verordnung über genehmigungsbedürftige Anlagen**
5	**Verordnung über Immissionsschutz- und Störfallbeauftragte**
9	**Verordnung über das Genehmigungsverfahren**
11	**Verordnung über Emissionserklärungen und Emissionsberichte**
12	**Störfall-Verordnung**
13	Verordnung über Großfeuerungs-, Gasturbinen- und Verbrennungsmotoranlagen
17	**Verordnung über die Verbrennung und die Mitverbrennung von Abfällen**
20	Verordnung zur Begrenzung der Emissionen flüchtiger organischer Verbindungen beim Umfüllen und Lagern von Ottokraftstoffen, Kraftstoffgemischen oder Rohbenzin
21	Verordnung zur Begrenzung der Kohlenwasserstoffemissionen bei der Betankung von Kraftfahrzeugen
26	Verordnung über elektromagnetische Felder
27	Verordnung über Anlagen zur Feuerbestattung
28	Verordnung über Emissionsgrenzwerte für Verbrennungsmotoren
30	**Verordnung über Anlagen zur biologischen Behandlung von Abfällen**
31	Verordnung zur Begrenzung der Emissionen flüchtiger organischer Verbindungen bei der Verwendung organischer Lösemittel in bestimmten Anlagen
32	Geräte- und Maschinenlärmschutzverordnung
39	**Verordnung über Luftqualitätsstandards und Emissionshöchstmengen**

43	Verordnung über nationale Verpflichtungen zur Reduktion der Emissionen bestimmter Luftschadstoffe
44	Verordnung über mittelgroße Feuerungs-, Gasturbinen- und Verbrennungsmotoranlagen

Über diese Auflistung hinaus existieren derzeit eine 7., 10., 14., 16., 18., 24., 25., 29. BImSchV. Besetzt sind auch die Nummern 34 bis 38 und die Nummern 41 und 42. Die abgehandelten Themen sind hier eher peripher.

Verwaltungsvorschriften zum BImSchG

§ 48 BImSchG ermächtigt die Bundesregierung (nach Anhörung der „beteiligten Kreise" (Wissenschaft, Wirtschaft, Betroffene) und der Zustimmung des Bundesrates) zum Erlass von „Allgemeinen Verwaltungsvorschriften", in denen Schutz- und Vorsorgestandards (z. B. Immissions- und Emissionsgrenzwerte) festgesetzt werden sollen.

Die rechtliche Stellung von **TA Luft** und **TA Lärm** ist formaljuristisch umstritten: Haben diese Verwaltungsvorschriften nicht nur für die Verwaltung bindende Wirkung, sondern auch Außenwirkung? In der Praxis werden die TA Luft und die TA Lärm wie allgemein verbindliche Rechtsnormen (z. B. Verordnungen) angewendet. Die **TA Luft** liegt inzwischen wie folgt vor: Neufassung der Ersten Allgemeinen Verwaltungsvorschrift zum Bundes-Immissionsschutzgesetz (Technische Anleitung zur Reinhaltung der Luft – TA Luft) vom 18. August 2021 (GMBl. Nr. 48 bis 54, S. 1050), in Kraft getreten am 1. Dezember 2021. Die Sechste Allgemeine Verwaltungsvorschrift zum Bundes-Immissionsschutzgesetz (Technische Anleitung zum Schutz gegen Lärm – **TA Lärm**) vom 28. August 1998 (GMBl S. 503) wurde dagegen zuletzt geändert durch Bekanntmachung vom 1. Juni 2017 (BAnz AT 08.06.2017 B5).

IED/IE-Richtlinie

Die Richtlinie 2010/75/EU des Europäischen Parlaments und des Rates über Industrieemissionen (Integrierte Vermeidung und Verminderung der Umweltverschmutzung – „IED/IE-Richtlinie") vom 24. November 2010 (ABl. L 334, S. 17), zuletzt geändert durch Berichtigung vom 19. Juni 2012 (ABl. L 158, S. 25), regelt die **integrierte Vermeidung und Verminderung der Umweltverschmutzung infolge industrieller Tätigkeiten**.

Sie sieht auch Vorschriften zur Vermeidung und, sofern dies nicht möglich ist, zur Verminderung von Emissionen in Luft, Wasser und Boden und zur Abfallvermeidung vor. Damit soll die vorherrschende „mediale" (Luft, Wasser, Boden) und „sektorale" (Abfallentsorgung, Gewässerschutz, Naturschutz etc.) Problembehandlung im Umweltrecht zugunsten einer „ganzheitlichen" Betrachtung verschoben werden (entsprechend der Realität des Ökosystems Erde und der vielfältigen Wechselbeziehungen innerhalb dieses Ökosystems).

Der Begriff „industrielle Tätigkeit" wird nicht definiert, aber inhaltlich ausgefüllt (Anhang I der IED/IE-Richtlinie):

- Energiewirtschaft
- Herstellung und Verarbeitung von Metallen
- Mineralverarbeitende Industrie

- Chemische Industrie
- **Abfallbehandlung** (detailliert aufgeführt in Kapitel 1.1.11.1, Seite 139)
- Sonstige Industriezweige (z. B. Papier-/Zellstoffherstellung, Färbereien/Gerbereien, Nahrungsmittelindustrie, Massentierhaltung, Oberflächenbehandlung mit organischen Lösungsmitteln)

Der Schwerpunkt liegt bei den Anlagen, die entsprechend der Zuordnung in der 4. BImSchV einem Genehmigungsverfahren unterzogen werden müssen.

Die Mitgliedstaaten der EU werden aufgefordert, die erforderlichen Maßnahmen zu treffen, um sicherzustellen, dass keine Anlage, Feuerungsanlage, Abfallverbrennungsanlage oder Abfallmitverbrennungsanlage ohne eine **Genehmigung** betrieben wird. Die Ausführungen zur Erteilung der Genehmigung lassen den Schluss zu, dass ein Rechtsanspruch auf Genehmigung bestehen soll, wenn die Anforderungen der Richtlinie erfüllt werden.

Bei **Nichteinhaltung der Genehmigungsauflagen** sollen die Mitgliedstaaten Folgendes sicherstellen:

a) der Betreiber informiert unverzüglich die zuständige Behörde;
b) der Betreiber ergreift unverzüglich die erforderlichen Maßnahmen, um sicherzustellen, dass die Einhaltung der Anforderungen gewährleistet ist;
c) die zuständige Behörde verpflichtet den Betreiber, alle weiteren geeigneten Maßnahmen zu treffen, die ihres Erachtens erforderlich sind, damit den Anforderungen wieder entsprochen wird.

Wenn ein Verstoß gegen die Genehmigungsauflagen eine unmittelbare Gefährdung der menschlichen Gesundheit verursacht oder eine unmittelbare erhebliche Gefährdung der Umwelt darstellt, wird der weitere Betrieb der Anlage, Feuerungsanlage, Abfallverbrennungsanlage, Abfallmitverbrennungsanlage oder des betreffenden Teils der Anlage ausgesetzt, bis die erneute Einhaltung der Anforderungen sichergestellt ist.

Vorfälle oder Unfälle mit erheblichen Umweltauswirkungen müssen angezeigt werden. Der Betreiber muss unverzüglich in geeigneter und angemessener Weise reagieren, um die Begrenzung der Umweltauswirkungen und die Vermeidung weiterer möglicher Vorfälle und Unfälle zu erreichen.

Entsprechend dem Grundansatz der IED/IE-Richtlinie wird ein Genehmigungsverfahren gestaltet, das alle möglichen Umweltbelastungen gemeinsam unter Berücksichtigung von Wechselwirkungen behandelt. Entsprechend anspruchsvoll sind die **Anforderungen an den Genehmigungsantrag**:

a) Anlage sowie Art und Umfang ihrer Tätigkeiten;
b) Roh- und Hilfsstoffe, sonstige Stoffe und Energie, die in der Anlage verwendet oder erzeugt werden;
c) Quellen der Emissionen aus der Anlage;
d) Zustand des Anlagengeländes;
e) gegebenenfalls einen Bericht über den Ausgangszustand gemäß Artikel 22 Absatz 2 der Richtlinie;
f) Art und Menge der vorhersehbaren Emissionen aus der Anlage in jedes einzelne Umweltmedium sowie Feststellung von erheblichen Auswirkungen der Emissionen auf die Umwelt;
g) vorgesehene Technologie und sonstige Techniken zur Vermeidung der Emissionen aus der Anlage oder, sofern dies nicht möglich ist, Verminderung derselben;

h) Maßnahmen zur Vermeidung, zur Vorbereitung, zur Wiederverwendung, zum Recycling und zur Verwertung der von der Anlage erzeugten Abfälle;
i) sonstige vorgesehene Maßnahmen zur Erfüllung der Vorschriften bezüglich der allgemeinen Prinzipien der Grundpflichten der Betreiber;
j) vorgesehene Maßnahmen zur Überwachung der Emissionen in die Umwelt;
k) die wichtigsten vom Antragsteller geprüften Alternativen zu den vorgeschlagenen Technologien, Techniken und Maßnahmen in einer Übersicht.

Genehmigungsauflagen sollen zumindest Folgendes umfassen:

a) Emissionsgrenzwerte für die Schadstoffe der Liste in Anhang II der IED/IE-Richtlinie, und für sonstige Schadstoffe, die von der betreffenden Anlage unter Berücksichtigung der Art der Schadstoffe und der Gefahr einer Verlagerung der Verschmutzung von einem Medium auf ein anderes in relevanter Menge emittiert werden können;
b) angemessene Auflagen zum Schutz des Bodens und des Grundwassers sowie Maßnahmen zur Überwachung und Behandlung der von der Anlage erzeugten Abfälle;
c) angemessene Anforderungen für die Überwachung der Emissionen;
d) eine Verpflichtung, der zuständigen Behörde regelmäßig – mindestens jährlich – Folgendes vorzulegen: Informationen auf der Grundlage der Ergebnisse der in Buchstabe c genannten Emissionsüberwachung und sonstige erforderliche Daten, die der zuständigen Behörde die Prüfung der Einhaltung der Genehmigungsauflagen ermöglichen; und …
e) angemessene Anforderungen für die regelmäßige Wartung und für die Überwachung der Maßnahmen zur Vermeidung der Verschmutzung von Boden und Grundwasser gemäß Buchstabe b sowie angemessene Anforderungen für die wiederkehrende Überwachung von Boden und Grundwasser auf die relevanten gefährlichen Stoffe, die wahrscheinlich vor Ort anzutreffen sind, unter Berücksichtigung möglicher Boden- und Grundwasserverschmutzungen auf dem Gelände der Anlage;
f) Maßnahmen im Hinblick auf von den normalen Betriebsbedingungen abweichende Bedingungen, wie das An- und Abfahren, das unbeabsichtigte Austreten von Stoffen, Störungen, kurzzeitiges Abfahren sowie die endgültige Stilllegung des Betriebs;
g) Vorkehrungen zur weitestgehenden Verminderung der weiträumigen oder grenzüberschreitenden Umweltverschmutzung;
h) Bedingungen für die Überprüfung der Einhaltung der Emissionsgrenzwerte oder einen Verweis auf die geltenden anderweitig genannten Anforderungen.

Überprüfung und Aktualisierung der Genehmigungsauflage durch die zuständige Behörde: Die Mitgliedstaaten treffen die erforderlichen Maßnahmen, damit die zuständige Behörde alle Genehmigungsauflagen regelmäßig überprüft und gegebenenfalls im Hinblick auf die Einhaltung der Bestimmungen der Richtlinie diese Auflagen auf den neuesten Stand bringt.

Auf Anfrage der zuständigen Behörde übermittelt der Betreiber ihr alle erforderlichen Informationen, insbesondere Ergebnisse der Emissionsüberwachung und sonstige Daten, die ihr einen Vergleich des Betriebs der Anlage mit den besten verfügbaren Techniken (BVT) und den damit assoziierten Emissionswerten ermöglichen.

Anmerkungen zum Begriff „BVT": „BVT-Schlussfolgerungen" sind ein Dokument, das die Teile eines BVT-Merkblatts mit den Schlussfolgerungen zu den besten verfügbaren Techniken, ihrer Beschreibung, Informationen zur Bewertung ihrer Anwendbarkeit, den mit den besten verfügbaren Techniken assoziierten Emissionswerten, den dazugehörigen Überwachungsmaßnahmen, den dazugehörigen Verbrauchswerten sowie gegebenenfalls einschlägigen Standortsanierungsmaßnahmen enthält (siehe auch § 54 Absatz 3 WHG).

Die Genehmigungsauflagen werden zumindest in folgenden Fällen überprüft und erforderlichenfalls aktualisiert:

a) die durch die Anlage verursachte Umweltverschmutzung ist so stark, dass die in der Genehmigung festgelegten Emissionsgrenzwerte überprüft oder in der Genehmigung neue Emissionsgrenzwerte vorgesehen werden müssen;
b) die Betriebssicherheit erfordert die Anwendung anderer Techniken;
c) es muss eine neue oder überarbeitete Umweltqualitätsnorm eingehalten werden.

Die Mitgliedstaaten führen ein System für **Umweltinspektionen** von Anlagen ein, das die Prüfung der gesamten Bandbreite an Auswirkungen der betreffenden Anlagen auf die Umwelt umfasst. Die Mitgliedstaaten stellen sicher, dass die Betreiber den zuständigen Behörden jede notwendige Unterstützung dabei gewähren, etwaige Vor-Ort-Besichtigungen und Probenahmen durchzuführen und die zur Erfüllung ihrer Pflichten im Rahmen dieser Richtlinie erforderlichen Informationen zu sammeln. Die Mitgliedstaaten stellen sicher, dass alle Anlagen auf nationaler, regionaler oder lokaler Ebene durch einen Umweltinspektionsplan abgedeckt sind, und sorgen dafür, dass dieser Plan regelmäßig überprüft und gegebenenfalls aktualisiert wird.

Kapitel IV der IED/IE-Richtlinie enthält **Sondervorschriften für Abfallverbrennungsanlagen und Abfallmitverbrennungsanlagen**. Anhang VI enthält **Technische Bestimmungen für Abfallverbrennungs- und Abfallmitverbrennungsanlagen**.

Das **Gesetz zur Umsetzung der Richtlinie über Industrieemissionen** vom 8. April 2013 diente der Umsetzung der IED/IE-Richtlinie in deutsches Recht. Dieses „Artikelgesetz" brachte entsprechende Änderungen und Ergänzungen für eine Reihe von einschlägigen Gesetzen und Rechtsverordnungen.

1.3.4 Seuchen- und Hygienerecht

Warum wird dieser Rechtsbereich hier abgehandelt? Die formale Antwort ist der Verweis auf Anlage 1 der Entsorgungsfachbetriebeverordnung sowie der Abfallbeauftragtenverordnung. Dort werden die Lehrgangsinhalte aufgelistet. Die handfeste Antwort: Es kann nach aller Erfahrung regional durchaus relevant werden!

„Seuche" ist ein etwas altertümlicher Begriff; heute spricht man von Epidemien. Soweit es um den Menschen geht, wird er nicht verwendet: das maßgebliche Gesetz dient der „Verhütung und Bekämpfung von Infektionskrankheiten beim Menschen" (Infektionsschutzgesetz – IfSG). Auf der „tierischen" Seite gibt es ihn noch: das Tiergesundheitsgesetz (TierGesG) dient der *„Vorbeugung vor und Bekämpfung von Tierseuchen"*. Eine Tierseuche ist eine Infektion oder Krankheit, die von einem Tierseuchenerreger unmittelbar oder mittelbar verursacht wird, bei Tieren auftritt und auf Tiere oder Menschen (die einschlägigen Krankheiten werden dann als Zoonosen bezeichnet) übertragen werden kann. Im Infektionsschutzgesetz finden sich die Begriffe Krankheitserreger/Infektion/übertragbare Krankheit. Somit geht es um denselben generellen Sachverhalt.

So, wie der Begriff „Seuche" allgemein verwendet wird, steckt darin auch ein Hinweis auf die Dimension des Problems. Sowohl auf der menschlichen, als auch auf der tierischen Seite kann es innerhalb kurzer Zeit eine ungewöhnlich hohe Zahl von Toten geben. Auf der tierischen Seite kommt hinzu, dass die betriebsbezogene Tötung eines ganzen Bestands („Keulung") als Schutzmaßnahme zu einem besonderen Entsorgungsproblem führt.

Der Begriff „Hygiene" wird hier nicht im Sinne von „Händewaschen" (d. h. Arbeitsschutz) verwendet. Es geht vielmehr um Hygiene in einem wesentlich größeren räumlichen Maßstab: die Schaffung bzw. Wiederherstellung einer Umwelt, die für die Menschen keine einschlägigen Gesundheitsgefahren aufweist.

Das Abfallproblem ist somit die **sachgerechte Entsorgung von toten Tieren und Menschen.**

> Die anlässlich der Corona-Pandemie 2020/2022 erlassenen Vorschriften zum Schutz der Bevölkerung bei einer epidemischen Lage von nationaler Tragweite haben hier keine Auswirkungen.

Menschen

Soweit es sich um menschliche Leichen handelt, die bekanntermaßen oder vermutlich ansteckungsgefährlich sind, wird das getan, was auch mit bekanntermaßen oder vermutlich ansteckungsgefährlichem Klinikabfall geschieht. Damit wird ein in der Abfallentsorgung etablierter Weg beschritten. Das Infektionsschutzgesetz befasst sich überhaupt nicht mit den Toten, und das Bestattungswesen einschließlich der Kremation ist Sache der Bundesländer und letztlich der Städte und Gemeinden.

In der Abfallverzeichnis-Verordnung ist die Nr. 18 Abfälle aus der humanmedizinischen oder tierärztlichen Versorgung und Forschung (ohne Küchen- und Restaurantabfälle, die nicht aus der unmittelbaren Krankenpflege stammen) relevant. Die spezifische Schlüsselnummer lautet:

18 01 03* Abfälle, an deren Sammlung und Entsorgung aus infektionspräventiver Sicht besondere Anforderungen gestellt werden

Die mit einem Sternchen (*) versehenen Abfallarten im Abfallverzeichnis sind gefährlich im Sinne des § 48 des Kreislaufwirtschaftsgesetzes und erfordern deshalb besondere Vorkehrungen.

Bei der Beförderung auf der Straße darf angesichts der Gefährlichkeit die Gefahrgutproblematik nicht vergessen werden (Abfall- und Gefahrgutrecht müssen gleichzeitig angewendet werden). Die relevante Klasse ist die **Klasse 6.2 Ansteckungsgefährliche Stoffe**. Im Abschnitt 2.2.62.1.11 ADR „Medizinische oder klinische Abfälle" wird in den Bemerkungen die Abfallschlüsselnummer 18 01 03 genannt (siehe oben). Die Gefahrgutklassifizierung des zu befördernden Materials ist hier auf die ärztliche bzw. rechtsmedizinische Expertise angewiesen. Es stehen vier UN-Nummern zur Verfügung, mit denen eine Differenzierung unternommen wird:

- **UN 2814** ANSTECKUNGSGEFÄHRLICHER STOFF, GEFÄHRLICH FÜR MENSCHEN
- UN 2814 ANSTECKUNGSGEFÄHRLICHER STOFF, GEFÄHRLICH FÜR MENSCHEN (nur tierische Stoffe)
- **UN 2900** ANSTECKUNGSGEFÄHRLICHER STOFF, nur GEFÄHRLICH FÜR TIERE
- UN 2900 ANSTECKUNGSGEFÄHRLICHER STOFF, nur GEFÄHRLICH FÜR TIERE (nur tierische Stoffe)
- **UN 3291** KLINISCHER ABFALL, UNSPEZIFIZIERT, N.A.G.
- UN 3291 (BIO)MEDIZINISCHER ABFALL, N.A.G.
- UN 3291 UNTER DIE VORSCHRIFTEN FALLENDER MEDIZINISCHER ABFALL, N.A.G.
- **UN 3549** MEDIZINISCHE ABFÄLLE, KATEGORIE A, GEFÄHRLICH FÜR MENSCHEN, fest
- UN 3549 MEDIZINISCHE ABFÄLLE, KATEGORIE A, nur GEFÄHRLICH FÜR TIERE, fest

Sobald die UN-Nummer feststeht, ergibt sich alles Weitere aus den Vorschriften des ADR.

Die praktischen Probleme der Entsorgung sind offensichtlich. Zentral ist die Frage nach der geeigneten Transportverpackung einer bekanntermaßen oder vermutlich ansteckungsgefährlichen Leiche. Dass am Ende die Kremation steht, ist dagegen keine Frage.

Tiere

Das Tiergesundheitsgesetz enthält in § 6 Ermächtigungen zur Vorbeugung vor und Bekämpfung von Tierseuchen. In § 1 Nr. 20 des Gesetzes geht es u. a. um das Töten von seuchenkranken oder möglicherweise seuchenkranken Tieren, sowie die unschädliche Beseitigung der Tierkörper. Die vorbeugende Tötung eines ganzen betrieblichen Tierbestands aus seuchenhygienischem Kalkül muss hier angeschlossen werden. Beachte, dass „Seuchen" gegebenenfalls für Tiere und Menschen gefährlich sein können.

Auf der Grundlage des § 6 TierGesG sind vor allem Verordnungen erlassen worden, die sich auf bestimmte „Seuchen" konzentrieren. Als Beispiele seien die Geflügelpest („Vogelgrippe"; für die menschliche Gesundheit von Bedeutung) und die Schweinepest (für den Menschen wohl ungefährlich) genannt.

Das Tierische Nebenprodukte-Beseitigungsgesetz (TierNebG) hat auf folgende Weise einschlägige Relevanz:

Laut § 2a TierNebG „Grundsatz für den Umgang mit tierischen Nebenprodukten und Folgeprodukten" ist es verboten, tierische Nebenprodukte der Kategorie 1 im Sinne des Artikels 8 der Verordnung (EG) Nr. 1069/2009 so abzuholen, zu sammeln, zu kennzeichnen, zu befördern, zu lagern, zu behandeln, zu verarbeiten, zu verwenden oder zu beseitigen, dass dadurch Leben oder Gesundheit eines anderen oder Tiere oder fremde Sachen von bedeutendem Wert gefährdet werden.

Zur Kategorie 1 gehören u. a. auch ganze Tierkörper, die zum Zeitpunkt der Beseitigung spezifiziertes Risikomaterial enthalten. Damit sind bestimmte Teile des Tierkörpers gemeint. Es geht hier auch um Wildtiere, die im Verdacht stehen, mit einer auf Mensch oder Tier übertragbaren Krankheit infiziert zu sein. Soweit tierische Nebenprodukte der Kategorie 1 abzuholen, zu sammeln, zu kennzeichnen, zu befördern, zu lagern, zu behandeln, zu verarbeiten, zu verwenden oder zu beseitigen sind, hat die zuständige Behörde die Voraussetzungen für die Abholung, Sammlung, Kennzeichnung, Beförderung, Lagerung, Behandlung, Verarbeitung, Verwendung und Beseitigung zu schaffen. Geeignete Transportbehältnisse bzw. Verpackungen sind auf jeden Fall ein Problem, das angemessen gelöst werden muss.

Die relevante Gefahrgutklasse ist ebenfalls die **Klasse 6.2 Ansteckungsgefährliche Stoffe**. Im Abschnitt 2.2.62.1.12 ADR „Infizierte Tiere" geht es um „Infizierte [lebende] Tiere" und „Tierische Stoffe, die mit Krankheitserregern behaftet sind". Die Gefahrgutklassifizierung des zu befördernden Materials ist hier ebenfalls auf die Expertise einschlägiger Fachleute angewiesen. Zu den einschlägigen UN-Nummern siehe oben.

1.4 Beauftragtenwesen

Der Beauftragte im Betrieb ist ein Überwachungsorgan. Er nimmt insofern eine Aufgabe wahr, die im Grundsatz den zuständigen Behörden obliegt. Seine Tätigkeit bleibt eine betriebsinterne Angelegenheit:

Ansprechpartner für den Beauftragten ist die Geschäftsleitung. Sie muss einerseits den Beauftragten anhören, ist aber ihm gegenüber nicht verpflichtet, aus seinen Ausführungen Konsequenzen zu ziehen. Der Beauftragte ist also ein Instrument der Eigenüberwachung (allerdings ein vom Gesetzgeber verordnetes Instrument!) und nicht der vorgeschobene „Horchposten" der Überwachungsbehörden; das Instrument „Betriebsbeauftragter" soll seine Wirkung innerbetrieblich entfalten.

Der Betriebsbeauftragte ist andererseits kein weisungsbefugtes Organ der Geschäftsleitung und somit auch hier nicht der „verlängerte Arm". Der Betriebsbeauftragte tritt nicht in die Verantwortung für betriebliche Mängel und daraus entstandene Schäden ein. Er ist lediglich für die nicht ordnungsgemäße Erfüllung der Aufgaben des Betriebsbeauftragten zu belangen (die Geschäftsleitung hat die Voraussetzungen für die ordnungsgemäße Erfüllung zu schaffen und unterliegt insofern der Kontrolle durch die Behörden; der Betriebsbeauftragte kann die Unterstützung auf der Grundlage seiner Bestellung nicht erzwingen).

Die Arbeit des Betriebsbeauftragten und die daraus resultierenden Ergebnisse sind der behördlichen Überwachung zugänglich. Ergebnisse der betrieblichen Eigenüberwachung werden auf Plausibilität geprüft und mit behördlicherseits durchgeführten Stichproben verglichen.

Im Folgenden werden

- die **Betriebsbeauftragen für Abfall**,
- die Betriebsbeauftragten für Immissionsschutz,
- die Betriebsbeauftragten für Gewässerschutz,
- die Gefahrgutbeauftragten (Sicherheitsberater für die Beförderung gefährlicher Güter) und
- die Fachkräfte für Arbeitssicherheit

dargestellt.

Betriebsbeauftragter für Abfall
§§ 59, 60 KrWG i. V. m. §§ 55 bis 58 BImSchG
Bestellung (§ 59 Absatz 1 KrWG)
Wer? • **Betreiber genehmigungsbedürftiger Anlagen nach § 4 BImSchG** • **Betreiber von Anlagen, in denen regelmäßig gefährliche Abfälle anfallen** • **Betreiber ortsfester Sortier-, Verwertungs-, Abfallbeseitigungsanlagen** • **Abfallbesitzer im Sinne von § 27 KrWG** • **Betreiber von Rücknahmesystem und -stellen, die von den Abfallbesitzern des § 27 KrWG eingerichtet worden sind oder an denen sie sich beteiligen**

Betriebsbeauftragter für Abfall *(Forts.)*
§ 2 der AbfBeauftrV (Stand 8. Mai 2022) enthält einen Katalog, der diese Auflistung mit Hilfe von detaillierten Angaben konkretisiert. Dieser § 2 ist mit einer Erweiterung an die geänderte Rechtslage in anderen Bereichen angepasst worden: • Vertreiber, die pro Kalenderjahr mehr als 20 Tonnen Elektro- und Elektronikaltgeräte gemäß § 17 Absatz 3 ElektroG freiwillig zurücknehmen; • Hersteller von Fahrzeug- und Industriebatterien, die Fahrzeug- und Industrie-Altbatterien gemäß § 8 BattG zurücknehmen, es sei denn, sie sind einem freiwilligen System für die Rücknahme von Fahrzeug- und Industrie-Altbatterien angeschlossen, das selbst über einen Abfallbeauftragten verfügt; Vertreiber werden analog in die Pflicht genommen; • Hersteller und Vertreiber, die mehr als 2 Tonnen gefährliche Abfälle oder mehr als 100 Tonnen nicht gefährliche Abfälle pro Kalenderjahr freiwillig zurücknehmen.
Wann? … sofern dies im Hinblick auf die Art oder die Größe der Anlagen oder die Bedeutung der abfallwirtschaftlichen Tätigkeit, insbesondere unter Berücksichtigung von Art und Umfang der Rücknahme der Abfälle und der damit verbundenen Besitzerpflichten erforderlich ist wegen der 1. anfallenden, zurückgenommenen, verwerteten oder beseitigten Abfälle, 2. technischen Probleme der Vermeidung, Verwertung oder Beseitigung oder 3. Eignung der Produkte oder Erzeugnisse, bei oder nach bestimmungsgemäßer Verwendung Probleme hinsichtlich der ordnungsgemäßen und schadlosen Verwertung oder umweltverträglichen Beseitigung hervorzurufen (§ 59 Absatz 1 KrWG). Beachte § 59 Absatz 2 KrWG, der den zuständigen Behörden bei Nichtbestehen der Bestellpflicht ein Anordnungsrecht gibt, soweit im Einzelfall die Notwendigkeit der Bestellung gesehen wird.
Wie? siehe § 55 Absatz 1, 1a und 2 BImSchG (vgl. § 60 Absatz 3 KrWG)
Wen? siehe § 55 Absatz 2 BImSchG i. V. m. 5. BImschV (vgl. § 60 Absatz 3 KrWG) Die §§ 8 und 9 der AbfBeauftrV enthalten die Anforderungen an Zuverlässigkeit und Fachkunde. Die Übereinstimmungen mit den Anforderungen gemäß EfbV sind nicht zufällig!

Betriebsbeauftragter für Abfall *(Forts.)*
Qualifikation des Bestellten
siehe § 55 Absatz 2 BImSchG i. V. m. 5. BImSchV (vgl. § 60 Absatz 3 KrWG) siehe aber auch **§ 9 AbfBeauftrV**; das Lehrgangserfordernis wird hier in Anlage 1 mit detaillierten Lehrgangsinhalten unterfüttert; das Fortbildungserfordernis ergibt sich aus § 9 Absatz 2 AbfBeauftrV: *Der Abfallbeauftragte muss durch geeignete Fortbildung über den für seine Tätigkeit notwendigen aktuellen Wissensstand verfügen. Dazu hat der zur Bestellung Verpflichtete sicherzustellen, dass der Abfallbeauftragte regelmäßig, mindestens alle zwei Jahre, an von der zuständigen Behörde anerkannten Lehrgängen, in denen Kenntnisse entsprechend Anlage 1 vermittelt werden, teilnimmt.* Wie die Schulungsveranstalter die Lehrgänge gestalten sollen, geht aus den angeführten Vorschriften nicht hervor. Hier wird sicher eine Deckung mit den Lehrgängen gemäß EfbV (siehe hierzu Kapitel 1.1.17, Seite 218) gesucht werden.
Aufgaben des Bestellten (§ 60 Absatz 1 und 2 KrWG)
• **Beratung:** Der Abfallbeauftragte berät den zur Bestellung Verpflichteten und die Betriebsangehörigen in Angelegenheiten, die für die Abfallvermeidung und Abfallbewirtschaftung bedeutsam sein können. • **Überwachung:** Er ist berechtigt und verpflichtet, den Weg der Abfälle von ihrer Entstehung oder Anlieferung bis zu ihrer Verwertung oder Beseitigung zu überwachen. • Er ist berechtigt und verpflichtet, die **Einhaltung der Vorschriften** des KrWG und der auf Grund dieses Gesetzes erlassenen Rechtsverordnungen sowie die Erfüllung erteilter Bedingungen und Auflagen zu überwachen, insbesondere durch Kontrolle der Betriebsstätte und der Art und Beschaffenheit der bewirtschafteten Abfälle in regelmäßigen Abständen, Mitteilung festgestellter Mängel und Vorschläge zur Mängelbeseitigung. • **Aufklärung:** Er ist berechtigt und verpflichtet, die Betriebsangehörigen aufzuklären über Beeinträchtigungen des Wohls der Allgemeinheit, welche von den Abfällen oder der abfallwirtschaftlichen Tätigkeit ausgehen können, und über Einrichtungen und Maßnahmen zur Verhinderung von Beeinträchtigungen des Wohls der Allgemeinheit unter Berücksichtigung der für die Vermeidung, Verwertung und Beseitigung von Abfällen geltenden Gesetze und Rechtsverordnungen. • **Hinwirkung:** Er ist berechtigt und verpflichtet, hinzuwirken auf die Entwicklung und Einführung umweltfreundlicher und abfallarmer Verfahren, einschließlich Verfahren zur Vermeidung, ordnungsgemäßen und schadlosen Verwertung oder umweltverträglichen Beseitigung von Abfällen, und umweltfreundlicher und abfallarmer Erzeugnisse, einschließlich Verfahren zur Wiederverwendung, Verwertung oder umweltverträglichen Beseitigung nach Wegfall der Nutzung. • **Mitwirkung:** Er ist berechtigt und verpflichtet, bei der Entwicklung und Einführung von Verfahren mitzuwirken, insbesondere durch Begutachtung der Verfahren und Erzeugnisse unter den Gesichtspunkten der Abfallbewirtschaftung. Er ist berechtigt und verpflichtet, bei Anlagen, in denen Abfälle anfallen, verwertet oder beseitigt werden, zudem auf Verbesserungen des Verfahrens hinzuwirken. • **Jahresbericht:** Der Abfallbeauftragte erstattet dem zur Bestellung Verpflichteten jährlich einen schriftlichen Bericht über die getroffenen und beabsichtigten Maßnahmen.

Betriebsbeauftragter für Abfall *(Forts.)*
Pflichten des Betreibers
siehe § 55 BImSchG (vgl. § 60 Absatz 3 KrWG)

Was muss zum Thema „Abfallbeauftragter" noch erwähnt werden?

- Ist nach § 53 BImSchG ein Immissionsschutzbeauftragter oder nach § 64 WHG ein Gewässerschutzbeauftragter zu bestellen, können diese auch die Aufgaben und Pflichten eines Abfallbeauftragten gemäß KrWG wahrnehmen (§ 59 Absatz 3 KrWG).
- Die zuständige Behörde kann anordnen, dass die zur Bestellung Verpflichteten mehrere betriebsangehörige Abfallbeauftragte zu bestellen haben; die Zahl der Abfallbeauftragten ist so zu bemessen, dass die sachgemäße Erfüllung der Aufgaben sichergestellt ist (§ 3 AbfBeauftrV).
- Betreibt ein zur Bestellung Verpflichteter mehrere Anlagen oder mehrere Betriebe als Abfallbesitzer im Sinne des § 27 KrWG oder mehrere Rücknahmesysteme oder Rücknahmestellen, kann ein gemeinsamer betriebsangehöriger Abfallbeauftragter bestellt werden, wenn hierdurch die sachgemäße Erfüllung der Aufgaben nicht beeinträchtigt wird (§ 4 AbfBeauftrV).
- Die zuständige Behörde soll einem zur Bestellung Verpflichteten auf Antrag die Bestellung eines oder mehrerer nicht betriebsangehöriger Abfallbeauftragter gestatten, wenn hierdurch die sachgemäße Erfüllung der Aufgaben nicht beeinträchtigt wird (§ 5 AbfBeauftrV).
- § 6 AbfBeauftrV regelt den Sachverhalt „Abfallbeauftragter für Konzerne".
- Die zuständige Behörde hat auf Antrag den zur Bestellung Verpflichteten von seiner Pflicht zu befreien, wenn die Bestellung im Einzelfall im Hinblick auf die Größe der Anlage, des Rücknahmesystems oder der Rücknahmestelle oder auf die Art oder Menge der entstehenden, angelieferten oder zurückgenommenen Abfälle nicht erforderlich ist (§ 7 AbfBeauftrV).
- Die Anforderungen des § 9 Absatz 1 AbfBeauftrV (Fachkunde) gelten nicht für Abfallbeauftragte, die am 1. Juni 2017 bereits bestellt waren. Die Pflicht zur Teilnahme an einem von der zuständigen Behörde anerkannten Lehrgang gemäß § 9 Absatz 2 AbfBeauftrV ist spätestens am 1. Juni 2019 erstmals zu erfüllen (§ 10 Absatz 1 AbfBeauftrV).
- Abfallbeauftragte, die nach den Vorschriften der AbfBeauftrV vom 2. Dezember 2016 erstmals bestellt wurden, hatten die Pflicht zur Teilnahme an einem von der zuständigen Behörde anerkannten Lehrgang gemäß § 9 Absatz 1 Nummer 3 spätestens am 1. Juni 2019 zu erfüllen (§ 10 Absatz 2 AbfBeauftrV).

Erleichterungen für auditierte Unternehmensstandorte (§ 61 KrWG)

Die Bundesregierung wird ermächtigt, für Standorte des Gemeinschaftssystems für das Umweltmanagement und die Umweltbetriebsprüfung (EMAS) durch Rechtsverordnung mit Zustimmung des Bundesrates Erleichterungen zum Inhalt der Antragsunterlagen in abfallrechtlichen Verfahren sowie überwachungsrechtliche Erleichterungen vorzusehen. Die entsprechenden Anforderungen der Verordnung (EG) Nr. 1221/2009 vom 25. November 2009 über die freiwillige Teilnahme von Organisationen an einem Gemeinschaftssystem für Umweltmanagement und Umweltbetriebsprüfung müssen gleichwertig zu den Anforderungen sein, die zur Überwachung und zu den Antragsunterlagen nach dem KrWG oder den auf Grund dieses Gesetzes erlassenen Rechtsverordnungen vorgesehen sind.

In Absatz 3 des § 61 KrWG finden auch die Aufgaben des Betriebsbeauftragten für Abfall – ohne weitere Detaillierung – Erwähnung. Die Suche nach einer einschlägigen Rechtsverordnung führt zur

Verordnung über immissionsschutz- und abfallrechtliche Überwachungserleichterungen für nach der Verordnung (EG) Nr. 761/2001 registrierte Standorte und Organisationen (EMAS-Privilegierungs-Verordnung – EMASPrivilegV), zuletzt geändert am 6. Juli 2021 (BGBl. I S. 2514).

Beachte: Im Titel wird noch auf den Vorläufer der Verordnung (EG) Nr. 1221/2009 (Stand 6. Juli 2021) Bezug genommen.

- Auf die **Anordnung der Bestellung eines oder mehrerer Betriebsbeauftragten** nach § 53 Absatz 2 BImSchG oder § 59 Absatz 2 KrWG soll bei einer EMAS-Anlage oder bei einem Entsorgungsfachbetrieb im Sinne des § 56 Absatz 2 KrWG verzichtet werden.
- **Jährliche Berichte** nach § 54 Absatz 2, § 58b Absatz 2 Satz 1 BImSchG und nach § 60 Absatz 2 KrWG sind nicht erforderlich, sofern sich gleichwertige Angaben aus dem Bericht über die Umweltbetriebsprüfung ergeben und der Betriebsbeauftragte für Immissionsschutz oder für Abfall oder der Störfallbeauftragte den Bericht mitgezeichnet hat und mit dem Verzicht auf die Erstellung eines gesonderten jährlichen Berichts einverstanden ist.
- Die **Pflichten zur Anzeige** nach § 55 Absatz 1 Satz 2, § 58c Absatz 1 BImSchG und § 60 Absatz 3 KrWG in Verbindung mit § 55 Absatz 1 Satz 2 BImSchG werden seitens des Betreibers einer EMAS-Anlage auch dadurch erfüllt, dass er der zuständigen Behörde im Rahmen des Umwelt-Audits erarbeitete Unterlagen zugeleitet hat, die gleichwertige Angaben enthalten.

Betriebsbeauftragter für Immissionsschutz
§§ 53 bis 58 BImSchG i. V. m. 5. BImSchV
Bestellung
Wer? Betreiber genehmigungsbedürftiger Anlagen (siehe Anhang I der 5. BImSchV) § 1 Absatz 1 der 5. BImSchV: Betreiber der im Anhang I zu dieser Verordnung bezeichneten genehmigungsbedürftigen Anlagen haben einen **betriebsangehörigen** Immissionsschutzbeauftragten zu bestellen; siehe aber unten!
Wann? … sofern dies im Hinblick auf die Art oder die Größe der Anlagen wegen der 1. von den Anlagen ausgehenden Emissionen, 2. technischen Probleme der Emissionsbegrenzung oder 3. Eignung der Erzeugnisse, bei bestimmungsgemäßer Verwendung schädliche Umwelteinwirkungen durch Luftverunreinigungen, Geräusche oder Erschütterungen hervorzurufen, erforderlich ist (vgl. § 53 Absatz 1 BImSchG). Die zuständige Behörde kann anordnen, dass Betreiber genehmigungsbedürftiger Anlagen, für die die Bestellung eines Immissionsschutzbeauftragten nicht durch Rechtsverordnung vorgeschrieben ist, sowie Betreiber nicht genehmigungsbedürftiger Anlagen einen oder mehrere Immissionsschutzbeauftragte zu bestellen haben, soweit sich im Einzelfall die Notwendigkeit der Bestellung aus den oben genannten Gesichtspunkten ergibt (vgl. § 53 Absatz 2 BImSchG).

Betriebsbeauftragter für Immissionsschutz *(Forts.)*
Wie? Schriftlich unter genauer Bezeichnung der Aufgaben. Anzeige an die für den Unternehmer zuständige Behörde (Kopie an den Bestellten). Vor der Bestellung Unterrichtung des Betriebs-/ Personalrats (vgl. § 55 Absatz 1 und 1a BImSchG).
Wen? Der Betreiber darf zum Immissionsschutzbeauftragten nur bestellen, wer die zur Erfüllung seiner Aufgaben erforderliche **Fachkunde** und **Zuverlässigkeit** besitzt (vgl. § 55 Absatz 2 BImSchG und 5. BImSchV). Werden der zuständigen Behörde Tatsachen bekannt, aus denen sich ergibt, dass der Immissionsschutzbeauftragte nicht die zur Erfüllung seiner Aufgaben erforderliche Fachkunde oder Zuverlässigkeit besitzt, kann sie verlangen, dass der Betreiber einen anderen Immissionsschutzbeauftragten bestellt. Betreibern von Anlagen im Sinne des § 1 Absatz 1 der 5. BImSchV (siehe Anhang I) soll die zuständige Behörde auf Antrag die Bestellung eines oder mehrerer **nicht betriebsangehöriger** Immissionsschutzbeauftragter gestatten, wenn hierdurch eine sachgemäße Erfüllung der Aufgaben nicht gefährdet wird (vgl. § 5 Absatz 1 der 5. BImSchV).
Qualifikation des Bestellten
Fachkunde (§§ 7 und 8 der 5. BImSchV) 1. Studium (Ingenieurwesen, Chemie, Physik) und 2. Teilnahme an einem/mehreren Lehrgängen (von der obersten Landesbehörde anerkannt; Inhalte siehe Anhang II der 5. BImSchV), 3. einschlägige Anlagenkenntnisse, erworben in 2 Jahren praktischer Tätigkeit; ersatzweise: 4. technische Fachschulausbildung/einschlägige Meisterqualifikation und 5. einschlägige Anlagenkenntnisse, erworben in 4 Jahren praktischer Tätigkeit (davon 2 Jahre Wahrnehmung von Aufgaben, die denen des Immissionsschutzbeauftragten gleichen). zu Punkt 4: Eine bzgl. der notwendigen Kenntnisse gleichwertige Ausbildung kann anerkannt werden.

Betriebsbeauftragter für Immissionsschutz *(Forts.)*
Lehrgangsinhalte (Anhang II der 5. BImSchV) • Anlagen- und Verfahrenstechnik, • Überwachung und Begrenzung von Emissionen, • Verfahren zur Ermittlung und Bewertung von Immissionen und schädlichen Umwelteinwirkungen, • Brand- und Explosionsschutz, • umwelterhebliche Eigenschaften von Erzeugnissen, • Verfahren zur Wiedergewinnung/Wiederverwertung, • Chemisch-physikalische Eigenschaften von Schadstoffen, • Vermeidung/Verwertung von Abfällen, • Energieeinsparung und Wärmenutzung, • Umweltrecht,
Fortbildung (§ 9 der 5. BImSchV): regelmäßig, mindestens alle 2 Jahre; auch Teilnahme an Lehrgängen.
Zuverlässigkeit (§ 10 der 5. BImSchV) … nicht gegeben, wenn … 1. wegen Verletzung der Vorschriften a) des Strafrechts über gemeingefährliche Delikte oder Delikte gegen die Umwelt, b) des Immissionsschutz-, Abfall-, Wasser-, Natur- und Landschaftsschutz-, Chemikalien-, Gentechnik- oder Atom- und Strahlenschutzrechts, c) des Lebensmittel-, Arzneimittel-, Pflanzenschutz- oder Seuchenrechts, d) des Gewerbe- oder Arbeitsschutzrechts, e) des Betäubungsmittel-, Waffen- und Sprengstoffrechts mit einer Geldbuße in Höhe von mehr als fünfhundert Euro oder einer Strafe belegt worden ist, 2. wiederholt und grob pflichtwidrig gegen Vorschriften nach Nummer 1 Buchstabe a bis e verstoßen hat oder 3. seine Verpflichtungen als Immissionsschutzbeauftragter … oder als Betriebsbeauftragter nach anderen Vorschriften verletzt hat.
Aufgaben des Bestellten (§ 54 BImSchG)
• **Beratung** des Betreibers und der Betriebsangehörigen in Angelegenheiten des Immissionsschutzes; • **Hinwirkung** auf die Entwicklung/Einführung umweltfreundlicher Verfahren, einschließlich Verfahren zur Vermeidung oder ordnungsgemäßen und schadlosen Verwertung der beim Betrieb entstehenden Abfälle oder deren Beseitigung als Abfall sowie zur Nutzung von entstehender Wärme, und Hinwirkung auf die Entwicklung und Einführung umweltfreundlicher Erzeugnisse, einschließlich Verfahren zur Wiedergewinnung und Wiederverwendung; • **Mitwirkung** bei der Entwicklung/Einführung umweltfreundlicher Verfahren/Erzeugnisse; • **Überwachung** der Einhaltung der Vorschriften und Auflagen;

Betriebsbeauftragter für Immissionsschutz *(Forts.)*
• **Mitteilung** festgestellter Mängel und Vorschläge zu deren Beseitigung; • **Aufklärung** der Betriebsangehörigen über von der Anlage ausgehende schädliche Umwelteinwirkungen und Maßnahmen zu ihrer Verhinderung; • **Erstattung eines Jahresberichts** über getroffene/beabsichtigte Maßnahmen im Aufgabenbereich des Immissionsschutzbeauftragten.
Pflichten des Betreibers (§ 55 BImSchG)
• Einholung von Stellungnahmen des Immissionsschutzbeauftragten vor Entscheidungen über die Einführung von Verfahren/Erzeugnissen und vor Investitionsentscheidungen (soweit jeweils von Bedeutung für den Immissionsschutz); • Respektierung des Vortragsrechts des Immissionsschutzbeauftragten bei der Geschäftsleitung; kann der Immissionsschutzbeauftragte sich über eine von ihm vorgeschlagene Maßnahme mit der Geschäftsleitung nicht einigen, hat diese den Immissionsschutzbeauftragten umfassend über die Gründe ihrer Ablehnung zu unterrichten; • keine Benachteiligung des Bestellten wegen der Erfüllung der übertragenen Aufgaben; • Kündigungsschutz (eine fristlose Kündigung „aus wichtigem Grund“, der mit der Beauftragtentätigkeit nichts zu tun hat, ist damit nicht ausgeschlossen); • Unterstützung des Immissionsschutzbeauftragten bei der Erfüllung seiner Aufgaben (u. a. Hilfspersonal, Räumlichkeiten, Einrichtungen, Geräte, Hilfsmittel); • Ermöglichung der Teilnahme an Schulungen.

Die §§ 58a bis 58d BImSchG stellen die rechtliche Grundlage für den **Störfallbeauftragten** dar. Die 5. BImSchV ist hier ebenfalls die Durchführungsverordnung. Der Störfallbeauftragte ist im Prinzip wie der Immissionsschutzbeauftragte gestaltet.

Beachte auch beim Immissionsschutzbeauftragten (und Störfallbeauftragten) analog zu § 61 KrWG die **Erleichterungen für auditierte Unternehmensstandorte** (§ 58e BImSchG). Die relevante Rechtsverordnung ist wieder die EMAS-Privilegierungs-Verordnung.

Betriebsbeauftragter für Gewässerschutz
§§ 64 bis 66 WHG
Bestellung (§ 64 WHG)
Wer? Benutzer von Gewässern, die an einem Tag mehr als 750 m^3 Abwasser einleiten dürfen. In anderen Fällen ist eine behördliche Anordnung der Bestellung möglich (§ 64 Absatz 2 WHG).
Wie? Auf das Verhältnis zwischen dem Gewässerbenutzer und den Gewässerschutzbeauftragten finden die §§ 55 bis 58 BImSchG entsprechende Anwendung (§ 66 WHG).
Wen? Das aktuelle WHG äußert sich dazu nicht. Siehe aber § 66 WHG mit Verweis auf die §§ 55 bis 58 BImSchG!

Betriebsbeauftragter für Gewässerschutz *(Forts.)*
Qualifikation des Bestellten
Fachkunde Der Gesetzgeber macht keine weiteren Ausführungen (vgl. aber § 66 WHG). Ein Fortbildungserfordernis findet sich in den Vorschriften nicht (siehe aber Pflichten des Gewässerbenutzers).
Zuverlässigkeit Der Gesetzgeber macht keine weiteren Ausführungen (siehe aber § 66 WHG mit Verweis auf §§ 55 bis 58 BImSchG).
Aufgaben des Bestellten (§ 65 WHG)
• Beratung des Betreibers und der Betriebsangehörigen in Angelegenheiten des Gewässerschutzes • Überwachung der Einhaltung der Vorschriften und Auflagen • Mitteilung festgestellter Mängel und Vorschläge zu deren Beseitigung • Hinwirkung auf die Anwendung geeigneter Abwasserbehandlungsverfahren (einschließlich Verfahren zur Verwertung/Beseitigung der entstandenen Abfälle) • Hinwirkung auf die Entwicklung/Einführung von Verfahren zur Vermeidung/Verminderung des betrieblichen Abwasseranfalls und umweltfreundlicher Produktionen • Aufklärung der Betriebsangehörigen über im Betrieb verursachte Gewässerbelastungen und Maßnahmen zu ihrer Verhinderung • Erstattung eines Jahresberichts über getroffene/beabsichtigte Maßnahmen im Aufgabenbereich des Gewässerschutzbeauftragten
Pflichten des (Gewässer-)Benutzers
Auf das Verhältnis zwischen dem Gewässerbenutzer und dem Gewässerschutzbeauftragten finden die §§ 55 bis 58 des Bundes-Immissionsschutzgesetzes entsprechende Anwendung (§ 66 WHG). • Einholung von Stellungnahmen des Gewässerschutzbeauftragten vor Entscheidungen über die Einführung von Verfahren/Erzeugnissen sowie vor Investitionsentscheidungen (soweit jeweils von Bedeutung für den Gewässerschutz) • Vortragsrecht des Gewässerschutzbeauftragten bei der Geschäftsleitung • keine Benachteiligung des Bestellten wegen der Erfüllung der übertragenen Aufgaben • Kündigungsschutz • Unterstützung bei der Erfüllung der Aufgaben eines Gewässerschutzbeauftragten (Bereitstellung von Räumlichkeiten, Einrichtungen, Geräten, finanziellen Mitteln und Hilfspersonal; Freistellung zur Teilnahme an Schulungen)

Gefahrgutbeauftragter (Sicherheitsberater für die Beförderung gefährlicher Güter)
Verordnung über die Bestellung von Gefahrgutbeauftragten in Unternehmen (Gefahrgutbeauftragtenverordnung – GbV) zuletzt geändert am 26. März 2021
Bestellung (§§ 1 – 3 GbV)
Wer? Die Vorschriften gelten für jedes Unternehmen, dessen Tätigkeit die Beförderung gefährlicher Güter auf der Straße, auf der Schiene, auf schiffbaren Binnengewässern und mit Seeschiffen umfasst (§ 1 Absatz 1 GbV).
Befreiungen (§ 2 GbV) Die Vorschriften gelten nicht für Unternehmen: 1. denen ausschließlich Pflichten als Fahrzeugführer, Triebfahrzeugführer, Schiffsführer, Besatzung in der Binnenschifffahrt, Betreiber einer Annahmestelle in der Binnenschifffahrt, Empfänger, Reisender, Hersteller und Rekonditionierer von Verpackungen, Wiederaufarbeiter von Verpackungen und Großpackmitteln (IBC) und als Stelle für Inspektionen und Prüfungen von IBC zugewiesen sind; 2. denen ausschließlich Pflichten als Auftraggeber des Absenders zugewiesen sind und die an der Beförderung gefährlicher Güter von nicht mehr als 50 Tonnen netto je Kalenderjahr beteiligt sind, ausgenommen radioaktive Stoffe der Klasse 7 und gefährliche Güter der Beförderungskategorie 0 nach Absatz 1.1.3.6.3 ADR; 3. denen ausschließlich Pflichten als Entlader zugewiesen sind und die an der Beförderung gefährlicher Güter von nicht mehr als 50 Tonnen netto je Kalenderjahr beteiligt sind; 4. deren Tätigkeit sich auf die Beförderung gefährlicher Güter erstreckt, die von den Vorschriften des ADR/RID/ADN/IMDG-Code freigestellt sind;
Gefahrgutbeauftragter (Sicherheitsberater für die Beförderung gefährlicher Güter) *(Forts.)*
5. deren Tätigkeit sich auf die Beförderung gefährlicher Güter im Straßen-, Eisenbahn-, Binnenschiffs- oder Seeverkehr erstreckt, deren Mengen die in Unterabschnitt 1.1.3.6 ADR festgelegten höchstzulässigen Mengen nicht überschreiten; 6. deren Tätigkeit sich auf die Beförderung gefährlicher Güter erstreckt, die nach den Bedingungen der Kapitel 3.3, 3.4 und 3.5 ADR/RID/ADN/IMDG-Code freigestellt sind; 7. die gefährliche Güter von nicht mehr als 50 Tonnen netto je Kalenderjahr für den Eigenbedarf in Erfüllung betrieblicher Aufgaben befördern, wobei dies bei radioaktiven Stoffen nur für solche der UN-Nummern 2908 bis 2911 gilt.
Wie? Schriftlich

Gefahrgutbeauftragter (Sicherheitsberater für die Beförderung gefährlicher Güter) *(Forts.)*
Wen? Die Funktion des Gefahrgutbeauftragten kann • vom Leiter des Unternehmens, • von einer Person mit anderen Aufgaben in dem Unternehmen oder • von einer dem Unternehmen nicht angehörenden Person wahrgenommen werden. Der Name des Gefahrgutbeauftragten ist allen Mitarbeitern des Unternehmens schriftlich bekannt zu geben; die Bekanntmachung kann auch durch schriftlichen Aushang an einer für alle Mitarbeiter leicht zugänglichen Stelle erfolgen.
Qualifikation des Bestellten (§§ 3, 4 und 7 GbV)
Als Gefahrgutbeauftragter darf nur bestellt werden oder als Unternehmer selbst die Funktion des Gefahrgutbeauftragten wahrnehmen, wer Inhaber eines für den betroffenen Verkehrsträger gültigen Schulungsnachweises ist. Die Industrie- und Handelskammern sind zuständig für die Erteilung der Schulungsnachweise und die Anerkennung und Überwachung der Schulungen. Beachte folgende Feinheiten (§ 6 GbV): schriftliche Prüfung; nach der Erstschulung ist eine einmalige Wiederholung ohne nochmalige Schulung möglich; die Prüfungssprache ist Deutsch; die Prüfung zur Verlängerung des Schulungsnachweises darf unbegrenzt wiederholt werden, jedoch nur bis zum Ablauf der Geltungsdauer des Schulungsnachweises. Der Schulungsnachweis wird erteilt, wenn der Betroffene an einer Schulung nach § 5 GbV („Erstschulung“) teilgenommen und eine Prüfung nach § 6 Absatz 1 GbV mit Erfolg abgelegt hat. Der Schulungsnachweis gilt fünf Jahre und kann jeweils um weitere fünf Jahre verlängert werden, wenn der Betroffene innerhalb der letzten 12 Gültigkeitsmonate eine Prüfung nach § 6 Absatz 4 GbV mit Erfolg abgelegt hat. Der Besuch einer Fortbildungsschulung wird nicht verlangt.
Aufgaben des Bestellten (§ 8 GbV)
Der Gefahrgutbeauftragte wird unter der Verantwortung des Unternehmers oder Betriebsinhabers tätig. Seine Aufgabe besteht darin, darauf hinzuwirken, dass die Beförderung gefährlicher Güter sicher und unter Beachtung der jeweils anzuwendenden Vorschriften erfolgt.

Gefahrgutbeauftragter (Sicherheitsberater für die Beförderung gefährlicher Güter) *(Forts.)*

Der Gefahrgutbeauftragte ist verpflichtet, Aufzeichnungen über seine Überwachungstätigkeit unter Angabe des Zeitpunkts der Überwachung, der Namen der überwachten Personen und der überwachten Geschäftsvorgänge zu führen. Der Gefahrgutbeauftragte hat die Aufzeichnungen mindestens fünf Jahre aufzubewahren. Die Aufzeichnungen sind der zuständigen Überwachungsbehörde auf Verlangen in Schriftform zur Prüfung vorzulegen.

Der Gefahrgutbeauftragte hat dafür Sorge zu tragen, dass nach einem Unfall, der sich während einer vom Unternehmen durchgeführten Beförderung oder während des von dem Unternehmen vorgenommenen Be- oder Entladens ereignet und bei dem Personen, Sachen oder die Umwelt zu Schaden gekommen sind, nach Einholung aller sachdienlichen Auskünfte unverzüglich ein Unfallbericht für die Unternehmensleitung oder gegebenenfalls für eine örtliche Behörde erstellt wird (siehe Unterabschnitt 1.8.3.6 ADR).

Der Gefahrgutbeauftragte nimmt insbesondere folgende Aufgaben wahr:

- Überwachung der Einhaltung der Vorschriften für die Gefahrgutbeförderung und (sofern er nicht Unternehmer oder Betriebsinhaber ist);
- Anzeige der Mängel, die die Sicherheit beim Transport gefährlicher Güter beeinträchtigen, beim Unternehmer/Betriebsinhaber;
- Beratung des Unternehmens bei den Tätigkeiten im Zusammenhang mit der Gefahrgutbeförderung;
- Erstellung eines Jahresberichts für die Unternehmensleitung über die Tätigkeiten des Unternehmens in Bezug auf die Gefahrgutbeförderung innerhalb eines halben Jahres nach Ablauf des Geschäftsjahres (sofern er nicht Unternehmer oder Betriebsinhaber ist).
  Der Jahresbericht soll enthalten:
  - Art der gefährlichen Güter unterteilt nach Klassen;
  - Gesamtmenge der gefährlichen Güter in einer der folgenden vier Stufen: bis 5 Tonnen, mehr als 5 Tonnen bis 50 Tonnen, mehr als 50 Tonnen bis 1 000 Tonnen, mehr als 1 000 Tonnen;
  - Zahl und Art der Unfälle mit gefährlichen Gütern, über die ein Unfallbericht nach Unterabschnitt 1.8.3.6 ADR erstellt worden ist;
  - sonstige Angaben, die nach Auffassung des Gefahrgutbeauftragten für die Beurteilung der Sicherheitslage wichtig sind;
  - Angaben, ob das Unternehmen an der Beförderung gefährlicher Güter nach Abschnitt 1.10.3 ADR (Güter mit hohem Gefahrenpotenzial) beteiligt gewesen ist.
- Überprüfung der folgenden Vorgehensweisen und Verfahren:
  - Verfahren, mit denen die Einhaltung der Vorschriften zur Identifizierung des beförderten gefährlichen Guts sichergestellt werden soll;
  - Vorgehen des Unternehmens, um beim Kauf von Beförderungsmitteln den besonderen Erfordernissen in Bezug auf das beförderte gefährliche Gut Rechnung zu tragen;
  - Verfahren, mit denen das für die Beförderung gefährlicher Güter oder für das Verpacken, Befüllen, Be- oder Entladen verwendete Material überprüft wird;
  - ausreichende Schulung der betreffenden Arbeitnehmer des Unternehmens, einschließlich zu Änderungen der Vorschriften, und Vermerk über diese Schulung in der Personalakte;

Gefahrgutbeauftragter (Sicherheitsberater für die Beförderung gefährlicher Güter) *(Forts.)*
– Durchführung geeigneter Sofortmaßnahmen bei etwaigen Unfällen oder Zwischenfällen, die unter Umständen die Sicherheit während der Beförderung gefährlicher Güter oder während des Verpackens, Befüllens, Be- oder Entladens gefährden; – Durchführung von Untersuchungen und, sofern erforderlich, Erstellung von Berichten über Unfälle, Zwischenfälle oder schwere Verstöße, die während der Beförderung gefährlicher Güter oder während des Verpackens, Befüllens, Be- oder Entladens festgestellt wurden; – Einführung geeigneter Maßnahmen, mit denen das erneute Auftreten von Unfällen, Zwischenfällen oder schweren Verstößen verhindert werden soll; – Berücksichtigung der Rechtsvorschriften und der besonderen Anforderungen der Beförderung gefährlicher Güter bei der Auswahl und dem Einsatz von Subunternehmern oder sonstigen Dritten; – Überprüfung, ob das mit der Beförderung gefährlicher Güter oder dem Verpacken, Befüllen, Verladen oder Entladen der gefährlichen Güter betraute Personal über ausführliche Arbeitsanleitungen und Anweisungen verfügt; – Einführung von Maßnahmen zur Aufklärung über die Gefahren bei der Beförderung gefährlicher Güter oder beim Verpacken, Befüllen, Verladen oder Entladen der gefährlichen Güter; – Einführung von Maßnahmen zur Überprüfung des Vorhandenseins der im Beförderungsmittel mitzuführenden Papiere und Sicherheitsausrüstungen sowie der Vorschriftsmäßigkeit dieser Papiere und Ausrüstungen; – Einführung von Verfahren zur Überprüfung der Einhaltung der Vorschriften für das Verpacken, Befüllen, Be- und Entladen; – Vorhandensein des Sicherungsplanes gemäß Unterabschnitt 1.10.3.2 ADR.
Pflichten des Unternehmers (§ 9 GbV)
• keine Benachteiligung des Bestellten wegen der Erfüllung der übertragenen Aufgaben • Der Unternehmer oder Betriebsinhaber hat dafür zu sorgen, dass der Gefahrgutbeauftragte – vor seiner Bestellung im Besitz einer gültigen und auf die Tätigkeit des Unternehmens/Betriebes zutreffenden Schulungsbescheinigung ist; – alle zur Wahrnehmung seiner Aufgaben erforderlichen sachdienlichen Auskünfte und Unterlagen erhält; – die notwendigen Mittel zur Wahrnehmung seiner Aufgaben erhält; – seine Vorschläge und Bedenken unmittelbar der entscheidenden Stelle im Unternehmen/Betrieb vortragen kann; – zu vorgesehenen Anträgen auf Änderung oder Abweichung von Vorschriften über die Beförderung von Gefahrgut Stellung nehmen kann; – seine Aufgaben (siehe oben) ordnungsgemäß erfüllen kann. • Aufbewahrung von Jahres- und Unfallberichten (mindestens fünf Jahre) und Vorlage auf Anforderung der zuständigen Behörde

Fachkraft für Arbeitssicherheit
§§ 1, 5 bis 7, 8 bis 11 Arbeitssicherheitsgesetz (ASiG)
Bestellung (§§ 1 und 5 ASiG)
Wer? Der Arbeitgeber (DGUV Vorschrift 2: der Unternehmer) hat Fachkräfte für Arbeitssicherheit … zu bestellen …
Wann? … soweit dies im Hinblick auf 1. die Betriebsart und die damit für die Arbeitnehmer verbundenen Unfall- und Gesundheitsgefahren, 2. die Zahl der beschäftigten Arbeitnehmer und die Zusammensetzung der Arbeitnehmerschaft, 3. die Betriebsorganisation, insbesondere im Hinblick auf die Zahl und Art der für den Arbeitsschutz und die Unfallverhütung verantwortlichen Personen, 4. die Kenntnisse und die Schulung des Arbeitgebers oder nach § 13 Absatz 1 Nummer 1, 2 oder 3 des Arbeitsschutzgesetzes verantwortliche Personen in Fragen des Arbeitsschutzes erforderlich ist. Siehe Unfallverhütungsvorschrift „Betriebsärzte und Fachkräfte für Arbeitssicherheit" (DGUV Vorschrift 2 in der Fassung vom 1. Januar 2012)
Wie? Schriftlich unter Bezeichnung der Aufgaben
Wen? Sicherheitsingenieure oder Sicherheitstechniker oder Sicherheitsmeister (§ 5 Absatz 1 ASiG)
Qualifikation des Bestellten (§ 7 ASiG)
Sicherheitstechnische Fachkunde (§ 4 DGUV Vorschrift 2) • Zwei Jahre praktische Tätigkeit und erfolgreich abgeschlossener Ausbildungslehrgang: Sicherheitsingenieure • Zwei Jahre praktische Tätigkeit und erfolgreich abgeschlossener Ausbildungslehrgang: Ingenieure (Bachelor- oder Master-Abschluss); Sicherheitstechniker (staatl. geprüft); Sicherheitsmeister • Vier Jahre praktische Tätigkeit und erfolgreich abgeschlossener Ausbildungslehrgang: staatl. anerkannte Techniker; Personen ohne Meisterprüfung, die in einer dem Sicherheitsmeister gleichwertigen Funktion tätig waren **Fortbildung** (§ 5 Absatz 3 ASiG)

<table>
<tr><th>Fachkraft für Arbeitssicherheit (Forts.)</th></tr>
<tr><th>Aufgaben des Bestellten (§ 6 ASiG)</th></tr>
<tr><td>
<ul>
<li>Unterstützung des Arbeitgebers beim Arbeitsschutz und bei der Unfallverhütung (einschließlich menschengerechte Gestaltung der Arbeit)</li>
<li>Beratung des Arbeitgebers und sonstiger für Arbeitsschutz und Unfallverhütung verantwortlicher Personen bei
<ul>
<li>Planung, Ausführung und Unterhaltung von Betriebsanlagen und sozialen/sanitären Einrichtungen</li>
<li>Beschaffung von technischen Arbeitsmitteln</li>
<li>Einführung von Arbeitsverfahren und Arbeitsstoffen</li>
<li>Auswahl und Erprobung von Körperschutzmitteln</li>
<li>Gestaltung der Arbeitsplätze, des Arbeitsablaufs, der Arbeitsumgebung und in sonstigen Fragen der Ergonomie</li>
<li>der Beurteilung der Arbeitsbedingungen</li>
</ul></li>
<li>sicherheitstechnische Überprüfung der Betriebsanlagen und technischen Arbeitsmittel/ Arbeitsverfahren</li>
<li>regelmäßige Begehung der Arbeitsstätten, Mitteilung festgestellter Mängel an den Arbeitgeber, Vorschlagen von Abhilfemaßnahmen und Hinwirkung auf deren Durchführung</li>
<li>Benutzung von Körperschutzmitteln beobachten</li>
<li>Untersuchung der Ursachen von Arbeitsunfällen und Vorschlagen von Verhütungsmaßnahmen</li>
<li>Hinwirkung auf die Beachtung der Anforderungen an Arbeitsschutz und Unfallverhütung, Aufklärung der Betriebsangehörigen</li>
<li>Mitwirkung bei der Schulung der Sicherheitsbeauftragten</li>
</ul>
</td></tr>
<tr><th>Pflichten des Unternehmers (§ 5 Absätze 2 und 3 ASiG)</th></tr>
<tr><td>
<ul>
<li>Unterstützung (Hilfspersonal, Räume, Einrichtungen, Geräte, Mittel)</li>
<li>Ermöglichung der Fortbildung (mit Kostenübernahme)</li>
<li>Beachtung der Weisungsfreiheit der Fachkraft für Arbeitssicherheit</li>
<li>keine Benachteiligung wegen der Erfüllung der übertragenen Aufgaben</li>
</ul>
</td></tr>
</table>

Die DGUV Vorschrift 2, eine Unfallverhütungsvorschrift mit dem praktischen Status einer Durchführungsvorschrift zum ASiG, bestimmt die Maßnahmen näher, die der Unternehmer zur Erfüllung der sich aus dem ASiG ergebenden Pflichten zu treffen hat.

1.5 Güterkraftverkehrsgesetz (GüKG)

Die Beförderung von Gütern mit Kraftfahrzeugen unterliegt den Bestimmungen des Güterkraftverkehrsgesetzes im konkreten Einzelfall.

Güterkraftverkehr

die geschäftsmäßige oder entgeltliche Beförderung von Gütern mit Kraftfahrzeugen, die einschließlich Anhänger ein höheres zulässiges Gesamtgewicht als 3,5 Tonnen haben

gewerblicher Güterkraftverkehr

Güterkraftverkehr, der nicht Werkverkehr darstellt

Werkverkehr

Güterkraftverkehr für eigene Zwecke eines Unternehmens, wenn die folgenden Voraussetzungen erfüllt sind:

1. Die beförderten Güter müssen Eigentum des Unternehmens oder von ihm verkauft, gekauft, vermietet, gemietet, hergestellt, erzeugt, gewonnen, bearbeitet oder instand gesetzt worden sein.
2. Die Beförderung muss der Anlieferung der Güter zum Unternehmen, ihrem Versand vom Unternehmen, ihrer Verbringung innerhalb oder – zum Eigengebrauch – außerhalb des Unternehmens dienen.
3. Die für die Beförderung verwendeten Kraftfahrzeuge müssen vom eigenen Personal des Unternehmens geführt werden. Dritte müssen vertraglich eingebunden werden.
4. Die Beförderung darf nur eine Hilfstätigkeit im Rahmen der gesamten Tätigkeit des Unternehmens darstellen.

Abb. 42: Unterscheidung von Werkverkehr und gewerblichem Güterkraftverkehr

1.5.1 Freigestellte Beförderungen

§ 2 GüKG nennt Ausnahmen vom sachlichen Geltungsbereich des GüKG. Freigestellt sind danach die Beförderungen von Gütern durch Körperschaften, Anstalten und Stiftungen des öffentlichen Rechts im Rahmen ihrer öffentlichen Aufgaben (§ 2 Absatz 1 Nummer 2 GüKG).

Auf den Abfalltransport übertragen, ergibt sich damit eine Befreiung für öffentlich-rechtliche Entsorgungsträger. Von öffentlich-rechtlichen Entsorgungsträgern beauftragte Dritte, die mit hoheitlichen Aufgaben betraut wurden, sind nicht Körperschaften des öffentlichen Rechts und somit nicht freigestellt.

Weitere Freistellungen werden vom Gesetzgeber einer Rechtsverordnung zugewiesen (§ 23 Absatz 2 GüKG: Ermächtigungen zum Erlass von Durchführungsbestimmungen). Das Kriterium ist die Unverhältnismäßigkeit der Regelungen des GüKG im konkreten Einzelfall.

1.5.2 Anforderungen an den Beförderer

Gewerblicher Güterkraftverkehr ist erlaubnispflichtig. Werkverkehr ist erlaubnisfrei (§ 9 GüKG).

Erlaubnis für den gewerblichen Güterkraftverkehr (Verordnung (EG) Nr. 1071/2009; Stand 21. Februar 2022)

- Unternehmer und Geschäftsführung müssen persönlich zuverlässig sein.
- Unternehmer oder Geschäftsführung müssen fachlich geeignet sein.
- Die finanzielle Leistungsfähigkeit des Unternehmens muss gewährleistet sein.

Die Erlaubnis wird einem Unternehmer, dessen Unternehmen seinen Sitz im Inland hat, für die Dauer von bis zu zehn Jahren erteilt. Die inhaltliche Grundlage dafür findet sich in der EG-Verordnung zur Festlegung gemeinsamer Regeln für die Zulassung zum Beruf des Kraftverkehrunternehmers (Verordnung (EG) Nr. 1071/2009).

Die Bedingungen für den Berufszugang stimmen inhaltlich mit den o. g. Anforderungen an den Erlaubnisinhaber überein. Die Anforderungen an die Berufszugangsvoraussetzungen können in einer Rechtsverordnung bestimmt werden (§ 3 Absatz 6 Nummer 1 GüKG; siehe hierzu unten Berufszugangs-Verordnung für den Güterkraftverkehr).

Mitführungs- und Aushändigungspflichten im gewerblichen Güterkraftverkehr

Der Unternehmer ist dafür verantwortlich, dass während der gesamten Fahrt die erforderliche **Erlaubnis** mitgeführt wird (§ 7 Absatz 1 GüKG). Die unmittelbare Mitführungs- und Aushändigungspflicht obliegt dem Fahrpersonal (§ 7 Absatz 2 GüKG).

§ 7 Absatz 3 GüKG forderte früher die Mitführung eines **Begleitpapiers**, aus dem das beförderte Gut, der Be- und Entladeort und der Auftraggeber hervorgingen; diese Anforderung ist weggefallen (beachte aber die Mitführung eines Beförderungspapiers nach Gefahrgutrecht).

Bezüglich der **Güterschaden-Haftpflichtversicherung** wird ebenfalls eine Mitführ- und Aushändigungspflicht festgelegt (§ 7a GüKG). Werkverkehr ist von der Versicherungspflicht befreit (§ 9 GüKG).

Ausländisches Personal muss sich ausweisen können und in der Lage sein, den Aufenthaltsstatus zu belegen (siehe unten).

Beachte folgende Maßgabe für den Auftraggeber:

Der Auftraggeber händigt dem Unternehmer, der für ihn die Beförderung eines Containers oder Wechselaufbaus durchführt, eine Erklärung aus, in der das Gewicht des Containers/Wechselaufbaus angegeben ist. Der Unternehmer hat dafür zu sorgen, dass diese Erklärung während der Beförderung mitgeführt wird (§ 7 Absatz 1a GüKG). Beachte dazu den folgenden Sachverhalt aus dem Seeverkehr mit Containern: Nach Abschluss des Packvorgangs (der meist irgendwo im Inland erfolgt; somit findet Vorlauf zum Seehafen statt) muss der Absender/Befrachter die genaue Gesamtbruttomasse des Containers bestimmen oder bestimmen lassen und dem Beförderer vor der Anlieferung zur Verladung auf das Seeschiff schriftlich mitteilen. Die Information wird für die Planung der Beladung des Seeschiffs benötigt.

Einsatz von ordnungsgemäß beschäftigtem Fahrpersonal (§ 7b GüKG)

Ein Unternehmer, dessen Unternehmen seinen Sitz im Inland hat, darf bei Fahrten im Inland im gewerblichen Güterkraftverkehr einen Angehörigen eines Staates, der weder Mitglied der Europäischen Union, eines anderen Vertragsstaates des Abkommens über den Europäischen Wirtschaftsraum noch Schweizer Staatsangehöriger ist, nur als Fahrpersonal einsetzen, wenn dieser im Besitz eines Aufenthaltstitels nach § 4 Absatz 3 des Aufenthaltsgesetzes, einer Aufenthaltsgestattung oder einer Duldung ist, die zur Ausübung der Beschäftigung berechtigen, oder eines solchen nicht bedarf (§ 4 Absatz 3 Satz 3 des Aufenthaltsgesetzes) oder im Besitz einer von einer inländischen Behörde ausgestellten gültigen **Fahrerbescheinigung** nach Artikel 5 der Verordnung (EG) Nr. 1072/2009 ist.

VO (EG) Nr. 1072/2009 gibt gemeinsame Regeln für den Zugang zum Markt des grenzüberschreitenden Güterkraftverkehrs vor.

Der Unternehmer hat dafür zu sorgen, dass ausländisches Fahrpersonal

1. den Pass, Passersatz oder Ausweisersatz und
2. den nach § 4 Absatz 3 des Aufenthaltsgesetzes erforderlichen Aufenthaltstitel, die Aufenthaltsgestattung oder die Duldung, die zur Ausübung der Beschäftigung berechtigen,

mitführt. Der Aufenthaltstitel kann durch eine von einer inländischen Behörde ausgestellte gültige Fahrerbescheinigung nach Artikel 5 der Verordnung (EG) Nr. 1072/2009 ersetzt werden.

Die Fahrerbescheinigung nach Artikel 5 der Verordnung (EG) Nr. 1072/2009 wird von der nach Landesrecht zuständigen Behörde erteilt. Die Fahrerbescheinigung ist auch das Dokument zum Nachweis der erforderlichen Grundqualifikation und Weiterbildung (siehe unten).

§ 7c GüKG nimmt den Auftraggeber in die Verantwortung. **Wer vorsätzlich oder fahrlässig einen Unternehmer beauftragt, der ausländisches Fahrpersonal nicht legal einsetzt, handelt ordnungswidrig.**

■ Gesetz über die Grundqualifikation und die Weiterbildung der Fahrer bestimmter Kraftfahrzeuge für den Güter- oder Personenkraftverkehr (Berufskraftfahrerqualifikationsgesetz – BKrFQG) vom 26. November 2020 (BGBl. I S. 2575), zuletzt geändert am 2. März 2023)

Dieses Gesetz findet Anwendung auf Fahrer und Fahrerinnen, die

1. deutsche Staatsangehörige sind,
2. Staatsangehörige eines anderen Mitgliedstaates der Europäischen Union oder eines anderen Vertragsstaates des Abkommens über den Europäischen Wirtschaftsraum oder der Schweiz sind oder

3. Staatsangehörige eines Drittstaates sind und in einem Unternehmen mit Sitz in einem Mitgliedstaat der Europäischen Union oder Vertragsstaat des Abkommens über den Europäischen Wirtschaftsraum oder in der Schweiz beschäftigt oder eingesetzt werden,

soweit sie Beförderungen im Güter- oder Personenkraftverkehr auf öffentlichen Straßen mit Kraftfahrzeugen durchführen, für die eine Fahrerlaubnis der Klassen C1, C1E, C, CE, D1, D1E, D oder DE erforderlich ist. In § 1 Absatz 2 BKrFQG wird die Nicht-Anwendbarkeit des Gesetzes spezifiziert. Hier finden sich z. B. die Bundeswehr, die Polizei, der Zoll, der Zivil- und Katastrophenschutz, die Feuerwehr und die Rettungsdienste wieder.

In § 1 Absatz 3 BKrFQG werden die nichtgewerbliche Beförderung, die Beförderung zur Versorgung des eigenen Unternehmens und die gelegentliche Beförderung definiert.

Abschnitt 2 des BKrFQG beschreibt die Qualifikation und anschließende Weiterbildung des Kraftfahrers. Eingangs wird unterschieden zwischen einer **Grundqualifikation** und einer **„beschleunigten Grundqualifikation"**. Die Grundqualifikation wird erworben durch

1. das Bestehen einer theoretischen und einer praktischen Prüfung bei einer IHK (hier wird auf eine nach § 27 Absatz 1 Nummer 1 zu erlassende Rechtsverordnung verwiesen) oder
2. den Abschluss einer Berufsausbildung zum Berufskraftfahrer oder zur Fachkraft im Fahrbetrieb oder in einem staatlich anerkannten Ausbildungsberuf, dem Gleichwertigkeit der Kenntnisse und Fähigkeiten attestiert werden kann.

Die beschleunigte Grundqualifikation wird erworben durch Teilnahme am Unterricht bei einer anerkannten Ausbildungsstätte und dem abschließenden Bestehen einer theoretischen Prüfung bei der IHK (hier wird ebenfalls auf die o. g. Rechtsverordnung verwiesen).

Beide Qualifikationen werden jeweils bezogen auf bestimmte Fahrerlaubnisklassen erworben!

§ 3 BKrFQG ist an den Unternehmer adressiert, der Kraftfahrer einsetzen will. In Absatz 1 werden für den Güterkraftverkehr, ausgehend von der erforderlichen Fahrerlaubnis, das Mindestalter und die erforderliche Qualifikation spezifiziert, z. B. Fahrerlaubnis der Klasse C oder CE – Mindestalter volle 18 Jahre und Grundqualifikation (bzw. Mindestalter volle 21 Jahre und beschleunigte Grundqualifikation). Im Personenkraftverkehr (§ 3 Absatz 2 BKrFQG) wird analog verfahren.

Der Unternehmer darf Fahrten nach Absatz 1 oder 2 weder anordnen noch zulassen, wenn der Fahrer die dort genannten Voraussetzungen nicht erfüllt! Beachte hier § 3 Absatz 7 BKrFQG, in dem Personen in der Berufsausbildung angesprochen werden (Nichteinhaltung des Mindestalters, Ausbildungsvertrag als Qualifikationsnachweis).

§ 4 BKrFQG enthält eine **Besitzstandsregelung**, die zur Nichtanwendung der Qualifikationsanforderungen bei bestimmten Fahrerlaubnisklassen führt (die Jahre 2008 bzw. 2009 werden hier genannt). Die Pflicht zur Weiterbildung bleibt unberührt!

Die erste **Weiterbildung** ist im Regelfall fünf Jahre nach dem Erwerb der Qualifikation (Grundqualifikation/beschleunigte Grundqualifikation) abzuschließen. Jede weitere Weiterbildung ist im Abstand von jeweils fünf Jahren zu absolvieren. Weiterbildung heißt – wie nicht anders zu erwarten – Teilnahme an einem Unterricht an einer anerkannten Ausbildungsstätte. § 5 Absatz 5 BKrFQG betrifft Fahrer, die nach einer Auszeit eine einschlägige Tätigkeit wieder aufnehmen wollen. Sie haben umgehend eine Weiterbildung abzuschließen.

§ 6 BKrFQG regelt die Problematik des Ausbildungs- und Prüfungsorts im Zusammenhang mit dem **Wohnsitz**. Fahrer, die ihren ordentlichen Wohnsitz in der Bundesrepublik Deutschland haben (s. § 7 Fahrerlaubnis-Verordnung) oder Inhaber einer in Deutschland erteilten Arbeitsgenehmigung-EU oder eines Aufenthaltstitels sind, der die Erwerbstätigkeit erlaubt, müssen die Grundqualifikation in Deutschland erwerben. Die Weiterbildung kann in Deutschland oder in dem Mitgliedstaat der EU abgeschlossen werden, in dem der Fahrer beschäftigt ist. Die Schweiz ist dem gleichgestellt.

Die nach Landesrecht zuständige Behörde stellt auf Antrag einen **Fahrerqualifizierungsnachweis** aus (betrifft die Grundqualifikation, die beschleunigte Qualifikation und die erfolgte Weiterbildung). Darüber hinaus werden im § 7 BKrFQG natürlich die europäischen Gegebenheiten berücksichtigt.

Fahrer haben den Nachweis über den Erwerb der jeweiligen Qualifikation bei jeder Fahrt mitzuführen und den Kontrollberechtigten auf Verlangen auszuhändigen!

Abschnitt 3 des BKrFQG ist an einschlägige **Ausbildungsstätten** adressiert. Sie benötigen eine behördliche Anerkennung, die an den umfangreichen Nachweis der Eignung gebunden ist und, falls nötig, widerrufen werden kann.

Abschließend folgt ein umfangreicher Abschnitt, mit dem natürlich unvermeidlich das Stichwort „Datenschutz" aufgerufen wird: In den §§ 12 und 14 BKrFQG wird ein **Berufskraftfahrerqualifikationsregister** spezifiziert. Die registerführende Behörde ist das Kraftfahrt-Bundesamt. Mit der Forderung nach Datenübermittlung werden angesprochen: der Hersteller des Fahrerqualifizierungsnachweises und die nach Landesrecht zuständigen Behörden. Es gibt natürlich auch eine vom Kraftfahrt-Bundesamt ausgehende Datenübermittlung an inländische Behörden und Stellen. Das Gesetz listet hier bestimmte Zuständigkeiten dieser Behörden und Stellen auf. In § 22 BKrFQG wird die EU-Problematik geregelt. Zur Beruhigung mag Absatz 4 beitragen: Die Übermittlung unterbleibt, wenn durch sie „schutzwürdige Interessen" des betroffenen Fahrers beeinträchtigt werden.

Das BKrFQG enthält eine antragsbasierte **Auskunftspflicht des Kraftfahrt-Bundesamts** gegenüber dem Fahrer. Die Auskunft ist schriftlich und entgeltlich zu erteilen. Sie ist offensichtlich nicht an den Nachweis eines spezifischen Grunds geknüpft.

Die Daten zu den Fahrerqualifizierungsnachweisen werden sechs Jahre nach Ablauf der Gültigkeit aus dem Register gelöscht. Die Daten zu der Grundqualifikation, beschleunigten Grundqualifikation und den Weiterbildungen werden elf Jahre nach Abschluss der jeweiligen Maßnahme aus dem Register gelöscht. Wer es als Fahrer schafft, das 110. Lebensjahr zu erleben, darf mit der vollständigen Löschung seiner Daten aus dem Register rechnen (§ 26 Absatz 3 BKrFQG).

Das BKrFQG enthält einschlägige Bußgeldvorschriften!

■ Berufszugangs-Verordnung für den Güterkraftverkehr (GBZugV) vom 21. Dezember 2011 (BGBl. I S. 3120), zuletzt geändert am 10. August 2021 (BGBl. I S. 3436)

Der Zugang zum Beruf des Güterkraftverkehrsunternehmers ist an die Erfüllung von drei Kriterien gebunden:

1. **Persönliche Zuverlässigkeit**
2. **Finanzielle Leistungsfähigkeit**
3. **Fachliche Eignung**

Persönliche Zuverlässigkeit (§ 2 GBZugV)
Der Unternehmer und der Verkehrsleiter im Sinne des Artikels 4 der Verordnung (EG) Nr. 1071/2009 zur Festlegung gemeinsamer Regeln für die Zulassung zum Beruf des Kraftverkehrsunternehmers sind zuverlässig im Sinne des Artikels 6 der Verordnung (EG) Nr. 1071/2009, wenn keine Tatsachen dafür vorliegen, dass bei der Führung des Unternehmens gegen gesetzliche Bestimmungen verstoßen wird, oder bei dem Betrieb des Unternehmens die Allgemeinheit geschädigt oder gefährdet wird.
Die erforderliche Zuverlässigkeit besitzen der Unternehmer und der Verkehrsleiter in der Regel nicht, wenn sie wegen eines schwersten Verstoßes gegen Gemeinschaftsvorschriften im Sinne des Anhangs IV der Verordnung (EG) Nr. 1071/2009 rechtskräftig verurteilt worden sind oder ein gegen sie ergangener Bußgeldbescheid unanfechtbar geworden ist. Darüber hinaus können der Unternehmer und der Verkehrsleiter insbesondere dann unzuverlässig sein, wenn sie rechtskräftig verurteilt worden sind oder ein gegen sie ergangener Bußgeldbescheid unanfechtbar geworden ist 1. wegen eines schwerwiegenden Verstoßes gegen Gemeinschaftsvorschriften im Sinne des Artikels 6 Absatz 1 Unterabsatz 3 Buchstabe b der Verordnung (EG) Nr. 1071/2009 in einem oder mehreren Mitgliedstaaten der Europäischen Union, 2. wegen eines schweren Verstoßes gegen strafrechtliche Vorschriften oder 3. wegen eines schweren Verstoßes gegen Vorschriften des Güterkraftverkehrsgesetzes oder der auf diesem Gesetz beruhenden Rechtsverordnungen, arbeits- oder sozialrechtliche Pflichten, Vorschriften, die im Interesse der Verkehrs-, Betriebs- oder Lebensmittelsicherheit erlassen wurden (z. B. Vorschriften des Straßenverkehrsgesetzes, der Straßenverkehrs-Ordnung oder der Straßenverkehrs-Zulassungs-Ordnung), die abgabenrechtlichen Pflichten, die sich aus unternehmerischer Tätigkeit ergeben, umweltschützende Vorschriften, insbesondere des Abfall- und Immissionsschutzrechts oder gegen Vorschriften des Handels- und Insolvenzrechts.
Zur Prüfung, ob Verstöße vorliegen, kann die nach Landesrecht zuständige Behörde Bescheinigungen und Auszüge aus Registern, in denen derartige Verstöße registriert sind, von dem Antragsteller verlangen oder mit dessen Einverständnis anfordern.
Finanzielle Leistungsfähigkeit (§ 3 GBZugV)
Der Unternehmer besitzt die erforderliche finanzielle Leistungsfähigkeit, wenn er die Voraussetzungen des Artikels 7 der Verordnung (EG) Nr. 1071/2009 erfüllt.
Um die Anforderung zu erfüllen, muss ein Unternehmen jederzeit in der Lage sein, im Verlauf des Geschäftsjahres seinen finanziellen Verpflichtungen nachzukommen. Zu diesem Zweck weist das Unternehmen anhand der von einem Rechnungsprüfer oder einer ordnungsgemäß akkreditierten Person geprüften Jahresabschlüsse nach, dass es jedes Jahr über ein Eigenkapital und Reserven in Höhe von mindestens 9.000 EUR für nur ein genutztes Fahrzeug und 5.000 EUR für jedes weitere genutzte Fahrzeug verfügt.

Abweichend kann die zuständige Behörde als Nachweis der finanziellen Leistungsfähigkeit eines Unternehmens eine Bescheinigung wie etwa eine Bankbürgschaft oder eine Versicherung, einschließlich einer Berufshaftpflichtversicherung einer oder mehrerer Banken oder anderer Finanzinstitute einschließlich von Versicherungsunternehmen, die eine selbstschuldnerische Bürgschaft für das Unternehmen über die genannten Beträge darstellen, gelten lassen oder verlangen.
Fachliche Eignung (§§ 4, 5 GBZugV)
Fachlich geeignet im Sinne des Artikels 3 Absatz 1 Buchstabe d der Verordnung (EG) Nr. 1071/2009 ist, wer über die Kenntnisse verfügt, die zur ordnungsgemäßen Führung eines Güterkraftverkehrsunternehmens erforderlich sind, und zwar auf den jeweiligen Sachgebieten, die im Anhang I Teil I der Verordnung (EG) Nr. 1071/2009 in der jeweils geltenden Fassung aufgeführt sind: • Bürgerliches Recht, Handelsrecht, Sozialrecht, Steuerrecht • Kaufmännische und finanzielle Leitung des Unternehmens – Güter- und Personenkraftverkehr • Marktzugang • Normen und technische Vorschriften • Straßenverkehrssicherheit
Die fachliche Eignung wird durch eine Prüfung nachgewiesen, die sich aus zwei schriftlichen und einem mündlichen Prüfungsteil zusammensetzt. Die Prüfung ist bestanden, wenn der Bewerber mindestens 60 Prozent der möglichen Gesamtpunktezahl erreicht hat, wobei der in jeder Teilprüfung erzielte Punkteanteil nicht unter 50 Prozent der jeweils möglichen Punktezahl liegen darf. Anderenfalls ist die Prüfung nicht bestanden. Die mündliche Prüfung entfällt, wenn die schriftliche Prüfung nicht bestanden ist. Sie entfällt ebenfalls, wenn der Bewerber bereits in den schriftlichen Teilprüfungen mindestens 60 Prozent der möglichen Gesamtpunktezahl erzielt hat. Die Prüfung und die Bewertung der Prüfungsleistungen erfolgen durch die Industrie- und Handelskammern auf Grund einer Prüfungsordnung unter Beachtung der Verordnung (EG) Nr. 1071/2009 in der jeweils geltenden Fassung, insbesondere von Teil II des Anhangs I dieser Verordnung. Bewerbern, die die Prüfung bestanden haben, wird eine Bescheinigung nach dem Muster des Anhangs III der Verordnung (EG) Nr. 1071/2009 in der jeweils geltenden Fassung erteilt. Die Bescheinigung, die Spezialfasern im Papier enthält, die unter UV-Licht sichtbar werden, ist mit einer Seriennummer und einer Ausgabenummer zu versehen.

Erlaubnisantrag

Bei der Stellung eines Antrags nach § 3 des Güterkraftverkehrsgesetzes sind gegenüber der Erlaubnisbehörde folgende Angaben zu machen und auf Verlangen nachzuweisen (§ 10 GBZugV):

1. Name und Rechtsform des Unternehmens,
2. das zuständige Amtsgericht, falls das Unternehmen im Handels- oder Genossenschaftsregister eingetragen ist,
3. Anschrift des Sitzes,

4. die für den Sitz des Unternehmens maßgeblichen Telefon- und Telefaxnummern sowie die elektronische Postadresse,
5. Anschriften der Niederlassungen,
6. für das antragstellende Unternehmen die zur Vertretung ermächtigten Personen unter Nachweis ihrer Vertreterstellung und für die Verkehrsleiter jeweils Vorname, Familienname und abweichender Geburtsname, Geburtdatum und -ort, Staat der Geburt und Staatsangehörigkeit sowie Anschrift und Stellung im Unternehmen,
7. Anzahl der benötigten Ausfertigungen,
8. Anzahl und Art der eingesetzten Fahrzeuge,
9. bei Inhabern einer Lizenz im Sinne der Verordnung (EG) Nr. 1072/2009 des Europäischen Parlaments und des Rates vom 21. Oktober 2009 über gemeinsame Regeln für den Zugang zum Markt des grenzüberschreitenden Güterkraftverkehrs (ABl. L 300, S. 72) in der jeweils geltenden Fassung die zuständige Erteilungsbehörde, Lizenznummer, Datum der Erteilung und Gültigkeitszeitraum sowie Anzahl der ausgegebenen beglaubigten Kopien.

Mit dem Antrag müssen der Erlaubnisbehörde folgende Unterlagen vorgelegt werden, die zur Prüfung der Voraussetzungen einer Erlaubnis erforderlich sind:

Antragstellendes Unternehmen	Verkehrsleiter
a) ein Auszug aus dem Handels- oder Genossenschaftsregister in beglaubigter Abschrift, wenn eine entsprechende Eintragung besteht, b) der Nachweis der Vertretungsberechtigung (Vorstand, Geschäftsführer, Prokurist o. Ä.), c) ein Führungszeugnis und eine Auskunft aus dem Gewerbezentralregister für die zur Vertretung ermächtigte Person, d) die Unterlagen nach Artikel 7 der Verordnung (EG) Nr. 1071/2009 in der jeweils geltenden Fassung (finanzielle Leistungsfähigkeit), e) der Nachweis der fachlichen Eignung nach Anhang III der Verordnung (EG) Nr. 1071/2009 in der jeweils geltenden Fassung.	a) ein Führungszeugnis, b) eine Auskunft aus dem Gewerbezentralregister, c) der Nachweis der fachlichen Eignung nach Anhang III der Verordnung (EG) Nr. 1071/2009 in der jeweils geltenden Fassung, d) für die Verkehrsleiter im Sinne des Artikels 4 Absatz 1 der Verordnung (EG) Nr. 1071/2009 der Nachweis über das Vorliegen der Voraussetzungen des Artikels 4 Absatz 1 Buchstabe a bis c der Verordnung (EG) e) für die Verkehrsleiter im Sinne des Artikels 4 Absatz 2 der Verordnung (EG) Nr. 1071/2009 der Nachweis über das Vorliegen der Voraussetzungen des Artikels 4 Absatz 2 Buchstabe a bis d der Verordnung (EG) Nr. 1071/2009 in der jeweils geltenden Fassung.

Der Verkehrsleiter ist eine von einem Unternehmen beschäftigte natürliche Person oder, falls es sich bei diesem Unternehmen um eine natürliche Person handelt, diese Person selbst oder gegebenenfalls eine von diesem Unternehmen vertraglich beauftragte andere natürliche Person, die tatsächlich und dauerhaft die Verkehrstätigkeiten dieses Unternehmens leitet.

Das Führungszeugnis und die Auskunft aus dem Gewerbezentralregister dürfen zum Zeitpunkt der Antragstellung nicht älter als drei Monate sein. Vor Erteilung der Erlaubnis kann die Erlaubnisbehörde über die genannten Personen auch eine Auskunft aus dem Verkehrszentralregister einholen.

Die Erlaubnis und deren Ausfertigungen werden dem Unternehmen nach den Mustern der Anlage 1 GBZugV erteilt. Sie sind nicht übertragbar.

Verringert sich nach der Ausstellung von Ausfertigungen der Erlaubnis der Fahrzeugbestand nicht nur vorübergehend, hat das Unternehmen überzählige Ausfertigungen an die Erlaubnisbehörde zurückzugeben. Stellt das Unternehmen den Betrieb endgültig ein, hat es die Erlaubnis und alle Ausfertigungen unverzüglich zurückzugeben (§ 3 Absatz 3 GüKG).

Ändern sich nach Erteilung der Erlaubnis die in § 10 Absatz 1 Nummer 1, 2, 3, 5, 6, 8 oder 9 GBZugV genannten Angaben, hat das Unternehmen dies der nach Landesrecht zuständigen Behörde innerhalb von 28 Tagen mitzuteilen und auf Verlangen nachzuweisen. Ist eine Änderung der Erlaubnisurkunde erforderlich, hat das Unternehmen die Erlaubnisurkunde und deren Ausfertigungen unverzüglich vorzulegen.

Die nach Landesrecht zuständigen Behörden kontrollieren die Unternehmen nach Maßgabe des Artikels 12 der Verordnung (EG) Nr. 1071/2009. Hierzu überprüfen sie regelmäßig und mindestens alle zehn Jahre, ob der Unternehmer die Berufszugangsvoraussetzungen nach Artikel 3 der Verordnung (EG) Nr. 1071/2009 noch erfüllt. Zur Durchführung der Kontrollen hat der Unternehmer auf Verlangen der zuständigen Behörde erforderliche Nachweise vorzulegen.

Die Verfahren auf Erneuerung der Gemeinschaftslizenz nach Artikel 4 der Verordnung (EG) Nr. 1072/2009 oder der Erlaubnis nach dem Güterkraftverkehrsgesetz ersetzen die Kontrolle, soweit dabei zugleich der Nachweis geführt wird, dass die Berufszulassungsvoraussetzungen insgesamt erfüllt sind.

Ordnungswidrig im Sinne des § 19 Absatz 1 Nummer 2 des Güterkraftverkehrsgesetzes handelt, wer vorsätzlich oder fahrlässig

1. entgegen § 10 Absatz 5 Satz 1 GBZugV eine Mitteilung nicht, nicht richtig, nicht vollständig oder nicht rechtzeitig macht oder einen Nachweis nicht, nicht richtig, nicht vollständig oder nicht rechtzeitig erbringt,
2. entgegen § 10 Absatz 5 Satz 2 GBZugV eine Erlaubnisurkunde oder eine Ausfertigung nicht oder nicht rechtzeitig vorlegt oder
3. entgegen § 11 Absatz 1 Satz 3 GBZugV einen Nachweis nicht, nicht richtig, nicht vollständig oder nicht rechtzeitig vorlegt.

1.6 Kontrollfragen

Die Antworten sind in Kapitel 6 zu finden.

Frage 1:
Wie heißt die zentrale Rechtsvorschrift im deutschen Abfallrecht?

Frage 2:
Nennen Sie mindestens fünf Verordnungen des untergesetzlichen Regelwerkes zur zentralen Rechtsvorschrift im deutschen Abfallrecht!

Frage 3:

In welcher Rechtsvorschrift finden Sie, als Abfallerzeuger, die Parameter, die über die Eigenschaft „gefährlich" eines Abfalls Auskunft geben?

Frage 4:

Woran erkennen Sie in der AVV-Liste, ob sich es sich um einen gefährlichen Abfall handelt?

Frage 5:

Nennen Sie zwei Beispiele (vier Abfallschlüsselnummern) für „Spiegeleinträge" aus dem Kapitel der AVV, das die Abfälle beinhaltet, die nicht anderswo im Verzeichnis aufgeführt sind!

Frage 6:

Es gibt drei grundlegende Arten von EU-Rechtsvorschriften. Welche Rechtsvorschriften entsprechen nationalen Gesetzen, gelten aber in allen EU-Ländern und nennen Sie aus dem Abfallrecht ein Beispiel!

- ☐ Verordnungen
- ☐ Richtlinien
- ☐ Entscheidungen/Beschlüsse

Frage 7:

Welcher der folgenden Abfälle unterliegt dem deutschen Abfallrecht?

- ☐ Radioaktive Abfälle
- ☐ Stoffe, die nach dem Pflanzenschutzgesetz zu entsorgen sind
- ☐ Gasförmige Abfälle, die nicht in Behältern gefasst sind
- ☐ Tierkadaver (z. B. Reh) aus Kollision mit Fahrzeugen
- ☐ Flüssige Abfälle, die in Abwasseranlagen eingeleitet werden
- ☐ Fäkalschlamm
- ☐ Nebenprodukte

Frage 8:

Bringen Sie die folgenden Maßnahmen der Abfallhierarchie in die richtige Reihenfolge!

- ☐ Recycling
- ☐ Beseitigung
- ☐ Vermeidung
- ☐ Vorbereitung zur Wiederverwendung
- ☐ sonstige Verwertung, insbesondere energetische Verwertung und Verfüllung

Frage 9:

Wer ist für die Bestimmung des Abfallschlüssels und der Abfallbezeichnung (= Einstufung des Abfalls) vor der Entsorgung verantwortlich?

Frage 10:

Wofür steht „eANV" und welche Abfälle sind von der eANV hauptsächlich betroffen?

Frage 11:

Welche Voraussetzung muss erfüllt sein, dass zum Zeitpunkt der Abfallübernahme durch den Beförderer eine Signierung nicht erfolgen muss, sondern spätestens beim Abfallentsorger?

Frage 12:

Was bewahrt ein Entsorger in seinem Abfallregister auf, ein Abfallerzeuger und Abfalltransporteur aber nicht?

Frage 13:

Wie viele Jahre müssen die Dokumente im Abfallregister eines Abfallerzeugers aufbewahrt werden?

Frage 14:

Wer ist von der Überlassungspflicht von Abfällen betroffen?

Frage 15:

Die Errichtung und der Betrieb von Anlagen, in denen eine Entsorgung von Abfällen durchgeführt wird, sowie die wesentliche Änderung einer solchen Anlage oder ihres Betriebes bedürfen der Genehmigung nach den Vorschriften welchen Gesetzes?

Frage 16:

In welcher Verordnung finden Sie diejenigen Anlagen, die immissionsschutzrechtlich genehmigt werden müssen?

Frage 17:

Welche Informationen sind bei der grenzüberschreitenden Abfallverbringung von Abfällen der grünen Liste vom Abfalltransporteur mitzuführen, und welches Dokument müssen der betreffenden zuständigen Behörde auf Ersuchen von der Person, die die Verbringung veranlasst, oder vom Empfänger übermittelt werden?

Frage 18:

Die Altholzverordnung unterscheidet vier Altholzkategorien: AI, AII, AIII und AIV. Welche Kategorie ist den gefährlichen Abfällen zugeordnet und welche den nicht gefährlichen Abfällen?

Frage 19:

Welche der vier Altholzkategorien ist bei der grenzüberschreitenden Verbringung von Abfällen den Abfällen der „Grünen Liste" (Verbringung ohne Genehmigung) und welche den Abfällen der „Gelben Liste" (Verbringung mit Genehmigung) zugeordnet?

Frage 20:

Welche Rechtsgebiete gehören zu den sonstigen abfallrelevanten Umweltschutzvorschriften?

Frage 21:

Welche unterirdischen Entsorgungsmöglichkeiten gibt es?

Frage 22:

Welche Wassergefährdungsklassen gibt es?

Frage 23:

Was sind Emissionen?

Frage 24:

Was sind Immissionen?

Frage 25:

Nennen Sie drei rechtlich geforderte Betriebsbeauftragte im Umweltbereich!

Frage 26:

Unter welcher Bedingung darf ein Unternehmen gewerblichen Abfalltransport ohne eine Erlaubnis gemäß Güterkraftverkehrsgesetz durchführen?

Frage 27:

In einer Abfallbehandlungsanlage werden aus ASN 170107 „Gemische aus Beton, Ziegeln, Fliesen und Keramik mit Ausnahme derjenigen, die unter 170106 fallen" asbesthaltige Baustoffe (ASN 170605) aussortiert, die im Rahmen der Annahmekontrolle übersehen worden waren. Was muss der Anlagenbetreiber (Zweiterzeuger) bei der Planung des Entsorgungsweges beachten?

2 Arbeitsschutz, Gefahrstoffrecht, Gefahrgut

2.1 Arbeitsschutz

Arbeitsschutz ist zum einen Unfallverhütung. Arbeitsschutz umfasst zum anderen aber auch alle Maßnahmen, die dazu dienen, die Arbeit menschengerecht zu gestalten und die Arbeitskraft der Beschäftigten zu erhalten. Arbeitsschutz ist auch Gesundheitsschutz.

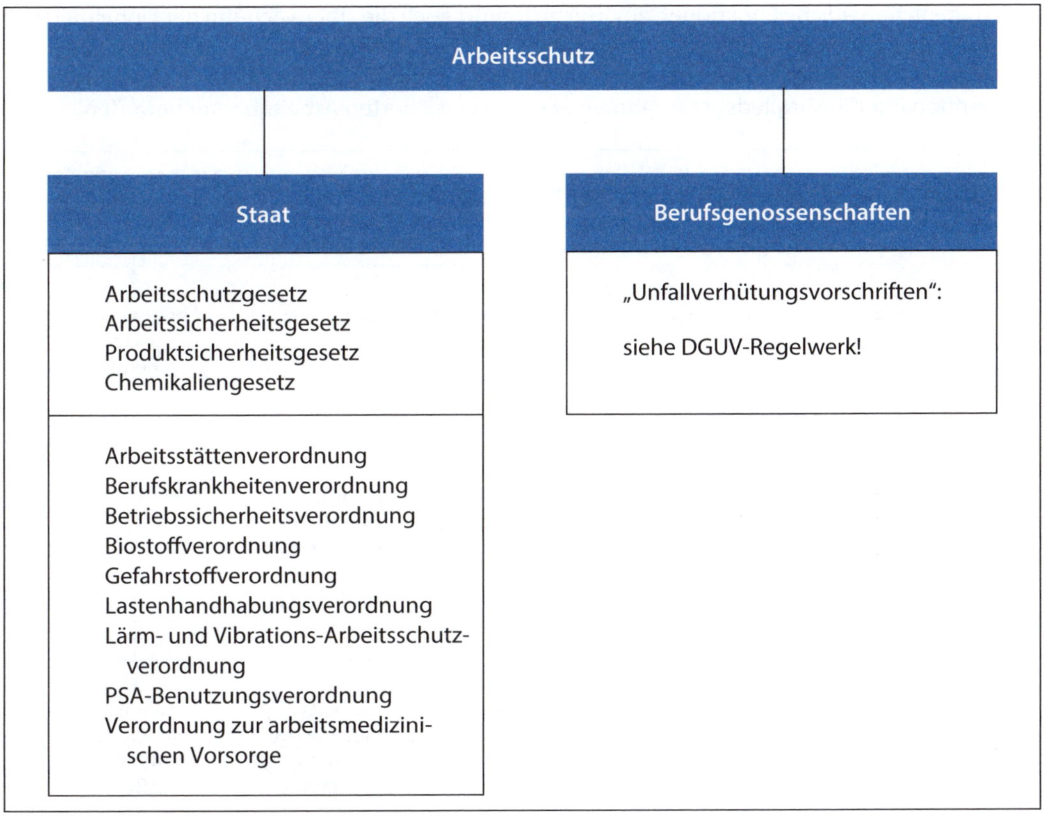

Abb. 43: Zweiteilung der Arbeitsschutzvorschriften

Arbeitsschutz wird in einer Kooperation von Staat und Berufsgenossenschaften betrieben. Der Staat schafft Gesetze (Arbeitsschutzgesetz – ArbSchG, Arbeitssicherheitsgesetz – ASiG etc.) und Rechtsverordnungen (Betriebssicherheitsverordnung – BetrSichV, Arbeitsstättenverordnung – ArbStättV etc.). Die Berufsgenossenschaften operieren mit „Unfallverhütungsvorschriften".

Auch das Arbeitszeitgesetz, das Mutterschutzgesetz, das Sozialgesetzbuch IX (Rehabilitation und Teilhabe von Menschen mit Behinderungen), das Jugendarbeitsschutzgesetz und das Heimarbeitsgesetz sind „Arbeitsschutzgesetze".

Die **berufsgenossenschaftlichen Unfallverhütungsvorschriften** entspringen der Tradition der Selbstverwaltung von Handwerk und Industrie. § 14 ASIG enthält eine Ermächtigung zum Erlass von Rechtsverordnungen, die nicht genutzt werden soll, wenn die Träger der gesetzlichen Unfallversicherung einschlägige Regelungen („Unfallverhütungsvorschriften") vorgelegt haben. Träger der gesetzlichen Versicherung für Arbeitsunfälle sind die Berufsgenossenschaften und die Deutsche Gesetzliche Unfallversicherung – DGUV, der Spitzenverband der gewerblichen Berufsgenossenschaften und der Unfallversicherungsträger der öffentlichen Hand. Unternehmer und Betriebsinhaber unterliegen der Zwangsmitgliedschaft.

Die Berufsgenossenschaften sind Selbstverwaltungskörperschaften des öffentlichen Rechts (analog den Industrie- und Handelskammern und den Handwerkskammern); als solche üben sie vom Staat übertragene hoheitliche Funktionen aus. Hierzu gehört auch die Überwachung der Einhaltung der Unfallverhütungsvorschriften! Staatliche Arbeitsschutzvorschriften gelten universell (soweit die jeweiligen Anwendungsvoraussetzungen erfüllt sind), während die berufsgenossenschaftlichen Vorschriften nur die Mitgliedsunternehmen und ihre versicherten Arbeitnehmer betreffen.

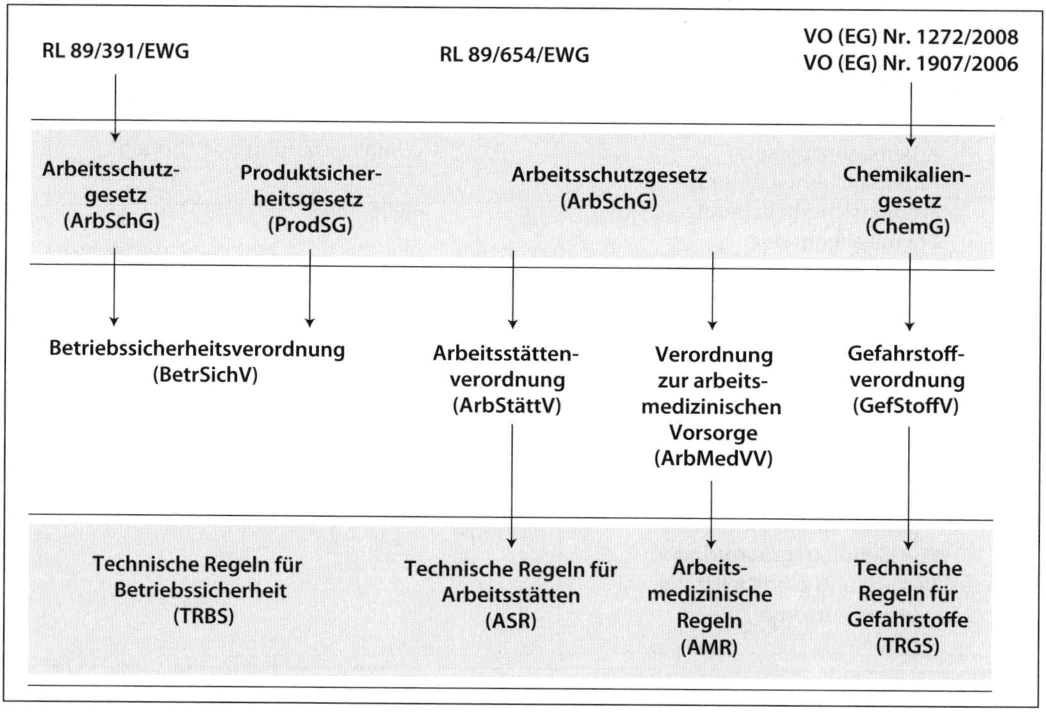

Abb. 44: Ebenen der „gesetzlichen" Regelung des Arbeitsschutzes

Das Berufsgenossenschaftliche Vorschriftenwerk ist wie folgt systematisiert (beachte die Transferliste „DGUV-Regelwerk" vom 27. Juni 2014):

- **DGUV Vorschriften** (früher: BG-Vorschriften)
- **DGUV Regeln** (früher: BG-Regeln)
- **DGUV Informationen** (früher: BG-Informationen)
- **DGUV Grundsätze** (früher: BG-Grundsätze)

DGUV Regeln dienen vor allem dazu, staatliche Arbeitsschutzvorschriften oder Unfallverhütungsvorschriften zu konkretisieren und zu erläutern. DGUV Informationen sollen die praktische Anwendung von Regelungen zu einem bestimmten Sachgebiet oder Sachverhalt erleichtern. DGUV Grundsätze setzen Maßstäbe in bestimmten Verfahrensfragen, z. B. die Durchführung von Prüfungen betreffend.

Die „gesetzliche" Regelung des Arbeitsschutzes erfolgt, wie in anderen Rechtsbereichen auch, auf mehreren Ebenen (Gesetze, Verordnungen, Richtlinien und Technische Regeln). Darüber hinaus ist auch im Arbeitsschutz die europäische Ebene zu berücksichtigen (unmittelbar national verbindliche Verordnungen sowie Richtlinien, die in nationales Recht umgesetzt werden müssen).

Die Ausfüllung der Richtlinie 89/391/EWG („Arbeitsschutz-Rahmenrichtlinie") erfolgt auf der europäischen Ebene mithilfe von „Einzelrichtlinien". EG-Richtlinien zu Sicherheit und Gesundheitsschutz bei der Arbeit werden flächendeckend und effizient durch staatliches Recht in nationales Recht umgesetzt. Im Vorschriften- und Regelwerk von Staat und Unfallversicherungsträgern werden Doppelregelungen zu gleichen Sachverhalten vermieden.

Die Richtlinie 89/391/EWG des Rates über die Durchführung von Maßnahmen zur Verbesserung der Sicherheit und des Gesundheitsschutzes der Arbeitnehmer bei der Arbeit (im Folgenden Arbeitsschutz-Rahmenrichtlinie genannt) ist wie folgt gegliedert:

Arbeitsschutz-Rahmenrichtlinie 89/391/EWG *(zuletzt geändert am 22. Oktober 2008)*

Abschnitt I:	***Allgemeine Bestimmungen***
Artikel 1	Ziel der Richtlinie
Artikel 2	Anwendungsbereich
Artikel 3	Definitionen
Artikel 4	Die Mitgliedstaaten treffen die erforderlichen Vorkehrungen, um zu gewährleisten, dass … [angemessene behördliche Kontrolle und Überwachung]
Abschnitt II:	***Pflichten des Arbeitgebers***
Artikel 5	Allgemeine Vorschrift
Artikel 6	Allgemeine Pflichten des Arbeitgebers
Artikel 7	Mit Schutzmaßnahmen und Maßnahmen zur Gefahrenverhütung beauftragte Dienste
Artikel 8	Erste Hilfe, Brandbekämpfung, Evakuierung der Arbeitnehmer, ernste und unmittelbare Gefahren
Artikel 9	Sonstige Pflichten des Arbeitgebers
Artikel 10	Unterrichtung der Arbeitnehmer
Artikel 11	Anhörung und Beteiligung der Arbeitnehmer
Artikel 12	Unterweisung der Arbeitnehmer

Abschnitt III:	***Pflichten des Arbeitnehmers***
Artikel 13	Jeder Arbeitnehmer ist verpflichtet, nach seinen Möglichkeiten für seine eigene Sicherheit und Gesundheit sowie für die Sicherheit und die Gesundheit derjenigen Personen Sorge zu tragen …
Abschnitt IV:	***Sonstige Bestimmungen***
Artikel 14	Präventivmedizinische Überwachung
Artikel 15	Risikogruppen
Artikel 16	Einzelrichtlinien – Änderungen; Allgemeiner Geltungsbereich dieser Richtlinie
Artikel 17	Ausschussverfahren
Artikel 17a	Durchführungsberichte
Artikel 18	Schlussbestimmungen
Artikel 19	Diese Richtlinie ist an die Mitgliedstaaten gerichtet.
ANHANG	Liste der von Artikel 16 Absatz 1 erfassten Bereiche

Ziel der Arbeitsschutz-Rahmenrichtlinie ist die Durchführung von Maßnahmen zur Verbesserung der Sicherheit und des Gesundheitsschutzes der Arbeitnehmer am Arbeitsplatz (Artikel 1 Absatz 1 Richtlinie 89/391/EWG).

Diese Zielbestimmung betrifft zum einen die Sicherheit des Arbeitnehmers: Während der Arbeit muss die körperliche Unversehrtheit gewährleistet sein. Mit dem Gesundheitsschutz wird neben dem akuten Aspekt die langfristige Auswirkung der Tätigkeit des Arbeitnehmers auf seine Gesundheit angesprochen (Stichwort: Spätfolgen).

Die Arbeitsschutz-Rahmenrichtlinie enthält allgemeine Grundsätze (Artikel 1 Absatz 2 Richtlinie 89/391/EWG) für die

- **Verhütung berufsbedingter Gefahren, für die Sicherheit und den Gesundheitsschutz,**
- **die Ausschaltung von Risiko- und Unfallfaktoren,**
- **die Information, die Anhörung, die ausgewogene Beteiligung nach den nationalen Rechtsvorschriften bzw. Praktiken,**
- **die Unterweisung der Arbeitnehmer und ihrer Vertreter sowie**
- **allgemeine Regeln für die Durchführung dieser Grundsätze.**

Mit diesem Artikel 1 Absatz 2 der Arbeitsschutz-Rahmenrichtlinie wird das „Programm" umrissen: Der Arbeitgeber muss Ermittlungen durchführen, um einen Überblick über die Gefahren, die Risiko- und Unfallfaktoren zu bekommen; er muss daraus Konsequenzen für die Verhütung von Gefahren, die Arbeitssicherheit und den Gesundheitsschutz ziehen; er muss seine Arbeitnehmer umfassend informieren und in die Planung und Durchführung von Arbeitsschutzmaßnahmen einbeziehen; die Arbeitnehmer sind zu einer konstruktiven Mitarbeit verpflichtet.

Die Arbeitsschutz-Rahmenrichtlinie berührt nicht bereits geltende oder künftige nationale und gemeinschaftliche Bestimmungen, die für die Sicherheit und den Gesundheitsschutz der Arbeitnehmer am Arbeitsplatz *günstiger* sind. Wer mehr tun will, wird nicht daran gehindert!

Die Arbeitsschutz-Rahmenrichtlinie findet Anwendung auf alle privaten oder öffentlichen Tätigkeitsbereiche (gewerbliche, landwirtschaftliche, kaufmännische, verwaltungsmäßige sowie dienstleistungs- oder ausbildungsbezogene, kulturelle und Freizeittätigkeiten usw.) (Artikel 2 Richtlinie 89/391/EWG).

Die Adressaten der Arbeitsschutz-Rahmenrichtlinie sind:

Artikel 3 Richtlinie 89/391/EWG

a) Arbeitnehmer: jede Person, die von einem Arbeitgeber beschäftigt wird, einschließlich Praktikanten und Lehrlingen, jedoch mit Ausnahme von Hausangestellten;
b) Arbeitgeber: jede natürliche und juristische Person, die als Vertragspartei des Beschäftigungsverhältnisses mit dem Arbeitnehmer die Verantwortung für das Unternehmen bzw. den Betrieb trägt;
c) Arbeitnehmervertreter mit einer besonderen Funktion bei der Sicherheit und beim Gesundheitsschutz der Arbeitnehmer: jede Person, die gemäß den nationalen Rechtsvorschriften bzw. Praktiken gewählt, ausgewählt oder benannt wurde, um die Arbeitnehmer in Fragen der Sicherheit und des Gesundheitsschutzes der Arbeitnehmer bei der Arbeit zu vertreten.

Artikel 5 Absatz 1 Richtlinie 89/391/EWG

Der Arbeitgeber ist verpflichtet, für die Sicherheit und den Gesundheitsschutz der Arbeitnehmer in Bezug auf alle Aspekte, die die Arbeit betreffen, zu sorgen.

An diese kategorische, umfassende Festlegung von Pflichten lässt sich sofort eine Frage anschließen (die der europäische Vorschriftengeber natürlich vorausgesehen hat): Ist es zulässig, außerbetriebliche Fachleute mit der Aufgabe zu betreuen, um sich damit der Verantwortung für die Sicherheit und den Gesundheitsschutz der Arbeitnehmer zu entledigen?

Der erste Teil der Frage wird vom Vorschriftengeber positiv beantwortet. Artikel 7 der Arbeitsschutz-Rahmenrichtlinie enthält Aussagen zum Engagement von außerbetrieblichen Fachleuten oder Diensten.

Dem zweiten Teil der Frage liegt ein fundamentaler Irrtum zugrunde: Jeder außerbetriebliche Fachmann oder Dienst wird die Haftung für sein Tun eng begrenzen und es zu Recht ablehnen, gesetzliche Pflichten seines Auftraggebers zu übernehmen. Darüber hinaus enthält Artikel 5 Absatz 2 Richtlinie 89/391/EWG eine eindeutige Feststellung:

Zieht ein Arbeitgeber in Anwendung von Artikel 7 Absatz 3 Richtlinie 89/391/EWG außerbetriebliche Fachleute (Personen oder Dienste) hinzu, so enthebt ihn dies nicht seiner diesbezüglichen Verantwortung.

Der Vorschriftengeber hält es für angebracht, den Fall gänzlich unvorhersehbarer Umstände und außergewöhnlicher Ereignisse anzusprechen (Artikel 5 Absatz 4 Richtlinie 89/391/EWG):

Diese Richtlinie 89/391/EWG steht nicht der Befugnis der Mitgliedstaaten entgegen, den Ausschluss oder die Einschränkung der Verantwortung des Arbeitgebers bei Vorkommnissen vorzusehen, die auf nicht von diesem zu vertretende anormale und unvorhersehbare Umstände oder auf außergewöhnliche Ereignisse zurückzuführen sind, deren Folgen trotz aller Sorgfalt nicht hätten vermieden werden können.

Artikel 6 Absatz 1 Richtlinie 89/391/EWG

Im Rahmen seiner Verpflichtungen trifft der Arbeitgeber die für die Sicherheit und den Gesundheitsschutz der Arbeitnehmer erforderlichen Maßnahmen, einschließlich der Maßnahmen zur Verhütung berufsbedingter Gefahren, zur Information und zur Unterweisung sowie der Bereitstellung einer geeigneten Organisation und der erforderlichen Mittel.

Der Arbeitgeber muss darauf achten, dass diese Maßnahmen entsprechend den sich ändernden Gegebenheiten angepasst werden, und er muss eine Verbesserung der bestehenden Arbeitsbedingungen anstreben.

In dieser Feststellung kommt zum Ausdruck, dass es der Arbeitgeber ist, der eine geeignete betriebliche Organisation aufbauen und unterhalten muss. Dazu gehört auch die Bereitstellung sachlicher und personeller Mittel einschließlich der Übernahme der Kosten (siehe Artikel 6 Absatz 5 Richtlinie 89/391/EWG).

Schließlich wird dem Arbeitgeber als „Dauerpflicht" aufgetragen, die getroffenen Maßnahmen in angemessener Weise an sich ändernde Gegebenheiten anzupassen. Hier kann zum einen an innerbetriebliche Änderungen gedacht werden: Es wird etwas getan, was bisher nicht zum Tätigkeitsfeld des Betriebs gehört hat. Zum anderen ist zu berücksichtigen, dass der technische Fortschritt andere Maschinen und Arbeitsabläufe mit sich bringen kann.

Die **Verhütung von Gefahren** soll an den folgenden Grundsätzen ausgerichtet werden (Artikel 6 Absatz 2 RL 89/391/EWG):

Grundsätze der Gefahrenverhütung	Erläuterungen
a) Vermeidung von Risiken; b) Abschätzung nichtvermeidbarer Risiken; c) Gefahrenbekämpfung an der Quelle; d) Berücksichtigung des Faktors „Mensch" bei der Arbeit, insbesondere bei der Gestaltung von Arbeitsplätzen sowie bei der Auswahl von Arbeitsmitteln und Arbeits- und Fertigungsverfahren, vor allem im Hinblick auf eine Erleichterung bei eintöniger Arbeit und bei maschinenbestimmtem Arbeitsrhythmus sowie auf eine Abschwächung ihrer gesundheitsschädigenden Auswirkungen; e) Berücksichtigung des Stands der Technik; f) Ausschaltung oder Verringerung von Gefahrenmomenten; g) Planung der Gefahrenverhütung mit dem Ziel einer kohärenten Verknüpfung von Technik, Arbeitsorganisation, Arbeitsbedingungen, sozialen Beziehungen und Einfluss der Umwelt auf den Arbeitsplatz; h) Vorrang des kollektiven Gefahrenschutzes vor individuellem Gefahrenschutz; i) Erteilung geeigneter Anweisungen an die Arbeitnehmer.	• Diese Grundsätze gehen von einem Vorrang der Risikovermeidung aus, erkennen aber an, dass es in vielen Fällen auf eine Minimierung nicht vermeidbarer Risiken ankommen wird. • Kann hier kein verträgliches Niveau erreicht werden, liegt der Verzicht auf die risikobehaftete Tätigkeit nahe! Der Arbeitgeber wird verpflichtet, die Risiken zu ermitteln und daraus geeignete Konsequenzen zu ziehen. • Punkt d) kann als programmatische Aufforderung zu einer menschengerechten Gestaltung von Arbeitsplätzen, Arbeitsmitteln und Arbeitsabläufen begriffen werden. Punkt g) kann im gleichen Sinne verstanden werden. Die Aufforderung zu ganzheitlichem Denken ist offensichtlich. • Punkt e) enthält eine – zumindest auf abstraktem Niveau – sehr eindeutige Feststellung zum Qualitätsstandard technischer Einrichtungen und Maßnahmen.

Die deutsche Fassung der Richtlinie 89/391/EWG führt hier den „Stand der Technik" an; dazu finden sich Legaldefinitionen im deutschen Gefahrstoffrecht (siehe § 2 Absatz 15 GefStoffV).

Artikel 6 Absatz 3 der Arbeitsschutz-Rahmenrichtlinie wird bezüglich der Arbeitgeberpflichten etwas detaillierter:

Artikel 6 Absatz 3 Richtlinie 89/391/EWG

a) Beurteilung von Gefahren für Sicherheit und Gesundheit der Arbeitnehmer, unter anderem bei der Auswahl von Arbeitsmitteln, chemischen Stoffen oder Zubereitungen und bei der Gestaltung der Arbeitsplätze.
Die vom Arbeitgeber aufgrund dieser Beurteilung getroffenen Maßnahmen zur Gefahrenverhütung sowie die von ihm angewendeten Arbeits- und Produktionsverfahren müssen erforderlichenfalls
  - ***einen höheren Grad an Sicherheit und einen besseren Gesundheitsschutz der Arbeitnehmer gewährleisten;***
  - ***in alle Tätigkeiten des Unternehmens bzw. des Betriebes und auf allen Führungsebenen einbezogen werden;***

b) bei Übertragung von Aufgaben an einen Arbeitnehmer Berücksichtigung der Eignung dieses Arbeitnehmers in Bezug auf Sicherheit und Gesundheit;

c) bei der Planung und Einführung neuer Technologien sind die Arbeitnehmer bzw. ihre Vertreter zu den Auswirkungen zu hören, die die Auswahl der Arbeitsmittel, die Gestaltung der Arbeitsbedingungen und die Einwirkung der Umwelt auf den Arbeitsplatz für die Sicherheit und Gesundheit der Arbeitnehmer haben;

d) es ist durch geeignete Maßnahmen dafür zu sorgen, dass nur die Arbeitnehmer, die ausreichende Anweisungen erhalten haben, Zugang zu den Bereichen mit ernsten und spezifischen Gefahren haben.

Punkt a) verlangt vom Arbeitgeber eine Beurteilung der Gefahren für Sicherheit und Gesundheit der Arbeitnehmer. Dieser Beurteilung muss natürlich die Ermittlung der Gefahren vorausgegangen sein. Aus der Beurteilung der Gefahren ergeben sich Konsequenzen für die Auswahl der Arbeitsmittel, Betriebsmittel, Stoffe zur Herstellung von Produkten und für die Gestaltung der Arbeitsplätze und Arbeitsabläufe:

- **Ermittlung der Gefahren**
- **Beurteilung der Gefahren**
- **Verhütung der Gefahren**

Damit verbunden ist eine geeignete **Dokumentation** der Ermittlungsergebnisse, Beurteilungen, durchgeführten Maßnahmen und installierten Organisation (Personal) (vgl. Artikel 9 Richtlinie 89/391/EWG).

Artikel 7 Absatz 1 Richtlinie 89/391/EWG

Unbeschadet seiner Pflichten nach den Artikeln 5 und 6 benennt der Arbeitgeber einen oder mehrere Arbeitnehmer, die er mit Schutzmaßnahmen und Maßnahmen zur Verhütung berufsbedingter Gefahren im Unternehmen bzw. im Betrieb beauftragt.

Bei dieser Regelung ist darauf zu achten, wie die Verantwortlichkeit gestaltet ist. Ein Arbeitnehmer, der mit solchen Aufgaben betraut wurde, übernimmt lediglich die Verantwortung für die korrekte Erledigung der übertragenen Aufgaben; solange er nicht grob fahrlässig handelt oder Aufgaben unerledigt lässt, ist er seiner Verantwortung gerecht geworden. Die grundsätzliche Verantwortung für Sicherheit und Gesundheitsschutz kann der Arbeitgeber nicht von sich abwälzen! Selbst wenn er solche Aufgaben seinem Leitungspersonal überträgt (das definitionsgemäß stellvertretend für den Arbeitgeber einen Teil seiner Pflichten übernommen hat), bleibt dem Arbeitgeber die Verantwortlichkeit, Sicherheit und Gesundheitsschutz im Betrieb zu organisieren, indem er geeignete Personen damit beauftragt.

- Den benannten Arbeitnehmern dürfen durch ihre Schutztätigkeiten und ihre Tätigkeiten zur Verhütung berufsbedingter Gefahren keine Nachteile entstehen.
- Die benannten Arbeitnehmer müssen, um den sich aus dieser Richtlinie ergebenden Verpflichtungen nachkommen zu können, über die entsprechende Zeit verfügen.
- Die benannten Arbeitnehmer müssen über die erforderlichen Fähigkeiten und Mittel verfügen.
- Die benannten Arbeitnehmer müssen über eine ausreichende Personalausstattung verfügen.

Der Arbeitgeber wird hier in die Pflicht genommen und hat die Kosten zu tragen. Die Größe des Unternehmens bzw. des Betriebs und/oder der Grad der Gefahren, denen die Arbeitnehmer ausgesetzt sind, sowie deren Lokalisierung innerhalb des gesamten Unternehmens bzw. des Betriebs sind zu berücksichtigen.

- Die Mitgliedstaaten können unter Berücksichtigung der Art der Tätigkeiten und der Größe der Unternehmen die Unternehmenssparten festlegen, in denen der Arbeitgeber die genannten Aufgaben selbst übernehmen kann, sofern er die erforderlichen Fähigkeiten besitzt.
- Die Mitgliedstaaten legen fest, welche Fähigkeiten und Eignungen erforderlich sind.
- Sie können festlegen, welche Personalausstattung ausreichend ist.

Reichen die Möglichkeiten im Unternehmen bzw. im Betrieb nicht aus, um die Organisation dieser Schutzmaßnahmen und Maßnahmen zur Gefahrenverhütung durchzuführen, muss der Arbeitgeber außerbetriebliche Fachleute (Personen oder Dienste) hinzuziehen (Artikel 7 Absatz 3 Richtlinie 89/391/EWG).

Zieht der Arbeitgeber außerbetriebliche Fachleute hinzu, hat er die betreffenden Personen oder Dienste über diejenigen Faktoren zu unterrichten, von denen bekannt ist oder vermutet wird, dass sie Auswirkungen auf die Sicherheit und die Gesundheit der Arbeitnehmer haben, und ihnen Zugang zu den in Artikel 10 Absatz 2 Richtlinie 89/391/EWG genannten Informationen zu verschaffen (Gefahren, Schutzmaßnahmen, Erste Hilfe, Brandbekämpfung etc.).

Die hinzugezogenen außerbetrieblichen Personen oder Dienste müssen über die erforderliche Eignung sowie die erforderlichen personellen und berufsspezifischen Mittel verfügen, sodass sie die Schutzmaßnahmen und Maßnahmen zur Gefahrenverhütung übernehmen können, wobei die Größe des Unternehmens bzw. des Betriebs und/oder der Grad der Gefahren, denen die Arbeitnehmer ausgesetzt sind, sowie deren Lokalisierung innerhalb des gesamten Unternehmens bzw. des Betriebs zu berücksichtigen sind.

Artikel 8 Absatz 1 Richtlinie 89/391/EWG

Der Arbeitgeber muss

- ***die der Art der Tätigkeiten und der Größe des Unternehmens bzw. Betriebs angepassten Maßnahmen treffen, die zur Ersten Hilfe, Brandbekämpfung und Evakuierung der Arbeitnehmer erforderlich sind, wobei der Anwesenheit anderer Personen Rechnung zu tragen ist, und***
- ***die erforderlichen Verbindungen zu außerbetrieblichen Stellen, insbesondere im Bereich der Ersten Hilfe, der medizinischen Notversorgung, der Bergung und der Brandbekämpfung organisieren.***

Auch hier wird der Arbeitgeber aufgefordert, mithilfe von besonders qualifizierten Arbeitnehmern eine geeignete betriebliche Organisation zu installieren (Artikel 8 Absatz 2 RL 89/391/EWG).

Diese Arbeitnehmer müssen, unter Berücksichtigung der Größe bzw. der in diesem Unternehmen bzw. Betrieb bestehenden spezifischen Gefahren, entsprechend ausgebildet und zahlenmäßig stark genug sein sowie über die erforderliche Ausrüstung verfügen. Die Kosten trägt der Arbeitgeber.

Artikel 8 Absatz 3 Richtlinie 89/391/EWG

Der Arbeitgeber

a) muss alle Arbeitnehmer, die einer ernsten und unmittelbaren Gefahr ausgesetzt sind oder sein können, möglichst frühzeitig über diese Gefahr und die getroffenen oder zu treffenden Schutzmaßnahmen unterrichten;
b) muss Maßnahmen treffen und Anweisungen erteilen, um den Arbeitnehmern bei ernster, unmittelbarer und nicht vermeidbarer Gefahr zu ermöglichen, ihre Tätigkeit einzustellen bzw. sich durch sofortiges Verlassen des Arbeitsplatzes in Sicherheit zu bringen;
c) darf außer in begründeten Ausnahmefällen die Arbeitnehmer nicht auffordern, ihre Tätigkeit in einer Arbeitssituation wieder aufzunehmen, in der eine ernste und unmittelbare Gefahr fortbesteht.

Diese Forderung an den Arbeitgeber kann in der praktischen Umsetzung z. B. zur Erstellung eines Alarm- und Fluchtplans, zur Ausweisung von Fluchtwegen und zu Trockenübungen für den Notfall führen.

Artikel 8 Absatz 4 und 5 Richtlinie 89/391/EWG

Einem Arbeitnehmer, der bei ernster, unmittelbarer und nicht vermeidbarer Gefahr seinen Arbeitsplatz bzw. einen gefährlichen Bereich verlässt, dürfen dadurch keine Nachteile entstehen, und er muss gegen alle nachteiligen und ungerechtfertigten Folgen entsprechend den einzelstaatlichen Rechtsvorschriften bzw. Praktiken geschützt werden.

Der Arbeitgeber trägt dafür Sorge, dass jeder Arbeitnehmer, wenn er den zuständigen Vorgesetzten nicht erreichen kann, in der Lage ist, bei ernster und unmittelbarer Gefahr für die eigene Sicherheit bzw. die Sicherheit anderer Personen unter Berücksichtigung seiner Kenntnisse und technischen Mittel die geeigneten Maßnahmen zu treffen, um die Folgen einer solchen Gefahr zu vermeiden. Aus seinem Handeln dürfen ihm keine Nachteile entstehen, es sei denn, er hat unüberlegt oder grob fahrlässig gehandelt.

Absatz 4 überlässt es dem Arbeitnehmer, den Ernst, die Unmittelbarkeit und Unvermeidbarkeit der Gefahr am Arbeitsplatz einzuschätzen. Für die Praxis kann das nur bedeuten, dass es besser ist, relativ frühzeitig zu reagieren, als zu lange zu zögern. Dieses Verhalten nutzt auch dem Arbeitgeber.

Wenn ein Arbeitnehmer mangels weisungsbefugtem Vorgesetzten selber nach bestem Wissen Maßnahmen zur Abwendung einer Gefahr ergreift, ist die Lage ähnlich: Der Arbeitnehmer ist auf sich allein gestellt, also muss ihm ein großer Ermessensspielraum zugestanden werden. Verwirrtheit und Panik ist nicht justiziabel, grobe Fahrlässigkeit schon. Grobe Fahrlässigkeit bedeutet die Missachtung von Wissen um das richtige Verhalten und die Vernachlässigung jeglicher Sorgfalt. Den Nachweis der groben Fahrlässigkeit muss der Arbeitgeber führen.

Der Arbeitgeber muss

a) eine Liste der **Arbeitsunfälle**, die einen Arbeitsausfall von mehr als drei Arbeitstagen für den Arbeitnehmer zur Folge hatten, führen;
b) für die zuständige Behörde im Einklang mit den nationalen Rechtsvorschriften bzw. Praktiken Berichte über die Arbeitsunfälle ausarbeiten, die die bei ihm beschäftigten Arbeitnehmer erlitten haben.

Artikel 10 Absatz 1 Richtlinie 89/391/EWG

Der Arbeitgeber trifft die geeigneten Maßnahmen, damit die Arbeitnehmer bzw. deren Vertreter im Unternehmen bzw. Betrieb gemäß den nationalen Rechtsvorschriften bzw. Praktiken, die insbesondere der Unternehmens- bzw. der Betriebsgröße Rechnung tragen können, alle erforderlichen Informationen erhalten über:

a) die Gefahren für Sicherheit und Gesundheit sowie die Schutzmaßnahmen und Maßnahmen zur Gefahrenverhütung im Unternehmen bzw. im Betrieb im Allgemeinen und für die einzelnen Arten von Arbeitsplätzen bzw. Aufgabenbereichen;
b) die in Anwendung von Artikel 8 Absatz 2 ergriffenen Maßnahmen [Benennung von Arbeitnehmern, die für Erste Hilfe, Brandbekämpfung und Evakuierung der Arbeitnehmer zuständig sind].

Die Unterweisung der Arbeitnehmer nach Artikel 12 Richtlinie 89/391/EWG gehört in diesen Zusammenhang (siehe unten).

Die **Unterrichtungspflicht** des Arbeitgebers gilt insbesondere für Arbeitnehmer mit einer besonderen Funktion im Rahmen von Arbeitssicherheit und Gesundheitsschutz:

Artikel 10 Absatz 3 Richtlinie 89/391/EWG

Der Arbeitgeber trifft die geeigneten Maßnahmen, damit die Arbeitnehmer mit einer besonderen Funktion bei der Sicherheit und beim Gesundheitsschutz der Arbeitnehmer oder die Arbeitnehmervertreter mit einer besonderen Funktion bei der Sicherheit und beim Gesundheitsschutz der Arbeitnehmer zur Ausübung ihrer jeweiligen Tätigkeiten gemäß den nationalen Rechtsvorschriften bzw. Praktiken Zugang [zu relevanten Informationen] haben …

Die Arbeitnehmer/Arbeitnehmervertreter mit einer besonderen Funktion bei der Sicherheit und beim Gesundheitsschutz sollen Zugang haben

a) zu der in Artikel 9 Absatz 1 Buchstabe a und b Richtlinie 89/391/EWG vorgesehenen Evaluierung der Gefahren und zu der Aufstellung der zu ergreifenden Schutzmaßnahmen;
b) zu der Liste und den Berichten gemäß Artikel 9 Absatz 1 Buchstabe c und d Richtlinie 89/391/EWG (betrifft Arbeitsunfälle ab einer bestimmten Schwere);
c) zu den Informationen, die sich aus den Schutzmaßnahmen und Maßnahmen zur Gefahrenverhütung ergeben, sowie zu Informationen der für Sicherheit und Gesundheitsschutz zuständigen Behörden und Organe.

Artikel 11 Absatz 1 Richtlinie 89/391/EWG

Die Arbeitgeber hören die Arbeitnehmer bzw. deren Vertreter an und ermöglichen deren Beteiligung bei allen Fragen betreffend die Sicherheit und die Gesundheit am Arbeitsplatz.

Dies beinhaltet:

- **die Anhörung der Arbeitnehmer;**
- **das Recht der Arbeitnehmer bzw. ihrer Vertreter, Vorschläge zu unterbreiten;**
- **die ausgewogene Beteiligung nach den nationalen Rechtsvorschriften bzw. Praktiken.**

Die Arbeitnehmer bzw. ihre Vertreter haben das Recht, sich gemäß den nationalen Rechtsvorschriften bzw. Praktiken an die für die Sicherheit und den Gesundheitsschutz am Arbeitsplatz zuständige Behörde zu wenden, wenn sie der Auffassung sind, dass die vom Arbeitgeber getroffenen Maßnahmen und bereitgestellten Mittel nicht ausreichen, um die Sicherheit und den Gesundheitsschutz am Arbeitsplatz sicherzustellen. In der Praxis wird dies das letzte Mittel gegenüber dem Arbeitgeber sein, wenn eine vernünftige Diskussion nicht mehr möglich und eine annehmbare Lösung nicht erreichbar ist.

Die Vertreter der Arbeitnehmer müssen die Möglichkeit haben, bei Besuchen und Kontrollen der zuständigen Behörde ihre Bemerkungen vorzubringen.

Artikel 11 Absatz 2 und 3 Richtlinie 89/391/EWG

Die Arbeitnehmer bzw. die Arbeitnehmervertreter mit einer besonderen Funktion bei der Sicherheit und beim Gesundheitsschutz der Arbeitnehmer werden in ausgewogener Weise nach den nationalen Rechtsvorschriften bzw. Praktiken beteiligt oder werden im Voraus vom Arbeitgeber gehört:

a) zu jeder Aktion, die wesentliche Auswirkungen auf Sicherheit und Gesundheit haben kann;
b) zu der Benennung der Arbeitnehmer gemäß Artikel 7 Absatz 1 und Artikel 8 Absatz 2 sowie zu den Maßnahmen gemäß Artikel 7 Absatz 1;
c) zu den Informationen gemäß Artikel 9 Absatz 1 und Artikel 10;
d) zur etwaigen Hinzuziehung außerbetrieblicher Fachleute (Personen oder Dienste) gemäß Artikel 7 Absatz 3;
e) zur Planung und Organisation der in Artikel 12 vorgesehenen Unterweisung.

Die Arbeitnehmervertreter mit einer besonderen Funktion bei der Sicherheit und beim Gesundheitsschutz der Arbeitnehmer haben das Recht, den Arbeitgeber um geeignete Maßnahmen zu ersuchen und ihm diesbezüglich Vorschläge zu unterbreiten, um so jeder Gefahr für die Arbeitnehmer vorzubeugen und/oder die Gefahrenquellen auszuschalten.

Artikel 11 Absatz 4 und 5 Richtlinie 89/391/EWG

Den … Arbeitnehmern und … Arbeitnehmervertretern dürfen aufgrund ihrer jeweiligen Tätigkeit keinerlei Nachteile entstehen.

Der Arbeitgeber ist verpflichtet, den Arbeitnehmervertretern mit einer besonderen Funktion bei der Sicherheit und beim Gesundheitsschutz der Arbeitnehmer eine ausreichende Arbeitsbefreiung ohne Lohnausfall zu gewähren und ihnen die erforderlichen Mittel zur Verfügung zu stellen, um ihnen die Wahrnehmung der sich aus dieser Richtlinie ergebenden Rechte und Aufgaben zu ermöglichen.

Der Arbeitgeber muss dafür sorgen, dass jeder Arbeitnehmer zum Zeitpunkt

- seiner Einstellung,
- einer Versetzung oder einer Veränderung seines Aufgabenbereichs,
- der Einführung oder Änderung von Arbeitsmitteln,
- der Einführung einer neuen Technologie

eine ausreichende und angemessene Unterweisung über Sicherheit und Gesundheitsschutz, insbesondere in Form von Informationen und Anweisungen, erhält, die eigens auf seinen Arbeitsplatz oder seinen Aufgabenbereich ausgerichtet ist (Artikel 12 Absatz 1 Richtlinie 89/391/EWG).

Diese Unterweisung muss

- an die Entwicklung der Gefahrenmomente und an die Entstehung neuer Gefahren angepasst sein und
- erforderlichenfalls regelmäßig wiederholt werden.

Die Unterweisung darf nicht zulasten der Arbeitnehmer oder ihrer Vertreter gehen. Die Unterweisung muss während der Arbeitszeit erfolgen.

Der Arbeitgeber muss sich vergewissern, dass Arbeitnehmer außerbetrieblicher Firmen, die in seinem Unternehmen bzw. Betrieb zum Einsatz kommen, angemessene Anweisungen hinsichtlich der Sicherheits- und Gesundheitsrisiken während ihrer Tätigkeit in seinem Unternehmen oder Betrieb erhalten haben.

Präventivmedizinische Überwachung: Zur Überwachung der Gesundheit der Arbeitnehmer je nach den Gefahren für ihre Sicherheit und Gesundheit am Arbeitsplatz werden Maßnahmen im Einklang mit den nationalen Rechtsvorschriften bzw. Praktiken getroffen (Artikel 14 Absatz 1 Richtlinie 89/391/EWG).

Die Maßnahmen sind so konzipiert, dass jeder Arbeitnehmer sich auf Wunsch einer regelmäßigen präventivmedizinischen Überwachung unterziehen kann.

Die Arbeitsschutz-Rahmenrichtlinie lässt hier sehr viel offen. Die Richtlinie äußert sich nicht zu den Konsequenzen, die sich aus dem medizinischen Untersuchungsergebnis ergeben können. Die präventivmedizinische Überwachung ist unmittelbar mit dem Thema „Berufskrankheiten" verbunden, das in den Mitgliedstaaten unterschiedlich gehandhabt wird.

Beachte hierzu die deutsche **Verordnung zur arbeitsmedizinischen Vorsorge (ArbMedVV)**, die die arbeitsmedizinische Vorsorge im Geltungsbereich des Arbeitsschutzgesetzes (ArbSchG) betrifft (siehe hierzu Kapitel 2.1.1.1, Seite 330).

Artikel 13 Absatz 1 Richtlinie 89/391/EWG

Jeder Arbeitnehmer ist verpflichtet, nach seinen Möglichkeiten für seine eigene Sicherheit und Gesundheit sowie für die Sicherheit und die Gesundheit derjenigen Personen Sorge zu tragen, die von seinen Handlungen oder Unterlassungen bei der Arbeit betroffen sind, und zwar gemäß seiner Unterweisung und den Anweisungen des Arbeitgebers.

Für den Arbeitnehmer ergeben sich also in Bezug auf Sicherheit und Gesundheitsschutz am Arbeitsplatz

- **Benutzungspflichten;**
- **Meldepflichten;**
- **Mitwirkungspflichten („... darauf hinzuwirken, dass ...").**

Die Richtlinie 89/391/EWG gibt den Rahmen vor. Die detaillierte Ausfüllung dieses Rahmens erfolgt mit sogenannten Einzelrichtlinien im Sinne des Artikels 16 Absatz 1 der Richtlinie 89/391/EWG):

- ***Richtlinie 89/654/EWG über Mindestvorschriften für Sicherheit und Gesundheitsschutz in Arbeitsstätten (Erste Einzelrichtlinie)***
- ***Richtlinie 2009/104/EG über Mindestvorschriften für Sicherheit und Gesundheitsschutz bei Benutzung von Arbeitsmitteln durch Arbeitnehmer bei der Arbeit (Zweite Einzelrichtlinie)***
- ***Richtlinie 89/656/EWG über Mindestvorschriften für Sicherheit und Gesundheitsschutz bei Benutzung persönlicher Schutzausrüstungen durch Arbeitnehmer bei der Arbeit (Dritte Einzelrichtlinie)***
- ***Richtlinie 90/269/EWG über die Mindestvorschriften bezüglich der Sicherheit und des Gesundheitsschutzes bei der manuellen Handhabung von Lasten, die für die Arbeitnehmer insbesondere eine Gefährdung der Lendenwirbelsäule mit sich bringt (Vierte Einzelrichtlinie)***
- ***Richtlinie 90/270/EWG über die Mindestvorschriften bezüglich der Sicherheit und des Gesundheitsschutzes bei der Arbeit an Bildschirmgeräten (Fünfte Einzelrichtlinie)***
- ***Richtlinie 2004/37/EG über den Schutz der Arbeitnehmer gegen Gefährdung durch Karzinogene bei der Arbeit (Sechste Einzelrichtlinie)***
- ***Richtlinie 2000/54/EG über den Schutz der Arbeitnehmer gegen Gefährdung durch biologische Arbeitsstoffe bei der Arbeit (Siebte Einzelrichtlinie)***
- ***Richtlinie 92/57/EWG über die auf zeitlich begrenzte oder ortsveränderliche Baustellen anzuwendenden Mindestvorschriften für die Sicherheit und den Gesundheitsschutz (Achte Einzelrichtlinie)***
- ***Richtlinie 92/58/EWG über Mindestvorschriften für die Sicherheits- und/oder Gesundheitsschutzkennzeichnung am Arbeitsplatz (Neunte Einzelrichtlinie)***
- ***Richtlinie 92/85/EWG über die Durchführung von Maßnahmen zur Verbesserung der Sicherheit und des Gesundheitsschutzes von schwangeren Arbeitnehmerinnen, Wöchnerinnen und stillenden Arbeitnehmerinnen am Arbeitsplatz (Zehnte Einzelrichtlinie)***
- ***Richtlinie 92/91/EWG über Mindestvorschriften zur Verbesserung der Sicherheit und des Gesundheitsschutzes der Arbeitnehmer in den Betrieben, in denen durch Bohrungen Mineralien gewonnen werden (Elfte Einzelrichtlinie)***
- ***Richtlinie 92/104/EWG über Mindestvorschriften zur Verbesserung der Sicherheit und des Gesundheitsschutzes der Arbeitnehmer in übertägigen oder untertägigen mineralgewinnenden Betrieben (Zwölfte Einzelrichtlinie)***

- ***Richtlinie 93/103/EWG über Mindestvorschriften für Sicherheit und Gesundheitsschutz bei der Arbeit an Bord von Fischereifahrzeugen (Dreizehnte Einzelrichtlinie)***
- ***Richtlinie 98/24/EG zum Schutz der Gesundheit und Sicherheit der Arbeitnehmer vor der Gefährdung durch chemische Arbeitsstoffe bei der Arbeit (Vierzehnte Einzelrichtlinie)***
- ***Richtlinie 1999/92/EG über Mindestvorschriften zur Verbesserung des Gesundheitsschutzes und der Sicherheit der Arbeitnehmer, die durch explosionsfähige Atmosphären gefährdet werden können (Fünfzehnte Einzelrichtlinie)***
- ***Richtlinie 2002/44/EG über Mindestvorschriften zum Schutz von Sicherheit und Gesundheit der Arbeitnehmer vor der Gefährdung durch physikalische Einwirkungen (Vibrationen) (Sechzehnte Einzelrichtlinie)***
- ***Richtlinie 2003/10/EG über Mindestvorschriften zum Schutz von Sicherheit und Gesundheit der Arbeitnehmer vor der Gefährdung durch physikalische Einwirkungen (Lärm) (Siebzehnte Einzelrichtlinie)***
- ***Richtlinie 2004/40/EG (Achtzehnte Einzelrichtlinie): aufgehoben durch Richtlinie 2013/35/EU (siehe unten; betraf elektromagnetische Felder)***
- ***Richtlinie 2006/25/EG über Mindestvorschriften zum Schutz von Sicherheit und Gesundheit der Arbeitnehmer vor der Gefährdung durch physikalische Einwirkungen (künstliche optische Strahlung) (Neunzehnte Einzelrichtlinie)***
- ***Richtlinie 2013/35/EU über Mindestvorschriften zum Schutz von Sicherheit und Gesundheit der Arbeitnehmer vor der Gefährdung durch physikalische Einwirkungen (elektromagnetische Felder) (20. Einzelrichtlinie) und zur Aufhebung der Richtlinie 2004/40/EG***

Der formale Ausgangspunkt für die Umsetzung europäischer Richtlinien in bundesdeutsches Recht findet sich im § 19 ArbSchG: *„Rechtsverordnungen nach § 18 ArbSchG können auch erlassen werden, soweit dies zur Durchführung von Rechtsakten des Rates oder der Kommission der Europäischen Gemeinschaften … erforderlich ist …“* Hier ein Beispiel (das gesetzgeberische Mittel der Wahl sind meist komplexere „Artikelgesetze“):

Die dritte Einzelrichtlinie zur Rahmenrichtlinie Arbeitsschutz 89/391/EWG ist mit Artikel 1 der **„Verordnung zur Umsetzung von EG-Einzelrichtlinien zur EG-Rahmenrichtlinie Arbeitsschutz vom 4. Dezember 1996“** in bundesdeutsches Recht umgesetzt worden. Dieser Artikel 1 enthält die „Verordnung über Sicherheit und Gesundheitsschutz bei der Benutzung persönlicher Schutzausrüstungen bei der Arbeit (PSA-Benutzungsverordnung – PSA-BV)“.

Abschließend ist wohl die Feststellung gerechtfertigt:

Mit der Richtlinie 89/391/EWG ist eigentlich schon fast alles gesagt und geregelt!

2.1.1 Staatliches Arbeitsschutzrecht

2.1.1.1 Arbeitsschutzgesetz

Das **Gesetz über die Durchführung von Maßnahmen des Arbeitsschutzes zur Verbesserung der Sicherheit und des Gesundheitsschutzes der Beschäftigten bei der Arbeit (Arbeitsschutzgesetz – ArbSchG)** vom 7. August 1996 (BGBl. I S. 1246), zuletzt geändert am 31. Mai 2023 (BGBl. I Nr. 140), geht unmittelbar auf die EG-Rahmenrichtlinie „Arbeitsschutz" zurück. Die grundlegenden Vorschriften sind in zwei Blöcken zusammengefasst:

Arbeitsschutzgesetz (ArbSchG)	
Arbeitgeberpflichten (§§ 3 bis 14)	**Rechte und Pflichten der Beschäftigten (§§ 15 bis 17)**
Allgemeine Schutzpflicht	Sorgfaltspflicht
Ermittlungspflicht (Gefährdungsanalyse)	Pflicht zum bestimmungsgemäßen Gebrauch von Arbeitsmitteln, Schutzvorrichtungen, Persönlichen Schutzausrüstungen
Dokumentationspflicht	Meldung von Gefahren/Defekten
Organisation der Ersten Hilfe/Notfallmaßnahmen	Unterstützungspflicht (Mitwirkung)
Arbeitsmedizinische Vorsorge	Vorschlagsrecht
Unterweisung	Bericht an die zuständige Behörde (falls der Arbeitgeber auf begründete Beschwerden nicht in geeigneter Weise reagiert)

Arbeitsschutz am Arbeitsplatz ist eine Dauerpflicht des Arbeitgebers. Gefahren sind an ihrer Quelle zu bekämpfen. Technischer Arbeitsschutz hat Vorrang gegenüber persönlichen Schutzmaßnahmen. Dabei ist der Stand von Technik, Arbeitsmedizin und Hygiene zu berücksichtigen (also ein anspruchsvoller, sich weiterentwickelnder Technikstandard; § 4 ArbSchG). Die Kosten für Arbeitsschutzmaßnahmen dürfen nicht auf die Arbeitnehmer abgewälzt werden (§ 3 Absatz 3 ArbSchG).

Der Durchführung von Arbeitsschutzmaßnahmen geht folgerichtig eine Beurteilung der Arbeitsbedingungen (Gefährdungsbeurteilung) voraus. Wird z. B. mit „Gefahrstoffen" umgegangen, kann auf die Technische Regel für Gefahrstoffe (TRGS) 400: „Gefährdungsbeurteilung für Tätigkeiten mit Gefahrstoffen" zurückgegriffen werden (die TRGS 400 geht zurück auf § 6 der Gefahrstoffverordnung, in dem die Pflicht des Arbeitgebers zur Informationsermittlung und Gefährdungsbeurteilung festgeschrieben ist).

Auf die Gefährdungsanalyse folgen die Erstellung eines Maßnahmenplanes und dessen praktische Umsetzung. Da sich sowohl die betrieblichen Umstände als auch der Stand von Technik, Arbeitsmedizin und Hygiene ändern können, muss dieser Prozess immer wieder durchgeführt werden.

Aus Arbeitgebersicht ist es nur folgerichtig, den oben geschilderten Prozess inhaltlich zu dokumentieren (Stichwort: Haftung). Der Gesetzgeber fordert andererseits ausdrücklich diese Dokumentation von ihm (Stichwort: Überwachung) (§ 6 Absatz 1 ArbSchG; beachte § 22 Absatz 3 ArbSchG: Einzelfallanordnung).

Der Arbeitgeber ist verpflichtet, den Arbeitnehmer in den Stand zu versetzen, sich ausreichend schützen zu können. Dazu gehört nicht nur die entsprechende Gestaltung des Arbeitsplatzes und die Bereitstellung von persönlicher Schutzausrüstung, sondern auch die persönliche „Unterweisung" in richtigem Verhalten am Arbeitsplatz und Gebrauch der Schutzausrüstung. Es ist offensichtlich, dass die Unterweisung keine einmalige Angelegenheit sein kann (Veränderungen im Aufgabenbereich und in der Ausstattung des Arbeitsplatzes, neue Arbeitstechniken und Materialien).

Der Arbeitgeber hat den Beschäftigten auf ihren Wunsch die Teilnahme an arbeitsmedizinischer Vorsorge zu ermöglichen (es sei denn, aufgrund der Beurteilung der Arbeitsbedingungen und der getroffenen Schutzmaßnahmen ist nicht mit einem Gesundheitsschaden zu rechnen) (§ 11 ArbSchG).

Verordnung zur arbeitsmedizinischen Vorsorge (ArbMedVV) vom 18. Dezember 2008 (BGBl. I S. 2768), zuletzt geändert am 12. Juli 2019 (BGBl. I S. 1082)

Folgende Terminologie wird verwendet:

- **Pflichtvorsorge** ist arbeitsmedizinische Vorsorge, die bei bestimmten besonders gefährdenden Tätigkeiten veranlasst werden muss.
- **Angebotsvorsorge** ist arbeitsmedizinische Vorsorge, die bei bestimmten gefährdenden Tätigkeiten angeboten werden muss.
- **Wunschvorsorge** ist arbeitsmedizinische Vorsorge, die bei Tätigkeiten, bei denen ein Gesundheitsschaden nicht ausgeschlossen werden kann, auf Wunsch des oder der Beschäftigten ermöglicht werden muss.

Der Arbeitgeber hat auf der Grundlage der Gefährdungsbeurteilung für eine angemessene arbeitsmedizinische Vorsorge zu sorgen. Die Durchführung der arbeitsmedizinischen Vorsorge ist einem Arzt oder einer Ärztin nach § 7 ArbMedVV zu übertragen.

Der Arzt oder die Ärztin muss berechtigt sein, die Gebietsbezeichnung „Arbeitsmedizin" oder die Zusatzbezeichnung „Betriebsmedizin" zu führen. Er oder sie darf selbst keine Arbeitgeberfunktion gegenüber den zu untersuchenden Beschäftigten ausüben. Verfügt der Arzt oder die Ärztin für bestimmte Untersuchungsmethoden nicht über die erforderlichen Fachkenntnisse oder die speziellen Anerkennungen oder Ausrüstungen, hat er oder sie Ärzte oder Ärztinnen hinzuzuziehen, die diese Anforderungen erfüllen.

Ist ein Betriebsarzt oder eine Betriebsärztin nach § 2 ASiG bestellt, soll der Arbeitgeber vorrangig diesen oder diese auch mit der arbeitsmedizinischen Vorsorge beauftragen (§ 3 Absatz 2 ArbMedVV).

Dem Arzt oder der Ärztin sind alle erforderlichen Auskünfte über die Arbeitsplatzverhältnisse, insbesondere über den Anlass der arbeitsmedizinischen Vorsorge und die Ergebnisse der Gefährdungsbeurteilung, zu erteilen und die Begehung des Arbeitsplatzes zu ermöglichen. Ihm oder ihr ist auf Verlangen Einsicht in die Unterlagen nach § 3 Absatz 4 Satz 1 ArbmedVV (Vorsorgekartei; siehe unten) zu gewähren.

Arbeitsmedizinische Vorsorge soll während der Arbeitszeit stattfinden. Sie soll nicht zusammen mit Untersuchungen, die dem Nachweis der gesundheitlichen Eignung für berufliche Anforderungen dienen, durchgeführt werden, es sei denn, betriebliche Gründe erfordern dies; in diesem Fall hat der Arbeitgeber den Arzt oder die Ärztin zu verpflichten, die unterschiedlichen Zwecke von arbeitsmedizinischer Vorsorge und Eignungsuntersuchung gegenüber dem oder der Beschäftigten offenzulegen (§ 3 Absatz 3 ArbMedVV). Der Arbeitgeber hat eine **Vorsorgekartei** zu führen mit Angaben, dass, wann und aus welchen Anlässen arbeitsmedizinische Vorsorge stattgefunden hat. Die Angaben sind bis zur Beendigung des Beschäftigungsverhältnisses aufzubewahren und anschließend in der Regel zu löschen. Der Arbeitgeber hat der zuständigen Behörde auf Anordnung eine Kopie der Vorsorgekartei zu übermitteln. Bei Beendigung des Beschäftigungsverhältnisses hat der Arbeitgeber der betroffenen Person eine Kopie der sie betreffenden Angaben auszuhändigen.

§ 4 ArbMedVV Pflichtvorsorge

Der Arbeitgeber hat nach Maßgabe des Anhangs Pflichtvorsorge für die Beschäftigten zu veranlassen. Pflichtvorsorge muss vor Aufnahme der Tätigkeit und anschließend in regelmäßigen Abständen veranlasst werden. Der Arbeitgeber darf eine Tätigkeit nur ausüben lassen, wenn der oder die Beschäftigte an der Pflichtvorsorge teilgenommen hat.

§ 5 ArbMedVV Angebotsvorsorge

Der Arbeitgeber hat den Beschäftigten Angebotsvorsorge nach Maßgabe des Anhangs anzubieten. Angebotsvorsorge muss vor Aufnahme der Tätigkeit und anschließend in regelmäßigen Abständen angeboten werden. Das Ausschlagen eines Angebots entbindet den Arbeitgeber nicht von der Verpflichtung, weiter regelmäßig Angebotsvorsorge anzubieten.

Erhält der Arbeitgeber Kenntnis von einer Erkrankung, die im ursächlichen Zusammenhang mit der Tätigkeit des oder der Beschäftigten stehen kann, so hat er ihm oder ihr unverzüglich Angebotsvorsorge anzubieten. Dies gilt auch für Beschäftigte mit vergleichbaren Tätigkeiten, wenn Anhaltspunkte dafür bestehen, dass sie ebenfalls gefährdet sein können.

Der Arbeitgeber hat Beschäftigten sowie ehemals Beschäftigten nach Maßgabe des Anhangs nach Beendigung bestimmter Tätigkeiten, bei denen nach längeren Latenzzeiten Gesundheitsstörungen auftreten können, nachgehende Vorsorge anzubieten. Am Ende des Beschäftigungsverhältnisses überträgt der Arbeitgeber diese Verpflichtung auf den zuständigen gesetzlichen Unfallversicherungsträger und überlässt ihm die erforderlichen Unterlagen in Kopie, sofern der oder die Beschäftigte eingewilligt hat.

§ 5a ArbMedVV Wunschvorsorge

Über die Vorschriften des Anhangs hinaus hat der Arbeitgeber den Beschäftigten auf ihren Wunsch hin regelmäßig arbeitsmedizinische Vorsorge nach § 11 des Arbeitsschutzgesetzes zu ermöglichen, es sei denn, auf Grund der Beurteilung der Arbeitsbedingungen und der getroffenen Schutzmaßnahmen ist nicht mit einem Gesundheitsschaden zu rechnen.

Der Anhang der ArbMedVV „Arbeitsmedizinische Pflicht- und Angebotsvorsorge" enthält in Teil 1 eine Auflistung von Tätigkeiten mit Gefahrstoffen. Diesen Tätigkeiten wird das Gebot der Pflichtvorsorge bzw. Angebotsvorsorge bzw. nachgehenden Vorsorge zugeordnet.

In Teil 2 werden Tätigkeiten mit biologischen Arbeitsstoffen einschließlich gentechnischen Arbeiten mit humanpathogenen Organismen in gleicher Weise aufgearbeitet. In Teil 3 geht es um Tätigkeiten mit physikalischen Einwirkungen. Teil 4 umfasst ein paar „sonstige Tätigkeiten" (z. B. mit der Notwendigkeit, ein Atemschutzgerät zu tragen).

Der Arzt oder die Ärztin wertet die Erkenntnisse der arbeitsmedizinischen Vorsorge aus (§ 6 Absatz 4 ArbMedVV). Ergeben sich Anhaltspunkte dafür, dass die Maßnahmen des Arbeitsschutzes für den Beschäftigten oder die Beschäftigte oder andere Beschäftigte nicht ausreichen, hat der Arzt oder die Ärztin dies dem Arbeitgeber mitzuteilen und Maßnahmen des Arbeitsschutzes vorzuschlagen.

Für den Arbeitgeber tritt jetzt § 8 ArbMedVV in Kraft:

§ 8 ArbMedVV

Im Fall von § 6 Absatz 4 Satz 2 hat der Arbeitgeber die Gefährdungsbeurteilung zu überprüfen und unverzüglich die erforderlichen Maßnahmen des Arbeitsschutzes zu treffen.

Wird ein Tätigkeitswechsel vorgeschlagen, hat der Arbeitgeber nach Maßgabe der dienst- und arbeitsrechtlichen Regelungen dem oder der Beschäftigten eine andere Tätigkeit zuzuweisen.

Dem Betriebs- oder Personalrat und der zuständigen Behörde sind die getroffenen Maßnahmen mitzuteilen.

Halten der oder die Beschäftigte oder der Arbeitgeber das Ergebnis der Auswertung nach § 6 Absatz 4 für unzutreffend, entscheidet auf Antrag die zuständige Behörde.

Hält der Arzt oder die Ärztin aus medizinischen Gründen, die ausschließlich in der Person des oder der Beschäftigten liegen, einen Tätigkeitswechsel für erforderlich, bedarf diese Mitteilung an den Arbeitgeber der Einwilligung des oder der Beschäftigten.

Sanktionen: Ordnungswidrig im Sinne des § 25 Absatz 1 Nummer 1 ArbSchG handelt, wer vorsätzlich oder fahrlässig

1. entgegen § 4 Absatz 1 ArbMedVV eine Pflichtvorsorge nicht oder nicht rechtzeitig veranlasst,
2. entgegen § 4 Absatz 2 ArbMedVV eine Tätigkeit ausüben lässt,
3. entgegen § 3 Absatz 4 Satz 1 Halbsatz 1 ArbMedVV eine Vorsorgekartei nicht, nicht richtig oder nicht vollständig führt oder
4. entgegen § 5 Absatz 1 Satz 1 ArbMedVV eine Angebotsvorsorge nicht oder nicht rechtzeitig anbietet.

Wer durch eine vorsätzliche Handlung Leben oder Gesundheit eines oder einer Beschäftigten gefährdet, ist nach § 26 Nummer 2 ArbSchG strafbar.

Vorsorge für den Notfall

Wo Menschen arbeiten, werden auch Fehler gemacht (und technische Einrichtungen sind ebenfalls „Menschenwerk"!). Das ArbSchG verpflichtet deshalb den Arbeitgeber zur Vorsorge für den Notfall (z. B. Freisetzung von Chemikalien, Brand, Unfall mit Personenschaden). Diese Vorsorge ist zum einen organisatorischer Art: Alarmpläne, Maßnahmenpläne (Evakuierung, Brandbekämpfung), Benennung und Ausbildung von Personal für den Notfall (z. B. „Ersthelfer" für die erste medizinische Versorgung). Zum anderen muss die entsprechende materielle Grundlage geschaffen werden. Hier spielen die Anforderungen an die Anlagensicherheit auf der Basis anderer Gesetze und Verordnungen (Betriebssicherheitsverordnung!) eine große Rolle.

Unfälle, bei denen ein Beschäftigter getötet oder so verletzt wird, dass er stirbt oder für mehr als drei Tage völlig oder teilweise arbeits- oder dienstunfähig wird, müssen vom Arbeitgeber erfasst werden (§ 6 Absatz 2 ArbSchG).

Die Adressaten (§ 13 ArbSchG) der Arbeitgeberpflichten (d. h. der §§ 3 bis 12 ArbSchG) sind

- der Arbeitgeber selber,
- sein gesetzlicher Vertreter,
- das vertretungsberechtigte Organ einer juristischen Person (Vorstand, Geschäftsführer),
- im Auftrag und eigenverantwortlich tätiges Leitungspersonal,
- „beauftragte Personen" mit rechtlich verankerten Aufgaben und Befugnissen im Arbeitsschutz bzw. Aufgaben nach ArbSchG, die der Arbeitgeber auf sie übertragen hat.

Die Arbeitgeberpflichten sind nicht unmittelbar bußgeldbewehrt! Eine Ordnungswidrigkeit liegt erst dann vor, wenn gegen eine auf der Grundlage der §§ 18, 19 ArbSchG erlassene Rechtsverordnung verstoßen wird. Die Betriebssicherheitsverordnung beispielsweise ist u. a. auf der Grundlage des ArbSchG erlassen worden; § 22 BetrSichV definiert einschlägige Ordnungswidrigkeiten.

Die Pflichten der Beschäftigten sind die folgerichtige Ergänzung der Arbeitgeberpflichten: Die Bereitstellung der persönlichen Schutzausrüstung bewirkt keinen persönlichen Schutz am Arbeitsplatz! Der Gesetzgeber stellt dem Gebot zum Gebrauch der Schutzvorrichtungen eine **Unterstützungspflicht** gegenüber dem Arbeitgeber im wohlverstandenen Eigeninteresse der Arbeitnehmer zur Seite. Die „Folgen" dieser Unterstützungspflicht (Hinweise auf Missstände, Verbesserungsvorschläge) laufen nicht ins Leere, da der Gesetzgeber ein Vorschlagsrecht des Arbeitnehmers gegenüber dem Arbeitgeber angeschlossen hat (§ 17 ArbSchG). Bei hartnäckiger Ignorierung durch den Arbeitgeber besteht die Möglichkeit, die Behörde zu unterrichten; dem Arbeitnehmer dürfen daraus keine Nachteile erwachsen.

Ein Verstoß gegen die im ArbSchG festgelegten Arbeitnehmerpflichten ist nicht bußgeldbewehrt. Im konkreten Fall werden auf der Basis der §§ 18, 19 ArbSchG erlassene Rechtsverordnungen „abgeklopft".

Das ArbSchG enthält einen weiteren Block von Paragrafen, der sich logischerweise mit den **„zuständigen Behörden"** und deren Befugnissen im Rahmen der Überwachung der Einhaltung der gesetzlichen Regelungen beschäftigt:

Die Überwachung des Arbeitsschutzes ist primär eine staatliche Aufgabe (siehe § 21 Absatz 1 ArbSchG). Die zuständigen Behörden haben die Einhaltung des ArbSchG und der auf Grund dieses Gesetzes erlassenen Rechtsverordnungen zu überwachen und die Arbeitgeber bei der Erfüllung ihrer Pflichten zu beraten. Bei der Überwachung haben die zuständigen Behörden bei der Auswahl von Betrieben Art und Umfang des betrieblichen Gefährdungspotenzials zu berücksichtigen. Zu den Befugnissen der zuständigen Behörden siehe § 22 ArbSchG.

Träger der gesetzlichen Unfallversicherung (Unfallversicherungsträger) (siehe § 114 Sozialgesetzbuch VII) sind u. a.

- die in der Anlage 1 des SGB VII aufgeführten gewerblichen Berufsgenossenschaften,
- die Unfallversicherung Bund und Bahn,
- die Unfallkassen der Länder,
- die Gemeindeunfallversicherungsverbände und Unfallkassen der Gemeinden,
- die Feuerwehr-Unfallkassen und
- die gemeinsamen Unfallkassen für den Landes- und den kommunalen Bereich.

Die Zuständigkeiten der gesetzlichen Unfallversicherung bewegen sich lediglich im Rahmen ihres grundsätzlichen Auftrages, der ihnen vom Gesetzgeber gegeben wurde (§ 21 Absatz 2 ArbSchG): Gewährleistung von Sicherheit und Gesundheitsschutz der Beschäftigten („Versicherten"), Prävention.

Darüber hinausgehende Zuständigkeiten bedürfen der Abstimmung mit und der Zustimmung der zuständigen Landesbehörden (staatliche Organe der Länder und Berufsgenossenschaften arbeiten eng zusammen; siehe § 21 Absatz 3 ArbSchG).

Die Befugnisse der zuständigen Behörden (§ 22 ArbSchG) entsprechen der Liste, die auch in anderen Gesetzen – mit kleinen Modifikationen – Verwendung findet:

- Auskunfts-, Unterstützungsverlangen,
- Einsicht in relevante Unterlagen,
- Überlassung von relevanten Unterlagen,
- Betretungs-, Besichtigungsrecht,
- Prüfungs-, Untersuchungsrecht,
- Anordnungs-, Untersagungsrecht.

Die Befugnisse der zuständigen Behörden unterliegen den aus gleichartigen Regelungen in anderen Gesetzen bekannten Beschränkungen: z. B.

- Verweigerung der Auskunft bei auskunftspflichtigen Personen, wenn sie sich damit der Gefahr der Verfolgung einer Ordnungswidrigkeit/Straftat aussetzen würden;
- Beschränkung von Betretungs-, Besichtigungs-, Prüfungs- und Einsichtsrechten auf das aufgabenspezifisch Erforderliche; Beachtung der Betriebs- und Arbeitszeiten (zur Verhütung dringender Gefahren für die öffentliche Sicherheit und Ordnung – „Gefahr im Verzug" kann davon ohne Einverständnis des Arbeitgebers abgewichen werden);
- die Unverletzlichkeit der Wohnung darf ohne Einverständnis nur zur „Verhütung dringender Gefahren für die öffentliche Sicherheit und Ordnung" missachtet werden;
- Wahrung von Geschäfts- und Betriebsgeheimnissen außerhalb der vorgeschriebenen Behördenwege;
- Verhängung von Anordnungen unter Berücksichtigung der Verhältnismäßigkeit („geeignet/erforderlich/angemessen"); Fristsetzung (außer bei „Gefahr im Verzug").

Verordnung über Sicherheit und Gesundheitsschutz bei der Verwendung von Arbeitsmitteln (Betriebssicherheitsverordnung – BetrSichV) vom 3. Februar 2015 (BGBl. I S. 49), zuletzt geändert am 27. Juli 2021 (BGBl. I S. 3146)

Arbeitsmittel sind Werkzeuge, Geräte, Maschinen oder Anlagen, die für die Arbeit verwendet werden. Zur Verwendung von Arbeitsmitteln gehören insbesondere das Montieren und Installieren, Bedienen, An- oder Abschalten oder Einstellen, Gebrauchen, Betreiben, Instandhalten, Reinigen, Prüfen, Umbauen, Erproben, Demontieren, Transportieren und Überwachen.

Ziel der BetrSichV ist es, die Sicherheit und den Schutz der Gesundheit von Beschäftigten bei der Verwendung von **Arbeitsmitteln** zu gewährleisten. Dies soll erreicht werden durch

1. die Auswahl geeigneter Arbeitsmittel und deren sichere Verwendung,
2. die für den vorgesehenen Verwendungszweck geeignete Gestaltung von Arbeits- und Fertigungsverfahren sowie
3. die Qualifikation und Unterweisung der Beschäftigten.

Dies ist das Programm. Der Adressat ist in erster Linie der Arbeitgeber, in zweiter Linie der von ihm Beschäftigte: **Arbeitgeber** ist, wer nach § 2 Absatz 3 ArbSchG als solcher bestimmt ist (d. h. natürliche und juristische Personen und rechtsfähige Personengesellschaften). **Beschäftigte** sind Personen, die nach § 2 Absatz 2 ArbSchG als solche bestimmt sind (d. h. vor allem Arbeitnehmer und Arbeitnehmerinnen).

Am Anfang steht – wie könnte es anders sein – eine Gefährdungsbeurteilung (§ 3 BetrSichV).

Beachte: Das Vorhandensein einer CE-Kennzeichnung am Arbeitsmittel entbindet nicht von der Pflicht zur Durchführung einer Gefährdungsbeurteilung. Das CE bestätigt lediglich die Konformität mit einschlägigen europäischen Vorschriften. In die Beurteilung sind alle Gefährdungen einzubeziehen, die aufgrund der Verwendung von Arbeitsmitteln selbst, der Arbeitsumgebung und den Arbeitsgegenständen, an denen Tätigkeiten durchgeführt werden, erwartet werden können. Bei der Gefährdungsbeurteilung ist insbesondere Folgendes zu berücksichtigen:

1. die Gebrauchstauglichkeit von Arbeitsmitteln einschließlich der ergonomischen, alters- und alternsgerechten Gestaltung,
2. die sicherheitsrelevanten einschließlich der ergonomischen Zusammenhänge zwischen Arbeitsplatz, Arbeitsmittel, Arbeitsverfahren, Arbeitsorganisation, Arbeitsablauf, Arbeitszeit und Arbeitsaufgabe,
3. die physischen und psychischen Belastungen der Beschäftigten, die bei der Verwendung von Arbeitsmitteln auftreten,
4. vorhersehbare Betriebsstörungen und die Gefährdung bei Maßnahmen zu deren Beseitigung.

Die Gefährdungsbeurteilung darf nur von fachkundigen Personen durchgeführt werden. Fachkundig ist, wer zur Ausübung einer in der BetrSichV bestimmten Aufgabe über die erforderlichen spezifischen Fachkenntnisse verfügt. Zu den Anforderungen zählen eine entsprechende Berufsausbildung, Berufserfahrung oder eine zeitnah ausgeübte entsprechende berufliche Tätigkeit. Die Fachkenntnisse sind durch Teilnahme an Schulungen auf aktuellem Stand zu halten.

Die Gefährdungsbeurteilung ist regelmäßig zu überprüfen. Darüber hinaus hat der Arbeitgeber die Gefährdungsbeurteilung unverzüglich (!) zu aktualisieren, wenn

1. sicherheitsrelevante Veränderungen der Arbeitsbedingungen einschließlich der Änderung von Arbeitsmitteln dies erfordern,
2. neue Informationen, insbesondere Erkenntnisse aus dem Unfallgeschehen oder aus der arbeitsmedizinischen Vorsorge, vorliegen oder
3. die Überprüfung der Wirksamkeit der Schutzmaßnahmen ergeben hat, dass die festgelegten Schutzmaßnahmen nicht wirksam oder nicht ausreichend sind.

Der Arbeitgeber hat das Ergebnis seiner Gefährdungsbeurteilung vor der erstmaligen Verwendung der Arbeitsmittel zu dokumentieren.

Grundpflichten des Arbeitgebers (§ 4 BetrSichV)	Regeln (§ 4 BetrSichV)
Arbeitsmittel dürfen erst verwendet werden, nachdem der Arbeitgeber • **eine Gefährdungsbeurteilung durchgeführt hat,** • **die dabei ermittelten Schutzmaßnahmen nach dem Stand der Technik getroffen hat, und** • **festgestellt hat, dass die Verwendung der Arbeitsmittel nach dem Stand der Technik sicher ist.**	1. Ergibt sich aus der Gefährdungsbeurteilung, dass Gefährdungen durch technische Schutzmaßnahmen nach dem Stand der Technik nicht oder nur unzureichend vermieden werden können, hat der Arbeitgeber geeignete organisatorische und personenbezogene Schutzmaßnahmen zu treffen. 2. Technische Schutzmaßnahmen haben Vorrang vor organisatorischen, diese haben wiederum Vorrang vor personenbezogenen Schutzmaßnahmen. 3. Die Verwendung persönlicher Schutzausrüstung ist für jeden Beschäftigten auf das erforderliche Minimum zu beschränken. 4. Bei Einhaltung der Regeln (TRBS; siehe Seite 355 f.) und Anwendung aktueller einschlägiger Erkenntnisse ist davon auszugehen, dass die in dieser Verordnung gestellten Anforderungen erfüllt sind. 5. Von den Regeln und Erkenntnissen kann abgewichen werden, wenn Sicherheit und Gesundheit durch andere Maßnahmen zumindest in vergleichbarer Weise gewährleistet werden. 6. Der Arbeitgeber hat die Wirksamkeit der Schutzmaßnahmen vor der erstmaligen Verwendung der Arbeitsmittel zu überprüfen. 7. Ist die Verwendung von Arbeitsmitteln mit besonderen Gefährdungen verbunden, hat der Arbeitgeber dafür zu sorgen, dass diese nur von hierzu beauftragten Beschäftigten verwendet werden. 8. Der Arbeitgeber hat dafür zu sorgen, dass Arbeitsmittel vor ihrer jeweiligen Verwendung auf offensichtliche Mängel, die die sichere Verwendung beeinträchtigen können, kontrolliert werden und dass Schutz- und Sicherheitseinrichtungen einer regelmäßigen Kontrolle ihrer Funktionsfähigkeit unterzogen werden. 9. Der Arbeitgeber hat die Belange des Arbeitsschutzes in Bezug auf die Verwendung von Arbeitsmitteln angemessen in seine betriebliche Organisation einzubinden und hierfür die erforderlichen personellen, finanziellen und organisatorischen Voraussetzungen zu schaffen.

Der Arbeitgeber hat dafür zu sorgen, dass Arbeitsmittel, für die in § 14 (betrifft Arbeitsmittel) und im Abschnitt 3 (betrifft überwachungsbedürftige Anlagen) BetrSichV **Prüfungen** vorgeschrieben sind, nur verwendet werden, wenn diese Prüfungen durchgeführt und dokumentiert wurden.

Das Thema **„Prüfung der Arbeitsmittel"** wird wie folgt ausgeführt (§ 14 BetrSichV):

Arbeitsmittel (§ 14 BetrSichV)	
Der Arbeitgeber hat **Arbeitsmittel, deren Sicherheit von den Montagebedingungen abhängt**, vor der erstmaligen Verwendung von einer zur Prüfung befähigten Person prüfen zu lassen. Die Prüfung umfasst 1. die Kontrolle der vorschriftsmäßigen Montage oder Installation und der sicheren Funktion dieser Arbeitsmittel, 2. die rechtzeitige Feststellung von Schäden, 3. die Feststellung, ob die getroffenen sicherheitstechnischen Maßnahmen geeignet und funktionsfähig sind.	Prüfinhalte, die im Rahmen eines Konformitätsbewertungsverfahrens geprüft und dokumentiert wurden, müssen nicht erneut geprüft werden. Die Prüfung muss vor jeder Inbetriebnahme nach einer Montage stattfinden.
Arbeitsmittel, die Schäden verursachenden Einflüssen ausgesetzt sind, die zu Gefährdungen der Beschäftigten führen können, hat der Arbeitgeber wiederkehrend von einer zur Prüfung befähigten Person prüfen zu lassen. Ergibt die Prüfung, dass ein Arbeitsmittel nicht bis zu der nächsten wiederkehrenden Prüfung sicher betrieben werden kann, ist die Prüffrist neu festzulegen.	Die Prüfung muss entsprechend den nach § 3 Absatz 6 BetrSichV ermittelten Fristen stattfinden.
Arbeitsmittel, die von außergewöhnlichen Ereignissen betroffen sind, die schädigende Auswirkungen auf ihre Sicherheit haben können, durch die Beschäftigte gefährdet werden können, sind vor ihrer weiteren Verwendung einer außerordentlichen Prüfung durch eine zur Prüfung befähigte Person unterziehen zu lassen.	Außergewöhnliche Ereignisse können insbesondere Unfälle, längere Zeiträume der Nichtverwendung der Arbeitsmittel oder Naturereignisse sein.

Eine zur Prüfung befähigte Person ist eine Person, die durch ihre Berufsausbildung, ihre Berufserfahrung und ihre zeitnahe berufliche Tätigkeit über die erforderlichen Kenntnisse zur Prüfung von Arbeitsmitteln verfügt.

Der Arbeitgeber hat Instandhaltungsmaßnahmen durchzuführen, damit die Arbeitsmittel während der gesamten Verwendungsdauer den für sie geltenden Sicherheits- und Gesundheitsschutzanforderungen entsprechen und in einem sicheren Zustand erhalten werden. Notwendige Instandhaltungsmaßnahmen sind unverzüglich durchzuführen.

Zu den Instrumenten „Gefährdungsbeurteilung“ und „Planung, Durchführung, Überprüfung und Aktualisierung von Schutzmaßnahmen“ muss logischerweise ein weiteres Instrument kommen:

Unterweisung von Beschäftigten (§ 12 BetrSichV)	
Bevor Beschäftigte Arbeitsmittel erstmalig verwenden, hat der Arbeitgeber ihnen ausreichende und angemessene **Informationen** anhand der Gefährdungsbeurteilung in einer für die Beschäftigten verständlichen Form und Sprache zur Verfügung zu stellen über 1. vorhandene Gefährdungen bei der Verwendung von Arbeitsmitteln einschließlich damit verbundener Gefährdungen durch die Arbeitsumgebung, 2. erforderliche Schutzmaßnahmen und Verhaltensregelungen und 3. Maßnahmen bei Betriebsstörungen, Unfällen und zur Ersten Hilfe bei Notfällen.	Der Arbeitgeber hat die Beschäftigten vor Aufnahme der Verwendung von Arbeitsmitteln tätigkeitsbezogen zu unterweisen. Danach hat er in regelmäßigen Abständen, mindestens jedoch einmal jährlich, weitere Unterweisungen durchzuführen. Das Datum einer jeden Unterweisung und die Namen der Unterwiesenen hat er schriftlich festzuhalten.
Bevor Beschäftigte Arbeitsmittel erstmalig verwenden, hat der Arbeitgeber ihnen eine schriftliche **Betriebsanweisung** für die Verwendung eines Arbeitsmittels zur Verfügung zu stellen.	Anstelle einer Betriebsanweisung kann der Arbeitgeber auch eine mitgelieferte Gebrauchsanleitung zur Verfügung stellen, wenn diese Informationen enthält, die einer Betriebsanweisung entsprechen. Die Betriebsanweisung muss in einer für die Beschäftigten verständlichen Form und Sprache abgefasst sein und den Beschäftigten an geeigneter Stelle zur Verfügung stehen. Die Betriebsanweisungen müssen bei sicherheitsrelevanten Änderungen der Arbeitsbedingungen aktualisiert werden.

Unfall/Notfall: Der Arbeitgeber hat dafür zu sorgen, dass Beschäftigte und andere Personen bei einem Unfall oder bei einem Notfall unverzüglich gerettet und ärztlich versorgt werden können. Die notwendigen Informationen über Maßnahmen bei Notfällen müssen zur Verfügung stehen. Die Informationen müssen auch Rettungsdiensten zur Verfügung stehen, soweit sie für Rettungseinsätze benötigt werden. Zu den Informationen zählen:

1. eine Vorabmitteilung über einschlägige Gefährdungen bei der Arbeit, über Maßnahmen zur Feststellung von Gefährdungen sowie über Vorsichtsmaßregeln und Verfahren, damit die Rettungsdienste ihre eigenen Abhilfe- und Sicherheitsmaßnahmen vorbereiten können,
2. Informationen über einschlägige und spezifische Gefährdungen, die bei einem Unfall oder Notfall auftreten können, einschließlich der Informationen über Schutz- und Vorsorgemaßnahmen.

§ 22 BetrSichV enthält 33 Ordnungswidrigkeiten auf der Rechtsgrundlage des § 25 Absatz 1 Nr. 1 ArbSchG. Hinzu kommt § 22 Absatz 3 BetrSichV, der das Stichwort „Arbeitsmittel" enthält und sich auf § 32 Absatz 1 Nr. 14 Buchstabe b des Gesetzes über überwachungsbedürftige Anlagen (ÜAnlG) bezieht.

§ 23 BetrSichV definiert auf dieser Basis einschlägige Straftaten:

(1) *Wer durch eine in § 22 Absatz 1 BetrSichV bezeichnete vorsätzliche Handlung Leben oder Gesundheit eines Beschäftigten gefährdet, ist nach § 26 Nummer 2 des Arbeitsschutzgesetzes strafbar.*
(2) *Wer eine in § 22 Absatz 2 BetrSichV bezeichnete vorsätzliche Handlung beharrlich wiederholt oder durch eine solche vorsätzliche Handlung Leben oder Gesundheit eines anderen oder fremde Sachen von bedeutendem Wert gefährdet, ist nach § 33 des Gesetzes über überwachungsbedürftige Anlagen (ÜAnlG) strafbar.*

Anhang 1 der BetrSichV basiert auf § 6 „Grundlegende Schutzmaßnahmen bei der Verwendung von Arbeitsmitteln". Er enthält

1. besondere Vorschriften für die Verwendung von mobilen, selbstfahrenden oder nicht selbstfahrenden Arbeitsmitteln,
2. besondere Vorschriften für die Verwendung von Arbeitsmitteln zum Heben von Lasten,
3. besondere Vorschriften für die Verwendung von Arbeitsmitteln bei zeitweiligen Arbeiten auf hoch gelegenen Arbeitsplätzen,
4. besondere Vorschriften für Aufzugsanlagen und
5. besondere Vorschriften für Druckanlagen.

Anhang 3 (zu § 14 Absatz 4) der BetrSichV detailliert Prüfvorschriften für bestimmte Arbeitsmittel.

2.1.1.2 Gewerbeordnung/Arbeitsstättenverordnung

§ 139b Gewerbeordnung stellt immer noch die Rechtsgrundlage für die Gewerbeaufsichtsbehörde dar (siehe Gewerbeordnung in der Fassung der Bekanntmachung vom 22. Februar 1999 (BGBl. I S. 202), zuletzt geändert am 31. Mai 2023 (BGBl. I Nr. 40)):

Die Aufsicht über die Ausführung der Bestimmungen der aufgrund des § 120e [weggefallen!] oder des § 139h [weggefallen!] erlassenen Rechtsverordnungen ist ausschließlich oder neben den ordentlichen Polizeibehörden besonderen von den Landesregierungen zu ernennenden Beamten zu übertragen.

Die hier offensichtlich weggefallene inhaltliche Ausfüllung der „Aufsicht" wird aus dem § 21 Absatz 1 ArbSchG abgeleitet: *„Die Überwachung des Arbeitsschutzes nach diesem Gesetz ist staatliche Aufgabe. Die zuständigen Behörden haben die Einhaltung dieses Gesetzes und der auf Grund dieses Gesetzes erlassenen Rechtsverordnungen zu überwachen…"*

Den Gewerbeaufsichtsbeamten stehen bei Ausübung ihrer Tätigkeit alle amtlichen Befugnisse der Ortspolizeibehörden, insbesondere das Recht zur jederzeitigen Besichtigung und Prüfung der Anlagen, zu. Die amtlich zu ihrer Kenntnis gelangenden Geschäfts- und Betriebsverhältnisse dürfen sie nur zur Verfolgung von Gesetzwidrigkeiten und zur Erfüllung von gesetzlich geregelten Aufgaben zum Schutz der Umwelt den dafür zuständigen Behörden offenbaren.

Die Berufsgenossenschaften als Entsprechung zur Gewerbeaufsicht haben nicht nur eine informierende, beratende und helfende Funktion: Technische Aufsichtsbeamte überwachen die Einhaltung der Unfallverhütungsvorschriften in den Mitgliedsbetrieben. Die Berufsgenossenschaften können auf der Basis einschlägiger Unfallverhütungsvorschriften (dort wird auf das Sozialgesetzbuch Bezug genommen) Ordnungswidrigkeiten mit Bußgeld ahnden.

Die aktuelle **Arbeitsstättenverordnung (ArbStättV)** vom 12. August 2004 (BGBl. I S. 2179), zuletzt geändert 22. Dezember 2020 (BGBl. I S. 3334), beruht auf § 18 ArbSchG. Mit ihr werden die erste, achte und neunte Einzelrichtlinie zur Arbeitsschutz-Rahmenrichtlinie in deutsches Recht umgesetzt.

„Arbeitsstätten" sind

1. Arbeitsräume oder andere Orte in Gebäuden auf dem Gelände eines Betriebes,
2. Orte im Freien auf dem Gelände eines Betriebes,
3. Orte auf Baustellen,

sofern sie zur Nutzung für Arbeitsplätze vorgesehen sind.

Zur Arbeitsstätte gehören insbesondere auch

1. Orte auf dem Gelände eines Betriebes oder einer Baustelle, zu denen Beschäftigte im Rahmen ihrer Arbeit Zugang haben,
2. Verkehrswege, Fluchtwege, Notausgänge, Lager-, Maschinen- und Nebenräume, Sanitärräume, Kantinen, Pausen- und Bereitschaftsräume, Erste-Hilfe-Räume, Unterkünfte sowie
3. Einrichtungen, die dem Betreiben der Arbeitsstätte dienen, insbesondere Sicherheitsbeleuchtungen, Feuerlöscheinrichtungen, Versorgungseinrichtungen, Beleuchtungsanlagen, raumlufttechnische Anlagen, Signalanlagen, Energieverteilungsanlagen, Türen und Tore, Fahrsteige, Fahrtreppen, Laderampen und Steigleitern.

Gefährdungsbeurteilung (§ 3 ArbStättV): Bei der Beurteilung der Arbeitsbedingungen nach § 5 ArbSchG hat der Arbeitgeber zunächst festzustellen, ob die Beschäftigten Gefährdungen beim Einrichten und Betreiben von Arbeitsstätten ausgesetzt sind oder ausgesetzt sein können.

Ist dies der Fall, hat er alle möglichen Gefährdungen der Gesundheit und Sicherheit der Beschäftigten zu beurteilen. Entsprechend dem Ergebnis der Gefährdungsbeurteilung hat der Arbeitgeber Schutzmaßnahmen gemäß den Vorschriften dieser Verordnung einschließlich ihres Anhangs nach dem Stand der Technik, Arbeitsmedizin und Hygiene festzulegen.

Der Arbeitgeber hat sicherzustellen, dass die Gefährdungsbeurteilung fachkundig durchgeführt wird. Verfügt der Arbeitgeber nicht selbst über die entsprechenden Kenntnisse, hat er sich fachkundig beraten zu lassen.

Der Arbeitgeber hat die Gefährdungsbeurteilung vor Aufnahme der Tätigkeiten zu dokumentieren. In der Dokumentation ist anzugeben, welche Gefährdungen am Arbeitsplatz auftreten können und welche Maßnahmen durchgeführt werden müssen.

Der Arbeitgeber hat den Beschäftigten ausreichende und angemessene Informationen anhand der Gefährdungsbeurteilung in einer für die Beschäftigten verständlichen Form und Sprache zur Verfügung zu stellen und sie anhand dieser Informationen zu unterweisen.

§ 3a Absatz 1 ArbStättV

Der Arbeitgeber hat dafür zu sorgen, dass Arbeitsstätten so eingerichtet und betrieben werden, dass Gefährdungen für die Sicherheit und die Gesundheit der Beschäftigten möglichst vermieden und verbleibende Gefährdungen möglichst gering gehalten werden.

Beim Einrichten und Betreiben der Arbeitsstätten hat der Arbeitgeber die Maßnahmen nach § 3 Absatz 1 durchzuführen und dabei den Stand der Technik, Arbeitsmedizin und Hygiene, die ergonomischen Anforderungen sowie insbesondere die vom Bundesministerium für Arbeit und Soziales nach § 7 Absatz 4 bekannt gemachten Regeln und Erkenntnisse zu berücksichtigen.

Der Arbeitgeber muss

- die Arbeitsstätte instand halten und festgestellte Mängel unverzüglich beseitigen lassen;
- Sicherheitseinrichtungen regelmäßig warten und auf ihre Funktion prüfen;
- Mittel und Einrichtungen zur Ersten Hilfe regelmäßig überprüfen;
- die Arbeitsstätte rein halten;
- dafür sorgen, dass Verkehrswege, Fluchtwege und Notausgänge ständig frei gehalten werden;
- einen Flucht- und Rettungsplan aushängen und in angemessenen Zeitabständen nach Plan eine Übung durchführen.

Der vorbeugende Brandschutz kennt mehrere betriebliche Planungs- und Informationsinstrumente:

- Brandschutzordnungen (siehe DIN 14096:2014-05) mit Alarmplan
- Flucht- und Rettungsplan (siehe ASR A2.3 Abschnitt 10 in der Fassung vom März 2022)
- Feuerwehrplan (siehe DIN 14095:2007-05) (Es gibt – Stand Juni 2023 – einen Normentwurf „E DIN 14095:2022-10 (D)" Feuerwehrpläne für bauliche Anlagen; Erscheinungsdatum: 9. September 2022).

Nichtraucherschutz (§ 5 ArbStättV)

Der Arbeitgeber hat die erforderlichen Maßnahmen (z. B. räumlich definierte Rauchverbote) zu treffen, damit die nicht rauchenden Beschäftigten in Arbeitsstätten wirksam vor den Gesundheitsgefahren durch Tabakrauch geschützt sind (Passivrauchen!). In Arbeitsstätten mit Publikumsverkehr hat der Arbeitgeber beim Einrichten und Betreiben von Arbeitsräumen der Natur des Betriebes entsprechende und der Art der Beschäftigung angepasste technische oder organisatorische Maßnahmen zum Schutz der nicht rauchenden Beschäftigten zu treffen.

Ordnungswidrig im Sinne des § 25 Absatz 1 Nummer 1 ArbSchG handelt, wer vorsätzlich oder fahrlässig

1. entgegen § 3 Absatz 3 ArbStättV eine Gefährdungsbeurteilung nicht richtig, nicht vollständig oder nicht rechtzeitig dokumentiert,
2. entgegen § 3a Absatz 1 Satz 1 ArbStättV nicht dafür sorgt, dass eine Arbeitsstätte in der dort vorgeschriebenen Weise eingerichtet ist oder betrieben wird,
3. entgegen § 3a Absatz 1 Satz 2 in Verbindung mit Nummer 4.1 Absatz 1 des Anhangs ArbStättV einen dort genannten Toilettenraum oder eine dort genannte mobile, anschlussfreie Toilettenkabine nicht oder nicht in der vorgeschriebenen Weise zur Verfügung stellt,

4. entgegen § 3a Absatz 1 Satz 2 in Verbindung mit Nummer 4.2 Absatz 1 des Anhangs ArbStättV einen dort genannten Pausenraum oder einen dort genannten Pausenbereich nicht oder nicht in der vorgeschriebenen Weise zur Verfügung stellt,
4a. entgegen § 3a Absatz 1 Satz 2 ArbStättV in Verbindung mit Nummer 4.4 Absatz 1 Satz 1 des Anhangs eine Unterkunft in den Fällen der Nummer 4.4 Absatz 1 Satz 3 des Anhangs nicht oder nicht rechtzeitig zur Verfügung stellt,
4b. entgegen § 3a Absatz 1 Satz 2 ArbStättV in Verbindung mit Nummer 4.4 Absatz 4 Satz 1 des Anhangs eine Unterbringung in einer Gemeinschaftsunterkunft nicht, nicht richtig, nicht vollständig oder nicht rechtzeitig dokumentiert,
5. entgegen § 3a Absatz 2 ArbStättV eine Arbeitsstätte nicht in der dort vorgeschriebenen Weise einrichtet oder betreibt,
6. entgegen § 4 Absatz 1 Satz 2 ArbStättV nicht dafür sorgt, dass die gefährdeten Beschäftigten ihre Tätigkeit unverzüglich einstellen,
7. entgegen § 4 Absatz 4 Satz 1 ArbStättV nicht dafür sorgt, dass Verkehrswege, Fluchtwege und Notausgänge freigehalten werden,
8. entgegen § 4 Absatz 5 ArbStättV ein Mittel oder eine Einrichtung zur Ersten Hilfe nicht zur Verfügung stellt,
9. entgegen § 6 Absatz 4 Satz 1 ArbStättV nicht sicherstellt, dass die Beschäftigten vor Aufnahme der Tätigkeit unterwiesen werden.

Wer durch eine vorsätzliche Handlung das Leben oder die Gesundheit von Beschäftigten gefährdet, ist nach § 26 Nummer 2 des ArbSchG straffällig geworden (§ 9 Absatz 2 ArbStättV).

Technische Regeln für Arbeitsstätten (ASR)

Das Bundesministerium für Arbeit und Soziales gibt auf der Grundlage des § 7 Absätze 3 und 4 ArbStättV sogenannte Technische Regeln für Arbeitsstätten heraus. Sie enthalten die wichtigsten „allgemein anerkannten sicherheitstechnischen, arbeitsmedizinischen und hygienischen Regeln und gesicherten arbeitswissenschaftlichen Erkenntnisse".

Bei Einhaltung der Technischen Regeln kann der Arbeitgeber davon ausgehen, dass die entsprechenden Anforderungen der Arbeitsstättenverordnung erfüllt sind. Wählt der Arbeitgeber eine andere Lösung, muss er damit mindestens die gleiche Sicherheit und den gleichen Gesundheitsschutz für die Beschäftigten erreichen.

Als Beispiele seien die ASR A.1.3 und die ASR A2.2 ausführlicher dargestellt.

ASR A1.3 Sicherheits- und Gesundheitsschutzkennzeichnung (vom Februar 2013, zuletzt geändert im März 2022)

Sicherheits- und Gesundheitsschutzkennzeichnung ist eine Kennzeichnung, die – bezogen auf einen bestimmten Gegenstand, eine bestimmte Tätigkeit oder eine bestimmte Situation – jeweils mittels eines Sicherheitszeichens, einer Farbe, eines Leucht- oder Schallzeichens, verbaler Kommunikation oder eines Handzeichens eine Sicherheits- und Gesundheitsschutzaussage (Sicherheitsaussage) ermöglicht.

Geometrische Form	Bedeutung	Sicher-heits-farbe	Kontrast-farbe zur Sicher-heitsfarbe	Farbe des graphischen Symbols	Anwendungsbeispiele
 Kreis mit Diagonalbalken	Verbot	Rot	Weiß[a]	Schwarz	– Rauchen verboten – Kein Trinkwasser – Berühren verboten
 Kreis	Gebot	Blau	Weiß[a]	Weiß[a]	– Augenschutz benutzen – Schutzkleidung benutzen – Hände waschen
 gleichseitiges Dreieck mit gerundeten Ecken	Warnung	Gelb	Schwarz	Schwarz	– Warnung vor heißer Oberfläche – Warnung vor Biogefährdung – Warnung vor elektri-scher Spannung
 Quadrat	Gefahrlosig-keit	Grün	Weiß[a]	Weiß[a]	– Erste Hilfe – Notausgang – Sammelstelle
 Quadrat	Brandschutz	Rot	Weiß[a]	Weiß[a]	– Brandmeldetelefon – Mittel und Geräte zur Brandbekämpfung – Feuerlöscher

[a] Die Farbe Weiß schließt die Farbe für langnachleuchtende Materialien unter Tageslichtbedingungen, wie in ISO 3864-4, Ausgabe März 2011 beschrieben, ein.

Die in den Spalten 3, 4 und 5 bezeichneten Farben müssen den Spezifikationen von ISO 3864-4, Ausgabe März 2011 entsprechen. Es ist wichtig, einen Leuchtdichtekontrast sowohl zwischen dem Sicherheitszeichen und seinem Hintergrund als auch zwischen dem Zusatzzeichen und seinem Hintergrund zu erzielen (z. B. Lichtkante).

Abb. 45: Kombination von geometrischer Form und Sicherheitsfarbe und ihre Bedeutung für Sicherheitszeichen

Ein **Sicherheitszeichen** ist ein Zeichen, das durch Kombination von geometrischer Form und Farbe sowie graphischem Symbol eine bestimmte Sicherheits- und Gesundheitsschutzaussage ermöglicht (siehe Anhang 1 der ASR A1.3).

- **Verbotszeichen** ist ein Sicherheitszeichen, das ein Verhalten, durch das eine Gefahr entstehen kann, untersagt.
- **Warnzeichen** ist ein Sicherheitszeichen, das vor einem Risiko oder einer Gefahr warnt.
- **Gebotszeichen** ist ein Sicherheitszeichen, das ein bestimmtes Verhalten vorschreibt.
- **Rettungszeichen** ist ein Sicherheitszeichen, das den Flucht- und Rettungsweg oder Notausgang, den Weg zu einer Erste-Hilfe-Einrichtung oder diese Einrichtung selbst kennzeichnet.
- **Brandschutzzeichen** ist ein Sicherheitszeichen, das Standorte von Feuermelde- und Feuerlösch-einrichtungen kennzeichnet.

Sicherheitszeichen sind sichtbar, deutlich erkennbar und dauerhaft anzubringen. „Deutlich erkennbar" bedeutet unter anderem, dass Sicherheitszeichen in geeigneter Höhe – fest oder beweglich – anzubringen sind und die Beleuchtung (natürlich oder künstlich) am Anbringungsort ausreichend ist.

Hindernisse und Gefahrstellen sind durch gelbschwarze oder rot-weiße Streifen (Sicherheitsmarkierungen) dauerhaft deutlich erkennbar zu machen. Die Kennzeichnung von Fahrwegsbegrenzungen ist farbig, deutlich erkennbar und durchgehend auszuführen.

Handzeichen (Anhang 2 der ASR A1.3) müssen eindeutig eingesetzt werden, leicht durchführbar und erkennbar sein und sich deutlich von anderen Handzeichen unterscheiden. Handzeichen, die mit beiden Armen gleichzeitig erfolgen, müssen symmetrisch gegeben werden und dürfen nur eine Aussage darstellen. Hier zwei Beispiele:

Bedeutung	Beschreibung	Bildliche Darstellung	Vereinfachte Darstellung
Heben Auf	Rechten Arm nach oben halten, Handfläche zeigt nach vorn und macht eine langsame, kreisende Bewegung		
Senken Ab	Rechten Arm nach unten halten, Handfläche zeigt nach innen und macht eine langsame kreisende Bewegung		

Abb. 46: Handzeichen für Bewegungen – vertikal

Die Beschäftigten sind vor Arbeitsaufnahme und danach in regelmäßigen Zeitabständen über die Bedeutung der eingesetzten Sicherheits- und Gesundheitsschutzkennzeichnung zu unterweisen. Insbesondere ist über die Bedeutung selten eingesetzter Kennzeichnungen zu informieren. Die Unterweisung sollte (nicht „soll" oder „muss"!) jährlich erfolgen, sofern sich nicht aufgrund der Ergebnisse der Gefährdungsbeurteilung andere Zeiträume ergeben. Darüber hinaus muss auch bei Änderungen der eingesetzten Sicherheits- und Gesundheitsschutzkennzeichnung eine Unterweisung erfolgen.

Der Arbeitgeber hat durch regelmäßige Kontrolle und gegebenenfalls erforderliche Instandhaltungsarbeiten dafür zu sorgen, dass Einrichtungen für die Sicherheits- und Gesundheitsschutzkennzeichnung wirksam sind.

ASR A2.2 Maßnahmen gegen Brände (vom Mai 2018, zuletzt geändert im März 2022)

Die ASR A2.2 konkretisiert die Anforderungen an die Ausstattung von Arbeitsstätten mit Brandmelde- und Feuerlöscheinrichtungen sowie die damit verbundenen organisatorischen Maßnahmen (Erkennung von **Entstehungsbränden**, Alarmierung, Bekämpfung von Entstehungsbränden). Entstehungsbrände sind Brände mit so geringer Rauch- und Wärmeentwicklung, dass noch eine gefahrlose Annäherung von Personen bei freier Sicht auf den Brandherd möglich ist.

Für Arbeitsstätten mit normaler Brandgefährdung ist die Grundausstattung ausreichend. Für Arbeitsstätten mit erhöhter Brandgefährdung sind über die Grundausstattung hinaus zusätzlich Maßnahmen nach Punkt 6 dieser Regel erforderlich. Normale Brandgefährdung liegt vor, wenn die Wahrscheinlichkeit einer Brandentstehung, die Geschwindigkeit der Brandausbreitung, die dabei frei werdenden Stoffe und die damit verbundene Gefährdung für Personen, Umwelt und Sachwerte vergleichbar sind mit den Bedingungen bei einer Büronutzung.

Feuerlöscher bzw. Löschmittel werden vom Hersteller entsprechend der Eignung für bestimmte Materialien einer oder mehreren Brandklassen zugeordnet. Diese Zuordnung ist auf dem Feuerlöscher mit Piktogrammen angegeben (Brandklassen A, B, C, D und F).

Der Arbeitgeber hat durch geeignete Maßnahmen sicherzustellen, dass die Beschäftigten im Brandfall unverzüglich gewarnt und zum Verlassen von Gebäuden oder gefährdeten Bereichen aufgefordert werden können. Die Möglichkeit zur Alarmierung von Hilfs- und Rettungskräften muss gewährleistet sein. Brände können durch Personen oder Brandmelder erkannt und gemeldet werden. Als Brandmelder werden technische Geräte zum Auslösen eines Alarms im Falle eines Brandes bezeichnet.

Die Grundausstattung mit Feuerlöscheinrichtungen ergibt sich wie folgt: In allen Arbeitsstätten ist die für einen Bereich erforderliche Anzahl von Feuerlöschern mit dem entsprechenden Löschvermögen für die Brandklassen A und B nach den Tabellen 2 und 3 der ASR A.2.2 zu ermitteln. Ausgehend von der Grundfläche (Summe der Grundflächen aller Ebenen) der Arbeitsstätte gemäß Tabelle 3 sind die erforderlichen Löschmitteleinheiten zu ermitteln. Aus Tabelle 2 sind dann die entsprechende Art, Anzahl und Größe der Feuerlöscher entsprechend ihrem Löschvermögen zu entnehmen, wobei die Summe der Löschmitteleinheiten mindestens der aus der Tabelle 3 entnommenen Zahl je Brandklasse entsprechen muss.

Der Arbeitgeber hat u. a. sicherzustellen, dass in Arbeitsstätten

- Feuerlöscher gut sichtbar und leicht erreichbar angebracht sind (Feuerlöscher vorzugsweise in Fluchtwegen, im Bereich der Ausgänge ins Freie, an den Zugängen zu Treppenräumen oder an Kreuzungspunkten von Verkehrswegen/Fluren),
- die Entfernung von jeder Stelle zum nächstgelegenen Feuerlöscher nicht mehr als 20 m beträgt, um einen schnellen Zugriff zu gewährleisten, und die Feuerlöscher so angebracht sind, dass sie ohne Schwierigkeiten aus der Halterung entnommen werden können,
- Feuerlöscher vor Beschädigungen und Witterungseinflüssen geschützt aufgestellt sind,
- die Standorte von Feuerlöschern durch das Brandschutzzeichen F001 „Feuerlöscher" entsprechend ASR A1.3 „Sicherheits- und Gesundheitsschutzkennzeichnung" gekennzeichnet sind, und weitere Feuerlöscheinrichtungen ebenfalls entsprechend ASR A1.3 gekennzeichnet sind (z. B. für Wandhydranten: Brandschutzzeichen F002 „Löschschlauch"), und
- die Standorte der Feuerlöscheinrichtungen in den Flucht- und Rettungsplan entsprechend ASR A2.3 „Fluchtwege und Notausgänge, Flucht- und Rettungsplan" aufgenommen sind.

Werden im Rahmen der Gefährdungsbeurteilung Bereiche mit erhöhter Brandgefährdung festgestellt, hat der Arbeitgeber neben der Grundausstattung nach Punkt 5.2 und den Grundanforderungen für die Bereitstellung nach Punkt 5.3 zusätzliche betriebs- und tätigkeitsspezifische Maßnahmen zu ergreifen (siehe Punkt 6.2 der Regel). Lager mit Gütern, von denen eine hohe Brandgefahr ausgeht (dies können auch Abfälle sein), sind hier zu nennen.

Über die Grundausstattung hinausgehende zusätzliche Maßnahmen in Bereichen mit erhöhter Brandgefährdung sind z. B.

- die Ausrüstung von Bereichen mit Brandmeldeanlagen zur frühzeitigen Erkennung von Entstehungsbränden,
- die Erhöhung der Anzahl der Feuerlöscher und deren gleichmäßige Verteilung in Bereichen mit erhöhter Brandgefährdung, um die maximale Entfernung zum nächstgelegenen Feuerlöscher und dadurch die Zeit bis zum Beginn der Entstehungsbrandbekämpfung zu verkürzen,
- die Anbringung mehrerer gleichartiger und baugleicher Feuerlöscher an einem Standort in Bereichen mit erhöhter Brandgefährdung, um bei ausreichend anwesenden Beschäftigten zur Entstehungsbrandbekämpfung durch gleichzeitigen Einsatz mehrerer Feuerlöscher einen größeren Löscheffekt zu erzielen,
- die Bereitstellung von zusätzlichen, für die vor Ort vorhandenen Brandklassen geeigneten Feuerlöscheinrichtungen in Bereichen oder an Arbeitsplätzen mit erhöhter Brandgefährdung, z. B. Kohlendioxidlöscher in Laboren, fahrbare Feuerlöscher mit einer höheren Wurfweite und Löschleistung an Tanklagern mit brennbaren Flüssigkeiten, Wandhydranten in Gebäuden, bei denen eine hohe Löschleistung benötigt wird.

Der Arbeitgeber hat die notwendigen Maßnahmen gegen Entstehungsbrände einschließlich der Verhaltensregeln im Brandfall (z. B. Evakuierung von Gebäuden) festzulegen und zu dokumentieren. Die Information der Arbeitnehmer kann z. B. als **Brandschutzordnung** Teil A nach DIN 14096:201405 „Brandschutzordnung – Regeln für das Erstellen und das Aushängen" oder als „Regeln für das Verhalten im Brandfall" im grafischen Teil des Flucht- und Rettungsplans nach ASR A1.3 „Sicherheits- und Gesundheitsschutzkennzeichnung" erfolgen. Der Arbeitgeber hat alle Beschäftigten über die festgelegten Maßnahmen vor Aufnahme der Beschäftigung, bei Veränderung des Tätigkeitsbereiches und danach in angemessenen Zeitabständen, mindestens jedoch einmal jährlich, zu unterweisen.

Der Arbeitgeber hat eine ausreichende Anzahl von Beschäftigten durch Unterweisung und Übung im Umgang mit Feuerlöscheinrichtungen zur Bekämpfung von Entstehungsbränden vertraut zu machen. Die Anzahl von **Brandschutzhelfern** ergibt sich aus der Gefährdungsbeurteilung. Ein Anteil von 5 % der Beschäftigten ist in der Regel ausreichend. Eine größere Anzahl von Brandschutzhelfern kann z. B. in Bereichen mit erhöhter Brandgefährdung, bei der Anwesenheit vieler Personen, Personen mit eingeschränkter Mobilität sowie bei großer räumlicher Ausdehnung der Arbeitsstätte erforderlich sein.

Die Brandschutzhelfer sind im Hinblick auf ihre Aufgaben fachkundig zu unterweisen. Zum Unterweisungsinhalt gehören neben den Grundzügen des vorbeugenden Brandschutzes Kenntnisse über die betriebliche Brandschutzorganisation, die Funktions- und Wirkungsweise von Feuerlöscheinrichtungen, die Gefahren durch Brände sowie über das Verhalten im Brandfall. Praktische Übungen (Löschübungen) im Umgang mit Feuerlöscheinrichtungen gehören ebenfalls dazu. Es wird empfohlen, die Unterweisung mit Übung in Abständen von 3 bis 5 Jahren zu wiederholen.

Ermittelt der Arbeitgeber eine erhöhte Brandgefährdung, kann die Benennung eines **Brandschutzbeauftragten** zweckmäßig sein. Dieser berät und unterstützt den Arbeitgeber zu Themen des betrieblichen Brandschutzes.

Weitere ASR befassen sich mit

- ASR A1.7 Türen und Tore
- ASR A1.8 Verkehrswege

- ASR A2.1 Schutz vor Absturz und herabfallenden Gegenständen, Betreten von Gefahrenbereichen
- ASR A2.3 Fluchtwege und Notausgänge
- ASR A3.4 Beleuchtung und Sichtverbindung
- ASR A3.5 Raumtemperatur
- ASR A3.6 Lüftung
- ASR A3.7 Lärm
- ASR A4.1 Sanitärräume
- ASR A4.2 Pausen- und Bereitschaftsräume
- ASR A4.3 Erste-Hilfe-Räume, Mittel und Einrichtungen zur Ersten Hilfe
- ASR V3 Gefährdungsbeurteilung
- ASR V3a.2 Barrierefreie Gestaltung von Arbeitsstätten

2.1.1.3 Produktsicherheitsgesetz

Das **Gesetz über die Bereitstellung von Produkten auf dem Markt (Produktsicherheitsgesetz – ProdSG)** stammt vom 27. Juli 2021 (BGBl. I S. 3146, 3147 (Nr. 49)) und hat den Vorgänger aus dem Jahr 2011 abgelöst. Es dient der Umsetzung einer langen Reihe von Europäischen Richtlinien.

Das ProdSG ist anzuwenden, wenn im Rahmen einer Geschäftstätigkeit Produkte auf dem Markt bereitgestellt, ausgestellt oder erstmals verwendet werden. Die „Bereitstellung" dient natürlich einem Zweck: Bereitstellung auf dem Markt der Europäischen Union ist jede entgeltliche oder unentgeltliche Abgabe eines Produkts zum Vertrieb, zum Verbrauch oder zur Verwendung auf dem Unionsmarkt im Rahmen einer Geschäftstätigkeit.

§ 1 Absatz 2 ProdSG enthält die Ausnahmen von der Regel. Dazu gehören u. a. Lebensmittel, Futtermittel, lebende Pflanzen und Tiere, Medizinprodukte, Umschließungen, wie ortsbewegliche Druckgeräte, Verpackungen und Tanks, für die Beförderung gefährlicher Güter, soweit diese verkehrsrechtlichen Vorschriften unterliegen (siehe Gefahrgutrecht), und Pflanzenschutzmittel.

Der zentrale Begriff des ProdSG ist das „Risiko": **Risiko** ist die Kombination aus der Eintrittswahrscheinlichkeit einer Gefahr, die einen Schaden verursacht, und der Schwere des möglichen Schadens. Daraus folgt die Grundmotivation für das ProdSG. § 3 ProdSG legt „Allgemeine Anforderungen an die Bereitstellung von Produkten auf dem Markt" fest:

Sofern ein Produkt einer oder mehreren Rechtsverordnungen nach § 8 Absatz 1 ProdSG unterliegt, darf es nur auf dem Markt bereitgestellt werden, wenn es die in den Rechtsverordnungen vorgesehenen Anforderungen erfüllt und die Sicherheit und Gesundheit von Personen oder sonstige in den Rechtsverordnungen nach § 8 Absatz 1 aufgeführte Rechtsgüter bei bestimmungsgemäßer oder vorhersehbarer Verwendung nicht gefährdet. (§ 3 Absatz 1 ProdSG)

§ 8 ProdSG gibt die Ermächtigung zum Erlass von einschlägigen Rechtsverordnungen. Genannt seien hier die Verordnung über elektrische Betriebsmittel, die Verordnung über einfache Druckbehälter, die Maschinenverordnung, die Explosionsschutzprodukteverordnung, die Aufzugsverordnung, die Aerosolpackungsverordnung und die Druckgeräteverordnung. Es gibt derzeit (Stand Juni 2023) 9 Verordnungen zum ProdSG (sogenannte ProdSV). Die Rechtsgüter sind vor allem Sicherheit und Gesundheit von Personen und die Umwelt.

Abschließend wird der Kreis weitergezogen: Ein Produkt darf, sofern es nicht § 3 Absatz 1 ProdSG unterliegt, nur auf dem Markt bereitgestellt werden, wenn es bei bestimmungsgemäßer oder vorhersehbarer Verwendung die Sicherheit und Gesundheit von Personen nicht gefährdet.

Als Nächstes steht natürlich die Frage an, wie man die Erfüllung der „frommen Wünsche" organisieren kann. Ein Mittel zum Zweck ist die Vorgabe von „Normen" (§§ 4, 5 ProdSG) und das Verlangen nach Konformität mit diesen „Normen". Bei der Beurteilung, ob ein Produkt den Anforderungen nach § 3 Absatz 2 ProdSG entspricht, können Normen und andere technische Spezifikationen zugrunde gelegt werden. Im nächsten Schritt ist dann eine entsprechende Produktkennzeichnung angebracht (siehe § 7 ProdSG: CE-Kennzeichnung).

Für die **CE-Kennzeichnung** gelten die allgemeinen Grundsätze nach Artikel 30 der Verordnung (EG) Nr. 765/2008 über die Vorschriften für die Akkreditierung und Marktüberwachung im Zusammenhang mit der Vermarktung von Produkten. Es ist verboten, ein Produkt auf dem Markt bereitzustellen, das fälschlicherweise – vorsätzlich oder nicht – gekennzeichnet ist. Das Verbot gilt natürlich auch, wenn das Produkt nicht mit der CE-Kennzeichnung versehen ist, obwohl eine Rechtsverordnung nach § 8 Absatz 1 ProdSG oder eine andere Rechtsvorschrift dies vorschreibt.

Sofern eine Rechtsverordnung nach § 8 Absatz 1 ProdSG oder eine andere Rechtsvorschrift nichts anderes vorsieht, muss die CE-Kennzeichnung sichtbar, lesbar und dauerhaft auf dem Produkt oder seinem Typenschild angebracht sein. Falls die Art des Produkts dies nicht zulässt oder nicht rechtfertigt, wird die CE-Kennzeichnung auf der Verpackung angebracht sowie auf den Begleitunterlagen, sofern entsprechende Unterlagen vorgeschrieben sind.

Die CE-Kennzeichnung ist also eine Kennzeichnung, mit der der Hersteller erklärt, dass das Produkt den geltenden Anforderungen genügt, die in den Harmonisierungsrechtsvorschriften der Europäischen Union festgelegt sind. Das ist natürlich eine relevante Information für den Käufer/Verwender eines Produkts.

Abschnitt 3 des ProdSG enthält Bestimmungen über die Befugnisse erteilende Behörde. Aus § 9 ProdSG wird ersichtlich, dass sich dahinter eine spezifische Organisation der Problematik verbirgt:

Die **Befugnisse erteilende Behörde** erteilt **Konformitätsbewertungsstellen** auf Antrag die Befugnis, bestimmte Konformitätsbewertungstätigkeiten durchzuführen. Sie ist zuständig für die Einrichtung und Durchführung der dazu erforderlichen Verfahren. Sie ist auch zuständig für die Einrichtung und Durchführung der Verfahren, die zur **Überwachung** der Konformitätsbewertungsstellen erforderlich sind, denen sie die Befugnis zur Durchführung bestimmter Konformitätsbewertungstätigkeiten erteilt hat. Die Befugnisse erteilende Behörde führt die **Notifizierung** von Konformitätsbewertungsstellen, denen sie eine Befugnis erteilt hat, durch.

Die Befugnisse erteilende Behörde überwacht, ob die Konformitätsbewertungsstellen, denen sie die Befugnis zur Durchführung bestimmter Konformitätsbewertungstätigkeiten erteilt hat, die Anforderungen erfüllen und ihren gesetzlichen Verpflichtungen nachkommen. Sie trifft die notwendigen Anordnungen zur Beseitigung festgestellter Mängel oder zur Verhütung künftiger Verstöße.

Konformitätsbewertung ist das Verfahren zur Bewertung, ob spezifische Anforderungen an ein Produkt, ein Verfahren, eine Dienstleistung, ein System, eine Person oder eine Stelle erfüllt worden sind. Die Konformitätsbewertungsstelle ist eine Stelle, die Konformitätsbewertungstätigkeiten einschließlich Kalibrierungen, Prüfungen, Zertifizierungen und Inspektionen durchführt. Die Notifizierung ist die Mitteilung der Befugnisse erteilenden Behörde an die Europäische Kommission und die anderen Mitgliedstaaten der Europäischen Union, dass eine Konformitätsbewertungsstelle

Konformitätsbewertungsaufgaben gemäß den nach § 8 Absatz 1 ProdSG erlassenen Rechtsverordnungen wahrnehmen kann.

Abschnitt 4 des ProdSG regelt die Notifizierung von Konformitätsbewertungsstellen.

Das **GS-Zeichen** (Abschnitt 5 ProdSG) steht für „geprüfte Sicherheit". Es darf nur auf verwendungsfertigen Produkten angebracht werden. Das GS-Zeichen ist kein umfassendes Qualitätssiegel, sondern – anders als die CE-Kennzeichnung – ein echtes Sicherheitszeichen. Es ist – im Gegensatz zur CE-Kennzeichnung – eine deutsche Besonderheit.

Die **GS-Stelle** (die unter Umständen mit der Konformitätsbewertungsstelle identisch sein kann (siehe § 21 ProdSG)) darf das GS-Zeichen dem Hersteller nur zuerkennen, wenn

1. das geprüfte Baumuster den Anforderungen nach § 3 entspricht,
2. das geprüfte Baumuster den Anforderungen anderer Rechtsvorschriften hinsichtlich der Gewährleistung des Schutzes der Sicherheit und Gesundheit von Personen entspricht,
3. sie im Zuerkennungsverfahren die Spezifikation angewandt hat, die der Ausschuss für Produktsicherheit für die Zuerkennung des GS-Zeichens ermittelt hat,
4. sie bei einer Inspektion vor Ort festgestellt hat, dass in den Produktionsstätten die Voraussetzungen dafür gegeben sind, dass die Produkte dem Baumuster gemäß hergestellt werden können, und
5. sie mit dem Hersteller oder dem Bevollmächtigten Vereinbarungen getroffen hat, die sicherstellen, dass eine Überprüfung der gefertigten Produkte auf die Erfüllung der Anforderungen während der laufenden Produktion möglich ist.

Die GS-Stelle hat zu dokumentieren, dass die Anforderungen erfüllt sind. Die GS-Stelle hat eine Bescheinigung über die Zuerkennung des GS-Zeichens auszustellen. Die Zuerkennung ist auf höchstens fünf Jahre zu befristen oder auf ein bestimmtes Fertigungskontingent oder -los zu beschränken.

Das GS-Zeichen vermittelt also dem Käufer/Verwender eine weitere sehr relevante Information.

Abschließend sei auf § 6 ProdSG „Zusätzliche Anforderungen an die Bereitstellung von Verbraucherprodukten auf dem Markt" hingewiesen. In Absatz 1 findet sich die folgende Anforderung:

Der Hersteller, sein Bevollmächtigter und der Einführer haben jeweils im Rahmen ihrer Geschäftstätigkeit bei der Bereitstellung eines Verbraucherprodukts auf dem Markt

1. der Verbraucherin oder dem Verbraucher die Informationen zur Verfügung zu stellen, die diese oder dieser benötigt, um die Risiken, die mit dem Verbraucherprodukt während der üblichen oder vernünftigerweise vorhersehbaren Gebrauchsdauer verbunden sind und die ohne entsprechende Hinweise nicht unmittelbar erkennbar sind, beurteilen und sich gegen sie schützen zu können,
2. den Namen und die Kontaktanschrift des Herstellers oder, sofern dieser nicht im Europäischen Wirtschaftsraum ansässig ist, den Namen und die Kontaktanschrift des Bevollmächtigten oder des Einführers anzubringen,
3. eindeutige Kennzeichnungen zur Identifikation des Verbraucherprodukts anzubringen.

Der Händler hat dazu beizutragen, dass nur sichere Verbraucherprodukte auf dem Markt bereitgestellt werden. Er darf insbesondere kein Verbraucherprodukt auf dem Markt bereitstellen, von dem er weiß oder auf Grund der ihm vorliegenden Informationen oder seiner Erfahrung wissen muss, dass es nicht den Anforderungen entspricht.

Beachte auch § 28 ProdSG „Ordnungswidrigkeiten". Dort wird auch die Höhe einschlägiger Geldbußen genannt. Der Straftatbestand lautet wie folgt:

Mit Freiheitsstrafe bis zu einem Jahr oder mit Geldstrafe wird bestraft, wer eine in § 28 Absatz 1 Nummer 7 Buchstabe a, Nummer 9 oder Nummer 13 Buchstabe a ProdSG bezeichnete vorsätzliche Handlung beharrlich wiederholt oder durch eine solche vorsätzliche Handlung Leben oder Gesundheit eines anderen oder fremde Sachen von bedeutendem Wert gefährdet.

Beachte: Überwachungsbedürftige Anlagen sind nicht mehr Gegenstand des ProdSG!

2.1.1.4 Überwachungsbedürftige Anlagen: Gesetz über überwachungsbedürftige Anlagen – ÜAnlG vom 27. Juli 2021 (BGBl. I S. 3146)

Das ÜAnlG gilt für die Errichtung, die Änderung und den Betrieb überwachungsbedürftiger Anlagen. Es dient dazu, beim Betrieb überwachungsbedürftiger Anlagen die Sicherheit und den Gesundheitsschutz der Beschäftigten und anderer Personen zu gewährleisten, die sich im Gefahrenbereich einer solchen Anlage befinden. Die Gliederung und die Inhalte der Abschnitte entsprechen dem einschlägigen Schema:

- Abschnitt 2 Pflichten der Betreiber
- Abschnitt 3 Aufgaben und Pflichten der zugelassenen Überwachungsstellen
- Abschnitt 4 Zulassung von Prüfstellen als zugelassene Überwachungsstellen, Aufsicht
- Abschnitt 5 Aufsichtsbehörden
- Abschnitt 6 Verordnungsermächtigungen, Bußgeld- und Strafvorschriften, Übergangsvorschriften

Die erste Frage muss natürlich lauten: Was sind „überwachungsbedürftige Anlagen"? Die Antwort (siehe § 2 ÜAnlG) ist pauschal: überwachungsbedürftige Anlagen sind solche Anlagen, die gewerblichen oder wirtschaftlichen Zwecken dienen oder durch die Beschäftigte gefährdet werden können <u>und</u> von denen beim Betrieb erhebliche Risiken für die Sicherheit und die Gesundheit insbesondere Beschäftigter ausgehen können und die deshalb in einer auf Grund des § 31 ÜAnlG erlassenen Rechtsverordnung als überwachungsbedürftige Anlagen bestimmt sind. Diese Rechtsverordnung (Stand Juni 2023) gibt es noch nicht. Am Ende des ÜAnlG (§ 34 ÜAnlG Übergangsvorschriften) gibt es aber Aufklärung:

Bis zur Bestimmung eines **Katalogs überwachungsbedürftiger Anlagen** in einer Rechtsverordnung gemäß § 31 Satz 2 Nummer 1 ÜAnlG gelten die in § 2 Nummer 30 des Produktsicherheitsgesetzes vom 8. November 2011 (BGBl. I S. 2178, 2179; 2012 I S. 131) in der Fassung der Änderung vom 19. Juni 2020 (BGBl. I S. 1328) genannten überwachungsbedürftigen Anlagen als überwachungsbedürftige Anlagen im Sinne dieses Gesetzes.

Überwachungsbedürftige Anlagen sind somit bis auf Weiteres:

a) Dampfkesselanlagen mit Ausnahme von Dampfkesselanlagen auf Seeschiffen,
b) Druckbehälteranlagen außer Dampfkesseln,
c) Anlagen zur Abfüllung von verdichteten, verflüssigten oder unter Druck gelösten Gasen,
d) Leitungen unter innerem Überdruck für brennbare, ätzende oder giftige Gase, Dämpfe oder Flüssigkeiten,
e) Aufzugsanlagen,

f) Anlagen in explosionsgefährdeten Bereichen,
g) Getränkeschankanlagen und Anlagen zur Herstellung kohlensaurer Getränke,
h) Acetylenanlagen und Calciumcarbidlager,
i) Anlagen zur Lagerung, Abfüllung und Beförderung von brennbaren Flüssigkeiten.

Zu den überwachungsbedürftigen Anlagen gehören auch Mess-, Steuer- und Regeleinrichtungen, die dem sicheren Betrieb dieser überwachungsbedürftigen Anlagen dienen; zu den in den Buchstaben b, c und d bezeichneten überwachungsbedürftigen Anlagen gehören nicht die Energieanlagen im Sinne des Energiewirtschaftsgesetzes.

Im Folgenden werden dann die **„Pflichten des Betreibers"** den Aufgaben und Befugnissen der „zugelassenen Überwachungsstellen", der „Zulassungsbehörde" und der „Aufsichtsbehörde" gegenübergestellt.

Der Betreiber hat dafür zu sorgen, dass die überwachungsbedürftigen Anlagen so errichtet, geändert und betrieben werden, dass die Sicherheit und der Gesundheitsschutz Beschäftigter und anderer Personen gewährleistet ist. Bei der ersten Inbetriebnahme einer überwachungsbedürftigen Anlage muss die Anlage mindestens den Rechtsvorschriften entsprechen, die für sie zum Zeitpunkt der Bereitstellung auf dem Unionsmarkt gegolten haben. Dies gilt auch für Teile einer überwachungsbedürftigen Anlage. (§ 3 ÜAnlG)

Die §§ 4 und 5 ÜAnlG legen das gewohnte Vorgehen fest:

Der Betreiber hat die Gefährdungen, die beim Betrieb von überwachungsbedürftigen Anlagen auftreten können, zu beurteilen (Gefährdungsbeurteilung) und daraus notwendige und geeignete Schutzmaßnahmen abzuleiten. Das Ergebnis der Gefährdungsbeurteilung ist zu dokumentieren. Der Betreiber hat dann die für den sicheren Betrieb einer überwachungsbedürftigen Anlage notwendigen und geeigneten Schutzmaßnahmen durchzuführen. Die Schutzmaßnahmen müssen dem Stand der Technik entsprechen. Technische Schutzmaßnahmen haben Vorrang vor organisatorischen und diese vor personenbezogenen Schutzmaßnahmen.

In § 5 Absatz 2 bis 4 ÜAnlG kommen weitere „Selbstverständlichkeiten" hinzu:

Die Verpflichtung zum Tragen von persönlicher Schutzausrüstung ist für jeden Beschäftigten auf das erforderliche Minimum zu beschränken. Der Betreiber hat die Wirksamkeit der Schutzmaßnahmen vor der ersten Inbetriebnahme einer überwachungsbedürftigen Anlage zu überprüfen. Die Überprüfung ist zu dokumentieren. Der Betreiber hat sicherzustellen, dass überwachungsbedürftige Anlagen durch Instandhaltungsmaßnahmen dauerhaft in einem sicheren Zustand gehalten werden.

In § 7 Absatz 1 ÜAnlG wird die **Prüfungspflicht** festgelegt:

Der Betreiber einer überwachungsbedürftigen Anlage hat sicherzustellen, dass die Anlage auf ihren sicheren und ordnungsgemäßen Zustand geprüft wird

1. vor der ersten Inbetriebnahme,
2. vor Wiederinbetriebnahme nach prüfpflichtigen Änderungen,
3. nach außergewöhnlichen Ereignissen und
4. regelmäßig wiederkehrend.

Die bei einer Prüfung festgestellten Mängel müssen vom Betreiber innerhalb eines angemessenen Zeitraums, spätestens innerhalb eines Jahres, beseitigt werden.

Der Betreiber einer überwachungsbedürftigen Anlage ist verpflichtet, behördlich angeordnete Prüfungen nach § 23 Absatz 2 und § 27 Absatz 5 Nummer 5 ÜAnlG unverzüglich durchführen zu lassen. Der Betreiber ist verpflichtet, auf Verlangen der zugelassenen Überwachungsstelle unverzüglich die für die Prüfungen benötigten Hilfskräfte und Hilfsmittel bereitzustellen sowie die Auskünfte zu erteilen und die Unterlagen vorzulegen, die zur Durchführung der Prüfung erforderlich sind. Mit anderen Worten: Es gibt somit eine Auskunfts- und eine Mitwirkungspflicht des Betreibers.

Der Betreiber darf eine überwachungsbedürftige Anlage nicht betreiben, wenn sie Mängel aufweist, die die Sicherheit und Gesundheit Beschäftigter oder anderer Personen im Gefahrenbereich der Anlage gefährden. Dies gilt insbesondere, wenn bei einer Prüfung entsprechende Mängel festgestellt wurden. (§ 8 ÜAnlG)

Der Betreiber einer überwachungsbedürftigen Anlage hat mit den Prüfungen eine **zugelassene Überwachungsstelle** zu beauftragen (§ 7 Absatz 6 ÜAnlG). Das sind laut Begriffsbestimmung Prüfstellen, die von der Zulassungsbehörde für einen bestimmten Aufgabenbereich als Prüfstellen für überwachungsbedürftige Anlagen zugelassen sind. Abschnitt 4 des ÜAnlG enthält zum einen Anforderungen an Prüfstellen für die Zulassung als zugelassene Überwachungsstelle, zum anderen Details zu Einrichtung, Aufgaben und Befugnissen der Zulassungsbehörde.

Als Voraussetzung für die Zulassung als zugelassene Überwachungsstelle muss eine Prüfstelle

1. alle Prüfungen an allen überwachungsbedürftigen Anlagen mit ähnlichen Gefährdungsmerkmalen durchführen können,
2. über die erforderlichen Organisationsstrukturen, das erforderliche Personal und die notwendigen Mittel und Ausrüstungen verfügen, die für eine angemessene und unabhängige Erfüllung der Aufgaben, einschließlich der Datenübermittlung nach § 11 Absatz 2 ÜAnlG, notwendig sind,
3. Rechtspersönlichkeit besitzen sowie selbstständig Verträge abschließen können, unbewegliches Vermögen erwerben und darüber verfügen können sowie vor Gericht klagen und verklagt werden können,
4. ein flächendeckendes Angebot von Prüfleistungen im örtlichen Geltungsbereich einer Zulassung gewährleisten,
5. über eine Haftpflichtversicherung verfügen, deren Umfang und Deckungssumme die mit ihrer Tätigkeit als zugelassene Überwachungsstelle verbundenen Risiken angemessen abdeckt, und
6. über ein wirksames Qualitätssicherungssystem mit regelmäßiger interner Auditierung verfügen.

Das ist heftig, und auch für den auftraggebenden Betreiber relevant! Dazu kommen die Forderung nach Unabhängigkeit und Überparteilichkeit und Anforderungen an die Qualität der Mitarbeiter.

§ 18 ÜAnlG regelt die Einrichtung einer **Zulassungsstelle** (Ländersache!). § 19 ÜAnlG betrifft das Prozedere der Zulassung von Prüfstellen. Hier werden auch die üblichen verwaltungsrechtlichen Feinheiten aufgeführt: Die Zulassung kann unter Bedingungen erteilt und mit Auflagen verbunden werden. Sie ist zu befristen und kann mit dem Vorbehalt des vollständigen, teilweisen oder befristeten Widerrufs sowie mit dem Vorbehalt nachträglicher Auflagen erteilt werden.

Die Zulassungsbehörde kann, soweit dies zur Erfüllung ihrer Aufgabe erforderlich ist, im Einzelfall eine außerordentliche Prüfung einer überwachungsbedürftigen Anlage anordnen, wenn hierfür ein besonderer Anlass besteht. Ein solcher Anlass besteht insbesondere dann, wenn ein begründeter Verdacht besteht, dass eine zugelassene Überwachungsstelle eine Prüfung nicht ordnungsgemäß durchgeführt hat. Die Zulassungsbehörde hat die Kosten für die außerordentliche Prüfung zu tragen. Ergibt die außerordentliche Prüfung, dass eine zugelassene Überwachungsstelle eine Prüfung nicht ordnungsgemäß durchgeführt hat, so kann die Zulassungsbehörde die Kosten für die außerordentliche Prüfung dieser zugelassenen Überwachungsstelle auferlegen. (§ 23 Absatz 2 ÜAnlG)

Die von den Maßnahmen nach § 23 ÜAnlG Betroffenen haben die Maßnahmen zu dulden. Sie können die Auskunft auf Fragen verweigern, wenn die Beantwortung sie selbst oder einen der in § 383 Absatz 1 Nummer 1 bis 3 der Zivilprozessordnung bezeichneten Angehörigen der Gefahr strafrechtlicher Verfolgung oder eines Verfahrens nach dem Gesetz über Ordnungswidrigkeiten aussetzen würde. (§ 24 ÜAnlG)

Abschließend zur **Aufsichtsbehörde**: Die zuständigen Behörden der Länder haben die Einhaltung dieses Gesetzes und der auf Grund dieses Gesetzes erlassenen Rechtsverordnungen zu beaufsichtigen (§ 26 Absatz 1 ÜAnlG).

Die Befugnisse gegenüber dem Betreiber (§ 27 ÜAnlG) umfassen das – z. B. aus dem Immissionsschutzrecht – Gewohnte. Hier ein paar Punkte:

- Die zuständige Behörde kann überwachungsbedürftige Anlagen zu den Betriebs- und Geschäftszeiten besichtigen und kontrollieren sowie Einsicht in die geschäftlichen Unterlagen des Betreibers nehmen, soweit dies zur Erfüllung ihrer Aufsichtsaufgaben erforderlich ist.
- Ein Behördenhandeln ohne Einverständnis des Betreibers ist nur zur Verhütung dringender Gefahren für die öffentliche Sicherheit oder Ordnung möglich („Gefahr im Verzug").
- Das Grundrecht der Unverletzlichkeit der Wohnung gemäß Artikel 13 GG kann – begründet – eingeschränkt werden.
- Die zuständige Behörde kann im Einzelfall – entsprechend begründet – Anordnungen bis hin zur vorläufigen Stilllegung der Anlage treffen.
- § 29 ÜAnlG enthält die übliche Regelung zu Betriebs- und Geschäftsgeheimnissen.

In § 32 ÜAnlG werden die einschlägig abgeleiteten Ordnungswidrigkeiten aufgeführt. Im Absatz 2 findet sich auch eine Aussage zur Höhe der Geldbuße.

Mit Freiheitsstrafe bis zu einem Jahr oder mit Geldstrafe wird bestraft, wer eine in § 32 Absatz 1 Nummer 4, 5, 8, 12 Buchstabe b oder Nummer 14 Buchstabe a ÜAnlG bezeichnete vorsätzliche Handlung beharrlich wiederholt oder durch eine solche vorsätzliche Handlung Leben oder Gesundheit eines anderen oder fremde Sachen von bedeutendem Wert gefährdet (§ 33 ÜAnlG).

Abschließend eine Feststellung: Das Wort „Betriebssicherheit" (oder „Betriebssicherheitsverordnung") taucht im ÜAnlG nicht auf! Dennoch erleichtert ein Blick in die BetrSichV die Rechtsfindung: Die aktuelle Fassung vom 27. Juli 2021 enthält nämlich einen Abschnitt 3 mit „Zusätzliche Vorschriften für überwachungsbedürftige Anlagen". Die einschlägigen Paragraphen sind

- § 15 Prüfung vor Inbetriebnahme und vor Wiederinbetriebnahme nach prüfpflichtigen Änderungen
- § 16 Wiederkehrende Prüfung
- § 17 Prüfaufzeichnungen und -bescheinigungen
- § 18 Erlaubnispflicht

Dazu kommt Anhang 2 mit einschlägigen Prüfvorschriften.

Der Arbeitgeber [nicht der Betreiber gemäß ÜAnlV] hat sicherzustellen, dass überwachungsbedürftige Anlagen vor erstmaliger Inbetriebnahme und vor Wiederinbetriebnahme nach prüfpflichtigen Änderungen geprüft werden. Bei der Prüfung ist festzustellen,

1. ob die für die Prüfung benötigten technischen Unterlagen, wie beispielsweise eine EG-Konformitätserklärung, vorhanden sind und ihr Inhalt plausibel ist und
2. ob die Anlage einschließlich der Anlagenteile entsprechend dieser BetrSichV errichtet oder geändert worden ist und sich auch unter Berücksichtigung der Aufstellbedingungen in einem sicheren Zustand befindet.

Die Prüfung ist nach Maßgabe der in Anhang 2 BetrSichV genannten Vorgaben durchzuführen. Prüfinhalte, die im Rahmen von Konformitätsbewertungsverfahren geprüft und dokumentiert wurden, müssen nicht erneut geprüft werden. Bei den Prüfungen ist auch festzustellen, ob die getroffenen sicherheitstechnischen Maßnahmen geeignet und funktionsfähig sind und ob die Fristen für die nächsten wiederkehrenden Prüfungen nach § 3 Absatz 6 BetrSichV zutreffend festgelegt wurden. Die Prüfungen sind von einer zugelassenen Überwachungsstelle nach Anhang 2 Abschnitt 1 BetrSichV durchzuführen.

Der Arbeitgeber hat sicherzustellen, dass überwachungsbedürftige Anlagen nach Maßgabe der in Anhang 2 BetrSichV genannten Vorgaben wiederkehrend auf ihren sicheren Zustand hinsichtlich des Betriebs geprüft werden. Bei der wiederkehrenden Prüfung ist auch festzustellen, ob die Fristen für die nächsten wiederkehrenden Prüfungen zutreffend festgelegt wurden.

§ 17 BetrSichV legt eine Dokumentations- und Aufbewahrungspflicht für Prüfaufzeichnungen und -bescheinigungen fest.

§ 18 Absatz 1 BetrSichV enthält eine Erlaubnispflicht für die Errichtung und den Betrieb sowie die Änderungen der Bauart oder Betriebsweise, welche die Sicherheit der Anlage beeinflussen. Es folgt eine Liste:

1. Dampfkesselanlagen nach Anhang 2 Abschnitt 4 Nummer 2.1 Satz 1 Buchstabe a BetrSichV, die in die Kategorie IV einzustufen sind;
2. Anlagen mit Druckgeräten nach Anhang 2 Abschnitt 4 Nummer 2.1 Satz 1 Buchstabe c BetrSichV, in denen mit einer Füllkapazität von mehr als 10 Kilogramm je Stunde ortsbewegliche Druckgeräte mit Druckgasen zur Abgabe an Andere befüllt werden;
3. Anlagen einschließlich der Lager- und Vorratsbehälter zum Befüllen von Land-, Wasser- und Luftfahrzeugen mit entzündbaren Gasen zur Verwendung als Treib- oder Brennstoff (Gasfüllanlagen);
4. Räume oder Bereiche einschließlich der in ihnen vorgesehenen ortsfesten Behälter und sonstiger Lagereinrichtungen, die dazu bestimmt sind, dass in ihnen entzündbare Flüssigkeiten mit einem Gesamtrauminhalt von mehr als 10 000 Litern gelagert werden (Lageranlagen), soweit Räume oder Bereiche nicht zu Anlagen nach den Nummern 5 bis 7 gehören;
5. ortsfest errichtete oder dauerhaft am gleichen Ort verwendete Anlagen mit einer Umschlagkapazität von mehr als 1 000 Litern je Stunde, die dazu bestimmt sind, dass in ihnen Transportbehälter mit entzündbaren Flüssigkeiten befüllt werden (Füllstellen);
6. ortsfeste Anlagen für die Betankung von Land-, Wasser- und Luftfahrzeugen mit entzündbaren Flüssigkeiten (Tankstellen);
7. ortsfeste Anlagen oder Bereiche auf Flugfeldern, in denen Kraftstoffbehälter von Luftfahrzeugen aus Hydrantenanlagen mit entzündbaren Flüssigkeiten befüllt werden (Flugfeldbetankungsanlagen).

Entzündbare Flüssigkeiten sind solche mit Stoffeigenschaften nach Anhang 1 Nummer 2.6 der Verordnung (EG) Nr. 1272/2008 (CLP-Verordnung), sofern sie einen Flammpunkt von weniger als 23 Grad Celsius haben (§ 18 Absatz 1 BetrSichV).

Den Antragsunterlagen ist ein Prüfbericht einer zugelassenen Überwachungsstelle beizufügen, in dem bestätigt wird, dass die Anlage bei Einhaltung der in den Unterlagen genannten Maßnahmen einschließlich der Prüfungen nach Anhang 2 Abschnitt 3 und 4 BetrSichV sicher betrieben werden kann.

Die zuständige Behörde hat die Erlaubnis zu erteilen [Es besteht ein Rechtsanspruch!], wenn die vorgesehene Aufstellung, Bauart und Betriebsweise den sicherheitstechnischen Anforderungen der BetrSichV und hinsichtlich des Brand- und Explosionsschutzes auch der Gefahrstoffverordnung entsprechen. Die Erlaubnis kann beschränkt, befristet, unter Bedingungen erteilt sowie mit Auflagen verbunden werden. Die nachträgliche Aufnahme, Änderung oder Ergänzung von Auflagen durch die Behörde ist zulässig.

Die Erlaubnis erlischt, wenn der Inhaber innerhalb von zwei Jahren nach ihrer Erteilung nicht mit der Errichtung der Anlage begonnen hat, oder die Errichtung der Anlage zwei Jahre oder länger unterbrochen wurde oder die Anlage während eines Zeitraumes von drei Jahren nicht betrieben wurde.

Beachte: Anhang 2 der BetrSichV enthält Verweise auf das Gesetz über überwachungsbedürftige Anlagen (ÜAnlV).

Aus der Darstellung des Gesetzes über überwachungsbedürftige Anlagen (ÜAnlG) und der Betriebssicherheitsverordnung (BetrSichV) ergibt sich für den betroffenen die schlichte Frage: Wo finde ich die konkrete, detaillierte Ausfüllung der Vorschriften? Wo kann ich mich – mit Blick auf einen einschlägigen Antrag – entsprechend informieren?

In § 21 BetrSichV wird ein Ausschuss für Betriebssicherheit, angesiedelt beim Bundesministerium für Arbeit und Soziales, eingerichtet. Dieser Ausschuss zeichnet für die Entwicklung von **Technischen Regeln für Betriebssicherheit – TRBS** verantwortlich. Die Liste mit Stand Juni 2023 (siehe Website der BAuA; www.baua.de/) sieht wie folgt aus:

Technische Regeln für Betriebssicherheit	
TRBS 1001	**Struktur und Anwendung der Technischen Regeln für Betriebssicherheit**
TRBS 1111	**Gefährdungsbeurteilung**
TRBS 1112	**Instandhaltung**
TRBS 1112 Teil 1	Explosionsgefährdungen bei und durch Instandhaltungsarbeiten – Beurteilung und Schutzmaßnahmen
TRBS 1116	**Qualifikation, Unterweisung und Beauftragung von Beschäftigten für die sichere Verwendung von Arbeitsmitteln**
TRBS 1122	**Änderungen von Gasfüllanlagen, Lageranlagen, Füllstellen, Tankstellen und Flugfeldbetankungsanlagen – Ermittlung der Prüfpflicht nach Anhang 2 Abschnitt 3 BetrSichV und der Erlaubnispflicht gemäß § 18 BetrSichV**
TRBS 1123	**Prüfpflichtige Änderungen von Anlagen in explosionsgefährdeten Bereichen – Ermittlung der Prüfnotwendigkeit gemäß § 15 Absatz 1 BetrSichV**

Technische Regeln für Betriebssicherheit *(Forts.)*	
TRBS 1151	**Gefährdungen an der Schnittstelle Mensch – Arbeitsmittel, Ergonomische und menschliche Faktoren, Arbeitssystem –**
TRBS 1201	**Prüfungen und Kontrollen von Arbeitsmitteln und überwachungsbedürftigen Anlagen**
TRBS 1201 Teil 1	Prüfung von Anlagen in explosionsgefährdeten Bereichen
TRBS 1201 Teil 2	Prüfungen und Kontrollen bei Gefährdungen durch Dampf und Druck
TRBS 1201 Teil 3	Instandsetzung an Geräten, Schutzsystemen, Sicherheits-, Kontroll- und Regelvorrichtungen im Sinne der Richtlinie 2014/34/EU
TRBS 1201 Teil 4	Prüfung von überwachungsbedürftigen Anlagen – Prüfung von Aufzugsanlagen
TRBS 1203	**Zur Prüfung befähigte Personen**
TRBS 2111	**Mechanische Gefährdungen – Allgemeine Anforderungen**
TRBS 2111 Teil 1	Mechanische Gefährdungen – Maßnahmen zum Schutz vor Gefährdungen beim Verwenden von mobilen Arbeitsmitteln
TRBS 2121	**Gefährdung von Beschäftigten durch Absturz – Allgemeine Anforderungen**
TRBS 2121 Teil 1	Gefährdung von Beschäftigten durch Absturz bei der Verwendung von Gerüsten
TRBS 2121 Teil 2	Gefährdung von Beschäftigten bei der Verwendung von Leitern
TRBS 2121 Teil 3	Gefährdung von Beschäftigten durch Absturz bei der Verwendung von Zugangs- und Positionierungsverfahren unter Zuhilfenahme von Seilen
TRBS 2121 Teil 4	Gefährdung von Beschäftigten durch Absturz – Ausnahmsweises Heben von Beschäftigten mit hierfür nicht vorgesehenen Arbeitsmitteln
TRBS 2141	**Gefährdungen durch Dampf und Druck**
TRBS 2181	**Schutz vor Gefährdungen beim Eingeschlossensein in Personenaufnahmemitteln**
TRBS 3121	**Betrieb von Aufzugsanlagen**
TRBS 3145	**Ortsbewegliche Druckgasbehälter – Füllen, Bereithalten, innerbetriebliche Beförderung, Entleeren**
TRBS 3146	**Ortsfeste Druckanlagen für Gase**
TRBS 3151	**Vermeidung von Brand-, Explosions- und Druckgefährdungen an Tankstellen und Gasfüllanlagen zur Befüllung von Landfahrzeugen**

2.1.1.5 Arbeitssicherheitsgesetz

§ 1 ASiG Grundsatz

Der Arbeitgeber hat nach Maßgabe dieses Gesetzes Betriebsärzte und Fachkräfte für Arbeitssicherheit zu bestellen. Diese sollen ihn beim Arbeitsschutz und bei der Unfallverhütung unterstützen. Damit soll erreicht werden, dass

1. ***die dem Arbeitsschutz und der Unfallverhütung dienenden Vorschriften den besonderen Betriebsverhältnissen entsprechend angewandt werden,***
2. ***gesicherte arbeitsmedizinische und sicherheitstechnische Erkenntnisse zur Verbesserung des Arbeitsschutzes und der Unfallverhütung verwirklicht werden können,***
3. ***die dem Arbeitsschutz und der Unfallverhütung dienenden Maßnahmen einen möglichst hohen Wirkungsgrad erreichen.***

Nach dem Gesetz über Betriebsärzte, Sicherheitsingenieure und andere Fachkräfte für Arbeitssicherheit (Arbeitssicherheitsgesetz – ASiG) vom 12. Dezember 1973 (BGBl. I S. 1885), zuletzt geändert am 20. April 2013 (BGBl. I S. 868), sind Betriebsärzte und Fachkräfte für Arbeitssicherheit zu bestellen, soweit es im Hinblick auf

1. die Betriebsart und die damit für die Arbeitnehmer verbundenen Unfall- und Gesundheitsgefahren,
2. die Zahl der beschäftigten Arbeitnehmer und die Zusammensetzung der Arbeitnehmerschaft und
3. die Betriebsorganisation, insbesondere im Hinblick auf die Zahl und die Art der für den Arbeitsschutz und die Unfallverhütung verantwortlichen Personen

erforderlich ist.

Die Aufgaben des Betriebsarztes (§ 3 ASiG) umfassen

- die arbeitsmedizinische Vorsorge, Beurteilung und Beratung der Arbeitnehmer;
- die regelmäßige Begehung der Arbeitsstätten;
- die Mitteilung von Mängeln an den Arbeitgeber;
- die Belehrung der Arbeitnehmer über Gefahren und Schutzmaßnahmen am Arbeitsplatz;
- die Beratung des Arbeitgebers in einschlägigen Fragen (z. B. Ausführung von Betriebsanlagen; Beschaffung von technischen Arbeitsmitteln; Einführung von Arbeitsverfahren; physiologische, psychologische, ergonomische und hygienische Fragen der Arbeit; Organisation der Ersten Hilfe; Beurteilung der Arbeitsbedingungen).

Der Betriebsarzt hat gegenüber dem Arbeitgeber ein Vorschlags- und Hinwirkungsrecht bezüglich der Abstellung von Mängeln. Der Arbeitgeber hat gegenüber dem Betriebsarzt keine Weisungsbefugnis.

Den Aufgaben der Fachkraft für Arbeitssicherheit stehen Pflichten des Arbeitgebers gegenüber:

ASiG: Fachkraft für Arbeitssicherheit	
Fachkraft: Aufgaben	**Arbeitgeber: Pflichten**
• regelmäßige Begehung der Arbeitsstätten • Mitteilung von Mängeln • Vorschläge zur Beseitigung von Mängeln • Beratung des Arbeitgebers • Hinwirkung auf die Abstellung von Mängeln • Belehrung der Arbeitnehmer über Gefahren und Schutzmaßnahmen am Arbeitsplatz • sicherheitstechnische Überprüfung • Untersuchung von Arbeitsunfällen	• Bestellung • Unterstützung • Bereitstellung von Arbeitsmitteln, Räumen, Hilfspersonal • Mitteilung von befristeten Arbeitsverhältnissen • Freistellung zur Fortbildung • Kostenübernahme

Lehnt der Unternehmer oder das verantwortliche Mitglied der Geschäftsführung einen Vorschlag der Fachkraft für Arbeitssicherheit (oder des Betriebsarztes) ab, hat der Vorschlagende ein Recht auf eine schriftliche Begründung der Ablehnung; der Betriebsrat erhält eine Kopie dieses Schreibens (§ 8 Absatz 3 ASiG).

Betriebsärzte und Sicherheitsfachkräfte haben zusammenzuarbeiten (gemeinsame Betriebsbegehungen!) (§ 10 ASiG). Gleiches gilt in Bezug auf den Betriebsrat (§ 9 ASiG).

In Betrieben mit regelmäßig mehr als 20 Beschäftigten muss ein „Arbeitsschutz-Ausschuss" gebildet werden (§ 11 ASiG), dem ein Vertreter des Arbeitgebers, zwei Betriebsratsmitglieder, Betriebsärzte, Sicherheitsfachkräfte und Sicherheitsbeauftragte nach § 22 Sozialgesetzbuch VII angehören sollen (Sitzungsrhythmus: einmal vierteljährlich).

Die konkrete Ausfüllung dieser Vorgaben findet sich im berufsgenossenschaftlichen Arbeitsschutzrecht DGUV Vorschrift 2 – Unfallverhütungsvorschrift „Betriebsärzte und Fachkräfte für Arbeitssicherheit"). Die DGUV Vorschrift 1 „Grundsätze der Prävention" wiederholt lediglich – unter Hinweis auf das Arbeitssicherheitsgesetz – die Bestellpflicht.

DGUV Vorschrift 2 „Betriebsärzte und Fachkräfte für Arbeitssicherheit"

Der Unternehmer hat Betriebsärzte und Fachkräfte für Arbeitssicherheit zur Wahrnehmung der in den §§ 3 und 6 des ASiG bezeichneten Aufgaben schriftlich zu bestellen. Der Unternehmer hat dem Unfallversicherungsträger auf Verlangen nachzuweisen, wie er diese Verpflichtung erfüllt hat.

- Bei Betrieben mit bis zu zehn Beschäftigten richtet sich der Umfang der betriebsärztlichen und sicherheitstechnischen Betreuung (hier: Regelbetreuung) nach § 2 Absatz 2 in Verbindung mit Anlage 1 der DGUV Vorschrift 2. Die betriebsärztliche und sicherheitstechnische Betreuung besteht aus der Durchführung von Grundbetreuungen und anlassbezogenen Betreuungen.
  Sie können kombiniert werden. **Grundbetreuungen** beinhalten die Unterstützung bei der Erstellung bzw. der Aktualisierung der Gefährdungsbeurteilung.
  Die Grundbetreuung wird bei maßgeblicher Änderung der Arbeitsverhältnisse, spätestens aber nach den angegebenen Zeiträumen wiederholt:

- Gruppe I nach höchstens einem Jahr,
- Gruppe II nach höchstens drei Jahren,
- Gruppe III nach höchstens fünf Jahren.

Die „Gruppen" sind sogenannte „Betreuungsgruppen", für die ein differierender Zeitaufwand vorgeschrieben ist:

Auszug aus der Klassifikation der Wirtschaftszweige (Bezug: DGUV Vorschrift 2 in der Fassung von 1. Januar 2012)

Eine vollständige Liste mit den Angaben aller Unfallversicherungsträger wird bei der Deutschen Gesetzlichen Unfallversicherung (DGUV) geführt.

Lfd. Nr.	**WZ 2008 Kode**	**WZ 2008 – Bezeichnung**	**Gruppe**		
			I 2,5 h	**II 1,5 h**	**III 0,5 h**
796	38	Sammlung, Behandlung und Beseitigung von Abfällen; Rückgewinnung			
797	38.1	Sammlung von Abfällen		X	
802	38.21	Abfallbehandlung und -beseitigung		X	
805	38.22	Behandlung und Beseitigung gefährlicher Abfälle	X		
807	38.3	Rückgewinnung		X	
812	39	Beseitigung von Umweltverschmutzungen und sonstige Entsorgung		X	
882	45	Handel mit Kraftfahrzeugen; Instandhaltung und Reparatur von Kraftwagen			
888	45.2	Instandhaltung und Reparatur von Kraftwagen		X	
1162	49	Landverkehr und Transport in Rohrfernleitungen			
1169	49.3	Sonstige Personenbeförderung im Landverkehr			X
1178	49.4	Güterbeförderung im Straßenverkehr, Umzugstransporte		X	

Anlassbezogene Betreuungen: Der Unternehmer ist verpflichtet, sich bei besonderen Anlässen durch einen Betriebsarzt oder eine Fachkraft für Arbeitssicherheit mit branchenbezogener Fachkunde in Fragen der Sicherheit und des Gesundheitsschutzes betreuen zu lassen.

Besondere Anlässe für eine Betreuung können sein (siehe Anlage 1 der DGUV Vorschrift 2):

- die Planung, Errichtung und Änderung von Betriebsanlagen,
- die Einführung neuer Arbeitsmittel, die ein erhöhtes Gefährdungspotenzial zur Folge haben,
- die grundlegende Änderung von Arbeitsverfahren,
- die Einführung neuer Arbeitsverfahren,

- die Gestaltung neuer Arbeitsplätze und -abläufe,
- die Einführung neuer Arbeitsstoffe bzw. Gefahrstoffe, die ein erhöhtes Gefährdungspotenzial zur Folge haben,
- die Beratung der Beschäftigten über besondere Unfall- und Gesundheitsgefahren bei der Arbeit,
- die Untersuchung von Unfällen und Berufskrankheiten,
- die Erstellung von Notfall- und Alarmplänen.

Ein weiterer Anlass für das Tätigwerden einer Fachkraft für Arbeitssicherheit kann u. a. die Durchführung sicherheitstechnischer Überprüfungen und Beurteilungen von Anlagen, Arbeitssystemen und Arbeitsverfahren sein.

Weitere Anlässe für das Tätigwerden eines Betriebsarztes können sein (siehe Anlage 1 der DGUV Vorschrift 2):

- eine grundlegende Umgestaltung von Arbeitszeit-, Pausen- und Schichtsystemen,
- die Erforderlichkeit der Durchführung arbeitsmedizinischer Vorsorgeuntersuchungen, Beurteilungen und Beratungen,
- Suchterkrankungen, die ein gefährdungsfreies Arbeiten beeinträchtigen,
- Fragen des Arbeitsplatzwechsels sowie der Eingliederung und Wiedereingliederung behinderter Menschen und der (Wieder-)Eingliederung von Rehabilitanden,
- die Häufung gesundheitlicher Probleme,
- das Auftreten posttraumatischer Belastungszustände.

- Bei Betrieben mit mehr als zehn Beschäftigten gelten die Bestimmungen nach Anlage 2 (§ 2 Absatz 3 DGUV Vorschrift 2).

  Die betriebsärztliche und sicherheitstechnische Betreuung besteht aus der **Grundbetreuung** und dem **betriebsspezifischen Teil der Betreuung**. Grundbetreuung und betriebsspezifische Betreuung bilden zusammen die **Gesamtbetreuung** (Anlage 2 der DGUV Vorschrift 2).

  Der Unternehmer hat die Aufgaben der Betriebsärzte und Fachkräfte für Arbeitssicherheit entsprechend den betrieblichen Erfordernissen unter Mitwirkung der betrieblichen Interessenvertretung sowie unter Verweis auf § 9 Absatz 3 ASiG (Zusammenarbeit mit dem Betriebsrat) zu ermitteln, aufzuteilen und mit ihnen schriftlich zu vereinbaren.

  Die Aufgaben der in allen Betrieben anfallenden **Grundbetreuung** werden in Anhang 3 zu Anlage 2 der DGUV Vorschrift 2 „Aufgabenfelder der Grundbetreuung und Beschreibung möglicher Aufgaben" näher erläutert:

1. Unterstützung bei der Gefährdungsbeurteilung (Beurteilung der Arbeitsbedingungen),
2. Unterstützung bei grundlegenden Maßnahmen der Arbeitsgestaltung – Verhältnisprävention,
3. Unterstützung bei grundlegenden Maßnahmen der Arbeitsgestaltung – Verhaltensprävention,
4. Unterstützung bei der Schaffung einer geeigneten Organisation und Integration in die Führungstätigkeit,
5. Untersuchungen nach Ereignissen,
6. allgemeine Beratung von Arbeitgebern und Führungskräften, betrieblichen Interessenvertretungen, Beschäftigten,
7. Erstellung von Dokumentationen, Erfüllung von Meldepflichten,
8. Mitwirken in betrieblichen Besprechungen,
9. Selbstorganisation.

Die Betriebe sind über ihre jeweilige Betriebsart den Betreuungsgruppen zugeordnet. Für die Grundbetreuung ist je nach Zuordnung in eine der drei Gruppen folgende Einsatzzeit in Stunden pro Beschäftigtem/r und Jahr erforderlich:

- Gruppe I 2,5 Stunden,
- Gruppe II 1,5 Stunden,
- Gruppe III 0,5 Stunden.

Bei der Aufteilung der Zeiten auf Betriebsärzte und Fachkräfte für Arbeitssicherheit ist ein Mindestanteil von 20 % der Grundbetreuung, jedoch nicht weniger als 0,2 Stunden/Jahr pro Beschäftigtem/r, für jeden Leistungserbringer anzusetzen.

Zweiter Bestandteil der Gesamtbetreuung ist der **betriebsspezifische Teil**, dessen Aufgaben nach Anlage 2, Abschnitt 3 der DGUV Vorschrift 2 in Anhang 4 näher erläutert werden. Relevanz und Umfang des betriebsspezifischen Teils der Betreuung werden durch den Unternehmer gemäß Abschnitt 3 (mit Verweis auf Anhang 4) ermittelt und regelmäßig überprüft. Die Tabellen in Anhang 4 der DGUV Vorschrift 2 (siehe Auszug) beschreiben die bei der Ermittlung und Überprüfung zu berücksichtigenden Aufgabenfelder, Auslöse- und Aufwandskriterien sowie zu erbringende Leistungen, die im Rahmen der gesetzlich vorgeschriebenen Aufgaben nach §§ 3 und 6 ASiG ergänzend zur Grundbetreuung betriebsspezifisch erforderlich sein können.

Der Unternehmer hat die gemäß § 2 DGUV Vorschrift 2 bestellten Betriebsärzte und Fachkräfte für Arbeitssicherheit zu verpflichten, über die Erfüllung der übertragenen Aufgaben regelmäßig schriftlich zu berichten (§ 5 DGUV Vorschrift 2). Die **Berichte** sollen auch über die Zusammenarbeit der Betriebsärzte und Fachkräfte für Arbeitssicherheit Auskunft geben.

- Alternative bedarfsorientierte betriebsärztliche und sicherheitstechnische Betreuung in Betrieben.

Als Voraussetzung für die Teilnahme am alternativen Betreuungsmodell wird der **Unternehmer** zu Fragen der Sicherheit und des Gesundheitsschutzes im Betrieb informiert und für die Durchführung der erforderlichen Maßnahmen motiviert. Die alternative bedarfsorientierte betriebsärztliche und sicherheitstechnische Betreuung besteht aus **Motivations- und Informationsmaßnahmen** und der Inanspruchnahme der **bedarfsorientierten Betreuung**.

Auslösekriterien			Aufwandskriterien		
Auslösekriterien für betriebsspezifische Betreuung	Trifft zu		Beschreibung der Leistungen insgesamt für Auslösekriterien a) bis j)	Personalaufwand	
	ja	nein		BA	Sifa
a) Feuerarbeiten in brand- und explosionsgefährdeten Bereichen	☐	☐	• Ermitteln und Analysieren der spezifischen Gefährdungssituation (Gefährdungsfaktoren, Quellen, gefahrbringende Bedingungen, Wechselwirkungen) • Spezifische tätigkeitsbezogene Risikobeurteilungen • Ermitteln des relevanten Stands der Technik und Arbeitsmedizin • Beratung zum Festlegen von Soll-Zuständen für die ermittelten Risiken • Entwickeln von Schutzkonzepten		
b) Gefährliche Arbeiten an unter Druck stehenden Anlagen	☐	☐			
c) Arbeiten in gasgefährdeten Bereichen	☐	☐			
d) Andere gefährliche Arbeiten (Schweißen in engen Räumen, Sprengarbeiten, Fällen von Bäumen, ...)	☐	☐			
e) Arbeiten unter Infektionsgefahren	☐	☐			

Quelle: DGUV

Inhalte der Motivationsmaßnahmen sind insbesondere:
- wirtschaftliche Aspekte von Sicherheits- und Gesundheitsschutz,
- Verantwortung für Sicherheit und Gesundheitsschutz,
- psychologische Aspekte der Gefahrenwahrnehmung und des sicheren Verhaltens,
- Organisation der Sicherheit und des Gesundheitsschutzes,
- Vorgehensweise bei der Durchführung von Gefährdungsbeurteilungen,
- Entwicklung von Handlungsprogrammen für den Unternehmer,
- Kriterien für die Inanspruchnahme bedarfsgerechter betriebsärztlicher und sicherheitstechnischer Betreuung.

Themen der Informationsmaßnahmen sind:
- Aufgaben der BG,
- Arbeitsunfälle, Berufskrankheiten, arbeitsbedingte Gesundheitsgefahren,
- Verantwortlichkeit für Arbeits- und Gesundheitsschutz im Betrieb,
- Handlungsfelder des Betriebsarztes,
- Anlässe zur Durchführung arbeitsmedizinischer Untersuchungen, einschließlich arbeitsmedizinischer Vorsorge,
- typische Gefährdungen in den Branchen, mit den folgenden Schwerpunkten:
  - technische und bauliche Einrichtungen und Elektrik
  - Transportieren, Heben und Tragen
  - Schadstoffe
  - Brand- und Explosionsschutz
  - Klima
  - Lärm
  - Belastungen der Haut, des Skeletts und der Atemwege
  - psychische Belastungen.

Der Fortbildung dienen Veranstaltungsangebote der Kompetenzzentren sowie Fachinformationen des Unfallversicherungsträgers.

Nach dem Abschluss der Motivations- und Informationsmaßnahmen kann der Unternehmer über die Notwendigkeit und das Ausmaß einer externen Betreuung selbst entscheiden. Die Betreuung der Betriebe erfolgt über Kompetenzzentren.

Zur Erstellung der Gefährdungsbeurteilung kann der Unternehmer sein zuständiges Kompetenzzentrum hinzuziehen. Darüber hinaus ist der Unternehmer verpflichtet, sich bei besonderen Anlässen qualifiziert in Fragen der Sicherheit und des Gesundheitsschutzes durch das Kompetenzzentrum betreuen zu lassen.

Im Betrieb sind vom Unternehmer die nachfolgend aufgeführten schriftlichen Nachweise zur Einsichtnahme durch die zuständigen Aufsichtsorgane vorzuhalten:
- Nachweis der Teilnahme an den Maßnahmen zur Motivation und Information,
- aktuelle Unterlagen über die im Betrieb durchgeführte Gefährdungsbeurteilung,
- die Berichte nach § 5 der DGUV Vorschrift 2 über die Inanspruchnahme externer bedarfsorientierter Betreuung.

Arbeitsmedizinische bzw. sicherheitstechnische Fachkunde (§§ 3 und 4 DGUV Vorschrift 2)

Die erforderliche **arbeitsmedizinische Fachkunde** ist bei Ärzten gegeben, die nachweisen können, dass sie berechtigt sind, die Gebietsbezeichnung „Arbeitsmedizin" oder die Zusatzbezeichnung „Betriebsmedizin" zu führen. Für die **sicherheitstechnische Fachkunde** ergibt sich das folgende Schema:

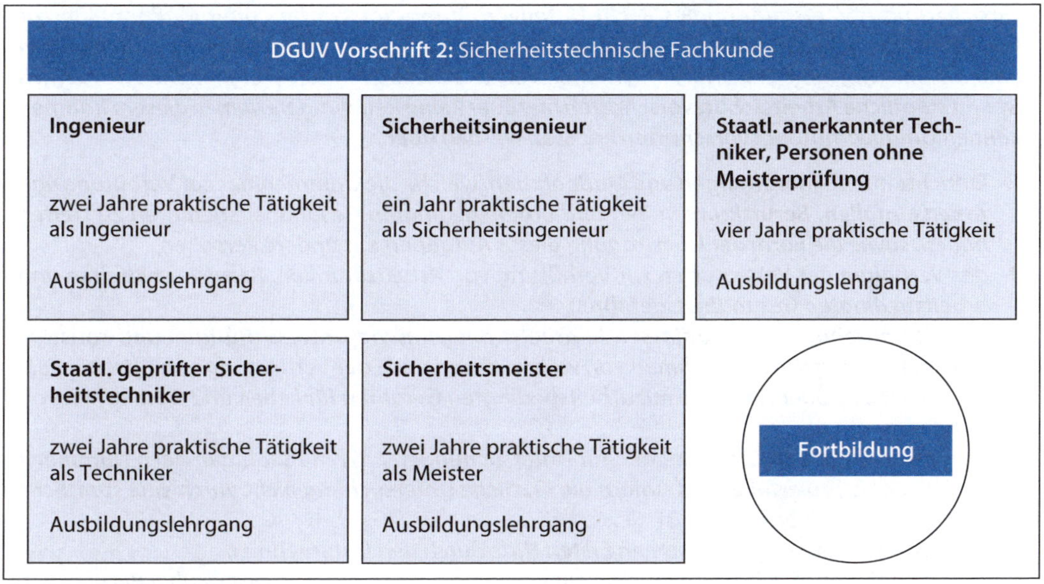

Abb. 47: DGUV Vorschrift 2

Der Ausbildungslehrgang umfasst die Ausbildungsstufe I (Grundausbildung), Ausbildungsstufe II (Vertiefende Ausbildung), Ausbildungsstufe III (Bereichsbezogene Ausbildung) und das begleitende Praktikum.

Sicherheitsbeauftragte (Sozialgesetzbuch VII) sind in Unternehmen von mehr als 20 Arbeitnehmern zu bestellen. Sie unterstützen den Unternehmer bei der Durchführung des Unfallschutzes. Zur Zahl der zu bestellenden Sicherheitsbeauftragten: siehe DGUV Vorschrift 1 „Prävention".

2.1.2 Berufsgenossenschaftliches Arbeitsschutzrecht

Das Recht der Berufsgenossenschaften zum Erlass von Vorschriften geht auf § 15 Sozialgesetzbuch VII zurück:

§ 15 Absatz 1 Sozialgesetzbuch VII

Die Unfallversicherungsträger können unter Mitwirkung der Deutschen Gesetzlichen Unfallversicherung e. V. als autonomes Recht Unfallverhütungsvorschriften über Maßnahmen zur Verhütung von Arbeitsunfällen, Berufskrankheiten und arbeitsbedingten Gesundheitsgefahren oder für eine wirksame Erste Hilfe erlassen, soweit dies zur Prävention geeignet und erforderlich ist und staatliche Arbeitsschutzvorschriften hierüber keine Regelung treffen; in diesem Rahmen können Unfallverhütungsvorschriften erlassen werden über

1. ***Einrichtungen, Anordnungen und Maßnahmen, welche die Unternehmer zur Verhütung von Arbeitsunfällen, Berufskrankheiten und arbeitsbedingten Gesundheitsgefahren zu treffen haben, sowie die Form der Übertragung dieser Aufgaben auf andere Personen,***
2. ***das Verhalten der Versicherten zur Verhütung von Arbeitsunfällen, Berufskrankheiten und arbeitsbedingten Gesundheitsgefahren,***
3. ***vom Unternehmer zu veranlassende arbeitsmedizinische Untersuchungen und sonstige arbeitsmedizinische Maßnahmen vor, während und nach der Verrichtung von Arbeiten, die für Versicherte oder für Dritte mit arbeitsbedingten Gefahren für Leben und Gesundheit verbunden sind,***
4. ***Voraussetzungen, die der Arzt, der mit Untersuchungen oder Maßnahmen nach Nummer 3 beauftragt ist, zu erfüllen hat, sofern die ärztliche Untersuchung nicht durch eine staatliche Rechtsvorschrift vorgesehen ist,***
5. ***die Sicherstellung einer wirksamen Ersten Hilfe durch den Unternehmer,***
6. ***die Maßnahmen, die der Unternehmer zur Erfüllung der sich aus dem Gesetz über Betriebsärzte, Sicherheitsingenieure und andere Fachkräfte für Arbeitssicherheit ergebenden Pflichten zu treffen hat,***
7. ***die Zahl der Sicherheitsbeauftragten, die nach § 22 unter Berücksichtigung der in den Unternehmen für Leben und Gesundheit der Versicherten bestehenden arbeitsbedingten Gefahren und der Zahl der Beschäftigten zu bestellen sind.***

§ 14 ASiG nimmt auf dieses Recht der Unfallversicherungsträger Bezug: Die Ermächtigung zum Erlass von Rechtsverordnungen wird nicht ausgeübt, wenn die Unfallversicherungsträger einschlägige Unfallverhütungsvorschriften vorlegen. Die Deutsche Gesetzliche Unfallversicherung e. V. (DGUV) (www.dguv.de) hat 2014 eine „Transferliste DGUV Regelwerk" mit einer Gegenüberstellung der alten BG-Vorschriften und der aktuellen DGUV-Vorschriften herausgebracht. Aktuelle Informationen finden sich auf der Webseite des DGUV: „Was ist neu im Vorschriften- und Regelwerk der DGUV?"

DGUV Vorschrift 1 „Grundsätze der Prävention" (früher BGV A1) (aktuell Stand November 2013)

Der Adressat dieser Vorschrift ist zum einen der **Unternehmer** (§ 2 DGUV Vorschrift 1):

- Der Unternehmer hat die erforderlichen Maßnahmen zur Verhütung von Arbeitsunfällen, Berufskrankheiten und arbeitsbedingten Gesundheitsgefahren sowie für eine wirksame Erste Hilfe zu treffen. Die zu treffenden Maßnahmen sind insbesondere in staatlichen Arbeitsschutzvorschriften, der DGUV Vorschrift 1 und in weiteren Unfallverhütungsvorschriften näher bestimmt.
- Der Unternehmer hat bei den Maßnahmen nach Absatz 1 von den allgemeinen Grundsätzen nach § 4 ArbSchG auszugehen und dabei insbesondere das staatliche Regelwerk sowie das Regelwerk der Unfallversicherungsträger heranzuziehen.
- Der Unternehmer hat die Maßnahmen nach Absatz 1 entsprechend den Bestimmungen des § 3 Absatz 1 Satz 2 und 3 und Absatz 2 ArbSchG zu planen, zu organisieren, durchzuführen und erforderlichenfalls an veränderte Gegebenheiten anzupassen.
- Der Unternehmer darf keine sicherheitswidrigen Weisungen erteilen.
- Kosten für Maßnahmen nach der DGUV Vorschrift 1 und den für ihn sonst geltenden Unfallverhütungsvorschriften darf der Unternehmer nicht den Versicherten auferlegen.

Die **Versicherten** sind verpflichtet (siehe §§ 15 bis 18 DGUV Vorschrift 1), komplementär dazu

- Weisungen des Unternehmers bezüglich der Unfallverhütung zu befolgen,
- Einrichtungen bestimmungsgemäß zu verwenden,
- die persönlichen Schutzausrüstungen bestimmungsgemäß zu benutzen,
- sicherheitstechnische Mängel unverzüglich zu beseitigen bzw. zu melden.

Der andere „Mitspieler" für den Unternehmer ist der für ihn zuständige **Unfallversicherungsträger** (§ 10 DGUV Vorschrift 1; in der Regel eine Berufsgenossenschaft:

- Der Unternehmer hat der Aufsichtsperson des Unfallversicherungsträgers die **Besichtigung** seines Unternehmens zu ermöglichen und sie auf ihr Verlangen zu begleiten oder durch einen geeigneten Vertreter begleiten zu lassen.
- Erlässt der Unfallversicherungsträger eine **Anordnung** und setzt er hierbei eine Frist, innerhalb der die verlangten Maßnahmen zu treffen sind, so hat der Unternehmer nach Ablauf der Frist unverzüglich mitzuteilen, ob er die verlangten Maßnahmen getroffen hat.
- Der Unternehmer hat den Aufsichtspersonen des Unfallversicherungsträgers auf Verlangen die zur Durchführung ihrer Überwachungsaufgabe erforderlichen **Auskünfte** zu erteilen. Er hat die **Aufsichtspersonen** zu **unterstützen**, soweit dies zur Erfüllung ihrer Aufgaben erforderlich ist.

Kapitel 2 der DGUV Vorschrift 1 enthält weitere allgemeine **Unternehmerpflichten**:

Erteilt der Unternehmer den Auftrag,

1. Einrichtungen zu planen, herzustellen, zu ändern oder instand zu setzen,
2. Arbeitsverfahren zu planen oder zu gestalten,

hat er dem Auftragnehmer schriftlich aufzugeben, die in § 2 Absatz 1 und 2 genannten für die Durchführung des Auftrags maßgeblichen Vorgaben zu beachten. Erteilt der Unternehmer den Auftrag, Arbeitsmittel, Ausrüstungen oder Arbeitsstoffe zu liefern, hat er dem Auftragnehmer schriftlich aufzugeben, im Rahmen seines Auftrags die für Sicherheit und Gesundheitsschutz einschlägigen Anforderungen einzuhalten. Bei der Erteilung von Aufträgen an ein Fremdunternehmen hat der den Auftrag erteilende Unternehmer den Fremdunternehmer bei der Gefährdungsbeurteilung bezüglich der betriebsspezifischen Gefahren zu unterstützen.

Der Auftraggeber hat sicherzustellen, dass Tätigkeiten mit besonderen Gefahren durch Aufsichtführende überwacht werden, die die Durchführung der festgelegten Schutzmaßnahmen sicherstellen.

Werden Beschäftigte mehrerer Unternehmer oder selbstständige Einzelunternehmer an einem Arbeitsplatz tätig, haben die Unternehmer hinsichtlich der Sicherheit und des Gesundheitsschutzes der Beschäftigten zusammenzuarbeiten (§ 6 Absatz 1 DGUV Vorschrift 1).

Bei der Übertragung von Aufgaben auf Versicherte hat der Unternehmer je nach Art der Tätigkeiten zu berücksichtigen, ob die Versicherten befähigt sind, die für die Sicherheit und den Gesundheitsschutz bei der Aufgabenerfüllung zu beachtenden Bestimmungen und Maßnahmen einzuhalten. § 8 DGUV Vorschrift 1 führt für gefährliche Arbeiten, die von mehreren Personen gemeinschaftlich ausgeführt werden sollen, eine aufsichtführende Person ein.

Tritt bei einem Arbeitsmittel, einer Einrichtung, einem Arbeitsverfahren bzw. Arbeitsablauf ein Mangel auf, durch den für die Versicherten sonst nicht abzuwendende Gefahren entstehen, hat der Unternehmer das Arbeitsmittel oder die Einrichtung der weiteren Benutzung zu entziehen oder stillzulegen bzw. das Arbeitsverfahren oder den Arbeitsablauf abzubrechen, bis der Mangel behoben ist (§ 11 DGUV Vorschrift 1). Diese Forderungen finden sich auch in der Betriebssicherheitsverordnung.

§ 13 DGUV Vorschrift 1 regelt die Delegation von Pflichten, die dem Unternehmer im Rahmen der Arbeitssicherheit obliegen:

Der Unternehmer kann zuverlässige und fachkundige Personen schriftlich damit beauftragen, ihm nach Unfallverhütungsvorschriften obliegende Aufgaben in eigener Verantwortung wahrzunehmen. Die Beauftragung muss den Verantwortungsbereich und Befugnisse festlegen und ist vom Beauftragten zu unterzeichnen. Eine Ausfertigung der Beauftragung ist ihm auszuhändigen.

Diese „zuverlässigen und fachkundigen Personen“ dürfen nicht mit dem Personal verwechselt werden, das im Rahmen der **Organisation des betrieblichen Arbeitsschutzes** erforderlich ist:

- Betriebsarzt
- Fachkraft für Arbeitssicherheit
- Sicherheitsbeauftragter
- Ersthelfer
- Betriebssanitäter

§ 19 DGUV Vorschrift 1 Bestellung von Fachkräften für Arbeitssicherheit und Betriebsärzten

Der Unternehmer hat nach Maßgabe des ASiG und der hierzu erlassenen Unfallverhütungsvorschriften Fachkräfte für Arbeitssicherheit und Betriebsärzte zu bestellen.

<table>
<tr><th colspan="2">§ 20 DGUV Vorschrift 1 Sicherheitsbeauftragte</th></tr>
<tr><th>Unternehmerpflichten</th><th>Aufgaben des Sicherheitsbeauftragten</th></tr>
<tr><td>Der Unternehmer hat unter Berücksichtigung der im Unternehmen bestehenden Verhältnisse hinsichtlich der Arbeitsbedingungen, der Arbeitsumgebung sowie der Arbeitsorganisation Sicherheitsbeauftragte in der erforderlichen Anzahl zu bestellen. Voraussetzung sind regelmäßig mehr als 20 Beschäftigte.</td><td rowspan="5">Die Sicherheitsbeauftragten haben den Unternehmer bei der Durchführung der Maßnahmen zur Verhütung von Arbeitsunfällen, Berufskrankheiten und arbeitsbedingten Gesundheitsgefahren zu unterstützen, insbesondere sich von dem Vorhandensein und der ordnungsgemäßen Benutzung der vorgeschriebenen Schutzeinrichtungen und persönlichen Schutzausrüstungen zu überzeugen und auf Unfall- und Gesundheitsgefahren für die Versicherten aufmerksam zu machen.</td></tr>
<tr><td>Der Unternehmer hat den Sicherheitsbeauftragten Gelegenheit zu geben, ihre Aufgaben zu erfüllen, insbesondere in ihrem Bereich an den Betriebsbesichtigungen sowie den Untersuchungen von Unfällen und Berufskrankheiten durch die Aufsichtspersonen der Unfallversicherungsträger teilzunehmen; den Sicherheitsbeauftragten sind die hierbei erzielten Ergebnisse zur Kenntnis zu geben.</td></tr>
<tr><td>Der Unternehmer hat sicherzustellen, dass die Fachkräfte für Arbeitssicherheit und Betriebsärzte mit den Sicherheitsbeauftragten eng zusammenwirken.</td></tr>
<tr><td>Die Sicherheitsbeauftragten dürfen wegen der Erfüllung der ihnen übertragenen Aufgaben nicht benachteiligt werden.</td></tr>
<tr><td>Der Unternehmer hat den Sicherheitsbeauftragten Gelegenheit zu geben, an Aus- und Fortbildungsmaßnahmen des Unfallversicherungsträgers teilzunehmen, soweit dies im Hinblick auf die Betriebsart und die damit für die Versicherten verbundenen Unfall- und Gesundheitsgefahren sowie unter Berücksichtigung betrieblicher Belange erforderlich ist.</td></tr>
</table>

Jede Berufsgenossenschaft bestimmt die Zahl der Sicherheitsbeauftragten entsprechend den in ihren Mitgliedsbetrieben herrschenden Bedingungen. Die Abstufung kann z. B. so aussehen:

Zahl der Beschäftigten	Sicherheitsbeauftragte
21 bis 50	mindestens 1
51 bis 100	mindestens 2
101 bis 200	mindestens 3
201 bis 500	mindestens 4
über 500	mindestens 5

§ 26 DGUV Vorschrift 1 Zahl und Ausbildung der Ersthelfer

Der Unternehmer hat dafür zu sorgen, dass für die Erste-Hilfe-Leistung Ersthelfer mindestens in folgender Zahl zur Verfügung stehen:

1. bei 2 bis zu 20 anwesenden Versicherten ein Ersthelfer,
2. bei mehr als 20 anwesenden Versicherten in Verwaltungs- und Handelsbetrieben 5 %, in sonstigen Betrieben 10 % der Versicherten.

Der Unternehmer darf als Ersthelfer nur Personen einsetzen, die bei einer von dem Unfallversicherungsträger für die Ausbildung zur Ersten Hilfe ermächtigten Stelle ausgebildet worden sind. Der Unternehmer hat dafür zu sorgen, dass die Ersthelfer in der Regel in Zeitabständen von zwei Jahren fortgebildet werden.

Einschlägige Ausbildungsveranstalter müssen sich nach Anlage 2 der DGUV Vorschrift 1 richten.

§ 28 DGUV Vorschrift 1 Unterstützungspflichten der Versicherten

Im Rahmen ihrer Unterstützungspflichten haben sich Versicherte zum Ersthelfer ausbilden und in der Regel in Zeitabständen von zwei Jahren fortbilden zu lassen. Sie haben sich nach der Ausbildung für Erste-Hilfe-Leistungen zur Verfügung zu stellen. Die Versicherten brauchen diesen Verpflichtungen nicht nachzukommen, wenn persönliche Gründe diesen entgegenstehen.

§ 27 DGUV Vorschrift 1 Zahl und Ausbildung der Betriebssanitäter

Es muss mindestens ein Betriebssanitäter zur Verfügung stehen, wenn

1. in einer Betriebsstätte mehr als 1 500 Versicherte anwesend sind,
2. in einer Betriebsstätte 1 500 oder weniger, aber mehr als 250 Versicherte anwesend sind und Art, Schwere und Zahl der Unfälle den Einsatz von Sanitätspersonal erfordern,
3. auf einer Baustelle mehr als 100 Versicherte anwesend sind.

Der Unternehmer darf als Betriebssanitäter nur Personen einsetzen, die von Stellen ausgebildet worden sind, welche von dem Unfallversicherungsträger in personeller, sachlicher und organisatorischer Hinsicht als geeignet beurteilt werden. Die vorgesehenen Personen müssen

1. an einer Grundausbildung und
2. an einem Aufbaulehrgang

für den betrieblichen Sanitätsdienst teilgenommen haben. Als Grundausbildung gilt auch eine mindestens gleichwertige Ausbildung oder eine die Sanitätsaufgaben einschließende Berufsausbildung. Der Unternehmer hat dafür zu sorgen, dass die Betriebssanitäter regelmäßig innerhalb von drei Jahren fortgebildet werden.

Der personellen Organisation von Arbeitsschutz und -sicherheit und Erster Hilfe steht die Festlegung von Maßnahmen gegenüber, die als **Vorsorge für den Gefahrenfall** klassifiziert werden können: Was ist zu tun und ist die materielle Grundlage dafür vorhanden?

§ 3 DGUV Vorschrift 1 Beurteilung der Arbeitsbedingungen, Dokumentation, Auskunftspflichten

Der Unternehmer hat durch eine Beurteilung der für die Versicherten mit ihrer Arbeit verbundenen Gefährdungen entsprechend § 5 Absatz 2 und 3 ArbSchG zu ermitteln, welche Maßnahmen nach § 2 Absatz 1 DGUV Vorschrift 1 erforderlich sind. Der Unternehmer hat **Gefährdungsbeurteilungen** insbesondere dann zu überprüfen, wenn sich die betrieblichen Gegebenheiten hinsichtlich Sicherheit und Gesundheitsschutz verändert haben.

Das Ergebnis der Gefährdungsbeurteilung, die festgelegten Maßnahmen und das Ergebnis ihrer Überprüfung müssen entsprechend § 6 Absatz 1 ArbSchG dokumentiert werden.

Auskunftspflicht: Der Unternehmer hat dem Unfallversicherungsträger alle Informationen über die im Betrieb getroffenen Maßnahmen des Arbeitsschutzes auf Wunsch zur Kenntnis zu geben.

§ 4 DGUV Vorschrift 1 Unterweisung der Versicherten

Der Unternehmer hat die Versicherten über Sicherheit und Gesundheitsschutz bei der Arbeit, insbesondere über die mit ihrer Arbeit verbundenen Gefährdungen und die Maßnahmen zu ihrer Verhütung, entsprechend § 12 Absatz 1 ArbSchG sowie bei einer Arbeitnehmerüberlassung entsprechend § 12 Absatz 2 ArbSchG zu unterweisen; die Unterweisung muss erforderlichenfalls wiederholt werden, mindestens aber einmal jährlich erfolgen; sie muss dokumentiert werden.

Den Versicherten müssen die für ihren Arbeitsbereich oder für ihre Tätigkeit relevanten Inhalte der geltenden Unfallverhütungsvorschriften und Regeln der Unfallversicherungsträger sowie des einschlägigen staatlichen Vorschriften- und Regelwerks in verständlicher Weise vermittelt werden.

§ 12 DGUV Vorschrift 1 Zugang zu Vorschriften und Regeln

Der Unternehmer hat den Versicherten die für sein Unternehmen geltenden Unfallverhütungsvorschriften und Regeln der Unfallversicherungsträger sowie die einschlägigen staatlichen Vorschriften und Regeln an geeigneter Stelle zugänglich zu machen. Den mit besonderen Aufgaben betrauten Personen sind entsprechende Informationsquellen zur Verfügung zu stellen.

§ 21 DGUV Vorschrift 1 Allgemeine Pflichten des Unternehmers

Der Unternehmer hat Vorkehrungen zu treffen, dass alle Versicherten, die einer unmittelbaren erheblichen Gefahr ausgesetzt sind oder sein können, möglichst frühzeitig über diese Gefahr und die getroffenen oder zu treffenden Schutzmaßnahmen unterrichtet sind. Bei unmittelbarer erheblicher Gefahr für die eigene Sicherheit oder die Sicherheit anderer Personen müssen die Versicherten die geeigneten Maßnahmen zur Gefahrenabwehr und Schadensbegrenzung selbst treffen können, wenn der zuständige Vorgesetzte nicht erreichbar ist; dabei sind die Kenntnisse der Versicherten und die vorhandenen technischen Mittel zu berücksichtigen.

Den Versicherten muss es bei unmittelbarer erheblicher Gefahr möglich sein, sich durch sofortiges Verlassen der Arbeitsplätze in Sicherheit zu bringen.

§ 22 DGUV Vorschrift 1 Notfallmaßnahmen

Der Unternehmer hat entsprechend § 10 ArbSchG die Maßnahmen zu planen, zu treffen und zu überwachen, die insbesondere für den Fall des Entstehens von Bränden, von Explosionen, des unkontrollierten Austretens von Stoffen und von sonstigen gefährlichen Störungen des Betriebsablaufs geboten sind.

Der Unternehmer hat eine ausreichende Anzahl von Versicherten durch Unterweisung und Übung im Umgang mit Feuerlöscheinrichtungen zur Bekämpfung von Entstehungsbränden vertraut zu machen.

§ 24 DGUV Vorschrift 1 Erste Hilfe: Allgemeine Pflichten des Unternehmers

Die zur Ersten Hilfe und zur Rettung aus Gefahr erforderlichen Einrichtungen und Sachmittel sowie das erforderliche Personal müssen zur Verfügung stehen.

Nach einem Unfall muss unverzüglich Erste Hilfe geleistet und eine erforderliche ärztliche Versorgung veranlasst werden.

Der Unternehmer hat dafür zu sorgen, dass Verletzte sachkundig transportiert werden.

Der Unternehmer hat im Rahmen seiner Möglichkeiten darauf hinzuwirken, dass Versicherte

- einem Durchgangsarzt vorgestellt werden, es sei denn, dass der erstbehandelnde Arzt festgestellt hat, dass die Verletzung nicht über den Unfalltag hinaus zur Arbeitsunfähigkeit führt oder die Behandlungsbedürftigkeit voraussichtlich nicht mehr als eine Woche beträgt,
- bei einer schweren Verletzung einem der von den Unfallversicherungsträgern bezeichneten Krankenhäuser zugeführt werden,
- bei Vorliegen einer Augen- oder Hals-, Nasen-, Ohrenverletzung dem nächsterreichbaren Arzt des entsprechenden Fachgebiets zugeführt werden, es sei denn, dass sich die Vorstellung durch eine ärztliche Erstversorgung erübrigt hat.

Der Unternehmer hat dafür zu sorgen, dass den Versicherten durch Aushänge der Unfallversicherungsträger oder in anderer geeigneter schriftlicher Form Hinweise über die Erste Hilfe und Angaben über Notruf, Erste-Hilfe- und Rettungs-Einrichtungen, über das Erste-Hilfe-Personal sowie über herbeizuziehende Ärzte und anzufahrende Krankenhäuser gemacht werden. Die Hinweise und die Angaben sind aktuell zu halten.

Jede Erste-Hilfe-Leistung muss dokumentiert werden und diese Dokumentation muss fünf Jahre lang verfügbar gehalten werden. Die Dokumente sind vertraulich zu behandeln. Der berufsgenossenschaftliche Hintergrund der Dokumentation ist das Thema Arbeitsunfähigkeit und Rente".

§ 25 DGUV Vorschrift 1 Erforderliche Einrichtungen und Sachmittel

Der Unternehmer hat unter Berücksichtigung der betrieblichen Verhältnisse durch **Meldeeinrichtungen** und organisatorische Maßnahmen dafür zu sorgen, dass unverzüglich die notwendige Hilfe herbeigerufen und an den Einsatzort geleitet werden kann.

Mittel zur Ersten Hilfe müssen jederzeit schnell erreichbar und leicht zugänglich in geeigneten Behältnissen, gegen schädigende Einflüsse geschützt, in ausreichender Menge bereitgehalten sowie rechtzeitig ergänzt und erneuert werden.

Rettungsgeräte und **Rettungstransportmittel** müssen – unter Berücksichtigung der betrieblichen Verhältnisse – bereitgehalten werden.

Der Unternehmer hat dafür zu sorgen, dass mindestens ein mit Rettungstransportmitteln leicht erreichbarer **Sanitätsraum** oder eine vergleichbare Einrichtung

1. in einer Betriebsstätte mit mehr als 1 000 dort beschäftigten Versicherten,
2. in einer Betriebsstätte mit 1 000 oder weniger, aber mehr als 100 dort beschäftigten Versicherten, wenn seine Art und das Unfallgeschehen nach Art, Schwere und Zahl der Unfälle einen gesonderten Raum für die Erste Hilfe erfordern,
3. auf einer Baustelle mit mehr als 50 dort beschäftigten Versicherten

vorhanden ist.

Abschließend wird das Thema „**Persönliche Schutzausrüstungen**" (PSA) in gewohnter Form abgehandelt:

§ 29 DGUV Vorschrift 1 Persönliche Schutzausrüstungen: Bereitstellung

Der Unternehmer hat gemäß § 2 der PSA-Benutzungsverordnung den Versicherten geeignete persönliche Schutzausrüstungen bereitzustellen; vor der Bereitstellung hat er die Versicherten anzuhören.

Die persönlichen Schutzausrüstungen müssen den Versicherten in ausreichender Anzahl zur persönlichen Verwendung für die Tätigkeit am Arbeitsplatz zur Verfügung stehen. Für die bereitgestellten persönlichen Schutzausrüstungen müssen EG-Konformitätserklärungen vorliegen.

§ 30 DGUV Vorschrift 1 Persönliche Schutzausrüstungen: Benutzung

Der Unternehmer hat dafür zu sorgen, dass persönliche Schutzausrüstungen entsprechend bestehender Tragezeitbegrenzungen und Gebrauchsdauern bestimmungsgemäß benutzt werden.

Die Versicherten haben die persönlichen Schutzausrüstungen bestimmungsgemäß zu benutzen, regelmäßig auf ihren ordnungsgemäßen Zustand zu prüfen und festgestellte Mängel dem Unternehmer unverzüglich zu melden.

Schließlich wird noch der Aspekt „**Arbeitsplätze im Freien**" in den Rahmen der Prävention gestellt.

§ 23 DGUV Vorschrift 1 Maßnahmen gegen Einflüsse des Wettergeschehens

Beschäftigt der Unternehmer Versicherte im Freien und bestehen infolge des Wettergeschehens Unfall- und Gesundheitsgefahren, hat er geeignete Maßnahmen am Arbeitsplatz vorzusehen, geeignete organisatorische Schutzmaßnahmen zu treffen oder erforderlichenfalls persönliche Schutzausrüstungen zur Verfügung zu stellen.

Beachte: Es gibt zur DGUV Vorschrift 1 eine „Regel". Die DGUV Regel 100-001 „Grundsätze der Prävention" vom Mai 2014 konkretisiert und erläutert die Unfallverhütungsvorschrift „Grundsätze der Prävention" (DGUV Vorschrift 1).

DGUV Vorschrift 43 „Müllbeseitigung" (aktuell Ausgabe 1999 in der Fassung vom 1. Januar 1997)

Diese Unfallverhütungsvorschrift befasst sich mit der **Beseitigung von Müll und den hierfür erforderlichen Betriebsanlagen und -einrichtungen, Fahrzeugen, Maschinen, Geräten und Ausrüstungen:**

- Aufbauten mit Belade- und Fördereinrichtungen und Hubkippvorrichtungen von Müllsammelfahrzeugen, maschinell betriebene Müllbehandlungsanlagen sowie Hausmüllsammelwagen für manuelle Beschickung mit Pressvorrichtung
  Die DGUV Vorschrift 43 nimmt hier Bezug auf die EG-Maschinenrichtlinie (ursprünglich Richtlinie 89/392/EWG, jetzt Richtlinie 2006/42/EG) und weitere EG-Richtlinien zur sicheren Benutzung von Arbeitsmitteln durch Arbeitnehmer (aktuell umgesetzt in der Betriebssicherheitsverordnung).
  Die EG-Maschinenrichtlinie betrifft „Maschinen", d. h. „eine Gesamtheit von miteinander verbundenen Teilen oder Vorrichtungen, von denen mindestens eines bzw. eine beweglich ist"; Anhang 1 der Richtlinie legt „Grundlegende Sicherheits- und Gesundheitsanforderungen bei Konzipierung und Bau von Maschinen" fest.
- Betriebsanweisung
  Der Unternehmer soll unter Verwendung der Betriebs- und Gebrauchsanleitungen der Hersteller eine Betriebsanweisung erstellen, die in verständlicher Form und Sprache Angaben über In- und Außerbetriebnahmen, Bedienung und Wartung sowie das Verhalten bei Störfällen und die Maßnahmen zur Abwehr von Gefahren enthält; die Betriebsanweisung ist den Unterwiesenen auszuhändigen und im Betrieb auszuhängen.
- Persönliche Schutzausrüstungen
  Die DGUV Vorschrift 43 differenziert hier in Müllwerker, Beschäftigte im Straßenraum, im Freien und auf Deponien, Beschäftigte in Müllzerkleinerungs- und Müllkompostierungsanlagen, Beschäftigte bei der Müllseparierung, Beschäftigte in Müllverbrennungsanlagen und Beschäftigte in Bereichen mit starker Staubentwicklung.
  Zur allgemeinen Schutzausrüstung gehören Sicherheitsschuhe, Sicherheitshandschuhe, Schutzhelme, Wetterschutzkleidung und Staubmasken.
- Müllabfuhr
  § 8 DGUV Vorschrift 43 enthält Anforderungen an die Beschaffenheit der Fahrzeuge und Geräte, § 9 DGUV Vorschrift 43 zusätzliche Anforderungen an Sperrmüllfahrzeuge; Einzelheiten betreffen die Vermeidung von Verletzungsmöglichkeiten, die Kennzeichnung der Fahrzeuge, die Vermeidung der Belästigung mit Auspuffgasen des Fahrzeugs, die Standplätze für die mitfahrenden Müllwerker, die Lufttemperatur im Führerhaus und Beleuchtungseinrichtungen.
  Das Verhalten der Müllwerker (Tragen von Lasten, Mitfahrt auf den Standplätzen, Verständigung mit dem Fahrzeugführer) wird in mehreren Paragrafen angesprochen; werden in Müllbehältern gefährliche Stoffe festgestellt, sind die Behälter von der Entleerung auszuschließen.
  Müllbehälterstandplätze müssen bestimmten Anforderungen genügen (freier Zugang (die Zufahrt zu Müllbehälterstandplätzen muss so angelegt sein, dass ein Rückwärtsfahren nicht er-

forderlich ist), trittsicherer Bodenbelag, Winterdienst, Beleuchtung, keine Treppen); andernfalls erfolgt keine Entleerung der Behälter.
- Behandlung und Ablagerung
  Für das Betriebsgelände sind Verkehrsregelungen zu treffen; zwischen den am Arbeitsablauf (Entladen etc.) Beteiligten müssen Sprechverbindungen bestehen.
  Müllbunker, Müllzerkleinerungsanlagen und Deponien müssen bestimmten Anforderungen genügen (z. B. Notschalter zum Stillsetzen von Krananlagen, Absturzsicherungen an Entladestellen/Bunkern, sichere Fahrwege auf Deponien).

Beachte: Die gleichnamige DGUV Vorschrift 44 ist identisch mit der DGUV Vorschrift 43, enthält aber zusätzlich Durchführungsanweisungen vom Januar 1993.

Ein Blick ins DGUV-Regelwerk fördert weitere einschlägige „Vorschriften" zutage:

- DGUV Regel 114-601 Branche Abfallwirtschaft Teil I: Abfallsammlung (Oktober 2016)
- DGUV Regel 114-602 Branche Abfallwirtschaft Teil II: Abfallbehandlung (Oktober 2016)
- DGUV Information 214-030 Gesundheitsschutz, Hygiene und arbeitsmedizinische Vorsorge in Abfallbehandlungsanlagen (September 2007)
- DGUV Information 214-058 Maßnahmen zur Minderung der Lärmgefährdung bei der Abfallsammlung (Mai 2008)

Interessant ist auch die DGUV Information 214-033 „Sicherheitstechnische Anforderungen an Straßen und Fahrwege für die Sammlung von Abfällen" vom September 2021.

2.2 Gefahrstoffrecht

2.2.1 REACH – GHS

Das Gefahrstoffrecht ist jetzt umfassend auf der Ebene der Europäischen Union installiert. Da es sich um Verordnungen handelt, sind sie für die Mitgliedstaaten unmittelbar geltendes Recht:

- **Verordnung (EG) Nr. 1907/2006** des Europäischen Parlaments und des Rates zur Registrierung, Bewertung, Zulassung und Beschränkung chemischer Stoffe (REACH), zur Schaffung einer Europäischen Chemikalienagentur, zur Änderung der Richtlinie 1999/45/EG und zur Aufhebung der Verordnung (EWG) Nr. 793/93 des Rates, der Verordnung (EG) Nr. 1488/94 der Kommission, der Richtlinie 76/769/EWG des Rates sowie der Richtlinien 91/155/EWG, 93/67/EWG, 93/105/EG und 2000/21/EG der Kommission, vom 18. Dezember 2006, zuletzt geändert durch Artikel 1 der Verordnung vom 3. Mai 2023 (ABl. L 123, S. 1), in Kraft getreten am 28. Mai 2023 (**REACH-Verordnung**)
- **Verordnung (EG) Nr. 1272/2008** des Europäischen Parlaments und des Rates über die Einstufung, Kennzeichnung und Verpackung von Stoffen und Gemischen, zur Änderung und Aufhebung der Richtlinien 67/548/EWG und 1999/45/EG und zur Änderung der Verordnung (EG) Nr. 1907/2006 (**CLP-Verordnung**), vom 16. Dezember 2008 (ABl. L 353, S. 1), zuletzt geändert durch Artikel 1 der Verordnung vom 19. Dezember 2022 (ABl. L 93, S. 7), in Kraft getreten am 20. April 2023 (CLP – Classification, Labelling, Packaging)

REACH

REACH ist das Kürzel für

Registration, Evaluation and Authorization of Chemicals.

- Die Rechtsgrundlage ist die Verordnung (EG) Nr. 1907/2006 zur Registrierung, Bewertung, Zulassung und Beschränkung chemischer Stoffe (REACH-Verordnung).
- Gegenstand dieser Verordnung sind **Stoffe**. Laut REACH-VO ist ein Stoff ein *„chemisches Element und seine Verbindungen in natürlicher Form oder gewonnen durch ein Herstellungsverfahren, einschließlich der zur Wahrung seiner Stabilität notwendigen Zusatzstoffe und der durch das angewandte Verfahren bedingten Verunreinigungen, aber mit Ausnahme von Lösungsmitteln, die von dem Stoff ohne Beeinträchtigung seiner Stabilität und ohne Änderung seiner Zusammensetzung abgetrennt werden können".*
  Gemische sind Gemenge, Gemische oder Lösungen, die aus zwei oder mehr Stoffen bestehen. **Erzeugnisse** sind dagegen Gegenstände, die bei der Herstellung eine spezifische Form, Oberfläche oder Gestalt erhalten, die in größerem Maße als die chemische Zusammensetzung die Funktion bestimmt.
- Zweck dieser Verordnung ist es, ein hohes **Schutzniveau für die menschliche Gesundheit und für die Umwelt** sicherzustellen, einschließlich der Förderung alternativer Beurteilungsmethoden für von Stoffen ausgehende Gefahren, sowie den freien Verkehr von Stoffen im Binnenmarkt zu gewährleisten und gleichzeitig Wettbewerbsfähigkeit und Innovation zu verbessern.
- Die REACH-VO wendet sich in erster Linie an den **Hersteller** und **Importeur** von Stoffen. Bei beiden handelt es sich um natürliche oder juristische Personen mit Sitz in der Europäischen Gemeinschaft. Darüber hinaus wird ein **nachgeschalteter Anwender** definiert: *„natürliche oder juristische Person mit Sitz in der Gemeinschaft, die im Rahmen ihrer industriellen oder gewerblichen Tätigkeit einen Stoff als solchen oder in einem Gemisch verwendet, mit Ausnahme des Herstellers oder Importeurs. Händler oder Verbraucher sind keine nachgeschalteten Anwender."*
- Die Verordnung beruht auf dem Grundsatz, dass Hersteller, Importeure und nachgeschaltete Anwender sicherstellen müssen, dass sie Stoffe herstellen, in Verkehr bringen und verwenden, die die menschliche Gesundheit oder die Umwelt nicht nachteilig beeinflussen. Ihren Bestimmungen liegt das **Vorsorgeprinzip** zugrunde.
- Die REACH-VO ist nicht anzuwenden, wenn es sich um nicht isolierte Zwischenprodukte handelt:
- **Die Beförderung gefährlicher Stoffe und gefährlicher Stoffe in gefährlichen Gemischen im Eisenbahn-, Straßen-, Binnenschiffs-, See- oder Luftverkehr (d. h. Gefahrguttransport) ist von REACH nicht betroffen.**
- **Abfall im Sinne der Richtlinie 2006/12/EG, jetzt Richtlinie 2008/98/EG (Abfallrahmenrichtlinie) gilt nicht als Stoff, Gemisch oder Erzeugnis im Sinne der REACH-VO.**
- Radioaktive Stoffe sind ebenfalls nicht Gegenstand von REACH.
- Darüber hinaus gibt es Stoffe, die lediglich von der Registrierung ausgenommen sind:
  - Polymere
  - Stoffe aus der Human- und Tiermedizin
  - Stoffe aus dem Lebensmittel- und Futtermittelbereich
  - Wirkstoffe in Bioziden und Pflanzenschutzmitteln
  - Stoffe des Anhangs IV REACH-VO (z. B. Ascorbinsäure, Wasser, Zucker)
  - Stoffe des Anhangs V REACH-VO (z. B. als ungefährlich geltende Naturstoffe)
  - Stoffe, die im Rahmen des Recyclings zurückgewonnen werden (der ursprüngliche Stoff muss registriert sein!)

  - Stoffe für die produkt- und prozessorientierte Forschung und Entwicklung
  - Reimporte von bereits registrierten Stoffen
- **Von der Registrierungspflicht nach REACH werden nur Stoffe erfasst, die in Mengen von mehr als 1 Tonne pro Jahr hergestellt bzw. importiert werden!**
- Soweit in der REACH-VO nicht anderweitig bestimmt, reicht ein Hersteller oder Importeur, der einen Stoff als solchen oder in einer oder mehreren Gemischen in einer Menge von mindestens 1 Tonne pro Jahr herstellt oder einführt, bei der Europäischen Chemikalienagentur (ECHA) ein **Registrierungsdossier** ein. Bei der Einreichung ist die Gebühr nach Titel IX der Verordnung zu entrichten.
- Der Produzent oder Importeur von Erzeugnissen reicht für die in diesen Erzeugnissen enthaltenen Stoffe bei der ECHA ein **Registrierungsdossier** ein, wenn die beiden folgenden Voraussetzungen erfüllt sind:
  a) Der Stoff ist in diesen Erzeugnissen in einer Menge von insgesamt mehr als 1 Tonne pro Jahr und pro Produzent oder Importeur enthalten;
  b) der Stoff soll unter normalen oder vernünftigerweise vorhersehbaren Verwendungsbedingungen freigesetzt werden.
- Das Registrierungsdossier soll aus einem technischen Dossier und einem **Stoffsicherheitsbericht** bestehen.

Stoffe als solche, in Gemischen oder in Erzeugnissen dürfen nur dann in der Europäischen Gemeinschaft hergestellt oder in Verkehr gebracht werden, wenn sie nach den einschlägigen Bestimmungen (d. h. gemäß REACH) registriert wurden.

Ohne Daten kein Markt!

- Die REACH-VO enthält einen Abschnitt, der **Beschränkungen** für die Herstellung, das Inverkehrbringen und die Verwendung bestimmter gefährlicher Stoffe, Gemische und Erzeugnisse behandelt (Titel VIII). Hier wird das Verfahren für Beschränkungen detailliert geregelt. Das Ergebnis kann eine Aufnahme in den Anhang XVII der Verordnung sein; er stellt einen verbindlichen Katalog dar.
- Anhang XIV der REACH-VO ist reserviert für eine Liste von Stoffen, für die eine besondere **Zulassung** erforderlich ist. Auf der Webseite der European Chemicals Agency (ECHA) findet sich ein aktuelles Verzeichnis der zulassungspflichtigen Stoffe – List of substances included in Annex XIV of REACH ("Authorisation List").

■ GHS

Der **CLP-Verordnung** liegt das Globally Harmonized System of Classification and Labelling of Chemicals (GHS) zugrunde. Dieses hat eine weltweite Harmonisierung der Einstufung und Kennzeichnung von Chemikalien zum Ziel.

- Das GHS enthält weltweit harmonisierte Kriterien, mit deren Hilfe Stoffe und Gemische entsprechend den von ihnen ausgehenden Gefahren klassifiziert werden können. Das zweite Anliegen des GHS ist eine einheitliche, weltweit standardisierte Kommunikation der Eigenschaften der Stoffe und Gemische, der von ihnen ausgehenden Gefahren und der zu treffenden Vorsichtsmaßnahmen. Hier wird insbesondere auf die Kennzeichnung (labelling) von Behältern und Verpackungen abgehoben.

- Da es sich um eine Vereinbarung souveräner Staaten handelt, ist das GHS nicht unmittelbar in diesen Staaten rechtswirksam; es bedarf der Einführung und Umsetzung in das jeweilige nationale Recht. Es lag nahe, dies für die in der Europäischen Gemeinschaft zusammengeschlossenen Staaten zentral und damit einheitlich zu tun.
  Die Regelung von Einstufung, Kennzeichnung und Verpackung von gefährlichen Stoffen und Gemischen ist für die Staaten der Europäischen Gemeinschaft kein Neuland. Dieses Thema wurde früher durch die **Stoffrichtlinie (67/548/EWG)** und die **Zubereitungsrichtlinie (1999/45/EG)** abgedeckt.
- Ziel der CLP-VO ist zum einen der Schutz der menschlichen Gesundheit und der Umwelt, zum anderen die Förderung des freien Verkehrs von Stoffen und Gemischen in der Europäischen Gemeinschaft. Diesem Ziel sollen die folgenden Maßnahmen dienen:
  a) Harmonisierung der Kriterien für die Einstufung von Stoffen und Gemischen sowie der Vorschriften für die Kennzeichnung und Verpackung gefährlicher Stoffe und Gemische;
  b) Verpflichtung der Hersteller, Importeure und nachgeschalteten Anwender zur Einstufung von in Verkehr gebrachten Stoffen und Gemischen sowie der Lieferanten eines Stoffes oder Gemisches zur Kennzeichnung und Verpackung dieses in Verkehr gebrachten Stoffes oder Gemisches;
  c) Verpflichtung der Hersteller und Importeure von Stoffen, der Europäischen Chemikalienagentur derartige Einstufungen und Kennzeichnungselemente zu melden, wenn dies im Rahmen einer Registrierung nicht bereits erfolgt ist;
  d) Aufbau einer Liste von Stoffen mit ihren harmonisierten Einstufungen und Kennzeichnungselementen auf Gemeinschaftsebene in Anhang VI Teil 3 der CLP-VO (Stoffliste);
  e) Aufbau eines Einstufungs- und Kennzeichnungsverzeichnisses für Stoffe, das aus allen Meldungen, Vorlagen und harmonisierten Einstufungen und Kennzeichnungselementen nach den Buchstaben c und d besteht.
- **Die CLP-VO gilt u. a. nicht für Abfälle** (Artikel 1 Absatz 3 Satz 3 CLP-VO).

Was haben CLP- und REACH-Verordnung miteinander zu tun?

- Sowohl in der REACH- als auch in der CLP-Verordnung werden Stoffe und Gemische (Gemenge, Gemische, Lösungen) in den Blick genommen. Bei der REACH-VO stehen die Stoffe im Vordergrund.
- Die Liste der aus dem Geltungsbereich ausgeschlossenen Stoffe und Gemische ist weitgehend identisch.
- Mit beiden Verordnungen wird das Ziel verfolgt, die Gefährdungen für Mensch und Umwelt bei der Herstellung und Verwendung dieser Stoffe und Gemische in sozioökonomisch akzeptabler Weise zu minimieren.
- Mit der REACH-VO wird der Weg über eine obligatorische Registrierung bei der Europäischen Chemikalienagentur (der eine umfangreiche Ermittlung von stoffspezifischen Daten und Informationen vorausgeht), Bewertung, eventuelle besondere Zulassung oder Herstellungs-/Verwendungsbeschränkung beschritten. Die CLP-VO verlangt eine sorgfältige Gefahreneinstufung und eine Kommunikation dieser Gefahren mithilfe einer entsprechenden Kennzeichnung der Verpackung; damit verbunden wird eine Meldepflicht gegenüber der Europäischen Chemikalienagentur. Die REACH-VO bestimmt als Kommunikationsmittel das Sicherheitsdatenblatt.
- Die REACH-VO betrifft vor allem den Hersteller und den Importeur von Stoffen und Gemischen. Die CLP-VO hält sich an den „Lieferanten". Er wird als Hersteller, Importeur, nachgeschalteter Anwender oder Händler, der einen Stoff oder ein Gemisch in Verkehr bringt, definiert.

- Die Anwendung von Bestimmungen der REACH-VO ist mit der Überschreitung von Mengengrenzen verbunden. Bei der CLP-VO gibt es diese Einschränkungen nicht!
- Die REACH-VO verlangt vom Hersteller oder Importeur die Einreichung eines Registrierungsdossiers bei der Europäischen Chemikalienagentur (ECHA). Die erfolgte Registrierung ist die Voraussetzung für das Herstellen und Inverkehrbringen innerhalb der Europäischen Gemeinschaft. Die CLP-VO legt für den Hersteller oder Importeur eine Meldepflicht bei der ECHA fest, soweit diese nicht schon im Rahmen der Registrierung erfolgt ist.
- Registrierung gemäß REACH-VO und Anmeldung gemäß CLP-VO erfordern die Weitergabe von umfangreichen, in der jeweiligen Verordnung spezifizierten Informationen zu dem Stoff oder Gemisch.
- Das bei REACH einzureichende Registrierungsdossier soll ein technisches Dossier und einen Stoffsicherheitsbericht enthalten. Damit ist auch die Grundlage für das laut REACH-VO zu erstellende Sicherheitsdatenblatt geschaffen (die CLP-VO enthält keine Vorgaben zum Thema Sicherheitsdatenblatt). Für die Gefahreneinstufung (und daraus abzuleitende Kennzeichnung und Verpackung) nach CLP-VO kann auf das Registrierungsdossier zurückgegriffen werden (und umgekehrt).

2.2.2 Chemikaliengesetz und Gefahrstoffverordnung

Ausgangspunkt des deutschen Gefahrstoffrechts ist das **Gesetz zum Schutz vor gefährlichen Stoffen (Chemikaliengesetz – ChemG**, zuletzt geändert am 10. August 2021 (BGBl. I S. 3436)). Zweck des ChemG ist es, den Menschen und die Umwelt vor schädlichen Einwirkungen gefährlicher Stoffe und Gemische zu schützen, insbesondere sie erkennbar zu machen, sie abzuwenden und ihrem Entstehen vorzubeugen.

Gegenstände des ChemG sind Stoffe und Gemische: Sie werden in § 3 ChemG definiert:

- Ein **Stoff** ist ein chemisches Element und seine Verbindungen in natürlicher Form oder gewonnen durch ein Herstellungsverfahren, einschließlich der zur Wahrung seiner Stabilität notwendigen Zusatzstoffe und der durch das angewandte Verfahren bedingten Verunreinigungen, aber mit Ausnahme von Lösungsmitteln, die von dem Stoff ohne Beeinträchtigung seiner Stabilität und ohne Änderung seiner Zusammensetzung abgetrennt werden können.
- **Gemische** sind Gemische oder Lösungen, die aus zwei oder mehr Stoffen bestehen.

Die auf dem ChemG beruhende Gefahrstoffverordnung (GefStoffV; hier § 2 Absatz 2) legt fest: Für die Begriffe Stoff und Gemisch gelten die Begriffsbestimmungen nach Artikel 2 der Verordnung (EG) Nr. 1272/2008 über die Einstufung, Kennzeichnung und Verpackung von Stoffen und Gemischen (CLP-Verordnung). Dort steht nichts anderes als im ChemG auch!

In § 2 Anwendungsbereich der ChemG wird u. a. auch auf *„Abfälle zur Beseitigung im Sinne des § 3 Absatz 1 Satz 2 zweiter Halbsatz des Kreislaufwirtschaftsgesetzes"* Bezug genommen. Auf diese finden die Abschnitte des ChemG über die Anmeldung neuer Stoffe und die Einstufungs-, Verpackungs- und Kennzeichnungsvorschriften keine Anwendung. Das gilt übrigens auch für Abwasser im Sinne des Abwasserabgabengesetzes, soweit es in Gewässer oder Abwasseranlagen eingeleitet wird.

§ 3a ChemG definiert **gefährliche Stoffe** und **gefährliche Gemische**:

§ 3a ChemG

Gefährliche Stoffe oder gefährliche Gemische im Sinne dieses Gesetzes sind Stoffe oder Gemische, die

1. ***die in Anhang I Teil 2 und 3 der Verordnung (EG) Nr. 1272/2008 [CLP-Verordnung] dargelegten Kriterien für physikalische Gefahren oder Gesundheitsgefahren erfüllen oder***
2. ***umweltgefährlich sind, indem sie***
   a) ***die in Anhang I Teil 4 und 5 der Verordnung (EG) Nr. 1272/2008 [CLP-Verordnung] dargelegten Kriterien für Umweltgefahren und weitere Gefahren erfüllen oder***
   b) ***selbst oder deren Umwandlungsprodukte sonst geeignet sind, die Beschaffenheit des Naturhaushaltes, von Wasser, Boden oder Luft, Klima, Tieren, Pflanzen oder Mikroorganismen derart zu verändern, dass dadurch sofort oder später Gefahren für die Umwelt herbeigeführt werden können.***

An dieses mit Verweis auf die CLP-Verordnung gelöste Definitionsproblem lässt sich zwanglos § 3 Absatz 2 GefStoffV anschließen: hier werden **Gefahrenklassen** aufgeführt, die die Art der Gefährdung wiedergeben, und unter Angabe der Nummerierung aus Anhang I der CLP-Verordnung aufgelistet. Zu den physikalischen Gefahren gehören

a) Explosive Stoffe/Gemische und Erzeugnisse mit Explosivstoff
b) Entzündbare Gase
c) Aerosole
d) Oxidierende Gase
e) Gase unter Druck
f) Entzündbare Flüssigkeiten
g) Entzündbare Feststoffe
h) Selbstzersetzliche Stoffe und Gemische
i) Pyrophore Flüssigkeiten
j) Pyrophore Feststoffe
k) Selbsterhitzungsfähige Stoffe und Gemische
l) Stoffe und Gemische, die in Berührung mit Wasser entzündbare Gase entwickeln
m) Oxidierende Flüssigkeiten
n) Oxidierende Feststoffe
o) Organische Peroxide
p) Korrosiv gegenüber Metallen

Gesundheitsgefahren sehen wie folgt aus:

a) Akute Toxizität (oral, dermal und inhalativ)
b) Ätz-/Reizwirkung auf die Haut
c) Schwere Augenschädigung/Augenreizung
d) Sensibilisierung der Atemwege oder der Haut
e) Keimzellmutagenität
f) Karzinogenität
g) Reproduktionstoxizität
h) Spezifische Zielorgan-Toxizität, einmalige Exposition (STOT SE)

i) Spezifische Zielorgan-Toxizität, wiederholte Exposition (STOT RE)
j) Aspirationsgefahr

Als Umweltgefahr wird „Gewässergefährdend (akut und langfristig)" genannt. Eine „Weitere Gefahr" ist „Die Ozonschicht schädigend".

Mit Verordnung (EU) Nr. 2023/707 (31. März 2023) sind neue Gefahrklassen, d. h. neue Stoffeigenschaften, hinzugekommen:

- endokrinschädigende Eigenschaften (ED),
- persistente, bioakkumulierende und toxische (PBT) sowie sehr persistente und sehr bioakkumulierende Eigenschaften (vPvB),
- persistente, mobile und toxische (PMT) sowie sehr persistente und sehr mobile Eigenschaften (vPvM)

Sind Stoffe mit solchen Eigenschaften in die Umwelt gelangt („Umweltchemikalien"), sind sie nur noch sehr schwer zu fassen.

An dieser Stelle sei eine Verordnung (EU) eingeführt, die ebenfalls zeigt, dass die Entwicklung über die klassischen Gefahren (Toxizität, Ätz- und Reizwirkung, Kanzerogenität etc.) hinausgegangen ist:

Verordnung (EU) 2019/1021 des Europäischen Parlaments und des Rates über persistente organische Schadstoffe (**POP-Verordnung**) vom 20. Juni 2019 (ABl. L 169, S. 45), zuletzt geändert durch Artikel 1 der Verordnung vom 24. Februar 2023 (ABl. L 113, S. 5), in Kraft getreten am 18. Mai 2023

Beachte hierzu auch die auf dem KrWG beruhende POP-Abfall-ÜberwV. Formal handelt es sich um die Anwendung des gewohnten Schemas auf ganz spezielle Stoffe: Getrennte Sammlung und Beförderung; Vermischungsverbot; Nachweispflichten; Registerpflichten.

§ 17 ChemG stellt die Rechtsgrundlage für **Verbote und Beschränkungen** dar:

Die Bundesregierung wird ermächtigt, nach Anhörung der beteiligten Kreise durch Rechtsverordnung mit Zustimmung des Bundesrates vorzuschreiben, dass bestimmte gefährliche Stoffe, bestimmte gefährliche Gemische oder Erzeugnisse, die einen solchen Stoff oder ein solches Gemisch freisetzen können oder enthalten, nicht, nur in bestimmter Beschaffenheit oder nur für bestimmte Zwecke hergestellt, in den Verkehr gebracht oder verwendet werden dürfen.

Die Bundesregierung kann vorschreiben, dass derjenige, der bestimmte gefährliche Stoffe, bestimmte gefährliche Gemische oder Erzeugnisse, die einen solchen Stoff oder ein solches Gemisch freisetzen können oder enthalten, herstellt, in den Verkehr bringt oder verwendet, dies anzuzeigen hat, dazu einer Erlaubnis bedarf, bestimmten Anforderungen an seine Zuverlässigkeit und Gesundheit genügen muss oder seine Sachkunde in einem näher festzulegenden Verfahren nachzuweisen hat (§ 15a Absatz 1 GefStoffV).

Die nahe liegende Rechtsquelle ist die **Gefahrstoffverordnung**, und zwar der Abschnitt 5 mit den §§ 16 und 17:

Herstellungs- und Verwendungsbeschränkungen für bestimmte Stoffe, Gemische und Erzeugnisse ergeben sich aus Artikel 67 in Verbindung mit Anhang XVII der Verordnung (EG) Nr. 1907/2006 (REACH-VO). Nach Maßgabe des Anhangs II der GefStoffV bestehen weitere Herstellungs- und Verwendungsbeschränkungen für dort genannte Stoffe, Gemische und Erzeugnisse. Biozid-Produkte dürfen nicht verwendet werden, soweit damit zu rechnen ist, dass ihre Verwendung im einzelnen

Anwendungsfall schädliche Auswirkungen auf die Gesundheit von Menschen, Nicht-Zielorganismen oder auf die Umwelt hat (§ 15a Absatz 1 GefStoffV).

In Anhang II der GefStoffV werden u. a. Asbest, Pentachlorphenol, biopersistente Fasern und besonders gefährliche krebserzeugende Stoffe erörtert.

Zum anderen muss hier die **Chemikalienverbotsverordnung (ChemVerbotsV)** angeführt werden. Sie zielt auf das Inverkehrbringen ab und enthält zu diesem Zweck, ergänzend zu den Verboten und Beschränkungen des Inverkehrsbringens in Anhang XVII der REACH-Verordnung, eine Auflistung von Stoffen und Gemischen, die nicht mehr in Verkehr gebracht werden dürfen. Die Liste enthält streng definierte Ausnahmemöglichkeiten

Abschnitt 3 der ChemVerbotsV enthält Regelungen zur „Abgabe" (d. h. die Übergabe oder der Versand an den Erwerber oder die Empfangsperson):

- Erlaubnispflicht,
- Anzeigepflicht,
- Grundanforderungen zur Durchführung der Abgabe,
- Identitätsfeststellung und Dokumentation (Abgabebuch),
- Sachkunde.

In § 19 ChemG wird die Perspektive verändert: die **Beschäftigten** und damit Maßnahmen zum Schutz derselben werden in den Blick genommen:

Die Bundesregierung wird ermächtigt, durch Rechtsverordnung mit Zustimmung des Bundesrates, soweit es zum Schutz von Leben und Gesundheit des Menschen einschließlich des Schutzes der Arbeitskraft und der menschengerechten Gestaltung der Arbeit erforderlich ist, beim Herstellen und Verwenden von Stoffen, Gemischen und Erzeugnissen sowie bei Tätigkeiten in deren Gefahrenbereich Maßnahmen vorzuschreiben. § 19 Absatz 3 ChemG enthält dazu einen Katalog, der auf die bekannten Stichworte reduziert werden kann:

- Ermittlungspflicht des Arbeitgebers,
- Verwendung von Ersatzstoffen,
- Einrichtung der Arbeitsstätte, Arbeitsverfahren,
- persönliche Schutzausrüstungen,
- Beschäftigungsbeschränkungen,
- Sachkundenachweise,
- Betriebsanweisung und Unterweisung,
- Anzeigepflichten des Arbeitgebers,
- arbeitsmedizinische Vorsorge,
- Informationspflichten des Arbeitgebers.

Beachte, dass der Begriff „Gefahrstoffe" erst im § 19 ChemG auftaucht und dort auch definitorisch eingegrenzt wird. Der Umgang mit „Gefahrstoffen" wird aber in die nachgeordneten Rechtsverordnungen verwiesen.

Verordnung zum Schutz vor Gefahrstoffen (Gefahrstoffverordnung – GefStoffV) vom 26. November 2010 (BGBl. I S. 1643), zuletzt geändert am 21. Juli 2021 (BGBl. I S. 3115)

Gefahrstoffe sind

1. gefährliche Stoffe und Gemische nach § 3 GefStoffV;
2. Stoffe, Gemische und Erzeugnisse, die explosionsfähig sind;
3. Stoffe, Gemische und Erzeugnisse, aus denen bei der Herstellung oder Verwendung Stoffe nach Nummer 1 oder Nummer 2 entstehen oder freigesetzt werden;
4. Stoffe und Gemische, die die Kriterien nach den Nummern 1 bis 3 nicht erfüllen, aber aufgrund ihrer physikalisch-chemischen, chemischen oder toxischen Eigenschaften und der Art und Weise, wie sie am Arbeitsplatz vorhanden sind oder verwendet werden, die Gesundheit und die Sicherheit der Beschäftigten gefährden können;
5. alle Stoffe, denen ein Arbeitsplatzgrenzwert zugewiesen worden ist.
   Der Arbeitsplatzgrenzwert ist der Grenzwert für die zeitlich gewichtete durchschnittliche Konzentration eines Stoffs in der Luft am Arbeitsplatz in Bezug auf einen gegebenen Referenzzeitraum. Er gibt an, bis zu welcher Konzentration eines Stoffs akute oder chronische schädliche Auswirkungen auf die Gesundheit von Beschäftigten im Allgemeinen nicht zu erwarten sind (§ 2 Absatz 8 GefStoffV).

Die GefStoffV ist wie folgt gegliedert:

Abschnitt 1:	Zielsetzung, Anwendungsbereich und Begriffsbestimmungen
Abschnitt 2:	Gefahrstoffinformation
Abschnitt 3:	Gefährdungsbeurteilung und Grundpflichten
Abschnitt 4:	Schutzmaßnahmen
Abschnitt 4a:	Anforderungen an die Verwendung von Biozid-Produkten einschließlich der Begasung sowie an Begasungen mit Pflanzenschutzmitteln
Abschnitt 5:	Verbote und Beschränkungen
Abschnitt 6:	Vollzugsregelungen und Ausschuss für Gefahrstoffe
Abschnitt 7:	Ordnungswidrigkeiten und Straftaten
Anhang I:	Besondere Vorschriften für bestimmte Gefahrstoffe und Tätigkeiten
Anhang II:	Besondere Herstellungs- und Verwendungsbeschränkungen für bestimmte Stoffe, Gemische und Erzeugnisse
Anhang III:	Spezielle Anforderungen an Tätigkeiten mit organischen Peroxiden

Die Anwendung dieses Vorschriftenapparats soll nicht umfassend und unterschiedslos erfolgen. Sofern nicht ausdrücklich etwas anderes bestimmt ist, gilt die GefStoffV nicht für biologische Arbeitsstoffe im Sinne der Biostoffverordnung:

- **Abschnitt 2** Gefahrstoffinformation gilt für das Inverkehrbringen (siehe § 1 Absatz 2 GefStoffV) von
  1. gefährlichen Stoffen und Gemischen,
  2. bestimmten Stoffen, Gemischen und Erzeugnissen, die mit zusätzlichen Kennzeichnungen zu versehen sind,
  3. Biozid-Produkten im Sinne von § 3 Nummer 11 ChemG, die keine gefährlichen Stoffe oder Gemische sind, sowie

4. Biozid-Wirkstoffen im Sinne von § 3 Nummer 12 ChemG, die biologische Arbeitsstoffe im Sinne der Biostoffverordnung sind, und Biozid-Produkten im Sinne von § 3 Nummer 11 ChemG, die als Wirkstoffe solche biologischen Arbeitsstoffe enthalten.

Inverkehrbringen: In der GefStoffV wird der Begriff benutzt, aber nicht definiert. Wir müssen auf das ChemG zurückgreifen: die Abgabe an Dritte oder die Bereitstellung für Dritte sowie das Verbringen in den Geltungsbereich des ChemG gilt als Inverkehrbringen, soweit es sich nicht lediglich um einen Transitverkehr handelt (§ 3 Nr. 9 ChemG).

➲ Die **Abschnitte 3 bis 6** GefStoffV gelten für Tätigkeiten, bei denen Beschäftigte Gefährdungen ihrer Gesundheit und Sicherheit durch Stoffe, Gemische oder Erzeugnisse ausgesetzt sein können. Sie gelten auch, wenn die Sicherheit und Gesundheit anderer Personen aufgrund von Tätigkeiten im Sinne von § 2 Absatz 5 GefStoffV gefährdet sein können, die durch Beschäftigte oder Unternehmer ohne Beschäftigte ausgeübt werden. Die Sätze 1 und 2 finden auch Anwendung auf Tätigkeiten, die im Zusammenhang mit der Beförderung von Stoffen, Gemischen und Erzeugnissen ausgeübt werden. Die Vorschriften des Gefahrgutrechts bleiben davon unberührt!

Eine **Tätigkeit** ist jede Arbeit mit Stoffen, Gemischen oder Erzeugnissen, einschließlich Herstellung, Mischung, Ge- und Verbrauch, Lagerung, Aufbewahrung, Be- und Verarbeitung, Ab- und Umfüllung, Entfernung, Entsorgung und Vernichtung. Zu den Tätigkeiten zählen auch das innerbetriebliche Befördern sowie Bedien- und Überwachungsarbeiten (§ 2 Absatz 5 GefStoffV).

Lagern ist das Aufbewahren zur späteren Verwendung sowie zur Abgabe an andere. Es schließt die Bereitstellung zur Beförderung ein, wenn die Beförderung nicht innerhalb von 24 Stunden nach der Bereitstellung oder am darauf folgenden Werktag erfolgt. Ist dieser Werktag ein Samstag, endet die Frist mit Ablauf des nächsten Werktags (§ 2 Absatz 6 GefStoffV).

Beachte: Diese Regelung ist für die Gefahrgutbeförderung von Relevanz.

Verwenden gemäß § 3 ChemG ist das Gebrauchen, Verbrauchen, Lagern, Aufbewahren, Be- und Verarbeiten, Abfüllen, Umfüllen, Mischen, Entfernen, Vernichten und innerbetriebliche Befördern. **Verwenden** gemäß REACH-VO ist das Verarbeiten, Formulieren, Verbrauchen, Lagern, Bereithalten, Behandeln, Abfüllen in Behältnisse, Umfüllen von einem Behältnis in ein anderes, Mischen, Herstellen eines Erzeugnisses oder jeder andere Gebrauch. Die Gefahrstoffverordnung selbst enthält keine Definition.

Gefahrstoffinformation

Aus der Sicht des Abnehmers/Verwenders von Gefahrstoffen besteht diese Information aus der Kennzeichnung auf der Verpackung und dem Inhalt des Sicherheitsdatenblatts. Für den Hersteller oder Einführer folgt daraus die Pflicht, diese Informationen zu beschaffen, zusammenzustellen und bereitzuhalten. Dazu muss eine Einstufung der Stoffe, Gemische und Erzeugnisse vorgenommen werden.

Die Einstufung, Kennzeichnung und Verpackung von Stoffen und Gemischen sowie von Erzeugnissen mit Explosivstoff richten sich nach den Bestimmungen der Verordnung (EG) Nr. 1272/2008 (CLP-VO) (§ 4 Absatz 1 GefStoffV).

Bei der Einstufung von Stoffen und Gemischen sind die nach § 20 Absatz 4 GefStoffV bekannt gegebenen Regeln und Erkenntnisse (Technische Regeln für Gefahrstoffe – TRGS) zu beachten.

➲ **Titel III CLP-VO: Gefahrenkommunikation durch Kennzeichnung**

Das Kommunikationsmittel ist ein **Kennzeichnungsetikett**. Die Artikel 17 bis 30 der CLP-VO befassen sich mit dem Inhalt. In den anschließenden Artikeln 31 bis 33 der CLP-VO wird das Anbringen der Kennzeichnungsetiketten geregelt.

Artikel 17 Absatz 1 CLP-VO

Ein Stoff oder Gemisch, der bzw. das als gefährlich eingestuft und verpackt ist, trägt ein Kennzeichnungsetikett mit folgenden Elementen:

a) Name, Anschrift und Telefonnummer des bzw. der Lieferanten;
b) Nennmenge des Stoffes oder Gemisches in der Verpackung, die der breiten Öffentlichkeit zugänglich gemacht wird, sofern diese Menge nicht auf der Verpackung anderweitig angegeben ist;
c) Produktidentifikatoren gemäß Artikel 18;
d) wo zutreffend Gefahrenpiktogramme gemäß Artikel 19;
e) wo zutreffend Signalwörter gemäß Artikel 20;
f) wo zutreffend Gefahrenhinweise gemäß Artikel 21;
g) wo zutreffend geeignete Sicherheitshinweise gemäß Artikel 22 ;
h) wo zutreffend ein Abschnitt für ergänzende Informationen gemäß Artikel 25.

Als Produktidentifikatoren werden Angaben, die die Identifizierung des Stoffes oder Gemisches ermöglichen, bezeichnet. Der zur Identifizierung des Stoffes oder Gemisches verwendete Begriff soll dem Begriff entsprechen, der im Sicherheitsdatenblatt nach Artikel 31 der REACH-VO verwendet wird (Artikel 18 Absatz 1 CLP-VO).

Artikel 18 Absatz 2 CLP-VO

Der Produktidentifikator für einen Stoff enthält mindestens folgende Angaben:

a) falls der Stoff in Anhang VI Teil 3 aufgeführt ist, Namen und Identifikationsnummer, wie dort verwendet;
b) falls der Stoff nicht in Anhang VI Teil 3, jedoch im Einstufungs- und Kennzeichnungsverzeichnis aufgeführt ist, Namen und Identifikationsnummer, wie dort verwendet;
c) falls der Stoff weder in Anhang VI Teil 3 noch im Einstufungs- und Kennzeichnungsverzeichnis aufgeführt ist: die vom Chemical Abstracts Service ausgegebene Nummer (nachstehend als „CAS-Nummer" bezeichnet), zusammen mit dem nach der Nomenklatur der Internationalen Union für reine und angewandte Chemie (nachstehend als „IUPAC-Nomenklatur" bezeichnet), bestimmten Namen, oder die CAS-Nummer zusammen mit einer anderen internationalen chemischen Bezeichnung oder
d) falls keine CAS-Nummer verfügbar ist: den in der IUPAC-Nomenklatur angegebenen Namen oder eine andere internationale chemische Bezeichnung.

Das Kennzeichnungsetikett enthält die relevanten **Gefahrenpiktogramme**. Gefahrenpiktogramme müssen den Anforderungen des Anhangs I Abschnitt 1.2.1 und des Anhangs V der CLP-VO entsprechen (Artikel 19 CLP-VO). Vergleiche mit den „Gefahrzetteln" nach Gefahrgutrecht!

Das den jeweiligen Einstufungen entsprechende Gefahrenpiktogramm ist in den Tabellen in Anhang I Teile 2, 3 und 4 CLP-VO angegeben. Jedes Gefahrenpiktogramm muss ein schwarzes Symbol auf weißem Hintergrund in einem roten Rahmen tragen. Es muss mindestens ein Fünfzehntel der Fläche des Kennzeichnungsetiketts einnehmen; die Mindestfläche muss 1 cm^2 betragen.

Abb. 48: Gefahrenpiktogramme des Anhangs V der CLP-Verordnung

Artikel 26 CLP-VO enthält eine Rangfolgeregelung für Gefahrenpiktogramme: Würde die Einstufung eines Stoffes oder Gemisches mehr als ein Gefahrenpiktogramm auf dem Kennzeichnungsetikett erforderlich machen, wird eine Rangfolgeregelung angewendet, um die Zahl der erforderlichen Gefahrenpiktogramme zu begrenzen.

Beachte: Die Artikel 27 und 28 CLP-VO enthalten eine Rangfolgeregelung für Gefahrenhinweise und Sicherheitshinweise.

Auf dem Kennzeichnungsetikett werden folgende **Signalwörter** (signal words) verwendet (Artikel 20 CLP-VO):

a) **Gefahr** für die schwerwiegenden Gefahrenkategorien;
b) **Achtung** für die Kategorien mit weniger schwerwiegenden Gefahren.

Wird das Signalwort „Gefahr" auf dem Kennzeichnungsetikett verwendet, erscheint das Signalwort „Achtung" dort nicht.

Welches Signalwort der jeweiligen Einstufung entspricht, ist in den Tabellen in Anhang I Teile 2 bis 5 CLP-VO angegeben, in denen die für die einzelnen Gefahrenklassen erforderlichen Kennzeichnungselemente aufgeführt sind.

Das Kennzeichnungsetikett enthält die relevanten **Gefahrenhinweise** (hazard statements), die die Art der Gefahren eines gefährlichen Stoffes oder Gemisches beschreiben (Artikel 21 Absatz 1 CLP-VO).

Die Gefahrenhinweise sind in Anhang III der CLP-VO aufgelistet. Welcher Gefahrenhinweis der jeweiligen Einstufung entspricht, ist in den Tabellen in Anhang I Teile 2 bis 5 der Verordnung angegeben.

Das Kennzeichnungsetikett enthält die relevanten **Sicherheitshinweise** (precautionary statements), mit denen die empfohlene/-n Maßnahme/-n zur Begrenzung oder Vermeidung schädlicher Wirkungen aufgrund der Exposition gegenüber einem gefährlichen Stoff oder Gemisch bei seiner Verwendung beschrieben wird/werden (Artikel 22 Absatz 1 CLP-VO).

Mögliche Sicherheitshinweise werden in den Tabellen in Anhang I Teile 2 bis 5 CLP-VO aufgeführt. Die konkrete Auswahl der Sicherheitshinweise erfolgt gemäß den in Anhang IV Teil 1 CLP-VO festgelegten Kriterien, wobei die Gefahrenhinweise und die beabsichtigte(n) oder ermittelte(n) Verwendung(en) des Stoffes oder Gemisches berücksichtigt werden. Die Sicherheitshinweise lauten wie in Anhang IV Teil 2 der CLP-VO angegeben.

Artikel 31 CLP-VO „Allgemeine Vorschriften für die Anbringung der Kennzeichnungsetiketten" nimmt den bzw. die Lieferanten in die Pflicht.

Ein Kennzeichnungsetikett wird fest auf einer oder mehreren Flächen der Verpackung angebracht, die den Stoff oder das Gemisch unmittelbar enthält, und ist waagerecht lesbar, wenn die Verpackung in üblicher Weise abgestellt wird. Farbe und Aufmachung eines Kennzeichnungsetiketts sind so gestaltet, dass sich das Gefahrenpiktogramm deutlich abhebt. Die Kennzeichnungselemente werden deutlich lesbar und unverwischbar angebracht. Sie heben sich deutlich vom Untergrund ab, sind ausreichend dimensioniert und so angeordnet, dass sie leicht lesbar sind. Die Gefahrenpiktogramme, Signalwörter, Gefahrenhinweise und Sicherheitshinweise werden zusammen auf dem Kennzeichnungsetikett angeordnet.

➲ **Gefahrstoffverordnung:** Die vom Lieferanten hinsichtlich des **Sicherheitsdatenblatts** beim Inverkehrbringen von Stoffen und Gemischen zu beachtenden Anforderungen ergeben sich aus Artikel 31 in Verbindung mit Anhang II der Verordnung (EG) Nr. 1907/2006 (REACH-VO) (§ 5 Absatz 1 GefStoffV).

➲ **REACH-Verordnung: Sicherheitsdatenblatt**

Der **Lieferant**

- eines Stoffes/einer Zubereitung oder
- eines Gemisches

stellt dem **Abnehmer** des Stoffes oder des Gemisches ein **Sicherheitsdatenblatt** nach Anhang II REACH-VO zur Verfügung (Artikel 31 Absatz 1 REACH-VO).

Artikel 3 REACH-VO Begriffsbestimmungen

Lieferant eines Stoffes oder einer Zubereitung: Hersteller, Importeur, nachgeschalteter Anwender oder Händler, der einen Stoff als solchen oder in einer Zubereitung oder eine Zubereitung in Verkehr bringt (Nr. 32).

Abnehmer eines Stoffes oder einer Zubereitung: nachgeschalteter Anwender oder Händler, dem ein Stoff oder eine Zubereitung geliefert wird (Nr. 34).

Die Forderung an den Lieferanten trifft zu (Artikel 31 Absatz 1 REACH-VO),

a) wenn der Stoff oder das Gemisch die Kriterien für die Einstufung als gefährlich gemäß der Verordnung (EG) Nr. 1272/2008 (CLP-VO) erfüllt oder
b) wenn der Stoff persistent, bioakkumulierbar und toxisch (PBT) oder sehr persistent und sehr bioakkumulierbar (vPvB) gemäß den Kriterien des Anhangs XIII der REACH-VO ist oder
c) wenn der Stoff aus anderen als den in Buchstabe a und Buchstabe b angeführten Gründen in die gemäß Artikel 59 Absatz 1 REACH-VO erstellte Liste der für eine Aufnahme in das „Verzeichnis der zulassungspflichtigen Stoffe“ infrage kommenden Stoffe aufgenommen wurde.

<table>
<tr><th colspan="2">Sicherheitsdatenblatt</th></tr>
<tr>
<td>Das Sicherheitsdatenblatt muss datiert und inhaltlich wie folgt gegliedert sein (Art. 31 Absatz 6 REACH-VO):

1. Bezeichnung des Stoffes bzw. der Zubereitung und Firmenbezeichnung;
2. Mögliche Gefahren;
3. Zusammensetzung/Angaben zu Bestandteilen;
4. Erste-Hilfe-Maßnahmen;
5. Maßnahmen zur Brandbekämpfung;
6. Maßnahmen bei unbeabsichtigter Freisetzung;
7. Handhabung und Lagerung;
8. Begrenzung und Überwachung der Exposition/Persönliche Schutzausrüstung;
9. Physikalische und chemische Eigenschaften;
10. Stabilität und Reaktivität;
11. Toxikologische Angaben;
12. Umweltbezogene Angaben;
13. Hinweise zur Entsorgung;
14. Angaben zum Transport;
15. Rechtsvorschriften;
16. Sonstige Angaben.</td>
<td>• Das Sicherheitsdatenblatt wird in der Regel in einer Amtssprache des Mitgliedstaates/der Mitgliedstaaten vorgelegt, in dem der Stoff oder die Zubereitung in Verkehr gebracht wird.
• Das Sicherheitsdatenblatt wird auf Papier oder elektronisch kostenlos zur Verfügung gestellt, und zwar spätestens an dem Tag, an dem der Stoff oder das Gemisch erstmals geliefert wird.
• Die Lieferanten aktualisieren das Sicherheitsdatenblatt unverzüglich, sobald neue Informationen, die Auswirkungen auf die Risikomanagementmaßnahmen haben können, oder neue Informationen über Gefährdungen verfügbar werden. Die Erteilung oder Versagung einer Zulassung und der Erlass einer Beschränkung sind weitere Gründe für eine Aktualisierung.
• Die neue, datierte Fassung der Informationen wird mit der Angabe „Überarbeitet am … (Datum)“ versehen und allen früheren Abnehmern, denen die Lieferanten den Stoff oder die Zubereitung in den vorausgegangenen zwölf Monaten geliefert haben, auf Papier oder elektronisch kostenlos zur Verfügung gestellt.
• Die Änderungen, die bei der Überarbeitung eines Sicherheitsdatenblatts vorgenommen werden, sind dem derzeitigen Abnehmer zur Kenntnis zu bringen und durch die Angabe „überarbeitet am (Datum)“ zu kennzeichnen.

Anhang II REACH-VO enthält Anforderungen an die Erstellung des Sicherheitsdatenblatts (Verordnung (EU) 2020/878 vom 18. Juni 2020).

Das Sicherheitsdatenblatt ist von einer sachkundigen Person zu erstellen. Lieferanten von Stoffen und Gemischen müssen sicherstellen, dass diese sachkundige Person entsprechende Schulungen und auch Auffrischungslehrgänge erhalten hat.</td>
</tr>
</table>

Sicherheitsdatenblatt *(Forts.)*	
	Zu 1.: In Anhang II REACH wird eine Notrufnummer verlangt. Zu 4.: In diesem Abschnitt ist die Erstversorgung derart zu beschreiben, dass sie ein ungeschulter Hilfeleistender verstehen und ohne besondere Ausrüstung und ohne eine große Auswahl an Arzneimitteln durchführen kann. Ist ärztliche Hilfe erforderlich, ist dies in den Anweisungen mit Angabe der jeweiligen Dringlichkeit zu vermerken. Zu 5.: Die geeigneten Löschmittel müssen deutlich angezeigt werden. Zu 6.: Hier sind personenbezogene Maßnahmen und Umweltschutzmaßnahmen anzugeben. Zu 12.: Hier sind die Angaben zu machen, die eine Beurteilung der ökologischen Wirkungen des Stoffes oder Gemisches bei Freisetzung in die Umwelt ermöglichen (z. B. Toxizität, Abbaubarkeit, Anreicherungspotenzial). Zu 13.: Hier darf man eine Abfallschlüsselnummer erwarten. Zu 14.: Hier muss auch eine entsprechend den einschlägigen Vorschriften ermittelte Gefahrgutklassifizierung (UN-Nummer) für alle relevanten Verkehrsträger angegeben werden.

Der Sprachgebrauch ist nicht konsistent: Zubereitung wird als „Gemenge, Gemische oder Lösungen, die aus zwei oder mehr Stoffen bestehen" definiert; „Stoff" wird definiert, „Gemisch" nicht (Artikel 3 REACH-VO). Siehe aber ChemG: „Gemisch" – Gemische oder Lösungen, die aus zwei oder mehr Stoffen bestehen.

➲ **Gefahrstoffverordnung: Abschnitt 3 „Gefährdungsbeurteilung und Grundpflichten"** betrifft den Arbeitgeber:

Informationsermittlung und Gefährdungsbeurteilung (§ 6 GefStoffV)

Der Arbeitgeber hat im Rahmen einer Gefährdungsbeurteilung (vgl. § 5 ArbSchG) festzustellen, ob die Beschäftigten Tätigkeiten mit Gefahrstoffen ausüben oder ob bei Tätigkeiten Gefahrstoffe entstehen oder freigesetzt werden können. Ist dies der Fall, hat er alle hiervon ausgehenden Gefährdungen der Gesundheit und Sicherheit der Beschäftigten unter folgenden Gesichtspunkten zu beurteilen:

1. gefährliche Eigenschaften der Stoffe oder Gemische, einschließlich ihrer physikalisch-chemischen Wirkungen,
2. Informationen des Lieferanten zum Gesundheitsschutz und zur Sicherheit insbesondere im Sicherheitsdatenblatt,
3. Art und Ausmaß der Exposition unter Berücksichtigung aller Expositionswege; dabei sind die Ergebnisse der Messungen und Ermittlungen nach § 7 Absatz 8 GefStoffV zu berücksichtigen,
4. Möglichkeiten einer Substitution,
5. Arbeitsbedingungen und Verfahren, einschließlich der Arbeitsmittel und der Gefahrstoffmenge,

6. Arbeitsplatzgrenzwerte und biologische Grenzwerte (zur Definition siehe § 2 Absätze 8 und 9 GefStoffV),
7. Wirksamkeit der ergriffenen oder zu ergreifenden Schutzmaßnahmen,
8. Erkenntnisse aus arbeitsmedizinischer Vorsorge nach ArbMedVV.

Die Gefährdungsbeurteilung darf nur von fachkundigen Personen durchgeführt werden. Verfügt der Arbeitgeber nicht selbst über die entsprechenden Kenntnisse, hat er sich fachkundig beraten zu lassen. Fachkundig können insbesondere die Fachkraft für Arbeitssicherheit und die Betriebsärztin/der Betriebsarzt sein.

Beachte in diesem Zusammenhang auch die Technischen Regeln für Gefahrstoffe

TRGS 400	Gefährdungsbeurteilung für Tätigkeiten mit Gefahrstoffen (Stand Juli 2017)
TRGS 401	Gefährdung durch Hautkontakt – Ermittlung – Beurteilung – Maßnahmen (Stand Oktober 2022)
TRGS 402	Ermitteln und Beurteilen der Gefährdungen bei Tätigkeiten mit Gefahrstoffen: Inhalative Exposition (Stand Oktober 2016)
TRGS 420	Verfahrens- und stoffspezifische Kriterien (VSK) für die Ermittlung und Beurteilung der inhalativen Exposition (Stand März 2020)

Verfahrens- und stoffspezifische Kriterien (VSK) beschreiben für definierte Tätigkeiten mit Gefahrstoffen den Stand der Technik, der Arbeitshygiene und der Schutzmaßnahmen unter Berücksichtigung der Art, des Ausmaßes und der Dauer der inhalativen und der dermalen Exposition, sowie der Brand- und Explosionsgefahren.

Der Arbeitgeber hat ein **Verzeichnis der im Betrieb verwendeten Gefahrstoffe** zu führen, in dem auf die entsprechenden Sicherheitsdatenblätter verwiesen wird (§ 6 Absatz 12 GefStoffV). Das Verzeichnis muss mindestens folgende Angaben enthalten:

1. Bezeichnung des Gefahrstoffes,
2. Einstufung des Gefahrstoffes oder Angaben zu den gefährlichen Eigenschaften,
3. Angaben zu den im Betrieb verwendeten Mengen (größenordnungsmäßig),
4. Bezeichnung der Arbeitsbereiche, in denen Beschäftigte dem Gefahrstoff ausgesetzt sein können.

Die Angaben Nummer 1, 2 und 4 müssen allen betroffenen Beschäftigten und ihren Vertretungen zugänglich sein.

Wie kommt man auf der Grundlage der Gefährdungsbeurteilung zur Festlegung von Schutzmaßnahmen? § 7 Absatz 1 GefStoffV bildet den Ausgangspunkt:

> *§ 7 Absatz 1 GefStoffV*
>
> ***Der Arbeitgeber darf eine Tätigkeit mit Gefahrstoffen erst aufnehmen lassen, nachdem eine Gefährdungsbeurteilung nach § 6 durchgeführt und die erforderlichen Schutzmaßnahmen nach Abschnitt 4 ergriffen worden sind.***

Dabei hat er die nach § 20 Absatz 4 GefStoffV bekannt gegebenen Regeln (TRGS) und Erkenntnisse zu beachten. Bei Einhaltung dieser Regeln und Erkenntnisse ist in der Regel davon auszugehen, dass die Anforderungen der Gefahrstoffverordnung erfüllt sind. Von diesen Regeln und Erkenntnissen kann abgewichen werden, wenn durch andere Maßnahmen zumindest in vergleichbarer Weise der Schutz der Gesundheit und die Sicherheit der Beschäftigten gewährleistet werden.

- Der Arbeitgeber hat auf der Grundlage des Ergebnisses der Substitutionsprüfung vorrangig eine Substitution durchzuführen. Gefahrstoffe oder Verfahren sind durch Stoffe, Gemische oder Erzeugnisse oder Verfahren zu ersetzen, die unter den jeweiligen Verwendungsbedingungen für die Gesundheit und Sicherheit der Beschäftigten nicht oder weniger gefährlich sind.
- Der Arbeitgeber hat Gefährdungen der Gesundheit und der Sicherheit der Beschäftigten bei Tätigkeiten mit Gefahrstoffen auszuschließen. Ist dies nicht möglich, hat er sie auf ein Minimum zu reduzieren. Diesem Gebot hat der Arbeitgeber durch die Festlegung und Anwendung geeigneter Schutzmaßnahmen Rechnung zu tragen. Dabei hat er folgende Rangfolge zu beachten:
  1. Gestaltung geeigneter Verfahren, Einsatz emissionsfreier oder emissionsarmer Verwendungsformen, Verwendung geeigneter Arbeitsmittel und Materialien nach dem Stand der Technik,
  2. Anwendung kollektiver Schutzmaßnahmen technischer Art an der Gefahrenquelle, wie angemessene Be- und Entlüftung, und Anwendung geeigneter organisatorischer Maßnahmen,
  3. sofern eine Gefährdung nicht durch Maßnahmen nach den Nummern 1 und 2 verhütet werden kann, Anwendung von individuellen Schutzmaßnahmen, die auch die Bereitstellung und Verwendung von persönlicher Schutzausrüstung umfassen.

  Beschäftigte <u>müssen</u> die bereitgestellte persönliche Schutzausrüstung verwenden, solange eine Gefährdung besteht. Die Verwendung von belastender persönlicher Schutzausrüstung darf keine Dauermaßnahme sein. Sie ist für jeden Beschäftigten auf das unbedingt erforderliche Minimum zu beschränken.
  Der Arbeitgeber stellt sicher, dass
  1. die persönliche Schutzausrüstung an einem dafür vorgesehenen Ort sachgerecht aufbewahrt wird,
  2. die persönliche Schutzausrüstung vor Gebrauch geprüft und nach Gebrauch gereinigt wird und
  3. schadhafte persönliche Schutzausrüstung vor erneutem Gebrauch ausgebessert oder ausgetauscht wird.
- **Der Arbeitgeber hat die Funktion und die Wirksamkeit der technischen Schutzmaßnahmen regelmäßig, mindestens jedoch jedes dritte Jahr, zu überprüfen. Das Ergebnis der Prüfungen ist aufzuzeichnen und vorzugsweise zusammen mit der Dokumentation nach § 6 Absatz 8 GefStoffV (Gefährdungsbeurteilung) aufzubewahren.**
- Der Arbeitgeber stellt sicher, dass die **Arbeitsplatzgrenzwerte** eingehalten werden. Er hat die Einhaltung durch Arbeitsplatzmessungen oder durch andere geeignete Methoden zur Ermittlung der Exposition zu überprüfen. Ermittlungen sind auch durchzuführen, wenn sich die Bedingungen ändern, welche die Exposition der Beschäftigten beeinflussen können. Die Ermittlungsergebnisse sind aufzuzeichnen, aufzubewahren und den Beschäftigten und ihrer Vertretung zugänglich zu machen.

Der Arbeitsplatzgrenzwert ist der Grenzwert für die zeitlich gewichtete durchschnittliche Konzentration eines Stoffes in der Luft am Arbeitsplatz. Er gibt an, bei welcher Konzentration eines Stoffes akute oder chronische schädliche Auswirkungen auf die Gesundheit im Allgemeinen <u>nicht</u> zu erwarten sind. Beachte auch die **TRGS 900** (Stand Juni 2023), die eine Liste der Arbeitsplatzgrenzwerte enthält.

Werden Tätigkeiten entsprechend einem verfahrens- und stoffspezifischen Kriterium) ausgeübt, das nach § 20 Absatz 4 GefStoffV bekannt gegeben worden ist (z. B. in einer TRGS), kann der Arbeitgeber in der Regel davon ausgehen, dass die Arbeitsplatzgrenzwerte eingehalten werden (§ 7 Absatz 8 GefStoffV).

Sofern Tätigkeiten mit Gefahrstoffen ausgeübt werden, für die kein Arbeitsplatzgrenzwert vorliegt, hat der Arbeitgeber regelmäßig die Wirksamkeit der ergriffenen technischen Schutzmaßnahmen durch geeignete Ermittlungsmethoden zu überprüfen, zu denen auch Arbeitsplatzmessungen gehören können (§ 7 Absatz 9 GefStoffV).

Wer Arbeitsplatzmessungen von Gefahrstoffen durchführt, muss fachkundig sein und über die erforderlichen Einrichtungen verfügen. Wenn ein Arbeitgeber eine für Messungen von Gefahrstoffen an Arbeitsplätzen akkreditierte Messstelle beauftragt, kann er davon ausgehen, dass die von dieser Messstelle gewonnenen Erkenntnisse zutreffend sind (§ 7 Absatz 10 GefStoffV).

Allgemeine Schutzmaßnahmen (§ 8 GefStoffV)

Der Arbeitgeber hat bei Tätigkeiten mit Gefahrstoffen die folgenden Schutzmaßnahmen zu ergreifen:	Der Arbeitgeber hat sicherzustellen, dass
1. geeignete Gestaltung des Arbeitsplatzes und geeignete Arbeitsorganisation; 2. Bereitstellung geeigneter Arbeitsmittel für Tätigkeiten mit Gefahrstoffen und geeignete Wartungsverfahren zur Gewährleistung der Gesundheit und Sicherheit der Beschäftigten bei der Arbeit; 3. Begrenzung der Anzahl der Beschäftigten, die Gefahrstoffen ausgesetzt sind oder ausgesetzt sein können; 4. Begrenzung der Dauer und der Höhe der Exposition; 5. angemessene Hygienemaßnahmen, insbesondere zur Vermeidung von Kontaminationen, und die regelmäßige Reinigung des Arbeitsplatzes; 6. Begrenzung der am Arbeitsplatz vorhandenen Gefahrstoffe auf die Menge, die für den Fortgang der Tätigkeiten erforderlich ist; 7. geeignete Arbeitsmethoden und Verfahren, welche die Gesundheit und Sicherheit der Beschäftigten nicht beeinträchtigen oder die Gefährdung so gering wie möglich halten, einschließlich Vorkehrungen für die sichere Handhabung, Lagerung und Beförderung von Gefahrstoffen und von Abfällen, die Gefahrstoffe enthalten, am Arbeitsplatz.	1. alle verwendeten Stoffe und Gemische identifizierbar sind; 2. gefährliche Stoffe und Gemische innerbetrieblich mit einer Kennzeichnung versehen sind, die ausreichende Informationen über die Einstufung, über die Gefahren bei der Handhabung und über die zu beachtenden Sicherheitsmaßnahmen enthält; vorzugsweise ist eine Kennzeichnung zu wählen, die der Verordnung (EG) Nr. 1272/2008 (CLP-VO) entspricht; 3. Apparaturen und Rohrleitungen so gekennzeichnet sind, dass mindestens die enthaltenen Gefahrstoffe sowie die davon ausgehenden Gefahren eindeutig identifizierbar sind.

- Der Arbeitgeber hat gemäß den Ergebnissen der Gefährdungsbeurteilung sicherzustellen, dass die Beschäftigten in Arbeitsbereichen, in denen sie Gefahrstoffen ausgesetzt sein können, keine Nahrungs- oder Genussmittel zu sich nehmen. Der Arbeitgeber hat hierfür vor Aufnahme der Tätigkeiten geeignete Bereiche einzurichten.
- Durch Verwendung verschließbarer Behälter soll eine sichere Lagerung, Handhabung und Beförderung von Gefahrstoffen auch bei der Abfallentsorgung gewährleistet werden.
- Der Arbeitgeber hat dafür zu sorgen, dass Gefahrstoffe so aufbewahrt oder gelagert werden, dass sie weder die menschliche Gesundheit noch die Umwelt gefährden. Er hat dabei wirksame Vorkehrungen zu treffen, um Missbrauch oder Fehlgebrauch zu verhindern. Insbesondere dürfen Gefahrstoffe nicht in solchen Behältern aufbewahrt oder gelagert werden, durch deren Form oder Bezeichnung der Inhalt mit Lebensmitteln verwechselt werden kann. Sie dürfen nur übersichtlich geordnet und nicht in unmittelbarer Nähe von Arznei-, Lebens- oder Futtermitteln, einschließlich deren Zusatzstoffe, aufbewahrt oder gelagert werden.
- Der Arbeitgeber hat sicherzustellen, dass Gefahrstoffe, die nicht mehr benötigt werden, und entleerte Behälter, die noch Reste von Gefahrstoffen enthalten können, sicher gehandhabt, vom Arbeitsplatz entfernt und sachgerecht gelagert oder entsorgt werden.
- Stoffe und Gemische, die als akut toxisch (Kategorie 1, 2 oder 3), spezifisch zielorgantoxisch (Kategorie 1), krebserzeugend (Kategorie 1 A oder 1B) oder keimzellmutagen (Kategorie 1 A oder 1B) eingestuft sind, müssen **unter Verschluss** oder so aufbewahrt oder gelagert werden, dass **nur fachkundige und zuverlässige Personen Zugang** haben. Tätigkeiten mit diesen Stoffen und Gemischen dürfen nur von fachkundigen oder besonders unterwiesenen Personen ausgeführt werden. Das gilt auch für Tätigkeiten mit Stoffen und Gemischen, die als reproduktionstoxisch (Kategorie 1 A oder 1B) oder als atemwegssensibilisierend eingestuft sind. Die Sätze 1 und 2 gelten **nicht** für Kraftstoffe an Tankstellen oder sonstigen Betankungseinrichtungen sowie für Stoffe und Gemische, die als akut toxisch Kategorie 3 eingestuft sind, sofern diese vormals nach der Richtlinie 67/548/EWG oder der Richtlinie 1999/45/EG als gesundheitsschädlich bewertet wurden. Hinsichtlich der Bewertung als gesundheitsschädlich sind die entsprechenden nach § 20 Absatz 4 Nummer 1 bekannt gegebenen Regeln und Erkenntnisse zu berücksichtigen.
- Der Arbeitgeber hat bei Tätigkeiten mit Gefahrstoffen nach Anhang I Nummer 2 bis 5 GefStoffV (partikelförmige Gefahrstoffe, Schädlingsbekämpfung, Begasungen, Ammoniumnitrat) sowohl die §§ 6 bis 18 GefStoffV als auch die betreffenden Vorschriften des Anhangs I Nummer 2 bis 5 zu beachten.

Zusätzliche Schutzmaßnahmen (§ 9 GefStoffV)

Sind die allgemeinen Schutzmaßnahmen nach § 8 nicht ausreichend, um **Gefährdungen durch Einatmen, Aufnahme über die Haut oder Verschlucken** entgegenzuwirken, hat der Arbeitgeber zusätzlich diejenigen Maßnahmen nach den Absätzen 2 bis 7 des § 9 GefStoffV zu ergreifen, die aufgrund der Gefährdungsbeurteilung erforderlich sind. Dies gilt insbesondere, wenn

1. Arbeitsplatzgrenzwerte oder biologische Grenzwerte überschritten werden,
2. bei hautresorptiven oder haut- oder augenschädigenden Gefahrstoffen eine Gefährdung durch Haut- oder Augenkontakt besteht oder
3. bei Gefahrstoffen ohne Arbeitsplatzgrenzwert und ohne biologischen Grenzwert eine Gefährdung aufgrund der ihnen zugeordneten Gefahrenklasse nach § 3 GefStoffV und der inhalativen Exposition angenommen werden kann.

Der **biologische Grenzwert** ist der Grenzwert für die toxikologisch-arbeitsmedizinisch abgeleitete Konzentration eines Stoffes, seines Stoffwechselprodukts oder eines Beanspruchungsindikators im entsprechenden biologischen Material. Er gibt an, bis zu welcher Konzentration die Gesundheit eines Beschäftigten im Allgemeinen nicht beeinträchtigt wird. Beachte die TRGS 903 (Stand Juni 2023), die eine Liste der biologischen Grenzwerte bietet.

<table>
<tr><th colspan="2">Zusätzliche Schutzmaßnahmen nach § 9 GefStoffV</th></tr>
<tr><td>Schritt 1:

Der Arbeitgeber hat sicherzustellen, dass Gefahrstoffe in einem geschlossenen System hergestellt und verwendet werden, wenn die Substitution der Gefahrstoffe durch solche Stoffe, Gemische, Erzeugnisse oder Verfahren, die bei ihrer Verwendung nicht oder weniger gefährlich für die Gesundheit und Sicherheit sind, technisch nicht möglich ist und eine erhöhte Gefährdung der Beschäftigten durch inhalative Exposition gegenüber diesen Gefahrstoffen besteht.</td>
<td rowspan="4">• Der Arbeitgeber hat getrennte Aufbewahrungsmöglichkeiten für die Arbeits- oder Schutzkleidung einerseits und die Straßenkleidung andererseits zur Verfügung zu stellen. Der Arbeitgeber hat die durch Gefahrstoffe verunreinigte Arbeitskleidung zu reinigen.
• Der Arbeitgeber hat geeignete Maßnahmen zu ergreifen, die gewährleisten, dass Arbeitsbereiche, in denen eine erhöhte Gefährdung der Beschäftigten besteht, nur den Beschäftigten zugänglich sind, die sie zur Ausübung ihrer Arbeit oder zur Durchführung bestimmter Aufgaben betreten müssen.
• Wenn Tätigkeiten mit Gefahrstoffen von einer oder einem Beschäftigten allein ausgeübt werden, hat der Arbeitgeber zusätzliche Schutzmaßnahmen zu ergreifen oder eine angemessene Aufsicht zu gewährleisten. Dies kann auch durch den Einsatz technischer Mittel sichergestellt werden.</td></tr>
<tr><td>Schritt 2:

Ist die Anwendung eines geschlossenen Systems technisch nicht möglich, hat der Arbeitgeber dafür zu sorgen, dass die Exposition der Beschäftigten nach dem Stand der Technik so weit wie möglich verringert wird.</td></tr>
<tr><td>Schritt 3:

Bei Überschreitung eines Arbeitsplatzgrenzwerts muss der Arbeitgeber unverzüglich die Gefährdungsbeurteilung erneut durchführen und geeignete zusätzliche Schutzmaßnahmen ergreifen, um den Arbeitsplatzgrenzwert einzuhalten.</td></tr>
<tr><td>Schritt 4:

Wird trotz Ausschöpfung aller technischen und organisatorischen Schutzmaßnahmen der Arbeitsplatzgrenzwert nicht eingehalten, hat der Arbeitgeber unverzüglich persönliche Schutzausrüstung bereitzustellen.* Dies gilt insbesondere für Abbruch-, Sanierungs- und Instandhaltungsarbeiten.</td></tr>
<tr><td colspan="2">* Besteht trotz Ausschöpfung aller technischen und organisatorischen Schutzmaßnahmen bei hautresorptiven, haut- oder augenschädigenden Gefahrstoffen eine Gefährdung durch Haut- oder Augenkontakt, hat der Arbeitgeber unverzüglich persönliche Schutzausrüstung bereitzustellen.</td></tr>
</table>

Die GefStoffV grenzt zwei weitere Bereiche ab, die mit zusätzlichen Regelungen bedacht werden:

Besondere Schutzmaßnahmen bei Tätigkeiten mit krebserzeugenden, keimzellmutagenen und reproduktionstoxischen Gefahrstoffen der Kategorie 1 A und 1B (§ 10 GefStoffV)

Bei Tätigkeiten mit krebserzeugenden Gefahrstoffen der Kategorie 1 A oder 1B, für die kein Arbeitsplatzgrenzwert nach § 20 Absatz 4 GefStoffV bekannt gegeben worden ist, hat der Arbeitgeber ein geeignetes, **risikobezogenes Maßnahmenkonzept** anzuwenden, um das Minimierungsgebot nach § 7 Absatz 4 GefStoffV umzusetzen. Hierbei sind die nach § 20 Absatz 4 GefStoffV bekannt gegebenen Regeln (TRGS), Erkenntnisse und Beurteilungsmaßstäbe zu berücksichtigen. Beachte in diesem Zusammenhang insbesondere die TRGS 910 „Risikobezogenes Maßnahmenkonzept für Tätigkeiten mit krebserzeugenden Gefahrstoffen" (Stand Mai 2023).

Wenn solche Tätigkeiten ausgeübt werden, hat der Arbeitgeber

- die Exposition der Beschäftigten durch Arbeitsplatzmessungen oder durch andere geeignete Ermittlungsmethoden zu bestimmen,
- Gefahrenbereiche abzugrenzen, in denen Beschäftigte diesen Gefahrstoffen ausgesetzt sind oder ausgesetzt sein können, und Warn- und Sicherheitszeichen anzubringen, einschließlich der Verbotszeichen „Zutritt für Unbefugte verboten" und „Rauchen verboten".

Bei Tätigkeiten, bei denen eine beträchtliche Erhöhung der Exposition der Beschäftigten durch krebserzeugende, keimzellmutagene oder reproduktionstoxische Gefahrstoffe der Kategorie 1 A oder 1B zu erwarten ist und bei denen jede Möglichkeit weiterer technischer Schutzmaßnahmen zur Begrenzung dieser Exposition bereits ausgeschöpft wurde, hat der Arbeitgeber nach Beratung mit den Beschäftigten oder mit ihrer Vertretung Maßnahmen zu ergreifen, um die Dauer der Exposition der Beschäftigten so weit wie möglich zu verkürzen. Er hat den betreffenden Beschäftigten persönliche Schutzausrüstung zur Verfügung zu stellen, die sie während der gesamten Dauer der erhöhten Exposition tragen müssen.

Werden in einem Arbeitsbereich Tätigkeiten mit krebserzeugenden, keimzellmutagenen oder reproduktionstoxischen Gefahrstoffen der Kategorie 1 A oder 1B ausgeübt, darf die dort abgesaugte Luft nicht in den Arbeitsbereich zurückgeführt werden. Dies gilt nicht, wenn die Luft unter Anwendung von behördlich oder von den Trägern der gesetzlichen Unfallversicherung anerkannten Verfahren oder Geräten ausreichend von solchen Stoffen gereinigt ist. Die Luft muss dann so geführt oder gereinigt werden, dass krebserzeugende, keimzellmutagene oder reproduktionstoxische Stoffe nicht in die Atemluft anderer Beschäftigter gelangen.

Besondere Schutzmaßnahmen gegen physikalisch-chemische Einwirkungen, insbesondere gegen Brand- und Explosionsgefährdungen (§ 11 GefStoffV)

Der Arbeitgeber hat auf der Grundlage der Gefährdungsbeurteilung Maßnahmen zum Schutz der Beschäftigten und anderer Personen vor physikalisch-chemischen Einwirkungen zu ergreifen. Die Maßnahmen sind so zu gestalten, dass die Gefährdungen vermieden oder so weit wie möglich verringert werden. Dies gilt insbesondere bei Tätigkeiten (einschließlich Lagerung), bei denen es zu Brand- und Explosionsgefährdungen kommen kann. Dabei hat der Arbeitgeber Anhang I Nummer 1 (Brand- und Explosionsgefährdungen) und 5 (Ammoniumnitrat) der GefStoffV zu beachten. Die Vorschriften des Sprengstoffgesetzes bleiben davon unberührt.

Zur Vermeidung von Brand- und Explosionsgefährdungen muss der Arbeitgeber Maßnahmen in der nachstehenden Rangfolge ergreifen:

1. gefährliche Mengen oder Konzentrationen von Gefahrstoffen, die zu Brand- oder Explosionsgefährdungen führen können, sind zu vermeiden;
2. Zündquellen oder Bedingungen, die Brände oder Explosionen auslösen können, sind zu vermeiden;
3. schädliche Auswirkungen von Bränden oder Explosionen auf die Gesundheit und Sicherheit der Beschäftigten und anderer Personen sind zu verringern.

Werden Arbeitsmittel in Bereichen mit gefährlicher explosionsfähiger Atmosphäre verwendet oder kommt es durch deren Verwendung zur Bildung gefährlicher explosionsfähiger Atmosphäre, müssen unter Beachtung der Gefahrstoffverordnung die erforderlichen Schutzmaßnahmen getroffen werden (§ 9 Absatz 4 BetrSichV). Diese Schutzmaßnahmen sind vor der erstmaligen Verwendung der Arbeitsmittel im Explosionsschutzdokument nach § 6 Absatz 9 GefStoffV zu dokumentieren.

Beachte auch die TRGS 720 „Gefährliche explosionsfähige Gemische – Allgemeines" (Stand März 2021) und die DGUV Regel 113-001 „Explosionsschutz-Regeln (EX-RL)" (Stand August 2021)

Betriebsstörungen, Unfälle und Notfälle (§ 13 GefStoffV)

Die praktische Umsetzung führt zu einem Notfallplan (der aktuell und mit detaillierten Informationen zu Gefahrstoffen und zur Aufbau- und Ablauforganisation (Hilfs-, Evakuierungs- und Rettungsmaßnahmen) hinterlegt sein muss), der regelmäßigen Durchführung einschlägiger Sicherheitsübungen (unter Einbeziehung betriebsfremder Unfall- und Notfalldienste) und der Bereitstellung angemessener Erste-Hilfe-Einrichtungen. Für den Notfall muss geeignete persönliche Schutzausrüstung vorgehalten werden.

Unterrichtung und Unterweisung der Beschäftigten (§ 14 GefStoffV)

Der Arbeitgeber muss eine mündliche Unterweisung der Beschäftigten mithilfe der schriftlichen Betriebsanweisung durchführen. Die Unterweisung muss vor Aufnahme der Beschäftigung und danach mindestens einmal jährlich arbeitsplatzbezogen durchgeführt werden. Die Beschäftigten müssen dabei begreifen, worum es geht! Inhalt und Zeitpunkt der Unterweisung müssen protokolliert werden. Die Unterwiesenen müssen gegenzeichnen.

Die Betriebsanweisung soll enthalten (siehe **TRGS 555** „Betriebsanweisung und Information der Beschäftigten, Stand Februar 2017):

- Arbeitsbereich, Arbeitsplatz und Tätigkeit,
- Gefahrstoffe (Bezeichnung),
- Gefahren für Mensch und Umwelt,
- Schutzmaßnahmen, Verhaltensregeln,
- Verhalten im Gefahrenfall (Notfallplan),
- Erste Hilfe und
- sachgerechte Entsorgung.

Die Unterweisung soll als zusätzliches Element eine allgemeine arbeitsmedizinisch-toxikologische Beratung enthalten (falls nötig, unter Hinzuziehung des Betriebsarztes oder arbeitsmedizinischen Dienstes). Dabei soll auch die arbeitsmedizinische Vorsorge thematisiert werden (hier wird auf die ArbMedVV verwiesen) (§ 14 Absatz 2 GefStoffV).

§ 14 Absatz 3 GefStoffV verlangt vom Arbeitgeber bei Tätigkeiten mit krebserzeugenden, keimzellmutagenen oder reproduktionstoxischen Gefahrstoffen der Kategorie 1 A oder 1B eine offene Informationspolitik gegenüber den Beschäftigten, ihrer betrieblichen Vertretung, dem Betriebsarzt und der zuständigen Behörde. Insbesondere müssen die Beschäftigten und ihre Vertreter bei einer erhöhten Exposition unverzüglich unterrichtet und über die Ursachen sowie über die bereits durchgeführten oder noch durchzuführenden Gegenmaßnahmen informiert werden.

§ 14 Absatz 3 GefStoffV enthält eine Forderung, die aus Arbeitgeber- und Arbeitnehmersicht große Bedeutung erlangen kann: Es soll ein fortlaufend aktualisiertes Verzeichnis über die Beschäftigten geführt werden, die Tätigkeiten mit krebserzeugenden oder keimzellmutagenen Gefahrstoffen der Kategorie 1 A oder 1B ausüben, bei denen die Gefährdungsbeurteilung nach § 6 GefStoffV eine Gefährdung der Gesundheit oder der Sicherheit der Beschäftigten ergeben hat. In dem Verzeichnis ist auch die Höhe und die Dauer der Exposition anzugeben, der die Beschäftigten ausgesetzt waren.

Das Verzeichnis muss bis zu 40 Jahre nach Ende der jeweils personenbezogenen Exposition aufbewahrt werden. Bei Beendigung von Beschäftigungsverhältnissen hat der Arbeitgeber den Beschäftigten einen Auszug über die sie betreffenden Angaben des Verzeichnisses auszuhändigen und einen Nachweis hierüber wie Personalunterlagen aufzubewahren. Allen Beteiligten (Arbeitnehmer und deren Vertreter, Behörden, arbeitsmedizinisches Personal, gesetzlicher Unfallversicherungsträger) ist (unter Wahrung der Persönlichkeitsrechte) Zugang zu dem Verzeichnis zu gewähren.

Herstellungs- und Verwendungsbeschränkungen (§ 16 GefStoffV)

Herstellungs- und Verwendungsbeschränkungen für bestimmte Stoffe, Gemische und Erzeugnisse ergeben sich aus Artikel 67 in Verbindung mit Anhang XVII der Verordnung (EG) Nr. 1907/2006 (REACH-VO).

Nach Maßgabe des Anhangs II der GefStoffV bestehen weitere Herstellungs- und Verwendungsbeschränkungen für bestimmte Stoffe, Gemische und Erzeugnisse, so z. B. Asbest, Pentachlorphenol oder besonders gefährliche krebserzeugende Stoffe.

Unterrichtung der Behörde (§ 18 GefStoffV)

Absatz 1 verlangt eine unaufgeforderte und unverzügliche Meldung

1. über jeden Unfall und jede Betriebsstörung, die bei Tätigkeiten mit Gefahrstoffen zu einer ernsten Gesundheitsschädigung der Beschäftigten geführt haben;
2. über Krankheits- und Todesfälle, bei denen konkrete Anhaltspunkte für eine Verursachung durch die Tätigkeit mit Gefahrstoffen bestehen.

Beschäftigte und ihre betrieblichen Vertreter sind über den Inhalt solcher Meldungen in Kenntnis zu setzen.

Absatz 2 legt Meldungen fest, die auf Verlangen der Behörde abzugeben sind:

1. Ergebnisse der Gefährdungsbeurteilungen (einschließlich vollständiger Dokumentation),
2. betriebliche Tätigkeiten mit Gefahrstoffen und Zahl der mit Gefahrstoffen tätigen Arbeitnehmer,
3. verantwortliche Person gemäß § 13 ArbSchG,
4. durchgeführte Schutz- und Vorsorgemaßnahmen (einschließlich Betriebsanweisungen).

Der Arbeitgeber hat der zuständigen Behörde bei Tätigkeiten mit krebserzeugenden, keimzellmutagenen oder reproduktionstoxischen Gefahrstoffen der Kategorie 1 A oder 1B zusätzlich auf Verlangen Folgendes mitzuteilen:

1. das Ergebnis der Substitutionsprüfung,
2. Informationen über ausgeübte Tätigkeiten und angewandte industrielle Verfahren und die Gründe für die Verwendung dieser Gefahrstoffe, die Menge der hergestellten oder verwendeten Gefahrstoffe, die Art der zu verwendenden Schutzausrüstung, Art und Ausmaß der Exposition und durchgeführte Substitutionen.

Auf Verlangen der zuständigen Behörde ist die nach Anhang II der Verordnung (EG) Nr. 1907/2006 (REACH-VO) geforderte Fachkunde für die Erstellung von Sicherheitsdatenblättern nachzuweisen.

Behördliche Ausnahmen, Anordnungen und Befugnisse (§ 19 GefStoffV)

Die zuständige Behörde kann auf schriftlichen oder elektronischen Antrag des Arbeitgebers Ausnahmen von den §§ 6 bis 15 GefStoffV zulassen, wenn die Anwendung dieser Vorschriften im Einzelfall zu einer unverhältnismäßigen Härte führen würde und die Abweichung mit dem Schutz der Beschäftigten vereinbar ist (§ 19 Absatz 1 GefStoffV).

Die zuständige Behörde kann im Einzelfall Maßnahmen anordnen, die der Hersteller, Lieferant oder Arbeitgeber zu ergreifen hat, um die Pflichten nach den Abschnitten 2 bis 5 GefStoffV zu erfüllen. Die Einstellung von Arbeiten, bei denen die Beschäftigten gefährdet sind, kann angeordnet werden, wenn der Arbeitgeber die zur Bekämpfung der Gefahr angeordneten notwendigen Maßnahmen nicht unverzüglich oder nicht innerhalb der gesetzten Frist ergreift. Bei Gefahr im Verzug können die Anordnungen auch gegenüber weisungsberechtigten Personen im Betrieb erlassen werden (§ 19 Absatz 3 GefStoffV).

Die Missachtung der Mitteilungspflicht nach § 18 Absatz 2 Nummer 1 GefStoffV kann eine Untersagung bestimmter Tätigkeiten und eine Stilllegung von Arbeitsbereichen zur Folge haben (§ 19 Absatz 5 GefStoffV).

Ausschuss für Gefahrstoffe (§ 20 GefStoffV)

Zu den Aufgaben des Ausschusses gehört es, dem Stand von Wissenschaft, Technik, Arbeitsmedizin und Arbeitshygiene entsprechende Regeln aufzustellen, mit denen die in der GefStoffV festgelegten Anforderungen in der Praxis erfüllt werden können. Der Ausschuss soll sich auch mit der Festlegung von Arbeitsplatzgrenzwerten und Biologischen Grenzwerten für Gefahrstoffe befassen. Das Bundesministerium für Arbeit und Soziales kann die vom Ausschuss für Gefahrstoffe ermittelten Regeln (**Technische Regeln für Gefahrstoffe – TRGS**) im Gemeinsamen Ministerialblatt bekannt geben.

Zwei Technische Regeln für Gefahrstoffe sind für die Abfallentsorgung relevant:

■ TRGS 201 Einstufung und Kennzeichnung bei Tätigkeiten mit Gefahrstoffen (Ausgabe Februar 2017, geändert April 2018)

Diese TRGS beschreibt die Vorgehensweisen zur Einstufung und Kennzeichnung von Gefahrstoffen bei Tätigkeiten nach § 2 Absatz 5 GefStoffV: jede Arbeit mit Stoffen, Gemischen oder Erzeugnissen, einschließlich Herstellung, Mischung, Ge- und Verbrauch, Lagerung, Aufbewahrung, Be- und Verarbeitung, Ab- und Umfüllung, Entfernung, Entsorgung und Vernichtung, innerbetriebliches Befördern. Die TRGS 201 gilt nicht für Tätigkeiten mit biologischen Arbeitsstoffen.

Unbeschadet abfallrechtlicher Vorschriften regelt diese TRGS die Anwendung der Kennzeichnungsvorschriften der Gefahrstoffverordnung auf Abfälle, soweit es sich um Gefahrstoffe handelt und Tätigkeiten (siehe oben) mit ihnen ausgeübt werden.

Von besonderem Interesse ist hier die Kennzeichnung bei Tätigkeiten mit Stoffen oder Gemischen in ortsbeweglichen Behältern.

Zu den ortsbeweglichen Behältern zählen:

1. alle Arten von Verpackungen und Tanks gemäß Gefahrgutrecht (!); dazu gehören auch Großverpackungen und Großpackmittel (IBC), Druckgefäße (insbesondere Flaschen, Großflaschen, Druckfässer, verschlossene Kryo-Behälter und Flaschenbündel) und Druckgaspackungen;
2. andere ortsbewegliche Umschließungen, wie beispielsweise Standgefäße in Laboratorien, Apotheken und wissenschaftlichen Instituten, Behälter zur Zwischenlagerung, aber auch Behältnisse zur Probenahme oder zur Vermeidung von Tropfverlusten oder Rückstellmustergefäße.

Für Stoffe und Gemische in **Transportbehältern** gilt:

Ist eine Kennzeichnung nach den gefahrgutrechtlichen Vorschriften über die Beförderung dieser gefährlichen Güter vorhanden, kann diese beibehalten werden. Gesundheitsgefahren, die nicht durch diese „Gefahrzettel" erfasst sind, sind unter Berücksichtigung von Nummer 4.3 „Kennzeichnung" der TRGS 201 zusätzlich zu kennzeichnen. Wenn vorgesehen ist, dass Abfälle das Betriebsgelände verlassen und daher in Behältern gesammelt werden, die bereits den transportrechtlichen Vorschriften genügen, reicht die transportrechtliche Kennzeichnung aus.

Das Prinzip der Anwendung zutreffender Rechtsbereiche unabhängig voneinander wird hier aus praktischen Gründen aufgegeben: während der Beförderung ist die Kennzeichnung nach dem Gefahrgutrecht in jeder Hinsicht ausreichend!

Werden Versandstücke zum Transport gelagert oder bereitgestellt, die den Kennzeichnungsbestimmungen gemäß den Vorschriften für die Beförderung gefährlicher Güter unterliegen, genügt auf der äußeren Verpackung die Kennzeichnung nach den Gefahrgutvorschriften. Der Inhalt des Versandstücks ist dann lediglich nach Gefahrstoffrecht gekennzeichnet.

Dies gilt auch für die Bereitstellung zum Versand und die Befüllung von Tanks auf Fahrzeugen, die selbst Bestandteile von Fahrzeugen sind und für Behälter, die während des Transports mit dem Fahrzeug fest verbunden sind (Tankcontainer).

Auch bei **Abfällen** basiert die Kennzeichnung auf einer Einstufung. Diese soll in der Regel auf bekannte Daten (z. B. Sicherheitsdatenblätter für die bekannten Ausgangsstoffe) zurückgeführt werden; analytische Prüfungen (von Ausnahmen wie der Flammpunkt- und pH-Wert-Bestimmung oder der Bestimmung von Inhaltsstoffen wie Schwermetallen) sind in der Regel nicht erforderlich. Liegt eine gefahrgutrechtliche Einstufung (Klassifizierung) vor, kann diese bzgl. der physikalisch-chemischen, akut toxischen und umweltgefährlichen Eigenschaften unmittelbar für die gefahrstoffrechtliche Einstufung herangezogen werden.

TRGS 520 Errichtung und Betrieb von Sammelstellen und Zwischenlagern für Kleinmengen gefährlicher Abfälle (Ausgabe Januar 2012; beachte die veraltete Terminologie und nicht mehr zutreffende Verweise)

Die TRGS 520 gilt für die Errichtung und den Betrieb von stationären und mobilen Sammelstellen und von Zwischenlagern für gefährliche Abfälle, die aus privaten Haushalten, gewerblichen oder sonstigen wirtschaftlichen Unternehmen oder öffentlichen Einrichtungen stammen und dort in begrenzten oder haushaltsüblichen Mengen anfallen. Kleinmengen gefährlicher Abfälle sind Mengen, die üblicherweise bei kommunalen Schadstoffsammlungen durch Privatpersonen oder Gewerbetreibende angeliefert werden.

Die TRGS 520 gilt nicht für das Ansammeln und Aufbewahren von gefährlichen Abfällen bei der jeweiligen Anfallstelle, und für Rücknahmestellen ausschließlich für bestimmte Arten gefährlicher Abfälle aufgrund gesetzlicher und freiwilliger Systeme (z. B. Batterien, Altöl); dort sind die jeweiligen Lager- und Sicherheitsvorschriften für die zurückgenommenen Stoffe zu beachten.

Stationäre und mobile Sammelstellen sind Einrichtungen, in denen gefährliche Abfälle entgegengenommen, beurteilt, gekennzeichnet, sortiert, in die jeweils vorgeschriebenen Verpackungen eingebracht und unter Berücksichtigung des Gefahrgutrechts zum Abtransport bereitgestellt werden. Sie gliedern sich in der Regel in

1. einen Verkehrsbereich, in dem die Abfälle angeliefert und verpackt abtransportiert werden,
2. einen Annahmebereich, in dem die Abfälle entgegengenommen, beurteilt, gekennzeichnet und sortiert werden,
3. einen Bereich (Arbeitsbereich im Sinne dieser TRGS), in dem die Abfälle ggf. sortiert und zum Transport vorbereitet werden, und
4. Hygiene-, Sozial- und Aufenthaltsbereiche.

Die Vorgehensweise zur Informationsermittlung und **Gefährdungsbeurteilung** nach § 6 GefStoffV ist in der TRGS 400 „Gefährdungsbeurteilung für Tätigkeiten mit Gefahrstoffen" beschrieben. Wie gewohnt, ist hier der Arbeitgeber (Betreiber der Sammelstelle) in der Pflicht. Die Einstufung von Abfällen erfolgt nach der TRGS 201 „Einstufung und Kennzeichnung bei Tätigkeiten mit Gefahrstoffen". In Abhängigkeit von den ermittelten Eigenschaften der Abfälle sind entsprechend geeignete Schutzmaßnahmen festzulegen.

Bei den in Sammelstellen (und Zwischenlagern) vorhandenen gefährlichen Abfällen handelt es sich um Gefahrstoffe im Sinne der Gefahrstoffverordnung. In Sammelstellen (und Zwischenlagern) ist entsprechend § 6 Absatz 12 GefStoffV (im Original Absatz 10) ein Verzeichnis der gefährlichen Abfälle zu führen. Das Verzeichnis dient als Grundlage für die Durchführung der Gefährdungsbeurteilung, zur Festlegung von Schutzmaßnahmen am Arbeitsplatz, zur Erarbeitung der Betriebsanweisungen – der Grundlage für die erforderlichen Unterweisungen – sowie der Erstellung von Notfallinformationen.

Eine Exposition von Beschäftigten gegenüber Gefahrstoffen kann bei Tätigkeiten mit gefährlichen Abfällen in Sammelstellen (und Zwischenlagern) nicht ausgeschlossen werden.

Die Unterschreitung der Arbeitsplatzgrenzwerte bzw. der biologischen Grenzwerte kann unterstellt werden, wenn die erforderlichen Schutzmaßnahmen nach dieser Regel angewendet werden, d. h. dass insbesondere

1. alle mit einer Exposition verbundenen Arbeitsgänge (z. B. Abfalluntersuchungen, Sicherung von Anlieferungsgefäßen) in einem wirksamen Abzug entsprechend Nummer 6.2 Absatz 4 TRGS 520 durchgeführt werden und
2. der Kontakt mit hautgefährdenden und hautresorptiven gefährlichen Abfällen durch das Arbeitsverfahren oder das Tragen geeigneter persönlicher Schutzausrüstung vermieden wird.

Standorte: Alle Sammelstellen (und Zwischenlager) müssen für Feuerwehr und Rettungsdienste gut zugänglich sein. Wasserschutzgebiete und überschwemmungsgefährdete Bereiche sind tabu. Alle Sammelstellen sollen so angelegt werden, dass im Verkehrsbereich der Kfz-Anlieferungsverkehr in Vorwärtsfahrt durch die Sammelstelle geleitet und Rückwärtsfahrt vermieden wird. Anderenfalls sind genügend Parkplätze für die Anlieferungen vorzuhalten.

Stationäre Sammelstellen sind nur dort einzurichten, wo eine zügige Abfertigung der Anlieferer ohne Verkehrsbehinderungen möglich ist. Mobile Sammelstellen sind

1. nur an Standorten einzurichten, die in Absprache mit den zuständigen Behörden, auf zentral gelegenen, befestigten und frei nutzbaren öffentlichen oder gewerblichen Flächen im jeweiligen Sammelgebiet festgelegt sind. Grundsätzlich auszunehmen sind Flächen in unmittelbarer Nähe von Kindergärten sowie auf Schul- und Krankenhausgeländen;
2. so aufzustellen, dass die Entgegennahme der Abfälle ohne Gefährdung der Anlieferer, Anlieger und des Sammelpersonals sowie ohne Verkehrsbehinderungen möglich ist; zu den nächstliegenden Gebäuden muss ein Abstand von mindestens 5 m eingehalten werden.

Bauliche Ausführung: Alle Sammelstellen (und Zwischenlager) sind so zu gestalten, dass eine gegen Witterungseinflüsse geschützte Annahme bzw. Handhabung und Aufbewahrung der Abfälle erfolgen kann, und mit der erforderlichen Kennzeichnung entsprechend ASR A1.3 „Sicherheits- und Gesundheitsschutzkennzeichnung" (Stand 2017) zu versehen.

Der Annahme- und Arbeitsbereich von Sammelstellen sowie der Umschlag- und Lagerbereich von Zwischenlagern müssen über zwei gekennzeichnete, möglichst entgegengesetzte, stets frei zugängliche Ausgänge als Flucht- und Rettungswege verfügen. Türen müssen sich nach außen öffnen lassen.

Im Annahme- und Arbeitsbereich von Sammelstellen und im Umschlagbereich von Zwischenlagern muss der Boden flüssigkeitsdicht, säure- und chemikalienfest, elektrisch ableitend, gut zu reinigen und auch im feuchten Zustand trittsicher sein.

Mobile Sammelstellen

1. müssen mit Flucht- und Rettungswegen mit einer Breite von mindestens 0,80 m ausgestattet sein,
2. sind mit einem vom Annahme- und Arbeitsbereich abgetrennten Fahrzeug-Führerhaus auszurüsten,
3. sind mit für die Inbetriebnahme notwendigen Anbauteilen (z. B. Treppen, Plattformen) auszurüsten, die so konstruiert sind, dass sie gefahrlos auf-, abgebaut und benutzt werden können,
4. müssen so ausgerüstet sein, dass die Bodenwanne des Fahrzeugs über mindestens einen gut erreichbaren und dicht verschließbaren Ablauf restentleerbar ist,
5. sind so auszurüsten, dass Ladung und Einrichtung durch Verriegelungen, Zurrleisten oder sonstige geeignete Maßnahmen gegen Verrutschen, Verkanten und Umfallen gesichert werden können. Durch Bodenverriegelungen dürfen keine Stolperstellen entstehen.

Betriebliche Ausstattung: Es sind Verpackungen für jede Abfallgruppe und ausreichende Reserven vorzuhalten. Für die Verpackungen gelten die Bestimmungen des ADR in Verbindung mit Ausnahme 20 nach Gefahrgut-Ausnahmeverordnung (GGAV): Beförderung verpackter gefährlicher Abfälle. Diese Ausnahme enthält eine Tabelle der gefährlichen Abfälle. Aus der Zuordnung des vorliegenden Abfalls ergeben sich dann die korrekte Bezeichnung, Kennzeichnung mit Gefahrzetteln und weitere Angaben im Beförderungspapier. Eine fachkundige Aufsichtsperson wird gefordert.

Persönliche Schutzausrüstung ist in geeigneter Ausführung zur Verfügung zu stellen. Die Grundausstattung von Sammelstellen (und Zwischenlagern) mit schriftlichen Arbeitsunterlagen besteht u. a. aus Betriebsanweisungen, Alarmplänen, Sortiervorschriften, gefahrgutrechtlichen Vorschriften (einschlägige Handbücher), Explosionsschutzdokument, gefahrstoffrechtlichen und abfallrechtlichen Vorschriften, berufsgenossenschaftlichen Vorschriften, Gefahrstoffinformationssystem.

In allen Sammelstellen müssen zumindest die folgenden Hilfsmittel in ausreichender Menge zur Verfügung stehen:

1. eine Ausstattung für orientierende Abfalluntersuchungen,
2. anorganisches, nicht brennbares, möglichst staubarmes Bindemittel für Mineralöl und Chemikalien und Bindemittel für Quecksilber,
3. Verpackungsmaterial, z. B. Außenverpackungen, Gefäße einschließlich Kunststoffbeutel, Kunststoffsäcke,
4. witterungsfestes Material zur Kennzeichnung und Beschriftung von Verpackungen,
5. Verpackungen für zu sichernde Anlieferungsgefäße,
6. Gefahrenpiktogramme (im Original: Gefahrensymbole) nach Gefahrstoffrecht, Gefahrzettel nach ADR,
7. Kunststoffwannen und -fässer zur schnellen Sicherung von Bruchgefäßen,
8. Werkzeug aus funkensicherem Material, z. B. Fassschlüssel, Zange, Hammer sowie Schraubendreher zur Öffnung von Anlieferungsgefäßen,
9. Besen, Schaufel,
10. Material zur Notfallsicherung (z. B. Absperrbänder, Kegel).

Im Annahme- und Arbeitsbereich von Sammelstellen müssen folgende Einrichtungen vorhanden sein:

1. ein wannenförmig ausgebildeter Annahmetisch aus korrosionsfestem und elektrisch ableitendem Material mit Potenzialausgleich,
2. ein Tischabzug,
3. eine Raumbe- und -entlüftung,
4. eine ausreichende Beleuchtung,
5. eine Waschgelegenheit,
6. eine feststehende Schreibunterlage,
7. eine Augennotdusche,
8. eine Körpernotdusche bzw. für mobile Sammelstellen eine frostsichere und kurzfristig entleerbare Dusche mit 200 l Wasservorrat in Frischwasserqualität.

Im Annahme- und Arbeitsbereich von Sammelstellen sowie im Umschlag- und Lagerbereich von Zwischenlagern darf nicht geraucht oder mit Feuer oder offenem Licht umgegangen werden. Auf das Verbot ist mit dem Verbotszeichen P 003 „Keine offene Flamme; Feuer, offene Zündquelle und Rauchen verboten" hinzuweisen. Beachte auch: Mobilfunk verboten!

Mobile Sammelstellen sind zusätzlich zu den nach Gefahrgutrecht für den Transport vorgeschriebenen Feuerlöschern mit einem 12-kg-Pulverlöscher oder zwei 6-kg-Pulverlöschern auszurüsten.

Personal: Für jede Sammelstelle (und für jedes Zwischenlager) hat der Arbeitgeber eine zuverlässige und erfahrene Fachkraft als Verantwortlichen und eine entsprechend qualifizierte Vertretung zu benennen. Eine Sammelstelle muss während des Betriebes aus Sicherheitsgründen mit mindestens zwei Personen ständig besetzt sein, von denen mindestens eine den Anforderungen an eine Fachkraft entsprechen muss.

Fachkräfte sind fachkundige Personen nach Gefahrstoffverordnung. Sie müssen über eine chemiespezifische Fachausbildung (z. B. Chemielaborant, chemisch-technischer Assistent, Chemiemeister, Fachkraft für Kreislauf- und Abfallwirtschaft) verfügen und durch einschlägige Erfahrung und fachliche Weiterbildung qualifiziert sein. Sie müssen darüber hinaus über die erforderlichen Kenntnisse zum Erkennen der Gefahren und der notwendigen Schutzmaßnahmen beim Umgang mit gefährlichen Abfällen verfügen. Die Kenntnisse können durch eine erfolgreiche Teilnahme an einem Lehrgang entsprechend Anlage 3 der TRGS 520 nachgewiesen werden. Der Lehrgang ersetzt nicht nach dem Gefahrgutrecht vorgeschriebene Schulungen und Unterweisungen.

Die Fachkräfte müssen zusätzlich ausgebildete Ersthelfer sein. Sie müssen in die Annahmebedingungen der übernehmenden Entsorgungsanlagen eingewiesen sein. Auch die jeweils anderen Personen müssen als Ersthelfer ausgebildet sein, um in einer Unfallsituation gegenseitige Erste Hilfe zu gewährleisten.

Hilfskräfte müssen durch die verantwortliche Fachkraft in ihre Aufgaben vor Aufnahme der Tätigkeiten gezielt eingewiesen, und während der Tätigkeiten beaufsichtigt werden. Die Unterweisung mit Hilfe der Betriebsanweisung und Unterweisungen gemäß Gefahrgutrecht bleiben hiervon unberührt.

Der Arbeitgeber hat sicherzustellen, dass die Fachkräfte mindestens einmal jährlich, in Bezug auf die Lagerung mindestens alle zwei Jahre, aufgabenspezifisch fortgebildet werden. Die Fortbildungsmaßnahmen und die Teilnehmer sind zu dokumentieren. Hilfskräfte sind entsprechend einzuweisen.

Technische und organisatorische Schutzmaßnahmen: Technische Schutzmaßnahmen zielen vor allem darauf ab, mit geeigneter Belüftung eine Gefährdung der Mitarbeiter durch Gase, Dämpfe und Stäube zu vermeiden. Die angelieferten Abfälle werden zur fachgerechten Sortierung einer Plausibilitätsprüfung unterzogen. Dabei werden die Angaben des Anlieferers mit den Angaben auf dem Anlieferungsgefäß verglichen. Anlieferungsgefäße dürfen nur unter einem wirksamen Abzug geöffnet werden. Undichte, beschädigte, oder ungeeignete Anlieferungsgefäße sind unter einem wirksamen Abzug in geeignete Überverpackungen mit Sorptionsmittel einzubringen. Eine Vermischung angelieferter gefährlicher Abfälle ist grundsätzlich nicht zulässig. Das Umfüllen von gefährlichen Abfällen ist ausschließlich zur akuten Gefahrenabwehr und zur Sicherstellung, z. B. bei schadhaften Verpackungen, zulässig. Zur Vermeidung von Gefahrstoffemissionen sind die Verpackungen nur für den Befüllvorgang zu öffnen und unmittelbar nach der Befüllung mit neu angelieferten gefährlichen Abfällen wieder zu schließen.

Der Arbeitgeber hat die Funktion und die Wirksamkeit technischer Schutzmaßnahmen nach Gefahrstoffverordnung regelmäßig, jedoch spätestens nach drei Jahren, zu überprüfen.

Der Arbeitsbereich und der Annahmebereich hinter dem Annahmetisch von Sammelstellen sowie Zwischenlager dürfen nur durch ausdrücklich befugte Personen betreten werden.

Der Betreiber einer Sammelstelle oder eines Zwischenlagers hat ein Betriebstagebuch zu führen und vor Ort bereitzuhalten. Darin müssen mindestens folgende Angaben enthalten sein:

1. personelle Besetzung der Sammelstelle,
2. Aufzeichnungen über besondere Vorkommnisse, vor allem Betriebsstörungen, und durchgeführte Maßnahmen, und
3. Aufzeichnungen über Art und Menge der angenommenen und abgegebenen Abfälle einschließlich der nachfolgenden Entsorgungswege.

Die Themen „Alarm- und Notfallplan“ müssen vom Arbeitgeber ebenso abgearbeitet werden, wie die „Bereitstellung geeigneter persönlicher Schutzausrüstung“ und die Durchführung von „Hygienemaßnahmen“. Für die Einsatzkräfte müssen Notfallinformationen bereitgestellt werden.

Biostoffverordnung (BioStoffV) vom 15. Juli 2013 (BGBl. I S. 2514), zuletzt geändert am 21. Juli 2021 (BGBl. I S. 3115)

Sofern nicht ausdrücklich etwas anderes bestimmt ist, gilt diese Verordnung nicht für **biologische Arbeitsstoffe** im Sinne der Biostoffverordnung (§ 1 Absatz 4 GefStoffV). In der BioStoffV werden die biologischen Arbeitsstoffe zu „Biostoffen“:

Biostoffe sind Mikroorganismen, Zellkulturen und Endoparasiten einschließlich ihrer gentechnisch veränderten Formen, die den Menschen durch Infektionen, infektionsbedingte akute oder chronische Krankheiten, Toxinbildung oder sensibilisierende Wirkungen gefährden können. Den Biostoffen gleichgestellt sind Ektoparasiten, die beim Menschen eigenständige Erkrankungen verursachen oder sensibilisierende oder toxische Wirkungen hervorrufen können. Der technologischen Entwicklung wird Rechnung getragen, indem technisch hergestellte biologische Einheiten mit neuen Eigenschaften, die den Menschen in gleicher Weise gefährden können wie Biostoffe, hinzugefügt werden. Mikroorganismen sind im Wesentlichen Bakterien, Viren, Protozoen und Pilze.

Biostoffe werden entsprechend dem von ihnen ausgehenden Infektionsrisiko nach dem Stand der Wissenschaft in 4 **Risikogruppen** eingestuft. Die Wahrscheinlichkeit einer Erkrankung, deren Schwere und die Behandlungsmöglichkeiten spielen dabei eine Rolle. Für die Einstufung der Biostoffe in die Risikogruppen 2 bis 4 gilt Anhang III der Richtlinie 2000/54/EG des Europäischen Parlaments und des Rates vom 18. September 2000 über den Schutz der Arbeitnehmer gegen Gefährdung durch biologische Arbeitsstoffe bei der Arbeit (ABl. L 262 vom 17.10.2000, S. 21). Aus der Differenzierung in Risikogruppen ergibt sich eine Differenzierung der Arbeitsschutzmaßnahmen.

Ausgangspunkt ist natürlich eine **Gefährdungsbeurteilung** (§ 4 Absatz 1 BiostoffV): Im Rahmen der Gefährdungsbeurteilung nach § 5 ArbSchG hat der Arbeitgeber die Gefährdung der Beschäftigten durch die Tätigkeiten mit Biostoffen vor Aufnahme der Tätigkeit zu beurteilen. Die Gefährdungsbeurteilung ist fachkundig durchzuführen. Verfügt der Arbeitgeber nicht selbst über die entsprechenden Kenntnisse, hat er sich fachkundig beraten zu lassen. § 4 Absatz 2 BiostoffV regelt das Thema „Aktualisierung“ der Gefährdungsbeurteilung: … hat der Arbeitgeber die Gefährdungsbeurteilung mindestens jedes zweite Jahr zu überprüfen und bei Bedarf zu aktualisieren. § 4 Absatz 3 BiostoffV gibt detaillierte Inhalte vor: z. B. Identität der Mikroorganismen, Risikogruppe, Übertragungswege, Art der Tätigkeit mit Biostoffen, Exposition, mögliche Substitution von Biostoffen. § 7 BiostoffV regelt die Dokumentation der Gefährdungsbeurteilung und die Aufzeichnungspflichten.

Die BiostoffV unterscheidet „gezielte" und „nicht gezielte" Tätigkeiten: **Gezielte Tätigkeiten** liegen vor, wenn

1. die Tätigkeiten auf einen oder mehrere Biostoff(e) unmittelbar ausgerichtet sind,
2. der Biostoff oder die Biostoffe mindestens der Spezies nach bekannt sind und
3. die Exposition der Beschäftigten im Normalbetrieb hinreichend bekannt oder abschätzbar ist.

Nicht gezielte Tätigkeiten liegen vor, wenn mindestens eine der 3 Voraussetzungen nicht zutrifft. Dies ist insbesondere bei Tätigkeiten nach Absatz 7 Nummer 2 gegeben: berufliche Arbeit mit Menschen, Tieren, Pflanzen, Produkten, Gegenständen oder Materialien, wenn aufgrund dieser Arbeiten Biostoffe auftreten oder freigesetzt werden und Beschäftigte damit in Kontakt kommen können.

§ 5 Absatz 1 BiostoffV „**Schutzstufenzuordnung**" nimmt darauf Bezug: Bei Tätigkeiten in Laboratorien, in der Versuchstierhaltung, in der Biotechnologie sowie in Einrichtungen des Gesundheitsdienstes hat der Arbeitgeber zu ermitteln, ob gezielte oder nicht gezielte Tätigkeiten ausgeübt werden. Er hat diese Tätigkeiten hinsichtlich ihrer Infektionsgefährdung einer Schutzstufe zuzuordnen. Die Schutzstufenzuordnung richtet sich bei gezielten Tätigkeiten nach der Risikogruppe des ermittelten Biostoffs. Bei nicht gezielten Tätigkeiten richtet sie sich nach der Risikogruppe des Biostoffs, der aufgrund der Wahrscheinlichkeit seines Auftretens, der Art der Tätigkeit und der Art, Dauer, Höhe und Häufigkeit der ermittelten Exposition den Grad der Infektionsgefährdung der Beschäftigten bestimmt.

Tätigkeiten, die nicht unter § 5 Absatz 1 BiostoffV fallen, müssen keiner Schutzstufe zugeordnet werden. Zu diesen Tätigkeiten gehören beispielsweise Reinigungs- und Sanierungsarbeiten, Tätigkeiten in der Veterinärmedizin, der Land-, Forst-, Abwasser- und Abfallwirtschaft sowie in Biogasanlagen und Betrieben der Futter- und Nahrungsmittelproduktion einschließlich Schlachtbetrieben.

In Abschnitt 3 BiostoffV nimmt sich der Gesetzgeber der **Grundpflichten und Schutzmaßnahmen** an:

In § 8 BiostoffV „Grundpflichten" kommt das bekannte Schema zur Anwendung; die Details beziehen sich dann auf die Biostoffe. Der Arbeitgeber hat die Schutzmaßnahmen auf der Grundlage der Gefährdungsbeurteilung nach dem Stand der Technik sowie nach gesicherten wissenschaftlichen Erkenntnissen festzulegen und zu ergreifen. Dazu hat er die Vorschriften dieser Verordnung einschließlich der Anhänge zu beachten und die nach § 19 Absatz 4 Nummer 1 BiostoffV bekannt gegebenen Regeln (TRBA – Technische Regeln für biologische Arbeitsstoffe) und Erkenntnisse zu berücksichtigen. Bei Einhaltung der Regeln und Erkenntnisse ist davon auszugehen, dass die gestellten Anforderungen erfüllt sind (Vermutungswirkung).

Bei allen Tätigkeiten mit Biostoffen müssen mindestens die allgemeinen **Hygienemaßnahmen** eingehalten werden (§ 9 Absatz 1 BiostoffV). Insbesondere hat der Arbeitgeber dafür zu sorgen, dass

1. Arbeitsplätze und Arbeitsmittel in einem dem Arbeitsablauf entsprechenden sauberen Zustand gehalten und regelmäßig gereinigt werden,
2. Fußböden und Oberflächen von Arbeitsmitteln und Arbeitsflächen leicht zu reinigen sind,
3. Waschgelegenheiten zur Verfügung stehen, und
4. vom Arbeitsplatz getrennte Umkleidemöglichkeiten vorhanden sind, sofern Arbeitskleidung erforderlich ist; die Arbeitskleidung ist regelmäßig sowie bei Bedarf zu wechseln und zu reinigen.

§ 9 Absatz 4 BiostoffV erweitert den Regelungshorizont: Der Arbeitgeber hat Biostoffe sicher zu lagern, innerbetrieblich sicher zu befördern und Vorkehrungen zu treffen, um Missbrauch oder

Fehlgebrauch zu verhindern. Dabei hat er sicherzustellen, dass nur Behälter verwendet werden, die hinsichtlich ihrer Beschaffenheit geeignet sind, den Inhalt sicher zu umschließen; sie so gekennzeichnet sind, dass die davon ausgehenden Gefahren in geeigneter Weise deutlich erkennbar sind; und hinsichtlich Form und Kennzeichnung sie so gestaltet sind, dass der Inhalt nicht mit Lebensmitteln verwechselt werden kann.

§ 10 BiostoffV enthält zusätzliche Schutzmaßnahmen und Anforderungen bei Tätigkeiten der Schutzstufe 2, 3 oder 4 in Laboratorien, in der Versuchstierhaltung sowie in der Biotechnologie. § 11 BiostoffV legt zusätzliche Schutzmaßnahmen und Anforderungen in Einrichtungen des Gesundheitsdienstes fest.

Die **arbeitsmedizinische Vorsorge** wird im § 12 BiostoffV kurz und knapp abgehandelt: Die Verordnung zur arbeitsmedizinischen Vorsorge (ArbMedVV) in der jeweils geltenden Fassung gilt auch für den in § 2 Absatz 9 Satz 2 BiostoffV genannten Personenkreis [Beschäftigte]!

§ 13 BiostoffV widmet sich einem sehr heiklen Thema: **Betriebsstörungen und Unfälle**. Die grundlegende Regelung findet sich in Absatz 1:

Der Arbeitgeber hat vor Aufnahme einer Tätigkeit der Schutzstufen 2 bis 4 die erforderlichen Maßnahmen festzulegen, die bei Betriebsstörungen oder Unfällen notwendig sind, um die Auswirkungen auf die Sicherheit und Gesundheit der Beschäftigten und anderer Personen zu minimieren und den normalen Betriebsablauf wiederherzustellen. In Abhängigkeit von der Art möglicher Ereignisse und verwendeter oder vorkommender Biostoffe ist insbesondere Folgendes festzulegen:

1. Maßnahmen zur Ersten Hilfe und weitergehende Hilfsmaßnahmen für Beschäftigte bei unfallbedingter Übertragung von Biostoffen einschließlich der Möglichkeit zur postexpositionellen Prophylaxe,
2. Maßnahmen, um eine Verschleppung von Biostoffen zu verhindern,
3. Desinfektions-, Inaktivierungs- oder Dekontaminationsmaßnahmen,
4. dass getestet wird, ob bei Betriebsstörungen oder Unfällen die verwendeten Biostoffe in die Arbeitsumgebung gelangt sind, soweit dies technisch möglich ist und validierte Testverfahren bestehen.

Diese Festlegungen sind gemäß § 14 Absatz 1 Satz 4 Nummer 3 BiostoffV ein Bestandteil der **Betriebsanweisung**. § 14 BiostoffV verlangt auch eine entsprechende Unterweisung der Beschäftigten.

Der Arbeitgeber hat vor Aufnahme der Tätigkeiten ein Verfahren für Unfallmeldungen und -untersuchungen sowie die Vorgehensweise zur Unterrichtung der Beschäftigten und ihrer Vertretungen festzulegen. Die Beschäftigten und ihre Vertretungen sind über Betriebsstörungen und Unfälle mit Biostoffen, die die Sicherheit oder Gesundheit der Beschäftigten gefährden können, unverzüglich zu unterrichten. (§ 13 Absatz 5 BiostoffV)

Die §§ 15 und 16 BiostoffV führen eine **Erlaubnis- und Anzeigepflicht** ein:

Der Arbeitgeber bedarf der Erlaubnis der zuständigen Behörde, bevor Tätigkeiten der Schutzstufe 3 oder 4 in Laboratorien, in der Versuchstierhaltung oder in der Biotechnologie erstmals aufgenommen werden. Die Erlaubnis umfasst die baulichen, technischen und organisatorischen Voraussetzungen nach der BiostoffV zum Schutz der Beschäftigten und anderer Personen vor den Gefährdungen durch diese Tätigkeiten. Die Erlaubnis ist zu erteilen, wenn die Anforderungen dieser

Verordnung erfüllt werden, die erforderlich sind, um den Schutz der Beschäftigten und anderer Personen vor den Gefährdungen durch Biostoffe sicherzustellen (§ 15 Absatz 4 BiostoffV).

Der Arbeitgeber hat der zuständigen Behörde nach Maßgabe der Absätze 2 und 3 des § 16 BiostoffV anzuzeigen:

1. die erstmalige Aufnahme gezielter Tätigkeiten mit Biostoffen der Risikogruppe 2 sowie mit Biostoffen der Risikogruppe 3, die mit (**) gekennzeichnet sind, und die erstmalige Aufnahme nicht gezielter Tätigkeiten der Schutzstufe 2 mit Biostoffen der Risikogruppe 3 einschließlich solcher, die mit (**) gekennzeichnet sind, sofern die Tätigkeiten auf diese Biostoffe ausgerichtet sind und regelmäßig durchgeführt werden sollen, und zwar in Laboratorien, in der Versuchstierhaltung und in der Biotechnologie,
2. jede Änderung der erlaubten oder angezeigten Tätigkeiten, wenn diese für die Sicherheit und den Gesundheitsschutz bedeutsam sind,
3. die Inbetriebnahme einer Patientenstation der Schutzstufe 4 bei Aufnahme einer infizierten Patientin oder eines infizierten Patienten sowie die anschließende Außerbetriebnahme,
4. das Einstellen einer nach § 15 BiostoffV erlaubnispflichtigen Tätigkeit.

§ 17 BiostoffV verlangt eine **Unterrichtung der Behörde**: Der Arbeitgeber hat die zuständige Behörde unverzüglich zu unterrichten über

1. jeden Unfall und jede Betriebsstörung bei Tätigkeiten mit Biostoffen der Risikogruppe 3 oder 4, die zu einer Gesundheitsgefahr der Beschäftigten führen können, und
2. Krankheits- und Todesfälle Beschäftigter, die auf Tätigkeiten mit Biostoffen zurückzuführen sind, unter genauer Angabe der Tätigkeit.

Die abschließenden **Ordnungswidrigkeiten** (§ 20 BiostoffV) ergeben sich aus den detaillierten Anforderungen der BiostoffV (…nicht, nicht richtig, nicht vollständig oder nicht rechtzeitig …). Wer durch eine in § 20 Absatz 1 bezeichnete vorsätzliche Handlung Leben oder Gesundheit eines Beschäftigten gefährdet, ist nach § 26 Nummer 2 des Arbeitsschutzgesetzes strafbar.

■ TRBA 400 Handlungsanleitung zur Gefährdungsbeurteilung … bei Tätigkeiten mit biologischen Arbeitsstoffen (Ausgabe März 2017, geändert Juli 2018)

Ein zentraler Bestandteil der TRBA 400 ist die Informationsbeschaffung als Voraussetzung für die Gefährdungsbeurteilung. Ausgangspunkt ist die Feststellung der Identität der biologischen Arbeitsstoffe. In der Abfallwirtschaft ist dies besonders problematisch. Zum einen handelt es sich um **nicht** gezielte Tätigkeiten, d. h. **nicht** um den Umgang mit einem bekannten biologischen Arbeitsstoff zu einem bestimmten Zweck, wie es beispielsweise in Forschungseinrichtungen geschieht. Stichwort ist hier „**Nicht**-Schutzstufentätigkeiten gemäß § 6 BioStoffV". Zum anderen ist im Abfallbereich mit einer Vielfalt biologischer Arbeitsstoffe zu rechnen, deren Bestimmung sehr aufwendig sein wird. Die TRBA 400 zieht sich hier z. B. auf die Feststellung relevanter Organismengruppen (z. B. „Schimmelpilze") zurück.

An die Identifizierung schließt sich die Sammlung von Informationen über mögliche Gefahren (Risikogruppe, Übertragungsweg, Auswirkungen beim Menschen) an. Das Ergebnis ist ein Verzeichnis der relevanten biologischen Arbeitsstoffe. Darauf aufbauend erfolgt eine Analyse der betrieblichen Tätigkeiten unter dem Gesichtspunkt der Belastung mit biologischen Arbeitsstoffen. Die Anlage 4 mit „Expositionsstufen" für Schimmelpilze und Endotoxine in verschiedenen Arbeitsbereichen ist hier relevant. Als Arbeitsbereiche werden hier auch die Abfallverbrennung, die Abfallentsorgung, die Abfallsammlung, Kompostieranlagen und das Recycling genannt.

Diese Analyse ist die Grundlage für die Zuordnung der einzelnen betrieblichen Tätigkeiten zu Schutzstufen. Beachte hier die TRBA 214 „Anlagen zur Behandlung und Verwertung von Abfällen" (s. u.). Tätigkeiten im Geltungsbereich dieser TRBA müssen keiner Schutzstufe zugeordnet werden (Nicht-Schutzstufentätigkeiten gemäß § 6 BioStoffV).

TRBA 500 Grundlegende Maßnahmen bei Tätigkeiten mit biologischen Arbeitsstoffen (Ausgabe April 2012)

Unter grundlegenden Maßnahmen sind Hygienemaßnahmen zu verstehen, die dem Schutz der Beschäftigten vor biologischen Arbeitsstoffen dienen. Hygienemaßnahmen umfassen neben Maßnahmen der persönlichen Körperhygiene bauliche, technische, organisatorische und persönliche Schutzmaßnahmen zur Verringerung der Belastung der Luft, von Materialien, Produkten oder Oberflächen durch biologische Arbeitsstoffe mit dem Ziel, Infektionen, sensibilisierende und toxische Wirkungen zu verhindern.

TRBA 214 Anlagen zur Behandlung und Verwertung von Abfällen (Ausgabe Juli 2018, zuletzt geändert am 13. Juli 2021)

Diese TRBA gilt für den Umgang mit Biostoffen bei Tätigkeiten in Anlagen zur Behandlung bzw. stofflichen oder energetischen Verwertung von Abfällen. Außerdem gilt diese TRBA für Sortieranalysen und manuelles Sortieren von Abfällen außerhalb von Abfallbehandlungsanlagen. Sie gilt [mit Ausnahme des Anhangs 3] nicht für Tätigkeiten mit Abfällen, an deren Sammlung und Entsorgung aus infektionspräventiver Sicht besondere Anforderungen gestellt werden. Der Anlagenbegriff wird wie folgt illustriert:

- Aufbereitungs- und Sortieranlagen für z. B. Siedlungs- und Gewerbeabfälle einschließlich getrennt gesammelter Fraktionen (z. B. Papier und Pappe, Glas, Textilien, Kunststoffe), sowie für Bau- und Abbruchabfälle,
- Kompostierungsanlagen (Anlagen zur Erzeugung von Kompost aus organischen Abfällen),
- Vergärungsanlagen und Kofermentationsanlagen, in denen Abfallstoffe wie Bioabfälle aus der Haushaltssammlung gemeinsam mit Wirtschaftsdünger oder nachwachsenden Rohstoffen im Fermentationsprozess eingesetzt werden,
- Mechanisch-biologische Abfallbehandlungsanlagen (MBA),
- Mechanisch-physikalische Abfallbehandlungs- oder Stabilisierungsanlagen (MPS),
- Anlagen, in denen Abfälle verbrannt, energetisch verwertet oder als Ersatzbrennstoff (EBS, abfallstämmige Brennstoffe) eingesetzt werden,
- Anlagen, in denen Abfälle der Abfallschlüsselnummer 18 01 03* mitverbrannt werden (siehe Anhang 3 der TRBA 214; infektiöse Abfälle, z. B. aus der Dialyse, dem OP-Bereich oder der Pathologie und Rechtsmedizin),
- Abfallumladestationen.

Das zu den Pflichten des Arbeitgebers gehörende Prozedere beginnt mit der **Gefährdungsbeurteilung**: Der Arbeitgeber ist nach § 5 ArbSchG verpflichtet, die Arbeitsbedingungen seiner Beschäftigten daraufhin zu beurteilen, ob deren Gesundheit oder Sicherheit gefährdet ist. Ziel dieser Gefährdungsbeurteilung ist es zu ermitteln, welche Maßnahmen getroffen werden müssen, um die festgestellten Gefährdungen der Beschäftigten zu verhindern. Der Arbeitgeber kann hierfür die Vorgaben der TRBA 214 entsprechend § 4 BioStoffV verwenden, soweit die hier beschriebenen Tätigkeiten und Expositionsbedingungen sich auf die konkret zu beurteilende Situation übertragen lassen. Bei einer fehlenden oder unzutreffenden Übertragbarkeit sind die entsprechenden Tätigkeiten und die damit verbundenen Gefährdungen entsprechend der TRBA 400 zu beurteilen.

Die Gefährdungsbeurteilung muss fachkundig erfolgen. Verfügt der Arbeitgeber nicht selbst über die entsprechenden Kenntnisse, hat er sich fachkundig beraten zu lassen. Regelungen zur erforderlichen Fachkunde enthält die TRBA 200 „Anforderungen an die Fachkunde nach Biostoffverordnung" (Ausgabe Juni 2014). Nach § 4 Absatz 2 BioStoffV ist die Gefährdungsbeurteilung mindestens jedes zweite Jahr zu überprüfen, bei Bedarf zu aktualisieren und das Ergebnis zu dokumentieren.

Die **Gefährdungen durch Biostoffe** können wie folgt charakterisiert werden:

Bei einschlägigen Tätigkeiten kommen Beschäftigte mit Materialien und Gegenständen in Kontakt, die Biostoffe enthalten bzw. denen diese Stoffe anhaften. Dabei kann eine Vielzahl von Bakterien, Schimmelpilzen und Viren freigesetzt werden. Insbesondere organische Abfälle, Abfälle mit organischen Bestandteilen bzw. Abfälle mit organischen Anhaftungen sind Träger von Biostoffen.

Die auftretenden Biostoffe sind im Einzelnen der Art, Menge und Zusammensetzung nach nicht bekannt! Bakterien und Schimmelpilze vermehren sich aufgrund der Umweltbedingungen bzw. prozessbedingt im Abfall (Viren nicht!). Die Konzentration und das Artenspektrum sind abhängig von der Art des Abfalls, vom Zustand des Materials, vom Arbeitsbereich bzw. vom Verfahrensschritt. Es kommt zu einer **mikrobiellen Mischexposition** der Beschäftigten, wobei die Expositionsverhältnisse zeitlich und räumlich starken Schwankungen unterliegen. Die vorhandenen Biostoffe können bei den Beschäftigten Infektionen, Sensibilisierungen und toxische Wirkungen hervorrufen.

Eine Verbreitung der Biostoffe und eine Übertragung auf die Beschäftigten ist unter anderem möglich durch Staub- und Aerosolbildung und direkten Kontakt mit Abfall. Reinigungs- und Instandsetzungsarbeiten an Maschinen und der Umgang mit verunreinigten Gegenständen, Materialien und Kleidung müssen berücksichtigt werden. Für die Bewertung möglicher Gefährdungen sind die Aufnahme von Biostoffen über den Atemtrakt, Hand-Mund-Kontakte, Haut-/Schleimhautkontakte sowie Schnitt- und Stichverletzungen relevant.

Die Gefährdung durch Biostoffe wird bei der Abfallbehandlung maßgeblich bestimmt durch das Auftreten von Biostoffen der Risikogruppen 1 und 2 (siehe § 3 BioStoffV). In den zu behandelnden Abfällen können durch Störstoffe (z. B. Tierkadaver) oder durch Abfälle aus Krankenhäusern, Arztpraxen oder Haushaltungen mit Kranken bzw. Pflegebedürftigen auch infektiöse Materialien mit Biostoffen der Risikogruppe 3 vorhanden sein. Auch durch Nagetiere (Hantavirus!), Vögel oder andere Tiere und durch deren Exkremente können Biostoffe der Risikogruppe 3 eingetragen werden. Das Vorhandensein von Biostoffen der Risikogruppe 3 ist ein zeitweiliges Ereignis. Das Infektionsrisiko wird bei Einhaltung geeigneter Maßnahmen als gering eingeschätzt.

Die **Schutzmaßnahmen** sind entsprechend der in § 8 Absatz 4 BioStoffV beschriebenen Rangfolge untergliedert in bauliche Maßnahmen, technische Maßnahmen, organisatorische einschließlich hygienische Maßnahmen, und persönliche Schutzmaßnahmen und -ausrüstungen.

Grundsätzlich sind die in der TRBA 214 beschriebenen baulichen und technischen Maßnahmen bei konsequenter Durchführung und Instandhaltung der Gebäude und Anlagen effektive Instrumente zur Minimierung der Konzentration von Biostoffen in der Luft am Arbeitsplatz. Zwingend ist jedoch zusätzlich die konsequente Einhaltung der organisatorischen Maßnahmen, insbesondere der Hygienemaßnahmen, um das erforderliche Arbeitsschutzniveau aufrechtzuerhalten. Erst wenn technische und organisatorische Maßnahmen den Schutz der Beschäftigten nicht in ausreichendem Maße gewährleisten können, ist geeignete persönliche Schutzausrüstung zu tragen!

Allgemeine Schutzmaßnahmen werden nach den Prinzipien „Vermeidung" und „Minimierung" von Gefährdungen gestaltet. Ein Beispiel ist die manuelle Sortierung von Abfällen: Sie ist zu vermeiden. Sofern dies nicht vollständig möglich ist, muss der Anteil manueller Sortiertätigkeiten minimiert werden. Ein weiteres Prinzip ist die „Isolierung": Die Bereiche Anlieferung, Behandlung/Sortierung und Zwischenlager sind möglichst in baulich abgetrennten Bereichen zu installieren. Die TRBA 214 enthält für die verschiedenen Bereiche angepasste Ausführungen zu den Schutzmaßnahmen baulicher, technischer und organisatorischer Art.

Anlagen müssen regelmäßig sowie bei Bedarf gereinigt werden. Da die Nachhaltigkeit vereinzelter Reinigungsmaßnahmen durch den kontinuierlichen Materialdurchsatz begrenzt ist, ist ein konsequent durchgeführtes Reinigungsmanagement notwendig. Dazu ist die Aufstellung eines **Reinigungs- und Hygieneplans** mit festgelegten Reinigungsintervallen erforderlich. Seine Einhaltung ist schriftlich zu dokumentieren.

Anhang 1 gibt Auskunft zu Reinigungsmethoden und Reinigungsintervallen. Anhang 2 gibt Expositionsstufen für Schimmelpilze in Arbeitsbereichen der Abfallwirtschaft vor. Anhang 3 geht systematisch und detailliert auf Schutzmaßnahmen bei der Verbrennung von Abfällen der Schlüsselnummer 18 01 03*, die bei der Versorgung von Patienten mit Krankheitserregern der Risikogruppe 4 anfallen, ein. In der Risikogruppe 4 sind Biostoffe erfasst, die eine schwere Krankheit beim Menschen hervorrufen und eine ernste Gefahr für Beschäftigte darstellen; die Gefahr einer Verbreitung in der Bevölkerung ist unter Umständen groß; normalerweise ist eine wirksame Vorbeugung oder Behandlung nicht möglich.

■ TRBA 213 Abfallsammlung: Schutzmaßnahmen (Neufassung vom Juli 2021)

Abfallsammlung im Sinne dieser TRBA ist die fahrzeuggebundene Sammlung von Siedlungsabfällen [siehe Kapitel 20 AVV] **und getrennt gesammelten Verpackungsabfällen** [AVV-Schlüsselnummergruppe 15 01] **einschließlich der Beförderung bis zur Entleerung des Sammelfahrzeugs.**

Abschnitt 3 der TRBA 213 befasst sich mit der Informationsermittlung und Gefährdungsbeurteilung. Am Arbeitsplatz können hier neben Biostoffen gleichzeitig weitere unterschiedliche Belastungen oder Gefährdungen bestehen. Diese sind getrennt zu erfassen und zu beurteilen. Die Schutzmaßnahmen sind darauf abzustimmen und müssen alle Gefährdungen berücksichtigen.

Der Arbeitgeber kann für seine Gefährdungsbeurteilung die Vorgaben dieser TRBA entsprechend § 4 BioStoffV verwenden, soweit die hier beschriebenen Tätigkeiten und Expositionsbedingungen sich auf die konkret zu beurteilende Situation übertragen lassen. Bei einer fehlenden oder nicht gegebenen Übertragbarkeit sind die entsprechenden Tätigkeiten und die damit verbundenen Gefährdungen entsprechend der TRBA 400 (siehe insbesondere Nummer 5.4 „Expositionsstufen") zu beurteilen.

Kapitel 3.2 der TRBA 213 stellt formale Anforderungen, die natürlich dem gewohnten Schema folgen. In Absatz 8 wird der Arbeitgeber angesichts einer komplexen Gefährdungssituation aufgefordert, für eine fachkundige Durchführung der Gefährdungsbeurteilung arbeitsmedizinischen Sachverstand einzubeziehen (vgl. Arbeitsmedizinische Regel – AMR 3.2). Dem Betriebsarzt sind alle erforderlichen Auskünfte über die Arbeitsplatzverhältnisse zu erteilen und die Begehung des Arbeitsplatzes zu ermöglichen.

In Kapitel 3.3 der TRBA 213 wird auf die Gefährdungen durch Biostoffe eingegangen. Wichtig ist die folgende Feststellung: Es kommt zu einer mikrobiellen Mischexposition der Beschäftigten, wobei die Expositionsverhältnisse zeitlich und räumlich starken Schwankungen unterliegen. Die dabei jeweils auftretenden Biostoffe sind nicht im Einzelnen nach Art, Menge und Zusammensetzung bekannt.

Die in Abschnitt 4 ff. der TRBA 2013 für einzelne Arbeitsbereiche aufgeführten Schutzmaßnahmen sind entsprechend der in § 8 Absatz 4 BioStoffV beschriebenen Rangfolge untergliedert:

a) bauliche Maßnahmen bzw. technische Maßnahmen,
b) organisatorische einschließlich hygienischer Maßnahmen,
c) persönliche Schutzmaßnahmen und -ausrüstungen.

Hier beispielhaft einige Forderungen:

- Fahrzeuge, insbesondere der Bereich der Schüttung, müssen wöchentlich und darüber hinaus bei Bedarf gereinigt werden.
- Im Rahmen der Unterweisung hat eine allgemeine arbeitsmedizinische Beratung der Beschäftigten zu erfolgen. Dabei ist der bestellte Betriebsarzt bzw. der mit der Durchführung der arbeitsmedizinischen Vorsorge beauftragte Arzt einzubeziehen.
- Bei allen Tätigkeiten, die einen direkten Kontakt mit Abfällen bedingen, sind, ausgehend von der Gefährdungsbeurteilung, persönliche Schutzausrüstungen (PSA) zu benutzen.
- Der Arbeitgeber hat den Beschäftigten das Essen, Trinken und Rauchen grundsätzlich beim Umgang mit Abfällen zu untersagen. Daher hat er den Beschäftigten die Aufnahme von Nahrungs- und Genussmitteln unter solchen Bedingungen zu ermöglichen, dass die Aufnahme von Biostoffen aus der Arbeitsumwelt vermieden wird.
- Die Beladung und Verdichtung des Abfalls im Aufbau soll möglichst staubarm erfolgen (z. B. mit Pressplattenverdichtung).
- Die Freisetzung von Aerosolen aus dem Bereich der Schüttung soll verringert werden.
- Abfallbehälter dürfen nur mit geschlossenem Deckel der Schüttung zugeführt werden. Das Öffnen und Schließen des Deckels führt zu einer erhöhten Freisetzung von Bioaerosolen. In Abfallbehälter darf nicht hineingegriffen werden; ein Nachdrücken des Sammelgutes mit der Hand ist nicht zulässig.
- Die bereitgestellten persönlichen Schutzausrüstungen müssen benutzt werden.
- Arbeits- und Schutzkleidung muss vom Arbeitgeber regelmäßig und bei Bedarf gereinigt und instandgehalten werden. Der Wechselrhythmus darf nicht länger als eine Arbeitswoche betragen.
- Bezüglich der arbeitsmedizinischen Vorsorge wird auf die ArbMedVV verwiesen.

2.3 Gefahrgut

Abfälle können „gefährliche" Eigenschaften im Sinne des Gefahrgutrechts aufweisen, z. B.

- Entzündbarkeit (Brennbarkeit),
- oxidierende Wirkung,
- Giftigkeit,
- ätzende Wirkung,
- Bildung entzündbarer Gase bei Berührung mit Wasser,
- Kontamination mit ansteckenden Krankheitserregern,
- radioaktive Abstrahlung,
- umweltgefährdend (aquatische Toxizität) oder
- Freisetzung gesundheitsgefährdender Stäube.

Diese gefährlichen Eigenschaften (vgl. mit § 3a ChemG und § 3 GefStoffV) machen Abfälle im Beförderungsfall zu „Gefahrgut". Beachte, dass „gefährliche Abfälle" in der Abfallverzeichnis-Verordnung ebenfalls mit Bezug auf ChemG und GefStoffV definiert werden.

§ 2 Absatz 1 Gesetz über die Beförderung gefährlicher Güter

Gefährliche Güter sind … Stoffe und Gegenstände, von denen aufgrund ihrer Natur, ihrer Eigenschaften oder ihres Zustandes im Zusammenhang mit der Beförderung Gefahren für die öffentliche Sicherheit oder Ordnung, insbesondere für

- ***die Allgemeinheit,***
- ***für wichtige Gemeingüter,***
- ***für Leben und Gesundheit von Menschen sowie***
- ***für Tiere und Sachen***

ausgehen können.

Die heikle Natur des Gefahrguttransports lässt sich an einschlägigen Unfallstatistiken verdeutlichen. Hier sei aus einer aktuellen Zusammenstellung der Bundesanstalt für Straßenwesen – BASt zitiert (beachte, dass dem ein Transportvolumen auf der Straße von weit über 100 Mio. Tonnen (2018: 149 Mio. Tonnen; Quelle: Statistisches Bundesamt) gegenübersteht):

- Unfälle mit Personenschäden 2016: 113, 2017: 132, 2018: 109
- Schwerwiegende Unfälle mit Sachschaden 2016: 29, 2017: 44, 2018: 33
- Verletzte (und Getötete) bei Unfällen mit Güterkraftfahrzeugen mit Gefahrgut 2016: 158 (7), 2017: 186 (4), 2018: 148 (11)
- Zahl der Unfälle mit Beteiligung von Tankfahrzeugen 2016: 76, 2017: 75, 2018: 54
- Unfälle mit Gefahrgut der Klasse 3 (Entzündbare flüssige Stoffe; Transportvolumen 2016: 84 Mio. Tonnen): 2016: 68, 2017: 69, 2018: 58

Ältere Untersuchungen der BASt für den Zeitraum 1992 bis 1995 zeigen, dass

- als häufigste Unfallart das „Auffahren auf ein fahrendes Fahrzeug" auftrat;
- fast die Hälfte der Alleinunfälle auf nicht angepasste Geschwindigkeit zurückzuführen war;
- der Großteil der Unfälle mit Gefahrgutaustritt auf der Autobahn geschah;
- bezogen auf 1 000 Gefahrgutunfälle mit Personenschaden im Mittel 69 Personen getötet und 413 Personen schwer verletzt wurden.

84 im Jahre 1995 in Unfälle verwickelte Gefahrgutfahrzeuge setzten insgesamt 198,5 Tonnen Gefahrgut frei; 94 % dieser Menge war den entzündbaren flüssigen Stoffen (Klasse 3) zuzurechnen (Quelle: Gefährliche Ladung 2/96). Die Menge der ausgetretenen Produkte bei Unfällen auf der Straße lag 1997 bei 203,7 Tonnen; davon waren drei Viertel brennbare Flüssigkeiten (vor allem Diesel, Heizöl und Benzin) (Quelle: Gefährliche Ladung 2/98). An diesen grundsätzlichen Fakten hat sich seitdem nicht viel geändert: Die Menge ausgetretenen Gefahrguts stagniert auf niedrigem Niveau! Das heißt aber auch, dass eine weitere Steigerung des Sicherheitsniveaus mit unverhältnismäßig hohen Kosten verbunden sein wird.

Gefahrguteinteilung

Gefahrgüter (genauer: gefährliche „Stoffe" und „Gegenstände") werden entsprechend ihrer gefährlichen Eigenschaften in **„Klassen"** zusammengefasst.

Innerhalb der Klassen erfolgt eine Differenzierung: Es gibt nicht nur eindeutig definierte Stoffe und Gegenstände (z. B. UN 1219 ISOPROPANOL, UN 3268 SICHERHEITSEINRICHTUNGEN, elektrische Auslösung), sondern auch Auffangposten wie UN 2902 PESTIZID, FLÜSSIG, GIFTIG, N.A.G. oder UN 0352 GEGENSTÄNDE MIT EXPLOSIVSTOFF, N.A.G. (n.a.g. = nicht anderweitig genannt). Man kann von Einzeleintragungen und Sammeleintragungen in der tabellarischen Stoffaufzählung sprechen.

Die Zuordnung zu einer in der Stoffaufzählung genannten Bezeichnung ist bei Abfällen, die als feste oder flüssige Gemische (Lösungen) vorliegen, zumindest problematisch. Die Gefahrgutvorschriften geben hier eine Anleitung zur Klassifizierung, die jedoch voraussetzt, dass die gefährlichen Eigenschaften des Abfalls bekannt sind. Die Klassifizierung von „Sonderabfällen" ist deshalb in der Regel Aufgabe eines Chemikers.

Dem Laien ist eine Abfallklassifizierung nur dann möglich, wenn es, wie bei einigen Standardabfällen (z. B. ölverunreinigte Putztücher, Leichtflüssigkeitsabscheiderinhalte), eine allgemein anerkannte „Sprachregelung" gibt oder mit wenigen einfachen Tests (Indikatoren) eine eindeutige Zuordnung zu einer Sammeleintragung möglich ist (das **ADR** – die zentrale Gefahrgutvorschrift für die Beförderung auf der Straße – bietet dazu im Teil 2 „Klassifizierung" einfach verzweigte Bestimmungsschlüssel an).

Die Abfallklassifizierung (nach Abfall- wie Gefahrgutrecht!) ist nicht Aufgabe des Einsammlers/Beförderers, sondern des Abfallerzeugers/-besitzers.

In diesem Zusammenhang sei auf das Sicherheitsdatenblatt verwiesen, dem der Hersteller/Vertreiber von Produkten auch eine Gefahrgutklassifizierung hinzufügen muss. Für die Klassifizierung von einschlägigen Abfällen (und bei bekannten Abfallbestandteilen) ergibt sich damit zumindest eine solide Einschätzung.

Klasse	Bezeichnung	Beispiele
1	**Explosive Stoffe und Gegenstände mit Explosivstoff**	Feuerwerkskörper, Munition
2	**Gase**	Propan, Butan, Acetylen
3	**Entzündbare flüssige Stoffe**	Alkohole, gebrauchtes Aceton (Lösemittel), Farb-, Klebstoff-, Lackabfälle
4.1	**Entzündbare feste Stoffe, selbstzersetzliche Stoffe, polymerisierende Stoffe und desensibilisierte explosive feste Stoffe**	Kautschukabfälle, Nitrocelluloseabfälle, gebrauchte Kfz-Ölfilter
4.2	**Selbstentzündliche Stoffe**	Zelluloidabfälle, ölhaltige Baumwollabfälle
4.3	**Stoffe, die in Berührung mit Wasser entzündbare Gase entwickeln**	Calciumcarbidabfälle
5.1	**Entzündend (oxidierend) wirkende Stoffe**	Ammoniumnitrathaltige Düngemittelreste
5.2	**Organische Peroxide**	Peroxyessigsäure, Härter für Polyesterharze
6.1	**Giftige Stoffe**	Leere ungereinigte Behälter von Schädlingsbekämpfungsmitteln, bestimmte Altmedikamente, Abfälle mit halogenhaltigen Kohlenwasserstoffen (z. B. Per)
6.2	**Ansteckungsgefährliche Stoffe**	Abfall aus Kliniken (Verbandsmaterial, Spritzen etc.)
7	**Radioaktive Stoffe**	Radioaktive Abfälle mit geringer spezifischer Aktivität (z. B. Tritium aus der biologischen Forschung)
8	**Ätzende Stoffe**	Abfallnitriersäuremischung, Abfallschwefelsäure, Abfälle von Formaldehydlösungen (Desinfektionsmittel)
9	**Verschiedene gefährliche Stoffe und Gegenstände**	Asbest, verschiedene wasserverunreinigende Stoffe, Lithiumbatterien

Exkurs: Befreiungen und Freistellungen

Sobald die Klassifizierung der zu befördernden Güter feststeht, stellt sich jedem Gefahrgutbeauftragten, zu dessen Aufgaben ja auch die Beratung, die in der Regel eine konkrete Problemlösung ist, gehört, die Frage: Geben die Vorschriften die Möglichkeit her, es einfacher zu machen? Kann vielleicht sogar ganz auf die Anwendung der Vorschriften verzichtet werden? Es gibt tatsächlich solche Möglichkeiten:

- Die Güter sind als Gefahrgut klassifiziert. Aus dem Verzeichnis der gefährlichen Güter ist aber ersichtlich, dass dieses Gefahrgut nicht den Vorschriften des ADR unterliegt.
- In den Sondervorschriften kann eine Freistellung erfolgen. Diese hat in der Regel zwei Haken. Zum einen wird die zulässige Art und Menge des Gutes in einer Art und Weise spezifiziert, die die Anwendbarkeit der Sondervorschrift deutlich einschränkt. Zum anderen werden Vorschriften für die Beförderung (z. B. Art der Verpackung) gemacht.
- Die Beförderung von „in begrenzten Mengen [Limited Quantities – LQ] verpackten Gütern" ermöglicht den Verzicht auf einen Teil der relevanten Vorschriften. Die Anwendung von LQ macht aber nur Sinn, wenn die Güter sowieso in den vorgeschriebenen Mengen abgepackt werden. Das ist z. B. bei Kosmetik, bei Spirituosen, bei Haushaltschemikalien, aber auch bei Produkten für den Handwerker (Schäume und Flüssigkeiten in Sprühflaschen) der Fall. Die Begrenzung der Packungsgröße führt zu einer Nicht-Begrenzung der Ladung auf einer Beförderungseinheit.
- Eine andere Möglichkeit ist die „Freistellung in Zusammenhang mit Mengen, die je Beförderungseinheit befördert werden". Hier kann praktisch alles – unter Beachtung von Zusammenladungsverboten – aufgeladen werden. Was beachtet werden muss, ist die „höchstzulässige Gesamtmenge je Beförderungseinheit". Diese wird, sobald die zu befördernden Güter nach Art und Menge feststehen, mit einer Routine ermittelt, die im Abschnitt 1.1.3.6 ADR festgelegt ist. Das oft in den Köpfen herumspukende Stichwort lautet „1000-Punkte-Regel". Kommen mehr als 1000 Punkte zusammen, muss die vorgesehene Ladung so angepasst werden, dass die Grenze nicht überschritten wird. Das Ergebnis ist ein nicht kennzeichnungspflichtiger Transport (keine geöffneten Warntafeln). Es handelt sich typischerweise um eine Mischladung aus relativ kleinen Mengen.

Gefahrgutbeförderung

§ 2 Absatz 2 Gesetz über die Beförderung gefährlicher Güter

Die Beförderung im Sinne dieses Gesetzes umfasst nicht nur den Vorgang der Ortsveränderung, sondern auch die Übernahme und die Ablieferung des Gutes sowie zeitweilige Aufenthalte im Verlauf der Beförderung, Vorbereitungs- und Abschlusshandlungen (Verpacken und Auspacken der Güter, Be- und Entladen), Herstellen, Einführen und Inverkehrbringen von Verpackungen, Beförderungsmitteln und Fahrzeugen für die Beförderung gefährlicher Güter, auch wenn diese Handlungen nicht vom Beförderer ausgeführt werden.

Der Gesetzgeber dehnt den Begriff „Beförderung" auf „Vorbereitungs- und Abschlusshandlungen" (bis zum Verpacken und Auspacken bzw. Befüllen und Entleeren) aus. Damit wird deutlich, dass über den unmittelbaren Beförderer hinaus noch andere Personen den Gefahrgutvorschriften unterliegen (sogenannte Beteiligte; siehe Kapitel 3.4 „Verantwortlichkeiten").

An die Gefahrgutbeförderung auf der Straße (für den Transport mit Eisenbahn, Binnenschiff, Seeschiff und Flugzeug existieren ebenfalls einschlägige Vorschriften; die Harmonisierung dieser Vorschriften ist weit fortgeschritten) werden umfangreiche Anforderungen gestellt. Sie betreffen

- die Behältnisse („Umschließungen"), in denen das Gefahrgut befördert werden soll,
- die Art der Fahrzeuge und die Art der Beförderung,
- den Bau und die Ausrüstung der Fahrzeuge,
- die Bezettelung und Kennzeichnung von Versandstücken, Tanks und Fahrzeugen,
- die Begleitpapiere („Dokumentation") und
- die Qualifikation des Personals.

Es ist offensichtlich, dass hier eine umfassende Risikominimierung angestrebt wird.

Die nachfolgenden Ausführungen erheben keinen Anspruch auf Vollständigkeit, sondern geben einen ersten Überblick.

Sie sind kein Ersatz für die vorgeschriebene Schulung der Fahrzeugführer bzw. der Gefahrgutbeauftragten und genügen auch nicht dem Unterweisungserfordernis gemäß ADR.

Das Kapitel „Gefahrgut" in diesem Buch beruht auf dem „ADR 2023", d. h. Vorschriften, die zum 1. Januar 2023 in Kraft getreten sind (mit einer Übergangszeit von einem halben Jahr). Zum 1. Januar 2025 wird sich dieser Vorgang mit dem „ADR 2025" wiederholen.

Begleitpapiere

Begleitpapiere dienen zum ersten der Information des Fahrers. Er muss z. B. den Inhalt des Unfallmerkblattes kennen und im Ernstfall in der Lage sein, die darin genannten Maßnahmen umzusetzen. Der Fahrer kann nicht überprüfen, ob die Angaben im Beförderungspapier (siehe unten) richtig sind; er kann lediglich schauen, ob die Angaben plausibel und formal richtig sind.

Zweitens stellen Begleitpapiere Dokumentationsmaterial dar, das es der Überwachungsbehörde (Polizei, Bundesamt für Logistik und Mobilität – BALM) ermöglicht, die Ordnungsmäßigkeit des Transports festzustellen (die Begleitpapiere liefern Anhaltspunkte für Nachfragen und Detailkontrollen). Der Fahrer hat hier eine Mitführungspflicht und die Pflicht, den zur Kontrolle befugten Personen die Begleitpapiere auszuhändigen. Kommt er diesen Pflichten nicht nach, hat er eine Ordnungswidrigkeit begangen.

Zum Dritten enthalten die Begleitpapiere Angaben zum Gefahrgut, die bei einem Unfall/Zwischenfall die Arbeit von Feuerwehr und Polizei erleichtern sollen (z. B. Wahl des Löschmittels entsprechend dem transportierten Gefahrgut). Da das Unfallmerkblatt keinen spezifischen Bezug zum im Einzelfall beförderten Gefahrgut hat (siehe unten), ist das Beförderungspapier mit den UN-Nummern der tatsächlich beförderten Gefahrgüter von größter Bedeutung. Verlässt der Fahrer nach einem Unfall/Zwischenfall sein Fahrzeug, soll er dies mit dem Beförderungspapier in der Tasche tun!

Art des Begleitpapiers (keine vollständige Aufzählung!)	**National**	**International** (grenzüberschreitend)
Beförderungspapier	X	X
Schriftliche Weisungen („Unfallmerkblatt")	X	X
ADR-Schulungsbescheinigung	X	X
Zulassungsbescheinigung für Fahrzeuge zur Beförderung bestimmter gefährlicher Güter	X	X
Lichtbildausweis (z. B. Reisepass, Führerschein)	X	X

Das **Beförderungspapier** muss zumindest die folgenden Angaben enthalten:

- Bezeichnung des Gutes einschließlich der Kennzeichnungsnummer („UN-Nummer") entsprechend der tabellarischen Stoffaufzählung; der UN-Nummer sind die Großbuchstaben „UN" voranzustellen; die in den Vorschriften verwendeten UN-Nummern gelten weltweit;
- Nummer des entsprechend der tabellarischen Stoffaufzählung zu verwendenden Gefahrzettels für die Hauptgefahr; wenn mehr als ein Gefahrzettel vorgeschrieben ist, d. h. „Nebengefahren" angezeigt werden müssen", sind die weiteren in Klammern aufzuführen;
- Verpackungsgruppe aus der tabellarischen Stoffaufzählung (das Kürzel „VG" darf vorangestellt werden);
  die Verpackungsgruppen I, II und III geben die Abstufung der Gefährlichkeit (z. B. sehr giftig, giftig, schwach giftig) wieder; bei Gasen wird stattdessen eine Buchstaben-Kombination verwendet (z. B. TOC = giftig, oxidierend, ätzend); die Verpackungsgruppen bezeichnen Verpackungen mit unterschiedlicher, aber jeweils nachgewiesener Transportsicherheit;
- Tunnelbeschränkungscode (z. B. (C/D)); wenn vor der Beförderung bekannt ist, dass kein Tunnel mit Beförderungsbeschränkungen für Gefahrgut durchfahren wird, kann auf diese Angabe verzichtet werden;
- Anzahl und Beschreibung der Versandstücke (z. B. „Kisten aus Pappe") oder der Großpackmittel (IBC);
- die Gesamtmenge der gefährlichen Güter (als Volumen, Brutto- oder Nettomasse; bei Anwendung einer Möglichkeit zur teilweisen Befreiung von Vorschriften als dort definierter abstrakter Wert („1 000-Punkte-Regelung"));
- Name und Anschrift des Absenders und des Empfängers.

Das Beförderungspapier kann ein speziell für den Zweck des Gefahrguttransports entworfenes Formular oder ein formlos ausgefülltes Blatt Papier sein. Nur die Vollständigkeit der Angaben und ihre richtige Anordnung sind relevant!

Die Benutzung von Papieren, die in anderen Rechtsbereichen für den Transport vorgeschrieben sind, ist zulässig. Sie sind ein gültiges Beförderungspapier, wenn sie den Transport von Anfang bis Ende begleiten („Begleitpapier") und die vorgeschriebenen Angaben (siehe oben) enthalten. Zum Beispiel:

UN 3175 ABFALL FESTE STOFFE, DIE ENTZÜNDBARE FLÜSSIGE STOFFE ENTHALTEN, N.A.G. **4.1, VG II** **(E)** **3 Fässer** **200 kg**

Schriftliche Weisungen („Unfallmerkblätter") sind inhaltlich nach dem folgenden Muster gegliedert:

- Maßnahmen bei einem Unfall oder Notfall,
- zusätzliche Hinweise für die Mitglieder der Fahrzeugbesatzung über die Gefahreneigenschaften von gefährlichen Gütern nach Klassen und über die in Abhängigkeit von den vorherrschenden Umständen zu ergreifenden Maßnahmen,
- Ausrüstung für den persönlichen und allgemeinen Schutz für die Durchführung allgemeiner und gefahrenspezifischer Notfallmaßnahmen, die sich gemäß Abschnitt 8.1.5 des ADR an Bord des Fahrzeugs befinden muss.

Es gibt keine Einzel- oder Gruppenunfallmerkblätter mit spezifischeren Angaben, sondern nur die nachfolgend abgebildeten „Schriftlichen Weisungen" für alle Gefahrguttransporte!

SCHRIFTLICHE WEISUNGEN GEMÄSS ADR

Maßnahmen bei einem Unfall oder Notfall

Bei einem Unfall oder Notfall, der sich während der Beförderung ereignen kann, müssen die Mitglieder der Fahrzeugbesatzung folgende Maßnahmen ergreifen, sofern diese sicher und praktisch durchgeführt werden können:

- Bremssystem betätigen, Motor abstellen und Batterie durch Bedienung des gegebenenfalls vorhandenen Hauptschalters trennen;
- Zündquellen vermeiden, insbesondere nicht rauchen oder elektronische Zigaretten oder ähnliche Geräte verwenden und keine elektrische Ausrüstung einschalten;
- die entsprechenden Einsatzkräfte verständigen und dabei soviel Informationen wie möglich über den Unfall oder Zwischenfall und die betroffenen Stoffe liefern;
- Warnweste anlegen und selbststehende Warnzeichen an geeigneter Stelle aufstellen;
- Beförderungspapiere für die Ankunft der Einsatzkräfte bereit halten;
- nicht in ausgelaufene Stoffe treten oder diese berühren und das Einatmen von Dunst, Rauch, Staub und Dämpfen durch Aufhalten auf der dem Wind zugewandten Seite vermeiden;
- sofern dies gefahrlos möglich ist, Feuerlöscher verwenden, um kleine Brände/Entstehungsbrände an Reifen, Bremsen und im Motorraum zu bekämpfen;
- Brände in Ladeabteilen dürfen nicht von Mitgliedern der Fahrzeugbesatzung bekämpft werden;
- sofern dies gefahrlos möglich ist, Bordausrüstung verwenden, um das Eintreten von Stoffen in Gewässer oder in die Kanalisation zu verhindern und um ausgetretene Stoffe einzudämmen;
- sich aus der unmittelbaren Umgebung des Unfalls oder Notfalls entfernen, andere Personen auffordern, sich zu entfernen, und die Weisungen der Einsatzkräfte befolgen;
- kontaminierte Kleidung und gebrauchte kontaminierte Schutzausrüstung ausziehen und sicher entsorgen.

Abb. 49: Schriftliche Weisungen

Zusätzliche Hinweise für die Mitglieder der Fahrzeugbesatzung über die Gefahreneigenschaften von gefährlichen Gütern nach Klassen und über die in Abhängigkeit von den vorherrschenden Umständen zu ergreifenden Maßnahmen		
Gefahrzettel und Großzettel (Placards)	**Gefahreneigenschaften**	**Zusätzliche Hinweise**
(1)	**(2)**	**(3)**
Explosive Stoffe und Gegenstände mit Explosivstoff  1 1.5 1.6	Kann eine Reihe von Eigenschaften und Auswirkungen wie Massendetonation, Splitterwirkung, starker Brand/Wärmefluss, Bildung von hellem Licht, Lärm oder Rauch haben. Schlagempfindlich und/oder stoßempfindlich und/oder wärmeempfindlich.	Schutz abseits von Fenstern suchen.
Explosive Stoffe und Gegenstände mit Explosivstoff  1.4	Leichte Explosions- und Brandgefahr.	Schutz suchen.
Entzündbare Gase  2.1	Brandgefahr. Explosionsgefahr. Kann unter Druck stehen. Erstickungsgefahr. Kann Verbrennungen und/oder Erfrierungen hervorrufen. Umschließungen können unter Hitzeeinwirkung bersten.	Schutz suchen. Nicht in tief liegenden Bereichen aufhalten.
Nicht entzündbare, nicht giftige Gase 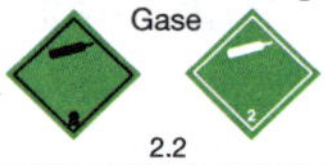 2.2	Erstickungsgefahr. Kann unter Druck stehen. Kann Erfrierungen hervorrufen. Umschließungen können unter Hitzeeinwirkung bersten.	Schutz suchen. Nicht in tief liegenden Bereichen aufhalten.
Giftige Gase  2.3	Vergiftungsgefahr. Kann unter Druck stehen. Kann Verbrennungen und/oder Erfrierungen hervorrufen. Umschließungen können unter Hitzeeinwirkung bersten.	Notfallfluchtmaske verwenden. Schutz suchen. Nicht in tief liegenden Bereichen aufhalten.
Entzündbare flüssige Stoffe  3	Brandgefahr. Explosionsgefahr. Umschließungen können unter Hitzeeinwirkung bersten.	Schutz suchen. Nicht in tief liegenden Bereichen aufhalten.
Entzündbare feste Stoffe, selbstzersetzliche Stoffe, polymerisierende Stoffe und desensibilisierte explosive feste Stoffe  4.1	Brandgefahr. Entzündbar oder brennbar, kann sich bei Hitze, Funken oder Flammen entzünden. Kann selbstzersetzliche Stoffe enthalten, die unter Einwirkung von Hitze, bei Kontakt mit anderen Stoffen (wie Säuren, Schwermetallverbindungen oder Aminen), bei Reibung oder Stößen zu exothermer Zersetzung neigen. Dies kann zur Bildung gesundheitsgefährdender und entzündbarer Gase oder Dämpfe oder zur Selbstentzündung führen. Umschließungen können unter Hitzeeinwirkung bersten. Explosionsgefahr desensibilisierter explosiver Stoffe bei Verlust des Desensibilisierungsmittels.	
Selbstentzündliche Stoffe  4.2	Brandgefahr durch Selbstentzündung bei Beschädigung von Versandstücken oder Austritt von Füllgut. Kann heftig mit Wasser reagieren.	
Stoffe, die in Berührung mit Wasser entzündbare Gase entwickeln  4.3	Bei Kontakt mit Wasser Brand- und Explosionsgefahr.	Ausgetretene Stoffe sollten durch Abdecken trocken gehalten werden.

Abb. 49: Schriftliche Weisungen *(Forts.)*

Zusätzliche Hinweise für die Mitglieder der Fahrzeugbesatzung über die Gefahreneigenschaften von gefährlichen Gütern nach Klassen und über die in Abhängigkeit von den vorherrschenden Umständen zu ergreifenden Maßnahmen		
Gefahrzettel und Großzettel (Placards)	**Gefahreneigenschaften**	**Zusätzliche Hinweise**
(1)	**(2)**	**(3)**
Entzündend (oxidierend) wirkende Stoffe  5.1	Gefahr heftiger Reaktion, Entzündung und Explosion bei Berührung mit brennbaren oder entzündbaren Stoffen.	Vermischen mit entzündbaren oder brennbaren Stoffen (z.B. Sägespäne) vermeiden.
Organische Peroxide  5.2	Gefahr exothermer Zersetzung bei erhöhten Temperaturen, bei Kontakt mit anderen Stoffen (wie Säuren, Schwermetallverbindungen oder Aminen), Reibung oder Stößen. Dies kann zur Bildung gesundheitsgefährdender und entzündbarer Gase oder Dämpfe oder zur Selbstentzündung führen.	Vermischen mit entzündbaren oder brennbaren Stoffen (z.B. Sägespäne) vermeiden.
Giftige Stoffe  6.1	Gefahr der Vergiftung beim Einatmen, bei Berührung mit der Haut oder bei Einnahme. Gefahr für Gewässer oder Kanalisation.	Notfallfluchtmaske verwenden.
Ansteckungsgefährliche Stoffe  6.2	Ansteckungsgefahr. Kann bei Menschen oder Tieren schwere Krankheiten hervorrufen. Gefahr für Gewässer oder Kanalisation.	
Radioaktive Stoffe  7A  7B  7C  7D	Gefahr der Aufnahme und der äußeren Bestrahlung.	Expositionszeit beschränken.
Spaltbare Stoffe  7E	Gefahr nuklearer Kettenreaktion.	
Ätzende Stoffe  8	Verätzungsgefahr. Kann untereinander, mit Wasser und mit anderen Stoffen heftig reagieren. Ausgetretener Stoff kann ätzende Dämpfe entwickeln. Gefahr für Gewässer oder Kanalisation.	
Verschiedene gefährliche Stoffe und Gegenstände  9  9A	Verbrennungsgefahr. Brandgefahr. Explosionsgefahr. Gefahr für Gewässer oder Kanalisation.	

Bem. 1. Bei gefährlichen Gütern mit mehrfachen Gefahren und bei Zusammenladungen muss jede anwendbare Eintragung beachtet werden.
2. Die in der Spalte 3 der Tabelle angegebenen zusätzlichen Hinweise können angepasst werden, um die Klassen der zu befördernden gefährlichen Güter und die Beförderungsmittel wiederzugeben.

Abb. 49: Schriftliche Weisungen *(Forts.)*

Zusätzliche Hinweise für die Mitglieder der Fahrzeugbesatzung über die Gefahreneigenschaften von gefährlichen Gütern, die durch Kennzeichen angegeben sind, und über die in Abhängigkeit von den vorherrschenden Umständen zu ergreifenden Maßnahmen		
Kennzeichen	**Gefahreneigenschaften**	**Zusätzliche Hinweise**
(1)	**(2)**	**(3)**
 Umweltgefährdende Stoffe	Gefahr für Gewässer oder Kanalisation.	
 Erwärmte Stoffe	Gefahr von Verbrennungen durch Hitze.	Berührung heißer Teile der Beförderungseinheit und des ausgetretenen Stoffes vermeiden.

Ausrüstung für den persönlichen und allgemeinen Schutz für die Durchführung allgemeiner und gefahrenspezifischer Notfallmaßnahmen, die sich gemäß Abschnitt 8.1.5 des ADR an Bord der Beförderungseinheit befinden muss

Die folgende Ausrüstung muss sich an Bord der Beförderungseinheit befinden:

- ein Unterlegkeil je Fahrzeug, dessen Abmessungen der höchstzulässigen Gesamtmasse des Fahrzeugs und dem Durchmesser der Räder angepasst sein müssen;
- zwei selbststehende Warnzeichen;
- Augenspülflüssigkeit [a] und

für jedes Mitglied der Fahrzeugbesatzung

- eine Warnweste;
- ein tragbares Beleuchtungsgerät;
- ein Paar Schutzhandschuhe und
- eine Augenschutzausrüstung.

Für bestimmte Klassen vorgeschriebene zusätzliche Ausrüstung:

- an Bord von Beförderungseinheiten für die Gefahrzettel-Nummer 2.3 oder 6.1 muss sich für jedes Mitglied der Fahrzeugbesatzung eine Notfallfluchtmaske befinden;
- eine Schaufel [b];
- eine Kanalabdeckung [b];
- ein Auffangbehälter [b].

---

[a] Nicht erforderlich für Gefahrzettel der Muster 1, 1.4, 1.5, 1.6, 2.1, 2.2 und 2.3.
[b] Nur für feste und flüssige Stoffe mit Gefahrzettel-Nummer 3, 4.1, 4.3, 8 oder 9 vorgeschrieben.

Abb. 49: Schriftliche Weisungen *(Forts.)*

Schulung und Unterweisung der beteiligten Personen

Die **ADR-Schulungsbescheinigung** ist der Nachweis des Fahrzeugführers über die erfolgreich absolvierte Schulung im Bereich Gefahrguttransport.

8.2.1 ADR

Allgemeine Vorschriften für die Ausbildung der Fahrzeugführer

***8.2.1.1** Führer von Fahrzeugen, mit denen gefährliche Güter befördert werden, müssen im Besitz einer Bescheinigung sein, die von der zuständigen Behörde ausgestellt wurde und mit der bescheinigt wird, dass die Fahrzeugführer an einem Schulungskurs teilgenommen und eine Prüfung über die besonderen Anforderungen bestanden haben, die bei der Beförderung gefährlicher Güter zu erfüllen sind.*

***8.2.1.2** Führer von Fahrzeugen, mit denen gefährliche Güter befördert werden, müssen an einem Basiskurs teilnehmen. Die Schulung muss im Rahmen eines von der zuständigen Behörde anerkannten Kurses erfolgen. Wichtigstes Ziel der Schulung ist es, den Fahrzeugführern die Gefahren bewusst zu machen, die mit der Beförderung gefährlicher Güter verbunden sind, und ihnen Grundkenntnisse zu vermitteln, die erforderlich sind, um die Gefahr eines Zwischenfalls auf ein Mindestmaß zu beschränken und, sofern ein solcher eintritt, ihnen zu ermöglichen, die Maßnahmen zu treffen, die für ihre eigene Sicherheit, die der Allgemeinheit und zum Schutz der Umwelt sowie zur Begrenzung der Folgen des Zwischenfalls erforderlich sind. Diese Schulung, zu der praktische Einzelübungen gehören müssen, muss als Basisschulung für alle Arten von Fahrzeugführern erfolgen und mindestens die in Absatz 8.2.2.3.2 genannten Themen behandeln. …*

***8.2.1.3** Führer von Fahrzeugen oder MEMU, mit denen gefährliche Güter in festverbundenen Tanks oder Aufsetztanks mit einem Fassungsraum von mehr als 1 m³ befördert werden, Führer von Batterie-Fahrzeugen mit einem Gesamtfassungsraum von mehr als 1 m³ und Führer von Fahrzeugen oder MEMU, mit denen gefährliche Güter in Tankcontainern, ortsbeweglichen Tanks oder MEGC mit einem Einzelfassungsraum von mehr als 3 m³ auf einer Beförderungseinheit befördert werden, müssen an einem Aufbaukurs für die Beförderung in Tanks teilgenommen haben, in dem mindestens die in Absatz 8.2.2.3.3 genannten Themen behandelt wurden. …*

***8.2.1.4** Führer von Fahrzeugen, mit denen gefährliche Güter der Klasse 1, ausgenommen Stoffe und Gegenstände der Unterklasse 1.4, Verträglichkeitsgruppe S, oder der Klasse 7 befördert werden, müssen an Aufbaukursen teilgenommen haben, in denen mindestens die in Absatz 8.2.2.3.4 bzw. 8.2.2.3.5 genannten Themen behandelt werden.*

Für Fahrzeugführer von kennzeichnungspflichtigen Fahrzeugen bis 3,5 Tonnen höchstzulässiger Gesamtmasse ist in jedem Fall eine Schulung (Basiskurs) mit abschließender Prüfung erforderlich.

Die Gültigkeit der **ADR-Schulungsbescheinigung** ist begrenzt (fünf Jahre). Der Fahrer muss innerhalb von zwölf Monaten vor Ablauf eine Fortbildungsschulung absolvieren, die er mit einer schriftlichen Prüfung unter Aufsicht der Industrie- und Handelskammer – hoffentlich erfolgreich –

abschließt. Andernfalls wird eine erneute Erstschulung fällig. Die IHK stellt auch die ADR-Schulungsbescheinigung aus.

Erstschulung	Fortbildungsschulung
Basiskurs für alle schulungspflichtigen Fahrzeugführer	**für alle schulungspflichtigen Fahrzeugführer**
18 UE Theorie, 1 UE Praxis, 45 Minuten schriftliche Prüfung	8 UE Theorie, 4 UE Praxis, 30 Minuten schriftliche Prüfung
Aufbaukurs Tank	
12 UE Theorie, 1 UE Praxis, 45 Minuten schriftliche Prüfung	
Aufbaukurs Klasse 1	
8 UE Theorie, 30 Minuten schriftliche Prüfung	
Aufbaukurs Klasse 7	
8 UE Theorie, 30 Minuten schriftliche Prüfung	

UE = Unterrichtseinheit (45 Minuten)

Der Fahrzeugführer muss im Übrigen so geschult und unterwiesen sein, dass er in der Lage ist, die zusätzlichen und/oder besonderen Maßnahmen laut Unfallmerkblatt durchführen zu können. Eine Unterweisung in der Bekämpfung von kleinen Fahrzeugbränden (kein Ladungsbrand!) ist ebenfalls obligatorisch.

Unterweisung aller an der Beförderung gefährlicher Güter auf der Straße beteiligten Personen (ausgenommen: Fahrzeugführer, die im Besitz einer Bescheinigung gemäß Abschnitt 8.2.1 ADR (ADR-Schulungsbescheinigung) sind)

Die bei den Beteiligten gemäß Kapitel 1.4 ADR **(Absender, Beförderer, Empfänger, Verlader, Verpacker, Befüller, Entlader) beschäftigten Personen, deren Arbeitsbereich die Beförderung gefährlicher Güter umfasst**, müssen in den Anforderungen, die die Beförderung gefährlicher Güter an ihren Arbeits- und Verantwortungsbereich stellt, unterwiesen sein und dürfen Aufgaben, für die eine erforderliche Unterweisung noch nicht stattgefunden hat, nur unter der direkten Überwachung einer unterwiesenen Person wahrnehmen.

Die Unterweisung muss auch die in Kapitel 1.10 ADR aufgeführten besonderen Vorschriften für die Sicherung von Beförderungen gefährlicher Güter (Schutz vor Diebstahl und Missbrauch gefährlicher Güter; siehe unten) beinhalten.

Die Unterweisung muss vor der Übernahme von Pflichten betreffend die Beförderung gefährlicher Güter erfolgen.

Je nach Verantwortlichkeiten und Aufgaben muss die betreffende Person in folgender Form unterwiesen sein:

Einführung

Das Personal muss mit den allgemeinen Bestimmungen der Vorschriften für die Beförderung gefährlicher Güter auf der Straße vertraut gemacht sein.

Aufgabenbezogene Unterweisung

Das Personal muss seinen Aufgaben und Verantwortlichkeiten entsprechend über die Vorschriften unterwiesen sein, die die Beförderung gefährlicher Güter regeln.

Sicherheitsunterweisung

Entsprechend den bei der Beförderung gefährlicher Güter und ihrer Be- und Entladung möglichen Gefahren einer Verletzung oder Schädigung als Folge von Zwischenfällen muss das Personal über die von den gefährlichen Gütern ausgehenden Risiken und Gefahren unterwiesen sein. Ziel der Unterweisung muss es sein, dem Personal die sichere Handhabung von Gefahrgütern und die Notfallmaßnahmen zu verdeutlichen.

Die Unterweisung ist in regelmäßigen Abständen durch Auffrischungskurse zu ergänzen, um Änderungen in den Vorschriften, die es im Rhythmus von 2 Jahren gibt, Rechnung zu tragen.

Aufzeichnungen der erhaltenen Unterweisung sind vom Arbeitgeber aufzubewahren und dem Arbeitnehmer oder der zuständigen Behörde auf Verlangen zur Verfügung zu stellen. Die Aufzeichnungen müssen vom Arbeitgeber für den von der zuständigen Behörde festgelegten Zeitraum aufbewahrt werden. Die Aufzeichnungen der erhaltenen Unterweisung sind bei der Aufnahme einer neuen Tätigkeit zu überprüfen.

Die Sicherheitsunterweisung darf nicht mit der seit 1. Januar 2005 vorgeschriebenen **„Unterweisung im Bereich der Sicherung"** verwechselt werden. Transportsicherheit und Schutz vor Diebstahl/Schutz vor terroristischem Missbrauch von gefährlichen Gütern sind zwei verschiedene Themen! Aus dem Bereich „Sicherung" stammt die Anforderung an den Fahrzeugführer, als Begleitpapier einen „amtlichen Lichtbildausweis" mitzuführen.

Die **Zulassungsbescheinigung für Fahrzeuge zur Beförderung bestimmter gefährlicher Güter** ist der Nachweis, dass das benutzte Fahrzeug bestimmten technischen Anforderungen (betreffend elektrische Ausrüstung, Bremsanlage, Geschwindigkeitsbegrenzer, material- und bautechnische Verhütung von Feuergefahren u. Ä.) genügt. Der Ausstellung der Bescheinigung geht eine amtliche Prüfung durch Sachverständige voraus. Die Gültigkeitsdauer der Bescheinigung der Zulassung von Fahrzeugen ist begrenzt (ein Jahr). Aus der Zulassungsbescheinigung geht hervor, für welche Gefahrgüter das Fahrzeug verwendet werden darf.

Eine Bescheinigung der Zulassung von Fahrzeugen wird zum einen für die Fahrzeugtypen EX/II und EX/III zum Transport explosiver Stoffe und Gegenstände verlangt. Zum anderen unterliegen Tankfahrzeuge, Trägerfahrzeuge für Aufsetztanks bzw. Tankcontainer und die Zugmaschinen dieser Fahrzeuge dieser Prüfungspflicht (Fahrzeugtypen FL und AT). Übrigens: Elektrische Antriebssysteme dürfen nicht für Fahrzeuge EX und FL verwendet werden.

Bezettelung und Kennzeichnung

Von Gefahrgütern gehen Gefahren aus, die in der Regel der Verpackung, dem Container, Tank oder Fahrzeug nicht anzusehen sind. Es muss deshalb eine äußerliche Kennzeichnung geben, die die entsprechende Information über den Inhalt gibt. Die Mittel zu diesem Zweck sind Gefahrzettel und Warntafeln.

Für die **Bezettelung** existiert eine Reihe von Regeln:

Definition: **Versandstücke** sind das versandfertige Endprodukt des Verpackungsvorganges, bestehend aus der Verpackung, der Großverpackung oder dem Großpackmittel (IBC) und ihrem bzw. seinem Inhalt. Dieser Begriff gilt weder für Güter, die in loser Schüttung (z. B. in einem Abrollbehälter) befördert werden, noch für Stoffe, die in Tanks (inklusive Tankcontainern) befördert werden.

- Versandstücke, die Gefahrgut enthalten, müssen gut sichtbar mit einem dem Inhalt entsprechenden Gefahrzettel (Seitenlänge mindestens 100 mm) gekennzeichnet werden.
- Ist die Kennzeichnung von Nebengefahren vorgeschrieben, sind weitere Gefahrzettel neben dem Zettel für die Hauptgefahr anzubringen.
- Enthält das Versandstück Güter verschiedener Klassen, sind die entsprechenden Gefahrzettel anzubringen.
- Großpackmittel (IBC) mit mehr als 450 Liter Fassungsraum sind auf zwei gegenüberliegenden Seiten mit den Gefahrzetteln zu versehen.
- Werden mit Gefahrzetteln versehene Versandstücke in einem geschlossenen Container befördert, sind der gleiche oder die gleichen Gefahrzettel in Form von **„Großzetteln"** (Seitenlänge mindestens 250 mm) an beiden Seiten und an jedem Ende des Containers anzubringen.
- Container für Güter in loser Schüttung (Absetzbehälter („Mulden", „Container"), Abrollbehälter) und Tankcontainer müssen an beiden Seiten und an jedem Ende mit den zutreffenden **Großzetteln** versehen werden. Sind diese Großzettel während des Transports außerhalb des Trägerfahrzeugs nicht sichtbar, müssen dieselben Großzettel außerdem an beiden Längsseiten und hinten am Fahrzeug angebracht sein.

Versandstücke müssen – unabhängig von der Kennzeichnung mit Gefahrzetteln – deutlich und dauerhaft mit einer Aufschrift versehen werden, die sich aus der Kennzeichnungsnummer („UN-Nummer") des Gutes und den vorangestellten Großbuchstaben „UN" zusammensetzt.

In der **TRGS 201 „Einstufung und Kennzeichnung bei Tätigkeiten mit Gefahrstoffen"** (Ausgabe Februar 2017, geändert April 2018) wird u. a. die Anwendung der Kennzeichnungsvorschriften der Gefahrstoffverordnung auf Abfälle geregelt, soweit es sich um gefährliche Stoffe und Gemische handelt und Tätigkeiten mit ihnen ausgeübt werden. Dort heißt es in Abschnitt 4.4.2:

Ist eine Kennzeichnung nach den gefahrgutrechtlichen Vorschriften über die Beförderung dieser gefährlichen Güter vorhanden, kann diese beibehalten werden. Jedoch sind Gesundheitsgefahren, die nicht durch Gefahrzettel erfasst sind, unter Berücksichtigung von Nummer 4.3 [dieser TRGS] zusätzlich zu kennzeichnen.

In der Praxis kann das bedeuten, dass ein Sammelbehälter (z. B. ein IBC mit Kunststoffinnenbehälter) nur mit den nach Gefahrgutrecht nötigen Gefahrzetteln versehen wird.

Gefahr der Klasse 1
Explosive Stoffe und Gegenstände mit Explosivstoff

(Nr. 1) Unterklassen 1.1, 1.2 und 1.3	(Nr. 1.4) Unterklasse 1.4	(Nr. 1.5) Unterklasse 1.5	(Nr. 1.6) Unterklasse 1.6

Symbol (explodierende Bombe): schwarz auf orangefarbenem Grund; Ziffer „1" in der unteren Ecke

Schwarze Ziffern auf orangefarbenem Grund; diese müssen eine Zeichenhöhe von 30 mm und eine Dicke von 5 mm haben (bei einem Gefahrzettel von 100 mm × 100 mm); Ziffer „1" in der unteren Ecke

** Angabe der Unterklasse – keine Angabe, wenn die explosive Eigenschaft die Nebengefahr darstellt

* Angabe der Verträglichkeitsgruppe – keine Angabe, wenn die explosive Eigenschaft die Nebengefahr darstellt

Gefahr der Klasse 2
Gase

(Nr. 2.1)
Entzündbare Gase

Symbol (Flamme): schwarz oder weiß (mit Ausnahme der in Absatz 5.2.2.2.1.6 d) vorgesehenen Fälle) auf rotem Grund; Ziffer „2" in der unteren Ecke

(Nr. 2.2)
Nicht entzündbare, nicht giftige Gase

Symbol (Gasflasche): schwarz oder weiß auf grünem Grund; Ziffer „2" in der unteren Ecke

Abb. 50: Gefahrzettel (nach ADR)

(Nr. 2.3)
Giftige Gase

Symbol (Totenkopf mit gekreuzten Gebeinen):
schwarz auf weißem Grund; Ziffer „2“ in der unteren Ecke

Gefahr der Klasse 3
Entzündbare flüssige Stoffe

(Nr. 3)

Symbol (Flamme): schwarz oder weiß auf rotem Grund; Ziffer „3“ in der unteren Ecke

Gefahr der Klasse 4.1
Entzündbare feste Stoffe, selbstzersetzliche Stoffe, polymerisierende und desensibilisierte explosive feste Stoffe

(Nr. 4.1)

Symbol (Flamme): schwarz auf weißem Grund mit sieben senkrechten roten Streifen; Ziffer „4“ in der unteren Ecke

Gefahr der Klasse 4.2
Selbstentzündliche Stoffe

(Nr. 4.2)

Symbol (Flamme): schwarz auf weißem (obere Hälfte) und rotem Grund (untere Hälfte); Ziffer „4“ in der unteren Ecke

Gefahr der Klasse 4.3
Stoffe, die in Berührung mit Wasser entzündbare Gase entwickeln

(Nr. 4.3)

Symbol (Flamme): schwarz oder weiß auf blauem Grund; Ziffer „4“ in der unteren Ecke

Abb. 50: Gefahrzettel (nach ADR) *(Forts.)*

Gefahr der Klasse 5.1
Entzündend (oxidierend) wirkende Stoffe

(Nr. 5.1)

Symbol (Flamme über einem Kreis): schwarz auf gelbem Grund; Ziffer „5.1“ in der unteren Ecke

Gefahr der Klasse 5.2
Organische Peroxide

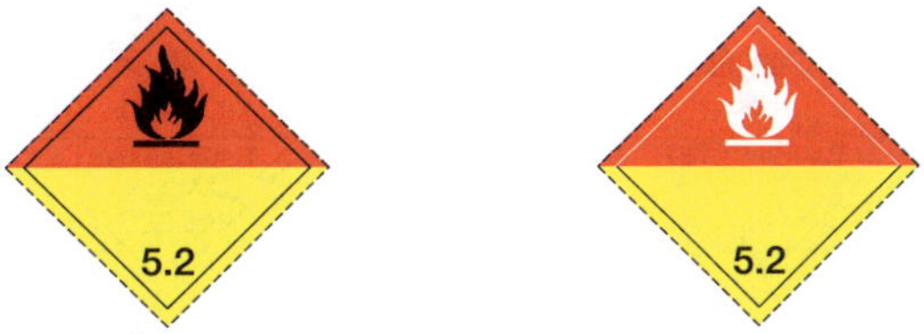

(Nr. 5.2)

Symbol (Flamme): schwarz oder weiß auf rotem (obere Hälfte) und gelbem Grund (untere Hälfte); Ziffer „5.2“ in der unteren Ecke

Gefahr der Klasse 6.1
Giftige Stoffe

(Nr. 6.1)

Symbol (Totenkopf mit gekreuzten Gebeinen): schwarz auf weißem Grund; Ziffer „6“ in der unteren Ecke

Gefahr der Klasse 6.2
Ansteckungsgefährliche Stoffe

(Nr. 6.2)

In der unteren Hälfte des Gefahrzettels darf angegeben sein: „ANSTECKUNGSGEFÄHRLICHE STOFFE“ und „BEI BESCHÄDIGUNG ODER FREIWERDEN UNVERZÜGLICH GESUNDHEITSBEHÖRDEN VERSTÄNDIGEN“;

Symbol (Kreis, der von drei sichelförmigen Zeichen überlagert wird) und Angaben: schwarz auf weißem Grund; Ziffer „6“ in der unteren Ecke

Abb. 50: Gefahrzettel (nach ADR) *(Forts.)*

Gefahr der Klasse 7
Radioaktive Stoffe

(Nr. 7A) Kategorie I – WEISS	(Nr. 7B) Kategorie II – GELB	(Nr. 7C) Kategorie III – GELB
Strahlensymbol: schwarz auf weißem Grund;	Strahlensymbol: schwarz auf gelbem Grund mit weißem Rand (obere Hälfte) und weißem Grund (untere Hälfte);	
(vorgeschriebener) Text: schwarz in der unteren Hälfte des Gefahrzettels:	(vorgeschriebener) Text: schwarz in der unteren Hälfte des Gefahrzettels:	
„RADIOACTIVE" „CONTENTS ..." „ACTIVITY ...";	„RADIOACTIVE" „CONTENTS ..." „ACTIVITY ...";	
	in einem schwarz eingerahmten Feld: „TRANSPORT INDEX"	
dem Ausdruck „RADIOACTIVE" folgt ein senkrechter roter Streifen;	dem Ausdruck „RADIOACTIVE" folgen zwei senkrechte rote Streifen;	dem Ausdruck „RADIOACTIVE" folgen drei senkrechte rote Streifen;
Ziffer „7" in der unteren Ecke	Ziffer „7" in der unteren Ecke	

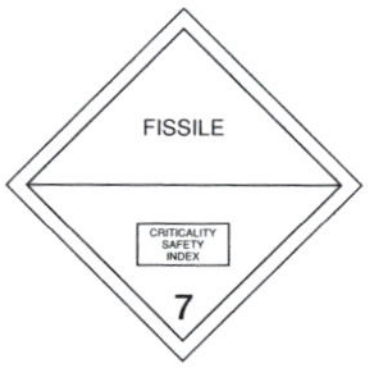

(Nr. 7E)
Spaltbare Stoffe der Klasse 7

weißer Grund; (vorgeschriebener) Text: schwarz in der oberen Hälfte des Gefahrzettels: „FISSILE";

in einem schwarz eingerahmten Feld in der unteren Hälfte des Gefahrzettels: „CRITICALITY SAFETY INDEX"; Ziffer „7" in der unteren Ecke

Abb. 50: Gefahrzettel (nach ADR) *(Forts.)*

Gefahr der Klasse 8
Ätzende Stoffe

(Nr. 8)

Symbol (Flüssigkeiten, die aus zwei Reagenzgläsern ausgeschüttet werden und eine Hand und ein Metall angreifen): schwarz auf weißem Grund (obere Hälfte); schwarzer Grund mit weißem Rand (untere Hälfte); Ziffer „8" in der unteren Ecke

Gefahr der Klasse 9
Verschiedene gefährliche Stoffe und Gegenstände

(Nr. 9)

Symbol (sieben senkrechte Streifen in der oberen Hälfte): schwarz auf weißem Grund; unterstrichene Ziffer „9" in der unteren Ecke

(Nr. 9A)

Symbol (sieben senkrechte Streifen in der oberen Hälfte; Ansammlung von Batterien, von denen eine beschädigt und entflammt ist, in der unteren Hälfte): schwarz auf weißem Grund; unterstrichene Ziffer „9" in der unteren Ecke

Abb. 50: Gefahrzettel (nach ADR) *(Forts.)*

Besondere Vorschriften für die Kennzeichnung von umweltgefährdenden Stoffen

Versandstücke mit umweltgefährdenden Stoffen, die den Kriterien des Absatzes 2.2.9.1.10 ADR entsprechen, müssen dauerhaft mit dem in Absatz 5.2.1.8.3 ADR abgebildeten Kennzeichen für umweltgefährdende Stoffe gekennzeichnet sein, ausgenommen Einzelverpackungen und zusammengesetzte Verpackungen, sofern diese Einzelverpackungen oder die Innenverpackungen dieser zusammengesetzten Verpackungen

- für flüssige Stoffe eine Menge von höchstens 5 l oder
- für feste Stoffe eine Nettomasse von höchstens 5 kg

haben.

Das Kennzeichen für umweltgefährdende Stoffe ist neben den ansonsten vorgeschriebenen Kennzeichnungen anzuordnen. (Großpackmittel (IBC) mit einem Fassungsraum von mehr als 450 Litern sind auf zwei gegenüberliegenden Seiten mit Kennzeichnungen zu versehen.)

Abb. 51: Kennzeichen für umweltgefährdende Stoffe

Beachte: Wenn nach den Vorschriften des Abschnitts 5.3.1 ADR das Anbringen eines Großzettels (Placard; Mindestgröße 25 cm x 25 cm) vorgeschrieben ist, müssen Container, MEGC, Tankcontainer, ortsbewegliche Tanks und Fahrzeuge mit umweltgefährdenden Stoffen, die den Kriterien des

Absatzes 2.2.9.1.10 ADR entsprechen, mit dem Kennzeichen für umweltgefährdende Stoffe (siehe oben) gekennzeichnet sein. Dieses Kennzeichen hat dann auch Großzettel-Format.

Warntafeln („orangefarbene Tafeln“) dienen zur äußerlichen Kennzeichnung der Beförderungseinheit. Eine Beförderungseinheit ist ein Kraftfahrzeug ohne Anhänger oder eine Einheit aus einem Kraftfahrzeug mit Anhänger. Ein Container, Tankcontainer oder Wechselbehälter ist keine Beförderungseinheit. Wenn von „kennzeichnungspflichtigen Beförderungen“ die Rede ist, ist die Kennzeichnung mit Warntafeln gemeint. Bei Tankfahrzeugen und Beförderungseinheiten mit einem oder mehreren Tanks wird die Warntafel mit zusätzlichen Informationen (für die Feuerwehr und andere Hilfskräfte) versehen:

Beispiel: **UN 1906 ABFALLSCHWEFELSÄURE** Klasse 8, Verpackungsgruppe II

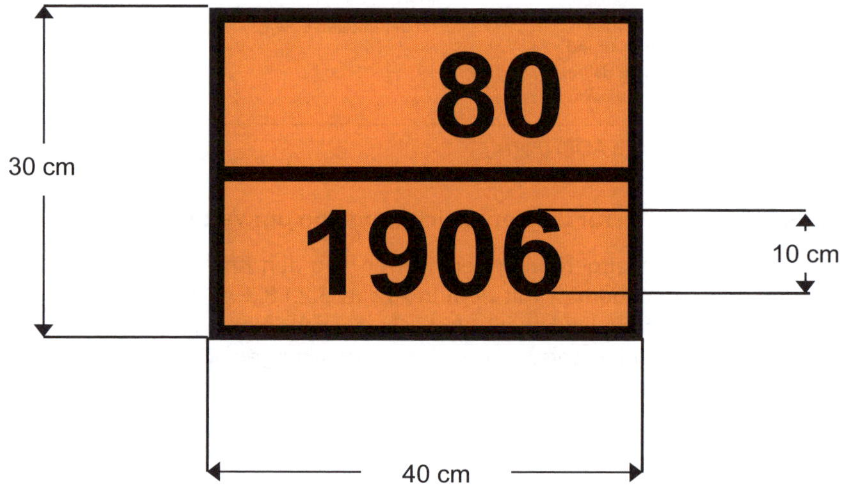

80 ätzender oder schwach ätzender Stoff (Nummer zur Kennzeichnung der Gefahr)

1906 Kennzeichnungsnummer (UN-Nummer) für den Stoff

Abb. 52: Warntafel mit Kennzeichnungsnummern

Das ADR enthält in seinem Kernstück eine tabellarische **Stoffaufzählung** (Tabelle A in Kapitel 3.2) mit Hinweisen auf die jeweils relevanten Vorschriften (siehe Folgeseite).

In Spalte 1 dieser Tabelle findet sich die jeweilige UN-Nummer, in Spalte 20 die Nummer zur Kennzeichnung der Gefahr.

Die Nummer des zu verwendenden Gefahrzettels kann aus Spalte 5 der Tabelle A in Kapitel 3.2 entnommen werden.

Tabelle A in Kapitel 3.2

UN-Nummer	Benennung und Beschreibung	Klasse	Klassifizierungscode	Verpackungsgruppe	Gefahrzettel	Sondervorschriften	Begrenzte und freigestellte Mengen	Verpackung		
								Anweisungen	Sondervorschriften	Zusammenpackung
	3.1.2	2.2	2.2	2.1.1.3	5.2.2	3.3	3.4 3.5.1.2	4.1.4	4.1.4	4.1.10
(1)	(2)	(3a)	(3b)	(4)	(5)	(6)	(7a)/(7b)	(8)	(9a)	(9b)

Tabelle A in Kapitel 3.2 *(Forts.)*

Ortsbewegliche Tanks und Schüttgutcontainer		ADR-Tanks		Fahrzeug für die Beförderung in Tanks	Beförderungskategorie (Tunnelbeschränkungscode)	Sondervorschriften für die Beförderung				Nummer zur Kennzeichnung der Gefahr
Anweisungen	Sondervorschriften	Tankcodierung	Sondervorschriften			Versandstücke	Lose Schüttung	Be- und Entladung, Handhabung	Betrieb	
4.2.5.2 7.3.2	4.2.5.3	4.3	4.3.5 6.8.4	9.1.1.2	1.1.3.6 (8.6)	7.2.4	7.3.3	7.5.11	8.5	5.3.2.3
(10)	(11)	(12)	(13)	(14)	(15)	(16)	(17)	(18)	(19)	(20)

Anbringen von Großzetteln und Warntafeln (orangefarbenen Tafeln)

	Bezettelung	Kennzeichnung
gedeckter*/bedeckter Lkw ohne Anhänger**	keine Bezettelung des Fahrzeugs, wohl aber der im Fahrzeug befindlichen Versandstücke!	je eine „neutrale" Warntafel (ohne UN-Nummer und Nummer zur Kennzeichnung der Gefahr) vorn und hinten am Lkw
gedeckter/bedeckter Lkw mit ebensolchem Anhänger	keine Bezettelung des mit Versandstücken beladenen Lkw bzw. Anhängers	je eine neutrale Warntafel an der Vorderseite des Lkw und der Rückseite des Anhängers
Lkw mit Wechselbrücke	Wechselbrücken sind dann auf allen vier Seiten mit Großzetteln zu versehen, wenn sie im kombinierten Verkehr Straße/Schiene befördert werden.	wie gedeckter/bedeckter Lkw ohne Anhänger
Sattelzug mit Frachtcontainer	Bezettelung des Frachtcontainers auf allen vier Seiten (entsprechend der Bezettelung der enthaltenen Versandstücke)	Der Sattelzug wird vorn und hinten mit einer neutralen Warntafel versehen.
Abrollkipper mit Abrollbehälter (mit Plane oder Deckel)	Bezettelung des Abrollbehälters – der definitionsgemäß ein Container ist – auf allen vier Seiten	Das Fahrzeug wird vorn und hinten mit einer Warntafel versehen (beachte die in Tabelle A in Kapitel 3.2 vorgeschriebenen Nummern für den Inhalt des Containers, z. B. UN 3175 FESTE STOFFE, DIE ENTZÜNDBARE FLÜSSIGE STOFFE ENTHALTEN, N.A.G.).
Sattelzug mit Tankcontainer	Der Tankcontainer ist auf allen vier Seiten mit einem Großzettel zu versehen.	Die Ausrüstung mit Warntafeln folgt der Vorgehensweise beim Tankfahrzeug.

* gedeckt – Fahrzeug mit einem Aufbau, der geschlossen werden kann

** bedeckt – offenes Fahrzeug, das zum Schutz der Ladung mit einer Plane versehen ist

	Bezettelung	Kennzeichnung
Tankfahrzeug	Die Bezettelung besteht aus je einem Großzettel an den Seiten und am Hinterende des Fahrzeugs.	Handelt es sich um eine einheitliche Ladung, kann vorn und hinten am Fahrzeug eine neutrale Warntafel angebracht werden; auf beiden Seiten des Fahrzeugs wird eine Warntafel mit UN-Nummer und Nummer zur Kennzeichnung der Gefahr angebracht; alternativ kann man sich auf je eine Warntafel – mit Nummern – vorn und hinten beschränken.
Tanksattelzug	Bei einheitlicher Ladung besteht die Bezettelung aus je einem Großzettel an den Seiten und am Hinterende des Tanks; andernfalls ist jede Tankkammer an den Seiten separat zu bezetteln; die dabei benutzten Muster sind auch am Hinterende des Fahrzeugs anzubringen.	Handelt es sich um eine einheitliche Ladung, ist wie beim Tankfahrzeug zu verfahren; werden die Tankabteile mit unterschiedlichen Stoffen gefüllt, wird auf jeder Seite der Tankkammer am Auflieger eine Warntafel mit den zutreffenden Nummern angebracht; der Sattelzug wird in diesem Fall vorn und hinten mit einer neutralen Warntafel ausgerüstet.

Abb. 53: Kennzeichnung und Bezettelung

Beförderungsarten

- **Beförderung in loser Schüttung**: Beförderung eines festen Stoffes ohne Verpackung in Sammelbehältern (Absetz-, Abrollbehälter)
- **Beförderung als Stückgut**: Beförderung von Versandstücken in offenen, bedeckten (mit Plane) oder gedeckten (rundum geschlossenen) Fahrzeugen bzw. in Frachtcontainern oder Wechselbrücken (bedeckt, gedeckt)
- **Beförderung in Tanks**: d. h. in fest mit dem Fahrzeug verbundenen Tanks, Aufsetztanks, ortsbeweglichen Tanks und Tankcontainern (entsprechend ergeben sich Fahrzeugarten wie z. B. Tankfahrzeuge oder Sattelauflieger für Tankcontainer)

Verpackungsarten

- Fässer (z. B. aus Stahl oder Kunststoff)
- Kanister (aus Stahl, Aluminium, Kunststoff)
- Kisten (z. B. aus Pappe oder Holz)
- Säcke (z. B. aus Kunststofffolie)
- Kombinationsverpackungen (Innengefäß (z. B. aus Kunststoff) plus Außenverpackung als untrennbare Einheit)
- Feinstblechverpackungen (aus Stahl)

Großpackmittel (IBC) sind ebenfalls per Definition Verpackungen (obwohl der metallene IBC einem Tankcontainer stark ähneln kann):

Großpackmittel (IBC)	Container	Tankcontainer
• Verpackungen, die nicht unter die oben genannten Verpackungsarten fallen • starre oder flexible Verpackungen • für dauerhafte Verwendung • in gefülltem Zustand umsetzbar • für mechanische Handhabung ausgelegt • Fassungsraum von bis zu 3 m^3	• keine Verpackungen • in gefülltem Zustand umsetzbar • für mechanische Handhabung ausgelegt • für dauerhafte Verwendung • Fassungsraum 1 bis 3 m^3 (Kleincontainer) bzw. mehr als 3 m^3 (Großcontainer) • leichte Befüllung/Entleerung	• keine Verpackungen • in gefülltem Zustand umsetzbar • für mechanische Handhabung ausgelegt • für dauerhafte Verwendung • für flüssige, gasförmige, pulverförmige oder körnige Stoffe geeignet • Fassungsraum > 0,45 m^3 (gilt nur bei Gasen der Klasse 2)

Großverpackungen bestehen aus Außen- und Innenverpackung, sind für eine mechanische Handhabung ausgelegt und für über 400 kg Nettomasse bzw. 450 l Fassungsvermögen (maximal 3 000 l) ausgelegt.

In Gebrauch befindliche Großpackmittel (IBC) und Behälter wie Absetz- und Abrollbehälter müssen in Abständen geprüft werden (siehe BAM-GGR 002 „Verfahren zur Anerkennung von Inspektionsstellen für die erstmalige und wiederkehrende Prüfung und Inspektion von Großpackmitteln (IBC) sowie zur Durchführung der erstmaligen und wiederkehrenden Prüfung und Inspektion von

Großpackmitteln (IBC)“ vom Januar 2018 bzw. DGUV Information 214-016 „Sicherer Einsatz von Absetzkippern“ vom Februar 2017).

Tanks sind als Tankkörper mit Bedienungsausrüstung und baulicher Ausrüstung definiert. Wird von Tanks gesprochen, sind in der Regel mit dem Trägerfahrzeug fest verbundene Tanks, Aufsetztanks, ortsbewegliche Tanks oder Tankcontainer gemeint. Tankfahrzeuge sind Fahrzeuge mit festverbundenen Tanks. Tankfahrzeuge können als Tankwagen, Tankanhänger, Tankauflieger, Batterie-Fahrzeug oder Silofahrzeug konstruiert sein. Saug-Druck-Tankwagen sind ebenfalls Tankfahrzeuge.

Aufsetztanks sind Tanks mit einem Fassungsraum von mehr als 450 Litern, die nur in leerem Zustand von der Ladefläche abgenommen werden können. Batterie-Fahrzeuge (für Gase der Klasse 2) transportieren eine dauerhaft auf dem Fahrgestell befestigte Einheit aus mehreren Gefäßen („Gefäßbatterie“) oder Tanks, die miteinander verbunden und dauerhaft in einen Rahmen montiert sind. Es handelt sich um sogenannte „Gascontainer mit mehreren Elementen (MEGC)“.

Beispiel: Lithium-Metall-Batterien/Lithium-Ionen-Batterien

Diese Batterien werden als Gefahrgut klassifiziert (siehe einschlägige Sicherheitsdatenblätter). Die relevanten UN-Nummern sind UN 3090, UN 3091, UN 3480 und UN 3481 (siehe „Tabelle A Verzeichnis der gefährlichen Güter“ des ADR).

Diese Batterien können defekt oder beschädigt sein, oder das Ende ihrer Lebenserwartung erreicht haben. Sie sind als solche weiterhin Gefahrgut und müssen vorschriftsmäßig befördert werden. Wie soll das aussehen? Nehmen wir als Beispiel

UN 3480 LITHIUM-IONEN-BATTERIEN Klasse 9, Gefahrzettel 9 A

Aus den zugeordneten **Sondervorschriften („S“)** (siehe Spalte 6 des Verzeichnisses der gefährlichen Güter) ergibt sich mit der S 376 eine Regelung für beschädigte oder defekte Batterien, und mit der S 377 eine Regelung für die Beförderung zur Entsorgung bzw. zum Recycling. Hier als Beispiel das Wesentliche aus der S 376:

Lithium-Ionen-Zellen oder -Batterien und Lithium-Metall-Zellen oder -Batterien, bei denen festgestellt wurde, dass sie so beschädigt oder defekt sind, dass sie nicht mehr dem nach den anwendbaren Vorschriften des Handbuchs Prüfungen und Kriterien geprüften Typ entsprechen, müssen den Vorschriften dieser Sondervorschrift entsprechen.

Was heißt „beschädigt“ bzw. „defekt“?

Für Zwecke dieser Sondervorschrift können dazu unter anderem gehören:

- Zellen oder Batterien, die aus Sicherheitsgründen als defekt identifiziert worden sind;
- ausgelaufene oder entgaste Zellen oder Batterien;
- Zellen oder Batterien, die vor der Beförderung nicht diagnostiziert werden können, oder
- Zellen oder Batterien, die eine äußerliche oder mechanische Beschädigung erlitten haben.

Bei der Beurteilung, ob eine Zelle oder Batterie beschädigt oder defekt ist, muss eine Einschätzung oder Bewertung auf der Grundlage von Sicherheitskriterien des Zellen-, Batterie- oder Produktherstellers oder eines technischen Sachverständigen mit Kenntnis der Sicherheitsmerkmale der Zelle oder der Batterie durchgeführt werden. Eine Einschätzung oder Bewertung kann unter anderem die folgenden Kriterien umfassen:

a) akute Gefahr, wie Gas, Brand oder Austreten von Elektrolyt;
b) Nutzung oder Fehlnutzung der Zelle oder der Batterie;
c) Anzeichen von physischen Schäden, wie Verformung des Zellen- oder Batteriegehäuses oder Farben am Gehäuse;
d) äußerer und innerer Schutz gegen Kurzschluss, wie Spannungs- oder Isolationsmaßnahmen;
e) Zustand der Sicherheitsmerkmale der Zelle oder der Batterie oder
f) Beschädigung der inneren Sicherheitskomponenten, wie das Batteriemanagementsystem.

Sofern in dieser Sondervorschrift nichts anderes festgelegt ist, müssen Zellen und Batterien nach den für die UN-Nummern 3090, 3091, 3480 und 3481 geltenden Vorschriften mit Ausnahme der Sondervorschrift 230 [hier werden unbeschädigte, intakte Lithiumbatterien definiert] befördert werden.

Zellen und Batterien müssen in Übereinstimmung mit der Verpackungsanweisung P 908 des Unterabschnitts 4.1.4.1 ADR [siehe unten] bzw. LP 904 des Unterabschnitts 4.1.4.3 ADR [LP = Großverpackungen] verpackt sein.

Zellen und Batterien, bei denen festgestellt wurde, dass sie beschädigt oder defekt sind und unter normalen Beförderungsbedingungen zu einer schnellen Zerlegung, gefährlichen Reaktion, Flammenbildung, gefährlichen Wärmeentwicklung oder einem gefährlichen Ausstoß giftiger, ätzender oder entzündbarer Gase oder Dämpfe neigen, müssen in Übereinstimmung mit der Verpackungsanweisung P 911 des Unterabschnitts 4.1.4.1 ADR bzw. LP 906 des Unterabschnitts 4.1.4.3 ADR befördert werden.

Alternative Verpackungs- und/oder Beförderungsbedingungen dürfen von der zuständigen Behörde einer Vertragspartei des ADR zugelassen werden, wobei diese zuständige Behörde auch eine von der zuständigen Behörde eines Landes, das keine Vertragspartei des ADR ist, erteilte Genehmigung anerkennen kann, vorausgesetzt, diese wurde in Übereinstimmung mit den gemäß dem RID [Eisenbahn], dem ADR [Straße], dem ADN [Binnenschiff], dem IMDG-Code [Seeschiff] oder den Technischen Anweisungen der ICAO [Luft] anwendbaren Verfahren erteilt. In beiden Fällen sind die Zellen und Batterien der Beförderungskategorie 0 zugeordnet. Damit fällt eine Möglichkeit zur Freistellung von bestimmten Gefahrgutvorschriften weg.

Versandstücke müssen mit der Aufschrift **BESCHÄDIGTE/DEFEKTE LITHIUM-IONEN-BATTERIEN bzw. BESCHÄDIGTE/DEFEKTE LITHIUM-METALL-BATTERIEN** gekennzeichnet sein.

Im Beförderungspapier muss folgende Angabe enthalten sein:

BEFÖRDERUNG NACH SONDERVORSCHRIFT 376

Sofern zutreffend, muss eine Kopie der Zulassung der zuständigen Behörde die Beförderung begleiten.

Ein Blick auf die **Verpackungsanweisung** P 908 zeigt Folgendes:

Als Verpackungen sind bestimmte Arten von Fässern, Kisten und Kanistern zulässig. Diese Verpackungen müssen den Anforderungen für die Verpackungsgruppe II entsprechen, was einem mittleren Sicherheitsstandard entspricht.

Jede beschädigte oder defekte Zelle oder Batterie oder jede Ausrüstung, die solche Zellen oder Batterien enthält, muss einzeln in einer **Innenverpackung** verpackt und in eine **Außenverpackung** eingesetzt sein. Die Innen- oder Außenverpackung muss dicht sein, um ein mögliches Austreten des Elektrolyts zu verhindern. Jede Innenverpackung muss zum Schutz vor gefährlicher Wärmeentwicklung mit einer ausreichenden Menge eines nicht brennbaren und nicht elektrisch leitfähigen Wärmedämmstoffs umschlossen sein. Im Fall von auslaufenden Zellen oder Batterien muss der Innen- oder Außenverpackung ausreichend inertes saugfähiges Material beigegeben werden, um freiwerdenden Elektrolyt aufzusaugen. Die Zellen oder Batterien müssen gegen Kurzschluss geschützt sein.

Wenn die Nettomasse einer Zelle oder Batterie 30 kg überschreitet, darf die Außenverpackung nur eine einzelne Zelle oder Batterie enthalten.

Die Verpackungsanweisung P 909 (Beförderung zur Entsorgung oder zum Recycling) ist im gleichen Sinne gestaltet. Auch hier findet sich die doppelte Sicherung mit Innenverpackungen für die einzelnen Batterien und Außenverpackungen als „Sammelbehälter". Beachte, dass bei der oben erwähnten Verpackungsanweisung P 911 für besonders gefährliche Batterien die Prüfanforderungen für die Verpackungsgruppe I gelten. Es wird also der höchste Sicherheitsstandard verlangt.

Ausrüstung der Fahrzeuge

Das ADR unterscheidet die **Feuerlöschausrüstung** und die **sonstige Ausrüstung**.

Feuerlöschausrüstung				
(1)	(2)	(3)	(4)	(5)
höchstzulässige Masse der Beförderungseinheit	**Mindestanzahl der Feuerlöschgeräte**	**Mindestgesamtfassungsvermögen je Beförderungseinheit**	**geeignetes Feuerlöschgerät für einen Motor- oder Fahrerhausbrand; mindestens eines mit Mindestfassungsvermögen von**	**ein oder mehrere zusätzliche Feuerlöschgeräte; mindestens eines mit Mindestfassungsvermögen von**
≤ 3,5 Tonnen	2	4 kg	2 kg	2 kg
> 3,5 Tonnen ≤ 7,5 Tonnen	2	8 kg	2 kg	6 kg
> 7,5 Tonnen	2	12 kg	2 kg	6 kg
Das Fassungsvermögen bezieht sich auf Feuerlöschgeräte mit Pulver (bei anderen geeigneten Löschmitteln muss das Fassungsvermögen vergleichbar sein).				

Die Feuerlöschgeräte müssen so auf der Beförderungseinheit angebracht sein, dass sie für die Fahrzeugbesatzung leicht erreichbar sind. Die Anbringung hat auf eine Weise zu erfolgen, dass die Feuerlöschgeräte so gegen Witterungseinflüsse und Verschmutzung geschützt sind, dass ihre Betriebssicherheit nicht beeinträchtigt ist.

Die Prüffrist beträgt für in Deutschland hergestellte Feuerlöschgeräte zwei Jahre ab dem Herstellungsdatum und danach ab dem Datum der nächsten auf dem Feuerlöschgerät angegebenen Prüfung (§ 36 GGVSEB; beachte auch § 16 BetrSichV).

Die **„sonstige Ausrüstung"** besteht aus

- mindestens einem – dem Fahrzeug angemessenen – Unterlegkeil je Fahrzeug,
- zwei selbststehenden Warnzeichen (z. B. orangefarbene Leuchten, reflektierende Warndreiecke oder Warnkegel),
- Augenspülflüssigkeit (nicht erforderlich bei den Gefahrzettelmustern 1, 1.4, 1.5, 1.6, 2.1, 2.2 und 2.3),
- geeigneter Warnweste für jedes Mitglied der Fahrzeugbesatzung,
- einem tragbaren Beleuchtungsgerät (Handlampe) für jedes Mitglied der Fahrzeugbesatzung,
- einem Paar Schutzhandschuhe für jedes Mitglied der Fahrzeugbesatzung und
- einem Augenschutz (Schutzbrille) für jedes Mitglied der Fahrzeugbesatzung.

Für bestimmte Klassen vorgeschriebene zusätzliche Ausrüstung:

- an Bord von Beförderungseinheiten mit den Gefahrzettel-Nummern 2.3 oder 6.1 muss sich für jedes Mitglied der Fahrzeugbesatzung eine Notfallfluchtmaske befinden;
- eine Schaufel (feste und flüssige Stoffe; nur bei den Gefahrzettel-Nummern 3, 4.1, 4.3, 8 und 9);
- eine Kanalabdeckung (feste und flüssige Stoffe; nur bei den Gefahrzettel-Nummern 3, 4.1, 4.3, 8 und 9);
- ein Auffangbehälter (feste und flüssige Stoffe; nur bei den Gefahrzettel-Nummern 3, 4.1, 4.3, 8 und 9).

Der Umfang der **persönlichen Schutzausrüstung** der Fahrzeugbesatzung ergibt sich aus den Schriftlichen Weisungen z. B.

- geeigneter Atemschutz,
- geeigneter Augen-/Gesichtsschutz,
- geeignete Schutzhandschuhe,
- antistatische Stiefel und
- geeigneter Schutzanzug (oder sonstiger Körperschutz).

Durchführung der Beförderung

Gefahrgutverordnung Straße, Eisenbahn und Binnenschifffahrt (GGVSEB) neugefasst am 26. März 2021 (BGBl. I S. 481) und zuletzt geändert am 2. März 2023 (BGBl. I Nr. 56)

§ 4 GGVSEB

(1) Die an der Beförderung gefährlicher Güter Beteiligten haben die nach Art und Ausmaß der vorhersehbaren Gefahren erforderlichen Vorkehrungen zu treffen, um Schadensfälle zu verhindern und bei Eintritt eines Schadens dessen Umfang so gering wie möglich zu halten.

(2) Bilden die beförderten gefährlichen Güter eine besondere Gefahr für andere, insbesondere soweit gefährliches Gut bei Unfällen oder Unregelmäßigkeiten austritt oder austreten kann,

und kann diese nicht rasch beseitigt werden, hat der Fahrzeugführer im Straßenverkehr … die dem Ort des Gefahreneintritts nächstgelegenen zuständigen Behörden unverzüglich zu benachrichtigen oder benachrichtigen zu lassen und mit den notwendigen Informationen zu versehen oder versehen zu lassen. …

(3) Beim Feststellen eines Verstoßes, der die Sicherheit der Beförderung beeinträchtigen könnte, hat der Fahrzeugführer im Straßenverkehr … die Sendung möglichst rasch anzuhalten. Er darf die Beförderung erst fortsetzen, wenn die anzuwendenden Vorschriften erfüllt oder die Anweisungen oder Genehmigungen der zuständigen Behörden erteilt sind.

Das typische Beispiel für eine vorsorgende Maßnahme ist die **Ladungssicherung**. Gefordert ist eine Ladungssicherung, die jegliche Bewegung des Ladeguts unterbindet (Ausgangspunkt ist § 22 Absatz 1 StVO). Als Verhaltensregel ist die Vermeidung von Feuer und offenem Licht zu nennen. Bei Ladearbeiten ist das Rauchen in der Nähe der Fahrzeuge und in den Fahrzeugen untersagt.

Gefahrguttransporte unterliegen besonderen Anforderungen, die bei Verkehrskontrollen abgeprüft werden (siehe Gefahrgutkontrollverordnung – GGKontrollV, zuletzt geändert am 2. März 2023 (BGBl. I Nr. 56)). Es ist deshalb notwendig, vor Beförderungsbeginn eine **Abfahrtskontrolle** durchzuführen. Die Abfahrtskontrolle soll sich auf

- den Fahrzeugzustand und die Betriebsbereitschaft,
- die Ladungssicherung,
- die Kennzeichnung und Bezettelung,
- die Begleitpapiere und
- die Ausrüstung des Fahrzeugs

erstrecken.

Beachte auch die folgenden Regelungen:

Bei der **Ankunft am Be- und Entladeort**, einschließlich Container-Terminals, müssen das Fahrzeug und die Mitglieder der Fahrzeugbesatzung sowie gegebenenfalls der (die) Container, Schüttgut-Container, MEGC, Tankcontainer oder ortsbewegliche(n) Tank(s) insbesondere hinsichtlich der Sicherheit, der Sicherung, der Sauberkeit und der ordnungsgemäßen Funktion der bei der Be- und Entladung verwendeten Ausrüstung den Rechtsvorschriften genügen. (7.5.1.1 ADR)

Sofern im ADR nichts anderes festgelegt ist, darf eine **Beladung** nicht erfolgen, wenn eine Kontrolle der Dokumente oder eine Sichtprüfung des Fahrzeugs oder gegebenenfalls der (des) Container(s), Schüttgut-Container(s), MEGC, Tankcontainer(s) oder ortsbeweglichen Tanks sowie ihrer bei der Be- und Entladung verwendeten Ausrüstung zeigt, dass das Fahrzeug und die Mitglieder der Fahrzeugbesatzung, ein Container, ein Schüttgut-Container, ein MEGC, ein Tankcontainer, ein ortsbeweglicher Tank oder ihre Ausrüstung den Rechtsvorschriften nicht genügt. (7.5.1.2 ADR)

Vor dem Beladen muss das Fahrzeug oder der Container von innen und außen untersucht werden, um sicherzustellen, dass keine **Beschädigungen** vorliegen, welche die Unversehrtheit des Fahrzeugs oder Containers oder des zu verladenden Ladeguts beeinträchtigen könnten. (7.5.1.2 ADR)

Die Güterbeförderungseinheit muss untersucht werden, um sicherzustellen, dass sie **in bautechnischer Hinsicht geeignet** ist, dass sie frei von möglichen, mit der Ladung unverträglichen Rückständen ist und dass gegebenenfalls der Boden, die Wände und die Decke innen frei von Erhebungen oder Beschädigungen sind, welche die Ladung im Inneren beeinträchtigen könnten. (7.5.1.2 ADR)

Wer muss das machen? Wer trifft die Entscheidung? Wer übernimmt die Verantwortung?

§ 29 Absatz 1 GGVSEB nimmt Bezug auf 7.5.1.2 ADR: der Verlader und der Fahrzeugführer werden im Straßenverkehr in die Pflicht genommen. Zu 7.5.1.1 ADR gibt es nichts Spezifisches. Auf Grund von 1.4.3.7 ADR kommt der Entlader ins Spiel.

§ 2 Absatz 3a StVO

Wer ein kennzeichnungspflichtiges Fahrzeug mit gefährlichen Gütern führt, muss bei einer Sichtweite unter 50 m, bei Schneeglätte oder Glatteis jede Gefährdung Anderer ausschließen und wenn nötig den nächsten geeigneten Platz zum Parken aufsuchen.

Pflichten und Ordnungswidrigkeiten

Die deutsche Gefahrgut-Rahmenverordnung zur Einführung des ADR in der Bundesrepublik Deutschland – die Gefahrgutverordnung Straße, Eisenbahn und Binnenschifffahrt (GGVSEB) – legt für die am Gefahrguttransport Beteiligten detailliert Pflichten und Verantwortlichkeiten fest. Dieses „Pflichtenheft" ist die Grundlage für die Festlegung von Ordnungswidrigkeiten (§ 37 GGVSEB). Die Bemessung der Bußgelder orientiert sich an einem Katalog, dessen Erstellung in der Kompetenz der Bundesländer liegt. Der Katalog findet sich in den Durchführungsrichtlinien-Gefahrgut (RSEB; Stand 15. April 2021; Quelle: BMDV).

Der Pflichtenkatalog für den Straßenverkehr umfasst die folgenden Paragrafen der GGVSEB (und gibt damit auch eine Auflistung der „Beteiligten"):

§ 17 Pflichten des Auftraggebers des Absenders
§ 18 Pflichten des Absenders
§ 19 Pflichten des Beförderers
§ 20 Pflichten des Empfängers
§ 21 Pflichten des Verladers
§ 22 Pflichten des Verpackers
§ 23 Pflichten des Befüllers
§ 23a Pflichten des Entladers
§ 24 Pflichten des Betreibers eines Tankcontainers, ortsbeweglichen Tanks, MEGC, Schüttgut-Containers oder MEMU
§ 25 Pflichten des Herstellers, Wiederaufarbeiters und Rekonditionierers von Verpackungen, des Herstellers und Wiederaufarbeiters von IBC und der Stellen für Inspektionen und Prüfungen von IBC
§ 26 Sonstige Pflichten (betrifft u. a. ungereinigte leere Tanks)
§ 27 Pflichten mehrerer Beteiligter im Straßen- und Eisenbahnverkehr sowie in der Binnenschifffahrt (betrifft den Unfallbericht, Vorschriften über die Sicherung und die Unterweisung)
§ 28 Pflichten des Fahrzeugführers im Straßenverkehr
§ 29 Pflichten mehrerer Beteiligter im Straßenverkehr (betrifft u. a. die die Beladung und Handhabung der Ladeeinheiten, das Rauchverbot und Vorsichtsmaßnahmen bei Nahrungs-, Genuss- und Futtermitteln)

Nachfolgend ein Auszug aus § 19 „Pflichten des Beförderers“:

Beförderer (§ 19 GGVSEB; Auszug)
Das Unternehmen, das die Beförderung – mit oder ohne Beförderungsvertrag – durchführt,
• … darf, wenn er einen Verstoß gegen die in Absatz 1 Nummer 1 und 5 und Absatz 2 bis 4 genannten Vorschriften des ADR feststellt, die Sendung so lange nicht befördern, bis die Vorschriften erfüllt sind; • … hat eine Kopie des Beförderungspapiers für gefährliche Güter und der im ADR festgelegten zusätzlichen Informationen und Dokumentation für einen Mindestzeitraum von drei Monaten ab Ende der Beförderung nach Unterabschnitt 5.4.4.1 ADR aufzubewahren; • … hat der Fahrzeugbesatzung vor Antritt der Fahrt die schriftlichen Weisungen nach Unterabschnitt 5.4.3.2 ADR zu übergeben und dafür zu sorgen, dass jedes Mitglied der Fahrzeugbesatzung diese verstehen und richtig anwenden kann; • … hat dafür zu sorgen, dass die Vorschriften für die Beförderung in loser Schüttung in Fahrzeugen oder Containern nach den anwendbaren Vorschriften in den Kapiteln 3.3 und 7.3 und die Vorschriften für die Beförderung in Tanks nach Abschnitt 7.4.1 ADR beachtet werden; • … hat dafür zu sorgen, dass die Vorschriften über die Begrenzung der beförderten Mengen nach Absatz 7.5.5.2.1 und Unterabschnitt 7.5.5.3 ADR eingehalten werden; • … hat dafür zu sorgen, dass die Begleitpapiere nach Unterabschnitt 8.1.2.1 Buchstabe a und Unterabschnitt 8.1.2.2 Buchstabe a und c sowie … die Ausnahmezulassung nach § 5 Absatz 1 Nummer 1, Absatz 6 oder 7 GGVSEB dem Fahrzeugführer vor Beförderungsbeginn übergeben werden; • … hat dafür zu sorgen, dass nur Fahrzeugführer mit einer gültigen Bescheinigung nach Unterabschnitt 8.2.2.8 ADR eingesetzt werden; • … hat die Beförderungseinheit mit Feuerlöschgeräten nach Abschnitt 8.1.4 ADR auszurüsten; • … hat das Fahrzeug mit den erforderlichen Großzetteln (Placards) nach Abschnitt 5.3.1, den orangefarbenen Tafeln nach Abschnitt 5.3.2 und den Kennzeichen nach den Abschnitten 3.4.15, 5.3.3 und 5.3.6 auszurüsten und hat dafür zu sorgen, dass in den Fällen des Abschnitts 3.4.13 in Verbindung mit Abschnitt 3.4.14 die Kennzeichnung nach Abschnitt 3.4.15 ADR angebracht wird; • … hat dafür zu sorgen, dass der festverbundene Tank, der Aufsetztank, das Batterie-Fahrzeug und der Saug-Druck-Tank auch zwischen den Prüfterminen den Bau-, Ausrüstungs- und Kennzeichnungsvorschriften nach den Unterabschnitten … ADR und den anwendbaren Sondervorschriften … ADR, den Abschnitten 6.10.1, 6.10.2 und 6.10.3 ADR für die in der ADR-Zulassungsbescheinigung … angegebenen Stoffe entspricht, mit Ausnahme der durch den Befüller anzugebenden beförderten Stoffe und Gase; • … hat dem Fahrzeugführer die erforderliche Ausrüstung zur Durchführung der Ladungssicherung zu übergeben; • … hat die Beförderungseinheit nach Abschnitt 8.1.5 ADR auszurüsten;

- … hat dafür zu sorgen, dass die Vorschriften über die Überwachung der Fahrzeuge nach Kapitel 8.4 in Verbindung mit Kapitel 8.5 ADR sowie bei innerstaatlichen Beförderungen auch die Vorschrift über das Abstellen von kennzeichnungspflichtigen Fahrzeugen nach Anlage 2 Gliederungsnummer 3.3 ADR beachtet werden;
- … hat dafür zu sorgen, dass festverbundene Tanks, Batterie-Fahrzeuge, Aufsetztanks, MEGC, ortsbewegliche Tanks und Tankcontainer nicht verwendet werden, wenn das Datum der nächsten Prüfung überschritten ist.

Beachte: In der GGVSEB finden sich keine **Pflichten des Fahrzeughalters**!

Der Bußgeldkatalog (siehe Anlage 7 der RSEB – Durchführungsrichtlinien Gefahrgut) wurde 1998 um einen „Verwarnungsgeldkatalog" (siehe ebenfalls Anlage 7 der RSEB) erweitert:

Mit der Verwarnung soll bei einer geringfügigen Ordnungswidrigkeit dem Betroffenen sein Fehlverhalten vorgehalten werden; sie ist daher mit einem Hinweis auf die Zuwiderhandlung zu verbinden. Die Beträge … sind Regelsätze für fahrlässige Begehung unter gewöhnlichen Tatumständen.

Führt z. B. der Fahrzeugführer seine ADR-Schulungsbescheinigung nicht mit, kann aber im Verlauf der Straßenkontrolle ermittelt oder nachgewiesen werden, dass er eine gültige Bescheinigung besitzt, bleibt es bei einem Verwarnungsgeld von 35 Euro. Der Beförderer profitiert am wenigsten von der Einführung dieses Verwarnungsgeldkatalogs.

Maßnahmen nach Unfällen und Zwischenfällen

Das situationsgerechte Verhalten des Fahrzeugführers bei Unfällen/Zwischenfällen kann mit den folgenden Leitsätzen beschrieben werden:

- Fahrzeug sicher abstellen (Handbremse anziehen, Batterietrennschalter betätigen)!
- Begleitpapiere (Beförderungspapier!) aus dem Führerhaus mitnehmen!
- Persönliche Schutzausrüstung und sonstige Ausrüstung (s. Schriftliche Weisungen) mitnehmen!
- Unfallstelle sichern!
- Verletzte bergen!
- Erste Hilfe leisten!
- Bei allen Tätigkeiten nach Möglichkeit auf der windzugewandten Seite bleiben!
- Rauchverbot einhalten! Keine Zündquellen!
- Feuer löschen (mit dem Wind im Rücken)!
- Ausbreitung des Gefahrguts eindämmen (Gullys abdecken, Bindemittel einsetzen etc.)!
- Polizei, Feuerwehr und Behörden verständigen!

Welche Maßnahmen in welcher Reihenfolge zu ergreifen sind, hängt von den besonderen Umständen ab. Die Entscheidung liegt allein im Ermessen des Fahrers.

Die Bergung Verletzter und die Leistung Erster Hilfe und die Verhinderung von Umweltschäden haben im Zweifel Vorrang vor der Benachrichtigung der Behörden.

Sicherung

Die Ereignisse am 11. September 2001 haben die USA zu weitgehenden Maßnahmen gegen die Terrorismusgefahr veranlasst. Zum einen geht es um die Gewährleistung der Sicherheit im eigenen Land. Zum anderen müssen die Grenzen des eigenen Landes in den Blick genommen werden. Insbesondere die Eingangstore – Häfen, Flughäfen, Straßenübergänge – sind vergleichsweise kleine räumliche Einheiten, die man gut überwachen kann.

Die USA gehen aber noch einen Schritt weiter, in dem sie „Sicherungsmaßnahmen" vor die eigenen Grenzen verlegen: Bereits im Ausgangshafen werden Sicherungsroutinen installiert! Die Vorverlegung der Verteidigungslinie der USA gegen den Terrorismus wird ergänzt durch Initiativen auf der Ebene internationaler Zusammenschlüsse.

Ein Seehafen ist eine Durchgangsstation; dort wird der Verkehrsträger gewechselt. Es schließt sich der Vor- und Nachlauf an, der zu einem beträchtlichen Teil auf der Straße stattfindet.

Der als unbedenklich aus dem Hafengelände entlassene Frachtcontainer ist beim Weitertransport auf dem Land neuen, anderen terroristischen Bedrohungen ausgesetzt. An dieser Stelle muss allerdings differenziert werden: Im Seeverkehr kann ein vom Inhalt her völlig ungefährlicher Frachtcontainer als Vehikel für die sprichwörtliche Bombe benutzt werden. Wenn die Sicherungsmaßnahmen greifen, gelangt die Bombe erst gar nicht auf ein Schiff. Ein Frachtcontainer mit Gefahrgut stellt dagegen immer ein Ziel für einen terroristischen Angriff dar – sei es ein Diebstahl, um gefährliches Material in die Hände zu bekommen, oder die unmittelbare Nutzung der vom Ladegut ausgehenden Gefahren.

Sicherung von Gefahrgut auf der Straße

Das ADR ist zum 1. Januar 2005 um ein Kapitel 1.10 „Vorschriften für die Sicherung" erweitert worden. Wie im Gefahrgutbereich gewohnt, ist als Erstes zu klären, ob diese Vorschriften im konkreten Fall überhaupt angewandt werden müssen. Ergebnis: Die Vorschriften des Kapitels 1.10 ADR sind nicht anzuwenden bei Beförderungen von begrenzten Mengen (LQ) und Beförderungen in Mengen unterhalb der Grenzen des Unterabschnitts 1.1.3.6 ADR (höchstzulässige Gesamtmenge je Beförderungseinheit). Es handelt sich hier um geringe Mengen mit geringem Transportrisiko und somit geringer Attraktivität für Terroristen. In allen anderen Fällen sind Sicherungsvorschriften anzuwenden. Der Vorschriftengeber differenziert hier noch einmal (siehe unten).

Praktische Folgen der ADR-Erweiterung

- Kontrolle der Identität des Beförderers vor der Übergabe des Gefahrguts. Diese Kontrolle beinhaltet zweierlei: die Identitätskontrolle im Transportalltag (d. h. bei jedem Beförderungsvorgang: Fahrer? Fahrzeug?) und die einmalige/wiederholte Prüfung des Geschäftspartners (Geeignet? Zuverlässig? Zertifiziert?). Die Forderung an die Fahrzeugbesatzung, einen **Lichtbildausweis** (Pass, Führerschein) mitzuführen, gehört in diesen Zusammenhang.
- Abstellplätze für Beförderungseinheiten mit Gefahrgut müssen gesichert, ausreichend beleuchtet und nach Möglichkeit nicht öffentlich zugänglich sein. ADR und GGVSEB enthalten Regelungen zur Überwachung der Fahrzeuge, die hier herangezogen werden können.
- Unterweisung zur Sensibilisierung gegenüber der Sicherungsproblematik: Was und wo sind Sicherheitsrisiken? Wie kann man sie erkennen? Wie kann man sie im Alltag reduzieren? Was ist im Gefahrenfall zu tun? Alle Beschäftigten, deren Arbeitsbereich die Beförderung gefährlicher Güter mit einschließt, müssen entsprechend unterwiesen sein.

- Die **Güter mit hohem Gefahrenpotenzial** (siehe Tabelle im Abschnitt 1.10 des ADR) unterliegen weitergehenden Regelungen. Eine große Menge Gefahrgut mit höherem Transportrisiko ist für Terroristen deutlich attraktiver, weil damit schwerwiegendere Folgen (Verlust von Menschenleben und massive Zerstörungen) erzielt werden können. Die an der Beförderung gefährlicher Güter mit hohem Gefahrenpotenzial Beteiligten müssen für ihren Bereich einen **Sicherungsplan** erstellen. Dabei kann auf bestehende Alarm- und Notfallpläne zurückgegriffen werden. Der Sicherungsplan wird in das Sicherheits- und Qualitätsmanagement des Unternehmens eingebunden. Da es sich beim Sicherungsplan um eine hochsensible Angelegenheit handelt, muss der Zugang zu und der Umgang mit seinem Inhalt geregelt werden.

In der Klasse 3 „Entzündbare flüssige Stoffe" – die bei den Tanktransporten weit überwiegen – werden die Verpackungsgruppen I und II als hochgefährlich eingestuft. Das gilt aber nur für Mengen von mehr als 3000 Litern (moderne Tanksattelanhänger fassen das Zehnfache!). Benzin (Verpackungsgruppe II) fällt unter die Vorschrift; Diesel und Heizöl gehören der Verpackungsgruppe III (Stoffe mit geringer Gefahr) an und sind insofern unbedenklich. Daraus ergeben sich auch für kleine einschlägige Unternehmen Konsequenzen!

Sicherungsplan

Die wesentlichen Inhalte ergeben sich aus der grundsätzlichen Analyse des Bedrohungsszenarios und sind eine Variation des Plans für die Gefahrenabwehr in Hafenanlagen:

- Darstellung und Bewertung der im Unternehmen üblichen Vorgänge und der damit verbundenen Sicherungsrisiken,
- Sicherung beim Einsatz von Personal: Zugangsrechte und Identitätskontrolle,
- Maßnahmen zur Sicherung der betrieblichen Abläufe: Festlegung von Verantwortlichkeiten; Arbeitsanweisungen, Unterweisung und Schulung; Qualitätsmanagement in Bezug auf Ressourcen, Ausrüstung (einschließlich Diebstahlschutz) und Abläufe (einschließlich Fahrzeug- und Güterverfolgung),
- Erkennen von Bedrohungen und Verletzungen der Sicherheit und deren Meldung nach vorgegebenem Plan,
- Verantwortlichkeiten, Maßnahmen und Abläufe bei akuten Bedrohungen und Verletzungen der Sicherheit,
- Verfahren zur Aktualisierung und Überprüfung des Sicherungsplans: wiederkehrende Überprüfung im Rahmen des Qualitätsmanagements, Trockenübungen zur Erkennung von Defiziten,
- Sicherung des Informationsflusses im Sinne der Bewahrung von Betriebsgeheimnissen; Sicherung der Integrität des Sicherungsplans.

In den Rahmen des Themas „Sicherung" gehört noch eine wenig bekannte Verordnung: die Sicherheitsüberprüfungsfeststellungsverordnung (SÜFV) in der Neufassung vom 6. Februar 2023 (BGBl. I Nr. 33). Die Relevanz ergibt sich aus § 18 SÜFV „Digitales und Verkehr":

Lebenswichtige Einrichtungen sind im Zuständigkeitsbereich des Bundesministeriums für Digitales und Verkehr u. a. die Teile von Unternehmen, in denen Sicherungspläne verantwortlich erstellt werden oder die zu diesen vollständigen Sicherungsplänen Zugang haben: z. B. Sicherungspläne nach Unterabschnitt 1.10.3.2 des ADR, in der jeweils geltenden Fassung.

Was folgt daraus? Die SÜFV beruht auf dem Gesetz über die Voraussetzungen und das Verfahren von Sicherheitsüberprüfungen des Bundes und den Schutz von Verschlusssachen (Sicherheitsüberprüfungsgesetz – SÜG). Dieses Gesetz regelt die Voraussetzungen und das Verfahren zur Überprüfung einer Person, die von der jeweils zuständigen Stelle mit einer sicherheitsempfindlichen Tätigkeit betraut werden soll (Sicherheitsüberprüfung). Beachte, dass hier offensichtlich der Bund die agierende (juristische) Person ist (§ 3 SÜG), der Kreis betroffener Personen und Unternehmen aber nicht auf Einrichtungen des Bundes beschränkt bleibt (§ 2 SÜG).

2.4 Kontrollfragen

Die Antworten sind in Kapitel 6 zu finden.

Frage 1:

Ab wie vielen Mitarbeitern ist ein betriebliches Arbeitsschutzsystem einzurichten?

Frage 2:

Nennen Sie vier „Beauftragte", die direkt dem betrieblichen Arbeitsschutzsystem zuzuordnen sind!

Frage 3:

Ein Unternehmen beschäftigt 57 Mitarbeiter. Davon sind 13 Mitarbeiter in der Verwaltung an einer Arbeitsstätte anwesend. 44 Fahrer werden im Ein-Fahrer-Betrieb eingesetzt.

a) Welche Beauftragte des betrieblichen Arbeitsschutzsystems werden in welcher Anzahl mindestens benötigt?
b) Was ändert sich beim Einsatz aller Fahrer im Mehr-Fahrer-Betrieb?

Frage 4:

Was ist bei der Auswahl eines Arztes zum Betriebsarzt zu beachten?

Frage 5:

Welches zentrale Instrument seiner Ermittlungspflicht muss der Unternehmer einmal jährlich sowie bei Änderungen im Betrieb anwenden und schriftlich dokumentieren, wenn diese Änderungen, z. B. neue Arbeitsmittel, neue Gefahrstoffe oder das Arbeitsschutzsystem betreffen?

Frage 6:

Ist gefährlicher Abfall gemäß Abfallrecht ggf. automatisch Gefahrgut? Bitte begründen Sie Ihre Antwort.

Frage 7:

Wer muss dem Fahrer die Schriftlichen Weisungen übergeben?

Frage 8:

Was unterscheidet die Beförderung von Abfällen als Gefahrgut im Tankfahrzeug oder in loser Schüttung einerseits von dem Transport in Versandstücken andererseits in Bezug auf die Kennzeichnung mit den orangefarbenen Warntafeln?

3 Gesetzesverstöße und Haftung

3.1 Allgemeines

§ 69 KrWG

(1) Ordnungswidrig handelt, wer vorsätzlich oder fahrlässig

1. entgegen § 9a Absatz 1 gefährliche Abfälle vermischt,
1a. entgegen § 9a Absatz 3 Abfälle nicht oder nicht rechtzeitig trennt oder nicht oder nicht rechtzeitig behandelt,
1b. ….
2. entgegen § 28 Absatz 1 Satz 1 Abfälle zur Beseitigung behandelt, lagert oder ablagert

…

(3) Die Ordnungswidrigkeit nach Absatz 1 kann mit einer Geldbuße bis zu hunderttausend Euro … geahndet werden.

Ordnungswidrigkeiten sind Rechtsverstöße, die keinen kriminellen Gehalt haben und daher nicht mit Strafe bedroht sind. Als „Ordnungsunrecht" werden sie mit einer Geldbuße („Bußgeld") geahndet.

Straftaten sind dagegen rechtswidrige Handlungen, die mit einer Freiheits- bzw. Geldstrafe geahndet werden.

Vorsatz schließt das Wissen um die Rechtswidrigkeit des mit dem eigenen Verhalten erzielten Erfolges ein. Die Folgen der Rechtswidrigkeit werden dabei bewusst in Kauf genommen (bedingter Vorsatz). Wird der Verstoß mit dem Ziel begangen, die angedrohten Folgen herbeizuführen, spricht man von direktem oder unmittelbarem Vorsatz.

Fahrlässigkeit ist dagegen die Vernachlässigung der gebotenen Sorgfalt (§ 276 Absatz 2 BGB). Bewusste Fahrlässigkeit liegt vor, wenn die rechtswidrigen Folgen bekannt sind, aber ignoriert werden, weil „schon nichts passieren wird". Grobe Fahrlässigkeit wird als besonders grobe Verletzung der Sorgfaltspflicht definiert (z. B. Fahren unter Alkoholeinfluss oder weitgehendes Unterlassen der Ladungssicherung). Eine Fahrlässigkeit kann „wider besseres Wissen", aber auch im Glauben an die Richtigkeit des eigenen Handelns begangen werden; im letzteren Fall wird auf der Grundlage objektiv unzutreffender oder unvollständiger Informationen gehandelt (unbewusste Fahrlässigkeit).

Ein wesentliches Merkmal des „**Bußgeldverfahrens**" ist die Durchführung der Ermittlung des Sachverhalts durch die Verwaltungsbehörde, die auch für die Durchführung der Vorschriften des Abfallrechts zuständig ist.

Der Zahlungsbefehl in Form des Bußgeldbescheids ist nicht etwas Unabwendbares und Endgültiges; vielmehr besteht im Vorfeld das Recht der Anhörung und nach der Zustellung die Möglichkeit des Einspruchs. Mit Letzterem wird allerdings der Schritt vor ein Gericht getan. Der Zuständigkeitsbereich der Verwaltungsbehörde wird außerdem dann verlassen, wenn die Ermittlungen ergeben, dass eine Straftat vorliegen könnte.

Die gesetzliche Ausgestaltung des Bußgeldverfahrens findet sich in den §§ 35 bis 109a Ordnungswidrigkeitengesetz (OWiG).

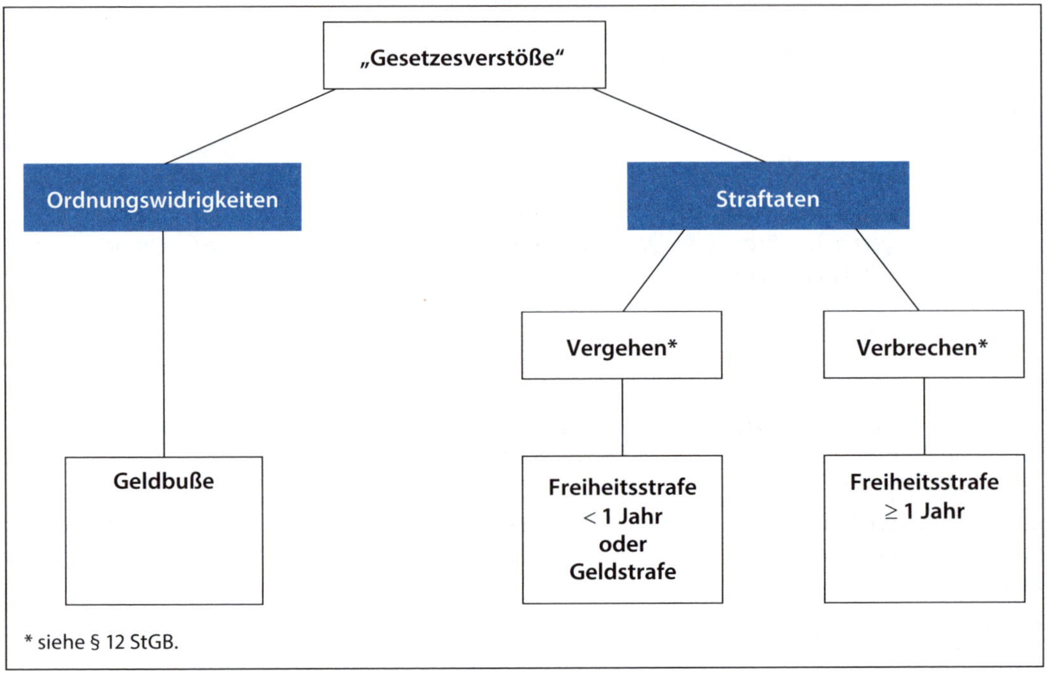

Abb. 54: Systematik der „Gesetzesverstöße"

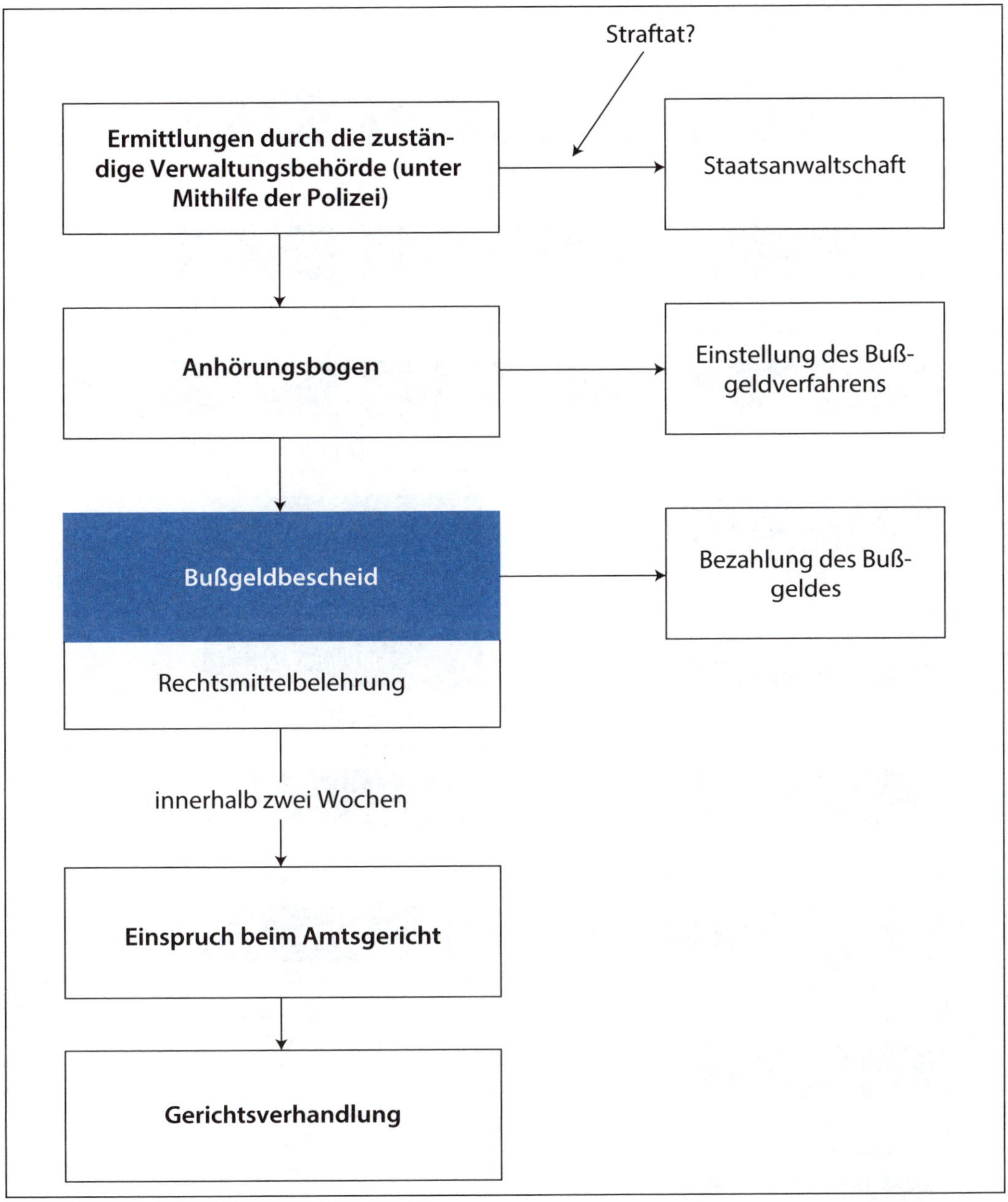

Abb. 55: Bußgeldverfahren

3.2 Ordnungswidrigkeiten

KrWG	§ 69
GewAbfV	§ 13
AltholzV	§ 13
AVV	–
BioAbfV	§ 13
AltölV	§ 10
VerpackG	§ 36
DepV	§ 27
BatterieG	§ 29
EfbV	§ 29
AbfklärV	§ 36
AbfBeauftrV	–
AbfVerbrG	§ 18
ElektroG	§ 45
GüKG	§ 19
NachwV	§ 29
GGVSEB	§ 37
AbfAEV	§ 15
AltfahrzeugV	§ 11

Abb. 56: Übersicht: Ordnungswidrigkeiten im Abfall-, Güterkraftverkehrs- und Gefahrgutrecht

Gesetze und Verordnungen des Arbeitsschutz- und Gefahrstoffrechts enthalten ebenfalls spezifische Ordnungswidrigkeiten. Das Arbeitsschutzgesetz – ArbSchG enthält in § 25 Absatz 1 eine Formulierung, mit der der Weg zu einer ganzen Reihe von spezifischen Ordnungswidrigkeiten geebnet wird:

Ordnungswidrig handelt, wer vorsätzlich oder fahrlässig einer Rechtsverordnung nach § 18 Absatz 1 oder § 19 ArbSchG (beide Paragrafen enthalten umfassende Ermächtigungen zum Erlass von Rechtsverordnungen) zuwiderhandelt, soweit sie für einen bestimmten Tatbestand auf diese Bußgeldvorschrift (d. h. § 25 Absatz 1 Nummer 1 ArbSchG) verweist. Die Ordnungswidrigkeit kann in diesen Fällen mit einer Geldbuße von bis zu fünftausend Euro geahndet werden.

Unfallverhütungsvorschriften enthalten unter Hinweis auf das Sozialgesetzbuch ebenfalls Ordnungswidrigkeiten (z. B. § 32 DGUV Vorschrift 1) (die Berufsgenossenschaften sind hier der staatlichen Aufsicht gleichgestellt).

Im Chemikaliengesetz findet sich eine der Rechtskonstruktion des ArbSchG entsprechende Regelung (§ 26 Absatz 1 Nummern 5 bis 8 ChemG).

Bußgeld

Im KrWG wird differenziert:

Die Ordnungswidrigkeit nach § 69 Absatz 1 KrWG kann mit einer Geldbuße bis zu hunderttausend Euro, die Ordnungswidrigkeit nach § 69 Absatz 2 KrWG mit einer Geldbuße bis zu zehntausend Euro geahndet werden.

§ 69 KrWG

(1) Ordnungswidrig handelt, wer vorsätzlich oder fahrlässig

- ***1. entgegen § 9a Absatz 1 gefährliche Abfälle vermischt,***
- ***1a. entgegen § 9a Absatz 3 Abfälle nicht oder nicht rechtzeitig trennt oder nicht oder nicht rechtzeitig behandelt,***
- ***1b. entgegen § 12 Absatz 4 oder § 56 Absatz 4 Satz 2 ein dort genanntes Zeichen führt,***
- ***2. entgegen § 28 Absatz 1 Satz 1 Abfälle zur Beseitigung behandelt, lagert oder ablagert,***
- ***3. ohne Planfeststellungsbeschluss nach § 35 Absatz 2 Satz 1 oder ohne Plangenehmigung nach § 35 Absatz 3 Satz 1 eine Deponie errichtet oder wesentlich ändert,***
- ***4. einer vollziehbaren Auflage nach § 36 Absatz 4 Satz 1 oder Satz 3, § 39 Absatz 1 Satz 1 oder Absatz 2 Satz 1, § 53 Absatz 3 Satz 1 oder § 54 Absatz 2 zuwiderhandelt,***
- ***5. einer mit einer Zulassung nach § 37 Absatz 1 Satz 1 verbundenen vollziehbaren Auflage zuwiderhandelt,***
- ***6. einer vollziehbaren Untersagung nach § 53 Absatz 3 Satz 3 zuwiderhandelt,***
- ***7. ohne Erlaubnis nach § 54 Absatz 1 Satz 1 gefährliche Abfälle sammelt, befördert, mit ihnen Handel treibt oder diese makelt oder***
- ***8. einer Rechtsverordnung nach § 4 Absatz 2, § 5 Absatz 2, § 10 Absatz 1 oder 4 Nummer 2, § 11 Absatz 2 Satz 1 oder 2 oder Absatz 3 Satz 1 Nummer 1 bis 3 oder Satz 2 Nummer 2, § 12 Absatz 7, § 16 Satz 1 Nummer 1 oder Nummer 2, § 24, § 25 Absatz 1 Nummer 1 bis 3 oder 5 oder Absatz 2 Nummer 5 bis 7 oder 10, § 28 Absatz 3 Satz 2, § 43 Absatz 1 Satz 1 Nummer 2 bis 5, 7 oder Nummer 8 oder § 57 Satz 2 Nummer 1 bis 7 oder Nummer 8 oder einer vollziehbaren Anordnung auf Grund einer solchen Rechtsverordnung zuwiderhandelt, soweit die Rechtsverordnung für einen bestimmten Tatbestand auf diese Bußgeldvorschrift verweist.***

(2) Ordnungswidrig handelt, wer vorsätzlich oder fahrlässig

1. *entgegen § 18 Absatz 1 Satz 1, § 26 Absatz 2, § 40 Absatz 1 Satz 1 oder § 53 Absatz 1 Satz 1 eine Anzeige nicht, nicht richtig, nicht vollständig oder nicht rechtzeitig erstattet,*
2. *entgegen § 34 Absatz 1 Satz 1 das Betreten eines Grundstücks oder eine dort genannte Maßnahme nicht duldet,*
3. *entgegen § 41 Absatz 1 Satz 1 in Verbindung mit einer Rechtsverordnung nach § 41 Absatz 2 Satz 1 eine Emissionserklärung nicht, nicht richtig, nicht vollständig oder nicht rechtzeitig abgibt oder nicht, nicht richtig, nicht vollständig oder nicht rechtzeitig ergänzt,*
4. *entgegen § 47 Absatz 3 Satz 1 eine Auskunft nicht, nicht richtig, nicht vollständig oder nicht rechtzeitig erteilt,*
5. *entgegen § 47 Absatz 3 Satz 2 oder Satz 3 das Betreten eines Grundstücks oder eines Wohn-, Geschäfts- oder Betriebsraumes, die Einsicht in eine Unterlage oder die Vornahme einer technischen Ermittlung oder Prüfung nicht gestattet,*
6. *entgegen § 47 Absatz 4 eine dort genannte Anlage nicht zugänglich macht oder eine Arbeitskraft, ein Werkzeug oder eine Unterlage nicht zur Verfügung stellt,*
7. *einer vollziehbaren Anordnung nach § 47 Absatz 4 oder Absatz 9 Satz 1, § 51 Absatz 1 Satz 1 oder § 59 Absatz 2 zuwiderhandelt,*
8. *entgegen § 49 Absatz 1, auch in Verbindung mit § 49 Absatz 3 oder einer Rechtsverordnung nach § 10 Absatz 2 Nummer 1 Buchstabe b oder § 52 Absatz 1 Satz 1 oder Satz 2 Nummer 3 oder Nummer 5, ein Register nicht, nicht richtig oder nicht vollständig führt,*
9. *entgegen § 49 Absatz 2 in Verbindung mit einer Rechtsverordnung nach § 52 Absatz 1 Satz 1 eine Angabe nicht, nicht richtig, nicht vollständig oder nicht rechtzeitig verzeichnet,*
10. *entgegen § 49 Absatz 4, auch in Verbindung mit einer Rechtsverordnung nach § 10 Absatz 2 Nummer 1 Buchstabe b oder § 52 Absatz 1 Satz 1 oder Satz 2 Nummer 3, ein Register nicht, nicht richtig, nicht vollständig oder nicht rechtzeitig vorlegt oder eine Mitteilung nicht, nicht richtig, nicht vollständig oder nicht rechtzeitig macht,*
11. *entgegen § 49 Absatz 5, auch in Verbindung mit einer Rechtsverordnung nach § 52 Absatz 1 Satz 2 Nummer 6, eine Angabe oder einen Beleg nicht oder nicht für die vorgeschriebene Dauer aufbewahrt,*
12. *entgegen § 50 Absatz 1 in Verbindung mit einer Rechtsverordnung nach § 52 Absatz 1 Satz 1, jeweils auch in Verbindung mit einer Rechtsverordnung nach § 10 Absatz 2 Nummer 1 Buchstabe b oder § 52 Absatz 1 Satz 2 Nummer 3, einen Nachweis nicht, nicht richtig, nicht vollständig oder nicht rechtzeitig führt,*
13. *entgegen § 55 Absatz 1 Satz 1 ein Fahrzeug nicht, nicht richtig, nicht vollständig oder nicht rechtzeitig mit Warntafeln versieht,*
14. *entgegen § 59 Absatz 1 Satz 1 in Verbindung mit einer Rechtsverordnung nach § 59 Absatz 1 Satz 2 und Satz 3 einen Abfallbeauftragten nicht oder nicht rechtzeitig bestellt oder*
15. *einer Rechtsverordnung nach … KrWG oder einer vollziehbaren Anordnung auf Grund einer solchen Rechtsverordnung zuwiderhandelt …*

Die gemeinsame Umweltministerkonferenz des Bundes und der Länder schreibt einen **„Bußgeldkatalog Umweltschutz"** fort, der von den Bundesländern per Erlass für die jeweilige Verwaltung eingeführt wird. Dieser Katalog enthält Abschnitte zur Abfallentsorgung, zum Immissionsschutz, zum Gewässerschutz, zu Naturschutz und Landschaftspflege. Die Kataloge sind – wie die Ahndung von Ordnungswidrigkeiten – Ländersache. Bundesweite Einheitlichkeit darf nicht erwartet werden.

Der „Allgemeine Teil" des Bußgeldkataloges „Umwelt" des Landes Baden-Württemberg vom Dezember 2018 enthält Verfahrensanweisungen:

- Eine Ordnungswidrigkeit ist eine rechtswidrige und vorwerfbare Handlung, die den Tatbestand eines Gesetzes (siehe Seite 450) verwirklicht, das die Ahndung mit einer Geldbuße zulässt (§ 1 Absatz 1 OWiG).
- Ist eine Ordnungswidrigkeit als geringfügig zu beurteilen, kann von der Durchführung eines Bußgeldverfahrens abgesehen und eine Verwarnung erteilt werden (§ 56 Absatz 1 OWiG). Für die Einstufung als geringfügig sind vor allem das Maß der Gefährdung oder Schädigung der geschützten Umweltgüter sowie das Täterverhalten im Einzelfall nach pflichtgemäßem Ermessen zu berücksichtigen.
- Die im Katalog ausgewiesenen Geldbußen sind Regel- und Rahmensätze für vorsätzliche Zuwiderhandlungen. Die Regel- und Rahmensätze können nach den Grundsätzen des § 17 Absatz 3 und 4 OWiG je nach den Umständen des Einzelfalles erhöht oder ermäßigt werden.
- Eine Erhöhung kann sinnvoll sein, wenn der Schaden überdurchschnittlich groß ist, der Täter uneinsichtig ist, bereits einschlägig „vorbestraft" ist, die Ordnungswidrigkeit in Ausübung der beruflichen Tätigkeit erfolgte, in außergewöhnlich guten wirtschaftlichen Verhältnissen lebt und wirtschaftliche Vorteile aus der Tat gezogen hat. Unter bestimmten Voraussetzungen ist eine Gewinnabschöpfung möglich.
- Eine Ermäßigung ist an gegenteilige Voraussetzungen geknüpft.
- Bei fahrlässigem Handeln soll im Regelfall von der Hälfte der Regel- und Rahmensätze des Bußgeldkatalogs ausgegangen werden.
- Eine Dauerzuwiderhandlung liegt vor, wenn der durch die Verletzung einer Rechtsvorschrift begründete Zustand vorsätzlich oder fahrlässig über einen gewissen Zeitraum aufrechterhalten wird. Bei der Festsetzung der Geldbuße ist von den Regel- und Rahmensätzen auszugehen. Die Geldbuße soll jedoch unter Berücksichtigung der Dauer des rechtswidrigen Zustandes bemessen werden.

Das KrWG (siehe § 70) und das AbfVerbrG (siehe § 19) kennen zusätzlich zum Bußgeld die Möglichkeit der Einziehung von Gegenständen, auf die sich die Ordnungswidrigkeit bezieht oder die zur Begehung oder Vorbereitung gebraucht wurden oder bestimmt gewesen sind (siehe auch §§ 22 bis 29 OWiG).

Das deutsche Gefahrgutrecht kennt „Richtlinien zur Durchführung der Gefahrgutverordnung Straße, Eisenbahn und Binnenschifffahrt (GGVSEB) und weiterer gefahrgutrechtlicher Verordnungen (Durchführungsrichtlinien-Gefahrgut) – RSEB".

Diese Verwaltungsvorschrift enthält einen Bußgeldkatalog analog dem Bußgeldkatalog „Umweltschutz". Er nimmt Bezug auf die Pflichten der Beteiligten gemäß §§ 17 bis 34a GGVSEB und die daraus abgeleiteten Ordnungswidrigkeiten gemäß § 37 GGVSEB (siehe auch Seite 441).

Beachte, dass sich jede Anpassung/Änderung der GGVSEB nach Einführung eines überarbeiteten/geänderten ADR auf diesen Katalog auswirken wird (das ADR wird im Zweijahresrhythmus überarbeitet; nächster Stichtag ist der 1. Januar 2025).

3.3 Straftaten

Abschnitt 29 des Strafgesetzbuches (StGB) definiert „Straftaten gegen die Umwelt“. Hierzu zählen u. a.

- § 324 Gewässerverunreinigung
- § 324a Bodenverunreinigung
- § 325 Luftverunreinigung
- § 325a Verursachen von Lärm, Erschütterungen und nicht ionisierenden Strahlen
- § 326 Unerlaubter Umgang mit Abfällen
- § 327 Unerlaubtes Betreiben von Anlagen
- § 328 Unerlaubter Umgang mit radioaktiven Stoffen und anderen gefährlichen Stoffen und Gütern
- § 330a Schwere Gefährdung durch Freisetzen von Giften

Abschnitt 29 StGB kennt darüber hinaus den „Besonders schweren Fall einer Umweltstraftat“ (§ 330).

§ 324 StGB Gewässerverunreinigung

(1) Wer unbefugt ein Gewässer verunreinigt oder sonst dessen Eigenschaften nachteilig verändert, wird mit Freiheitsstrafe bis zu fünf Jahren oder mit Geldstrafe bestraft.

(3) Handelt der Täter fahrlässig, so ist die Strafe Freiheitsstrafe bis zu drei Jahren oder Geldstrafe.

Mit „Gewässer“ sind sowohl oberirdische Gewässer (Seen, Bäche, Flüsse) als auch das Grundwasser gemeint; sie sind die „Schutzgüter“. Gegenstand der Strafandrohung ist eine erfolgte Verunreinigung bzw. nachteilige Veränderung des Gewässers. Die Verunreinigung oder nachteilige Veränderung muss konkret nachgewiesen werden („Tatbestandserfolg“). Die Pflichtwidrigkeit („unbefugt“) kann sich z. B. aus dem Fehlen einer Einleitungsgenehmigung für Abwässer oder aus der Missachtung der von der Genehmigung gezogenen Grenzen ergeben.

§ 324a Absatz 1 StGB Bodenverunreinigung

Wer unter Verletzung verwaltungsrechtlicher Pflichten Stoffe in den Boden einbringt, eindringen lässt oder freisetzt und diesen dadurch

1. ***in einer Weise, die geeignet ist, die Gesundheit eines anderen, Tiere, Pflanzen oder andere Sachen von bedeutendem Wert oder ein Gewässer zu schädigen, oder***
2. ***in bedeutendem Umfang***

verunreinigt oder sonst nachteilig verändert, wird mit Freiheitsstrafe bis zu fünf Jahren oder mit Geldstrafe bestraft.

Boden ist die mit Wasser, Luft und Lebewesen durchsetzte Schicht an der Erdoberfläche. Boden erfüllt zusammen mit dem nach unten anschließenden Gestein Funktionen wie die Filterung, Reinigung und Pufferung von eindringendem Wasser; Boden ist die „Durchgangsstation“ zum Grundwasser. § 324a StGB trägt dieser Tatsache Rechnung: Gewässer sind als Schutzgut aufgeführt.

Verwaltungsrechtliche Pflichten ergeben sich aus einschlägigem Verwaltungsrecht (Umweltrecht ist Verwaltungsrecht!) und Verwaltungsakten wie z. B. Genehmigungen und Auflagen (vgl. § 330d Absatz 1 Nummer 4 StGB Begriffsbestimmungen).

§ 324a StGB unterscheidet sich von § 324 StGB insofern, als nicht nur die konkrete Verunreinigung bzw. nachteilige Veränderung des Bodens zu belegen ist, sondern zusätzlich die Eignung der eingedrungenen Stoffe zur Schädigung von Menschen, Tieren, Pflanzen, Gewässern oder Sachen von bedeutendem Wert nachzuweisen ist.

Gelangt z. B. flüssiges Gefahrgut mit giftigen Eigenschaften, das nachgewiesenermaßen sowohl die Bodenlebewesen abtötet als auch Grundwasser ungenießbar macht, in den Boden, ist der Tatbestand des § 324a StGB erfüllt. Tritt dieses Gefahrgut tatsächlich ins Grundwasser ein, ist außerdem der Tatbestand des § 324 StGB erfüllt.

Bei fahrlässigem Pflichtverstoß muss mit einer Freiheitsstrafe bis zu drei Jahren oder Geldstrafe, bei vorsätzlichem Pflichtverstoß mit einer Freiheitsstrafe bis zu fünf Jahren oder Geldstrafe gerechnet werden.

§ 325 StGB Luftverunreinigung

(1) Wer beim Betrieb einer Anlage, insbesondere einer Betriebsstätte oder Maschine, unter Verletzung verwaltungsrechtlicher Pflichten Veränderungen der Luft verursacht, die geeignet sind, außerhalb des zur Anlage gehörenden Bereichs die Gesundheit eines anderen, Tiere, Pflanzen oder andere Sachen von bedeutendem Wert zu schädigen, wird mit Freiheitsstrafe bis zu fünf Jahren oder mit Geldstrafe bestraft. Der Versuch ist strafbar.

(2) Wer beim Betrieb einer Anlage, insbesondere einer Betriebsstätte oder Maschine, unter Verletzung verwaltungsrechtlicher Pflichten Schadstoffe in bedeutendem Umfang in die Luft außerhalb des Betriebsgeländes freisetzt, wird mit Freiheitsstrafe bis zu fünf Jahren oder mit Geldstrafe bestraft.

§ 325a StGB Verursachen von Lärm, Erschütterungen und nichtionisierenden Strahlen

(1) Wer beim Betrieb einer Anlage, insbesondere einer Betriebsstätte oder Maschine, unter Verletzung verwaltungsrechtlicher Pflichten Lärm verursacht, der geeignet ist, außerhalb des zur Anlage gehörenden Bereichs die Gesundheit eines anderen zu schädigen, wird mit Freiheitsstrafe bis zu drei Jahren oder mit Geldstrafe bestraft.

(2) Wer beim Betrieb einer Anlage, insbesondere einer Betriebsstätte oder Maschine, unter Verletzung verwaltungsrechtlicher Pflichten, die dem Schutz vor Lärm, Erschütterungen oder nichtionisierenden Strahlen dienen, die Gesundheit eines anderen, ihm nicht gehörende Tiere oder fremde Sachen von bedeutendem Wert gefährdet, wird mit Freiheitsstrafe bis zu fünf Jahren oder mit Geldstrafe bestraft.

(3) …

(4) Die Absätze 1 bis 3 gelten nicht für Kraftfahrzeuge, Schienen-, Luft- oder Wasserfahrzeuge.

§ 326 StGB Unerlaubter Umgang mit Abfällen

(1) Wer unbefugt Abfälle, die

1. Gifte oder Erreger von auf Menschen oder Tiere übertragbaren gemeingefährlichen Krankheiten enthalten oder hervorbringen können,
2. für den Menschen krebserzeugend, fortpflanzungsgefährdend oder erbgutverändernd sind,

> ***3.*** ***explosionsgefährlich, selbstentzündlich oder nicht nur geringfügig radioaktiv sind oder***
> ***4.*** ***nach Art, Beschaffenheit oder Menge geeignet sind, nachhaltig ein Gewässer, die Luft oder den Boden zu verunreinigen oder sonst nachteilig zu verändern oder einen Bestand von Tieren oder Pflanzen zu gefährden,***
>
> ***außerhalb einer dafür zugelassenen Anlage oder unter wesentlicher Abweichung von einem vorgeschriebenen oder zugelassenen Verfahren sammelt, befördert, behandelt, verwertet, lagert, ablagert, ablässt, beseitigt, handelt, makelt oder sonst bewirtschaftet, wird mit Freiheitsstrafe bis zu fünf Jahren oder mit Geldstrafe bestraft.***
>
> ***(2) Ebenso wird bestraft, wer Abfälle im Sinne des Absatzes 1 entgegen einem Verbot oder ohne die erforderliche Genehmigung in den, aus dem oder durch den Geltungsbereich dieses Gesetzes verbringt.***

Hervorzuheben ist im obigen Zitat Nummer 4, was in der Praxis darauf hinausläuft, dass die „Eignung" des Abfalls zur nachhaltigen Verunreinigung oder Veränderung von Boden, Wasser oder Luft nachgewiesen werden muss.

Alternativ muss die „Eignung" zur Gefährdung von Tieren oder Pflanzen nachgewiesen werden. Die Strafandrohung fußt auf dem Nachweis einer möglichen Gefährdung und nicht auf dem Nachweis eines konkreten Schadens! Ist tatsächlich eine konkrete Grundwasserverunreinigung eingetreten, wird § 324 StGB „Gewässerverunreinigung" relevant.

Wer einen Dritten mit der Entsorgung von Abfällen beauftragt, muss sich vergewissern, dass dieser Dritte zum einen die rechtlichen, organisatorischen und technischen Voraussetzungen für eine ordnungsgemäße Entsorgung erfüllt und zum anderen tatsächlich nach Auftragserteilung eine ordnungsgemäße Entsorgung durchgeführt hat. Die Vorlage der nötigen Genehmigungen vor Auftragserteilung und ein korrektes Nachweisverfahren sind zu fordern. § 22 KrWG formuliert den Sachverhalt wie folgt:

Die zur Verwertung und Beseitigung Verpflichteten können Dritte mit der Erfüllung ihrer Pflichten beauftragen. Ihre Verantwortlichkeit für die Erfüllung der Pflichten bleibt hiervon unberührt und so lange bestehen, bis die Entsorgung endgültig und ordnungsgemäß abgeschlossen ist. Die beauftragten Dritten müssen über die erforderliche Zuverlässigkeit verfügen.

Die Strafandrohung für ungenehmigte oder verbotene Abfallverbringung betrifft nicht unmittelbar einen umweltgefährdenden Tatbestand, sondern einen Verstoß gegen grundsätzliche verwaltungsrechtliche Vorgaben. Gleiches gilt auch für den Verstoß gegen den Anlagenzwang.

> ***§ 327 Absatz 2 StGB Unerlaubtes Betreiben von Anlagen***
>
> ***Mit Freiheitsstrafe bis zu drei Jahren oder mit Geldstrafe wird bestraft, wer***
>
> ***1.*** ***eine genehmigungsbedürftige Anlage oder eine sonstige Anlage im Sinne des Bundes-Immissionsschutzgesetzes, deren Betrieb zum Schutz vor Gefahren untersagt worden ist,***
> ***2.*** ***…***
> ***3.*** ***eine Abfallentsorgungsanlage im Sinne des Kreislaufwirtschaftsgesetzes oder***
> ***4.*** ***eine Abwasserbehandlungsanlage nach § 60 Absatz 3 des Wasserhaushaltsgesetzes***
>
> ***ohne die nach dem jeweiligen Gesetz erforderliche Genehmigung oder Planfeststellung oder entgegen einer auf dem jeweiligen Gesetz beruhenden vollziehbaren Untersagung betreibt.***

§ 328 Absatz 3 StGB Unerlaubter Umgang mit … gefährlichen Stoffen und Gütern

Mit Freiheitsstrafe bis zu fünf Jahren oder mit Geldstrafe wird bestraft, wer unter Verletzung verwaltungsrechtlicher Pflichten … gefährliche Güter befördert, versendet, verpackt oder auspackt, verlädt oder entlädt, entgegennimmt oder anderen überlässt und dadurch die Gesundheit eines anderen, Tiere oder Pflanzen, Gewässer, die Luft oder den Boden oder fremde Sachen von bedeutendem Wert gefährdet.

§ 328 Absatz 3 StGB verlangt den Nachweis der Missachtung verwaltungsrechtlicher Vorschriften und den Nachweis einer daraus resultierenden Gefährdung von Menschen, Tieren oder fremden Sachen von bedeutendem Wert. Ein konkreter Schaden ist nicht Voraussetzung für die Strafandrohung!

Ein Fahrer, der Gefahrgut unter Vernachlässigung einer soliden Ladungssicherung befördert, während der Beförderung in einen Unfall verwickelt wird, dabei einen Teil seiner Ladung verliert und damit eine Gefährdung durch entzündliche Stoffe und Dämpfe herbeiführt, muss mit Ermittlungen auf der Grundlage des § 328 StGB rechnen. Die Strafandrohung ist mit der des § 324a StGB identisch.

Beachte: Es gibt mehr als genug fachspezifische, allgemein zugängliche Informationen zum Thema „Ladungssicherung“ (z. B. DIN-Vorschriften), auf die der Richter sich beziehen wird!

§ 330a Absatz 1 StGB Schwere Gefährdung durch Freisetzen von Giften

Wer Stoffe, die Gifte enthalten oder hervorbringen können, verbreitet oder freisetzt und dadurch die Gefahr des Todes oder einer schweren Gesundheitsschädigung eines anderen Menschen oder die Gefahr einer Gesundheitsschädigung einer großen Zahl von Menschen verursacht, wird mit Freiheitsstrafe von einem Jahr bis zu zehn Jahren bestraft.

§ 330a StGB erfasst ebenfalls ein „Gefährdungsdelikt“: Der Tatbestand beruht nicht auf dem Nachweis eines konkreten Schadens, sondern auf dem Nachweis einer konkreten Gefährdung der Schutzgüter durch die freigesetzten oder verbreiteten Stoffe.

Ein **besonders schwerer Fall einer Umweltstraftat** (§ 330 StGB) liegt in der Regel vor, wenn der Täter vorsätzlich

1. ein Gewässer, den Boden oder ein Schutzgebiet (§ 329 Absatz 3 StGB: Naturschutzgebiet) derart beeinträchtigt, dass die Beeinträchtigung nicht, nur mit außerordentlichem Aufwand oder erst nach längerer Zeit beseitigt werden kann,
2. die öffentliche Wasserversorgung gefährdet,
3. einen Bestand von Tieren oder Pflanzen einer streng geschützten Art nachhaltig schädigt oder
4. aus Gewinnsucht handelt.

Die Strafandrohung liegt zwischen sechs Monaten und zehn Jahren Freiheitsstrafe.

Wer einen anderen Menschen durch vorsätzliche Handlungen nach §§ 324 bis 329 StGB in die Gefahr des Todes oder einer schweren Gesundheitsschädigung bringt, hat ebenfalls Freiheitsstrafen zu gewärtigen; die Gefährdung einer großen Zahl von Menschen bzw. die Verursachung eines Todesfalles durch vorsätzliche Handlungen nach §§ 324 bis 329 StGB werden mit Freiheitsstrafen von bis zu zehn Jahren bestraft.

Strafvorschriften des Arbeitsschutzgesetzes

§ 26 ArbSchG Strafvorschriften

Mit Freiheitsstrafe bis zu einem Jahr oder mit Geldstrafe wird bestraft, wer

1. ***eine in § 25 Abs. 1 Nr. 2 Buchstabe a bezeichnete Handlung [Zuwiderhandlung bei vollziehbaren Anordnungen] beharrlich wiederholt oder***
2. ***durch eine in § 25 Abs. 1 Nr. 1 [Verstoß gegen Rechtsverordnungen nach § 18 Abs. 1 oder § 19 ArbSchG] oder Nr. 2 Buchstabe a bezeichnete vorsätzliche Handlung Leben oder Gesundheit eines Beschäftigten gefährdet.***

Strafvorschriften des Chemikaliengesetzes

§ 27 ChemG Strafvorschriften

(1) Mit Freiheitsstrafe bis zu zwei Jahren oder mit Geldstrafe wird bestraft, wer

1. ***einer Rechtsverordnung nach § 17 Absatz 1 Nummer 1 Buchstabe a, Nummer 2 Buchstabe b oder Nummer 3, … über das Herstellen, das Inverkehrbringen oder das Verwenden dort bezeichneter Stoffe, Gemische, Erzeugnisse, Biozid-Wirkstoffe oder Biozid-Produkte zuwiderhandelt, soweit sie für einen bestimmten Tatbestand auf diese Strafvorschrift verweist;***
2. ***einer vollziehbaren Anordnung nach § 23 Absatz 2 Satz 1 über das Herstellen, das Inverkehrbringen oder das Verwenden gefährlicher Stoffe, Gemische oder Erzeugnisse zuwiderhandelt;***
3. ***einer unmittelbar geltenden Vorschrift in Rechtsakten der Europäischen Gemeinschaften oder der Europäischen Union zuwiderhandelt, …***

(2) Mit Freiheitsstrafe bis zu fünf Jahren oder mit Geldstrafe wird bestraft, wer durch eine in Absatz 1 … oder eine in § 26 Absatz 1 Nummer 4, 5, 7 Buchstabe b, Nummer 8 Buchstabe b, Nummer 10 oder Nummer 11 bezeichnete vorsätzliche Handlung das Leben oder die Gesundheit eines anderen oder fremde Sachen von bedeutendem Wert gefährdet.

In den einschlägigen Rechtsverordnungen wird der grundsätzliche Bezug (zum ArbSchG bzw. ChemG) hergestellt und dann auf der Basis der einzelnen Rechtsverordnung ins Detail gegangen.

3.4 Verantwortlichkeiten

Nach dem Grundsatz „Keine Strafe ohne Schuld" muss dem Täter das Verschulden nachgewiesen werden. „Schuld" hat derjenige, dem rechtswidriges Handeln nachgewiesen werden kann. Das schuldhafte Handeln kann vorsätzlich oder fahrlässig erfolgt sein.

Die Paragrafen des Abschnitts 29 StGB – Straftaten gegen die Umwelt – wenden sich unmittelbar an den Verursacher (z. B. Fahrer) des mit Strafe bedrohten Tatbestands. Steht hinter dem direkten Verursacher eine Person, die ihn zu der Tat angestiftet hat, wird dieser Anstifter in gleicher Weise wie der Täter strafrechtlich belangt. Es muss ein vorsätzliches Veranlassen einer vorsätzlich ausgeübten Tat vorliegen (siehe § 26 StGB).

§ 130 Absatz 1 OWiG

Wer als Inhaber eines Betriebes oder Unternehmens vorsätzlich oder fahrlässig die Aufsichtsmaßnahmen unterlässt, die erforderlich sind, um in dem Betrieb oder Unternehmen Zuwiderhandlungen gegen Pflichten zu verhindern, die den Inhaber treffen und deren Verletzung mit Strafe oder Geldbuße bedroht ist, handelt ordnungswidrig, wenn eine solche Zuwiderhandlung begangen wird, die durch gehörige Aufsicht verhindert oder wesentlich erschwert worden wäre.

Zu den erforderlichen Aufsichtsmaßnahmen gehören auch die Bestellung, sorgfältige Auswahl und Überwachung von Aufsichtspersonen.

§ 130 Ordnungswidrigkeitengesetz (OWiG) zieht den Kreis der „Verursacher" weiter. Danach hat der Unternehmer bei der Auswahl des Personals besondere Sorgfalt walten zu lassen und eine entsprechende Aufsicht auszuüben, um Rechtsverstöße zu verhindern bzw. deutlich zu erschweren. Kommen Verstöße häufiger vor, wird die Behörde fragen, welche Gegenmaßnahmen von der Unternehmensleitung ergriffen wurden (z. B. Betriebsanweisungen, Unterweisungen, Kontrollen). Kann dem Unternehmer oder Betriebsinhaber eine Verletzung der Sorgfaltspflicht („Organisationsverschulden") nachgewiesen werden, liegt eine Ordnungswidrigkeit vor, die mit einer Geldbuße geahndet wird. Ist eine Straftat gegen die Umwelt durch Nachlässigkeiten oder Fehler in der Betriebsorganisation mitverursacht worden, wird die Betriebsleitung zur Verantwortung gezogen.

Die Organisationspflichten umfassen die Einstellung von ausreichend qualifiziertem Personal, das angemessen in die betrieblichen Tätigkeiten und Abläufe eingewiesen werden muss. Darüber hinaus ist eine ausreichende Kontrolle durchzuführen und im Bedarfsfall steuernd und regelnd einzugreifen. Das Personal muss ausreichend Zeit und Möglichkeit haben, die übertragenen Pflichten korrekt zu erfüllen (Ablauforganisation).

§ 130 OWiG mit seiner Fixierung auf die reale Person des Inhabers eines Betriebs oder Unternehmens greift bei „juristischen Personen" nicht.

§ 9 OWiG Absatz 1 Handeln für einen anderen

Handelt jemand

1. ***als vertretungsberechtigtes Organ einer juristischen Person oder als Mitglied eines solchen Organs,***
2. ***als vertretungsberechtigter Gesellschafter einer rechtsfähigen Personengesellschaft oder***
3. ***als gesetzlicher Vertreter eines anderen,***

so ist ein Gesetz, nach dem besondere persönliche Eigenschaften, Verhältnisse oder Umstände (besondere persönliche Merkmale) die Möglichkeit der Ahndung begründen, auch auf den Vertreter anzuwenden, wenn diese Merkmale zwar nicht bei ihm, aber bei dem Vertretenen vorliegen.

§ 9 Absatz 1 OWiG erweitert den Kreis der Verantwortlichen um Geschäftsführer und Vorstände und darüber hinaus um den einfachen gesetzlichen Vertreter eines anderen. Damit sind auch bei juristischen Personen wieder reale Personen als Verantwortliche greifbar.

Unterhalb der Ebene von Betriebsinhaber oder Geschäftsführung kann es Personen geben, die partielle Verantwortung übertragen bekommen haben (Betriebsleiter, Abteilungsleiter). Diesen Aspekt des Handelns für einen anderen erfasst § 9 Absatz OWiG:

§ 9 OWiG Absatz 2 Handeln für einen anderen

Ist jemand von dem Inhaber eines Betriebes oder einem sonst dazu Befugten

1. ***beauftragt, den Betrieb ganz oder zum Teil zu leiten, oder***
2. ***ausdrücklich beauftragt, in eigener Verantwortung Aufgaben wahrzunehmen, die dem Inhaber des Betriebes obliegen,***

und handelt er aufgrund dieses Auftrages, so ist ein Gesetz, nach dem besondere persönliche Merkmale die Möglichkeit der Ahndung begründen, auch auf den Beauftragten anzuwenden, wenn diese Merkmale zwar nicht bei ihm, aber bei dem Inhaber des Betriebes vorliegen. Dem Betrieb im Sinne des Satzes 1 steht das Unternehmen gleich. Handelt jemand aufgrund eines entsprechenden Auftrages für eine Stelle, die Aufgaben der öffentlichen Verwaltung wahrnimmt, so ist Satz 1 sinngemäß anzuwenden.

Der Gesetzgeber hat im Strafrecht ein praktisch gleichlautendes Pendant (§ 14 StGB) zu den einschlägigen Paragrafen des Ordnungswidrigkeitengesetzes geschaffen und damit die „Personalisierung" der Verantwortlichkeiten auch für das Strafrecht herbeigeführt.

Polizei- und Ordnungsrecht

Polizei- und Ordnungsrecht dient der Aufrechterhaltung der „Öffentlichen Sicherheit und Ordnung". Polizeirecht ist das Recht des polizeilichen Vollzugs, während das Ordnungsrecht das von den Ordnungsbehörden anzuwendende Recht ist. Bau-, Gewerbe- und Gesundheitsrecht sind wesentliche Teile des Ordnungsrechts (das wiederum Verwaltungsrecht und damit öffentliches Recht ist).

Die Durchführung des Polizei- und Ordnungsrechts beruht auf dem Grundsatz:

Die zuständige Behörde ist ermächtigt, die im Einzelfall notwendigen Maßnahmen zu ergreifen, um eine Gefahr für die öffentliche Sicherheit und Ordnung abzuwehren (**Gefahrenabwehr**).

Öffentliche Sicherheit ist die Unversehrtheit der bestehenden Rechtsordnung, der öffentlichen Einrichtungen und von Gesundheit, Freiheit, Eigentum und sonstigen Rechtsgütern der Bürger. Öffentliche Ordnung umfasst die Regeln für das Verhalten des Einzelnen in der Öffentlichkeit, im Sinne einer Grundlage für ein geordnetes Gemeinschaftsleben.

Eine Gefahr ist dann gegeben, wenn eine Beeinträchtigung der öffentlichen Sicherheit und Ordnung zu befürchten (mit großer Wahrscheinlichkeit zu erwarten) ist. Die Gefahr muss „konkret" sein. Besteht diese Gefahr, kann die zuständige Behörde von dem für die Gefahr Verantwortlichen die Beseitigung der Störung verlangen. Der mit einer Polizei- oder Ordnungsverfügung in Anspruch genommene Störer hat die notwendigen Maßnahmen zur Gefahrenabwehr auf eigene Kosten durchzuführen. Kommt der Störer der Verfügung nicht in der festgesetzten Frist nach, steht der Behörde der Weg der „Ersatzvornahme" offen; die Rechnung zahlt der Störer.

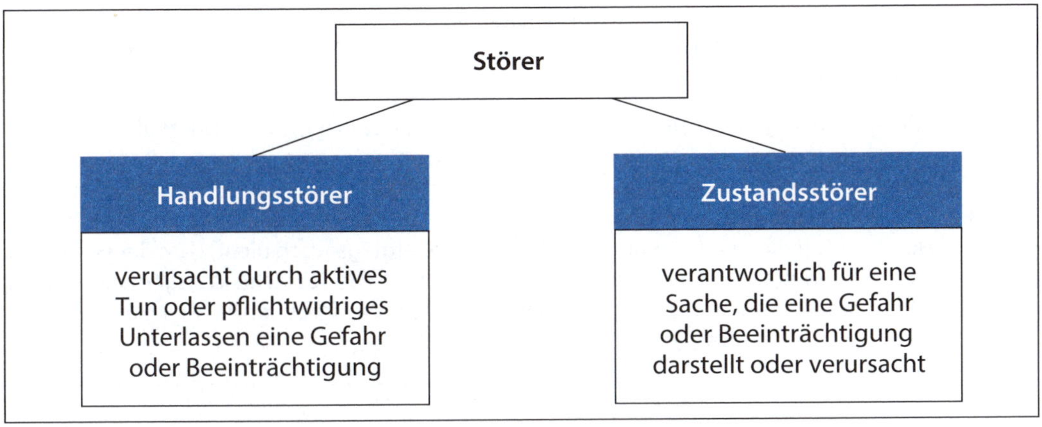

Abb. 57: Differenzierung des „Störers" nach Polizei- und Ordnungsrecht

3.5 Haftung

Haftungstatbestände ergeben sich zum einen aus dem Zivilrecht (Bürgerliches Gesetzbuch – BGB), zum anderen aus dem Verwaltungsrecht (Wasserhaushaltsgesetz, Kreislaufwirtschaftsgesetz etc.).

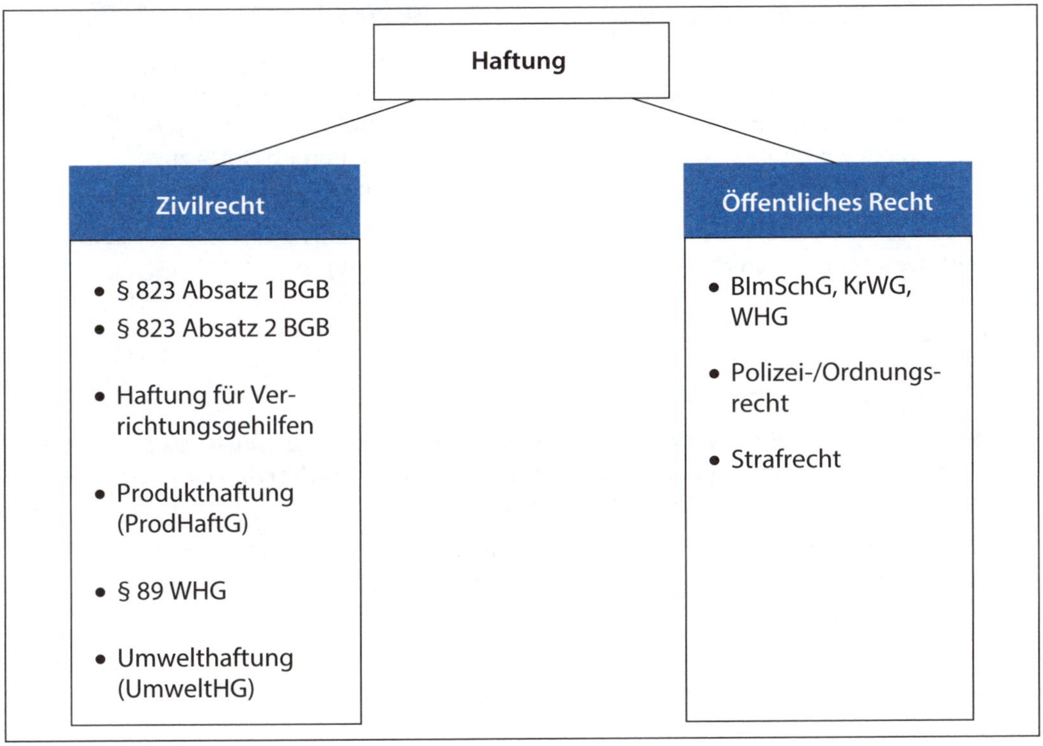

Abb. 58: Differenzierung der „Haftung" nach Öffentlichem und Zivilrecht

Die Haftung nach BGB ist eine reine **Verschuldenshaftung**: Der Schadensersatz hängt davon ab, ob dem Schädiger eine vorsätzliche oder fahrlässige Verletzung von Rechtsgütern des Geschädigten nachgewiesen werden kann.

Die **Gefährdungshaftung** findet sich im Wasserhaushaltsgesetz (§ 89), im Produkthaftungsgesetz und im Umwelthaftungsgesetz. Die grundsätzliche Logik dahinter: Die schlichte Inbetriebnahme einer „Einrichtung" kann zu einer nicht auszuschließenden Gefährdung führen. Tritt tatsächlich ein Schaden aufgrund dieser Gefährdung auf, ergibt sich aus diesem Zusammenhang ein Haftungsgrund. Dieser grundsätzliche Zusammenhang bedeutet allerdings noch nicht, dass der Gefährder auf jeden Fall „Geld in die Hand nehmen muss" (siehe unten). Die Tatsache, dass jemand mit der Inbetriebnahme einer „Einrichtung" kommerzielle Interessen verfolgt, ist dabei sekundär (siehe aber § 89 WHG „Anlagenhaftung").

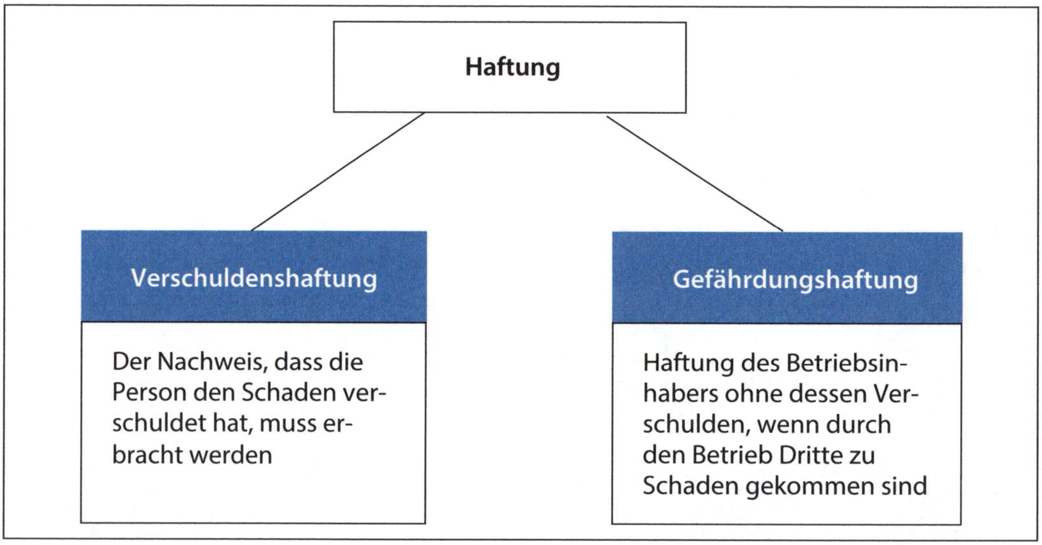

Abb. 59: Unterscheidung von Verschuldens- und Gefährdungshaftung

Zivilrecht

§ 823 BGB Schadensersatzpflicht

(1) Wer vorsätzlich oder fahrlässig das Leben, den Körper, die Gesundheit, die Freiheit, das Eigentum oder ein sonstiges Recht eines anderen widerrechtlich verletzt, ist dem anderen zum Ersatz des daraus entstehenden Schadens verpflichtet.

(2) Die gleiche Verpflichtung trifft denjenigen, welcher gegen ein den Schutz eines anderen bezweckendes Gesetz verstößt …

§ 249 BGB Art und Umfang des Schadensersatzes

*(1) **Wer zum Schadensersatz verpflichtet ist, hat den Zustand herzustellen, der bestehen würde, wenn der zum Ersatz verpflichtende Umstand nicht eingetreten wäre.***

*(2) **Ist wegen Verletzung einer Person oder wegen Beschädigung einer Sache Schadensersatz zu leisten, so kann der Gläubiger statt der Herstellung den dazu erforderlichen Geldbetrag verlangen ….***

Die Schadensersatzpflicht nach § 823 BGB setzt eine vorsätzliche oder fahrlässige Begehung einer rechtswidrigen Handlung („unerlaubte Handlung“) voraus. Die Schadensersatzpflicht ist an den eindeutigen Nachweis der Schuld gebunden (Verschuldenshaftung). Schutzgüter sind persönliche Rechte (körperliche Unversehrtheit, Eigentum u. a.). Die Verletzung dieser Rechte muss von demjenigen, der Schadensersatz fordert, nachgewiesen werden.

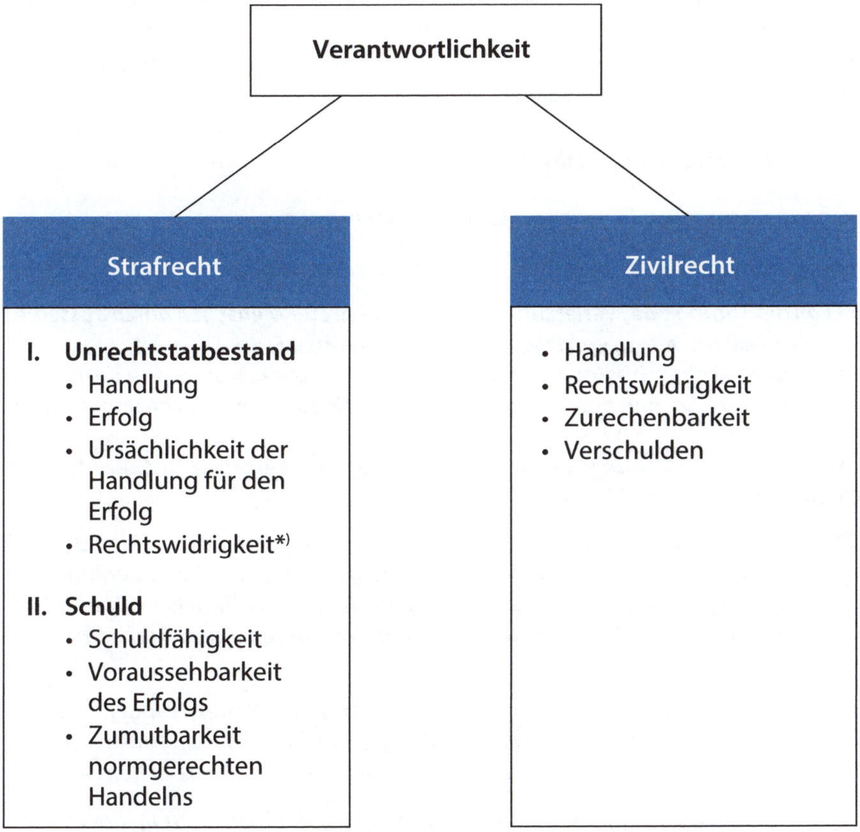

*) Im Strafrecht ist eine Handlung, die den Tatbestand einer „Strafnorm“ (z.B. Abschnitt 29 StGB oder § 27 ChemG) erfüllt (und nicht gerechtfertigt ist; z.B. unmittelbare Gefahrenabwehr), rechtswidrig und – wenn verschuldet – strafbar. Siehe auch § 11 Absatz 1 Nr. 5 StGB.

Abb. 60: Feststellung der „Verantwortlichkeit“ im Zivil- und Strafrecht

Die Rechtsverletzung kann durch aktives Handeln oder durch Unterlassen einer gebotenen Handlung geschehen. In diesem Zusammenhang ist auf die sogenannte **Verkehrssicherungspflicht** hinzuweisen: Jeder, der Gefahrenquellen schafft, muss im Rahmen des wirtschaftlich Zumutbaren die notwendigen Vorkehrungen zum Schutze Dritter treffen. Damit ist z. B. der große Kreis der Grundstückseigentümer angesprochen. Städte und Gemeinden können hier mit Satzungen agieren. Ein anderes Beispiel ist das Schild „Hier gilt die StVO!" an der Einfahrt zum Betriebsgelände.

Beachte: Für die Verkehrssicherungspflicht gibt es keine explizite Rechtsgrundlage. Sie stammt vielmehr aus der einschlägigen Rechtsprechung im Zusammenhang mit dem § 823 BGB.

Eine Schadensersatzpflicht liegt auch dann vor, wenn ein sogenanntes Schutzgesetz verletzt wurde und daraus Schaden entstanden ist. Schutzgesetze sind aber nicht die einschlägigen „Umweltgesetze" wie KrWG oder Gefahrgutbeförderungsgesetz; diese Gesetze dienen dem Schutz der Allgemeinheit. Schutzgesetze schützen gezielt das Individuum (z. B. Vorschriften des StGB über Körperverletzung).

Das BGB gibt keine Obergrenze für die Höhe des Schadensersatzes vor. Die auf der Basis des § 249 BGB erfolgte Rechtsprechung gibt Anhaltspunkte für die praktische Bemessung im Einzelfall. Bei Normalbetriebsrisiken (nachgewiesene Einhaltung der Genehmigungsbedingungen auf Betreiberseite!) und höherer Gewalt besteht keine Haftung.

Haftung bei der Beförderung gefährlicher Güter:

§ 12a StVG Höchstbeträge bei der Beförderung gefährlicher Güter

(1) Werden gefährliche Güter befördert, haftet der Ersatzpflichtige

1. ***im Fall der Tötung oder Verletzung eines oder mehrerer Menschen durch dasselbe Ereignis nur bis zu einem Betrag von insgesamt zehn Millionen Euro,***
2. ***im Fall der Sachbeschädigung an unbeweglichen Sachen, auch wenn durch dasselbe Ereignis mehrere Sachen beschädigt werden, nur bis zu einem Betrag von insgesamt zehn Millionen Euro,***

sofern der Schaden durch die die Gefährlichkeit der beförderten Güter begründenden Eigenschaften verursacht wird …

(2) Gefährliche Güter im Sinne dieses Gesetzes sind Stoffe und Gegenstände, deren Beförderung auf der Straße nach den Anlagen A und B zu dem Europäischen Übereinkommen vom 30. September 1957 über die internationale Beförderung gefährlicher Güter auf der Straße (ADR) (BGBl. 1969 II S. 1489) in der jeweils geltenden Fassung verboten oder nur unter bestimmten Bedingungen gestattet ist.

(3) Absatz 1 ist nicht anzuwenden, wenn es sich um freigestellte Beförderungen gefährlicher Güter oder um Beförderungen in begrenzten Mengen unterhalb der im Unterabschnitt 1.1.3.6. zu dem in Absatz 2 genannten Übereinkommen festgelegten Grenzen handelt.

(4) Absatz 1 ist nicht anzuwenden, wenn der Schaden bei der Beförderung innerhalb eines Betriebs entstanden ist, in dem gefährliche Güter hergestellt, bearbeitet, verarbeitet, gelagert, verwendet oder vernichtet werden, soweit die Beförderung auf einem abgeschlossenen Gelände stattfindet.

Wer wird zum Schadensersatz herangezogen? Jeder Handelnde!

Die Arbeit und damit auch die zum Schadensersatz führenden Handlungen werden von den Mitarbeitern des Unternehmens oder Betriebs ausgeführt. Die Mitarbeiter sind **Erfüllungsgehilfen** des Unternehmers oder Betriebsinhabers (z. B. Fahrer, die weisungsgemäß bei einem Kunden volle Abrollbehälter gegen leere austauschen).

Der Unternehmer oder Betriebsinhaber ist für das Fehlverhalten seiner Erfüllungsgehilfen verantwortlich (die Erfüllungsgehilfen wiederum sind im Rahmen ihres Anstellungsvertrages für ihr persönliches Handeln verantwortlich). Die Mitarbeiter sind damit allerdings nicht von der strafrechtlichen Verantwortung für ihr Handeln befreit.

Für den Mitarbeiter ergibt sich eine Schadensersatzpflicht gegenüber dem Arbeitgeber, wenn ihm Vorsätzlichkeit nachgewiesen werden kann. Der Unternehmer ist damit jedoch nicht aus seiner Verantwortung entlassen. Seine Organisationspflichten führen auf jeden Fall zu einem Haftungsanspruch gegen ihn auf der Grundlage des § 823 BGB.

Die Haftung des Arbeitnehmers gegenüber seinem Arbeitgeber ist bei Vorliegen von „normaler" Fahrlässigkeit nicht gegeben (bei grober Fahrlässigkeit, z. B. Alkoholeinfluss, sieht dies anders aus!). Im Einzelfall ist festzustellen, ob die Wahrscheinlichkeit eines Schadens bei Ausübung der Tätigkeit relativ groß ist („gefahrgeneigte Tätigkeit"). Faktoren wie die Unerfahrenheit und Arbeitsüberlastung des Mitarbeiters sind zu berücksichtigen. Die Relation von Höhe der Schadensersatzforderung und Einkommen kann eine Schadensersatzleistung unrealistisch werden lassen.

Ähnliche Verhältnisse liegen bei sogenannten juristischen Personen vor (Gesellschaften mit beschränkter Haftung, Aktiengesellschaften). In diesen Fällen greift die sogenannte Vertreterhaftung nach § 14 StGB oder § 9 OWiG.

Im Rahmen der Abfallentsorgung können aus falschen oder die wahre Natur des Abfalls verschleiernden Angaben in den Nachweisen und Begleitpapieren schwerwiegende Folgen in Entsorgungsanlagen resultieren. Falsche oder unrichtige Angaben sind nicht nur Ordnungswidrigkeiten, sondern in diesen Fällen auch Anlass für zivilrechtliche Schadensersatzansprüche.

Von der Stellung des Erfüllungsgehilfen ist die des **Verrichtungsgehilfen** zu unterscheiden. Wer einen anderen zu einer Verrichtung bestellt, ist zum Ersatz des Schadens verpflichtet, den der andere bei der Ausführung der Verrichtung einem Dritten widerrechtlich zufügt (§ 831 BGB). Das Verschulden liegt darin, dass die Auswahl des Verrichtungsgehilfen nicht sorgfältig genug oder falsch erfolgte, und/oder der Verrichtungsgehilfe nicht ausreichend angewiesen, beaufsichtigt oder unterstützt wurde. Zwischen dem Verrichtungsgehilfen und demjenigen, der ihn bestellt hat, besteht natürlich auch ein Haftungsverhältnis.

Eine sorgfältige Auswahl des Verrichtungsgehilfen und die ausreichende Erfüllung der Verkehrssicherungspflicht schließen einen Schadensersatz aus. Diese Feststellung trifft auch auf die Beauftragung Dritter mit der Beseitigung von Abfällen zu (vgl. § 22 KrWG).

Das **Produkthaftungsgesetz** (ProdHaftG) legt eine Schadensersatzpflicht für alle durch ein fehlerhaftes Produkt entstandenen Körper- und Gesundheitsschäden fest. Sachschäden werden auf Sachschäden des privaten Endverbrauchers eingeschränkt. Ein Produkt ist fehlerhaft, wenn es nach dem Inverkehrbringen nicht die Sicherheit bietet, die unter Berücksichtigung von Zeitpunkt des Inverkehrbringens, Verwendungszweck, Benutzerkreis und üblicherweise anzunehmendem Fehlgebrauch erwartet werden darf. Der Schadensersatz ist auf Personen- und Sachschäden, die Ersatzleistung bei Personenschäden auf 85 Millionen Euro beschränkt. Im Falle der Sachbeschädigung hat der Geschädigte einen Schaden bis zu einer Höhe von 500 Euro selbst zu tragen. Ein Haftungsanspruch verjährt drei Jahre nach Kenntnis des Schadens und des Schädigers und ist ausgeschlossen, wenn nach dem Inverkehrbringen des Produkts bereits mehr als zehn Jahre verstrichen sind.

Umwelthaftung

§ 823 BGB bezieht sich auf Personen und ihre Rechte. Eine Haftung für Schäden an der Umwelt ist damit nur indirekt erreicht. Der Haftungsanspruch kann zudem nur geltend gemacht werden, wenn ein Verschulden nachgewiesen werden kann.

§ 89 Wasserhaushaltsgesetz (WHG) und das **Umwelthaftungsgesetz** (UmweltHG) sind Vorschriften, die die Haftung bei schädlichen Umwelteinwirkungen betreffen. In beiden Fällen wird der Grundsatz des Verschuldensnachweises zugunsten einer Gefährdungshaftung aufgegeben.

§ 89 WHG Haftung für Änderungen der Wasserbeschaffenheit

(1) Wer in ein Gewässer Stoffe einbringt oder einleitet oder wer in anderer Weise auf ein Gewässer einwirkt und dadurch die Wasserbeschaffenheit nachteilig verändert, ist zum Ersatz des daraus einem anderen entstehenden Schadens verpflichtet. Haben mehrere auf das Gewässer eingewirkt, so haften sie als Gesamtschuldner.

(2) Gelangen aus einer Anlage, die bestimmt ist, Stoffe herzustellen, zu verarbeiten, zu lagern, abzulagern, zu befördern oder wegzuleiten, derartige Stoffe in ein Gewässer, ohne in dieses eingebracht oder eingeleitet zu sein, und wird dadurch die Wasserbeschaffenheit nachteilig verändert, so ist der Betreiber der Anlage zum Ersatz des daraus einem anderen entstehenden Schadens verpflichtet. Absatz 1 Satz 2 gilt entsprechend. Die Ersatzpflicht tritt nicht ein, wenn der Schaden durch höhere Gewalt verursacht wird.

Der Begriff des Gewässers ist analog dem § 324 StGB „Gewässerverunreinigung" gefasst (oberirdische Gewässer, Grundwasser, Küstengewässer). „Einleiten" ist das Zuführen flüssiger oder gasförmiger Stoffe sowie das Versickern- oder Verrieselnlassen flüssiger Stoffe. „Einbringen" bezieht sich auf feste Stoffe.

Wer einen der in § 89 Absatz 1 WHG genannten Tatbestände in die Realität umsetzt, haftet für den daraus entstehenden Schaden. § 89 WHG legt eine rechtswidrigkeitsunabhängige Gefährdungshaftung fest. Absatz 1 des § 89 WHG begründet eine „**Handlungshaftung**". Der Schädiger handelt jeweils vorsätzlich (zielgerichtet) und nimmt die negativen Folgen zumindest in Kauf. Voraussetzung für den Schadensersatzanspruch ist ein ursächlicher Zusammenhang zwischen der Handlung (Einleiten etc.) und dem Schaden.

Die dargestellte Handlungshaftung ist ausgeschlossen, wenn der Schädiger eine wasserrechtliche Bewilligung zur Einleitung oder Einbringung von Stoffen hat (d. h. das Recht, nicht nur die Erlaubnis; beachte § 18 WHG „Widerruf der Erlaubnis und der Bewilligung") und den in der Bewilligung abgesteckten Rahmen nicht überschritten hat. Das muss allerdings nachgewiesen werden, z. B. mit geeigneten Messprotokollen aus der Eigenüberwachung; vgl. hierzu § 16 WHG „Ausschluss privatrechtlicher Abwehransprüche".

Höhere Gewalt (z. B. Blitzschlag, nicht aber die „normale" Alterung einer Bodenabdichtung oder die „unvermeidliche" Wanddickenreduzierung eines Behälters bei langanhaltendem Gebrauch im Chemikalienlager!) schließt ebenfalls eine Haftung aus.

Absatz 2 des § 89 WHG betrifft den Inhaber einer Anlage („**Anlagenhaftung**"). „Anlagen" sind nicht nur Tanklager, Anlagen zur Verarbeitung von Stoffen, Abfallentsorgungsanlagen und verbindende Rohrleitungen und in die Anlage integrierte Maschinen und Lagerbehälter; als Anlage gelten auch Container und Fässer, die auf dem Betriebsgelände stehen und im Rahmen des Betriebs eine Funktion haben. Im Gegensatz zu Absatz 1 hebt Absatz 2 auf die ungewollte Gewässerverunreinigung ab.

Kann der Anlagenbetreiber belegen, dass der Schaden auf höhere Gewalt zurückzuführen ist, ist ein Schadensersatz ausgeschlossen. Der ursächliche Zusammenhang zwischen dem Vorgang (Eindringen von Stoffen aus einer Anlage in ein Gewässer), der Beschaffenheitsveränderung des Wassers und dem Schaden ist deutlich zu machen.

Die Anlagenhaftung beruht auf der Argumentation, dass derjenige, der aus dem Betrieb einer (vom Gesetzgeber gewünschten [auch ein an Voraussetzungen gebundener Rechtsanspruch ist gesetzgeberische Absicht] und deshalb genehmigten) Anlage, von der im Normalbetrieb Gefahren ausgehen, wirtschaftliche Vorteile zieht, auch für Schäden aufgrund dieser Gefahren einstehen soll. Im Hintergrund steht das Drängen auf Vorsorge bei der Anlagenplanung und dem Betrieb der Anlage.

Personen-, Sach- und Vermögensschäden sind in summenmäßig unbegrenztem Umfang zu ersetzen (Vermögenseinbußen und entgangener Gewinn können berücksichtigt werden).

§ 1 UmweltHG Anlagenhaftung bei Umwelteinwirkungen

Wird durch eine Umwelteinwirkung, die von einer in Anhang 1 genannten Anlage ausgeht, jemand getötet, sein Körper oder seine Gesundheit verletzt oder eine Sache beschädigt, so ist der Inhaber der Anlage verpflichtet, dem Geschädigten den daraus entstehenden Schaden zu ersetzen.

Ein Schaden entsteht u. a. durch die Einwirkung von Stoffen, die sich in Boden, Wasser oder Luft ausbreiten. Anlagen sind ortsfeste Einrichtungen wie Betriebsstätten und Lager. Anlagen im Sinne des UmweltHG sind aber auch Maschinen, Geräte, Fahrzeuge und sonstige ortsveränderliche technische Einrichtungen und Nebeneinrichtungen, die mit der Anlage in einem räumlichen und betriebstechnischen Zusammenhang stehen.

Diese Beschreibung erinnert an den Anlagenbegriff des § 89 WHG. Anhang 1 des UmweltHG enthält eine verbindliche Anlagenliste (die vom Gesetzgeber bei Bedarf geändert werden kann). Der Transport von und zur Anlage (kein Werksverkehr!) fällt nicht unter den Anlagenbegriff.

Anhang 1 (zu § 1) UmweltHG

Abfälle und Reststoffe

68. ***Anlagen zur teilweisen oder vollständigen Beseitigung von festen oder flüssigen Stoffen durch Verbrennen***
69. ***Anlagen zur thermischen Zersetzung brennbarer fester oder flüssiger Stoffe unter Sauerstoffmangel (Pyrolyseanlagen)***
70. ***Anlagen zur Rückgewinnung von einzelnen Bestandteilen aus festen Stoffen durch Verbrennen, ausgenommen Anlagen zur Rückgewinnung von Edelmetallen in Gekrätze-Ver-***

aschungsöfen, soweit die Menge der Ausgangsstoffe weniger als 200 Kilogramm je Tag beträgt

71. *Anlagen, in denen feste Abfälle, auf die die Vorschriften des Abfallgesetzes*) Anwendung finden, aufbereitet werden, mit einer Leistung von 1 Tonne oder mehr je Stunde, ausgenommen Anlagen, in denen Stoffe aus in Haushaltungen anfallenden oder aus gleichartigen Abfällen durch Sortieren für den Wirtschaftskreislauf zurückgewonnen werden*
72. *Anlagen zum Umschlagen von festen Abfällen im Sinne des § 1 Absatz 1 des Abfallgesetzes*) mit einer Leistung von 100 Tonnen oder mehr je Tag, ausgenommen Anlagen zum Umschlagen von Erdaushub oder von Gestein, das bei der Gewinnung oder Aufbereitung von Bodenschätzen anfällt*
73. *Kompostwerke*
74. *Anlagen zur chemischen Aufbereitung von cyanidhaltigen Konzentraten, Nitriten, Nitraten oder Säuren, soweit hierdurch eine Verwertung als Reststoff oder eine Entsorgung als Abfall ermöglicht werden soll*
75. *Ortsfeste Anlagen im Sinne des § 4 des Abfallgesetzes*) zum Lagern, Behandeln oder Ablagern von Abfällen im Sinne des § 2 Absatz 2 des Abfallgesetzes*)*
76. *Ortsfeste Anlagen im Sinne des § 4 des Abfallgesetzes*) zur thermischen Behandlung oder Ablagerung von in Haushaltungen anfallenden Abfällen*
77. *Anlagen, die der Lagerung oder Behandlung von Autowracks dienen im Sinne des § 5 des Abfallgesetzes*)*

*) Beachte, dass hier immer noch auf den Vorläufer des KrW-/AbfG – das Abfallgesetz von 1986 – Bezug genommen wird (das UmweltHG ist zuletzt am 17. Juli 2017 geändert worden).

Das Umwelthaftungsgesetz postuliert eine Schadensersatzpflicht, die auch bei Normalbetrieb unter Einhaltung der Genehmigungsvoraussetzungen gilt (vorausgesetzt, der Anlage wird die Verursachung eines Schadens „zugeordnet" (siehe unten)). Normalbetrieb schließt nach der Logik des UmweltHG die Verursachung eines Schadens nicht aus!

Ist ein konkreter Schaden eingetreten, gilt die Anlage, die plausiblerweise als Verursacher infrage kommt, als „schuldig". Zu berücksichtigen sind die Art der Anlage, der Betriebsablauf, die eingesetzten Stoffe, die räumliche Lage zum Schadensort etc.

Die Schuldvermutung gilt als widerlegt, wenn der Anlagenbetreiber den bestimmungsgemäßen, störungsfreien Betrieb der Anlage belegen kann. In diesem Fall bleibt dem Geschädigten die Möglichkeit, den Kausalzusammenhang zwischen eingetretenem Schaden und der Anlage zu belegen.

Die mit dem UmweltHG umgedrehte Beweislast liegt damit wieder beim Geschädigten. Der Geschädigte hat allerdings Auskunftsansprüche gegenüber dem Inhaber der Anlage und gegenüber zuständigen Genehmigungs- und Überwachungsbehörden.

Kann der Anlagenbetreiber/-inhaber den bestimmungsgemäßen, störungsfreien Betrieb nicht belegen, tritt der Haftungsfall ein. Er beruht dann lediglich auf der Ursachenvermutung des Geschädigten. Der Anreiz für den Anlagenbetreiber, den ordnungsgemäßen, störungsfreien Betrieb einzuhalten, ist deshalb nicht zu unterschätzen. Das UmweltHG legt eine verschuldensunabhängige Gefährdungshaftung fest. Die Haftung ist von der bloßen Verursachung eines Schadens abhängig. Die Schadensersatzpflicht besteht nicht, wenn der Schaden durch höhere Gewalt verursacht wurde.

Der Ersatzpflichtige haftet für Tötung, Körper- und Gesundheitsverletzung insgesamt nur bis zu einem Höchstbetrag von 85 Millionen Euro. Für Sachbeschädigungen, die aus einer einheitlichen Umwelteinwirkung entstanden sind, gilt der gleiche Höchstbetrag. Auf die Verjährung finden die für unerlaubte Handlungen geltenden Verjährungsvorschriften des Bürgerlichen Gesetzbuchs entsprechende Anwendung (siehe Abschnitt 5 des BGB).

■ Gesetz über die Vermeidung und Sanierung von Umweltschäden (Umweltschadensgesetz – USchadG) vom 10. Mai 2007 (BGBl. I S. 666), in der Neufassung vom 5. März 2021 (BGBl. I S. 346)

Mit dem USchadG wird eine EU-Richtlinie über **Umwelthaftung zur Vermeidung und Sanierung von Umweltschäden** umgesetzt. Bemerkenswert ist, dass dieses Gesetz im konkreten Fall nachrangig sein kann: Dieses Gesetz findet Anwendung, soweit Rechtsvorschriften des Bundes oder der Länder die Vermeidung und Sanierung von Umweltschäden nicht näher bestimmen oder in ihren Anforderungen diesem Gesetz nicht entsprechen; Rechtsvorschriften mit weitergehenden Anforderungen bleiben unberührt (§ 1 USchadG).

Das USchadG gilt zum einen für Umweltschäden und unmittelbare Gefahren solcher Schäden, die durch eine der in Anlage 1 aufgeführten beruflichen Tätigkeiten verursacht werden. Hinzu kommen zwei weitere Punkte:

1. unmittelbare Gefahren solcher Schäden, die durch andere berufliche Tätigkeiten als die in Anlage 1 aufgeführten verursacht werden, sofern der Verantwortliche vorsätzlich oder fahrlässig gehandelt hat;
2. Schädigungen von Arten und natürlichen Lebensräumen im Sinn des § 19 Absatz 2 und 3 des Bundesnaturschutzgesetzes. Eine Schädigung von Arten und natürlichen Lebensräumen im Sinne des USchadG ist jeder Schaden, der erhebliche nachteilige Auswirkungen auf die Erreichung oder Beibehaltung des günstigen Erhaltungszustands dieser Lebensräume oder Arten hat. Die Feinheiten sollen hier nicht weiter ausgeführt werden. Die Regelung ist wohl eher „schwammig" und „zahnlos".

Das USchadG findet keine Anwendung auf Umweltschäden oder die unmittelbare Gefahr solcher Schäden, wenn sie durch ein außergewöhnliches, unabwendbares und nicht beeinflussbares Naturereignis verursacht wurden.

Anlage 1 des USchadG nennt einschlägige „berufliche Tätigkeiten". Dazu gehören u. a.

1. Abfallbewirtschaftungsmaßnahmen (die Sammlung, die Beförderung, die Verwertung und die Beseitigung von Abfällen, einschließlich der Überwachung dieser Verfahren, der Nachsorge von Beseitigungsanlagen sowie der Tätigkeiten, die von Händlern und Maklern durchgeführt werden), soweit diese Maßnahmen einer Erlaubnis, einer Genehmigung, einer Anzeige oder einer Planfeststellung nach dem KrWG bedürfen;
2. Herstellung, Verwendung, Lagerung, Verarbeitung, Abfüllen, Freisetzung in die Umwelt und innerbetriebliche Beförderung von gefährlichen Stoffen im Sinn des § 3a Abs. 1 des ChemG;
3. Beförderung gefährlicher oder umweltschädlicher Güter auf der Straße;
4. Grenzüberschreitende Verbringung von Abfällen in der, in die oder aus der Europäischen Union, für die eine Zustimmungspflicht oder ein Verbot im Sinne der Verordnung (EG) Nr. 1013/2006 über die Verbringung von Abfällen besteht.

Die §§ 4, 5 und 6 USchadG sind an den „Verantwortlichen" adressiert. Gemeint ist „jede natürliche oder juristische Person, die eine berufliche Tätigkeit ausübt oder bestimmt, einschließlich der Inhaber einer Zulassung oder Genehmigung für eine solche Tätigkeit oder der Person, die eine solche Tätigkeit anmeldet oder notifiziert, und dadurch unmittelbar einen Umweltschaden oder die unmittelbare Gefahr eines solchen Schadens verursacht hat".

Ein „**Umweltschaden**" ist die Schädigung eines Schutzgutes. Die „**unmittelbare Gefahr eines Umweltschadens**" ist die hinreichende Wahrscheinlichkeit, dass ein Umweltschaden in naher Zukunft eintreten wird. Hier kommt eine bereits bekannte Denkweise („Gefährdungshaftung") differenzierend zum Tragen.

Besteht die unmittelbare Gefahr eines Umweltschadens oder ist ein Umweltschaden eingetreten, hat der Verantwortliche die zuständige Behörde unverzüglich über alle bedeutsamen Aspekte des Sachverhalts zu unterrichten (§ 4 **Informationspflicht**).

Besteht die unmittelbare Gefahr eines Umweltschadens, hat der Verantwortliche unverzüglich die erforderlichen Vermeidungsmaßnahmen zu ergreifen (§ 5 **Gefahrenabwehrpflicht**).

Ist ein Umweltschaden eingetreten, hat der Verantwortliche die erforderlichen Schadensbegrenzungsmaßnahmen vorzunehmen und die erforderlichen Sanierungsmaßnahmen gemäß § 8 USchadG zu ergreifen (§ 6 **Sanierungspflicht**). § 8 USchadG verpflichtet den Verantwortlichen, die gemäß den fachrechtlichen Vorschriften erforderlichen Sanierungsmaßnahmen zu ermitteln und der zuständigen Behörde zur Zustimmung vorzulegen, soweit die zuständige Behörde nicht selbst bereits die erforderlichen Sanierungsmaßnahmen ergriffen hat.

Die zuständige Behörde wird zur Durchsetzung der Sanierungspflichten von Amts wegen tätig oder, wenn ein von einem Umweltschaden Betroffener oder wahrscheinlich Betroffener dies beantragt und die zur Begründung des Antrags vorgebrachten Tatsachen den Eintritt eines Umweltschadens glaubhaft erscheinen lassen (§ 10 USchadG).

Hier kann zwangslos die Kostenfrage angeschlossen werden (§ 9 ÜSchadG): Der Verantwortliche trägt vorbehaltlich von Ansprüchen gegen die Behörden oder Dritte die Kosten der Vermeidungs-, Schadensbegrenzungs- und Sanierungsmaßnahmen.

Öffentliches Recht

Das **Zivilrecht** („Privatrecht") regelt die Beziehungen von Personen untereinander, wobei diese sich auf der gleichen Stufe treffen. Typisches Zivilrecht sind das Bürgerliche Recht (siehe BGB) und das Handelsrecht.

Öffentliches Recht regelt zum einen die Beziehungen des Einzelnen zum Staat; der Einzelne ist hier dem Staat untergeordnet. Öffentliches Recht regelt zum anderen die Beziehungen der Träger der Verwaltung zueinander. Öffentliches Recht ist z. B. Staats-, Völker-, Straf-, Steuer-, Sozial- und Umweltrecht. Umweltrecht ist Bestandteil des Verwaltungsrechts; mit diesem Begriff wird das die Tätigkeit der öffentlichen Verwaltung bestimmende Recht umrissen.

Umweltrecht als Verwaltungsrecht enthält „Verantwortliche", denen „Pflichten" zugeordnet werden. Die Vernachlässigung dieser Pflichten wird als Ordnungswidrigkeit geahndet (siehe Kapitel 3.2 „Ordnungswidrigkeiten"). Darüber hinaus ist das relevante Strafrecht (Abschnitt 29 StGB) zu berücksichtigen (siehe Kapitel 3.3 „Straftaten").

Schließlich ergeben sich Verantwortlichkeiten nach dem Polizei- und Ordnungsrecht (siehe Kapitel 3.4 „Verantwortlichkeiten“).

3.6 Haftungsminderung durch Organisation des betrieblichen Umweltschutzes

Durch den Abschluss entsprechender Versicherungen ist es den Betrieben möglich, die eventuellen Folgekosten zu reduzieren, die sich aus einer Schädigung der Umwelt, hervorgerufen durch betriebseigene Anlagen, ergeben. In der Anzeige- und Erlaubnisverordnung (§ 9 Absatz 3 Nr. 7 AbfAEV) finden sich die Begriffe Betriebshaftpflichtversicherung, Umwelthaftpflichtversicherung und Kfz-Haftpflichtversicherung.

Die betriebliche Haftpflichtversicherung kann aus mehreren Komponenten bestehen:

- Betriebshaftpflichtversicherung
  Basis zur Abdeckung des „Betriebsstättenrisikos“ und der Risiken aus den betrieblichen Tätigkeiten
- Produkthaftpflichtversicherung
  Abdeckung von Risiken aus dem Inverkehrbringen von Produkten im Sinne des ProdHaftG
- Umwelthaftpflichtversicherung
  Diese betriebliche Versicherungskomponente kann aus Bausteinen zusammengesetzt werden. An erster Stelle sind umweltrelevante Risiken aus den Anlagen des Betriebs zu berücksichtigen:
  - Anlagen, die dazu bestimmt sind, gewässerschädigende Stoffe herzustellen, zu verarbeiten, zu lagern, abzulagern, zu befördern oder abzuleiten (ausgenommen Abwasseranlagen und Anlagen aus Anhang 1 oder 2 UmweltHG);
  - Anlagen gemäß Anhang 1 UmweltHG (ausgenommen Abwasseranlagen);
  - Anlagen, die einer Genehmigungs- oder Anzeigepflicht unterliegen, soweit es sich nicht um WHG-Anlagen nach Punkt 1 oder UmweltHG-Anlagen nach Punkt 2 handelt; Abwasseranlagen sind ausgenommen;
  - Abwasseranlagen;
  - Einbringen oder Einleiten von Stoffen in ein Gewässer oder Einwirken auf ein Gewässer mit der Folge, dass die physikalische, chemische oder biologische Beschaffenheit des Wassers verändert wird; die Haftungsleistung ist an die Einhaltung der von der Behörde gesetzten Randbedingungen geknüpft;
  - Anlagen gemäß Anhang 2 UmweltHG (im Wesentlichen Anlagen, für die eine Sicherheitsanalyse gemäß Störfall-Verordnung notwendig ist).

  An zweiter Stelle ist eine „Umweltbasisversicherung“ zu nennen, die Umweltrisiken abdeckt, die sinnvollerweise von den Anlagenbausteinen nicht erfasst werden.

Dem Abschluss einer Versicherung geht eine Risikoermittlung im Betrieb voraus. Wichtige allgemeine Aspekte sind:

1. der Betriebsstandort:
   - Lage (Wohn-, Misch- oder Industriegebiet, Gebäudeabstände);
   - Beschaffenheit des Untergrunds (Bodenmerkmale, Kontamination, frühere Nutzung des Grundstücks);

   - Grundwasserverhältnisse;
   - Lage zu Gewässern und Wasserschutzzonen;
   - Entwässerung des Betriebsgrundstücks (Kanalisation, vorgeschaltete Abscheider o. Ä.);
2. Maßnahmen zur Sicherung des Betriebs:
   - Schutz vor unbefugtem Betreten (Einzäunung, Videoüberwachung, Pförtner/Wachdienst);
   - Vorkehrungen zur Brandbekämpfung (Personal, Notfallplan);
3. Betriebsstoffe (eingesetzte und entstehende Stoffe, Zwischenprodukte, Betriebsmittel) und Umgang mit diesen Stoffen (Befüllung/Entnahme, Behälter, Rohrleitungen und Entnahmeeinrichtungen);
4. anlagenspezifische Schutzvorkehrungen (Störfallvorsorge):
   - Brand- und Explosionsschutz (explosionsgeschützte Elektroinstallationen, Gaswarnanlagen, selbsttätige Löscheinrichtungen);
   - Gewässerschutz (Auffangräume, doppelwandige Ausführung von Rohrleitungen und Behältern);
   - Emissionsvermeidung/-verminderung (hermetisch geschlossene Anlage, Nachverbrennung, Aktivkohlefilter u. Ä.);
5. Schutzvorkehrungen bei Lagerung und innerbetrieblichem Transport von Stoffen:
   - Brand- und Explosionsschutz (Belüftung, Absaugung von Dämpfen, CO_2-Löschanlage);
   - Gewässerschutz (oberirdische Tanks, Überfüllsicherungen, automatische Leckanzeige, Auffangräume);
   - Emissionsvermeidung/-verminderung;
6. bei einem Störfall auftretende Emissionen stofflicher oder sonstiger Art (z. B. Explosionsdruck, Wärme und sonstige Strahlung).

Die von den Anlagen ausgehenden Risiken werden gesondert ermittelt.

Organisation des betrieblichen Umweltschutzes

Auf EU-Ebene (und, da es sich um Verordnungen handelt, auch auf nationaler Ebene) ergibt sich die folgende Vorschriftenlage:

■ Verordnung (EG) Nr. 1221/2009 des Europäischen Parlaments und des Rates vom 25. November 2009 über die freiwillige Teilnahme von Organisationen an einem Gemeinschaftssystem für Umweltmanagement und Umweltbetriebsprüfung (EMAS) (ABl. L 342, S. 1), zuletzt geändert durch Berichtigung vom 17. September 2020 (ABl. L 303, S. 24)

Am Anfang einer umweltschutzorientierten Unternehmensstruktur steht eine entsprechend ökologisch ausgerichtete Unternehmensphilosophie. Die Festlegung der unternehmerischen Umweltpolitik, von Umweltzielen oder eines Umweltprogramms dient als theoretische Grundlage für einen in die Praxis umgesetzten umweltorientierten Betriebsaufbau und -ablauf.

Ein zentraler Aspekt ist das **Umweltmanagementsystem**. Es umfasst

1. im Hinblick auf Umweltpolitik, Umweltziele und Umweltprogramme:
   - ihre Festlegung, regelmäßige Überprüfung und eventuelle Anpassung auf der höchsten geeigneten Managementebene;

2. im Hinblick auf Organisation und Personal:
   - die Festlegung und Beschreibung von Verantwortlichkeiten, Befugnissen und Beziehungen der in umweltrelevanten Bereichen tätigen Mitarbeiter in Schlüsselpositionen;
   - die Bestellung eines Managementvertreters, der für die Aufrechterhaltung des Managementsystems verantwortlich ist;
   - die Bewusstseinsweckung bei allen Beschäftigten bezüglich der Bedeutung der Ziele und Vorgaben (ökologischer Nutzen), der negativen, unerwünschten Folgen des Abweichens von umweltorientiert gestalteten Betriebsabläufen und der Verantwortung des Einzelnen im Rahmen der Umsetzung der Unternehmenspolitik;
   - die Ermittlung von Ausbildungsbedarf und die Durchführung erforderlicher Ausbildungsmaßnahmen;
   - die Errichtung eines internen Umweltinformationssystems;
3. im Hinblick auf die mit der unternehmerischen Tätigkeit verbundenen Auswirkungen auf die Umwelt:
   - die Prüfung und Beurteilung von Umweltauswirkungen am Standort des Unternehmens;
   - die Erstellung eines Verzeichnisses der Auswirkungen durch
     a) Emissionen in die Atmosphäre,
     b) Ableitungen in Gewässer bzw. die Kanalisation,
     c) gefährliche Abfälle,
     d) Kontamination von Erdreich,
     e) Nutzung von Boden, Wasser, Brennstoffen und Energie sowie anderer natürlicher Ressourcen,
     f) Wärmeabgabe, Lärm, Freisetzung von Gerüchen und Stäuben, Erschütterungen, optische Einwirkungen,

     auf Teilbereiche der Umwelt und auf die Ökosysteme; dabei sind zu berücksichtigen
     a) normale Betriebsbedingungen,
     b) abnormale Betriebsbedingungen,
     c) Vorfälle, Unfälle und mögliche Notfälle,
     d) frühere, laufende und geplante Tätigkeiten;
4. im Hinblick auf Aufbau- und Ablaufkontrolle:
   - die Festlegung von Aufbau- und Ablauforganisation;
   - Kontrollmaßnahmen;
   - Korrekturmaßnahmen bei Nichteinhaltung der Umweltziele und Umweltprogramme;
5. im Hinblick auf die Umweltmanagement-Dokumentation:
   - die Erstellung einer Dokumentation über Umweltpolitik, Umweltziele und Umweltprogramme, Schlüsselfunktionen und -verantwortlichkeiten und die Wechselwirkung zwischen den Managementsystem-Elementen.

Gesetz zur Ausführung der Verordnung (EG) Nr. 1221/2009 des Europäischen Parlaments und des Rates vom 25. November 2009 über die freiwillige Teilnahme von Organisationen an einem Gemeinschaftssystem für Umweltmanagement und Umweltbetriebsprüfung (Umweltauditgesetz – UAG) vom 4. September 2002 (BGBl. I S. 3490), zuletzt geändert durch Artikel 4 des Gesetzes vom 25. Februar 2021 (BGBl. I Nr. 9, S. 306)

Aus dem Zweck des Gesetzes ergibt sich die in unserem Zusammenhang eher geringe Bedeutung des UAG: Der Adressat ist nicht der Betriebsinhaber/Unternehmer!

Zweck dieses Gesetzes ist es, eine wirksame Durchführung der Verordnung (EG) Nr. 1221/2009 in der jeweils geltenden Fassung sicherzustellen, auch in Bezug auf die Umweltdimension der nachhaltigen Entwicklung und die Grundlagen einer nachhaltigen Unternehmensführung, und insbesondere dadurch, dass

1. unabhängige, zuverlässige und fachkundige Umweltgutachter und Umweltgutachterorganisationen zugelassen werden,
2. eine wirksame Aufsicht über zugelassene Umweltgutachter und Umweltgutachterorganisationen ausgeübt wird und
3. Register über die geprüften Organisationen geführt werden.

Die Zulassung von Umweltgutachtern und Umweltgutachterorganisationen sowie die Aufsicht über sie werden in den §§ 4 bis 14 und 15 bis 20 UAG geregelt. Weitere Paragrafen betreffen das Verwaltungshandeln gegenüber Umweltgutachtern und Umweltgutachterorganisationen.

§ 61 KrWG befasst sich mit **Anforderungen an Erleichterungen für auditierte Unternehmensstandorte**.

Die Bundesregierung wird ermächtigt, zur Förderung der privaten Eigenverantwortung für Standorte des Gemeinschaftssystems für das Umweltmanagement und die Umweltbetriebsprüfung (EMAS) durch Rechtsverordnung mit Zustimmung des Bundesrates Erleichterungen zum Inhalt der Antragsunterlagen in abfallrechtlichen Verfahren sowie überwachungsrechtliche Erleichterungen vorzusehen, soweit die entsprechenden Anforderungen der Verordnung (EG) Nr. 1221/2009 vom 25. November 2009 über die freiwillige Teilnahme von Organisationen an einem Gemeinschaftssystem für Umweltmanagement und Umweltbetriebsprüfung gleichwertig mit den Anforderungen sind, die zur Überwachung und zu den Antragsunterlagen nach dem KrWG oder den auf Grund dieses Gesetzes erlassenen Rechtsverordnungen vorgesehen sind oder soweit die Gleichwertigkeit durch die Rechtsverordnung nach dieser Vorschrift sichergestellt wird.

Durch Rechtsverordnung können ordnungsrechtliche Erleichterungen, insbesondere zu

1. Kalibrierungen, Ermittlungen, Prüfungen und Messungen,
2. Messberichten sowie sonstigen Berichten und Mitteilungen von Ermittlungsergebnissen,
3. Aufgaben des Betriebsbeauftragten für Abfall,
4. Mitteilungspflichten zur Betriebsorganisation, und
5. der Häufigkeit der behördlichen Überwachung

nur gewährt werden, wenn der Umweltgutachter oder die Umweltgutachterorganisation im Sinne des Umweltauditgesetzes die Einhaltung der Umweltvorschriften geprüft hat, keine Abweichungen festgestellt hat und dies in der Validierung bescheinigt.

Von der Ermächtigung ist Gebrauch gemacht worden.

Verordnung über immissionsschutz- und abfallrechtliche Überwachungserleichterungen für nach der Verordnung (EG) Nr. 761/2001 registrierte Standorte und Organisationen (EMAS-Privilegierungs-Verordnung (EMASPrivilegV) vom 24. Juni 2002 (BGBl. I S. 2247), zuletzt geändert am 6. Juli 2021 (BGBl. I S. 2514)

Beachte: Im Titel wird noch auf den Vorläufer der Verordnung (EG) Nr. 1221/2009 Bezug genommen.

§ 2 Betriebsorganisation

Die Anzeige- und Mitteilungspflichten zur Betriebsorganisation nach § 52b BImSchG und § 58 KrWG werden bezüglich EMAS-Anlagen durch die Bereitstellung des Bescheides zur Standort- oder Organisationseintragung erfüllt.

Gleiches gilt für Abfälle, die der Verpflichtete im Rahmen der Tätigkeiten einer Organisation oder eines Standorts, die oder der nach den Artikeln 13 bis 15 in Verbindung mit Artikel 2 Nummer 22 der Verordnung (EG) Nr. 1221/2009 registriert ist, nach § 27 KrWG in Besitz genommen hat.

Die Behörde kann im Einzelfall die Vorlage weitergehender Unterlagen verlangen.

§ 3 Betriebsbeauftragte

(1) Auf die Anordnung der Bestellung eines oder mehrerer Betriebsbeauftragten nach § 53 Absatz 2 BImSchG oder § 59 Absatz 2 KrWG soll bei einer EMAS-Anlage oder bei einem Entsorgungsfachbetrieb im Sinne des § 56 Absatz 2 KrWG verzichtet werden. Satz 1 gilt entsprechend für eine Anordnung nach § 58a Absatz 2 BImSchG. Im Rahmen der Entscheidung über eine Befreiung nach § 6 der Verordnung über Immissionsschutz- und Störfallbeauftragte in der jeweils geltenden Fassung oder nach § 7 AbfBeauftrV in der jeweils geltenden Fassung hat die zuständige Behörde zu berücksichtigen, dass es sich um eine EMAS-Anlage handelt.

(2) Jährliche Berichte nach § 54 Absatz 2, § 58b Absatz 2 Satz 1 BImSchG und nach § 60 Absatz 2 KrWG sind nicht erforderlich, sofern sich gleichwertige Angaben aus dem Bericht über die Umweltbetriebsprüfung ergeben und der Betriebsbeauftragte für Immissionsschutz oder für Abfall oder der Störfallbeauftragte den Bericht mitgezeichnet hat und mit dem Verzicht auf die Erstellung eines gesonderten jährlichen Berichts einverstanden ist.

(3) Die Pflichten zur Anzeige nach § 55 Absatz 1 Satz 2, § 58c Absatz 1 BImSchG und § 60 Absatz 3 KrWG in Verbindung mit § 55 Absatz 1 Satz 2 BImSchG werden seitens des Betreibers einer EMAS-Anlage auch dadurch erfüllt, dass er der zuständigen Behörde im Rahmen des Umwelt-Audits erarbeitete Unterlagen zugeleitet hat, die gleichwertige Angaben enthalten.

§ 4 Ermittlungen von Emissionen

Die zuständige Behörde soll bei EMAS-Anlagen Messungen nach § 28 Satz 1 Nummer 2 BImSchG erst nach Ablauf eines längeren Zeitraums als drei Jahren anordnen. Darüber hinaus soll die zuständige Behörde dem Betreiber einer EMAS-Anlage gestatten, Messungen nach § 28 Satz 1 Nummer 2 BImSchG mit eigenem Personal durchzuführen, wenn der Betreiber, Immissionsschutzbeauftragte oder ein sonstiger geeigneter Betriebsangehöriger die hierfür erforderliche Fachkunde und Zuverlässigkeit besitzt und sichergestellt ist, dass geeignete Geräte und Einrichtungen eingesetzt werden.

§ 5 Wiederkehrende Messungen, Funktionsprüfungen

(1) Die zuständige Behörde soll dem Betreiber einer EMAS-Anlage auf Antrag gestatten, für diese Anlage wiederkehrende
   1. Messungen nach § 12 Absatz 3 der Verordnung zur Emissionsbegrenzung von leichtflüchtigen halogenierten organischen Verbindungen, in der jeweils geltenden Fassung,
   2. Wiederholungsmessungen nach § 20 Absatz 2 der Verordnung über Großfeuerungs-, Gasturbinen- und Verbrennungsmotoranlagen, Wiederholungsmessungen nach § 18 Absatz 3 der Verordnung über die Verbrennung und die Mitverbrennung von Abfällen,
   3. Messungen nach § 8 Absatz 3 der Verordnung zur Begrenzung der Emissionen flüchtiger organischer Verbindungen beim Umfüllen oder Lagern von Ottokraftstoffen, Kraftstoffgemischen oder Rohbenzin, in der jeweils geltenden Fassung,

   mit eigenem Personal durchzuführen, wenn der Betreiber, Immissionsschutzbeauftragte oder ein sonstiger geeigneter Betriebsangehöriger die hierfür erforderliche Fachkunde und Zuverlässigkeit besitzt und sichergestellt ist, dass geeignete Geräte und Einrichtungen eingesetzt werden.

(2) Unter den gleichen Voraussetzungen soll die zuständige Behörde dem Betreiber einer EMAS-Anlage auf Antrag gestatten, für diese Anlage Funktionsprüfungen nach
   1. § 12 Absatz 7 Satz 2 der Verordnung zur Emissionsbegrenzung von leichtflüchtigen halogenierten organischen Verbindungen,
   2. § 16 Absatz 4 Nummer 2 der Verordnung über Großfeuerungs-, Gasturbinen- und Verbrennungsmotoranlagen,
   3. § 15 Absatz 4 Nummer 2 der Verordnung über Verbrennung und die Mitverbrennung von Abfällen,
   4. § 7 Absatz 3 der Verordnung über Anlagen zur Feuerbestattung vom 19. März 1997 (BGBl. I S. 545), in der jeweils geltenden Fassung

mit eigenem Personal durchzuführen. Dies gilt nicht für die erstmalige Funktionsprüfung.

§ 6 Sicherheitstechnische Prüfungen

Die zuständige Behörde soll dem Betreiber einer EMAS-Anlage auf Antrag gestatten, sicherheitstechnische Prüfungen nach § 29a Absatz 2 Nummer 1 bis 4 BImSchG mit eigenem Personal durchzuführen, wenn die Belange der Anlagensicherheit Gegenstand des Audits und der Prüfung durch einen dafür fachkundigen Umweltgutachter gewesen sind und sichergestellt ist, dass der Betreiber, Störfallbeauftragte oder ein sonstiger geeigneter Betriebsangehöriger die hierfür erforderliche Fachkunde und Zuverlässigkeit besitzt und geeignete Geräte und Einrichtungen eingesetzt werden.

§ 7 Berichte

Betreiber von EMAS-Anlagen können der zuständigen Behörde anstelle einer Emissionserklärung gemäß der Verordnung über Emissionserklärungen (11. BImSchV) eine vom Umweltgutachter validierte Umwelterklärung vorlegen, die den Anforderungen des § 27 Absatz 1 BImSchG sowie der Verordnung über Emissionserklärungen genügt. In der Umwelterklärung ist zu erklären, dass die Voraussetzungen eingehalten sind.

§ 8 Verlängerung von Messintervallen

Die zuständige Behörde soll die Messintervalle von Messungen an EMAS-Anlagen nach § 12 Absatz 3 der Verordnung zur Emissionsbegrenzung von leichtflüchtigen halogenierten organischen Verbindungen (2. BImSchV) in der jeweils geltenden Fassung um jeweils ein Jahr verlängern.

§ 9 Unterrichtung der Öffentlichkeit

Der Verpflichtete nach § 18 der Verordnung über Verbrennungsanlagen für Abfälle und ähnliche brennbare Stoffe in der jeweils geltenden Fassung (gemeint ist die Verordnung über die Verbrennung und die Mitverbrennung von Abfällen – 17. BImSchV) kann nach Anzeige gegenüber der zuständigen Behörde die jährliche Unterrichtung der Öffentlichkeit mittels der jeweils aktualisierten Umwelterklärung vornehmen, sofern diese die erforderlichen Angaben enthält.

3.7 Kontrollfragen

Die Antworten sind in Kapitel 6 zu finden.

Frage 1:
Welche beiden Arten von Rechtsverstößen werden im deutschen Rechtssystem unterschieden?

Frage 2:
Um welche Art von Rechtsverstoß handelt es sich, wenn jemand ohne Erlaubnis nach § 54 Absatz 1 Satz 1 KrWG gefährliche Abfälle sammelt, befördert, mit ihnen Handel treibt oder diese makelt, und wie wird dieser Rechtsverstoß geahndet?

Frage 3:
Um welche Art von Rechtsverstoß handelt es sich, wenn jemand gefährliche Abfälle, die für den Menschen krebserzeugend (z. B. Asbest), fortpflanzungsgefährdend oder erbgutverändernd sind, außerhalb einer dafür zugelassenen Anlage oder unter wesentlicher Abweichung von einem vorgeschriebenen oder zugelassenen Verfahren sammelt, befördert, behandelt, verwertet, lagert, ablagert, ablässt, beseitigt, handelt, makelt oder sonst bewirtschaftet, und wie wird dieser Rechtsverstoß geahndet?

4 Umwelteinwirkungen und sonstige Gefahren, die von Abfällen ausgehen können, sowie Maßnahmen zu deren Verhinderung oder Beseitigung

4.1 Abfalleigenschaften und Probenahme

4.1.1 Stoffbeschreibung

Die Zusammensetzung und Konsistenz von Abfällen ist höchst unterschiedlich. Es gibt Abfälle, die entweder aus chemisch reinen Stoffen oder aus komplizierten Stoffgemischen bestehen. Für die Überwachung einer ordnungsgemäßen und schadlosen Entsorgung von Abfällen ist es daher unerlässlich, deren Zusammensetzung und Eigenschaften den Anforderungen entsprechend zu kennen.

Die Beschreibung eines Stoffes geschieht über dessen chemische und physikalische Eigenschaften. Zunächst können allein durch die menschlichen Sinne Aussagen über

- die Farbe,
- das Aussehen,
- den Geruch (olfaktometrisch) und
- die Konsistenz

gemacht werden.

Darüber hinaus werden chemisch-physikalische Verfahren eingesetzt, um weitere Stoffparameter wie

- pH-Wert,
- Leitfähigkeit,
- Brennverhalten,
- Halogen- und Wassergehalt oder
- Teerhaltigkeit

zu bestimmen. Im Folgenden einige Anmerkungen zu speziellen Stoffeigenschaften.

4.1.1.1 Farbe

Was der Mensch als Farbe bezeichnet, ist eine Form von Lichtempfindung, die im Auge durch elektromagnetische Strahlung ausgelöst wird. Aber auch elektrische Reize oder Stöße können ein Farbempfinden erzeugen.

Die elektromagnetische Strahlung ist eine Energieform. Die Strahlungsenergie kann man als sich ständig ändernde elektrische und magnetische Felder betrachten, die sich wellenförmig im Raum ausbreiten.

Der Abstand von Wellenberg zu Wellenberg wird als Wellenlänge λ bezeichnet. Die Höhe der Welle, ihre Amplitude a, hängt von der Strahlungsintensität ab. Im leeren Raum bewegen sich alle Wellen, unabhängig von ihrer Wellenlänge, mit einer Geschwindigkeit von etwa 300 000 Kilometer pro Sekunde. Diese Geschwindigkeit wird als Lichtgeschwindigkeit bezeichnet und durch das Symbol c dargestellt. Dividiert man die Lichtgeschwindigkeit c durch die Wellenlänge λ, erhält man die Frequenz f einer Welle. Diese Frequenz kann man sich als Zahl der Wellenberge vorstellen, die innerhalb einer Sekunde einen gegebenen Punkt passieren.

Je größer der Energieinhalt der Strahlung, umso kleiner die Wellenlänge bzw. umso höher die Frequenz. Das weiße Licht setzt sich aus Wellenlängen von 400 nm (violett) bis 750 nm (rot) zusammen. Strahlung, die jenseits dieses Bereiches liegt, ist für das menschliche Auge unsichtbar. Unterhalb der Farbe Rot beginnt der Infrarot-Bereich, oberhalb der Farbe Violett schließt sich direkt die ultraviolette Strahlung an.

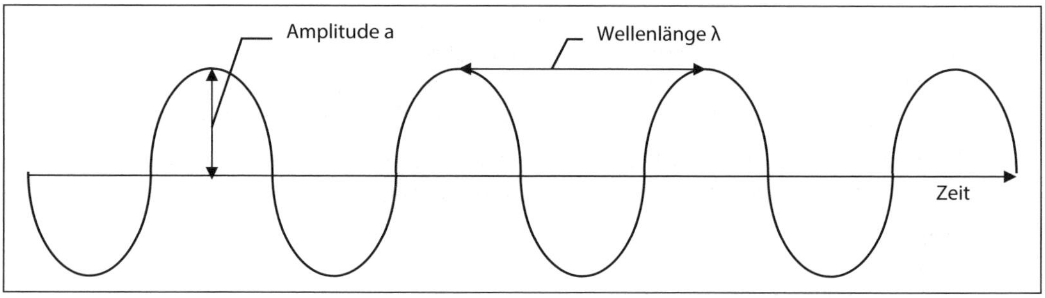

Abb. 61: Wellenmodell des Lichts

Die Farbigkeit von Substanzen beruht auf ihrer Fähigkeit, aus dem Spektrum des sichtbaren Lichts einen Teil zu absorbieren. Zwischen der Absorption einer Substanz und ihrer Farbigkeit besteht folgender Zusammenhang: Das Farbempfinden ist die Summe aller Lichtstrahlen, die in das menschliche Auge gelangen. Der Mensch vermag dieses Licht nämlich nicht in seine einzelnen Bestandteile aufzuspalten. Aus diesem Grund wird die Summe aller Frequenzen des sichtbaren Spektralbereiches als „weißes Licht" empfunden. Erst wenn Teile des Spektrums durch Absorption gelöscht (herausgefiltert) werden, entsteht ein farbiger Eindruck, welcher der absorbierten Spektralfarbe komplementär (entgegengesetzt) ist. Eine Substanz, die im gelben Bereich absorbiert, erscheint blau.

Da nun die Absorption bestimmter Spektralbereiche ihren Ursprung in dem atomaren bzw. molekularen Aufbau einer Substanz hat, können viele Farben als charakteristisch für bestimmte Stoffe oder Stoffgruppen angesehen werden. Eine erste Sichtkontrolle von Abfällen und deren Bestimmung wird oftmals durch diesen Zusammenhang erleichtert. Schwefelabfälle sind zum Beispiel gelb; Abfälle, die Kohle oder Ruß enthalten, von grauer bis schwarzer Farbe.

Zusammenhang zwischen Lichtabsorption und beobachteter Farbe		
Wellenlänge λ (nm)	**absorbiertes Licht**	**beobachtete Farbe**
400 bis 440	violett	gelbgrün
440 bis 480	blau	gelb
480 bis 490	grünblau	orange
490 bis 500	blaugrün	rot
500 bis 560	grün	purpur (magenta)
560 bis 580	gelbgrün	violett
580 bis 595	gelb	blau
595 bis 605	orange	grünblau (cyan)
605 bis 750	rot	blaugrün

4.1.1.2 Geruch

Eine weitere Stoffeigenschaft ist der Geruch. Ob stinkend oder angenehm aromatisch: Grundlage für den Geruchseindruck ist eine chemische Reaktion von Molekülen an den sogenannten Geruchsrezeptoren. Geruchsrezeptoren sind Sinneszellen, die sich beim Menschen in der Nasenhöhle befinden. Die Form und die Größe der Moleküle beeinflussen den Geruchseindruck sehr stark. Aus diesem Grund ähneln sich viele Stoffe im Geruch, die auch molekular ähnlich gebaut sind.

Einige Stoffe besitzen einen charakteristischen Geruch, an dem sie leicht zu erkennen sind. Der Geruch nach faulen Eiern findet sich beim hochgiftigen Gas Schwefelwasserstoff, das oftmals bei der Zersetzung organischer schwefelhaltiger Abfälle entsteht. Auch das Gas Ammoniak, dessen wässrige Lösung „Salmiakgeist" als Haushaltsreiniger verwendet wird, lässt sich mit der Nase ohne Weiteres identifizieren. So sind einige organische Lösemittelabfälle an ihrem aromatischen Geruch zu erkennen.

4.1.1.3 Aggregatzustand

Unter dem Begriff Aggregatzustand versteht man die Erscheinungs- oder Zustandsform der Materie. Die drei klassischen Aggregatzustände sind

- fest,
- flüssig und
- gasförmig.

Als vierter Aggregatzustand wird oft das Plasma bezeichnet. Welchen Zustand ein Stoff einnimmt, hängt stark von der Wechselwirkung und der Beweglichkeit der einen Stoff bildenden Teilchen (Atome, Ionen oder Moleküle) ab.

Aerosole gehören zu den gasförmigen Abfällen, auch wenn sie unter Druck in Spraydosen in flüssiger Form vorliegen. Lösemittelabfälle, Säuren, Laugen, Altöle oder auch einige Lack- und Farbschlämme sind flüssige Stoffe. Zu den festen Abfällen zählen z. B. die meisten Metalle, Bauschutt, Holz oder auch Kunststoffe.

4.1.1.4 Schmelzpunkt

Der Schmelzpunkt (Abk. F.) ist die Temperatur, bei der ein Stoff vom festen in den flüssigen Zustand übergeht. Der Schmelzpunkt ist gleich dem Erstarrungs- oder Gefrierpunkt der zugehörigen flüssigen Phase. Reine Stoffe haben einen konstanten Schmelzpunkt. Er kann deshalb sowohl als Reinheitskriterium als auch zusammen mit anderen Stoffeigenschaften zu dessen Bestimmung genutzt werden. Lösungen haben niedrigere Schmelzpunkte als reine Lösungsmittel. Dieser Effekt, die Gefrierpunktserniedrigung, wird beim Salzstreuen genutzt, um Eis auf Straßen und Wegen bei Temperaturen kurz unterhalb des Gefrierpunkts von Wasser zum Schmelzen zu bringen.

Gläser oder auch einige Kunststoffe schmelzen nicht bei einer bestimmten Temperatur, sondern in einem Temperaturbereich. Am Erweichungspunkt verlieren sie ihre Formstabilität, sinken in sich zusammen und gehen allmählich in den flüssigen Aggregatzustand über.

Zahlreiche Stoffe zerfallen bei Temperaturerhöhung, noch bevor sie den Schmelzpunkt erreicht haben. In diesen Fällen spricht man vom Zersetzungspunkt.

4.1.1.5 Siedepunkt

Geht eine Flüssigkeit bei einem vorgegebenen Druck in den gasförmigen Zustand über, wird dies als Sieden bezeichnet. Die Temperatur, bei der das Sieden einsetzt, wird als Siedepunkt (Abk. Kp.) bezeichnet. Der Siedepunkt ist gleich dem Kondensationspunkt, d. h. die Temperatur, bei der sich ein Gas mit dem gleichen vorgegebenen Druck in die Flüssigkeit umwandelt. Reine Stoffe haben einen konstanten Siedepunkt. Bei Stoffgemischen ändert sich während des Siedens im Allgemeinen die Zusammensetzung und damit auch der Siedepunkt. Verunreinigungen in Flüssigkeiten führen zu einer Siedepunkterhöhung. Aus diesem Grund wird auch der Siedepunkt zur Reinheits- bzw. Stoffbestimmung genutzt.

4.1.1.6 Aussehen

Bei der Beschreibung eines Stoffes spielt das Aussehen eine wichtige Rolle. Form, Größe, Struktur oder auch optische Eigenschaften wie Glanz, Mattheit oder auch Durchsichtigkeit können schon erste Rückschlüsse auf das Material oder den Verwendungszweck zulassen.

4.1.1.7 Konsistenz

Die Beschreibung der Konsistenz eines Stoffes ist sowohl für die Wahl des Transportbehältnisses und entsprechender Schutzmaßnahmen als auch für die Probenahme von Bedeutung. Es werden fünf Arten der Konsistenz unterschieden:

- fest,
- stichfest,

- pastös/schlammig/breiig,
- staubförmig und
- flüssig.

Im Zusammenhang mit der Konsistenz des Abfalls und der Probenahme zur Analyse spielen die Begriffe Homogenität (griech. homoios = gleich; genos = Art) und Heterogenität (griech. heteros = verschieden) eine wichtige Rolle. Die äußere Einheitlichkeit oder Uneinheitlichkeit lässt sich oft schon mit bloßem Auge, in anderen Fällen erst unter dem Mikroskop feststellen.

Schwefel oder Messing sind homogene Stoffe. Unter einem Mikroskop betrachtet zeigen sich offensichtlich keine Unterschiede in ihrem jeweiligen Aussehen. Anders dagegen Granit – hier kann man schon mit bloßem Auge weiße oder graue halbdurchsichtige sehr harte Anteile (Quarz), weichere rötliche oder gelbliche undurchsichtige Stücke (Feldspat) und silber- oder schwarzglänzende, leicht in Blättchen spaltbare Teilchen (Glimmer) voneinander unterscheiden. Ein heterogener Stoff besteht also aus verschiedenen – in sich homogenen – Anteilen.

Je nach dem Aggregatzustand der homogenen Anteile eines heterogenen Systems kann man verschiedenartige heterogene Systeme unterscheiden:

- fest-feste Gemische (Granit),
- fest-flüssige Gemische (Kalkmilch, Schlämme),
- fest-gasförmige Gemische (Bimsstein),
- flüssig-flüssige Gemische (Milch) und
- flüssig-gasförmige Gemische (Seifenschaum, Nebel).

Abfälle sind meistens aus unterschiedlichen Stoffen und Materialien oder auch aus verschiedenen Phasen (Aggregatzuständen) zusammengesetzt. Nach ihrem Zustand unterscheidet man zwischen

- festen Abfällen,
- pastösen Abfällen und
- flüssigen Abfällen.

Zu den festen Abfällen zählen beispielsweise Bauabfälle, Spraydosen oder Kunststoffbecher. Zu den pastösen Abfällen gehören Schlämme. Dies sind Mischungen aus pulverförmigen organischen oder anorganischen Bestandteilen und einem Lösungsmittel. Je nach Konsistenz sind diese Schlämme zäh oder auch dickflüssig. Flüssige Abfälle sind schließlich Lösungen und Lösemittel.

Einige Abfälle wie z. B. Farb- und Lackschlämme haben die Eigenschaft, dass die festen Teilchen mit der Zeit auf den Behälterboden sinken und sich ein Bodensatz bildet. Es findet hierbei eine Phasentrennung statt, die nicht immer auf den ersten Blick zu erkennen ist, aber bei der Kontrolle eines Abfalls berücksichtigt werden muss.

4.1.2 Probenahme bei flüssigen, pastösen und festen Abfallstoffen

Die Beschreibung eines Stoffes nach einer ersten Sichtung ist für dessen Bestimmung in vielen Fällen nicht ausreichend. Der Halogen- oder Wassergehalt eines Lösungsmittels lässt sich eben nicht so einfach feststellen.

Im Laufe der Jahrzehnte haben Chemiker immer genauere Methoden entwickelt, Stoffe auf bestimmte Parameter hin zu analysieren. Es ist heute möglich, Konzentrationen eines Stoffes von einigen Milliardstel Gramm in einem Kilogramm eines Stoffgemisches festzustellen.

Doch dem Analytiker nützt das beste und möglicherweise sogar das teuerste Analyseverfahren nichts, wenn die Probe, die er untersuchen soll, keine allgemeingültigen Rückschlüsse zulässt – die Probe also nicht repräsentativ ist. Jede chemische oder physikalische Analyse und damit die Bewertung eines Stoffes kann nur so gut sein wie die Probenahme. Eine Beseitigung oder Verwertung kann durch eine falsche Analyse, die durch falsche Probenahmen verursacht wird, sehr teuer werden. Aus diesem Grund sollte die Probe nur durch qualifizierte Fachleute und nach den festgelegten Regeln der Probenahme durchgeführt werden.

Eine einheitliche Vorgehensweise bei der Probenahme von festen und stichfesten Abfällen sowie abgelagerten Materialien im Rahmen der Prüfung zur stofflichen oder energetischen Verwertung bzw. zur Beseitigung ist sehr wichtig, insbesondere z. B. bei der:

- Beurteilung der Abfälle hinsichtlich der Entsorgungswege (Deklarationsanalyse),
- Eingangskontrolle bei Anlagen zur Behandlung, Verwertung und Beseitigung (Identifikationsanalyse),
- Kontrolle bei der Verwertung/Beseitigung von Bodenaushub, Bauschutt und Recyclingmaterial,
- Kontroll- und Überwachungsmaßnahmen im Rahmen behördlicher Regelungen,
- Identifikation unbekannter Stoffe/Abfälle,
- Gefahrenabwehr und Beweissicherung, z. B. bei unbekannten und/oder illegal abgelagerten Materialien,
- Qualitätssicherung bei der Untersuchung und Beurteilung von Abfällen.

Die Untersuchung von Abfällen erfordert deshalb ein schrittweises Vorgehen. Zunächst muss das Untersuchungsziel festgelegt werden. Daran orientieren sich alle weiteren Teilschritte der Probenahme, wie

- Vorbehandlung,
- Wahl des geeigneten Probenahmeverfahrens,
- Anzahl der Probenahmen,
- Ort der Probenahmen,
- Wahl des Probegefäßes.

4.1.2.1 Vorbehandlung

Die Probenahme wird erleichtert, wenn ein homogenes Stoffgemisch vorliegt. Ist dies nicht der Fall, sollte durch Vorbehandlung wie

- Mischen,
- Rühren,
- Vierteln,
- Brechen oder
- Mahlen

der zu untersuchende heterogene Abfall homogenisiert werden. Will man beispielsweise den Feststoffgehalt eines Schlammes ermitteln, muss zunächst ein eventuell vorhandener Bodensatz aufgerührt und möglichst gleichmäßig in der Flüssigkeit verteilt werden.

Den Schwermetallgehalt in Elektronik-Platinen erhält man relativ genau, wenn das Material vor der Probenahme geschreddert, anschließend zu einem Pulver zermahlen und schließlich verrührt wird.

4.1.2.2 Probenahmegeräte

Zur Beprobung fester Abfälle können z. B. Schaufel, Becher, Raspel/Feile oder Schere eingesetzt werden. Die Probenahme flüssiger Abfälle kann mithilfe von Bechern, Rohren, Pipetten oder Spritzen geschehen. Je nach Dickflüssigkeit der pastösen Abfälle eignen sich Probenahmeutensilien, die bei festen bzw. flüssigen Abfällen eingesetzt werden.

Handelt es sich um einen homogenen Stoff, reicht eine Einzelprobe aus, um ein repräsentatives Analyseergebnis zu erhalten. Ansonsten wird aus mehreren Einzelproben, die an möglichst räumlich gleich verteilten Stellen entnommen werden, eine Sammelprobe zusammengestellt.

Bei der Auswahl des Probenahmegerätes ist darauf zu achten, dass die zu entnehmende Probe nicht durch Materialien der Geräte mit Substanzen kontaminiert ist. Ebenso sollte das Material des Entnahmegerätes gegenüber den im zu untersuchenden Material befindlichen Stoffen inert sein.

Folgende Probenahmegeräte werden für die Entnahme von Proben aus Abfällen und abgelagerten Stoffen von der LAGA vorgeschlagen:

Probenahmegerät	geeignet zur Entnahme von Proben aus folgenden Abfällen							
	produktionsspezifische Abfälle				Rückstände aus der thermischen Abfallbehandlung	Kompost	Klärschlamm	
	flüssig	fest	schlammig					
			nicht stichfest	stichfest			nicht stichfest	stichfest
Probenbohrer[1)]		+			+	+		
Probenstecher[1)]		+			+	+		
Schaufeln[1) 2) 3)]		+			+	+		
Auffangkästen[2) 3)]		+			+	+		
Schlitzgefäße[2)]		+			+	+		
Hosenrutsche[3)]		+			+	+		
Abstechgeräte[4)]		+			+	+		
Spatel				+				+

Probenahmegerät	**geeignet zur Entnahme von Proben aus folgenden Abfällen** *(Forts.)*							
	produktionsspezifische Abfälle				**Rückstände aus der thermischen Abfallbehandlung**	**Kompost**	**Klärschlamm**	
	flüssig	**fest**	**schlammig**					
			nicht stichfest	**stichfest**			**nicht stichfest**	**stichfest**
schraubenförmiger Probenstecher				+				+
rinnenförmiger Probenstecher				+				+
hülsenförmiger Probenstecher				+				+
Schöpfer	+		+	+			+	+
offener Stechheber	+		+				+	
Verschluss-Stechheber	+		+				+	
Tauchflasche	+		+				+	
Tauchbombe	+		+				+	

1) Entnahme von Proben aus ruhendem Abfall
2) Entnahme von Proben aus fallendem Abfallstrom
3) Entnahme von Proben aus diskontinuierlich abgeworfenem Abfall
4) Entnahme von Proben aus stillgesetzten Fördereinrichtungen

4.1.2.3 Aufbewahrung und Transport der Proben

Aufbewahrung von Proben vor Ort, während des Transports und im Labor sind Teilschritte der Untersuchung und daher bis ins Detail zu planen, mit großer Sorgfalt durchzuführen und zu dokumentieren.

Für den Transport sind geeignete, dicht schließende Gefäße erforderlich, die vor dem Einsatz sorgfältig zu reinigen sind. Die Behälter müssen so beschaffen sein, dass Beeinflussungen der Probe durch Bestandteile des Behältermaterials ausgeschlossen sind. Normalerweise stellen Glasgefäße die geeignetsten Probenbehälter dar. Sollen nur anorganische Inhaltsstoffe untersucht werden, können auch Gefäße aus Kunststoff verwendet werden.

Für die Bestimmung leicht flüchtiger Komponenten müssen die Proben am Ort der Probenahme bereits den jeweiligen Analysemethoden entsprechend vorbereitet werden.

Lichtempfindliche Substanzen werden gut gekühlt in möglichst dunklen Gefäßen aufbewahrt und transportiert. Um die Auswirkungen von Umwandlungsprozessen innerhalb der Probe zu minimieren, sind die Proben im Labor umgehend vorzubereiten und zu untersuchen. Ist eine sofortige Analyse nicht möglich, ist abhängig von den zu untersuchenden Stoffen eine geeignete Aufbewahrungsform für die aufbereitete Probe zu wählen.

Um eine Reaktion mit Luftsauerstoff zu verhindern, sollten beispielsweise Sollproben von ölverunreinigten Böden in Schwarzblechdosen aufbewahrt werden, die bis zum Rand gefüllt und mit einer Gummiabdichtung fest verschlossen sind.

4.1.2.4 Probenahmeprotokoll

Verfahrensweise und Ergebnisse der Probenahme sind zu dokumentieren. Dazu ist ein Probenahmeprotokoll anzufertigen, das Angaben mindestens zu folgenden Punkten enthält:

- entnehmende Stelle,
- Grund der Probenahme,
- Probenahmestelle,
- Lage,
- Datum/Uhrzeit der Probenahme,
- Art der Probe,
- Probenahmegerät und -material,
- Art der Probenahme und
- Entnahmedaten.

Nachfolgend ein Muster eines Probenahmeprotokolls gemäß LAGA PN 98 „Richtlinie für das Vorgehen bei physikalischen, chemischen und biologischen Untersuchungen im Zusammenhang mit der Verwertung/Beseitigung von Abfällen".

Probenahmeprotokoll		
A. Allgemeine Angaben		
	Anschriften	
1	Veranlasser / Auftraggeber:	Betreiber / Betrieb:
2	Landkreis / Ort / Straße:	Objekt / Lage:

3 Grund der Probenahme: __________

4 Probenahmetag / Uhrzeit: __________

5 Probenehmer / Dienststelle / Firma: __________

6 Anwesende Personen: __________

7 Herkunft des Abfalls (Anschrift): __________

8 Vermutete Schadstoffe / Gefährdungen: __________

9 Untersuchungsstelle: __________

B. Vor-Ort-Gegebenheiten

10 Abfallart / Allgemeine Beschreibung: __________

11 Gesamtvolumen / Form der Lagerung: __________

12 Lagerungsdauer: __________

13 Einflüsse auf das Abfallmaterial (z.B. Witterung, Niederschläge): __________

14 Probenahmegerät und -material:

Abb. 62: Probenahmeprotokoll

15 Probenahmeverfahren:	______________________		
16 Anzahl der Einzelproben:	Mischproben:	Sammelproben:	
Sonderproben (Beschreibung):			
17 Anzahl der Einzelproben je Mischprobe:	______________________		
18 Probenvorbereitungsschritte:	______________________		
19 Probentransport und -lagerung:	______________________		
Kühlung (evtl. Kühltemperatur):	______________________		
20 Vor-Ort-Untersuchung:	______________________		
21 Beobachtungen bei der Probenahme / Bemerkungen:	______________________		
22 Topographische Karte als Anhang?	ja ☐ nein ☐	Hochwert:	Rechtswert:
23 Lageskizze (Lage der Haufwerke etc. und Probenahmepunkte, Straßen, Gebäude usw.):			
24 Ort: ____________	Unterschrift(en): Probenehmer: ____________		
Datum: ____________	Anwesende / Zeugen: ____________		

Abb. 62: Probenahmeprotokoll *(Forts.)*

4.2 Untersuchungen und Reaktionen

4.2.1 Eluat und Originalsubstanz

Um lösliche Bestandteile aus einer festen **Originalsubstanz** zu entfernen und sie sowohl qualitativ als auch quantitativ bestimmen zu können, werden Elutionsverfahren eingesetzt. Die Flüssigkeit, die die ausgelaugten Stoffe enthält, wird als **Eluat** (eluieren = herauslösen) bezeichnet.

Die Bestimmung des eluierbaren Anteils einer Probe erfolgt nach vorhergehender Zerkleinerung des Originalmaterials auf Korngrößen von weniger als 10 mm. Zur Eluatherstellung und -behandlung sind grundsätzlich Geräte aus Glas zu verwenden.

Der Feststoff wird mit demineralisiertem Wasser in einem Verhältnis von 10 : 1 (Wasser : Feststoff) gemischt. Das Wasser/Feststoff-Gemisch ist zur Elution 24 Stunden zu schütteln. Dies kann z. B. mit einem Schwingtisch mit einer Frequenz zwischen 10 und 100 Schwingungen pro Minute erfolgen. Um eine gleichmäßige Elution zu gewährleisten, muss die gesamte Probenmenge ständig bewegt und müssen Kornverfeinerungen möglichst vermieden werden.

Die Trennung von Feststoff und Eluat anorganischer Substanzen muss unmittelbar nach Beendigung der Elution durch Filtration erfolgen. Für die Bestimmung organisch-chemischer Parameter wird das Eluat mit einer Beschleunigung von 2 000 g (1 g = 9,81 m/s^2) abzentrifugiert.

4.2.2 Untersuchungsverfahren zur Deklaration bzw. Identifikation eines Abfalls

Der Abfallerzeuger ist für die Bestimmung der Abfallzusammensetzung und -herkunft (Deklaration des Abfalls) verantwortlich.

Die Abfallverzeichnis-Verordnung (AVV) oder die Deponieverordnung (DepV) enthalten Grenz- und Zuordnungswerte für die Einstufung als gefährlicher Abfall bzw. für die Zuordnung zu Deponieklassen. Die Deklarationsanalyse hilft dem Abfallerzeuger, über die Abfalleigenschaften den Entsorgungsweg eindeutig zu bestimmen.

Nach § 3 Absatz 2 NachwV ist eine Deklarationsanalyse nicht erforderlich, soweit die Art, Beschaffenheit, die den Abfall bestimmenden Parameter und Konzentrationswerte bekannt sind. Gleiches gilt, wenn das Verfahren, bei dem der Abfall anfällt und im Falle der Vorbehandlung des Abfalls, die Art der Vorbehandlung des Abfalls, die Art der Probenahme, Probenahme-Protokolle und Analyseverfahren angegeben werden. Diese Angaben müssen die Art, die Beschaffenheit und die Zusammensetzung in einem für die weitere Durchführung des Nachweisverfahrens ausreichenden Umfang ergeben. Diese Angaben sind im Feld „Weitere Angaben" des Formblattes Deklarationsanalyse einzutragen.

Vor der Entscheidung über die Zuordnung des Abfalls zu einem Entsorgungsweg sind Angaben zu dessen Stoffeigenschaften heranzuziehen, beispielsweise:

- Konsistenz,
- Aussehen, Farbe,
- Geruch
- Brennverhalten unter üblichen Bedingungen oder
- Reaktion mit Wasser und mit anderen Stoffen.

Die Abfallbeschreibung erfolgt u. a. in der Verantwortlichen Erklärung des Entsorgungsnachweises gemäß NachwV. Dort beschränkt sie sich auf die Konsistenz.

4.2.2.1 Brennverhalten

Das Brennverhalten eines Stoffes kann in drei Kategorien eingeteilt werden. Je nach dem Aufwand, um eine Substanz zum Brennen zu bringen, unterscheidet man zwischen:

- selbstentzündlich (pyrophor),
- brennbar und
- unbrennbar.

Die Gefährlichkeit eines Stoffes bezüglich seiner Brennbarkeit nimmt in der aufgeführten Reihenfolge ab.

4.2.2.2 Selbstentzündung

Selbstentzündliche Stoffe sind z. B. Stoffe der Klasse 4.2 des ADR. Bekannte Beispiele sind Zelluloid (Filmmaterial), weißer Phosphor, metallisches Eisen als Bohrspäne oder auch Kohle bzw. Ruß.

2.2.42.1.1 ADR

„Selbstentzündliche Stoffe" …

- ***pyrophore Stoffe; dies sind Stoffe einschließlich Gemische und Lösungen (flüssig oder fest), die sich in Berührung mit Luft schon in kleinen Mengen innerhalb von fünf Minuten entzünden. Diese Stoffe sind die am leichtesten selbstentzündlichen Stoffe der Klasse 4.2; und***
- ***selbsterhitzungsfähige Stoffe und Gegenstände; dies sind Stoffe und Gegenstände einschließlich Gemische und Lösungen, die in Berührung mit Luft ohne Energiezufuhr selbsterhitzungsfähig sind. Diese Stoffe können sich nur in großen Mengen (mehrere Kilogramm) und nach einem längeren Zeitraum (Stunden oder Tagen) entzünden.***

Die Selbstentzündung wird zunächst dadurch hervorgerufen, dass ein Stoff mit Luftsauerstoff reagiert (Oxidation) und bei dieser Reaktion Wärme frei wird:

1. Stoff + Luftsauerstoff → Reaktionsprodukt + Wärme (exotherme Reaktion)

Im nächsten Schritt unterstützt die frei gewordene Energie wiederum den Reaktionsablauf. Schließlich wird in einer Kettenreaktion so viel Wärme frei, dass sich vorhandene brennbare Stoffe entzünden:

2. Wärme + Stoff + Luftsauerstoff → Reaktionsprodukt + noch mehr Wärme → Entzündung

Neben Luftsauerstoff kann auch Luftfeuchtigkeit oder die Zersetzungstätigkeit von Bakterien eine exotherme Reaktion herbeiführen. Selbstentzündliche Abfälle bedürfen also besonderer Beachtung. Dementsprechend sind auch die Vorsichtsmaßnahmen beim Umgang mit ihnen und während ihres Transportes zu wählen.

4.2.2.3 Verbrennung

Mit „Verbrennung" brennbarer Stoffe wird in diesem Zusammenhang die Reaktion von Stoffen mit Sauerstoff unter Wärme- und Lichtentwicklung bezeichnet, die nach Erreichen einer bestimmten Entzündungstemperatur sehr rasch verläuft.

Die Endprodukte bei der vollständigen Verbrennung organischer Stoffe sind Kohlendioxid und Wasser. Werden andere Stoffe, wie z. B. Schwefel oder Natrium, verbrannt, entstehen ihre Oxide. Die stille Verbrennung (Autooxidation), wie sie beim Rosten von Eisen vor sich geht, ist hier nicht gemeint.

Als Energiequellen zur Einleitung einer Verbrennung stehen

- offene Flammen,
- Entladungen,
- UV-Licht,
- Schlag/Stoß und
- Wärmequellen

zur Verfügung.

Zahlreiche organische Lösemittel (z. B. Benzin, Alkohol, Aceton), Holz, Papier, Klebstoffe, Lacke sind brennbare Stoffe.

Wird eine Stelle eines brennbaren Körpers in Berührung mit Luft oder Sauerstoff auf eine bestimmte Temperatur gebracht (Entzündungstemperatur), so setzt eine Verbrennung ein. Bei flüssigen brennbaren Stoffen unterscheidet man zwischen Flammpunkt und Brennpunkt. Der Flammpunkt (Fp.) ist die Temperatur, bei der eine erhitzte Flüssigkeit kurz aufflammt, wenn darüber eine Zündflamme geschwenkt wird. Die Temperatur, bei der eine bleibende Flamme auftritt, wird hingegen als Brennpunkt bezeichnet. Der Brennpunkt liegt also stets höher als der Flammpunkt. Der Temperaturunterschied zwischen Flammpunkt und Brennpunkt ist umso größer, je höher der Siedepunkt liegt.

4.2.2.4 Reaktionen mit Wasser und mit anderen Stoffen

Bei der Reaktion eines Abfallstoffes mit Wasser ist zu untersuchen, ob dabei eine Gasbildung, eine Erwärmung oder keine Reaktion stattfindet. Bei Kontakt mit anderen Stoffen können Abfälle neben den genannten Möglichkeiten noch in anderer Weise chemische Reaktionen eingehen. Anhand von einigen Beispielen soll auf mögliche Gefahren aufmerksam gemacht werden:

Gasbildung bei der Reaktion mit Wasser

Einige Stoffe reagieren mit Wasser unter Bildung gasförmiger Reaktionsprodukte. Wirft man ein Stück Natrium (Na) in einen Behälter mit Wasser, bilden sich an der Berührungsfläche Natrium/Wasser sofort Blasen. Eventuell kann das Gas auch explodieren. Taucht man ein Stück Lackmuspapier als Indikator für Säuren oder Laugen in das Wasser, färbt sich das Papier blau (Lauge). Aus Natrium und Wasser sind Wasserstoff, Natronlauge und Reaktionswärme entstanden:

$$2\,Na + 2\,H_2O \rightarrow 2\,NaOH + H_2\uparrow + \text{Wärme (1)}$$

Die Reaktionswärme kann unter Umständen dazu führen, dass der gebildete Wasserstoff mit dem Luftsauerstoff explosionsartig zu Wasser verbrennt:

$$2\ H_2\uparrow + O_2 \rightarrow 2\ H_2O + \text{Wärme}\ (2)$$

Diese Knallgasreaktion (2) ist auch ein Grund dafür, dass Natriumbrände nicht mit Wasser gelöscht werden dürfen. Diese erste Beispielreaktion macht deutlich, welche Risiken bestehen:

- Gasbildung → Druck
- Erwärmung → Druck, Entzündung
- Entzündung → Explosion
- Laugenbildung → Verätzung, Korrosion

Erwärmung bei der Reaktion mit Wasser

Tropft man auf einen Brocken gebrannten Kalk (Calciumoxid, CaO) etwas Wasser, wird Calciumhydroxid ($Ca(OH)_2$) unter starker Erwärmung gebildet:

$$CaO + H_2O \rightarrow Ca(OH)_2 + \text{Wärme}\ (3)$$

Diese exotherme Reaktion wird auch als Kalklöschen bezeichnet.

Reaktion mit anderen Stoffen

Säuren und Basen (Laugen) gehen, je nach Reaktionspartner, eine Anzahl unterschiedlicher Reaktionen ein. Einige allgemeine Reaktionsgleichungen sind:

(4) Säure + Base → Salz + Wasser (+ Wärme)
Z. B.: Salzsäure + Ammoniakwasser → Salmiak + Wasser
(5) Säure + Metall → Salz + Wasserstoff ↑
Z. B.: Salzsäure + Eisen → Eisenchlorid + Wasserstoff ↑
(6) Base + Metall → Salz + Wasserstoff ↑
Z. B.: Natronlauge + Zink → Zinkat + Wasserstoff ↑
(7) Säure → Anhydrid + Wasser
Z. B.: Salpetersäure → Stickstoffdioxid + Wasser

Die Bildung von giftigen Stoffen zeigt die Reaktion von Eisensulfid (FeS) mit Salzsäure (HCl):

$$FeS + 2\ HCl \rightarrow FeCl_2 + H_2S\uparrow\ (8)$$

Bei dieser Reaktion bildet sich der gasförmige, hochgiftige Schwefelwasserstoff (H_2S). Sein Geruch nach faulen Eiern ist schon in geringsten Konzentrationen in der Umgebungsluft zu spüren.

Als letztes Beispiel soll die Reaktion von konzentrierter Schwefelsäure (H_2SO_4) mit kohlenhydrathaltigen Verbindungen ($C_x(H_2O)_y$) wie Zucker, Papier oder Holz angeführt werden. Nur wenige Tropfen dieser starken Säure genügen, um einen Würfelzucker verkohlen zu lassen.

$$H_2SO_4 + C_x(H_2O)_y \rightarrow H_2SO_4 \cdot (H_2O)_y + C_x\ (9)$$

Konzentrierte Schwefelsäure zieht Wassermoleküle so stark aus der Umgebung an (hygroskopisch), dass sie das chemisch gebundene Wasser aus dem Zucker herausziehen kann. Kohlenstoff bleibt zurück. Da auch der menschliche Körper zum großen Teil aus Kohlenhydraten besteht, kommt es bei Verätzungen mit Schwefelsäure zu starken narbenbildenden Verkohlungen auf der Haut.

4.2.3 Einschlüsselung eines Abfalls nach AVV

Die zuständige Abfallbehörde kann die Überwachung in ihrer Art und Intensität regeln. Die Vorgaben liefert das untergesetzliche Regelwerk zum Kreislaufwirtschaftsgesetz. Anhand der Abfallverzeichnis-Verordnung (AVV) soll beispielhaft dargestellt werden, welche Kriterien bei der Einschlüsselung eines Abfalls berücksichtigt werden müssen.

In der Praxis steht der Abfallerzeuger oftmals vor dem Problem, seinen Abfall eindeutig einer Abfallschlüsselnummer (ASN) zuzuordnen. Bei einigen Abfällen wird diese Aufgabe recht einfach gelöst. Liegen beispielsweise Welldachplatten aus Asbest vor, handelt es sich um ASN 17 06 05* „Asbesthaltige Baustoffe". Dieser Abfall ist aufgrund des Sternchens (*) als gefährlich eingestuft.

Die zuständige Behörde kann jedoch im Einzelfall für Abfälle eine abweichende Einstufung vornehmen, wenn der Abfallbesitzer nachweist, dass der im Abfallverzeichnis als gefährlich aufgeführte Abfall keine der Eigenschaften (Gefährlichkeitskriterien) aufweist, die im Anhang III der Abfallrahmenrichtlinie 2008/98/EG in der jeweils geltenden Fassung aufgeführt sind.

In anderen Fällen ist die Zuordnung des Abfalls zu Schlüsselnummern schwieriger. Insbesondere die „Spiegeleinträge" fordern den Deklarierenden heraus. Spiegeleinträge bestehen aus zwei Abfallschlüsselnummern und sind in der AVV wie folgt formuliert:

Abfallschlüsselnummer	Abfallbezeichnung
xx yy zz*	Abfälle, die gefährliche Stoffe enthalten
xx yy z(z–1) oder xx yy z(z+1)	Abfälle mit Ausnahme derjenigen, die unter xx yy zz fallen

Beispiele hierfür sind:

16 01 14* – Frostschutzmittel, die gefährliche Stoffe enthalten
16 01 15 – Frostschutzmittel mit Ausnahme derjenigen, die unter 16 01 14 fallen

oder

17 05 03* – Boden und Steine, die gefährliche Stoffe enthalten
17 05 04 – Boden und Steine mit Ausnahme derjenigen, die unter 17 05 03 fallen

Beide Spiegeleinträge decken eine Abfallart ab, in diesem Fall Frostschutzmittel bzw. Boden und Steine, unterscheiden aber zwischen gefährlich und nicht gefährlich.

Die Einstufung des Abfalls muss sich jeweils auf den oder die Stoffe beziehen, die als gefährliche Stoffe eingestuft sind. Sobald im Abfall gefährliche Stoffe enthalten und die in Anhang III der RL 2008/98/EG aufgeführten Konzentrationen der gefährlichen Stoffe überschritten sind (bei mehreren Stoffen ist zu kumulieren), ist der Abfall als gefährlicher Abfall einzustufen.

Von als gefährlich eingestuften Abfällen wird angenommen, dass sie eine oder mehrere der in Anhang III der Richtlinie 2008/98/EG aufgeführten gefahrenrelevanten Eigenschaften HP 1 bis HP 15 aufweisen gemäß Nr. 2 der Einleitung zum Abfallverzeichnis der AVV:

Gefahrenrelevante Eigenschaften der Abfälle (HP-Kriterien) nach Anhang III der Richtlinie 2008/98/EG		
Kriterium	**Beschreibung**	**Erläuterung**
HP 1	explosiv	Abfall, der durch chemische Reaktion Gase solcher Temperatur, solchen Drucks und solcher Geschwindigkeit erzeugen kann, dass hierdurch Zerstörungen in der Umgebung eintreten. Hierzu gehören pyrotechnische Abfälle, explosive Abfälle in Form von organischen Peroxiden und explosive selbstzersetzliche Abfälle.
HP 2	brandfördernd	Abfall, der in der Regel durch Zufuhr von Sauerstoff die Verbrennung anderer Materialien verursachen oder begünstigen kann.
HP 3	entzündbar	• entzündbarer flüssiger Abfall: flüssiger Abfall mit einem Flammpunkt von unter 60 °C oder Abfälle von Gasöl, Diesel und leichten Heizölen mit einem Flammpunkt von > 55 °C und ≤ 75 °C; • entzündbare pyrophore Flüssigkeiten und fester Abfall: fester oder flüssiger Abfall, der selbst in kleinen Mengen dazu neigt, sich in Berührung mit Luft innerhalb von fünf Minuten zu entzünden; • entzündbarer fester Abfall: fester Abfall, der leicht brennbar ist oder durch Reibung Brand verursachen oder fördern kann; • entzündbarer gasförmiger Abfall: gasförmiger Abfall, der an der Luft bei 20 °C und einem Standarddruck von 101,3 kPa entzündbar ist; • mit Wasser reagierender Abfall: Abfall, der bei Berührung mit Wasser gefährliche Mengen entzündbarer Gase abgibt; • sonstiger entzündbarer Abfall: entzündbare Aerosole, entzündbarer selbsterhitzungsfähiger Abfall, entzündbare organische Peroxide und entzündbarer selbstzersetzlicher Abfall.
HP 4	reizend – Hautreizung und Augenschädigung	Abfall, der bei Applikation Hautreizungen oder Augenschädigungen verursachen kann.
HP 5	spezifische Zielorgan-Toxizität (STOT) / Aspirationsgefahr	Abfall, der nach einmaliger oder nach wiederholter Exposition Toxizität für ein spezifisches Zielorgan verursachen kann oder akute toxische Wirkungen nach Aspiration verursacht.
HP 6	akute Toxizität	Abfall, der nach oraler, dermaler oder Inhalationsexposition akute toxische Wirkungen verursachen kann.

Gefahrenrelevante Eigenschaften der Abfälle (HP-Kriterien) nach Anhang III der Richtlinie 2008/98/EG *(Forts.)*		
Kriterium	**Beschreibung**	**Erläuterung**
HP 7	karzinogen	Abfall, der Krebs erzeugen oder die Krebshäufigkeit erhöhen kann.
HP 8	ätzend	Abfall, der bei Applikation Hautverätzungen verursachen kann.
HP 9	infektiös	Abfall, der lebensfähige Mikroorganismen oder ihre Toxine enthält, die im Menschen oder anderen Lebewesen erwiesenermaßen oder vermutlich eine Krankheit hervorrufen.
HP 10	reproduktionstoxisch	Abfall, der Sexualfunktion und Fruchtbarkeit bei Mann und Frau beeinträchtigen und Entwicklungstoxizität bei den Nachkommen verursachen kann.
HP 11	mutagen	Abfall, der eine Mutation, d. h. eine dauerhafte Veränderung von Menge oder Struktur des genetischen Materials in einer Zelle verursachen kann.
HP 12	Freisetzung eines akut toxischen Gases	Abfall, der bei Berührung mit Wasser oder einer Säure akut toxische Gase freisetzt (Akute Toxizität 1, 2 oder 3).
HP 13	sensibilisierend	Abfall, der einen oder mehrere Stoffe enthält, die bekanntermaßen sensibilisierend für die Haut oder die Atemwege sind.
HP 14	ökotoxisch	Abfall, der unmittelbare oder mittelbare Gefahren für einen oder mehrere Umweltbereiche darstellt oder darstellen kann. In Abhängigkeit von den Gefahrenhinweisen und jeweiligen Konzentrationen: • die Ozonschicht schädigend: c (H420) $\geq$ 0,1 % • akut gewässergefährdend: Σ c (H400) $\geq$ 25 % • chronisch gewässergefährdend, Kategorie 1, 2 oder 3: 100 $\times$ Σ c (H410) + 10 $\times$ Σ c (H411) + Σ c (H412) $\geq$ 25 % • chronisch gewässergefährdend, Kategorie 1, 2, 3 oder 4: Σ c (H410) + Σ c (H411) + Σ c (H412) + Σ c (H413) $\geq$ 25 %
HP 15	Abfall, der eine der oben genannten gefahrenrelevanten Eigenschaften entwickeln kann, die der ursprüngliche Abfall nicht unmittelbar aufweist.	

Angenommen, der Abfallerzeuger möchte Boden und Steine entsorgen, dann hat er den Abfall als gefährlich einzustufen und der ASN 17 05 03* („Boden und Steine, die gefährliche Stoffe enthalten") zuzuordnen, wenn er dessen Ungefährlichkeit nicht nachweisen kann.

Bei Anlieferung des Abfalls in einer Abfallentsorgungsanlage wird dieser einer Prüfung unterworfen. Diese **Identitätskontrolle** besteht aus einer Sichtkontrolle, der Identifikationsanalyse und der Probenrückstellung. Ziel ist es, die in der Verantwortlichen Erklärung gemachten Angaben zur Stoffbeschreibung und die Parameter der Deklarationsanalyse mit den tatsächlichen Abfalleigenschaften zu vergleichen.

Bei der Zuordnung von Abfällen zur Entsorgung ist (neben der Zulassung der Entsorgungsanlagen) die Abfalleigenschaft das Hauptkriterium. Für die Abfalleigenschaft sind insbesondere die Angaben der Verantwortlichen Erklärung des Entsorgungsnachweises zu dem Parameter „Konsistenz" sowie die Angaben der Deklarationsanalyse heranzuziehen.

Jede Entsorgungsanlage bestimmt in ihren Annahmebedingungen die chemisch-physikalischen Parameter, die der Abfall vorweisen muss, damit er angenommen werden kann.

4.2.4 Parameter und Richt-/Grenzwerte

Ein **Parameter** ist eine charakterisierende Eigenschaft. Ein **Richtwert** ist ein Messwert oder Zahlenwert, den man einhalten und nach dem man sich richten soll. Der **Grenzwert** beschreibt im Umweltrecht eine maximal zulässige Menge oder Konzentration eines umweltschädlichen, gesundheitsschädlichen, krebserregenden oder mutagenen Stoffes oder Giftes oder einer sonstigen Störgröße wie Lärm oder ionisierende Strahlung.

Bei einigen Abfällen spielen z. B. deren Schwermetallgehalte für ihre Einsatzmöglichkeit oder deren weiteren Entsorgungsweg eine wichtige Rolle. Die Zuordnungswerte der Parameter, die beispielsweise für die Ablagerung von Abfällen in Deponien und Langzeitlager gelten, findet man in der Verordnung über Deponien und Langzeitlager (DepV).

Die Deponieverordnung unterscheidet zwischen fünf verschiedenen Deponieklassen (DK):

Deponieklasse 0 (DK 0): Oberirdische Deponie für Inertabfälle, die die Zuordnungskriterien nach Anhang 3 Nummer 2 für die Deponieklasse 0 einhalten.

Deponieklasse I (DK I): Oberirdische Deponie für Abfälle, die die Zuordnungskriterien nach Anhang 3 Nummer 2 für die Deponieklasse I einhalten.

Deponieklasse II (DK II): Oberirdische Deponie für Abfälle, die die Zuordnungskriterien nach Anhang 3 Nummer 2 für die Deponieklasse II einhalten.

Deponieklasse III (DK III): Oberirdische Deponie für nicht gefährliche Abfälle und gefährliche Abfälle, die die Zuordnungskriterien nach Anhang 3 Nummer 2 für die Deponieklasse III einhalten.

Deponieklasse IV (DK IV): Untertagedeponie, in der Abfälle
a) in einem Bergwerk mit eigenständigem Ablagerungsbereich, der getrennt von einer Mineralgewinnung angelegt ist, oder
b) in einer Kaverne, vollständig im Gestein eingeschlossen,
abgelagert werden.

Näheres zur Deponierung von Abfällen im Kapitel 5.3.

Bei der Zuordnung von Abfällen und von Deponieersatzbaustoffen zu Deponien oder Deponieabschnitten der Klasse 0, I, II oder III sind die Zuordnungswerte der nachfolgenden Tabelle einzuhalten:

Zuordnungswerte für Deponien der Klasse 0, I, II oder III (Anhang 3 der Deponieverordnung vom 27. April 2009)								
1 Nr.	**2 Parameter**	**3 Maßeinheit**	**4 Geologische Barriere**	**5 DK 0**	**6 DK I**	**7 DK II**	**8 DK III**	**9[1)] Rekultivierungsschicht**
1	**Organischer Anteil des Trockenrückstandes der Originalsubstanz[2)]**							
1.01	bestimmt als Glühverlust	Masse-% TM	≤ 3[2a)]	≤ 3[2a)]	≤ 3 [2a) 3) 4) 5)]	≤ 5 [3) 4) 5)]	≤ 10[4) 5)]	
1.02	bestimmt als TOC	Masse-% TM	≤ 1[2a)]	≤ 1[2a)]	≤ 1 [2a) 3) 4) 5)]	≤ 3 [3) 4) 5)]	≤ 6[4) 5)]	
2	**Feststoffkriterien**							
2.01	Summe BTEX (Benzol, Toluol, Ethylbenzol, o-, m-, p-Xylol, Styrol, Cumol)	mg/kg TM	≤ 1	≤ 6				
2.02	PCB (Summe der 7 PCB-Kongenere, PCB-28, -52, -101, -118, -138, -153, -180)	mg/kg TM	≤ 0,02	≤ 1				≤ 0,1
2.03	Mineralölkohlenwasserstoffe (C 10 bis C 40)	mg/kg TM	≤ 100	≤ 500				
2.04	Summe PAK nach EPA	mg/kg TM	≤ 1	≤ 30				≤ 5[6)]
2.05	Benzo(a)pyren	mg/kg TM						≤ 0,6
2.06	Säureneutralisierungskapazität	mmol/kg			muss bei gefährlichen Abfällen ermittelt werden[7)]		muss ermittelt werden	

Zuordnungskriterien für Deponien der Klasse 0, I, II oder III (Anhang 3 der Deponieverordnung vom 27. April 2009) *(Forts.)*								
1 Nr.	**2 Parameter**	**3 Maß-einheit**	**4 Geo-logische Barriere**	**5 DK 0**	**6 DK I**	**7 DK II**	**8 DK III**	**9[1)] Rekul-tivie-rungs-schicht**
2.07	extrahierbare lipophile Stoffe der Original-substanz	Masse-% TM		≤ 0,1	≤ 0,4[5)]	≤ 0,8[5)]	≤ 4[5)]	
2.08	Blei	mg/kg TM						≤ 140
2.09	Cadmium	mg/kg TM						≤ 1,0
2.10	Chrom	mg/kg TM						≤ 120
2.11	Kupfer	mg/kg TM						≤ 80
2.12	Nickel	mg/kg TM						≤ 100
2.13	Quecksilber	mg/kg TM						≤ 1,0
2.14	Zink	mg/kg TM						≤ 300
3	**Eluatkriterien**							
3.01	pH-Wert[8]		6,5–9	5,5–13	5,5–13	5,5–13	4–13	6,5–9
3.02	DOC[9)]	mg/l		≤ 50	≤ 50 3) 10)	≤ 80 3) 10) 11)	≤ 100	
3.03	Phenole	mg/l	≤ 0,05	≤ 0,1	≤ 0,2	≤ 50	≤ 100	
3.04	Arsen	mg/l	≤ 0,01	≤ 0,05	≤ 0,2	≤ 0,2	≤ 2,5	≤ 0,01
3.05	Blei	mg/l	≤ 0,02	≤ 0,05	≤ 0,2	≤ 1	≤ 5	≤ 0,04
3.06	Cadmium	mg/l	≤ 0,002	≤ 0,004	≤ 0,05	≤ 0,1	≤ 0,5	≤ 0,002

Zuordnungskriterien für Deponien der Klasse 0, I, II oder III (Anhang 3 der Deponieverordnung vom 27. April 2009) *(Forts.)*								
1 Nr.	**2 Parameter**	**3 Maßeinheit**	**4 Geologische Barriere**	**5 DK 0**	**6 DK I**	**7 DK II**	**8 DK III**	**9[1] Rekultivierungsschicht**
3.07	Kupfer	mg/l	≤ 0,05	≤ 0,2	≤ 1	≤ 5	≤ 10	≤ 0,05
3.08	Nickel	mg/l	≤ 0,04	≤ 0,04	≤ 0,2	≤ 1	≤ 4	≤ 0,05
3.09	Quecksilber	mg/l	≤ 0,0002	≤ 0,001	≤ 0,005	≤ 0,02	≤ 0,2	≤ 0,0002
3.10	Zink	mg/l	≤ 0,1	≤ 0,4	≤ 2	≤ 5	≤ 20	≤ 0,1
3.11	Chlorid[12]	mg/l	≤ 10	≤ 80	≤ 1 500 [13]	≤ 1 500 [13]	≤ 2 500	≤ 10[14]
3.12	Sulfat[12]	mg/l	≤ 50	≤ 100[15]	≤ 2 000 [13]	≤ 2 000 [13]	≤ 5 000	≤ 50[14]
3.13	Cyanid, leicht freisetzbar	mg/l	≤ 0,01	≤ 0,01	≤ 0,1	≤ 0,5	≤ 1	
3.14	Fluorid	mg/l		≤ 1	≤ 5	≤ 15	≤ 50	
3.15	Barium	mg/l		≤ 2	≤ 5[13]	≤ 10[13]	≤ 30	
3.16	Chrom, gesamt	mg/l		≤ 0,05	≤ 0,3	≤ 1	≤ 7	≤ 0,03
3.17	Molybdän	mg/l		≤ 0,05	≤ 0,3[13]	≤ 1[13]	≤ 3	
3.18a	Antimon[16]	mg/l		≤ 0,006	≤ 0,03 [13]	≤ 0,07 [13]	≤ 0,5	
3.18b	Antimon – C_O-Wert[16]	mg/l		≤ 0,1	≤ 0,12 [13]	≤ 0,15 [13]	≤ 1,0	
3.19	Selen	mg/l		≤ 0,01	≤ 0,03[13]	≤ 0,05 [13]	≤ 0,7	
3.20	Gesamtgehalt an gelösten Feststoffen[12]	mg/l	≤ 400	≤ 400	≤ 3 000	≤ 6 000	≤ 10 000	
3.21	Elektrische Leitfähigkeit	in µS/cm						≤ 500

1) In Gebieten mit naturbedingt oder großflächig siedlungsbedingt erhöhten Schadstoffgehalten in Böden ist eine Verwendung von Bodenmaterial aus diesen Gebieten zulässig, welches die Hintergrundgehalte des Gebietes nicht überschreitet, sofern die Funktion der Rekultivierungsschicht nicht beeinträchtigt wird.

2) Nummer 1.01 kann gleichwertig zu Nummer 1.02 angewandt werden.

2a) Für Bodenmaterial ohne Fremdbestandteile sind Überschreitungen beim Glühverlust bis 5 Masse% oder beim TOC bis 3 Masse% zulässig, wenn die Überschreitung ausschließlich auf natürliche Bestandteile des Bodenmaterials zurückgeht.

3) Eine Überschreitung des Zuordnungswertes ist mit Zustimmung der zuständigen Behörde bei Bodenaushub (Abfallschlüssel 17 05 04 und 20 02 02 nach der Anlage zur Abfallverzeichnis-Verordnung) und bei Baggergut (Abfallschlüssel 17 05 06 nach der Anlage zur Abfallverzeichnis-Verordnung) zulässig, wenn

a) die Überschreitung ausschließlich auf natürliche Bestandteile des Bodenaushubes oder des Baggergutes zurückgeht,

b) sonstige Fremdbestandteile nicht mehr als 5 Vol.-% ausmachen,

c) bei der gemeinsamen Ablagerung mit gipshaltigen Abfällen der DOC-Wert maximal 80 mg/l beträgt,

d) auf der Deponie, dem Deponieabschnitt oder dem gesonderten Teilabschnitt eines Deponieabschnitts ausschließlich nicht gefährliche Abfälle abgelagert werden und

e) das Wohl der Allgemeinheit – gemessen an den Anforderungen dieser Verordnung – nicht beeinträchtigt wird.

4) Der Zuordnungswert gilt nicht für Aschen aus der Braunkohlefeuerung sowie für Abfälle oder Deponieersatzbaustoffe aus Hochtemperaturprozessen; zu Letzteren gehören insbesondere Abfälle aus der Verarbeitung von Schlacke, unbearbeitete Schlacke, Stäube und Schlämme aus der Abgasreinigung von Sinteranlagen, Hochöfen, Schachtöfen und Stahlwerken der Eisen- und Stahlindustrie. Bei gemeinsamer Ablagerung mit gipshaltigen Abfällen darf der TOC-Wert der in Satz 1 genannten Abfälle oder Deponieersatzbaustoffe maximal 5 Masseprozent betragen. Eine Überschreitung dieses TOC-Wertes ist möglich, wenn der DOC-Wert maximal 80 mg/l beträgt.

5) Gilt nicht für Asphalt auf Bitumen- oder auf Teerbasis.

6) Bei PAK-Gehalten von mehr als 3 mg/kg ist mit Hilfe eines Säulenversuches nachzuweisen, dass in dem zu erwartenden Sickerwasser ein Wert von 0,20 µg/l nicht überschritten wird.

7) Nicht erforderlich bei asbesthaltigen Abfällen und Abfällen, die andere gefährliche Mineralfasern enthalten.

8) Abweichende pH-Werte stellen allein kein Ausschlusskriterium dar. Bei Über- oder Unterschreitungen ist die Ursache zu prüfen. Werden jedoch auf Deponien der Klasse I und II gefährliche Abfälle abgelagert, muss deren pH-Wert mindestens 6,0 betragen.

9) Der Zuordnungswert für DOC ist auch eingehalten, wenn der Abfall oder der Deponieersatzbaustoff den Zuordnungswert nicht bei seinem eigenen pH-Wert, aber bei einem pH-Wert zwischen 7,5 und 8,0 einhält.

10) Auf Abfälle oder Deponieersatzbaustoffe auf Gipsbasis anzuwenden, wenn sie gemeinsam mit gefährlichen Abfällen abgelagert oder eingesetzt werden.

11) Überschreitungen des DOC-Wertes bis max. 100 mg/l sind zulässig, wenn auf der Deponie oder dem Deponieabschnitt keine gipshaltigen Abfälle und seit dem 16. Juli 2005 ausschließlich nicht gefährliche Abfälle oder Deponieersatzbaustoffe abgelagert oder eingesetzt werden.

12) Statt der Nummern 3.11 und 3.12 kann Nummer 3.20 mit Ausnahme der Spalte 9 (Rekultivierungsschicht) angewendet werden.

13) Der Zuordnungswert gilt nicht, wenn auf der Deponie oder dem Deponieabschnitt seit dem 16. Juli 2005 ausschließlich nicht gefährliche Abfälle oder Deponieersatzbaustoffe abgelagert oder eingesetzt werden.

14) Untersuchung entfällt bei Bodenmaterial ohne mineralische Fremdbestandteile.

15) Überschreitungen des Sulfatwertes bis zu einem Wert von 600 mg/l sind zulässig, wenn der Co-Wert der Perkolationsprüfung den Wert von 1 500 mg/l bei L/S = 0,1 l/kg nicht überschreitet.

16) Überschreitungen des Antimonwertes nach Nummer 3.18a sind zulässig, wenn der Co-Wert der Perkolationsprüfung bei L/S = 0,1 l/kg nach Nummer 3.18b nicht überschritten wird.

Verglichen mit den Grenzwerten für die Deponierung von Siedlungsabfällen in der Deponieklasse I ergeben sich in der Deponieklasse III bis zu 4-fach höhere Grenzwerte. So liegt der Grenzwert für Quecksilber im Eluat bei der oberirdischen Ablagerung von Sonderabfällen (DK III) bei 0,2 mg/l, während er bei der Ablagerung von Siedlungsabfällen in der Deponieklasse I bei 0,005 mg/l liegt. In Inertabfalldeponien (DK 0) ist mit 0,001 mg/l in diesem Fall sogar nur ein Zweihundertstel des Grenzwertes für DK III erlaubt.

4.2.5 Weitere Parameterlisten

4.2.5.1 Arbeitsplatzgrenzwert

Aufgrund der Gefährlichkeit vieler Chemikalien wurden Grenzwerte für deren Konzentration in der Luft am Arbeitsplatz festgelegt, die nicht überschritten werden dürfen. Diese Grenzwerte sind die Arbeitsplatzgrenzwerte (AGW).

Der **Arbeitsplatzgrenzwert** ist der Grenzwert für die zeitlich gewichtete durchschnittliche Konzentration eines Stoffes in der Luft am Arbeitsplatz in Bezug auf einen gegebenen Referenzzeitraum. Er gibt an, bis zu welcher Konzentration eines Stoffes akute oder chronische schädliche Auswirkungen auf die Gesundheit von Beschäftigten im Allgemeinen nicht zu erwarten sind.

In der TRGS 900 (TRGS = Technische Regeln für Gefahrstoffe) finden sich Erläuterungen, Begriffsbestimmungen sowie Luftgrenzwerte und deren Anwendung für etwa 300 Stoffe.

4.2.5.2 Biologischer Grenzwert

Ein weiterer Anhaltspunkt für die Gesundheitsschädlichkeit von Chemikalien sind die biologischen Grenzwerte (BGW), die in der TRGS 903 aufgeführt werden.

Der **biologische Grenzwert** ist der Grenzwert für die toxikologisch-arbeitsmedizinisch abgeleitete Konzentration eines Stoffes, seines Metaboliten oder eines Beanspruchungsindikators im entsprechenden biologischen Material. Er gibt an, bis zu welcher Konzentration die Gesundheit von Beschäftigten im Allgemeinen nicht beeinträchtigt wird.

Die biologischen Indikatoren, gewissermaßen das Untersuchungsmaterial, dessen Veränderungen gegenüber dem „Normalfall" untersucht werden, sind:

- Vollblut (B),
- Erythrozytenfraktion des Vollbluts (B_E),
- Plasma/Serum (P/S) und
- Urin (U).

Als Probenahmezeitpunkte werden unterschieden:

a) keine Beschränkung
b) Expositionsende bzw. Schichtende
c) bei Langzeitexposition: am Schichtende nach mehreren vorangegangenen Schichten
d) vor nachfolgender Schicht
e) nach Expositionsende: Stunden
f) nach mindestens 3 Monaten Exposition
g) unmittelbar nach Exposition
h) vor der letzten Schicht einer Arbeitswoche

Biologische Grenzwerte sind als Höchstwerte für gesunde Einzelpersonen konzipiert. Sie gelten in der Regel als Belastung mit Einzelstoffen. Wie bei den Arbeitsplatzgrenzwerten (AGW) wird in der Regel eine Stoffbelastung von acht Stunden täglich an fünf Tagen pro Woche zugrunde gelegt.

Zwischen Arbeitsplatzgrenzwert und biologischem Grenzwert gibt es physiologisch betrachtet Beziehungen, jedoch sind aus dem stoffspezifischen biologischen Wert nicht ohne Weiteres Rückschlüsse auf die bestehende Stoffkonzentration am Arbeitsplatz zulässig. Werden biologische Grenzwerte eingehalten, muss dennoch die Überwachung der Stoffkonzentration am Arbeitsplatz fortgeführt werden.

Arbeitsplatzgrenzwerte (AGW) und biologische Grenzwerte (BGW) für einige Gefahrstoffe				
Arbeitsstoff	**AGW**	**BGW**	**biologischer Indikator**	**Probenahme-zeitpunkt**
Aceton	500 ml/m³ bzw. 1 200 mg/m³	50 mg/l	Urin	b
Blei	–	150 µg/l	Blut	a
N,N-Dimethylform-amid	5 ml/m³ bzw. 15 mg/m³	20 mg/l	Urin	b
Phenol (nach Hydrolyse)	2 ml/m³ bzw. 8 mg/m³	120 mg/g Kreatinin	Urin	b
Quecksilber (metallisch)	0,02 mg/m³	25 µg/g Kreatinin	Urin	a
Tetrahydrofuran	50 ml/m³ bzw. 150 mg/m³	2 mg/l	Urin	b
Toluol	50 ml/m³ bzw. 190 mg/m³	600 µg/l 75 µg/l	Blut Urin	g b
Xylol (alle Isomere)	50 ml/m³ bzw. 220 mg/m³	2 000 mg/l	Urin	b

4.3 Abfälle und ihre Gefahren für den Menschen und die Umwelt sowie Maßnahmen zur Gefahrenbeseitigung

4.3.1 Auswirkungen auf Mensch und Umwelt, die von Abfällen ausgehen können

Bei der Frage, welche Auswirkungen Abfälle auf den Menschen und auf die Umwelt haben können, muss man ihre möglichen Gefahreneigenschaften betrachten. Abfälle können aus reinen Stoffen bestehen, wie z. B. Aceton oder auch aus Mischungen bzw. industriellen Produkten, die mit Gefahrstoffen behandelt wurden. Abfälle können dann als Gefahrstoffe betrachtet werden, deren sicherer Umgang u. a. im Chemikaliengesetz (ChemG) und in der Gefahrstoffverordnung (GefStoffV) geregelt wird.

Nach § 3 Absatz 2 GefStoffV können Stoffe und Gemische 28 Gefahrenklassen (Art der physikalischen Gefahr, der Gefahr für die menschliche Gesundheit oder der Gefahr für die Umwelt) einzeln oder auch in Kombination aufweisen:

Gefahrenklassen mit Beispielen	
Physikalische Gefahren	
Explosive Stoffe/Gemische und Erzeugnisse mit Explosivstoff	Pikrinsäure, Nitroglycerin
Entzündbare Gase	Wasserstoff, Acetylen
Aerosole	Spraydosen
Oxidierende Gase	Sauerstoff, Chlor, Fluor
Gase unter Druck	Kohlendioxidflasche
Entzündbare Flüssigkeiten	Benzin, Kaltreiniger, Verdünner, Aceton
Entzündbare Feststoffe	Kautschukreste, Zündhölzer, Schwefel
Selbstzersetzliche Stoffe und Gemische	organische Azide, N-Nitrosoverbindungen
Pyrophore Flüssigkeiten	Trichlorsilane
Pyrophore Feststoffe	Magnesiumpulver, Aluminiumpulver
Selbsterhitzungsfähige Stoffe und Gemische	Firnisse, Zirkoniumpulver
Stoffe und Gemische, die in Berührung mit Wasser entzündbare Gase entwickeln	Natrium, Carbid, Zinkstaub, Trichlorsilan
Oxidierende Flüssigkeiten	Wasserstoffperoxid
Oxidierende Feststoffe	Natriumchlorat, Calciumhypochlorit

Gefahrenklassen mit Beispielen *(Forts.)*	
Organische Peroxide	Dibenzoylperoxid (Härter für Polyesterharz), Methylethylketonperoxid (Härter für Zweikomponenten-Lacke)
Korrosiv gegenüber Metallen	Hydroxylamin, Hydroxylammoniumchlorid
Gesundheitsgefahren	
Akute Toxizität (oral, dermal und inhalativ)	Methanol, Nitromethan, Flusssäure
Ätz-/Reizwirkung auf die Haut	Säuren, Laugen, Abflussreiniger, Essig
Schwere Augenschädigung/Augenreizung	Dibenzoylperoxid, N,N-Dimethylformamid
Sensibilisierung der Atemwege oder der Haut	Formaldehyd, bestimmte Körperpflegemittel,
Keimzellmutagenität	PAK, Asbest, Benzol, Acrylamid, Benzpyren, Cobaltchlorid, Ottokraftstoff, Rohöl
Karzinogenität	Asbest, bestimmte KMF, Teeröle, Vinylchlorid
Reproduktionstoxizität	Dioxine, Furane, Bleichromat
Spezifische Zielorgan-Toxizität, einmalige Exposition (STOT SE)	Beryllium, Maneb, Zineb, Pflanzenschutzmittel
Spezifische Zielorgan-Toxizität, wiederholte Exposition (STOT RE)	Acrylamid, Asbest, Lindan
Aspirationsgefahr	Kohlenwasserstoffe mit niedriger Viskosität
Umweltgefahren	
Gewässergefährdend (akut und langfristig)	Altöle, Natriumdichromat
Weitere Gefahren	
Die Ozonschicht schädigend	Distickstoffmonoxid („Lachgas"), FCKW

„Umweltgefährlich" sind auch Stoffe oder Gemische, die selbst oder deren Umwandlungsprodukte geeignet sind, die Beschaffenheit des Naturhaushaltes von Wasser, Boden oder Luft, Klima, Tieren, Pflanzen oder Mikroorganismen derart zu verändern, dass dadurch sofort oder später Gefahren für die Umwelt herbeigeführt werden können.

Da der Mensch ein Teil des Naturhaushaltes ist, muss er alle notwendigen Maßnahmen ergreifen, um sein Wohl nicht zu gefährden. Im Sinne des § 15 Absatz 2 des KrWG bedeutet diese Aufgabe, dass

1. die Gesundheit des Menschen nicht beeinträchtigt werden darf,
2. Tiere und Pflanzen nicht gefährdet werden dürfen,
3. Gewässer und Boden nicht schädlich beeinflusst werden dürfen,

4. keine schädlichen Umwelteinwirkungen durch Luftverunreinigungen oder Lärm herbeigeführt werden dürfen,
5. die Ziele oder Grundsätze und sonstigen Erfordernisse der Raumordnung beachtet oder die Belange des Naturschutzes, der Landschaftspflege sowie des Städtebaus berücksichtigt werden müssen oder
6. die öffentliche Sicherheit und Ordnung nicht in sonstiger Weise gefährdet oder gestört wird.

4.3.2 Beispiele für schädliche Wirkungen

4.3.2.1 Explosivstoffe

Am bekanntesten sind sicherlich Schwarzpulver und Dynamit. Die Chinesen erfanden Schwarzpulver schon im 12. Jahrhundert. Damit gilt Schwarzpulver als ältester Explosivstoff. Dynamit ist in ein Trägermaterial aufgesogenes Nitroglycerin, das auf diese Weise gefahrloser zu transportieren ist.

Ganz allgemein formuliert ist eine Explosion die plötzliche Ausdehnung von Gasen oder Dämpfen, die schon vorhanden sind oder während einer chemischen Reaktion erst gebildet werden. Aus Nitroglycerin, einer ölartigen Verbindung, entstehen im Bruchteil einer Sekunde die gasförmigen Produkte Kohlendioxid, Stickstoff, Sauerstoff und Wasserdampf, die etwa das 1 000-fache des ursprünglichen Volumens einnehmen.

Die verheerende Wirkung dieser enorm schnellen Gasbildung kennt sicherlich jeder, wobei die Ursachen verschiedener Art sein können: Ausgelöst durch Wärme, Schlag, Funken, UV-Licht oder Stoß kommt es zu einer Explosion. Die Druckwelle breitet sich mit Überschallgeschwindigkeit (bis zu 2 km/s) aus – bei Detonationen werden sogar 9 km/s erreicht – und überzieht die Umgebung mit einem Band aus Hitze, Splittern, Atemgiften oder Trümmern. Die enorme Wucht kann Menschen zerfetzen, Autos durch die Luft schleudern oder Wolkenkratzer in sich zusammenbrechen lassen.

4.3.2.2 Gasförmige Stoffe

Im Jahr 1979 kam es in Kanada zu einer Gefahrstoffkatastrophe, als ein Zug mit 24 Kesselwagen entgleiste. Einer der Propangaswaggons explodierte. Flammen schossen 1,5 km hoch in die Luft, Trümmer des Wagens flogen 1,6 km weit. Der Tank fiel 700 m von der Unfallstelle entfernt vom Himmel.

Werden verflüssigte Gase schnell entspannt, kommt es in der Umgebung zu einer starken Abkühlung, weil für den Verdunstungsvorgang Energie benötigt wird. So bildet sich beispielsweise um die Öffnung einer Propangaskartusche, aus der schnell Gas entweicht, ein Eiskragen aus dem in der Luft allgegenwärtigen Wasser. Für den Menschen kann die unachtsame Berührung der kalten Stellen zu Erfrierungen führen.

Daneben können Gase aber auch giftig, ätzend, oxidierend, brennbar oder chemisch instabil sein. Doppelgefahren, wie giftig und oxidierend, erhöhen das Gefährdungspotenzial. Das giftige, leicht gelblich-grüne Fluor ruft auf der Haut Verätzungen hervor. Viele Gefahren sind darüber hinaus nicht sofort zu erkennen: Methangas ist brennbar und unsichtbar, das tödliche Kohlenmonoxid ist geruchlos.

Einige Gase spielen ihre Gefährlichkeit erst beim Zusammentreffen mit anderen aus. So ist reiner Wasserstoff – wie auch reines Propan – unbrennbar. Allerdings kann es z. B. in einem Gasgemisch mit der Luft und dem darin zu 21 Vol.-% enthaltenen Luftsauerstoff zu einer Wasserstoffexplosion kommen. Hierfür ist das Mischungsverhältnis entscheidend. Mindestens 4,1 Vol.-% (untere Explosionsgrenze) und maximal 75 Vol.-% (obere Explosionsgrenze) Wasserstoff in der Luft bilden eine explosive Mischung. Unterhalb von 4,1 % ist für eine Explosion zu wenig Wasserstoff, oberhalb von 75 % zu wenig Luftsauerstoff vorhanden.

4.3.2.3 Entzündbare flüssige Stoffe

Bestimmte bei Raumtemperatur flüssige Stoffe können ebenfalls entzündbare Gase oder Gasgemische bilden. Wenn die Flüssigkeiten bei 50 °C zudem einen Dampfdruck von maximal 3 bar entwickeln und bei 20 °C und dem Standarddruck von 1013 Hektopascal nicht vollständig gasförmig sind und einen Flammpunkt von höchstens 60 °C aufweisen, gehören sie gemäß ADR zur Klasse 3, den entzündbaren flüssigen Stoffen.

Der Flammpunkt ist diejenige Temperatur, bei der eine erhitzte Flüssigkeit kurz aufflammt, wenn über ihr eine Zündflamme geschwenkt wird. Verglichen mit dem Brennpunkt – die Temperatur, bei der eine bleibende Flamme auftritt – liegt der Flammpunkt immer unterhalb des Brennpunktes.

Im Falle eines Brandes ist es wichtig zu wissen, ob sich die brennbare Flüssigkeit oder ihre brennbaren Bestandteile nicht oder nur teilweise im Wasser lösen und auf ihm schwimmen. Würde nämlich brennendes Heizöl mit Wasser gelöscht, schwämme es auf dem Löschwasser davon und weitete den Brand aus. Deshalb müssen beim Brand solcher Stoffe Schaum- oder Pulverlöscher verwendet werden. Die weniger gefährlichen Flüssigkeiten, die sich oder deren brennbare Bestandteile sich bei 15 °C in Wasser lösen, können hingegen mit Wasser gelöscht werden.

Tückisch an den explosiven Benzindämpfen ist ihr größeres Gewicht verglichen mit Luft. Sammeln sich diese gefährlichen Dämpfe in einer Senke, reicht ein kleiner Funke aus, das Benzin/Luft-Gemisch zu entzünden.

Ähnlich wie bei gasförmigen Stoffen beinhalten einige Verbindungen Zusatzgefahren. So ist Schwefelkohlenstoff nicht nur brennbar, sondern auch giftig oder Acetylchlorid zusätzlich ätzend. Schwefelkohlenstoff, eine farblose Flüssigkeit, die zur Herstellung von Fotochemikalien eingesetzt wird, kann sowohl eingeatmet als auch über die Haut aufgenommen werden. Sie führt zunächst zur Narkotisierung und Bewusstlosigkeit. Im Extremfall wird das gesamte Nervensystem auf Dauer geschädigt.

Acetylchlorid steht für eine Vielzahl von Chemikalien, die zusammen mit Wasser gefährliche Stoffe bilden. Die Luftfeuchtigkeit allein reicht aus, um mit Acetylchlorid ätzende Salzsäuredämpfe zu bilden. Diese reizen die Schleimhäute in den Atemwegen. Auf der Haut kommt es zur Verklumpung von Hautgewebe, der bekannten ätzenden Wirkung.

Weiterhin können zahlreiche flüssige Stoffe wie beispielsweise Öle und auch Kohlenwasserstoffe den Boden verunreinigen. Die Folge ist eine Zerstörung der empfindlichen Bodenfauna und -flora. Der Boden stirbt und kann seine Aufgabe als Stoffwechselmedium nicht mehr erfüllen. Erst durch eine aufwendige und teure Bodenreinigung können die mineralischen Anteile aufgearbeitet und anschließend wiederverwendet werden.

Durchdringen die schädlichen Flüssigkeiten den Boden und gelangen in Grundwasser führende Schichten, kann unter Umständen die Trinkwasserversorgung vieler Menschen gefährdet sein.

4.3.2.4 Entzündbare feste Stoffe

Die entzündbaren festen Stoffe kann man einteilen in:

- selbstentzündlich,
- spontan entzündend bei Anwesenheit von Sauerstoff,
- mit Wasser entzündbare Gase bildend,
- brandfördernde Stoffe,
- organische Peroxide.

Selbstentzündlich

Das Gefahrenpotenzial soll am Beispiel des Braunkohlestaubes aufgezeigt werden. Bakterien wandeln einen Teil des Kohlenstoffes in explosives Methangas um. Bei diesem Prozess kann es zu einer Erwärmung kommen. Dieser Temperaturanstieg reicht möglicherweise aus, um die Reaktion weiter anzutreiben und noch mehr Wärme zu produzieren. In einer Kettenreaktion kommt es schließlich zum Glimmen der Kohle und dann zu einer Explosion, die durch Aufwirbeln des Kohlenstaubes noch verstärkt wird.

Spontan entzündend bei Anwesenheit von Sauerstoff

Fein verteilter weißer Phosphor (griechisch: der Lichtträger) reagiert gern mit Luftsauerstoff, weshalb er unter Luftabschluss, z. B. unter Wasser, gelagert werden muss. Während dieser Reaktion wird nicht nur Wärme, sondern auch Licht frei, das als „Phosphorleuchten" bekannt ist und ihm seinen Namen gab.

Mit Wasser entzündbare Gase bildend

Natrium, ein reaktives Alkalimetall, findet sich im Natriumchlorid, dem Kochsalz, wieder. Während zu viel Natrium in Form von Kochsalz-Natrium im menschlichen Organismus hohen Blutdruck herbeiführt, birgt es als Element andere Gefahren. Mit Wasser entstehen Wasserstoff, Natronlauge und Wärme. Diese Reaktionswärme reicht aus, um den gebildeten Wasserstoff explodieren zu lassen. Die Lauge führt zu Verätzungen. Natriumbrände sollten daher niemals mit Wasser gelöscht werden. Ebenso sollte man Natrium nicht mit der bloßen Hand berühren.

4.3.2.5 Brandfördernde Stoffe

Schwarzpulver enthält neben Schwefel und Holzkohle als einen weiteren Bestandteil Kaliumnitrat. Im Kaliumnitrat befindet sich chemisch gebundener Sauerstoff. Kaliumnitrat selber brennt nicht. Kommt es aber unter bestimmten Umständen mit brennbaren Materialien wie Schwefel und Holzkohle zusammen, gibt es in einer heftigen Reaktion seinen Sauerstoff ab – das Schwarzpulver verbrennt zischend.

Auch Wasserstoffperoxid mit einer Konzentration von mehr als 60 % gehört zu den brandfördernden Stoffen. Die wasserklare Flüssigkeit enthält zwar auch wie Kaliumnitrat chemisch gebundenen Sauerstoff, allerdings wird dieser sehr leicht abgegeben. Verdünnt dient Wasserstoffperoxid als Desinfektionsmittel. Gibt man es in konzentrierter Form auf die Haut, wird die betropfte Hautstelle kurzfristig weiß und ein Kribbeln ist zu spüren. Im Rachenraum tötet es durch seine oxidierende

Eigenschaft Bakterien und Keime ab. In den obersten Hautschichten sammelt sich der Sauerstoff und verändert deren Aussehen. Allmählich verlässt der Sauerstoff die Haut wieder, ohne Schäden zu hinterlassen.

4.3.2.6 Organische Peroxide

Dicumylperoxid gehört zu den organischen Peroxiden. Es enthält – nomen est omen – ebenfalls chemisch besonders gebundenen Sauerstoff. Auch bei dieser Verbindung wird der Sauerstoff leicht abgegeben. Jedoch ist Dicumylperoxid, anders als Wasserstoffperoxid, brennbar, was diese Stoffklasse so gefährlich macht. Um Risiken einzudämmen, werden organische Peroxide nur in kleinen Einheiten transportiert.

4.3.2.7 Giftige (akut toxische) Stoffe

Gifte, die über den Mund, die Lunge oder die Haut in den Körper gelangen, können in ihrer Art oder Höhe ganz verschieden wirken. Entscheidend neben der „Dosis, auf die es ankommt", ist die Art des Giftes, die individuelle Giftempfindlichkeit, die Dauer der Gifteinwirkung sowie die Art, wie das Gift in den Körper gelangt ist. Auch, ob es sofort wieder ausgeschieden oder gespeichert wird, beeinflusst die Giftwirkung entscheidend. Arsen, das als elementares Schwermetall ungiftig, aber fruchtschädigend ist, wirkt in einem leeren Magen anders als in einem vollen. In Wasser aufgelöst ist Arsentrioxid giftiger als in Pulverform.

Die Giftwirkung beruht zumeist auf der Störung lebenswichtiger biochemischer Prozesse im Körper. Arsen – als Spurenelement lebensnotwendig – hemmt, verabreicht ab 10 bis 50 mg/kg Körpergewicht, zahlreiche Stoffe, die für den Erhalt des Organismus unersetzlich sind. Zyankali blockiert die Atmungskette, sodass es zu einer „inneren Erstickung" kommt.

Das stärkste Gift ist das Botulinustoxin A, das von der gleichnamigen Bakterienart produziert wird. Ein 90 Kilogramm schwerer Mensch wird durch etwa 2,7 Milliardstel Gramm (0,0000000027 g) dieser Substanz getötet. Die giftigste Verbindung, die industriell hergestellt worden ist, ist das extrem akut toxische „Seveso-Gift" Dioxin (2,3,7,8-Tetrachlordibenzodioxin, TCDD). Von diesem Stoff sind ein Millionstel Gramm (0,000001 g) tödlich; beim „ungiftigeren" Strychnin sind es etwa 0,0005 g.

4.3.2.8 Ansteckungsgefährliche Stoffe

Von Stoffen, die ansteckungsgefährlich sind, ist bekannt oder wird angenommen, dass sie Krankheitserreger enthalten. Es handelt sich dabei um Mikroorganismen (einschließlich Bakterien, Viren, Rickettsien, Parasiten und Pilze) oder andere Erreger wie organische Gifte mit virusähnlichen Eigenschaften (Prionen), die bei Menschen oder Tieren Krankheiten hervorrufen können. Beispiele für Folgen der Krankheitsübertragung sind Salmonellenvergiftungen, BSE oder die EHEC-Epidemie (**E**tero**h**ämorrhagische **E**scherichia **c**oli).

4.3.2.9 Radioaktive Stoffe

Die besondere Gefahr radioaktiver Stoffe besteht in der bei ihrem Zerfall auftretenden energiereichen Strahlung. Sie lässt sich mit den menschlichen Sinnen nicht erfassen. Drei Strahlungsarten, die Alpha-, Beta- und Gamma-Strahlung, entstehen beim radioaktiven Zerfall. Die ersten beiden sind Teilchenstrahlen (Heliumkerne und Elektronen). Gamma-Strahlen sind, wie das Licht, elektromagnetische Wellen und noch energiereicher als die harte Röntgenstrahlung. Die Schädigung des Körpers erfolgt durch Zerstörung von Zell- und Erbmaterial. Zunächst durch eine schwache Rötung bemerkbar, kann der Tod kurzfristig eintreten, aber auch erst nach einigen Jahrzehnten.

Ein effektiver Schutz vor radioaktiver Strahlung ist entweder durch eine ausreichend dicke Bleischicht oder durch einen großen Abstand zur Strahlungsquelle möglich.

4.3.2.10 Ätzende Stoffe

Säuren und Laugen sind ätzende Stoffe und nach dem ADR der Klasse 8 zugeordnet. Bekannt sind Salz- und Schwefelsäure, Natronlauge und Salmiakgeist. Der ätzende Charakter der Säuren beruht auf ihrer Fähigkeit, Eiweißmoleküle zu zerstören. Basen (Laugen) lösen das Fett aus der Haut, was bei Berührung zu einem seifigen Gefühl führt.

Verschiedene feste, flüssige und gasförmige Stoffe bilden mit Wasser Säuren und Laugen. Aus Schwefeldioxid wird die schwache schweflige Säure (saurer Regen), in Wasser eingeleitetes Ammoniak lässt Salmiakgeist entstehen, und aus Chlorsilanen wird Salzsäure frei, ähnlich wie beim Acetylchlorid.

Konzentrierte Schwefelsäure hat neben seiner ätzenden Wirkung eine weitere unangenehme Eigenschaft: Sie ist extrem wasseranziehend (hygroskopisch). Haut, Zucker oder Holz verkohlt, wenn Schwefelsäure aufgetropft wird. Sie zieht das Wasser an sich und hinterlässt braun-schwarzen Kohlenstoff.

Bei diesem Prozess wird sehr viel Reaktionswärme frei. Wichtig ist diese Erkenntnis, wenn konzentrierte Schwefelsäure mit Wasser verdünnt werden soll. Niemals Wasser in konzentrierte Schwefelsäure gießen! Das kann buchstäblich ins Auge gehen. Das Wasser erhitzt sich, beginnt an der Grenzschicht zur Schwefelsäure zu kochen und spritzt zurück. Schädigungen der Augen oder anderer ungeschützter Körperteile sind auf diese Weise häufig vorgekommen. Richtig ist vielmehr, ausgestattet mit Schutzbrille und Sicherheitskleidung, die Säure vorsichtig in das Wasser zu gießen. Die Reaktionswärme verteilt sich und die Gefahr einer Überhitzung ist vermindert.

Säuren und Basen bilden zudem mit vielen Metallen das brennbare Gas Wasserstoff oder unterstützen die Korrosion von Werkstoffen.

4.3.2.11 Weitere umweltgefährliche Stoffe

Das weit verbreitete Material Asbest war in den letzten Jahren immer wieder in den Schlagzeilen. Diese mineralische Faser findet sich an vielen Stellen in unserer Umwelt. Sie wurde zur Herstellung von Asbestzement, Dachplatten, Feuerschutzwänden, Blumenkästen oder Brems- und Kupplungsbelägen verwendet. In die Lunge eingeatmet, bohren sich die Fasern in das Lungengewebe und erzeugen eine chronische Entzündung (Asbestose), die nach vielen Jahren zu Lungenkrebs führen kann. Die Einfuhr und Produktion von Asbest sind in Deutschland aufgrund seines hohen krebserzeugenden Potenzials verboten.

Polychlorierte Biphenyle (PCB) gehören ebenfalls zu den umweltgefährlichen Stoffen. Es gibt insgesamt 209 dieser Verbindungen. Sie sind fettlöslich und reichern sich dementsprechend im menschlichen Fettgewebe an. Die akute Giftigkeit ist relativ gering. Vielmehr wird vermutet, dass Verunreinigungen, speziell hoch giftige Dioxine und Furane, für die Toxizität und Krebsgefahr verantwortlich sind. Wie Asbest dürfen auch PCB in der Bundesrepublik Deutschland nicht mehr hergestellt werden.

Weitere umweltgefährdende Stoffe sind bestimmte Polymere wie Polystyrol oder Plexiglas, die entzündbare Gase abgeben. Lithiumbatterien können durch Umsetzung mit Wasser (z. B. Luftfeuchtigkeit) explosiven Wasserstoff bilden. Gewisse Rettungsmittel enthalten Explosivstoffe, Gase, entzündbare Stoffe, organische Peroxide oder auch ätzende feste Stoffe.

Zu den gewässergefährdenden Stoffen gehören einige chlorierte Kohlenwasserstoffe wie 1-Chloroctan, 1,6-Dichlorhexan oder auch die Quecksilberverbindung Quecksilber-(I)chlorid (Kalomel). Die CLP-Verordnung unterteilt die Wassergefährdung eines Stoffes in folgende Gefahrenkategorien:

- kurzfristig (akut) gewässergefährdend der Kategorie 1,
- langfristig (chronisch) gewässergefährdend der Kategorien 1 bis 4.

Die Wirkung eines Stoffes wird in definierten Prüfverfahren – stellvertretend für alle Wasserorganismen – gegenüber

- Fischen,
- Krebstieren sowie
- Algen und anderen Wasserpflanzen

getestet.

Die Kriterien für die Einstufung eines Stoffes als chronisch gewässergefährdend berücksichtigen Informationen über die akute aquatische Toxizität und über Verbleib und Verhalten in der Umwelt (Abbaubarkeits- und Bioakkumulationsdaten).

Ein Stoff wird demnach als gewässergefährdend angesehen, wenn z. B. bei einer Konzentration von höchstens 1 mg/Liter innerhalb von 96 Stunden 50 % der untersuchten Fische sterben (LC_{50}-Wert), innerhalb von 48 Stunden bei 50 % der Krebstiere eine andere definierte Wirkung als der Tod ausgelöst (EC_{50}-Wert) oder innerhalb von 72 oder 96 Stunden für die Hälfte der Population der Algen oder der Wasserpflanzen das Wachstum gehemmt wird (EC_{50}-Wert). Die Abbaugeschwindigkeit des Stoffes bestimmt schließlich die genauere Gefahrenkategorie der chronischen Wirkung.

Die Entwicklung hunderttausender neuer Substanzen pro Jahr birgt aber noch eine weitere Gefahr, die nicht vorauszusehen ist und der immer mehr Menschen ausgeliefert werden – Allergien. Diese Überempfindlichkeit des Immunsystems gegenüber vermeintlich ungefährlichen Stoffen („anaphylaktischer Schock") ist in vielen Fällen erblich bedingt und kann unter Umständen genauso tödlich sein wie die Einnahme von Zyankali.

4.3.3 Maßnahmen zur Verhinderung oder Beseitigung der schädlichen Umwelteinwirkungen, Gefahren, Nachteile und Belästigungen bei Transport, Lagerung und Ablagerung

In den Kapiteln 2.2.2 Chemikaliengesetz und Gefahrstoffverordnung sowie 2.3 Gefahrgut wurde auf Möglichkeiten hingewiesen, wie schädliche Umwelteinwirkungen von Abfällen beim Transport, bei der Lagerung und bei der Ablagerung vermieden werden können.

Insbesondere folgende beispielhaften Gesetze, Verordnungen, Technische Regeln und Anleitungen sind in diesem Zusammenhang von Bedeutung:

- Betriebssicherheitsverordnung (BetrSichV),
- Bundes-Immissionsschutzgesetz (BImSchG) und -verordnungen (BImSchV),
- Chemikaliengesetz (ChemG),
- Gefahrgutverordnung Straße, Eisenbahn und Binnenschifffahrt (GGVSEB) sowie ADR/RID/ADN,
- Gefahrstoffverordnung (GefStoffV),
- Gesetz über die Umweltverträglichkeitsprüfung (UVPG),
- Güterkraftverkehrsgesetz (GüKG),
- Kreislaufwirtschaftsgesetz (KrWG)
- TRGS 201 „Einstufung und Kennzeichnung bei Tätigkeiten mit Gefahrstoffen“,
- TRGS 520 „Errichtung und Betrieb von Sammelstellen und Zwischenlagern für Kleinmengen gefährlicher Abfälle“,
- Verordnung über Anlagen zum Umgang mit wassergefährdenden Stoffen (AwSV) und
- Wasserhaushaltsgesetz (WHG).

Als Essenz dieser Rechtsvorschriften sind einige grundlegende Aufgaben und Pflichten stichwortartig zu nennen, um den Schutz von Mensch und Umwelt vor Gefahren durch Abfälle zu gewährleisten:

- Identifikation der Gefahrenmerkmale eines Stoffes nach genormten Verfahren,
- ausreichende Kennzeichnung des Stoffes bzw. seiner Verpackung,
- angemessene Wahl der Verpackungsgröße,
- Einsatz geprüfter Verpackungen und Behältnisse,
- vollständige Ausrüstung des Beförderungsmittels,
- Einhaltung von Zusammenlade- und Zusammenlagerungsverboten,
- Einhaltung der Straßenverkehrsvorschriften,
- Ladungskennzeichnung,
- technische Schutzeinrichtungen am Arbeitsplatz,
- persönlicher Arbeitsschutz,
- Information über Gefahreneigenschaften von Abfällen,
- Ladungssicherung beim Transport, beim Be- und Entladen,
- Informationen über Maßnahmen nach Unfällen/Zwischenfällen.

4.3.3.1 Ladungssicherung beim Transport, beim Be- und Entladen

Physikalischer Hintergrund

Bei jeder Geschwindigkeits- oder Richtungsänderung eines Fahrzeuges treten Kräfte auf. Diese Kräfte wirken auf das Fahrzeug und seine Ladung.

Beim Bremsen wirken Kräfte auf die Ladung, die bis zu 80 % des Ladungsgewichtes ausmachen. Bei einem Transportgut, das etwa 1 000 kg wiegt, wird beim Bremsvorgang eine nach vorn wirkende Massenkraft von etwa 800 kg erreicht. Dies gilt unabhängig von der zuvor gefahrenen Geschwindigkeit. Zu den Seiten (quer zur Fahrtrichtung) und nach hinten wirken Massenkräfte mit etwa 50 % des Ladungsgewichtes.

Bei unsachgemäßer Ladungssicherung kann es während der Fahrt oder auch beim Be- und Entladen zum Verrutschen, Verrollen, Umfallen oder Herabfallen des Transportgutes kommen.

Die Pfeile geben die bei einer Ladungssicherung zu berücksichtigenden Kräfte wieder. Die angegebenen Werte sind Faktoren, die mit der Masse der Ladung (kg) und der Erdbeschleunigung ($g = 9{,}81\ m/s^2$) multipliziert die Trägheitskraft ergeben, die es aufzufangen gilt.

Abb. 63: Auftretende Kräfte bei Geschwindigkeits- und Richtungsänderung eines Fahrzeuges

Rechtliche Voraussetzungen

Voraussetzung für die Durchführung einer ordnungsgemäßen Ladungssicherung ist der Einsatz eines geeigneten Fahrzeuges, das durch Aufbau und Ausrüstung die durch die Ladung auftretenden Kräfte sicher aufzunehmen vermag. Insbesondere in der Straßenverkehrs-Zulassungs-Ordnung (StVZO), in der GGVSEB als auch in der DGUV Vorschrift 70 (früher BGV D29) „Fahrzeuge" werden entsprechende Anforderungen geregelt. Diese Anforderungen stützen sich wiederum auf anerkannte Regeln der Technik, wie z. B. DIN-Normen und VDI-Richtlinien.

Über den Bau und die Ausrüstung für einen sicheren Transport werden in § 30 Absatz 1 StVZO Aussagen getroffen:

§ 30 Absatz 1 StVZO

Fahrzeuge müssen so gebaut und ausgerüstet sein, dass

1. ***ihr verkehrsüblicher Betrieb niemanden schädigt oder mehr als unvermeidbar gefährdet, behindert oder belästigt,***
2. ***die Insassen insbesondere bei Unfällen vor Verletzungen möglichst geschützt sind und das Ausmaß und die Folgen von Verletzungen möglichst gering bleiben.***

Nach § 31 Absatz 2 StVZO ist der Halter des Fahrzeugs für den sicheren Transport verantwortlich. Schon bei Kenntnis darüber, dass ein vorschriftsmäßiges Führen des Fahrzeuges oder auch seine

Verkehrssicherheit nicht gegeben ist, darf der Halter die Inbetriebnahme des Fahrzeuges nicht anordnen oder zulassen.

§ 31 Absatz 2 StVZO

Der Halter darf die Inbetriebnahme nicht anordnen oder zulassen, wenn ihm bekannt ist oder bekannt sein muss, dass der Führer nicht zur selbstständigen Leitung geeignet oder das Fahrzeug, der Zug, das Gespann, die Ladung oder die Besetzung nicht vorschriftsmäßig ist oder dass die Verkehrssicherheit des Fahrzeugs durch die Ladung oder die Besetzung leidet.

§ 22 Absatz 1 DGUV-Vorschrift 70 „Fahrzeuge"

Fahrzeugaufbauten müssen so beschaffen sein, dass bei bestimmungsgemäßer Verwendung des Fahrzeuges die Ladung gegen Verrutschen, Verrollen, Umfallen, Herabfallen und bei Tankfahrzeugen gegen Auslaufen gesichert ist oder werden kann. Ist eine Ladungssicherung durch den Fahrzeugaufbau allein nicht gewährleistet, müssen Hilfsmittel zur Ladungssicherung vorhanden sein. Pritschenaufbauten und Tieflader müssen mit Verankerungen für Zurrmittel zur Ladungssicherung ausgerüstet sein. Satz 3 gilt nicht für Fahrzeuge mit Kippbrücken mit mehr als 7,5 t zulässigem Gesamtgewicht.

Die Handhabung und Verstauung von gefährlichen Gütern regeln für die Verkehrsträger Straße und Eisenbahn das ADR bzw. RID. Demnach müssen die einzelnen Teile einer Ladung von gefährlichen Gütern durch geeignete Mittel gesichert werden, die in der Lage sind, die Güter so zurückzuhalten, dass eine Bewegung während der Beförderung, durch die die Ausrichtung der Versandstücke verändert wird oder die zu einer Beschädigung der Versandstücke führt, verhindert wird.

Einrichtungen und Hilfsmittel zur Ladungssicherung

Es gibt eine Vielzahl an Einrichtungen und Hilfsmitteln, die der Ladungssicherung dienen. Welche Mittel in der Praxis eingesetzt werden, ist z. B. von der Größe und dem Material des Ladegutes, vom Ladungsgewicht oder vom Aufbau des Fahrzeugs abhängig:

- Ankerschienen (in Verbindung mit Zurrgurten, Seilen, Sperr- oder Ladebalken),
- Aufsatzbretter, Rungenverlängerungen,
- Befestigungsbeschläge für Container,
- Füllmittel (z. B. Aufblaspolster),
- Ketten, Seile (Natur-, Kunstfaser-, Stahlseile), Zurrgurte,
- Ladegestelle,
- Ladehölzer (Keile, Bretter, Kanthölzer),
- Lademulden (eventuell abdeckbar),
- Planen und Netze,
- Rungen,
- rutschhemmende Unter- und Zwischenlagen,
- Seil- und Kantenschoner,
- Spannschlösser, Spindelspanner,
- Stirnwandverstärkungen oder Prallwände zum Schutz der Führerhausinsassen,
- Zahnleisten,
- Zurrpunkte (fest oder beweglich),
- Zurrwinden (in Verbindung mit Gurten oder Seilen).

Oder: vollständiges Ausfüllen der gesamten Ladefläche mit Versandstücken!

Fünf Grundregeln zur Transportsicherheit

1. Das **Fahrzeug** muss für das Ladegut **geeignet** sein, sodass es durch seinen Bau und seine Ausrüstung die auftretenden Kräfte sicher aufzunehmen vermag.
2. Der **Ladungsschwerpunkt** sollte in der Fahrzeugmitte sein und möglichst niedrig liegen. Schweres Gut nach unten, leichtes Gut nach oben.
3. **Mindestachslasten** der Lenkachse nicht unterschreiten, für eine gleichmäßige Lastverteilung durch Teilbeladung sorgen und das **zulässige Gesamtgewicht bzw. die zulässigen Achslasten** nicht überschreiten.
4. Bei üblichen Verkehrsbedingungen (und auch erst recht bei unvorhersehbaren schlechten Straßen- und Witterungsverhältnissen) die **Ladung** so verstauen und sichern, dass sie selbst bei Vollbremsungen oder scharfen Ausweichmanövern nicht verrutschen, verrollen, umfallen oder herabfallen oder ein Kippen des Fahrzeuges verursachen kann.
5. Die **Fahrgeschwindigkeit** ist dem Ladegut, den Straßen- und Verkehrsverhältnissen sowie den Fahreigenschaften des Fahrzeugs anzupassen.

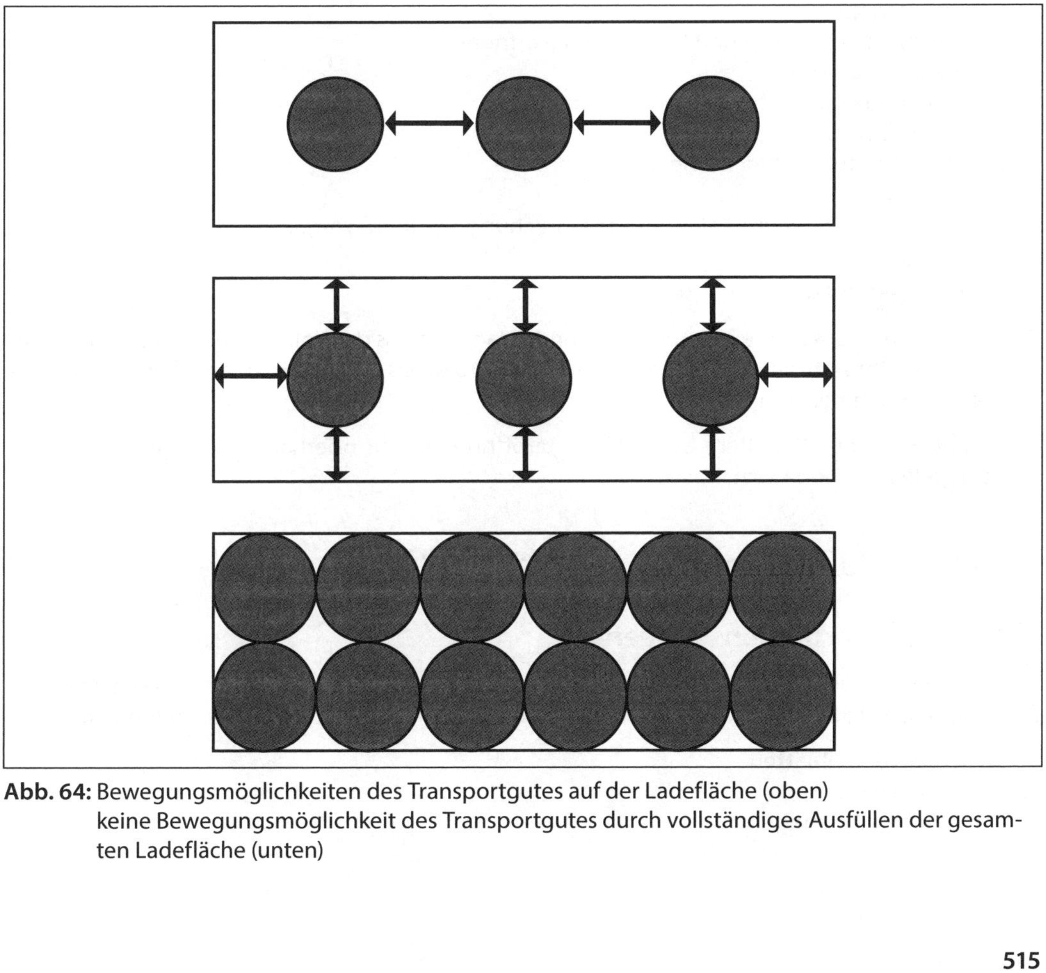

Abb. 64: Bewegungsmöglichkeiten des Transportgutes auf der Ladefläche (oben)
keine Bewegungsmöglichkeit des Transportgutes durch vollständiges Ausfüllen der gesamten Ladefläche (unten)

4.3.3.2 Anforderungen an die Lagerung von Abfällen

Die Lagerung von Abfällen geschieht in Vorlagebehältern, solange sie nicht in ihren Anlieferungsbehältnissen gelagert werden. Feste und pastöse Abfälle werden in Mehrkassettenbunkern, schlammige Abfälle in Mehrkassettenbunkern oder oberirdischen Tanks und flüssige Abfälle ebenfalls in Tanks in oberirdischer Aufstellung gelagert.

Um den Untergrund oder angrenzende Bereiche nicht zu verunreinigen, müssen alle Behälter korrosionsbeständig gegen die aufzunehmenden Abfälle ausgeführt werden. Darüber hinaus sind die Behälter so zu bauen, dass sie prüfbar (z. B. doppelwandig mit Leckanzeige) oder untergehbar und von innen reparierbar sind. Tanks müssen zur Sicherung auf Auffangwannen gestellt werden.

Art, Zahl, Größe und Anordnung der Behälter sind entsprechend den Anforderungen der Abfallentsorgungsanlagen zu wählen. Der Inhalt der Behälter muss über eine Beschriftung zu identifizieren sein.

Die Fülleinrichtungen der Tanks sind mit Grobstoffabscheidern zur Abtrennung von festen Verunreinigungen auszurüsten. Folgende Sicherheits- und Kontrolleinrichtungen sind in die Tanks zu installieren:

- Füllstandsanzeige,
- verschließbare Einstiegs- und Besichtigungsöffnungen,
- Temperaturanzeige,
- Überfüll- und Drucksicherungen mit Alarmgeber,
- Blitzschutzeinrichtungen,
- Be- und Entlüftungseinrichtungen,
- Druckanzeige,
- Abfüllsicherung mit automatischer Unterbrechung des Befüllvorgangs.

Anforderungen an die Tanklagerung

Werden mehrere Tanks auf einer Auffangwanne gelagert, muss das Volumen der Wanne den Inhalt des größten in ihr stehenden Tanks, mindestens aber 10 % des Gesamtvolumens aller in ihr stehenden Tanks aufnehmen können.

Bei doppelwandigen Behältern dürfen Behälteröffnungen nur oberhalb des möglichen Flüssigkeitsspiegels vorhanden sein.

4.3.4 Maßnahmen nach Unfällen/Zwischenfällen

4.3.4.1 Informationsquellen

Der Umgang mit gefährlichen Abfällen birgt stets das Risiko eines Unfalls oder Zwischenfalls. Informationen, welche Maßnahmen im Schadens- oder Störfall zu ergreifen sind, finden sich z. B. in

- Sicherheitsdatenblättern,
- Betriebsanweisungen,
- Schriftlichen Weisungen.

Sicherheitsdatenblätter enthalten Informationen über die Eigenschaften gefährlicher Stoffe oder Gemische und müssen vom Hersteller, Einführer oder Inverkehrbringer den Abnehmern spätestens bei der ersten Lieferung des Stoffes oder des Gemisches übermittelt werden.

Betriebsanweisungen können arbeitsplatzbezogen, arbeitsbereichsbezogen oder tätigkeitsbezogen erstellt werden. Sie enthalten grundsätzlich folgende Punkte:

- Gefahrstoffbezeichnung,
- Gefahren für Mensch und Umwelt
- Schutzmaßnahmen und Verhaltensregeln,
- Verhalten im Gefahrfall,
- Erste Hilfe,
- sachgerechte Entsorgung,
- zusätzliche Informationen wie Notrufnummern, Gefahrenpiktogramme usw.

Schriftliche Weisungen in der Form nach 5.4.3.4 ADR (Abdruck siehe Seite 417 ff.) sind gemäß 5.4.3.2 ADR vom Beförderer dem Fahrer vor Fahrtantritt zur Beförderung gefährlicher Güter bereitzustellen. Ihre Inhalte müssen dem Fahrer und Beifahrer bekannt und verständlich sein. Sie orientieren sich an den Gefahrklassen 1 bis 9 und enthalten Angaben zu den Stichpunkten

- Gefahrzettel und Großzettel (Placards),
- Gefahreneigenschaften,
- Maßnahmen bei einem Unfall oder Notfall,
- Zusätzliche Hinweise,
- Ausrüstung.

4.3.4.2 Allgemeingültige Maßnahmen

Verhalten am Unfallort

Jeder Unfall oder Zwischenfall erfordert individuelle Maßnahmen. Jedoch gibt es einige Verhaltensregeln, die allgemeingültigen Charakter besitzen. Nach einem Unfall oder Zwischenfall gilt es,

- sofort die Feuerwehr und Polizei zu informieren,
- Schutzausrüstungen anzulegen,
- Verletzte aus dem Gefahrenbereich zu entfernen und ihnen Erste Hilfe zu leisten,
- die Entzündung explosionsfähiger Gas/Luft-Gemische zu verhindern (z. B. Rauchverbot, Abstellen des Motors),
- die Unfallstelle zu sichern,
- Unbefugte fernzuhalten,
- auf der dem Wind zugewandten Seite zu bleiben,
- Dokumente (z. B. Transportdokumente) zu bergen und der Feuerwehr zu übergeben.

Vorgehensweise bei einer Unfallmeldung

Eine Unfallmeldung soll in kürzester Zeit alle notwendigen Informationen übertragen, die für die Feuerwehr und Polizei wichtig sind. Nach der Beantwortung der fünf Fragen „Wer?“, „Wo?“, „Was?“, „Welche?“ und „Wie viele?“ können sofortige Rettungsmaßnahmen eingeleitet werden.

Polizeinotruf 110 – Feuerwehr 112	
Wer	meldet (Name)?
Wo	hat der Unfall/Zwischenfall stattgefunden (Ort, Straße, Autobahnabschnitt)?
Was	hat sich ereignet (Verkehrsunfall, Explosion, Riss in einem Tankbehälter)?
Welche	Stoffe sind beteiligt?
Wie viele	Personen sind verletzt?

Verhaltensregeln bei der Brandbekämpfung

Zunächst sollte man wissen, welcher Stoff brennt, und welche Feuerlöschmittel einzusetzen sind. Natriumbrände dürfen z. B. auf keinen Fall mit Wasser gelöscht werden, da es ansonsten zu Explosionen durch weitere Bildung von Wasserstoff kommen kann. Vielmehr sollten CO_2-Löscher oder Decken eingesetzt werden. Beim Einsatz von Pulverlöschern, die oftmals nur wenige Sekunden lang zur Verfügung stehen, gilt grundsätzlich:

- mit dem Wind im Rücken löschen,
- Flächenbrände von vorn und unten löschen,
- Tropf- und Fließbrände von oben bekämpfen,
- Brandstelle nach dem Löschen beobachten (Gefahr der Wiederentzündung).

Verhaltensregeln bei einer Leckage

Treten umweltgefährdende Stoffe aus, besteht die Gefahr der Kontamination von Boden, Wasser und Luft. Deshalb sind im Falle eines Unfalls oder Zwischenfalls folgende Grundsätze zu beachten:

- ausgelaufene Flüssigkeit durch Sand, Erde oder andere Barrieren an der Ausbreitung hindern,
- Flüssigkeit mithilfe von Aufsaugmaterialien binden,
- die gebundenen Gefahrstoffe in geeigneten Behältnissen abtransportieren,
- Polizei und Feuerwehr auf Verunreinigungen in der Umgebung der Unfallstelle (z. B. Gewässer, Boden, Pflanzen) hinweisen,
- eventuell Expertenrat einholen.

Erste Hilfe

Sind Personen bei einem Unfall verletzt worden, sind vor dem Eintreffen des Arztes oder Sanitäters Erste-Hilfe-Maßnahmen unter Beachtung des Selbstschutzes durchzuführen:

- Verletzte aus dem Gefahrenbereich entfernen,
- ärztliche Hilfe anfordern,
- Spülen der verunreinigten Haut oder Augen mit viel Wasser,

- kontaminierte Kleidungsstücke ausziehen,
- den Notarzt informieren (z. B. mithilfe der Unfallmerkblätter).

4.4 Kontrollfragen

Die Antworten sind in Kapitel 6 zu finden.

Frage 1:

Wie nennt man allgemein das Verfahren, mit dem die Zusammensetzung von Abfällen, insbesondere ihr Schadstoffgehalt, ihre Konsistenz usw., vor ihrer Entsorgung bestimmt wird?

Frage 2:

Welche Deponieklasse steht für die Deponie, in der die Abfälle mit den höchsten Schadstoffkonzentrationen oberirdisch abgelagert werden dürfen?

Frage 3:

Ein Anhaltspunkt für die Gefährlichkeit eines Stoffes ist dessen Grenzwert als Eluat bei der Ablagerung von Abfällen.

Sortieren Sie die Gefährlichkeit von Cadmium, Blei, Quecksilber und Arsen nach ansteigender Gefährlichkeit und geben Sie die Quelle dafür an.

5 Kreislaufwirtschaft und Entsorgungstechnik

5.1 Kreislaufwirtschaft

5.1.1 Abfallhierarchie

Mit dem am 1. Juni 2012 in Kraft getretenen Kreislaufwirtschaftsgesetz (KrWG) hatte sich die Rangfolge, welche Maßnahmen der Abfallvermeidung und Abfallbewirtschaftung zu ergreifen sind, stark verändert. Die oberste Priorität wird zwar weiterhin auf die **Vermeidung** von Abfällen gelegt, allerdings steht nunmehr die **Vorbereitung zur Wiederverwendung** an zweiter Stelle.

Mit der Novellierung des bundesdeutschen Abfallrechts hat das Recycling (stoffliche Verwertung) Vorrang vor der **sonstigen Verwertung, insbesondere energetischen Verwertung und Verfüllung.**

Die **Beseitigung** von Abfällen ist nach § 3 Absatz 19 KrWG weiterhin kein Teil der Kreislaufwirtschaft und steht in der Hierarchie dementsprechend an letzter Stelle.

Durch geeignete Vermeidungs- und Verwertungsmaßnahmen sollen natürliche Ressourcen geschont und der Schutz des Menschen und der Umwelt sichergestellt werden.

Beseitigungsmethoden, wie z. B. die Verbrennung mit dem Hauptzweck der Vernichtung des Gefährdungspotenzials des Abfalls oder die Deponierung, sind Bestandteile einer End-of-pipe-Strategie, die zwar die Auswirkungen eines Problems bekämpft, aber nicht dessen Ursache.

Abfallhierarchie (KrWG)
1. Vermeidung
2. Vorbereitung zur Wiederverwendung
3. Recycling
4. sonstige Verwertung, insbesondere energetische Verwertung und Verfüllung
5. Beseitigung

Diese Rangfolge dient bei der Entscheidung, welche Maßnahme zu ergreifen ist, zunächst als wichtige Orientierungshilfe. Nach § 6 Absatz 2 KrWG soll jedoch diejenige Maßnahme Vorrang haben, die den Schutz von Mensch und Umwelt bei der Erzeugung und Bewirtschaftung von Abfällen unter Berücksichtigung des Vorsorge- und Nachhaltigkeitsprinzips am besten gewährleistet. Darüber hinaus sind die technische Möglichkeit, die wirtschaftliche Zumutbarkeit und die sozialen Folgen der Maßnahme ebenfalls zu berücksichtigen.

5.1.2 Abfallvermeidung

Es kann davon ausgegangen werden, dass jeder vermiedene Abfall und jede nicht aufgewendete Energie der Umwelt mehr nützt als das Recycling von Wertstoffen.

§ 3 Absatz 20 KrWG Vermeidung

Vermeidung im Sinne dieses Gesetzes ist jede Maßnahme, die ergriffen wird, bevor ein Stoff, Material oder Erzeugnis zu Abfall geworden ist, und dazu dient, die Abfallmenge, die schädlichen Auswirkungen des Abfalls auf Mensch und Umwelt oder den Gehalt an schädlichen Stoffen in Materialien und Erzeugnissen zu verringern. Hierzu zählen insbesondere die anlageninterne Kreislaufführung von Stoffen, die abfallarme Produktgestaltung, die Wiederverwendung von Erzeugnissen oder die Verlängerung ihrer Lebensdauer sowie ein Konsumverhalten, das auf den Erwerb von abfall- und schadstoffarmen Produkten sowie die Nutzung von Mehrwegverpackungen gerichtet ist.

In der Anlage 4 des KrWG werden allgemein formulierte Beispiele für Abfallvermeidungsmaßnahmen genannt. Unter anderem:

- Förderung einschlägiger Forschung und Entwicklung mit dem Ziel, umweltfreundlichere und weniger abfallintensive Produkte und Technologien hervorzubringen, sowie Verbreitung und Einsatz dieser Ergebnisse aus Forschung und Entwicklung;
- Schulungsmaßnahmen für die zuständigen Behörden hinsichtlich der Einbeziehung der Abfallvermeidungsanforderungen bei der Erteilung von Genehmigungen auf Grund dieses Gesetzes sowie des Bundes-Immissionsschutzgesetzes und der auf Grundlage des Bundes-Immissionsschutzgesetzes erlassenen Rechtsverordnungen;
- wirtschaftliche Instrumente, wie zum Beispiel Anreize für umweltfreundlichen Einkauf oder die Einführung eines vom Verbraucher zu zahlenden Aufpreises für einen Verpackungsartikel oder Verpackungsteil, der sonst unentgeltlich bereitgestellt werden würde.

Konkreter formuliert gehören beispielweise folgende Maßnahmen zur Abfallvermeidung:

- Nutzung nachhaltiger Baustoffe oder Konstruktionen in der Baubranche,
- anlageninterne Kreislaufführung von Stoffen,
- Nachfüllpackungen,
- Kostenpflicht bei Einweg-Einkaufstüten,
- Trinkwasser aus der Leitung statt Mineralwasser aus Flaschen.

Grundsätzlich lassen sich die Abfallvermeidungsmaßnahmen in zwei Bereiche unterteilen:

- quantitative Abfallvermeidung und
- qualitative Abfallvermeidung.

Beide Ziele können allerdings in Konkurrenz zueinanderstehen. Werden Abfälle mengenmäßig reduziert, kann das zu einer Erhöhung der Schadstoffkonzentration im Müll führen. Auf der anderen Seite muss beispielsweise die Verminderung des Schadstoffpotenzials beim Ersatz von PVC durch PE in Flaschen, Rohren und Folien wegen gleichbleibender Qualitätsansprüche durch eine Verstärkung der Materialdicke und damit mit einer Erhöhung des Abfallaufkommens erkauft werden.

Letztendlich ist die Vermeidung von Abfällen ein wichtiger Baustein hin zu einer dem Schutz des Menschen und der Umwelt verpflichteten Gesellschaft.

Diesem Zweck dient auch der § 33 KrWG. Seit dem 12. Dezember 2013 sind im Bund und in den Ländern Abfallvermeidungsprogramme zu erstellen. Bestehende Abfallvermeidungsprogramme sind bis zum Ablauf des 12. Dezember 2025 an die Anforderungen für Abfallvermeidungsprogramme anzupassen, alle sechs Jahre auszuwerten und bei Bedarf fortzuschreiben.

Eine nicht abschließende Liste an Beispielen für wirtschaftliche Instrumente und andere Maßnahmen zur Schaffung von Anreizen für die Anwendung der Abfallhierarchie sind gemäß Anlage 5 des KrWG:

1. Gebühren und Beschränkungen für die Ablagerung von Abfällen auf Deponien und die Verbrennung von Abfällen als Anreiz für Abfallvermeidung und Recycling, wobei die Ablagerung von Abfällen auf Deponien die am wenigsten bevorzugte Abfallbewirtschaftungsoption bleibt,
2. verursacherbezogene Gebührensysteme, in deren Rahmen Abfallerzeugern ausgehend von der tatsächlich verursachten Abfallmenge Gebühren in Rechnung gestellt werden und die Anreize für die getrennte Sammlung recycelbarer Abfälle und für die Verringerung gemischter Abfälle schaffen,
3. steuerliche Anreize für die Spende von Produkten, insbesondere von Lebensmitteln und Textilien,
4. Produktverantwortung für verschiedene Arten von Abfällen und Maßnahmen zur Optimierung der Wirksamkeit, Kosteneffizienz und Steuerung dieser Produktverantwortung,
5. Pfandsysteme und andere Maßnahmen zur Förderung der effizienten Sammlung gebrauchter Erzeugnisse, Materialien und Stoffe,
6. solide Planung von Investitionen in die Infrastruktur zur Abfallbewirtschaftung, auch über die Unionsfonds,
7. ein auf Nachhaltigkeit ausgerichtetes öffentliches Beschaffungswesen zur Förderung einer besseren Abfallbewirtschaftung und des Einsatzes von recycelten Erzeugnissen, Materialien und Stoffen,
8. schrittweise Abschaffung von Subventionen, die nicht mit der Abfallhierarchie vereinbar sind,
9. Einsatz steuerlicher Maßnahmen oder anderer Mittel zur Förderung des Absatzes von Erzeugnissen, Materialien und Stoffen, die zur Wiederverwendung vorbereitet oder recycelt wurden,
10. Förderung von Forschung und Innovation im Bereich moderner Recycling- und Generalüberholungstechnologie,
11. Nutzung der besten verfügbaren Verfahren der Abfallbehandlung,
12. wirtschaftliche Anreize für Behörden, insbesondere zur Förderung der Abfallvermeidung und zur verstärkten Einführung von Systemen der getrennten Sammlung, bei gleichzeitiger Vermeidung der Förderung der Ablagerung von Abfällen auf Deponien und der Verbrennung von Abfällen,
13. Kampagnen zur Sensibilisierung der Öffentlichkeit, insbesondere in Bezug auf die Abfallvermeidung, die getrennte Sammlung und die Vermeidung von Vermüllung, sowie durchgängige Berücksichtigung dieser Fragen im Bereich Aus- und Weiterbildung,
14. Systeme für die Koordinierung, auch mit digitalen Mitteln, aller für die Abfallbewirtschaftung zuständigen Behörden,
15. Förderung des fortgesetzten Dialogs und der Zusammenarbeit zwischen allen Interessenträgern der Abfallbewirtschaftung sowie Unterstützung von freiwilligen Vereinbarungen und der Berichterstattung über Abfälle durch Unternehmen.

5.1.3 Stoffliche Verwertung

Die stoffliche Verwertung von Abfällen hat Vorrang vor der energetischen oder sonstigen Verwertung, da hierdurch die Materialien erhalten bleiben und nicht, z. B. thermisch, zerstört werden. Um die Bedeutung der stofflichen Verwertung hervorzuheben, werden die Verwertungsverfahren im Absatz 23a des § 3 KrWG explizit genannt, die eine stoffliche Verwertung von Abfällen vornehmen:

- Vorbereitung zur Wiederverwendung,
- Recycling und
- Verfüllung.

§ 3 Absatz 23a KrWG Stoffliche Verwertung

Stoffliche Verwertung im Sinne dieses Gesetzes ist jedes Verwertungsverfahren mit Ausnahme der energetischen Verwertung und der Aufbereitung zu Materialien, die für die Verwendung als Brennstoff oder als anderes Mittel der Energieerzeugung bestimmt sind. Zur stofflichen Verwertung zählen insbesondere die Vorbereitung zur Wiederverwendung, das Recycling und die Verfüllung.

5.1.3.1 Vorbereitung zur Wiederverwendung

In der Abfallhierarchie dient die Vorbereitung zur Wiederverwendung in abgeschwächter Form der Vermeidung von Abfällen, indem Produkte oder Bestandteile aufgearbeitet werden.

§ 3 Absatz 24 KrWG Vorbereitung zur Wiederverwendung

Vorbereitung zur Wiederverwendung im Sinne dieses Gesetzes ist jedes Verwertungsverfahren der Prüfung, Reinigung oder Reparatur, bei dem Erzeugnisse oder Bestandteile von Erzeugnissen, die zu Abfällen geworden sind, so vorbereitet werden, dass sie ohne weitere Vorbehandlung wieder für denselben Zweck verwendet werden können, für den sie ursprünglich bestimmt waren.

Die Aufarbeitung von Erzeugnissen für den ursprünglichen Zweck ist eine von vier grundsätzlichen Verfahren der Abfallverwertung, neben der stofflichen und der energetischen Verwertung bzw. der Verfüllung von Abfällen.

Werden Abfälle vermieden, unterliegt der Erzeuger von Stoffen und Gemischen unter bestimmten Bedingungen nicht dem Abfallrecht. Ein Beispiel hierfür ist die Rekonditionierung von Chemikalienverpackungen. Der Abfallrechtsausschuss (ARA) der Länderarbeitsgemeinschaft (LAGA) ist der Auffassung[1)], dass bei der Abgabe von Chemikalienverpackungen zur Rekonditionierung und Weiterverwendung kein Entledigungswille vorliegt (und damit auch keine Abfälle erzeugt werden), wenn

- die Behältnisse restentleert sind und die Restanhaftungen kein Gefahrenpotenzial aufweisen, dem nur durch eine ordnungsgemäße und schadlose Verwertung oder gemeinwohlverträgliche Beseitigung als Abfall begegnet werden kann,
- es sich um rekonditionierfähige Verpackungen handelt,

[1)] Schreiben des Vorsitzenden des ARA der LAGA an den VCI e. V. vom 23.2.2012

- das abgebende Unternehmen die Verpackungen mit dem Ziel der Weiterverwendung an den Rekonditionierer abgibt,
- zwischen dem abgebenden Unternehmen (Anfallstelle) und dem Rekonditionierungsbetrieb hierüber eine bilaterale vertragliche Vereinbarung (nach der Verkehrsauffassung) besteht und
- ein wirtschaftlicher Vorteil für das abgebende Unternehmen besteht.

Diese Auffassung ist nicht eins zu eins auf andere Abfälle übertragbar, da jeder Einzelfall durch die zuständige Behörde entschieden werden muss.

5.1.3.2 Recycling

Der Begriff des Recyclings wird in § 3 Absatz 25 KrWG in Verbindung mit § 3 Absatz 23 KrWG definiert. Recycling ist demnach ein stoffliches Verwertungsverfahren, um aus Abfällen Produkte herzustellen, die nicht zwangsläufig für den ursprünglichen Zweck eingesetzt werden. Damit unterscheidet sich das Recycling von der Vorbereitung zur Wiederverwendung grundlegend.

§ 3 Absatz 23 KrWG Verwertung

Verwertung im Sinne dieses Gesetzes ist jedes Verfahren, als dessen Hauptergebnis die Abfälle innerhalb der Anlage oder in der weiteren Wirtschaft einem sinnvollen Zweck zugeführt werden, indem sie entweder andere Materialien ersetzen, die sonst zur Erfüllung einer bestimmten Funktion verwendet worden wären, oder indem die Abfälle so vorbereitet werden, dass sie diese Funktion erfüllen. Anlage 2 enthält eine nicht abschließende Liste von Verwertungsverfahren.

Ein weiterer wichtiger Aspekt ist der Vorzug der stofflichen Verwertung vor der energetischen Verwertung von Abfällen, d. h. deren Aufarbeitung zur Verwendung als Brennstoff oder als Verfüllmaterial.

Dieser Präferenz unterstreicht die Absicht des Gesetzgebers, Stoffe und Materialien möglichst lange „am Leben zu erhalten“ und sie nicht der Kreislaufwirtschaft durch Verbrennung oder Ablagerung zu entziehen.

§ 3 Absatz 25 KrWG Recycling

Recycling im Sinne dieses Gesetzes ist jedes Verwertungsverfahren, durch das Abfälle zu Erzeugnissen, Materialien oder Stoffen entweder für den ursprünglichen Zweck oder für andere Zwecke aufbereitet werden; es schließt die Aufbereitung organischer Materialien ein, nicht aber die energetische Verwertung und die Aufbereitung zu Materialien, die für die Verwendung als Brennstoff oder zur Verfüllung bestimmt sind.

5.1.3.3 Sonstige Verwertung, insbesondere energetische Verwertung und Verfüllung

Als niedrigste Stufe innerhalb der Maßnahmenrangfolge in der Kreislaufwirtschaft gilt die sonstige Verwertung, insbesondere energetische Verwertung und Verfüllung von Abfällen.

Energetische Verwertung

Die energetische Verwertung ist mit der Novellierung des Abfallrechts im Jahr 2012 durch das KrWG der stofflichen Verwertung nicht mehr gleichgestellt. Eine vom Umweltbundesamt in Auftrag gegebene Studie „Evaluation der ökologischen und ökonomischen Auswirkungen des Wegfalls der Heizwertregelung des § 8 Abs. 3 Satz 1 KrWG" führte zum Wegfall der Heizwertklausel mit Änderung des KrWG am 20. Juli 2017.

Die Gleichrangigkeit der energetischen und stofflichen Verwertung ist dann nicht mehr prinzipiell anzunehmen, wenn der Heizwert des einzelnen Abfalls, ohne Vermischung mit anderen Stoffen, 11 000 Kilojoule pro Kilogramm oder mehr beträgt.

Ausnahmen sind in der Vollzugshilfe vom 25. September 2017 „Gefährliche Abfälle aus industriellen Prozessen, deren energetische Verwertung gegenüber den stofflichen Verwertungsverfahren nach § 8 Abs. 1 Satz 2 i. V. m. § 6 Abs. 2 KrWG als gleichrangig gilt" aufgeführt. Gleichrangigkeit für das Recycling und die energetische Verwertung gilt unter anderem für folgende gefährliche Abfälle aus industriellen Prozessen:

Organisch-chemische Prozesse – Abfälle aus HZVA von Kunststoffen, synthetischem Gummi und Kunstfasern:

07 02 01* wässrige Waschflüssigkeiten und Mutterlaugen
07 02 04* andere organische Lösemittel, Waschflüssigkeiten und Mutterlaugen

Verpackungsabfall, Aufsaugmassen, Wischtücher, Filtermaterialien und Schutzkleidung (a. n. g.):

15 02 02* Aufsaug- und Filtermaterialien (einschließlich Ölfilter a. n. g.), Wischtücher und Schutzkleidung, die durch gefährliche Stoffe verunreinigt sind

Gase in Druckbehältern und gebrauchte Chemikalien:

16 05 04* gefährliche Stoffe enthaltende Gase in Druckbehältern (einschließlich Halonen)
16 05 06* Laborchemikalien, die aus gefährlichen Stoffen bestehen oder solche enthalten, einschließlich Gemische von Laborchemikalien
16 05 07* gebrauchte anorganische Chemikalien, die aus gefährlichen Stoffen bestehen oder solche enthalten
16 05 08* gebrauchte organische Chemikalien, die aus gefährlichen Stoffen bestehen oder solche enthalten

Abfälle aus der Reinigung von Transport- und Lagertanks und Fässern (außer Abfallschlüsselgruppe 05 und 13):

16 07 08* ölhaltige Abfälle
16 07 09* Abfälle, die sonstige gefährliche Stoffe enthalten

Abfälle aus Abfallbehandlungsanlagen:

19 08 10* Fett- und Ölmischungen aus Ölabscheidern, mit Ausnahme derjenigen, die unter 19 08 09 fallen

Die Bundesregierung bestimmt durch Rechtsverordnung gemäß § 8 (2) KrWG den Vorrang oder Gleichrang einer Verwertungsmaßnahme und die Anforderungen an die Hochwertigkeit der Verwertung.

Verfüllung

Die Verfüllung umfasst z. B. das Auffüllen von oberirdischen Ton- oder Kiesgruben oder von unterirdischen Hohlräumen zu deren Stabilisierung mit Abfällen als Ersatz für andere Materialien (Versatz).

§ 3 Absatz 25a KrWG Verfüllung

Verfüllung im Sinne dieses Gesetzes ist jedes Verwertungsverfahren, bei dem geeignete nicht gefährliche Abfälle zur Rekultivierung von Abgrabungen oder zu bautechnischen Zwecken bei der Landschaftsgestaltung verwendet werden. Abfälle im Sinne des Satzes 1 sind solche, die Materialien ersetzen, die keine Abfälle sind, die für die vorstehend genannten Zwecke geeignet sind und auf die für die Erfüllung dieser Zwecke unbedingt erforderlichen Mengen beschränkt werden.

5.1.3.4 Maßnahmen zur Förderung der Kreislaufwirtschaft

Kreislaufwirtschaft ist im Sinne des KrWG die Vermeidung und Verwertung von Abfällen. Dementsprechend sieht der Gesetzgeber Maßnahmen vor, die das Recycling und die sonstige stoffliche Verwertung fördern sollen.

Dazu gehören

- die Pflicht zur getrennten Sammlung von Abfällen,
- die Festlegung der Quoten für die Vorbereitung zur Wiederverwendung und des Recyclings von Siedlungsabfällen mit mindestens 50 Gew.-% seit dem 1. Januar 2020, mit Erhöhung um 5 %-Punkte alle fünf Jahre bis zum Jahr 2035 mit 65 Gew.-%.
- die Festlegung der Quoten für die Vorbereitung zur Wiederverwendung, des Recyclings und der sonstigen stofflichen Verwertung, inkl. Verfüllung von nicht gefährlichen Bau- und Abbruchabfällen mit Ausnahme von in der Natur vorkommenden Materialien, die in der Anlage zur Abfallverzeichnis-Verordnung mit dem Abfallschlüssel 17 05 04 gekennzeichnet sind, mit mindestens 70 Gew.-% seit dem 1. Januar 2020,
- das Erstellen von Abfallwirtschaftskonzepten und Abfallbilanzen über die Verwertung, insbesondere der Vorbereitung zur Wiederverwendung durch öffentlich-rechtliche Entsorgungsträger,
- das Erstellen von Abfallwirtschaftsplänen durch die Bundesländer unter Beteiligung der Gemeinden, der Landkreise sowie ihrer jeweiligen Zusammenschlüsse, der öffentlich-rechtlichen Entsorgungsträger und gemäß § 32 KrWG unter bestimmten Voraussetzungen der Öffentlichkeit,
- das Erstellen von Abfallvermeidungsprogrammen durch den Bund und die Länder.

5.1.3.5 Sammelsysteme

Anforderungen an das Bereitstellen, Überlassen, Sammeln und Einsammeln von Abfällen durch Hol- und Bringsysteme jeweils auch in einer einheitlichen Wertstofftonne oder durch eine einheitliche Wertstofferfassung in vergleichbarer Qualität gemeinsam mit gleichartigen Erzeugnissen oder mit auf dem gleichen Wege zu verwertenden Erzeugnissen, die jeweils einer verordneten Rücknahme nach § 25 KrWG unterliegen, können gemäß § 10 Absatz 1 Nr. 3 KrWG in Verordnungen festgelegt werden.

Für die Erfassung von Abfällen gibt es seit Langem eine Vielzahl von Sammelsystemen, die sich hinsichtlich des Benutzerkomforts bzw. des Grades der Vorsortierung unterscheiden:

Sammelsysteme	
Benutzerkomfort	**Vorsortierungsgrad**
Holsystem: hoch	Einzelstoffsammlung: hoch
Bringsystem: niedrig	Mischstoffsammlung: niedrig

Beim Holsystem werden die Abfälle beim Abfallerzeuger abgeholt. Hierzu zählt z. B. das Einsammeln der gelben Wertstoffsäcke innerhalb des Dualen Systems. Beim Bringsystem transportiert der Abfallerzeuger den Abfall zu einer zentralen Sammelstelle oder direkt zu einem Entsorgungsbetrieb. Als Beispiel hierfür sind die Recyclinghöfe zu nennen, wo Privatpersonen Haushaltsabfälle getrennt nach Materialien wie Metalle, Kunststoffe usw. abgeben können.

Für die Einzelstoffsammlung werden die Abfälle sortiert und in separaten Behältern gesammelt, wie dies bei der getrennten Sammlung von Weiß- und Buntglas der Fall ist. Anders die Mischstoffsammlung: Hier erfolgt die Sortierung erst nach der Einsammlung.

Beispiele der Vorsortierung für Wertstoffsammlungen	
Gelbe Tonne restentleerte Verkaufsverpackungen mit Grünem Punkt	• Getränke- und Konservendosen • Kunststoffflaschen • Kunststoffbecher, -tuben, -tragetaschen • Getränke-Verbundkartons • Styropor • Obstbehälter, Plastiknetze • Verbundverpackungen • Aluminiumverpackungen, -folien • Folienverpackungen • Vakuumverpackungen für Kaffee • sonstige Verpackungen aus verschiedenen Materialien
Altpapier (Blaue Tonne/Depotcontainer)	• Briefumschläge • Bücher • Fotokopier- und Nutzpapier • Kartons • Verpackungen aus Papier oder Pappe • Zeitungen, Kataloge, Magazine und Prospekte • Telefonbücher
Altglas (Depotcontainer) Ausschließlich leere/saubere Glasbehälter nach Farben sortiert	• Einweggläser • Marmeladen- und Gurkengläser • Saft-, Wein- und Sektflaschen

Beispiele der Vorsortierung für Wertstoffsammlungen *(Forts.)*	
Biotonne (Braune Tonne)	• Lebensmittelabfälle • Grünabfälle • sonstige organische Abfälle
Restabfall (Schwarze Tonne)	• Asche • Baustyropor • Blau- und Kohlepapier • Glühbirnen • Pfannen/Töpfe • Tapeten-/Teppichbodenreste • Einwegspritzen im festen Behältnis
Schadstoffe (zweimal jährliche mobile Sammlung für private Haushalte (Mengen bis 20 kg/20 l oder kostenfrei auf den Recyclinghöfen))	• Altöl • Batterien • Energiesparlampen • Farben/Lacke • Pflanzenschutzmittel • Spraydosen, voll und teilentleert
Elektro- und Elektronikschrott	• Haushaltsgroßgeräte (z. B. Waschmaschine, Geschirrspülmaschine) • Kühl- und Gefriergeräte • Computer, Telefon, Videorekorder, DVD-Player • Elektro-Kleingeräte • Leuchtstoffröhren (auch über die Schadstoffsammlung)
Sperrmüll	• Möbel/Matratzen/Fahrräder/Teppiche/Sperriger Abfall

Quelle: ZWECKVERBAND OSTHOLSTEIN Geschäftsbereich Abfallwirtschaft, 2023

Die Erfassungsquoten, der Anteil an Fremdstoffen, der Aufwand für Sammlung, Transport und Aufbereitung und die erzielbaren Recyclingqualitäten unterscheiden sich je nach Sammelsystem teilweise erheblich voneinander:

Verwertungsquoten verschiedener Sammelsysteme								
	Sammelsystem	**Altstoffpotenzial**	**erfassbare Menge**		**verwertbarer Anteil**		**Recyclingrate**	**Hausmüllreduzierung**
		(kg/E · a)	(%)	(kg/E · a)	(%)	(kg/E · a)	(%)	(Gew.-%)
Altglas	Bringsystem	36	40	14,4	95	13,7	38	4,6
Altpapier	Bringsystem	66	25	16,5	98	16,2	24,5	5,4

Verwertungsquoten verschiedener Sammelsysteme *(Forts.)*								
	Sammelsystem	**Altstoffpotenzial**	**erfassbare Menge**		**verwertbarer Anteil**		**Recyclingrate**	**Hausmüllreduzierung**
		(kg/E · a)	(%)	(kg/E · a)	(%)	(kg/E · a)	(%)	(Gew.-%)
		(kg/E · a)	(%)	(kg/E · a)	(%)	(kg/E · a)	(%)	(Gew.-%)
gebündeltes Altpapier	Holsystem[1]	66	30	19,8	97	19,2	29,1	6,4
Altpapiertonne	Holsystem[2]	66	75	49,5	95	47	71,2	15,7
Mehrstoffbehälter[3]	Holsystem[2]	117	62	72,5	70	50,8	43,4	16,9
Biomüll	Holsystem[2]	120	90	108	93	100	83,3	33,3

[1] Holsystem mit Pritschenwagen
[2] abwechselnde Leerung von Restmüll- und Wertstofftonne
[3] Mehrstoffbehälter für Altpapier, Glas und Metalle
kg/E · a = Jahressammelquote pro Einwohner in Kilogramm

Für die Einsammlung und Beförderung von Abfällen stehen Sammelsysteme zur Verfügung, die dem Gefahrenpotenzial und der Konsistenz des Abfalls angepasst sind:

Sammeltechnologie	
Fahrzeuge	**Behältertypen (Inhalt)**
Absetzkipper	Mulden (z. B. Holz, Altmetalle, Bauschutt)
Containerfahrzeug	Container (z. B. Bauschutt)
Kranwagen	Abfallsonderbehälter (z. B. Farb- und Lackschlamm) Depotcontainer (z. B. Altglas) Gitterboxen (z. B. Folien)
Müllfahrzeug	Mülltonnen (z. B. Biomüll)
Pritschenwagen	Fässer (z. B. Gebinde) Kunststoffsäcke (z. B. Kunststoffe)
Schadstoffmobil	Abfallsonderbehälter (z. B. Batterien) Fässer (z. B. Gebinde)
Tankfahrzeug	Absaugen von Flüssigkeiten, z. B. aus Fässern, Abfallsonderbehältern

5.1.4 Beispiele betrieblicher Vermeidungs- und Verwertungsmaßnahmen

Die Abfallbeseitigung durch Verbrennen oder Deponierung kann auf Dauer das Abfallproblem nicht lösen. Eine Reduzierung des Abfallaufkommens ist nur durch konsequente Abfallvermeidung bzw. -verwertung zu erreichen. Die Betriebe können im Produktionszyklus an folgenden Stellen ansetzen:

- Produktgestaltung,
- Produktion,
- Verkauf/Einkauf,
- Nutzung/Nutzungsende.

Gleichzeitig sollte das Produkt „lange leben" und für eine anschließende Verwertung durch ein umweltfreundliches Produktdesign zerlegefreundlich gestaltet sein. Beispiele hierfür sind:

- der Kühlschrank, dessen die Ozonschicht zerstörendes Kühlmittel FCKW durch ein Propan/Butan-Gemisch ersetzt wurde;
- die Möbel, die aus nur zwei Rohmaterialien, einheimisches Holz und Edelstahl, bestehen und so konstruiert sind, dass sie mit Hilfe von Verschraubungen stabil zusammengebaut und einfach zerlegt werden können;
- wasserlösliche Farben und Lacke; diese Dispersionsfarben emittieren weitaus weniger gesundheitsschädliche Lösemittel: Geräte, wie Pinsel und Rollen, die mit diesen Farben in Kontakt kommen, können einfach mit Wasser gereinigt werden.

Bei der Produktion bietet es sich an, durch

- Substitution von Roh- und Hilfsstoffen bzw. Produkten,
- Aufbau von möglichst geschlossenen Systemen und
- Einrichtung von Verwertungskaskaden

Abfallvermeidungs- und Verwertungspotenziale auszuschöpfen.

Das Ersetzen von PVC-Verpackungen im Lebensmittelbereich durch Verpackungen aus Papier oder aus weniger schädlichen Kunststoffen gehört ebenso zur Substitution wie der Ersatz von chlorhaltigen Oxidationsmitteln durch Sauerstoff bei der Papierbleiche.

Die Kreislaufführung von Overspray (= daneben gespritzter Lack in der Lackierindustrie) ist durch den Aufbau eines geschlossenen Systems (Wasserkreislauf) möglich. In Galvanikbetrieben kann durch Aufkonzentrieren der Spülwässer eine Regenerierung von Abwässern und Prozesssalzen für den Wiedereinsatz erreicht werden.

Zu den Verwertungskaskaden gehören die altbekannten Altstoff-Recyclingsysteme. Die Produktqualität nimmt von Stufe zu Stufe ab („Downcycling"). So lassen sich Kunststoffe je nach Art zwei- bis sechsmal wiederverwenden. Bei jedem Aufarbeitungsprozess werden die molekularen Kunststoffketten verkürzt, so dass sie schließlich aufgrund ihrer molekularen Qualität nicht mehr als Altkunststoff eingesetzt werden können.

Innerhalb der Verkaufs- bzw. Einkaufspolitik eines Unternehmens sollte auf umweltfreundliche Produkte geachtet werden. Wenn möglich, sind Recyclingprodukte neuen Produkten vorzuziehen:

- Auslieferung von Produkten in wiederverwendbaren Kartons mit Füllmaterial auf Altpapierbasis. Verzicht auf unnötige Verpackungsmaterialien aus Kunststoff. Reduzierung der Verpackungsmenge auf das Nötigste.
- Einkauf umweltfreundlicher Büromaterialien, wie 100 % recycliertes Papier, nachfüllbare Füllfederhalter, Farbstifte ohne schädliche Lösemittel, Bleistifte ohne Lackierung usw.
- Wahl von Mehrwegverpackungen.

Bei der Nutzung und am Ende der Produktlebensspanne ist darauf zu achten, möglichst wenige Abfälle entstehen zu lassen, die verbrannt oder deponiert werden müssen. Durch Sortieren der Produktmaterialien (Aludeckel und Joghurtbecher) wird deren Recycling als Aluminium-Altmetall und als Polystyrol-Altkunststoff erleichtert. Die Stoffe verbleiben also im Materialkreislauf, anstatt ihm entzogen und z. B. als Bestandteil der Schlacke einer Müllverbrennungsanlage deponiert zu werden.

5.1.5 Stoffstrommanagement

Der Begriff Stoffstrom ist seit Ende der 1980er-Jahre zu einem der Schlüsselworte innerhalb der umweltpolitischen Diskussion geworden. Angesichts der Erkenntnis, dass Emissionskontrolle und -begrenzung bzw. Umwandlung umweltgefährlicher Abfälle in weniger gefährliche Abfälle oder Aggregatzustände mit Hilfe der End-of-pipe-Technik nur zu einer Verlagerung von Umweltproblemen führen, packt das Stoffstrommanagement das Umweltproblem an der Wurzel.

Betrachtet man die Herstellung eines Produktes anhand eines Modells, erkennt man, dass am Anfang Roh- und Hilfsstoffe stehen, die während des Produktionsprozesses bearbeitet werden. Dabei fallen Produktionsrückstände an. Aber auch das Produkt selber setzt sich aus verschiedenen Materialien zusammen, die zu Umweltproblemen führen können.

Ausgehend von einer Stoffstromanalyse, die

- Herkunft,
- Produktionswege und
- Verbrauch eines Stoffes in einem bestimmten Zeitraum

betrachtet, und der Erstellung von Stoffbilanzen (Stoffinput und -output) werden Schwachpunkte innerhalb eines Stoffstromes erkannt und behoben. Diese Schwachpunkte finden sich oftmals schon beim Einsatz der Roh- und Hilfsstoffe, so dass schon vor dem ersten Produktionsschritt korrigierend in den Produktionsablauf eingegriffen werden muss.

Neben den Stoffwegen müssen die Verfahren der Stoffbehandlung und Stoffverarbeitung einer Analyse in Hinblick auf eine Reduktion des umweltgefährdenden Potenzials unterzogen werden.

Am Ende eines erfolgreichen Stoffstrommanagements sollte eine weitgehend reduzierte Menge an Produktionsrückständen stehen, die ein möglichst geringes Umweltgefährdungspotenzial besitzt und z. B. durch Aufschlüsselung in separate Stoffgruppen einer Verwertung, wenn möglich innerhalb des Produktionsprozesses (z. B. Aufkonzentrieren von Galvaniksalzlösungen und Wiedereinsatz des Wassers und des Konzentrats), zugeführt werden können.

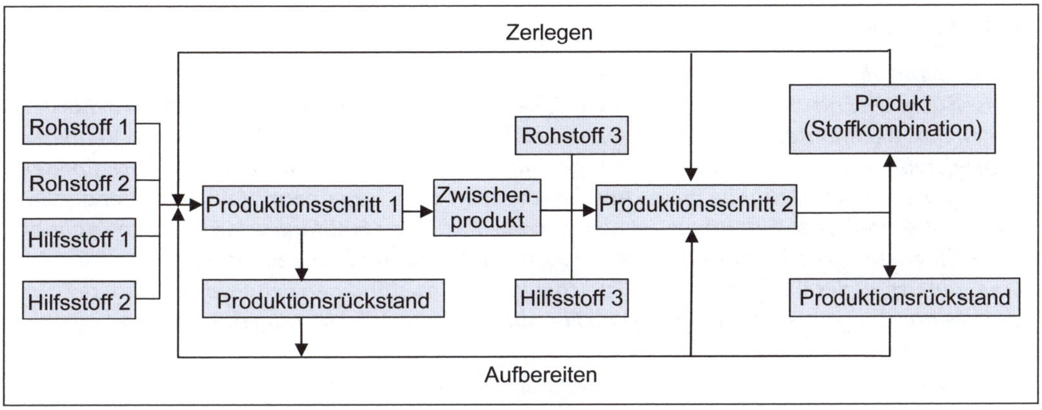

Abb. 65: Stoffströme

Stoffstrommanagement kann aber nicht nur auf den begrenzten Produktionsprozess angewandt werden. Auch die Betrachtung von Stoffströmen innerhalb eines Landes, einer Ländergemeinschaft oder auch global wird (z. B. bei CO_2-Stoffströmen) praktiziert. Stoffstrommanagement liegt zum Teil in staatlicher Verantwortung. Aber auch Produktions-, Handels- und sonstige Unternehmen sowie der Verbraucher tragen ihren Teil der Verantwortung.

5.1.6 Dokumentations- und EDV-Einsatzmöglichkeiten

Die Anforderungen an den betrieblichen Umweltschutz sind in den letzten Jahrzehnten stetig gestiegen. Damit geht auch eine ständig wachsende Datenflut einher, die aufgrund rechtlicher Anforderungen dokumentiert werden muss, sei es bei der Führung eines Betriebshandbuches oder -tagebuches, bei der Erstellung eines Entsorgungsnachweises oder auch bei der Betrachtung von Stoffströmen innerhalb eines Betriebes.

Glücklicherweise hat es parallel zu den steigenden Mengen an zu bewältigenden Daten eine rasante Entwicklung bei der elektronischen Datenverarbeitung (EDV) in den Bereichen Hard- und Software gegeben. Die Computer sind immer leistungsfähiger geworden. Ihre Vorteile sind z. B.:

- Speicherung großer Datenmengen,
- schnelle Verarbeitung großer Datenmengen mithilfe von Datenbanksystemen,
- Visualisierung abstrakter Daten,
- Kommunikationsschnittstellen,
- Möglichkeit der Datenfernübertragung,
- Simulationsfähigkeit.

Auch der Gesetzgeber hat die Vorteile der Digitalisierung erkannt und verpflichtet die an der Entsorgung gefährlicher Abfälle Beteiligten (Abfallerzeuger, -beförderer, -entsorger und zuständige Behörden) gemäß § 17 der Nachweisverordnung (NachwV), die bei der Dokumentation des Entsorgungsvorganges notwendigen Informationen elektronisch zu übermitteln:

§ 17 Absatz 1 NachwV Grundsatz

Abweichend von den Bestimmungen der Abschnitte 1 bis 3 haben die zur Führung von Nachweisen über die Entsorgung gefährlicher Abfälle Verpflichteten sowie die zuständigen Behörden in den dort bestimmten Fällen die zur Nachweisführung erforderlichen Erklärungen, Vermerke zum Fristablauf, Bestätigungen und Entscheidungen, Ablichtungen, Anträge und Freistellungen entsprechend nach Maßgabe dieses Abschnittes elektronisch zu übermitteln, mit einer qualifizierten elektronischen Signatur zu versehen sowie die für den Empfang erforderlichen Zugänge zu eröffnen und zu unterhalten, soweit nicht nach den Bestimmungen dieses Abschnitts oder einer auf Grund des § 26 ergangenen Entscheidung der zuständigen Behörde eine andere Form der Übermittlung unter Verwendung von Formblättern ausdrücklich zugelassen wird.

In den letzten Jahren hat sich der Markt für digitale Umweltinformationssysteme enorm entwickelt. Generell tendieren die Systeme von isolierten Einzelanwendungen zu integrierten, übergreifenden Programmpaketen. So ist es beispielsweise mithilfe einer Abfallwirtschaftssoftware möglich, nicht nur Abfallarten, -mengen und -kosten zu speichern und tabellarisch auszudrucken. Vielmehr werden diese Daten durch andere Programmmodule verarbeitet, mit weiteren Informationen verknüpft und z. B. als ein Behälter-Standortplan eines Unternehmens ausgegeben. Selbst das Abfallwirtschaftsprogramm kann Teil einer übergreifenden Software sein, die die Daten der umweltrelevanten Bereiche eines Unternehmens (z. B. Abfall, Abwasser, Energie, Abluft) miteinander verbindet.

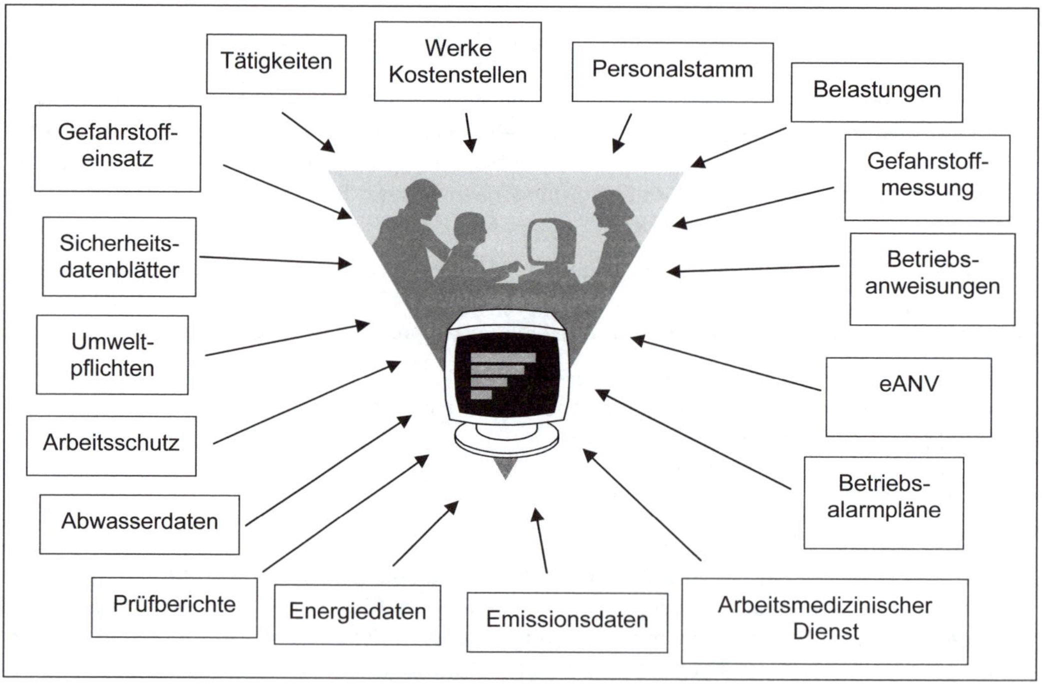

Abb. 66: Computergestütztes betriebliches Umweltmanagement

Die nachfolgende Übersicht zeigt, dass beim Erwerb von Umweltinformationssystemen fast keine Wünsche offen bleiben. Allerdings fehlen oftmals Verknüpfungen zwischen Teilbereichen, wie z. B. Abfall und Gefahrgut, und müssen erst durch neue Programmentwicklungen umgesetzt werden. Darüber hinaus spielt beim Kauf auch das Preis-Leistungs-Verhältnis eine wichtige Rolle.

Anwendungsbereiche der Umweltinformationssysteme (Beispiele)	
Abfall	• elektronisches Abfallnachweisverfahren (eANV) • betriebliche Entsorgung • kommunale Konzepte
Entsorgungsmanagement	• Logistik • Verwaltung • Infosysteme • Altlasten • Deponiebetrieb
Wasser/Abwasser	• Kläranlagenbetrieb • Kanaldaten-Infosystem • Kanalinspektion • Gewässerschutz • Entsorgung
Luft	• Datenerfassung • Belastungsprognosen • Qualitätsmanagement
Lärm	• Schallprognosen
Energie	• Wassererwärmung • Verbrauchsoptimierung
Messtechnik	• Datenerfassung
Management	• Umweltinformationssysteme • Ökobilanz • Konstruktion • geographische Informationssysteme (GIS) • Informationssysteme • Instandhaltung • Leitsysteme
Arbeitssicherheit	• Gefahrstoffe • Sicherheitskonzepte
Service	• Datenbanken

5.1.7 Das elektronische Abfallnachweisverfahren (eANV)

Mit der Novelle der Nachweisverordnung vom 20. Oktober 2006 hatte der Gesetzgeber das elektronische Abfallnachweisverfahren (eANV) in das deutsche Abfallrecht eingeführt.

Mit der Einführung des elektronischen Abfallnachweisverfahrens sollte die gesamte Entsorgungswirtschaft entlastet werden. Mit Inkrafttreten der Nachweisverordnung am 1. Februar 2007 war es auf freiwilliger Basis (mit behördlicher Zustimmung im Einzelfall) möglich, alle für die Entsorgung gefährlicher Abfälle notwendigen Daten an Datenbanksysteme zu übermitteln (siehe Abbildung 67). Spätestens seit dem 1. April 2010 darf das Nachweisverfahren nur noch in elektronischer Form durchgeführt werden (Ausnahmen sind z. B. im Bereich der Sammelentsorgung möglich).

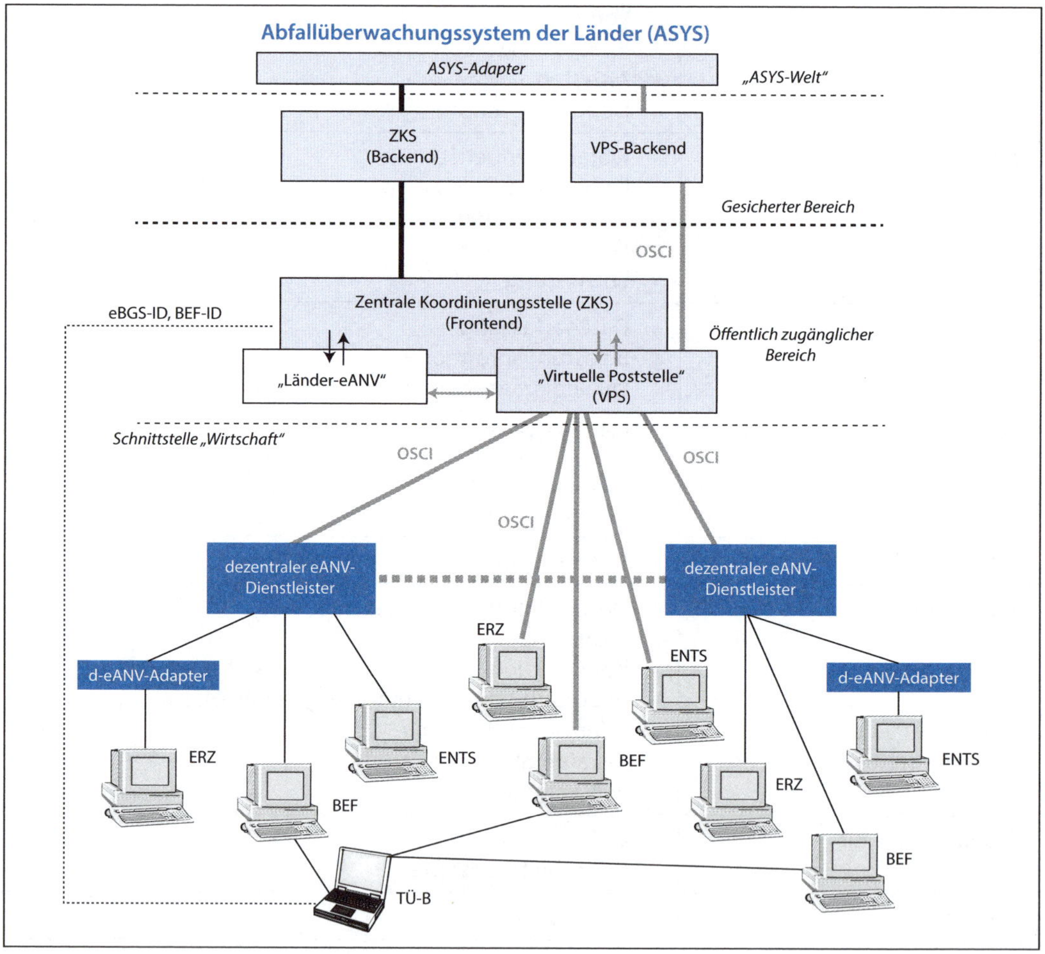

Abb. 67: Umsetzungsmodell eANV, Quelle: BMU

Wesentliche Punkte der eANV sind:

- Die Vorabkontrolle (Entsorgungsnachweise), Verbleibskontrolle (Begleitscheine) und das das Nachweisbuch ersetzende Register werden am PC mit Internetanschluss erstellt.
- Unterschriften werden mittels elektronischer Signatur (personalisierte Karte plus Kartenlesegerät) geleistet.
- Die Datenstruktur basiert auf standardisierten Schnittstellen (XML-Format).
- Über die Zentrale Koordinierungsstelle (ZKS) wird der Datenaustausch zwischen der Entsorgungswirtschaft und den Behörden geführt.
- Ausnahmeregelungen sind möglich.

Um einen einheitlichen und damit problemloseren Datenaustausch zu gewährleisten, wurden im Rahmen einer bundesländerübergreifenden Arbeitsgruppe sogenannte XML-Strukturen entwickelt.

Die *Extensible Markup Language* (engl. für „erweiterbare Auszeichnungssprache"), abgekürzt *XML*, ist eine Auszeichnungssprache zur Darstellung hierarchisch strukturierter Daten in Form von Textdaten. XML wird – speziell über das Internet – u. a. für den Austausch von Daten zwischen Computersystemen eingesetzt und bietet sich deshalb für die Datenübertragung im Rahmen der eANV an.

Die Datenübertragung erfolgt in Form von sogenannten „Nachrichten". Eine Nachricht enthält dabei genau ein Dokument. Im Wesentlichen besteht die Nachricht aus dem allen Nachrichten gemeinsamen Wurzelelement *Nachricht*, den *Kopfdaten* und den *Nutzdaten*.

Die *Kopfdaten* enthalten immer Angaben zum Absender der Nachricht sowie eventuell den Empfangszugang für eine mögliche Antwort auf die Nachricht.

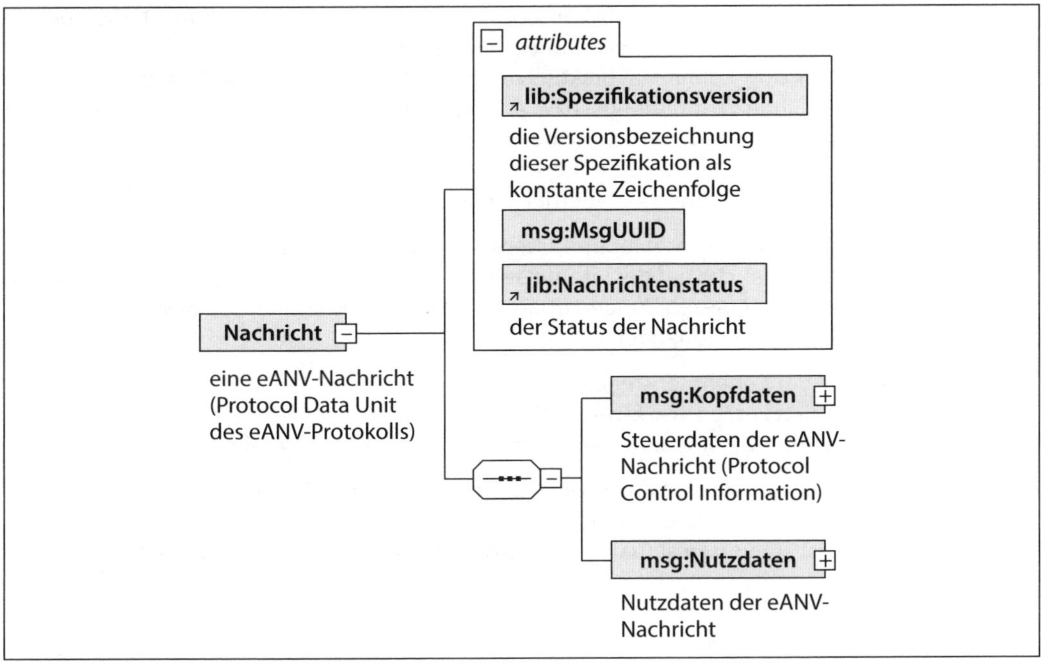

Abb. 68: Aufbau einer Nachricht

In den Nutzdaten sind die eigentlichen Informationen enthalten, die z. B. beim Ausfüllen eines Entsorgungsnachweises abgefragt wurden. Es gibt je nach Zweck verschiedene Dokumententypen (derzeit insgesamt 27):

Dokumententypen im elektronischen Abfallnachweisverfahren (Auswahl)	
<en:ENSNDokument>	ein EN oder SN im Grundverfahren oder privilegierten Verfahren
<en:FRDokument>	ein Freistellungsantrag
<bgs:BGSDokument>	ein Begleitschein
<bgs:UNSDokument>	ein Übernahmeschein
<reg:RegisterAnforderung>	die Anforderung eines Registerauszugs
<reg:RegisterAuszug>	ein Registerauszug
<zks:BGSNrAnforderung>	eine Anforderung von BGS-/UNS-Nummern
<zks:BGSNrZuteilung>	eine Zuteilung von BGS-/UNS-Nummern
<en:DADokument>	eine Deklarationsanalyse

Elektronisches Entsorgungsfachbetriebeverfahren (eEFBV) und Zertifiziererportal

Mit der Novellierung der Entsorgungsfachbetriebeverordnung (EfbV) zum 1. Juni 2017 wurde das elektronische Entsorgungsfachbetriebeverfahren nach § 28 EfbV rechtlich eingeführt und nach einer Übergangszeit bis zum 1. Juni 2018 praktisch umgesetzt. Seitdem sind die Zertifizierungsorganisationen verpflichtet, ihrer Zustimmungs- bzw. Anerkennungsbehörde elektronisch unverzüglich nach der Erteilung das jeweilige Zertifikat und den jeweiligen Überwachungsbericht zu übermitteln sowie unverzüglich nach dem Entzug eines Zertifikats mitzuteilen, dass und aus welchen Gründen der jeweilige Betrieb die Entsorgungsfachbetriebseigenschaft verloren hat.

Die Behörden erhalten diese Informationen über ein mittels Zwei-Faktor-Authentifizierung geschütztes Zertifiziererportal, das auf der Internetseite der Zentralen Koordinierungsstelle der Länder (ZKS) zu finden ist. Über diesen Zugang übermitteln die zugelassenen Sachverständigen und Umweltgutachter alle Informationen für

- die Durchführung der Benehmensregelung,
- die Erteilung und den Entzug von Efb-Zertifikaten,
- die Übermittlung von Überwachungsberichten und weiteren Dokumenten.

Das Führen des bundesweit einheitlichen elektronischen Registers über die zertifizierten Entsorgungsfachbetriebe wurde den Bundesländern übertragen. Sie nutzen hierzu die übermittelten Zertifikate. Das Register ist ständig zu aktualisieren und wurde der Öffentlichkeit zugänglich gemacht.

Die Umsetzung des elektronischen Entsorgungsfachbetriebeverfahrens (eEFBV) ist entsprechend folgender Grundarchitektur erfolgt:

- Die elektronische Erfassung der Entsorgungsfachbetriebezertifikate, Überwachungsberichte und Mitteilungen zum Widerruf von Zertifikaten sowie ihre anschließende Übermittlung an die Behörden durch die Zertifizierungsorganisationen erfolgt mithilfe einer Webanwendung – dem sogenannten „Zertifiziererportal". Dieses steht nur den Zertifizierungsorganisationen zur Verfügung.
- Die Verarbeitung der Entsorgungsfachbetriebezertifikate und Überwachungsberichte durch die Behörden erfolgt mithilfe des Abfallüberwachungssystems ASYS.
- Die technische Übermittlung der Informationen und Dokumente zwischen dem Zertifiziererportal und dem Abfallüberwachungssystem ASYS erfolgt über die ZKS-Abfall.
- Die Bereitstellung der Angaben zu den zertifizierten Entsorgungsfachbetrieben im elektronischen Entsorgungsfachbetrieberegister erfolgt mithilfe einer Webanwendung, dem sogenannten „Fachbetrieberegister". Dieses steht der Öffentlichkeit zur Recherche zur Verfügung. Unter der Adresse https://fachbetrieberegister.zks-abfall.de/fachbetrieberegister/ können Anwender Angaben zu Entsorgungsfachbetrieben, zu gemäß AltfahrzeugV anerkannten Betrieben sowie zu Zertifizierungsorganisationen recherchieren.
- Im Recherchebereich Entsorgungsfachbetriebe kann nach Informationen gesucht werden, die in Entsorgungsfachbetriebezertifikaten enthalten sind. Grundsätzlich enthält das Fachbetrieberegister nur Daten von zertifizierten oder rezertifizierten Entsorgungsfachbetrieben, für die nach dem 01.06.2018 über das Zertifiziererportal ein Entsorgungsfachbetriebezertifikat elektronisch an die zuständigen Behörden übermittelt wurde. Die Vollständigkeit des Fachbetrieberegisters im Bereich Entsorgungsfachbetriebe war damit erst nach etwa einjährigem Betrieb des Zertifiziererportals, also seit dem 01.06.2019 gegeben. Überwachungsberichte oder Inhalte daraus sind nicht Teil des Fachbetrieberegisters und können über dieses grundsätzlich nicht recherchiert werden.
- Da vor Inbetriebnahme des Fachbetrieberegisters alle der gemeinsamen Stelle Altfahrzeuge der Länder bekannten aktuell gültigen Betriebsanerkennungen gemäß AltfahrzeugV in das Fachbetrieberegister überführt wurden, kann im Recherchebereich „Altfahrzeugverwertung" von einem vollständigen Datenbestand ausgegangen werden.
- Im Recherchebereich „Zertifizierungsorganisationen" zeigt das Fachbetrieberegister nur Daten von Zertifizierungsorganisationen an, die einer Veröffentlichung ihrer Daten im Zertifiziererportal zugestimmt haben.

Quelle: ZKS

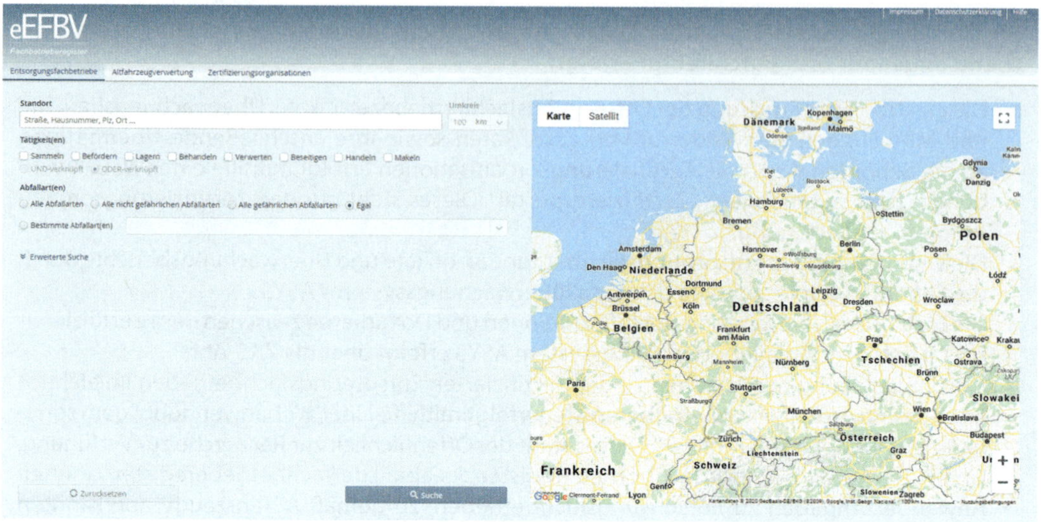

Abb. 69: Startseite des Fachbetrieberegisters, Quelle: ZKS

5.2 Thermische Behandlung

5.2.1 Aufgaben/Ziele

Die thermische Behandlung von Abfällen ist in den letzten Jahren neben der Deponierung das dominierende Abfallbeseitigungsverfahren gewesen. Folgende Ziele werden hierbei verfolgt:

1. Zerstörung von Problemstoffen,
2. Immobilisieren von Schadstoffen zur Verhinderung von Auswaschungen,
3. Mineralisieren der biologisch abbaubaren Fraktion,
4. Reduktion der Selbstentzündlichkeit, Explosivität, Gasbildung und der chemischen Reaktivität der Abfälle,
5. Mengen- und Volumenreduktion der Abfälle,
6. Hygienisierung durch Abtöten der Krankheitskeime.

Die ersten vier Punkte werden auch als „Inertisierung von Abfällen" bezeichnet. Insbesondere organische Substanzen wie halogenierte Kohlenwasserstoffe können bei ihrer Deponierung aufgrund ihrer Toxizität und ihrer Eigenschaft, im Deponiekörper enthaltene Schadstoffe zu mobilisieren, Grundwasser, Boden und Umgebungsluft gefährden. Die thermischen Verfahren versuchen, die organischen Verbindungen möglichst vollständig zu spalten.

Verbrennung von Hausmüll und anderen Siedlungsabfällen

Die Verbrennung von Hausmüll und anderen Siedlungsabfällen hat in Deutschland eine lange Tradition. In Hamburg entstand Ende des 19. Jahrhunderts die erste Hausmüllverbrennungsanlage auf dem europäischen Festland.

Mittlerweile sind es in Deutschland 68 Anlagen mit einer jährlichen Kapazität von 19,6 Mio. t.

Entwicklung der Hausmüllverbrennung in der Bundesrepublik Deutschland					
Jahr	Anzahl der Anlagen	Abfall-durchsatz in 1 000 t/a	Angeschlossene Einwohner		durchschnittlicher Durchsatz je Anlage in 1 000 t/a
			in 1 000 Einwohner	in % der Gesamt-bevölkerung	
1970	24	2 829	8 590	14,4	118
1975	33	4 582	13 590	22,0	139
1980	42	6 343	17 730	28,9	151
1985	46	7 877	20 630	33,7	171
1990	48	9 200	21 600	27,4	191
1995	52	10 870	23 820	29,5	202
2000	61	13 999	30 255	37,5	230
2005	67	16 160	38 700	48,0	241
2008	70	18 000	–	–	253
2009	70	19 100	–	–	273
2010	69	18 799	–	–	272
2016	68	19 606	–	–	278
2018	66	20 635	–	–	313

Quellen: Umweltbundesamt und eigene Berechnung

Die beim Verbrennungsprozess entstehende Energie wird als Strom, Prozessdampf und/oder Fernwärme genutzt. Der energetische Gesamt-Nutzungsgrad liegt im Durchschnitt bei etwa 50 %.

Verteilung der Thermischen Behandlungsanlagen auf die Bundesländer (Stand: 2018)		
Bundesland (BL)	Anzahl vorhandener Anlagen	Kapazität t/a
Baden-Württemberg (BW)	6	1 725 000
Bayern (BY)	14	2 950 000
Berlin (BE)	1	520 000
Brandenburg (BB)	–	–
Bremen (HB)	2	850 000
Hamburg (HH)	3	820 000
Hessen (HE)	4	1 137 000

Verteilung der Thermischen Behandlungsanlagen auf die Bundesländer (Stand: 2018) *(Forts.)*		
Bundesland (BL)	**Anzahl vorhandener Anlagen**	**Kapazität t/a**
Mecklenburg-Vorpommern (MV)	1	50 000
Niedersachsen (NI)	5	1 589 000
Nordrhein-Westfalen (NW)	16	6 276 000
Rheinland-Pfalz (RP)	3	606 000
Saarland (SL)	2	375 000
Sachsen (SN)	1	225 000
Sachsen-Anhalt (ST)	4	1 620 000
Schleswig-Holstein (SH)	4	630 000
Thüringen (TH)	2	233 000
Σ 16 Bundesländer	**68**	**19 606 000**

Quelle: ITAD e. V.

Thermische Behandlung von Ersatzbrennstoffen

Der relativ hohe Anteil an mittel- bzw. hochkalorischen Abfällen hat in Deutschland dazu beigetragen, dass derzeit in Deutschland etwa 30 Ersatzbrennstoff-Kraftwerke in Betrieb sind. Deren Jahreskapazität liegt bei etwa 4,7 Millionen Tonnen. Diese Anlagen sind speziell auf die Nutzung von Ersatzbrennstoffen als Alternative zu Erdgas und Heizöl ausgelegt.

Verteilung der Ersatzbrennstoff-Kraftwerke auf die Bundesländer (Stand: 04/2016)		
Bundesland (BL)	**Anzahl vorhandener Anlagen**	**Kapazität t/a**
Baden-Württemberg (BW)	0	–
Bayern (BY)	1	70 000
Berlin (BE)	0	–
Brandenburg (BB)	6	1 306 000
Bremen (HB)	2	292 000
Hamburg (HH)	0	–
Hessen (HE)	4 (+1)	635 000 (+675 000)
Mecklenburg-Vorpommern (MV)	3	400 000
Niedersachsen (NI)	2	280 000

Verteilung der Ersatzbrennstoff-Kraftwerke auf die Bundesländer (Stand: 04/2016) *(Forts.)*		
Bundesland (BL)	**Anzahl vorhandener Anlagen**	**Kapazität t/a**
Nordrhein-Westfalen (NW)	3	366 000
Rheinland-Pfalz (RP)	1	114 000
Saarland (SL)	0	–
Sachsen (SN)	0	–
Sachsen-Anhalt (ST)	4	730 000
Schleswig-Holstein (SH)	2 (+1)	420 000 (+165 000)
Thüringen (TH)	2	110 000
Σ 16 Bundesländer	**30 (+2)**	**4 723 000 (+840 000)**

Quelle: ITAD e. V. () = im Bau

Thermische Behandlung von Krankenhausabfällen

Etwa 5 % (5 000 t) der in Krankenhäusern anfallenden Abfälle sind infektiöse Abfälle und müssen aufgrund des Infektionsrisikos besonders behandelt werden.

Neben der Sterilisation bzw. Desinfektion mittels Wasserdampf erfolgt die Behandlung auch durch Verbrennung der Abfälle. Die restlichen circa 95 % der Krankenhausabfälle werden zusammen mit Siedlungsabfällen thermisch behandelt oder verwertet.

Derzeit befinden sich in Deutschland drei spezielle Krankenhausabfall-Verbrennungsanlagen, die Einzelanlage in Kiel/Wellsee und die separaten Verbrennungsaggregate in den Siedlungsabfallverbrennungsanlagen Augsburg und Bielefeld.

Thermische Behandlung von gefährlichen Abfällen

Die in Deutschland betriebenen 30 Sonderabfallverbrennungsanlagen (SAV) entsorgten zunächst die Abfälle benachbarter Industrieanlagen, insbesondere der chemischen Industrie. Im Laufe der Zeit wurden sie zunehmend autark und betreiben nun ihre eigene Abfallakquisition.

Jährlich können etwa 1,5 Millionen Tonnen gefährlicher Abfälle in Sonderabfallverbrennungsanlagen entsorgt werden.

Verteilung der Sonderabfallverbrennungsanlagen auf die Bundesländer (Stand: 04/2016)		
Bundesland (BL)	**Anzahl vorhandener Anlagen**	**Kapazität t/a**
Baden-Württemberg (BW)	0	–
Bayern (BY)	2	185 000
Berlin (BE)	0	–
Brandenburg (BB)	3	81 000
Bremen (HB)	0	–
Hamburg (HH)	1	120 000
Hessen (HE)	2	146 000
Mecklenburg-Vorpommern (MV)	0	–
Niedersachsen (NI)	3	70 350
Nordrhein-Westfalen (NW)	13	608 140
Rheinland-Pfalz (RP)	1	165 000
Saarland (SL)	0	–
Sachsen (SN)	2	48 000
Sachsen-Anhalt (ST)	1	45 000
Schleswig-Holstein (SH)	1	52 000
Thüringen (TH)	0	–
Σ 16 Bundesländer	**30**	**1 520 490**

Quelle: ITAD e. V.

5.2.2 Verfahren

In den letzten Jahren haben sich neben der klassischen Müllverbrennungstechnik (Rostfeuerung) weitere thermische Verfahren etabliert. Einige Verfahren, die hier betrachtet werden, sind:

- Wirbelschichtfeuerung,
- Pyrolyse,
- Schwel-Brenn-Verfahren,
- Thermoselect-Verfahren und
- NOELL-Konversionsverfahren.

5.2.2.1 Müllverbrennung

Die Grundlage der thermischen Behandlung ist die Verbrennung. Bei der Müllverbrennung findet der Verbrennungsvorgang in einem Feuerraum statt. Neue Verfahren nutzen für die verschiedenen Verbrennungsstufen zwei oder auch drei Reaktoren.

Verbrennungsstufen		
Trocknung	~ 100 °C	Wärme treibt Oberflächen- und Kapillarwasser aus.
Entgasung	~ 250 °C	Leicht flüchtige Stoffe wie Wasser und Schwelgase werden unter Sauerstoffabschluss ausgetrieben (Pyrolyse).
Vergasung	500 bis 600 °C	Gebundener Kohlenstoff wird unter Sauerstoffmangel zu gasförmigen Reaktionsprodukten umgesetzt. Bildung von Asche und Schlacke.
Verbrennung	> 600 °C	Unter Sauerstoffzufuhr sollen die vorher gebildeten Gase vollständig zu CO_2 und H_2O oxidiert werden.

Aufbau einer Müllverbrennungsanlage

Die Grundkomponenten einer Müllverbrennungsanlage (MVA) sind:

- Fahrzeugwaage,
- Bunker,
- Feuerraum,
- Kessel,
- Rauchgasreinigung und
- Schlackebunker.

Nach der Erfassung des Abfallgewichtes auf der Fahrzeugwaage wird der Abfall in einen Aufnahmebunker gekippt. Dort können die Abfälle entsprechend den gewünschten Verbrennungstemperaturen gemischt und gelagert werden. Die Aufnahmekapazität sollte für mindestens vier Tage Müllverbrennung reichen. Ein Herunterfahren der MVA aufgrund fehlender Anlieferungen über Sonn- und Feiertage ist auch aus wirtschaftlichen Gründen nicht wünschenswert.

Mit Greifkränen wird der Abfall aus dem Bunker in den Feuerungsraum gebracht, wo der Abfall bei Temperaturen zwischen 800 und 900 °C verbrannt wird. Das heiße Rauchgas aus dem Feuerungsraum gibt in den Kesselzügen seine Energie ab. Dort wird durch die Hitze Wasser verdampft. In einer Turbine wird der Dampf entspannt und die mechanische Arbeit in einem Generator in Elektrizität umgewandelt. In Müllheizkraftwerken wird die Wärmeenergie auch direkt zur Erzeugung von Fernwärme genutzt.

Im Bereich der Rauchgasreinigung werden die im Rauchgas enthaltenen Schadstoffe in kleine Mengen fester Abfälle aufkonzentriert. Die festen Verbrennungsrückstände verbleiben im Schlackebunker.

Feuerung

Die Feuerung ist der zentrale Bereich der Verbrennungsanlage. In Deutschland wird die Rostfeuerung (Hausmüll) und der Drehrohrofen (Sonderabfall) als Feuerungsvariante eingesetzt.

Drehrohröfen eignen sich für feste, pastöse und auch für flüssige Sonderabfälle. Die Öfen bestehen aus einem in Förderrichtung geneigten (3 bis 5 %) Zylinder, der innen mit feuerfestem Material ausgekleidet ist. Seine Länge beträgt etwa 8 bis 28 m, sein Durchmesser 1 bis 5 m. Der Hohlraum des Zylinders kann mit 20 % Brennstoff gefüllt werden. Bei Temperaturen von 800 bis 1 400 °C und einer Umdrehungsgeschwindigkeit von 0,05 bis 2 U/min wird der Inhalt des Ofens umgewälzt, das Brenngut durchmischt und langsam zum Schlackenauslass des Drehrohrs befördert. Der Durchsatz beträgt zwischen 100 kg/h und 20 t/h.

Mit der Rostfeuerung werden feste Abfälle verbrannt. Im Rostofen wird der Müll (teilweise vermischt mit Klärschlamm) verbrannt und die unbrennbaren Anteile werden als Schlacke gesintert, d. h. durch Erhitzen zusammengebacken.

Der Rost hat drei Aufgaben:

1. Transport des Mülls von der oberen Aufgabeseite zu dem unteren Schlackeabzug,
2. Luftzufuhr von unten,
3. Umwälzung des Abfalls, um eine intensivere Verbrennung (Erhöhung des Ausbrandes) zu ermöglichen.

Für eine optimale Verbrennung ist ein Sauerstoffüberschuss notwendig. Durch die Primärluft, die durch das Brennbett geblasen wird, wird eine Teiloxidation zu den unverbrannten Gasen Kohlenmonoxid (CO) und Wasserstoff (H_2) erreicht. Mit der von oben einströmenden Sekundärluft werden diese in der Brennkammer schließlich zu Kohlendioxid (CO_2) und Wasser (H_2O) verbrannt. Die Zufuhr von Tertiärluft ist ebenfalls möglich. Sie dient auch der vollständigen Oxidation der Abgase im Feuerungsraum und der Kühlung der Seitenwände. Zudem werden Anhaftungen auf dem Rost verhindert, was dessen Lebensdauer erhöht.

Die Art der Feuerung beeinflusst den Ausbrand, die Vernichtung und die Inertisierung von Schadstoffen und deren Neubildung im Feuerungsraum. Hohe Verbrennungstemperaturen und eine ausreichende Aufenthaltszeit des Abfalls sind für eine möglichst vollständige Verbrennung sehr wichtig. Ein weiterer Gesichtspunkt für eine optimale thermische Behandlung ist die Brennbarkeit des Abfalls. Normaler Hausmüll brennt selbsttätig, ebenso ein Gemisch aus Altpapier, Glas und Biomüll. Der Heizwert des Mülls steigt durch Beimengungen von Altpapier und Altkunststoffen, während er durch Glasabfälle oder Biomüll absinkt.

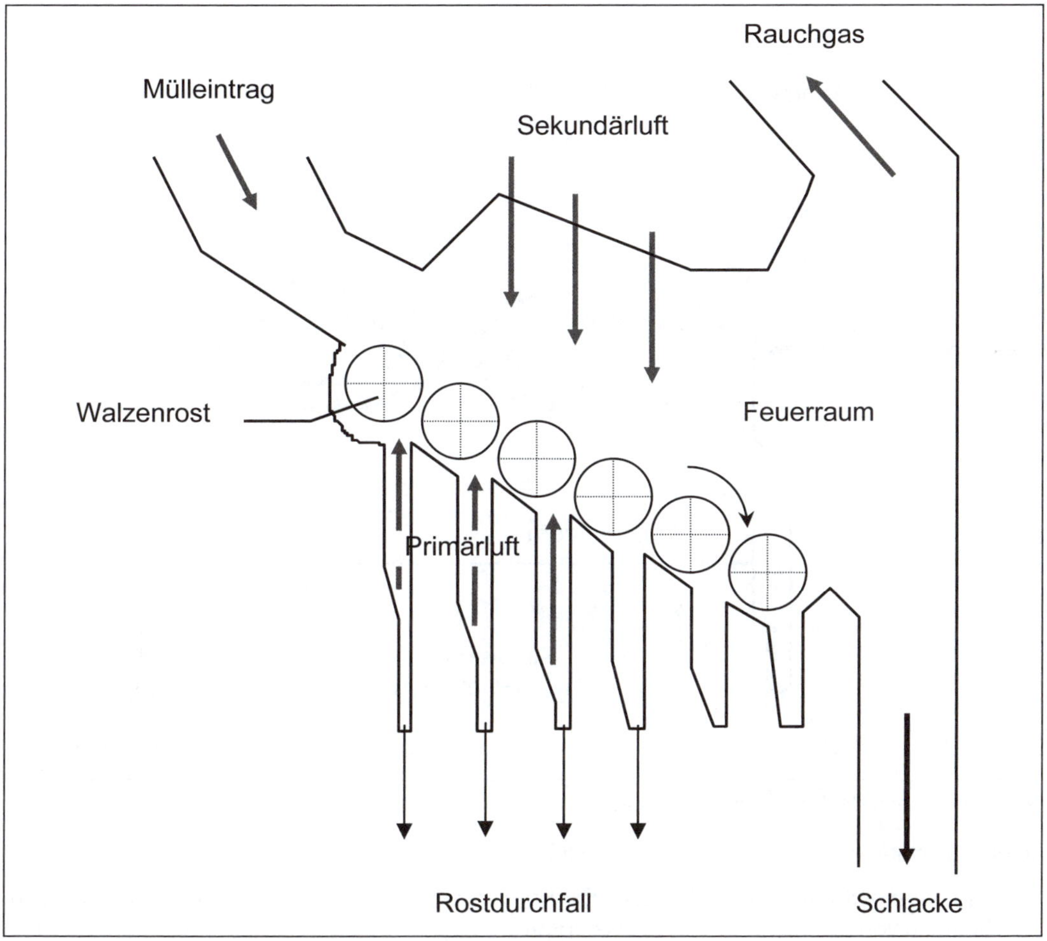

Abb. 70: Feuerraum einer Müllverbrennungsanlage (MVA) mit Walzenrost

5.2.2.2 Wirbelschichtfeuerung

Bei der Wirbelschichtfeuerung wird der vorher auf 2 bis 30 mm Partikelgröße zerkleinerte Abfall in einem mit Sand gefüllten Feuerungsraum verbrannt. Der Sand stellt das sogenannte Wirbelbett dar, das von unten mit Primärluft durchströmt wird. Dabei wird das Festbett aufgewirbelt, bis durch die von unten eingeblasene Verbrennungsluft die Feststoffteilchen in einem Schwebezustand verbleiben – die Wirbelschicht ist ausgebildet.

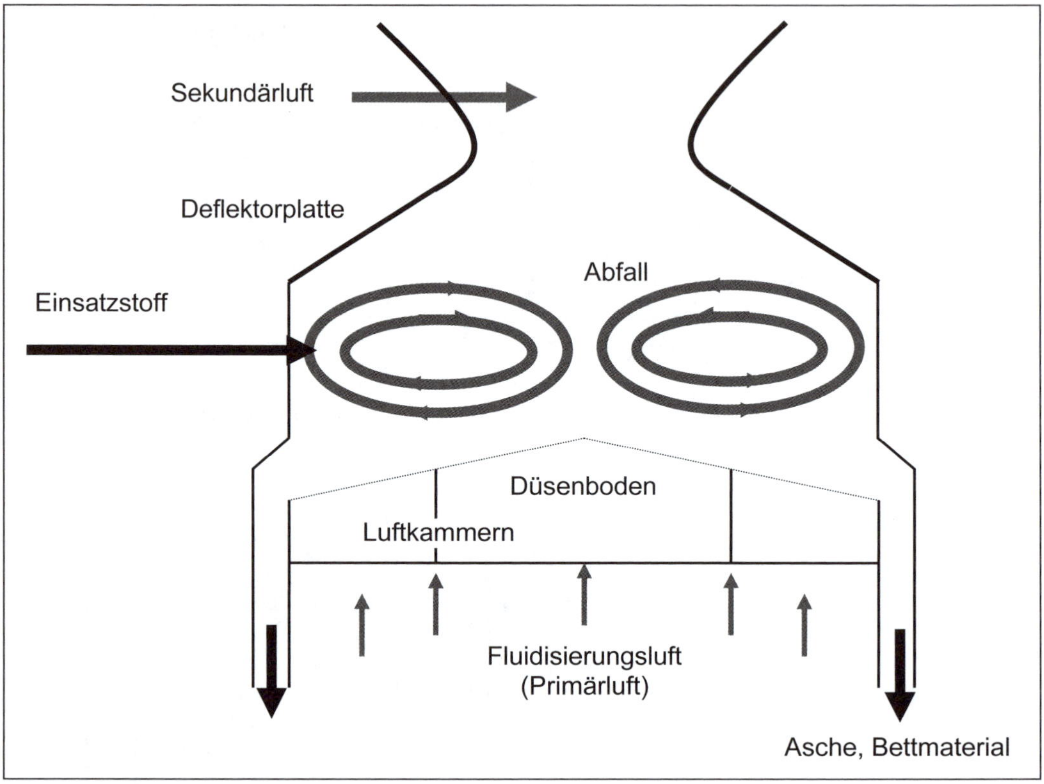

Abb. 71: Rotierende Wirbelschichtfeuerung

Je nach Zustand des Wirbelbettes unterscheidet man zwischen

- stationärer Wirbelschicht (Auftriebskraft = Schwerkraft, Anströmgeschwindigkeit = 2,5 m/s; unabhängig von der Korngröße des Einsatzgutes),
- rotierender Wirbelschicht (Sonderfall der stationären Wirbelschicht; durch verstellbare Seitenwände rotiert die Wirbelschicht elliptisch) und
- zirkulierender Wirbelschicht (Ausdehnung der Wirbelschicht über die gesamte Reaktorhöhe, Auftriebskraft > Schwerkraft, Anströmgeschwindigkeit > 6 m/s, Korngrößen < 1 mm, Abscheidung des Feststoffes nach dem Ausbrand in einem Heißluftzyklon bei teilweiser Rezirkulation).

5.2.2.3 Pyrolyse

Die Grundidee der Pyrolyse ist die Abkopplung der Verbrennungsschritte Trocknung und Entgasung von der eigentlichen Verbrennung. Hierbei bilden sich Pyrolysegas und -öl sowie Pyrolysekoks als fester Rückstand.

Der getrocknete Abfall wird über eine Schnecke einem indirekt beheizten Drehrohr zugeführt und bei Temperaturen um 560 °C unter Sauerstoffmangel entgast. Bei diesem Schwelprozess werden die organischen Bestandteile in sogenanntes Schwelgas umgewandelt. Im Drehrohr werden die festen zurückbleibenden Bestandteile zu Pyrolysekoks umgesetzt. Dieser Koks ähnelt in seinen Eigenschaften der Braunkohle und kann als Filtermaterial oder Brennstoffzuschlag verwertet werden.

In einem Gaswandler reagiert das Schwelgas weiter zu Kohlenmonoxid (CO) und Wasserstoff (H_2). Mit der Verbrennungswärme dieses Gasgemisches, das auch Wassergas oder Generatorgas genannt wird, wird das Drehrohr beheizt. Das bei der Verbrennung entstehende Rauchgas wird gereinigt.

Das wichtigste Produkt bei der Pyrolyse ist das hochwertige Pyrolyseöl, das stofflich verwertet werden kann. Es entsteht durch thermisches Spalten („Cracken") langkettiger Moleküle. Allerdings kann es nur aus homogenen Materialien wie z. B. Altreifen oder Kunststoffen in wirtschaftlich interessanten Mengen hergestellt werden.

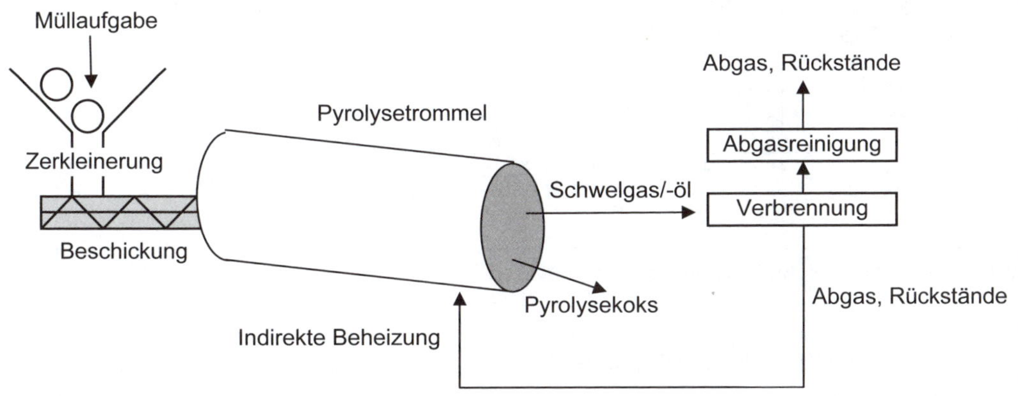

Abb. 72: Pyrolyseprinzip

5.2.2.4 Schwel-Brenn-Verfahren

Das Schwel-Brenn-Verfahren ist ein neuartiges Verfahren zur thermischen Müllverwertung. Es soll Vorteile der Pyrolyse und der Verbrennung miteinander vereinigen.

Die Hauptelemente des Verfahrens sind:

- Abfallzerkleinerung auf 20 cm „Korngröße" mit Rotorschnecken;
- Pyrolyse (Entgasung) der gesamten Müllmenge in einer Pyrolyse- oder Konversionstrommel bei 450 °C und einer Verweilzeit von einer Stunde; als Reaktionsprodukte entstehen aus den organischen Ausgangsstoffen Konversionsgas und kohlenstoffhaltiger Pyrolysereststoff;
- Trennung des Pyrolysereststoffes; Abtrennung des Eisens und der NE-Metalle; die mineralische Fraktion mit Korngröße > 5 mm ist inert und kann verwertet werden;
- die Feinfraktion < 5 mm, die kohlenstoffhaltig ist, wird gemahlen und gemeinsam mit dem Schwelgas bei etwa 1 300 °C in einer Hochtemperaturbrennkammer verbrannt, wobei sich flüssige Schlacke bildet; die Schlacke erstarrt zu einem Granulat und kann als Baustoff vermarktet werden;
- die Flugstäube aus dem Kessel und der Rauchgasreinigung werden in die Hochtemperaturbrennkammer zurückgeführt und eingeschmolzen;
- Rauchgasreinigung mit geringerem Anteil an festen Rauchgasreinigungsrückständen als bei den vorgenannten Verfahren.

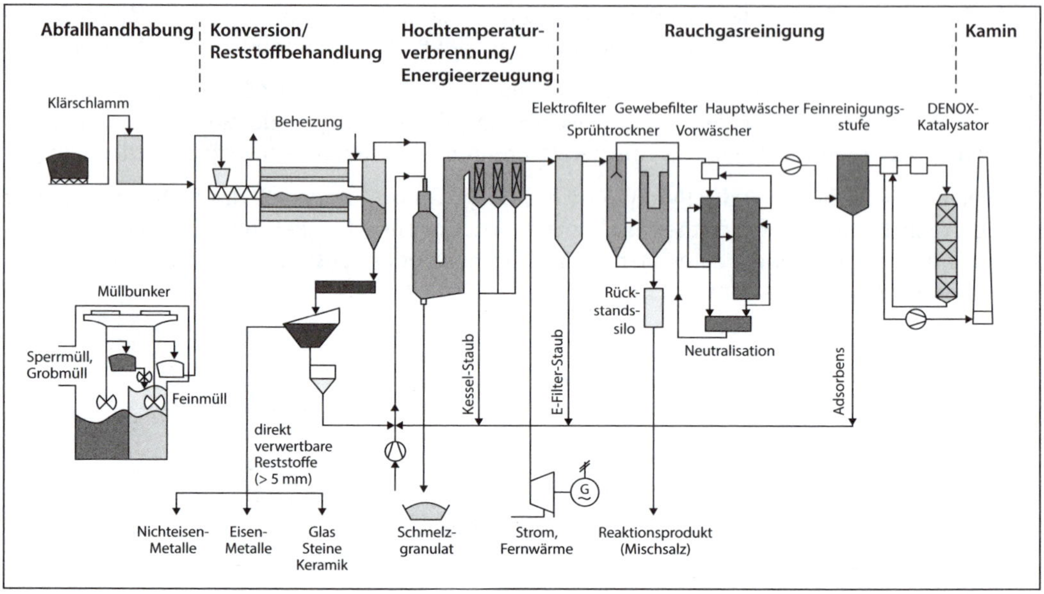

Abb. 73: Verfahrensfließbild Schwel-Brenn-Verfahren

5.2.2.5 Thermoselect-Verfahren

Die Grundlage des Thermoselect-Verfahrens ist zwar die Pyrolysetechnik; es unterscheidet sich aber dennoch in einigen Punkten von der Hausmüllpyrolyse:

- Vermischung des Abfalls mit Klärschlamm und Verdichtung vor der Pyrolyse auf 10 % seines Ursprungsvolumens, um ein luftfreies und gut wärmeleitendes Abfallpaket zu erhalten;
- in einem Entgasungskanal wird das Abfallpaket bei Temperaturen bis zu 600 °C unter Luftabschluss entgast; das entstehende Synthesegas wird gereinigt und dient zur Beheizung des Entgasungskanals;
- bei Temperaturen bis 2 000 °C und unter Zufuhr reinen Sauerstoffs (150 bis 200 kg/t Müll) werden der Kohlenstoff und die weiteren Entgasungsprodukte in einem Hochtemperaturreaktor zu einem energiereichen Synthesegas umgesetzt (vergast); der zugeführte Sauerstoff (unterstöchiometrische Menge) ist notwendig, um die hohen Temperaturen im Reaktor zu erreichen, was gleichzeitig zu einer Reduzierung des Gasmassenstroms führt;
- durch Schockkühlung der Gase (Quenching) wird die Bildung von Dioxinen verhindert; eine anschließende Gasreinigung ermöglicht ihre Verbrennung als Synthesegas; eine Nutzung der im Gas vorhandenen Wärme mittels eines Wärmetauschers ist aufgrund des extremen Temperatursturzes der Gase von 1 200 °C auf 90 °C nicht möglich;
- die entstandene Schlacke (metallische und mineralische Fraktion) wird im Hochtemperaturreaktor geschmolzen; in einem Homogenisierungsreaktor werden die Schmelzen nachverbrannt und nach Dichte voneinander getrennt abgezogen; die mineralische Schlacke (glasartig, ähnlich dem Basalt) ist weniger umweltbelastend als herkömmliche Schlacke, da sie von Kohlenstoff, Metallen und Salzen weitestgehend frei ist; die metallische Schlacke besteht vornehmlich aus niedriglegiertem Eisen und kann metallurgisch aufgearbeitet werden.

Voraussetzung für die Behandlung des Mülls in einer Thermoselect-Anlage ist ein Mindestheizwert und ein Maximalgehalt an Wasser und nicht brennbaren Bestandteilen.

Klärschlamm kann mit einem minimalen Trockensubstanzgehalt von 30 % eingebracht werden. Der Schlammanteil sollte hierbei maximal 25 Gew.-% des zu behandelnden Mülls betragen.

Das Thermoselect-Verfahren ist zu Beginn der 1990er-Jahre zunächst in Locarno (Italien) in einer Pilotanlage mit einem Durchsatz von einer Tonne Müll pro Stunde getestet worden. Ende März 1992 wurde in Verbania/Fondotoce (Italien) eine Demonstrationsanlage, die auf eine Durchsatzkapazität von vier Tonnen pro Stunde ausgelegt war, errichtet. Im Jahr 1995 wurde in Karlsruhe eine Thermoselect-Anlage errichtet, die aufgrund der technischen Unausgereiftheit des Verfahrens zehn Jahre später außer Betrieb genommen wurde.

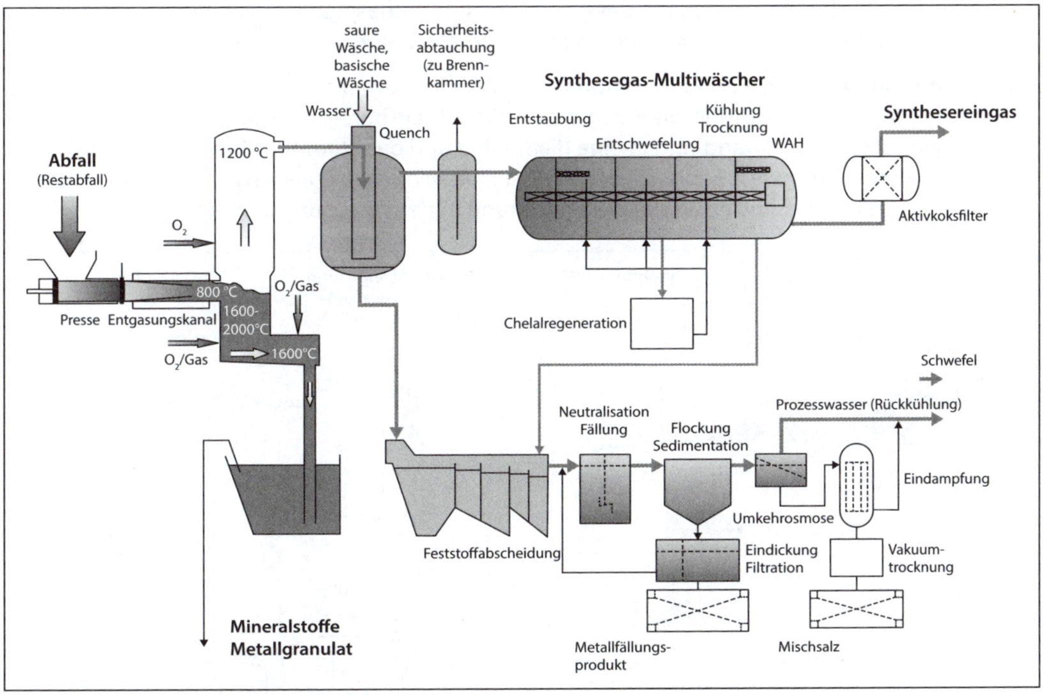

Abb. 74: Verfahrensfließbild Thermoselect-Verfahren

5.2.2.6 NOELL-Konversionsverfahren

Das NOELL-Konversionsverfahren wurde 1994 zur umweltfreundlichen thermischen Behandlung von kommunalen Rest- und Abfallstoffen eingeführt. Bei diesem Pyrolyseverfahren werden die Abfälle in einer Pyrolysestufe vorbehandelt und anschließend in dem Kernstück der Anlage, einer Flugstromvergasungsstufe (ähnlich dem Wirbelschichtverfahren), in Synthesegas umgewandelt.

Die wesentlichen Verfahrensschritte sind:

- Entgasung des zerkleinerten Abfalls im Drehrohr bei 550 °C bei einem Inertgas-Überdruck von 3 bis 15 mbar;
- Entfernung von Eisen- und NE-Metallen aus dem Pyrolysekoks zur Verwertung; Mahlen des Pyrolysekoks auf eine Korngröße von < 1 mm und Vergasung zusammen mit dem Pyrolysegas und -öl im Flugstromreaktor;
- Pyrolyseöl und -koks werden im Flugstromvergaser bei 1 400 bis 1 700 °C und Drücken von 2 bis 25 bar in Synthesegas und Schlacke umgesetzt, die organischen Bestandteile werden hierbei vollständig zerstört;
- nach Verlassen des Reaktors am unteren Ende gelangen Gas und Schlacke in eine Kühlzone mit Wasser; dort erstarrt die Schlacke zu Schmelzgranulat und wird je nach Auslaugbarkeit als Granulat verwertet oder deponiert, das gereinigte Rohsynthesegas kann als Brenngas fungieren;
- Salze aus dem Prozesswasser werden als Sonderabfälle unter Tage deponiert.

Für die Vergasung nach dem Flugstromprinzip fester heterogen zusammengesetzter Rest- und Abfallstoffe, wie sie als Hausmüll, als Reste bei der Altautoaufbereitung oder als Elektronikschrott vorkommen, ist deren Umwandlung in eine fließfähige und damit förderfähige Form erforderlich. Fließfähige Materialien, wie z. B. pumpfähige Flüssigkeiten oder zu Stäuben aufbereitbare Materialien, eignen sich für die Einspeisung und Verarbeitung in der Vergasungsanlage.

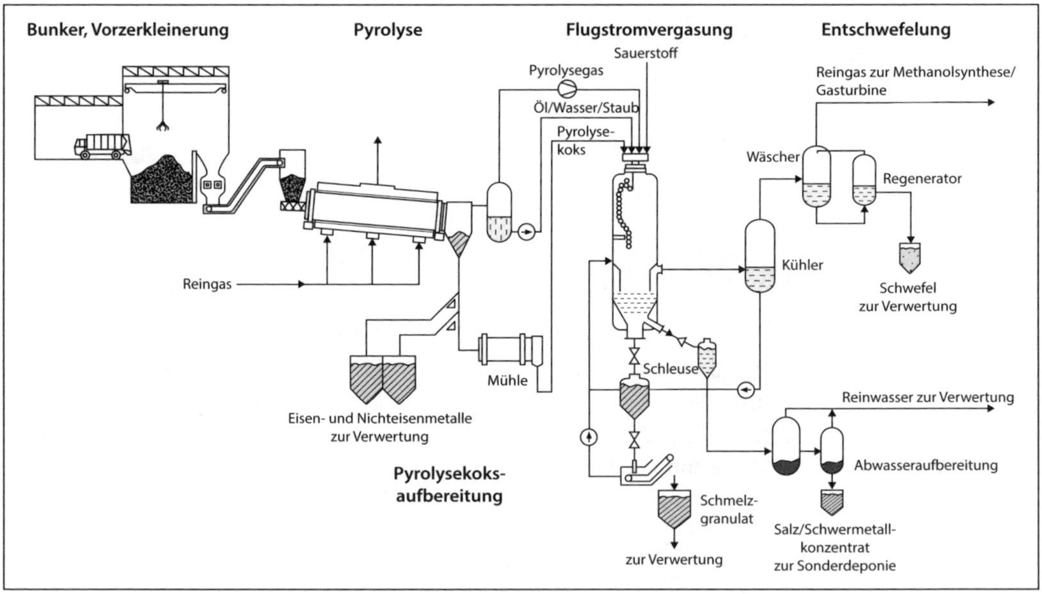

Abb. 75: Verfahrensfließbild NOELL-Konversionsverfahren

5.2.3 Gegenüberstellung der Verfahren

Die folgende Übersicht stellt Vor- und Nachteile der betrachteten Verbrennungsverfahren gegenüber:

Vor- und Nachteile thermischer Behandlungsverfahren		
Verfahren	**Vorteile**	**Nachteile**
Rostfeuerung	• niedriger Energiebedarf	• hohe Rauchgasmenge • kaum verwertbare Anteile
Wirbelschichtfeuerung	• geringer Verbrennungsluftbedarf • niedrige Verbrennungstemperatur • wenige Stickoxide • Bindung des freien Fluors und Chlors durch Zugabe von Kalk möglich	• hohe Schwermetallkonzentrationen in der Flugasche • Neubildung von Dioxinen und Furanen bei Abkühlung möglich (De-novo-Synthese)
Pyrolyse	• Bildung verwertbaren Pyrolyseöls	• hohe Betriebskosten • hohe Schadstoffgehalte im Pyrolysegas (z. B. Dioxine) • geringerer Heizwert des Gases erwartet • stofflich nicht verwertbarer Pyrolyserückstand (hoher Kohlenstoffgehalt)
Schwel-Brenn-Verfahren	• geringe Rauchgasmenge • inerter, problemlos verwertbarer Rückstand	• leichte Entzündbarkeit der heizwertreichen Feinfraktion (Explosionsgefahr in den Mühlen)
Thermoselect-Verfahren	• inerter, problemlos verwertbarer Rückstand • Energiegewinnung durch entstandenes Synthesegas möglich • relativ geringe Investitionskosten	• risikoreiche Reaktion von CO und H_2 (Möglichkeit der Zerstörung des Reaktors durch Knallgasreaktion) • schlechte Schwelgasqualität
NOELL-Konversionsverfahren	• keine Neubildung von Dioxinen und Furanen	• hoher Energiebedarf • geringer Verwertungsanteil

5.2.4 Rauchgasreinigung

Die Schadstoffreduzierung findet primär schon vor der eigentlichen Rauchgasreinigung statt. Neben einer Minimierung des Schadstoffeintrags durch schadstoffarme Produktionsverfahren, getrennte Erfassung von mit unterschiedlichen Schadstoffen belasteten Abfällen und Aussondern schadstoffreicher Fraktionen nach der Erfassung ist die Verbrennungsführung innerhalb einer MVA von entscheidender Bedeutung.

Eine optimale Verbrennung orientiert sich an einem ausgewogenen Verhältnis der „3 t" (time, turbulence, temperature).

Für einen vollständigen Ausbrand müssen die Rauchgase ausreichend lange im Feuerraum verweilen (time). Weiterhin ist für eine gute Durchmischung (turbulence) des Gases zu sorgen. Das kann durch

- Einbau von Strömungsnasen zur besseren Verwirbelung,
- richtige Zuführung (Ort, Menge) von Sekundärluft und
- gleichmäßige Verteilung des Müllbetts

erreicht werden.

Die richtige Temperaturwahl (temperature) führt zu einer vollständigen Verbrennung von Schadstoffen. Allerdings besteht die Gefahr der Bildung einer zu hohen Stickoxidkonzentration bei Temperaturen von mehr als 1 200 °C.

Im zweiten Schritt der Rauchgasreinigung werden die Schadstoffe des Rauchgases in kleine Mengen fester Abfälle aufkonzentriert. Sie besteht aus folgenden Verfahrensschritten:

- Entstaubung,
- saure Wäsche,
- basische Wäsche,
- Aktivkohlefilter und
- Entstickung.

Das vereinfachte Schema einer technischen Rauchgasreinigung mit ihren möglichen Schritten ist in der Abbildung 76 dargestellt.

5.2.4.1 Entstaubung

Die Entstaubung als primärer Rauchgasreinigungsschritt ist für die Gesundheit von entscheidender Bedeutung, weil hier viele Schadstoffe (Schwermetalle, organische Verbindungen), die sich an Staubpartikel binden, entfernt werden können. Zudem können an den Staubpartikeln durch katalytische Reaktion neue Schadstoffe wie Dioxine gebildet werden.

Als Entstaubungsverfahren sind von Bedeutung:

- Elektrofilter (Abscheidegrad für den Gesamtstaub 99,9 Masse-%, für den gesundheitsgefährdenden Feinstaub nur 90 bis 99 %) und
- Gewebefilter (hoher Abscheidegrad für Feinstaub, bei Teflonschläuchen Abkühlung auf 240 °C notwendig).

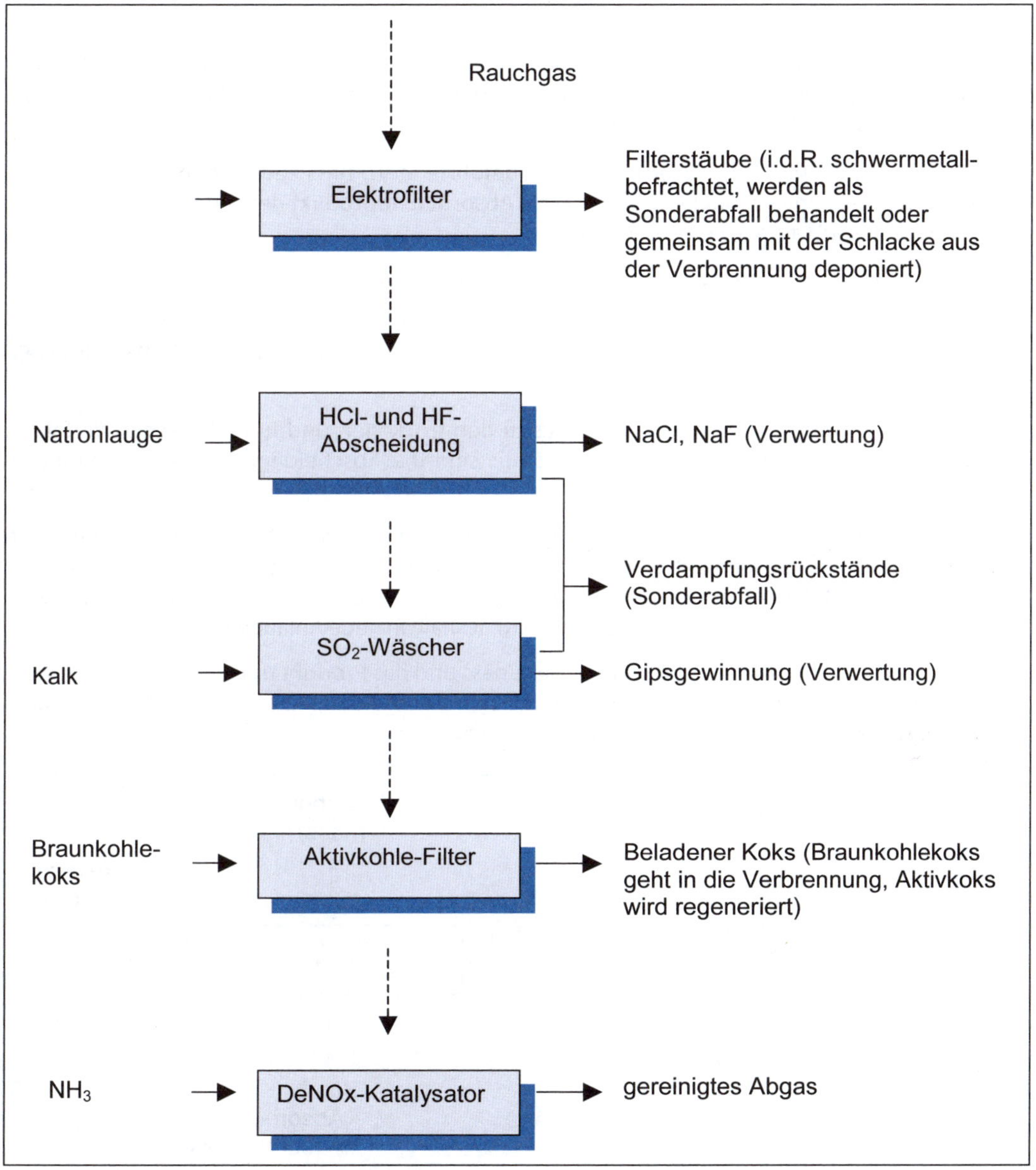

Abb. 76: Vereinfachtes Verfahrensbild einer technischen Rauchgasreinigung

5.2.4.2 Saure und basische Wäsche

Chemische Rauchgasreinigungsverfahren ermöglichen die Abscheidung von Schwefeloxiden, Halogenwasserstoffen und gasförmigen Schwermetallen wie Quecksilber. In der Praxis werden hauptsächlich Nassverfahren eingesetzt.

Beim Nassverfahren wird das Absorbens (der zugeführte Stoff) nass zugegeben und das entstehende Gemisch aus unverbrauchtem Absorbens, Absorpt (Endprodukt der chemischen Rauchgasreinigung) und Staub als Abwasser entfernt.

Meistens wird das Gas einem zweistufigen Reinigungsprozess unterworfen:

1. saure Wäsche: absorbiert saure Gase wie HCl und HF in Wasser,
2. alkalische Wäsche: Reaktion von SO_2 und SO_3 mit $Ca(OH)_2$-Lösung zu Gips ($CaSO_4$, REA-Gips; REA = Rauchgasentschwefelungsanlage).

Bei den Nassverfahren entsteht im Gegensatz zu den trockenen und quasitrockenen Verfahren Abwasser, das behandelt werden muss; allerdings sind die Abscheidegrade für Schwermetalle weitaus höher.

Beim Trockenverfahren sind sowohl das Absorbens als auch das Produkt trocken. Nachteile sind jedoch ein hoher Chemikalienverbrauch und geringe Abscheideleistungen, insbesondere für gasförmige Schwermetalle. Auch kann dieses Verfahren die aktuellen Grenzwerte der 17. BImSchV für Müllverbrennungsanlagen nicht einhalten und wird deshalb in neue Anlagen nicht mehr eingebaut.

Quasitrockene Verfahren – hier ist das Absorbens nass und das Produkt trocken – erzielen bessere Abscheidungsgrade, erzeugen kein Abwasser und sind preisgünstig. Allerdings ist hier der Chemikalienbedarf höher als bei der nassen Rauchgaswäsche.

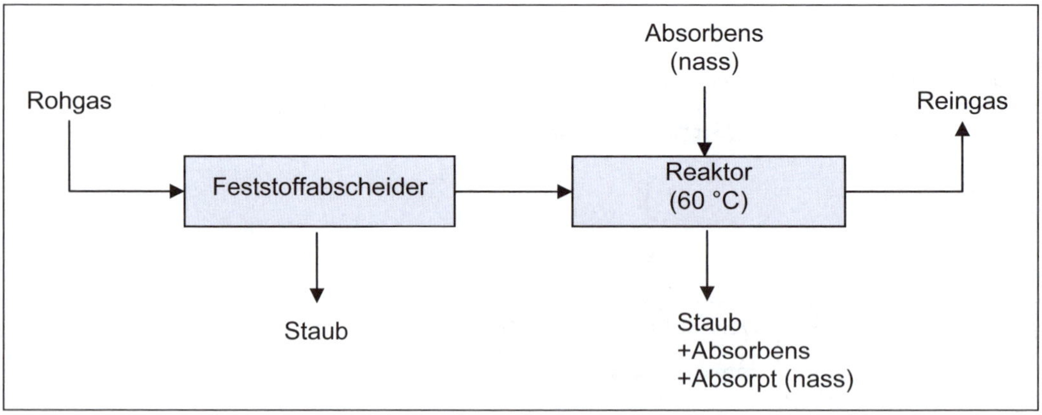

Abb. 77: Nasse Rauchgasreinigung

5.2.4.3 Aktivkohlefilter

Aktivkohle ist eine poröse Kohle mit außerordentlich hoher Oberfläche (bis zu 1 000 m^2/g) und einem hohen Adsorptionsvermögen. An Aktivkohlefiltern scheiden sich eine große Anzahl verschiedener Schadstoffe ab. Neben organischen Verbindungen, Schwefeldioxid, Halogenen und Schwermetallen wird auch das akut toxische Dioxin an den Aktivkohleadsorbern abgeschieden. Nachteilig wirken sich allerdings die hohen Kosten, der große Platzbedarf und die entsprechend großen Mengen an belasteter Aktivkohle aus, die im Feuerraum verbrannt werden müssen.

5.2.4.4 Entstickung

Die Reduktion der Stickoxid-Konzentration im Rauchgas kann sowohl durch stickstoffarmen Müllinput als auch durch katalytische oder nicht katalytische Verfahren erreicht werden.

Die Zugabe von Ammoniak oder Harnstoff in fein verteilter Form in den Verbrennungsraum und anschließende Reaktion mit den Stickoxiden bei 900 bis 1 100 °C zu Stickstoff und Wasserdampf wird selektive nicht katalytische Reduktion (SNCR) genannt. Für eine vollständige Umsetzung muss Ammoniak im Überschuss zugegeben werden, was eine Ammoniakbelastung des Rauchgases (NH_3-Schlupf) herbeiführt. Bei zu hohen Temperaturen besteht sogar die Gefahr, dass sich Ammoniak mit dem Umgebungssauerstoff zu Stickoxiden umsetzt.

Die selektive katalytische Reduktion (SCR) der Stickoxide findet an einem Titandioxid-Katalysator (dotiert mit V_2O_5 und WO_3) bei 280 bis 350 °C statt. Sie wird meistens als letzte Stufe eingesetzt, weil dann bereits katalysatorschädigende Schwermetalle entfernt sind. Allerdings muss das nur noch 100 °C warme Rauchgas auf die erforderliche Reaktionstemperatur erhitzt werden, was einen höheren Energieverbrauch zur Folge hat.

5.2.5 Umweltauswirkungen

Die Diskussion der verschiedenen Verbrennungsverfahren hat gezeigt, dass eine Reihe von negativen Umweltauswirkungen auftreten können. Dazu zählen:

- hoher Energiebedarf,
- Bildung schadstoffhaltiger Schlacken und Prozesswässer,
- Emission von Stickoxiden, sauren und alkalischen Gasen,
- Bildung explosionsgefährlicher Gasgemische,
- Austrag an Schwermetallen,
- Staubbildung,
- Dioxin- und Furanbildung und
- Notwendigkeit der Deponierung von Rauchgasreinigungsrückständen und Filterstäuben.

5.3 Deponierung

Die Deponierung von Abfällen ist die zeitlich unbegrenzte, geordnete und kontrollierte Ablagerung. In den 1950er- und 1960er-Jahren gab es zunächst **wilde Deponien**, die ohne behördliche Genehmigung angelegt worden waren. Heute wäre diese Art der illegalen Ablagerung von Abfällen strafbar.

Mitte der 1970er-Jahre wurden dann so genannte **ungeordnete Deponien** von den Kommunen genehmigt; sie waren jedoch mit keinerlei Schutzmaßnahmen versehen und sind aus heutiger Sicht oftmals altlastenverdächtige Standorte.

Die **geordneten Deponien** schließlich sind behördlich genehmigt und mit Schutzmaßnahmen hinsichtlich

- Gewässerschutz,
- Immissionsschutz,
- Landschaftsschutz

versehen.

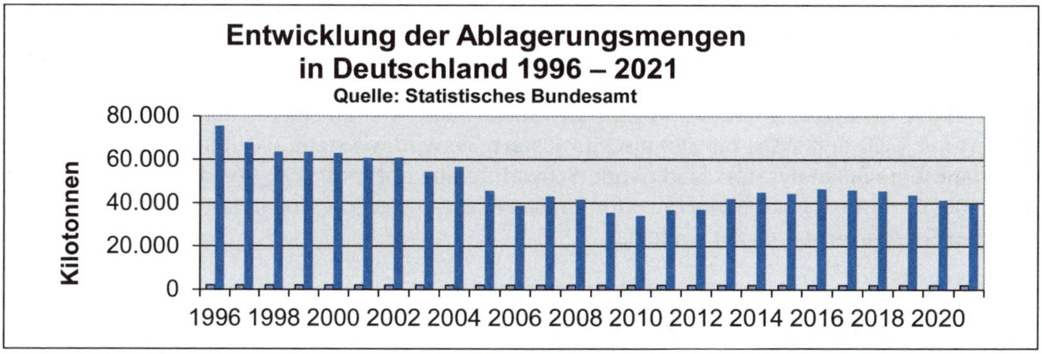

Abb. 78: Entwicklung der Ablagerungsmengen

Die Entwicklung der Ablagerungsmengen in Deutschland zeigt seit dem Jahr 2010 einen leichten Anstieg und dann einen Rückgang auf 39 756 Kilotonnen im Jahr 2021. Die Bedeutung der Abfalldeponierung nahm in den letzten Jahren ab. Inwieweit sich die neue Ersatzbaustoffverordnung auf die abzulagernden Abfallmengen auswirken wird, bleibt abzuwarten.

Je nachdem, ob Abfälle oberhalb oder unterhalb der Erdoberfläche abgelagert werden, unterscheidet man zwischen

- Oberirdischen Deponien und
- Untertagedeponien.

Informationen über

- die Errichtung, den Betrieb, die Stilllegung und die Nachsorge von Deponien,
- die Behandlung von Abfällen zum Zwecke der Ablagerung auf Deponien und des Einsatzes als Deponieersatzbaustoff,
- die Ablagerung von Abfällen auf Deponien,
- den Einsatz von Abfällen als und zur Herstellung von Deponieersatzbaustoff,

- die Errichtung, den Betrieb, die Stilllegung und die Nachsorge von Langzeitlagern sowie
- die Lagerung von Abfällen in Langzeitlagern

findet man in der **Verordnung über Deponien und Langzeitlager (Deponieverordnung – DepV)** vom 27. April 2009 (BGBl. I S. 900), zuletzt geändert am 09. Juli 2021 (BGBl. I S. 2598).

Die Deponieverordnung unterscheidet fünf Deponieklassen:

- Deponieklasse 0 (DK 0):
  Oberirdische Deponie für Inertabfälle, die die Zuordnungskriterien nach Anhang 3 Nummer 2 für die Deponieklasse 0 einhalten.
- Deponieklasse I (DK I):
  Oberirdische Deponie für Abfälle, die die Zuordnungskriterien nach Anhang 3 Nummer 2 für die Deponieklasse I einhalten.
- Deponieklasse II (DK II):
  Oberirdische Deponie für Abfälle, die die Zuordnungskriterien nach Anhang 3 Nummer 2 für die Deponieklasse II einhalten.
- Deponieklasse III (DK III):
  Oberirdische Deponie für nicht gefährliche Abfälle und gefährliche Abfälle, die die Zuordnungskriterien nach Anhang 3 Nummer 2 für die Deponieklasse III einhalten.
- Deponieklasse IV (DK IV):
  Untertagedeponie, in der Abfälle in einem Bergwerk mit eigenständigem Ablagerungsbereich, der getrennt von einer Mineralgewinnung angelegt ist, oder in einer Kaverne, vollständig im Gestein eingeschlossen, abgelagert werden.

Innerhalb der Anforderungen an die Deponien wird zwischen den Deponieklassen 0, I, II, und III (oberirdisch) einerseits sowie der Deponieklasse IV (Untertage) andererseits unterschieden.

Eine Monodeponie ist gemäß Deponieverordnung eine Deponie oder ein Deponieabschnitt der Deponieklasse 0, I, II, III oder IV, in der oder in dem ausschließlich spezifische Massenabfälle, die nach Art, Schadstoffgehalt und Reaktionsverhalten ähnlich und untereinander verträglich sind, abgelagert werden.

5.3.1 Oberirdische Deponien

Die Anforderungen, die an oberirdische Deponien gestellt werden, sind abhängig von den Gefahreigenschaften der dort abzulagernden Abfälle. Mit der Reform des bundesdeutschen Deponierechts im Jahr 2009 wurden die Anforderungen an die fünf verschiedenen Deponieklassen in der Deponieverordnung zusammengefasst. Die Deponieklassen 0 bis III stellen die oberirdischen Deponien dar.

Die Bezeichnungen „Siedlungsabfalldeponien“ für die Deponieklassen II und III und „Sonderabfalldeponie“ für die Deponieklasse IV sind historisch bedingt. Die Zuordnung des Abfalls zu den jeweiligen Deponieklassen erfolgt ausschließlich über die Zuordnungskriterien des Anhangs 3 Nummer 2 der Deponieverordnung, so dass im Weiteren nur mit dem Begriff „Deponieklasse“ gearbeitet wird.

5.3.1.1 Deponieklassen 0, I, II und III

Die Deponieverordnung legt für die oberirdische Ablagerung von Abfällen Zuordnungskriterien fest. Grundsätzlich sind an die oberirdischen Deponien folgende Anforderungen zu stellen:

- Einhaltung der Annahmekriterien nach Anhang 3 Nummer 2 DepV,
- keine erhebliche Emissionsbelästigung für die Nachbarschaft.

Grundsätzlich muss durch

- geeignete Standortwahl,
- geeignete Deponieabdichtungssysteme,
- geeignete Einbautechnik der Abfälle,
- Einhaltung der Zuordnungswerte nach Anhang 3 Nummer 2 DepV

ein Barrieresystem geschaffen und die Möglichkeit zur Freisetzung von Schadstoffen nach dem Stand der Technik minimiert werden.

Standort

Die Standortwahl richtet sich zunächst nach den landschaftlichen Bedingungen im Umkreis der geplanten Deponiefläche. Bei der Wahl des Standortes ist insbesondere Folgendes zu beachten:

1. geologische und hydrogeologische Bedingungen des Gebietes einschließlich eines permanent zu gewährleistenden Abstandes der Oberkante der geologischen Barriere vom höchsten zu erwartenden freien Grundwasserspiegel von mindestens 1 m;
2. besonders geschützte oder schützenswerte Flächen wie Trinkwasser- und Heilquellenschutzgebiete, Wasservorranggebiete, Wald- und Naturschutzgebiete, Biotopflächen;
3. ausreichender Schutzabstand zu sensiblen Gebieten wie z. B. zu Wohnbebauungen, Erholungsgebieten;
4. Gefahr von Erdbeben, Überschwemmungen, Bodensenkungen, Erdfällen, Hangrutschen oder Lawinen auf dem Gelände;
5. Ableitbarkeit gesammelten Sickerwassers im freien Gefälle.

Untergrund einer Deponie

Der Untergrund einer Deponie muss sämtliche bodenmechanischen Belastungen aus der Deponie aufnehmen können. Auftretende Setzungen dürfen keine Schäden am Basisabdichtungs- und Sickerwassersammelsystem verursachen.

Die Anforderungen an eine „geologische Barriere" sind erfüllt, wenn der Untergrund

- eine geringe Durchlässigkeit,
- eine Mächtigkeit und Homogenität sowie
- ein Schadstoffrückhaltevermögen

aufweist, sodass eine Schadstoffausbreitung aus der Deponie behindert wird. Damit soll eine schädliche Verunreinigung des Grundwassers bzw. seine nachteilige Veränderung vermieden werden.

Zu den mineralischen Schichten, die dieser Anforderung genügen, gehören beispielsweise Tonschichten. Gegebenenfalls müssen durch technische Maßnahmen (Auffüllung mit Mineralien) die geforderten Voraussetzungen geschaffen, vervollständigt oder verbessert werden.

Die Mindestdicke der geologischen Barriere kann auf 0,5 m reduziert werden, wenn über eine geringere Wasserdurchlässigkeit die gleiche Schutzwirkung erzielt wird.

Sollte eine Deponie über keine geologische Barriere verfügen, muss über technische Maßnahmen eine Mindestdicke von 1,00 m erzielt werden.

Durchlässigkeitsbeiwert k

Die Durchlässigkeit eines Lockergesteins wird mit dem **Durchlässigkeitsbeiwert k** (m/s) beschrieben. Der **Durchlässigkeitsbeiwert** ist eine Größe, die den Widerstand eines Gesteins beschreibt, das vom Wasser durchflossen wird. Er hängt insbesondere von der Dichte und Viskosität des Wassers sowie von der Ausbildung der Poren und der Klüfte des Gesteins ab.

Grundwasserfließgeschwindigkeiten in mineralischen Schichten		
Mineralschicht	**k-Wert**	**Durchlässigkeit (DIN 18130-1)**
Kies	10^{-1} bis 10^{-2} m/s	stark durchlässig
Grober Sand	10^{-3} m/s	stark durchlässig
Mittelkörniger Sand	10^{-3} bis 10^{-4} m/s	stark durchlässig
Feiner Sand	10^{-4} bis 10^{-5} m/s	durchlässig
Schluffiger Sand	10^{-5} bis 10^{-7} m/s	durchlässig/gering durchlässig
Toniger Schluff	10^{-6} bis 10^{-9} m/s	gering/sehr gering durchlässig
Ton	$< 10^{-9}$ m/s	sehr gering durchlässig

Errichtung

Die Deponien oder Deponieabschnitte sind im Ablagerungsbereich mit Deponieabdichtungssystemen auszustatten; das Sickerwasser muss in einer Sickerwasserbehandlungsanlage aufbereitet werden.

Die Deponieabdichtung erfolgt in zwei Bereichen des Deponiekörpers:

- im Basisbereich (Deponiebasisabdichtungssystem) und
- im Oberflächenbereich (Deponieoberflächenabdichtungssystem).

Die Abdichtung im Basisbereich des Deponiekörpers erfolgt, um ein Eindringen des schadstoffbelasteten Deponiesickerwassers in grundwasserführende Schichten und deren Kontamination zu verhindern. Die Versiegelung der Deponieoberfläche mit einem Abdichtungssystem nach Verfüllung mit Deponiematerial soll ein Eindringen von und Durchströmen des Deponiekörpers mit Regenwasser und die Bildung von Sickerwasser verhindern. Solange innerhalb der Deponie eine Gasbildung stattfindet, ist eine aus Sickerwassersicht wünschenswerte Oberflächenabdichtung der Deponie nicht empfehlenswert.

Qualitätsmanagementplan

Es ist ein Qualitätsmanagementplan nach den Grundsätzen des Qualitätsmanagements*) aufzustellen, der

- die speziellen Elemente der Qualitätssicherung,
- die Zuständigkeit und
- die sachlichen Mittel und Tätigkeiten

festlegt.

Inhalt dieses Qualitätsmanagementplanes sollte sein:

- Festlegung der speziellen Elemente des Qualitätsmanagements sowie die Verantwortlichkeiten, sachlichen Mittel und Tätigkeiten,
- Einhaltung der Qualitätsmerkmale der Deponieabdichtungssysteme.

Deponiebasisabdichtungssystem

Das Deponiebasisabdichtungssystem wird auf der Sohle und den Böschungsflächen oberhalb der geologischen Barriere errichtet.

Aufbau der geologischen Barriere und des Basisabdichtungssystems (Anhang 1 Tabelle 1 der Deponieverordnung vom 27. April 2009)				
System-Komponente	**DK 0**	**DK I**	**DK II**	**DK III**
Geologische Barriere[1)]	$k \leq 1 \times 10^{-7}$ m/s $d \geq 1{,}00$ m	$k \leq 1 \times 10^{-9}$ m/s $d \geq 1{,}00$ m	$k \leq 1 \times 10^{-9}$ m/s $d \geq 1{,}00$ m	$k \leq 1 \times 10^{-9}$ m/s $d \geq 5{,}00$ m
Erste Abdichtungskomponente[2)]	nicht erforderlich	erforderlich	erforderlich	erforderlich
Zweite Abdichtungskomponente[2)]	nicht erforderlich	nicht erforderlich	erforderlich	erforderlich
Mineralische Entwässerungsschicht[3)], Körnung gemäß DIN 19667	$d \geq 0{,}30$ m	$d \geq 0{,}50$ m	$d \geq 0{,}50$ m	$d \geq 0{,}50$ m

1) Der Durchlässigkeitsbeiwert k ist bei einem Druckgradienten $i = 30$ (Laborwert nach DIN EN ISO 17892-11, Ausgabe Mai 2019, Geotechnische Erkundung und Untersuchung – Laborversuche an Bodenproben – Teil 11: Bestimmung der Wasserdurchlässigkeit (ISO 17892-11:2019) einzuhalten.

2) Werden Abdichtungskomponenten aus mineralischen Bestandteilen hergestellt, müssen diese eine Mindestdicke von 0,50 m und einen Durchlässigkeitsbeiwert von $k \leq 5 \times 10^{-10}$ m/s bei einem Druckgradienten von $i = 30$ (Laborwert nach DIN EN ISO 17892-11, Ausgabe Mai 2019, Geotechnische Erkundung und Untersuchung – Laborversuche an Bodenproben – Teil 11: Bestimmung der Wasserdurchlässigkeit (ISO 17892-11:2019) einhalten. Werden Kunststoffdichtungsbahnen als Abdichtungskomponente eingesetzt, darf ihre Dicke 2,5 mm nicht unterschreiten.

3) Wenn nachgewiesen wird, dass es langfristig zu keinem Wasseranstau im Deponiekörper kommt, kann mit Zustimmung der zuständigen Behörde bei Deponien der Klasse I, II und III die Entwässerungsschicht mit einer geringeren Schichtstärke oder anderer Körnung hergestellt werden.

*) Kapitel E5-1 der GDA-Empfehlungen des Arbeitskreises 6.1 – Geotechnik der Deponiebauwerke – der Deutschen Gesellschaft für Geotechnik e. V., 3. Auflage 1997, Ernst & Sohn Verlag, Berlin

Grundsätzlich muss eine vertikale Durchdringung des Dichtungssystems vermieden werden. Sind zwei Abdichtungskomponenten erforderlich, sollen diese aus einer Konvektionssperre (Kunststoffdichtungsbahn oder Asphaltdichtung) über einer mineralischen Komponente bestehen. Die mineralische Komponente muss mehrlagig hergestellt werden.

Deponieoberflächenabdichtungssystem

Ist ein Deponieabschnitt vollständig mit Abfällen verfüllt, ist auf dem Deponiekörper ein Oberflächenabdichtungssystem aufzubringen. Die Ausführung muss für die Dauer der Nachsorge (eventuell mehrere Jahrzehnte bis zur Entlassung aus der Nachsorgepflicht durch die zuständige Behörde) die Möglichkeit der Lokalisation und der Reparatur von Undichtigkeiten gewährleisten.

Das Oberflächenabdichtungssystem besteht aus maximal folgenden Schichten:

1. Trag- und Ausgleichsschicht,
2. Gasdränschicht,
3. Erste Abdichtungskomponente,
4. Zweite Abdichtungskomponente,
5. Dichtungskontrollsystem,
6. Entwässerungsschicht (d = 0,30 m, k = 1 x 10^{-3} m/s, Gefälle > 5 %),
7. Rekultivierungsschicht oder technische Funktionsschicht.

Für die Rekultivierungsschicht gilt:

- Dicke ≥ 1 m; aus kulturfähigem Boden mit geeignetem Bewuchs,
- nutzbare Feldkapazität von mindestens 140 mm,
- Schutz gegen Wind- und Wassererosion durch Bewuchs,
- Erreichen einer hohen Verdunstung von Wasser aus der Tier- und Pflanzenwelt (Evapotranspiration),
- Minimierung der Infiltration von Niederschlagswasser in das Entwässerungssystem durch Wahl geeigneten Bewuchses; er soll die Deponie homogen in das Landschaftsbild eingliedern und über die Pflanzen die Verdunstung der Niederschlagswässer fördern.

Sollte die Deponieoberfläche nach endgültiger Stilllegung als Verkehrsfläche, Parkplatz, zur Bebauung oder ähnlich genutzt werden, kann die Rekultivierungsschicht durch eine technische Funktionsschicht ersetzt werden. Für diese Schicht gilt:

- Dicke nach den Schutzerfordernissen der darunterliegenden Systemkomponenten bemessen;
- das eingesetzte Material darf das in der Entwässerungsschicht gefasste Wasser nicht nachteilig kontaminieren;
- nach Aufgabe der technischen Funktionsschicht ist die Fläche für eine natürliche Funktion des Standortes herzustellen.

Aufbau des Oberflächenabdichtungssystems (Anhang 1 Tabelle 2 der Deponieverordnung vom 27. April 2009)					
Nr.	**Systemkomponente**	**DK 0**	**DK I[5]**	**DK II[6]**	**DK III**
1	Trag- und Ausgleichsschicht[1]	nicht erforderlich	ggf. erforderlich[7]	ggf. erforderlich[7]	ggf. erforderlich[7]
2	Gasdränschicht[1]	nicht erforderlich	nicht erforderlich	ggf. erforderlich[8]	ggf. erforderlich[8]
3	Erste Abdichtungskomponente	nicht erforderlich	erforderlich[2]	erforderlich[2]	erforderlich[3]
4	Zweite Abdichtungskomponente	nicht erforderlich	nicht erforderlich	erforderlich[2]	erforderlich[3]
5	Dichtungskontrollsystem	nicht erforderlich	nicht erforderlich	nicht erforderlich	erforderlich
6	Entwässerungsschicht[4] $d \geq 0{,}30$ m, $k \geq 1 \times 10^{-3}$ m/s, Gefälle > 5 %	nicht erforderlich	erforderlich	erforderlich	erforderlich
7	Rekultivierungsschicht/ technische Funktionsschicht	erforderlich	erforderlich	erforderlich	erforderlich

1) Die Trag- und Ausgleichsschicht kann bei ausreichender Gasdurchlässigkeit und Dicke die Funktion der Gasdränschicht nach Nummer 2 mit erfüllen.

2) Werden Abdichtungskomponenten aus mineralischen Materialien verwendet, darf deren rechnerische Permeationsrate bei einem permanenten Wasserstau von 0,30 m nicht größer sein als die einer 50 cm dicken mineralischen Dichtung mit einem Durchlässigkeitsbeiwert von $k \leq 5 \times 10^{-9}$ m/s (Laborwert nach DIN EN ISO 17892-11, Ausgabe Mai 2019, Geotechnische Erkundung und Untersuchung – Laborversuche an Bodenproben – Teil 11: Bestimmung der Wasserdurchlässigkeit (ISO 17892-11:2019); bei einem Druckgradienten von $i = 30$). Abweichend von Satz 1 können mineralische Abdichtungskomponenten, deren Wirksamkeit nicht mit Durchlässigkeitsbeiwerten beschrieben werden kann, eingesetzt werden, wenn sie im fünfjährigen Mittel nicht mehr als 20 mm/Jahr Durchsickerung aufweisen. Werden Kunststoffdichtungsbahnen als Abdichtungskomponente eingesetzt, darf ihre Dicke 2,5 mm nicht unterschreiten.

3) Werden Abdichtungskomponenten aus mineralischen Materialien verwendet, darf deren rechnerische Permeationsrate bei einem permanenten Wasserstau von 0,30 m nicht größer sein als die einer 50 cm dicken mineralischen Dichtung mit einem Durchlässigkeitsbeiwert von $k \leq 5 \times 10^{-10}$ m/s (Laborwert nach DIN EN ISO 17892-11, Ausgabe Mai 2019, Geotechnische Erkundung und Untersuchung – Laborversuche an Bodenproben – Teil 11: Bestimmung der Wasserdurchlässigkeit (ISO 17892-11:2019); bei einem Druckgradienten von $i = 30$). Abweichend von Satz 1 können mineralische Abdichtungskomponenten, deren Wirksamkeit nicht mit Durchlässigkeitsbeiwerten beschrieben werden kann, eingesetzt werden, wenn sie im fünfjährigen Mittel nicht mehr als 10 mm/Jahr Durchsickerung aufweisen. Werden Kunststoffdichtungsbahnen als Abdichtungskomponente eingesetzt, darf ihre Dicke 2,5 mm nicht unterschreiten.

[4] Die zuständige Behörde kann auf Antrag des Deponiebetreibers Abweichungen von Mindestdicke, Durchlässigkeitsbeiwert und Gefälle der Entwässerungsschicht zulassen, wenn nachgewiesen wird, dass die hydraulische Leistungsfähigkeit der Entwässerungsschicht und die Standsicherheit der Rekultivierungsschicht dauerhaft gewährleistet sind.

[5] Anstelle der Abdichtungskomponente, der Entwässerungsschicht und der Rekultivierungsschicht kann eine als Wasserhaushaltsschicht ausgeführte Rekultivierungsschicht zugelassen werden, wenn abweichend von den Anforderungen nach Anhang 1 Nummer 2.3.1.1 Ziffer 3 DepV der Durchfluss durch die Wasserhaushaltsschicht im fünfjährigen Mittel nicht mehr als 20 mm/Jahr spätestens fünf Jahre nach Herstellung beträgt.

[6] Anstelle der zweiten Abdichtungskomponente und der Rekultivierungsschicht kann eine als Wasserhaushaltsschicht nach Anhang 1 Nummer 2.3.1.1 DepV bemessene Rekultivierungsschicht eingebaut werden. Wird die erste Abdichtungskomponente als Konvektionssperre ausgeführt, kann anstelle der zweiten Abdichtungskomponente auch ein Kontrollsystem für die Konvektionssperre eingebaut werden. In diesem Fall ist im Bereich von Stellen, an denen das Dränwasser gesammelt und abgeleitet wird, unmittelbar unter der Konvektionssperre eine zweite Abdichtungskomponente einzubauen oder gleichwertige Systeme vorzusehen. Die Sätze 1 bis 3 gelten bei Deponien oder Deponieabschnitten, auf denen Hausmüll, hausmüllähnliche Gewerbeabfälle, Klärschlämme und andere Abfälle mit hohen organischen Anteilen abgelagert worden sind, mit der Maßgabe, dass der Deponiebetreiber Maßnahmen nach § 25 Absatz 4 DepV zur Beschleunigung biologischer Abbauprozesse und zur Verbesserung des Langzeitverhaltens nachweislich erfolgreich durchführt oder durchgeführt hat.

[7] Das Erfordernis richtet sich nach Anhang 1 Nummer 2.3 Satz 2 DepV.

[8] Das Erfordernis richtet sich nach Anhang 5 Nummer 7 DepV.

Sickerwasserbehandlung

Der Deponiebetreiber hat den Anfall von Sickerwasser so gering zu halten, wie dies nach dem Stand der Technik möglich ist. Wird eine Entwässerungsschicht errichtet, hat der Deponiebetreiber das anfallende Sickerwasser zu fassen und zu kontrollieren.

Gefasstes Sickerwasser und eventuelle Rückstände aus einer Sickerwasserreinigung sind ordnungsgemäß unter Beachtung von Anhang 51 der Abwasserverordnung (AbwV) zu entsorgen, soweit es nicht in den Deponiekörper infiltriert wird.

Anforderungen an das Deponiesickerwasser für die Einleitungsstelle in das Gewässer (Anhang 51 der Abwasserverordnung vom 17. Juni 2004)		
	Qualifizierte Stichprobe oder 2-Stunden-Mischprobe	
Chemischer Sauerstoffbedarf (CSB)	mg/l	200
Biochemischer Sauerstoffbedarf in fünf Tagen (BSB_5)	mg/l	20
Stickstoff, gesamt, als Summe aus Ammonium-, Nitrit- und Nitratstickstoff (N_{ges})	mg/l	70
Phosphor, gesamt	mg/l	3
Kohlenwasserstoffe, gesamt	mg/l	10
Stickstoff aus Nitrit (NO_2-N)	mg/l	2
Giftigkeit gegenüber Fischeiern (G_{Ei})		2

Stabilität des Deponiekörpers

Bei der Herstellung des Deponiekörpers ist auf Stabilität in Bezug auf sich selber und auf die Umgebung zu achten. Prognoserechnungen hinsichtlich des potenziellen Verhaltens des Deponiekörpers sind vorzunehmen. Annahmen, die in die Rechnungen einfließen, müssen alle zwei Jahre überprüft werden. Die Ergebnisse sind den Jahresauswertungen der Eigenkontrollen beizufügen.

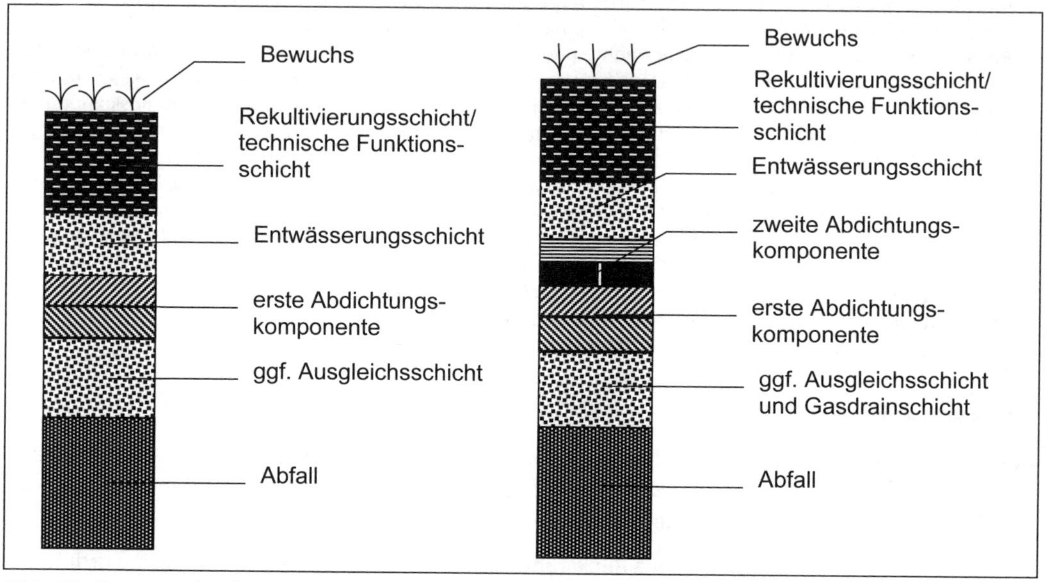

Abb. 79: Deponieoberflächenabdichtungssysteme: Deponieklasse I (links); Deponieklasse II (rechts)

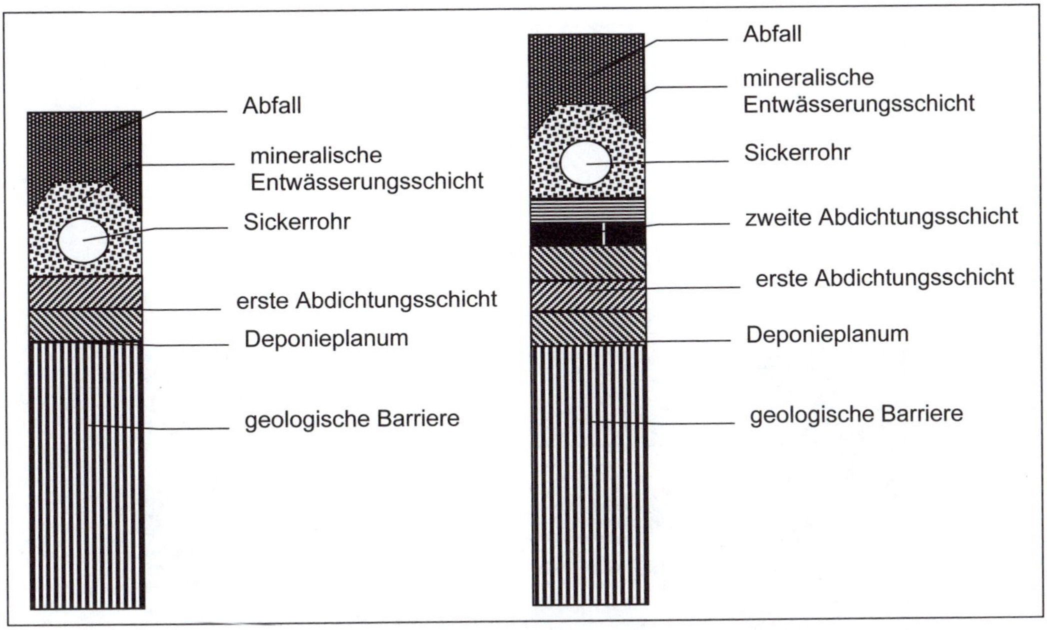

Abb. 80: Deponiebasisabdichtungssysteme: Deponieklasse I (links); Deponieklasse II (rechts)

5.3.2 Untertagedeponien (UTD) – Deponieklasse IV

Neben der Lagerung von Abfällen auf Deponien an der Erdoberfläche besteht grundsätzlich die Möglichkeit, Abfälle in unterirdische Abbauhohlräume einzulagern, um sie dort in mehreren hundert Metern Tiefe den oberflächennahen hydrologischen und biologischen Kreisläufen zu entziehen.

Zwei Typen von Untertagedeponien werden unterschieden:

- Bergwerke im Salzgestein (UTD-Typ 1),
- Kavernen im Salzgestein (UTD-Typ 2).

Zur Langzeitlagerung von Abfällen in Untertagedeponien müssen besondere Anforderungen an

- den Standort (Dichtigkeit des Salzgesteins gegenüber Flüssigkeiten und Gasen, ausreichende räumliche Ausdehnung, ausreichende unverritzte Salzmächtigkeit, standsichere Hohlräume, keine potenziellen Wasserwegsamkeiten, Meidung von Erdbebengebieten mit 99 %iger Wahrscheinlichkeit der Überschreitung des Erdbeben-Stärkegrades von 8 auf der MSK-Skala (MSK = Medwedjew-Sponheuer-Karnik)),
- die standortbezogene Sicherheitsbeurteilung (geotechnischer Standsicherheitsnachweis, Sicherheitsnachweis für die Ablagerungs- und Stilllegungsphase, Langzeitsicherheitsnachweis),
- die Errichtung (Fördereinrichtung, Lagerräume im Füllortbereich, Ablagerungsbereich, Versorgung der Grubenbaue mit Frischluft, Auffangbehältnisse),
- den Betrieb und
- die Stilllegung

gestellt werden.

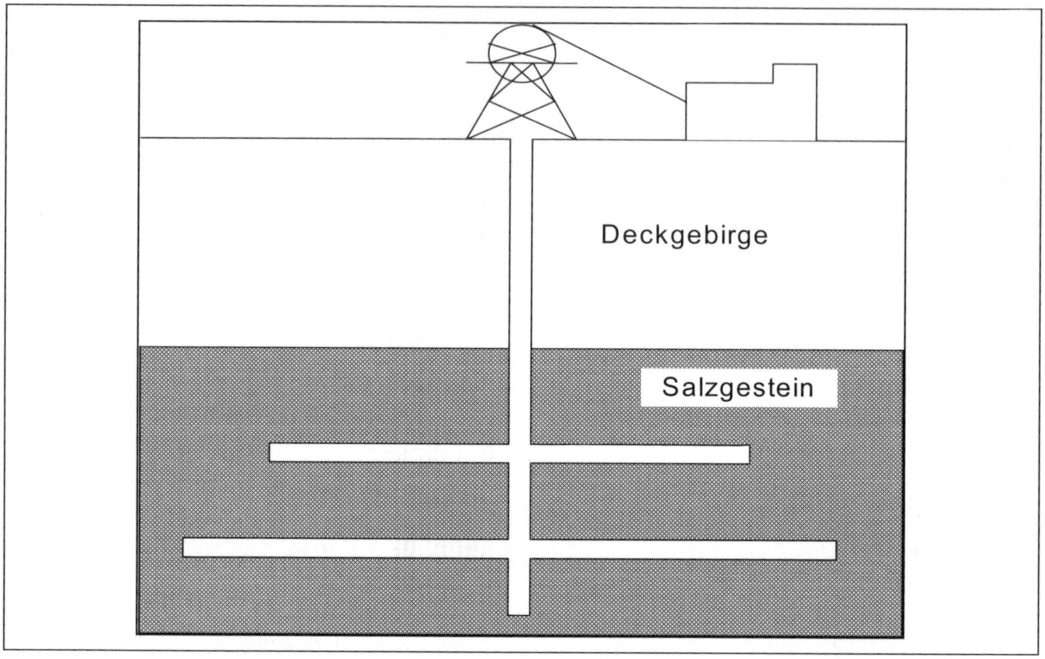

Abb. 81: Bergwerk im Salzgestein (UTD-Typ 1)

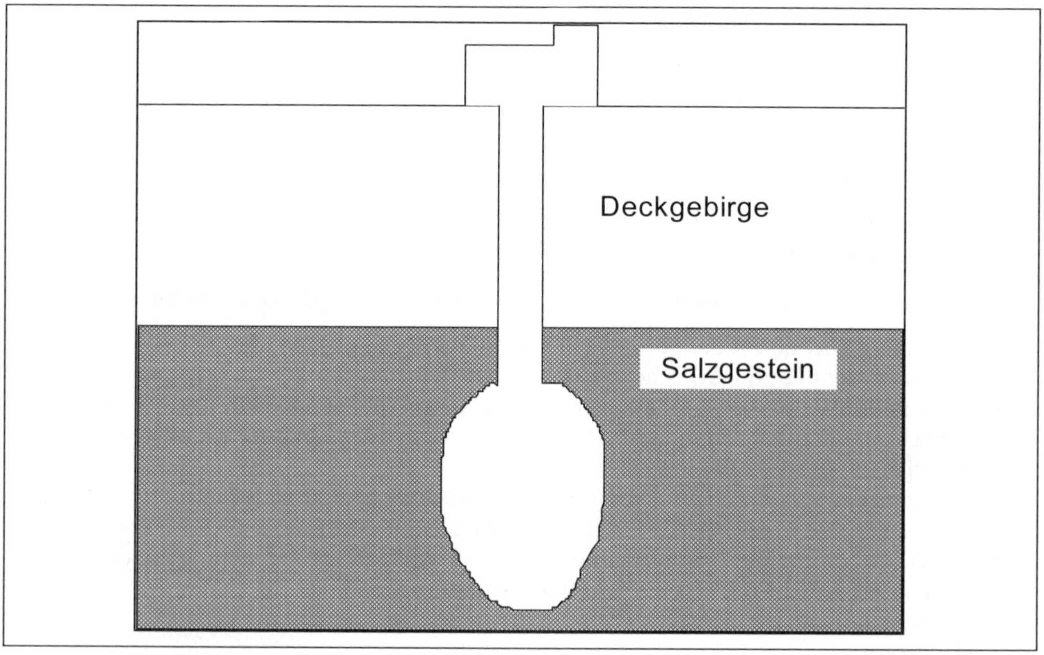

Abb. 82: Kaverne im Salzgestein (UTD-Typ 2)

Grundsätzlich weisen die beiden Untertagedeponie-Typen folgende Merkmale auf:

Merkmale von Untertagedeponie-Typ 1 und 2	
Bergwerk im Salzgestein (UTD-Typ 1)	**Kaverne im Salzgestein (UTD-Typ 2)**
geologische Barriere: Salzgestein	
dauerhafter Abschluss von der Biosphäre	
Abdichtung der Schächte im grundwasserführenden Deckgebirge	Abdichtung der Zugangsbohrung im grundwasserführenden Deckgebirge
keine Wasserhaltung erforderlich	–
während der Betriebsphase befahrbar	nicht befahrbar
Abfälle während der Betriebsphase grundsätzlich rückholbar	Abfälle nicht rückholbar
Ablagerung von Behältnissen, massigen und schüttfähigen Abfällen möglich	Ablagerung nur in leergepumpten Kavernen
getrennte Ablagerung von Abfällen möglich	getrennte Ablagerung von Abfällen nicht möglich
besondere Abdichtungsmaßnahmen im Ablagerungsbereich nicht erforderlich; Verschluss einzelner Kammern und Strecken möglich	Ablagerung von schüttfähigen und von pumpfähigen Abfällen bei „In-situ"-Verfestigung möglich
durch Verschiebungsbewegung des Salzgebirges allmähliche Umschließung der Abfälle	
dauerhaft trockene Ablagerung der Abfälle durch qualifizierten Verschluss der Schächte	dauerhaft trockene Ablagerung der Abfälle durch qualifizierten Verschluss des Kavernenhalses und der Zugangsbohrung

5.3.3 Deponiebetrieb, Abschluss und Nachsorge

5.3.3.1 Betrieb von oberirdischen Deponien

Um einen geregelten Deponiebetrieb sicherstellen zu können, muss ein Betriebsplan aufgestellt werden. Der Betriebsplan enthält alle wesentlichen Regelungen des Deponiebetriebs insbesondere

- zum Aufbau des Deponiekörpers,
- zur Fassung und Ableitung von Gas, Sickerwasser und sonstigem Abwasser,
- zu Art und Umfang der Eigenkontrollen.

Über den Aufbau jedes Deponieabschnittes ist ein Abfallkataster anzulegen. Die Grundfläche des Abschnitts sollte maximal 2 500 m^2 betragen (bei Deponien gleichbleibender Zusammensetzung auch größer).

Folgende Angaben zu den abgelagerten Abfällen oder Deponieersatzbaustoffen sind vom Betreiber im Abfallkataster zu dokumentieren:

- Masse, Abfallschlüssel und Abfallbezeichnung gemäß Anlage zur Abfallverzeichnis-Verordnung, Abfallherkunft,
- Ort der Ablagerung/des Einbaus (Angabe der Rasternummern bzw. Angabe der Ablagerungskammernummern),
- Art der Ablagerung/des Einbaus,
- Zeitpunkt der Ablagerung/des Einbaus.

Das Abfallkataster ist in den Bestandsplan aufzunehmen, das spätestens sechs Monate nach Verfüllung eines Deponieabschnittes zu erstellen ist. Im Bestandsplan ist der gesamte Deponieabschnitt einschließlich der Deponiebasisabdichtungssysteme aufzunehmen und zu dokumentieren.

Die Stabilität einer Deponie ist von außerordentlicher Bedeutung. Um Verwerfungen, Setzungen, Abrutschen von Deponiematerial, Aufbrechen und Freilegung des Deponieinneren zu verhindern, wird der Einbau von Abfällen in die Deponie genau geregelt. Eine Reihe von Punkten ist hierbei zu beachten:

- keine nachteiligen Reaktionen der Abfälle untereinander oder mit dem Sickerwasser; eventuell getrennt entwässerte Ablagerungsbereiche;
- zügige Verfüllung der einzelnen Deponieabschnitte und schnellstmöglicher Einbau des Deponieoberflächenabdichtungssystems;
- unverzüglicher und verdichteter hohlraumarmer Einbau von Abfällen; möglichst geringe Setzungen;
- Sicherstellung der Deponiestabilität;
- Minimierung der Emissionen von staubförmigen und geruchsintensiven Abfällen;
- kein Einbau von exotherm mit Wasser oder anderen Abfällen reagierenden Abfällen, so dass an der Deponiebasis die Temperatur $T \leq 25$ °C beträgt.

Deponiebetreiber müssen gegenüber der zuständigen Behörde den Nachweis erbringen, dass die Anforderungen an das Deponieverhalten eingehalten werden und ein bestimmungsgemäßer Deponiebetrieb sowie die Funktionstüchtigkeit der Deponieabdichtungssysteme sichergestellt sind. Dies geschieht durch Eigenkontrollen, die während der Betriebs- und auch in der Nachsorgephase durchgeführt und ausgewertet werden. Es ist hierfür eine Mindestausrüstung an Mess- und Kontrolleinrichtungen vorzuhalten:

- Grundwasserüberwachungssystem,
- Überwachungssystem bezüglich der Setzungen und Verformungen der Deponieabdichtungssysteme und des Deponiekörpers,
- meteorologische Datenerfassung:
  - Niederschlag,
  - Temperatur,
  - Wind,
  - Verdunstung.
- Erfassung der Sickerwassermenge, der Sickerwasser- und sonstigen Wasserqualität.

Das Deponieverhalten wird durch den zeitlichen Verlauf der Parameter Sickerwassermenge und -beschaffenheit, ggf. Gasemissionen, Temperaturentwicklung, Setzungs- und Verformungsverhalten des Deponiekörpers, beschrieben und dokumentiert. Diese Messdaten bilden die Grundlage für den Vergleich mit den errechneten und prognostizierten Daten für den Deponiekörper und ggf. mit den getroffenen Annahmen zur Sickerwassermenge und Sickerwasserbeschaffenheit sowie den Gasemissionen.

Die Erklärung zum Deponieverhalten ist zusammen mit der Jahresübersicht vom Betreiber der zuständigen Behörde zur Prüfung vorzulegen.

Mess- und Kontrollprogramm bei Deponien während der Betriebs- und Nachsorgephase (Anhang 5 der Deponieverordnung vom 27. April 2009)			
Nr.	**Messung/Kontrolle**	**Häufigkeit/Darstellung**	
		Ablagerungs- und Stilllegungsphase	**Nachsorgephase**
1	**Meteorologische Daten**		
1.1	Niederschlagsmenge	täglich, als Tagessummenwert	täglich, summiert zu Monatswerten
1.2	Temperatur (min., max., um 14:00 Uhr MEZ/15:00 Uhr MESZ)	täglich	Monatsdurchschnittswert
1.3	Windrichtung und -geschwindigkeit des vorherrschenden Windes	täglich	nicht erforderlich
1.4	Verdunstung	täglich	täglich, summiert zu Monatswerten
2	**Emissionsdaten**		
2.1	Sickerwassermenge	täglich, als Tagessummenwert	halbjährlich
2.2	Zusammensetzung des Sickerwassers[1)]	vierteljährlich	halbjährlich
2.3	Menge und Zusammensetzung des Oberflächenwassers[1)]	vierteljährlich	halbjährlich
2.4	aktiv gefasste Gasmenge und Zusammensetzung (CH_4, CO_2, O_2, N_2, ausgewählte Spurengase)	Gasmenge täglich, als Tagessummenwert; Zusammensetzung einmal monatlich; ausgewählte Spurengase einmal halbjährlich	Gasmenge wöchentlich, als Halbjahressummenwert; Zusammensetzung einmal halbjährlich
2.5	Wirksamkeitskontrollen der Entgasung	wöchentlich bzw. halbjährlich	halbjährlich
2.6	Geruchsemissionen	bei Geruchsproblemen	bei Geruchsproblemen

Mess- und Kontrollprogramm bei Deponien während der Betriebs- und Nachsorgephase (Anhang 5 der Deponieverordnung vom 27. April 2009) *(Forts.)*			
Nr.	**Messung/Kontrolle**	**Häufigkeit/Darstellung**	
		Ablagerungs- und Stilllegungsphase	**Nachsorgephase**
3	**Grundwasserdaten**		
3.1	Grundwasserstände	halbjährlich[3)]	halbjährlich[3)]
3.2	Grundwasserbeschaffenheit/ Kontrolle der Auslöseschwellen[4)]	vierteljährlich	halbjährlich
4	**Daten zum Deponiekörper**		
4.1	Setzungsmessungen und Stabilitätsuntersuchungen[5) 6)]	jährlich	jährlich
4.2	Struktur und Zusammensetzung des Deponiekörpers[7)]	jährlich	
5	**Abdichtungssysteme**		
5.1	Verformung des Basisabdichtungssystems	jährlich	jährlich
5.2	Prüfung der Entwässerungsleitungen und der zugehörigen Schächte durch Kamerabefahrungen	jährlich	jährlich
5.3	Temperaturen im Deponiebasisabdichtungssystem[9)]	standortspezifische Häufigkeit	standortspezifische Häufigkeit
5.4	Funktionsfähigkeit und Verformung des Oberflächenabdichtungssystems	jährlich[2)]	jährlich
5.5	Dichtungskontrollsystem	vierteljährlich	vierteljährlich
6	**Untertagedeponie Höhenlage der Oberkante der Verfüllsäule nach DepV, Anhang 2 Nummer 3.2**	nicht relevant	jährlich[10)]

1) Die zu messenden Parameter sind in der Deponiezulassung festzulegen. Mit Ausnahme der Häufigkeit der Kontrollen ist die LAGA-Mitteilung 28 „Technische Regeln für die Überwachung von Grund-, Sicker- und Oberflächenwasser sowie oberirdischer Gewässer bei Deponien" (Stand April 2019, redaktionell ergänzt November 2019, abrufbar unter https://www.laga-online.de/Publikationen-50-Mitteilungen.html), zu beachten.

2) Organoleptische Kontrollen sind an noch offenen Deponieabschnitten wöchentlich vom Deponiebetreiber durchzuführen. An temporär oder endgültig abgedeckten oder abgedichteten Deponieabschnitten oder Deponien hat der Deponiebetreiber die Wirksamkeit einer eventuellen Entgasung oder der Restgasoxidation halbjährlich mittels Messungen mit Flammenionisationsdetektor, Laser-Absorptionsspektrometrie oder mittels anderer gleichwertiger Verfahren auf der Deponieoberfläche und an Gaspegeln im näheren Deponieumfeld zu kontrollieren.

[3] Die Grundwasserstände sind mindestens bei jeder Probenahme für die Bestimmung der Grundwasserbeschaffenheit zu messen. Bei stark schwankendem Grundwasserspiegel sind die Messungen häufiger vorzunehmen.

[4] Es ist eine Nullmessung vor dem Beginn der Ablagerungsphase durchzuführen, die mindestens die Parameter des zu erwartenden Sickerwassers umfasst. Danach ergeben sich die zu messenden Parameter aufgrund der Zusammensetzung des Sickerwassers und der Grundwasserqualität. Die Untersuchungen für Nummer 3.2 sind von Prüflaboratorien durchzuführen, die für die betreffenden Untersuchungen nach DIN EN ISO/IEC 17025: 2018-03 (Allgemeine Anforderungen an die Kompetenz von Prüf- und Kalibrierlaboratorien) akkreditiert und gegebenenfalls nach landesspezifischen Vorgaben notifiziert oder anerkannt sind. Die von der Länderarbeitsgemeinschaft Abfall herausgegebenen Technischen Regeln für die Überwachung von Grund-, Sicker- und Oberflächenwasser sowie oberirdischer Gewässer bei Deponien (LAGA Mitteilung 28, Stand April 2019, redaktionell ergänzt November 2019, abrufbar unter https://www.laga-online.de/Publikationen-50-Mitteilungen.html), sind zu beachten.

[5] Setzungsmessungen sind an repräsentativen Schnitten der Deponie durchzuführen.

[6] Die Messergebnisse müssen auch bei einem Wechsel des Messverfahrens miteinander verglichen werden können und als Zeitreihen der Höhenlinien darstellbar sein. Bei größeren Abweichungen von den Setzungsprognosen sind die Ursachen zu klären und die Prognosen zu korrigieren.

[7] Daten für den Bestandsplan der betreffenden Deponie: Fläche, die mit Abfällen bedeckt ist, Volumen und Zusammensetzung der Abfälle, Arten der Ablagerung, Zeitpunkt und Dauer der Ablagerung, Berechnung der noch verfügbaren Restkapazität der Deponie.

[8] Höhenvermessungen der Sickerrohre im Entwässerungssystem oder in speziell für diesen Zweck verlegten Rohren.

[9] Durchgehende Temperaturprofile des Rohrmaterials gemessen am Scheitel der Sickerrohre; bis zu 5 m Überdeckung alle sechs Monate, danach nur noch bei Vorkommnissen, durch die es zu einer wesentlichen Erwärmung des Deponiekörpers kommt wie Deponiebränden, Deponiebelüftung.

[10] Nach 20 Jahren ohne auffälligen Befund genügt eine fünfjährliche Kontrolle.

5.3.3.2 Abschluss und Nachsorge von oberirdischen Deponien

Nach der Stilllegung von oberirdischen Deponien ist der Betreiber aus seiner Pflicht noch nicht entlassen. Vielmehr müssen Maßnahmen zum Abschluss und zur Nachsorge der Deponie durchgeführt werden. Diese Maßnahmen sind so lange zu erledigen, bis von der Deponie keine Gefahr mehr für die Umwelt ausgehen und deshalb die zuständige Behörde den Deponiebetreiber schließlich aus der Nachsorgepflicht entlassen kann.

Der Abschluss der Deponie – oder eines Deponieabschnittes – besteht aus folgenden Punkten:

- Abdichtung der Oberfläche und Einrichtung der Mess- und Kontrollsysteme,
- den jährlichen Erklärungen zum Deponieverhalten,
- den Jahresauswertungen der Eigenkontrollen,
- der Funktionstüchtigkeit der Deponieabdichtungssysteme und der Mess- und Kontrolleinrichtungen und
- der Betriebs- und Bestandspläne.

Nachsorgephase und deren Beendigung

Zum Zeitpunkt der Schlussabnahme durch die zuständige Behörde beginnt die Nachsorgephase der Deponie. Während dieser Zeit sind Langzeitsicherungsmaßnahmen und Kontrollen des Deponieverhaltens vorzunehmen und zu dokumentieren.

Gemäß Deponieverordnung kann die zuständige Behörde den Deponiebetreiber auf dessen Antrag von seinen Kontroll- und Überwachungspflichten befreien, wenn sie zum Schluss kommt, dass von einer Deponie der Klasse 0, I, II, III oder IV künftig keine Beeinträchtigung des Wohles der Allgemeinheit zu erwarten ist. Das ist insbesondere dann der Fall, wenn

1. biologische Abbauprozesse, sonstige Umsetzungs- oder Reaktionsvorgänge weitgehend abgeklungen sind,
2. eine Gasbildung soweit zum Erliegen gekommen ist, dass keine aktive Entgasung erforderlich ist und schädliche Einwirkungen auf die Umgebung durch Gasmigrationen ausgeschlossen werden können,
3. Setzungen soweit abgeklungen sind, dass verformungsbedingte Beschädigungen des Oberflächenabdichtungssystems für die Zukunft ausgeschlossen werden können,
4. die Oberflächenabdichtung und die Rekultivierungsschicht in einem funktionstüchtigen und stabilen Zustand sind, der durch die derzeitige und geplante Nutzung nicht beeinträchtigt werden kann; es ist sicherzustellen, dass dies auch bei Nutzungsänderungen gewährleistet ist,
5. Oberflächenwasser von der Deponie sicher abgeleitet wird,
6. die Deponie insgesamt dauerhaft standsicher ist,
7. die Unterhaltung baulicher und technischer Einrichtungen nicht mehr erforderlich ist; ein Rückbau ist gegebenenfalls erfolgt,
8. gegebenenfalls anfallendes Sickerwasser entsprechend den wasserrechtlichen Vorschriften eingeleitet werden kann und
9. die Deponie keine Grundwasserbelastungen verursacht, die eine weitere Beobachtung oder Sanierungsmaßnahmen erforderlich machen.

5.3.3.3 Betrieb von Untertagedeponien

An die Einlagerung von Abfällen unter Tage sind während des Betriebs von Deponien besondere Anforderungen zu stellen. Um langfristig ein gebirgsmechanisches Gleichgewicht zu erreichen und die Tragfähigkeit des Gebirges auf Dauer zu erhalten, sind die Hohlräume möglichst vollständig und gleichmäßig mit Abfällen aufzufüllen. Pumpfähige Abfälle müssen dahin gehend vorbereitet werden, dass sie die erforderliche Endfestigkeit in der UTD erreichen. Dazu können hydraulische Bindemittel eingesetzt werden. Bei Anwendung dieser Ablagerungstechnik ist, neben dem Vermeiden der Verstopfung der Befüllleitung, auf folgende Einflussfaktoren zu achten:

- Förderfähigkeit der Suspension,
- Verhalten der Suspension gegenüber dem Leitungsmaterial,
- die Fließeigenschaften der Suspension während der Förder- und Sedimentationszeit,
- Abbindeverhalten,
- Wärmebildung bei der Verfestigung,
- Wechselwirkung zwischen Fördermedium (Bindemittel) und Abfall sowie Suspension und Salzgestein.

Besteht die Gefahr, dass Abfälle miteinander reagieren können, sind die unterschiedlichen Abfallarten in getrennten Hohlräumen abzulagern, auch wenn sie sich in Behältnissen befinden.

Der Betrieb von Untertagedeponien des Typs 1 wird in besonderer Weise geregelt:

- sofortiger Transport von Abfällen aus dem Füllortbereich in den Ablagerungsbereich,
- Maßnahmen gegen unzulässige Emissionen und Staubentwicklung,
- Aushärten pumpfähigen Abfalls ohne Abgabe von Flüssigkeit,
- Erhaltung der dauerhaften Schutzfunktion von Behältnissen,
- Gewährleistung der Standsicherheit der gelagerten Abfälle,
- Abtrennung von verfüllten Deponieabschnitten vom übrigen Grubengebäude und Sicherung (Wetterblende, Mauern, Schnüffelrohre, loses Salz, Salzbeton).

Zusätzlich zu den Bedingungen, die an den Betrieb oberirdischer Deponien gestellt werden, wie Ablagerungsplan, Abfallkataster, Bestandsplan und Eigenkontrollen, sind

- Oberflächenkontrollen (Anlegen eines Festpunktnetzes und regelmäßige Vermessung durch ein Feinnivellement),
- Funktionstüchtigkeitskontrollen von Schacht- und Streckenfördersystemen (Rohrdicken, Aufhängung bei Schachtförderungen, beanspruchte Stellen bei Streckenförderungen),
- Emissions- und Immissionskontrollen (Gasmessung, Staubmessung, Abwetter- und Abluftmessung, Lärmmessung, Immissionsmessung über Tage),
- Kontrollen der Funktionsfähigkeit der Einrichtungen (Kontrollen und Kalibrierungen mindestens alle fünf Jahre) und
- Kontrollen der Höhenlage der Verfüllsäule (jährlich nach Beendigung der Abschlussmaßnahmen, nach 20 Jahren in Fünf-Jahres-Abständen)

durchzuführen.

5.3.3.4 Abschlussmaßnahmen in Untertagedeponien

Zweck der Abschlussmaßnahmen bei unterirdischen Deponien ist es, die dort abgelagerten Abfälle auf Dauer dem Biozyklus zuverlässig zu entziehen. Schon vor Inbetriebnahme der Deponie muss ein Abschluss als technisch möglich beurteilt worden sein. Nachdem die Planung der Maßnahmen der zuständigen Behörde vorgelegt und gebilligt worden ist, kann die Wiedernutzbarmachung des Geländes (UTD-Typ 2), der Rückbau betrieblicher Anlagenteile und im Besonderen die Verfüllung der Schächte und anderer Zugänge zur UTD ausgeführt werden. Zugänge des UTD-Typs 1 sind dauerhaft zu sichern und dürfen auch nicht wieder genutzt werden. Die Behörde prüft Unterlagen, die nach Anzeige der Beendigung der Ablagerung von Abfällen vorzulegen sind.

Für Bergwerke im Salzgestein (UTD-Typ 1) gilt speziell:

- Durchführung einer Gebirgsüberwachungs-Schlussmessung vor Beginn der Abschlussmaßnahmen,
- volles Verfüllen der Schächte,
- Festlegung des technischen Aufbaus der Verfüllsäule,
- dauerhafte Verhinderung einer Verbindung zwischen Ablagerungsbereich und Biosphäre,
- massiver Verschluss des Schachts auf der Geländeoberfläche bei kontrollierbarer Verfüllsäule,
- bei simultaner Salzgewinnung sicherer untertägiger Abschluss des Ablagerungsbereiches gegen den Gewinnungsbereich nach Beendigung der Abfalleinlagerung.

Kavernen im Salzgestein (UTD-Typ 2) haben folgende Anforderungen zu erfüllen:

- Errichtung eines Verschlussbaues im Bereich des Daches der Kaverne und des Kavernenhalses,
- Langzeitstabilität und Wartungsfreiheit des Verschlusses,
- Dichtwirkung des Verschlusses ähnlich der des Salz- bzw. Nebengesteins,
- schnelle Dichtwirkung durch schnellen Form- und Kraftschluss zwischen Verschluss und Salzgestein,
- Verschlussmaterial muss den festigkeitsmechanischen Eigenschaften der Umgebung angeglichen und der Art und Beschaffenheit der Umgebung angepasst sein,
- geringer Volumenschwund des Verschlussmaterials nach Einbringung.

5.3.4 Umweltauswirkungen von Deponien

Deponien für unbehandelte Siedlungsabfälle und gefährliche Abfälle können als große Reaktoren betrachtet werden, in denen sich biologische, chemische und physikalische Vorgänge abspielen. Biochemische Prozesse machen den Hauptteil aller Umsetzungsreaktionen in einem Deponiekörper aus und haben deshalb den größten Einfluss auf die Emissionen. Das Grundproblem, das sich, trotz aller Kontrollmaßnahmen der Deponiebetreiber, bei Betrachtung der möglichen Auswirkungen einer Deponie auf die Umwelt stellt, ist, dass

- weitgehend unbekannte Stoffe (Abfälle)
- über einen unbekannten Zeitraum
- unter unbekannten Reaktionsbedingungen
- mit teilweise unbekanntem Ausgang

miteinander reagieren.

Innerhalb einer Deponie befindet sich ein Cocktail an organischen und anorganischen festen und flüssigen Stoffen. Einige sind biologisch abbaubar und bilden über Säure- und Methangärung Deponiegase. Andere wiederum sind nicht abbaubar, werden durch Flüssigkeiten ausgelaugt und bilden Sickerwasser. Schließlich verdichten sich schwer abbaubare, schwer lösliche Stoffe zu einem künstlichen Sediment.

Exotherme Reaktionen führen zu Temperaturanstiegen; zusammen mit der Gasbildung kann es zu Druckerhöhungen innerhalb des Deponiekörpers kommen. Die Folge sind mechanische Bewegungen, Deponieeinbrüche oder auch Brände.

5.3.4.1 Biologische Abbauprozesse

Innerhalb der Deponie finden sowohl aerobe (unter Einbeziehung von Luftsauerstoff) als auch anaerobe (unter Ausschluss von Luftsauerstoff) mikrobielle Abbaureaktionen statt. Es hat sich gezeigt, dass während der Betriebsphase einer Deponie mehrere Phasen nebeneinander ablaufen:

- **Aerobe Phase:** Sofort nach der Ablagerung von Abfällen werden mithilfe von hinein diffundierendem Sauerstoff organische Materialien zu Kohlendioxid und Wasser abgebaut. Dieser Prozess findet nur in den oberen Schichten statt und dauert auch nur wenige Tage.
- **Anaerobe saure Gärung:** Nach Verbrauch des Luftsauerstoffes setzt die anaerobe Vergärung ein. Zunächst werden über mehrere Monate organische Bestandteile zu organischen Säuren abgebaut. Der pH-Wert sinkt auf sein Minimum knapp unter 6 (leicht saures Niveau).
- **Anaerobe instabile Methangärung:** Der nächste Schritt ist der Abbau von organischen Säuren zu Kohlendioxid und Methan durch sogenannte Methanbildner. Deshalb steigt der pH-Wert an. Die Methangasbildung setzt nach sechs bis zwölf Monaten nach der Ablagerung intensiv ein. Die Phase der instabilen Methangasbildung hält etwa 24 Monate an.
- **Anaerobe stabile Methangärung:** Der pH-Wert und der entstehende Methangasanteil bleiben auf konstantem Niveau. Diese Phase kann sich über einige Jahrzehnte erstrecken.

Mögliche Folgen der biologischen Abbauprozesse im Deponiekörper sind:

- Emissionen von umweltschädlichen Stoffen über Deponiegase und Sickerwasser,
- Temperaturanstieg im Deponiekörper schädigt die Basisabdichtung und führt zu Schwelbränden,
- Setzungen mit der Folge von Oberflächenabdichtungsschäden und Austritt von Deponiegas.

5.3.4.2 Sickerwasser

Die anfallende Sickerwassermenge hängt ab von

- der Niederschlagsmenge,
- der Verdunstungsrate des Deponiekörpers und seiner Bepflanzung,
- dem Oberflächenabfluss,
- dem Wassergehalt des eingelagerten Abfalls,
- den biochemischen Umsetzungsprozessen und
- der zeitweisen Wasserrückhaltung durch Abfallbestandteile.

Je nach Abdichtung und Ausstattung mit einem Sickerwasserkreislauf werden Sickerwassermengen zwischen 0,5 $m^3/ha \cdot d$ und 7 $m^3/ha \cdot d$ gemessen.

Deponiesickerwässer können – verglichen mit kommunalen Abwässern – stark belastet sein mit

- leicht und schwer abbaubaren organischen Stoffen,
- hohen CSB-Werten (CSB = chemischer Sauerstoffbedarf),
- hohen AOX-Werten (absorbierbare organische Halogenverbindungen),
- Schwermetallen.

Die Auswirkungen von Sickerwässern können sein:

- Verseuchung von Oberflächen- und Grundwasser (somit eventuell auch Trinkwasser),
- Langzeitwirkungen auf die Umwelt.

5.3.4.3 Deponiegas

Die Deponiegasmenge liegt bei feuchtem Hausmüll abhängig von der Abfalltemperatur theoretisch bei maximal 370 m^3 Gas pro Tonne Abfall (Tabasaran, 1976). Aufgrund teilweise fehlender Gasbildung und von Verlusten kann man von 120 bis 235 m^3 Deponiegas pro Tonne feuchtem Abfall ausgehen. Die Zusammensetzung schwankt stark. Optimal wäre ein Anteil von 55 Vol.-% Methan und 45 Vol.-% Kohlendioxid. In der Praxis hängt die Konzentration der einzelnen Deponiegaskomponenten stark von den aktiven biologischen Abbauphasen ab.

Das Schädigungspotenzial von freigesetztem Deponiegas ist vielfältig und kann folgendermaßen zusammengefasst werden:

- krebsverdächtige Spurenstoffe,
- Erstickungswirkung von CH_4 und CO_2,
- Brand- und Explosionsgefahr durch explosible Methan-/Luft-Gemische,
- Verstärkung des Treibhauseffekts durch Methanemissionen,
- Gefährdung der Ozonschicht in der Stratosphäre durch Emission von Halogenverbindungen,
- Verstärkung der Ozonbildung in Erdnähe (Sommersmog) durch CH_4-Emissionen,
- Pflanzenschädigung durch Verdrängung des Bodensauerstoffs,
- Geruchsbelästigung, z. B. durch organische Schwefelverbindungen,
- Langzeitemissionen aufgrund langsamer Abbauprozesse im Deponiekörper.

Das Deponiegas aus betriebenen und stillgelegten Deponieabschnitten kann nach dem heutigen Stand der Technik gefasst und einer Verwertung zugeführt werden. Bewährt hat sich beispielsweise die Nutzung des Gases als Energiequelle für den Betrieb von Blockheizkraftwerken (BHKW). Damit wird das Energiepotenzial des Deponiegases zur Erzeugung von Strom und Wärme genutzt.

5.3.5 Entsorgung unter Bergaufsicht

Die Entsorgung von Abfällen unter Bergaufsicht kann aus zwei Blickwinkeln betrachtet werden:

Zum einen gehören Abfälle dazu, für die gemäß § 2 Absatz 2 Nr. 7 KrWG das Abfallrecht nicht gilt. Diese werden ausschließlich nach Bergrecht entsorgt.

§ 2 Absatz 2 Nr. 7 KrWG Geltungsbereich

[Die Vorschriften dieses Gesetzes gelten nicht für] Abfälle, die unmittelbar beim Aufsuchen, Gewinnen und Aufbereiten sowie bei der damit zusammenhängenden Lagerung von Bodenschätzen in Betrieben anfallen, die der Bergaufsicht unterstehen und die nach dem Bundesberggesetz vom 13. August 1980 … in der jeweils geltenden Fassung und den auf Grund des Bundesberggesetzes erlassenen Rechtsverordnungen unter Bergaufsicht entsorgt werden, …

Zum anderen sind damit Abfälle gemeint, die unter das Abfallrecht fallen, aber in Anlagen entsorgt werden, die der Bergaufsicht unterliegen. Nur Letztere sollen in diesem Kapitel näher betrachtet werden.

Im Rahmen der Vorab- und Verbleibskontrolle gilt die Nachweisverordnung uneingeschränkt. Die für den Anlagenbetrieb zuständige Behörde als Zulassungs- und Aufsichtsinstitution ist die Bergbehörde (Bergämter), da sich der Geltungsbereich des Bergrechts auf Betriebsanlagen und Betriebseinrichtungen erstreckt, die dem Aufsuchen, Gewinnen und Aufbereiten von bergfreien und grundeigenen Bodenschätzen dienen.

Die Entsorgung von Abfällen unter Beteiligung der bergrechtlichen Aufsicht geschieht auf zwei Arten:

1. Versatz und
2. Einlagerung in einer Untertagedeponie.

Versatz

Als Versatz werden alle Tätigkeiten bezeichnet, die mit dem Verfüllen von durch Abbau geschaffenem Raum unter Tage mit mineralischen oder auch bergbaufremden Stoffen, dem Versatzgut, verbunden sind.

Das Einbringen von Versatz – auch in Form von Abfällen – ist erforderlich, wenn hierfür bergtechnische oder bergsicherheitliche Gründe oder solche zur Wiedernutzbarmachung vorliegen. Dazu zählen:

1. die Gefahrenvorsorge und der Schutz von Sachgütern, Beschäftigten oder Dritten im Betrieb, indem
   - Brände verhütet,
   - das Entstehen gefährlicher Gas- und Staubgemische verhindert,
   - die Wetterführung und damit das Grubenklima verbessert,
   - Zuflüsse verringert oder verhindert werden;
2. der Schutz der Oberfläche aus Gründen der Sicherheit sowie Verhinderung gemeinschädlicher Einwirkungen, indem
   - die Standsicherheit des Gebirges verbessert,

- Bergschäden und Bodenbewegungsbeiträge gemindert,
- die Abbauverluste der Lagerstätte durch Stützwirkung verringert werden.

Entscheidend ist, dass hierbei der Hauptzweck der Maßnahme im Versatz der Hohlräume liegt und nicht in der Beseitigung von Abfällen.

Das Einbringen von Versatz ist eine nach dem Bundesberggesetz betriebsplanpflichtige Tätigkeit. Im Betriebsplan müssen die Schutzziele sowie die bergtechnischen und grubensicherheitlichen Aufgaben des Versatzes durch den Unternehmer dargelegt werden. Die Prüfung des Betriebsplanes durch die zuständige Bergbehörde umfasst in gleichwertiger Weise

- Belange des Arbeits- und Gesundheitsschutzes,
- Belange der Grubensicherheit,
- immissionsschutzrechtliche, abfallrechtliche, wasserrechtliche und sonstige umweltrelevante Gesichtspunkte.

Der abzulagernde Abfall muss bauphysikalisch geeignet sein (ausreichende Festigkeit), um seine Versatzwirkung entfalten zu können. Der Nachweis hierfür erfolgt im bergrechtlichen Zulassungsverfahren unter Beteiligung der Abfallbehörde. Der Abfall wird nach der Prüfung einer Versatzklasse zugeordnet.

Versatzklassen mit den dazugehörigen Zuordnungswerten	
Versatzklasse	**Zuordnungswert (Obergrenze der Verwertungsklasse)**
V0	uneingeschränkter Einsatz mit weitgehend unbelastetem Material (vorwiegend abhängig von Arbeits- und Gesundheitsschutzanforderungen)
V1	eingeschränkter Versatz (immissionsneutrale Einbringung)
V2	eingeschränkter Versatz mit definierten Sicherheitsmaßnahmen (vollständiger Einschluss)
unbenannt (höher als V2)	Ablagerung in abfallrechtlich zugelassenen Deponien

An dem Verfahren für die Zulassung eines Betriebsplanes für die Verwertung bergbaufremder Abfälle als Versatz sind zahlreiche Behörden und eventuell Kommunen und Ministerien beteiligt. Die Entscheidung über eine Zulässigkeit der Verwertung erfolgt erst nach eingehender Prüfung aller durch den Verwertungsunternehmer vorzulegenden Unterlagen.

Untertagedeponierung am Beispiel Herfa-Neurode

Seit 1972 besteht die Untertagedeponie Herfa-Neurode. Sie ist für in- und ausländische Abfälle bestimmt, die die Kriterien der Deponieklasse III (DK III) nicht erfüllen und deshalb in oberirdischen Sonderabfalldeponien eine mögliche Gefahr für die Umwelt darstellen. Die Abfälle werden in Hohlräumen, die beim Abbau entstehen, in etwa 800 Meter Tiefe abgelagert. Hier findet kein Versatz statt. Die zuständige Aufsichtsbehörde ist die hessische Bergbehörde.

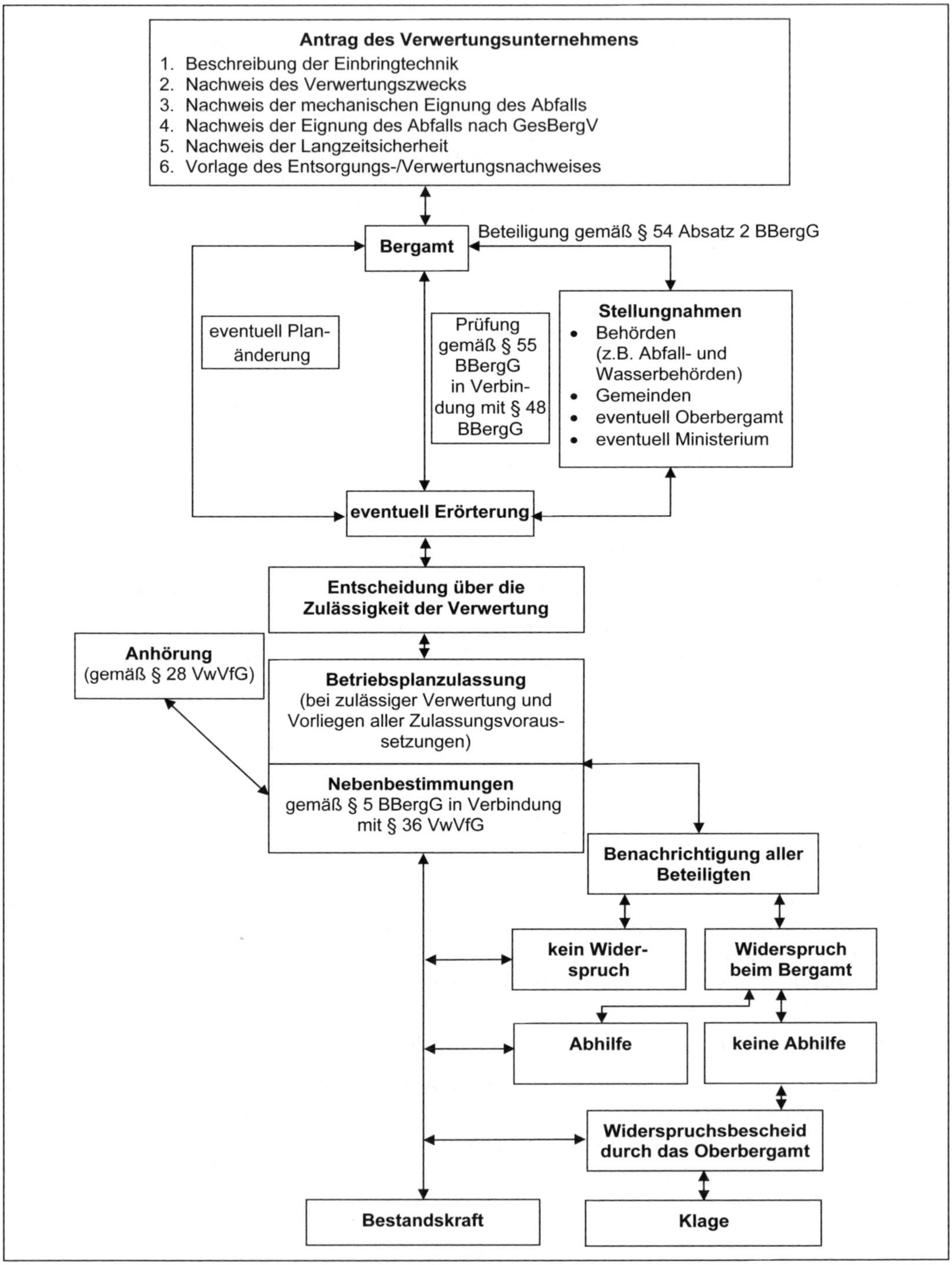

Abb. 83: Verfahrensablauf zur Zulassung von Abfällen als Versatz unter Bergaufsicht

An die einzulagerndeen Abfälle werden besondere Anforderungen gestellt:

- Der Abfall darf nicht explosiv sein.
- Der Abfall darf nicht selbstentzündlich sein.
- Der Abfall darf unter Ablagerungsbedingungen nicht selbstständig brennbar sein.
- Der Abfall darf nicht ausgasend sein.
- Der Abfall muss fest sein.
- Der Abfall darf nicht mit dem Salzgebirge reagieren können.
- Der Abfall darf nicht volumenvergrößernd sein.
- Der Abfall darf nicht radioaktiv sein.
- Der Abfall darf nicht infektiös sein.
- Der Abfall muss in chemisch und mechanisch beständigen Behältern verpackt sein.
- Die Korrosion der Behälter von innen muss verhindert werden.
- Die Verpackung muss den UTD-Vorschriften und den GGVSEB-Bestimmungen entsprechen.
- Die Behälter müssen palettiert sein.
- Der Abfall darf nicht aus Sammlungen stammen.
- Abfälle werden nur vom Erzeuger, im Ausnahmefall von einem bevollmächtigten Dritten (z. B. bei Liquidation), aber nicht von Maklern oder Händlern angenommen.

In die UTD Herfa-Neurode dürfen eine Vielzahl an Stoffgruppen eingelagert werden:

- Härtesalzrückstände (cyanid-, nitrit-/nitrathaltig),
- hoch halogenierte Kohlenwasserstoffe (z. B. Hexachlorhexan),
- Arsen (aus der Verhüttung von Buntmetall-Erzen),
- Quecksilber (z. B. Reste aus Recycling-Verfahren von Hg-Batterien),
- Galvanikrückstände (z. B. Rückstände aus Brünierbädern),
- Chemierückstände (z. B. Filterrückstände aus der Herstellung von Pflanzenschutzmitteln),
- Trockenstoffe (z. B. kontaminiertes Erdreich, überlagerte Medikamente),
- Laborchemikalien (unbrauchbar, anorganisch),
- Rückstände aus Rauchgasreinigungen von Sonderabfallverbrennungsanlagen und Hausmüllverbrennungsanlagen bzw. aus Kesselreinigungen oder Not-Entaschungen,
- Kondensatoren (PCB-haltig),
- Transformatoren (entleert, mit PCB kontaminiert) und
- sonstige (gehören den anderen Gruppen an und bedürfen einer genauen Überprüfung).

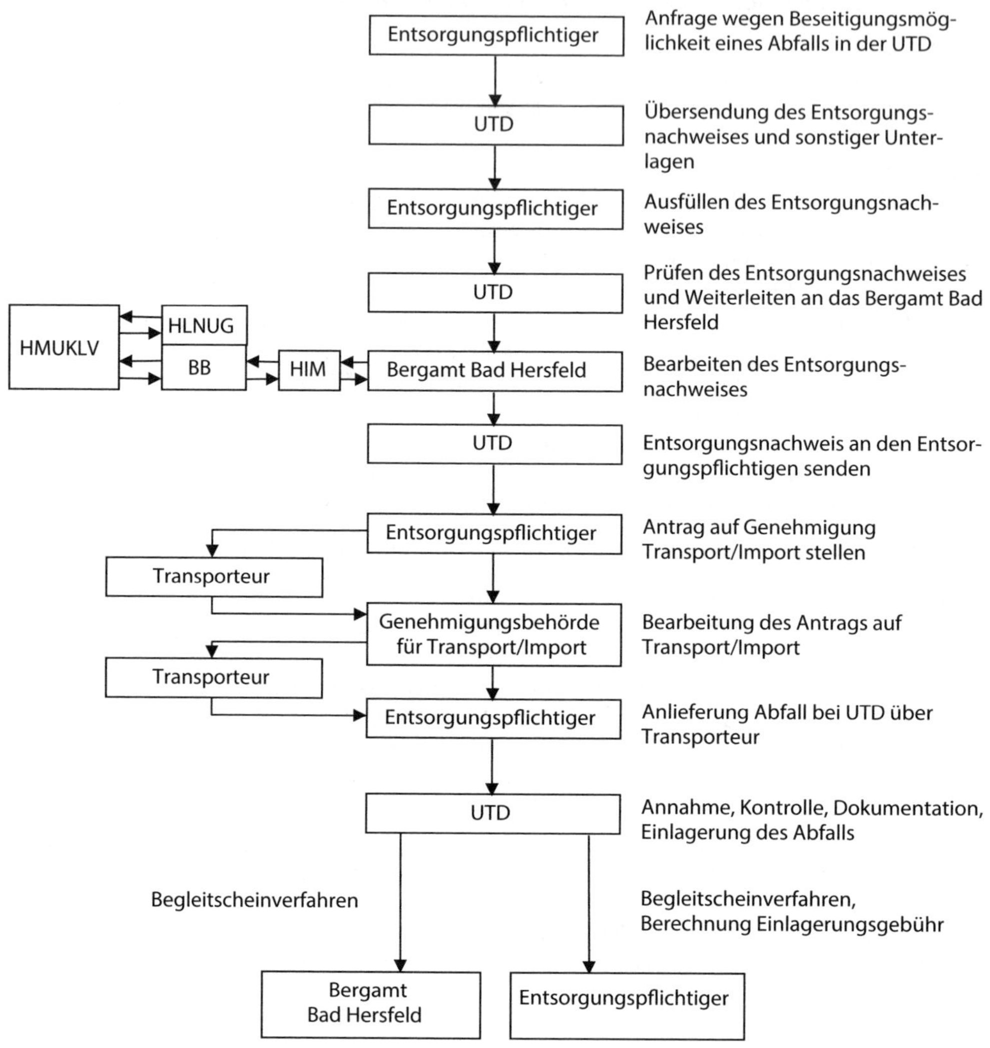

HMUKLV = Hessisches Ministerium für Umwelt, Klimaschutz, Landwirtschaft und Verbraucherschutz
HLNUG = Hessische Landesanstalt für Naturschutz, Umwelt und Geologie
BB = Bergbehörde (Regierungspräsidium Kassel)
UTD = Untertage-Deponie Herfa-Neurode
HIM = Hessische Industriemüll GmbH

Abb. 84: Entsorgungs-/Verwertungsnachweisverfahren unter Bergaufsicht

5.4 Kompostierung und biologische Abfallbehandlung

5.4.1 Allgemeines

Verfahren, die organische Abfälle mithilfe biologischer bzw. biologisch-mechanischer Methoden behandeln, nehmen einen immer höheren Stellenwert ein. Grund hierfür ist die Einsicht, dass der knappe Deponieraum den Abfällen vorbehalten sein sollte, die deponiert werden müssen.

Zudem ist der Anteil von organischen Abfällen an der Hausmüllzusammensetzung mit 31 % sehr hoch. Rechnet man noch den Wertstoffanteil heraus, kommt man sogar auf 57 % biologisch behandelbare Abfallfraktion.

Je nach Siedlungsstruktur fallen jährlich zwischen 70 und 180 kg Bioabfall pro Einwohner an. Abzüglich des Anteils an Eigenkompostierung beläuft sich das Bioabfall-Aufkommen auf bis zu 55 kg pro Einwohner und Jahr – in den Städten weniger als in den ländlichen Regionen.

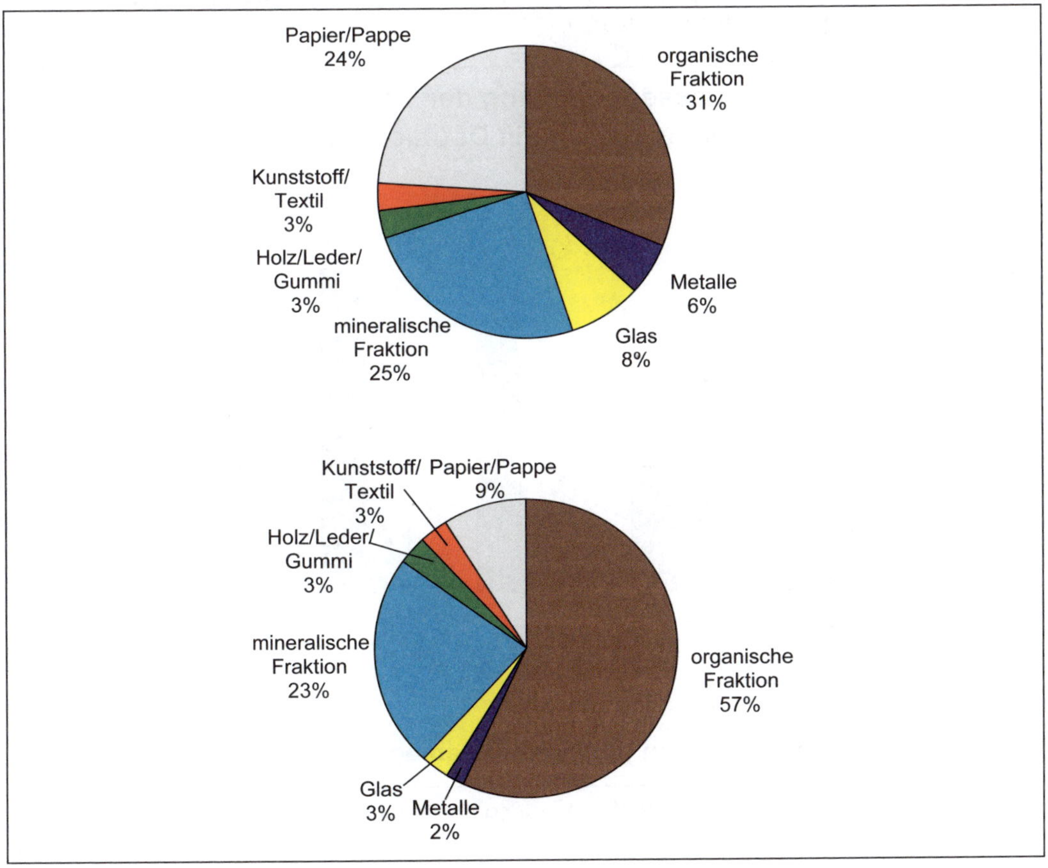

Abb. 85: Abfallfraktionen im Hausmüll (oben) nach Abzug des Wertstoffanteils (unten)

Die Behandlung organischer Abfälle mithilfe biologischer Verfahren, an denen Mikroorganismen beteiligt sind, erfolgt unter zwei verschiedenen Reaktionsbedingungen, die sich hinsichtlich der Beteiligung von Luftsauerstoff unterscheiden:

1. Kompostierung (aerob = unter Beteiligung von Luftsauerstoff) und
2. Vergärung (anaerob = unter Luftsauerstoffausschluss).

Der Unterschied zwischen der Kompostierung und der Vergärung liegt darin, dass die Mikroorganismen im Fall der Kompostierung den Sauerstoff der Umgebungsluft, bei der Vergärung dagegen den Müllstoffen entziehen.

Als Mikroorganismen werden verschiedene Arten von Kleinlebewesen bezeichnet, deren Stoffwechsel (wie bei allen Lebewesen) auf der Basis chemischer Reaktionen funktioniert. Die Kleinlebewesen arbeiten „Hand in Hand"; eine Gruppe leitet den Abbau organischer Stoffe ein. Hierbei entstehen Endprodukte, die wiederum wichtige Ausgangsstoffe für den Stoffwechsel einer anderen Gruppe von Mikroorganismen sind.

In Deutschland werden biologisch abbaubare Abfälle vorwiegend der Kompostierung zugeführt. Das Mengenverhältnis von Kompostierung (10 Mio. t) zur Vergärung (5 Mio. t) beträgt 2 : 1 (ohne ca. 6 900 landwirtschaftliche Biogasanlagen).

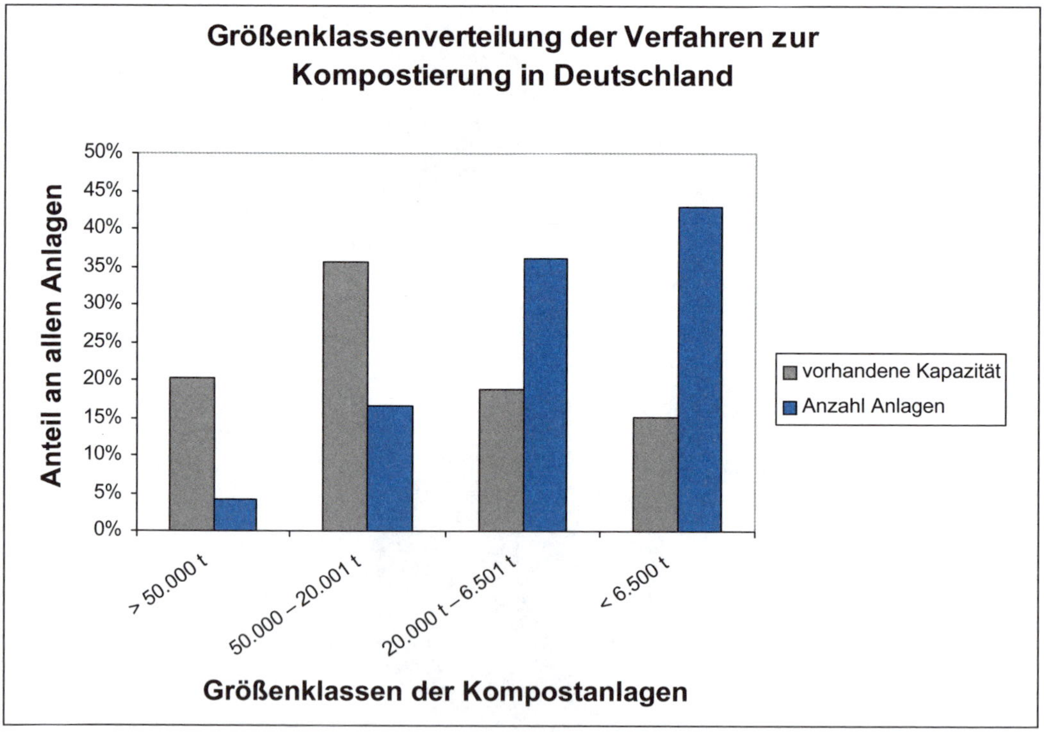

Abb. 86: Größenklassenverteilung der Verfahren zur Kompostierung in Deutschland, Quelle: Witzenhausen-Institut

Als Ausgangsstoffe werden vermehrt Bio- und Gartenabfälle eingesetzt, die neben Frisch- und Fertigkomposten dann auch zu Substrat- und Mulchkomposten umgesetzt werden. Die Komposte werden derzeit zur Hälfte in Anlagen mit einer Kapazität von weniger als 6 500 t/a erzeugt. Die anderen 50 % verteilen sich auf Anlagen mit einer Kapazität von 6 500 bis zu 90 000 Jahrestonnen.

Energiegewinnung im aeroben und anaeroben Milieu

Die organischen Nährstoffe, die die Mikroorganismen bei der Kompostierung bzw. Vergärung aufnehmen, sind Bestandteile einer energieliefernden Stoffwechselkette. Die Strahlungsenergie des Sonnenlichts wird durch Photosynthese in chemische Energie umgewandelt, indem Pflanzen Wasser in Sauerstoff und Wasserstoff spalten und letzteren mit Kohlenstoff (aus gasförmigem Kohlendioxid) in Glukose ($C_6H_{12}O_6$) und andere organische Stoffe umwandeln. Die Energiequelle für aerob lebende Kleinlebewesen ist der in den organischen Substanzen gebundene Wasserstoff, der von ihnen herausgelöst und mit Sauerstoff in einer stufenweisen Oxidation (Atmungskette) zu Wasser umgesetzt wird. Der hierbei erzielte Energiegewinn wird in biochemische Energie umgewandelt und in der chemischen Verbindung Adenosintriphosphat (ATP) gespeichert.

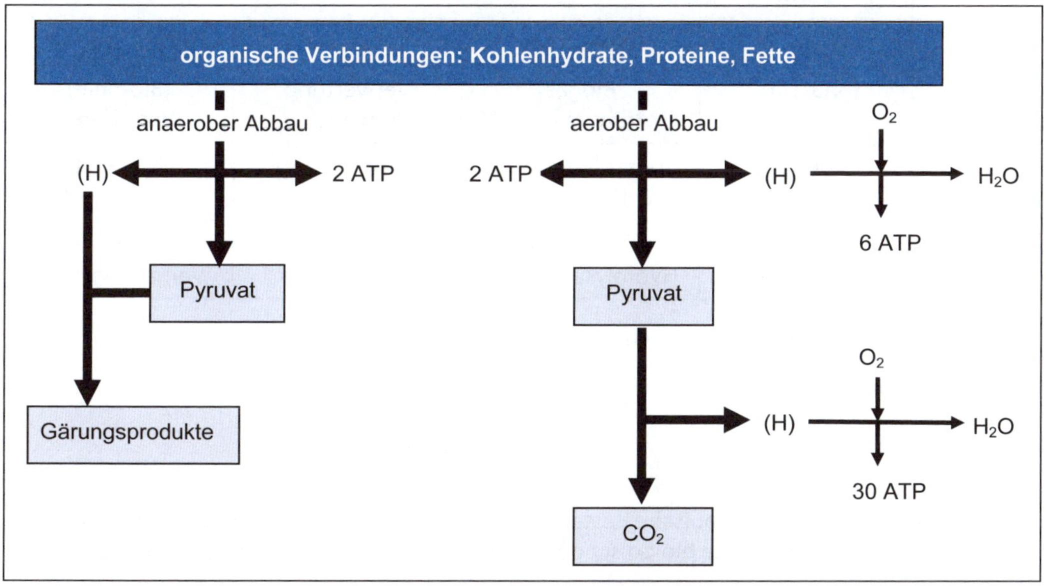

Abb. 87: Energiegewinnung bei anaeroben und aeroben Prozessen

Anaerob lebenden Mikroorganismen steht in wässrigem Milieu kein aus der Atmosphäre gelöster Sauerstoff zur Verfügung. Der Energiegewinn, der bei aerob lebenden Organismen durch biochemische Umsetzung von Wasserstoff mit Sauerstoff entsteht, entfällt somit im anaeroben Milieu. Der erforderliche Energiebedarf der Anaerobier wird durch einen alternativen Prozess gedeckt, der Substratphosphorylierung genannt wird. Der beim Abbau organischer Substanzen frei werdende Wasserstoff wird unter ATP-Bildung auf andere Verbindungen übertragen. Diese Verbindungen sind Wasserstoff-Akzeptoren – sie werden reduziert:

Reaktionspartner beim Energiegewinn unter aeroben bzw. anaeroben Bedingungen		
biochemischer Vorgang	**Milieu**	**Wasserstoff-Akzeptor**
Atmung	aerob	O_2
Gärung	anaerob	organische Verbindungen
Methangärung	anaerob	CO_2, CH_3-Gruppe einer organischen Verbindung
anaerobe Atmung	anaerob	Nitrat, Sulfat

Die biologischen Verfahren, inklusive der mechanisch-biologischen Abfallbehandlung (MBA), können nach folgendem Schema eingeteilt werden:

Biologische Verfahren				
Input	**Reaktionsbedingung**	**Output**	**Entsorgungsart**	**Bezeichnung**
Biomüll	aerob	Kompost	Verwertung	Kompostierung
	anaerob	Biogas Hydrolysereststoff	Verwertung Verwertung	(Biomüll-) Vergärung
Restmüll	aerob	stabilisierter Restmüll	Deponierung	(Restmüll-) Rotte, MBA
	anaerob	Biogas Hydrolysereststoff	Verwertung Verwertung	(Restmüll-) Vergärung, MBA

Zu den mechanischen Behandlungsschritten zählen:

- Aussortieren,
- Zerkleinern,
- Homogenisieren,
- Sieben.

Beim Aussortieren werden organische Bestandteile des Abfalls angereichert und damit anorganisches Material reduziert, das die biologische Behandlung in ihrer Effizienz beeinträchtigt.

Mit dem Zerkleinern wird zum einen das Volumen reduziert und zum anderen die Angriffsfläche für die Mikroorganismen erhöht, sodass eine leichtere biologische Umsetzung stattfinden kann.

Anschließendes Homogenisieren führt zu einer gleichmäßigeren Verteilung von abbaubaren Stoffen. Es können bei diesem mechanischen Behandlungsschritt auch Nährstoffe und Wasser zugegeben werden, um optimale Abbaubedingungen für die Mikroorganismen zu schaffen.

Das Sieben als Alternative zum Zerkleinern und Homogenisieren dient schließlich dem Abtrennen von Bestandteilen, die nur sehr schwer abbaubar sind (Holz) oder gar nicht biologisch verwertet werden können (Kunststoffe).

5.4.2 Kompostierung von Abfällen

5.4.2.1 Rottebedingungen und Steuerung von biologischen Prozessen

Als Kompostierung oder Rotte bezeichnet man den biologischen Abbau bzw. Umbau biologisch abbaubarer organischer Abfälle unter aeroben Bedingungen mit dem Ziel der Herstellung eines im Pflanzenbau verwertbaren Produktes. Dieser Abbau organischer Stoffe durch Mikroorganismen wird auch als Mineralisation bezeichnet.

Der zentrale Umsetzungsprozess bei der Kompostierung kann mit folgender Gleichung beschrieben werden:

$$C_6H_{12}O_6 + 6\,O_2 \rightarrow 6\,CO_2 + 6\,H_2O + \text{Energie}$$

Aus Kohlenhydraten und Luftsauerstoff entstehen Kohlendioxid, Wasser und Energie, die zu einem großen Teil als Wärme abgegeben wird (exotherm). In Nebenreaktionen werden außerdem Mineralsalze (Nitrate, Sulfate) und Humussubstanz gebildet.

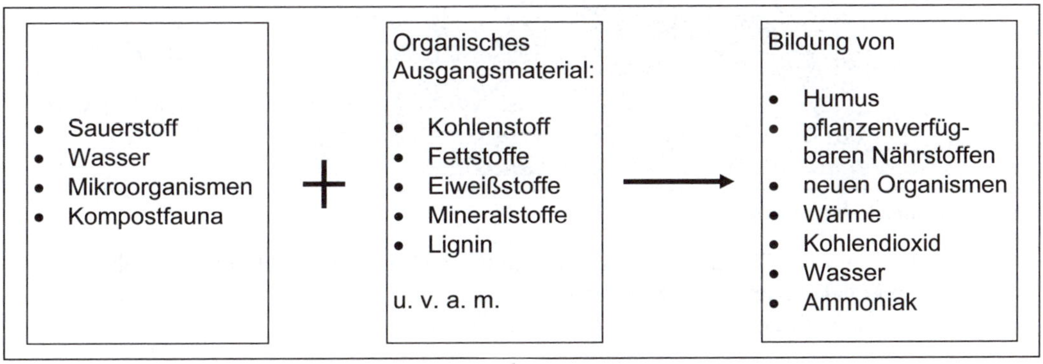

Für die Mikroorganismen sind Kohlenhydrate (Zucker, Zellulose, Stärke), Eiweiße und Eiweißderivate leicht abbaubare organische Stoffe. Dagegen sind Lignin (Hauptbestandteil des Holzes), Fette, Harze, Wachse und Gummi nur sehr schwer abzubauen.

Zusammen mit den in einem Komposthaufen lebenden Kleintieren bilden die Kleinlebewesen eine Lebensgemeinschaft, deren Existenz (und damit auch die Effizienz des Kompostierungsvorganges) entscheidend von den Umgebungsbedingungen abhängt. Dazu zählen:

- Wassergehalt,
- Sauerstoffgehalt (O_2),
- Temperatur,
- pH-Wert,
- Kohlenstoff/Stickstoff-Verhältnis (C/N-Verhältnis).

Die Mikroorganismen können die Nährstoffe nur aus wässrigen Lösungen aufnehmen. Aus diesem Grund muss während der Kompostierung immer eine ausreichende Feuchtigkeit vorhanden sein. Liegt der Wassergehalt unterhalb von 30 %, kommt es zum Stillstand der Rotte. Steigt die Intensität des Wasseranteils an, ergibt sich bei etwa 40 bis 55 % ein Maximum der mikrobiellen Aktivität. Bei weiterer Zunahme des Wassergehaltes werden die Poren innerhalb des Biomülls mit Wasser verstopft und Sauerstoffmangel (anaerobe Verhältnisse) tritt ein. Der Kompostierungsvorgang dauert dann länger. Luftversorgung und Feuchtigkeit stehen deshalb in Konkurrenz zueinander.

Der Sauerstoff ist notwendig, um entweder eine vollkommene Oxidation organischer Substanzen bis zu den Endprodukten Kohlendioxid und Wasser zu erreichen (oder durch unvollkommene Oxidation zumindest Zwischenprodukte zu erzeugen). Zum Abbau von 1 g organischer Masse werden etwa 0,9 g O_2 benötigt. Hochgerechnet auf einen Tag und 1 kg Bioabfall müssen somit 40 bis 50 l O_2 zugeführt werden.

Im Inneren eines Komposthaufens können sich Temperaturen bis zu 75 °C entwickeln. Diese Selbsterhitzung hat ihre biologischen und hygienischen Vorteile. Zum einen wird die mikrobielle Tätigkeit angeregt. Bei einem Temperaturniveau von 55 bis 65 °C über mindestens 14 Tage werden zum anderen krankheitserregende Keime, Parasiten, Ungeziefer oder auch Unkrautsamen abgetötet.

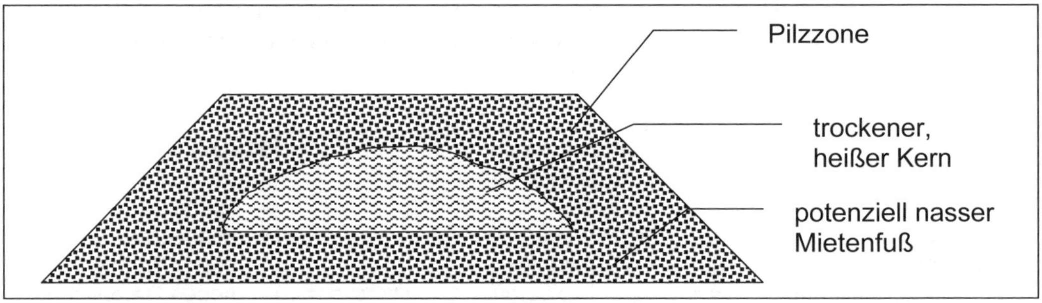

Abb. 88: Querschnitt eines Komposthaufens

Neben der Messung des CO_2-Gehaltes als Indikator für die Umsetzungstätigkeit der Mikroorganismen (siehe zentraler Umsetzungsprozess der Kompostierung) bietet auch der Verlauf der Temperatur Anhaltspunkte für den Fortschritt des Rotteprozesses:

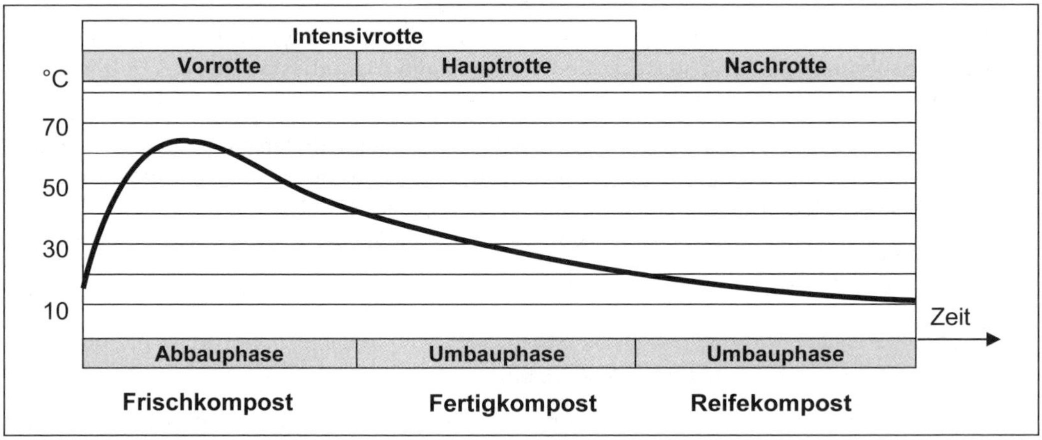

Abb. 89: Temperaturverlauf während der Kompostrotte

Eine weitere wichtige Kenngröße ist der pH-Wert. Ein zu saures oder auch zu alkalisches Milieu verlangsamt den Kompostierungsvorgang erheblich. Als optimal gilt ein pH-Wert-Bereich von neutral bis schwach basisch.

Als Nährstoffe benötigen die Mikroorganismen vor allem Kohlenstoff (C) und Stickstoff (N). Das ideale C/N-Verhältnis liegt bei 35 : 1. Bei höherem Kohlenstoffanteil setzt die Rotte nur langsam ein; liegt der Stickstoffgehalt zu hoch, wird Ammoniak freigesetzt. Während der Rotte wird Kohlenstoff abgebaut (Kohlendioxid entweicht in die Luft). Das C/N-Verhältnis sollte nicht unter 20 : 1 sinken, da ansonsten Kompost von Bodenorganismen nicht mehr abgebaut werden kann.

Der Frischkompost ist ein entseuchter, am Anfang seiner Rotte befindlicher Kompost. Der Fertig- bzw. Reifekompost, ebenfalls entseucht, befindet sich bereits im fortgeschrittenen Rottestadium. Schließlich gibt es noch den Spezialkompost, ein für bestimmte Anwendungszwecke weiterbehandelter Frisch- oder Fertigkompost. Seine Zusätze (Beimischungen von organischen und mineralischen Substanzen) müssen in Hinblick auf das fertige Produkt unbedenklich sein.

Kompostrohmaterial bzw. Frischkompost wird auch den Rottegraden I und II zugeordnet, die Rottegrade III und IV dem Fertigkompost bzw. Spezialkompost.

Die Phase der Vor- und Hauptrotte wird auch als Intensivrotte bezeichnet. Hierbei werden leicht abbaubare Stoffe wie Zucker, Eiweiß oder auch Fette innerhalb kurzer Zeit (wenige Tage) von den Mikroorganismen abgebaut. Der Kompost sollte sich dabei auf Temperaturen von über 65 °C erhitzen, damit z. B. pathogene Keime und auch Unkrautsamen abgetötet werden. Die relativ hohen Temperaturen führen aber auch zu intensiven Geruchsemissionen, da unvollständig abgebaute oder auch übel riechende Substanzen wie Schwefelwasserstoff freigesetzt werden. Zudem bildet sich stark organisch belastetes Sickerwasser, das gefasst und eventuell im Kreislauf geführt wird. Hier besteht die Gefahr einer Anreicherung von Schadstoffen (z. B. an Schwermetallen). Zu stark belastetes Sickerwasser sollte der Kreislaufführung entzogen und geordnet entsorgt werden. Die Zeitdauer der Intensivrotte beträgt zwischen zwei Tagen und zwölf Wochen.

In der Nachrotte werden die schwerer abbaubaren Bestandteile des Kompostes (z. B. Lignin, Gerbstoffe) zersetzt. In dieser Rottephase ist die biologische Aktivität schon stark abgeklungen, sodass die Geruchs- und Sickerwasserprobleme nicht mehr so drastisch auftreten. Die Nachrotte beträgt mindestens sechs Wochen und wird in der Regel ohne technische Maßnahmen durchgeführt.

5.4.2.2 Verfahrenstechnische Grundbedingungen

Die Einhaltung von bestimmten Rottebedingungen ist für eine schnelle Kompostierung von entscheidender Bedeutung. Damit im großtechnischen Maßstab eine erfolgreiche Rotte durchgeführt werden kann, sollten folgende verfahrenstechnische Erfordernisse eingehalten werden:

- ausgewogene Versorgung des Rottematerials mit Luftsauerstoff und Wasser,
- Einhaltung der Rottetemperaturen über eine längere Zeitdauer,
- Mischung des Bioabfalls mit bestimmten Nährstoffen ermöglichen,
- hoher Zerkleinerungsgrad bei gleichzeitiger Sicherstellung der Versorgung mit Luftsauerstoff (z. B. durch Baum- und Strauchhäcksel),
- Rottezeit von 8 bis 15 Wochen,
- Absieben von Ballast- und Störstoffen nach Abschluss der Rotte.

Vor wenigen Jahren wurden nur wenige Kompostierungsverfahren angeboten. Heute sind dagegen eine Vielzahl von unterschiedlichen Kompostierungsanlagen auf dem Markt. Der Verfahrensablauf lässt sich bei allen Kompostierungsanlagen in drei Bereiche gliedern:

1. Anlieferung und Materialaufbereitung
   - Optimierung des Bioabfalls für den Rotteprozess,
   - Minimierung der Menge vorhandener Störstoffe;
2. Kompostierungssystem (Intensivrotte/Nachrotte)
   - Verrottung der aufbereiteten Rohstoffe zu Frischkompost,
   - Aufbereitung des Frischkompostes zu Fertigkompost;
3. Konfektionierung/Vermarktung.

Beim Homogenisieren des Materials durch Zerkleinern und Sieben sollten Korngrößen von 10 bis 80 mm angestrebt werden. Diese Größenordnung stellt einen Kompromiss zwischen möglichst guter Sauerstoffzufuhr sowie hoher Oberfläche und damit guter Abbaubarkeit des organischen Materials dar.

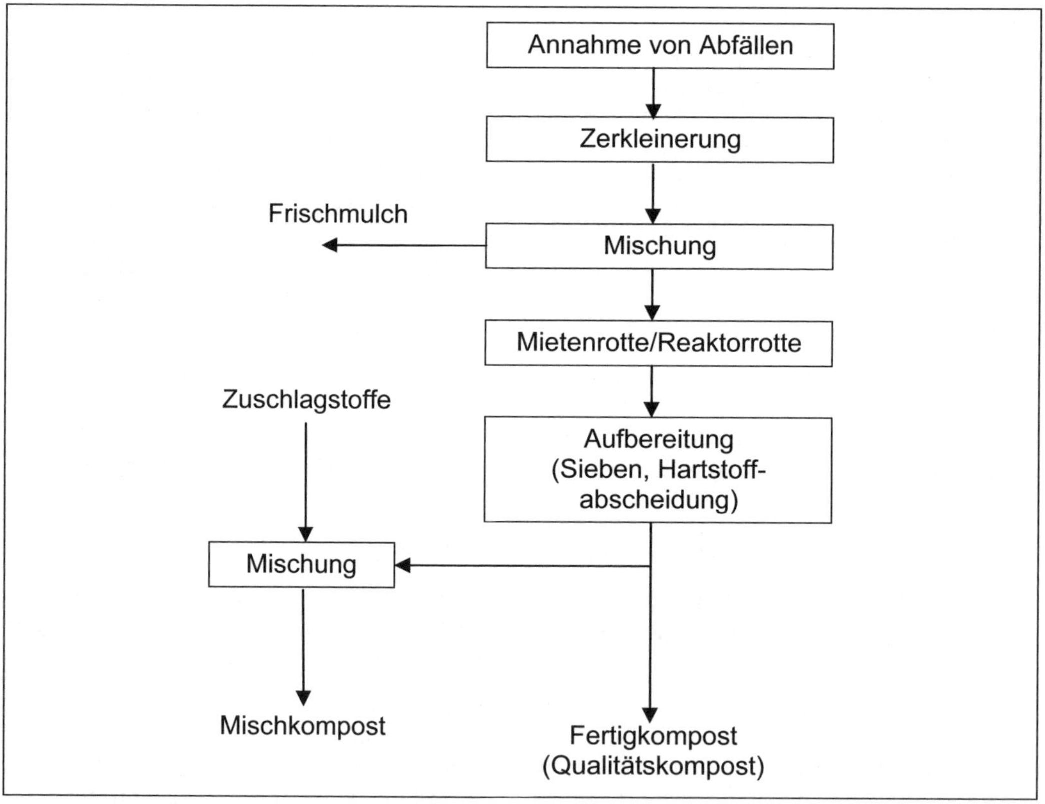

Abb. 90: Kompostierungsschema

Soll der Kompost im Nutzpflanzenbau eingesetzt werden, muss bis zur Nachrotte kompostiert werden. Ansonsten bestünde die Gefahr, dass aufgrund der nicht abgeschlossenen mikrobiellen Vorgänge eine Pflanzenschädigung durch Sauerstoffentzug und Hitze eintritt.

5.4.2.3 Kompostierungsverfahren

Insbesondere im Bereich der Intensivrotte werden unterschiedliche Techniken und Verfahrensabläufe zur Steuerung des Abbauprozesses eingesetzt. Derzeit können die angewandten Verfahren je nach Belüftungs- und Umsetztechnik, Intensivrottedauer und eingesetztem Rottesystem in fünf Kategorien unterteilt werden:

1. Trommelkompostierung,
2. Boxen-/Containerkompostierung,
3. Mietenkompostierung (Dreiecks- oder Tafelmieten),
4. Zeilen-/Tunnelkompostierung,
5. Brikollare-Kompostierung.

Trommelkompostierung

Der organische Abfall befindet sich in einer Rottetrommel zwischen ein und sieben Tagen. Währenddessen kommt es durch die Drehbewegung der Trommel zu einer guten Durchmischung, Zerkleinerung und Belüftung des Rottegutes. Das Temperaturmaximum wird in relativ kurzer Zeit erreicht. Deshalb spricht man bei diesem dynamischen Verfahren auch von Kurz- oder Schnellrotte.

Die Trommelkompostierung wird in der Regel der Mietenkompostierung vorgeschaltet. Erst dann findet eine vollständige Hygienisierung statt.

Boxen-/Containerkompostierung

Bei diesem Verfahren befindet sich der Bioabfall in einem abgeschlossenen, zwangsbelüfteten Raum (Box oder Container). Die beim Rotteprozess entstehende Abluft wird vollständig erfasst. Das Volumen der Rottereaktoren beträgt abhängig vom eingesetzten Verfahren 20 bis 100 m^3. Ziel bei dieser Technik ist es, innerhalb von ein bis zwei Wochen die Rottemasse erheblich zu reduzieren und eine Hygienisierung des Materials zu erreichen.

Die Belüftung erfolgt über den gelochten Reaktorboden. Orientiert an den rottespezifischen Parametern Temperatur und CO_2-Gehalt ist es möglich, mittels der Luftzufuhr den Rotteverlauf zu steuern. Die geschlossene Anordnung dieses Kompostierungsverfahrens erlaubt eine Erfassung von auftretenden Emissionen (Minimierung der Geruchsbelästigung) und Sickerwässern. Diese können unter Umständen wieder dem Kompostmaterial zugeführt werden, um dessen Feuchtehaushalt zu regulieren, oder geordnet entsorgt werden.

Am Ende des Rottevorganges ist ein Frischkompost erzeugt worden (Rottegrad I bis II), der zur Nachrotte (Rottegrad III bis IV) wieder der Box oder einer Miete zugeführt werden kann.

Die Containerkompostierung ist im Gegensatz zur Boxenkompostierung ein mobiles Verfahren, d. h., der Container (Fassungsvermögen etwa 20 m^3) wird mittels Lkw oder Kran auf dem Rotteplatz aufgestellt und an die Ver- und Entsorgungsleitungen angeschlossen. Nach etwa 14 Tagen ist hier der Intensivrotteprozess abgeschlossen.

Mietenkompostierung

Je nach Aufbau unterscheidet man zwischen

- offener Mietenkompostierung und
- geschlossener (gekapselter) Mietenkompostierung.

Die offene Mietenkompostierung ist die Urform der Kompostierung. Um ein Abkühlen des Komposthaufens zu vermeiden, muss dieser ein bestimmtes Mindestvolumen aufweisen. Bei Systemen ohne Zwangsbelüftung wird der Luftsauerstoff durch Diffusion, Thermik oder manuelles Umsetzen zugeführt. Ansonsten kommen unterschiedliche Umsetzaggregate zum Einsatz, die entweder als seitlich gezogene oder als selbstfahrende Einheiten ausgeführt sind. Je nach Häufigkeit des Umsetzens dauert der Rotteprozess drei bis sechs Monate.

Größere Mengen organischen Materials haben den Nachteil, intensiv Gerüche zu emittieren und große Rotteflächen zu beanspruchen. Aus diesem Grund wird der Bioabfall in gekapselten Mieten in Form von Tafelmieten verrottet. Die Zufuhr von Luftsauerstoff erfolgt durch Zwangsbelüftung sowie durch Umsetzaggregate. Das Umsetzen des Rotteguts erfolgt durch Schaufelräder, die ein bestimmtes Volumen aufnehmen und einige Meter entfernt wieder absetzen, oder mittels einer Schneckenfräse, die das Material auflockert. Eine gleichzeitige Befeuchtung des Kompostes ist möglich. Der Rottevorgang dauert etwa 45 bis 90 Tage und liefert Kompost mit einem Rottegrad von III bis IV.

Zeilen-/Tunnelkompostierung

Bei der Zeilenkompostierung wird der Bioabfall in befestigten, seitlich voneinander durch Zwischenwände getrennten, nach oben offenen Zeilen abgelegt. Jede Zeile hat ihr eigenes Belüftungssystem und Umsetzaggregat. Das Umsetzen geschieht zeilenweise in verschiedenen Intervallen.

Werden die Zeilen nach oben hin geschlossen, spricht man von einer Tunnelkompostierung. Hierdurch reduziert sich das Abluftvolumen. Ansonsten wird der Rotteprozess analog zur Zeilenkompostierung gesteuert. Die Rottedauer beträgt – abhängig vom gewünschten Rottegrad – vier bis zwölf Wochen.

Brikollare-Kompostierung

Bei diesem Verfahren wird der zerkleinerte Kompost-Rohstoff zu Formlingen gepresst und palettiert in einer Rottehalle gelagert. Das Pressen reduziert den Wassergehalt innerhalb der „Kompostbriketts" auf 50 bis 62 %. Beim Rottevorgang des Brikollare-Verfahrens laufen zwei wichtige Prozesse simultan ab. Einerseits wird durch die Kapillarwirkung Wasser in den Presslingen von innen nach außen gefördert. Andererseits wird durch aerob ablaufende Reaktionen die Pilzbildung und eine Erwärmung des Rottegutes auf bis zu 70 °C gefördert. Nach etwa drei bis sechs Wochen entsteht ein trockenstabiles, wasserabweisendes Produkt, das noch eine Restfeuchte von 20 % enthält.

5.4.2.4 Qualität von Kompost

Kompost wird in verschiedenen pflanzenbaulichen, vegetationstechnischen, aber auch in technischen Bereichen eingesetzt. Dazu gehören z. B.:

1. Landwirtschaft
   - Ackerbau,
   - Grünlandwirtschaft,
   - Weinbau;
2. Produktionsgartenbau
   - Gemüsebau,
   - Obstbau,
   - Baumschule,
   - Staudengärtnerei;
3. Garten-, Landschafts- und Sportplatzbau;
4. Forstwirtschaft;
5. Kompostmischungen
   - für Topf- und Zierpflanzen,
   - für Lärmschutzwände,
   - zur Füllung von Rasengittersteinen,
   - zur Dachbegrünung,
   - für Baumschulcontainer,
   - für die Füllung von Balkonkästen, Pflanzgefäßen und Kübeln;
6. Biofilter.

Die Herstellung von Kompost erfordert die Einhaltung bestimmter Qualitätskriterien. Ziel ist es, einen Wiedereintrag von Schadstoffen in den Boden zu verhindern und hygienischen Anforderungen zu genügen. Heutige Anforderungen an Kompostqualitäten (z. B. RAL-Gütezeichen Kompost) orientieren sich am früheren Merkblatt M 10 „Qualitätskriterien und Anwendungsempfehlungen für Kompost" der Länderarbeitsgemeinschaft Abfall (LAGA).

Die Kompostqualität hängt in entscheidendem Maße schon vom Kompostrohstoff ab. Er muss

- sortenrein erfasst werden,
- schad- und fremdstoffarm sein,
- sich hinsichtlich der Aufbereitung, Abbaubarkeit, Kompostierbarkeit und der notwendigen Rottezeit eignen,
- sich bezüglich der angestrebten Qualität der Erzeugnisse eignen.

Geeignete Stoffe sind die in den Haushalten anfallenden organischen Küchen- und Gartenabfälle. Neben diesen Bioabfällen können auch ohne Weiteres Garten- und Parkabfälle sowie Schnittgut von Gras, Sträuchern und Bäumen aus Maßnahmen der Landschaftspflege als Rohmaterial angenommen werden.

Ungeeignet sind Produkte mit Anteilen an biologisch nicht abbaubaren Werkstoffen und alle Stoffe, deren Fremd- und Schadstoffgehalte die Kompostqualität erheblich beeinträchtigen. Diese Stoffe sind entsprechend zu entsorgen.

Im Falle von getrennt erfassten biogenen Abfällen aus Gewerbe und Industrie, Straßenbegleitgrün, Produkten aus biologisch abbaubaren Werkstoffen, Papier, Pappe und Karton ist eine Einzelfallprüfung vorzunehmen.

Neben den in Kapitel 5.4.2.1 angeführten Anforderungen an das Rottegemisch (z. B. Wassergehalt, C/N-Verhältnis) sind insbesondere die Inhaltsstoffe des Kompostes relevant. Hier spielen z. B. Glühverlust, pH-Wert, Stickstoff-, Phosphor-, Kalium-, Magnesium- und Calciumgehalt eine wichtige Rolle.

Merkmale von Kompost			
Parameter	**(Dimension)**	**Mittelwertbereich**	**Intervall für 75 % aller Proben**
Glühverlust (organische Substanz)	(% TS)	35	25 bis 45
Glührückstand	(% TS)	65	55 bis 75
Wassergehalt	(%)	36	35 bis 50
Volumengewicht	(g/l)	680	550 bis 850
löslicher Salzgehalt	(g/l)	4	2 bis 8
pH-Wert		7,6	7,0 bis 8,3
Stickstoff (N-gesamt)	(% TS)	1,1	0,8 bis 1,5
Stickstoff (N-min.)	(mg/l FM)	150	100 bis 400
Phosphor (P_2O_5-gesamt)	(% TS)	0,7	0,4 bis 1,0
Phosphor (P_2O_5-löslich)	(mg/l FM)	1 200	500 bis 2 000
Kalium (K_2O-gesamt)	(% TS)	1,2	0,6 bis 1,5
Kalium (K_2O-löslich)	(mg/l FM)	2 500	1 000 bis 5 000
Magnesium (MgO-gesamt)	(% TS)	0,4	0,2 bis 0,7
Magnesium (MgO-löslich)	(mg/l FM)	250	150 bis 200
Calcium (CaO-gesamt)	(% TS)	3	2 bis 6

TS = Trockensubstanz
FM = Frischmasse

Die Qualität von Kompost hängt noch von weiteren Merkmalen ab:

- Seuchenhygienische Unbedenklichkeit
  Kulturschäden durch die Verschleppung pflanzenschädigender Erreger müssen verhindert werden, und der Schutz der Anwender und Verbraucher vor pathogenen Keimen muss gewährleistet sein. Dies gelingt durch eine sorgfältige Rottesteuerung. Mithilfe der Produkt- und Prozessprüfung wird die seuchenhygienische Unbedenklichkeit überprüft.
- Rottegrad
  Der Rottegrad von Kompost kennzeichnet den aktuellen Stand des mikrobiellen Abbauprozesses. Er wird über die erreichte Maximaltemperatur in einem Selbsterhitzungsversuch bestimmt.

Rottegrade und Maximaltemperatur im Selbsterhitzungsversuch		
Rottegrad	**T_{max} (°C)**	**Produktbezeichnung**
I	> 60	Kompostrohstoff
II	50 bis 60	Frischkompost
III	40 bis 50	Frischkompost
IV	30 bis 40	Fertigkompost
V	< 30	Fertigkompost

- Pflanzenverträglichkeit
  Fachgerecht hergestellte Komposte sind pflanzenverträglich und fördern die Bodenfruchtbarkeit sowie das Pflanzenwachstum. Sie sind frei von Pflanzengiften und fixieren bei der Anwendung den Stickstoff nicht in nennenswerter Weise.
- Gehalt an organischer Substanz
  Der Anteil an organischen Stoffen bestimmt den Wert des Kompostes als Bodenverbesserer. In der Trockensubstanz sollte der Gehalt bei 35 % liegen. Er wird als Glühverlust ermittelt.
- Wassergehalt
  Kompost sollte weder nass noch trocken, sondern leicht feucht sein. Ein zu hoher Wassergehalt erhöht das Volumengewicht, erleichtert Fäulnisprozesse, vermindert die Streufähigkeit und führt zu erhöhten Transport- und Aufbringungskosten. Trockener Kompost ist wasserabweisend und staubt beim Ausbringen. Ideal sind Wassergehalte < 45 % der Frischmasse für lose Ware und < 35 % der Frischmasse für Sackware.
- Volumengewicht (Dichte)
  Das Volumengewicht hängt von der Korngrößenzusammensetzung, dem Verhältnis von organischen zu mineralischen Bestandteilen sowie vom Wassergehalt ab. Im Verlauf der Rotte nimmt die mineralische Substanz verglichen mit der organischen Substanz verhältnismäßig zu und damit auch das Volumengewicht.
- Maximalkörnung
  Die Körnung zur Charakterisierung von Komposten ist anzugeben.

Körnung von Komposten		
feinkörnig	I	< 5 mm
	II	< 12 mm
mittelkörnig		< 25 mm
grobkörnig		< 40 mm

- Salzgehalt
  Der Salzgehalt (Alkali- und Erdalkalichloride und -sulfate) ist bei der Anwendung des Kompostes zu beachten. Die verschiedenen Pflanzenarten reagieren in unterschiedlicher Weise auf Salz. So sollte der Gehalt an wasserlöslichen Salzen in Kompost als Mischbestandteil für Pflanz- und Blumenerden weniger als 5 g/l betragen. Höhere Salzgehalte können das Pflanzenwachstum und Wurzelfunktionen beeinträchtigen. Im Allgemeinen aber ist der Salzgehalt im Rahmen der

Anwendung von Kompost als Bodenverbesserer und Dünger kein begrenzender Parameter. Der Gehalt an wasserlöslichen Salzen ist anzugeben.

- pH-Wert
  Der pH-Wert sollte neutral bzw. leicht basisch sein und ist auf der Verpackung anzugeben.
- Pflanzennährstoffe
  Haupt- und Spurennährstoffe sind für die Pflanzenernährung wichtig. Zu den Hauptnährstoffen zählen Stickstoff, Phosphor, Kalium, Magnesium und Calcium. Spurennährstoffe sind Eisen, Mangan, Zink, Kupfer, Bor und Molybdän. In Hinblick auf Düngungszwecke unterscheidet man die Nährstoffgehalte im Kompost in Gesamtgehalte, lösliche Gehalte und düngewirksame Gehalte. Die Gehalte an Hauptnährstoffen sind anzugeben.
- Fremdstoffe
  Fremdstoffe wie Glas, Kunststoffe, Verbundstoffe und Metalle sind unerwünschte Inhaltsstoffe. Sie beeinträchtigen das optische Erscheinungsbild des Kompostes und beeinträchtigen dessen Verwertung und Vermarktung. Im Allgemeinen geht ein erhöhter Fremdstoffanteil mit einem hohen Schadstoffgehalt einher. Der Anteil an Fremdstoffen sollte möglichst weniger als 0,5 bzw. 1 Gew.-% in der Trockensubstanz betragen.
- Schwermetalle
  In höheren Konzentrationen können Schadstoffe wie Blei (Pb) oder Cadmium (Cd) schädlich wirken. Sie werden biologisch nicht abgebaut, sondern reichern sich während der Rotte relativ an. Die Bioabfallverordnung (BioAbfV) gibt Aufbringungsmengen für Bioabfälle in Abhängigkeit von ihren Konzentrationen an Schwermetallen an:

Grenzwerte für Schwermetalle nach Bioabfallverordnung vom 4. April 2013			
Schwermetalle		**§ 4 Absatz 3 Satz 1 (mg/kg TM)**	**§ 4 Absatz 3 Satz 2 (mg/kg TM)**
Blei	Pb	150	100
Cadmium	Cd	1,5	1
Chrom	Cr	100	70
Kupfer	Cu	100	70
Nickel	Ni	50	35
Quecksilber	Hg	1	0,7
Zink	Zn	400	300

zu Spalte 2: Aufbringungsmenge auf Böden bis zu 20 Tonnen je Hektar innerhalb von drei Jahren bei Unterschreitung der Schwermetallgehalte

zu Spalte 3: Aufbringungsmenge auf Böden bis zu 30 Tonnen je Hektar innerhalb von drei Jahren bei Unterschreitung der Schwermetallgehalte; weitere Ausnahmen im Einzelfall möglich, wenn die genannten Schwermetallgrenzwerte deutlich unterschritten werden und Beeinträchtigungen des Wohls der Allgemeinheit nicht zu erwarten sind.

- Organische Schadstoffe
  Chlororganische Chemikalien wie Chlorbenzole, Dioxine und Furane, die bei natürlichen Verbrennungsprozessen entstehen, sind in allen Abfällen und Reststoffen enthalten. Polychlorierte Biphenyle (PCB) und ähnliche krebserregende Chlorkohlenwasserstoffe (CKW) treten deshalb in der Umwelt in einer naturbedingten Mindestkonzentration auf. Eine generelle Festlegung von Richtwerten ist aus diesem Grund zurzeit nicht gerechtfertigt. Um die Belastung des Kompostes mit organischen Schadstoffen zu kontrollieren, haben die Betreiber von Kompostierungsanlagen der zuständigen Behörde mindestens einmal jährlich Analysen über die Konzentrationen von organischen Schadstoffen wie
  - polychlorierte Biphenyle (PCB) und
  - polychlorierte Dibenzodioxine und Dibenzofurane (PCDD/F)

  vorzulegen.

5.4.2.5 RAL-Gütezeichen (RAL-GZ 251)

Die Bundesgütegemeinschaft Kompost e. V. hat es sich zur Aufgabe gemacht, die Güte von Kompost und Gärreste zu sichern und zu diesem Zweck Güte- und Prüfbestimmungen aufgestellt. Die Qualitätskriterien und Güterichtlinien der Bundesgütegemeinschaft Kompost e. V. orientieren sich im Wesentlichen an den Parametern der Düngemittelverordnung (DüMV) und der Bioabfallverordnung (BioAbfV). Über die Vorgaben dieser Verordnungen hinaus ist die Einhaltung der Qualitätskriterien der RAL-Gütesicherung Voraussetzung für die Ausweisung mit dem RAL Gütezeichen.

Für Anwendungen der Erzeugnisse in der Landwirtschaft und im Landschaftsbau werden Anwendungsempfehlungen für das jeweilige Produkt angegeben.

Durch Eigen- und Fremdüberwachung (einmal pro Quartal) und der Erstellung eines jährlichen Prüfzeugnisses für jedes Produkt einer Anlage soll eine gleichbleibend gute Erzeugnisqualität aufrechterhalten werden.

Das Muster eines Prüfzeugnisses mit Untersuchungsbericht für feinkörnigen Fertigkompost auf den Folgeseiten soll seinen Informationsumfang verdeutlichen.

Die Kompostprodukte werden abhängig von den erzeugten Mengen jährlich zwischen 4 und 12 mal untersucht.

Die Bundesgütegemeinschaft Kompost e. V. wertete 3 875 Kompostanalysen aus dem Jahr 2023 aus. In den Medianwerten spiegelt sich wieder, dass die RAL-gütegesicherten Komposte ausschließlich aus geeigneten und unbedenklichen Einsatzstoffen hergestellt werden.

RAL

RAL-GZ 251

Prüfzeugnis

PZ-Nr: 9999-164251-1

Fertigkompost (feinkörnig)

RAL-Gütesicherung Kompost
Chargenuntersuchung
Seite 1 von 2

Anlage Musterwald
(BGK-Nr.: 9999)
Muster Allee 1
45067 Musterstadt
Probenahme am 07.04.2020

Rechtsbestimmungen:

- ☑ Bioabfallverordnung
- ☑ Düngemittelverordnung
- ☑ EU-Ökoverordnung
  VO(EG) Nr.889/2008, Anhang 1

Regelwerke:

- ☑ RAL-Gütesicherung (RAL-GZ 251)
  (Überwachungsverfahren)
- ☑ Wasserschutzgebiete
  (geeignet für WSZ III)
- ☑ geeignet für Bioland/Naturland
  (FiBL Nr. 125999)

GÜTEZEICHEN KOMPOST RAL

Zeichengrundlage unter
www.gz-kompost.de

Die Einhaltung der jeweiligen Norm wird mit einem Häkchen ausgewiesen.

Warendeklaration der RAL-Gütesicherung[1)]

Kennzeichnung
gemäß Düngemittelverordnung

Organischer NPK-Dünger 1,00-0,47-0,82
unter Verwendung von organischen Abfällen, pflanzlichen Stoffen

1,00 % N Gesamtstickstoff
0,47 % P_2O_5 Gesamtphosphat
0,82 % K_2O Gesamtkaliumoxid

Nettomasse: siehe Lieferschein

Hersteller/Inverkehrbringer:
Mustermann GmbH
Muster Allee 1
04567 Musterstadt

Ausgangsstoffe:
Bioabfälle aus getrennter Sammlung aus privaten Haushaltungen, Pflanzliche Stoffe aus Garten- und Landschaftsbau

Nebenbestandteile:
0,44 % MgO Gesamtmagnesiumoxid
25,9 % Organische Substanz

Lagerung und Anwendung:
Eine Lagerung im Freiland ist unter Berücksichtigung anderer Rechtsbestimmungen möglich. Durchnässung, Abtragung und Auswaschung ist zu vermeiden, ansonsten trocken lagern. Wesentliche stoffliche Veränderungen sind nicht zu erwarten. Hinweise zur sachgerechten Anwendung siehe Anwendungsempfehlung. Die Empfehlungen der amtlichen Beratung sind vorrangig zu berücksichtigen. Bei einer Aufbringung auf landwirtschaftlich genutzten Flächen sind die Anwendungs- und Mengenbeschränkungen aus abfallrechtlichen Vorschriften (AbfKlärV, BioAbfV) zu beachten. Anwendungsvorgaben: Bei Anwendung dieses Düngemittels sind die Sperrfristen der Düngeverordnung in den Wintermonaten zu beachten. Organisches Düngemittel unter Verwendung von tierischen Nebenprodukten - Zugang für Nutztiere zu den behandelten Flächen bzw. Futtermittelgewinnung während eines Zeitraumes von 21 Tagen nach der Ausbringung verboten. Die Ausbringung auf Grünland und mehrschnittigen Feldfutterflächen ist nicht zulässig. Eine Anwendung bei Feldgemüse und Feldfutter darf nur vor dem Anbau mit anschließender Einarbeitung erfolgen.

Eigenschaften und Inhaltsstoffe
in der Frischmasse

	kg/t	kg/m³
Stickstoff gesamt (N)	10,04	6,32
Stickstoff $CaCl_2$-löslich (N)	0,57	0,36
Stickstoff organisch (N)	9,47	5,96
Phosphat gesamt (P_2O_5)	4,79	3,02
Kaliumoxid gesamt (K_2O)	8,27	5,21
Magnesiumoxid ges.(MgO)	4,46	2,81
Basisch wirks. Stoffe (CaO)	29,52	18,60

pH-Wert	8,5
Salzgehalt	5,56 g/l
C/N-Verhältnis	15
Organische Substanz	259 kg/t
Humus-C	77 kg/t

Hygienisierend und biologisch stabilisierend behandelt gem. §2 BioAbfV

Frei von keimfähigen Samen und austriebfähigen Pflanzenteilen

Körnung	0 - 12 mm
Rohdichte	630 kg/m³
Trockenmasse	65,60 %
Düngewert[2)] (im Anwendungsjahr)	10,75 €/t 6,77 €/m³
Humuswert[3)]	13,03 €/t 8,21 €/m³

Zweckbestimmung

Zur Bodenverbesserung und Düngung

Anwendungsbereiche

Landwirtschaft
Landschaftsbau

Anwendungsempfehlungen

Landwirtschaft: siehe Anlage LW
Landschaftsbau: siehe Anlage LB
Bioland/Naturland: siehe Zusatzblatt

Das Erzeugnis unterliegt der RAL-Gütesicherung (RAL-GZ 251).

Dieses Zeugnis wurde elektronisch erstellt. Es gilt ohne Unterschrift.

Bundesgütegemeinschaft Kompost e.V.

BGK

Träger der regelmäßigen Güteüberwachung gemäß §11 Abs. 3 BioAbfV.

Köln, den 05.05.2020

1) bei der Abgabe des Erzeugnisses verbindliche Warendeklaration der RAL-Gütesicherung. 2) gemäß aktuellem Marktwert, ermittelt über äquivalente Kosten mineralischer Düngung nach Landhandelspreisen (Okt. - Dez. 2019) ohne MwSt. (0,76 €/kg N im Anwendungsjahr (N-löslich zzgl. 5% von N-organisch); 0,64 €/kg P_2O_5; 0,62 €/kg K_2O; 0,06 €/kg CaO). 3) Der Wert von Humus-C beträgt 0,17 €/kg Humus-C (Kalkuliert auf Basis eines Strohpreises von 72,50 Euro/t).

RAL
RAL-GZ 251

Untersuchungsbericht

PZ-Nr.: 9999-164251-1

Fertigkompost (feinkörnig)

Musterwald
(BGK-Nr.: 9999)
Seite 2 von 2

Charge: 2020-03-03
Probenahme am 07.04.2020
Tgb.-Nr.:235
Prüflabor BGK-Nr.: 162

Allgemeine Angaben

Auftraggeber / -in:	Mustermann GmbH
Probenehmer / -in: (BGK-Nr.: 500)	Herr Manfred Muster
Prüflabor: (BGK-Nr.: 162) Laborverantwortlicher:	Musterwald 78910 Musterbach Dr. Muster
Probenahmedatum:	07.04.2020
Probeneingang im Labor:	07.04.2020
Beprobtes Erzeugnis:	Fertigkompost (0 - 12 mm) lose Ware
Produktionsmonat:	März
Chargenbezeichnung:	2020-03-03

☑ Prozessüberwachung geprüft, nicht beanstandet

Einsatzstoffe[1)]

Anteil	Bezeichnung
50%	A1 Inhalt der Biotonne
50%	A2 Garten- und Parkabfälle

Hilfsstoffe

1) Einsatzstoffe gemäß Verzeichnis zulässiger Einsatzstoffe für die Herstellung gütegesicherter Komposte und Gärprodukte der BGK (Dok. GS-007-1)

Bemerkung Probenehmer / -in:

Bemerkung Prüflabor:

Die Probenahme und Untersuchung wurde gemäß dem Methodenbuch der BGK e.V. durchgeführt.

Musterbach, den 05.05.2020

Analysenergebnisse

Parameter	Wert	Einheit
Pflanzennährstoffe		
Stickstoff, gesamt (N)	1,53	% TM
Phosphat, gesamt (P_2O_5)	0,73	% TM
Kaliumoxid, gesamt (K_2O)	1,26	% TM
Magnesiumoxid, gesamt (MgO)	0,68	% TM
Ammonium $CaCl_2$-löslich (NH_4-N)	340	mg/l FM
Nitrat $CaCl_2$-löslich (NO_3-N)	18	mg/l FM
Phosphat löslich (P_2O_5)	1150	mg/l FM
Kaliumoxid löslich (K_2O)	4068	mg/l FM
Bodenverbesserung		
Organische Substanz (GV 450°C)	39,5	% TM
Basisch wirks. Bestandteile (CaO)	4,50	% TM
Physikalische Parameter		
Rohdichte	630	g/l
Wassergehalt	34,4	% FM
Salzgehalt (Extr.1:5)	5,56	g/l FM
pH-Wert (H_2O)	8,5	
Rottegrad (1-5)	5	(25°C)
Fremdstoffe > 2mm gesamt	0,06	% TM
- verformbare Kunststoffe (Folien)	< 0,010	% TM
- sonstige Fremdstoffe	0,05	% TM
Verunreinigungsgrad (Flächensumme)	3	cm²/l
Steine > 10 mm	0,00	% TM
Biologische Parameter/Hygiene		
Pflanzenverträglichkeit:		
bei 25% Prüfsubstratanteil	107	%
bei 50% Prüfsubstratanteil	97	%
Keimfähige Samen / keimf. Pflanzenteile	0	je l FM
Salmonellen	nicht nachweisbar	
Schwermetalle		
Blei (Pb)	26,4	mg/kg TM
Cadmium (Cd)	0,38	mg/kg TM
Chrom (Cr)	19,6	mg/kg TM
Kupfer (Cu)	40,0	mg/kg TM
Nickel (Ni)	11,6	mg/kg TM
Quecksilber (Hg)	0,09	mg/kg TM
Zink (Zn)	156	mg/kg TM
Zusätzliche Parameter		
Perflourierte Tenside (PFT)	< 0,01	mg/kg TM
PCDD/F (WHO-TEQ 2005,inkl. 1/2 BG)	4,5	ng/kg TM
dl-PCB (WHO-TEQ 2005,inkl. 1/2 BG)	2	ng/kg TM
Arsen gesamt (AS)	3,40	mg/kg TM
Thallium gesamt (Tl)	<0,10	mg/kg TM
PAK	1	mg/kg TM
Thiabendazol	< 0,01	mg/kg FM
Chrom VI (CrVI)	n.n.	mg/kg TM

RAL

RAL-GZ 251

BGK-Nr.: 9999

Anwendung Landwirtschaft

Anlage LW zum PZ-Nr.: 9999-164251-1

Fertigkompost (feinkörnig)

GÜTEZEICHEN KOMPOST RAL

Tabelle 1: Daten zur Düngeberechnung
(Angaben in der Frischmasse)

Inhaltsstoff	%	kg/t	kg/m³
Stickstoff gesamt (N)	1,00	10,0	6,32
Stickstoff löslich (N)	0,06	0,57	0,36
Stickstoff organisch (N)	0,94	9,47	5,96
Phosphat gesamt (P_2O_5)	0,48	4,79	3,02
Kaliumoxid gesamt (K_2O)	0,83	8,27	5,21
Magnesiumoxid gesamt (MgO)	0,45	4,46	2,81
Bas. wirks. Bestandteile (CaO)	2,95	29,5	18,6
Organische Substanz	25,9	259	163
Humus-C	7,66	76,6	48,3

Umrechnungsfaktoren Aufwandmenge

Der Umrechnungsfaktor von Frischmasse (FM) in Trockenmasse (TM) beträgt 0,65 und von TM in FM 1,52. Der Umrechnungsfaktor von Volumen (m³) in Masse (t) beträgt 0,63 und von t in m³ FM 1,59.

Tabelle 2: Nährstoffausnutzung für Ackerland
(Mindestanrechenbarkeit nach DüV, Angaben in der Frischmasse)

Stickstoff (N)	% von N_{ges}	kg/t	kg/m³
Anwendungsjahr[1]	6	0,57	0,36
Erstes Folgejahr*	4	0,40	0,25
Zweites Folgejahr*	3	0,30	0,19
Drittes Folgejahr*	3	0,30	0,19

Phosphat (P_2O_5)	% von P_{ges}	kg/t	kg/m³
Anwendung in der Fruchtfolge[2]	100	4,79	3,02

*nach § 4 Abs. 1 Nr. 5 DüV anzurechnende Folgewirkung.

Tabelle 3: Mittlere Aufwandmengen und Düngewert
(am Beispiel einer dreigliedrigen Fruchtfolge)

	Aufwandmenge (FM)		Düngewert[3,6]	Humuswert[4]
	t/ha	m³/ha	€ / ha	€ / ha
jährlich	13	20	135	163
alle 3 Jahre[2]	38	60	404	490

Die Tabelle zeigt ein Beispiel für Aufwandmengen zur Versorgung einer dreigliedrigen Fruchtfolge. Dem Beispiel liegt eine mittlere Versorgungsstufe des Bodens und ein jährlicher Bedarf von 60 kg/ha P_2O_5 zugrunde. Im vorliegenden Fall ist Phosphat limitierend. Der Bedarf der Fruchtfolge (180 kg/ha P_2O_5) kann mit 38 t bzw. 60 m³/ha Kompost gedeckt werden.

Anrechnung von Nährstoffen und Humus

Stickstoff im Kompost liegt überwiegend in organisch gebundener Form vor. Tabelle 2 zeigt die Anrechenbarkeit nach Düngeverordnung (DüV).

Phosphat, Kaliumoxid, Magnesiumoxid sowie basisch wirksame Stoffe sind in der Fruchtfolge zu 100 % anrechenbar. Bei Aufwandmengen nach Tabelle 3 sind die Grunddüngung (P, K) und die Erhaltungskalkung (CaO) weitgehend abgedeckt.

Humus-C ist der im Rahmen der Humusbilanz nach VDLUFA anrechenbare humusreproduktionswirksame Kohlenstoff (Humus-C).

Angaben nach Düngeverordnung

Nach DüV handelt es sich um ein Düngemittel

- mit wesentlichem Nährstoffgehalt
  (gemäß § 2, Nr. 11 DüV, >1,5 % N oderoder >0,5 % P_2O_5 i.d. TM)
- mit wesentlichem Gehalt an Stickstoff
  (gemäß § 2 Nr. 11 DüV >1,5% N)

Der Kompost unterliegt der Sperrfrist in den Wintermonaten nach § 6 Abs. 8 DüV. (i.d.R. 1.Dezember bis 15.Januar).

Im Rahmen der schlagbezogenen Aufzeichnungspflichten (§ 10 Abs. 2) sind die Gesamtgehalte der aufgebrachten Nährstoffe (Tabelle 1) und die verfügbaren Stickstoffgehalte (Tabelle 2) zu berücksichtigen.

Zeitpunkt und Menge der Düngung sind so zu wählen, dass verfügbare oder verfügbar werdende Nährstoffe den Pflanzen zeitnah und in einer dem Bedarf der Pflanzen entsprechenden Menge zur Verfügung stehen. Für ausgewiesene belastete Gebiete nach § 13 Abs. 2 DüV sind die Vorschriften der jeweiligen Landesregierungen zu beachten. Ab dem 1.Januar 2021 gelten zusätzlich bundesweite Vorgaben für die dann ausgewiesenen belasteten Gebiete.

Anwendungsvorgaben

Zulässige Aufwandmengen sind nach guter fachlicher Praxis der Düngeverordnung zu bestimmen und dürfen gemäß Bioabfallverordnung 30 t Trockenmasse bzw. 46 t Frischmasse je Hektar In drei Jahren nicht überschreiten. Empfehlungen der amtlichen Beratung gelten vorrangig. Organisches Düngemittel unter Verwendung von tierischen Nebenprodukten - Zugang für Nutztiere zu den behandelten Flächen während eines Zeitraumes von 21 Tagen nach der Ausbringung verboten. Die Ausbringung auf Grünland und mehrschnittigen Feldfutterflächen ist nicht zulässig. Eine Anwendung bei Feldgemüse und Feldfutter darf nur vor dem Anbau mit anschließender Einarbeitung erfolgen. Keine Ausbringung auf überschwemmten, wassergesättigten oder schneebedeckten Flächen. Abstandregelungen zu Gewässern sind zu berücksichtigen (§ 5 Abs. 2 und 3 DüV).

Im Zeitraum von 3 Jahren dürfen auf derselben Fläche Klärschlämme nicht zusätzlich aufgebracht werden. Bei der Aufbringung auf Feldgemüse- und Feldfutterflächen oberflächlich einarbeiten. Bei der Erstanwendung der Komposte sind die Flächen durch den Bewirtschafter der zuständigen Behörde anzugeben (§ 9 Abs. 1 BioAbfV). Das BGK-Merkblatt "Dokumentations- und Meldepflichten des Landwirtes" (Dok. GS-010-1) enthält weitere Informationen[5].

1) Ermittelter Gehalt an verfügbarem Stickstoff, jedoch mindestens 5% von N-gesamt (DüV Anlage 3). 2) Bei Düngung für die gesamte Fruchtfolge (Grunddüngung) können die jährlichen Aufwandmengen für eine Bedarfsdeckung von 3 Jahren summiert werden. 3) Gemäß aktuellem Marktwert, ermittelt über äquivalente Kosten mineralischer Düngung nach mittleren Landhandelspreisen (Okt. - Dez. 2019) ohne MwSt. (0,76 €/kg N-anrechenbar, 0,64 €/kg P_2O_5, 0,62 €/kg K_2O, 0,06 €/kgCaO). 4) Der Wert von Humus-C beträgt 0,17 €/kg Humus-C (Kalkuliert auf Basis eines Strohpreises von 72,50 Euro/t). 5) Abzurufen unter www.kompost.de. 6) Anrechenbarer Stickstoff im Anwendungsjahr (N-löslich zzgl. 5% von N-organisch).

RAL

RAL-GZ 251

BGK-Nr.: 9999

Anwendung Landschaftsbau

Anlage LB zum PZ-Nr.: 9999-164251-1

Fertigkompost (feinkörnig)

GÜTEZEICHEN KOMPOST RAL

Tabelle 1: Gehalte an wertgebenden Inhaltsstoffen

(Angaben in der Frischmasse)

Inhaltsstoff	%	kg/t	kg/m³
Stickstoff gesamt (N)	1,00	10,0	6,32
Stickstoff löslich (N)	0,06	0,57	0,36
Stickstoff anrechenbar (N)[1]	0,10	1,04	0,66
Phosphat gesamt (P_2O_5)	0,48	4,79	3,02
Kaliumoxid (K_2O)	0,83	8,27	5,21
Magnesiumoxid (MgO)	0,45	4,46	2,81
Bas. wirks. Bestandteile (CaO)	2,95	29,5	18,6
Organische Substanz	25,9	259	163
Humus-C	7,66	76,6	48,3

Tabelle 2: Aufwandmengen für spezifische Anwendungen

(für nährstoffarme Böden Gehaltsstufe A und B nach VDLUFA

Anwendungszweck	Bindige Böden		Nichtbindige Böden	
Baumaßnahmen, Neuanlagen	kg/m²	l/m²	kg/m²	l/m²
Strapazierrasen, Rekultivierung	12	19	12	19
Gebrauchsrasen, Rosenbeete	6	10	6	10
Gehölze, Stauden	4	7	4	7
Extensivbegrünung	2	3	2	3
Unterhaltungspflege				
Stauden, Zierrasen, Gehölze	1 - 6	1 - 10	1 - 6	1 - 10

Die Empfehlungen entsprechen den „Qualitätsanforderungen und Anwendungsempfehlungen für organische Mulchstoffe und Kompost im Landschaftsbau" der Forschungsgesellschaft Landschaftsentwick- lung Landschaftsbau (FLL) und berücksichtigen die Landschaftsbau-Fachnormen DIN 18915 bis 18919.

Tabelle 3: Herstellung durchwurzelbarer Bodenschichten

(nährstoffarmer Unterboden + Kompost)

Bodenart des Bodenaushubs	Zumischung von Kompost bis … Vol.-%	Zumischung von Kompost in l/m² bei Schichtstärken von …		
		10 cm	20 cm	30 cm
Sand	8 %	8	17	25
anlehmiger Sand bis lehmiger Sand	11 %	11	22	34
Stark lehmiger Sand bis Sandiger Ton	14 %	14	28	41
Lehm	16 %	16	33	49
Lehmiger Ton bis Ton	20 %	20	39	59

Anwendungen im Garten- und Landschaftsbau

Die Anwendung von Kompost im Garten- und Landschaftsbau erfolgt hauptsächlich zur

- Herstellung von Vegetationsflächen nach Baumaßnahmen oder bei Neuanlagen
- Pflege von Vegetationsflächen (Bodenabdeckung, Düngung, Humusversorgung)

Bei der Herstellung von Vegetationsflächen werden humusarme Roh- und Unterböden mit organischer Substanz angereichert, so dass sie als Vegetationstragschicht geeignet sind. Hierzu werden einmalig größere Mengen Kompost eingesetzt (Tabelle 2).

Bei der Unterhaltungspflege von Vegetationsflächen werden geringere Mengen an Kompost in Abständen von etwa 5 Jahren eingesetzt (Tabelle 2).

Darüber hinaus kann Kompost als Mischkomponente zur Herstellung von Substraten (für Dachbegrünung, Lärmschutzwände, Pflanzgefäße usw.) oder bei der technischen Herstellung von Oberböden (Erden) eingesetzt werden (Tabelle 3).

Gute fachliche Praxis

Die Aufwandmenge richtet sich nach dem Begrünungsziel und den Standortverhältnissen. Die Einarbeitungstiefe beträgt für bindige Böden nicht mehr als 10-20 cm, bei sandigen Böden nicht mehr als 30 cm. Bei Pflegemaßnahmen genügt oberflächliches Einharken.

Hinweise

Die Anwendung ist ganzjährig möglich.

Nicht in höheren Schichtdicken anwenden.

Bei Komposteinsatz > 5 l/m² nach Ansaat oder Pflanzung kräftig wässern. Gegebenenfalls ist eine zusätzliche N-Düngung erforderlich.

Bei Dach- und Baumsubstraten auf die Begrenzung organischer Anteile achten.

Phosphat und Kaliumoxid sind als Gesamtgehalte anzurechnen. Bei Stickstoff im Anwendungsjahr ist nur der anrechenbare Anteil, in den Folgejahren 20 bis maximal 40 % des Gesamtgehaltes anzurechnen.

Düngemittel-, wasserschutz- und bodenschutzrechtliche Bestimmungen sind zu beachten. Für die Anwendung nach guter fachlicher Praxis haftet der für die Maßnahme Verantwortliche.

1) Angenommener anrechenbarer Stickstoff bei erstmaliger Anwendung (N-löslich zzgl. 5% von N-organisch).

Auswertung der gütegesicherten Kompostanalysen 2022	
Parameter	**Medianwerte: gütegesicherte Komposte deutschlandweit im Jahr 2022**
Nährstoffe gesamt:	
Stickstoff gesamt (N) [% TM]	1,40
Phosphat gesamt (P_2O_5) [% TM]	0,62
Kalium gesamt (K_2O) [% TM]	1,22
Magnesium gesamt (MgO) [% TM]	0,68
Nährstoffe löslich:	
Stickstoff $CaCl_2$-löslich (N) [mg/l FM]	197
Ammonium (NH_4-N) [mg/l FM]	127
Nitrat (NO_3-N) [mg/l FM]	7
Phosphat CAL-löslich (P_2O_5) [mg/l FM]	994
Kalium CAL-löslich (K_2O) [mg/l FM]	3 400
Physikalische Parameter:	
Rohdichte [g/l FM]	616
Trockenmasse [%]	62,8
Fremdstoffe > 1 mm [% TM]	0,03
Biologische Parameter:	
Pflanzenverträglichkeit (25 % rel.) [%]	110
Pflanzenverträglichkeit (50 % rel.) [%]	105
Chemische Parameter:	
Salzgehalt [g/l FM]	3,5
pH-Wert	8,4
C/N-Verhältnis	16,6
Hygiene:	
Keimfähige Samen und Pflanzenteile [je l] 0	0
Bodenverbesserung:	
Glühverlust [%]	40,8
Basisch wirksame Stoffe (CaO) [% TM]	3,91

Auswertung der gütegesicherten Kompostanalysen 2022 *(Forts.)*	
Parameter	**Medianwerte: gütegesicherte Komposte deutschlandweit im Jahr 2022**
Vorsorge Bodenschutz:	
Pb [mg/kg TM]	24,0
Cd [mg/kg TM]	0,35
Cr [mg/kg TM]	17,5
Cu [mg/kg TM]	32,0
Ni [mg/kg TM]	11,0
Zn [mg/kg TM]	141
Hg [mg/kg TM]	0,08
Probenanzahl	N = 3 875

Quelle: Bundesgütegemeinschaft Kompost e. V.

5.4.2.6 Umweltauswirkungen von Kompostieranlagen

Umweltrelevante Begleiterscheinungen bei der Kompostierung sind:

1. gasförmige Emissionen;
2. Rückstände
   - Auslesereste,
   - Siebreste,
   - Absetzrückstände aus dem Kompostsickerwasser;
3. Abwasser
   - Regenwasserabläufe,
   - Kompostsickerwasser.

Die gasförmigen Emissionen sind möglichst durch Aktivkohle- oder Biofilter aufzufangen und zu binden. Die Rückstände enthalten oftmals einen hohen Schwermetallanteil und sind ordnungsgemäß zu entsorgen. Das Abwasser ist ebenfalls ein Träger hoher Schadstoffgehalte und sollte möglichst lange als Kompostbefeuchter im Kreislauf geführt werden. Ist die Schadstoffbelastung zu hoch, muss es entsorgt werden.

5.4.3 Vergärung von Abfällen

Bei der Vergärung von organischen Stoffen findet eine mikrobielle Umsetzung unter Ausschluss von Luftsauerstoff (anaerob) statt. Reaktionsprodukte sind Methangas (CH_4), Kohlendioxid (CO_2), Faulschlamm (nicht abgebaute Substanz und Wasser) sowie unter Umständen Ammoniak (NH_3) und Schwefelwasserstoff (H_2S) (siehe auch Buswell-Formel).

Während man am Anfang des 20. Jahrhunderts noch glaubte, die Methangasbildung finde in einem Schritt statt, weiß man heute, dass unterschiedliche Mikroorganismengruppen am Abbau beteiligt sind. Man geht heute von einem mindestens dreistufigen Modell des anaeroben Abbaus aus, an dem fermentative, acetogene und methanogene Bakterienstämme beteiligt sind.

Aus Proteinen, Kohlenhydraten und Fetten entsteht über verschiedene Zwischenprodukte schließlich Methangas. Die am letzten Abbauschritt beteiligten methanogenen (methanbildenden) Bakterien sind sehr sauerstoffempfindlich. Sie kommen in der Natur nur an anaeroben Standorten wie Sedimenten von Gewässern, überfluteten Reisfeldern und im Pansen von Wiederkäuern vor.

Bei der anaeroben Vergärung von Alkohol entsteht ein Biogas mit einem Methananteil von 75 Vol.-%. Zusammen mit höherkettigen Fettsäuren und Ölen ist dies der höchste von organischen Stoffgruppen erreichte Wert, während er bei Kohlenhydraten und Eiweißen bei etwa 50 Vol.-% liegt.

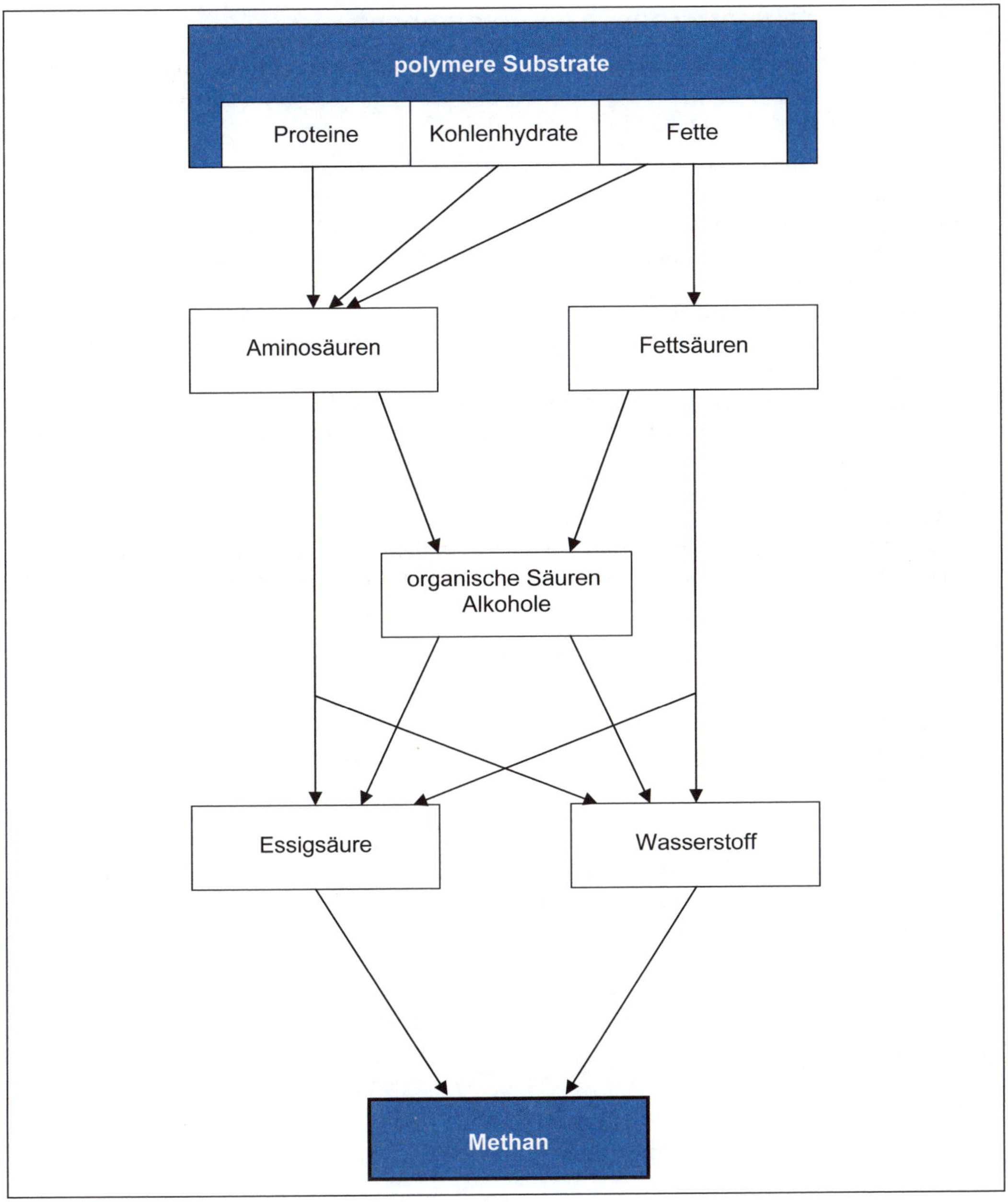

Abb. 91: Mikrobiologische Schritte des anaeroben Abbaus

5.4.3.1 Verfahrenstechnische Anforderungen

Die komplexen Vorgänge in einem Fermenter sind sehr störanfällig, d. h., es sind zahlreiche miteinander zusammenspielende Faktoren notwendig, damit ein reibungsloser Vergärungsprozess vonstattengehen kann. Dazu zählen:

- ausreichende Zahl an Bakterien für jeden Schritt der Abbauphase,
- ausreichend lange Einfahrphase des Fermenters,
- gut eingestelltes Puffersystem (pH-Wert zwischen 7,2 und 8,5; Bicarbonatpuffer),
- Betriebstemperatur im mesophilen Bereich zwischen 32 und 38 °C, für wärmeliebende Bakterien zwischen 50 und 55 °C,
- Durchmischung des Fermenters,
- Trennung der Hydrolyse und Vergärung von der acetogenen und methanogenen Stufe (getrennte Ausfaulung),
- Hydrolysephase: niedriger pH-Wert, hoher Wasserstoffpartialdruck, Abfuhr der Fettsäuren und Austrag des hydrolysierten Materials, Trennung von Flüssigkeit für die Methanphase und Feststoff,
- Methanphase: H_2-, CO_2-, Essigsäure- und Methanbildung, neutraler pH-Wert und niedriger Wasserstoffpartialdruck,
- ausreichende Menge an Nährstoffen (Stickstoff, Kohlenstoff, Sauerstoff, Phosphor, Schwefel, Kalium, Calcium und Magnesium sowie Spurenelemente wie Eisen, Mangan, Molybdän, Zink, Kupfer, Kobalt und Nickel).

Störend auf die Vergärung können sich auswirken:

- chlorierte Kohlenwasserstoffe,
- Bakterizide,
- Herbizide,
- Insektizide,
- Tenside,
- Schwermetalle wie Kupfer, Chrom, Zink, Nickel, Cadmium (in Abhängigkeit von der Löslichkeit, dem Oxidationszustand und der Konzentration),
- Natrium, Kalium, Calcium (ab 5 g/l toxisch) und
- Magnesium (ab 1 g/l toxisch).

5.4.3.2 Betriebsweisen und Fermentertypen

Betriebsweisen

Die Beschickung der Fermenter kann auf zwei Arten erfolgen:

1. diskontinuierlich (Batch-Betrieb) und
2. kontinuierlich.

Beim Batch-Betrieb wird der Fermenter zu einem bestimmten Zeitpunkt gefüllt und erst dann wieder entleert, wenn der Vergärungsprozess abgeschlossen ist. Die technische Ausführung ist in diesem Fall recht einfach. Anwendungsgebiete sind beispielsweise die Vergärung von festen Abfällen mit einem Trockensubstanzanteil von mehr als 15 %. Dies ist beispielsweise in Entwicklungsländern der Fall, wo Festmist oder auch Haushaltsabfälle diskontinuierlich vergoren werden.

Dem kontinuierlich beschickten Fermenter wird mehrmals täglich eine gewisse Frischmaterialmenge zugeführt und gleichzeitig dieselbe Menge an vergorenem Material durch Verdrängung entnommen. Für die Gasproduktion bedeutet das, dass sie nur geringen Schwankungen unterworfen ist. Der Vorteil dieser Betriebsweise ist, dass sie besser automatisiert werden kann als diskontinuierlich arbeitende Verfahren. Im Gegenzug ist sie technisch aufwendiger, weil zusätzlich der Verfahrensschritt Substrattransport implementiert und gesteuert werden muss.

Um Konzentrationsunterschiede innerhalb des Reaktors auszugleichen, den Kontakt zwischen Substrat und Bakterien zu verbessern und den Abtransport von gasförmigen Reaktionsprodukten (z. B. Biogas) zu erleichtern, werden verschiedene Rühr- und Mischsysteme eingesetzt:

- mechanische Rührer,
- Einpressen von Gas und
- Rezirkulation des Gärgutes.

Fermentertypen

Durch neue Entwicklungen im Bereich der Fermentertypen sind höhere Werte an aktiver Bakterienbiomasse und damit kürzere Aufenthaltszeiten des Substrates im Fermenter möglich geworden:

1. konventionelles System
    - voll durchmischte zylindrische oder rechteckige Behälter,
    - keine Rückhaltung von Bakterienbiomasse,
    - geeignet für teilchenförmige Substanz (z. B. Stroh, Pflanzenreste) mit einem Trockensubstanzgehalt von 4 bis 8 % (z. B. Gülle, Klärschlämme);
2. Schlammkontaktverfahren
    - austretendes flüssiges Material wird einer Sedimentation unterworfen,
    - Abscheidung der ausgetragenen Bakterien und Rückführung in den Fermenter (Erhöhung der Biomasse, Verkürzung der Aufenthaltszeit der Feststoffe, gleiche Abbauleistung in kürzerer Zeit),
    - Verbesserung der Phasentrennung durch Dekantierzentrifugen oder Faulgasflotationsanlagen;
3. Schlammbettreaktor
    - Kultivierung von Bakteriengemeinschaften in sedimentierbaren Klümpchen (Bakteriengranulate: Durchmesser ca. 1 mm), die in Suspension bleiben,
    - Erhalt einer großen aktiven Oberfläche ermöglicht Abbauzeiten von Tagen oder sogar Stunden (UASB-Verfahren; UASB = Upflow Anaerobic Sludge Blanket),
    - Anwendungsgebiet: mit gelösten Substanzen belastete Abwässer,
    - größere Mengen teilsuspendierter organischer Substanz stören;
4. Wirbelbettreaktor
    - Wachstum der Bakterienklümpchen auf einem inerten Wachstumskeim (z. B. Sandkorn),
    - aufgrund höherer Dichte der Klümpchen als beim UASB muss eine höhere Fließgeschwindigkeit nach oben erhalten bleiben (Sedimentationsvermeidung),
    - je nach Suspensionsverteilung unterscheidet man „fluidized bed" (gesamte Reaktorhöhe) und „expanded bed" (Teil der Reaktorhöhe),
    - durch ständiges Umpumpen höhere Betriebsenergiemenge gegenüber UASB-Verfahren,
    - Abbauleistungen vergleichbar mit UASB;

5. Festbettreaktor
   - Biomasse ist auf einem Trägermaterial (Biofilter) mit großer Oberfläche (50 bis 200 m^2/m^3) aufgewachsen und fixiert,
   - statische Filter: Upflow- oder Downflow-Betrieb,
   - dynamische Filter: rhythmische Bewegung des Filtermaterials im Substrat, höhere Abbauleistungen als mit statischem Filter, da Bildung eines Schlammbettes zusätzlich zum Festbett,
   - Abbauleistungen der statischen Filter geringer als die der Schlammbettsysteme;
6. Zweistufenprozess
   - räumliche Trennung der Hydrolysestufe von der Methanstufe,
   - interessant für Abwässer aus gelösten Anteilen und suspendierten Feststoffen,
   - Methanisierung (UASB oder Anaerobfilter) der in der Hydrolysestufe gebildeten gelösten, niedermolekularen Stoffe.

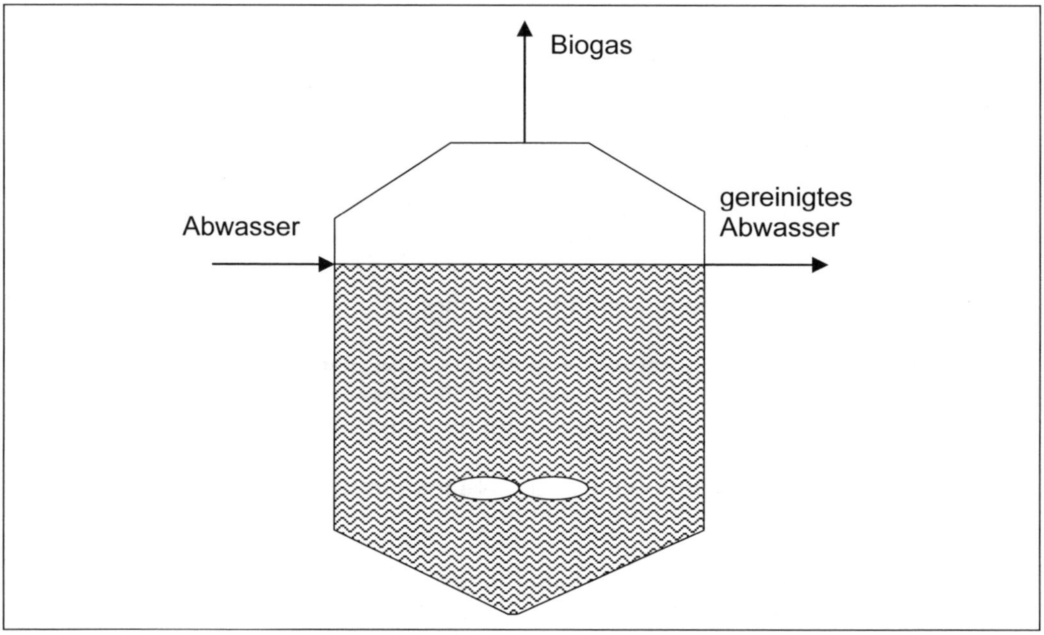

Abb. 92: Herkömmlicher Rührkessel

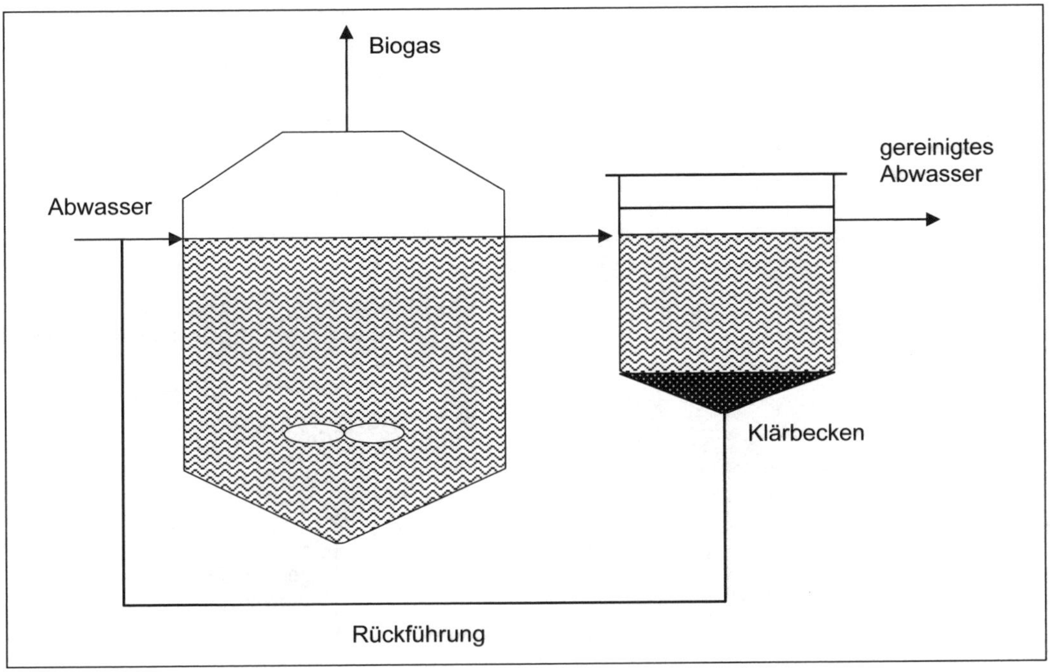

Abb. 93: Schlammkontaktverfahren

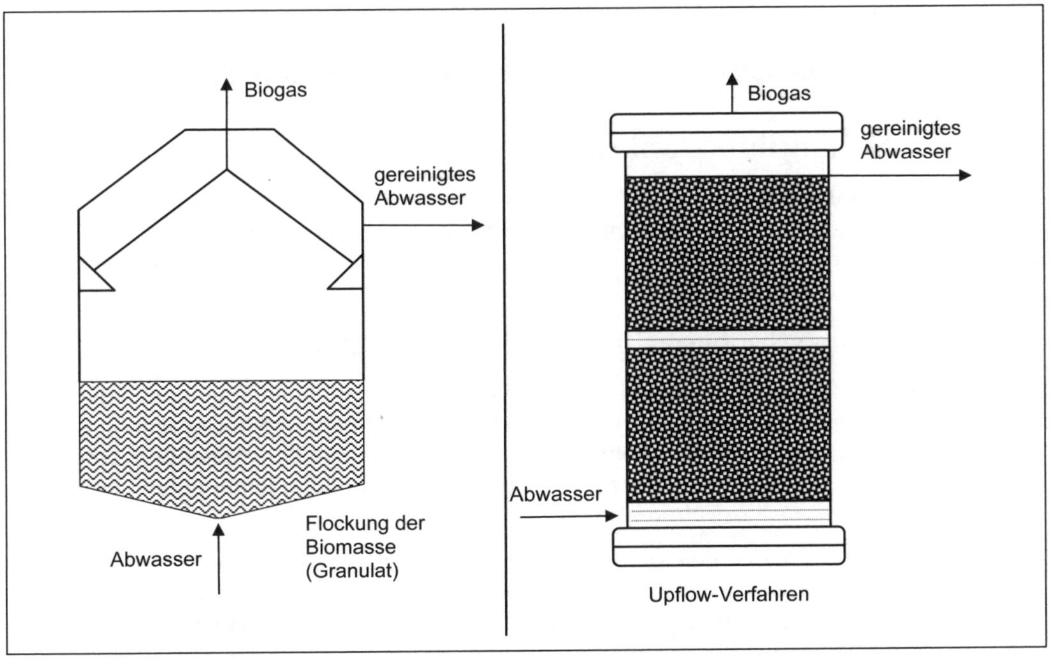

Abb. 94: UASB-Reaktor (links); Upflow-Betrieb (rechts)

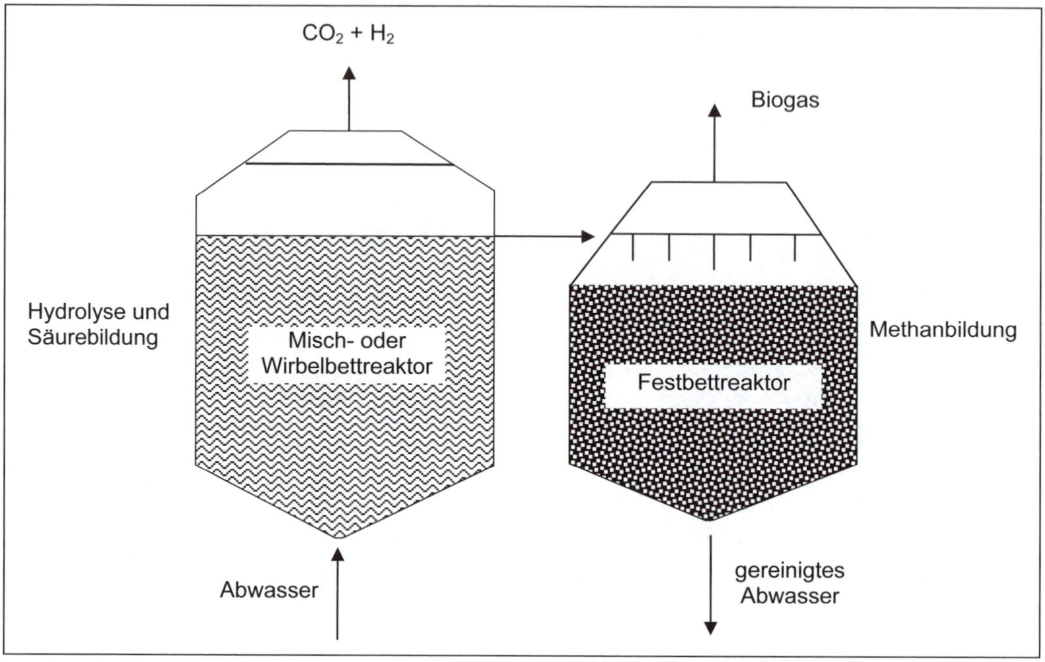

Abb. 95: Zweistufenprozess

5.5 Behandlungsanlagen und Verwertungsanlagen

5.5.1 Behandlungsanlagen

Eine Behandlungsanlage ist eine Abfallentsorgungsanlage, in der Abfälle mit chemisch-physikalischen oder biologischen oder thermischen Verfahren oder Kombinationen dieser Verfahren gehandhabt werden.

5.5.1.1 Chemisch-physikalische Behandlung (CPB)

Abfälle, die aufgrund ihres Wassergehaltes oder ihrer Giftigkeit weder verbrannt noch deponiert werden können, werden chemisch-physikalisch behandelt (CPB). Dazu gehören Säuren, Laugen, Galvanikrückstände, Dünnschlämme, Bohr- und Schneidölemulsionen, Öl-/Wasser-Gemische, Farb- und Lackschlämme, Lösemittel und Sickerwässer. Nach der Behandlung sollen einleitbare Flüssigkeiten oder deponierbare Reste übrig bleiben.

Abfälle sind vorzugsweise der chemisch-physikalischen Behandlung zuzuordnen, wenn sie in mehr als unerheblicher Menge umweltgefährdende Stoffe oder Stoffgemische enthalten, die zur Verwertung oder sonstigen Entsorgung abgetrennt, umgewandelt oder immobilisiert werden können, und dadurch in ihrer Schädlichkeit vermindert werden.

Die chemisch-physikalische Behandlung ist nach Anlage 1 des KrWG ein Abfallbeseitigungsverfahren (D 9). Der Unterschied zu Verwertungsverfahren, die ebenfalls chemisch-physikalische Methoden nutzen, besteht darin, dass durch die Behandlung Endverbindungen oder -gemische entstehen, die anschließend durch ein Beseitigungsverfahren entsorgt und damit dem Stoffkreislauf entzogen bzw. thermisch nicht verwertet werden.

Chemisch-physikalische Verfahren

Zur Behandlung und Verwertung von Abfällen werden chemische und physikalische Verfahren eingesetzt.

Die Verfahrenstechnik ist ein Zweig der Ingenieurwissenschaft, der sich mit dem Entwurf und der Projektierung sowie mit dem Betreiben von Verfahren und Anlagen der Industrie befasst. Im Mittelpunkt der chemischen Verfahrenstechnik steht die chemische Reaktion, deren physikalische Vorgänge durch verfahrenstechnische Maßnahmen (Hydrodynamik und Thermodynamik) gelenkt werden.

Zu den chemischen Verfahren gehören zum einen Grundoperationen zur Vorbereitung der Rohstoffe und Aufarbeitung der Reaktionsprodukte und zum anderen die einzelnen chemischen Arbeitsschritte.

Die physikalischen Verfahren können nach energetischen Gesichtspunkten in mechanische, thermische und elektrische Verfahren eingeteilt werden. Diese Grundoperationen ähneln sich aufgrund ihrer verwandten physikalischen Gesetzmäßigkeiten:

Chemisch-physikalische Verfahren und Methoden (Beispiele)				
Chemische Verfahren		**Physikalische Verfahren**		
Vorbereitung der Rohstoffe und Aufarbeitung der Reaktionsprodukte	**Arbeitsschritte**	**mechanisch**	**thermisch**	**elektrisch**
Erwärmen	Oxidation	Formen	Formen	Elektrophorese
Vereinigen	Neutralisation	Brechen	Erstarren	Elektroosmose
Trennen	Reduktion	Brikettieren	Kondensieren	Elektrodialyse
Formen	Kondensation	Granulieren	Schmelzen	elektr. Gasreinigung
Fördern	Polymerisation	Mahlen	Sublimieren	Magnetscheidung
Zerteilen		Tablettieren	Verflüssigen	Elektrolyse
Agglomerieren		Zerstäuben	Verdampfen	
Lagern		Vereinigen	Trennen	

Chemisch-physikalische Verfahren und Methoden (Beispiele) *(Forts.)*				
Chemische Verfahren		**Physikalische Verfahren**		
Vorbereitung der Rohstoffe und Aufarbeitung der Reaktionsprodukte	**Arbeitsschritte**	**mechanisch**	**thermisch**	**elektrisch**
Verpacken		Emulgieren	Absorbieren	
		Kneten	Adsorbieren	
		Mischen	Desorbieren	
		Rühren	Destillieren	
		Suspendieren	Extrahieren	
		Verschäumen	Kondensieren	
		Zerstäuben	Kristallisieren	
		Trennen	Rektifizieren	
		Dekantieren	Sublimieren	
		Filtrieren	Trocknen	
		Flotieren	Verdampfen	
		Klassieren	Thermodiffusion	
		Dispergieren		
		Klären		
		Pressen		
		Sieben		
		Sichten		
		Sortieren		
		Zentrifugieren		

Technische Anforderungen an CPB

Für die Behandlung von vorwiegend anorganisch und vorwiegend organisch verunreinigten Abfällen sind getrennte Behandlungsstränge einzurichten.

Die Reaktoren, in denen die chemisch-physikalischen Reaktionen ablaufen, sind grundsätzlich geschlossen auszuführen. In die Zuleitung zu den Reaktoren sind jeweils zwei hintereinandergeschaltete Armaturen einzubauen.

Alle Behälter und Reaktoren sind mit Füllstandsanzeigen mit Niveauüberwachung und Geräten zur Temperaturüberwachung auszurüsten. Reaktoren des anorganischen Behandlungsstranges sind zusätzlich mit Geräten zur Messung des pH-Wertes und des Redox-Potenzials, alle Behälter zusätzlich mit Geräten zur Drucküberwachung, auszurüsten.

Über- und Unterschreitungen der Grenzwerte sind über akustische und optische Melder anzuzeigen.

Ablaufmenge, pH-Wert und Trübung des Abwassers sind kontinuierlich zu überwachen. Bei Grenzwertüberschreitungen muss sich der Ablauf automatisch schließen.

Organischer Behandlungsstrang

Im organischen Behandlungsstrang werden drei Grundverfahren der Emulsionstrennung eingesetzt:

1. Destillation,
2. chemische Emulsionsspaltung und
3. Membranfiltration.

Grundverfahren des organischen Behandlungsstranges		
Destillation	**chemische Emulsionsspaltung**	**Membranfiltration**
Abscheidung von Feststoffen	Abscheidung von sedimentierbaren Feststoffen	Abscheidung von sedimentierbaren Feststoffen
Destillation	Abscheidung von aufschwimmenden Verunreinigungen	Abscheidung von aufschwimmenden Verunreinigungen
Restentölung	Dosierung von Behandlungschemikalien	Feinfiltration
Neutralisation	chemische Emulsionstrennung	Membranfiltration
	Abscheidung von Reaktionsprodukten	
nachschaltbare Verfahren		
z. B. Strippung, Aktivkohleadsorption, biologische Behandlung		

Chlorkohlenwasserstoffhaltige, cyanid- und nitrithaltige Öl-/Wasser-Gemische sind getrennt vorzubehandeln, bevor sie mit den übrigen Öl-/Wasser-Gemischen gemeinsam weiterbehandelt werden.

Weitere Verfahren der Emulsionstrennung, die z. B. auf Adsorption, Absorption, Extraktion oder thermischer Spaltung basieren, können zur Behandlung von organisch belasteten wässrigen Abfällen oder Emulsionen mit entsprechenden Vor- und Nachbehandlungsschritten eingesetzt werden.

Beispiele der Behandlung organischer Abfälle

Giftige und biologisch nicht abbaubare organische Wasserinhaltsstoffe werden durch Nassoxidation mit Chemikalien (z. B. Wasserstoffperoxid, H_2O_2) oder durch die Nieder- bzw. Hochdruckoxidation in mikrobiell abbaubare Verbindungen umgewandelt. Die weitere biologische Behandlung reduziert den Aufwand der CPB.

Bei der Dehalogenierung werden Halogene aus halogenorganischen Substanzen separiert. Dieses Verfahren wird z. B. bei flüssigen PCB-Abfällen und dioxinverseuchten Sickerwässern eingesetzt.

Zahlreiche organische Flüssigkeiten können durch Lösemitteldestillation zurückgewonnen werden. Hierbei spielt der oftmals niedrige Siedepunkt eine – auch aus energetischer Sicht – wichtige Rolle.

Öl-/Wasser-Gemische werden durch Emulsionsspalter in eine Ölphase und eine Wasserphase getrennt. Das auf dem Wasser schwimmende Öl wird dann mit sogenannten Skimmern abgeschöpft.

Anorganischer Behandlungsstrang

Im anorganischen Behandlungsstrang können Verfahren wie

- Neutralisation,
- Fällung/Flockung,
- Oxidation,
- Reduktion,
- Entwässerung oder eine
- Kombinationen der oben genannten Verfahren,

ausgerichtet an den Abfalleigenschaften, eingesetzt werden.

Die Anordnung der Verfahrensschritte kann flexibel erfolgen. Die Anlagenteile können sowohl monofunktional (separate Behandlungsstränge festinstalliert) als auch multifunktional (wahlweise verschiedene Anlagenteile kombiniert) genutzt werden. Neben Mindestverfahrensschritten, wie Abscheidung von aufschwimmenden Verunreinigungen, gehören auch Nachbehandlungsschritte, wie Aktivkohleadsorption oder Strippung, zu den Verfahrensschritten des anorganischen Stranges.

Behandlungsschritte des anorganischen Stranges
Mindestverfahrensschritte
Abscheidung von aufschwimmenden Verunreinigungen
Dosierung von Behandlungschemikalien
Durchführung der chemischen Reaktionen
Schlammkonditionierung und Entwässerung
Nachbehandlungsschritte
z. B. Aktivkohleadsorption, Strippung

Schwermetalle sind grundsätzlich durch Einstellung eines geeigneten pH-Wertes als Hydroxide oder Oxidhydrate zu fällen. Restkonzentrationen an nicht gefällten Schwermetallionen können durch Nachbehandlungsmethoden wie Sulfidfällung, Ionenaustausch oder Umkehrosmose entfernt werden.

Beispiele der Behandlung anorganischer Abfälle

Durch Oxidations- bzw. Reduktionsmittel werden oftmals toxische Inhaltsstoffe von Abwässern und Dünnschlämmen in ungiftigere Verbindungen umgewandelt. Dieser Entgiftungsprozess findet beispielsweise bei der Oxidation von Cyaniden zu Cyanaten, von Nitriten zu Nitraten oder bei der Reduktion von Chrom(VI)- zu Chrom(III)-Verbindungen statt.

Die Neutralisation ist eine recht preisgünstige Möglichkeit, Schadstoffpotenziale aus sauren bzw. alkalischen wässrigen Lösungen zu beseitigen. Dazu werden häufig Abfallsäuren mit Abfalllaugen und umgekehrt versetzt, um den Neutralpunkt (pH 7) zu erreichen. Bei der Neutralisation werden oftmals große Wärmemengen frei, die bei der verfahrenstechnischen Durchführung berücksichtigt werden müssen.

Schwermetallbelastete Abwässer werden mit Natronlauge (NaOH) oder Kalkmilch ($Ca(OH)_2$) versetzt, sodass sich die nahezu unlöslichen Schwermetallhydroxide bilden. Die Schwermetallfällung wird bei kleineren Schwermetallmengen auch mit sulfidischen Verbindungen oder mit Komplexbildnern durchgeführt.

Ein Großteil der in CPB-Anlagen behandelten Abfälle sind Flüssigkeiten und Dünnschlämme. Deshalb spielen Entwässerungstechniken bei der Abfallbehandlung eine sehr wichtige Rolle. Bei der Flockung werden feinste Teilchen von Sulfiden oder Hydroxiden durch Zugabe von Flockungsmittel zu größeren und damit schwereren, leichter filtrierbaren Teilchen verbunden. In großen flachen Absetzbecken oder in Lamellenabscheidern findet dann die Sedimentation statt. Dabei sinken die schwereren Teilchen aufgrund der Schwerkraft langsam zu Boden. In einer Kammerfilterpresse wird der Bodensatz soweit entwässert, dass einleitbares Abwasser und Schlammplatten übrig bleiben.

In Teilbereichen werden auch elektrochemische Verfahren eingesetzt. Hierbei werden durch Elektrolyse oder Elektrodialyse Metallionen in der Lösung angereichert oder an den Elektroden abgeschieden. Dieses energieaufwendige Verfahren liefert sortenreine Metalle.

Betriebliche Anforderungen

Betriebe, die chemisch-physikalische Behandlungsverfahren einsetzen,

- müssen vor der Behandlung einer Charge durch Vorversuche die Behandlungsbedingungen sowie die Art und Menge der einzusetzenden Chemikalien ermitteln und in einem Behandlungsplan dokumentieren,
- können Abfälle zur Behandlung einsetzen, wenn dadurch die Behandlungsergebnisse nicht verschlechtert oder wässrige Abfälle nicht verdünnt werden,
- müssen nach einer Behandlung der Abfallcharge die genutzten Anlagenteile reinigen.

Rückstände

Rückstände sind zu verwerten. Ist dies nicht möglich, sind

- flüssige Rückstände aus dem organischen Behandlungsstrang thermisch zu behandeln,
- schlammförmige und feste Rückstände aus dem organischen Behandlungsstrang thermisch zu behandeln oder abzulagern,
- Rückstände aus dem anorganischen Behandlungsstrang ebenfalls abzulagern.

Lagerung

Für die Übernahme von flüssigen Abfällen in chemisch-physikalische Behandlungsanlagen sind offene Vorlagebehälter einzurichten. Für leicht flüchtige halogenierte Kohlenwasserstoffe und Flüssigkeiten mit Flammpunkt sind geschlossene Behälter zu verwenden.

Entsprechend ihres Gefahrenpotenzials sind für nachfolgende organische und anorganische Abfälle jeweils getrennte Übernahmeeinrichtungen und getrennte und gekennzeichnete Lagerbereiche einzurichten:

Abfallgruppen mit besonderen Übernahme- und Lagerbedingungen	
Organische Abfälle	**Anorganische Abfälle**
Abfälle mit halogenierten organischen Lösemitteln	alkalische Abfälle
nitrithaltige Abfälle	salpetersäurehaltige Abfälle
cyanidhaltige Abfälle	sonstige saure Abfälle
sonstige organische Abfälle	cyanidhaltige Abfälle
	nitrithaltige Abfälle
	chromathaltige Abfälle
	komplexbildnerhaltige Abfälle

5.5.2 Aufgaben und Ziele von Verwertungsanlagen

Erzeuger oder Besitzer von Abfällen sind gemäß § 7 Absatz 2 KrWG zur Verwertung ihrer Abfälle verpflichtet.

Diese Pflicht zur Verwertung ist zu erfüllen, wenn sie technisch möglich und wirtschaftlich zumutbar ist, insbesondere, wenn für einen gewonnenen Stoff oder gewonnene Energie ein Markt vorhanden ist oder geschaffen werden kann. Die Verwertung von Abfällen ist auch dann technisch möglich, wenn hierzu eine Vorbehandlung erforderlich ist. Die wirtschaftliche Zumutbarkeit ist gegeben, wenn die mit der Verwertung verbundenen Kosten nicht außer Verhältnis zu den Kosten stehen, die für eine Abfallbeseitigung zu tragen wären.

Bei der Erfüllung der Verwertungspflicht hat diejenige Verwertungsmaßnahme Vorrang, die den Schutz von Mensch und Umwelt nach der Art und Beschaffenheit des Abfalls unter Berücksichtigung

- der zu erwartenden Emissionen,
- der Schonung der natürlichen Ressourcen,
- der einzusetzenden oder zu gewinnenden Energie sowie
- der Anreicherung von Schadstoffen in Erzeugnissen, in Abfällen zur Verwertung oder in daraus gewonnenen Erzeugnissen

am besten gewährleistet. Zwischen mehreren gleichrangigen Verwertungsmaßnahmen besteht ein Wahlrecht des Erzeugers oder Besitzers von Abfällen. Bei der Ausgestaltung der Verwertungsmaßnahme ist eine den Schutz von Mensch und Umwelt am besten gewährleistende, hochwertige Verwertung anzustreben.

Die Aufgabe des Betreibers einer Verwertungsanlage muss demnach sein, durch Ausschöpfung des Stands der Technik eine stoffliche bzw. energetische Verwertung bezogen auf wirtschaftliche und technische Maßstäbe sowie hinsichtlich des Schutzes der Umwelt effizient durchzuführen.

Ein Ziel von Verwertungsanlagen ist, die Rückführung von Sekundärrohstoffen zu ermöglichen, damit der Einsatz von Primärrohstoffen verringert und der begrenzte Vorrat an Ressourcen gestreckt werden kann.

Sekundärrohstoffe können als Energieträger genutzt werden. Das führt zur Energieeinsparung, solange der Energieaufwand der Sekundärrohstoffproduktion geringer ist als der Energieeinsatz zur Gewinnung der Primärrohstoffe.

Das Verwerten von Abfällen führt zudem zu einer Entlastung der immer knapper werdenden Entsorgungskapazitäten der Müllverbrennungsanlagen und Deponien.

5.5.3 Verwertungsverfahren

In den letzten Jahren haben sich einige zentrale Verwertungsbereiche herausgebildet. Als Beispiele seien genannt:

- Lösemittelrückgewinnung,
- Bauabfallbehandlungsanlagen,
- Altölverwertung,
- Elektronikschrottverwertung,
- Papierverwertung,
- Glasverwertung,
- Kunststoffverwertung,
- Eisenmetallschrottverwertung,
- Nichteisenmetallschrottverwertung,
- Altautoverwertung,
- Altholzverwertung,
- Textilverwertung,
- energetische Verwertung.

5.5.3.1 Lösemittelrückgewinnung

Lösemittel spielen in der Wirtschaft eine sehr wichtige Rolle. Neben dem wichtigsten Lösemittel Wasser, auf das hier nicht eingegangen werden soll, gibt es eine Vielzahl von Lösemittelarten, die vorwiegend organischer Natur sind.

Lösemittel und ihre Einsatzgebiete	
Lösemittel	**Einsatzgebiet**
Benzine, Toluol, Alkohole, Ester, Ketone, Dimethylformamid, Tetrahydrofuran, chlorierte Kohlenwasserstoffe, Xylol, Cyclohexanon, Dioxan, Methylethylketon	Beschichtungsbetriebe: • Klebebänder • Tonbänder • Selbstklebefolien und -etiketten
Alkohole, Ester	Kosmetikbetriebe
Toluol, Xylol, Heptan, Hexan	Tiefdruck
Fluorchlorkohlenwasserstoffe (FCKW)	Kältemaschinen, Sprayprodukte
Benzine, Benzol, Tri, Perchlorethylen	Entfettungsanlagen

Seit 1989 besteht mit der „Verordnung über die Entsorgung gebrauchter halogenierter Lösemittel (HKWAbfV)" für den Handel und die Industrie eine Rücknahme- und Verwertungspflicht für gebrauchte halogenierte Lösemittel. Um die Aufarbeitung und Verwertung zu erleichtern, soll eine Vermischung verschiedener Lösemittelarten konsequent vermieden werden.

Es werden verschiedene Lösemittelrückgewinnungsverfahren eingesetzt (für Lösemittel in der Abluft und für flüssige Lösemittel), die auf deren stoffliche Eigenschaften und ihre Konzentration in der gasförmigen und flüssigen Phase abgestimmt sind. Diese Verfahren sollen:

- Lösemittel dem Stoffkreislauf entziehen bzw.
- Lösemittel für eine anschließende stoffliche oder thermische Verwertung anreichern.

Rückgewinnungsverfahren für Lösemittel		
Rückgewinnungsverfahren	**Einsatzgebiet**	**Voraussetzungen**
Wasserdampfdestillation	flüssige Lösemittel	–
direkte Destillation, beheizt		–
Vakuumdestillation		–

Rückgewinnungsverfahren für Lösemittel *(Forts.)*		
Rückgewinnungsverfahren	**Einsatzgebiet**	**Voraussetzungen**
Kondensation	Lösemittel in der Abluft	hohe Lösemittelkonzentration
Adsorption an • Aktivkohle • makroporösen Polymeren • Molekularsieben		• Lösemittel geeignet • Beladekonzentration im vertretbaren Bereich
Absorption		• hohe oder schwankende Konzentrationen • hohe Luftfeuchtigkeit der Abluft • Aktivkohleeinsatz problematisch
Membranverfahren (Gaspermeation)		Kombination mit anderen Verfahren

5.5.3.2 Bauabfallrecycling / Ersatzbaustoffe

Bauschutt, Baustellenabfälle, Straßenaufbruch und Bodenaushub werden in den Statistiken meistens als Baurestmassen gemeinsam erfasst. Dieser Abfallsektor ist mengenmäßig der umfangreichste. Im Jahr 2021 betrug das Abfallaufkommen in Deutschland insgesamt 411,5 Mio. t. Davon entfielen auf Bau- und Abbruchabfälle 222,0 Mio. t, also knapp 54 %.

Bauschutt ist ein buntes Gemisch mit überwiegend mineralischem Anteil. Beispielsweise fallen beim Abbruch eines Hauses Ziegel, Beton, Kupferkabel, Holz und Kunststoffe an, beim Erneuern einer Straßendecke Asphalt, Sand, Kies oder Beton.

Mit dem Einsatz von Aufbereitungsanlagen werden die Abfälle durch mechanische Fraktionierung behandelt.

Durch Bauabfallsortierung werden folgende Vorteile erzielt:

- steigende Preise für Primärprodukte machen das Recycling wirtschaftlich interessant (z. B. Bitumen-Asphaltrecycling),
- langwierige Genehmigungsverfahren zum weiteren Rohstoffabbau werden umgangen,
- Ressourcen werden eingespart,
- Deponievolumen wird geschont,
- durch den Einsatz von Sekundärrohstoffen wird Energie eingespart.

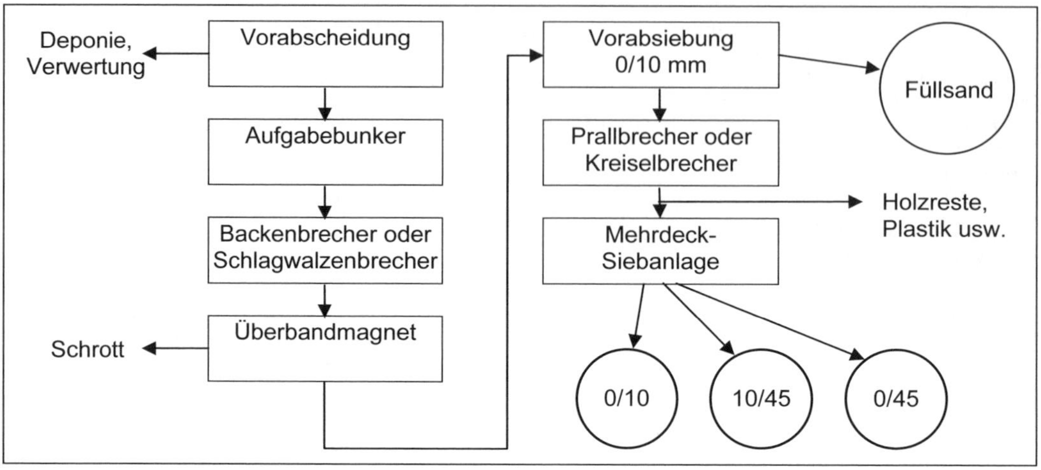

Abb. 96: Schema einer Bauabfallsortieranlage

Nach Angaben des Statistischen Bundesamtes lag die Verwertungsquote von Bau- und Abbruchabfällen im Jahr 2021 einschließlich nicht gefährlichen Straßenaufbruchs bei 89 %.

Der Verwertung mineralischer Abfälle kommt aufgrund ihrer großen Menge – wie oben erläutert – eine besondere Bedeutung zu.

Der Gesetzgeber trägt diesem Umstand Rechnung, indem er mit der seit dem 01.08.2023 geltenden Verordnung über Anforderungen an den Einbau von mineralischen Ersatzbaustoffen in technische Bauwerke (Ersatzbaustoffverordnung – ErsatzbaustoffV) konkrete, umfassende und bundesweit geltende Anforderungen an den Einbau mineralischer Ersatzbaustoffe in technische Bauwerke und spezifische Bahnbauweisen formuliert.

Die Ersatzbaustoffverordnung wird ergänzt durch die novellierte Bundes-Bodenschutz- und Altlastenverordnung (BBodSchV), die die Anforderungen an das Auf- und Einbringen von Materialien in die, außerhalb der und unterhalb der durchwurzelbaren Bodenschicht nun rechtsverbindlich festschreibt. Typische Anwendungsbereiche der Regelungen sind zum Beispiel der Garten- und Landschaftsbau, die Bodenverbesserung auf landwirtschaftlichen Flächen und die Rekultivierung von Aufschüttungen und Abgrabungen.

Ziele der Ersatzbaustoffverordnung sind die Erhöhung des Vertrauens von Verwendern, wie z. B. Bauherren in die Umweltqualität der mineralischen Ersatzbaustoffe und die Verbesserung der Bereitschaft von Bauherrn, insbesondere die der öffentlichen Hand, für den Einsatz von mineralischen Ersatzbaustoffen.

Wer seit dem 01.08.2023 Recycling-Baustoff, Bodenmaterial, Gleisschotter, Ziegelmaterial, Baggergut sowie bestimmte Aschen und Schlacken verwerten möchte, muss sich mit einer einschneidend veränderten Rechtslage auseinandersetzen.

Mineralischer Ersatzbaustoff (§ 2 Nr. 1 ErsatzbaustoffV)

Mineralischer Baustoff, der

a) als Abfall oder als Nebenprodukt
aa) in Aufbereitungsanlagen hergestellt wird oder
bb) bei Baumaßnahmen, beispielsweise Rückbau, Abriss, Umbau, Ausbau, Neubau und Erhaltung anfällt,
b) unmittelbar oder nach Aufbereitung für den Einbau in technische Bauwerke geeignet und bestimmt ist und
c) unmittelbar oder nach Aufbereitung unter die in den Nummern 18 bis 33 bezeichneten Stoffe fällt

Vom Gesetzgeber wurden 16 Baustoffe (§ 2 ErsatzbaustoffV – Nummern 18 bis 33) als geeignete Materialien für ihren Einsatz als Ersatzbaustoff festgelegt. Davon stammen mit Recycling-Baustoff, Bodenmaterial, Gleisschotter, Ziegelmaterial und Baggergut fünf Abfallarten aus dem Bereich der Bau- und Abbruchabfälle bzw. ihrer Aufbereitung:

Liste der Ersatzbaustoffe mit ihren Kürzeln (Bau- und Abbruchabfälle fett gedruckt)	
Ersatzbaustoff	**Kürzel**
Recycling-Baustoff	**RC**
Bodenmaterial	**BM**
Gleisschotter	**GS**
Ziegelmaterial	**ZM**
Baggergut	**BG**
Hochofenstückschlacke	HOS
Hüttensand	HS
Stahlwerksschlacke	SWS
Kupferhüttenmaterial	CUM
Gießerei-Kupolofenschlacke	GKOS
Gießereisand	GRS
Schmelzkammergranulat	SKG
Steinkohlenkesselasche	SKA
Steinkohlenflugasche	SFA
Braunkohlenflugasche	BFA
Hausmüllverbrennungsasche	HMVA

Von den Regelungen der ErsatzbaustoffV sind gemäß § 1 (2) ErsatzbaustoffV ausgenommen:

- Bodenschätze, wie Minerale, Steine, Kiese, Sande und Tone, die in Trocken- oder Nassabgrabungen, Tagebauen oder Brüchen gewonnen werden
- die Verwendung mineralischer Ersatzbaustoffe
  - auf, in, unterhalb oder außerhalb einer durchwurzelbaren Bodenschicht (es gilt in diesen Fällen die BBodSchV),
  - als Deponieersatzbaustoffe (gemäß Teil 3 der Deponieverordnung),
  - auf Halden und Absetzbecken des Bergbaus und in bergbaulichen Hohlräumen,
  - in Gewässern,
  - im Deichbau,
  - als Ausbauasphalt der Verwertungsklasse A im Straßenbau bei Einhaltung der einschlägigen Richtlinien für den Straßenbau
  - Straßenbau, Zwischen- und Umlagerungen bei baulichen und betrieblichen Anlagen,
  - in Anlagen des Bundes gemäß § 9a Absatz 3 des Atomgesetzes,
- die Zwischen- oder Umlagerung mineralischer Ersatzbaustoffe
  - im Rahmen der Errichtung, der Änderung oder der Unterhaltung von baulichen und betrieblichen Anlagen, einschließlich der Seitenentnahme von Bodenmaterial und Baggergut,
  - im Tagebau unter vergleichbaren Bodenverhältnissen und geologischen und hydrogeologischen Bedingungen,
  - im Rahmen der Sanierung einer schädlichen Bodenveränderung oder Altlast oder innerhalb des Gebietes eines für verbindlich erklärten Sanierungsplans, und
- hydraulisch gebundene Gemische einschließlich ihrer Ausgangs-, Zuschlags- und Zusatzstoffe im Geltungsbereich der Landesbauordnungen sowie im Bereich der Bundesverkehrswege, der Verkehrswege der Länder, Kreise und Kommunen sowie der jeweiligen Nebenanlagen, soweit diese Gemische nicht von den Einbauweisen 1, 3 und 5 der Anlage 2 der ErsatzbaustoffV erfasst sind.

Vor der Entscheidung, für welchen Einsatzzweck der mineralische Ersatzbaustoff verwendet werden soll, müssen seine Materialwerte bestimmt worden sein. Aus diesen Ergebnissen bestimmt sich dann seine Materialklasse. Ist die Materialklasse bekannt, ergeben sich schließlich seine Einsatzmöglichkeiten.

Materialwerte (§ 2 Nr. 11 ErsatzbaustoffV)

Grenzwerte und Orientierungswerte eines mineralischen Ersatzbaustoffs oder einer Materialklasse eines mineralischen Ersatzbaustoffs; die Materialwerte für bestimmte Parameter sind in Anlage 1 festgesetzt;

Materialklasse (§ 2 Nr. 13 ErsatzbaustoffV)

Kategorien eines mineralischen Ersatzbaustoffs derselben Art und Herkunft, die sich in ihrer Materialqualität auf Grund unterschiedlicher Materialwerte unterscheiden; für bestimmte Kategorien sind in Anlage 1 Materialklassen festgelegt;

Bestimmung der Materialklassen

In Anlage 1 der ErsatzbaustoffV sind für bestimmte mineralische Ersatzbaustoffe Materialklassen festgelegt:

MEB (Abkürzung)	Mineralischer Ersatzbaustoff
HOS-1, HOS-2	Hochofenstückschlacke der Klassen 1, 2
HS	Hüttensand
SWS-1, SWS-2	Stahlwerksschlacke der Klassen 1, 2
CUM-1, CUM-2	Kupferhüttenmaterial der Klassen 1, 2
GKOS	Gießerei-Kupolofenschlacke
GRS	Gießereirestsand
SKG	Schmelzkammergranulat aus der Schmelzfeuerung von Steinkohle
SKA	Steinkohlenkesselasche
SFA	Steinkohlenflugasche
BFA	Braunkohlenflugasche
HMVA-1, HMVA-2	Hausmüllverbrennungsasche der Klassen 1, 2
RC-1, RC-2, RC-3	Recycling-Baustoff der Klassen 1, 2, 3
BM-0, BM-0*, BM-F0*, BM-F1, BM-F2, BM-F3	Bodenmaterial der Klassen 0, 0*, F0*, F1, F2, F3
BG-0, BG-0*, BG-F0*, BG-F1, BG-F2, BG-3	Baggergut der Klassen 0, 0*, F0*, F1, F2, F3
GS-0, GS-1, GS-2, GS-3	Gleisschotter der Klassen 0, 1, 2, 3
ZM	Ziegelmaterial

Beispielsweise besteht Recycling-Baustoff aus drei Materialklassen RC-1, RC-2 und RC-3. Inwiefern sich die drei Materialklassen voneinander unterscheiden, findet man in Tabelle 1 der Anlage 1 der Ersatzbaustoffverordnung, die Materialwerte, die chemisch-physikalischen Eigenschaften und Stoffkonzentrationen der jeweiligen mineralischen Ersatzbaustoffe darstellt:

Materialwerte für geregelte Ersatzbaustoffe ohne Gleisschotter, Bodenmaterial und Baggergut (Anlage 1 Tabelle 1 ErsatzbaustoffV)										
MEB		RC-1	RC-2	RC-3	HOS-1	HOS-2	HS	SW-1	SW-2	SW-3
Parameter	Dim.									
pH-Wert[1]		6–13	6–13	6–13	9–12	9–12	8–12	9–13	9–13	7–12
Elektr. Leitfähigkeit[2]	µS/cm	2 500	3 200	10 000	5 000	7 000	4 000	10 000	10 000	1 500
Chlorid	mg/l									
Sulfat	mg/l	600	1 000	3 500	1 300	3 600	350			
Fluorid	mg/l							1,1	4,7	
DOC	mg/l									
PAK_{15}[3]	µg/l	4,0	8,0	25						
PAK_{16}[4]	mg/kg	10	15	20						
Antimon	µg/l									
Arsen	µg/l									
Blei	µg/l									90
Cadmium	µg/l									
Chrom, ges.	µg/l	150	440	900				110	190	150
Kupfer	µg/l	110	250	500						
Molybdän	µg/l							55	400	
Nickel	µg/l									30
Vanadium	µg/l	120	700	1 350			55	180	450	55
Zink	µg/l									

Materialwerte für geregelte Ersatzbaustoffe ohne Gleisschotter, Bodenmaterial und Baggergut *(Forts.)*										
MEB		**CUM-1**	**CUM-2**	**GRS**	**SKG**	**SKA**	**SFA**	**BFA**	**HMVA-1**	**HMVA-2**
Parameter	**Dim.**									
pH-Wert[1]		6–10	6–10	> 9	6–10	7–12	8–13	11–13	7–13	7–13
Elektr. Leitfähigkeit[2]	µS/cm	300	300	2 700	10 – 60	2 100	10 000	15 000	2 000	12 500
Chlorid	mg/l								160	5 000
Sulfat	mg/l					600	4 500	2 500	820	3 000
Fluorid	mg/l			8,7						
DOC	mg/l			30						
PAK_{15}[3]	µg/l									
PAK_{16}[4]	mg/kg									
Antimon	µg/l	25	25						10	60
Arsen	µg/l	55	65	65						
Blei	µg/l			90						
Cadmium	µg/l									
Chrom, ges.	µg/l			110			1 000	150	150	460
Kupfer	µg/l	55	110	110					110	1 000
Molybdän	µg/l	110	110	55		400	7 000	400	55	400
Nickel	µg/l			30						
Vanadium	µg/l			200		230	300		55	150
Zink	µg/l			160						

1 Nur bei GRS Grenzwert, ansonsten stoffspezifischer Orientierungswert; bei Abweichungen ist die Ursache zu prüfen.
2 Stoffspezifischer Orientierungswert; bei Abweichungen ist die Ursache zu prüfen.
3 PAK_{15}: PAK_{16} ohne Naphthalin und Methylnaphthaline.
4 PAK_{16}: stellvertretend für die Gruppe der polyzyklischen aromatischen Kohlenwasserstoffe (PAK) werden nach der Liste der Environmental Protection Agency (EPA) 16 ausgewählte PAK untersucht: Acenaphthen, Acenaphthylen, Anthracen, Benzo[a]anthracen, Benzo[a]pyren, Benzo[b]fluoranthen, Benzo[g,h,i]perylen, Benzo[k]fluoranthen, Chrysen, Dibenzo[a,h]anthracen, Fluoranthen, Fluoren, Indeno[1,2,3-cd]pyren, Naphthalin, Phenanthren und Pyren.

Ein Vergleich der Materialwerte von RC-1, RC-2 und RC-3 zeigt, dass die Belastung von RC-1 über RC-2 bis RC-3 ansteigt. Mit schlechteren Materialwerten sinken auch die Einsatzmöglichkeiten als Ersatzbaustoff, wie weiter unten dargestellt werden wird.

Die Materialwerte bei Gleisschotter werden vornehmlich durch den Einsatzbereich als Unterbau im Schienenverkehr bestimmt. Hier spielen insbesondere Konzentrationen von Pflanzenschutzmitteln eine Rolle, die eingesetzt werden, um den Pflanzenwuchs im Gleisbereich zu unterdrücken:

Materialwerte für Gleisschotter (Anlage 1 Tabelle 2 ErsatzbaustoffV)					
MEB		**GS-0**	**GS-1**	**GS-2**	**GS-3**
Parameter	**Dim.**				
pH[1]		6,5–10	6,5–10	6,5–10	5–12
Elektrische Leitfähigkeit[1]	µS/cm	500	500	500	1 000
Atrazin	µg/l	0,2	0,7	3,5	14
Bromacil	µg/l	0,2	0,4	1,2	5,3
Diuron	µg/l	0,1	0,2	0,8	4,6
Glyphosat	µg/l	0,2	1,7	17	27
AMPA	µg/l	2,5	4,5	17	50
Simazin	µg/l	0,2	1,5	12	27
sonst. Herbizide[2]	µg/l	0,2	2,1	17	27
MKW	µg/l	150	160	310	500
PAK_{15}[3]	µg/l	0,3	2,3	42	50

1 Stoffspezifischer Orientierungswert, bei Abweichungen ist die Ursache zu prüfen.

2 Einzelwerte jeweils für Dimefuron, Flazasulfuron, Flumioxazin, Ethidimuron, Thiazafluron sowie für neu zugelassene Wirkstoffe.

3 PAK_{15}: PAK_{16} ohne Naphthalin und Methylnaphthaline.

In den Tabellen 3 und 4 der Anlage 1 ErsatzbaustoffV finden sich die Materialwerte für Bodenmaterial und Baggergut. Tabelle 3 gibt für einige Parameter, wie z. B. Arsen, Quecksilber oder PCB_6 und PCB-118, sowohl die Werte im Feststoff als auch im Eluat an, wie an den Einheiten mg/kg bzw. µg/l sichtbar wird.

Materialwerte für Bodenmaterial[1] und Baggergut (Anlage 1 Tabelle 3 ErsatzbaustoffV)										
Parameter	Dim.	BM-0 BG-0 Sand[2]	BM-0 BG-0 Lehm, Schluff[2]	BM-0 BG-0 Ton[2]	BM-0* BG-0*[3]	BM-F0* BG-F0*	BM-F1 BG-F1	BM-F2 BG-F2	BM-F3 BG-F3
Mineralische Fremdbestandteile	Vol.-%	bis 10	bis 10	bis 10	bis 10	bis 50	bis 50	bis 50	bis 50
pH-Wert[4]						6,5–9,5	6,5–9,5	6,5–9,5	5,5–12,0
Elektrische Leitfähigkeit[4]	µS/cm				350	350	500	500	2 000
Sulfat	mg/l	250[5]	250[5]	250[5]	250[5]	250[5]	450	450	1 000
Arsen	mg/kg	10	20	20	20	40	40	40	150
Arsen	µg/l				8 (13)	12	20	85	100
Blei	mg/kg	40	70	100	140	140	140	140	700
Blei	µg/l				23 (43)	35	90	250	470
Cadmium	mg/kg	0,4	1	1,5	1[6]	2	2	2	10
Cadmium	µg/l				2 (4)	3,0	3,0	10	15
Chrom, gesamt	mg/kg	30	60	100	120	120	120	120	600
Chrom, gesamt	µg/l				10 (19)	15	150	290	530
Kupfer	mg/kg	20	40	60	80	80	80	80	320
Kupfer	µg/l				20 (41)	30	110	170	320
Nickel	mg/kg	15	50	70	100	100	100	100	350
Nickel	µg/l				20 (31)	30	30	150	280
Quecksilber	mg/kg	0,2	0,3	0,3	0,6	0,6	0,6	0,6	5
Quecksilber[12]	µg/l				0,1				
Thallium	mg/kg	0,5	1,0	1,0	1,0	2	2	2	7
Thallium[12]	µg/l				0,2 (0,3)				
Zink	mg/kg	60	150	200	300	300	300	300	1 200
Zink	µg/l				100 (210)	150	160	840	1 600
TOC	M%	1[7]	1[7]	1[7]	1[7]	5	5	5	5

Materialwerte für Bodenmaterial[1] und Baggergut (Anlage 1 Tabelle 3 ErsatzbaustoffV) *(Forts.)*									
Parameter	**Dim.**	**BM-0 BG-0 Sand[2]**	**BM-0 BG-0 Lehm, Schluff[2]**	**BM-0 BG-0 Ton[2]**	**BM-0* BG-0*[3]**	**BM-F0* BG-F0***	**BM-F1 BG-F1**	**BM-F2 BG-F2**	**BM-F3 BG-F3**
Kohlenwasserstoffe[8]	mg/kg				300 (600)	300 (600)	300 (600)	300 (600)	1 000 (2 000)
Benzo(a)pyren	mg/kg	0,3	0,3	0,3					
PAK_{15}[9]	µg/l				0,2	0,3	1,5	3,8	20
PAK_{16}[10]	mg/kg	3	3	3	6	6	6	9	30
Naphthalin und Methylnaphthaline, gesamt	µg/l				2				
PCB_6 und PCB-118	mg/kg	0,05	0,05	0,05	0,1				
PCB_6 und PCB-118	µg/l				0,01				
EOX[11]	mg/kg	1	1	1	1				

1 Die Materialwerte gelten für Bodenmaterial und Baggergut mit bis zu 10 Volumenprozent (BM und BG) oder bis zu 50 Volumenprozent (BM-F und BG-F) mineralischer Fremdbestandteile im Sinne von § 2 Nummer 8 der Bundes-Bodenschutz- und Altlastenverordnung mit nur vernachlässigbaren Anteilen an Störstoffen im Sinne von § 2 Nummer 9 der Bundes-Bodenschutz- und Altlastenverordnung. Bodenmaterial der Klasse BM-0 und Baggergut der Klasse BG-0 erfüllen die wertebezogenen Anforderungen an das Auf- oder Einbringen gemäß § 7 Absatz 3 der Bundes-Bodenschutz- und Altlastenverordnung. Bodenmaterial der Klasse BM-0 und Baggergut der Klasse BG-0 Sand erfüllen die wertebezogenen Anforderungen an das Auf- oder Einbringen gemäß § 8 Absatz 2 der Bundes-Bodenschutz- und Altlastenverordnung; Bodenmaterial der Klasse BM-0* und Baggergut der Klasse BG-0* erfüllen die wertebezogenen Anforderungen an das Auf- oder Einbringen gemäß § 8 Absatz 3 Nummer 1 der Bundes-Bodenschutz- und Altlastenverordnung.

2 Bodenarten-Hauptgruppen gemäß Bodenkundlicher Kartieranleitung, 5. Auflage, Hannover 2005 (KA5); stark schluffige Sande, lehmig-schluffige Sande und stark lehmige Sande sowie Materialien, die nicht bodenartspezifisch zugeordnet werden können, sind entsprechend der Bodenart Lehm, Schluff zu bewerten.

3 Die Eluatwerte in Spalte 6 sind mit Ausnahme des Eluatwertes für Sulfat nur maßgeblich, wenn für den betreffenden Stoff der jeweilige Feststoffwert nach Spalte 3 bis 5 überschritten wird. Der Eluatwert für PAK_{15} und Napthalin und Methylnaphtaline, gesamt, ist maßgeblich, wenn der Feststoffwert für PAK_{16} nach Spalte 3 bis 5 überschritten wird. Die in Klammern genannten Werte gelten jeweils bei einem TOC-Gehalt von ≥ 0,5 %.

4 Stoffspezifischer Orientierungswert; bei Abweichungen ist die Ursache zu prüfen.

5 Bei Überschreitung des Wertes ist die Ursache zu prüfen. Handelt es sich um naturbedingt erhöhte Sulfatkonzentrationen, ist eine Verwertung innerhalb der betroffenen Gebiete möglich. Außerhalb dieser Gebiete ist über die Verwertungseignung im Einzelfall und in Abstimmung mit der zuständigen Behörde zu entscheiden.

6 Der Wert 1 mg/kg gilt für Bodenmaterial der Bodenarten Sand und Lehm, Schluff. Für Bodenmaterial der Bodenart Ton gilt der Wert 1,5 mg/kg.

7 Bodenmaterialspezifischer Orientierungswert. Bei heterogenen Bodenverhältnissen mineralischer Böden kann der TOC-Gehalt der Masse des anfallenden Materials als maßgeblich bei Verwertung im Umfeld des anfallenden Materials und Verwendung unter gleichen Bedingungen herangezogen werden. Beim Einbau sind Volumenbeständigkeit und Setzungsprozesse sowie die Vorgaben von § 6 Absatz 11 Satz 2 und 3 der Bundes-Bodenschutz- und Altlastenverordnung zu berücksichtigen. Beim Einbau sind Volumenbeständigkeit und Setzungsprozesse zu berücksichtigen.

[8] Die angegebenen Werte gelten für Kohlenwasserstoffverbindungen mit einer Kettenlänge von C10 bis C22. Der Gesamtgehalt bestimmt nach der DIN EN 14039, „Charakterisierung von Abfällen – Bestimmung des Gehalts an Kohlenwasserstoffen von C10 bis C40 mittels Gaschromatographie", Ausgabe Januar 2005 darf insgesamt den in Klammern genannten Wert nicht überschreiten.

[9] PAK_{15}: PAK_{16} ohne Naphthalin und Methylnaphthaline.

[10] PAK_{16}: stellvertretend für die Gruppe der polyzyklischen aromatischen Kohlenwasserstoffe (PAK) werden nach der Liste der US-amerikanischen Umweltbehörde, Environmental Protection Agency (EPA), 16 ausgewählte PAK untersucht: Acenaphthen, Acenaphthylen, Anthracen, Benzo[a]anthracen, Benzo[a]pyren, Benzo[b]fluoranthen, Benzo[g,h,i]perylen, Benzo[k]fluoranthen, Chrysen, Dibenzo[a,h]anthracen, Fluoranthen, Fluoren, Indeno[1,2,3-cd]pyren, Naphthalin, Phenanthren und Pyren.

[11] Bei Überschreitung der Werte sind die Materialien auf fallspezifische Belastungen zu untersuchen.

[12] Bei Quecksilber und Thallium ist für die Klassifizierung in die Materialklassen BM-F0*/BG-F0*, BM-F1/BG-F1, BM-F2/BG-F2, BM-F3/BG-F3 der angegebene Gesamtgehalt maßgeblich. Der Eluatwert der Materialklasse BM-0*/BG-0* ist einzuhalten.

Zusätzliche Materialwerte für spezifische Belastungsparameter von Bodenmaterial und Baggergut. Zusätzliche Materialwerte für nicht aufbereiteten Bauschutt (zu § 3 Absatz 1 Satz 3 Nummer 1 ErsatzbaustoffV, bei Hinweisen auf diese Schadstoffe im Rahmen der Annahmekontrolle anzuwenden) (Anlage 1 Tabelle 4 ErsatzbaustoffV)

Parameter	Dim.	BM-F0*, BG-F0*	BM-F1, BG-F1	BM-F2, BG-F2	BM-F3, BG-F3
Anorganische Stoffe					
Antimon	µg/l	7,5	7,5	7,5	15
Molybdän	µg/l	55	55	55	110
Vanadium	µg/l	30	55	450	840
Organische Stoffe					
BTEX	mg/kg	1	1	1	1
EOX	mg/kg	3	3	3	10
MKW	µg/l	150	160	160	310
LHKW	mg/kg	1	1	1	1
Cyanide	mg/kg	3	3	3	10
Tributylzinn-Kation	µg/kg	20	100	100	1 000
Phenole	µg/l	12	60	60	2 000
PCB_6 und PCB-118	µg/l	0,02	0,02	0,02	0,04
PCB_6 und PCB-118	mg/kg	0,15	0,15	0,15	0,5

Zusätzliche Materialwerte für spezifische Belastungsparameter von Bodenmaterial und Baggergut. Zusätzliche Materialwerte für nicht aufbereiteten Bauschutt (zu § 3 Absatz 1 Satz 3 Nummer 1 ErsatzbaustoffV, bei Hinweisen auf diese Schadstoffe im Rahmen der Annahmekontrolle anzuwenden) (Anlage 1 Tabelle 4 ErsatzbaustoffV) *(Forts.)*					
Parameter	**Dim.**	**BM-F0*, BG-F0***	**BM-F1, BG-F1**	**BM-F2, BG-F2**	**BM-F3, BG-F3**
Chlorphenole, ges.	µg/l	1,5	10	10	100
Chlorbenzole, ges.	µg/l	1,5	1,7	1,7	4
Atrazin	µg/l	0,2	0,4	0,5	1,3
Bromacil	µg/l	0,2	0,2	0,3	0,4
Diuron	µg/l	0,1	0,1	0,2	0,3
Glyphosat	µg/l	0,2	0,6	2,2	4,0
AMPA	µg/l	2,5	2,5	2,5	4,0
Simazin	µg/l	0,2	0,6	1,2	4,0
sonst. Herbizide[1]	µg/l	0,2	0,7	1,0	4,0
Hexachlorbenzol	µg/l	0,02	0,02	0,02	0,04

1 Einzelwerte jeweils für Dimefuron, Flazasulfuron, Flumioxazin, Ethidimuron, Thiazafluron sowie für neu zugelassene Wirkstoffe.

Bestimmung der Einsatzmöglichkeiten mineralischer Ersatzbaustoffe in technischen Bauwerken und spezifischen Bahnbauweisen

Nach Bestimmung der Materialklassen können mithilfe der Tabellen in den Anlagen 2 und 3 der ErsatzbaustoffV deren Einsatzmöglichkeiten in technischen Bauwerken und spezifischen Bahnbauweisen ermittelt werden.

Für den Einsatz in technischen Bauwerken stehen 27 Materialklassen in maximal 17 Einbauweisen zur Verfügung, für den Einsatz in spezifischen Bahnbauweisen 13 Materialklassen in maximal 26 Einbauweisen.

Innerhalb jeder Einbauweise gibt es, abhängig von der Materialeigenschaft der Grundwasserdeckschicht und der Lage zu Wasserschutzbereichen, neun Einbausituationen.

Insgesamt existieren über alle Materialklassen 7 173 Kombinationen von Einbausituationen, wovon mehr als 4 500 praktisch möglich sind.

Grundsätzlich müssen beim Einbau der Ersatzbaustoffe die Grundwasserdeckschichten berücksichtigt werden. Schließlich soll durch deren Einbau das Grundwasser nicht gefährdet werden.

In den Einbautabellen werden die Konfigurationen der Grundwasserdeckschichten unterschieden in „ungünstig", „günstig – Sand" und „günstig – Lehm, Schluff, Ton".

Die Konfigurationen der natürlich vorliegenden oder herzustellenden Grundwasserdeckschichten werden wie folgt festgelegt:

Konfiguration der Grundwasserdeckschicht	ungünstig	günstig	
	Sand oder Lehm, Schluff, Ton	Sand	Lehm, Schluff, Ton
grundwasserfreie Sickerstrecke	für RC-1, BM-0*, BM-F0*, BM-F1, BG-0*, BG-F0*, BG-F1, GS-0, GS-1, SWS-1, CUM-1, HOS-1, HS, SKG: ≥ 0,1 – 1 m für alle anderen MEB: ≥ 0,5 – 1 m jeweils zuzüglich eines Sicherheitsabstandes von 0,5 m	für alle MEB: > 1 m zuzüglich eines Sicherheitsabstandes von 0,5 m	für alle MEB: > 1 m zuzüglich eines Sicherheitsabstandes von 0,5 m

Innerhalb von Wasserschutzbereichen sind die Einsatzmöglichkeiten von mineralischen Ersatzbaustoffen auf günstige Eigenschaften der Grundwasserdeckschichten (Sand oder Lehm, Schluff, Ton, grundwasserfreie Sickerstrecke > 1 Meter) beschränkt.

Anhand eines Recycling-Baustoffs der Materialklasse RC-2 sollen dessen Einsatzmöglichkeiten verdeutlicht werden:

In „Tabelle 2: Recycling-Baustoff der Klasse 2 (RC-2)" werden 153 Einbausituationen dargestellt. Davon sind 123 uneingeschränkt bzw. eingeschränkt möglich, wie z. B. grundsätzlich als Schottertragschicht (ToB) unter gebundener Deckschicht (Nr. 7) außerhalb von Wasserschutzgebieten. In 30 Fällen darf RC-2 nicht in technische Bauwerke eingebaut werden, z. B. nicht als Deckschicht ohne Bindemittel (Nr. 12) außerhalb von Wasserschutzgebieten unter ungünstigen Bedingungen hinsichtlich der Konfiguration der Grundwasserdeckschicht.

Alternativ kann der Einsatz von RC-2 als Ersatzbaustoff in spezifischen Bahnbauweisen gemäß „Tabelle 9: Recycling-Baustoff der Klasse 2 (RC-2)" geprüft werden. Hier stehen maximal 26 Einbauweisen zur Verfügung.

Demnach ist z. B. der Einbau von RC-2 als Unterbau (Damm) der Bahnbauweise H (Nr. B14) außerhalb von Wasserschutzgebieten mit Sand als Grundwasserdeckschicht möglich.

Tabelle 2: Recycling-Baustoff der Klasse 2 (RC-2)

	Einbauweise	Recycling-Baustoff der Klasse 2 (RC-2)								
		Eigenschaft der Grundwasserdeckschicht								
		außerhalb von Wasserschutzbereichen			innerhalb von Wasserschutzbereichen					
		ungünstig	günstig		günstig					
					WSG III A		WSG III B		Wasser-vorranggebiete	
					HSG III		HSG IV			
			Sand	Lehm, Schluff, Ton	Sand	Lehm, Schluff, Ton	Sand	Lehm, Schluff, Ton	Sand	Lehm, Schluff, Ton
		1	2	3	4		5		6	
1	Decke bitumen- oder hydraulisch gebunden, Tragschicht bitumengebunden	+	+	+	+	+	+	+	+	+
2	Unterbau unter Fundament- oder Bodenplatten, Bodenverfestigung unter gebundener Deckschicht	+	+	+	+	+	+	+	+	+
3	Tragschicht mit hydraulischen Bindemitteln unter gebundener Deckschicht	+	+	+	+	+	+	+	+	+
4	Verfüllung von Baugruben und Leitungsgräben unter gebundener Deckschicht	+	+	+	+[1]	+[1]	+	+	+	+
5	Asphalttragschicht (teilwasserdurchlässig) unter Pflasterdecken und Plattenbelägen, Tragschicht hydraulisch gebunden (Dränbeton) unter Pflaster und Platten	+	+	+	+	+	+	+	+	+
6	Bettung, Frostschutz- oder Tragschicht unter Pflaster oder Platten jeweils mit wasserundurchlässiger Fugenabdichtung	+	+	+	+	+	+	+	+	+
7	Schottertragschicht (ToB) unter gebundener Deckschicht	+	+	+	+	+	+	+	+	+
8	Frostschutzschicht (ToB), Baugrundverbesserung und Unterbau bis 1 m ab Planum jeweils unter gebundener Deckschicht	–	+	+	–	+	–	+	+	+
9	Dämme oder Wälle gemäß Bauweisen A – D nach MTSE sowie Hinterfüllung von Bauwerken im Böschungsbereich in analoger Bauweise	+	+	+	+	+	+	+	+	+
10	Damm oder Wall gemäß Bauweise E nach MTSE	–	+	+	–	+	–	+	+	+
11	Bettungssand unter Pflaster oder unter Plattenbelägen	+	+	+	+	+	+	+	+	+
12	Deckschicht ohne Bindemittel[6]	–	+	+	+	+	+	+	+	+
13	ToB, Baugrundverbesserung, Bodenverfestigung, Unterbau bis 1 m Dicke ab Planum sowie Verfüllung von Baugruben und Leitungsgräben unter Deckschicht ohne Bindemittel	–	–	+[2]	–	–	–	–	–	+[2]
14	Bauweisen 13 unter Plattenbelägen	–	–	+	–	–	–	–	–	+
15	Bauweisen 13 unter Pflaster	–	+[3]	+	–	+[3]	–	+[3]	+[3]	+
16	Hinterfüllung von Bauwerken oder Böschungsbereich von Dämmen unter durchwurzelbarer Bodenschicht sowie Hinterfüllung analog zu Bauweise E des MTSE	–	+[4]	+	–	+[4]	–	+[4]	+[4]	+
17	Dämme und Schutzwälle ohne Maßnahmen nach MTSE unter durchwurzelbarer Bodenschicht	–	+[4]	+[5]	–	+[4]	–	+[4]	+[4]	+[5]

1 Die Verfüllung von Leitungsgräben ist nicht zulässig.

2 Zulässig, wenn Chrom, ges. ≤ 280 µg/l, Vanadium ≤ 450 µg/l, Kupfer ≤ 170 µg/l und PAK_{15} ≤ 3,8 µg/l.

3 Zulässig, wenn Chrom, ges. ≤ 360 µg/l und Vanadium ≤ 180 µg/l.

4 Zulässig, wenn Vanadium ≤ 320 µg/l (Zeile 16) oder zulässig wenn „M" und Vanadium ≤ 200 µg/l (Zeile 17).

5 Zulässig wenn „M".

6 Nicht zugelassen auf Kinderspielflächen, in Wohngebieten oder Park- und Freizeitanlagen, es gelten die Begriffsbestimmungen gemäß § 2 Nummer 18, 19, 20 BBodSchV.

Tabelle 9: Recycling-Baustoff der Klasse 2 (RC-2)

Einbauweise		Recycling-Baustoff der Klasse 2 (RC-2)								
		Eigenschaft der Grundwasserdeckschicht								
		außerhalb von Wasserschutzbereichen			innerhalb von Wasserschutzbereichen					
		ungünstig	günstig		günstig					
					WSG III A		WSG III B		Wasser-vorranggebiete	
					HSG III		HSG IV			
			Sand	Lehm, Schluff, Ton	Sand	Lehm, Schluff, Ton	Sand	Lehm, Schluff, Ton	Sand	Lehm, Schluff, Ton
		1	2	3	4		5		6	
B1	Schotteroberbau der Bahnbauweise Standard Damm	/	/	/	/	/	/	/	/	/
B2	Schotteroberbau der Bahnbauweise Standard Einschnitt	/	/	/	/	/	/	/	/	/
B3	Schotteroberbau der Bahnbauweise H	/	/	/	/	/	/	/	/	/
B4	Schotteroberbau der Bahnbauweise H modifiziert	/	/	/	/	/	/	/	/	/
B5	Planumsschutzschicht (PSS, KG 1) der Bahnbauweise Standard Damm	–	+[1]	+	–	+[1]	–	+[1]	+[1]	+
B6	Planumsschutzschicht (PSS, KG 1) der Bahnbauweise Standard Einschnitt	–	+[2]	+	–	+[2]	–	+[2]	+[2]	+
B7	Planumsschutzschicht (PSS, KG 1) der Bahnbauweise H	–	+[3]	+	–	+[3]	–	+[3]	+[3]	+
B8	Planumsschutzschicht (PSS, KG 1) der Bahnbauweise H modifiziert	–	+	+	–	+	–	+	+	+
B9	Frostschutzschicht (FSS, KG 2) der Bahnbauweise H	–	+	+	–	+	–	+	+	+
B10	Frostschutzschicht (FSS, KG 2) der Bahnbauweise H modifiziert	–	+	+	–	+	–	+	–	+
B11	Spezielle Bodenschicht der Bahnbauweise H	/	/	/	/	/	/	/	/	/
B12	Unterbau (Damm) der Bahnbauweise Standard Damm	–	+[2]	+	–	+[2]	–	+[2]	+[2]	+
B13	Unterbau (Damm) der Bahnbauweise Standard Einschnitt	–	+[2]	+	–	+[2]	–	+[2]	+[2]	+
B14	Unterbau (Damm) der Bahnbauweise H	–	+	+	–	+	–	+	+	+
B15	Unterbau (Damm) der Bahnbauweise H modifiziert	–	+	+	–	+	–	+	+	+
B16	Frostschutzschicht (FSS, KG 2) der Bahnbauweise Feste Fahrbahn	–	+	+	–	+	–	+	+	+
B17	Unterbau (Damm) der Bahnbauweise Feste Fahrbahn	–	+	+	–	+	–	+	+	+
B18	Frostschutzschicht (FSS, KG 2) der Bahnbauweise Feste Fahrbahn mit Randwegabdichtung oberhalb der FSS	–	+	+	–	+	–	+	+	+
B19	Unterbau (Damm) der Bahnbauweise Feste Fahrbahn mit Randwegabdichtung	–	+	+	–	+	–	+	+	+
B20	Frostschutzschicht (FSS, KG 2) unterhalb Planumsschutzschicht (PSS) bzw. PSS der Bahnbauweise E 1	–	+	+	–	+	–	+	+	+
B21	Unterbau (Damm) der Bahnbauweise E 1 mit Dichtungselement auf dem Planum	–	+	+	–	+	–	+	+	+
B22	Tragschicht als witterungsunempfindliches Dichtungselement der Bahnbauweise E 2	–	+	+	–	+	–	+	+	+
B23	Unterbau (Damm) der Bahnbauweise E 2	–	+	+	–	+	–	+	+	+
B24	Planumsschutzschicht (PSS) und Unterbau (Damm) der Bahnbauweise E 3a	–	+[3]	+	–	+[3]	–	+[3]	+[3]	+
B25	Planumsschutzschicht (PSS) der Bahnbauweise E 3b	–	+	+	–	+	–	+	+	+
B26	Unterbau (Damm) der Bahnbauweise E 3b	–	+	+	–	+	–	+	+	+

1 Zulässig, wenn Vanadium ≤ 170 µg/l.
2 Zulässig, wenn Chrom, ges. ≤ 320 µg/l, Kupfer ≤ 230 µg/l und Vanadium ≤ 120 µg/l.
3 Zulässig, wenn Vanadium ≤ 340 µg/l.

In jedem Fall sind die grundlegenden Anforderungen des § 19 ErsatzbaustoffV bei der Planung und Durchführung des Einbaus zu berücksichtigen. Dazu zählen unter anderem:

- keine nachteiligen Veränderungen der Grundwasserbeschaffenheit und schädliche Bodenveränderungen;
- der Betreiber einer Aufbereitungsanlage für mineralische Ersatzbaustoffe hat eine Güteüberwachung durchzuführen, bestehend aus
  - dem Eignungsnachweis,
  - der werkseigenen Produktionskontrolle und
  - der Fremdüberwachung.
- Untersuchungs-, Bewertungs-, Klassifizierungs- und Dokumentationspflicht für Erzeuger und Besitzer von nicht aufbereitetem Bodenmaterial und nicht aufbereitetem Baggergut, das in ein technisches Bauwerk eingebaut werden soll;
- Übertragung dieser Erzeuger- und Besitzerpflichten auf den Betreiber eines Zwischenlagers mit Pflicht zur Annahmekontrolle, wenn nicht aufbereitetes Bodenmaterial oder nicht aufbereitetes Baggergut in ein Zwischenlager befördert wird.
- Der Einbau der mineralischen Ersatzbaustoffe nur in den für sie jeweils zulässigen Einbauweisen nach Anlage 2 oder 3 ErsatzbaustoffV erfolgt oder Bodenmaterial der Klasse 0 – BM-0 – oder Baggergut der Klasse 0 – BG-0 – eingebaut wird.
- Einbau von mineralischen Ersatzbaustoffen oder Gemischen in technische Bauwerke nur in dem für den jeweiligen bautechnischen Zweck erforderlichen Umfang;
- Gemische dürfen nur zur Verbesserung der bautechnischen Eigenschaften hergestellt werden.

Darüber hinaus gelten weiterhin die Getrenntsammlungs- und Getrenntbeförderungspflichten für die mineralischen Stoffe und Gemische, die vorrangig der Vorbereitung zur Wiederverwendung oder dem Recycling zugeführt werden sollen:

§ 24 Getrennte Sammlung und Verwertung von mineralischen Abfällen aus technischen Bauwerken

(1) Erzeuger und Besitzer haben die in § 2 Nummer 18 bis 33 bezeichneten mineralischen Stoffe und Gemische im Sinne des § 2 Nummer 2, die als Abfälle bei Rückbau, Sanierung oder Reparatur technischer Bauwerke anfallen, untereinander und von Abfällen aus Primärbaustoffen getrennt zu sammeln, zu befördern und nach Maßgabe des § 8 Absatz 1 Satz 1 des Kreislaufwirtschaftsgesetzes vorrangig der Vorbereitung zur Wiederverwendung oder dem Recycling zuzuführen. Soweit diese Abfälle für den Einbau in technische Bauwerke vorgesehen, jedoch nicht unmittelbar hierfür geeignet sind, haben die Erzeuger und Besitzer der in Satz 1 genannten Abfallfraktionen diese einer geeigneten Aufbereitungsanlage zuführen.

(2) Eine erneute Verwertung der gemäß Absatz 1 Satz 1 getrennt gesammelten mineralischen Ersatzbaustoffe in einem technischen Bauwerk ist möglich, wenn diese nach der Art des mineralischen Ersatzbaustoffes sowie seiner Materialklasse eindeutig bestimmt wurden.

(3) Abweichend von Absatz 1 Satz 1 können Recycling-Baustoffe gemeinsam mit gleichartigen Abfallfraktionen aus Primärbaustoffen gesammelt und befördert werden.

(4) Die Pflichten nach Absatz 1 Satz 1 entfallen, soweit die getrennte Sammlung der jeweiligen Abfallfraktion technisch nicht möglich oder wirtschaftlich nicht zumutbar ist. Technisch nicht möglich ist die getrennte Sammlung insbesondere dann, wenn für eine Aufstellung der Abfallbehälter für die getrennte Sammlung nicht genug Platz zur Verfügung steht. Die getrennte

Sammlung der in Absatz 1 Satz 1 genannten Abfallfraktionen ist dann wirtschaftlich nicht zumutbar, wenn die Kosten für die getrennte Sammlung, insbesondere auf Grund einer hohen Verschmutzung oder einer sehr geringen Menge der jeweiligen Abfallfraktion, außer Verhältnis zu den Kosten für eine gemischte Sammlung stehen. Kosten, die durch technisch mögliche und wirtschaftlich zumutbare Maßnahmen des selektiven Rückbaus hätten vermieden werden können, sind bei der Prüfung der wirtschaftlichen Zumutbarkeit nicht zu berücksichtigen.

(5) Die Erzeuger und Besitzer haben die Erfüllung der Pflichten nach Absatz 1 oder, im Falle der Abweichung von diesen Pflichten, das Vorliegen der Voraussetzungen nach Absatz 4 zu dokumentieren. Die Dokumentation ist wie folgt vorzunehmen:

1. *für die getrennte Sammlung durch Lagepläne, Lichtbilder, Praxisbelege, wie Liefer- oder Wiegescheine oder ähnliche Dokumente;*
2. *für die Zuführung sowohl der getrennt als auch der gemischt erfassten Abfälle zur Vorbereitung zur Wiederverwendung oder zur Aufbereitung durch eine Erklärung desjenigen, der die Abfälle übernimmt, wobei die Erklärung dessen Namen und Anschrift sowie die Masse und den beabsichtigten Verbleib des Abfalls zu enthalten hat;*
3. *für das Abweichen von der Pflicht zur getrennten Sammlung durch eine Darlegung der technischen Unmöglichkeit oder der wirtschaftlichen Unzumutbarkeit.*

Die Dokumentation ist für einen Zeitraum von fünf Jahren aufzubewahren und auf Verlangen der zuständigen Behörde vorzulegen. Die Pflichten nach den Sätzen 1 bis 3 gelten nicht für Bau- und Abbruchmaßnahmen, bei denen das Volumen der insgesamt anfallenden Abfälle 50 Kubikmeter nicht überschreitet.

Dokumentation des Verbleibs der mineralischen Ersatzbaustoffe

Die Dokumentationspflichten in Form von Lieferscheinen, Deckblätter, Vor- und Abschlussanzeigen, beschrieben im § 25 ErsatzbaustoffV, richten sich sowohl an den Inverkehrbringer als auch an den Verwender der mineralischen Ersatzbaustoffe.

§ 25 Lieferschein und Deckblatt

(1) Der Verbleib eines mineralischen Ersatzbaustoffs oder eines Gemisches ist vom erstmaligen Inverkehrbringen bis zum Einbau in ein technisches Bauwerk vom Inverkehrbringer und Verwender zu dokumentieren. Hierzu hat der Betreiber der Aufbereitungsanlage oder derjenige, der nicht aufbereitetes Bodenmaterial oder nicht aufbereitetes Baggergut in Verkehr bringt, spätestens bei der Anlieferung einen Lieferschein nach dem Muster in Anlage 7 auszustellen, der folgende Angaben enthalten muss:

1. *den Inverkehrbringer,*
2. *Bezeichnung des mineralischen Ersatzbaustoffs sowie der Materialklasse und bei Gemischen die Benennung der einzelnen in dem Gemisch enthaltenen mineralischen Ersatzbaustoffe sowie deren Materialklassen,*
3. *bei Abfällen die Abfallschlüssel gemäß Abfallverzeichnisverordnung,*
4. *die Überwachungsstelle oder Untersuchungsstelle,*
5. *Angaben über die Einhaltung von in den Fußnoten der jeweiligen Einbautabelle für bestimmte Einbauweisen nach Anlage 2 oder 3 genannten Anforderungen,*

6. die Liefermenge in Tonnen und Abgabedatum,
7. die Lieferkörnung oder Bodengruppe und
8. den Beförderer.

(2) Der Betreiber der Aufbereitungsanlage oder derjenige, der nicht aufbereitetes Bodenmaterial oder nicht aufbereitetes Baggergut in Verkehr bringt, hat den ausgefüllten Lieferschein zu unterschreiben und dem Beförderer zu übergeben. Der Beförderer hat den ausgefüllten und unterschriebenen Lieferschein dem Verwender zu übergeben.

(3) Der Verwender hat die im Rahmen einer Baumaßnahme erhaltenen Lieferscheine unverzüglich nach Erhalt zusammenzufügen und mit einem Deckblatt nach dem Muster in Anlage 8 zu dokumentieren. Das Deckblatt hat folgende Angaben zu enthalten:

1. den Verwender,
2. den Bauherrn, sofern dieser nicht selbst Verwender ist,
3. das Datum der Anlieferungen,
4. die Lageskizze des Einbauortes, Baumaßnahme,
5. die Bezeichnung der Einbauweisen nach Anlage 2 oder 3 unter Angabe der jeweiligen Nummer,
6. die Bodenart der Grundwasserdeckschicht wie „Sand“ oder „Lehm, Schluff oder Ton“,
7. Angaben zu dem höchsten zu erwartenden Grundwasserstand im Hinblick auf die Eigenschaft „günstig“ oder „ungünstig“ nach Anlage 2 oder 3 und
8. die Lage der Baumaßnahme im Hinblick auf Wasserschutzgebiete, Heilquellenschutzgebiete oder Wasservorranggebiete nach den Spalten 4 bis 6 der Anlage 2 oder 3.

Der Lieferschein kann für Bodenmaterial der Klasse 0 – BM-0, Bodenmaterial der Klasse 0 – BM-0*, Bodenmaterial der Klasse F0* – BM-F0*, Baggergut der Klasse 0 – BG-0, Baggergut der Klasse 0* – BG-0*, Baggergut der Klasse F0* – BG-F0*, Gleisschotter der Klasse 0 – GS-0 und Schmelzkammergranulat – SKG entfallen, wenn die Gesamtmenge des Einbaus in ein technisches Bauwerk 200 Tonnen nicht überschreitet. Der Verwender hat das Deckblatt unverzüglich nach Abschluss der Einbaumaßnahme zu unterschreiben und, sofern er nicht selbst Bauherr ist, dieses zusammen mit den Lieferscheinen dem Bauherrn zu übergeben. Der Bauherr hat, sofern er nicht selbst Grundstückseigentümer ist, das Deckblatt und die Lieferscheine unverzüglich nach Abschluss der gesamten Baumaßnahme dem Grundstückseigentümer zu übergeben. Sofern es sich bei der Baumaßnahme um eine Errichtung, Erweiterung oder Instandhaltung einer Kritischen Infrastruktur, insbesondere um die Verlegung eines Erdkabels handelt, gilt Satz 5 mit der Maßgabe, dass das Deckblatt und die Lieferscheine dem Betreiber der Kritischen Infrastruktur zu übergeben sind.*

(4) Der Betreiber der Aufbereitungsanlage oder derjenige, der nicht aufbereitetes Bodenmaterial oder nicht aufbereitetes Baggergut in Verkehr bringt, hat den Lieferschein als Durchschrift oder Kopie ab dem Zeitpunkt der Ausstellung fünf Jahre lang aufzubewahren. Der Grundstückseigentümer hat das Deckblatt und die Lieferscheine ab Erhalt so lange aufzubewahren, wie der jeweilige Ersatzbaustoff eingebaut ist. Absatz 3 Satz 6 gilt entsprechend. Diese Unterlagen sind der zuständigen Behörde auf deren Verlangen vorzulegen.

Das Muster des Lieferscheins und das Muster „Deckblatt/Voranzeige/Abschlussanzeige“ sind nachfolgend dargestellt.

1. **Betreiber der Aufbereitungsanlage, Inverkehrbringer von unaufbereitetem Bodenmaterial oder sonstiger Inverkehrbringer des mineralischen Ersatzbaustoffes oder des Gemisches (Hauptsitz des Betriebes)**
   1.1 Firma/Körperschaft …
   1.2 Straße und Hausnummer …
   1.3 Postleitzahl …
   1.4 Ort …
   1.5 Telefon und Telefax …
   1.6 E-Mail …

2. **Art und Beschaffenheit des mineralischen Ersatzbaustoffes oder des Gemisches**
   2.1 ☐ Mineralischer Ersatzbaustoff
      2.1.1 Bezeichnung des mineralischen Ersatzbaustoffes, Abkürzung und Materialklasse …
   2.2 ☐ Gemisch
      2.2.1 In dem Gemisch enthaltene mineralische Ersatzbaustoffe, zugehörige Kurzbezeichnung(en), Klasse(n) sowie deren Anteile …
   2.3 Soweit es sich um Abfälle handelt Abfallschlüssel gemäß Abfallverzeichnisverordnung (zum Zwecke der Zuordenbarkeit z. B. bei bestehenden Registerpflichten) …

3. **Güteüberwachende Stelle**
   3.1 Name …
   3.2 Straße und Hausnummer …
   3.3 Postleitzahl …
   3.4 Ort …
   3.5 Staat …

4. **Anforderungen für bestimmte Einbauweisen**
   4.1 Angaben über die Einhaltung von in den Fußnoten der jeweiligen Einbautabelle für bestimmte Einbauweisen nach Anlage 2 oder 3 genannten Anforderungen …

5. **Angaben zur Lieferung**
   5.1 Liefermenge (in Tonnen) …
   5.2 Abgabedatum …
   5.3 Lieferkörnung oder Bodengruppe ….

6. **Beförderer des mineralischen Ersatzbaustoffes oder des Gemisches (Hauptsitz des Betriebes)**
   6.1 Name/Firma/Körperschaft …
   6.2 Straße und Hausnummer …
   6.3 Postleitzahl …
   6.4 Ort …
   6.5 Staat …
   6.6 Telefon und Telefax …
   6.7 E-Mail …

7. **Datum und Unterschrift**
   7.1 Datum …
   7.2 Unterschrift des Inverkehrbringers (als Versicherung der Richtigkeit getroffener Angaben) …

Lieferschein (Anlage 7 ErsatzbaustoffV) (Quelle: LAGA, 21.09.2023)

Muster Deckblatt/Voranzeige/Abschlussanzeige (Anlage 8 ErsatzbaustoffV)
Bezeichnung der Baumaßnahme: …
Koordinaten des Einbaus: …
☐ Es handelt sich um das **Deckblatt** nach § 25 Absatz 3 Satz 1: Es sind Angaben zu den Nummern **1, 2, 4, 5, 8, 9 und 10** erforderlich.
☐ Es handelt sich um die **Voranzeige** nach § 22 Absatz 1 Satz 1 oder Absatz 2 Satz 1: Es sind Angaben zu den Nummern **1, 2, 3, 4, 5, 8, 9 und 10** erforderlich.
☐ Es handelt sich um die **Abschlussanzeige** nach § 22 Absatz 4: Es sind Angaben zu den Nummern **1, 2, 6, 7 und 8** erforderlich.
1. ☐ **Verwender des mineralischen Ersatzbaustoffes oder des Gemisches (Hauptsitz des Betriebes)** **1.1 Firma/Körperschaft …** **1.2 Straße und Hausnummer …** **1.3 Postleitzahl …** **1.4 Ort …** **1.5 Staat …** **1.6 Telefon und Telefax …** **1.7 E-Mail …** ☐ Der Verwender ist zugleich Bauherr (in diesem Fall weiter unter 3.)
2. Bauherr (wenn dieser nicht selbst Verwender ist) **2.1 Firma/Körperschaft …** **2.2 Straße und Hausnummer …** **2.3 Postleitzahl …** **2.4 Ort …** **2.5 Staat …** **2.6 Telefon und Telefax …** **2.7 E-Mail …** (Im Falle des Deckblatts nach § 25 Absatz 3 Satz 1 weiter unter 4., im Falle der Abschlussanzeige nach § 22 Absatz 4 weiter unter 6.)
3. Angaben zur Art der Ersatzbaustoffe und zum Umfang der Maßnahme **3.1 ☐ Mineralische Ersatzbaustoffe** **3.1.1 Bezeichnung, Materialklasse des Ersatzbaustoffes sowie geplante Masse und Volumen der Baumaßnahme** **3.2 ☐ Gemische** **3.2.1 Benennung und Materialklassen und Anteile der einzelnen in dem Gemisch enthaltenen mineralischen Ersatzbaustoffe sowie geplante Masse und Volumen der Baumaßnahme …**

Muster Deckblatt/Voranzeige/Abschlussanzeige (Anlage 8 ErsatzbaustoffV) *(Forts.)*
4. Einbauweisen **4.1 Nummer und Bezeichnung der Einbauweisen nach Anlage 2 oder 3 EBV …** **4.2 Für die Einbauweisen 9, 10 und 16 gemäß Anlage 2: Beschreibung der geplanten Deckschichten oder Sicherungsmaßnahmen ...**
5. Grundwasserstand, Grundwasserdeckschichten, Schutzgebiete **5.1 Angaben zu dem höchsten zu erwartenden Grundwasserstand …** **5.2 Angaben zur Mächtigkeit der Grundwasserdeckschicht …** **5.3 Angaben zur Bodenart der Grundwasserdeckschicht …** **5.4 Lage der Baumaßnahme bezüglich Wasserschutzgebieten, Heilquellenschutzgebieten oder Wasservorranggebieten nach den Spalten 4 bis 6 der Anlage 2 oder 3 EBV …** (Im Falle der Voranzeige nach § 22 Absatz 1 oder Absatz 2 Satz 1 weiter unter 8.)
6. Zusammenfassung der Angaben aus den Lieferscheinen **6.1 Tatsächlich eingebaute Menge in Tonnen: …** **6.2 Datum / Zeitraum der Anlieferungen: am …/von … bis …** **6.3 Anzahl der Lieferscheine: …** **6.4 ☐ Mineralischer Ersatzbaustoff** **6.4.1 Bezeichnung und Materialklasse eingebaute(r) mineralische(r) Ersatzbaustoff(e) …** **6.5 ☐ Gemisch** **6.5.1 Benennung der einzelnen in dem verwendeten Gemisch enthaltenen mineralischen Ersatzbaustoffe sowie deren Materialklassen und Anteile: …** (Im Falle der Abschlussanzeige nach § 22 Absatz 4 weiter unter 7.2.)
7. Übergabe von Dokumenten **7.1 Das Deckblatt wurde dem Grundstückseigentümer übergeben am: …** **7.2 Der/Die Lieferschein(e) wurde(n) dem Grundstückseigentümer übergeben am: …**
8. Datum und Unterschrift **8.1 Datum …** **8.2 Unterschrift des Verwenders (als Versicherung der Richtigkeit getroffener Angaben) …** (Im Falle der Voranzeige nach § 22 Absatz 1 oder Absatz 2 Satz 1 weiter bei den Anlagen ab 9.) (Im Falle des Deckblatts nach § 25 Absatz 3 Satz 1 weiter bei den Anlagen unter 10.)
Anlagen: **9. Geeignete Nachweise über die Angaben nach Nummer 5.1 bis 5.4** **10. Lageskizze**

Um den Anwendungsbereich der ErsatzbaustoffV und der BBodSchV strukturiert prüfen zu können, hat die Länderarbeitsgemeinschaft Abfall (LAGA) das nachfolgende Prüfschema als Arbeitshilfe herausgegeben:

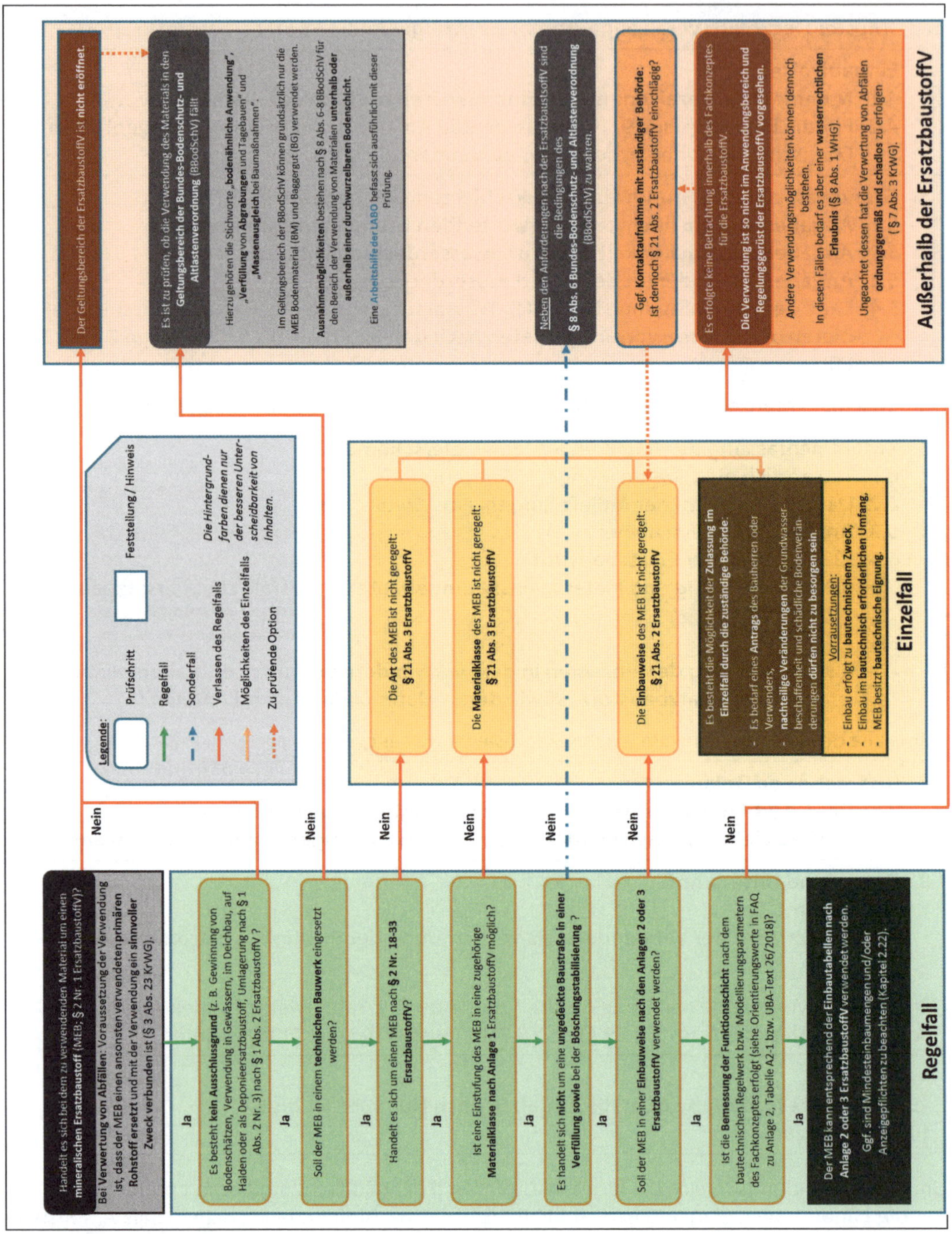

Abb. 97: Prüfschema zum Anwendungsbereich von ErsatzbaustoffV und BBodSchV
Quelle: LAGA, 21.09.2023

Einsatz als Deponieersatzbaustoff

Gemäß Deponieverordnung (DepV) können Abfälle zur Herstellung von Deponieersatzbaustoffen sowie auf oberirdischen Deponien und Altdeponien als Deponieersatzbaustoff bei der Vervollständigung oder Verbesserung der geologischen Barriere, bei der Errichtung des Basisabdichtungssystems, im Deponiekörper und bei der Errichtung des Oberflächenabdichtungssystems verwertet werden. Hierfür bieten sich insbesondere Böden und Abfälle aus dem Bauabfallrecycling an.

Beim Einsatz von Abfällen zur Herstellung von Deponieersatzbaustoff sind die Anforderungen hinsichtlich der Zulässigkeitskriterien gemäß folgender Tabelle einzuhalten:

Nr.	Einsatzbereich	DK 0	DK I	DK II	DK III
1	**Geologische Barriere**				
1.1	Technische Maßnahmen zur Schaffung, Vervollständigung oder Verbesserung der geologischen Barriere[1]	**4**	**4**	**4**	**4**
2	**Basisabdichtungssystem**				
2.1	Mineralische Abdichtungskomponente		**5**	**5**	**5**
2.2	Schutzlage/Schutzschicht		**6**	**7**	**8**
2.3	Mineralische Entwässerungsschicht	**5**	**6**	**7**	**8**
3	**Deponietechnisch notwendige Baumaßnahmen im Deponiekörper (z. B. Trenndämme, Fahrstraßen, Gaskollektoren), Profilierung des Deponiekörpers sowie Trag- und Ausgleichsschicht und Gasdränschicht des Oberflächenabdichtungssystems bei Deponien und Deponieabschnitten, die**[1]				
3.1	alle Anforderungen an die geologische Barriere und das Basisabdichtungssystem nach Anhang 1 einhalten	**5**	**6**	**7**	**8**
3.2	mindestens alle Anforderungen an die geologische Barriere oder an das Basisabdichtungssystem nach Anhang 1 einhalten	**5**	**5**[2]	**6**	**7**
3.3	weder die Anforderungen an die geologische Barriere noch die Anforderungen an das Basisabdichtungssystem nach Anhang 1 vollständig einhalten	[3]	**5**[2]	**5**[2]	**5**[2]

Nr.	Einsatzbereich	DK 0	DK I	DK II	DK III
4	**Oberflächenabdichtungssystem**				
4.1	Mineralische Abdichtungskomponente		5[2)]	5[2)]	5[2)]
4.2	Schutzlage/Schutzschicht			[4)]	[4)]
4.3	Entwässerungsschicht		[4)]	[4)]	[4)]
4.4.1	Rekultivierungsschicht	9	9	9	9
4.4.2	Technische Funktionsschicht	**Anhang 1 Nummer 2.3.2**			

1) Bei erhöhten Gehalten des natürlich anstehenden Bodens im Umfeld von Deponien kann die zuständige Behörde zulassen, dass Bodenmaterial aus diesem Umfeld für die genannten Einsatzbereiche verwendet wird, auch wenn einzelne Zuordnungswerte nach DepV Anhang 3 Nummer 2 Tabelle 2 überschritten werden. Dabei dürfen keine nachteiligen Auswirkungen auf das Deponieverhalten zu erwarten sein.

2) Kann der Deponiebetreiber gegenüber der zuständigen Behörde aufgrund einer Bewertung der Risiken für die Umwelt den Nachweis erbringen, dass die Verwendung von Deponieersatzbaustoffen, die einzelne Zuordnungswerte nach DepV Anhang 3 Nummer 2 Tabelle 2 Spalte 5 nicht einhalten, keine Gefährdung für Boden oder Grundwasser darstellt, kann sie auch höher belastete Deponieersatzbaustoffe zulassen. Im Fall von Satz 1 müssen die Deponieersatzbaustoffe aber mindestens die Anforderungen einhalten, unter denen eine Verwertung entsprechender Abfälle außerhalb des Deponiekörpers in technischen Bauwerken mit definierten technischen Sicherungsmaßnahmen zulässig wäre. Im Fall von Satz 1 müssen Deponieersatzbaustoffe bei einem Einsatz in der ersten Abdichtungskomponente unter einer zweiten Abdichtungskomponente aber mindestens die Zuordnungswerte nach DepV Anhang 3 Tabelle 2 Spalte 6 einhalten. Unberührt von der Begrenzung nach Satz 2 bleibt der Einsatz in Bereichen nach Nummer 3, wenn im Fall von Satz 1 bei einer Deponie der Klasse II mindestens die Zuordnungswerte nach Tabelle 2 Spalte 6 und bei einer Deponie der Klasse III mindestens die Zuordnungswerte nach Tabelle 2 Spalte 7 eingehalten werden.

3) Deponieersatzbaustoffe müssen bei einem Einsatz auf einer Deponie der Klasse 0, die über keine vollständige geologische Barriere nach DepV Anhang 1 Tabelle 1 verfügt, mindestens die Anforderungen einhalten, unter denen eine Verwertung entsprechender Abfälle außerhalb des Deponiekörpers zulässig wäre.

4) In diesen Einsatzbereichen müssen die Deponieersatzbaustoffe mindestens die Anforderungen für ein vergleichbares Einsatzgebiet außerhalb von Deponien in technischen Bauwerken ohne besondere Anforderungen an den Standort und ohne technische Sicherungsmaßnahmen einhalten.

Die Zuordnungskriterien für Deponieersatzbaustoffe für Deponien der Klasse 0, I, II oder III sind im Kapitel 4.2.4 „Parameter und Richt-/Grenzwerte" tabellarisch dargestellt.

5.5.3.3 Altöl

Altöle sind gebrauchte Schmieröle auf der Basis von Mineralöl oder synthetischen Ölen, wie Motoren- und Getriebeöle, Maschinen-, Turbinen- oder Hydrauliköle. Aber auch Öl-/Wasser-Gemische wie Kühlschmierstoffe, die in der Metall- und Oberflächenverarbeitung eingesetzt werden, gehören zu den Altölen.

Nach Erhebungen des bvse e. V. wurden im Jahr 2014 von 467 000 t gesammelten und 129 000 t importierten Altölen 525 500 t (88 %) stofflich und 58 000 t (10 %) energetisch verwertet. Die Altölmengen der Sammelkategorie 1 werden in sieben Unternehmen in Deutschland aufbereitet. Etwa 100 Sammelunternehmen transportieren die Altöle zu den Aufbereitungsanlagen.

Unter Berücksichtigung von Verlusten bei der Sammlung hauptsächlich durch Mitverbrennung in Motoren, technisch nicht vermeidbare Tropfverluste und Verbleib in Gebinden oder Produkten werden in Deutschland nahezu 100 % der Altöle verwertet.

Neben dem Basisöl befinden sich im Altöl auch Wirkstoffe, sogenannte Additive, sowie aus dem Gebrauch herrührende Fremdstoffe. Der Anteil an Zusatzstoffen kann bis zu 50 % betragen.

Zu den Fremdstoffen zählen vor allem metallischer Abrieb, Ruß, Kraftstoffreste, Asphaltharze und Wasser. Aber auch krebserzeugende polycyclische Kohlenwasserstoffe (PAH) wie Benzo(a)pyren sind im Altöl enthalten. Benzo(a)pyren findet sich herstellungsbedingt zwar schon im Frischöl, sein Anteil steigt während des Gebrauchs jedoch um das Tausendfache.

Problematische Bestandteile von Altölen können auch die ebenfalls krebserzeugenden polychlorierten Biphenyle (PCB) und andere halogenierte Kohlenwasserstoffe sein. Um eine Verschleppung dieser umweltgefährlichen Stoffe zu verhindern, müssen solche Öle getrennt erfasst und entsorgt werden. Außerdem besteht für sie ein Vermischungsverbot mit anderen Abfällen.

Motoren- und Getriebeöle gehören zu den Altölarten, die durch Zweitraffination aufgearbeitet und wieder als Schmierstoff verwendet werden können. Neuere Verfahren, die die Mehrstufendestillation mit integrierter Crackstufe anwenden, produzieren aus Altöl Dieselkraftstoff. Weiterhin kann die in Altöl gespeicherte Energie durch energetische Verwertung in dafür zugelassenen Feuerungsanlagen genutzt werden.

Mit der 2002 novellierten Altölverordnung soll vermieden werden, dass Altöl über die Hausmüllabfuhr entsorgt oder mit anderen Abfällen vermischt wird. Zudem werden die Möglichkeiten der Altölaufarbeitung sowie die technischen Verfahren der Einsammlung und Probenahme geregelt.

Motoren- und Getriebeöle dürfen nur mit Hinweisen auf geordnete Entsorgung, mögliche Umweltgefährdung, Vermischungsverbot und die nächstliegende Altölannahmestelle auf den Markt gebracht werden.

5.5.3.4 Elektronikschrott

Geräte wie Taschenrechner, Fernseher, Computer, elektrische Haushaltsgeräte oder auch Radios werden zu Elektro- und Elektronikschrott, wenn sich der Besitzer ihrer entledigt. Die zunehmende Versorgung der Konsumenten mit preiswerten elektrischen und elektronischen Bauteilen führt zur Anhäufung defekter und veralteter Geräte.

Im Jahr 2021 wurden 1 006 400 t Elektro- und Elektronikaltgeräte zur Erstbehandlung angenommen, die sich in sechs Gerätekategorien unterteilen lassen.

Elektronikschrott stellt ein komplexes Wertstoffgemisch dar. NE-Metalle wie Aluminium, Blei, Zinn, Chrom, Kupfer und Nickel finden sich in Gehäusen oder Kabeln. Verschiedene Kunststoffarten sind in Tastaturen, Leiterplatten oder auch Isolierungen enthalten. Aber auch die Edelmetalle Gold, Silber und Platin sind Bestandteile von Bauelementen und Leiterplatten.

Das ElektroG setzt zwei EU-Richtlinien in deutsches Recht um: zum einen die EU-Richtlinie über Elektro- und Elektronik-Altgeräte (WEEE-Richtlinie, engl. Waste Electrical and Electronic Equipment) und zum anderen die EU-Richtlinie zur Beschränkung der Verwendung von bestimmten gefährlichen Stoffen in Elektro- und Elektronikgeräten (RoHS-Richtlinie, engl. Restriction of (the use of certain) Hazardous Substances).

Die RoHS-Richtlinie 2011/65/EU trat am 21. Juli 2011 in Kraft und wurde am 9. Mai 2013 mit der Verordnung zur Beschränkung der Verwendung gefährlicher Stoffe in Elektro- und Elektronikgeräten (Elektro- und Elektronikgeräte-Stoff-Verordnung – ElektroStoffV) in deutsches Recht umgesetzt.

Gesammelte Mengen an Elektro- und Elektronikaltgeräten in Deutschland 2021	
1 Wärmeüberträger	186 600 t
2 Bildschirme > 100 cm^2	106 100 t
3 Lampen	8 200 t
4 Großgeräte	309 100 t
5 Kleingeräte	300 600 t
6 Kleine IT- und Telekommunikationsgeräte	95 700 t
Gesamt	**1 006 400 t**

Quelle: Statistisches Bundesamt

Die WEEE-Richtlinie 2012/19/EU trat am 13. August 2012 in Kraft und war bis zum 14. Februar 2014 in deutsches Recht umzusetzen (siehe dazu die Ausführungen zum Elektro- und Elektronikgerätegesetz in Kapitel 1.1.5.4).

Der Anteil des Elektronikschrotts ist – verglichen mit den anderen Fraktionen – in der Unterhaltungselektronik mit 9 % am höchsten. Die Zerlegung der verschiedenen Produktgruppen in ihre Materialgruppen führt vorwiegend zu Metallen mit 57 %, gefolgt von den Kunststoffen mit 22 %. Der Anteil an elektronischen Bauteilen ist mit 3 % am Gesamtaufkommen der kleinste:

Zusammensetzung und Jahresaufkommen des Elektronikschrotts						
Fraktionen	**Metalle (%)**	**Kunststoffe (%)**	**Glas (%)**	**Elektronik (%)**	**Sonstiges (%)**	**Aufkommen (t)**
Gebrauchsgüter	50	21	12	3	14	900 000
Haushaltsgeräte	60	24	2	1	13	600 000
Unterhaltungselektronik	27	20	28	9	16	250 000
Investitionsgüter	70	23	2	4	1	600 000
Gesamt	**57**	**22**	**9**	**3**	**9**	**2 350 000**

Ziele der Verwertung von Elektronikschrott sind

- die Entfrachtung des Haus- und Sperrmülls von Schadstoffen aus Elektronikschrott,
- die Schonung der knappen Deponiekapazitäten,
- die Rückgewinnung und Wiederverwendung der im Elektronikschrott enthaltenen Wertstoffe.

Das Recycling von Elektronikschrott ist bislang lediglich auf die Rückgewinnung von Metallen gerichtet. Dazu nutzt man mechanische, thermische, chemische sowie elektrochemische Aufschlussverfahren.

Die Verwertung von Elektro- und Elektronikaltgeräten kann prinzipiell in drei Schritte unterteilt werden:

1. manuelle Zerlegung,
2. Schadstoffentfrachtung,
3. Kaltvermahlung/Separierung.

Manuelle Zerlegung

Die Vorzerlegung erfolgt entsprechend den technischen Möglichkeiten der sich daran anschließenden maschinellen Weiterverarbeitung mit pneumatischen Werkzeugen. Neben den Schadstoffen werden auch die großen Transformatoren, Lüfter und Eisenrahmen etc. manuell ausgebaut.

Schadstoffentfrachtung

Die Schadstoffentfrachtung geschieht manuell bei der Handzerlegung. Alle Nasskondensatoren werden aufgrund der PCB-Gefahr demontiert, ebenso die Nickel-Cadmium-Akkus, Lithiumbatterien (Explosionsgefahr), Quecksilberschalter und LCD-Anzeigen. Die Lagerung der Stoffe und die Entsorgung sollten dabei gemäß den abfallrechtlichen und lagertechnischen Richtlinien erfolgen.

Kaltvermahlung und Separierung (hier: trockenmechanische Aufbereitung)

Schrittweise werden im Betrieb die elektronischen Bauteile mit verschiedenen Mühlen zu einem sandkorngroßen Produkt zerkleinert. Das auf diese Weise aufgeschlossene Material wird daraufhin über diverse Trennverfahren (Magnete, Hochleistungssichter und verschiedene Siebmaschinen) in die Fraktionen Metall, Kunststoff und Kunststofffasern getrennt.

Der Bundesverband Sekundärrohstoffe und Entsorgung e. V. (bvse) plädiert für das Sieben-Fraktionen-Modell. Je nach Material können die verwertbaren Anteile in sieben Fraktionen unterteilt werden:

1. **Metalle**
   - Trennung nach sortenreinen Fraktionen,
   - mechanische Aufbereitung von Verbundmaterialien,
   - Verhüttung;
2. **Kunststoffe**
   - stoffliche Verwertung sortenreiner Kunststoffe,
   - thermische und energetische Nutzung von Mischkunststoffen;
3. **Glas**
   - Wiedereinsatz von Bildschirmvorderglas in der Glasindustrie,
   - Einsatz kontaminierter Bildschirmgläser (Konusglas) als Schlackenbildner in Metallhütten;
4. **Leiterplatten**
   - thermische und elektrolytische Metallrückgewinnung,
   - Deponierung von Restschlacken aus dem Basismaterial;

5. **Bauteile**
   - Aufbereitung,
   - Sondermüllverbrennung,
   - Untertagedeponie;
6. **Stecker und Steckverbindungen**
   - maschinelle und thermische Metallrückgewinnung,
   - stoffliche und thermische Verwertung der Kunststoffe;
7. **Kabel**
   - maschinelle Metallrückgewinnung,
   - stoffliche oder thermische Verwertung der Kunststoffe.

Die Menge der verwertbaren Stoffe hängt im Wesentlichen vom jeweiligen Gerät ab. So bleiben bei Fernsehgeräten lediglich das Spanplattengehäuse, die Kondensatoren, das Leuchtmittel und die bromhaltigen Kunststoffe als zu beseitigender Abfall übrig. In diesem Fall beträgt die Verwertungsquote etwa 70 % (bei TV-Geräten mit Kunststoffgehäuse ca. 90 %).

Eine Übersicht über die Wege des Elektro- und Elektronikschrotts während und nach seiner Zerlegung zeigt die nachfolgende Grafik.

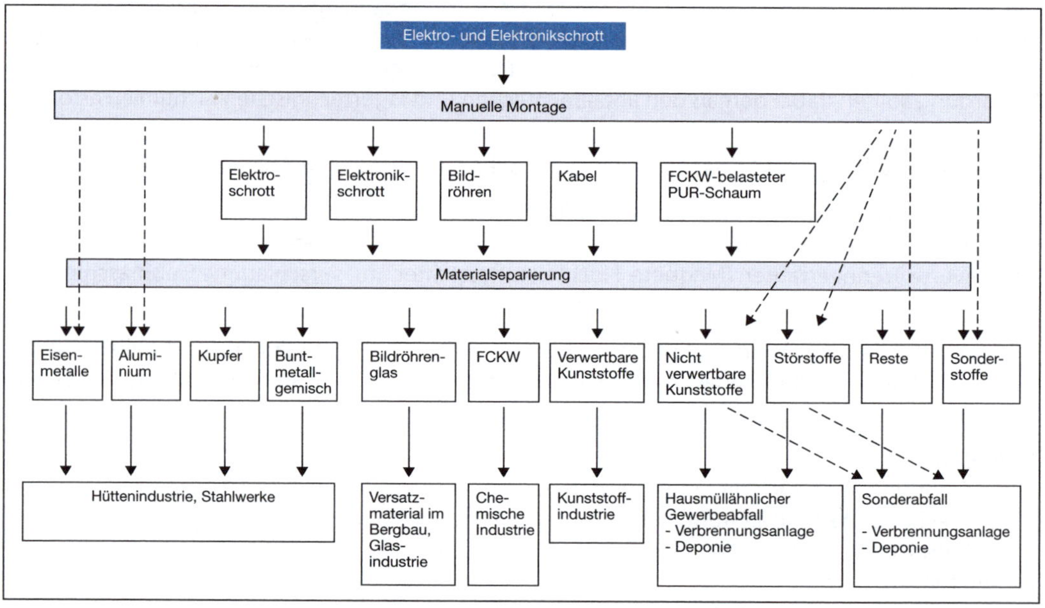

Abb. 98: Fließbild Elektro- und Elektronikschrott, Quelle: bvse

Sammelziele

Im Jahr 2002 setzte die EU als Sammelziel vier Kilogramm an Altgeräten je Einwohner und Jahr für Geräte aus privaten Haushalten fest. Mit der WEEE-II-Richtlinie wurde dieses Ziel um die Anforderung erweitert, dass die Sammelmenge nicht unter den Durchschnitt der Sammelmenge der drei Vorjahre zurückfallen darf.

Für die Zeit ab 2016 wurde ein neues Sammelziel eingeführt. Festgelegt wurde ein relatives Pro-Kopf-Ziel, das sich auf die in den drei Vorjahren in Verkehr gebrachte Menge bezieht.

Seit dem Jahr 2019 müssen mindestens 65 % des Durchschnittsgewichts der in den drei Vorjahren in Verkehr gebrachten Elektro- und Elektronikaltgeräte gesammelt werden. Diese Sammelquote beinhaltet nicht nur Privatpersonen, sondern auch die „anderer Quellen als private Haushalte“, also auch Firmen und Behörden.

Recycling- und Verwertungsziele

Neben den Sammelzielen hinaus schreibt die EU Ziele für die Vorbereitung zur Wiederverwendung und das Recycling sowie die Verwertung insgesamt vor. Die Bezugsmenge für die Quoten ist die gesamte Sammelmenge.

Im Zuge des Neuzuschnitts der Quoten wurden auch die Ziele angepasst: Die Recyclingquoten wurden je nach Gerätekategorie auf 55 bis 80 % und die Verwertungsquoten auf 75 bis 85 % angehoben.

Zukünftig wird es wichtig sein, Schadstoffe bei der Herstellung der Neugeräte weitestgehend zu ersetzen und eine höhere technische Nachrüstbarkeit und Reparaturfreundlichkeit sicherzustellen. Auch eine Codierung von Neugeräten mit herstellerspezifischen Angaben kann das Recycling von Elektro- und Elektronikgeräten erleichtern.

Verwertungs- und Wiederverwendungs-/Recyclingquoten von Elektroaltgeräten			
Kategorie		der Anteil der Verwertung mindestens	Anteil der Vorbereitung zur Wiederverwendung und des Recyclings mindestens
1	Wärmeüberträger	85 %	80 %
2	Bildschirme, Monitore und Geräte, die Bildschirme mit einer Oberfläche von mehr als 100 Quadratzentimetern enthalten	80 %	70 %
3	Lampen	–	80 % (Recycling)
4	Geräte, bei denen mindestens eine der äußeren Abmessungen mehr als 50 Zentimeter beträgt (Großgeräte),	85 %	80 %
5	Geräte, bei denen keine der äußeren Abmessungen mehr als 50 Zentimeter beträgt (Kleingeräte)	75 %	55 %
6	kleine Geräte der Informations- und Telekommunikationstechnik, bei denen keine der äußeren Abmessungen mehr als 50 Zentimeter beträgt	75 %	55 %

5.5.3.5 Altglas

Die Verwertung von Glasscherben lässt sich bis in die Römerzeit verfolgen. Glas kann, ohne Qualitätsverlust, beliebig oft eingeschmolzen und zur Herstellung neuer Flaschen, Scheiben und Gläser genutzt werden. Der Einsatz von Altglas bringt aufgrund der Schonung der Rohstoffe Sand, Soda und Kalk zudem erhebliche Energieeinsparungen mit sich.

Glasrecycling dient der Umwelt also in mehrfacher Hinsicht:

- Schonung der natürlichen Ressourcen,
- Entlastung des knappen Deponieraums,
- Energieeinsparung bei der Rohstoffgewinnung und der Glasherstellung.

Altglas wird meist zu Behälterglas recycelt – in Deutschland jährlich etwa 3 Mio. t. Seit den 1970er-Jahren hat sich die getrennte Sammlung von Altglas, aufgeteilt in Weiß-, Braun- und Grünglas, bewährt. Während die Verwertungsquote von Altglas 1974 noch bei 6,5 % lag, stieg sie bis 2021 gemäß DESTATIS auf 99,9 %.

Allerdings hängt die Recyclingquote stark von der Farbe des Produktes ab. Weißglas, mit einem Marktanteil von 50 %, wird zu etwa 13 % wiederverwertet, braunes Glas zu rund 9 % und Grünglas bis zu 96 %. Weißes und braunes Glas sind vor allem empfindlich gegenüber Verunreinigungen. Deshalb wird Braunglas, dem maximal 10 bis 15 % andersfarbiges Glas zugegeben werden darf, relativ selten gesondert gesammelt.

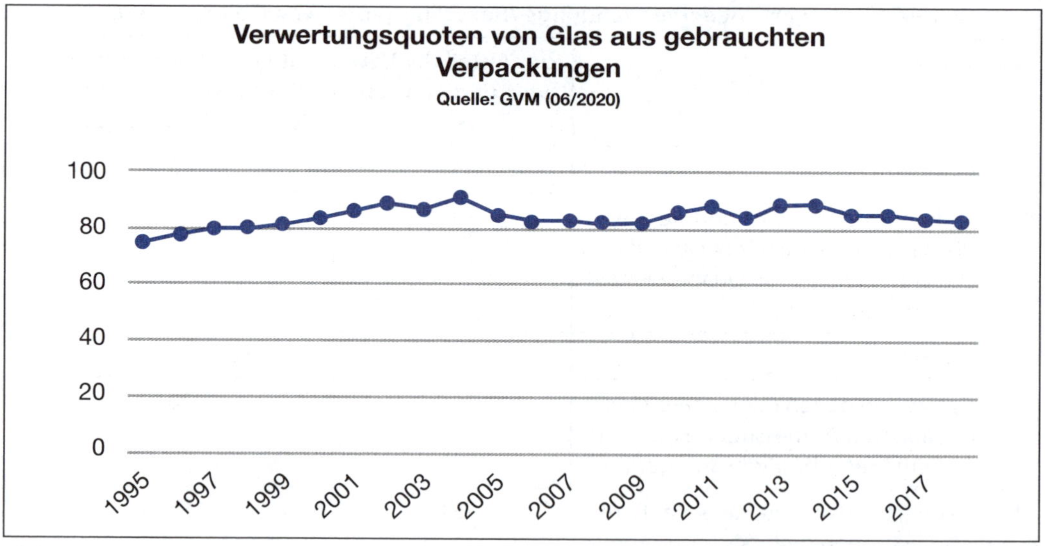

Abb. 99: Altglas-Verwertungsquoten

Verunreinigungen im Altglas sind vor allem Metallverunreinigungen, Keramik, Steine, Porzellan. Organische Stoffe (Papieretiketten oder Schimmelpilze) verbrennen bei höheren Temperaturen im Schmelzofen und führen erst dann zu Blasenbildung und Farbschlieren. Metalle werden durch Magnete abgetrennt. Dagegen können schon geringe Anteile an Ton- oder Keramikscherben Altglas für eine erneute Aufarbeitung unbrauchbar machen.

Glasprodukte					
Behälterglas	**Flachglas**	**Gebrauchs-/ Spezialglas**	**Kristall-/ Wirtschafts-glas**	**Glasbear-beitung und Veredlungs-industrie**	**Mineral-faser**
Getränkeflaschen • weiß • grün • braun • diverse Farben Pharmazieglas Opalglas Geschenkartikel Flakonage Verpackungsglas Beleuchtungsglas Glasbausteine Chemietechnik	Floatglas Gussglas Ziehglas Autoglas Wärme-schutz Panzer-glas Spiegel	Glas für Geräte Schaugläser Reflektoren Brillen Elektronik Glaskugeln Hauswirt-schaftsglas Optik Fernsehglas Leuchtlinsen	Bleiglas (bis 12 % PbO) Bleikristall-glas (bis 24 % PbO) verschiede-ne Farben	Thermo-meter Laborgeräte Ampullen Isolierkan-nen Spiegel	Mineral-faser Glaswolle Steinwolle E-Glas Textilglas = Borsilikat-glas

Minderwertiges Altglas kann bei der Herstellung von Glaswolle, Schleifmitteln (Glassand), Straßensplittersatz sowie von Kacheln und Fliesen verwertet werden.

Durch neue Aufbereitungsverfahren ist es sogar möglich geworden, neben herkömmlichem Hohlglas auch Flachglas und andere Glassorten zu recyceln. Wie die folgenden Verfahrensschritte zeigen, ist Glasrecycling ein in sich geschlossener Kreislauf:

Das Altglas wird zunächst von groben Verunreinigungen befreit und anschließend auf die für die Feinsortierung und die Schmelze geeignete Scherbengröße zerkleinert. Fremdstoffe, die in der Schmelze großen Schaden anrichten würden, wie Eisen-, Nichteisenmetalle, Plastik, Papier/Pappe, Steingut und Leichtfraktionen werden durch technische Verfahren (Überbandmagnetabscheider, photomechanische Verfahren, Sieben, Absaugen) und manuelle Sortierung aus den farblich getrennten Glassorten herausgeholt.

Das ofenfertig aufbereitete Altglas steht am Ende des Prozesses als Sekundärrohstoff zur Verfügung und wird an die Glashütten geliefert.

Dort wird das aufbereitete Altglas mit den natürlichen Rohstoffen Sand, Soda, Kalk und Zuschlagstoffen vermischt und in einer Schmelzwanne erhitzt, bis es schmilzt. Aus dem glühenden Glasfluss wird die benötigte Menge grammgenau abgetrennt und in einer Formmaschine zu einem neuen Glasbehälter ausgeblasen. Abschließend wird das Glas in einem Kühlofen stufenweise abgekühlt, damit es seine innere Spannung verliert und seine hohe Stabilität aufbauen kann.

Das Glas gelangt schließlich in den Handel und kann am Ende seiner Produktlebensdauer dem Verwertungsprozess erneut zugeführt werden.

Altglas-Qualitätskriterien Gesellschaft für Glasrecycling und Abfallvermeidung (GGA)			
Fraktion	**Weißglas**	**Grünglas**	**Braunglas**
Material	Glas		
A Spezifikation/ Beschreibung	Behälterglas, weiß	Behälterglas, grün	Behälterglas, braun
	(Flaschen, Gläser, Pharmazie- und Kosmetikglas) aus Verpackungsglassammelstellen		
B Reinheit in Gewichtsprozent	mindestens 97 % laut Spezifikation maximal 1 % ausgeschlossene Fremdstoffe in der Summe maximal 2 % ausgeschlossene Glasqualitäten in der Summe		
	maximal 3 % Fehlfarbenanteil davon maximal 1 % Farbe grün davon maximal 2 % Farbe braun	maximal 15 % Fehlfarbenanteil	maximal 8 % Fehlfarbenanteil
C Ausgeschlossene Glasqualitäten	Quarzglas (z. B. Laborgeräte) Feuerfestglas (z. B. Feuerfestgeschirr, Geräteglas) Glaskeramik (z. B. Kochplatten)		Höchstwerte in Prozent für einzelne Stoffe 0,15
	Glas aus elektronischen Geräten, insbesondere Fernsehröhren (Bildschirm und Tubus)		0,20
	Bleikristallglas (z. B. Gläser oder Geschirr)		1,00
	Leuchtstoffröhren und Glühlampen		0,50
	Drahtglas		0,20
	Autoglas (insbesondere Verbundglas)		0,20
	Flachglas (Fensterglas, Isolierglas)		2,00
	Ampullen, Spritzglas und Verpackungen aus Röhrenglas)		2,00

Altglas-Qualitätskriterien Gesellschaft für Glasrecycling und Abfallvermeidung (GGA) *(Forts.)*			
Fraktion	**Weißglas**	**Grünglas**	**Braunglas**
ausgeschlossene Fremdstoffe	Tonkrüge und -flaschen sonstige Keramik (Blumentöpfe und dergleichen) Porzellan Steine, Schlacken, Erde		0,15
	Metalle (einschließlich Verschlüsse, Banderolen und Bleikapseln)		0,35
	sonstige Abfälle (einschließlich andere Verpackungen)		0,50
	hygienisch bedenkliche Abfälle führen grundsätzlich zur Annahmeverweigerung		
D Form	möglichst aus Direktanlieferung ohne Verdichtung		

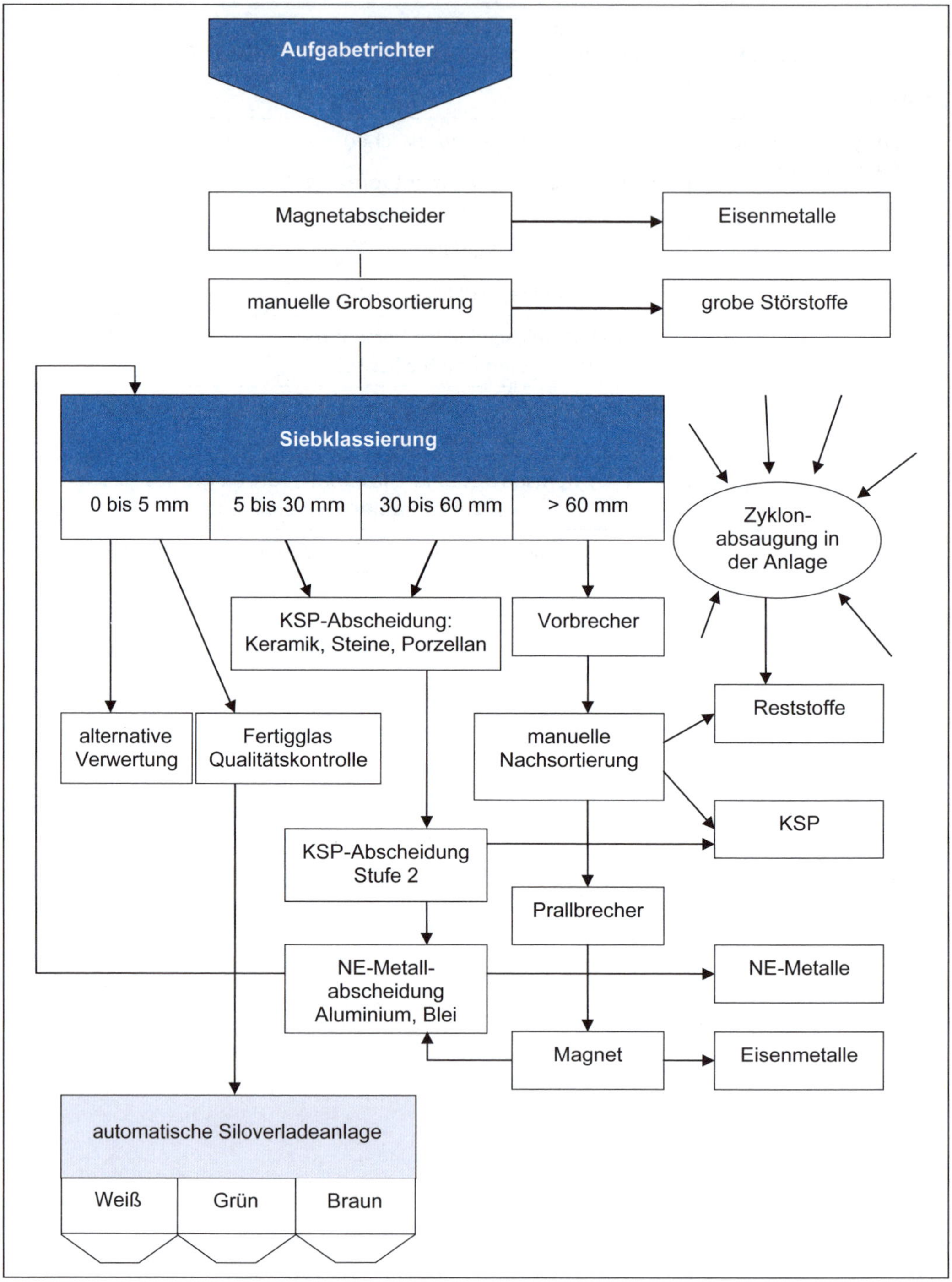

Abb. 100: Schema einer Altglassortierung (Glasaufbereitung Nievenheim)

Im Vergleich mit anderen europäischen Staaten liegt Deutschland mit einer Altglas-Recyclingquote von 83 % in den vorderen Rängen. Spitzenreiter ist Slowenien mit 105 %, Schlusslicht die Türkei mit 21 %:

Glasrecycling in Europa							
Land	**Recyclingquoten in %**			**Land**	**Recyclingquoten in %**		
	2014	**2018**	**2021**		**2014**	**2018**	**2021**
Belgien	94	99	114	Polen	59	62	73
Bulgarien	63	75	78	Portugal	55	49	54
Dänemark	85	85	88	Rumänien	40	62	64
Deutschland	89	83	84	Schweden	102	98	88
Estland	73	80	78	Slowakei	39	69	74
Finnland	81	99	91	Slowenien	86	105	98
Frankreich	74	76	82	Spanien	69	78	73
Griechenland	21	32	36	Tschechien	72	75	81
Irland	77	83	84	Ungarn	36	35	38
Italien	77	85	85	Zypern	32	50	52
Kroatien	53	50	59	**EU 27 insgesamt**	**74**	**76**	**80**
Lettland	55	66	70				
Litauen	55	46	63	**Drittstaaten in Europa**			
Luxemburg	95	98	99	Norwegen	94	93	90
Malta	49	29	63	Schweiz	96	94	95
Niederlande	80	86	87	Großbritannien	67	69	74
Österreich	89	87	87	**Europa insgesamt**	**70**	**74**	**80**

Quelle: FEVE

5.5.3.6 Altpapier

Papier ist ein Rohstoff, der aus unserem täglichen Leben nicht wegzudenken ist. Papiere kommen unter anderem vor als:

- Administrations-, Druck- und Pressepapiere,
- Verpackungspapiere und -pappen,
- technische Spezialpapiere und -pappen,
- Hygienepapiere.

In Deutschland wurden im Jahr 2022 gemäß des Verbandes „Die Papierindustrie" 13,2 Mio. t Altpapier gesammelt.

Haupt-Altpapiererzeuger ist mit 47,7 % das Gewerbe, gefolgt von den privaten Haushalten mit 39,7 %. Erst an dritter Stelle steht das verarbeitende Gewerbe mit 12,6 %.

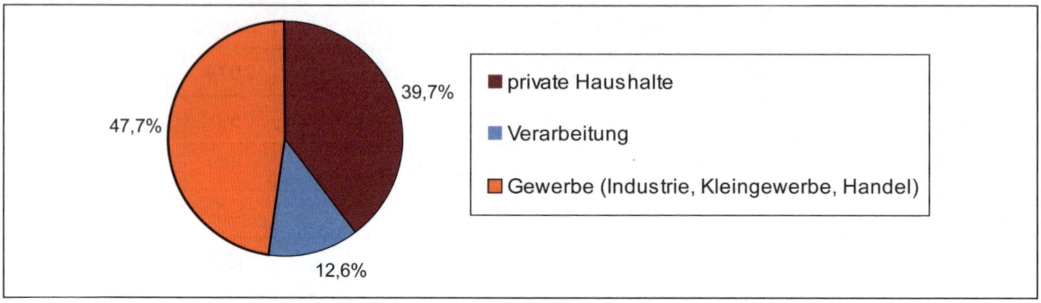

Abb. 101: Anteilsmäßige Herkunft des in Deutschland erfassten Altpapiers nach Anfallstellen

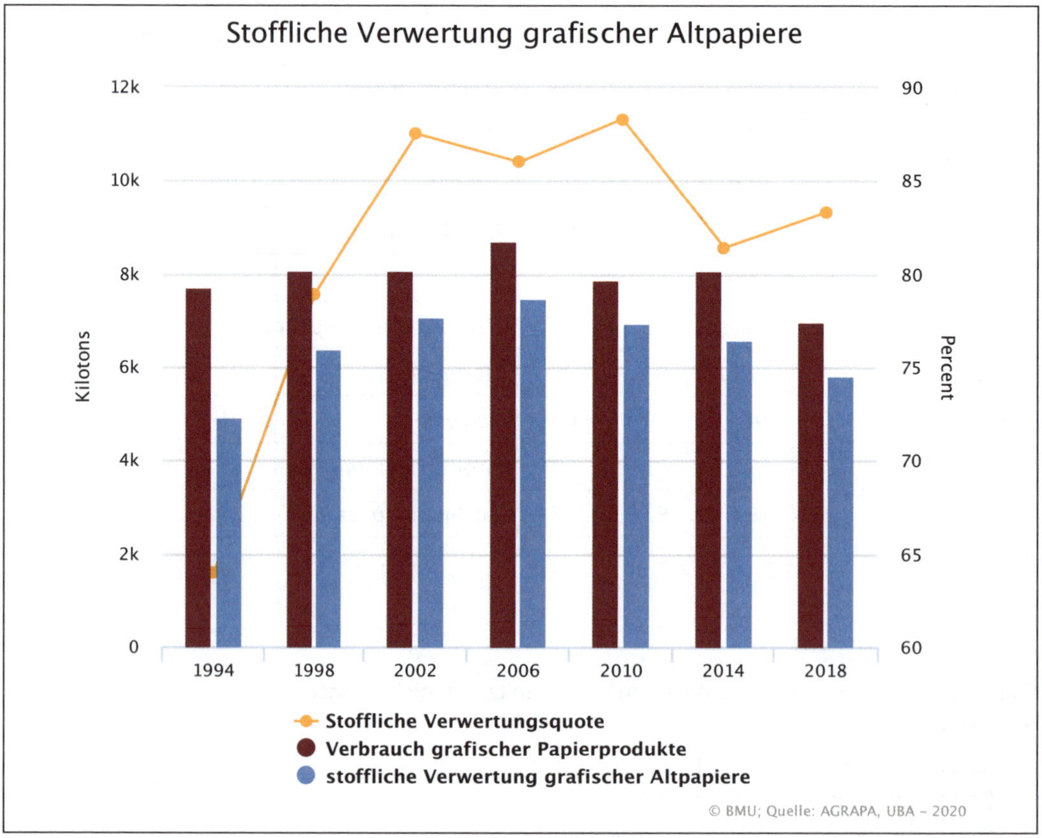

Abb. 102: Altpapier-Verwertungsquote, Quelle: AGRAPA, UBA

Mit der zunehmenden Produktion an Papieren und Pappe ist auch das Altpapieraufkommen angestiegen. Zwischen 1950 und 2022 verzweiundreißigfachte es sich von 414 000 t auf 13 200 000 t, wovon etwa 40 % aus privaten Haushalten stammen. Im selben Zeitraum mehr als verdoppelte sich die Altpapier-Einsatzquote bei der Papierherstellung von rund 30 auf 75 %.

Die Europäische Liste der Standardsorten für Altpapier gemäß der Europäischen Norm EN 643 umfasst 90 Sorten, eingeteilt in untere, mittlere, bessere, krafthaltige und Sonderqualitäten. Haushaltspapiere besitzen wegen ihrer zahlreichen Verunreinigungen und Fremdstoffe nur untere Qualität. Papiere aus der Aktenvernichtung sind dagegen Altpapiere besserer Qualität.

Bei Verpackungspapieren und -pappen ist das Einsatzpotenzial von Altpapieren mit einem Anteil von 95 % weitestgehend erschöpft. Bei Hygienepapieren wird mit 68 % ein relativ hoher Anteil erreicht. Am Ende stehen grafische Papiere, bei deren Herstellung 13 % Altpapier beigemengt werden.

Die Zahlen zeigen, dass es in Teilbereichen noch nicht ausgeschöpfte Verwertungspotenziale gibt. Durch spezielle Reinigungsverfahren (z. B. De-Inking-Techniken für Zeitungspapiere) wird eine Erhöhung der Verwertungsquoten erreicht.

Allerdings ist Altpapier nur etwa sieben- bis achtmal wieder verwendbar, da die Holzfaserlänge mit jedem Verwertungszyklus abnimmt. Danach dient es als Brennstoff in der energetischen Verwertung.

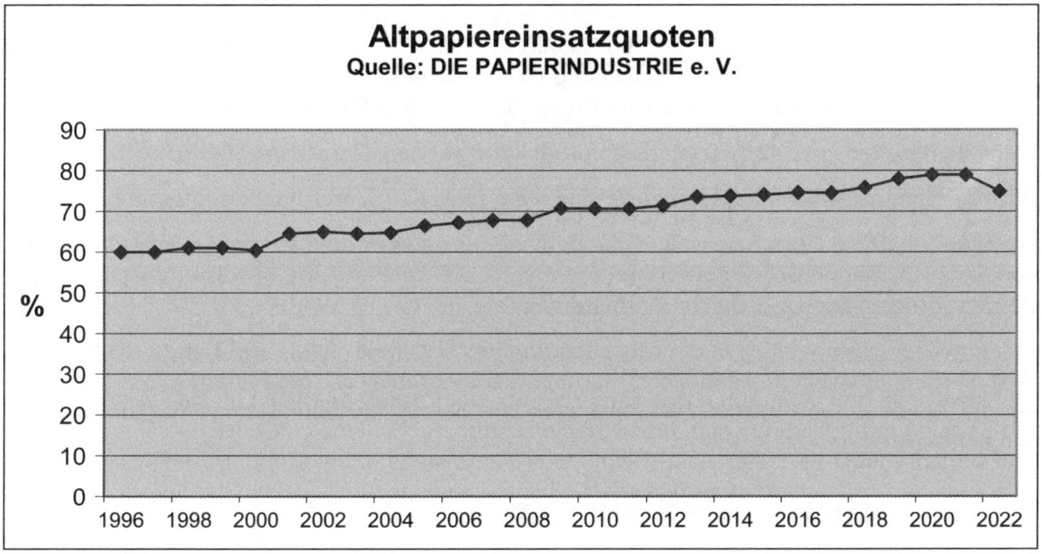

Abb. 103: Altpapiereinsatzquoten

Die Verarbeitung von Altpapier zu verschiedenen Produkten erfolgt in mehreren Schritten: vom Auflösen und Zerfasern im „Pulper" über das Sieben, Sortieren und Reinigen bis zum Entfernen der Druckfarben (De-Inking). Danach wird die Papiermaische eingedickt, erneut gesiebt und dispergiert (Zerkleinerung von Schmutz- und Kleberteilchen und zur Festigkeitssteigerung). Im letzten Schritt werden dann Altpapierbahnen produziert, die z. B. zu Briefumschlägen geschnitten und gefalzt werden.

Der Reinigungsaufwand beim Papierrecycling hängt entscheidend von dem System der Altpapiersammlung ab. Die Bündelsammlung enthält die wenigsten Störstoffe. Den höchsten Grad an Verschmutzung weist Altpapier aus der Mehrkomponententonne auf:

Herauszusortierende Störstoffanteile im Altpapier in Abhängigkeit vom jeweiligen Erfassungssystem	
System	**Störstoffanteil**
Bündelsammlung	< 1,0 %
Depotcontainer	2,5 %
Monotonne	3,5 %
Mehrkomponententonne	13,0 %

Eine zusammenfassende Darstellung der geschätzten Stoffstrommengen von Papier, Pappe und Kartonagen (PPK) in Deutschland zeigt das Sankey-Diagramm auf der Folgeseite.

5.5.3.7 Eisenmetalle

Jährlich fallen im Hausmüll und hausmüllähnlichen Gewerbeabfall rund 1 300 000 t Eisenmetalle als Weißblech an, von denen 530 000 t erfasst werden. Das sind allerdings nur 6 % der insgesamt anfallenden Schrottmenge in Höhe von 22,4 Mio. t im Jahr 2014. Weiterhin entstehen eisenhaltige Abfälle als Hochofen- und Stahlwerksschlacken bei der Verarbeitung und Erzeugung von Stahl, als Späne bei der Verarbeitung sowie als Stäube bei der Luft- und Wasserreinigung.

Weltweit beruhen etwa 42 % der Rohstahlproduktion auf dem Einsatz von Stahlschrott.

Wichtige Sammelstellen für Eisenmetalle sind die zahlreichen Schrotthandelsunternehmen.

Die Eigenschaft der Eisenmetalle, von Magneten angezogen werden zu können, erlaubt es, diese von den nicht magnetischen Materialien zu trennen. Die Trennung erfolgt vollautomatisch in modernen Sortieranlagen z. B. durch Überbandmagnete.

Der Anteil an Eisenmetallen in der Metallfraktion des Hausmülls (2 bis 3 %) beträgt 85 bis 90 %. Weißblechabfall (verzinntes Stahlblech) macht im Siedlungsabfall den größten Anteil aus. Es stammt aus der Produktion von 600 000 t Weißblech pro Jahr, die zur Herstellung von Verpackungen (Konservendosen) eingesetzt werden.

5.5.3.8 Nichteisenmetalle (NE-Metalle)

NE-Metalle machen im Haus- und Gewerbemüll einen Anteil von etwa 1 % aus. Hauptfraktion ist Aluminium. Die Erfassungsquote des Alt-Aluminiums liegt derzeit bei rund 20 %. Ein höherer Recyclinggrad könnte erreicht werden, wenn Alt-Aluminium in Haushalten nicht

- in Form zahlreicher kleiner Teile (z. B. Joghurtdeckel),
- in Verbundverpackungen (z. B. Weißblechdose mit Aludeckel),
- in Eisenmetallen ähnlich aussehender Art (z. B. Stanniolpapier)

anfallen würde.

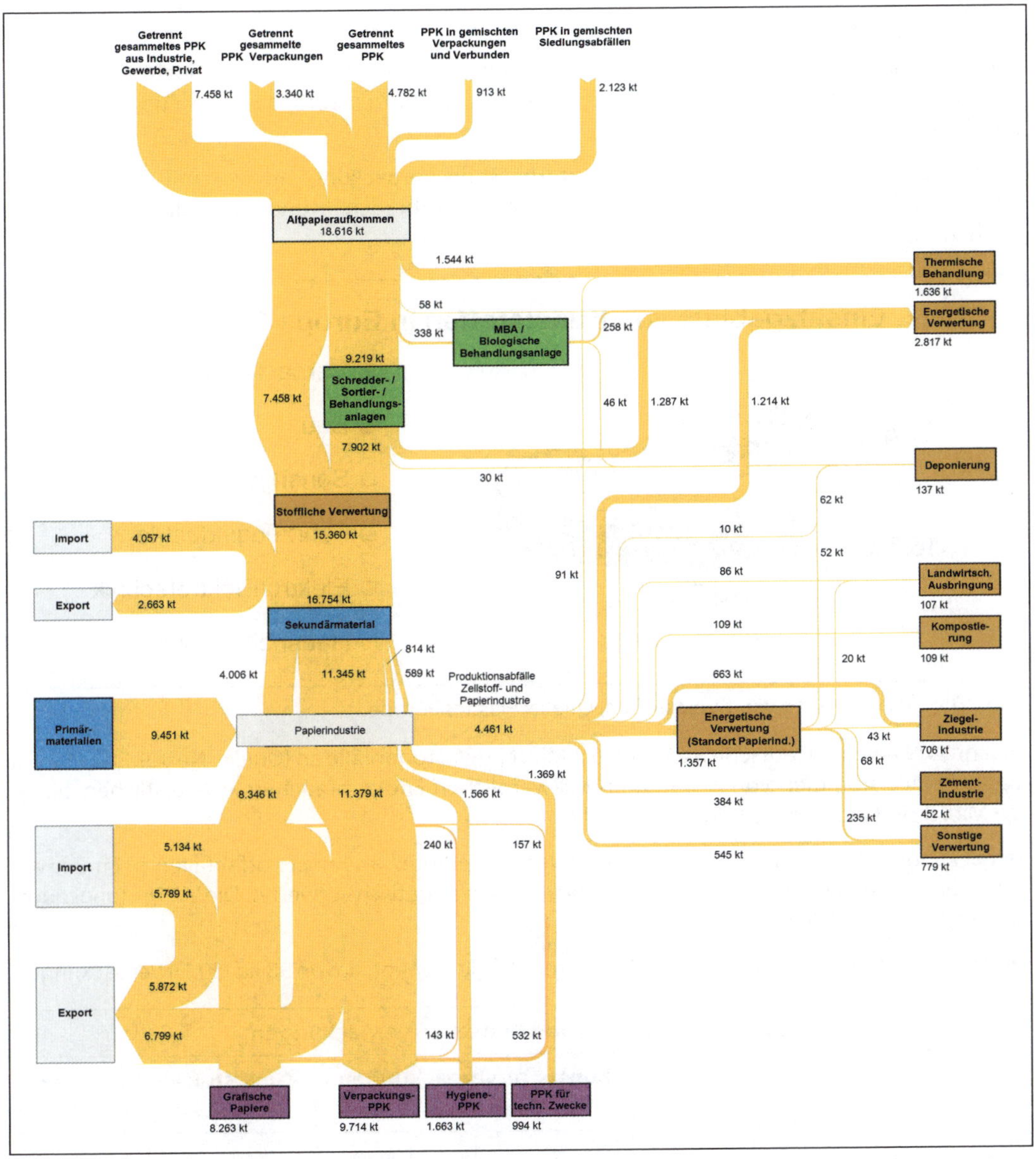

Abb. 104: Abgeschätzte Stoffströme von Papier, Pappe und Kartonagen (PPK) in Deutschland für das Jahr 2015, Quelle: UBA

5.5.3.9 Kunststoffe

Der rasante Aufstieg des Werkstoffes Kunststoff begann in den 1960er-Jahren. Im Jahr 2018 wurden weltweit 360 Mio. t Kunststoffprodukte hergestellt, davon in Westeuropa 62 Mio. t und in Deutschland 19,3 Mio. t.

Haupteinsatzgebiet in den spezifischen Sektoren ist die Verpackungsindustrie mit 39,9 %, gefolgt von der Bauindustrie mit 19,8 %. Andere Gebiete wie Verbraucher- und Haushaltsanwendungen machen 24,2 % aus.

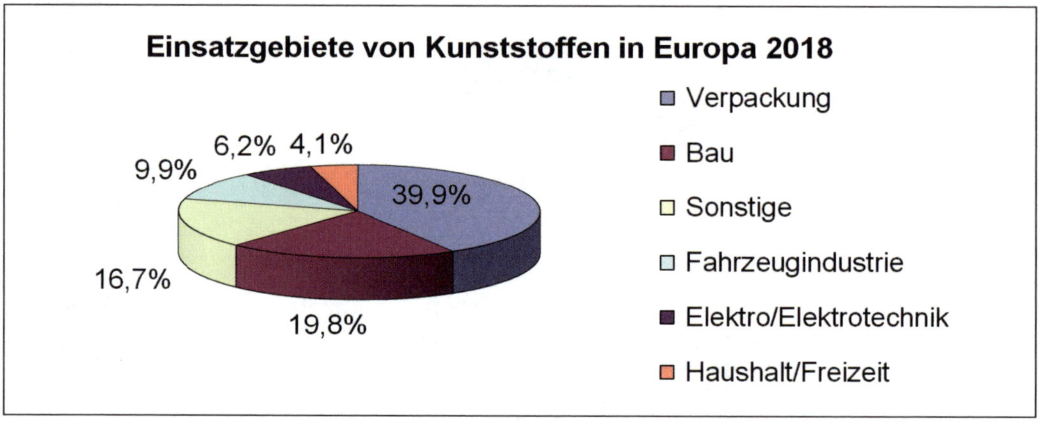

Abb. 105: Einsatzgebiete von Kunststoffen, Quelle: Plastics Europe

Im Jahr 2019 fielen in Deutschland knapp 6,3 Mio. t Kunststoffabfälle an (Quelle: NABU). Etwa 85,7 % dieser Abfälle stammen von privaten und gewerblichen Endverbrauchern. Die restlichen 14,3 % (0,9 Mio. t) sind industrielle Kunststoffabfälle.

Verpackungen stellen mit 59 % (3,29 Mio. t) den Hauptanteil an Kunststoffabfällen beim Endverbraucher. Hiervon werden 55,2 % stofflich und 44,4 % energetisch verwertet. Die Verwertungsquote betrug demnach 99,6 %.

Pro Kopf werden in Deutschland 76 kg Kunststoffabfälle erzeugt, davon 38 kg (50 %) Verpackungen.

Zusammensetzung von Kunststoffverpackungen			
	Kunststoffverpackungen allgemein		Kunststoffverpackungen für Lebensmittel
	(t)	(%)	(%)
Polyethylen (PE)/Polypropylen (PP)	263 800	54,2	75
Polystyrol (PS)	91 100	18,7	12
Polyvinylchlorid (PVC)	81 800	16,8	9
Polyurethan-Polyamid-Verbund	29 100	6	3
Sonstige	20 700	4,3	1
Summe	**486 500**	100	100

Polyethylen und Polypropylen sind die am meisten eingesetzten Kunststoffverbindungen sowohl im Allgemeinen als auch speziell in der Lebensmittelindustrie. An zweiter Stelle rangiert Polystyrol in Form von Joghurtbechern oder aufgeschäumt als Styropor zu Verwendung als Dämm- oder Verpackungsmaterial vor Polyvinylchlorid (PVC).

Die Kunststoffe unterteilt man in

- Thermoplaste (durch Einschmelzen regenerierbar),
- Duroplaste (unlöslich, zersetzen sich ohne vorheriges Erweichen bei Erwärmung) und
- Elastomere (gummiartig).

Kunststoffarten		
Thermoplaste	**Duroplaste**	**Elastomere**
• Polyethylen (PE) • Polypropylen (PP) • Polyvinylchlorid (PVC) • Polystyrol (PS) • Polyamide (PA)	• Epoxidharze • Silikonharze • räumlich vernetzte Polyurethane	• Kautschuk • Polyurethan (PU)

Für das Kunststoffrecycling werden in der Praxis drei Verwertungsverfahren eingesetzt:

- werkstoffliche Verwertung,
- rohstoffliche Verwertung und
- energetische Verwertung.

Werkstoffliche Verwertung

Werden verschiedene Kunststoffarten gemeinsam verarbeitet, kommt es zu Unverträglichkeiten der unterschiedlichen Kunststoffe in der Schmelze. Die Folge ist die Bildung von Einschlüssen aufgrund der differierenden Schmelzpunkte. Typische Produkte sind Parkbänke, Begrenzungspfähle oder Fahrradständer. Sie sind dickwandig und können nur wenig beansprucht werden.

Weitaus bessere Möglichkeiten bieten sich, wenn die Kunststoffe sortenrein getrennt werden. Dann können sogar dünnwandige Produkte wie Folien produziert werden, die in ihrer Qualität der Neuware kaum nachstehen.

Erst durch geeignete Trennverfahren, die weniger als 1 % Verunreinigungen erreichen, wird eine weitere Verarbeitung der Kunststoffe wirtschaftlich sinnvoll. Technisch ist dies durch Dichte-Sortierung in wässrigem Medium (durch Schwimm-Sink-Scheidung oder Trennung in einem Hydrozyklon) machbar.

Nach Trennung folgt in der Praxis meist eine Trocknungsstufe, in der das Material entwässert und durch einen heißen Luftstrom getrocknet wird. Schließlich werden die Kunststoffe in einem Extruder erhitzt und geschmolzen (plastifiziert), abgekühlt und regranuliert. Dieses Verfahren wird bisher erfolgreich bei Polyethylen, Polypropylen und Polystyrol durchgeführt.

PVC, das sich in zahlreichen Produkten wie Verpackungen, Rohren, Fenstern, Bodenbelägen, Dachbahnen, Kabeln oder Computern findet, kann nach dem beschriebenen werkstofflichen Verfahren nicht verwertet werden.

Rohstoffliche Verwertung

Zu den rohstofflichen Verwertungsverfahren zählen die Kunststoffpyrolyse und die Hochdruck-Hydrierung.

Bei der Kunststoffpyrolyse wird der Kunststoff thermisch in seine petrochemischen Bestandteile zerlegt. Als Produkte entstehen Pyrolysegas und -öl. Das Gas wird als Heizgas genutzt. Das Pyrolyseöl kann als Ausgangsprodukt in der Chemischen Industrie genutzt werden.

Bei der Hochdruck-Hydrierung werden die Kunststoffe bei 300 bis 500 °C und Drücken von 200 bis 500 bar unter Wasserstoffzufuhr in Bruchstücke zerlegt (gecrackt). Fremdatome wie Chlor oder Schwefel werden in den Verbindungen durch Wasserstoffatome ersetzt und über gasförmige Nebenprodukte – als Salzsäure HCl oder Schwefelwasserstoff H_2S – aus dem Prozess entfernt. Durch eine mehrstufige Hydrierung sollen sehr reine, mehrheitlich kurzkettige Kohlenwasserstoffe wiedergewinnbar sein.

Anteile an rohstofflicher und werkstofflicher Verwertung

Nach Angaben des Umweltbundesamtes fielen im Jahr 2015 3,05 Mio. t Verpackungsabfälle aus Kunststoffen an. Die stoffliche Verwertungsrate beträgt etwa 49 % aller Kunststoffverpackungsabfälle.

Energetische Verwertung

Im Jahr 2020 wurden gemäß DESTATIS 40,7 % Kunststoffverpackungsabfälle energetisch verwertet oder einer Abfallverbrennungsanlage mit Energierückführung zugeführt.

Das Verbrennen des Pyrolysegases aus der Kunststoffpyrolyse ist die indirekte energetische Verwertung von Kunststoffen.

Die vieldiskutierte Verbrennung von Kunststoffen (z. B. aus der DSD-Sammlung) als Koksersatz in Hochöfen zählt zu den stofflichen Verwertungsverfahren. Zwar dienen die Kunststoffe als Energielieferant, sie können aber auch als Reduktionsmittel für das oxidische Eisenerz angesehen werden.

Problemstoff PVC

Weltweit werden jährlich rund 15 Mio. t Polyvinylchlorid (PVC) produziert und verbraucht. Deutschland ist europaweit der größte Einzelmarkt mit 1,4 Mio. t.

Bei der Verbrennung von PVC entstehen ätzende Salzsäuredämpfe (HCl) und andere saure Gase. Zudem kann das freigesetzte Chlor bei der Verbrennung von PVC die Bildung von Dioxinen und Furanen oder zumindest Vorprodukte derselben (z. B. chlorierte Benzole) verursachen. Aber auch Schwermetalleinträge (Blei, Cadmium, Zink und Nickel), die das PVC veredeln sollen, oder Restgehalte an Vinylchlorid, tragen bei ihrer Freisetzung zu einer Umweltbelastung bei.

Trotz neuer Verwertungsverfahren, die von den Verbänden der PVC-Industrie propagiert werden, wie

- Hydrierung,
- Wirbelschichtvergasung oder
- „Hochofenverfahren“ (Ersatz von Erdöl durch Altkunststoffe)

und verbesserter Sammelsysteme für PVC-Produkte steht der Kunststoff PVC zunehmend in der öffentlichen Diskussion. Die Substitution von PVC durch alternative Materialien sollte den immer ausgereifteren und kostspieligen Luftreinigungstechniken vorgezogen werden.

5.5.3.10 Altfahrzeuge

Die Rückmontage von Altfahrzeugen gehört spätestens seit den 1960er-Jahren zum Stand der Technik und ist wegen des hohen Anteils an verwertbaren Werkstoffen ein wichtiger Bestandteil der Recyclingwirtschaft.

Zum 1. Januar 2022 waren in Deutschland 67,7 Mio. Fahrzeuge zugelassen (KBA). Insgesamt 8,1 Mio. Fahrzeuge wurden 2022 außer Betrieb gesetzt (Verschrottung, Verkauf ins Ausland).

Das Recycling von Altautos ist komplex. Ein Pkw enthält u. a. Eisenmetalle, Buntmetalle, Leichtmetalle Polymere, Glas und sonstige Materialien wie Betriebsstoffe Holz, textile Faserstoffe und Leder (siehe Abbildung 106).

Ein Blick auf die Entwicklung der verwendeten Materialien in einem Pkw von 1975 bis 2005 zeigt, dass der Anteil der schweren eisenhaltigen Materialien zugunsten des leichteren Aluminiums oder der ebenfalls gewichtsarmen Kunststoffe abgenommen hat und weiter abnehmen wird (siehe Abbildung 107).

Der Hauptzweck der jetzigen Altautoverwertungspraxis ist die Rückgewinnung der metallischen Anteile. In Altautoverwerterbetrieben werden wiederverwendbare und marktfähige Teile (Motor, Getriebe, Motorhaube, Hecklampe, Scheinwerfer, Türen, Reifen, Lenkrad usw.) demontiert. Betriebsflüssigkeiten, wie Altöle, Kühler- und Bremsflüssigkeiten, werden abgelassen – das Fahrzeug wird trockengelegt. Anschließend wird der „ausgeschlachtete" Wagen in Schredderanlagen durch Hammermühlen oder Schrottscheren zerkleinert und die Leichtfraktion (Kunststoffe, Textilien, Schaumstoffe) von der Schwerfraktion (Metalle) getrennt. Was nicht verwertbar ist, insbesondere Materialien aus der Leichtfraktion (ca. 500 000 t pro Jahr), wird verbrannt oder deponiert.

Die Metallfraktion schließlich wird in Eisen- und Nichteisenmetalle getrennt. Die Wiedergewinnungsrate ist mit 98 bis 100 % bei Eisen und Stahl und 76 bis 95 % bei NE-Metallen sehr hoch. Die Verwertungsrate eines Altautos liegt insgesamt bei 70 bis 75 Gew.-%.

Die Altfahrzeug-Verordnung (AltfahrzeugV) soll die notwendigen rechtlichen Rahmenbedingungen für eine Verbesserung der Altautoentsorgung schaffen (zur Verordnung siehe die entsprechenden Ausführungen in Kapitel 1.1.5.4).

Seit dem 1. Januar 2015 gelten als Zielvorgaben für die Wirtschaftsbeteiligten folgende Quoten für die jährlich überlassenen Altfahrzeuge:

a) Wiederverwendung und Verwertung: mindestens 95 Gew.-%,
b) Wiederverwendung und stoffliche Verwertung: mindestens 85 Gew.-%.

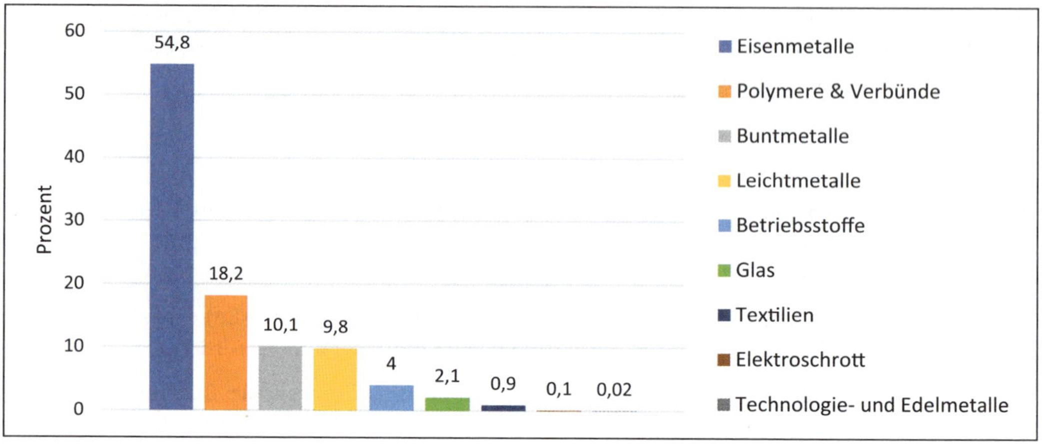

Abb. 106: Zusammensetzung eines Durchschnitts-Pkw im Jahr 2015, Quelle: Statusbericht der deutschen Kreislaufwirtschaft 2020

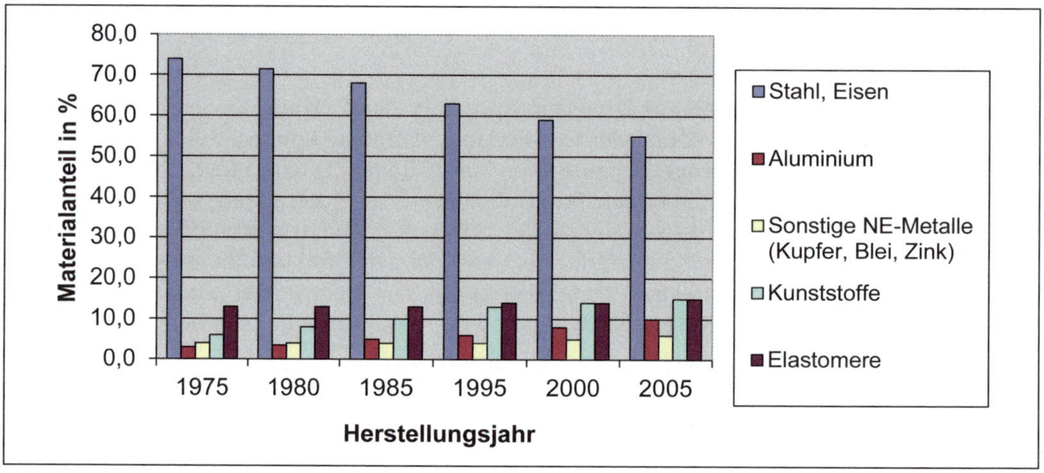

Abb. 107: Entwicklung der Materialzusammensetzung beim Pkw

5.5.3.11 Altholz

Unter dem Begriff Altholz sind im Allgemeinen Hölzer zu verstehen, die bereits in Gebrauch waren und die nach Erfüllung ihrer Aufgabe wieder in den Wirtschaftskreislauf zurückgeführt werden können. Bekannte Beispiele hierfür sind:

- Verpackungsholz,
- Bau- und Abbruchholz,
- Sperrmüll/Möbel,
- Industrierestholz.

Schätzungen zufolge liegt das jährliche Altholzaufkommen bei ca. 8 Mio. t pro Jahr. Davon werden ca. 68 % erfasst. Grundsätzlich lässt sich Altholz sowohl stofflich als auch energetisch zu 100 % verwerten.

Stoffliche Verwertung

Hierzu wird das Altholz sortiert und zerkleinert. Hauptabnehmer sind Spanplattenwerke. Bereits heute werden 350 000 t pro Jahr als Rohstoff wiederverwertet, was etwa 7 % der in Deutschland verarbeiteten Holzmenge entspricht. Eine Kompostierung von Altholz ist aufgrund seiner langsamen Zersetzbarkeit nur schlecht möglich und wird nur in sehr geringem Maße genutzt.

Verwendet als Energieholz für Biomasseheizungen besteht ein Bedarf an naturbelassenen Holzhackschnitzeln und Holzpellets aus der Holzverarbeitung. Im Jahr 2016 wurden in Deutschland 1,95 Mio. t Holzpellets aus Holzspänen produziert.

Vielleicht gelingt es, künftig durch chemisch-physikalische Verfahren wertvolle Bestandteile des Holzes, z. B. Holzzucker oder Zellstoff, wirtschaftlich aus Althölzern zu gewinnen.

Energetische Verwertung

Altholz ist ein wertvoller Brennstoff. In Ermangelung geeigneter Verfahren für eine stoffliche Verwertung kommt oft nur eine energetische Verwertung in Betracht.

Aufbereitung

Im Vorfeld der stofflichen als auch energetischen Verwertung muss das Altholz zu Hackschnitzeln und Spänen aufbereitet werden.

Mithilfe verschiedener Verfahren wie Handauslese, Überbandmagnete und NE-Metallabscheider wird das Altholz von unerwünschten Störstoffen wie Glas, Eisen-/Nichteisenmetallen, mineralischen Stoffen, Papiermaterialien und Kunststoffen befreit.

Um das Altholzrecycling zu erleichtern, ist es notwendig, schon bei der Anfallstelle Qualitätsmerkmale von Althölzern zu erkennen und diese entsprechend ihren Eigenschaften zu fraktionieren. Als Prüfmittel dienen hierbei:

- optische Kontrolle,
- Geruchskontrolle hinsichtlich einer Behandlung mit Ölen, z. B. Teerölen oder auch Imprägniermitteln,
- Schnittkontrolle, z. B. für die Schnellerkennung lackierter Materialien im Querschnitt.

In der Recyclingwirtschaft haben sich im Laufe der Jahre vier Altholzqualitäten herauskristallisiert, die in der folgenden Tabelle mit ihren Verwertungsmöglichkeiten aufgeführt sind.

Altholz-Kategorien
A I
Altholz zur stofflichen Verwertung Reines naturbelassenes Rest- und Massivholz wie • Einwegpaletten • Bretter • Balken • Holzspäne • Kisten Alles ohne jegliche Verunreinigungen und Kunststoffe. Magnetisch reagierende Verbindungsteile, wie Nägel, Schrauben und Bolzen bis zu einem Durchmesser von max. 10 mm, werden toleriert.
A II
a) **Altholz zur stofflichen und energetischen Verwertung in Anlagen nach der 4. BImSchV** • Sperrholz • Spanplatten • verleimtes Holz • Faserplatten • melaminharz-beschichtete Hölzer • Obstkisten (restentleert) b) **Altholz zur energetischen Verwertung in Anlagen nach der 4. BImSchV oder nach Aufarbeitung für die stoffliche Verwertung** • Sperrholz • Spanplatten • verleimtes Holz • Faserplatten • melaminharz-beschichtete Hölzer • Obstkisten (restentleert) • gestrichene und lackierte Hölzer (jedoch frei von Schwermetallen)
A III
Altholz mit halogenorganischer Beschichtung, wie z. B. PVC-Beschichtungen Verpflichtung zur energetischen Verwertung in Anlagen nach der 17. BImSchV
A IV
Altholz, das mit Holzschutzmitteln behandelt wurde • lackierte Fensterrahmen und Außentüren • Hölzer aus dem Garten- und Landschaftsbau • imprägnierte Masten und Bahnschwellen • Holzmaterialien mit andersartigen Kontaminierungen Je nach Analyseergebnis Entsorgung in einer Anlage nach der 17. BImSchV, einer Abfallbeseitigungsanlage oder einer Sondermüllverbrennungsanlage

5.5.3.12 Alttextilien

Das Textilrecycling hat eine jahrhundertealte Tradition. Schon vor 800 Jahren wurden im norditalienischen Prato gebrauchte Textilien wieder aufbereitet. Die Gebrauchtkleider verzeichnen, im Gegensatz zu den Neutextilien, ein stetig wachsendes Marktpotenzial. Parallel zur steigenden Weltbevölkerung wird von Experten jedoch mit einer sich explosionsartig entwickelnden Welttextilproduktion gerechnet.

In Deutschland liegt der Textileinkauf pro Einwohner und Jahr derzeit bei 26 kg, wobei 12 bis 15 kg auf Bekleidung entfällt. Die verbleibenden ca. 13 kg finden sich als Haushaltstextilien (Gardinen, Teppiche usw.), Polstertextilien und technische Textilien (Filter, Trägermaterial, Zeltplanen, Isoliermaterialien).

Zahlen zum Alttextilrecycling in Deutschland (2018)	
Inlandsverfügbarkeit an Textilien	1 635 000 t
Sammelaufkommen	1 310 000 t
Stoffströme des Verwertungspotenzials (Verwertungsquote 96 %, Kreislaufquote 88 %)	
62 % Wiederverwendung	810 000 t
14 % Weiterverwendung	185 000 t
12 % Weiterverwertung (Recycling)	157 000 t
8 % Weiterverwertung (Ersatzbrennstoff/thermisch)	105 000 t
4 % Abfall zur Beseitigung	53 000 t

Quelle: Fachverband Textilrecycling, 2020

Aus diesen Zahlen ergibt sich ein jährlicher Verbrauch von etwa 1 635 000 t Bekleidungstextilien. Die Erfassungsquote liegt bei 1 310 000 t (80 %).

Die 1 310 000 t entsorgter Alttextilien gehen folgende Wege:

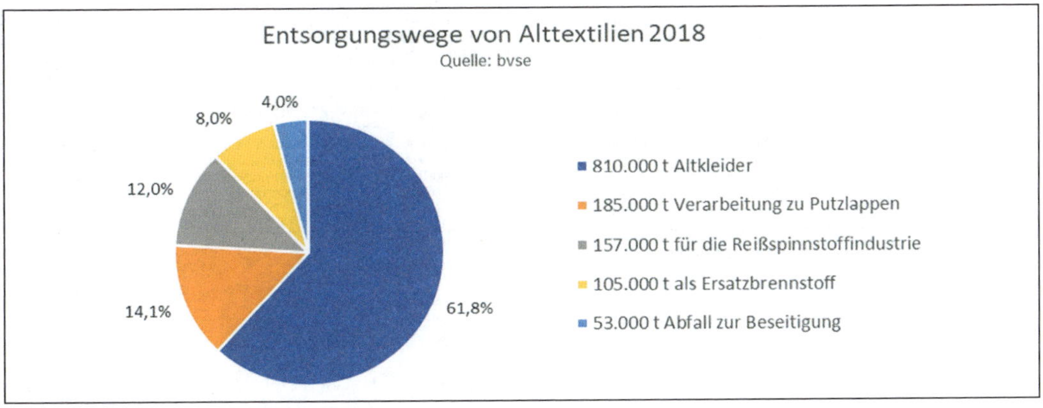

Abb. 108: Entsorgungswege Alttextilien 2018, Quelle: bvse

Entscheidend für eine effektive Verwertung ist auch hier eine optimale Vorsortierung des Basismaterials. Das Alttextilienverzeichnis der deutschen Recyclingwirtschaft beschreibt die Zusammensetzung und Qualität der in Deutschland gehandelten Alttextilienstandardsorten. Es dient den Anbietern und Abnehmern von textilen Abfällen zur Verwertung als Verständigungsgrundlage. In diesem Verzeichnis werden fünf Grundsorten mit insgesamt 74 Untersorten unterschieden:

T – Textilsammelware (9 Untersorten)
B – Bekleidung (6 Untersorten)
R – Textilien zur stofflichen Verwertung (23 Untersorten)
P – Putzlappen (22 Untersorten)
N – Neutextilabschnitte zur stofflichen Verwertung (14 Untersorten)

Die deutsche Bekleidungsindustrie sollte im Produktionsprozess auf den Einsatz umweltschädlicher Hilfsstoffe verzichten, um die Recyclingfähigkeit der Alttextilien zu verbessern. Gleichzeitig wäre der Konsument gut beraten, gebrauchte Bekleidung und Haustextilien einer sinnvollen Verwertung zuzuführen und nicht über die Restmülltonne entsorgen zu lassen.

Die möglichen Wege im Textilrecycling sind in der nachfolgenden grafischen Übersicht dargestellt:

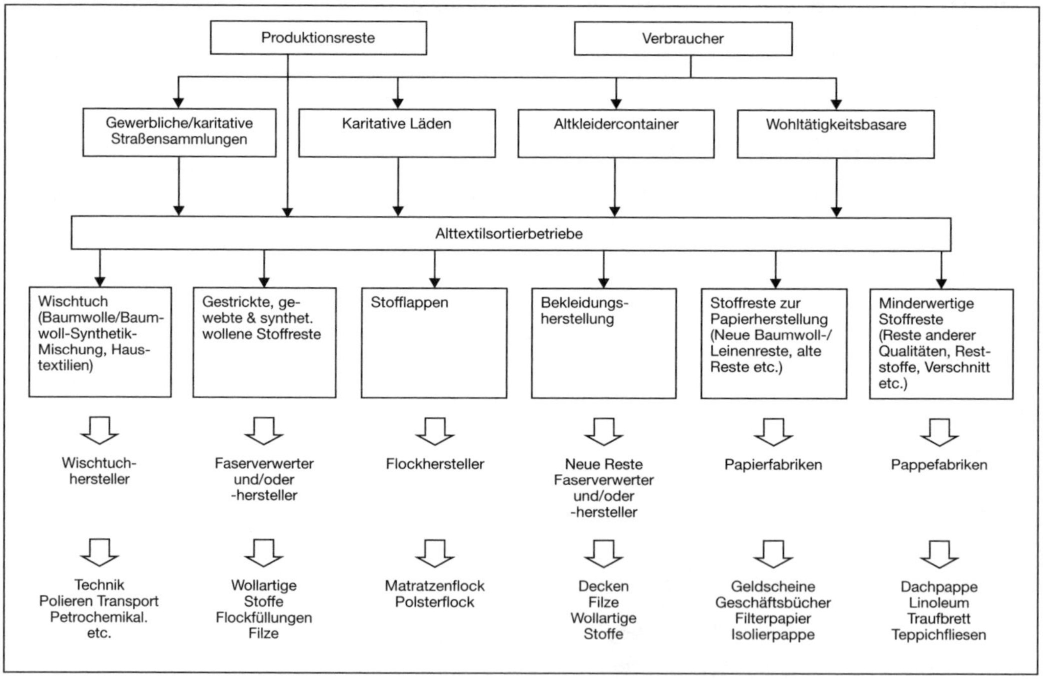

Abb. 109: Textilkreislauf, Quelle: bvse

5.5.3.13 Energetische Verwertung

Die energetische Verwertung von Abfällen als Ersatzbrennstoff spielt neben der stofflichen Verwertung eine bedeutende Rolle. Vor dem Hintergrund steigender Energiepreise (Erdöl, Gas) und der Situation, dass Deutschland und auch weite Teile Mitteleuropas über wenige Energieressourcen verfügen, liegt es nahe, auf Abfälle als Energiequellen zurückzugreifen.

Ein wichtiges Ziel der energetischen Verwertung ist es (und das unterscheidet die thermische Verwertung von der thermischen Behandlung zur Beseitigung), den in bestimmten Abfällen gespeicherten und freisetzbaren Energieinhalt in Wärme und Arbeit umzuwandeln.

In Anlage 2 des KrWG ist die energetische Verwertung als R 1-Verfahren „Hauptverwendung als Brennstoff oder als anderes Mittel der Energieerzeugung" beschrieben.

a) Unter dieses Verfahren fallen Verbrennungsanlagen, deren Zweck in der Behandlung fester Siedlungsabfälle besteht, nur dann, wenn deren Energieeffizienz mindestens folgende Werte hat:
   - 0,60 für in Betrieb befindliche Anlagen, die bis zum 31. Dezember 2008 genehmigt worden sind,
   - 0,65 für Anlagen, die nach dem 31. Dezember 2008 genehmigt worden sind oder genehmigt werden.

b) Bei der Berechnung nach Buchstabe a wird folgende Formel verwendet:
   Energieeffizienz = $(E_p - (E_f + E_i)) / (0{,}97 \times (E_w + E_f))$.

c) Im Rahmen der in Buchstabe b enthaltenen Formel bedeutet:
   - E_p die jährlich als Wärme oder Strom erzeugte Energie. Der Wert wird berechnet, indem Elektroenergie mit dem Faktor 2,6 und für gewerbliche Zwecke erzeugte Wärme mit dem Faktor 1,1 (Gigajoule pro Jahr) multipliziert wird;
   - E_f der jährliche Input von Energie in das System aus Brennstoffen, die zur Erzeugung von Dampf eingesetzt werden (Gigajoule pro Jahr);
   - E_w die jährliche Energiemenge, die im behandelten Abfall enthalten ist, berechnet anhand des unteren Heizwerts des Abfalls (Gigajoule pro Jahr);
   - E_i die jährliche importierte Energiemenge ohne E_w und E_f (Gigajoule pro Jahr);
   - 0,97 ein Faktor zur Berechnung der Energieverluste durch Rost- und Kesselasche sowie durch Strahlung.

d) Der Wert der Energieeffizienzformel wird mit einem Klimakorrekturfaktor (Climate Correction Factor, CCF) wie folgt multipliziert:
   aa) CCF für vor dem 1. September 2015 in Betrieb befindliche und nach geltendem EU-Recht genehmigte Anlagen:
   $CCF = 1$, wenn $HDD \geq 3\,350$
   $CCF = 1{,}25$, wenn $HDD \leq 2\,150$
   $CCF = -(0{,}25/1\,200) \times HDD + 1{,}698$, wenn $2\,150 < HDD < 3\,350$;
   bb) CCF für nach dem 31. August 2015 genehmigte Anlagen und für Anlagen gemäß Nummer 1 ab 31. Dezember 2029:
   $CCF = 1$, wenn $HDD \geq 3\,350$
   $CCF = 1{,}12$, wenn $HDD \leq 2\,150$
   $CCF = -(0{,}12/1\,200) \times HDD + 1{,}335$, wenn $2\,150 < HDD < 3\,350$.
   (Der sich daraus ergebende CCF-Wert wird auf drei Dezimalstellen gerundet).

Der HDD-Wert (Heizgradtage) sollte dem Durchschnitt der jährlichen HDD-Werte für den Standort der Verbrennungsanlage entsprechen, berechnet für einen Zeitraum von 20 aufeinanderfolgenden Jahren vor dem Jahr, für das der CCF bestimmt wird. Der HDD-Wert sollte nach der folgenden Eurostat-Methode berechnet werden: HDD = (18 °C – Tm) × d, wenn Tm weniger als oder gleich 15 °C (Heizschwelle) beträgt, und HDD = null, wenn Tm über 15 °C beträgt; dabei ist Tm die mittlere (Tmin + Tmax)/2 Außentemperatur über einen Zeitraum von d Tagen. Die Berechnungen sind täglich durchzuführen (d = 1) und auf ein Jahr hochzurechnen.

e) Diese Formel ist entsprechend dem Referenzdokument zu den besten verfügbaren Techniken für die Abfallverbrennung zu verwenden.

Im September 2017 veröffentlichte das Bundesumweltministerium eine Vollzugshilfe zur Gleichrangigkeit von stofflicher und energetischer Verwertung von bestimmten gefährlichen Abfällen aus industriellen Prozessen. Für welche Abfälle die Gleichwertigkeit gilt und welche Bedingungen einzuhalten sind, ist in Kapitel 5.1.3.2 näher beschrieben.

Ein Beispiel für die energetische Verwertung ist der Betrieb eines Holzgas-Blockheizkraftwerkes (Holzgas-BHKW). Landwirtschaftliche Betriebe, holzverarbeitende Industrie und Kommunen können dort holzartige Abfälle (Restholz aus Wäldern, unsortierte Holzabfälle, Laub und Stroh) umweltfreundlich verwerten. Nach einem Pelletierungsschritt werden die Holzteile vergast. In der Vergasung werden bei etwa 1 300 °C die langkettigen Kohlenwasserstoffverbindungen gecrackt. Nach dem Abkühlen und Waschen des Schwachgases liefert dieses bei der Verbrennung einen Heizwert von 1,3 bis 1,5 kWh/m^3. Das BHKW liefert neben der Wärme auch Strom (Kraft-Wärme-Kopplung).

Der Wirkungsgrad liegt je nach Feuchtigkeitsgehalt des Holzes zwischen 85 und 90 %. Aus 1 600 kg Holz verbleiben rund 50 kg Asche, 1 kg Partikel (aus der Gaswäsche; kein Sonderabfall) und unbelastetes Kondenswasser.

Neben Holz als Energiequelle sind auch andere Brennstoffe wie Stroh, Jute, Sisal, Biogas, z. B. Deponiegas, oder eventuell auch Trockenstabilat®-Ballen für die energetische Verwertung geeignet.

5.5.3.14 Mechanisch-Biologische Abfallbehandlung (MBA)

Die Ablagerung von organisch oder chemisch belasteten Abfällen auf Deponien birgt das Risiko der Verschmutzung des Grundwassers durch Deponiesickerwasser oder der Emission von Luftschadstoffen durch Deponiegase. Andererseits haben diese Abfälle im trockenen Zustand oftmals einen hohen Heizwert und könnten demnach einer Verbrennung zugeführt werden.

Hier setzt die mechanisch-biologische Abfallbehandlung an. Ihr Ziel ist es, einerseits durch stoffspezifische mechanische Aufbereitung und nachhaltige biologische Abfallbehandlung eine nachsorgefreie und emissionsarme Deponierung der Abfälle gewährleisten zu können. Andererseits wird durch diesen Verfahrenstyp die Gewinnung eines Ersatzbrennstoffes angestrebt, während man in den jeweiligen Behandlungsschritten alle Vermeidungs- und Verwertungsmöglichkeiten ausschöpft.

In Deutschland fielen im Jahr 2018 knapp 50 Mio. t Siedlungsabfälle an. In bundesweit 53 MBA-Betrieben wurden 3,77 Mio. t einer mechanisch-biologischen Abfallbehandlung unterzogen. Von dem entstandenen Abfallausgang in Höhe von 3,20 Mio. t wurden 2,42 Mio. t verwertet (einschließlich gewonnener Sekundärrohstoffe und Produkte) und 0,69 Mio. t beseitigt. Die Verwertungsquote liegt demnach bei 64,2 %.

Grundsätzlich lassen sich zwei Zielsetzungen unterscheiden:

- Stabilisierung des Ausgangsmaterials durch intensiven biologischen Abbau vor der Ablagerung (mechanisch-biologische Abfallbehandlung = MBA),
- Stabilisierung des Ausgangsmaterials durch Trocknung zur Gewinnung eines Ersatzbrennstoffes (mechanisch-biologische Stabilisierung = MBS).

Nachfolgend werden zwei Beispiele für die MBA (BIODEGMA-Verfahren) und für die MBS (Trockenstabilat-Verfahren) vorgestellt:

BIODEGMA-Verfahren

Das BIODEGMA-Verfahren legt seinen Schwerpunkt auf die weitgehende Inertisierung des Inputmaterials. Dafür werden in aufeinanderfolgenden Schritten zunächst Störstoffe mittels mechanischer Abscheidung (Grobsortierung, Sieben, Magnetabscheidung) herausgeholt. Zur effektiveren biologischen Behandlung, bei der der Kohlenstoff- und Wassergehalt (und damit auch die Masse) des Materials durch gezielte aerobe Vorgänge abgebaut wird, wird das Material anschließend homogenisiert.

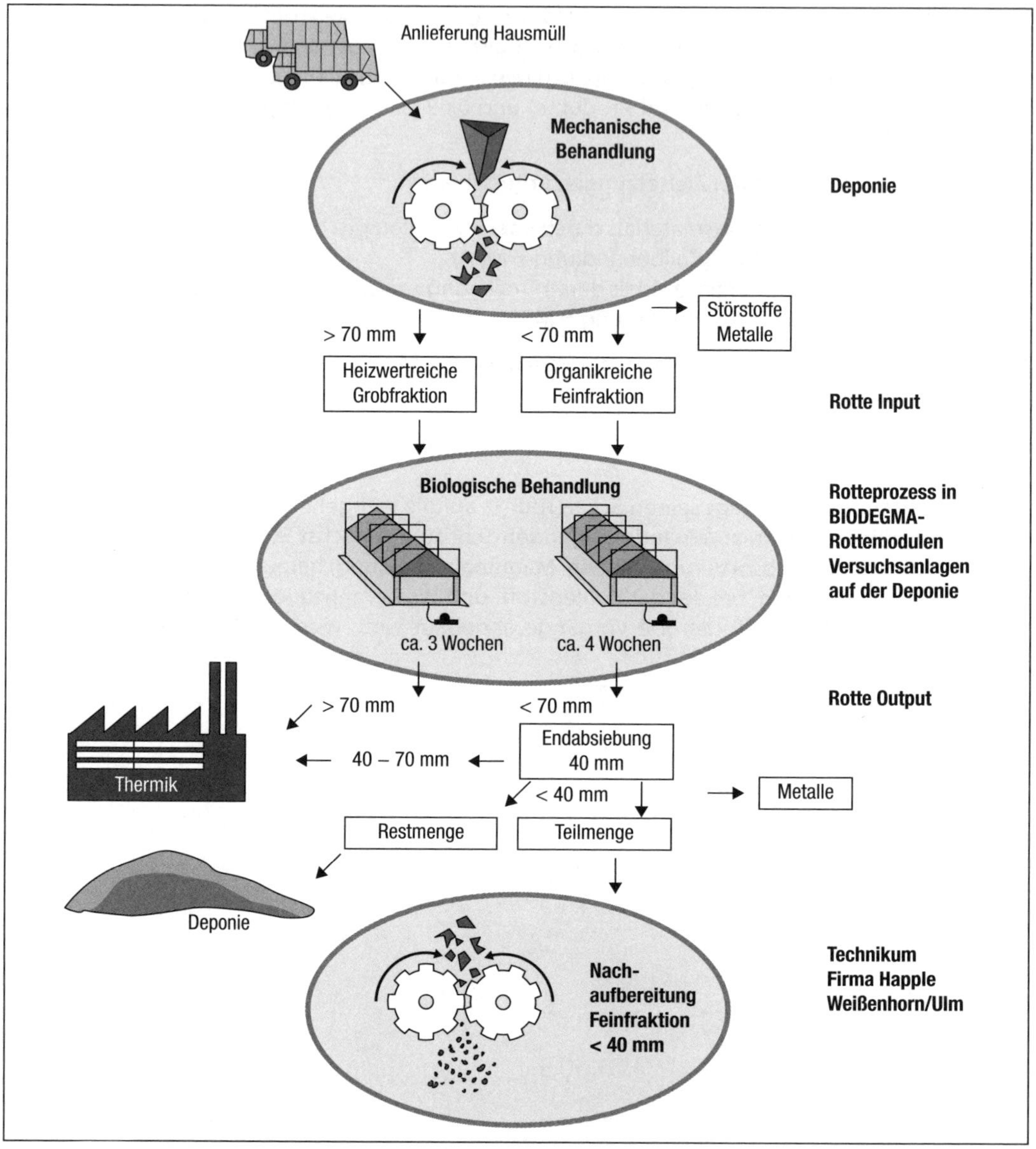

Abb. 110: Schema BIODEGMA-Verfahren, Quelle: BIODEGMA, Stuttgart

Trockenstabilat®-Verfahren

Ende März 1998 wurde in Aßlar (Hessen) die erste Trockenstabilat®-Anlage der Welt eingeweiht. Sie hatte eine Durchsatzleistung von 120 000 t pro Jahr. Das Trockenstabilat®-Verfahren sollte kostengünstiger sein als die bisherige Müllverbrennung. Im Jahr 2006 wurde eine Herhof-Trockenstabilat®-Anlage in Osnabrück errichtet, die alle Siedlungsabfälle aus der Stadt und dem Landkreis Osnabrück behandelt. Der Jahresdurchsatz beträgt ca. 90 000 t. Die Verfahrensschritte der mechanisch-biologischen Stabilisierung sehen im Einzelnen wie folgt aus:

1. Vorzerkleinerung des Abfalls nach der Anlieferung auf Korngrößen < 250 mm;
2. Einbringung des Abfalls in Rotteboxen und Entwässerung des Mülls unter definierten Bedingungen (Temperatur, Feuchte usw.) von etwa 35 % Wassergehalt auf Werte unter 15 %; der Abfall schrumpft auf 70 % des Ursprungsvolumens, ist biologisch inert und lagerstabil;
3. Abtrennung der Wertstoffe Fe-/NE-Metalle, Sand, Glas und Keramik. Handauslese von Schadstoffen, wie z. B. Batterien;
4. Waschen der Mineralien und Vermarktung;
5. Das Trockenstabilat® hat nunmehr etwa 50 % seines Ausgangsgewichts erreicht, besitzt einen Brennwert vergleichbar mit Braunkohle und einen weitaus geringeren Schadstoffgehalt als unbehandelter Restmüll;
6. Nachzerkleinerung auf 40 mm;
7. Pelletierung für Softpellets;
8. Verpressung zur Beladung von Lkws;
9. Staubpelletierung;
10. Wasseraufbereitung zur Kondensataufbereitung;
11. Abgasreinigung mit LARA® (Thermisch-regeneratives Verfahren).

Die heizwertreichen Fraktionen werden als Ersatzbrennstoff thermisch verwertet.

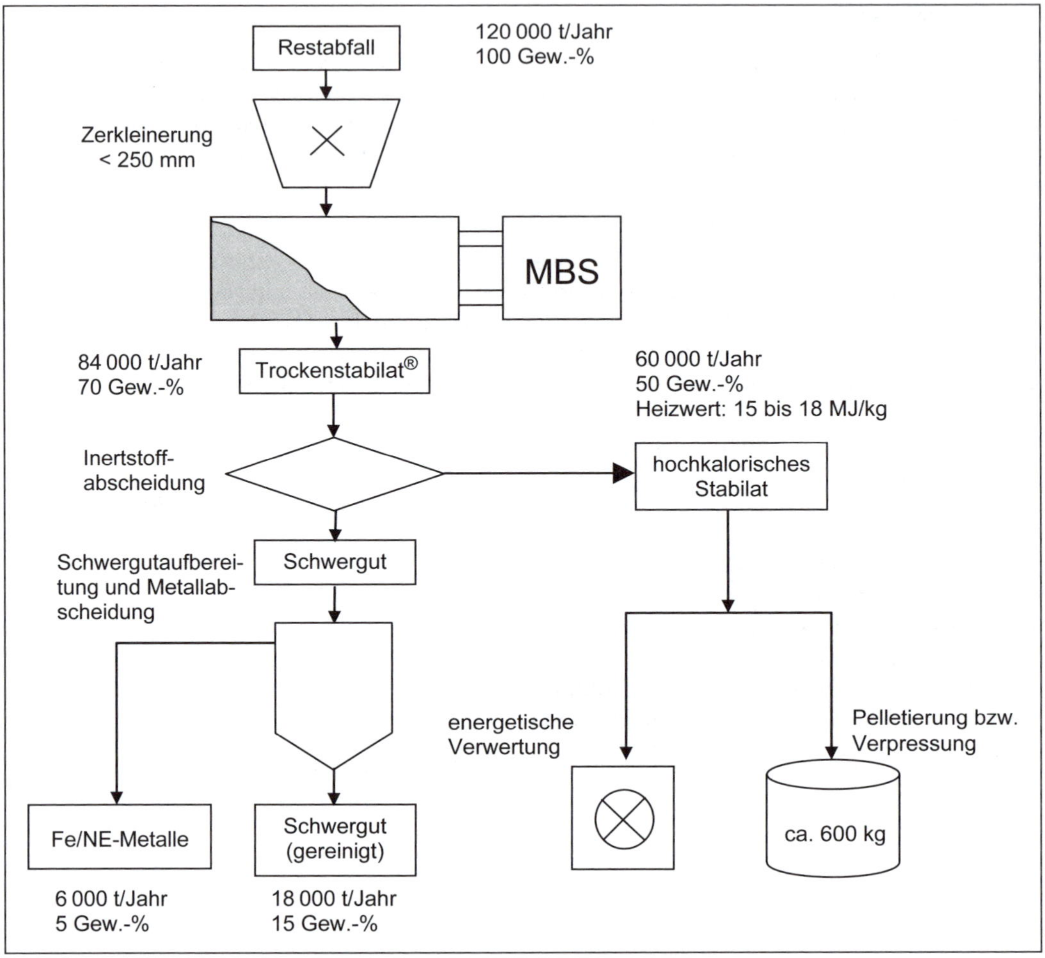

Abb. 111: Trockenstabilat®-Verfahren

5.5.4 Verwertungslogistik

Die Zunahme an Stoffen und Stoffgemischen, die statt einer thermischen Beseitigung einer stofflichen oder energetischen Verwertung zugeführt werden, macht den Aufbau effektiver Logistiksysteme (hohe Rücklaufquote) notwendig.

Ziel dieser Systeme muss es sein,

- eine möglichst große Menge von Abfällen
- möglichst sortenrein
- den Anforderungen der Verwertungsverfahren entsprechend
- umweltfreundlich und wirtschaftlich

einzusammeln und der Verwertung zuzuführen.

5.5.4.1 Duales System

Das KrWG fördert die Errichtung von Rücknahmesystemen zur Sammlung von nicht mehr verwendbaren Erzeugnissen im Rahmen von Rücknahme- und Rückgabepflichten (§ 25 KrWG) und der freiwilligen Rücknahme von Abfällen (§ 26 KrWG).

Neben den althergebrachten Sammelsystemen wie den Altpapier-, Altkleider-, Sperrmüllsammlungen oder auch der Altölrückgabe haben sich in den letzten Jahrzehnten neue Formen der Verwertungslogistik entwickelt.

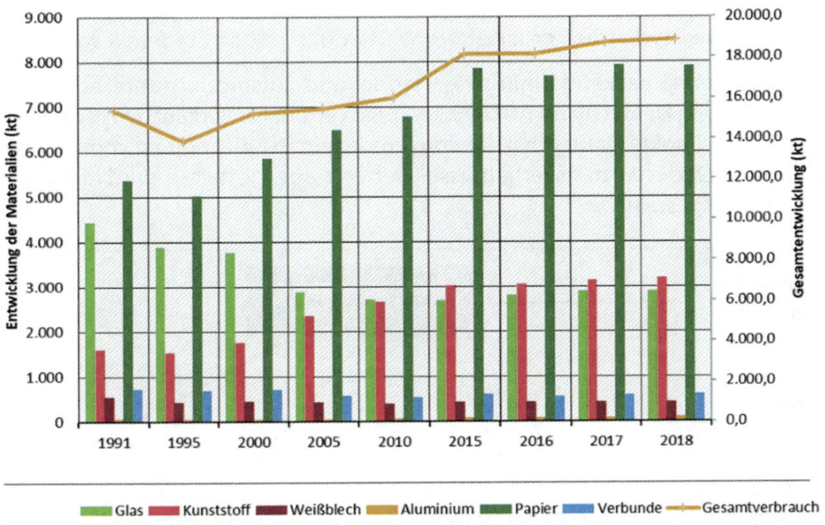

Abb. 112: Entwicklung der in Deutschland angefallenen Verpackungsabfälle 1991 bis 2018, Quelle: UBA

Als Beispiel soll hier das seit dem Jahr 1990 bestehende Duale System Deutschland („Grüner Punkt") näher erläutert werden, das ursprünglich zur bundesweit flächendeckenden Umsetzung der Vorgaben der (inzwischen aufgehobenen) Verpackungsverordnung als zweites („duales") System neben dem öffentlich-rechtlichen aufgebaut wurde.

Das Duale System steht aber auch exemplarisch für Fehlentwicklungen in der Entsorgungswirtschaft, wenn Politik und Überwachungsbehörden über einen längeren Zeitraum den Aufbau monopolistischer Strukturen tolerieren.

Grundprinzipien

Das Duale System stellt die Antwort der Wirtschaft auf die Verpackungsverordnung dar, die am 1. Januar 2019 durch das Verpackungsgesetz abgelöst wurde. Geregelt sind Rücknahmepflichten für

- Transportverpackungen (Paletten, Kanister, Kartonagen),
- Umverpackungen (Folien, Kartons, Umhüllungen),
- Verkaufsverpackungen (Fischdosen, Joghurtbecher).

Die zurückgenommenen Verpackungen müssen einer erneuten Verwendung oder einer stofflichen Verwertung außerhalb von Abfallentsorgungsanlagen zugeführt werden.

Zur Steigerung der Rücklaufquoten war vom 1. Januar 1993 an ein Pflichtpfand für Getränke-, Wasch- und Reinigungsmittel von 0,50 DM und von 2,00 DM für Verpackungen von Dispersionsfarben vorgesehen.

Allerdings konnte sich die Wirtschaft von den Pfandpflichten für Verkaufsverpackungen (nicht Transport- und Umverpackungen) „freikaufen", wenn sie ein System zur unentgeltlichen Erfassung, Sortierung und Verwertung von Verpackungen installierte. So entstand das Duale System. „Dual" bedeutet hier, dass die kommunale Abfallwirtschaft in eine öffentlich-rechtliche Restmüllentsorgung und eine privatwirtschaftlich organisierte Wertstofferfassung aufgeteilt wurde.

Verpackungshersteller, abpackende Industrie, Handel und Entsorgungsunternehmen gründeten 1990 die „Duales System Deutschland AG" (DSD AG). Sie vergibt für Verkaufsverpackungen ihr Kennzeichen, den „Grünen Punkt". Dafür erhält sie vom Produzenten (und indirekt vom Verbraucher) eine Lizenzgebühr. Wie sich die Vertragsverhältnisse (vier Verträge) gestalten, wird hier am Beispiel der Altglassammlung dargestellt:

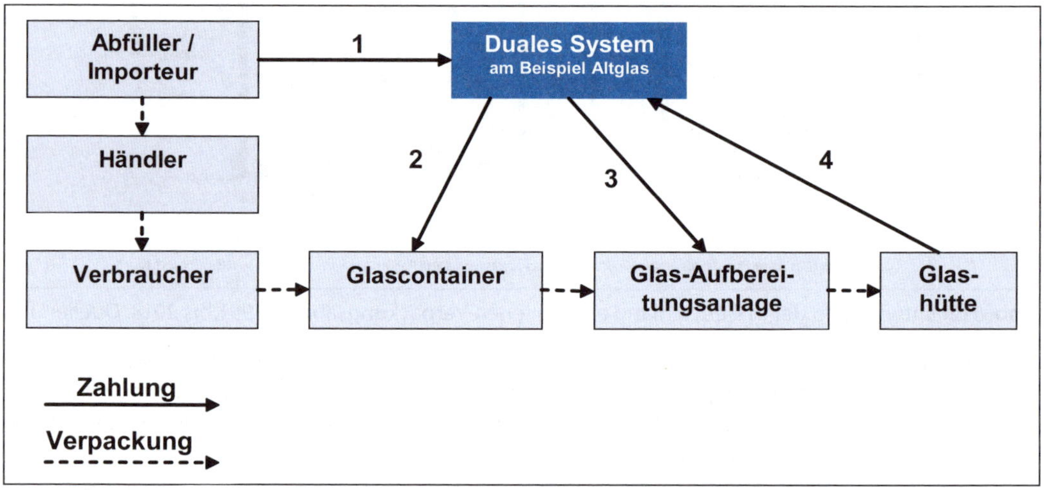

Abb. 113: Duales System – Vertragsverhältnisse am Beispiel der Altglassammlung

1: **Lizenzvertrag:** Systembetreiber wird von einem Inverkehrbringer von Glasverpackungen (Abfüller/Importeur) mit der flächendeckenden Rücknahme und Verwertung „seiner" Glasverpackungsmengen (z. B. Weinflaschen) beauftragt und enthält hierfür ein entsprechendes Entgelt.

2: **Erfassungsvertrag:** Der Systembetreiber beauftragt anteilig einen lokalen Erfasser, der Glascontainer aufstellt, diese regelmäßig leert und die anteilige Altglasmenge zu der vom dualen System ausgewählten Glasaufbereitungsanlage bringt.

3: **Sortier- bzw. Aufbereitungsvertrag:** In der Glasaufbereitungsanlage wird diese Altglasmenge im Auftrag des Systembetreibers aufbereitet (hier: Lohnaufbereitung), um die von der Glashütte geforderte Qualität zu erreichen (Zerkleinern der Scherben; Aussortieren von Metallen, Keramik und anderen Störstoffen; Trennung nach Glasfarben).

4: Verwertungsvertrag: Der Systembetreiber veräußert die aufbereiteten Scherben an eine Glashütte, die die Scherben zur Herstellung neuer Glasflaschen einschmilzt.

Papier/Pappe, Glas (getrennt nach Weiß-, Braun- und Grünglas), alle Kunststoffe und Metalle und Verbundmaterialien (gelber Sack, gelbe Wertstofftonne) werden separat erfasst. Die Inhalte der Wertstofftonne werden in großen Sortieranlagen per Hand sortiert und für die Abholung durch die Verwerter bereitgestellt.

Damit der Handel von der Rücknahme- und Pfandpflicht befreit bleibt, muss das Duale System bestimmte Anforderungen erfüllen:

- Für bestimmte Wertstofffraktionen müssen Erfassungs- und Sortierquoten eingehalten werden;
- der Mehrweganteil von Getränkeverpackungen darf nicht unter 72 % sinken, bei Mehrwegverpackungen für pasteurisierte Konsummilch nicht unter 17 %;
- es muss eine Abstimmung mit den entsorgungspflichtigen Körperschaften erfolgen, wobei von ihnen die Mitnutzung ihrer Wertstofferfassungssysteme gegen ein angemessenes Entgelt verlangt werden kann.

Die Verwertungsquoten je Verpackungsmaterial werden durch das am 1. Januar 2019 in Kraft getretene Verpackungsgesetz festgelegt:

Anforderungen an die stofflichen Verwertungsquoten von Verpackungen		
Verpackungsmaterial	**Verwertungsquote (%) seit 01.01.2019 VerpackG**	**Verwertungsquote (%) seit 01.01.2022 VerpackG**
Glas	80	90
Papier, Pappe, Karton	85	90
Eisenmetalle	80	90
Aluminium	80	90
Getränkekartonverpackungen	75	80
Sonstige Verbunde	55	70
Kunststoffe	58	63

Die Verwertungsquoten des Verpackungsgesetzes sind die auf die im Jahresmittel der Vorbereitung zur Wiederverwendung oder dem Recycling zuzuführenden Anteile der beteiligten Verpackungen.

Entwicklung des Dualen Systems

In Deutschland sind derzeit zehn Duale Systeme zugelassen, die gemeinsam die Gelben Tonnen und Säcke sowie die Altglascontainer zur Sammlung der gebrauchten Verkaufsverpackungen nutzen.

Marktführer ist die „Der Grüne Punkt – Duales System Deutschland GmbH“ (DSD) mit dem Grünen Punkt als Markenzeichen. Von 1990 bis 2003 war DSD Monopolist. Aufgrund mehrerer wettbewerbsrechtlicher Verfahren mit dem Bundeskartellamt und der Europäischen Kommission wurden mit

Wirkung im Oktober 2004 zunächst die Landbell AG und bis Oktober 2012 acht weitere Dienstleister des Dualen Systems operativ tätig.

Durch die Markteintritte der Wettbewerber sind die Markteanteile des DSD weiter gesunken:

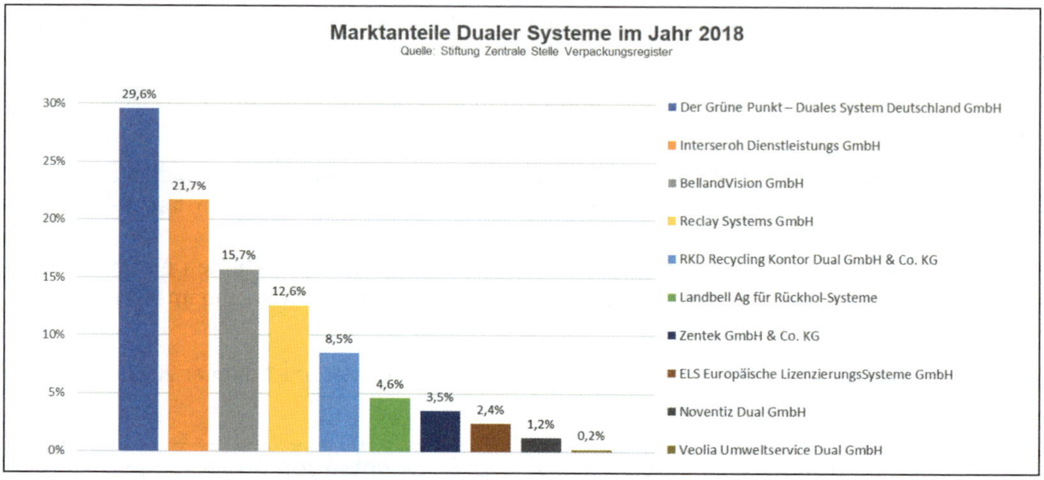

Abb. 114: Marktanteile Dualer Systeme

Der im Jahr 2004 einsetzende Wettbewerb auf dem Markt der Verpackungsentsorgung führte auch zu einer Senkung der Lizenzgebühren und indirekt zu einer Verbraucherersparnis von nahezu 1 Mrd. € pro Jahr seit 2008.

Im Jahr 2017 hatten sich die politischen und wirtschaftlichen Spannungen zwischen den Dualen Systemen in Deutschland verschärft. Betrugsvorwürfe gegen einzelne Systembetreiber wurden laut. Unterstellt wurden zu geringe Mengenmeldungen an die gemeinsame Clearingstelle der zehn Systembetreiber, um weniger Entsorgungskosten zahlen zu müssen. 90 000 t entsorgte Verpackungsabfälle haben im Jahr 2016 demnach keinen Sammler. Der Schaden wird auf etwa 60 Millionen € beziffert. In der Folge kündigten einige Systembetreiber zum 31. Dezember 2017 ihre Clearingverträge.

Mit dem neuen Verpackungsgesetz sollen die Regelungslücken geschlossen und die Möglichkeit der „Mengenmanipulation" unterbunden werden.

5.5.5 Umweltauswirkungen von Behandlungs- und Verwertungsanlagen

Die breite Palette der aktuellen Verwertungsverfahren birgt, trotz aller Vorsichtsmaßnahmen, auch ein großes Potenzial an möglichen Umweltschädigungen.

Beispiele möglicher Umweltauswirkungen von Behandlungs- und Verwertungsverfahren	
Lösemittelrückgewinnung	• Luft,- Wasser-, Bodenverschmutzung • Brände • Explosionen
Bauabfallbehandlungsanlagen	• Schallemission • Staubentwicklung
Altölverwertung	• Luft-, Wasser-, Bodenverschmutzung • Brände
Elektronikschrottverwertung	• Schwermetallemission • Staubentwicklung • Schallemission
Papierverwertung	• große Abwassermengen
Glasverwertung	• hoher Energieverbrauch • Schallemission • kontaminierte Schlacke
Kunststoffverwertung	• hoher Energieverbrauch • Schallemission • Staubentwicklung • Emission von Monomeren und Additiven • kontaminierte Schlacke
Eisenmetallschrottverwertung	• hoher Energieverbrauch • Schallemission • Staubentwicklung • kontaminierte Schlacke
NE-Metallschrottverwertung	• hoher Energieverbrauch • Schallemission • Staubentwicklung • kontaminierte Schlacke
Altautoverwertung	• Schallemission • Wasser-, Bodenverschmutzung • Schwermetallemission
energetische Verwertung	• Staub- und Gasemissionen • kontaminierte Schlacke

5.6 Anforderungen an Zwischenläger/Abgrenzung Zwischenlagerung und Transport

5.6.1 Grundlegende Anforderungen

Die Definition des „Lagerns von Abfällen" und die damit verbundenen rechtlichen Folgen, z. B. die Art des Genehmigungsverfahrens, hängen im Wesentlichen von

- der Lagerdauer,
- dem Lagerzweck,
- der Menge und Gefährlichkeit der Abfälle,
- der Lagerfläche,
- der Aufnahmekapazität und
- der Lagerkapazität

ab.

Der Gesetzgeber macht es dem Anwender durch eine Vielzahl von ähnlichen Begriffen zudem nicht einfach, sich auf dem Gebiet der „Lagermöglichkeiten" von Abfällen zu orientieren. Allein im Kreislaufwirtschaftsgesetz finden sich folgende „Lagerarten":

- Ablagerung,
- Bereitstellen,
- Dauerlagerung,
- Lagerung,
- Umlagerung,
- vorläufige Lagerung,
- zeitweilige Lagerung und
- Zwischenlagerung.

Eine einheitliche und eindeutige Definition aller Abfalllagermöglichkeiten ist im Sinne der Rechtssicherheit der Anwender dringend erforderlich.

Zwischenlagerung

Der Begriff des Zwischenlagers ist gesetzlich nicht definiert. Er orientiert sich vielmehr an der Nr. 2.2.1 der nicht mehr geltenden TA Abfall: *„Zwischenlager im Sinne dieser Technischen Anleitung ist eine ortsfeste Abfallentsorgungsanlage, in der Abfälle entgegengenommen, vorbereitend behandelt, für die weitere Entsorgung zusammengestellt oder gelagert werden."*

Für ein Zwischenlager als Abfallentsorgungsanlage gelten demnach auch Anforderungen, wie z. B. die bau- oder immissionsschutzrechtliche Genehmigung vor Errichtung eines Zwischenlagers und die Planfeststellung. § 5 Absatz 3 BImSchG regelt die Grundpflichten des Anlagenbetreibers auch nach Betriebseinstellung der Anlage:

§ 5 Absatz 3 BImschG

Genehmigungsbedürftige Anlagen sind so zu errichten, zu betreiben und stillzulegen, dass auch nach einer Betriebseinstellung

1. ***von der Anlage oder dem Anlagengrundstück keine schädlichen Umwelteinwirkungen und sonstige Gefahren, erhebliche Nachteile und erhebliche Belästigungen für die Allgemeinheit und die Nachbarschaft hervorgerufen werden können,***
2. ***vorhandene Abfälle ordnungsgemäß und schadlos verwertet oder ohne Beeinträchtigung des Wohls der Allgemeinheit beseitigt werden und***
3. ***die Wiederherstellung eines ordnungsgemäßen Zustandes des Anlagengrundstücks gewährleistet ist.***

Ein Zwischenlager kann sowohl eine Verwertungsanlage (R 13-Verfahren) als auch eine Beseitigungsanlage (D 15-Verfahren) sein. Die Zuordnung des Zwischenlagers ist von dem Status der nachgeschalteten Entsorgung abhängig. Allerdings kann sich die anschließende Entsorgung z. B. von einer Beseitigung in eine Verwertung ändern, so dass sich dieser Umstand auch auf die Art des Zwischenlagers auswirken kann.

Sollen gefährliche oder nicht gefährliche Abfälle nur **zeitweilig gelagert** werden, also nicht länger als ein Jahr, ist das **Zwischenlager** nach Nr. 8.12 des Anhangs zur 4. BImSchV zu genehmigen. Für Betreiber von Anlagen zur zeitweiligen Lagerung gefährlicher Abfälle mit einer Gesamtlagerkapazität von mindestens 50 t gefährlicher Abfälle (Nr. 8.12.1.1 des Anhangs zur 4. BImSchV) gilt neben dem formellen Genehmigungsverfahren nach § 10 BImSchG (mit Öffentlichkeitsbeteiligung) u. a. auch die Bestellung eines Immissionsschutzbeauftragten.

Bei der zeitweiligen Lagerung von Gülle oder Gärresten mit einem Fassungsvermögen von mindestens 6 500 m^3 gilt Nr. 8.13 des Anhangs zur 4. BImSchV.

Lagert der Abfall länger als ein Jahr, gilt dieses als **Langzeitlager** und muss nach Nr. 8.14 des Anhangs zur 4. BImSchV von der zuständigen Behörde genehmigt werden. Darüber hinaus sind die Vorschriften der Deponieverordnung (DepV) anzuwenden.

Nach § 12 Absatz 1 Bundes-Immissionsschutzgesetz kann dem Antragsteller zur Sicherstellung der Anforderungen nach § 5 Absatz 3 BImSchG auch eine von

- den Lagermengen,
- den Entsorgungskosten,
- der Betriebsweise oder
- dem Betreiber

abhängige, auch nachträglich veränderbare Sicherheitsleistung auferlegt werden. Diese Sicherheitsleistung betrifft nicht nur die nach einer Betriebseinstellung zu entsorgenden Abfälle, sondern kann sich auch auf sonstige Umweltauswirkungen und Gefahren beziehen.

Aufbau des Zwischenlagers

Zwischenläger bestehen aus einem Eingangs-, Lager- und Arbeitsbereich.

Sie sind derart zu betreiben, dass eine anschließende Verwertung, thermische, chemisch-physikalische oder biologische Behandlung oder Ablagerung des Abfalls nicht beeinträchtigt wird. Auch das Vermischen von Abfällen – selbst gleicher Abfallschlüssel – ist verboten.

Die Abfälle müssen in Behältnissen angeliefert werden. Ausnahmen können bei Anlieferung von Schüttgut, flüssigen Abfällen oder von Abfällen aus einer angrenzenden Produktionsanlage gemacht werden. Das Öffnen der Behältnisse ist nur zum Zweck der Beprobung, der Zusammenstellung zu größeren Einheiten für die Entsorgung oder bei Beschädigung zulässig.

Grundsätzlich sind bei allen Lägern die Zusammenlagerverbote einzuhalten. Sie sollen eine mögliche Reaktion zwischen unterschiedlich gefährlichen Stoffen verhindern. Beispielsweise ist es verboten, giftige Stoffe zusammen mit explosionsgefährlichen in einem Lagerabschnitt zu lagern.

5.6.2 Abgrenzung Zwischenlagerung und Transport

Die Anforderungen an den Betrieb eines Zwischenlagers bzw. einer Lageranlage für Abfälle verdeutlichen die Notwendigkeit der Abgrenzung der Bereitstellung von Abfällen oder auch einer Transportunterbrechung von genehmigungsbedürftigen Lageranlagen.

Das genehmigungsfreie Bereitstellen von Abfällen ist gemäß 4. BImschV als zeitweiliges Lagern bis zum Einsammeln auf dem Gelände der Entstehung der Abfälle definiert. Die Dauer ist dort nicht festgelegt, allerdings wird von den Behörden das Bereitstellen für 24 bis 72 Stunden akzeptiert. Das Amt für Arbeitsschutz der Freien und Hansestadt Hamburg hat beispielsweise im Rahmen der Kleinmengenlagerung von Gefahrstoffen im Jahr 2006 festgelegt:

Lagern ist das Aufbewahren zur späteren Verwendung sowie zur Abgabe an Andere. Es schließt die Bereitstellung zur Beförderung ein, wenn diese nicht binnen 24 Stunden nach ihrem Beginn oder am darauffolgenden Werktag erfolgt. Ist dieser Werktag ein Sonnabend, so endet die Frist mit Ablauf des nächsten Werktages.

Das Bayerische Landesamt für Umwelt setzt in seinen Vollzugshinweise für die Bereitstellung zur Abholung und zur Zwischenlagerung von Straßenkehricht als maximale Grenze eine Zeitdauer von maximal 3 Werktagen (Ausnahme: Laubabfälle) an, innerhalb derer Straßenkehricht abgeholt werden muss.

Demnach verstößt jeder Abfallerzeuger gegen geltendes Recht, wenn er Abfälle für mehr als 24 Stunden außerhalb einer dafür vorgesehenen Lagerfläche aufbewahrt.

Transportunterbrechung

Eine Transportunterbrechung liegt vor, wenn der Fahrer beispielsweise die gesetzlich vorgeschriebene Ruhezeit einhält, ein Befördererwechsel erfolgt oder das Sonn- und Feiertagsfahrverbot eingehalten werden muss.

Werden Abfälle befördert, kann es bei einer geplanten Transportunterbrechung von mehr als einem Werktag zu einer nicht genehmigten Errichtung eines Abfallzwischenlagers auf der Ladefläche des Fahrzeuges kommen, die als Lagerfläche für Abfälle nicht zugelassen ist. Deshalb gilt die Regel, die Abfälle spätestens einen Werktag nach Übernahme dem Entsorger zu übergeben.

5.7 Kontrollfragen

Die Antworten sind in Kapitel 6 i. V. m. den einschlägigen Rechtsvorschriften zu finden.

Frage 1:

Welches thermische Behandlungsverfahren wird am häufigsten in Deutschland eingesetzt?

Frage 2:

Welche besonders gefährlichen Stoffe werden von halogenhaltigen Abfällen bei ihrer Verbrennung häufig gebildet, bei hohen Temperaturen zerstört und bei unkontrollierter Abkühlung der Verbrennungsprodukte neu gebildet?

Frage 3:

Nennen Sie fünf Schädigungspotenziale von freigesetztem Deponiegas.

Frage 4:

Welche beiden biologischen Behandlungsverfahren gibt es für Bioabfälle?

Frage 5:

Wie heißen die Kunststoffe, die sich in einem bestimmten Temperaturbereich verformen lassen und deshalb besonders gut stofflich verwertbar sind?

Frage 6:

Bei Dachdeckerarbeiten fällt der Abfall ASN 170102 „Ziegel" an.

a) Welche Rechtsvorschrift ist im Zuge der Verwertung des Ziegelmaterials anzuwenden?
b) Welche Funktion hat das Ziegelmaterial gemäß dieser Rechtsvorschrift?
c) Welches Kürzel ist dort diesem Material zugeordnet?
d) Wie kann das Ziegelmaterial eingesetzt werden?
e) Bestehen für das Material weitere Einsatzmöglichkeiten?
f) Wie viele Einbausituationen gibt es für das Ziegelmaterial?

6 Antworten zu den Kontrollfragen

Kapitel 1
Abfallrecht und sonstige abfallrelevante Umweltschutzvorschriften

Antwort 1:

Gesetz zur Förderung der Kreislaufwirtschaft und Sicherung der umweltverträglichen Bewirtschaftung von Abfällen (Kreislaufwirtschaftsgesetz – KrWG)

Antwort 2:

- Verordnung über das Europäische Abfallverzeichnis (Abfallverzeichnis-Verordnung – AVV)
- Verordnung über Verwertungs- und Beseitigungsnachweise (Nachweisverordnung – NachwV)
- Verordnung über das Anzeige- und Erlaubnisverfahren für Sammler, Beförderer, Händler und Makler von Abfällen (Anzeige- und Erlaubnisverordnung – AbfAEV)
- Verordnung über Entsorgungsfachbetriebe, technische Überwachungsorganisationen und Entsorgergemeinschaften (Entsorgungsfachbetriebeverordnung – EfbV)
- Altölverordnung (AltölV)
- PCB/PCT-Abfallverordnung (PCBAbfallV)
- Verordnung über die Entsorgung gebrauchter halogenierter Lösemittel (HKWAbfV)
- Verordnung über die Überlassung, Rücknahme und umweltverträgliche Entsorgung von Altfahrzeugen (Altfahrzeug-Verordnung – AltfahrzeugV)
- Verordnung über die Bewirtschaftung von gewerblichen Siedlungsabfällen und von bestimmten Bau- und Abbruchabfällen (Gewerbeabfallverordnung – GewAbfV)
- Verordnung über Anforderungen an den Einbau von mineralischen Ersatzbaustoffen in technische Bauwerke (Ersatzbaustoffverordnung – ErsatzbaustoffV)
- Verordnung über Deponien und Langzeitlager (Deponieverordnung – DepV)
- Verordnung über den Versatz von Abfällen unter Tage (Versatzverordnung – VersatzV)
- Verordnung über die Bewirtschaftung von Abfällen aus der mineralgewinnenden Industrie (Gewinnungsabfallverordnung – GewinnungsAbfV)
- Verordnung über die Verwertung von Bioabfällen auf landwirtschaftlich, forstwirtschaftlich und gärtnerisch genutzten Böden (Bioabfallverordnung – BioAbfV)
- Verordnung über Anforderungen an die Verwertung und Beseitigung von Altholz (Altholzverordnung – AltholzV)
- Klärschlammverordnung (AbfKlärV)
- Verordnung über Betriebsbeauftragte für Abfall (AbfBeauftrV)
- Verordnung zur Durchführung des Batteriegesetzes – BattGDV
- Verordnung zur Getrenntsammlung und Überwachung von nicht gefährlichen Abfällen mit persistenten organischen Schadstoffen (POP-Abfall-Überwachungs-Verordnung – POP-Abfall-ÜberwV)

Antwort 3:

§ 3 Abs. 2 der Verordnung über das Europäische Abfallverzeichnis (Abfallverzeichnis-Verordnung – AVV) in Verbindung mit Anhang III der Abfallrahmenrichtlinie (Richtlinie 2008/98/EG)

Antwort 4:

Am Sternchen (*) rechts neben der Abfallschlüsselnummer, z. B. 17 06 05* „asbesthaltige Baustoffe"

Antwort 5:

16 01 04* und 16 01 06

16 01 11* und 16 01 12

16 01 14* und 16 01 15

16 02 13* und 16 02 14

16 03 05* und 16 03 06

16 05 04* und 16 05 05

16 10 01* und 16 10 02

Antwort 6:

Verordnungen; EG-Abfallverbringungsverordnung

Antwort 7:

Fäkalschlamm (ASN 20 03 04)

Antwort 8:

1. Vermeidung
2. Vorbereitung zur Wiederverwendung
3. Recycling
4. sonstige Verwertung, insbesondere energetische Verwertung und Verfüllung
5. Beseitigung

Antwort 9:

Der Abfallerzeuger bzw. der Abfallbesitzer

Antwort 10:

elektronisches **A**bfall-**N**achweis-**V**erfahren; gefährliche Abfälle

Antwort 11:

Zwischen dem Abfallerzeuger/-besitzer und dem Einsammler/Beförderer muss eine schriftliche Vereinbarung gemäß § 19 Abs. 2 Nachweisverordnung erfolgt sein. Die Vereinbarung ist der zuständigen Behörde auf Verlangen vorzulegen.

Antwort 12:

Entsorgungsdokumente nicht gefährlicher Abfälle (z. B. Lieferscheine)

Antwort 13:

Drei Jahre

Antwort 14:

- Erzeuger und Besitzer von Abfällen zur Verwertung und Beseitigung aus privaten Haushaltungen, die keinem Rücknahme- oder Rückgabeverfahren unterliegen.
- Erzeuger und Besitzer von Abfällen zur Beseitigung aus anderen Herkunftsbereichen, soweit sie diese nicht in eigenen Anlagen beseitigen.

Antwort 15:

Bundes-Immissionsschutzgesetz

Antwort 16:

4. Bundes-Immissionsschutzverordnung (4. BImSchV)

Antwort 17:

- Das im Anhang VII der EG-Abfallverbringungsverordnung enthaltene Dokument.
- Der in Anhang VII genannte Vertrag über die Verwertung der Abfälle zwischen der Person, die die Verbringung veranlasst, und dem Empfänger.

Antwort 18:

- Nicht gefährliche Abfälle: AI, AII und AIII
- Gefährliche Abfälle: AIV

Antwort 19:

- Grüne Liste: AI (B 3050)
- Gelbe Liste: AII, AIII und AIV (AC 170)

Antwort 20:

Bergrecht, Wasserrecht (Gewässerschutzrecht), Immissionsschutzrecht

Antwort 21:

Untertagedeponien als Bergwerk im Salzgestein oder als Kaverne im Salzgestein; Versatz

Antwort 22:

- WGK 1: schwach wassergefährdend
- WGK 2: deutlich wassergefährdend
- WGK 3: stark wassergefährdend

(daneben: nicht wassergefährdend und allgemein wassergefährdend)

Antwort 23:

Emissionen sind die von einer Anlage **ausgehenden** Luftverunreinigungen, Geräusche, Erschütterungen, Licht, Wärme, Strahlen und ähnliche Erscheinungen.

Antwort 24:

Immissionen sind auf Menschen, Tiere und Pflanzen, den Boden, das Wasser, die Atmosphäre sowie Kultur- und sonstige Sachgüter **einwirkende** Luftverunreinigungen, Geräusche, Erschütterungen, Licht, Wärme, Strahlen und ähnliche Umwelteinwirkungen.

Antwort 25:

- Betriebsbeauftragter für Abfall
- Immissionsschutzbeauftragter
- Gewässerschutzbeauftragter
- Gefahrgutbeauftragter
- Fachkraft für Arbeitssicherheit
- Störfallbeauftragter

Antwort 26:

Bei der Beförderung von Abfällen mit Kraftfahrzeugen, die einschließlich Anhänger ein geringeres zulässiges Gesamtgewicht als 3,5 Tonnen haben.

Antwort 27:

Der Anlagenbetreiber (Zweiterzeuger) muss die Andienungs- und Überlassungspflichten des öffentlich-rechtlichen Entsorgungsträgers (örE) für Abfälle zur Beseitigung beachten. Ihm wird durch den örE ein Entsorgungsweg zugewiesen. Eine freie Wahl des Entsorgungsweges, wie bei Abfällen zur Verwertung, ist nicht möglich.

Kapitel 2
Arbeitsschutz, Gefahrstoffrecht, Gefahrgut

Antwort 1:

Ab einem Mitarbeiter

Antwort 2:

- Fachkraft für Arbeitssicherheit
- Betriebsarzt
- Betriebssanitäter
- Sicherheitsbeauftragter
- Ersthelfer

Antwort 3:

a) Eine Fachkraft für Arbeitssicherheit, ein Betriebsarzt, zwei Sicherheitsbeauftragte, ein Ersthelfer.
b) Zusätzlich zu dem einen Ersthelfer in der Verwaltung sind 22 Ersthelfer in den Fahrerhäusern erforderlich (22 mal 2 anwesende Versicherte pro Arbeitsstätte).

Antwort 4:

Eine normale Ausbildung zum Arzt reicht nicht aus. Der Arzt muss eine Zusatzausbildung zum „Betriebsarzt" nachweisen.

Antwort 5:

Durchführen einer Gefährdungsbeurteilung

Antwort 6:

Nein! Die Definition der „Gefährlichkeit" ist für Abfälle gemäß Abfallrecht (Umweltrecht) eine andere als für Gefahrgut (Verkehrsrecht):

- Asbesthaltige Baustoffe (ASN 170605*) faserdicht verpackt sind beispielsweise weiterhin gefährliche Abfälle, aber kein Gefahrgut.
- Radioaktive Abfälle sind Gefahrgut, aber keine gefährlichen Abfälle gemäß Abfallrecht.
- Der Gefahrgutbegriff umfasst zudem auch Produkte, die natürlich keine Abfälle sind.

Antwort 7:

Der Beförderer

Antwort 8:

Beim Transport in Versandstücken wird die orangefarbene Warntafel zur Kennzeichnung des Fahrzeugs als Gefahrguttransport eingesetzt. Beim Transport im Tankfahrzeug oder in loser Schüttung muss die Warntafel zusätzlich unter Angabe der Gefahrnummer (Kemler-Zahl) und der UN-Nummer angebracht werden.

Kapitel 3
Gesetzesverstöße und Haftung

Antwort 1:

Ordnungswidrigkeiten und Straftaten

Antwort 2:

Eine Ordnungswidrigkeit mit einem Bußgeld bis zu 100 000 EUR

Antwort 3:

Eine Straftat mit Freiheitsstrafe bis zu fünf Jahren oder Geldstrafe

Kapitel 4
Umwelteinwirkungen und sonstige Gefahren, die von Abfällen ausgehen können, sowie Maßnahmen zu deren Verhinderung oder Beseitigung

Antwort 1:

Deklarationsanalyse

Antwort 2:

Deponieklasse III (DK III)

Antwort 3:

Blei < Arsen < Cadmium < Quecksilber; Eluatkriterien der DK III gemäß DepV

Kapitel 5
Kreislaufwirtschaft und Entsorgungstechnik

Antwort 1:

Rostfeuerung

Antwort 2:

Dioxine und Furane (ihre Neubildung ist bei Abkühlung möglich: „De-novo-Synthese“)

Antwort 3:

- krebsverdächtige Spurenstoffe
- Erstickungswirkung von CH_4 und CO_2
- Brand- und Explosionsgefahr durch explosive Methan/Luft-Gemische
- Verstärkung des Treibhauseffekts durch Methanemissionen
- Gefährdung der Ozonschicht in der Stratosphäre durch Emission von Halogenverbindungen
- Verstärkung der Ozonbildung in Erdnähe (Sommersmog) durch CH_4-Emissionen
- Pflanzenschädigung durch Verdrängung des Bodensauerstoffs
- Geruchsbelästigung z. B. durch organische Schwefelverbindungen
- Langzeitemissionen aufgrund langsamer Abbauprozesse im Deponiekörper

Antwort 4:

Kompostierung und Vergärung

Antwort 5:

Thermoplaste

Antwort 6:

a) Ersatzbaustoffverordnung (ErsatzbaustoffV)
b) mineralischer Ersatzbaustoff
c) ZM
d) als Deckschicht ohne Bindemittel (Einbauweise Nr. 12) in technischen Bauwerken
e) nein
f) neun

Anhang: Liste der Kapitel des Abfallverzeichnisses, Abfallschlüsselnummern, Abfallbezeichnungen und Gefährlichkeit

Kapitel des Abfallverzeichnisses

Kapitel	Kapitelüberschrift
01	ABFÄLLE, DIE BEIM AUFSUCHEN, AUSBEUTEN UND GEWINNEN SOWIE BEI DER PHYSIKALISCHEN UND CHEMISCHEN BEHANDLUNG VON BODENSCHÄTZEN ENTSTEHEN
02	ABFÄLLE AUS LANDWIRTSCHAFT, GARTENBAU, TEICHWIRTSCHAFT, FORSTWIRTSCHAFT, JAGD UND FISCHEREI SOWIE DER HERSTELLUNG UND VERARBEITUNG VON NAHRUNGSMITTELN
03	ABFÄLLE AUS DER HOLZBEARBEITUNG UND DER HERSTELLUNG VON PLATTEN, MÖBELN, ZELLSTOFFEN, PAPIER UND PAPPE
04	ABFÄLLE AUS DER LEDER-, PELZ- UND TEXTILINDUSTRIE
05	ABFÄLLE AUS DER ERDÖLRAFFINATION, ERDGASREINIGUNG UND KOHLEPYROLYSE
06	ABFÄLLE AUS ANORGANISCH-CHEMISCHEN PROZESSEN
07	ABFÄLLE AUS ORGANISCH-CHEMISCHEN PROZESSEN
08	ABFÄLLE AUS HERSTELLUNG, ZUBEREITUNG, VERTRIEB UND ANWENDUNG (HZVA) VON BESCHICHTUNGEN (FARBEN, LACKE, EMAIL), KLEBSTOFFEN, DICHTMASSEN UND DRUCKFARBEN
09	ABFÄLLE AUS DER FOTOGRAFISCHEN INDUSTRIE
10	ABFÄLLE AUS THERMISCHEN PROZESSEN
11	ABFÄLLE AUS DER CHEMISCHEN OBERFLÄCHENBEARBEITUNG UND BESCHICHTUNG VON METALLEN UND ANDEREN WERKSTOFFEN; NICHTEISENHYDROMETALLURGIE
12	ABFÄLLE AUS PROZESSEN DER MECHANISCHEN FORMGEBUNG SOWIE DER PHYSIKALISCHEN UND MECHANISCHEN OBERFLÄCHENBEARBEITUNG VON METALLEN UND KUNSTSTOFFEN
13	ÖLABFÄLLE UND ABFÄLLE AUS FLÜSSIGEN BRENNSTOFFEN (AUSSER SPEISEÖLE UND ÖLABFÄLLE, DIE UNTER KAPITEL 05, 12 ODER 19 FALLEN)
14	ABFÄLLE AUS ORGANISCHEN LÖSEMITTELN, KÜHLMITTELN UND TREIBGASEN (AUSSER ABFÄLLE, DIE UNTER KAPITEL 07 ODER 08 FALLEN)
15	VERPACKUNGSABFALL, AUFSAUGMASSEN, WISCHTÜCHER, FILTERMATERIALIEN UND SCHUTZKLEIDUNG (A. N. G.)
16	ABFÄLLE, DIE NICHT ANDERSWO IM VERZEICHNIS AUFGEFÜHRT SIND
17	BAU- UND ABBRUCHABFÄLLE (EINSCHLIESSLICH AUSHUB VON VERUNREINIGTEN STANDORTEN)
18	ABFÄLLE AUS DER HUMANMEDIZINISCHEN ODER TIERÄRZTLICHEN VERSORGUNG UND FORSCHUNG (OHNE KÜCHEN- UND RESTAURANTABFÄLLE, DIE NICHT AUS DER UNMITTELBAREN KRANKENPFLEGE STAMMEN)
19	ABFÄLLE AUS ABFALLBEHANDLUNGSANLAGEN, ÖFFENTLICHEN ABWASSERBEHANDLUNGSANLAGEN SOWIE DER AUFBEREITUNG VON WASSER FÜR DEN MENSCHLICHEN GEBRAUCH UND WASSER FÜR INDUSTRIELLE ZWECKE
20	SIEDLUNGSABFÄLLE (HAUSHALTSABFÄLLE UND ÄHNLICHE GEWERBLICHE UND INDUSTRIELLE ABFÄLLE SOWIE ABFÄLLE AUS EINRICHTUNGEN), EINSCHLIESSLICH GETRENNT GESAMMELTER FRAKTIONEN

Abfallverzeichnis

Abfallverzeichnis ASN	Bezeichnung
01	**ABFÄLLE, DIE BEIM AUFSUCHEN, AUSBEUTEN UND GEWINNEN SOWIE BEI DER PHYSIKALISCHEN UND CHEMISCHEN BEHANDLUNG VON BODENSCHÄTZEN ENTSTEHEN**
01 01	**Abfälle aus dem Abbau von Bodenschätzen**
01 01 01	Abfälle aus dem Abbau von metallhaltigen Bodenschätzen
01 01 02	Abfälle aus dem Abbau von nicht metallhaltigen Bodenschätzen
01 03	**Abfälle aus der physikalischen und chemischen Verarbeitung von metallhaltigen Bodenschätzen**
01 03 04*	Säure bildende Aufbereitungsrückstände aus der Verarbeitung von sulfidischem Erz
01 03 05*	andere Aufbereitungsrückstände, die gefährliche Stoffe enthalten
01 03 06	Aufbereitungsrückstände mit Ausnahme derjenigen, die unter 01 03 04 und 01 03 05 fallen
01 03 07*	andere, gefährliche Stoffe enthaltende Abfälle aus der physikalischen und chemischen Verarbeitung von metallhaltigen Bodenschätzen
01 03 08	staubende und pulvrige Abfälle mit Ausnahme derjenigen, die unter 01 03 07 fallen
01 03 09	Rotschlamm aus der Aluminiumoxidherstellung mit Ausnahme von Abfällen, die unter 01 03 10 fallen
01 03 10*	Rotschlamm aus der Aluminiumoxidherstellung, der gefährliche Stoffe enthält, mit Ausnahme der unter 01 03 07 genannten Abfälle
01 03 99	Abfälle a.n.g.
01 04	**Abfälle aus der physikalischen und chemischen Weiterverarbeitung von nicht metallhaltigen Bodenschätzen**
01 04 07*	gefährliche Stoffe enthaltende Abfälle aus der physikalischen und chemischen Weiterverarbeitung von nicht metallhaltigen Bodenschätzen
01 04 08	Abfälle von Kies- und Gesteinsbruch mit Ausnahme derjenigen, die unter 01 04 07 fallen
01 04 09	Abfälle von Sand und Ton
01 04 10	staubende und pulvrige Abfälle mit Ausnahme derjenigen, die unter 01 04 07 fallen
01 04 11	Abfälle aus der Verarbeitung von Kali- und Steinsalz mit Ausnahme derjenigen, die unter 01 04 07 fallen
01 04 12	Aufbereitungsrückstände und andere Abfälle aus der Wäsche und Reinigung von Bodenschätzen mit Ausnahme derjenigen, die unter 01 04 07 und 01 04 11 fallen
01 04 13	Abfälle aus Steinmetz- und -sägearbeiten mit Ausnahme derjenigen, die unter 01 04 07 fallen
01 04 99	Abfälle a.n.g.
01 05	**Bohrschlämme und andere Bohrabfälle**
01 05 04	Schlämme und Abfälle aus Süßwasserbohrungen
01 05 05*	ölhaltige Bohrschlämme und -abfälle
01 05 06*	Bohrschlämme und andere Bohrabfälle, die gefährliche Stoffe enthalten
01 05 07	barythaltige Bohrschlämme und -abfälle mit Ausnahme derjenigen, die unter 01 05 05 und 01 05 06 fallen
01 05 08	chloridhaltige Bohrschlämme und -abfälle mit Ausnahme derjenigen, die unter 01 05 05 und 01 05 06 fallen
01 05 99	Abfälle a.n.g.
02	**ABFÄLLE AUS LANDWIRTSCHAFT, GARTENBAU, TEICHWIRTSCHAFT, FORSTWIRTSCHAFT, JAGD UND FISCHEREI SOWIE DER HERSTELLUNG UND VERARBEITUNG VON NAHRUNGSMITTELN**
02 01	**Abfälle aus Landwirtschaft, Gartenbau, Teichwirtschaft, Forstwirtschaft, Jagd und Fischerei**
02 01 01	Schlämme von Wasch- und Reinigungsvorgängen
02 01 02	Abfälle aus tierischem Gewebe

Abfallverzeichnis ASN	Bezeichnung
02 01 03	Abfälle aus pflanzlichem Gewebe
02 01 04	Kunststoffabfälle (ohne Verpackungen)
02 01 06	tierische Ausscheidungen, Gülle/Jauche und Stallmist (einschließlich verdorbenes Stroh), Abwässer, getrennt gesammelt und extern behandelt
02 01 07	Abfälle aus der Forstwirtschaft
02 01 08*	Abfälle von Chemikalien für die Landwirtschaft, die gefährliche Stoffe enthalten
02 01 09	Abfälle von Chemikalien für die Landwirtschaft mit Ausnahme derjenigen, die unter 02 01 08 fallen
02 01 10	Metallabfälle
02 01 99	Abfälle a.n.g.
02 02	**Abfälle aus der Zubereitung und Verarbeitung von Fleisch, Fisch und anderen Nahrungsmitteln tierischen Ursprungs**
02 02 01	Schlämme von Wasch- und Reinigungsvorgängen
02 02 02	Abfälle aus tierischem Gewebe
02 02 03	für Verzehr oder Verarbeitung ungeeignete Stoffe
02 02 04	Schlämme aus der betriebseigenen Abwasserbehandlung
02 02 99	Abfälle a.n.g.
02 03	**Abfälle aus der Zubereitung und Verarbeitung von Obst, Gemüse, Getreide, Speiseölen, Kakao, Kaffee, Tee und Tabak, aus der Konservenherstellung, der Herstellung von Hefe- und Hefeextrakt sowie der Zubereitung und Fermentierung von Melasse**
02 03 01	Schlämme aus Wasch-, Reinigungs-, Schäl-, Zentrifugier- und Abtrennprozessen
02 03 02	Abfälle von Konservierungsstoffen
02 03 03	Abfälle aus der Extraktion mit Lösemitteln
02 03 04	für Verzehr oder Verarbeitung ungeeignete Stoffe
02 03 05	Schlämme aus der betriebseigenen Abwasserbehandlung
02 03 99	Abfälle a.n.g.
02 04	**Abfälle aus der Zuckerherstellung**
02 04 01	Rübenerde
02 04 02	nicht spezifikationsgerechter Calciumcarbonatschlamm
02 04 03	Schlämme aus der betriebseigenen Abwasserbehandlung
02 04 99	Abfälle a.n.g.
02 05	**Abfälle aus der Milchverarbeitung**
02 05 01	für Verzehr oder Verarbeitung ungeeignete Stoffe
02 05 02	Schlämme aus der betriebseigenen Abwasserbehandlung
02 05 99	Abfälle a.n.g.
02 06	**Abfälle aus der Herstellung von Back- und Süßwaren**
02 06 01	für Verzehr oder Verarbeitung ungeeignete Stoffe
02 06 02	Abfälle von Konservierungsstoffen
02 06 03	Schlämme aus der betriebseigenen Abwasserbehandlung
02 06 99	Abfälle a.n.g.
02 07	**Abfälle aus der Herstellung von alkoholischen und alkoholfreien Getränken (ohne Kaffee, Tee und Kakao)**
02 07 01	Abfälle aus der Wäsche, Reinigung und mechanischen Zerkleinerung des Rohmaterials
02 07 02	Abfälle aus der Alkoholdestillation
02 07 03	Abfälle aus der chemischen Behandlung
02 07 04	für Verzehr oder Verarbeitung ungeeignete Stoffe
02 07 05	Schlämme aus der betriebseigenen Abwasserbehandlung

Abfallverzeichnis ASN	Bezeichnung
02 07 99	Abfälle a.n.g.
03	**ABFÄLLE AUS DER HOLZBEARBEITUNG UND DER HERSTELLUNG VON PLATTEN, MÖBELN, ZELLSTOFFEN, PAPIER UND PAPPE**
03 01	**Abfälle aus der Holzbearbeitung und der Herstellung von Platten und Möbeln**
03 01 01	Rinden und Korkabfälle
03 01 04*	Sägemehl, Späne, Abschnitte, Holz, Spanplatten und Furniere, die gefährliche Stoffe enthalten
03 01 05	Sägemehl, Späne, Abschnitte, Holz, Spanplatten und Furniere mit Ausnahme derjenigen, die unter 03 01 04 fallen
03 01 99	Abfälle a.n.g.
03 02	**Abfälle aus der Holzkonservierung**
03 02 01*	halogenfreie organische Holzschutzmittel
03 02 02*	chlororganische Holzschutzmittel
03 02 03*	metallorganische Holzschutzmittel
03 02 04*	anorganische Holzschutzmittel
03 02 05*	andere Holzschutzmittel, die gefährliche Stoffe enthalten
03 02 99	Holzschutzmittel a.n.g.
03 03	**Abfälle aus der Herstellung und Verarbeitung von Zellstoff, Papier, Karton und Pappe**
03 03 01	Rinden- und Holzabfälle
03 03 02	Sulfitschlämme (aus der Rückgewinnung von Kochlaugen)
03 03 05	De-inking-Schlämme aus dem Papierrecycling
03 03 07	mechanisch abgetrennte Abfälle aus der Auflösung von Papier- und Pappabfällen
03 03 08	Abfälle aus dem Sortieren von Papier und Pappe für das Recycling
03 03 09	Kalkschlammabfälle
03 03 10	Faserabfälle, Faser-, Füller- und Überzugsschlämme aus der mechanischen Abtrennung
03 03 11	Schlämme aus der betriebseigenen Abwasserbehandlung mit Ausnahme derjenigen, die unter 03 03 10 fallen
03 03 99	Abfälle a.n.g.
04	**ABFÄLLE AUS DER LEDER-, PELZ- UND TEXTILINDUSTRIE**
04 01	**Abfälle aus der Leder- und Pelzindustrie**
04 01 01	Fleischabschabungen und Häuteabfälle
04 01 02	geäschertes Leimleder
04 01 03*	Entfettungsabfälle, lösemittelhaltig, ohne flüssige Phase
04 01 04	chromhaltige Gerbereibrühe
04 01 05	chromfreie Gerbereibrühe
04 01 06	chromhaltige Schlämme, insbesondere aus der betriebseigenen Abwasserbehandlung
04 01 07	chromfreie Schlämme, insbesondere aus der betriebseigenen Abwasserbehandlung
04 01 08	chromhaltige Abfälle aus gegerbtem Leder (Abschnitte, Schleifstaub, Falzspäne)
04 01 09	Abfälle aus der Zurichtung und dem Finish
04 01 99	Abfälle a.n.g.
04 02	**Abfälle aus der Textilindustrie**
04 02 09	Abfälle aus Verbundmaterialien (imprägnierte Textilien, Elastomer, Plastomer)
04 02 10	organische Stoffe aus Naturstoffen (z. B. Fette, Wachse)
04 02 14*	Abfälle aus dem Finish, die organische Lösungsmittel enthalten
04 02 15	Abfälle aus dem Finish mit Ausnahme derjenigen, die unter 04 02 14 fallen
04 02 16*	Farbstoffe und Pigmente, die gefährliche Stoffe enthalten
04 02 17	Farbstoffe und Pigmente mit Ausnahme derjenigen, die unter 04 02 16 fallen

Abfallverzeichnis ASN	Bezeichnung
04 02 19*	Schlämme aus der betriebseigenen Abwasserbehandlung, die gefährliche Stoffe enthalten
04 02 20	Schlämme aus der betriebseigenen Abwasserbehandlung mit Ausnahme derjenigen, die unter 04 02 19 fallen
04 02 21	Abfälle aus unbehandelten Textilfasern
04 02 22	Abfälle aus verarbeiteten Textilfasern
04 02 99	Abfälle a.n.g.
05	**ABFÄLLE AUS DER ERDÖLRAFFINATION, ERDGASREINIGUNG UND KOHLEPYROLYSE**
05 01	**Abfälle aus der Erdölraffination**
05 01 02*	Entsalzungsschlämme
05 01 03*	Bodenschlämme aus Tanks
05 01 04*	saure Alkylschlämme
05 01 05*	verschüttetes Öl
05 01 06*	ölhaltige Schlämme aus Betriebsvorgängen und Instandhaltung
05 01 07*	Säureteere
05 01 08*	andere Teere
05 01 09*	Schlämme aus der betriebseigenen Abwasserbehandlung, die gefährliche Stoffe enthalten
05 01 10	Schlämme aus der betriebseigenen Abwasserbehandlung mit Ausnahme derjenigen, die unter 05 01 09 fallen
05 01 11*	Abfälle aus der Brennstoffreinigung mit Basen
05 01 12*	säurehaltige Öle
05 01 13	Schlämme aus der Kesselspeisewasseraufbereitung
05 01 14	Abfälle aus Kühlkolonnen
05 01 15*	gebrauchte Filtertone
05 01 16	schwefelhaltige Abfälle aus der Ölentschwefelung
05 01 17	Bitumen
05 01 99	Abfälle a.n.g.
05 06	**Abfälle aus der Kohlepyrolyse**
05 06 01*	Säureteere
05 06 03*	andere Teere
05 06 04	Abfälle aus Kühlkolonnen
05 06 99	Abfälle a.n.g.
05 07	**Abfälle aus Erdgasreinigung und -transport**
05 07 01*	quecksilberhaltige Abfälle
05 07 02	schwefelhaltige Abfälle
05 07 99	Abfälle a.n.g.
06	**ABFÄLLE AUS ANORGANISCH-CHEMISCHEN PROZESSEN**
06 01	**Abfälle aus Herstellung, Zubereitung, Vertrieb und Anwendung (HZVA) von Säuren**
06 01 01*	Schwefelsäure und schweflige Säure
06 01 02*	Salzsäure
06 01 03*	Flusssäure
06 01 04*	Phosphorsäure und phosphorige Säure
06 01 05*	Salpetersäure und salpetrige Säure
06 01 06*	andere Säuren
06 01 99	Abfälle a.n.g.
06 02	**Abfälle aus HZVA von Basen**

Abfallverzeichnis ASN	Bezeichnung
06 02 01*	Calciumhydroxid
06 02 03*	Ammoniumhydroxid
06 02 04*	Natrium- und Kaliumhydroxid
06 02 05*	andere Basen
06 02 99	Abfälle a.n.g.
06 03	**Abfälle aus HZVA von Salzen, Salzlösungen und Metalloxiden**
06 03 11*	feste Salze und Lösungen, die Cyanid enthalten
06 03 13*	feste Salze und Lösungen, die Schwermetalle enthalten
06 03 14	feste Salze und Lösungen mit Ausnahme derjenigen, die unter 06 03 11 und 06 03 13 fallen
06 03 15*	Metalloxide, die Schwermetalle enthalten
06 03 16	Metalloxide mit Ausnahme derjenigen, die unter 06 03 15 fallen
06 03 99	Abfälle a.n.g.
06 04	**Metallhaltige Abfälle mit Ausnahme derjenigen, die unter 06 03 fallen**
06 04 03*	arsenhaltige Abfälle
06 04 04*	quecksilberhaltige Abfälle
06 04 05*	Abfälle, die andere Schwermetalle enthalten
06 04 99	Abfälle a.n.g.
06 05	**Schlämme aus der betriebseigenen Abwasserbehandlung**
06 05 02*	Schlämme aus der betriebseigenen Abwasserbehandlung, die gefährliche Stoffe enthalten
06 05 03	Schlämme aus der betriebseigenen Abwasserbehandlung mit Ausnahme derjenigen, die unter 06 05 02 fallen
06 06	**Abfälle aus HZVA von schwefelhaltigen Chemikalien, aus Schwefelchemie und Entschwefelungsprozessen**
06 06 02*	Abfälle, die gefährliche Sulfide enthalten
06 06 03	sulfidhaltige Abfälle mit Ausnahme derjenigen, die unter 06 06 02 fallen
06 06 99	Abfälle a.n.g.
06 07	**Abfälle aus HZVA von Halogenen und aus der Halogenchemie**
06 07 01*	asbesthaltige Abfälle aus der Elektrolyse
06 07 02*	Aktivkohle aus der Chlorherstellung
06 07 03*	quecksilberhaltige Bariumsulfatschlämme
06 07 04*	Lösungen und Säuren, z. B. Kontaktsäure
06 07 99	Abfälle a.n.g.
06 08	**Abfälle aus HZVA von Silicium und Siliciumverbindungen**
06 08 02	Abfälle, die gefährliche Chlorsilane enthalten
06 08 99	Abfälle a.n.g.
06 09	**Abfälle aus HZVA von phosphorhaltigen Chemikalien und aus der Phosphorchemie**
06 09 02	phosphorhaltige Schlacke
06 09 03*	Reaktionsabfälle auf Calciumbasis, die gefährliche Stoffe enthalten oder durch gefährliche Stoffe verunreinigt sind
06 09 04	Reaktionsabfälle auf Calciumbasis mit Ausnahme derjenigen, die unter 06 09 03 fallen
06 09 99	Abfälle a.n.g.
06 10	**Abfälle aus HZVA von stickstoffhaltigen Chemikalien, aus der Stickstoffchemie und der Herstellung von Düngemitteln**
06 10 02*	Abfälle, die gefährliche Stoffe enthalten
06 10 99	Abfälle a.n.g.
06 11	**Abfälle aus der Herstellung von anorganischen Pigmenten und Farbgebern**

Abfallverzeichnis ASN	Bezeichnung
06 11 01	Reaktionsabfälle auf Calciumbasis aus der Titandioxidherstellung
06 11 99	Abfälle a.n.g.
06 13	**Abfälle aus anorganisch-chemischen Prozessen a.n.g.**
06 13 01*	anorganische Pflanzenschutzmittel, Holzschutzmittel und andere Biozide
06 13 02*	gebrauchte Aktivkohle (außer 06 07 02)
06 13 03	Industrieruß
06 13 04*	Abfälle aus der Asbestverarbeitung
06 13 05*	Ofen- und Kaminruß
06 13 99	Abfälle a.n.g.
07	**ABFÄLLE AUS ORGANISCH-CHEMISCHEN PROZESSEN**
07 01	**Abfälle aus Herstellung, Zubereitung, Vertrieb und Anwendung (HZVA) organischer Grundchemikalien**
07 01 01*	wässrige Waschflüssigkeiten und Mutterlaugen
07 01 03*	halogenorganische Lösemittel, Waschflüssigkeiten und Mutterlaugen
07 01 04*	andere organische Lösemittel, Waschflüssigkeiten und Mutterlaugen
07 01 07*	halogenierte Reaktions- und Destillationsrückstände
07 01 08*	andere Reaktions- und Destillationsrückstände
07 01 09*	halogenierte Filterkuchen, gebrauchte Aufsaugmaterialien
07 01 10*	andere Filterkuchen, gebrauchte Aufsaugmaterialien
07 01 11*	Schlämme aus der betriebseigenen Abwasserbehandlung, die gefährliche Stoffe enthalten
07 01 12	Schlämme aus der betriebseigenen Abwasserbehandlung mit Ausnahme derjenigen, die unter 07 01 11 fallen
07 01 99	Abfälle a.n.g.
07 02	**Abfälle aus HZVA von Kunststoffen, synthetischem Gummi und Kunstfasern**
07 02 01*	wässrige Waschflüssigkeiten und Mutterlaugen
07 02 03*	halogenorganische Lösemittel, Waschflüssigkeiten und Mutterlaugen
07 02 04*	andere organische Lösemittel, Waschflüssigkeiten und Mutterlaugen
07 02 07*	halogenierte Reaktions- und Destillationsrückstände
07 02 08*	andere Reaktions- und Destillationsrückstände
07 02 09*	halogenierte Filterkuchen, gebrauchte Aufsaugmaterialien
07 02 10*	andere Filterkuchen, gebrauchte Aufsaugmaterialien
07 02 11*	Schlämme aus der betriebseigenen Abwasserbehandlung, die gefährliche Stoffe enthalten
07 02 12	Schlämme aus der betriebseigenen Abwasserbehandlung mit Ausnahme derjenigen, die unter 07 02 11 fallen
07 02 13	Kunststoffabfälle
07 02 14*	Abfälle von Zusatzstoffen, die gefährliche Stoffe enthalten
07 02 15	Abfälle von Zusatzstoffen mit Ausnahme derjenigen, die unter 07 02 14 fallen
07 02 16	Abfälle, die gefährliche Silicone enthalten
07 02 99	Abfälle a.n.g.
07 03	**Abfälle aus HZVA von organischen Farbstoffen und Pigmenten (außer 06 11)**
07 03 01*	wässrige Waschflüssigkeiten und Mutterlaugen
07 03 03*	halogenorganische Lösemittel, Waschflüssigkeiten und Mutterlaugen
07 03 04*	andere organische Lösemittel, Waschflüssigkeiten und Mutterlaugen
07 03 07*	halogenierte Reaktions- und Destillationsrückstände
07 03 08*	andere Reaktions- und Destillationsrückstände
07 03 09*	halogenierte Filterkuchen, gebrauchte Aufsaugmaterialien

Abfallverzeichnis ASN	Bezeichnung
07 03 10*	andere Filterkuchen, gebrauchte Aufsaugmaterialien
07 03 11*	Schlämme aus der betriebseigenen Abwasserbehandlung, die gefährliche Stoffe enthalten
07 03 12	Schlämme aus der betriebseigenen Abwasserbehandlung mit Ausnahme derjenigen, die unter 07 03 11 fallen
07 03 99	Abfälle a.n.g.
07 04	**Abfälle aus HZVA von organischen Pflanzenschutzmitteln (außer 02 01 08 und 02 01 09), Holzschutzmitteln (außer 03 02) und anderen Bioziden**
07 04 01*	wässrige Waschflüssigkeiten und Mutterlaugen
07 04 03*	halogenorganische Lösemittel, Waschflüssigkeiten und Mutterlaugen
07 04 04*	andere organische Lösemittel, Waschflüssigkeiten und Mutterlaugen
07 04 07*	halogenierte Reaktions- und Destillationsrückstände
07 04 08*	andere Reaktions- und Destillationsrückstände
07 04 09*	halogenierte Filterkuchen, gebrauchte Aufsaugmaterialien
07 04 10*	andere Filterkuchen, gebrauchte Aufsaugmaterialien
07 04 11*	Schlämme aus der betriebseigenen Abwasserbehandlung, die gefährliche Stoffe enthalten
07 04 12	Schlämme aus der betriebseigenen Abwasserbehandlung mit Ausnahme derjenigen, die unter 07 04 11 fallen
07 04 13*	feste Abfälle, die gefährliche Stoffe enthalten
07 04 99	Abfälle a.n.g.
07 05	**Abfälle aus HZVA von Pharmazeutika**
07 05 01*	wässrige Waschflüssigkeiten und Mutterlaugen
07 05 03*	halogenorganische Lösemittel, Waschflüssigkeiten und Mutterlaugen
07 05 04*	andere organische Lösemittel, Waschflüssigkeiten und Mutterlaugen
07 05 07*	halogenierte Reaktions- und Destillationsrückstände
07 05 08*	andere Reaktions- und Destillationsrückstände
07 05 09*	halogenierte Filterkuchen, gebrauchte Aufsaugmaterialien
07 05 10*	andere Filterkuchen, gebrauchte Aufsaugmaterialien
07 05 11*	Schlämme aus der betriebseigenen Abwasserbehandlung, die gefährliche Stoffe enthalten
07 05 12	Schlämme aus der betriebseigenen Abwasserbehandlung mit Ausnahme derjenigen, die unter 07 05 11 fallen
07 05 13*	feste Abfälle, die gefährliche Stoffe enthalten
07 05 14	feste Abfälle mit Ausnahme derjenigen, die unter 07 05 13 fallen
07 05 99	Abfälle a.n.g.
07 06	**Abfälle aus HZVA von Fetten, Schmierstoffen, Seifen, Waschmitteln, Desinfektionsmitteln und Körperpflegemitteln**
07 06 01*	wässrige Waschflüssigkeiten und Mutterlaugen
07 06 03*	halogenorganische Lösemittel, Waschflüssigkeiten und Mutterlaugen
07 06 04*	andere organische Lösemittel, Waschflüssigkeiten und Mutterlaugen
07 06 07*	halogenierte Reaktions- und Destillationsrückstände
07 06 08*	andere Reaktions- und Destillationsrückstände
07 06 09*	halogenierte Filterkuchen, gebrauchte Aufsaugmaterialien
07 06 10*	andere Filterkuchen, gebrauchte Aufsaugmaterialien
07 06 11*	Schlämme aus der betriebseigenen Abwasserbehandlung, die gefährliche Stoffe enthalten
07 06 12	Schlämme aus der betriebseigenen Abwasserbehandlung mit Ausnahme derjenigen, die unter 07 06 11 fallen
07 06 99	Abfälle a.n.g.

Abfallverzeichnis ASN	Bezeichnung
07 07	**Abfälle aus HZVA von Feinchemikalien und Chemikalien a.n.g.**
07 07 01*	wässrige Waschflüssigkeiten und Mutterlaugen
07 07 03*	halogenorganische Lösemittel, Waschflüssigkeiten und Mutterlaugen
07 07 04*	andere organische Lösemittel, Waschflüssigkeiten und Mutterlaugen
07 07 07*	halogenierte Reaktions- und Destillationsrückstände
07 07 08*	andere Reaktions- und Destillationsrückstände
07 07 09*	halogenierte Filterkuchen, gebrauchte Aufsaugmaterialien
07 07 10*	andere Filterkuchen, gebrauchte Aufsaugmaterialien
07 07 11*	Schlämme aus der betriebseigenen Abwasserbehandlung, die gefährliche Stoffe enthalten
07 07 12	Schlämme aus der betriebseigenen Abwasserbehandlung mit Ausnahme derjenigen, die unter 07 07 11 fallen
07 07 99	Abfälle a.n.g.
08	**ABFÄLLE AUS HERSTELLUNG, ZUBEREITUNG, VERTRIEB UND ANWENDUNG (HZVA) VON BESCHICHTUNGEN (FARBEN, LACKE, EMAIL), KLEBSTOFFEN, DICHTMASSEN UND DRUCKFARBEN**
08 01	**Abfälle aus HZVA und Entfernung von Farben und Lacken**
08 01 11*	Farb- und Lackabfälle, die organische Lösemittel oder andere gefährliche Stoffe enthalten
08 01 12	Farb- und Lackabfälle mit Ausnahme derjenigen, die unter 08 01 11 fallen
08 01 13*	Farb- und Lackschlämme, die organische Lösemittel oder andere gefährliche Stoffe enthalten
08 01 14	Farb- und Lackschlämme mit Ausnahme derjenigen, die unter 08 01 13 fallen
08 01 15*	wässrige Schlämme, die Farben oder Lacke mit organischen Lösemitteln oder anderen gefährlichen Stoffen enthalten
08 01 16	wässrige Schlämme, die Farben oder Lacke enthalten, mit Ausnahme derjenigen, die unter 08 01 15 fallen
08 01 17*	Abfälle aus der Farb- oder Lackentfernung, die organische Lösemittel oder andere gefährliche Stoffe enthalten
08 01 18	Abfälle aus der Farb- oder Lackentfernung mit Ausnahme derjenigen, die unter 08 01 17 fallen
08 01 19*	wässrige Suspensionen, die Farben oder Lacke mit organischen Lösemitteln oder anderen gefährlichen Stoffen enthalten
08 01 20	wässrige Suspensionen, die Farben oder Lacke enthalten, mit Ausnahme derjenigen, die unter 08 01 19 fallen
08 01 21*	Farb- oder Lackentfernerabfälle
08 01 99	Abfälle a.n.g.
08 02	**Abfälle aus HZVA anderer Beschichtungen (einschließlich keramischer Werkstoffe)**
08 02 01	Abfälle von Beschichtungspulver
08 02 02	wässrige Schlämme, die keramische Werkstoffe enthalten
08 02 03	wässrige Suspensionen, die keramische Werkstoffe enthalten
08 02 99	Abfälle a.n.g.
08 03	**Abfälle aus HZVA von Druckfarben**
08 03 07	wässrige Schlämme, die Druckfarben enthalten
08 03 08	wässrige flüssige Abfälle, die Druckfarben enthalten
08 03 12*	Druckfarbenabfälle, die gefährliche Stoffe enthalten
08 03 13	Druckfarbenabfälle mit Ausnahme derjenigen, die unter 08 03 12 fallen
08 03 14*	Druckfarbenschlämme, die gefährliche Stoffe enthalten
08 03 15	Druckfarbenschlämme mit Ausnahme derjenigen, die unter 08 03 14 fallen
08 03 16*	Abfälle von Ätzlösungen
08 03 17*	Tonerabfälle, die gefährliche Stoffe enthalten

Abfallverzeichnis ASN	Bezeichnung
08 03 18	Tonerabfälle mit Ausnahme derjenigen, die unter 08 03 17 fallen
08 03 19*	Dispersionsöl
08 03 99	Abfälle a.n.g.
08 04	**Abfälle aus HZVA von Klebstoffen und Dichtmassen (einschließlich wasserabweisender Materialien)**
08 04 09*	Klebstoff- und Dichtmassenabfälle, die organische Lösemittel oder andere gefährliche Stoffe enthalten
08 04 10	Klebstoff- und Dichtmassenabfälle mit Ausnahme derjenigen, die unter 08 04 09 fallen
08 04 11*	klebstoff- und dichtmassenhaltige Schlämme, die organische Lösemittel oder andere gefährliche Stoffe enthalten
08 04 12	klebstoff- und dichtmassenhaltige Schlämme mit Ausnahme derjenigen, die unter 08 04 11 fallen
08 04 13*	wässrige Schlämme, die Klebstoffe oder Dichtmassen mit organischen Lösemitteln oder anderen gefährlichen Stoffen enthalten
08 04 14	wässrige Schlämme, die Klebstoffe oder Dichtmassen enthalten, mit Ausnahme derjenigen, die unter 08 01 13 fallen
08 04 15*	wässrige flüssige Abfälle, die Klebstoffe oder Dichtmassen mit organischen Lösemitteln oder anderen gefährlichen Stoffen enthalten
08 04 16	wässrige flüssige Abfälle, die Klebstoffe oder Dichtmassen enthalten, mit Ausnahme derjenigen, die unter 08 04 15 fallen
08 04 17*	Harzöle
08 04 99	Abfälle a.n.g.
08 05	**Nicht unter 08 aufgeführte Abfälle**
08 05 01*	Isocyanatabfälle
09	**ABFÄLLE AUS DER FOTOGRAFISCHEN INDUSTRIE**
09 01	**Abfälle aus der fotografischen Industrie**
09 01 01*	Entwickler und Aktivatorenlösungen auf Wasserbasis
09 01 02*	Offsetdruckplatten-Entwicklerlösungen auf Wasserbasis
09 01 03*	Entwicklerlösungen auf Lösemittelbasis
09 01 04*	Fixierbäder
09 01 05*	Bleichlösungen und Bleich-Fixier-Bäder
09 01 06*	silberhaltige Abfälle aus der betriebseigenen Behandlung fotografischer Abfälle
09 01 07	Filme und fotografische Papiere, die Silber oder Silberverbindungen enthalten
09 01 08	Filme und fotografische Papiere, die kein Silber und keine Silberverbindungen enthalten
09 01 10	Einwegkameras ohne Batterien
09 01 11*	Einwegkameras mit Batterien, die unter 16 06 01, 16 06 02 oder 16 06 03 fallen
09 01 12	Einwegkameras mit Batterien mit Ausnahme derjenigen, die unter 09 01 11 fallen
09 01 13*	wässrige flüssige Abfälle aus der betriebseigenen Silberrückgewinnung mit Ausnahme derjenigen, die unter 09 01 06 fallen
09 01 99	Abfälle a.n.g.
10	**ABFÄLLE AUS THERMISCHEN PROZESSEN**
10 01	**Abfälle aus Kraftwerken und anderen Verbrennungsanlagen (außer 19)**
10 01 01	Rost- und Kesselasche, Schlacken und Kesselstaub mit Ausnahme von Kesselstaub, der unter 10 01 04 fällt
10 01 02	Filterstäube aus Kohlefeuerung
10 01 03	Filterstäube aus Torffeuerung und Feuerung mit (unbehandeltem) Holz
10 01 04*	Filterstäube und Kesselstaub aus Ölfeuerung

Abfallverzeichnis ASN	Bezeichnung
10 01 05	Reaktionsabfälle auf Calciumbasis aus der Rauchgasentschwefelung in fester Form
10 01 07	Reaktionsabfälle auf Calciumbasis aus der Rauchgasentschwefelung in Form von Schlämmen
10 01 09*	Schwefelsäure
10 01 13*	Filterstäube aus emulgierten, als Brennstoffe verwendeten Kohlenwasserstoffen
10 01 14*	Rost- und Kesselasche, Schlacken und Kesselstaub aus der Abfallmitverbrennung, die gefährliche Stoffe enthalten
10 01 15	Rost- und Kesselasche, Schlacken und Kesselstaub aus der Abfallmitverbrennung mit Ausnahme derjenigen, die unter 10 01 14 fallen
10 01 16*	Filterstäube aus der Abfallmitverbrennung, die gefährliche Stoffe enthalten
10 01 17	Filterstäube aus der Abfallmitverbrennung mit Ausnahme derjenigen, die unter 10 01 16 fallen
10 01 18*	Abfälle aus der Abgasbehandlung, die gefährliche Stoffe enthalten
10 01 19	Abfälle aus der Abgasbehandlung mit Ausnahme derjenigen, die unter 10 01 05, 10 01 07 und 10 01 18 fallen
10 01 20*	Schlämme aus der betriebseigenen Abwasserbehandlung, die gefährliche Stoffe enthalten
10 01 21	Schlämme aus der betriebseigenen Abwasserbehandlung mit Ausnahme derjenigen, die unter 10 01 20 fallen
10 01 22*	wässrige Schlämme aus der Kesselreinigung, die gefährliche Stoffe enthalten
10 01 23	wässrige Schlämme aus der Kesselreinigung mit Ausnahme derjenigen, die unter 10 01 22 fallen
10 01 24	Sande aus der Wirbelschichtfeuerung
10 01 25	Abfälle aus der Lagerung und Vorbereitung von Brennstoffen für Kohlekraftwerke
10 01 26	Abfälle aus der Kühlwasserbehandlung
10 01 99	Abfälle a.n.g.
10 02	**Abfälle aus der Eisen- und Stahlindustrie**
10 02 01	Abfälle aus der Verarbeitung von Schlacke
10 02 02	unverarbeitete Schlacke
10 02 07*	feste Abfälle aus der Abgasbehandlung, die gefährliche Stoffe enthalten
10 02 08	feste Abfälle aus der Abgasbehandlung mit Ausnahme derjenigen, die unter 10 02 07 fallen
10 02 10	Walzzunder
10 02 11*	ölhaltige Abfälle aus der Kühlwasserbehandlung
10 02 12	Abfälle aus der Kühlwasserbehandlung mit Ausnahme derjenigen, die unter 10 02 11 fallen
10 02 13*	Schlämme und Filterkuchen aus der Abgasbehandlung, die gefährliche Stoffe enthalten
10 02 14	Schlämme und Filterkuchen aus der Abgasbehandlung mit Ausnahme derjenigen, die unter 10 02 13 fallen
10 02 15	andere Schlämme und Filterkuchen
10 02 99	Abfälle a.n.g.
10 03	**Abfälle aus der thermischen Aluminium-Metallurgie**
10 03 02	Anodenschrott
10 03 04*	Schlacken aus der Erstschmelze
10 03 05	Aluminiumoxidabfälle
10 03 08*	Salzschlacken aus der Zweitschmelze
10 03 09*	schwarze Krätzen aus der Zweitschmelze
10 03 15*	Abschaum, der entzündlich ist oder in Kontakt mit Wasser entzündliche Gase in gefährlicher Menge abgibt
10 03 16	Abschaum mit Ausnahme desjenigen, der unter 10 03 15 fällt
10 03 17*	teerhaltige Abfälle aus der Anodenherstellung

Abfallverzeichnis ASN	Bezeichnung
10 03 18	Abfälle aus der Anodenherstellung, die Kohlenstoff enthalten, mit Ausnahme derjenigen, die unter 10 03 17 fallen
10 03 19*	Filterstaub, der gefährliche Stoffe enthält
10 03 20	Filterstaub mit Ausnahme von Filterstaub, der unter 10 03 19 fällt
10 03 21*	andere Teilchen und Staub (einschließlich Kugelmühlenstaub), die gefährliche Stoffe enthalten
10 03 22	andere Teilchen und Staub (einschließlich Kugelmühlenstaub) mit Ausnahme derjenigen, die unter 10 03 21 fallen
10 03 23*	feste Abfälle aus der Abgasbehandlung, die gefährliche Stoffe enthalten
10 03 24	feste Abfälle aus der Abgasbehandlung mit Ausnahme derjenigen, die unter 10 03 23 fallen
10 03 25*	Schlämme und Filterkuchen aus der Abgasbehandlung, die gefährliche Stoffe enthalten
10 03 26	Schlämme und Filterkuchen aus der Abgasbehandlung mit Ausnahme derjenigen, die unter 10 03 25 fallen
10 03 27*	ölhaltige Abfälle aus der Kühlwasserbehandlung
10 03 28	Abfälle aus der Kühlwasserbehandlung mit Ausnahme derjenigen, die unter 10 03 27 fallen
10 03 29*	gefährliche Stoffe enthaltende Abfälle aus der Behandlung von Salzschlacken und schwarzen Krätzen
10 03 30	Abfälle aus der Behandlung von Salzschlacken und schwarzen Krätzen mit Ausnahme derjenigen, die unter 10 03 29 fallen
10 03 99	Abfälle a.n.g.
10 04	**Abfälle aus der thermischen Bleimetallurgie**
10 04 01*	Schlacken (Erst- und Zweitschmelze)
10 04 02*	Krätzen und Abschaum (Erst- und Zweitschmelze)
10 04 03*	Calciumarsenat
10 04 04*	Filterstaub
10 04 05*	andere Teilchen und Staub
10 04 06*	feste Abfälle aus der Abgasbehandlung
10 04 07*	Schlämme und Filterkuchen aus der Abgasbehandlung
10 04 09*	ölhaltige Abfälle aus der Kühlwasserbehandlung
10 04 10	Abfälle aus der Kühlwasserbehandlung mit Ausnahme derjenigen, die unter 10 04 09 fallen
10 04 99	Abfälle a.n.g.
10 05	**Abfälle aus der thermischen Zinkmetallurgie**
10 05 01	Schlacken (Erst- und Zweitschmelze)
10 05 03*	Filterstaub
10 05 04	andere Teilchen und Staub
10 05 05*	feste Abfälle aus der Abgasbehandlung
10 05 06*	Schlämme und Filterkuchen aus der Abgasbehandlung
10 05 08*	ölhaltige Abfälle aus der Kühlwasserbehandlung
10 05 09	Abfälle aus der Kühlwasserbehandlung mit Ausnahme derjenigen, die unter 10 05 08 fallen
10 05 10*	Krätzen und Abschaum, die entzündlich sind oder in Kontakt mit Wasser entzündliche Gase in gefährlicher Menge abgeben
10 05 11	Krätzen und Abschaum mit Ausnahme derjenigen, die unter 10 05 10 fallen
10 05 99	Abfälle a.n.g.
10 06	**Abfälle aus der thermischen Kupfermetallurgie**
10 06 01	Schlacken (Erst- und Zweitschmelze)
10 06 02	Krätzen und Abschaum (Erst- und Zweitschmelze)
10 06 03*	Filterstaub

Abfallverzeichnis ASN	Bezeichnung
10 06 04	andere Teilchen und Staub
10 06 06*	feste Abfälle aus der Abgasbehandlung
10 06 07*	Schlämme und Filterkuchen aus der Abgasbehandlung
10 06 09*	ölhaltige Abfälle aus der Kühlwasserbehandlung
10 06 10	Abfälle aus der Kühlwasserbehandlung mit Ausnahme derjenigen, die unter 10 06 09 fallen
10 06 99	Abfälle a.n.g.
10 07	**Abfälle aus der thermischen Silber-, Gold- und Platinmetallurgie**
10 07 01	Schlacken (Erst- und Zweitschmelze)
10 07 02	Krätzen und Abschaum (Erst- und Zweitschmelze)
10 07 03	feste Abfälle aus der Abgasbehandlung
10 07 04	andere Teilchen und Staub
10 07 05	Schlämme und Filterkuchen aus der Abgasbehandlung
10 07 07*	ölhaltige Abfälle aus der Kühlwasserbehandlung
10 07 08	Abfälle aus der Kühlwasserbehandlung mit Ausnahme derjenigen, die unter 10 07 07 fallen
10 07 99	Abfälle a.n.g.
10 08	**Abfälle aus sonstiger thermischer Nichteisenmetallurgie**
10 08 04	Teilchen und Staub
10 08 08*	Salzschlacken (Erst- und Zweitschmelze)
10 08 09	andere Schlacken
10 08 10*	Krätzen und Abschaum, die entzündlich sind oder in Kontakt mit Wasser entzündliche Gase in gefährlicher Menge abgeben
10 08 11	Krätzen und Abschaum mit Ausnahme derjenigen, die unter 10 08 10 fallen
10 08 12*	Teer, der Abfälle aus der Anodenherstellung enthält
10 08 13	Abfälle aus der Anodenherstellung, die Kohlenstoff enthalten, mit Ausnahme derjenigen, die unter 10 08 12 fallen
10 08 14	Anodenschrott
10 08 15*	Filterstaub, der gefährliche Stoffe enthält
10 08 16	Filterstaub mit Ausnahme desjenigen, der unter 10 08 15 fällt
10 08 17*	Schlämme und Filterkuchen aus der Abgasbehandlung, die gefährliche Stoffe enthalten
10 08 18	Schlämme und Filterkuchen aus der Abgasbehandlung mit Ausnahme derjenigen, die unter 10 08 17 fallen
10 08 19*	ölhaltige Abfälle aus der Kühlwasserbehandlung
10 08 20	Abfälle aus der Kühlwasserbehandlung mit Ausnahme derjenigen, die unter 10 08 19 fallen
10 08 99	Abfälle a.n.g.
10 09	**Abfälle vom Gießen von Eisen und Stahl**
10 09 03	Ofenschlacke
10 09 05*	gefährliche Stoffe enthaltende Gießformen und -sande vor dem Gießen
10 09 06	Gießformen und -sande vor dem Gießen mit Ausnahme derjenigen, die unter 10 09 05 fallen
10 09 07*	gefährliche Stoffe enthaltende Gießformen und -sande nach dem Gießen
10 09 08	Gießformen und -sande nach dem Gießen mit Ausnahme derjenigen, die unter 10 09 07 fallen
10 09 09*	Filterstaub, der gefährliche Stoffe enthält
10 09 10	Filterstaub mit Ausnahme desjenigen, der unter 10 09 09 fällt
10 09 11*	andere Teilchen, die gefährliche Stoffe enthalten
10 09 12	andere Teilchen mit Ausnahme derjenigen, die unter 10 09 11 fallen
10 09 13*	Abfälle von Bindemitteln, die gefährliche Stoffe enthalten
10 09 14	Abfälle von Bindemitteln mit Ausnahme derjenigen, die unter 10 09 13 fallen

Abfallverzeichnis ASN	Bezeichnung
10 09 15*	Abfälle aus rissanzeigenden Substanzen, die gefährliche Stoffe enthalten
10 09 16	Abfälle aus rissanzeigenden Substanzen mit Ausnahme derjenigen, die unter 10 09 15 fallen
10 09 99	Abfälle a.n.g.
10 10	**Abfälle vom Gießen von Nichteisenmetallen**
10 10 03	Ofenschlacke
10 10 05*	gefährliche Stoffe enthaltende Gießformen und -sande vor dem Gießen
10 10 06	Gießformen und -sande vor dem Gießen mit Ausnahme derjenigen, die unter 10 10 05 fallen
10 10 07*	gefährliche Stoffe enthaltende Gießformen und -sande nach dem Gießen
10 10 08	Gießformen und -sande nach dem Gießen mit Ausnahme derjenigen, die unter 10 10 07 fallen
10 10 09*	Filterstaub, der gefährliche Stoffe enthält
10 10 10	Filterstaub mit Ausnahme desjenigen, der unter 10 10 09 fällt
10 10 11*	andere Teilchen, die gefährliche Stoffe enthalten
10 10 12	andere Teilchen mit Ausnahme derjenigen, die unter 10 10 11 fallen
10 10 13*	Abfälle von Bindemitteln, die gefährliche Stoffe enthalten
10 10 14	Abfälle von Bindemitteln mit Ausnahme derjenigen, die unter 10 10 13 fallen
10 10 15*	Abfälle aus rissanzeigenden Substanzen, die gefährliche Stoffe enthalten
10 10 16	Abfälle aus rissanzeigenden Substanzen mit Ausnahme derjenigen, die unter 10 10 15 fallen
10 10 99	Abfälle a.n.g.
10 11	**Abfälle aus der Herstellung von Glas und Glaserzeugnissen**
10 11 03	Glasfaserabfall
10 11 05	Teilchen und Staub
10 11 09*	Gemengeabfall mit gefährlichen Stoffen vor dem Schmelzen
10 11 10	Gemengeabfall vor dem Schmelzen mit Ausnahme desjenigen, der unter 10 11 09 fällt
10 11 11*	Glasabfall in kleinen Teilchen und Glasstaub, die Schwermetalle enthalten (z. B. aus Kathodenstrahlröhren)
10 11 12	Glasabfall mit Ausnahme desjenigen, der unter 10 11 11 fällt
10 11 13*	Glaspolier- und Glasschleifschlämme, die gefährliche Stoffe enthalten
10 11 14	Glaspolier- und Glasschleifschlämme mit Ausnahme derjenigen, die unter 10 11 13 fallen
10 11 15*	feste Abfälle aus der Abgasbehandlung, die gefährliche Stoffe enthalten
10 11 16	feste Abfälle aus der Abgasbehandlung mit Ausnahme derjenigen, die unter 10 11 15 fallen
10 11 17*	Schlämme und Filterkuchen aus der Abgasbehandlung, die gefährliche Stoffe enthalten
10 11 18	Schlämme und Filterkuchen aus der Abgasbehandlung mit Ausnahme derjenigen, die unter 10 11 17 fallen
10 11 19*	feste Abfälle aus der betriebseigenen Abwasserbehandlung, die gefährliche Stoffe enthalten
10 11 20	feste Abfälle aus der betriebseigenen Abwasserbehandlung mit Ausnahme derjenigen, die unter 10 11 19 fallen
10 11 99	Abfälle a.n.g.
10 12	**Abfälle aus der Herstellung von Keramikerzeugnissen und keramischen Baustoffen wie Ziegeln, Fliesen, Steinzeug**
10 12 01	Rohmischungen vor dem Brennen
10 12 03	Teilchen und Staub
10 12 05	Schlämme und Filterkuchen aus der Abgasbehandlung
10 12 06	verworfene Formen
10 12 08	Abfälle aus Keramikerzeugnissen, Ziegeln, Fliesen und Steinzeug (nach dem Brennen)
10 12 09*	feste Abfälle aus der Abgasbehandlung, die gefährliche Stoffe enthalten
10 12 10	feste Abfälle aus der Abgasbehandlung mit Ausnahme derjenigen, die unter 10 12 09 fallen

Abfallverzeichnis ASN	Bezeichnung
10 12 11*	Glasurabfälle, die Schwermetalle enthalten
10 12 12	Glasurabfälle mit Ausnahme derjenigen, die unter 10 12 11 fallen
10 12 13	Schlämme aus der betriebseigenen Abwasserbehandlung
10 12 99	Abfälle a.n.g.
10 13	**Abfälle aus der Herstellung von Zement, Branntkalk, Gips und Erzeugnissen aus diesen**
10 13 01	Abfälle von Rohgemenge vor dem Brennen
10 13 04	Abfälle aus der Kalzinierung und Hydratisierung von Branntkalk
10 13 06	Teilchen und Staub (außer 10 13 12 und 10 13 13)
10 13 07	Schlämme und Filterkuchen aus der Abgasbehandlung
10 13 09*	asbesthaltige Abfälle aus der Herstellung von Asbestzement
10 13 10	Abfälle aus der Herstellung von Asbestzement mit Ausnahme derjenigen, die unter 10 13 09 fallen
10 13 11	Abfälle aus der Herstellung anderer Verbundstoffe auf Zementbasis mit Ausnahme derjenigen, die unter 10 13 09 und 10 13 10 fallen
10 13 12*	feste Abfälle aus der Abgasbehandlung, die gefährliche Stoffe enthalten
10 13 13	feste Abfälle aus der Abgasbehandlung mit Ausnahme derjenigen, die unter 10 13 12 fallen
10 13 14	Betonabfälle und Betonschlämme
10 13 99	Abfälle a.n.g.
10 14	**Abfälle aus Krematorien**
10 14 01*	quecksilberhaltige Abfälle aus der Gasreinigung
11	**ABFÄLLE AUS DER CHEMISCHEN OBERFLÄCHENBEARBEITUNG UND BESCHICHTUNG VON METALLEN UND ANDEREN WERKSTOFFEN; NICHTEISEN-HYDROMETALLURGIE**
11 01	**Abfälle aus der chemischen Oberflächenbearbeitung und Beschichtung von Metallen und anderen Werkstoffen (z. B. Galvanik, Verzinkung, Beizen, Ätzen, Phosphatieren, alkalisches Entfetten und Anodisierung)**
11 01 05*	saure Beizlösungen
11 01 06*	Säuren a.n.g.
11 01 07*	alkalische Beizlösungen
11 01 08*	Phosphatierschlämme
11 01 09*	Schlämme und Filterkuchen, die gefährliche Stoffe enthalten
11 01 10	Schlämme und Filterkuchen mit Ausnahme derjenigen, die unter 11 01 09 fallen
11 01 11*	wässrige Spülflüssigkeiten, die gefährliche Stoffe enthalten
11 01 12	wässrige Spülflüssigkeiten mit Ausnahme derjenigen, die unter 11 01 11 fallen
11 01 13*	Abfälle aus der Entfettung, die gefährliche Stoffe enthalten
11 01 14	Abfälle aus der Entfettung mit Ausnahme derjenigen, die unter 11 01 13 fallen
11 01 15*	Eluate und Schlämme aus Membransystemen oder Ionenaustauschsystemen, die gefährliche Stoffe enthalten
11 01 16*	gesättigte oder verbrauchte Ionenaustauscherharze
11 01 98*	andere Abfälle, die gefährliche Stoffe enthalten
11 01 99	Abfälle a.n.g.
11 02	**Abfälle aus Prozessen der Nichteisen-Hydrometallurgie**
11 02 02*	Schlämme aus der Zink-Hydrometallurgie (einschließlich Jarosit, Goethit)
11 02 03	Abfälle aus der Herstellung von Anoden für wässrige elektrolytische Prozesse
11 02 05*	Abfälle aus Prozessen der Kupfer-Hydrometallurgie, die gefährliche Stoffe enthalten
11 02 06	Abfälle aus Prozessen der Kupfer-Hydrometallurgie mit Ausnahme derjenigen, die unter 11 02 05 fallen
11 02 07*	andere Abfälle, die gefährliche Stoffe enthalten

Abfallverzeichnis ASN	Bezeichnung
11 02 99	Abfälle a.n.g.
11 03	**Schlämme und Feststoffe aus Härteprozessen**
11 03 01*	cyanidhaltige Abfälle
11 03 02*	andere Abfälle
11 05	**Abfälle aus Prozessen der thermischen Verzinkung**
11 05 01	Hartzink
11 05 02	Zinkasche
11 05 03*	feste Abfälle aus der Abgasbehandlung
11 05 04*	gebrauchte Flussmittel
11 05 99	Abfälle a.n.g.
12	**ABFÄLLE AUS PROZESSEN DER MECHANISCHEN FORMGEBUNG SOWIE DER PHYSIKALISCHEN UND MECHANISCHEN OBERFLÄCHENBEARBEITUNG VON METALLEN UND KUNSTSTOFFEN**
12 01	**Abfälle aus Prozessen der mechanischen Formgebung sowie der physikalischen und mechanischen Oberflächenbearbeitung von Metallen und Kunststoffen**
12 01 01	Eisenfeil- und -drehspäne
12 01 02	Eisenstaub und -teilchen
12 01 03	NE-Metallfeil- und -drehspäne
12 01 04	NE-Metallstaub und -teilchen
12 01 05	Kunststoffspäne und -drehspäne
12 01 06*	halogenhaltige Bearbeitungsöle auf Mineralölbasis (außer Emulsionen und Lösungen)
12 01 07*	halogenfreie Bearbeitungsöle auf Mineralölbasis (außer Emulsionen und Lösungen)
12 01 08*	halogenhaltige Bearbeitungsemulsionen und -lösungen
12 01 09*	halogenfreie Bearbeitungsemulsionen und -lösungen
12 01 10*	synthetische Bearbeitungsöle
12 01 12*	gebrauchte Wachse und Fette
12 01 13	Schweißabfälle
12 01 14*	Bearbeitungsschlämme, die gefährliche Stoffe enthalten
12 01 15	Bearbeitungsschlämme mit Ausnahme derjenigen, die unter 12 01 14 fallen
12 01 16*	Strahlmittelabfälle, die gefährliche Stoffe enthalten
12 01 17	Strahlmittelabfälle mit Ausnahme derjenigen, die unter 12 01 16 fallen
12 01 18*	ölhaltige Metallschlämme (Schleif-, Hon- und Läppschlämme)
12 01 19*	biologisch leicht abbaubare Bearbeitungsöle
12 01 20*	gebrauchte Hon- und Schleifmittel, die gefährliche Stoffe enthalten
12 01 21	gebrauchte Hon- und Schleifmittel mit Ausnahme derjenigen, die unter 12 01 20 fallen
12 01 99	Abfälle a.n.g.
12 03	**Abfälle aus der Wasser- und Dampfentfettung (außer 11)**
12 03 01*	wässrige Waschflüssigkeiten
12 03 02*	Abfälle aus der Dampfentfettung
13	**ÖLABFÄLLE UND ABFÄLLE AUS FLÜSSIGEN BRENNSTOFFEN (AUSSER SPEISEÖLE UND ÖLABFÄLLE, DIE UNTER DIE KAPITEL 05, 12 ODER 19 FALLEN)**
13 01	**Abfälle von Hydraulikölen**
13 01 01*	Hydrauliköle, die PCB enthalten
13 01 04*	chlorierte Emulsionen
13 01 05*	nicht chlorierte Emulsionen
13 01 09*	chlorierte Hydrauliköle auf Mineralölbasis
13 01 10*	nicht chlorierte Hydrauliköle auf Mineralölbasis

Abfallverzeichnis ASN	Bezeichnung
13 01 11*	synthetische Hydrauliköle
13 01 12*	biologisch leicht abbaubare Hydrauliköle
13 01 13*	andere Hydrauliköle
13 02	**Abfälle von Maschinen-, Getriebe- und Schmierölen**
13 02 04*	chlorierte Maschinen-, Getriebe- und Schmieröle auf Mineralölbasis
13 02 05*	nicht chlorierte Maschinen-, Getriebe- und Schmieröle auf Mineralölbasis
13 02 06*	synthetische Maschinen-, Getriebe- und Schmieröle
13 02 07*	biologisch leicht abbaubare Maschinen-, Getriebe- und Schmieröle
13 02 08*	andere Maschinen-, Getriebe- und Schmieröle
13 03	**Abfälle von Isolier- und Wärmeübertragungsölen**
13 03 01*	Isolier- und Wärmeübertragungsöle, die PCB enthalten
13 03 06*	chlorierte Isolier- und Wärmeübertragungsöle auf Mineralölbasis mit Ausnahme derjenigen, die unter 13 03 01 fallen
13 03 07*	nicht chlorierte Isolier- und Wärmeübertragungsöle auf Mineralölbasis
13 03 08*	synthetische Isolier- und Wärmeübertragungsöle
13 03 09*	biologisch leicht abbaubare Isolier- und Wärmeübertragungsöle
13 03 10*	andere Isolier- und Wärmeübertragungsöle
13 04	**Bilgenöle**
13 04 01*	Bilgenöle aus der Binnenschifffahrt
13 04 02*	Bilgenöle aus Molenablaufkanälen
13 04 03*	Bilgenöle aus der übrigen Schifffahrt
13 05	**Inhalte von Öl-/Wasserabscheidern**
13 05 01*	feste Abfälle aus Sandfanganlagen und Öl-/Wasserabscheidern
13 05 02*	Schlämme aus Öl-/Wasserabscheidern
13 05 03*	Schlämme aus Einlaufschächten
13 05 06*	Öle aus Öl-/Wasserabscheidern
13 05 07*	öliges Wasser aus Öl-/Wasserabscheidern
13 05 08*	Abfallgemische aus Sandfanganlagen und Öl-/Wasserabscheidern
13 07	**Abfälle aus flüssigen Brennstoffen**
13 07 01*	Heizöl und Diesel
13 07 02*	Benzin
13 07 03*	andere Brennstoffe (einschließlich Gemische)
13 08	**Ölabfälle a.n.g.**
13 08 01*	Schlämme oder Emulsionen aus Entsalzern
13 08 02*	andere Emulsionen
13 08 99*	Abfälle a.n.g.
14	**ABFÄLLE AUS ORGANISCHEN LÖSEMITTELN, KÜHLMITTELN UND TREIBGASEN (AUSSER ABFÄLLE, DIE UNTER KAPITEL 07 ODER 08 FALLEN)**
14 06	**Abfälle aus organischen Lösemitteln, Kühlmitteln sowie Schaum- und Aerosoltreibgasen**
14 06 01*	Fluorchlorkohlenwasserstoffe, HFCKW, HFKW
14 06 02*	andere halogenierte Lösemittel und Lösemittelgemische
14 06 03*	andere Lösemittel und Lösemittelgemische
14 06 04*	Schlämme oder feste Abfälle, die halogenierte Lösemittel enthalten
14 06 05*	Schlämme oder feste Abfälle, die andere Lösemittel enthalten
15	**VERPACKUNGSABFALL, AUFSAUGMASSEN, WISCHTÜCHER, FILTERMATERIALIEN UND SCHUTZKLEIDUNG (A.N.G.)**

Abfallverzeichnis ASN	Bezeichnung
15 01	**Verpackungen (einschließlich getrennt gesammelter kommunaler Verpackungsabfälle)**
15 01 01	Verpackungen aus Papier und Pappe
15 01 02	Verpackungen aus Kunststoff
15 01 03	Verpackungen aus Holz
15 01 04	Verpackungen aus Metall
15 01 05	Verbundverpackungen
15 01 06	gemischte Verpackungen
15 01 07	Verpackungen aus Glas
15 01 09	Verpackungen aus Textilien
15 01 10*	Verpackungen, die Rückstände gefährlicher Stoffe enthalten oder durch gefährliche Stoffe verunreinigt sind
15 01 11*	Verpackungen aus Metall, die eine gefährliche feste poröse Matrix (z. B. Asbest) enthalten, einschließlich geleerter Druckbehältnisse
15 02	**Aufsaug- und Filtermaterialien, Wischtücher und Schutzkleidung**
15 02 02*	Aufsaug- und Filtermaterialien (einschließlich Ölfilter a.n.g.), Wischtücher und Schutzkleidung, die durch gefährliche Stoffe verunreinigt sind
15 02 03	Aufsaug- und Filtermaterialien, Wischtücher und Schutzkleidung mit Ausnahme derjenigen, die unter 15 02 02 fallen
16	**ABFÄLLE, DIE NICHT ANDERSWO IM VERZEICHNIS AUFGEFÜHRT SIND**
16 01	**Altfahrzeuge verschiedener Verkehrsträger (einschließlich mobiler Maschinen) und Abfälle aus der Demontage von Altfahrzeugen sowie der Fahrzeugwartung (außer 13, 14, 16 06 und 16 08)**
16 01 03	Altreifen
16 01 04*	Altfahrzeuge
16 01 06	Altfahrzeuge, die weder Flüssigkeiten noch andere gefährliche Bestandteile enthalten
16 01 07*	Ölfilter
16 01 08*	quecksilberhaltige Bauteile
16 01 09*	Bauteile, die PCB enthalten
16 01 10*	explosive Bauteile (z. B. aus Airbags)
16 01 11*	asbesthaltige Bremsbeläge
16 01 12	Bremsbeläge mit Ausnahme derjenigen, die unter 16 01 11 fallen
16 01 13*	Bremsflüssigkeiten
16 01 14*	Frostschutzmittel, die gefährliche Stoffe enthalten
16 01 15	Frostschutzmittel mit Ausnahme derjenigen, die unter 16 01 14 fallen
16 01 16	Flüssiggasbehälter
16 01 17	Eisenmetalle
16 01 18	Nichteisenmetalle
16 01 19	Kunststoffe
16 01 20	Glas
16 01 21*	gefährliche Bauteile mit Ausnahme derjenigen, die unter 16 01 07 bis 16 01 11, 16 01 13 und 16 01 14 fallen
16 01 22	Bauteile a.n.g.
16 01 99	Abfälle a.n.g.
16 02	**Elektrische und elektronische Geräte und deren Bauteile**
16 02 09*	Transformatoren und Kondensatoren, die PCB enthalten

Abfallverzeichnis ASN	Bezeichnung
16 02 10*	gebrauchte Geräte, die PCB enthalten oder damit verunreinigt sind, mit Ausnahme derjenigen, die unter 16 02 09 fallen
16 02 11*	gebrauchte Geräte, die Fluorchlorkohlenwasserstoffe, HFCKW oder HFKW enthalten
16 02 12*	gebrauchte Geräte, die freies Asbest enthalten
16 02 13*	gefährliche Bauteile[1)] enthaltende gebrauchte Geräte mit Ausnahme derjenigen, die unter 16 02 09 bis 16 02 12 fallen
16 02 14	gebrauchte Geräte mit Ausnahme derjenigen, die unter 16 02 09 bis 16 02 13 fallen
16 02 15*	aus gebrauchten Geräten entfernte gefährliche Bauteile
16 02 16	aus gebrauchten Geräten entfernte Bauteile mit Ausnahme derjenigen, die unter 16 02 15 fallen
16 03	**Fehlchargen und ungebrauchte Erzeugnisse**
16 03 03*	anorganische Abfälle, die gefährliche Stoffe enthalten
16 03 04	anorganische Abfälle mit Ausnahme derjenigen, die unter 16 03 03 fallen
16 03 05*	organische Abfälle, die gefährliche Stoffe enthalten
16 03 06	organische Abfälle mit Ausnahme derjenigen, die unter 16 03 05 fallen
16 03 07*	metallisches Quecksilber
16 04	**Explosivabfälle**
16 04 01*	Munitionsabfälle
16 04 02*	Feuerwerkskörperabfälle
16 04 03*	andere Explosivabfälle
16 05	**Gase in Druckbehältern und gebrauchte Chemikalien**
16 05 04*	gefährliche Stoffe enthaltende Gase in Druckbehältern (einschließlich Halonen)
16 05 05	Gase in Druckbehältern mit Ausnahme derjenigen, die unter 16 05 04 fallen
16 05 06*	Laborchemikalien, die aus gefährlichen Stoffen bestehen oder solche enthalten, einschließlich Gemische von Laborchemikalien
16 05 07*	gebrauchte anorganische Chemikalien, die aus gefährlichen Stoffen bestehen oder solche enthalten
16 05 08*	gebrauchte organische Chemikalien, die aus gefährlichen Stoffen bestehen oder solche enthalten
16 05 09	gebrauchte Chemikalien mit Ausnahme derjenigen, die unter 16 05 06, 16 05 07 oder 16 05 08 fallen
16 06	**Batterien und Akkumulatoren**
16 06 01*	Bleibatterien
16 06 02*	Ni-Cd-Batterien
16 06 03*	Quecksilber enthaltende Batterien
16 06 04	Alkalibatterien (außer 16 06 03)
16 06 05	andere Batterien und Akkumulatoren
16 06 06*	getrennt gesammelte Elektrolyte aus Batterien und Akkumulatoren
16 07	**Abfälle aus der Reinigung von Transport- und Lagertanks und Fässern (außer 05 und 13)**
16 07 08*	ölhaltige Abfälle
16 07 09*	Abfälle, die sonstige gefährliche Stoffe enthalten
16 07 99	Abfälle a.n.g.
16 08	**Gebrauchte Katalysatoren**
16 08 01	gebrauchte Katalysatoren, die Gold, Silber, Rhenium, Rhodium, Palladium, Iridium oder Platin enthalten (außer 16 08 07)
16 08 02*	gebrauchte Katalysatoren, die gefährliche Übergangsmetalle oder deren Verbindungen enthalten
16 08 03	gebrauchte Katalysatoren, die Übergangsmetalle oder deren Verbindungen enthalten, a.n.g.
16 08 04	gebrauchte Katalysatoren von Crackprozessen (außer 16 08 07)

Abfallverzeichnis ASN	Bezeichnung
16 08 05*	gebrauchte Katalysatoren, die Phosphorsäure enthalten
16 08 06*	gebrauchte Flüssigkeiten, die als Katalysatoren verwendet wurden
16 08 07*	gebrauchte Katalysatoren, die durch gefährliche Stoffe verunreinigt sind
16 09	**Oxidierende Stoffe**
16 09 01*	Permanganate, z. B. Kaliumpermanganat
16 09 02*	Chromate, z. B. Kaliumchromat, Kalium- oder Natriumdichromat
16 09 03*	Peroxide, z. B. Wasserstoffperoxid
16 09 04*	oxidierende Stoffe a.n.g.
16 10	**Wässrige flüssige Abfälle zur externen Behandlung**
16 10 01*	wässrige flüssige Abfälle, die gefährliche Stoffe enthalten
16 10 02	wässrige flüssige Abfälle mit Ausnahme derjenigen, die unter 16 10 01 fallen
16 10 03*	wässrige Konzentrate, die gefährliche Stoffe enthalten
16 10 04	wässrige Konzentrate mit Ausnahme derjenigen, die unter 16 10 03 fallen
16 11	**Gebrauchte Auskleidungen und feuerfeste Materialien**
16 11 01*	Auskleidungen und feuerfeste Materialien auf Kohlenstoffbasis aus metallurgischen Prozessen, die gefährliche Stoffe enthalten
16 11 02	Auskleidungen und feuerfeste Materialien auf Kohlenstoffbasis aus metallurgischen Prozessen mit Ausnahme derjenigen, die unter 16 11 01 fallen
16 11 03*	andere Auskleidungen und feuerfeste Materialien aus metallurgischen Prozessen, die gefährliche Stoffe enthalten
16 11 04	andere Auskleidungen und feuerfeste Materialien aus metallurgischen Prozessen mit Ausnahme derjenigen, die unter 16 11 03 fallen
16 11 05*	Auskleidungen und feuerfeste Materialien aus nicht metallurgischen Prozessen, die gefährliche Stoffe enthalten
16 11 06	Auskleidungen und feuerfeste Materialien aus nicht metallurgischen Prozessen mit Ausnahme derjenigen, die unter 16 11 05 fallen
17	**BAU- UND ABBRUCHABFÄLLE (EINSCHLIESSLICH AUSHUB VON VERUNREINIGTEN STANDORTEN)**
17 01	**Beton, Ziegel, Fliesen und Keramik**
17 01 01	Beton
17 01 02	Ziegel
17 01 03	Fliesen und Keramik
17 01 06*	Gemische aus oder getrennte Fraktionen von Beton, Ziegeln, Fliesen und Keramik, die gefährliche Stoffe enthalten
17 01 07	Gemische aus Beton, Ziegeln, Fliesen und Keramik mit Ausnahme derjenigen, die unter 17 01 06 fallen
17 02	**Holz, Glas und Kunststoff**
17 02 01	Holz
17 02 02	Glas
17 02 03	Kunststoff
17 02 04*	Glas, Kunststoff und Holz, die gefährliche Stoffe enthalten oder durch gefährliche Stoffe verunreinigt sind
17 03	**Bitumengemische, Kohlenteer und teerhaltige Produkte**
17 03 01*	kohlenteerhaltige Bitumengemische
17 03 02	Bitumengemische mit Ausnahme derjenigen, die unter 17 03 01 fallen
17 03 03*	Kohlenteer und teerhaltige Produkte
17 04	**Metalle (einschließlich Legierungen)**

Abfallverzeichnis ASN	Bezeichnung
17 04 01	Kupfer, Bronze, Messing
17 04 02	Aluminium
17 04 03	Blei
17 04 04	Zink
17 04 05	Eisen und Stahl
17 04 06	Zinn
17 04 07	gemischte Metalle
17 04 09*	Metallabfälle, die durch gefährliche Stoffe verunreinigt sind
17 04 10*	Kabel, die Öl, Kohlenteer oder andere gefährliche Stoffe enthalten
17 04 11	Kabel mit Ausnahme derjenigen, die unter 17 04 10 fallen
17 05	**Boden (einschließlich Aushub von verunreinigten Standorten), Steine und Baggergut**
17 05 03*	Boden und Steine, die gefährliche Stoffe enthalten
17 05 04	Boden und Steine mit Ausnahme derjenigen, die unter 17 05 03 fallen
17 05 05*	Baggergut, das gefährliche Stoffe enthält
17 05 06	Baggergut mit Ausnahme desjenigen, das unter 17 05 05 fällt
17 05 07*	Gleisschotter, der gefährliche Stoffe enthält
17 05 08	Gleisschotter mit Ausnahme desjenigen, der unter 17 05 07 fällt
17 06	**Dämmmaterial und asbesthaltige Baustoffe**
17 06 01*	Dämmmaterial, das Asbest enthält
17 06 03*	anderes Dämmmaterial, das aus gefährlichen Stoffen besteht oder solche Stoffe enthält
17 06 04	Dämmmaterial mit Ausnahme desjenigen, das unter 17 06 01 und 17 06 03 fällt
17 06 05*	asbesthaltige Baustoffe
17 08	**Baustoffe auf Gipsbasis**
17 08 01*	Baustoffe auf Gipsbasis, die durch gefährliche Stoffe verunreinigt sind
17 08 02	Baustoffe auf Gipsbasis mit Ausnahme derjenigen, die unter 17 08 01 fallen
17 09	**Sonstige Bau- und Abbruchabfälle**
17 09 01*	Bau- und Abbruchabfälle, die Quecksilber enthalten
17 09 02*	Bau- und Abbruchabfälle, die PCB enthalten (z. B. PCB-haltige Dichtungsmassen, PCB-haltige Bodenbeläge auf Harzbasis, PCB-haltige Isolierverglasungen, PCB-haltige Kondensatoren)
17 09 03*	sonstige Bau- und Abbruchabfälle (einschließlich gemischte Abfälle), die gefährliche Stoffe enthalten
17 09 04	gemischte Bau- und Abbruchabfälle mit Ausnahme derjenigen, die unter 17 09 01, 17 09 02 und 17 09 03 fallen
18	**ABFÄLLE AUS DER HUMANMEDIZINISCHEN ODER TIERÄRZTLICHEN VERSORGUNG UND FORSCHUNG (OHNE KÜCHEN- UND RESTAURANTABFÄLLE, DIE NICHT AUS DER UNMITTELBAREN KRANKENPFLEGE STAMMEN)**
18 01	**Abfälle aus der Geburtshilfe, Diagnose, Behandlung oder Vorbeugung von Krankheiten beim Menschen**
18 01 01	spitze oder scharfe Gegenstände (außer 18 01 03)
18 01 02	Körperteile und Organe, einschließlich Blutbeutel und Blutkonserven (außer 18 01 03)
18 01 03*	Abfälle, an deren Sammlung und Entsorgung aus infektionspräventiver Sicht besondere Anforderungen gestellt werden
18 01 04	Abfälle, an deren Sammlung und Entsorgung aus infektionspräventiver Sicht keine besonderen Anforderungen gestellt werden (z. B. Wund- und Gipsverbände, Wäsche, Einwegkleidung, Windeln)
18 01 06*	Chemikalien, die aus gefährlichen Stoffen bestehen oder solche enthalten

Abfallverzeichnis ASN	Bezeichnung
18 01 07	Chemikalien mit Ausnahme derjenigen, die unter 18 01 06 fallen
18 01 08*	zytotoxische und zytostatische Arzneimittel
18 01 09	Arzneimittel mit Ausnahme derjenigen, die unter 18 01 08 fallen
18 01 10*	Amalgamabfälle aus der Zahnmedizin
18 02	**Abfälle aus Forschung, Diagnose, Krankenbehandlung und Vorsorge bei Tieren**
18 02 01	spitze oder scharfe Gegenstände mit Ausnahme derjenigen, die unter 18 02 02 fallen
18 02 02*	Abfälle, an deren Sammlung und Entsorgung aus infektionspräventiver Sicht besondere Anforderungen gestellt werden
18 02 03	Abfälle, an deren Sammlung und Entsorgung aus infektionspräventiver Sicht keine besonderen Anforderungen gestellt werden
18 02 05*	Chemikalien, die aus gefährlichen Stoffen bestehen oder solche enthalten
18 02 06	Chemikalien mit Ausnahme derjenigen, die unter 18 02 05 fallen
18 02 07*	zytotoxische und zytostatische Arzneimittel
18 02 08	Arzneimittel mit Ausnahme derjenigen, die unter 18 02 07 fallen
19	**ABFÄLLE AUS ABFALLBEHANDLUNGSANLAGEN, ÖFFENTLICHEN ABWASSERBEHANDLUNGSANLAGEN SOWIE DER AUFBEREITUNG VON WASSER FÜR DEN MENSCHLICHEN GEBRAUCH UND WASSER FÜR INDUSTRIELLE ZWECKE**
19 01	**Abfälle aus der Verbrennung oder Pyrolyse von Abfällen**
19 01 02	Eisenteile, aus der Rost- und Kesselasche entfernt
19 01 05*	Filterkuchen aus der Abgasbehandlung
19 01 06*	wässrige flüssige Abfälle aus der Abgasbehandlung und andere wässrige flüssige Abfälle
19 01 07*	feste Abfälle aus der Abgasbehandlung
19 01 10*	gebrauchte Aktivkohle aus der Abgasbehandlung
19 01 11*	Rost- und Kesselaschen sowie Schlacken, die gefährliche Stoffe enthalten
19 01 12	Rost- und Kesselaschen sowie Schlacken mit Ausnahme derjenigen, die unter 19 01 11 fallen
19 01 13*	Filterstaub, der gefährliche Stoffe enthält
19 01 14	Filterstaub mit Ausnahme desjenigen, der unter 19 01 13 fällt
19 01 15*	Kesselstaub, der gefährliche Stoffe enthält
19 01 16	Kesselstaub mit Ausnahme desjenigen, der unter 19 01 15 fällt
19 01 17*	Pyrolyseabfälle, die gefährliche Stoffe enthalten
19 01 18	Pyrolyseabfälle mit Ausnahme derjenigen, die unter 19 01 17 fallen
19 01 19	Sande aus der Wirbelschichtfeuerung
19 01 99	Abfälle a.n.g.
19 02	**Abfälle aus der physikalisch-chemischen Behandlung von Abfällen (einschließlich Dechromatisierung, Cyanidentfernung, Neutralisation)**
19 02 03	vorgemischte Abfälle, die ausschließlich aus nicht gefährlichen Abfällen bestehen
19 02 04*	vorgemischte Abfälle, die wenigstens einen gefährlichen Abfall enthalten
19 02 05*	Schlämme aus der physikalisch-chemischen Behandlung, die gefährliche Stoffe enthalten
19 02 06	Schlämme aus der physikalisch-chemischen Behandlung mit Ausnahme derjenigen, die unter 19 02 05 fallen
19 02 07*	Öl und Konzentrate aus Abtrennprozessen
19 02 08*	flüssige brennbare Abfälle, die gefährliche Stoffe enthalten
19 02 09*	feste brennbare Abfälle, die gefährliche Stoffe enthalten
19 02 10	brennbare Abfälle mit Ausnahme derjenigen, die unter 19 02 08 und 19 02 09 fallen
19 02 11*	sonstige Abfälle, die gefährliche Stoffe enthalten
19 02 99	Abfälle a.n.g.

Abfallverzeichnis ASN	Bezeichnung
19 03	**Stabilisierte und verfestigte Abfälle**
19 03 04*	als gefährlich eingestufte teilweise stabilisierte Abfälle, mit Ausnahme derjenigen, die unter 19 03 08 fallen
19 03 05	stabilisierte Abfälle mit Ausnahme derjenigen, die unter 19 03 04 fallen
19 03 06*	als gefährlich eingestufte verfestigte Abfälle
19 03 07	verfestigte Abfälle mit Ausnahme derjenigen, die unter 19 03 06 fallen
19 03 08	teilweise stabilisiertes Quecksilber
19 04	**Verglaste Abfälle und Abfälle aus der Verglasung**
19 04 01	verglaste Abfälle
19 04 02*	Filterstaub und andere Abfälle aus der Abgasbehandlung
19 04 03*	nicht verglaste Festphase
19 04 04	wässrige flüssige Abfälle aus dem Tempern
19 05	**Abfälle aus der aeroben Behandlung von festen Abfällen**
19 05 01	nicht kompostierte Fraktion von Siedlungs- und ähnlichen Abfällen
19 05 02	nicht kompostierte Fraktion von tierischen und pflanzlichen Abfällen
19 05 03	nicht spezifikationsgerechter Kompost
19 05 99	Abfälle a.n.g.
19 06	**Abfälle aus der anaeroben Behandlung von Abfällen**
19 06 03	Flüssigkeiten aus der anaeroben Behandlung von Siedlungsabfällen
19 06 04	Gärrückstand/-schlamm aus der anaeroben Behandlung von Siedlungsabfällen
19 06 05	Flüssigkeiten aus der anaeroben Behandlung von tierischen und pflanzlichen Abfällen
19 06 06	Gärrückstand/-schlamm aus der anaeroben Behandlung von tierischen und pflanzlichen Abfällen
19 06 99	Abfälle a.n.g.
19 07	**Deponiesickerwasser**
19 07 02*	Deponiesickerwasser, das gefährliche Stoffe enthält
19 07 03	Deponiesickerwasser mit Ausnahme desjenigen, das unter 19 07 02 fällt
19 08	**Abfälle aus Abwasserbehandlungsanlagen a.n.g.**
19 08 01	Sieb- und Rechenrückstände
19 08 02	Sandfangrückstände
19 08 05	Schlämme aus der Behandlung von kommunalem Abwasser
19 08 06*	gesättigte oder verbrauchte Ionenaustauscherharze
19 08 07*	Lösungen und Schlämme aus der Regeneration von Ionenaustauschern
19 08 08*	schwermetallhaltige Abfälle aus Membransystemen
19 08 09*	Fett- und Ölmischungen aus Ölabscheidern, die Speiseöle und -fette enthalten
19 08 10*	Fett- und Ölmischungen aus Ölabscheidern mit Ausnahme derjenigen, die unter 19 08 09 fallen
19 08 11*	Schlämme aus der biologischen Behandlung von industriellem Abwasser, die gefährliche Stoffe enthalten
19 08 12	Schlämme aus der biologischen Behandlung von industriellem Abwasser mit Ausnahme derjenigen, die unter 19 08 11 fallen
19 08 13*	Schlämme aus einer anderen Behandlung von industriellem Abwasser, die gefährliche Stoffe enthalten
19 08 14	Schlämme aus einer anderen Behandlung von industriellem Abwasser mit Ausnahme derjenigen, die unter 19 08 13 fallen
19 08 99	Abfälle a.n.g.
19 09	**Abfälle aus der Zubereitung von Wasser für den menschlichen Gebrauch oder industriellem Brauchwasser**

Abfallverzeichnis ASN	Bezeichnung
19 09 01	feste Abfälle aus der Erstfiltration und Siebrückstände
19 09 02	Schlämme aus der Wasserklärung
19 09 03	Schlämme aus der Dekarbonatisierung
19 09 04	gebrauchte Aktivkohle
19 09 05	gesättigte oder gebrauchte Ionenaustauscherharze
19 09 06	Lösungen und Schlämme aus der Regeneration von Ionenaustauschern
19 09 99	Abfälle a.n.g.
19 10	**Abfälle aus dem Schreddern von metallhaltigen Abfällen**
19 10 01	Eisen und Stahlabfälle
19 10 02	NE-Metall-Abfälle
19 10 03*	Schredderleichtfraktionen und Staub, die gefährliche Stoffe enthalten
19 10 04	Schredderleichtfraktionen und Staub mit Ausnahme derjenigen, die unter 19 10 03 fallen
19 10 05*	andere Fraktionen, die gefährliche Stoffe enthalten
19 10 06	andere Fraktionen mit Ausnahme derjenigen, die unter 19 10 05 fallen
19 11	**Abfälle aus der Altölaufbereitung**
19 11 01*	gebrauchte Filtertone
19 11 02*	Säureteere
19 11 03*	wässrige flüssige Abfälle
19 11 04*	Abfälle aus der Brennstoffreinigung mit Basen
19 11 05*	Schlämme aus der betriebseigenen Abwasserbehandlung, die gefährliche Stoffe enthalten
19 11 06	Schlämme aus der betriebseigenen Abwasserbehandlung mit Ausnahme derjenigen, die unter 19 11 05 fallen
19 11 07*	Abfälle aus der Abgasreinigung
19 11 99	Abfälle a.n.g.
19 12	**Abfälle aus der mechanischen Behandlung von Abfällen (z. B. Sortieren, Zerkleinern, Verdichten, Pelletieren) a.n.g.**
19 12 01	Papier und Pappe
19 12 02	Eisenmetalle
19 12 03	Nichteisenmetalle
19 12 04	Kunststoff und Gummi
19 12 05	Glas
19 12 06*	Holz, das gefährliche Stoffe enthält
19 12 07	Holz mit Ausnahme desjenigen, das unter 19 12 06 fällt
19 12 08	Textilien
19 12 09	Mineralien (z. B. Sand, Steine)
19 12 10	brennbare Abfälle (Brennstoffe aus Abfällen)
19 12 11*	sonstige Abfälle (einschließlich Materialmischungen) aus der mechanischen Behandlung von Abfällen, die gefährliche Stoffe enthalten
19 12 12	sonstige Abfälle (einschließlich Materialmischungen) aus der mechanischen Behandlung von Abfällen mit Ausnahme derjenigen, die unter 19 12 11 fallen
19 13	**Abfälle aus der Sanierung von Böden und Grundwasser**
19 13 01*	feste Abfälle aus der Sanierung von Böden, die gefährliche Stoffe enthalten
19 13 02	feste Abfälle aus der Sanierung von Böden mit Ausnahme derjenigen, die unter 19 13 01 fallen
19 13 03*	Schlämme aus der Sanierung von Böden, die gefährliche Stoffe enthalten
19 13 04	Schlämme aus der Sanierung von Böden mit Ausnahme derjenigen, die unter 19 13 03 fallen
19 13 05*	Schlämme aus der Sanierung von Grundwasser, die gefährliche Stoffe enthalten

Abfallverzeichnis ASN	Bezeichnung
19 13 06	Schlämme aus der Sanierung von Grundwasser mit Ausnahme derjenigen, die unter 19 13 05 fallen
19 13 07*	wässrige flüssige Abfälle und wässrige Konzentrate aus der Sanierung von Grundwasser, die gefährliche Stoffe enthalten
19 13 08	wässrige flüssige Abfälle und wässrige Konzentrate aus der Sanierung von Grundwasser mit Ausnahme derjenigen, die unter 19 13 07 fallen
20	**SIEDLUNGSABFÄLLE (HAUSHALTSABFÄLLE UND ÄHNLICHE GEWERBLICHE UND INDUSTRIELLE ABFÄLLE SOWIE ABFÄLLE AUS EINRICHTUNGEN), EINSCHLIESSLICH GETRENNT GESAMMELTER FRAKTIONEN**
20 01	**Getrennt gesammelte Fraktionen (außer 15 01)**
20 01 01	Papier und Pappe/Karton
20 01 02	Glas
20 01 08	biologisch abbaubare Küchen- und Kantinenabfälle
20 01 10	Bekleidung
20 01 11	Textilien
20 01 13*	Lösemittel
20 01 14*	Säuren
20 01 15*	Laugen
20 01 17*	Fotochemikalien
20 01 19*	Pestizide
20 01 21*	Leuchtstoffröhren und andere quecksilberhaltige Abfälle
20 01 23*	gebrauchte Geräte, die Fluorchlorkohlenwasserstoffe enthalten
20 01 25	Speiseöle und -fette
20 01 26*	Öle und Fette mit Ausnahme derjenigen, die unter 20 01 25 fallen
20 01 27*	Farben, Druckfarben, Klebstoffe und Kunstharze, die gefährliche Stoffe enthalten
20 01 28	Farben, Druckfarben, Klebstoffe und Kunstharze mit Ausnahme derjenigen, die unter 20 01 27 fallen
20 01 29*	Reinigungsmittel, die gefährliche Stoffe enthalten
20 01 30	Reinigungsmittel mit Ausnahme derjenigen, die unter 20 01 29 fallen
20 01 31*	zytotoxische und zytostatische Arzneimittel
20 01 32	Arzneimittel mit Ausnahme derjenigen, die unter 20 01 31 fallen
20 01 33*	Batterien und Akkumulatoren, die unter 16 06 01, 16 06 02 oder 16 06 03 fallen, sowie gemischte Batterien und Akkumulatoren, die solche Batterien enthalten
20 01 34	Batterien und Akkumulatoren mit Ausnahme derjenigen, die unter 20 01 33 fallen
20 01 35*	gebrauchte elektrische und elektronische Geräte, die gefährliche Bauteile[2)] enthalten, mit Ausnahme derjenigen, die unter 20 01 21 und 20 01 23 fallen
20 01 36	gebrauchte elektrische und elektronische Geräte mit Ausnahme derjenigen, die unter 20 01 21, 20 01 23 und 20 01 35
20 01 37*	Holz, das gefährliche Stoffe enthält
20 01 38	Holz mit Ausnahme desjenigen, das unter 20 01 37 fällt
20 01 39	Kunststoffe
20 01 40	Metalle
20 01 41	Abfälle aus der Reinigung von Schornsteinen
20 01 99	sonstige Fraktionen a.n.g.
20 02	**Garten- und Parkabfälle (einschließlich Friedhofsabfälle)**
20 02 01	kompostierbare Abfälle
20 02 02	Boden und Steine

Abfallverzeichnis ASN	Bezeichnung
20 02 03	andere nicht biologisch abbaubare Abfälle
20 03	**andere Siedlungsabfälle**
20 03 01	gemischte Siedlungsabfälle
20 03 02	Marktabfälle
20 03 03	Straßenkehricht
20 03 04	Fäkalschlamm
20 03 06	Abfälle aus der Kanalreinigung
20 03 07	Sperrmüll
20 03 99	Siedlungsabfälle a.n.g.

mit Stern (*): gefährlicher Abfall
ohne Stern: nicht gefährlicher Abfall

[1] Gefährliche Bauteile elektrischer und elektronischer Geräte umfassen z. B. Akkumulatoren und unter 16 06 aufgeführte und als gefährlich eingestufte Batterien, Quecksilberschalter, Glas aus Kathodenstrahlröhren und sonstiges beschichtetes Glas.

[2] Gefährliche Bauteile elektrischer und elektronischer Geräte umfassen z. B. unter 16 06 aufgeführte und als gefährlich eingestufte Akkumulatoren und Batterien, Quecksilberschalter, Glas aus Kathodenstrahlröhren und sonstiges beschichtetes Glas.

Stichwortverzeichnis

C

D

F

G